Strategeme Band II

Harro von Senger

# Strategeme
# Band II

Die berühmten 36 Strategeme
der Chinesen –
lange als Geheimwissen gehütet,
erstmals im Westen vorgestellt

Scherz

Erste Auflage im Frühjahr 2000
Copyright © 1999 by Scherz Verlag, Bern, München, Wien
Alle Rechte der Verbreitung, auch durch Funk, Fernsehen, fotomechanische Wiedergabe, Tonträger jeder Art und auszugsweisen Nachdruck sowie der Übersetzung, sind ausdrücklich vorbehalten.

# Inhalt

Einleitung ... 19

1. Sehnsucht nach einer Welt ohne List ... 19
2. Strategemische Kindererziehung ... 23
3. Wolken des Argwohns ... 24
4. Licht und Schatten gehören zusammen ... 27
5. Der Mythos vom rein konfuzianischen China ... 29
6. Für Abendländer der Affe, für Chinesen der Ausbund der Weisheit ... 32
7. Kampf mit Kopf statt mit Kraft ... 34
8. Konfuzius als heimlicher Adept der List? ... 37
9. Verzicht auf Menschenmord aus Kalkül ... 39
10. Die Schwägerin vor dem Ertrinken retten ... 40
11. Mord als Krieg und Betrug als Handel ausgegeben ... 42
12. Infolge der Fixierung auf den schmalen Lügenbaum den dichten Listenwald nicht sehen ... 43
13. Was macht die List zur List? ... 44
14. Meister Suns zwölf listige Wege ... 47
15. Strategeme als Handlungsmuster ... 50
16. Strategeme als Wahrnehmungsmuster ... 52
17. Amerikanischer Schwerttanz ... 54
18. Eine chinesische Widerlegung von John Lockes Verharmlosung der List ... 57
19. Machiavelli: kein Guru der List ... 61
20. Seid klug wie die Schlangen ... 62
21. Schaden, Dienst und Scherz ... 64
22. Von der «Volkszeitung» bis zum «Playboy» ... 66
23. Die 36 Strategeme und Psychiatrie, Germanistik, Theologie ... 69
24. Beistand im Osten, Hilfe im Westen ... 69

Strategem Nr. 19  
Unter dem Kessel das Brennholz wegziehen . . . . . . . . . . . 71

19.1 Aus einem Funken kann ein Steppenbrand entstehen . . . . . . 72
19.2 Krankheit nicht heilen, sondern verunmöglichen . . . . . . . . 74
19.3 Die Flammen der Sinneslust . . . . . . . . . . . . . . . . . . 76
19.4 Erlösung durch die Befreiung vom Ich-Wahn . . . . . . . . . . 81
19.5 Von der Erde und dadurch vom Leben trennen . . . . . . . . . 84
19.6 Wipfelend- statt Wurzelspitzenpolitik . . . . . . . . . . . . . 86
19.7 Flüchtlingsströme aufnehmen oder zum Versiegen bringen? . . 89
19.8 Die verkürzte Mine . . . . . . . . . . . . . . . . . . . . . . . 90
19.9 Die Throneingabe zum Wohle des Reiches . . . . . . . . . . . 91
19.10 Keine Machtstellung für einen Schurken . . . . . . . . . . . . 93
19.11 Sexbomben gegen Konfuzius . . . . . . . . . . . . . . . . . . 94
19.12 Moskaus Kampf gegen die Nachrüstung . . . . . . . . . . . . 97
19.13 Des Affenkönigs letzter Trumpf . . . . . . . . . . . . . . . . 98
19.14 Bloße Agrarreformer . . . . . . . . . . . . . . . . . . . . . . 103
19.15 Die verlassenen Rebellenführer . . . . . . . . . . . . . . . . 104
19.16 Entzug der Elite . . . . . . . . . . . . . . . . . . . . . . . . 105
19.17 Lehrer ohne Schüler . . . . . . . . . . . . . . . . . . . . . . 105
19.18 Die Verbrennung des Proviantdepots bei Rabennest . . . . . . 112
19.19 Kein Wasser für Betulia . . . . . . . . . . . . . . . . . . . . 113
19.20 Genozid durch Bison-Ausrottung . . . . . . . . . . . . . . . 114
19.21 Der Westen ohne nahöstliches Erdöl . . . . . . . . . . . . . . 116
19.22 Lodernde Flammen gelöscht . . . . . . . . . . . . . . . . . . 117
19.23 Schonzeit für die Gaullisten . . . . . . . . . . . . . . . . . . 119
19.24 Die verschwundenen Flugzeugträger . . . . . . . . . . . . . 119
19.25 Das Ende der Nascherei . . . . . . . . . . . . . . . . . . . . 120
19.26 Der Euro als Vehikel zur Unterhöhlung von
 Deutschlands Einfluß? . . . . . . . . . . . . . . . . . . . . . 122
19.27 Durch Beschneidung außer Gefecht . . . . . . . . . . . . . . 126
19.28 Angriff beim dritten Trommelwirbel . . . . . . . . . . . . . . 127
19.29 Rassen- statt Schuldfrage . . . . . . . . . . . . . . . . . . . 131
19.30 Der Feigheit die Plattform entzogen . . . . . . . . . . . . . . 132
19.31 Frieden durch Liebesentzug . . . . . . . . . . . . . . . . . . 133
19.32 Rauschgift gegen Aufsässigkeit . . . . . . . . . . . . . . . . 134
19.33 «Kulturabfall» zur Zerstörung der Stützpfeiler
 chinesischer Lebenskraft . . . . . . . . . . . . . . . . . . . 138
19.34 Der vermiedene Gang zum Gericht . . . . . . . . . . . . . . 141
19.35 Gesetzesrecht ohne Wissenschaft des Denkens . . . . . . . . 143
19.36 Marxismus ohne Klassenkampf, China ohne Marxismus . . . . 144
19.37 Schwunglose Tatsachen, vorweggenommene Primeurs . . . . 146
19.38 Einem hehren Anliegen den Nimbus nehmen . . . . . . . . . 147

19.39 Astrid Lindgrens und Régis Debrays rhetorische Tricks .... 149
19.40 Kartenhauseinsturz infolge eines Vorschlags .......... 151
19.41 Der Brief für das Kaminfeuer .................. 151
19.42 Statt mit dem Feuer zu spielen, es gar nicht erst entfachen ... 152
19.43 Neues Feuer aus alter Asche .................. 154

## Strategem Nr. 20
## Im getrübten Wasser fischen .................... 156

20.1 Die Forelle ............................ 157
20.2 Hellenischer Fischer in chinesischen Gewässern? ........ 160
20.3 Das Wasser stauen, um Fische zu fangen ............ 162
20.4 Fischen ohne Grenzen ...................... 163
20.5 Bei einer Dirne das Wasser aufrühren ............. 166
20.6 Im Spielsalon Quartier bezogen ................. 167
20.7 Ein Faktotum freut sich über die Notlage seines Herrn ..... 169
20.8 Schnäppchenjäger zwischen zwei Fronten ........... 170
20.9 Vom Fundei zum Legehuhn ................... 170
20.10 Eine Revolution ist kein Deckchensticken ............ 172
20.11 Deng Xiaopings Warnung .................... 173
20.12 Karrieresprung durch eine Drosselung des Kulturbetriebs ... 174
20.13 Der sechste von Meister Suns zwölf listigen Wegen ....... 175
20.14 Rinder mit brennenden Schwänzen ............... 176
20.15 Der erste Schachzug des schlafenden Drachen ......... 177
20.16 Wer tötet, wird mit dem Tod bestraft ............. 181
20.17 Tausend Katzen und zehntausend Schwalben ......... 182
20.18 Der stumme Flötist im Bambusflötenchor ........... 182
20.19 Die auf jeden Fall richtige Antwort ............... 183
20.20 Von der schwammigen Sprache von Philosophen
 und Preisgestaltern ....................... 184
20.21 Politik als Nebelwurfmaschine ................. 184
20.22 Die Zwielichtigkeit des Rechts ................. 186
20.23 Chinesische außenpolitische Analysen aus der Warte des
 Strategems Nr. 20 ....................... 189
20.24 Fischaugen mit Perlen vermischen ............... 191
20.25 Die hypergenaue Rechnung ................... 192
20.26 Überlegungen zur Anwendung und Abwehr des Strategems
 Nr. 20 .............................. 194
20.27 Das Wasser aus dem Teich ablassen, um die Fische zu fangen . 196
20.28 In zu reinem Wasser gedeihen keine Fische .......... 197

Strategem Nr. 21
Die Zikade entschlüpft ihrer goldglänzenden Hülle . . . . . . . . 198

21.1 Wanderung über die Bedeutungsfelder
 des Zikaden-Strategems . . . . . . . . . . . . . . . . . . . . . 199
21.2 Die mißglückte Zote . . . . . . . . . . . . . . . . . . . . . . . 213
21.3 Ein Felsen als Tiger . . . . . . . . . . . . . . . . . . . . . . . 214
21.4 Baum mit Kriegsgewand . . . . . . . . . . . . . . . . . . . . 217
21.5 Wang Shourens Kleider am Flußufer . . . . . . . . . . . . . 217
21.6 Beim Klang der Wölbbrettzither . . . . . . . . . . . . . . . . 218
21.7 Schafe als Trommler . . . . . . . . . . . . . . . . . . . . . . . 219
21.8 Von bloßem Wachtfeuer in die Irre geführt . . . . . . . . . . 220
21.9 Von der Nonne zur Ehefrau . . . . . . . . . . . . . . . . . . . 220
21.10 Schauspieler als Verwandte . . . . . . . . . . . . . . . . . . 228
21.11 Der Gang zum Abort . . . . . . . . . . . . . . . . . . . . . . . 232
21.12 «Wo habt ihr Fräulein Lin versteckt?» . . . . . . . . . . . . . 234
21.13 Metzger unter Vegetariern . . . . . . . . . . . . . . . . . . . 235
21.14 Die Reise zu den Blumenhainen . . . . . . . . . . . . . . . . 236
21.15 Politisches Kapital ohne politische Verantwortung . . . . . . . 239
21.16 «Ein Land – zwei Regierungen» contra
 «ein Land – zwei Systeme» . . . . . . . . . . . . . . . . . . . 241
21.17 Wie man der Kritik ausweicht . . . . . . . . . . . . . . . . . 241
21.18 Strategem-Witzzeichnungen . . . . . . . . . . . . . . . . . . 244
21.19 Keine neue Literatur mit alten Schriftzeichen . . . . . . . . . 245
21.20 Frauen im Männergewand . . . . . . . . . . . . . . . . . . . 246
21.21 Jesuiten als buddhistische Bonzen . . . . . . . . . . . . . . . 248
21.22 Gesangsschüler ohne Lehrer . . . . . . . . . . . . . . . . . . 249
21.23 Auf den Wolken reiten ohne Zügel . . . . . . . . . . . . . . 249


Strategem Nr. 22
Die Tür schließen und den Dieb fangen . . . . . . . . . . . . . . . 251

22.1 Nicht so einfach, wie es aussieht . . . . . . . . . . . . . . . . 251
22.2 Der Vater des Konfuzius unter der Falltür . . . . . . . . . . 256
22.3 Die Tür schließen und den Hund erschlagen . . . . . . . . . 257
22.4 Den ins Wasser gefallenen Hund prügeln . . . . . . . . . . . 258
22.5 Die tödliche Schlucht . . . . . . . . . . . . . . . . . . . . . . 259
22.6 Ritter unter Steinen und Holzblöcken . . . . . . . . . . . . . 259
22.7 Auf dem Papier Krieg führen . . . . . . . . . . . . . . . . . . 260
22.8 Fünf Städte auf einen Streich . . . . . . . . . . . . . . . . . . 262
22.9 Große Flotte in engem Sund . . . . . . . . . . . . . . . . . . 264
22.10 In den Grand Canyon mit dem Alien! . . . . . . . . . . . . . 266

22.11 Die Verhaftung der «Viererbande» .............. 267
22.12 Der Gang in das geheime Zimmer ............... 275
22.13 Die unbewachte Mauer zu Nürnberg ............ 276
22.14 Umzingelung mit Lücke ....................... 277
22.15 Im Mondschein des Dalai Lama Flucht beobachtet ....... 278
22.16 Ein Geschworener zwingt elf andere in die Knie ........ 279
22.17 Von Straftaten eingeschnürt ................... 280
22.18 Einkreisung durch Fragen ..................... 281
22.19 Jesus läßt sich nicht ins Bockshorn jagen ............ 282
22.20 Laßt sie doch sagen, der Mensch sei von Gott geschaffen! ... 283

Strategem Nr. 23
Sich mit dem fernen Feind verbünden, um den nahen Feind
anzugreifen ................................ 284

23.1 Ein Fünfzigjahresplan für Chinas Einigung ........... 285
23.2 Maos drei Welten und Dengs vier Modernisierungen ...... 289
23.3 Die Isolierung des Großkhans ................... 291
23.4 Dialektische Freundschaft ..................... 292
　　　a) Der Umweg ist der gerade Weg ................ 292
　　　b) Gleichzeitig Freund und Feind ................ 293
　　　c) Nach außen rund, nach innen viereckig ........... 294
　　　d) Ein Strategem zur Hinausschiebung des Kriegsausbruchs .. 295
　　　e) Jeden einzeln schlagen .................... 296
　　　f) Ohne Waffen den Feind bezwingen ............. 297
　　　g) Strategemprävention ..................... 298
　　　h) Strategem mit langem Atem ................. 299
23.5 Hanois Lächeln gegenüber der Asean ............... 299
23.6 Zwei Ecken gegen die dritte Ecke des Dreiecks ......... 300
23.7 Den fernen Tiger bitten, den nahen Wolf zu fressen ....... 301
23.8 Barbaren mittels Barbaren bekämpfen .............. 303
23.9 Nicht bei der Quelle stehen und den Fluß suchen ........ 304
23.10 Fernes Wasser löscht nicht den nahen Brand .......... 304
23.11 Der Feind als Freund ........................ 305

Strategem Nr. 24
Einen Weg durch den Staat Yu für einen Angriff auf
Guo ausleihen .............................. 307

24.1 Gehen die Lippen zugrunde, dann frieren die Zähne ...... 308
24.2 Bismarcks Krieg mit und gegen Österreich ........... 313
24.3 Als Tiger gesprungen, als Bettvorleger gelandet ........ 314
24.4 Die Umgebung des Kaisers reinigen und Chao Cuo töten .... 324
24.5 Mit dem Dieb gegen den Dieb .................. 325
24.6 Der Weg zu einer billigen Wohnung ............... 326
24.7 Auf der westlichen Wertewelle reiten, um im chinesischen
 Chaosmeer zu versinken ..................... 327
24.8 Wie die kleine Linlin ihren Vater um den Finger wickelt .... 328
24.9 Das Hilfsangebot aus dem Königreich Wu ........... 329
24.10 Der Schwerttanz zu Weißenstein ................ 331
24.11 Prag, 20. August 1968 ...................... 332
24.12 Salamitaktik ........................... 333
24.13 Sind die Hasen erlegt, so schlachtet man die Jagdhunde .... 334
24.14 Hegels List der Vernunft ..................... 335
24.15 Buddhas Gleichnis vom brennenden Haus ........... 339


Strategem Nr. 25
Die Tragbalken stehlen und die Stützpfosten auswechseln .... 343

25.1 Gebäude ohne Seele ....................... 345
25.2 Der an die Wand gespielte Denkmalschutz ........... 347
25.3 Dimensionen des Auskernungs-Strategems ........... 348
25.4 Hochzeit ohne Liebesnacht ................... 352
25.5 Ein Kronprinz für eine Katze .................. 360
25.6 Ein X für ein U vormachen ................... 361
25.7 Europa ohne europäische Werte ................. 363
25.8 Mais statt Reis .......................... 364
25.9 Den Kellner bitten, den bestellten Fisch auf den Boden
 zu werfen ............................ 364
25.10 Schriftzeichenverwandlung ................... 366
25.11 Frauen haben... na was denn? .................. 366
25.12 Paulus' Götterverringerung ................... 369
25.13 Vom politischen König zum Opferkönig ........... 370
25.14 Marxismus-Variationen ..................... 371
25.15 Bill Clinton und seine fehlenden «sexuellen Beziehungen»
 zu Monica Lewinsky ...................... 372

25.16 Sozialistische gegen bürgerliche Reform und Öffnung . . . . . 374
25.17 Demokratie in der Volksrepublik China . . . . . . . . . . . . . 375
25.18 «Ein China» und US-Präsident Clintons «Drei Nein» . . . . . . 376
25.19 «Mini-Tibet» und «Groß-Tibet» . . . . . . . . . . . . . . . . . 378
25.20 Normale Grenzkontrollen oder Beschränkungen der
    Bewegungsfreiheit? . . . . . . . . . . . . . . . . . . . . . . . . 379
25.21 Amerikanischer Zahlenzauber . . . . . . . . . . . . . . . . . . 381
25.22 Esel in Löwenhaut . . . . . . . . . . . . . . . . . . . . . . . . 381
25.23 Unter dem Banner des Universalen für Partikulares kämpfen . . 385
25.24 TOTO, TOpa, paTO und papa . . . . . . . . . . . . . . . . . . 388
25.25 Klarheit durch Vieldeutigkeit . . . . . . . . . . . . . . . . . . 394
25.26 O Ofen, o Ofen, was muß ich dir klagen? . . . . . . . . . . . . 395
25.27 Die Weiber von Weinsberg . . . . . . . . . . . . . . . . . . . . 396

Strategem Nr. 26
Die Akazie schelten, dabei aber auf den Maulbeerbaum zeigen . 399

26.1 Rangordnung zweier Bäume . . . . . . . . . . . . . . . . . . . 399
26.2 Die Kunst der Beschimpfung . . . . . . . . . . . . . . . . . . 401
26.3 Die Kunst des unangreifbaren Dissenses . . . . . . . . . . . . 402
26.4 Sanfte Offenbarung schlimmer Wahrheiten . . . . . . . . . . . 404
26.5 Magdbeschimpfung . . . . . . . . . . . . . . . . . . . . . . . 407
26.6 Expertinnen der List . . . . . . . . . . . . . . . . . . . . . . . 408
26.7 Eine Halbhundertjährige ohne Zobelpelzjacke . . . . . . . . . 409
26.8 Die Frühlings- und Herbst-Schreibtechnik . . . . . . . . . . . 413
26.9 Vergangenes benutzen, um die Gegenwart zu verspotten . . . . 414
26.10 Vom Flußfabelwesen Yu zur chinesischen
     Schattenschußliteratur . . . . . . . . . . . . . . . . . . . . . . 416
26.11 Das Hospiz der kranken Pflaumenbäume . . . . . . . . . . . . 419
26.12 Historische Pekingoper gegen aktuellen «Großen Sprung» . . . 422
26.13 Hickhack um zähen Reisbrei . . . . . . . . . . . . . . . . . . 428
26.14 Bericht von einem Beschwerdegang . . . . . . . . . . . . . . 433
26.15 Die harte Gangart des Pferdes . . . . . . . . . . . . . . . . . . 434
26.16 «Akazie» eilt «Maulbeerbäumchen» zu Hilfe . . . . . . . . . . 435
26.17 Zikade, Gottesanbeterin, Zeisig und Armbrust . . . . . . . . . 436
26.18 Welches Glied zuerst? . . . . . . . . . . . . . . . . . . . . . . 436
26.19 Ahnungslose Selbstkritik . . . . . . . . . . . . . . . . . . . . 437
26.20 Reichsversammlung von politischen Würmern . . . . . . . . . 438
26.21 Das in den Popo verwandelte Auge . . . . . . . . . . . . . . . 438
26.22 Das Gleichnis von den bösen Winzern . . . . . . . . . . . . . 439

Strategem Nr. 27
Den Tölpel spielen, ohne den Kopf zu verlieren . . . . . . . . . . 440

27.1   Götter gegen Dummheit kämpfen lassen . . . . . . . . . . . 441
27.2   Wunderliche Dinge zum Verschwinden bringen . . . . . . . . 446
27.3   Erst Jungfrau, dann Hase . . . . . . . . . . . . . . . . . . . 447
27.4   Der furchtbarste Türgott . . . . . . . . . . . . . . . . . . . . 448
27.5   Die Haare wirr, taub die Ohren und Suppe auf dem Wams . . . 449
27.6   Henry Kissingers Magenbeschwerden . . . . . . . . . . . . . 453
27.7   Wei Jingshengs Erholungsreise . . . . . . . . . . . . . . . . 453
27.8   Blinde Autofahrer und sprechende Taubstumme . . . . . . . . 454
27.9   An der Brust getroffen, zum Fuß gegriffen . . . . . . . . . . . 456
27.10  Sich totstellen und bepinkelt werden . . . . . . . . . . . . . 457
27.11  Wahrheitsfindung durch Scheintod . . . . . . . . . . . . . . 458
27.12  Der auf dem Boden liegende Stahlhelm . . . . . . . . . . . . 459
27.13  Strategemisch erkämpftes Menschenrecht . . . . . . . . . . . 459
27.14  Speichel in Davids Bart . . . . . . . . . . . . . . . . . . . . 461
27.15  Der Kanzler als Kutscher . . . . . . . . . . . . . . . . . . . 462
27.16  Der stille Gast . . . . . . . . . . . . . . . . . . . . . . . . . 464
27.17  Die Schlacht von Austerlitz . . . . . . . . . . . . . . . . . . 466
27.18  Der gottesfürchtige Feldherr . . . . . . . . . . . . . . . . . . 467
27.19  Stummer Gärtner im Nonnenkloster . . . . . . . . . . . . . . 468
27.20  Petrus verleugnet Jesus . . . . . . . . . . . . . . . . . . . . 468
27.21  Diplomatisches Nichtwissen über Katyn . . . . . . . . . . . . 469
27.22  Philosophie für Unmündige . . . . . . . . . . . . . . . . . . 469
27.23  «Schwarze» Schriftsteller unter roter Sonne . . . . . . . . . . 471
27.24  Weltabgewandte und weltzugewandte Torheit . . . . . . . . . 471
27.25  Klugheit durch Einfalt bewahren . . . . . . . . . . . . . . . 474
27.26  Karl Marx gegen das *Buch der Geschichte* . . . . . . . . . . . 476
27.27  Das verborgene Veilchen . . . . . . . . . . . . . . . . . . . 476
27.28  Die Welt als Fußbecken . . . . . . . . . . . . . . . . . . . . 479
27.29  Kostbar Gut – Wirrköpfigkeit . . . . . . . . . . . . . . . . . 481
27.30  Lob des Unten . . . . . . . . . . . . . . . . . . . . . . . . . 483
27.31  Erhöhung durch Selbsthintansetzung . . . . . . . . . . . . . 484


Strategem Nr. 28
Auf das Dach locken und dann die Leiter wegziehen . . . . . . . . 486

28.1   Höchstleistung durch Aussichtslosigkeit . . . . . . . . . . . 486
28.2   Die Kochkessel zerschlagen und die Boote versenken . . . . . 489
28.3   Schlacht mit dem Rücken zum Fluß . . . . . . . . . . . . . . 491
28.4   Wie man seinen widerspenstigen Vater zum Kaiser macht . . . 494

28.5 Das Gespräch zwischen Himmel und Erde ........... 496
28.6 Mit einem Mal die Schüchternheit verloren .......... 498
28.7 Familie als Mördergrube ...................... 499
28.8 Der verheizte Gegenspieler .................... 500
28.9 Pfirsich der Unsterblichkeit auf gewöhnlichem Früchteteller .. 501
28.10 Griff nach der roten Magnolie .................. 503
28.11 Den Feind in die Tiefe des eigenen Gebiets locken ....... 503
28.12 Wie man Flugkunden bei der Stange hält ............ 507
28.13 Die plötzlich vereinbarte Hochzeitsfeier ............ 508
28.14 In einem Korb hinaufziehen und dann darin sitzen lassen .... 509
28.15 Großmutter Wolf .......................... 511
28.16 Wissen, daß es nicht geht, und es trotzdem tun ......... 514

Strategem Nr. 29
Auf einem Baum Blumen blühen lassen .............. 515

29.1 Baumblüte nach 28 Jahren .................... 516
29.2 Der Baum der Wiedergeburt ................... 517
29.3 Winterpark voller Blumen .................... 518
29.4 Potemkinsche Dörfer ....................... 521
29.5 Kartenspiel bei minus drei Grad ................. 522
29.6 Der mitreißende Acht-Stunden-Vortrag ............. 522
29.7 Das Oberflächenmeßgerät ohne Stecker ............. 524
29.8 Der Hörsaal ohne Ausstattung .................. 525
29.9 Wie man ein Wirtshaus aus einem Tief reißt .......... 526
29.10 Schafe mit Wasserzusatz ..................... 527
29.11 Das Hündchen von Bretten ................... 528
29.12 Von der Fragwürdigkeit des Augenscheins ........... 528
29.13 Funktionäre kleben sich selbst Blumen auf ........... 530
29.14 3000 statt 1500 Hühner ..................... 534
29.15 32 Änderungen der Definition von «arbeitslos» ......... 535
29.16 Make-up-Tricks bei der Erfüllung der
      Euro-Maastricht-Kriterien .................... 536
29.17 Ein Ideal als Wirklichkeit ausgeben ............... 540
29.18 Kleider machen Leute ...................... 542
29.19 Alles ist nur Fassade ....................... 544
29.20 Blick hinter den goldenen Vorhang ............... 545
29.21 Die unvermutete Vaterschaft .................. 548
29.22 Die fehlenden 500 Silberlinge .................. 549
29.23 Der Drache auf den Wolken ................... 550
29.24 Die einschüchternde Staubwolke ................ 551
29.25 Jargon-Popanz ........................... 552

29.26 Die rettende Baustelle . . . . . . . . . . . . . . . . . . . . . . . 553
29.27 Statt Mao ein Kosmetikum . . . . . . . . . . . . . . . . . . . . 554
29.28 Wie eine japanische Firma den US-Markt eroberte . . . . . . . 554
29.29 Currypulver auf dem Fujiyama . . . . . . . . . . . . . . . . . . 555
29.30 Der Fuchs leiht sich die Autorität des Tigers . . . . . . . . . . 556
29.31 Macht über die Sonne . . . . . . . . . . . . . . . . . . . . . . . 556
29.32 Paßt die Bezeichnung, glückt die Tat . . . . . . . . . . . . . . 557
29.33 «Weiße Jade» statt «Bohnenkäse» . . . . . . . . . . . . . . . . 559

Strategem Nr. 30
Die Rolle des Gastes in die des Gastgebers umkehren . . . . . . 560

30.1 Kuckuck als Vorbild . . . . . . . . . . . . . . . . . . . . . . . . 561
30.2 Die fünf Schritte vom Fremdling zum Hausherrn . . . . . . . . 562
30.3 Wer fragt, führt . . . . . . . . . . . . . . . . . . . . . . . . . . 564
30.4 Die verhinderte Fahrpreisübervorteilung . . . . . . . . . . . . 564
30.5 Der lärmende Gast verdrängt den Wirt . . . . . . . . . . . . . 565
30.6 Die Bühnentechnik stellt den Dramenhalt in den Schatten . . 565
30.7 Den Verteidiger aus der Reserve locken . . . . . . . . . . . . . 566
30.8 Zur Hilfeleistung gekommen, als Kaiserdynastie geblieben . . . 567
30.9 Von den Gefahren der Hilfsbereitschaft . . . . . . . . . . . . . 568
30.10 Die Jungfrau, die dank einer Steinwalze ins Zimmer
      des Jünglings gelangte . . . . . . . . . . . . . . . . . . . . . . 569
30.11 Die Farbe des Steins in der Tasche . . . . . . . . . . . . . . . 572
30.12 Wie Coca Cola den chinesischen Markt eroberte . . . . . . . . 573
30.13 Die Kaiserkrone aus der Hand des Papstes . . . . . . . . . . . 574

Strategem Nr. 31
Das Strategem der schönen Frau . . . . . . . . . . . . . . . . . . . . 576

31.1 Auch unter Einsatz von Lustknaben . . . . . . . . . . . . . . . 576
31.2 Hände weg vom «Strategem des schönen Mannes» . . . . . . . 577
31.3 Die Tricks der Frauen . . . . . . . . . . . . . . . . . . . . . . . 578
31.4 31 Jahre Filmproduktion ohne Kußszene . . . . . . . . . . . . 579
31.5 Städteumkippend und länderumwerfend . . . . . . . . . . . . . 580
31.6 Mit Weichheit Härte bezwingen . . . . . . . . . . . . . . . . . 581
31.7 Die Schwierigkeiten der Helden mit der Sex-Klippe . . . . . . 582
31.8 Vernarrt in schöne Objekte . . . . . . . . . . . . . . . . . . . . 583
31.9 Bestechung unter dem Deckmantel des Mah-Jongg-Spiels . . . 584
31.10 Auf das innere Bollwerk kommt es an . . . . . . . . . . . . . . 585

31.11 Drei Jahre Ausbildung für eine Sex-Mission . . . . . . . . . . 585
31.12 Strategemspekulation im Taipeher Börsenfieber . . . . . . . . 588
31.13 Himmel, Regen, Blüten . . . . . . . . . . . . . . . . . . . . . 589
31.14 Ebenso wertvoll wie die lange Mauer . . . . . . . . . . . . . 590
31.15 Die sanfte Ausschaltung des Go-Rivalen . . . . . . . . . . . 591
31.16 Rache durch ein erotisches Buch . . . . . . . . . . . . . . . 592
31.17 Kundenfang mit schönen Frauen . . . . . . . . . . . . . . . 593
31.18 Chinesin mit Sommersprossen . . . . . . . . . . . . . . . . . 594
31.19 Ein Buhlknabe rettet die Menschheit . . . . . . . . . . . . . 594
31.20 Buddha und die Frauenbrüste . . . . . . . . . . . . . . . . . 596
31.21 Die Frau als Strafe des Zeus . . . . . . . . . . . . . . . . . . 599

Strategem 32
Das Strategem der leeren Stadt . . . . . . . . . . . . . . . . . . . . 600

32.1 Zehn Opern über ein Strategem . . . . . . . . . . . . . . . . 600
32.2 Das mißglückte zweite Mal . . . . . . . . . . . . . . . . . . . 603
32.3 Die Statistik eines Pekinger Bibliothekars . . . . . . . . . . . 604
32.4 Das Weingelage auf der Stadtmauer . . . . . . . . . . . . . . 605
32.5 Japanische Strategemkunst . . . . . . . . . . . . . . . . . . . 606
32.6 Was voll erscheint, als leer betrachten . . . . . . . . . . . . . 607
32.7 Das leere Amtshaus . . . . . . . . . . . . . . . . . . . . . . . 608
32.8 Der einsame Reiter . . . . . . . . . . . . . . . . . . . . . . . 609
32.9 Ein Viehhändler rettet sein Land . . . . . . . . . . . . . . . . 610
32.10 Ausharren an der Ugra . . . . . . . . . . . . . . . . . . . . . 611
32.11 Verjagt durch zehn Paar Schuhe . . . . . . . . . . . . . . . . 612
32.12 Das Sachsenheer aus bloßen Worten . . . . . . . . . . . . . . 614
32.13 450 Schriftzeichen vereiteln einen Angriff . . . . . . . . . . 614
32.14 Ein Lachanfall verhindert einen Brandanschlag . . . . . . . . 615
32.15 Der Baumstammtest . . . . . . . . . . . . . . . . . . . . . . . 616
32.16 Lampen statt Wachpersonal . . . . . . . . . . . . . . . . . . 618
32.17 Echte und unechte Leere . . . . . . . . . . . . . . . . . . . . 618
32.18 Die Leere nicht verbergen, sondern zeigen . . . . . . . . . . 619
32.19 Mein Magen singt das Strategem der leeren Stadt . . . . . . . 621
32.20 Das Lieblingsstrategem chinesischer Witzzeichner . . . . . . 624

Strategem 33
Das Geheimagenten-Strategem/
Das Strategem des Zwietrachtsäens . . . . . . . . . . . . . . . . . 628

33.1 Dem Feind mit dessen eigener Hand eine Ohrfeige versetzen . . 628
33.2 Das göttliche Ziehen der Fäden . . . . . . . . . . . . . . . . 630
33.3 Den geeinten Feind spalten . . . . . . . . . . . . . . . . . . 630
33.4 Achtung vor den grünen Fliegen! . . . . . . . . . . . . . . . 632
33.5 «Teile und herrsche» – weltweit . . . . . . . . . . . . . . . . 633
33.6 Satans Strategem . . . . . . . . . . . . . . . . . . . . . . . 638
33.7 Strategem-Prävention . . . . . . . . . . . . . . . . . . . . . 639
33.8 Mit der Anklage bei den Gespenstern abgeblitzt . . . . . . . . 639
33.9 Zwei nicht eroberte Städte als Stolperstein . . . . . . . . . . 641
33.10 Die unheilvolle Eifersucht der Ehefrau . . . . . . . . . . . . 642
33.11 Auf demselben Bett schlafen, aber verschiedene
 Träume haben . . . . . . . . . . . . . . . . . . . . . . . . . 642
33.12 Aus dem Guiness-Buch der chinesischen Strategemkunde . . . 645
33.13 Das Hou-Jing-Chaos . . . . . . . . . . . . . . . . . . . . . . 647
33.14 Der Turmbau zu Babel . . . . . . . . . . . . . . . . . . . . . 648
33.15 Europas drei Äpfel . . . . . . . . . . . . . . . . . . . . . . . 649
33.16 Die Spaltbarkeit von Deutschen und Chinesen . . . . . . . . . 650
33.17 Eintracht zwischen General und Kanzler . . . . . . . . . . . . 650


Strategem Nr. 34
Das Strategem der Selbstverletzung . . . . . . . . . . . . . . . . . 658

34.1 Der eine will schlagen, der andere geschlagen werden . . . . . 659
34.2 Yang Hus zweite Mission . . . . . . . . . . . . . . . . . . . 669
34.3 Der Feind als Stadtkommandant . . . . . . . . . . . . . . . . 670
34.4 Dem Mordanschlag des Vaters entgangen . . . . . . . . . . . 670
34.5 Qassirs abgeschnittene Nase . . . . . . . . . . . . . . . . . . 672
34.6 Todesurteile als Türöffner . . . . . . . . . . . . . . . . . . . 673
34.7 Selbstverletzungs-ABC . . . . . . . . . . . . . . . . . . . . 674
34.8 Fahnenflucht in den Kerker . . . . . . . . . . . . . . . . . . 679
34.9 Zum Teufel mit der Schamspalte deiner Mutter! . . . . . . . . 680
34.10 Den Kranken gespielt und beinahe gestorben . . . . . . . . . 681
34.11 Sich zusammenschlagen lassen, um Liebe zu erringen . . . . 682
34.12 Der hilflose Knabe . . . . . . . . . . . . . . . . . . . . . . . 683
34.13 Täglich bittere Galle . . . . . . . . . . . . . . . . . . . . . . 683
34.14 Regen als Dusche, Wind als Kamm . . . . . . . . . . . . . . 684
34.15 Pein in Kampfgeist verwandeln . . . . . . . . . . . . . . . . 684

34.16 Befreiung durch Unterwerfung ................. 685
34.17 Sprung von der Frühlings- und Herbstzeit ins moderne
      Wirtschaftsleben ......................... 688
34.18 Kaufverhandlungen mit Tabletten und Wolldecke ....... 689
34.19 Dürr wie Reisig und doch dick sein wollen .......... 690
34.20 Der Gang nach Canossa .................... 692
34.21 Der knorrige Baum ....................... 696

Strategem Nr. 35
Das Ketten-Strategem ......................... 697

35.1  Die tödliche Schiffsverkettung ................. 698
35.2  Umzingelung auf offenem Meer ................ 705
35.3  Die Überwacher der Überwacher ............... 707
35.4  Die Junktim-Falle ........................ 707
35.5  Die Tänzerin Zobelzikade rettet die Han-Dynastie ...... 709
35.6  Musik als Waffe ......................... 713
35.7  Die bedeckte Nase ....................... 714
35.8  Judit besiegt Holofernes .................... 717
35.9  Das göttliche Strategem .................... 724
35.10 Auf dem Weg nach Emmaus .................. 734
35.11 Die genasführte Europa .................... 735
35.12 Eine Stute vereitelt einen Burgbau ............... 736
35.13 Caesars Strategemoffensive gegen das Asterix-Dorf ..... 738
35.14 Ehe als Kunstwerk ....................... 739
35.15 Knaben mit Mädchennamen .................. 744
35.16 Die vereitelte Geldheirat .................... 745
35.17 Eine Kopfverletzung als vertrauensbildende Maßnahme ... 746
35.18 Ein im Westen gefürchtetes Menschenrecht .......... 747
35.19 UNO-Resolution für «Eine offene Welt für freie Menschen» .. 753
35.20 «Demokratie für diese Welt» – Entschließung der
      UNO-Generalversammlung zur Errichtung einer Weltrepublik . 762
35.21 Zwei Heuschrecken an einer Schnur .............. 772

Strategem Nr. 36
Weglaufen ist das beste ........................ 778

36.1 Das Strategem Nr. 36 im September 1962 ........... 779
36.2 Die verlassene Kommunistenhochburg ............. 782
36.3 Die ergänzte Sempé-Karikatur ................. 784

| | | |
|---|---|---|
| 36.4 | Ein Stratagem genügt der Katze, 100 Listen frommen nicht dem Fuchs | 785 |
| 36.5 | Ein schlauer Hase hat drei Schlupflöcher | 785 |
| 36.6 | Wang Mengs Lebenseinstellung | 788 |
| 36.7 | Das Haarknotenspektakel | 789 |
| 36.8 | Zechpreller im alten China | 791 |
| 36.9 | Den Bart rasiert und den Beamtentalar weggeworfen | 792 |
| 36.10 | Spiel auf der Tastatur der Strategemformel Nr. 36 | 794 |
| 36.11 | Absprung in letzter Minute | 795 |
| 36.12 | Weglaufen aus einer Talsohle auf einen Gipfel | 796 |
| 36.13 | Zur Philosophie des Weglaufens | 796 |
| 36.14 | Man kommt wie der Wind und geht wie der Blitz | 798 |
| 36.15 | Der Klügere gibt nach | 800 |

Der Katalog der 36 Strategeme . . . . . . . . . . . . . . . . . . . 807

Personenregister . . . . . . . . . . . . . . . . . . . . . . . . 809

# Einleitung

## 1. Sehnsucht nach einer Welt ohne List

«Wenn der große Weg waltet, ist die ganze Welt gemeinsamer Besitz. Man wählt die Tüchtigsten und Fähigsten zu Führern; man spricht die Wahrheit und pflegt die Eintracht. Darum behandeln die Menschen nicht nur die eigenen Eltern als ihre Eltern und nicht nur die eigenen Kinder als ihre Kinder. Sie sorgen dafür, daß die Alten einen Platz finden, wo sie in Ruhe ihrem Ende entgegensehen, die kräftigen Männer einen Platz, wo sie arbeiten, und die Jungen einen Platz, wo sie groß werden können. Die Witwer und Witwen, die Waisen und Kinderlosen und auch die Kranken, sie alle werden von der Gemeinschaft ernährt. Die Männer haben ihre Stellung und die Frauen ihr Heim. Die Güter will man nicht ungenützt verlorengehen lassen; aber man sucht sie nicht unter allen Umständen für sich selbst aufzustapeln. Die eigenen Kräfte will man nicht unbetätigt lassen; aber man setzt sie nicht um des eigenen Vorteils willen ein. Mit allen *Listen und Ränken* (gemäß der Übersetzung von Richard Wilhelm: *Li Gi: Das Buch der Riten, Sitten und Gebräuche,* Düsseldorf/Köln 1981, S. 56 f.) ist es zu Ende; man braucht sie nicht. Räuberei und Umsturz gibt es nicht mehr. Hat man zwar daher draußen noch Tore, so braucht man sie doch nicht mehr zu schließen. Das ist das Zeitalter der großen Gemeinschaft (da tong).»

Dieser etwa 2000 Jahre alte Text stammt aus den konfuzianischen *Aufzeichnungen über die Riten* und schildert die bekannteste je von Chinesen erdachte Utopie. Die darin beschriebene «Gesellschaft ist frei von List», schreibt Liu Jin sehnsuchtsvoll in einer Betrachtung über «Konfuzius' ‹idealen Staat›» (in: *Kulturtreff-Zeitung,* Shanghai 26.6.1998, S.8). An der Schwelle zum 21. Jahrhundert spricht man in China allerdings nicht vom Zeitalter der Großen Gemeinschaft, sondern von der gemäß den *Aufzeichnungen über die Riten* diesem Zeitalter vorangehenden Epoche des Kleinen Wohlstandes (xiao kang), in die man dank der vier Modernisierungen (Industrie, Landwirtschaft, Wissenschaft und Technik sowie Landesverteidigung) bis Mitte des 21. Jahrhunderts einzutreten hofft. Das Zeitalter ohne List liegt also noch in weiter Ferne. Kein Wunder, daß in China zu beiden Seiten der Taiwanstraße die Literatur über das Phänomen der List im allgemeinen und über den Katalog der 36 Strategeme im besonderen eine nie dagewesene Entfaltung erlebt. Lagen mir bei der Abfassung des ersten

Bandes der *Strategeme* Mitte der achtziger Jahre des 20. Jahrhunderts nur drei Werke über die 36 Strategeme aus der Volksrepublik China sowie nicht mehr als ein halbes Dutzend einschlägige Bücher aus Hongkong und Taiwan vor, so ist es mir heute (Sommer 1999) nicht mehr möglich, die Flut von Strategempublikationen aller Art zu überblicken. Dabei werden vielfach bereits publizierte Werke in einer etwas anderen Anordnung und mit zusätzlichen Beispielen angereichert neu herausgegeben. Andere Schriften über die 36 Strategeme propagieren deren Anwendung in ganz bestimmten Lebensbereichen. Bei all diesen Publikationen steht die Präsentation von Beispielen zu den einzelnen Strategemen im Vordergrund. Es sind im wesentlichen gemäß der Systematik der 36 Strategeme strukturierte Exempla-Sammlungen. Ein Buch fällt hier allerdings aus dem Rahmen, nämlich das von Yu Xuebin, einem Professor in Qinhuangdao (im Osten der Provinz Hebei), verfaßte Werk *Die 36 Strategeme, neu erklärt und eingehend analysiert* (Peking 1993, 408 Seiten, 300 000 Schriftzeichen). Darin wird auf der ersten Seite mein Band I über die *Strategeme* (Scherz Verlag, Bern/München/Wien, Sonderausgabe 1996) gewürdigt. Yu Xuebin weist konkreten Fallbeispielen eine untergeordnete Rolle zu und legt den Schwerpunkt gänzlich auf die theoretische Durchdringung der einzelnen Strategeme.

Der List in berühmten chinesischen Romanen auf der Spur sind Bücher wie *Die Romanze der drei Königreiche und die 36 Strategeme*, *Die Reise in den Westen und die 36 Strategeme* und *Der Traum der roten Kammer und die 36 Strategeme*, alle erschienen in Peking (1998). In Taiwan macht die Taipeher *Tuili Zazhi* (Mystery Magazine) in ihrer Juni-Nummer 1998 auf die gerade anlaufende Veröffentlichung der 36teiligen Buchserie *Die 36 Strategeme in Romanform* aufmerksam. Bereits erschienen sind bis September 1999 die 24 je zwischen 300 und 400 Seiten umfassenden Bände zu den Strategemen Nr. 1–5, 8, 10–12, 14, 15, 17–19, 22, 23, 26–31, 33 und 35. Bis September 2000 sollen alle 36 Bände auf dem Markt sein.

Besonders mit Blick auf die Wirtschaft werden zahlreiche Strategembücher angeboten. Sie entspringen der chinesischen Neigung, den «Marktplatz» mit einem «Schlachtfeld» zu vergleichen (shangchang ru zhanchang), was allerdings auch auf Kritik stößt: «Jeder Vergleich hat seine Haken. Das will nicht gleich besagen, er sei falsch, aber man darf ihn doch auch auf keinen Fall überstrapazieren [...]. So darf man beim Konkurrenzkampf zwischen Unternehmen das Gegenüber nicht als einen Feind betrachten, dem man auf Biegen und Brechen alle möglichen Fallen stellt und dem man ohne jedes Bedenken Schaden zufügt. Denn in diesem Bereich herrscht Wettbewerb und nicht Krieg [...]. Sowohl beim wirtschaftlichen Wettbewerb als auch beim echten Krieg geht es um Sieg und Niederlage. Doch der Wesensunterschied beruht darin, daß im Wirtschaftskampf zwar Rivalität, aber nicht wie im Krieg Feindschaft besteht. Zahlreiche von der Kriegstheorie vermittelte Einsichten können in der wirtschaftlichen Auseinandersetzung sinngemäß benutzt werden. So wird beim unternehmerischen Wettbewerb wie übrigens auch im sportlichen Wettstreit Wert auf Strategie und Taktik gelegt. Grundsätze der Kriegsführung wie ‹die Fülle meiden, die Leere angreifen› [vgl. Stratagem Nr. 2] und ‹Krieg ist ohne Beständigkeit› bedeuten auf das Unternehmertum übertragen, daß man dort, wo die Konkurrenz schwach ist, seine Stärken entfalten und Schwachstellen ausmerzen und daß man sich den Veränderungen des Marktes ständig anpassen sollte. Aber Strategeme wie ‹mit dem Messer eines anderen töten› [Stratagem Nr. 3], ‹aus dem Nichts etwas erzeugen› [Stratagem Nr. 7], ‹das Stratagem der schönen Frau› [Stratagem Nr. 31] und das ‹Agenten-Stratagem› [Stratagem Nr. 33] darf man im wirtschaftlichen Wettbewerb gegenüber seinen Standesgenossen auf keinen Fall anwenden. Mit Hilfe von Strategemen wie ‹den Kaiser täuschend das Meer überqueren› [Stratagem Nr. 1] und ‹die Zikade entschlüpft ihrer goldglänzenden Hülle› [Stratagem Nr. 21] betreiben heutzutage einige Gesetzesbrecher Schmuggel in großem Stil, umgehen ihre Steuerpflichten und produzieren oder vertreiben gefälschte oder minderwertige Produkte. Das sind unerträgliche Vorgehensweisen, die staatlicherseits auch unnachsichtig bekämpft werden. Wie heißt es doch im Volksmund: ‹Pflicht geht über Profit›, und: ‹Mag auch das Geschäft mißlingen, wenn nur Pflicht und Menschenliebe obenaufschwingen.› Berufsethik ist gefragt, nicht menschenschädigendes Verhalten [...]!» (Zhu Tao: «Der ‹Wettbewerb› ist dem ‹Krieg› vorzuziehen», in: *Volkszeitung,* Peking 13. 5. 1997, S. 12).

Trotz solcher vereinzelter Warnungen geht man in China vielfach davon aus, daß die Weisheit, die einem General in einer Schlacht zur Seite steht, dieselbe sei, die den Kaufmann in seinem Geschäftsleben anleite. Dies ist eine alte Vorstellung. Bereits vor über 2000 Jahren sagte im Zeitalter der Kämpfenden Reiche (5. bis 3. Jh. v. Chr.) Bai Gui, der Ahnvater der chinesischen Kaufleute, gemäß den *Geschichtlichen Aufzeichnungen* von Sima Qian (geb. um 145 v. Chr.): «Ich regle die Produktion von Gütern auf dieselbe Weise, wie Meister Sun die Armee eingesetzt hat.» Meister Sun [Sun Zi, im Westen auch

«Sun Tsu», «Sun Tzu» etc. geschrieben] (6./5. Jh. v. Chr.), gilt als der Verfasser des ältesten Militärtraktats der Welt. Von Bai Gui ist bekannt, daß er als Kaufmann Strategeme benutzte. Offensichtlich unter dem Einfluß des Geistes von Bai Gui wurden in jüngster Zeit in China zahlreiche Bücher über den Einsatz von Strategemen im Geschäftsleben publiziert, wie zum Beispiel *Shang Zhan 36 Ji Qiao Zhuo Ji (36 ausgeklügelte Strategeme und Schildbürgerstreiche im geschäftlichen Krieg)*, Chengdu 1992; *Shang Zhan 36 Ji: Shi Li Jingxuan (Die 36 Strategeme im geschäftlichen Krieg: ausgesuchte Sammlung von praktischen Beispielen)*, Shijiazhuang 1992; *Shang Zhan 36 Ji (Die 36 Strategeme im geschäftlichen Krieg)*, in: *Zhong-Wai Qiyejia (Chinesisch-ausländisches Unternehmertum)*, Harbin 2/1993–12/1993; *Shang Yong 36 Ji (Die 36 Strategeme und ihre geschäftliche Anwendung)*, Wuhan 1994; *Shang Zhan 36 Ji (Die 36 Strategeme im geschäftlichen Krieg)*, Taipeh 1994; *36 Ji: Chaoji Shangzhan Celüe (Die 36 Strategeme: Geschickte Vorgehensweisen im geschäftlichen Superkrieg)*, Taipeh 1997.

Selbst den Sport befruchten Bücher über die 36 Strategeme, zum Beispiel *Die 36 Strategeme und das Go-Spiel* von Ma Xiaochun (Chengdu, 1990), *Die 36 Strategeme im Schachspiel*, Shanghai 1992; und *Die 36 Strategeme und die Kunst des Siegens auf dem Sportplatz*, Peking 1992. Die Pflege der Strategemkunde als eine Theorie des Irregulären, vornehmlich im militärischen Bereich, wird in der Volksrepublik China mit der Polaritätsnorm «Altes für die Gegenwart nutzbar machen (gu wei jin yong)» gerechtfertigt, so in der Pekinger *Volkszeitung* (22. 7. 1982, S. 5.), aber auch von Yu Xuebin in seinem schon erwähnten Werk.

Zu berücksichtigen sind übrigens nicht nur Bücher, sondern auch Kalender, Zeitschriften, Comics, ein Wachsfigurenkabinett und TV-Serien über die 36 Strategeme. So meldet die *Volkszeitung*, das Sprachrohr des Zentralkomitees der Kommunistischen Partei Chinas, am 22. 5. 1998 die Fertigstellung einer 36teiligen Fernsehserie mit dem Titel *Meister Suns Kriegskunst und die 36 Strategeme*.

Vom 13. bis zum 17. 7. 1997 fand in der Militärakademie von Shijiazhuang ein Symposium zum Thema «Die Informationsgesellschaft und die militärische Strategemkunde» statt. Sämtliche Teilnehmer waren Armeeangehörige, die als Dozenten an verschiedenen Militärschulen Unterricht über diese Materie erteilen. Um das Jahr 2000 soll ein formeller Antrag betreffend die Anerkennung der Strategemkunde als eines neuen horizontal-interdisziplinär ausgreifenden militärischen Lehrfaches gestellt werden. Im Jahre 1996 wurden 39 wissenschaftlich-technisch tätige Personen für ihre herausragenden Leistungen ausgezeichnet, und zwar 36 Naturwissenschaftler und drei Gesellschaftswissenschaftler, darunter Li Bingyan (geb. 1945), der Verfasser des bisher auflagenstärksten chinesischen Buches über die 36 Strategeme. Er erhielt die Auszeichnung dafür, daß er den Ausbau des Unterrichts der militärwissenschaftlichen Strategemkunde förderte, erhielt etwa 10000 DM und wurde vom Staats- und Parteivorsitzenden Jiang Zemin empfangen. Was ich hier mit «Strategemkunde» übersetze, wird im Chinesischen «moulüexue» genannt und umfaßt mehr als nur die 36 Strategeme, doch spielen diese eine wichtige inhaltliche Rolle in diesem im Entstehen begriffenen Fachgebiet. Ein Zentrum für die Erforschung der militärischen Strategemkunde hat seine Tätigkeit im Schoße der Landesverteidigungs-Universität bereits aufgenommen.

2. Strategemische Kindererziehung

Schon Jugendlichen werden in China die 36 Strategeme nahegebracht. So erwähnt die in Peking monatlich erscheinende *Bildergeschichten-Zeitschrift (Lianhuan Huabao)* in einer einzigen Nummer (jener von April 1998) gleich vier Strategembeispiele, die ich im ersten Band der *Strategeme* beschreibe (s. 2.1, 10.5, 15.1 und 18.6), für den ich, wie auch für den vorliegenden Band, unter anderem berühmteste chinesische Strategemgeschichten ausgewählt habe. Die *Chinesische Zeitung für die jungen Pioniere (Zhongguo Shaonian Bao)* druckte am 4.6. 1997 einen Hinweis auf die Bildergeschichte «Zeig, was du kannst» ab, die in der Zeitschrift *Beijing Cartoon* in Fortsetzungen erschien, und betonte in ihrer Ankündigung, daß in diese Bildergeschichte «die 36 Strategeme hineinverwoben sind». In der Oktober-Nummer 1997 der Monatszeitschrift *Kinderzeit (Ertong Shidai)* findet sich eine strategemische Denksportaufgabe, die mit den Worten endet: «In dieser Notlage aktivierte Yang Min ihre Strategemkundigkeit und dachte sich einen hilfreichen Kunstgriff aus – welchen? (Die Antwort kannst du in dieser Ausgabe finden.)» Yang Min hat im Auftrag ihrer Primarschule für den Nationalfeiertag am 1. Oktober in einem entfernten Marktflekken einige Knallkörper gekauft. Ein Mann hat sie im Laden beobachtet. Es dunkelt bereits. Yang Min macht sich auf den Heimweg in ihr Dorf. An einer etwas einsameren Stelle versperrt ihr ein Unhold den Weg und fordert Geld von ihr. Er nähert sich ihr und bedroht sie mit einer brennenden Zigarette. In diesem Augenblick kommt Yang Min der rettende listige Einfall – und die Denksportaufgabe bricht mit der erwähnten Frage ab. Die Aufgabe wird, auf einer anderen Seite des Hefts, wie folgt beantwortet: Yang Min tut, als wolle sie das Geld aus ihrer Tasche nehmen. In Wirklichkeit zieht sie aber eine Kette von Knallkörpern hervor, die sie flink an der auf sie gerichteten brennenden Zigarette entzündet und auf den Räuber wirft. Dieser ist zu Tode erschrocken. Die aufeinanderfolgenden Explosionen locken mehrere Passanten herbei. Sie nehmen den Verbrecher fest. Dieses Beispiel zeigt, wie chinesischen Kindern beigebracht wird, Probleme, wenn es sein muß, auch listig zu lösen. Übrigens greift die chinesische Strategemliteratur auch auf Minderheitenvölker aus und schließt Bücher über den bei den Uighuren beliebten Afanti und den in Tibet populären Schalk «Onkel Tompa» (Agu Dengba) ein (s. z. B.: *Sammlung von Geschichten über Agu Dengba,* Verlag des Zentralen Minderheiten-Instituts, Peking 1983, erschienen in der Reihe *Geschichten über gewitzte Figuren aus China,* und *Geschichten von Agu Dengba,* 2. Aufl. Lhasa 1985).

3. Wolken des Argwohns

Natürlich zeitigt die weite, immer mehr Bereiche des zivilen Lebens erfassende Verbreitung der Strategemkunde in China auch negative Folgen. Strategeme werden nicht nur zum Guten, sondern auch zum Schaden anderer Menschen eingesetzt. Beispielsweise zitierte das Ministerium für die Öffentliche Sicherheit das Strategem Nr. 5, als es am 23. 8. 1998 in einem Rundschreiben an die Polizisten in den etwa zehn vom Hochwasser heimgesuchten Provinzen im Süden und Nordosten Chinas appellierte, mit aller Härte Personen zu bekämpfen, die «die Feuersbrunst», also die Flutkatastrophe, «für einen Raub», also für kriminelle Handlungen, «ausnutzen» (*Arbeiterzeitung,* Peking 24. 8. 1998, S. 2).

Vor allem die chinesischen Konsumentinnen und Konsumenten sind von unheilvollen, ja kriminellen Strategemen betroffen. Alle möglichen Waren werden gefälscht oder gepanscht (s. hierzu 25. 9.), manchmal, etwa bei Alkohol, mit tödlichen Folgen. «Jia» und «mao», beides Wörter für «gefälscht», tauchen in der chinesischen Presse immer häufiger auf, ebenso der Ausdruck «dajia» («Fälschungsbekämpfung»). In das revidierte chinesische *Strafgesetzbuch* (in Kraft seit 1. 10. 1997) ist eigens ein Abschnitt über das Verbrechen der Herstellung und des Verkaufs gefälschter oder schlechter Waren aufgenommen worden (Paragr. 140–150). «Allenthalben vernimmt man von betrügerischen Handlungen», schreibt ein Kommentator in der *Volkszeitung* (Peking, 26. 5. 1998, S. 12). «Der gute Mensch kann gar nicht umhin, sich vorzusehen. Zu beklagen ist die Tatsache, daß so das Leben äußerst anstrengend, ja furchterregend wird. Es sieht fast danach aus, als ob man sich nur noch bei sich zu Hause sicher fühlen könne, wohingegen man, kaum ist man durch die Haustür hinausgegangen und in das große Umfeld der Gesellschaft gelangt, mit größter Vorsicht seines Weges gehen und sich vor Fallstricken und Wasserwirbeln aller Art in acht nehmen muß. Auch ein anständiger Kaufmann hat kein erfreuliches Leben mehr. Stets muß er mit Verdächtigungen seitens der Kunden rechnen. Ganz normales Verhalten ganz normaler Menschen wird bereits mißtrauisch hinterfragt. Das führt so weit, daß Leute mit den besten Motiven aus Angst vor Mißverständnissen in der Öffentlichkeit nicht vorzutreten wagen, sondern sich in ein Schneckenhaus zurückziehen. So dunkel dräuen die Wolken des Argwohns über unserer Gesellschaft!» Ins selbe Horn stößt ein Artikel in der *Arbeiterzeitung*, dem Organ des Allchinesischen Gewerkschaftsbundes, mit der Überschrift «Die ‹Verschlagenheit› zum Verschwinden bringen» (*Gongren Ribao*, Peking 22. 4. 1998, S. 6).

Das Allgemeinwohl schädigende Strategeme greifen auch unter Funktionären um sich, beispielsweise, wenn diese sich Anordnungen oberer Instanzen «öffentlich fügen, insgeheim aber widersetzen (yang feng yin wei)». Besonders schlimm sind, so beklagte sich mir gegenüber im August 1998 ein chinesischer Jurist, Strategemanwendungen von Privatpersonen und Amtsträgern unter einer legalen Hülle. Gegen die zunehmende listige Bosheit wird die Menschenliebe propagiert, und es wird vor einer von dieser losgelösten Strategemanwendung gewarnt (Wang Yan: «Wachsamkeit ist gegenüber ‹Wissen ohne Menschenliebe› geboten», in: *Renmin Ribao [Volkszeitung]*, Peking 3. 4. 1995, S. 11).

Strategeme sollen also nicht zu rein selbstischen Zwecken ohne Rücksicht auf ethische Schranken eingesetzt werden. Das erinnert an Überlegungen Liu Xiangs (?–6 v. Chr.) in seinem Werk *Shuo Yuan (Park der Ermahnungen):* «Unter den Strategemen gibt es lautere und unlautere. Die Strategeme des Edlen sind lauter, die Strategeme des kleinen Mannes sind unlauter. Die Strategeme des Lauteren streben nach dem Allgemeinwohl. Wenn sich der Lautere für das Volk mit ganzem Herzen einsetzt, dann ist das ehrlich gemeint. Die Strategeme des Unlauteren entspringen seiner Selbstsucht und seinem Gewinnstreben. Wenn er etwas für das Volk tut, so ist das bloßer Trug.» Der große deutsche Sinologe Erich Haenisch (1880–1916) bezeichnete Liu Xiang ebenso wie den zweitwichtigsten Konfuzianer Mencius (um 372–289) als «Vorkämpfer für Moral und Charakter».

Ansonsten herrscht in China nach wie vor die Überzeugung vom wertneutralen Charakter der Strategeme vor: «Strategeme sind bloße Werkzeuge. Bei Werkzeugen wird nicht zwischen ‹moralisch guten› und ‹moralisch schlechten›, sondern einzig und allein zwischen ‹brauchbaren› und ‹unbrauchbaren› unterschieden. Mit den Strategemen verhält es sich wie mit einem Küchenmesser, mit dem man Gemüse zurechtschneidet. Wir beurteilen das Messer einzig unter dem Gesichtspunkt, ob es scharf geschliffen und daher gut zu gebrauchen sei. Niemand wird sagen, es sei ein moralisch gutes Messer, wenn man es zum Gemüseschneiden braucht, aber ein moralisch böses Messer, wenn man damit eine Untat begeht» (Yu Xuebin, S. 4). Nicht das Strategem als solches, sondern das konkrete Ziel, dem es dient, unterliegt der ethischen Wertung. Also ist die ethische Bewertung des Ziels beziehungsweise des Motivs einer Strategemanwendung für die Bewertung des betreffenden konkret angewendeten Stratagems maßgebend. Wird jemand, der sich ein mißbilligtes Verhalten zuschulden kommen läßt, überlistet, stößt dies auf Zustimmung. «Du bist wirklich ein toller Jugendlicher», pries beispielsweise ein Nachtdienst leistender Polizist im Nanjinger Stadtbezirk Xuanwu einen Bahnwärter. Dieser war bei der Heimfahrt auf seinem Motorrad von einem Mädchen per Handzeichen angehalten worden. Im Gespräch merkte er bald, daß eine Dirne vor ihm stand. Auf ihre Avancen reagierte er «zum Schein mit großem Interesse» (*Rechtsordnungs-Tageszeitung,* Peking 1.11.1991). Nachdem er den Preis von 50 Yuan (ca. 18 Mark) erfahren hatte, ließ er sie aufsitzen, so daß sie glaubte, er fahre sie zu einem ruhigen Plätzchen. In Wirklichkeit aber steuerte er sein Vehikel stracks zum erwähnten Polizeiposten, wo die Frau vom hocherfreuten Polizisten in Gewahrsam genommen und dem jungen Mann ein dickes Lob zuteil wurde.

In bezug auf die Anwendung von Strategemen in der Politik schreibt ein chinesischer Autor: «Die führenden Persönlichkeiten unterschiedlicher Klassen und Gruppen können allesamt Strategeme anwenden und wenden sie auch an. Nur wenn man das im konkreten Einzelfall benutzte Stratagem im Zusammenhang mit dem – gerechten oder ungerechten, fortschrittlichen oder reaktionären oder grundlegende Fragen von Recht und Unrecht gar nicht tangierenden – Wesen des betreffenden Kampfes beurteilt, kann man es in angemessener Weise bewerten.» (*Zhonghua Chuantong Wenhua Daguan [Großer Überblick über die traditionelle chinesische Kultur]*, Peking, 1993, S. 508).

In noch allgemeinerer Weise äußert ein anderer Chinese: «Von ihrem Wesen her gesehen sind Strategeme lediglich von den Menschen zum Erreichen eines Zieles benutzte Mittel (shouduan), sie sind bloße Werkzeuge (gongju), an sich sind sie ohne jegliche ethische Färbung [...] Strategeme kann jeder Mensch benutzen. Doch was die Sittlichkeit und Redlichkeit des Strategemanwenders angeht, so kann dieser edel oder niederträchtig sein. Von niederträchtigen Menschen ausgeheckte Strategeme mögen zwar für eine kurze Weile von Erfolg gekrönt sein, sind aber letztendlich zum Scheitern verurteilt. Nur edle Menschen können, gestützt auf Strategeme, langwährenden Nutzen erzielen und den endgültigen Sieg erringen.» (Deng Jianhua: *Moulüe Jingwei [Die Quintessenz der Strategeme]*, Wuhan 1994, S. 8)

Die ethische Beurteilung der List nicht als List, sondern unter dem Gesichtspunkt, wer sie zu welchem Zweck anwendet, ist auch Europäern nicht fremd. Ganz allgemein zeichnet sich die europäische Märchen-, Schwank-, Novellen- und Komödienliteratur oftmals durch eine «narrative Anerkennung der List als Kampfmittel der physisch und sozial Schwachen» aus. «Wenn der Märchenheld anderen Zaubergegenstände oder Geheimnisse ablistet, wird seine Tat – schon von ihrem Zweck her – positiv gewertet.» In der Kinder- und Jugendliteratur «bieten sich manche Erzählungen mit listigen Tier- und Kinderhelden als Identifikationsfiguren geradezu an». Gar «Lebenshilfe» leistet der Schwank, der «im listigen Helden eine Identifikationsfigur für die Benachteiligten liefert» (Katalin Horn: «List», in: *Enzyklopädie des Märchens* Bd. 8, Berlin/New York 1996, Spalten 1099, 1101 f.).

## 4. Licht und Schatten gehören zusammen

Wie immer auch Märchen und Volkes Stimme zur List stehen mögen, offiziell wird sie im Okzident verdammt: «Das scheinbar rational Unerklärliche/Undurchschaubare von Listen wird im christlichen Abendland – teilweise unter Fortführung älterer Traditionen – mit dem Zauber des bösen Teufels und seiner irdischen ‹Angestellten› verbunden. Teufels*list*, Zauber*tricks* werden so dem Göttlichen und dessen guten

Wundern gegenübergestellt. Gott braucht in Wundern keine Tricks zu machen. Da er die von ihm den Menschen gegebenen/zugebilligten Möglichkeiten jederzeit selbst überschreiten kann, ergibt sich hier kulturell die Einordnung der List in die von Gott ‹zugelassene› Antiwelt des Antichristen, des teuflischen Gegenspielers.» Während «List» gemäß Hugo Stegers Analyse im Abendland der «Antiwelt des Antichristen» zugeordnet und damit negiert wird («List – ein kommunikativer Hochseilakt zwischen Natur und Kultur», in: Harro von Senger [Hg.]: *Die List,* Frankfurt a. M. 1999, S. 326) werden chinesische Ausdrücke wie «ji», die mit «List» übersetzbar sind, mit dem Yin-Element assoziiert. In diesem Zusammenhang ist auf das *Yijing (Buch der Wandlungen),* ein Orakelbuch, dessen Kerngehalt aus der Zeit zwischen dem 10. und 8. Jh. v. Chr. stammt, hinzuweisen, auf das die vor etwa 500 Jahren entstandene älteste Abhandlung über die 36 Strategeme, das Traktat *Die 36 Strategeme (Das geheime Buch über die Kriegskunst),* in sämtlichen 36 Kapiteln Bezug nimmt.

Ein Grundgedanke des *Buchs der Wandlungen,* wohl eines der berühmtesten Werke des chinesischen Altertums, ist gemäß seinem ältesten Kommentar (aus der Zeit um die Mitte des 1. Jahrtausends v. Chr.) der kosmologische Dualismus von Yin und Yang. Yang vertritt unter anderem die Sonnenseite, zum Beispiel eines Hügels, Yin die Schattenseite. Yin steht aber auch für «List». Der Yin-Bereich wird nun aber im Denken von Chinesen nicht als «Antiwelt des Anti-Yang», sondern als eine zum Yang-Bereich komplementäre, mit diesem polar verbundene Sphäre betrachtet. Ohne Yin könnte Yang gar nicht bestehen. Von diesem Yin-Yang-Denken her erlangt somit die List ihre gleichsam kosmologische Legitimität. Die List koexistiert notwendigerweise, natürlicherweise mit der Nicht-List, so wie «Wahrheit und Lüge ewig zusammen bestehen» (*Volkszeitung,* Peking 26. 11. 1998, S. 12). Eine Welt von zwischenmenschlichen Beziehungen, die nur auf Nicht-List aufbaut, ist so gesehen, für Chinesen undenkbar; darin steht ihnen Johann Wolfgang von Goethe (1749–1832) nahe mit seiner Sentenz: «Wir mögen die Welt kennenlernen, wie wir wollen, sie wird immer eine Tag- und eine Nachtseite behalten.» Aus der Yin-Yang-Komplementarität entspringt eine grundsätzliche Bejahung der List, die folglich als ein integraler Bestandteil der Weisheit und Klugheit anerkannt wird. So ist denn auch der geschickte Umgang des Menschen mit den Wechselspielen von Yin und Yang gemäß dem Traktat *Die 36 Strategeme (Das geheime Buch über die Kriegskunst)* der Angelpunkt der Strategemkunde. Hierauf bin ich in einem 1992 vor dem europäischen

Sinologenkongreß in Paris gehaltenen Vortrag näher eingegangen (s. Harro von Senger: «The Idea of Change as a Fundament of the Chinese Art of Cunning», in: *Notions et perceptions du changement en Chine*. Mémoires de l'Institut des hautes études chinoises, vol. XXXVI, Paris 1994, S. 21 ff.). Übrigens erweist sich die im Abendland verbreitete, den christlichen Gott von jeglicher List dissoziierende Sicht nachgerade als eine – listige? – Fiktion. Gottes Listigkeit ist freilich nur mit geeigneten strategemischen Analysen nachweisbar, die das Abendland aber leider nicht entwickelt hat (s. Ulrich Mauch: *Der listige Jesus*, Zürich 1992).

## 5. Der Mythos vom rein konfuzianischen China

Da nun «ji» im Ausdruck «36 ji» einen durchaus wertneutralen, wenn nicht gar positiven Klang hat, wogegen «List» im Deutschen eher negative Assoziationen hervorruft, ist die im Deutschen wertneutral klingende Übersetzung «36 Strategeme» der grundsätzlich ebenfalls möglichen deutschen Übersetzung «36 Listen» oder «36 Ränke» vorzuziehen. Diese Sichtweise wird vereinzelt in Frage gestellt. So spricht ein deutschsprachiger Autor von den «36 Finten», wobei ich mich frage, ob «Finte» tatsächlich ein Wort mit negativer Konnotation ist, und begründet dies wie folgt:

«Im Gegensatz zur Darstellungsweise von Sengers [...] wird im vorliegenden Zusammenhang nicht der neutrale Ausdruck ‹Strategem›, sondern der bewußt ‹parteinehmende› Terminus ‹Finte› oder ‹List› verwendet; denn all diese Ausdrücke stammen, wie gesagt, aus der Kriegsführungspraxis, bei der – dies kann nicht oft genug betont werden – List, Täuschung und abermals List im Vordergrund standen. Der Konfuzianismus mit seinen Idealen wurde hier auf den Kopf gestellt, so daß man die chinesische Welt durch die Brille der ‹36 Finten› im wahrsten Sinne des Wortes ‹von unten her› ins Blickfeld bekommt. Auch die von den Klassikern so häufig beschworene ‹Harmonie› erscheint hier nur noch im Zerrspiegel» (in: *China aktuell*, Hamburg März 1995, S. 231).

Diese Kritik am wertneutralen Wort «Strategem» geht von einem idealisierten Bild Chinas aus, das zu 100 Prozent aus Konfuzianismus bestehe und in dem die vom Konfuzianismus vertretenen Ideale angeblich seit Jahrtausenden Wort für Wort ständig gelebte Alltagspraxis seien. Für eine neutrale oder positive Bewertung der List ist in einem so gezeichneten beziehungsweise verzeichneten China natürlich kein Platz.

Nun handelt es sich bei den «36 ji» ursprünglich um einen Katalog von Kriegslisten. Das älteste Traktat über die 36 Strategeme trägt denn auch den Untertitel *Das geheime Buch über die Kriegskunst.* In diesem Traktat werden die einzelnen Strategeme vornehmlich anhand von Beispielen aus der chinesischen Kriegsgeschichte veranschaulicht. Kriegslisten aber wurden seit alten Zeiten im einschlägigen chinesischen Schrifttum – insgesamt entstanden im alten China mehr als 4000 Militärtraktate – bejaht. Angesichts der vielen Kriege in der chinesischen Geschichte kann es nicht verwundern, daß es in China Stimmen gibt, die sagen, es sei zulässig anzunehmen, daß die chinesische Militärkultur das Hauptkennzeichen der chinesischen Kultur und der grundlegende Inhalt des chinesischen Volkscharakters sei (Cheng Fangping in: *Licht-Tageszeitung,* Peking 17.2.1994, S. 3). Strategeme sind nun aber nicht dem Militär vorbehalten, sondern allgemeine Muster listigen Verhaltens. Das kommt schon sprachlich zum Ausdruck, evozieren doch nur wenige der 36 Strategemformeln kriegerische Ereignisse. Unmittelbar aus *Meister Suns Kriegskunst* stammt nur einer der 36 Strategemnamen (Strategem Nr. 4), auf Lao Zis *Daodejing* geht ein Strategemausdruck zurück (Strategem Nr. 7). Zahlreiche Strategemwendungen haben in historischen oder literarischen Werken ihre älteste Fundstelle (zum Beispiel die Strategeme Nr. 1, 3, 5, 6, 10, 11, 13, 14, 15, 18 etc.).

Die Benutzung von Strategemen im politischen und diplomatischen Bereich belegen aus alter Zeit Bücher wie das von Liu Xiang (?–6 v. Chr.) kompilierte Werk *Zhan Guo Ce (Die Strategeme der Kämpfenden Reiche).* Wie außerdem der das Geschick einer Großfamilie schildernde Roman *Hongloumeng (Traum der Roten Kammer)* von Cao Xueqin (gest. um 1763) zeigt, sind Strategeme auch den privaten zwischenmenschlichen Beziehungen nicht fremd. Selbst ein Konfuzius stand keineswegs in totalem Gegensatz zur List (s. Punkt 8). Abgesehen davon gab es im alten China nicht nur den Konfuzianismus, sondern neben dem Militärdenken und dem die List positiv sehenden Legismus (s. Punkt 18) auch eine sehr lebendige Volkskultur. Von den im chinesischen Volk lebenden Wertvorstellungen betreffend die List legen seit Jahrhunderten populäre Romane wie *Die Romanze der drei Königreiche* sowie Balladen und Opern listigen Inhalts Zeugnis ab. Gerade auch wegen seiner Strategemkunst wurde der in vielerlei Hinsicht sehr konfuzianische Zhuge Liang (s. 1.4, 3.8, 9.1, 13.8, 13.13,

14.6, 14.13, 16.1, 16.2, 16.21 u.a.) seit Jahrhunderten bewundert. Demgemäß vertritt die in den letzten Jahren in China zu beobachtende Flut an Büchern über die 36 Strategeme durchaus eine listfreundliche Strömung mit weit in die Ursprünge der chinesischen Geistestradition zurückreichenden Quellen.

Im Lichte all dieser Umstände erscheint die Übersetzung von «36 ji» mit «36 Strategeme» als vergleichsweise geglückt, weil das deutsche Fremdwort «Strategem» ursprünglich ebenfalls «Kriegslist», dann aber allgemein «Kunstgriff, Trick, geschickt erdachte Maßnahme» bedeutet. So wurde auch in vier von fünf anderen außerhalb Chinas erschienenen Ausgaben über die «36 ji» für «ji» das Wort «Strategem» gewählt:
– Giorgio Casacchia: *I trentasei stratagemmi: l'arte cinese di vincere* (Neapel 1990)
– François Kircher: *Les 36 stratagèmes: traité secret de stratégie chinoise* (Paris 1991, TB-Ausgabe 1995)
– Wang Xuanming: *Thirty-six Stratagems: Secret Art of War* (Asiapac Comic Series, Singapur 1992, Neudruck 1999)
– William Tucci; Gary Cohn: *Shi: Senryaku – The Thirty-Six Stratagems* (Crusade Comics, New York 1995)

Eine Ausnahme bildet der Titel der deutschen Ausgabe von Gao Yuans *Lure the Tiger Out of the Mountains: The 36 Stratagems of Ancient China* (New York 1991). Er lautet *Lock den Tiger aus den Bergen: 36 Weisheiten aus dem alten China für Manager von heute* (Freiburg i. Br. 1991). Hier wird jeweils von «den sechsunddreißig Listen» gesprochen. Irgendwelche Überlegungen zur Übersetzung von «ji» stellt Gao Yuan nicht an. Ein in Peking veröffentlichtes englisches Werk über die «36 ji» trägt den Titel *The Wiles of War: 36 Military Strategies from Ancient China* (Peking 1991). «Wiles of War» entspricht in etwa dem deutschen Wort «Kriegslisten», und was das englische Wort «strategy» betrifft, so bedeutet es unter anderem «List, Berechnung, Intrige, Ränke» (Otto Springer [Hg.]: *Langenscheidts enzyklopädisches Wörterbuch der englischen und deutschen Sprache*, Bd. 2 Berlin 1978, S. 1393), eine Bedeutung, die dem deutschen Wort «Strategie», jedenfalls gemäß einschlägigen deutsch-deutschen Wörterbüchern, nicht zukommt. Die «listige» Bedeutung des englischen «strategy» hat vermutlich auch Laurence J. Brahm mit seiner Broschüre *Negotiating in China: 36 Strategies* (2. Aufl. Hongkong 1996) im Auge.

## 6. Für Abendländer der Affe, für Chinesen der Ausbund der Weisheit

«Es ist so», teilte mir Professor Wolfgang Kullmann, Seminar für Klassische Philologie der Albert-Ludwigs-Universität Freiburg i. Br., in einem Brief vom 2.10.1994 mit, «daß List im frühgriechischen Epos eine Rolle spielt: Hölzernes Pferd; der listenreiche Odysseus, dessen List sehr positiv konnotiert ist; der Opferbetrug des Prometheus am Zeus bei Hesiod (die Götter bekommen nur die schlechten Teile vom Opfer); List in der Liebe (Verführung des Zeus durch Hera, um ihn vom Kampf abzulenken). Auch später wird Aphrodite und die Liebe häufiger mit ‹List› in Zusammenhang gebracht. Auffällig ist aber, daß in der griechischen Ethik in klassischer Zeit anscheinend dieses Phänomen nicht behandelt wird (bei Aristoteles kommt nicht einmal das Wort ‹List› vor).»

Einige Überlegungen zur Frage, warum das so ist, stellen Renate Zoepffel und Ute Guzzoni an (in: Harro von Senger [Hg.]: *Die List,* Frankfurt a. M. 1999, S. 111 ff., 386 ff.). Nachdem die List von den griechischen Philosophen mit Nichtbeachtung bestraft worden war, erging es ihr im alten Rom noch um einen Grad schlechter. Als ein «ganz unrömisches Mittel» denunzierte sie der große römische Geschichtsschreiber Livius (59 v.Chr.–17 n.Chr.) in seiner *Römischen Geschichte* (Buch I, 53,4). So fand der Apostel Paulus einen fruchtbaren Boden, als er verkündete: «Die Weisheit dieser Welt ist Torheit vor Gott.» Kein Wunder, daß im Abendland die List zu den «falschen Arten der Klugheit», ja zu den «Lastern» gezählt (s. das neuthomistische Lehrbuch von Pater Dr. Bernhard Kälin: *Einführung in die Ethik,* 2. Aufl. Sarnen 1954, Nr. 204) und offenbar demzufolge im *Weltkatechismus* der Katholischen Kirche mit seinen 2865 Paragraphen auf über 700 Seiten (Oldenburg 1993), der «nach den Worten des Papstes ‹die Botschaft Christi vollständig und unverkürzt› darstellt» (Neue Zürcher Zeitung, 1.10.1993, S. 23), keines Wortes gewürdigt wird (gemäß «thematischem Register», S. 797).

Aus der Sicht des größten deutschen Militärdenkers Clausewitz bietet sich «die List dem ganz Schwachen und Kleinen, für den keine Weisheit mehr ausreicht, als die letzte Hilfe an» (Carl von Clausewitz: *Vom Krieg* [Drittes Buch, Abschnitt XI], Pfaffenhofen 1969, S. 108). List hat demnach mit Weisheit nicht viel zu tun, im Gegenteil, man greift dann auf sie zurück, wenn man mit seiner Weisheit am Ende ist. Für den Vorreiter der Aufklärung John Locke ist die List etwas Garstiges: «List (cunning) ist der Affe der Weisheit und so weit von dieser entfernt, wie es nur geht; und sie ist als Affe wegen der Menschenähnlichkeit des Affen, dem jedoch fehlt, was ihn wirklich menschengleich machen könnte, um so häßlicher. List ist nur der Mangel an Vernunft [...]» (*Gedanken über die Erziehung,* Nr. 140).

Ganz anders wird das Verhältnis von Weisheit und List seit Jahrtausenden im Reich der Mitte gesehen. Das zentrale chinesische Schriftzeichen für «Weisheit» wird heute in China mit «zhi» latinisiert. Das in bezug auf die Erklärung von «zhi» beste westliche Wörterbuch der chinesischen Sprache (Institut Ricci [Hg.]: *Dictionnaire français de la langue chinoise,* Paris 1976, S. 149) vermittelt hierfür folgende vier Bedeutungen: 1. talent; capacité; 2. intelligence; sagesse; prudence; 3. intelligent; sage; prudent; 4. *stratagème* (s. im einzelnen: Harro von Senger: «Strategemische Weisheit», in: *Archiv für Begriffsgeschichte,* Bd. XXXIX, Bonn 1996, S. 29 ff.) Allerdings ist die gegenseitige begriffliche Durchdringung von List und Weisheit in einem eigenen Begriffswort dem Abendland nicht grundsätzlich fremd. So wird über das altgriechische «mètis» festgestellt: «[...] parfois ‹plan, plan habile›, plus souvent ‹sagesse› habile et efficace, qui n'exclut pas la *ruse* [...]; le mot est volontiers appliqué à Zeus le rusé, voir Vernant et Detienne [...]» (Pierre Chantraine: *Dictionnaire étymologique de la langue grecque,* Paris 1968, S. 699). M. Detienne und J. P. Vernant erläutern «mètis» in einer Weise, die die altgriechische «Weisheit» nahe an den chinesischen Begriff, wie er im Schriftzeichen mit der Aussprache «zhi» angelegt ist, heranzurücken scheint. «Mètis» ist demnach «une forme d'intelligence et de pensée, un mode du connaître; elle implique un ensemble complexe, mais très cohérent, d'attitudes mentales, de comportements intellectuels qui combinent le flair, la sagacité, la prévision, la souplesse d'esprit, la feinte, la débrouillardise, l'attention vigilante, le sens de l'opportunité, des habiletés diverses, une expérience longuement acquise; elle s'applique à des réalités fugaces, mouvantes, déconcertantes et ambiguës, qui ne se prêtent ni à la mesure précise, ni au calcul exact, ni au raisonnement rigoureux» (Marcel Detienne; Jean-Pierre Vernant: *Les ruses de l'intelligence: la mètis des Grecs,* Paris 1974, S. 9 f.).

Auch das deutsche «List» bedeutete in einer frühen Phase unter anderem «Weisheit». Im Gegensatz zur altgriechischen «mètis» und zum chinesischen «zhi» ist jedoch dem deutschen «List» die synchrone Bedeutung von Weisheit – im unlistigen Sinne – und von «List» im modernen Sinne (s. die in Punkt 12 erwähnte Duden-Definition der List) nicht zu eigen gewesen, und wenn, dann höchstens in einer vergleichsweise kurzen Zeitspanne des Übergangs von der ursprünglich weiten positiven zur modernen engen negativen Bedeutung. Das Besondere am chinesischen «zhi» liegt darin, daß es nicht nur synchron, sondern – über gewaltige Zeiträume hinweg – diachron die Doppelbedeutung «Weisheit» – «List» bewahrt hat. So ist ein Bericht in einer Pekinger Tageszeitung vom 22.6.1995 mit «Yi lao fu *zhi* dou san jiefan» betitelt, was mit «Eine alte Frau bekämpft mit *List* drei Räuber» zu übersetzen ist. Gemäß dem Bericht hielt sich die alte Frau Jia Yumei ohne jede Begleitung in ihrem Geschäftslokal in der Stadt Yinchuan im Autonomen Gebiet Ningxia der Hui-Volksgruppe auf. Das Gebäude befand sich allein auf weiter Flur in einem Quartier, dessen restliche Häuser im Rahmen einer Umsiedlungsaktion gerade abgerissen worden waren. Um Mitternacht polterten drei Räuber an die Haustür und verlangten Einlaß und Geld. Die Listigkeit der alten Frau bestand darin, daß sie zunächst die Räuber in freundlichem Ton hinzuhalten versuchte, um dann, als dies nichts fruchtete, mit fester Stimme nach ihren beiden – gar nicht vorhandenen – Söhnen im oberen Stock zu rufen: «Ruft die Polizei an, und kommt mit dem Gewehr herunter!» In der Folge ahmte sie die Stimme eines Sohnes nach, der ihr antwortete.

## 7. Kampf mit Kopf statt mit Kraft

Ausdrücke wie «*zhi* dou» («mit *List* bekämpfen» beziehungsweise «*überlisten*»), womit die Pekinger Zeitung das Verhalten der alten Frau kennzeichnet, oder «dou *zhi*» (wörtlich: «[sich in bezug auf] die *Weisheit/List* messen» beziehungsweise «um den *Weisheits*preis streiten») kommen aber nicht nur in modernsten Texten häufig vor, sondern sind bereits in alter Zeit belegt. Berühmt ist in China ein Ausspruch Liu Bangs, des Begründers der längsten aller chinesischen Kaiserdynastien, nämlich der Han-Dynastie (206 v.Chr.–220 n.Chr.), in dem «dou *zhi*» vorkommt: «Ning ken dou *zhi*, bu neng dou li»: «Ich ziehe ein *Weisheits*messen vor, zu einem Messen der Muskelkraft bin ich nicht imstande.» Xiang Yu, der große Gegenspieler von Liu Bang, hatte den Vater Liu Bangs gefangengenommen und ließ Liu Bang die Drohung übermitteln, er werde den Vater kochen lassen, wenn der Sohn sich nicht ergebe. Liu Bang ließ ihm ausrichten, für diesen Fall bitte er, ihm eine Tasse von der Brühe zu schicken. Der rasende Xiang

Yu ließ sich sein Vorhaben als zwecklos ausreden, vereinbarte eine Unterredung mit Liu Bang und schlug vor, die Entscheidung um die Kaiserkrone solle durch einen Zweikampf zwischen ihnen beiden herbeigeführt werden. Darauf antwortete Liu Bang lachend mit dem oben zitierten Satz.

In der Tat bestand das «Weisheitsmessen» Liu Bangs mit Xiang Yu vornehmlich im Ersinnen und Anwenden von Listen. So geht gar die Bezeichnung des achten der 36 Strategeme der Chinesen, nämlich «Sichtbar die Holzstege wieder instand setzen, heimlich nach Chencang marschieren», auf eine Krieglist Liu Bangs zurück (s. 8.1). Ein Buch über das *Weisheitsmessen* (dou zhi) gab Li Bingyan, der Verfasser des in der Volksrepublik China erfolgreichsten Buches über die 36 Strategeme, heraus. 19 Auflagen von 1979 bis 1985 (als es wegen Plagiats aus dem Handel gezogen wurde) erlebte in Taipeh das Buch *Sanshiliu Ji: Dou Zi (Die sechsunddreißig Strategeme: Weisheitsmessen* [besser: *Kampf mit List])*. Giorgio Casacchia, der in Neapel ein Buch über die 36 Strategeme publiziert hat (s. Punkt 5), gibt Anlaß zum Schmunzeln, mutmaßt er doch, von tiefergehenden Kenntnissen des chinesischen Strategemevokabulars offensichtlich unbelastet, «dou zhi» im Untertitel des soeben erwähnten Taipeher Buches sei das Pseudonym des Verfassers (*I trentasei stratagemmi,* Neapel 1990, S. 29, Anm. 18).

Schon in frühesten chinesischen Schriften, die dem Bereich «Philosophie» zugeordnet werden können, spielt «zhi» in dem hier im Vordergrund stehenden Sinne eine Rolle. So kommt «zhi» im ältesten Militärtraktat Chinas und der Welt, in *Meister Suns Kriegskunst* (ca. 500 v. Chr.) insgesamt siebenmal vor, darunter im folgenden Satz: «Fei sheng *zhi* bu neng yong jian»: «Ohne überragende *Weisheit* (zhi) kann man keine Geheimagenten einsetzen.» Daß hier die «Weisheit» einen listigen Beigeschmack hat, geht aus einschlägigen chinesischen Kommentaren hervor. So schreibt Du Mu (803–um 853): «Zuerst geht es darum, den Charakter eines in Dienst zu nehmenden Spions abzuschätzen, um festzustellen, ob er aufrichtig, ernsthaft und listenreich sei. Danach kann man ihn einstellen.» Natürlich vermag nur eine für List sensible Weisheit die Listigkeit eines anderen Menschen zu erfassen.

In *Meisters Suns Kriegskunst* heißt es ferner über einen Militärführer: «Das, was einen Feldherrn ausmacht, das sind *Weisheit (zhi),* Glaubwürdigkeit, Mitgefühl, Tapferkeit und Strenge.» – «Weisheit» (zhi) wird vom soeben zitierten Kommentator Du Mu mit dem Vermögen, «findig und trickreich zu sein und den sich wandelnden Umständen anzupassen», erläutert. Der Kommentator Mei Yaochen (1002–1060) schreibt gar: «Weisheit (zhi) ist das Vermögen, findig und raffiniert zu sein.» Schon Wang Fu (76–157) bemerkt: «Mittels Weisheit (zhi) macht sich der Feldherr den Feind gefügig [...] Macht sich der Feldherr den Feind gefügig, dann ist er imstande, sich den sich wandelnden Bedingungen anzupassen [...] Setzt er fähige und weise (zhi) Männer ein, dann werden seine geheimen Pläne [yinmou] gelingen.»

Meister Sun lebte der Überlieferung nach vor mehr als 2500 Jahren in der Frühlings- und Herbstzeit (770–476) zur Zeit des Konfuzius (551 oder 552–479). Auch ein anderer Philosoph jener Epoche, von dem allerdings selbst die Existenz und die Urheberschaft an dem ihm zugeschriebenen Werk *Daodejing* (im Deutschen oft *Tao te King* genannt), dem *Buch vom Leitweg und von der Tugendhaftigkeit,* in Frage gestellt wird, nämlich Lao Zi, bringt «Weisheit» (zhi) mit an List anklingenden Gedanken in Verbindung: «Kommen Klugheit und Weisheit (zhi) auf, dann gibt es die große Falschheit» (*Daodejing,* Kap. 18). Dementsprechend stellt Lao Zi fest: «Sind die Heiligkeit unterbunden und die Weisheit (zhi) aufgegeben, wird das Volk hundertfach gewinnen» (*Daodejing,* Kap. 19). «Wer mit Weisheit (zhi) den Staat leitet, ist ein Schädling des Staates, wer nicht mit Weisheit den Staat regiert, ist das Glück des Staates» (*Daodejing,* Kap. 65).

In einem modernen chinesischen, wenn auch volkstümlichen Kommentar wird die Beziehung zwischen der von Lao Zi verworfenen Weisheit und der gleichsam aus der Weisheit entspringenden List verdeutlicht: «[Lao Zi] forderte, auf die Weisen und die Weisheit solle verzichtet werden. [...] Lao Zi lehnte Wissen und Weisheit ab, indem er sagte, das Volk sei schwer zu regieren, weil es Kenntnisse besitze. Warum versuchten sich die Menschen zu betrügen und zu überlisten? Der Grund liege in der trügerischen Rolle der sogenannten Weisheit [...].»

Mag auch Lao Zi Weisheit (zhi) und List nicht gerade als Synonyme behandeln, so war doch das Auftreten von List für ihn die zwangsläufige Folge von Weisheit. Denn je klüger und weiser etwas geplant, erdacht oder institutionalisiert wird, desto listiger werden Leute darauf reagieren. Je mehr Weisheit, desto mehr konterkarierende List, je weniger Weisheit, desto geringer die Herausforderung an die Listigkeit der Menschen. In dem Lao Zi zugeschriebenen Werk *Daodejing* finden sich freilich auch Gedanken, die Anlaß dazu bieten, das *Dao-*

*dejing* als ein Buch über die Kriegskunst und Lao Zi gar als einen Philosophen der Intrige zu bezeichnen (s. 17.31). Nicht nur als Verballhornung erscheinen daher Bücher wie «*Lao Zi» Moulüexue (Strategemkunde [anhand des] Lao Zi)*, verfaßt von Zhang Yunhua, Hongkong 1993.

## 8. Konfuzius als heimlicher Adept der List?

In den *Gesprächen (Lunyu)*, dem grundlegenden Werk über die Gedanken des Konfuzius, kommt das sowohl Weisheit als auch List bedeutende Schriftzeichen mit der Aussprache «zhi» insgesamt 116mal vor, davon zweimal im Sinne des Substantivs «Wissen», 89mal im verbalen Sinn von «wissen», «kennen», und 25mal im Sinne von «Weisheit». «Weisheit» bedeutet für Konfuzius hauptsächlich das Vermögen, zwischen Gut und Böse, Richtig und Falsch zu unterscheiden. Allerdings verwendet Konfuzius das Wort bisweilen auch mit einem listigen Beigeschmack. So bezeichnet er jemanden, der die Weisheit des Zang Wuzhong besitzt, als einen «vollkommenen Menschen». Bei Zang Wuzhong handelt es sich um einen Großwürdenträger aus dem Staate Lu, der nach seiner Flucht in den Staat Qi die Ermordung des Herzogs Zhuang von Qi (553–548) vorauszusehen vermochte. Durch den Einsatz des Provokationsstrategems (Strategem Nr. 13 in dem allerdings erst etwa 2000 Jahre später zusammengestellten Katalog der 36 Strageme) versetzte Zang Wuzhong Herzog Zhuang, der ihn mit einem Landstück belehnen wollte, in Zorn. Zang Wuzhong bezeichnete den Herzog in einem Gespräch als «Ratte», weil er den Staat Jin angegriffen habe, als dieser durch Unruhen geschwächt gewesen sei. Die erwünschte Folge der listigen Beleidigung bestand darin, daß ihm der Herzog das Landstück vorenthielt. Durch diese Entkoppelung seines Schicksals von jenem des ein Jahr später ermordeten Herzogs Zhuang sicherte sich Zang Wuzhong sein eigenes Überleben. Freilich steht der listige Gehalt der Weisheit im Weisheitsbegriff des Konfuzius nicht unbedingt im Vordergrund. Falsch aber wäre es, der von Konfuzius vertretenen Weisheit jegliche Listigkeit absprechen zu wollen. Dies insbesondere auch in Anbetracht der Tatsache, daß Konfuzius sich im Rahmen seiner ethischen Lehre zwar nicht ausdrücklich, wohl aber de facto indirekt für die Anwendung von List aussprach. Hierzu ein Beleg:

«Der Fürst von She redete mit Konfuzius und sagte: ‹Bei uns zu-

lande gibt es Aufrichtige. Wenn jemandes Vater ein Schaf gestohlen hat, so legt der Sohn Zeugnis gegen ihn ab.› Konfuzius sagte: ‹Bei uns zulande sind die Aufrechten verschieden davon. Der Vater deckt den Sohn, und der Sohn deckt den Vater. Darin liegt Aufrichtigkeit.»"
Natürlich kann der Vater den Sohn beziehungsweise der Sohn den Vater in praxi nur unter Einsatz von listigen Mitteln decken, so zum Beispiel, indem er die Obrigkeit belügt oder ablenkt, sich dumm stellt, Spuren verwischt oder den Gesuchten versteckt etc. So ist die für Konfuzius zentrale Tugend der Sohnesliebe gegenüber dem Vater mit einer im Bedarfsfall listigen Dimension behaftet. Um so weniger ist es erstaunlich, daß Konfuzius auch der «Weisheit» (zhi) listige Züge zugesteht. Daß Konfuzius in seinem persönlichen Umgang mit seinen Mitmenschen der List bisweilen keineswegs abhold war, belegen Anekdoten aus den *Gesprächen*. Yang Huo, der oberste Hausbeamte der Familie Ji, hatte die Herrschaft im Staate Lu an sich gerissen und wollte sein Ansehen durch die Anstellung des Konfuzius stärken. Als dieser auf Yang Huos Aufforderung, ihn zu besuchen, nicht einging, schenkte ihm Yang Huo ein Schwein. Nach den Regeln der Höflichkeit hätte ihm nun Konfuzius einen Dankesbesuch abstatten sollen. Konfuzius aber ließ ausforschen, wann Yang Huo nicht zu Hause war, und nutzte für seinen Dankesbesuch ausmünzungs- und fluchtstrategemisch den Augenblick einer Abwesenheit Yang Huos (Strategem Nr. 12 und Nr. 36). Damit hatte Konfuzius die Regeln der Höflichkeit dem Scheine nach gewahrt, gleichzeitig aber eine ihm nicht genehme Begegnung vermieden. Ein anderes Mal wollte ein gewisser Ru Bei Konfuzius sehen. Konfuzius ließ ihm aber ausrichten, er sei krank – eine glatte Lüge (Strategem Nr. 7 bzw. Nr. 27). Noch während der Bote mit diesem abschlägigen Bescheid zur Türe hinausging, nahm Konfuzius die Laute und sang ostentativ dazu, so daß Ru Bei es hören mußte. Offensichtlich wollte ihm Konfuzius auf diese verklausulierte Weise signalisieren, daß es keineswegs eine Krankheit sei, weshalb er ihn nicht empfange, und ihm einen von ihm begangenen – uns nicht bekannten – Fehltritt in einer verglichen mit einem normalen Gespräch viel drastischeren Weise vor Augen führen (Strategem Nr. 13).

Übrigens gibt es chinesische Autoren, die dahin tendieren, eine viele Chinesen prägende auf ständige zwischenmenschliche Kosten-Nutzen-Rechnungen abstellende planerisch-kalkulierende Denkweise von einer rein sachlich-rationalen, auf pure logische Schlußfolgerungen abstellenden naturwissenschaftlichen Denkweise sowie von einer auf das gefühlsmäßige Erfassen und auf das Heilig-Transzendente ausgerichteten künstlerisch-religiösen Denkweise abzugrenzen, wobei die beiden letztgenannten Denkweisen in China seit alters her weniger verbreitet gewesen seien.

9. Verzicht auf Menschenmord aus Kalkül

Als ein Beispiel für die gerade etwa Konfuzius nachgesagte kalkulierend-strategemische Denkweise – die Rede ist auch allgemein von einer bei Chinesen seit jeher im Vordergrund stehenden «praktischen Vernunft» (shiyong lixing) – wird auf Mencius (etwa 372–289), den zweitwichtigsten Vertreter des Konfuzianismus, hingewiesen. In einem Gespräch mit dem König Liang von Xiang gab Mencius auf die Frage, wie die Welt (= das damals in viele Königreiche zersplitterte China) geeinigt werden könne, die folgende Antwort: «Wer keine Lust an Menschenmord hat, kann die Welt einigen.» Denn «[...] heute gibt es auf der ganzen Welt unter den Hirten der Menschen keinen, der nicht Lust hätte am Menschenmord [es ist dies eine Anspielung auf die Grausamkeit der mit König Liang um die Reichseinigung rivalisierenden anderen Könige]. Wenn nun einer käme, der nicht Lust hätte am Menschenmord, so würden die Leute auf der ganzen Welt alle die Hälse recken und nach ihm ausspähen. Und wenn er wirklich also ist, so fallen die Leute ihm zu, wie das Wasser nach der Tiefe zufließt, in Strömen. Wer kann es hindern?» Den Verzicht auf ein grausames Regiment begründet Mencius nicht mit dem ethischen Argument, sondern mit dem kühlen Kalkül, daß derjenige König, der auf Menschenmord verzichtet, seinen Rivalen im Kampf um die Reichseinigung gleichsam ein Schnippchen schlagen könne.

Seit Mencius bezeichnet «zhi» die «Weisheit» im Sinne einer der vier konfuzianischen Kardinaltugenden. «Zhi» kommt im Werk des Menicus aber auch mit einem listigen Gehalt ausgestattet vor: «Mencius sprach: [...] Einst erhielt Zi Chan, der Minister von Zheng, einen lebenden Fisch geschenkt. Zi Chan [brachte es nicht über sich, den Fisch zu töten, um ihn zu essen, und er] bat den Teichwächter, ihn im Teich zu hegen. Doch der Teichwächter kochte [und aß] den Fisch [statt dessen]. Hernach berichtete er Zi Chan, er habe die Anweisung ausgeführt [und den Fisch freigelassen]. Eben ins Wasser gelangt, sah er wie tot aus. Doch dann bewegte er sich wieder und verschwand. Zi Chan sagte: ‹Er hat seinen Platz gefunden, er hat seinen Platz gefunden!› Der Teichwächter ging hinaus und sagte: ‹Wer bezeichnet Zi

Chan als *weise (zhi)?* Ich habe den Fisch doch gekocht und gegessen, und er sagt: Er hat seinen Platz gefunden, er hat seinen Platz gefunden!› [Mencius fuhr fort:] So kann ein Edler [durch] im Rahmen seiner [ethischen] Kategorien [präsentierten Trug] getäuscht, durch seinem [ethischen] Weg widersprechende Vorspiegelungen aber nur schwer hinters Licht geführt werden» (s. 16.18).

Als nicht «weise» stellt der Teichwächter in diesem Textausschnitt Zi Chan dar, weil dieser sein Täuschungsstrategem nicht durchschaute. Als «weise» hätte der Teichwächter, der wohl die in breiteren Bevölkerungsschichten der damaligen Zeit verbreitete Auffassung von «Weisheit» hatte, Zi Chan also offenbar dann eingestuft, wenn dieser die vom Teichwächter präsentierte, gänzlich seinen Erwartungen beziehungsweise seinem Befehl gemäße Schilderung des Geschehens mit List rechnend und dementsprechend mißtrauisch hinterfragt beziehungsweise kontrolliert hätte oder wenn er die Ausführung seines Befehls durch den Teichwächter heimlich hätte überwachen lassen und ihn bei seinem befehlswidrigen Tun erwischt hätte. Obwohl Mencius zur Frage der «Weisheit» nicht ausdrücklich Stellung bezieht, setzt er jedenfalls beim Edlen eine angesichts von normalen, also dessen ethischen Normen entsprechenden, Geschehensabläufen und Vollzugsmeldungen listenwache Weisheit nicht voraus. Gleichwohl gesteht Mencius der Weisheit des Edlen eine listensensible Dimension zu, allerdings nur angesichts von Geschehensabläufen und -darstellungen, die den Pfaden ethischer Normalität zuwiderlaufen.

10. Die Schwägerin vor dem Ertrinken retten

Im Zusammenhang mit Mencius ist ein Schriftzeichen mit der Aussprache «quan» zu erwähnen. Es bedeutet zunächst «Laufgewicht» [= das verschiebbare Gewicht an der Laufgewichtswaage], sodann «wiegen, abwägen», «genau überlegen», «Macht, Einfluß», ja sogar «[subjektives] Recht». Mit diesem Schriftzeichen wird das chinesische Wort für «Menschenrecht» (ren*quan*) gebildet. In vorliegendem Zusammenhang fallen indes vor allem Bedeutungen wie «vorläufig», «unbeständig», «sich anpassen» etc. ins Gewicht, Bedeutungen, die sich in dem mit «quan» gebildeten, erstmals in der von Fan Ye (398–445) verfaßten *Geschichte der Späteren Han-Dynastie* belegten Ausdruck «quanyi zhi ji» («einstweiliger Plan, Notbehelf, taktisches Vorgehen») widerspiegeln. «Quan» kann schließlich auch eine vom (konfuzianischen etc.) Kanon abweichende Vorgehensweise bezeichnen, deren Ergebnis aber dem Leitweg (dao), der dem Kanon wie allen Dingen zugrunde liegt, entsprechen kann beziehungsweise sollte. Gemäß diesem Verständnis wird «quan» bereits im *Kommentar des Gong Yang* (aus dem Zeitalter der Kämpfenden Reiche 475–221) zu den angeblich von Konfuzius redigierten *Frühlings- und Herbstannalen* folgendermaßen umschrieben: «Was ist *quan? Quan* verstößt gegen den Kanon (jing), ist aber [manchmal] besser als der Kanon.»

Eine grundlegende Veranschaulichung von «quan» im Sinne eines «Ausnahmebehelfs» findet sich im Buch des Mencius: «Mencius sprach: ‹Wer seine Schwägerin, die am Ertrinken ist, nicht rettet, der ist ein Wolf. Daß sich Mann und Frau nicht berühren, das ist die in den Riten [li; sie verkörpern in besonderem Maße den Kanon von aus konfuzianischer Sicht korrektem ethischen und etikettegemäßen Verhalten] verankerte Regel. Daß einer seine Schwägerin, die am Ertrinken ist, an der Hand herauszieht, das ist die [gutzuheißende] Abweichung (quan) [von der Regel]›» (*Mencius* IV, I 17).

Was Mencius hier anhand eines Beispiels veranschaulicht, wird in der Sentenz wiedergegeben: «Chang ze shou jing, bian ze cong *quan.»* («In einer normalen Situation hält man sich an den Kanon [jing], im Falle einer [wesenhaften] Wandlung [der Normalität] folgt man einer Abweichung [vom Kanon].» Aus diesem Gedanken ergibt sich eine Sicht der Dinge, gemäß der scheinbar feststehende soziale Normen (jing) keineswegs in jedem Fall unantastbar sind. Es sind stets Wirklichkeitskonstellationen denkbar, in denen «quan», also von der Norm abweichendes Verhalten, als angemessen erscheinen kann. So räumt die chinesische Geisteskultur schon seit Jahrtausenden dem Individuum einen Ermessensspielraum für spontanes, von Normen aller Art abweichendes Handeln im Einzelfall ein. Kein Wunder, daß «quan» im reichhaltigen chinesischen Listvokabular eine herausragende Rolle spielt. Im chinesischen strategemischen Schrifttum besonders wichtig ist das von «quan» und «mou» gebildete zweisilbige Wort «quanmou» mit Bedeutungen wie «(politische) Taktik, Kniff» und «trickery». Erstmals belegt ist «quanmou» bei Xun Kuang (auch Xun Zi, Meister Xun genannt, ca. 313–238), einem zwischen Konfuzianismus und Legismus stehenden Denker: «Der Staatslenker, der [...] das Ränkeschmieden (quanmou) zur Grundlage macht, wird untergehen.» In der von Ban Gu (32–92) verfaßten *Geschichte der Han-Dynastie* werden als eine Kategorie von Verfassern militärischer Traktate die «quanmouzhe» («Strategemiker») aufgeführt und wie folgt gekennzeichnet:

«Mittels gewöhnlicher (zheng) Methoden wollen sie das Land regieren, mittels außergewöhnlicher (qi) Methoden das Militär einsetzen. Bevor sie einen Krieg führen, erstellen sie erst einen Plan. Dabei berücksichtigen sie die Schaffung von Konstellationen und befassen sich mit der Erstellung von Prognosen. Sie setzen Militärtechnologie ein.»
An diese alte Denktradition knüpfen in der Volksrepublik China Bücher an wie *Bingjia Quanmou (Strategeme für den Militärkommandanten)*, verfaßt von Li Bingyan (3. Aufl., Peking 1991), *Zhongguo Gudai Quanmou (Strategeme aus dem chinesischen Altertum)*, verfaßt von Yuan Youwen et al. (Chongqing 1988) und *Quanmou Shu (Strategemkunst)*, Chefred.: Liu Xiren (Peking 1992).

11. Mord als Krieg und Betrug als Handel ausgeben

«So sind diese Europäer. Wo sie hinkommen, da gibt es auch die Liebe! Und wir Chinesen? Nichts als Tücke und Intrigen […]». Diese selbstanklagenden Worte legt der ehemalige chinesische Kulturminister und weltbekannte Schriftsteller Wang Meng einem seiner Romanhelden in den Mund (s. Wang Meng: *Rare Gabe Torheit,* übersetzt von Ulrich Kautz, Frauenfeld 1994, S. 80). Aber ist Europa, ist der Westen wirklich nur von Liebe erfüllt? Westliche Menschen sehen das nicht unbedingt so wie Wang Mengs Held. Schon der deutsche Dichter Sebastian Brant (um 1457–1521) jammert in seinem *Narrenschiff* sinngemäß, die Welt sei «voll Beschiß und List». Und der für seinen schwarzen Humor bekannte amerikanische Schriftsteller Ambrose Bierce (1842–1914) kennzeichnet unsere Zivilisation wie folgt: «Das Abendland ist jener Teil der Welt, der westlich (beziehungsweise östlich) des Morgenlandes liegt. Es wird größtenteils von Christen bewohnt, einem mächtigen Unterstamm der Hypokriten, dessen Hauptbeschäftigung Mord und Betrug ist, von ihnen vorzugsweise als ‹Krieg› und ‹Handel› bezeichnet. Dies sind auch die Hauptbeschäftigungen des Morgenlandes.»
Angesichts des vagen Verständnisses, das man in unseren Breitengraden von List hat, kann man in diesem Zitat unter die Wörter «Hypokriten» und «Betrug» durchaus auch die List subsumieren, die, wenn auch nicht ausdrücklich erwähnt, so doch in der von Bierce angeprangerten Etikettierung von «Mord» mit «Krieg» und von «Betrug» mit «Handel» anschaulich genug vor Augen geführt wird. Das Abendland unterscheidet sich also gar nicht so sehr vom «Morgen-

land», zu dem ich hier auch China rechnen möchte. Unbestreitbar ist freilich, daß im Westen nach allen meinen Kenntnissen nie etwas mit dem Katalog der 36 Strategeme Vergleichbares geschaffen worden ist, den Chinesen vor etwa einem halben Jahrtausend zusammenstellten und dann allerdings bis in die Mitte des 20. Jahrhunderts geheimhielten. Die List hat im Westen nicht den hohen Grad an Aufmerksamkeit auf sich gezogen wie in China. Strategeme mögen zwar situativ, aus dem Bauch heraus, auch im Westen ständig und überall angewendet werden, aber darüber nachgedacht, gesprochen und publiziert wurde und wird im Okzident kaum.

12. Infolge der Fixierung auf den schmalen Lügenbaum den dichten Listenwald nicht sehen

Die Hintansetzung der List spiegelt sich im deutschen Sprachraum zum Beispiel darin wider, daß im *Verzeichnis lieferbarer Bücher* 1998/99, Bd. 5 (Frankfurt a. M. 1998), 151 Titel mit dem Stichwort «Lüge», aber nur 14 Titel mit dem Stichwort «List» zu finden sind (S. 10231 f. und 10399 f.). Die Lüge ist im Abendland ein seit Jahrtausenden zur Kenntnis genommenes Phänomen, und sie wurde auch schon früh definiert. Allein, die Lüge ist, strategemkundlich gesehen, ein kleiner Sonderbereich der List. Im Katalog der 36 Strategeme entspricht Lüge im Sinne eines bestimmten Umgangs mit Sprache dem Kreator-Strategem Nr. 7, «Aus dem Nichts etwas erschaffen». Selbst innerhalb des Kreator-Strategems ist die Lüge ein Sonderfall und deckt keineswegs das gesamte Anwendungsfeld dieses einen Strategems ab. Auch wenn man «Lüge» in einem sehr weiten Sinne nicht nur als sprachliches Auseinanderfallen von Bezeichnetem und Zeichen versteht und auch noch in anderen der Kategorie der Täuschungs-Strategeme zuzuordnenden Strategemen des Katalogs der 36 Strategeme wiederzufinden glaubt – so oder so ist sie nur ein Teilaspekt des Gesamtphänomens der List. Im Abendland hat man also gewissermaßen ob eines einzelnen Baumes den ganzen Wald übersehen. Die penetrante Beschäftigung westlicher Menschen mit der Lüge könnte geradezu als ein Manöver angesehen werden, das dazu dient, von der List abzulenken.

Was aber ist eigentlich eine «List»? Auf diese Frage bin ich im ersten Band der *Strategeme* durch die zahlreichen darin aufgeführten Beispiele (exempla) zwar implizit, nicht aber explizit eingegangen. Das möchte ich nun hier nachholen. Im *Duden: Deutsches Universal-*

*wörterbuch* finden sich seit der Ausgabe 1983 zwei Definitionen der List, eine enge und eine weite. Die enge Definition bezeichnet die List als ein Mittel, mit dessen Hilfe man, *andere täuschend,* etwas zu erreichen sucht, das man auf normalem Wege nicht erreichen könnte. Diese Umschreibung der List entspricht dem im deutschen Sprachraum, ja nachgerade im gesamten Westen, allgemein verbreiteten Listverständnis. Weitgehend unbekannt ist demgegenüber die weite Definition. Danach ist die List ein Mittel, mit dessen Hilfe man etwas zu erreichen sucht, das man auf normalem Wege nicht erreichen könnte. In der weiten Definition *entfällt also das Element der Täuschung.* Auf meine Frage, ob die weite Definition der List nicht Gefahr laufe auszuufern, antwortete mir die Duden-Redaktion, die weite Definition sei durch den Zusatz «schlau» zu ergänzen. List ist demnach ein schlaues Mittel, mit dessen Hilfe man etwas zu erreichen sucht, das man auf normalem Wege nicht erreichen könnte. Diese weite, auf das Element der Täuschung verzichtende List-Definition bildet die Brücke, auf der Abendländer den Zugang zum chinesischen Listverständnis finden können. Denn ein Hauptkennzeichen des neutralen, wenn nicht grundsätzlich positiven Ansatzes, von dem aus Chinesen die List betrachten, besteht darin, daß sie die List nicht auf Täuschung und Betrug reduzieren.

13. Was macht die List zur List?

Nicht «Täuschung» und «Betrug», sondern das «Außergewöhnliche» (qi) ist aus chinesischer Sicht seit alters das Kennzeichen der List. Dieses wird, wie in der weiten Duden-Definition angelegt, mit dem «Normalen» beziehungsweise «Gewöhnlichen» (zheng) in einer dialektischen Einheit gesehen, wie aus folgendem Passus aus *Meister Suns Kriegskunst* hervorgeht:

«Daß die ganze Armee mit Sicherheit dem Feind standzuhalten vermag und keine Niederlage erleidet, ist das Ergebnis von ‹qi› [Außergewöhnlichem] und ‹zheng› [Gewöhnlichem] [...] In jedem Krieg kommen bei den ersten Feindberührungen ‹zheng› [(gewöhnliche) Truppen, Kampfmethoden etc.] zum Einsatz, der Sieg aber wird mittels ‹qi› [mittels in außergewöhnlicher/überraschender Weise eingreifender Truppen etc.] errungen» [...] «Die Behelfe dessen, der sich in der Erzeugung von ‹qi› versteht, sind grenzenlos wie Himmel und Erde, unerschöpflich wie dahingleitende Ströme und Flüsse, sind wie Sonne und Mond, die zwar verschwinden, aber aufs neue aufgehen, sind wie die vier Jahreszeiten, die zwar vergehen, aber immer wieder zurückkehren. In der Musik gibt es nicht mehr als fünf Töne, aber die Veränderungen [ihrer Kombinationen unter Einsatz unterschiedlicher Instrumente] ergeben mehr Melodien, als man sich anzuhören vermag. Es gibt nicht mehr als fünf Grundfarben, aber die Veränderungen [ihrer Kombinationen unter Einsatz unterschiedlicher Materialien] ergeben mehr Farbtöne, als man sich anzusehen vermag. Es gibt nur fünf Geschmäcker, aber die Veränderungen [ihrer Kombinationen unter Verwendung unterschiedlicher Speisen] ergeben mehr Geschmäcker, als man zu kosten vermag. Was die Art der Kriegsführung betrifft, so gibt es nicht mehr als die außergewöhnliche (qi) und die gewöhnliche (zheng), aber deren Variationen [im Rahmen unterschiedlicher konkreter Szenarien] eröffnen eine unendliche Zahl von Möglichkeiten. Das Außergewöhnliche (qi) und das Gewöhnliche (zheng) entstehen wechselseitig das eine aus dem anderen, vergleichbar mit der Endlosigkeit eines Kreises; wer kann die Möglichkeiten ihrer Kombinationen schon erschöpfen?»

In einem 1978 in Shanghai erschienenen Sammelkommentar zu *Meister Suns Kriegskunst* steht in der ersten Zeile der Deutung dieser Gedanken ein Ausspruch von Li Quan aus der Tang-Zeit (618–907): «In einem Krieg den Feind ohne List zu besiegen ist schwer.» Der kurz darauf folgende Kommentar von He Yanxi aus der Song-Zeit (960–1279) erläutert «qi» anhand eines durch den Einsatz von Strategemen errungenen berühmten militärischen Sieges aus der Mitte des 3. Jh. v. Chr. (s. 3.9).

«Qi» und «zheng» werden in westlichen Übersetzungen von *Meister Suns Kriegskunst* unterschiedlich wiedergegeben, so mit «ma-noeuvres *direct* and *indirect»*, «*direkter»* und «*indirekter* Methode» und «*normal»* und «*extraordinary»* force». Vorzuziehen ist die Übersetzung von «qi» mit «extraordinary«. In diese Richtung zielen auch Übersetzungen wie «The *straightforward»* für «zheng» und «the *surprise»* für «qi» (Roger T. Ames [Übersetzung, Einleitung, Kommentar]: *Sun Tzu. The Art of Warfare,* New York 1993, S. 119). Nur das Nicht-Normale, Unorthodoxe, Außergewöhnliche vermag Überraschung zu bewirken und ermöglicht das Austricksen des Gegenübers. So übersetzt denn auch Lionel Giles «qi» bei der Wiedergabe eines Kommentartexts zu besagtem Sun-Zi-Zitat mit «abnormal»: «In presence of the enemy, your troops should be arrayed in *normal (zheng)* fashion, but in order to secure victory *abnormal (qi)* manoeuvres must be employed» (Lionel Giles [Übers.]: *Sun Tzu on the Art of War: The*

*Oldest Military Treatise in the World,* Shanghai/London 1910, Nachdruck Taipeh 1964, S. 35).

Ein eigenes Kapitel mit dem Titel «Qi zheng» findet sich in dem beinahe 2000 Jahre verschollen gewesenen, 1972 fragmentarisch ausgegrabenen Werk *Sun Bins Kriegskunst* aus dem 4. Jh. v. Chr. Ralph D. Sawyer übersetzt «qi zheng» hervorragend mit «Unorthodox and Orthodox» (Ralph D. Sawyer [Übers.]: *Sun Pin: Military Methods,* Boulder/Col. 1995, S. 230). Sun Bin schreibt über das Verhältnis zwischen «qi» und «zheng»: «Man muß das [jeweils Entgegengesetzt-] Verschiedenartige als das Außergewöhnliche (qi) betrachten. So ist Ruhe im Hinblick auf Bewegung, ist Muße im Hinblick auf Anstrengung das Außergewöhnliche [...] Eine Vielzahl ist im Hinblick auf eine Minderzahl das Außergewöhnliche, die bereits in Gang gesetzte und nach außen sichtbare Handlung erscheint als gewöhnlich (zheng), die noch nicht entdeckte als außergewöhnlich (qi) [...]».

In einem Kommentar heißt es dazu: «‹Zheng› ist das Allgemeine, Normale, ‹qi› ist das Besondere, die Veränderung. [...] ‹Gewöhnliches› (zheng) und ‹Ungewöhnliches› (qi) sind zwei aufeinander bezogene Begriffe. Was unter normalen Umständen ‹gewöhnlich› (zheng) ist, kann unter besonderen Umständen zu etwas ‹Außergewöhnlichem› werden und umgekehrt [...]» (Zhang Zhenze: *Sun Bin Bing Fa Jiao Li [Sun Bins Kriegskunst, mit Verbesserungen und Erläuterungen versehen],* Peking 2. Aufl. 1986, S. 195).

In dem vor etwa 500 Jahren entstandenen Traktat über die 36 Strategeme steht im Kommentar zu Strategem Nr. 8: «Das Außergewöhnliche (qi) erzeugt man aus Gewöhnlichem (zheng), gäbe es nichts Gewöhnliches, dann könnte man das Außergewöhnliche nicht erzeugen.» Dieser für das Verständnis der chinesischen Konzeption von List grundlegende Gedanke kristallisiert sich in der Redewendung «Chu *qi* zhi sheng». Wörtlich übersetzt bedeutet dies: «Außergewöhnliches erzeugen und so den Sieg erringen» oder «Durch die Erzeugung von etwas Außergewöhnlichem den Sieg erringen». *Das neue chinesisch-deutsche Wörterbuch* (Peking 1996, S. 123) übersetzt: «Durch einen unvorhersehbaren Trick den Sieg erringen», «jemanden mit einer Überraschungstaktik überwältigen; den Gegner überrumpeln». Diese Redewendung geht inhaltlich auf *Meister Suns Kriegskunst* zurück, die Formulierung aber prägte der wegen seiner Denkschriften berühmte hohe Beamte der Tang-Zeit Lu Zhi (754–805). Müßte ich definieren, was in China unter «List» verstanden wird, würde ich mit dieser Redewendung antworten, die sich wohl auch als die beste chinesische Übersetzung der weiten Duden-Definition der List anböte.

Da gemäß chinesischer Auffassung die List der Weisheit entspringt, ist die der List wesenseigene «Erzeugung von Außergewöhnlichem» ein bewußter, intellektueller Vorgang. Damit sind zum Beispiel Magie und religiöse Wunder – ebenfalls außergewöhnliche Wege zum Ziel –, aber auch außergewöhnliche instinktiv-automatische Reaktionen aus dem Listbegriff ausgeschlossen. Was die Magie betrifft, so wird diese beispielsweise im Ming-zeitlichen Roman *Reise in den Westen* als gleichsam technisches Mittel zur Ausführung von Listen eingesetzt, spielt aber beim *Ersinnen* von Listen keine Rolle. Der magisch Befähigte, der listig vorgehen will, ist genauso auf Listen im Stile der 36 Strategeme angewiesen wie der gewöhnliche Mensch. Aus dem Umstand, daß das Wesen der List in der Erzeugung von «Außergewöhnlichem» besteht, ergibt sich für die hierzu erforderliche intellektuelle Leistung, daß sie ebenfalls aus dem Rahmen fallen, das heißt von einer gewissen Schläue und Gewieftheit zeugen muß, die je nach der Raffinessestufe der List von unterschiedlichem Niveau sein mögen.

## 14. Meister Suns zwölf listige Wege

Entsprechend der seit ältesten Zeiten in China verbreiteten weiten List-Konzeption ist in *Meister Suns Kriegskunst* im Anschluß an die Feststellung «Der Krieg folgt listigen Wegen» von zwölf listigen Wegen die Rede. In den eckigen Klammern füge ich bei, was ich bei meiner deutschen Übersetzung in den äußerst konzisen chinesischen Urtext hineininterpretiere.

1. Man ist [zu einem Waffengang gegen den Feind etc.] fähig, spiegelt ihm aber Unfähigkeit vor.
2. Man will [gegen den Feind etwas Bestimmtes] einsetzen, spiegelt ihm aber [diesbezüglichen] Nichteinsatz vor.
3. Man will [den Feind in der] Nähe [angreifen], spiegelt ihm aber [einen in der] Ferne [drohenden Angriff] vor.
4. Man will [den Feind in der] Ferne [angreifen], spiegelt ihm aber [einen in der] Nähe [drohenden Angriff] vor.
5. [Erstrebt der Feind einen] Vorteil, [legt man ihm einen Köder und] lockt ihn [in die Irre].
6. [Man stiftet beim Feind ein] Chaos [oder nutzt ein solches aus], um sich seiner zu bemächtigen.

7. Ist [der Feind] voll [gerüstet], wahrt [man höchste] Wehrbereitschaft ihm gegenüber.
8. Ist [der Feind] stark, weicht [man] ihm aus.
9. Ist [der Feind leicht zu] erzürnen, reizt [man] ihn [und verleitet ihn so zu unüberlegtem Handeln].
10. [Man zeigt sich dem Feind] klein und unterwürfig, um ihn zur Überheblichkeit zu verleiten.
11. Verharrt [der Feind] in Ruhe, [bringt man ihn auf Trab und] erschöpft ihn.
12. [Ist der Feind im Innern] geeint, spaltet [man] ihn.

In *Meister Suns Kriegskunst* heißt es dann: «[Zu dem Zeitpunkt und an der Stelle, wo der Feind] unvorbereitet [ist], greift man [ihn] an; [zu dem Zeitpunkt und an der Stelle, wo der Feind es] nicht erwartet, [dort] tritt man in Aktion.»

Wie zumindest die Punkte 7 und 8 zeigen, bedeutet «List» nicht bloß «Täuschung». Wachsamkeit gegenüber einem hoch gerüsteten Feind und das Bestreben, einem starken Feind auszuweichen (vgl. hierzu Strategem Nr. 36), erscheinen Chinesen als durchaus listig, wogegen das umgekehrte Verhalten, nämlich – möglicherweise gar vom Feind gesteuertes – Nachlassen der Wachsamkeit und tollkühne Konfrontationen (man denke deutscherseits an Verdun im I. und Stalingrad im II. Weltkrieg) als negative Modellfälle typisch unlistigen, ja geradezu dummen Vorgehens und als Verstoß gegen das Gebot, in bestimmten Situationen Flucht-Strategeme anzuwenden, gelten. Die «Zwölf listigen Wege» sollen Konstellationen herbeiführen oder ausnutzen, in denen der Feind «unvorbereitet ist» beziehungsweise Aktionen «nicht erwartet». Derartige Konstellationen können laut *Meister Suns Kriegskunst* zum Sieg führen.

Die weite Auffassung von «List» kommt in dem etwa 2000 Jahre nach *Meister Suns Kriegskunst* entstandenen Katalog der 36 Strategeme zum Ausdruck. Dieser Katalog der 36 Strategeme vermag zwar einen großen Teil möglicher Listen abzudecken, ist aber keineswegs erschöpfend. Daher gibt es chinesische Veröffentlichungen mit Katalogen von 58, 64 oder noch mehr Strategemen.

Je nach dem Ziel, das die einzelnen Strategeme im Katalog der 36 Strategeme schwerpunktmäßig zu erreichen helfen, lassen diese sich folgenden Grundkategorien zuordnen:
1. Simulations-Strategeme: eine nicht vorhandene Wirklichkeit wird vorgespiegelt (z. B. Strategem Nr. 7, 27, 29).
2. Dissimulations-Strategeme: eine tatsächlich vorhandene Wirklich-

keit wird dem Blick entzogen/wird verborgen (z. B. Strategem Nr. 1, 6, 8, 10).
3. Informations-Strategeme: eine unbekannte Wirklichkeit wird (v)ermittelt (z. B. Strategem Nr. 13, 26).
4. Ausmünzungs-Strategeme: eine aktiv herbeigeführte oder sich ohne Zutun vorübergehend ergebende günstige Wirklichkeit/Konstellation wird geistesgegenwärtig ausgenutzt (z. B. Strategem Nr. 2, 4, 5, 9, 12 (Inszenierung des Zufalls u. a.), 18, 19, 20).
5. Flucht-Strategeme: man entzieht sich einer prekären Wirklichkeit (z. B. Strategem Nr. 11, 21, 36).
6. Hybride Strategeme: ein und dieselbe Handlung läßt sich Strategemen unterschiedlicher Grundkategorien zuordnen. So geht jede Dissimulation mit einer Simulation einher etc.

Man beachte: Nur die Strategeme der Kategorien 1 und 2 beruhen auf Täuschung. Lediglich im Bereich dieser beiden Kategorien ist die im Westen häufige Gleichsetzung von «List» und «Lüge» nachvollziehbar. Die Strategeme der Kategorien 3 bis 5 mögen zwar mit verdeckten Karten spielen, beruhen aber ansonsten vornehmlich auf dem geschickten Spiel mit Segmenten der als vielschichtig beziehungsweise mehrbödig sowie, da in ständiger dynamischer Entwicklung befindlich, als beeinflußt- beziehungsweise wandelbar aufgefaßten Wirklichkeit. So gesehen lassen sich sämtliche 36 Strategeme gemäß dem Schwerpunkt ihres Verhältnisses zur Wirklichkeit drei Hauptklassen zuordnen, nämlich den
1. Täuschungs-Strategemen (Grundkategorien 1 und 2),
2. Präsenz-Strategemen (Grundkategorien 3, 4 und 5),
3. Misch-Strategemen (Grundkategorie 6).

Reine Präsenz-Strategeme, deren Haupterfordernisse Geschicklichkeit, Geistesgegenwart, Wachheit, Einbildungskraft, Kombinationsgabe, geistige Beweglichkeit etc. sind, verzichten gänzlich auf das Element der aktiven Täuschung. Unter den 36 Strategemen scheinen die Präsenz-Strategeme zahlen- und bedeutungsmäßig zu überwiegen. Die hier vorgenommene Einteilung der 36 Strategeme in sechs Grundkategorien und drei Hauptklassen stammt nicht von chinesischen Autoren, sondern von mir. In China stehen andere Unterteilungen der 36 Strategeme im Vordergrund, insbesondere die beiden Grundarten der in einer Position der Stärke beziehungsweise offensiv und der in einer Position der Schwäche beziehungsweise defensiv eingesetzten Strategeme.

Die 36 Strategeme, die Chinesen im Kopf haben, stehen eine Abstraktionsstufe höher als die vielen konkreten listigen Einzelepisoden, bei denen Europäer steckengeblieben sind. Hier lauter Strategemanekdoten, unsystematisch aneinander gereiht – dort 36 Listtypen, die Ordnung in den Wirrwarr listiger Geschehensabläufe bringen. Während Europäer im Listenwald gewissermaßen nur zusammenhanglos viele einzelne Bäume erblicken, vermögen, bildlich gesprochen, Chinesen dank dem Katalog der 36 Strategeme große Mengen einzelner Bäume einigen wenigen Baumgattungen zuzuordnen und daraus ihre Schlüsse in bezug auf den einzelnen Baum zu ziehen. Bei jedem einzelnen Listvorgang, mit dem sie konfrontiert sind, fällt Chinesen gleich der entsprechende Listtyp ein, der ihnen den Vorgang erhellt und der diesen in einem größeren Gesamtzusammenhang mit anderen Vorgängen desselben Listtyps stellt. Darum sind Listbewußtsein und Listsensibilität bei Chinesen viel schlagkräftiger als bei Europäern, die nur immer wieder einzelne konkrete Listphänomene wahrnehmen, ohne den gemeinsamen Nenner gleichartiger Listphänomene zu bemerken und auf den Punkt bringen zu können. Indem sie den Katalog der 36 Strategeme entweder als Leitfaden für eigenes listiges Verhalten oder als Kompaß zum Durchschauen von fremdem listigem Tun benutzen, vermögen sich Chinesen im Bereich der List viel besser zurechtzufinden als nachgerade listenblinde Europäer.

15. Strategeme als Handlungsmuster

Im akademischen Jahr 1995/1996 führte ich an der Albert-Ludwigs-Universität Freiburg i. Br. mit Frau Professor Ute Guzzoni vom Philosophischen Seminar I ein interdisziplinäres Seminar über «Die List im chinesischen und westlichen Denken» durch. Folgende Ergebnisse wurden am Schluß der einjährigen Lehrveranstaltung schriftlich zusammengefaßt:
1. Kein abendländischer Philosoph hat den Begriff der List definiert, wohingegen westliche Philosophen sehr wohl anders gelagerte einschlägige Begriffe definiert haben (z. B. den der Lüge u. a.).
2. Der eine oder andere abendländische Philosoph hat den Begriff der List benutzt.
3. Aus den Seminarvorträgen ergibt sich, daß der von abendländischen Philosophen benutzte Begriff «List» bald in einem engen Sinn («List = geschickte Täuschung»), bald in einem weiten Sinn («List = mit dem Mittel der Vernunft erschlossener außergewöhnli-

cher Weg zu einem Ziel») verwendet wird. So hat Nietzsche eher den engen List-Begriff verwendet. Ein Beispiel für den weiten List-Begriff ist Hegels «List der Vernunft» (s. 24.14).

4. Nur wenige abendländische Philosophen wie zum Beispiel Schopenhauer haben über die List als solche nachgedacht. Wird das Wort «List» erwähnt, dann beiläufig. Demgegenüber war die Lüge wiederholt Gegenstand abendländischer Philosophie.
5. Die Nicht-Thematisierung der List in der abendländischen Philosophie ist in bis auf das antike Hellas zurückzuverfolgenden Grundannahmen begründet, die aus chinesischer traditioneller sowie aus zeitgenössischer westlicher Sicht als nicht mehr allgemein überzeugend beziehungsweise nicht mehr maßgeblich erscheinen.
6. Die abendländische Philosophie stützt sich einseitig auf den geraden Weg der Wahrheit beziehungsweise Wahrheitssuche. Vermutlich ist die häufige moralische Abwertung der List auch von daher zu erklären.
7. Auf der anderen Seite gibt es auch in unserer Tradition die Hochschätzung für Listanwendung, zum Beispiel in bezug auf Odysseus oder den schlauen Fuchs, aber auch für die listige Weisheit der Hofnarren und vieler Märchenfiguren. Hier wird List im Zusammenhang mit *praktischer* Klugheit (griechisch = phronesis) gesehen.
8. Listiges Verhalten impliziert ein spezifisches Verhältnis des Menschen zu seinem Gegenüber (gewöhnlich handelt es sich dabei um Menschen).
9. Listiges Verhalten *kann* rein zweckrational sein, *kann* aber auch einen spielerischen Umgang mit den eigenen Möglichkeiten und denen des anderen beinhalten. «Diplomatisches» Verhalten kann zwischen beidem liegen.
10. Die Technik als solche kann als ein kunstreicher beziehungsweise listiger Umgang mit der Realität angesehen werden. In diese Richtung weisen der mittelalterliche Gebrauch von «List» und Hegels List-Verständnis.
11. Die List ist ein Bereich, in dem abendländisches Denken durch chinesische Denkmodelle, zum Beispiel in Gestalt der 36 Strategeme, befruchtet werden kann.
12. Wie aus verschiedenen Referaten hervorging, kann die chinesische Kategorisierung der List zur tiefergehenden strategemischen Analyse westlicher philosophischer Texte dienlich sein. Eine Alternative zum strategemischen Analyseraster in Gestalt der 36 Strate-

geme und den darauf aufbauenden weiteren Kategorisierungen zum besseren Verständnis des Listgehaltes eines philosophischen oder sonstigen Textes oder einer Handlung ist im Verlauf des Seminars nicht in Sicht gekommen.

Als besonders auffallend an dem einjährigen Seminar erschien rückblickend ein letztes Ergebnis:

13. Die vielschichtige Problematik des *Durchschauens von List,* also die Frage, ob und wie ein mutmaßlich listiges Verhalten eines Gegenübers mehr oder weniger zweifelsfrei als tatsächlich listig zu identifizieren sei, trat stark in den Hintergrund. Das Erkennen von List erschien offenbar allgemein als allzu unproblematisch, als daß man es als lohnend angesehen hätte, darüber viele Worte zu verlieren. So entstand die Tendenz, das listige *Verhalten* unmittelbar, also ohne tiefergehende erkenntnistheoretische Vorabwägungen, ins Visier zu nehmen und sich schwerpunktmäßig zu fragen, ob und unter welchen Bedingungen eigenes oder fremdes listiges *Verhalten* ethisch gerechtfertigt sei. Während des ganzen einjährigen Seminars wurde nie die Frage gestellt, ob die strategemische Analyse mutmaßlich listigen Verhaltens anderer Personen ethisch vertretbar sei. Immer wieder wurde dagegen diskutiert, ob listiges Verhalten anderen Personen gegenüber ethisch vertretbar sei. Von den zwei Funktionen der Strategemkunde, nämlich der tatanleitenden und der beobachtungsanleitenden, wurde die tatanleitende überbetont.

Die Auffassung, Strategeme dienten allein als Handlungsmuster überwog auch an einer Ringvorlesung über die List, die ich an der Albert-Ludwigs-Universität Freiburg i. Br. (1995/96) durchführte (s. 23). Bei dieser Veranstaltung überwog die Meinung, daß Strategeme zu einer erheblichen Steigerung menschlicher Manövrierfähigkeit, Biegsamkeit und Flexibilität in allen möglichen Lebensbereichen beitragen können, insofern sie neue Dimensionen des Handelns bewußt und verfügbar machen.

16. Strategeme als Wahrnehmungsmuster

Ganz im Gegensatz zur westlichen Verkleinerung der List auf ein bloßes Handlungsmuster erscheinen den Chinesen die 36 Strategeme mitnichten nur als handlungssteuernde Modelle, sondern vor allem auch als kognitive Instrumente für einen Ausbruch aus der gewöhnlichen naiven, vom Verlangen nach Eindeutigkeit geprägten Sicht der Wirklichkeit und zur Gewinnung eines Blickwinkels, von dem aus sich das Endliche, das schon Gewußte als wieder offen und das vermeintlich Bekannte als etwas neu zu Befragendes erweist.

Moralische Aufgeregtheiten darüber, daß die Welt nicht unseren Wünschen entspricht, und das Bestreben, dem durch die Verbreitung von Tugend entgegenzusteuern, ergänzt der wahrnehmungsstrategemische Ansatz, indem er Modellvorstellungen dafür liefert, wie möglicherweise die Welt hinter den Kulissen funktionieren und das Wahrreale hinter dem Scheinrealen aussehen könnte.

Selbstverständlich ist der strategemische Ansatz nur einer unter vielen Gesichtspunkten, unter denen Chinesen die Welt betrachten. Sofern sie sich aber der strategemischen Optik bedienen, benutzen sie die 36 Strategeme defensiv als Raster für die Vornahme von retro- oder prospektiven strategemischen Analysen (militärischer, politischer, diplomatischer, wirtschaftlicher Vorgänge, literarischer und anderer Texte etc.).

Die meisten der in ihrer Zahl gar nicht mehr überblickbaren chinesischen Bücher über die 36 Strategeme sind in bezug auf die von ihnen gebrachten Beispiele zur Veranschaulichung der einzelnen Strategeme als Modelle der strategemischen Analyse anzusehen. Der strategemischen Analyse kundig war bereits der unbekannte Verfasser des etwa 500 Jahre alten Traktats *Die 36 Strategeme (Das geheime Buch der Kriegskunst),* der in jedem der 36 je einem einzelnen Strategem gewidmeten Abschnitte Exempla aus der chinesischen Geschichte anführt, deren Zuordnung zu einem bestimmten Strategem jeweils die Frucht einer vorangegangenen strategemischen Analyse des jeweiligen Geschehensablaufes ist.

Die viele Chinesen kennzeichnende Tendenz, ungewöhnlich anmutende Verhaltensweisen anderer Menschen strategemischen Analysen zu unterziehen und hinter dem augenscheinlichen Tun des anderen eine verborgene List zu vermuten, hat zur Folge, daß ein durch Wachsamkeit und Mißtrauen geprägtes strategemisches Bewußtsein geradezu als ein Kennzeichen chinesischer Mentalität erscheint (s. hierzu auch Punkt 3). Die weitgehende westliche Ignoranz gegenüber der chinesischen Strategemkundigkeit, sei es hinsichtlich chinesischer Aktionen und Reaktionen oder hinsichtlich – beinahe noch wichtiger – chinesischer Weltwahrnehmung, gestützt auf List, führte, um nur ein Beispiel herauszugreifen, zu «monumentalen Fehleinschätzungen der britischen China-Spezialisten» vor und während der Verhandlungen, die Ende der 70er und Anfang der 80er Jahre mit China über die 1997 erfolgte Rückgabe Hongkongs an China geführt wurden (vgl. Helmut Martin: *Hongkong: Strategien des Übergangs,* Frankfurt a. M. 1997, S. 14. S. auch S. 89 ff.). Daß das Gegenüber von der Lageanalyse bis zur eigenen Tat strategemisch vorgehen könnte, entspricht nicht derzeit vorherrschenden westlichen Vorstellungen (s. z. B. «Paul Grice's theory of implicature», in: Stephen C. Levinson: *Pragmatics,* Cambridge 1983, S. 100 ff.). Der sich hieraus ergebenden Gefahr, Erscheinungen der chinesischen Kulturwelt falsch zu deuten und die Wirklichkeit der chinesischen Gegenseite zu verfehlen, weil ausschließlich mit eigenen – listenblinden – Kategorien gearbeitet wird, ist gebührend Aufmerksamkeit zu schenken.

17. Amerikanischer Schwerttanz

Beispiele für die handlungsanleitende Verwendung von Strategemen finden sich im ersten und im vorliegenden Band zuhauf. An dieser Stelle soll die Funktion der Strategeme als Wahrnehmungsmuster in den Vordergrund gerückt und an einem Beispiel veranschaulicht werden.

Offizielle chinesische Stellen ziehen aus dem im Westen, insbesondere seitens der US-Regierung, benutzten – wie sie sagen – «doppelten Standard» in der Menschenrechtsfrage vielfach den Schluß, daß es dem Westen unter der Führung der als «Kämpfer für die Menschenrechte» verkleideten USA im Grunde gar nicht um die Menschenrechte, sondern um hinter dem Banner der Menschenrechte verborgene andere, nämlich politische Zielsetzungen gehe. So äußerte Deng Xiaoping in einem Gespräch mit dem ägyptischen Präsidenten Mubarak am 13. 5. 1990 im Anschluß an den Hinweis darauf, daß Nixon 1972 dem «kulturrevolutionären» China gegenüber kein Wort über die Menschenrechtslage verloren habe, wohingegen dieselben USA die Menschenrechtslage im China der Reform und der Öffnung kritisierten: «Daraus kann man ersehen, daß die Menschenrechtsfrage ein Vorwand ist.» Am 31. 10. 1989 meinte Deng Xiaoping: «Ich behaupte nicht, daß Regierungen westlicher Staaten, aber zumindest daß einige Menschen im Westen das Gesellschaftssystem in China umstürzen wollen [...]» Noch etwas deutlicher wurde der Generalsekretär der KPCh Jiang Zemin mit seiner auf einer nationalen Konferenz über die gegen außen gerichtete Propagandaarbeit am 2. 11. 1990 geäußerten Aufforderung:

«Man muß mit großem Einsatz den betrügerischen Charakter der vom Westen propagierten ‹Demokratie›, ‹Freiheit› und ‹Menschenrechte› bloßstellen. Unter dem Banner von ‹Demokratie, Freiheit und Menschenrechten› haben feindliche westliche Kräfte einen Angriff gegen uns gestartet und versuchen, uns durch alle möglichen Kanäle zu infiltrieren und gegen unser sozialistisches System vorzugehen. [...]»

Daß China die westliche Menschenrechtskritik nicht durchweg für bare Münze nimmt, bekundete auch der chinesische Delegationschef auf der Tagung der UNO-Menschenrechtskommission in Genf am 1.3. 1995: «Der Grund, warum die USA, einige Länder der EU sowie gewisse nicht-gouvermentale Organisationen den Fortschritt in China nicht zur Kenntnis nehmen und stur Jahr für Jahr die sogenannte chinesische Menschenrechtsfrage aufs Tapet bringen, ist sehr einfach: Nachdem westliche Staaten wie die USA infolge des Endes des Kalten Krieges ihren einstigen Gegenspieler [UdSSR] verloren haben, wenden sie jetzt die Speerspitze ihrer Attacken gegen die Entwicklungsländer. Als das größte Entwicklungsland, das konsequent für die gemeinsamen Interessen der Entwicklungsländer eintritt, wird China von westlichen Staaten im Hinblick auf deren Bestreben, ihren Hegemonismus und ihre Machtpolitik durchzusetzen, als ein großes Hindernis betrachtet. Kommt noch hinzu, daß das chinesische Volk unbeirrt den von ihm selbst gewählten Weg geht. So greifen westliche Staaten die sogenannte Menschenrechtsfrage auf und machen daraus ein politisches Instrument, um auf China Druck auszuüben. Ihre Sorge um die Menschenrechte in China ist vorgespiegelt. Wirklich vorhanden ist dagegen ihr Bestreben, China zu ihrem Befehlsempfänger zu machen, die Entwicklung Chinas zu hemmen und zu behindern und die Chinesen zu zwingen, ihr politisch-gesellschaftliches System aufzugeben.»

Zum Ausgangspunkt einer nicht bloß impliziten, sondern ganz offenen strategemischen Analyse wählte Zu Muzhi, der Präsident der Chinesischen Forschungsgesellschaft für Menschenrechte, einer chinesischen «NGO», in einem am 2.1.1996 gewährten Interview das gemäß seiner Darstellung ganz enggleisige amerikanische Menschenrechtsinteresse an China.

«Welches sind aus der Sicht der US-Herrschaften in Tat und Wahrheit die Menschenrechte in China? Nun, als Menschenrecht gilt für sie nur das Recht, die von der KPCh geführte Regierung zu stürzen und das sozialistische System aus den Angeln zu heben. Wird dieses Recht nicht eingeräumt, dann gibt es für sie in China keine Menschenrechte, dann werden die Menschenrechte in ihren Augen unterdrückt. Was andere Menschenrechte wie das Existenzrecht, das Recht auf Entwicklung, das Recht auf Arbeit, das Recht auf Erziehung und so weiter angeht – wie viele dieser Rechte die Chinesen auch genießen mögen, das zählt alles nicht.»

Das strategemische Wahrnehmungsmuster kommt unverblümt in den nun folgenden Worten Zu Muzhis zum Ausdruck: «In Wirklichkeit geht es ja den USA auch gar nicht um irgendwelche Menschenrechte. [...] Die US-Herrschaften sind über die rasante Entwicklung Chinas sehr besorgt, sie setzen alle Hebel in Bewegung, um Chinas Entwicklung zum Stillstand zu bringen und das Ziel der Verwestlichung und Spaltung Chinas zu erreichen. In China gibt es eine berühmte Geschichte, bekannt [unter dem Titel] ‹Xiang Zhuang tanzt mit dem Schwert, doch sein Sinnen und Trachten ist auf Pei Gong gerichtet› [s. 8.1]. Womit die USA heute einen Tanz aufführen, das sind die Menschenrechte, das Ziel aber sind nicht die Menschenrechte, sondern es besteht darin, dem China unter der Führung der KPCh den Todesstoß zu versetzen» (*Xin Hua Yuebao [Monatszeitschrift Neues China]*, Peking Nr. 2/1996, S. 60).

Hinter dem westlichen Interesse an Menschenrechten in Tibet verbirgt sich aus offizieller chinesischer Sicht die Zielsetzung, «einen souveränen Staat zu spalten». Die «demokratischen» Reformen, die England nach einer über 140jährigen Zeitspanne, in der «in Hongkong Demokratie ein Fremdwort war» (Florian Coulmas; Judith Stalpers: *Das neue Asien,* Zürich 1998, S. 38), 1997 durchzuführen versuchte, stellten gemäß dieser Sicht einen «Versuch zur [...] Destabilisierung» dar.

Allerdings ist die offizielle chinesische Sicht nicht derart undifferenziert, daß jegliche Kritik an der chinesischen Menschenrechtslage als Intrige angesehen wird. So sagte der chinesische Ministerpräsident Li Peng in einem Gespräch mit spanischen Parlamentariern im Februar 1992: «Bei der derzeitigen Erörterung der Menschenrechtsfrage sind zwei Situationen zu unterscheiden: Im einen Fall benutzt man die Menschenrechte als Vorwand, um Hegemonismus zu betreiben, im anderen Fall entspringt das Anschneiden der Menschenrechtsfrage der Sorge um den Menschen [...]» (s. hierzu auch 19.38).

Das chinesische strategemische Mißtrauen ist kein modernes Phänomen. Nicht erst heutige westliche Menschenrechtsvertreter, sondern bereits mittelalterliche christliche Missionare waren davon betroffen: «Es fiel den Chinesen vielfach schwer zu glauben, daß die fremden Missionare tatsächlich nur aus Idealismus für die Verbreitung ihrer Religion ohne irgendwelche anderen Zwecke nach China kamen. Man vermutete oft andere Absichten und versuchte, diese zu ergründen. Auch [der wohl berühmteste Jesuitenmissionar Matteo] Ricci [1552–1610] begegnete immer wieder diesem Argwohn» (aus: Wolfgang Franke: *China und das Abendland,* Göttingen 1962, S. 45).

Schon *Meister Suns Kriegskunst* rät: «In erster Linie gilt es, sich selbst eine Position zu sichern, in der man nicht besiegt werden kann; dann wartet man auf eine Möglichkeit, den Feind zu schlagen!» Um sich selbst eine Position zu sichern, in der man nicht besiegt werden kann, «muß man ständig auf der Hut vor möglichen Fallen sein und nicht eine Minute in der Wachsamkeit nachlassen. Denn sobald man unachtsam wird, gibt man dem Feind die Gelegenheit, gegen einen vorzugehen» (Yu Xuebin, S. 11). Wie sagte doch Ende der Ming-Zeit (1368–1644) der Weise Hong Zicheng: «Ein sich vor den Menschen in acht nehmendes Herz ist unverzichtbar.»

18. Eine chinesische Widerlegung von John Lockes Verharmlosung der List

«Die Allerlistigsten geben sich immer für Feinde der List aus», bemerkt der französische Moralist La Rochefoucauld (1613–1680). Man könnte demgemäß die westliche Ablehnung der List, die durch Nichtbeachtung oder durch despektierliche Äußerungen zum Ausdruck gebracht wird, als Zeichen ganz besonders großer westlicher Hinterhältigkeit deuten. Während die biederen Chinesen über ihre Listen sprechen, deckt man im Westen geflissentlich den Mantel des Schweigens darüber. Ich neige allerdings eher der Ansicht zu, daß eine solche Deutung über das Ziel hinausschießt. Vieles spricht dafür, daß im Westen die List nicht beachtet wird, weil man sie schlicht für unwichtig erachtet. Als typisch für diese «heilige Einfalt» des «wahren Christenmenschen, dessen Blick fromm aufs Jenseits gerichtet war» (zitiert aus: *Der Spiegel,* Hamburg Nr. 23/1998, S. 90) und weniger auf die real existierende Welt, «die nicht nur ein einziges Netz von Lügen» (zitiert aus: *Neue Zürcher Zeitung,* 12.8.1997, S. 46), sondern zudem auch voller Strategeme ist, erscheint die folgende Äußerung von John Locke (1632–1704): «[...] List [...] versucht [...] es mit Kniffen und auf Umwegen; das Mißliche dabei ist aber, daß ein listiger Trick nur einmal hilft, danach aber immer hinderlich ist. Noch nie ist eine Decke so dick oder so fein gemacht worden, daß sie sich selbst verdeckt hätte: noch nie ist einer so listig gewesen, daß er seine List hätte verbergen können. Und wenn einmal eine List aufgedeckt worden ist, dann ist jeder gewarnt und mißtrauisch gegenüber verschlagenen Menschen, und alle Welt tut sich bereitwillig zusammen, sie zu bekämpfen und unschädlich zu machen, während der offene, faire und weise Mann überall auf Hilfsbereitschaft stößt und auf geradem Wege seinem Geschäft nachgeht [*Gedanken über die Erziehung,* Nr. 140].»

Derlei Thesen über die angebliche Belanglosigkeit der List wurden in China beinahe gut 2000 Jahre vor John Locke bereits durchdacht und widerlegt, und zwar in dem Han Fei (ca. 280–233 v. u. Z.) zugeschriebenen Werk *Meister Han Fei:*

«Als Herzog Wen von Jin [636–628] die Absicht hatte, gegen Chu ins Feld zu ziehen, ließ er seinen Onkel Fan [= Hu Yan, ein Würdenträger im Staate Jin] zu sich rufen und fragte ihn: ‹Ich will gegen Chu in den Krieg ziehen. Sie sind viele, wir sind wenige. Was tun?› Onkel Fan antwortete: ‹Dein Untertan hat vernommen: Bei der Befolgung der Riten verschmähen Edelmänner nicht Gutherzigkeit und Glaubwürdigkeit. Auf dem Schlachtfeld hingegen verschmähen sie nicht List und Falschheit. Möchte mein Fürst den Feind doch einfach überlisten!› Nachdem Herzog Wen seinen Onkel Fan weggeschickt hatte, ließ er Yong Ji zu sich rufen und fragte ihn: ‹Ich will gegen Chu in den Krieg ziehen. Sie sind viele, wir sind wenige. Was tun?› Yong Ji sprach: ‹Wenn Ihr für die Jagd den ganzen Wald niederbrennen laßt, werdet Ihr dieses eine Mal viele Tiere erlegen. Später aber wird es keine Tiere mehr geben. Wenn Ihr dem Volk mit List begegnet, werdet Ihr ein einziges Mal Nutzen daraus ziehen, aber ein solches Vorgehen kann nie mehr wiederholt werden.› Herzog Wen sagte: ‹Richtig› und entließ Yong Ji. Gestützt auf Onkel Fans Strategem, setzte er seine Truppen gegen den Staat Chu ein und besiegte ihn. Als er nach seiner Rückkehr zur Belohnung Ämter und Würden verlieh, bedachte er zuerst Yong Ji und danach Onkel Fan. Höflinge fragten erstaunt: ‹Der Sieg bei Chengpu ist Onkel Fans Strategem zu verdanken. Geht es an, daß Ihr seine Worte nutzt, seine Person aber hintanstellt?› Herzog Wen erwiderte: ‹Davon versteht ihr nichts. Onkel Fans Worte waren ein einmaliger Ausnahmebehelf (quan). Yong Jis Worte dagegen sind von fortwährendem Nutzen.› Als Konfuzius davon erfuhr, sagte er: ‹Es war nur allzu angemessen, daß Herzog Wen die Vorherrschaft errang. Er verstand sowohl etwas von einem einmaligen Ausnahmebehelf als auch vom fortwährenden Nutzen.› Jemand [hinter «jemand» verbirgt sich offensichtlich Han Fei selbst, Han Fei war das Haupt der antikonfuzianischen Gesetzesschule] sagte: ‹Yong Jis Antwort entsprach nicht Herzog Wens Frage. Wer auf eine Frage antwortet, muß sich bei seiner Entgegnung nach der Belanglosigkeit oder Wichtigkeit, Aufschiebbarkeit oder Dringlichkeit des Gefragten richten. Wird auf die Frage nach etwas Hohem und Großem mit etwas Niederem und Engem geantwortet, nimmt ein erleuchteter Herrscher die Antwort nicht an.› Nun fragte Herzog Wen, wie man mit wenig Leuten einem zahlenmäßig überlegenen Feind gegenübertreten könne, und erhielt von Yong Ji zur Antwort: ‹Ein solches Vorgehen kann nie mehr wiederholt werden.› Das war keine Antwort auf seine Frage. Überdies verstand Herzog Wen weder etwas von der Tragweite eines sogenannten einmaligen Ausnahmebehelfs noch vom fortwährenden Nutzen. Gewann er den Krieg dank Onkel Fans Strategem, wurden dadurch sein Staat gesichert, seine Stellung gefestigt, seine Armee gestärkt und seine Autorität erhöht. Selbst wenn es später noch einmal zu einem Waffengang kommen sollte, würde er daraus keinen größeren Nutzen ziehen können als aus dem ersten. Wieso sollte er sich also über das Ausbleiben eines fortwährenden Nutzens grämen? Hätte er den Krieg durch Befolgen von Yong Jis Rat verloren, wären sein Staat dem Untergang geweiht gewesen und seine Armee dezimiert worden, er selbst wäre umgekommen und hätte seinen Ruf verloren. Wenn er heute dem Tod kaum zu entrinnen vermag, wie sollte er da noch die Zeit haben, auf einen langanhaltenden Nutzen zu warten? Der langanhaltende Nutzen liegt im heutigen Sieg begründet. Der heutige Sieg wiederum basiert auf der Überlistung des Feindes. So brachte gerade die Überlistung des Feindes den fortwährenden Nutzen. Deshalb die Feststellung, daß Yong Jis Antwort nicht der Frage entsprach. Außerdem hat Herzog Wen auch die Worte seines Onkels Fan nicht verstanden. Als Onkel Fan davon sprach, daß Edelmänner List und Falschheit nicht verschmähen, meinte er nicht, daß man das eigene Volk, sondern seinen Feind überlisten solle. Der Feind, das ist der Staat, den man angreift. Selbst wenn später die von Onkel Fan vorgeschlagene List nicht wiederholt werden konnte, was sollte daran schon Schlimmes sein?

Hat Herzog Wen den Yong Ji bei der Belohnung mit Rang und Würden gerechtfertigterweise wegen dessen Verdiensten an die erste Stelle gesetzt? Nein. Den Sieg über Chu und die Vernichtung der gegnerischen Armee verdankte er jedenfalls dem Strategem seines Onkels Fan. Tat er es gerechtfertigterweise wegen Yong Jis schöner Worte? Nein. Yong Ji hatte lediglich gesagt, daß ein solches Vorgehen nie mehr wiederholt werden könne. Das waren keine schönen Worte. Onkel Fans Worte waren sowohl verdienstvoll als auch schön. Er sagte: ‹Bei der Befolgung der Riten verschmähen Edelmänner nicht Gutherzigkeit und Glaubwürdigkeit.› Gutherzigkeit bedeutet, das Volk zu lieben. Glaubwürdigkeit bedeutet, das Volk nicht zu täuschen. So sprach er davon, das Volk zu lieben und nicht zu täuschen. Welche Worte könnten schöner sein? Allerdings sprach er dann auch von List und Falschheit, und zwar im Zusammenhang mit militärischer Planung. So äußerte Onkel Fan zunächst schöne Worte und errang danach einen militärischen Sieg. Onkel Fan erwarb sich demnach ein zweifaches Verdienst und wurde dennoch hintangestellt. Yong Ji hatte demgegenüber nicht ein einziges Verdienst und wurde dennoch zuerst belohnt. ‹War es nicht angemessen, daß Herzog Wen die Vorherrschaft erlangte?› Konfuzius verstand wahrlich nichts von der Kunst der Belohnung.»

Die von Han Fei erwähnte Schlacht von Chengpu (im heutigen Kreis Pu, Provinz Shandong) vom Jahre 632 v. Chr. zählt zu den «historischen Beispielen für Niederlagen großer und mächtiger Armeen und für Siege kleiner und schwacher Armeen» (Mao Zedong). Zu Beginn der Schlacht lagen die Vorteile bei der Chu-Armee. Darauf benutzte Herzog Wen von Jin die von Hu Yan vorgeschlagene Täuschungs- und Ausmünzungslist, zog sich 90 chinesische Meilen zurück, wartete auf einen günstigen Augenblick, wählte die schwachen Stellen der Chu-Armee, nämlich deren rechte und linke Flanke, zum Ziel und führte gegen diese heftige Schläge. Dadurch brachte er der Chu-Armee eine schwere Niederlage bei. Bemerkenswert ist in Han Feis Text die Auseinandersetzung mit dem Argument, List führe «nur» ein einziges Mal und dann nie wieder zum Ziel. Mag auch eine bestimmte List «nur einmal» helfen, so kann die listige Auswertung des in einem einzelnen kleinen Augenblick schlummernden Potentials durchaus langfristige, ja unumkehrbare Folgen zeitigen, man denke im westlichen Kulturkreis nur etwa an Davids List gegen Goliath. Die langfristigen Folgen der einmaligen Listanwendung können durch die (wenn überhaupt erfolgende) spätere – bisweilen ja sehr späte! – Aufdeckung der List vielfach mitnichten rückgängig gemacht werden. Im übrigen ist gerade die westliche Welt viel zu listenblind, um die Listen, von denen sie betroffen ist, tatsächlich in vollem Ausmaße prompt zu durchschauen und zu durchkreuzen und um in der Lage zu sein, jeweils den «verschlagenen Menschen» vom «offenen, fairen und weisen Mann» zu unterscheiden.

19. Machiavelli: kein Guru der List

Mohammed Ali (1728–1773), Bey von Ägypten, ließ sich einst Machiavellis Schrift *Der Fürst (Principe)* ins Arabische übersetzen. Als die ersten beiden Kapitel übersetzt vorlagen, wurden sie Mohammed Ali zur Lektüre überreicht. Nachdem er sie gelesen hatte, rief er aus: «Ich kenne viel mehr Listen als dieser europäische Emir!» Und er erteilte sogleich den Befehl, die Übersetzung des Machiavelli-Werkes einzustellen. Den Hinweis auf diese Anekdote, die im – unübersetzt gebliebenen – Vorwort von René R. Khawam zur Originalausgabe *Assiyassah wal-hiyah ind al-arab: raqaiq al-hilal fi raqa'iq al-hiyal* (London 1988, S. 5) des weiter unten näher eingeführten Buches *Le livre des ruses* enthalten ist, verdanke ich Sami Aldeeb, dem für islamisches Recht zuständigen wissenschaftlichen Mitarbeiter des Schweizerischen Instituts für Rechtsvergleichung (Lausanne).

Mohammed Ali empfand Machiavelli, den Abendländer noch am ehesten als Fachmann der Listigkeit betrachten, als derart harmlos, daß er die Übersetzung von dessen bekanntestem Werk abbrechen ließ. Zweifellos hätte sich der arabische Herrscher ganz anders verhalten, wenn er die Übersetzung der ersten beiden Kapitel des chinesischen Traktates über die 36 Strategeme geprüft hätte. Bestimmt hätte er etwas gesagt wie: «Kein Araber kennt so viele Listen wie der chinesische Emir! Übersetzt mir schnell das ganze Traktat der 36 Strategeme!»

Warum hätte Mohammed Ali wohl so reagiert? Weil das vor etwa einem halben Jahrtausend in China entstandene Traktat über die 36 Strategeme die List in den Mittelpunkt stellt, weshalb es sich in zweifacher Hinsicht von Machiavelli unterscheidet:

Erstens steht die Listigkeit nicht im Vordergrund von Machiavellis Denken. Das Grundkennzeichen dessen, was wir «Machiavellismus» nennen, ist nicht die Listigkeit an sich. Machiavelli geht es in erster Linie darum, den Herrscher, insbesondere unter der Voraussetzung des Staatsnotstandes, von dem Zwang zu befreien, nach ethischen Normen zu handeln. Machiavelli begründet, ohne schon den Begriff zu verwenden, die Lehre von der Staatsräson. Er bricht mit der Tradition christlich-metaphysischer Staatstheorie. Machiavelli setzt an die Stelle der christlichen Tugenden des Herrschers als Voraussetzung dauerhafter politischer Herrschaft dessen Fähigkeit, politische Macht zu erwerben und zu erhalten, und zwar skrupellos, als Selbstzweck. Machiavelli steht somit gewissermaßen für die – zumindest teilweise – Entlassung der Politik aus der Ethik.

Zweitens kommt Machiavelli bei der Behandlung dieses Grundthemas vereinzelt unter anderem auf Listen zu sprechen, deren sich der Herrscher bedienen kann, um politische Macht zu erwerben und zu erhalten. So erwähnt er etwa die List «Teile und herrsche!». In dieser Hinsicht ist übrigens Machiavellis weniger bekanntes Buch *Vom Staate* ergiebiger als *Der Fürst*. In *Vom Staate* erzählt Machiavelli zahlreiche Begebenheiten, in denen die eine oder andere List eine Rolle spielt. Doch er entwickelt keine Theorie der List. Er versucht nicht einmal ansatzweise, verschiedene Arten von Listen systematisch voneinander zu unterscheiden oder gar einen Katalog von Listen zusammenzustellen.

Aus diesem Grunde mußte Machiavelli dem arabischen Politiker Mohammed Ali, vom Gesichtspunkt der List aus betrachtet, langweilig vorkommen. Denn Zusammenstellungen listiger Anekdoten und Geschichten kannten die Araber schon längst. Ein 1976 in Paris in französischer Übersetzung erschienenes Buch mit dem Titel *Le livre des ruses: la stratégie politique des Arabes* entstand rund 100 Jahre vor Machiavelli! Allerdings enthalten auch arabische Sammelwerke von listigen Geschichten oder von sogenannten Rechtskniffen keine Systematik der List. Sie begnügen sich mit der Aneinanderreihung von konkreten Beispielen listigen Verhaltens.

## 20. Seid klug wie die Schlangen

Der französische Semiologe Roland Barthes (1915–1980) hat unrecht, wenn er behauptet: «Was wir in Betrachtung des Orients anstreben können, ist [...] keine andere Weisheit» (*L'empire des signes,* Genf 1970, S. 10). In Wirklichkeit verfügt zum Beispiel China über eine andere Weisheit. Die chinesische Weisheit ist umfassender als die abendländische. Dies kommt im chinesischen Schriftzeichen für «Weisheit» zum Ausdruck. Dieses Schriftzeichen bedeutet, wie weiter oben ausgeführt, gleichzeitig auch «List». Die List strahlt also im Reich der Mitte im Glorienschein der «Weisheit». Der Weise darf in China, wenn nötig, listig sein, ja er wird ob seiner List bewundert. Ganz anders verhält es sich im christlich geprägten Abendland. Hier wird die List verteufelt. Mit dem Mord auf eine Stufe gestellt wird sie in der Bibel (Mk 7,21–23, in der Version der *Zürcher Bibel,* s. auch Röm. 1,29 in der Version der Luther-Bibel von 1912). Weisheit und List erscheinen als Feuer und Wasser.

So wurde bei uns die List kriminalisiert und aus der Weisheit herausamputiert. Daher überlassen wir die List der Kriminaljustiz und allenfalls noch dem Befehlshaber im Krieg. Die Weisen des Westens aber verschließen vor ihr die Augen. Im Angesicht der List hat, so scheint es, der abendländische Geist versagt. Als Folge davon ist unsere Weisheit im Gegensatz zur chinesischen «listenblind». In Unkenntnis des Nuancenreichtums der List setzen wir diese plump mit Lug und Trug gleich. Wir retuschieren sie aus der Wirklichkeit weg, indem wir sie als «Trick», «Taktik» oder «Zynismus» und so weiter bagatellisieren. Wer wagt es schon, offen über die eigenen Strategeme oder die Strategeme anderer zu reden! Wann wird im Westen schon einmal ein politischer Vorgang systematisch auf seinen Listgehalt hin untersucht! Wir tun so, als ob es die List nicht gebe. Und doch wurde und wird im Westen List seit jeher instinktiv-situativ eingesetzt, sie wird unverschämt praktiziert, aber verschämt verschwiegen. Ich fragte Hunderte, darunter Manager und Hochschulprofessoren, nach dem Urheber des Satzes: «Seid klug wie die Schlangen und arglos wie die Tauben!» Über 90 Prozent der Befragten wußten es nicht. Der Satz stammt von Jesus (Mt 10,16). Die Schlange ist in der Bibel ein Symbol der List (siehe z. B. 2 Kor, 11,3). «Seid klug wie die Schlangen» heißt also im Klartext «Seid listig wie die Schlangen». Wie aber wird man listig wie die Schlangen?

Offensichtlich fehlen in der Bibel klare Ratschläge. Im Stich läßt uns auch die gesamte westliche Weisheit mit ihren wissenschaftlichen Disziplinen. Die List gehört im Westen zweifellos nach wie vor zu den Dingen, «die wir ‹wissen›, ohne sie zu wissen. Es schlummert in einer Region des Unbewußten und muß ins Bewußtsein gebracht werden, damit wir es tatsächlich wissen» (Javier Marias). Solange etwas nicht verbalisiert wird, bleibt es diffus. Erst Worte geben dem mehr oder weniger verdeckten Erfahrungshorizont verbindliche Konturen. Die im westlichen Kulturraum fehlenden Worte für den Erkenntnisbereich des Listigen stellt uns der chinesische Katalog der 36 Strategeme zur Verfügung. Dabei gehe ich hier von der Annahme aus, daß die List ein globales Phänomen sei, also in der westlichen Welt genauso vorkomme wie in China. Max Weber irrt, wenn er in China das hochkulturell Andere schlechthin, «ein radikal entgegengesetztes System der Lebensreglementierung, ja eine andere Welt» erblickt. Und auch der Schweizer Schriftsteller Adolf Muschg irrt sich, wenn er behauptet: «Die *ratio* eines Chinesen oder die *ratio* eines Japaners, d. h. die kulturell vermittelten Selbstverständlichkeiten dessen, was für einen Japaner, Chinesen usw. jeweils adäquat zu handeln bedeutet, sind so grundverschieden von der europäischen *ratio,* daß eine Vereinigung oder Homogenisierung der diversen *rationes* nur ganz abstrakt und/oder nur pragmatisch geschehen kann. Im besten Fall z. B. im Sinn des Ausscheidens von Machtsphären oder des Ausschließens gemeinsamer lebensbedrohender Einflüsse» (aus: «Das Private und der Weltlauf. Über das Notwendige: ein Gespräch mit Adolf Muschg», in: *Neue Zürcher Zeitung,* 9./10. 7. 1994, S. 67).

Chinesen sind einerseits *Chinesen* mit ihrem unverwechselbaren, typisch chinesischen Kulturgut. Gleichzeitig sind sie aber *Menschen* wie du und ich mit ihren allgemeinmenschlichen Eigenschaften. Zum Allgemeinmenschlichen des Chinesentums gehört ohne Zweifel die Listigkeit. Indem Chinesen, von christlichen und anderen westlichen Vorurteilen ungestört, jahrtausendelang die List erkundet haben, haben sie etwas Allgemeinmenschliches erkundet. Die Kristallisation der chinesischen Listerforschung – der Katalog der 36 Strategeme – ist von allgemeinmenschlichem Belang. Er ist überregional, überzeitlich, an kein Gesellschaftssystem, an keine Nation gebunden. Unter diesem Leitgedanken habe ich den ersten und den vorliegenden Band der *Strategeme* verfaßt. Ich habe die Strategeme bewußt nicht nur anhand von chinesischen Beispielen, sondern auch anhand von Beispielen aus der westlichen Literatur und Geschichte, aus Afrika, aus dem Germanentum, aus der Bibel und so weiter illustriert. Jeder westliche Mensch kann die im ersten und im vorliegenden Band der *Strategeme* erläuterten chinesischen Listen ohne weitere Vorbildung verstehen. Indem wir die chinesische Listenliste, also den Katalog der 36 Strategeme, beherrschen lernen, überwinden wir das Listdefizit der westlichen Weisheit. Daß nicht nur die Chinesen von uns, sondern auch wir etwas von ihnen lernen können, hat schon Leibniz (1646–1716) festgestellt: «Jede Seite hat etwas, das sie der anderen zu deren Vorteil mitteilen könnte [...]» (aus der Einleitung zu *Novissima sinica* (1697), aus dem Lateinischen übersetzt von Werner Widmer, zitiert aus: *Neue Zürcher Zeitung,* 3./4. 5. 1980).

21.  Schaden, Dienst und Scherz

In Anlehnung an Thomas von Aquin möchte ich in ethischer Hinsicht drei Arten von Strategemen unterscheiden.

Beim *Schadens-Strategem* überwiegt das Destruktive das Konstruktive. Ein Beispiel ist die Anwendung des Strategems Nr. 3 «Mit dem

Messer eines anderen töten» durch David, der so Uria aus dem Wege räumt, nur zu dem Zweck, dessen Gattin Bathseba zu «übernehmen». Gott bestraft David wegen dieser Strategemanwendung (s. 3.2). Allerdings wird nicht jedes Schadens-Strategem in der Bibel verurteilt! Der «ungerechte Haushalter» kommt im Neuen Testament gut weg, obwohl er das Köder-Fisch-Strategem Nr. 17 lediglich aus egoistischen Motiven anwendet – zum Schaden seines Chefs (s. 17.45).

Ein Beispiel für ein *Scherz-Strategem* war der systematische Einsatz des Provokations-Strategems Nr. 13 in der TV-Show «Verstehen Sie Spaß? (Die versteckte Kamera)», wodurch den Opfern komisch wirkende Reaktionen und den Zuschauern ein Lachen entlockt wurden. Ein anderes Beispiel für ein Scherz-Strategem lieferte der Österreicher Walter Klier (geb. 1955), der im Frühjahr 1990 unter dem fingierten Namen Luciana Glaser mit der Erzählung *Winterende* einen Verlag foppte und viele Kritiker veralberte, «die den gestelzten Kitsch der Unbekannten priesen» (*Neue Züricher Zeitung, 8./9. 8. 1998, S. 44*).

Das *Dienst-Strategem* dient höheren Zielen. So beschert Gott Judit, die ihr Volk durch eine Kombination von Strategemen rettet, mit seinem Wohlgefallen. Sie hackt dem völlig betrunkenen Holofernes den Kopf ab, schmuggelt diesen in ihre Heimatstadt und läßt ihn auf der Stadtmauer zur Schau stellen. Der Anblick schockt die Assyrer derart, daß sie demoralisiert abziehen (s. 35.8) – eine einzige Frau hat, ohne jedes militärische Wissen, eine ganze Armee besiegt – mit der weichen Waffe der Schwachen!

Sind und bleiben nun aber Strategeme, welcher der drei ethischen Kategorien sie auch zuzuordnen sein mögen, nicht an sich schlechte Mittel, jedenfalls aus westlicher Sicht? Hören wir hierzu den Zürcher Philosophieprofessor Georg Kohler: «Wo eine [durch Fairness und Versöhnlichkeit gekennzeichnete] öffentliche Welt nicht da ist, [wo] ein Rahmen fehlt, der ‹vernünftigerweise erwarten läßt, daß jeder ihm zustimmen und ihm gemäß handeln kann› (Rawls), [da muß] auch der sonst gesunde Menschenverstand entweder selbstsüchtig rational und moralisch krank oder dann zum Helden werden, zum gar nicht mehr gemeinen Ausnahmewesen, das für die meisten von uns zu groß und viel zu schwer ist» («Mit allen Mitteln? Önones Argumente: über Tugend und Fall des gesunden Menschenverstandes», in: *Neue Züricher Zeitung, 7./8. 11. 1998, S. 70*). Leider gibt es sie nicht, die Welt voller Fairneß und Versöhnlichkeit und gutem Willen, in der ausnahmslos alle Menschen die «Bereitschaft und Kraft haben, sich selbst zu transzendieren und den und die anderen als meinesgleichen anzuerkennen und zu schätzen», und in der jeder Mensch ein Selbstzweck ist und jene bedingungslose Achtung fordert und auch bekommt, «die es verbietet, sein Dasein als gleichgültiges Instrument zugunsten fremder Zielsetzungen zu behandeln». Die real existierende Welt ist vielmehr eine, in der «die Ordnung und das Gesetz» nur zu oft «die des Siegers – die des blutig durchgesetzten Rechts der Stärkeren sind» und in der die «Regeln des Spiels» mitnichten von den moralisch Besten, sondern zumeist von den ihre Macht oft verschleiernden Stärksten bestimmt werden. Das westliche irdische Paradies des universal durchgesetzten Kantschen moralischen Imperativs ist genauso eine Utopie wie die chinesische Große Gemeinschaft. Daher wird es, solange es Menschen gibt, auch Strategeme geben. Daß in einer solchen Welt Strategemanwender «moralisch krank» seien, wie G. Kohler pauschal behauptet, ist ein weltfremdes westliches Vorurteil, von dem geheilt werden dürfte, wer offen genug ist, sich durch die chinesische Strategemkunde aufklären zu lassen. Wie sagte übrigens auch der deutsche Dichter Friedrich Schiller (1759–1805):

«Es ist nicht immer möglich,
Im Leben sich so kinderrein zu halten,
Wie's unsere Stimme lehrt im Innersten.
In steter Notwehr gegen arge List
Bleibt auch das redliche Gemüt nicht wahr.»

22. Von der «Volkszeitung» bis zum «Playboy»

Der erste Band der *Strategeme* erschien in deutscher Sprache in 15 Auflagen, wurde ins Chinesische (je eine Ausgabe in Shanghai und in Taipeh), Englische, Französische, Holländische, Italienische, Portugiesische, Spanische, Russische und Türkische übersetzt (Weltauflage ca. 400 000 Exemplare) und mit Rezensionen in einer Bandbreite von der Pekinger *Volkszeitung* über das Londoner *China Quarterly,* die Moskauer *Far Eastern Affairs,* das Taipeher *Sinorama,* das Römische *Mondo Cinese,* die *Allgemeine Schweizerische Militärzeitung* und den *Sport* bis zum *Spiegel* und zum *Playboy* bedacht. Der erste Band mit nur 18 der 36 Strategeme umfaßte über 400 Seiten. Auch in China erscheinen ausführliche Werke über das Thema, so das von Wang Xi und Bo Hua herausgegebene *Kompendium der 36 Strategeme (Sanshiliu Ji Quanshu,* 3 Bände, 1,14 Millionen Schriftzeichen, 1541 Seiten, 2. Aufl. Peking 1996). Oft aber sind chinesische Bücher über die 36

Strategeme schmale Bändchen. Das in mehreren Auflagen publizierte Standardwerk von Wu Gu über das älteste Traktat über die 36 Strategeme *(Die 36 Strategeme mit Illustrationen,* Changchun 1987) umfaßt 135 Seiten und 103 000 Schriftzeichen. Mit gerade 111 Seiten und 57 000 Schriftzeichen kommt Li Bingyan aus, der das erfolgreichste Buch über die 36 Strategeme verfaßt hat *(Die 36 Strategeme in moderner Bearbeitung,* 12. Aufl. Peking 1998, 1 163 100 Exemplare). Dazu muß man aber wissen, daß die chinesischen Leser solcher knapp gefaßten Bücher ein völlig anderes Hintergrundwissen über die chinesische Kultur im allgemeinen und Strategemkultur im besonderen besitzen als Abendländer. Will man Europäern die 36 Strategeme wirklich nahebringen, ist ein ganz anderer Aufwand vonnöten.

Bemerkenswert verhielt sich der den ersten Band herausgebende US-Verlag (Viking /Penguin, New York). Er strich die deutsche Originalausgabe um etwa ein Drittel zusammen mit der Begründung, bereits wenige Beispiele genügten zum Verständnis der Funktionsweise der einzelnen Strategeme. Vom amerikanischen Hang zu Effizienz und Bedarf an «36 strategems light» nicht überrascht, gab ich New York diskussionslos grünes Licht und bedauerte lediglich insgeheim, daß man jenseits des großen Teiches den Aufbau und Sinn meines Buches offenbar nicht ganz verstanden hatte. Mir war es nicht bloß darum gegangen, die technische Funktionsweise der Strategeme zu erklären. Darüber hinaus wollte ich deren Überzeitlichkeit und Ortsungebundenheit aufzeigen. Daher stellte ich mit Bedacht oft sehr ähnliche Beispiele nebeneinander, die aber, wie man bei genauerem Hinsehen feststellen kann, aus ganz unterschiedlichen Zeiten oder Kulturräumen stammen. Dadurch wollte ich die Allgemeinmenschlichkeit der durch die 36 Strategeme erfaßten Phänomene aufzeigen und klarmachen, daß die Sinologie, also die Chinawissenschaft, über die Grenzen Chinas hinauszugreifen und etwas allen Menschen gemeinsames Humanes in der chinesischen Kultur ausfindig und nutzbar zu machen vermag. Sehr viele Leserinnen und Leser der deutschsprachigen Ausgabe sowie die holländischen, italienischen, russischen, chinesischen und türkischen Verleger des ersten Bandes haben meine Botschaft verstanden, was das äußerst breit gestreute Interesse und das alle möglichen Wissensbereiche erfassende Echo auf mein Buch beweisen.

Freilich ist auch dem US-Verlag Penguin (New York) ein Kränzchen zu winden, der die Taschenbuchausgabe des ersten Bandes der «Strategeme» herausbrachte. Denn kein anderer Verlag erwies meinem Buch eine vergleichbare Ehrerbietung, die darin besteht, daß es in einem Atemzug mit Werken von Äesop, Diderot, La Fontaine, Plutarch, Schopenhauer, Herodot, Nietzsche, Thukydides, von Clausewitz, Machiavelli, Montaigne, Voltaire und Shakespeare angepriesen wird («The 48 Laws of Power» by Robert Greene and Joost Elffers: Related Classics, www-penguinputnam.com/48laws/related.htm, Internet-Ausdruck vom 1.1.2000).

Auch im vorliegenden zweiten Band der *Strategeme* bemühe ich mich, dem Leser die überwiegend sachliche, emotionslose und wertfreie chinesische Art, gänzlich die strategemischen Mechanismen als solche in den Vordergrund zu stellen und sie kühl zu analysieren, nahezubringen. Im Gegensatz zu Büchern über die Funktionsweise von Strategemen gibt es mehr als genug westliche Werke über Religion, Ethik und Moral. Auf diese verweise ich jene Leser, die sich fragen, wie die im folgenden dargestellten Strategembeispiele sittlich zu beurteilen seien. Angeregt von Yu Xuebins bahnbrechendem Strategembuch (s. Punkt 1) vermittle ich im vorliegenden Band der *Strategeme* mehr Theorie als im ersten. Immer wieder versuche ich, die Parallelität von Strategemanwendungen in verschiedenen Perioden und Kulturen und auf unterschiedlichen Schauplätzen vor Augen zu führen. Erneut habe ich ab und zu westliche Sachverhalte mit den Scheinwerfern der strategemischen Analyse durchleuchtet und so in einem neuen Licht erscheinen lassen. Ernste und heitere Beispiele wechseln einander in bunter Folge ab. Das eine oder andere Exemplum soll durchaus auch zum Nachdenken anregen und das im Westen unterschätzte Potential, das in der chinesischen Strategemkunde steckt, bewußtmachen. In keinem der vielen chinesischen Bücher über die 36 Strategeme wird der Gebrauch der einzelnen Strategemformeln in ältesten und neuesten chinesischen Texten aller Art und vor allem die Entwicklungsgeschichte der Strategemformeln präzise nachgezeichnet, etwas, das ich im ersten und im vorliegenden Band der *Strategeme* ansatzweise versuche. So präsentiere ich zum Beispiel erstmals älteste chinesische Belegstellen für die Strategemformel Nr. 20, wobei ich mich auf ein handschriftliches Exposé des Pekinger Sprachwissenschaftlers Liu Jiexiu stütze, das er auf meine Bitte hin erstellte. Wie schon im ersten, so sind auch im vorliegenden Band gewisse Strategeme vielschichtiger als andere, was zur Folge hat, daß manche Strategeme mit mehr Beispielen als andere ausgestattet worden sind. Ganz allgemein gilt, daß erst eine gehörige Menge an Anschauungsmaterial die Tiefgründigkeit und vielfältigen Anwendungsmöglichkeiten auch scheinbar einfacher Strategeme zu erschließen und das westliche Lesepublikum hinzuführen vermag zur reichen strategemischen Phantasie von Chinesen, die von Kindesbeinen an, bewußter als wir, Umgang mit Strategemen pflegen.

23. Die 36 Strategeme und Psychiatrie, Germanistik, Theologie...

Der so konzipierte erste Band der *Strategeme* bewährte sich nicht nur als Lesestoff, sondern er vermittelte auch Denkanstöße. Am 29.12. 1990 war die holländische Ausgabe Gegenstand der vermutlich weltweit ersten der List gewidmeten wissenschaftlichen Tagung, nämlich eines halbtägigen interdisziplinären Symposiums in Amsterdam. Anfang 1991 fand anläßlich des Erscheinens der chinesischen Ausgabe ein vergleichbares Symposium in Shanghai statt. Im akademischen Jahr 1995–96 lief an der Universität Freiburg im Br. eine Ringvorlesung über die List mit über 20 Dozentinnen und Dozenten fast ebenso vieler Disziplinen von fünf Universitäten. Die Ergebnisse vereinigt das Suhrkamp-Taschenbuch Nr. 2039 *Die List* (Frankfurt a.M. 1999). An der Universität Lausanne organisiert Privatdozent Gérard Salem von der Abteilung für Erwachsenenpsychiatrie gemeinsam mit dem Sinologen Gérald Béroud und in Zusammenarbeit mit einer interdisziplinären Gruppe von Psychiatern, Psychologen etc. ein internes Seminar zur Untersuchung von klinischen Fällen unter dem Gesichtspunkt der 36 Strategeme (s. hierzu auch Giorgio Nardone: *Kurztherapie bei Zwängen und Phobien,* Bern etc. 1997, S. 68 f., 76 f., 83) und hat der Germanistik-Ordinarius Alexander Schwarz die List zu einem seiner Forschungsschwerpunkte erkoren. Eine von ihm inspirierte Wanderausstellung zum Thema «Rusés du monde entier» machte zwischen Frühjahr 1997 und Frühjahr 1999 in 10 Ortschaften der Westschweiz die Runde. Im dazugehörigen Katalog wird die befruchtende Wirkung des ersten Buches der *Strategeme* hervorgehoben. Und im renommierten Theologischen Verlag publizierte der Schweizer Pfarrer Dr. Ulrich Mauch sein gestützt auf den Katalog der 36 Strategeme verfaßtes Buch *Der listige Jesus* (Zürich, 1992).

24. Beistand im Osten, Hilfe im Westen

Zahlreiche Personen haben mir bei der Abfassung des ersten und nun des zweiten Bandes der *Strategeme* beigestanden. Ihnen allen bin ich zu tiefem Dank verpflichtet. Erwähnen möchte ich hier zunächst Kommilitoninnen und Kommilitonen in Taipeh, allen voran Frau Shi Funing und Herrn Shao Yidun, ferner die Damen Chen Xiuying und Chen Mingxian (Peking), die Herren Liu Jiexiu und Ouyang Zongxing (Peking), die Herren Qi Wen und Gui Qianyuan (Shanghai), die Herren Yang Shu'an und Hu Zhenjie (Wuhan) sowie Herrn Zhang Shaoxiong (Changsha). In Europa leisteten mir unentbehrliche Hilfe meine liebe Mutter Doris von Senger (1909–1990), meine liebe Frau Marianne, Herr Vladimir Miasnikov (Moskau), Herr Ulrich Mauch (Mettmenstetten), Frau Ivonne Scheiwiller (Steinen), Herr Walter Petrig (Einsiedeln), Herr Peter Wiesendanger (Zürich), Herr Chu Wen-huei (Zürich), Herr Sami Aldeeb (Lausanne), Herr Rafael Ferber (Sachseln), die Herren Lutz Bieg und Thomas Täubner (Köln), Frau Anne Otto vom Orientalischen Seminar der Universität Freiburg im Br., neben den Herren Peter Greiner, Burkhart Kienast, Peter Sitte und Lutz Röhrich eine Vielzahl von Kolleginnen und Kollegen derselben Universität, insbesondere alle Teilnehmerinnen und Teilnehmer meiner Ringvorlesung über die List, sowie die tüchtigen Mitarbeiterinnen und Mitarbeiter des Scherz Verlages (Bern).

# Strategem Nr. 19

## Unter dem Kessel das Brennholz wegziehen

| | |
|---|---|
| Die vier Schriftzeichen | 釜　底　抽　薪 |
| Moderne chinesische Aussprache | fu　di　chou　xin |
| Übersetzung der einzelnen Schriftzeichen | Kessel, Topf　unter　wegziehen　Brennholz |
| Zusammenhängende Übersetzung | Unter dem Kessel das Brennholz wegziehen. – Das Brennholz aus dem Herd ziehen, um das siedende Wasser zur Ruhe zu bringen. |
| Kerngehalt | 1. Die Axt an die Wurzel legen; etwas an der Wurzel packen / an den Wurzeln bekämpfen; ein Problem von Grund auf lösen; die Ursache(n) beseitigen; die Fundamente zerfressen. Wurzelbeseitigungs-Strategem.<br>2. Die Stütze / den Rückhalt / den Boden / die Grundlage entziehen; den Grund / den Teppich unter den Füßen wegziehen; das Wasser abgraben; den Wind aus den Segeln nehmen; den Nährboden austrocknen; einen Sumpf trockenlegen; etwas im Keim ersticken; den Schneid abkaufen; verwässern; auszehren; untergraben; unterminieren; unterwühlen; aus-/unterhöhlen; entseelen; entkräften. Kraftentziehungs-Strategem.<br>3. Einen Konflikt zwischen Gegnern oder mit einem Gegner bis zu einem gewissen Grad entschärfen und kurz- oder langfristig auf Sparflamme weiterkochen lassen, weil dessen Anheizung beziehungsweise mögliche Lösung dem eigenen Vorteil zuwiderliefe. Konfliktdämpfungs-Strategem.<br>Maulwurf-Strategem. |

«Wieder ist es zeitig im Frühling. [...] Welch ferne Sehnsucht, Zweifel, Versunkenheit [...] Endlich, nur kurze Zeit freilich, aufs neue vereint mit mir selbst, allein mit mir an einsamem Ort, im verlassenen Tempel inmitten der Berge, umtost wie seit jeher von eisigem Wind. Die Zweige der Bäume, zwar dürr noch und kahl, doch schwellend schon merklich die jungen Knospen. Du Ruf ferner Vögel, sanfter Wind du, und strahlende Sonne! Du wortloses Feuer im Ofen, Asche, die du bewahrst noch die Form! Und du Wasser im Kessel, längst schon fast siedend und dennoch nie wallend, sendest ringförmige Dampfwölkchen aus, singst leise dein summendes Lied.»

Diese Zeilen schrieb der chinesische Schriftsteller, ehemalige Kulturminister (1986–1989) und derzeit (2000) einer der 14 stellvertretenden Vorsitzenden des Chinesischen Schriftstellervereins Wang Meng (geb. 1934) in seinem 1987 erschienen Roman *Huodong Ren Bianxing (Menschliche Vexierbilder)*, den Ulrich Kautz unter dem Titel *Rare Gabe Torheit* glanzvoll ins Deutsche übersetzt hat (Frauenfeld 1994). In Wang Mengs Frühlingsszenerie verbreiten das glimmende Feuer im Ofen und das leise siedende Wasser im Kessel ein Gefühl der Behaglichkeit. Sachverhalte ganz anderer Art symbolisieren dagegen loderndes Feuer und kochendes Wasser in der Strategemformel Nr. 19.

## 19.1 Aus einem Funken kann ein Steppenbrand entstehen

Das kochende Wasser brodelt nicht von selbst, sondern dank der Kraft des Feuers. Je heftiger das Feuer lodert, desto wilder wallt das Wasser. Unmittelbare Einwirkung auf das Wasser richtet da wenig aus oder wirkt höchstens kurzfristig. Das Feuer existiert auch nicht allein aus sich heraus. Es bedarf vielmehr eines Stoffes, der es hervorbringt – des Brennholzes: «Es ist die Seele des Feuers» (An Jiming et al.: *Yongbing Jing [Der Kanon des Kriegshandwerks]*, Wuhan 1996, S. 239). Im Brennholz schlummert ein gewaltiges Potential – man denke an die etwa 1500 Jahre alte chinesische Redensart: «Aus einem Funken kann ein Steppenbrand entstehen.» Es ist das gleichsam verborgene, kühle Yin-Element, aus welchem das heiße, leuchtende Yang-Element des Feuers hervortritt, sobald es aus seinem Schlaf erweckt wird. Das Brennholz an sich ist keineswegs gewalttätig. Ruhig und sanft liegt es da. Gefahrlos kann man sich ihm nähern, und selbst wenn es bereits brennt, vermag man es ohne allzu große Mühe, vielleicht sogar mit bloßer Hand, bestimmt aber mit einem Werkzeug, aus dem Herd zu ziehen. Dann wird das Wasser nach kurzer Zeit seine Hitze verlieren, es wird erkalten und ruhig und still im Kessel stehen.

Das kochende Wasser läßt sich als Bild für eine Gefährdung, der unmittelbar schwer Herr zu werden ist, das Feuer als Bild für den Urgrund der Gefährdung sehen. Wer das Strategem Nr. 19 anwendet, geht nicht frontal gegen die Gefährdung vor, sondern beseitigt deren Urgrund. Einem solchen Vorgehen liegt das Bestreben zugrunde, einen Gefahrenherd endgültig zu vernichten oder unter Kontrolle zu bringen und so die Gefährdung zu bezwingen, ohne sich auf eine direkte Konfrontation mit ihr einzulassen. Das Strategem Nr. 19 kann, wie die Strategemformel zunächst nahelegt, gegenüber Sachen, aber auch gegenüber Menschen angewandt werden. Man hütet sich davor, zum direkten Gegenspieler zu werden, und versucht, gleichsam hinter einem Vorhang dem Gegner den Rückhalt zu nehmen und ihn zu einem Ball ohne Luft werden zu lassen. Vor allem bei einem starken Widersacher, den unmittelbar zu bekämpfen nicht ratsam wäre, kann das Strategem Nr. 19 hilfreich sein. Das Hauptanliegen des Strategems Nr. 19 ist es, dem Gegenüber Kraft zu entziehen, das heißt, es geht darum, um aus einem Kommentar zu *Meister Suns Kriegskunst* von He Yanxi aus der Song-Zeit (960–1270) zu zitieren, «feindliche Fülle in Leere zu verwandeln.»

Wie das Strategem Nr. 2 beruht auch das Strategem Nr. 19 auf dem Gegensatz «Leere – Fülle», aber in anderer Weise. Beide Strategeme weichen der «Fülle», also einer starken Stelle des Gegners, aus. Anders als das Strategem Nr. 2, das den Gegner an einer ohne Zutun des Strategemanwenders gegebenen, von diesem aber erspähten «leeren», also ungeschützten Schwachstelle trifft, funktioniert das Strategem Nr. 19, indem es gegnerische «Fülle» ent«leert» und den Gegner dadurch in die Knie zwingt. Die gegnerische «Fülle» wird zunichte gemacht oder zumindest reduziert, indem die Quelle, der die Fülle entspringt oder von der diese abhängt, zum Versiegen gebracht oder zum bloßen Sickern veranlaßt wird. Im Gegensatz zum Strategem Nr. 18 weicht das Strategem Nr. 19 der direkten (wenn auch listigen) Auseinandersetzung mit dem Machtmittelpunkt des Gegners aus und setzt an einer anderen Stelle an. Es ist jene Stelle, von der aus gegnerische Macht genährt wird. Das Strategem Nr. 19 zerstört oder schwächt die für die gegnerische Machtentfaltung unverzichtbare Energiequelle.

Das Strategem Nr. 19 in seinen drei Dimensionen – Beseitigung, Schwächung oder eigenen Zwecken dienliche Steuerung einer gegnerischen Kraftquelle – kann in allen möglichen zwischenmenschlichen

Bereichen und auf die unterschiedlichste Weise eingesetzt werden: offen oder heimlich, durchtrieben oder plump, physisch oder psychisch, handelnd oder redend, unter modernen oder längst vergangenen Bedingungen. Die Vielgestaltigkeit dieses Stratagems soll im folgenden durch einen weitgespannten Fächer von Beispielen vor Augen geführt werden. Zunächst richtet sich der Blick auf das chinesische Altertum, denn die Stratagemformel läßt sich über 2000 Jahre in die chinesische Vergangenheit zurückverfolgen.

### 19.2  Krankheit nicht heilen, sondern verunmöglichen

«Heutzutage hält man viel auf Wahrsagerei und Gesundbeterei. Das hat aber zur Folge, daß sich die Krankheiten erst recht vermehren. Es verhält sich wie mit einem Schützen, dessen Pfeil nicht trifft, woraufhin er, anstatt die Mängel seiner Schießkunst zu beheben, die Zielscheibe ausbessert. Was hilft ihm das zum Treffen? Wenn man heißes Wasser aus dem Kessel schöpft und es wieder zurückgießt, um es am Weitersieden zu hindern, dann kocht es erst recht weiter ohne Unterlaß. Beseitigt man das Feuer, dann hört das Wasser auf zu kochen. So galten den Menschen des Altertums die Gesundbeter, die Quacksalber und die bitteren Arzneien, die die Geister des Siechtums vertreiben und die Krankheiten heilen sollten, als minderwertig, weil sie lediglich gleichsam an den Zweigspitzen und Wipfelenden herumdoktern, eine wirkliche Pflege des Lebens aber nicht bewirken konnten.»

Diese Zeilen aus dem Abschnitt «Erreichen des vollen Alters» im Buch *Frühling und Herbst des Herrn Lü*, einem im 3. Jh. v. Chr. entstandenen Sammelwerk von Vertretern verschiedener Denkrichtungen, enthalten bereits umrißhaft den Wortlaut von Stratagem Nr. 19: Beseitigt man das Feuer, hört das Wasser auf zu kochen. Will man wirklich gesund bleiben und lange leben, darf man nicht gleichsam das Wasser zum Sieden kommen, also eine Krankheit entstehen und ausbrechen lassen, um ihr dann – gleichsam «mit heißem Wasser» – durch Ärzte und Arzneien den Garaus machen zu wollen. Vielmehr muß man von vornherein «das Feuer beseitigen», oder, wie es im chinesischen Text an einer anderen Stelle heißt, «Schädigungen aus dem Wege gehen». Zuviel Süßes, Saures, Bitteres, Scharfes und Salziges darf man dem Körper nicht zuführen, zuviel Freude, Ärger, Sorge, Angst und Trauer dem Herz nicht zumuten, auch soll man übermäßige Kälte, Hitze, Trockenheit, Feuchtigkeit, zuviel Wind, Regen und Nebel meiden.

Kurz: «Zur Pflege des Lebens ist nichts wichtiger als die Kenntnis dieser Grundlagen. Beachtet man diese Grundlagen, ist den Krankheiten jeder Zutritt versperrt.» Es gilt also – und dies ist eine zentrale konfuzianische Forderung –, in allem Maß zu halten. Ergänzen könnte man diese Maxime um die japanische Einsicht «Krankheiten kommen von einer [unguten] Gemütsaufwallung her» und die chinesische Lebensregel: «Einmal lachen, und schon ist man zehn Jahre jünger; einmal sich sorgen, und schon sind alle Haare grau» (zitiert aus: Sun Dongfeng: «Der Heilige heilt die Krankheit, bevor sie ausgebrochen ist», in: *Volkszeitung*, Peking 14.12.1997, S.3).

Nicht nur allgemein im Hinblick auf Gesundheitsvorsorge und ein langes Leben, sondern unmittelbar in einem medizinischen Zusammenhang wird das Stratagem Nr.19 in einem Text erwähnt, der etwa 2000 Jahre nach dem *Frühling und Herbst des Herrn Lü* entstanden ist. Es geht dabei um den sogenannten «Schreckwind» (jingfeng). Man stellte sich vor, daß der Wind unter gewissen ungünstigen Umständen, zum Beispiel bei Erschöpfung, durch die Poren in den Körper eindringt, sich durch die Eingeweide zieht und Leidenszustände verursacht. Diese äußern sich typischerweise in Form von schreckhaften Krämpfen. Aus heutiger westlich-medizinischer Sicht bezeichnete der Ausdruck «Schreckwind» ein ganzes Spektrum unterschiedlicher Krankheiten. Japanische Nachschlagewerke assoziieren ihn beispielsweise mit der Hirnhautentzündung. Im Roman *Jing Hua Yuan (Blumen im Spiegel)* von Li Ruzhen (um 1763–1830) kommt der Sohn eines hohen Beamten auf den «Schreckwind» zu sprechen, an dem er als Dreijähriger beinahe gestorben wäre: «Das gefährlichste Leiden im Kleinkindesalter ist der Schreckwind. Die Ärzte haben die größte Mühe damit. Deswegen sind seit jeher schon viele Kleinkinder daran gestorben. Auch hat es nicht wenige fehlerhafte Behandlungen gegeben. Wenn zum Beispiel die Leute heutzutage bei Kleinkindern mit dem Schreckwind konfrontiert werden, dann klären sie nicht ab, ob es sich um einen Fall von Kälte oder Hitze handelt, und sie fragen sich auch nicht, ob der kleine Patient unter einem Mangel- oder unter einem Füllezustand leidet. Stets verabreichen sie kalte und kühlende Arzneien, zum Beispiel die ‹Rindgelb-Pillen› [mit Elementen des Gallensteins, der in der Gallenblase des Wasserbüffels gefunden wird] und die ‹selbst einen Drachen fassenden Pillen› [mit zwei unter Umständen sehr toxischen Bestandteilen, nämlich einer Arsen- und einer Quecksilberverbindung]. Damit fügen sie den Kranken aber einen tiefgreifenden Schaden zu. Selbst wenn einer von hundert Kranken geheilt wird, dann ist es unausweichlich, daß er, durch mineralische Arzneien vergiftet, invalid wird. Der Schreckwind äußert sich nicht nur in einem einzigen Leidenszustand und hat nicht nur den Wind als Ursache, und so darf man nicht alle Erkrankungen an Schreckwind über einen Kamm scheren. Wie kann man da aufs Geratewohl und in verfehlter Weise Arzneien verschreiben, die nur den Schreck [also das äußere Symptom] heilen sollen? Man muß vielmehr sehr sorgfältig untersuchen, aus welcher Ursache die Krankheit hervorgegangen ist. Ist sie beispielsweise aufgrund von Hitze entstanden, dann kühle man die Hitze. Wenn sie aufgrund von Kälte entstanden ist, dann entferne man die Kälte. Ist sie tatsächlich infolge von Wind entstanden, dann lasse man den in den Körper eingedrungenen Wind abfließen. Wenn sie aufgrund von im Körper steckendem Schleim entstanden ist, dann wandle man den Schleim in Flüssigkeit um. Entstand sie durch die Einnahme bestimmter Speisen, dann muß man diese Speisen zur Verdauung bringen. Wenn man unterschiedliche Arzneien verabreicht, um je nach Maßgabe des konkreten Einzelfalls eines der aufgezählten Ziele zu erreichen, dann braucht man den Schreck gar nicht mehr zu therapieren; der Schreck verschwindet von selbst. Eine solche Vorgehensweise bezeichnet man mit dem Ausdruck ‹Unter dem Kessel das Brennholz wegziehen›.»

Der Strategemausdruck Nr. 19 ist gemäß Professor Paul U. Unschuld vom Institut für Geschichte der Medizin der Universität München, dem ich wichtige Hinweise zur Übersetzung dieses Abschnitts aus *Blumen im Spiegel* verdanke, eine in der chinesischen medizinischen Literatur häufig verwendete Metapher für eine Therapie, die der Krankheit die Grundlage entzieht. Ja, ein bestimmtes Heilverfahren wird in der traditionellen chinesischen Medizin so benannt, nämlich jenes, bei dem ein fiebriger Kopf durch Abführmittel kalter Natur behandelt wird. Der fiebrige Kopf ist gleichsam der Kessel. Durch Abführen mit kühlenden Arzneien beseitigt man das aus dem Körper, was diesem Kessel ähnlich wie Brennholz die Hitze zuführt.

19.3  Die Flammen der Sinneslust

«Den Herrscher von Chouyou gelüstete es nach der ihm als Geschenk angebotenen großen Glocke, worauf er sein Reich verlor» (siehe 17.32), heißt es im *Huainanzi*, einem unter der Ägide des Fürsten Liu An (179–122) von Huainan (in der heutigen Provinz Anhui) verfaßten

Werk, in dem sich vielerlei Gedankenströmungen spiegeln, das aber vor allem daoistisch geprägt ist. «Der Fürst von Yu erachtete die Jade aus Chuiji als Gewinn, worauf er seine Freiheit verlor» (s. 24.1). Nach dem warnenden Hinweis auf drei andere Fürsten, deren Schwäche für Frauenschönheit, Vorliebe für wohlschmeckende Speisen und Freude an zügelloser Musik schreckliche Folgen zeitigten, heißt es dann weiter: «Hätten diese Fürsten ihre Begierden im Zaum gehalten und auf den überflüssigen Tand verzichtet, hätten sie sich mit dem zufriedengegeben, was sie bereits besaßen, und sich nicht von weltlichen Gütern betören lassen, wie hätten sie derartigem Unheil zum Opfer fallen können?»

Für solch irdische Gelüste haben «die Gelehrten» – gemeint sind die Konfuzianer und die mit ihnen rivalisierenden Legisten, also die Anhänger der sogenannten Gesetzesschule – kein brauchbares Rezept. Denn sie beschränken sich darauf, das menschliche Verhalten durch Tugendgebote wie etwa jenes der Mäßigung oder Strafgesetze in Schranken halten zu wollen. Sie erreichen aber dadurch nur eine Unterdrückung der menschlichen Triebe. Lediglich deren Äußerung, nicht aber deren Existenz wird in Frage gestellt. Die Triebe selbst bleiben unangetastet. Unter deren Ansturm werden die von der konfuzianischen Sittlichkeit beziehungsweise von den legistischen Strafgesetzen errichteten Dämme immer wieder aufs neue überflutet.

«Was die Gelehrten betrifft, so gehen sie den Ursachen der Begierde nicht auf den Grund, sondern sie verbieten einfach die Dinge, die Begierden erwecken. Sie sind unfähig, bis zu den Quellen des Empfindens von Freude vorzustoßen, sie verschließen bloß die Zugänge zu den Dingen, die Freude bereiten. Das ist, wie wenn man dafür sorgt, daß die Quellen des Yangtse und des Gelben Flusses ungehindert sprudeln können, um dann hinterher die beiden Ströme mit den bloßen Händen aufhalten zu wollen [...] Die Konfuzianer und Legisten vermögen die Menschen nicht in einen Zustand der Begierdelosigkeit zu versetzen, sie sind bloß imstande, durch das Aufstellen von Tugendpflichten und Strafgesetzen gegen die Begierden Barrieren zu errichten. Sie vermögen die Menschen nicht so weit zu bringen, daß sie an Reichtümern und Ehren keine Freude mehr empfinden. Sie sind bloß dazu imstande, ihnen den Zugang zu diesen Freuden zu verriegeln. Anstatt die Menschen durch Strafen einzuschüchtern, so daß sie nicht wagen zu rauben, wäre es nicht besser zu bewirken, daß die Menschen kein räuberisches Herz haben?»

Wie aber gelangt man zur Freiheit von sinnlichen Trieben und weltlichen Freuden? Durch die Einsicht in Zusammenhänge wie diese: «Unter dem Himmel unendliche Weite! Wer vermag sie mit seinem Wissen zu durchmessen? Ich zum Beispiel befinde mich unter dem Himmel und bin auch nur ein Lebewesen. Weder weiß ich, ob die Welt mich braucht, um ihren Bestand an Lebewesen zu vervollständigen, noch weiß ich, ob der Bestand an Lebewesen ohne mich mitnichten unvollständig wäre. Welcher Nutzen entsteht, wenn die Natur mich hervorbringt? Welcher Schaden entsteht, wenn die Natur mich beseitigt? Ich bin während meines Lebens eine Gestalt von sieben Fuß Länge. Nach meinem Tod braucht es nur noch Platz für einen Sarg. Während meines Lebens gehöre ich zur Gattung derer, die eine sichtbare Form besitzen. Nach meinem Tode löse ich mich ins Formlose auf. Wie dem auch sei. Während meines Lebens bedeute ich keinen Zuwachs zur Menge der Lebewesen. Nach meinem Tod eingesargt, vermehre ich nicht die Dicke der Erde. Kann ich angesichts dessen wissen, worüber ich letzten Endes Freude und Haß empfinden, was ich als Vorteil oder Schaden betrachten sollte? Das Schöpferisch-Verwandelnde behandelt mich wie einen Rohziegel. Ich vermag mich nicht dagegen zu wehren. Woher weiß ich, daß sich der, der sich mit Akupunktur und Moxibustion behandeln läßt, um sein Leben zu verlängern, nicht auf dem Holzweg befindet, und daß der, der sich an einem Balken aufhängt, um sich das Leben zu nehmen, nicht das Glück findet? Wer weiß, vielleicht ist das Leben Zwangsarbeit und der Tod eine Ruhepause. Das Schöpferisch-Verwandelnde ergreift und modelliert die Wesen wie ein Töpfer, der die Tonerde formt. Die Tonerde, die er aus dem Erdboden nimmt, um eine Schale herzustellen, unterscheidet sich in nichts von dem Erdboden, den er nicht nimmt. Zum Utensil geworden, wird die Schale dereinst zerbrechen, ihre Scherben werden sich in alle Richtungen zerstreuen, und die Schale wird wieder in ihren früheren Zustand zurückkehren. Die Tonerde, die sie nun wieder ist, wird sich nicht von der Tonerde unterscheiden, aus der sie einst zur Schale geformt wurde. Wieso sollte der Mensch da den Tod fürchten? Ist denn der Tod etwas anderes als die Rückkehr in den Zustand vor dem Eintritt in das Leben, vergleichbar mit der zerbrochenen Schale, die wieder in den Zustand der Tonerde zurückkehrt, aus der sie geformt worden ist? Man gibt mir das Leben, und ich fordere nicht, es sei zu beenden. Man wird mir das Leben wieder nehmen, und ich verlange nicht, daß meiner Zerstörung Einhalt geboten werde. Ich liebe das Leben, mache aber nicht viel Aufhebens von ihm. Ich hasse das Sterben, verweigere mich ihm aber nicht. Erniedrigt empfinde ich keinen

Groll, erhöht empfinde ich keine Freude. Ich füge mich der vom Himmel vorgesehenen Lebensspanne und gebe mich damit zufrieden. Jede Lebensgier ist mir fremd. Der heilige Mann paßt sich den Wandlungen der Zeit an und gibt sich mit der Stelle, an der er steht, zufrieden. Er entspricht den jeweiligen Notwendigkeiten und freut sich seines Tuns. Er ißt und trinkt nur gerade, was er zum Überleben braucht, und er kleidet sich nur, um den Körper zu bedecken. Er findet sich mit dem ab, was den jeweiligen Umständen angemessen ist, und verlangt nicht ständig mehr. Leben und Tod betrachtet er als eine bloße Umformung innerhalb des Einen, und jedes der zehntausend Lebewesen als bloße Spielarten im Schoße des Einen. Laßt uns die Welt geringschätzen, dann wird unser Geist unbelastet sein. Laßt uns nicht viel Aufhebens von den zehntausend Dingen machen, dann wird unser Herz nicht in die Irre geleitet. Laßt uns ein Gleichheitszeichen zwischen Leben und Tod setzen, so daß wir einen pflichtgemäßen Tod ebensowenig fürchten, wie wir uns über ein pflichtwidriges Leben freuen. Dann wird unser Wille nicht durch Furcht erschüttert werden. Erkennen wir in den Änderungen und Wandlungen das immer gleiche, dann wird unsere Klarsicht nicht getrübt.»

Im Buch *Huainanzi* werden diese Überlegungen mit Worten zusammengefaßt, die den Grundgedanken des Stratagems Nr. 19 wiedergeben:

«Wenn man heißes Wasser aus dem Kessel schöpft und es wieder zurückgießt, um es am Weitersieden zu hindern, dann wird es nicht aufhören zu kochen. Wer wirklich die Wurzeln der Dinge kennt, beseitigt das Feuer und bringt so das Kochen zum Stillstand.»

Das kochende Wasser ist hier ein Bild für die im Menschen brennenden Sinnesgelüste, das hineingegossene heiße Wasser steht für den bloße Symptome behandelnden Konfuzianismus beziehungsweise Legismus. Mit der Entfernung des Feuers ist die Beseitigung der menschlichen Triebe an sich gemeint. Dieses Ziel wird dadurch erreicht, daß man den Quellgrund des Begehrens und des Empfindens von Freude erkennt und beseitigt. Dieses Ziel erreicht man durch die daoistische Einsicht, daß die Welt eine unentrinnbare Abfolge vorübergehender Wandlungszustände sei. Jede Freude, aber auch jeder Schmerz sind im Nu verweht. Warum also Dingen, die ohnehin nicht von Dauer sind, ein so großes Gewicht beimessen? Die Bejahung des ständigen Wandels durch die Hingabe an das Dao, den letztlich alles seiner Art gemäß spontan lenkenden und verändernden Leitweg, befreit den Menschen von seiner Gier nach Gewinn und Triebgenuß, so daß er zufrieden ist mit dem wenigen, das er hat und wirklich benötigt, und nicht unzufrieden beim Gedanken an das viele, das er nicht hat und begehrt. Der Mensch soll naiv, sein Bewußtsein leer werden, wie ein von Wogen und Bewegung ungestörter klarer See, der den Himmel am ungetrübtesten widerspiegelt. So sagte der daoistische Philosoph Zhuang Zi (um 369–286): «Der höchste Mensch gebraucht sein Herz wie einen Spiegel. Er läuft nicht hinter den Dingen her und eilt ihnen auch nicht entgegen. Er paßt sich ihnen ganz an, ohne verborgene Absichten zu hegen. Daher vermag er die Dinge zu überwinden und wird von diesen nicht behelligt.» Und etwa 200 Jahre vor ihm soll Lao Zi, der Begründer des Daoismus, gelehrt haben (vgl. *Daodejing*, Kap. 56, in der Übersetzung von Richard Wilhelm):

«Man muß seinen Mund schließen
und seine Pforten zumachen,
seinen Scharfsinn abstumpfen,
seine wirren Gedanken auflösen,
sein Licht mäßigen,
sich mit dem Staub gemeinsam machen.
Das heißt verborgene Gemeinsamkeit [mit dem Leitweg].
Wer die hat, den kann man nicht beeinflussen durch Liebe
und kann ihn nicht beeinflussen durch Kälte.
Man kann ihn nicht beeinflussen durch Gewinn
und kann ihn nicht beeinflussen durch Schaden.
Man kann ihn nicht beeinflussen durch Herrlichkeit
und kann ihn nicht beeinflussen durch Niedrigkeit.»

Anklänge an diese jahrtausendealten Einsichten finden sich in aktuellen Glossen aus der Volksrepublik China, zum Beispiel: «Auf den ersten Blick mag man meinen, ‹wenig begehren› führe, anders als ‹viel begehren›, zu einer Verminderung von Genuß und Befriedigung, doch in Tat und Wahrheit verschafft ‹wenig begehren› geistige und körperliche Fitneß und ein langes ehrbares Leben in Wohlbefinden – kann man eigentlich noch mehr ‹begehren›?» (A Ming: «Über das Begehren», in: *Licht-Tageszeitung*, Peking 19. 5. 1998, S. 4).

## 19.4 Erlösung durch die Befreiung vom Ich-Wahn

Eingeäschert und in Urnen beigesetzt wurden in Indien zu Lebzeiten Buddhas (6. Jh. v. Chr., umstritten) nur die Toten aus wohlhabenden Familien. Die Überreste von Armen brachte man auf Leichenfelder, wo menschliche Leiber in verschiedenen Stadien der Verwesung, «von Krähen, Raben oder Geiern zerfressen, von Hunden oder Schakalen zerfleischt, oder von vielerlei Würmern zernagt» (Karl Eugen Neumann [Übersetzer]: *Die Reden Gotamo Buddhos*, München 1922, S. 201 f.), zu sehen waren. Um ihnen die Hinfälligkeit des menschlichen Körpers vor Augen zu führen, veranlaßte Buddha seine Jünger, solche Leichenstätten zu besuchen. Die Erfahrung, daß Lebewesen sterblich sind, verbunden mit dem Gedanken, daß das auch auf einen selbst zutrifft, löst einen Schock aus. Wer damit nicht leben kann, flüchtet vor der Todesgewißheit in Gedankengebäude, in denen alle möglichen Verheißungen von der Überwindung des Todes beziehungsweise von Unsterblichkeit in welcher Form auch immer künden und in denen Manipulationen der Bedürfnisbefriedigung vom künftigen sicheren Tod ablenken. Die Versuchung, ohne Begrenzung zu sein, führt zwar zu immensen Leistungen, welche die Beschränktheit zu überwinden scheinen, aber jede menschliche Schöpfung, jede irdische geistige Sicherheit, jeder weltliche Genuß sind bloße vorübergehende Illusion. Letztendlich ist menschliches Dasein vom «Elend des Körperlichen» (Neumann, 1922, S. 200 ff.) und damit von Leid geprägt. Das ständige Verzehren und Dahinschwinden findet seinen grausigen Höhepunkt im unausweichlichen vollständigen körperlichen Zerfall. Urgrund der «Leidensverkettung» ist aus buddhistischer Sicht das «Elend des Begehrens» (Neumann, 1922, S. 194 ff.), also die Gier der fünf Sinne und des geistigen Strebens nach allen möglichen Dingen, wie zum Beispiel Reichtum, Ruhm, Geschlechtslust, ja Tugendhaftigkeit: «Gier ist Herzenstrübung» (Neumann, 1922, S. 207). «Gefesselt an die fünf Begierden sind sie, so wie der Yak seinen Schweif liebt. Mit Begierde und Leid sind sie selbst zugedeckt. Blind, sehen sie nichts [...] Tief in falschen Ansichten steckend, suchen sie durch Leid[bringendes] das Leid zu beenden [...] Sämtliche Lebewesen [...], in allen Wurzeln stumpf, haften am Vergnügen und sind blind in Zweifeln» (aus: Margareta von Borsig [Übersetzerin aus dem Chinesischen]: *Sūtra von der Lotosblume des wundersamen Gesetzes*, Darmstadt 1993, S. 78 f.).

Durch die stets pochende Gier nach diesem oder jenem entsteht das Ich-Bewußtsein. Denn die Gier zum Beispiel nach Speis und Trank oder nach Heilung von Krankheit macht einem den eigenen Körper bewußt, den man umhegt und pflegt, wobei man denkt: «Der gehört mir, das bin ich, das ist mein Selbst» (Neumann, 1922, S. 329). Das Ich ist also ein Produkt der Gier, es wird von der Gier vorgegaukelt. In der Verblendung des Ich befangen, kommen aber «die Menschen von stumpfen Wurzeln und kleinkariertem Wissen, die an der Erscheinung haften und stolz sind» (Lotos-Sūtra), sooft und so intensiv sie auch ihre Gier in allen Bereichen befriedigen mögen, von ihrem Leiden nicht los. Denn keine Speise sättigt, keine Flüssigkeit tränkt für immer, und höchste Sinneslust ist im Nu dahin. Wie klagt doch ein Gedicht aus der Tang-Zeit (618–907) zitierend, der Verfasser des berühmten erotischen Romans *Schlehenblüten in goldener Vase* aus der Ming-Zeit (1368–1644):

«Pracht und Prunk? – Wenn sie verrauscht sind,
scheuen die Gäste den dürren Grund.
Wie die Flöten und Harfen verklangen,
ist verstummt auch der Liedermund.
Würde der Schwertmacht? – Wenn sie geschwunden,
bleibt schillernder Glanz auch fern.
Klanglos verkümmern der Wölbbrettzither kostbare Saiten;
lichtlos erlischt auch der Abendstern.
Jadestufen bleiben verödet,
nur benetzt von des Herbstes Tau.
Wo man bei Liedern im Tanze schwebte,
stumm nur beleuchtet der Mond den Bau.
Die dort ehemals sangen und sprangen,
nimmer erwachen zur Wiederkehr.
Sie alle – verwandelt zu Grabesstaub
Einst: Heldentum, Schönheit – heut: der
Vergänglichkeit Raub!» (Leicht veränderte Übernahme der Übersetzung von Otto und Artur Kibat: *Djin Ping Meh*, Bd. 1, Hamburg 1967, S. 19)

So lebt der Mensch, sofern er «auf den roten Staub», also irdisch ausgerichtet ist, in einem Meer von Illusionen. Die Illusion «ich habe dieses oder jenes» wird von der Gier hervorgebracht. Eine Illusion ist aber auch der endgültige, erlösende Tod. Māra (Tod) und Kāma (Leidenschaft) bedeuten oft das gleiche. Denn der Tod erscheint den Menschen nicht unmittelbar mit seinem abstoßenden wahren Gesicht, sondern in der Gestalt von Lustbegierde und von diese befriedigenden Lustobjekten, also zum Beispiel in Form von Lustgewinn verheißenden Drogen. Die Leidenschaft ist die Falle, die einen in den Tod bringt, weil sie den Menschen in diese Welt hinein und in die Verkörperung lockt, die dann wieder in den Tod mit anschließender Wiedergeburt einmündet. Der sinnenverhaftete Mensch wird also – und hierin liegt wohl der Hauptunterschied zwischen Buddhismus und Daoismus – wiedergeboren und damit neuem Leiden zugeführt. Eine bestimmte Richtung des Daoismus strebte gar leibliche Unsterblichkeit an. So ist der Mensch im Grunde ein Opfer des von seiner Gier in gigantischem Umfang in Gang gesetzten Kreator-Stratagems Nr. 7: Aus dem Nichts gaukelt ihm die Gier lauter Dinge vor, die, ohne jeden bleibenden Bestand, eigentlich gar nicht vorhanden sind.

Insofern der Buddhismus dazu anleitet, den Wahncharakter der Welt zu durchschauen und die hinter allem Schein lauernde Leere zu erkennen, entpuppt er sich als eine hochgradig wahrnehmungsstrategemische Religion. Um den Menschen aus seinem Leidenszustand zu befreien, gilt es aus buddhistischer Sicht, ihn zu erlösen, das heißt in erster Linie, die Gier in ihm zu vernichten. Gelingt dies einem Menschen, dann hat er gewissermaßen dem Tod ein Schnippchen geschlagen, das heißt, er ist von der List des stets unter der Maske der Lust auftretenden Todes erlöst, worauf folgender Vierzeiler aus einer Sammlung von Dichtungen der ersten Jünger und Jüngerinnen Buddhas hinweist:

«Der [anderen Menschen die buddhistische Lehre verkündende]
  Ruf der [von der Gier befreiten] Weisen donnert laut
Wie Löwenruf im Felsenthor,
Der Heldenruf, der Herrenruf
Erlöster über Todeslist» (Karl Eugen Neumann [Übersetzung]: *Die Lieder der Mönche und Nonnen Gotamo Buddhos*, 2. Aufl. München 1923, S. 61).

Nach der Mahāyāna-Lehre kann statt einer Selbsterlösung auch eine Erlösung durch einen Bodhisattva stattfinden (s. 24.15). Wenn die mit «flammendem Stroh» und «glühenden Kohlen» (Neumann, 1922, S. 322) verglichenen Begierden abgetötet sind, verschwindet das Haften an den Dingen. Es ist, als gäbe es sie nicht. Dann entfällt auch die Unterscheidung zwischen Positivem und Negativem, man strebt nicht weiter nach Angenehmem und meidet nicht länger Unangenehmes.

Man strebt weder danach, nicht böse zu sein, noch danach, tugendhaft zu sein. Auf dem Weg zur Erleuchtung mag man auf einer Vorstufe noch Freude erleben, danach aber «wird der Ichheit Dünkel verneint, an der Wurzel abgeschnitten [...], so daß er nicht mehr keimen, nicht mehr sich entwickeln kann» (Neumann, 1922, S. 340), und es tritt völliger Gleichmut ein. Sogar die buddhistische Lehre erscheint dann als überflüssig, als ein bloßes Mittel zum Zweck. Nicht einmal sie ist ein Wert. Man wartet auf den Tod, und wenn man danach nicht wiedergeboren wird, ist man ins Nirwana eingegangen. Ist also die Gier beseitigt, dann ist gewissermaßen das Brennholz unter dem Kessel weggezogen. Alle Illusionen lösen sich in Nichts auf, das Ich verliert seine Bedeutung und verschwindet letztlich im Nirwana. Dort «ist es so, wie wenn, sobald das Brennholz verbraucht ist, das Feuer erlischt» (Lotus-Sūtra). Im Hinblick auf dieses Ziel erörtert etwa der buddhistische vietnamesische Mönch Thich Nhât Hanh im Buch *Umarme deine Wut* (Zürich 1992) zwanzig praktische Meditationsbetrachtungen, um zu lehren, wie man bei Wurzelverblendungen infolge von Begierde, Wut und Eifersucht «die Flammen löscht».

## 19.5 Von der Erde und dadurch vom Leben trennen

Als Herakles nach Mykene zurückkehrte, durchquerte er Libyen, dessen König Antaios, ein Sohn von Poseidon und Gaja, alle Fremden zum Ringkampf nötigte. Hatte er seine Gegner besiegt, tötete er sie und bewahrte ihre Schädel auf dem Dach des Poseidon-Tempels auf. Das Geheimnis seiner unüberwindlichen Stärke beruhte darauf, daß ihm, sobald er seine Mutter, die Erde, berührte, neue Kräfte zuströmten. Antaios war ein Riese, aß das Fleisch von Löwen und schlief auf der nackten Erde, um seine ohnehin gewaltige Kraft zu vermehren.

Man weiß nicht, ob Herakles, der dem barbarischen Treiben ein Ende bereiten wollte, Antaios zum Kampf herausforderte oder umgekehrt Antaios den Herakles. In Vorbereitung auf den Kampf rieb sich Herakles nach olympischem Brauch mit Öl ein; Antaios jedoch schüttete heißen Sand über seine Glieder, um seine Kraft zu steigern, falls es nicht ausreichte, daß seine Fußsohlen die Erde berührten. Zunächst warf Herakles Antaios der Länge nach auf den Boden, um ihn festzuhalten und seine Kräfte zu erschöpfen. Mit Erstaunen sah er jedoch, wie die Muskeln des Riesen anschwollen, als ihn die Mutter Erde neu belebte. Beim nächsten Kampf warf sich Antaios selbst auf den

Boden. Als Herakles seinen Plan durchschaute, hob er Antaios in die Höhe, so daß er die Erde nicht mehr berühren konnte, zerbrach ihm mit den Fäusten die Rippen und tötete ihn. Herakles errang also den Sieg über Antaios, indem er erkannte, was die Quelle seiner Kraft war, und ihn seiner Mutter, der Erde, beraubte.

Dieser Anwendung des Stratagems Nr. 19 in einer Sage aus dem antiken Hellas widmen Magda Staudinger und Regine Kather (in: *Freiburger Universitätsblätter*, Heft 136, Freiburg i. Br. Juni 1997) eine moderne Deutung. Der naturhaften Biosphäre hat der Mensch die von ihm geschaffene Technosphäre gegenübergestellt. Der Kampf zwischen Herakles und Antaios symbolisiert das Ringen zwischen den Kräften der Zivilisation und den ungebändigten Naturgewalten. Sobald Antaios während des Kampfes mit Herakles die Erde berühren kann, wächst ihm neue Kraft zu. Erst als Herakles ihn von der Erde trennt, verliert er mit seiner Kraft auch das Leben. Er wird von Herakles, dem Vertreter der Technosphäre, erdrückt. Auch der Mensch kann durch seine Kräfte die Gewalten der Natur, die ihn bedrohen, bändigen und, zumindest innerhalb gewisser Grenzen, unschädlich machen. So kann er die Kräfte der Natur für seine Zwecke nutzen. Dazu muß er allerdings die Eigengesetzlichkeit der Natur beachten und sie bewahren. Vergißt er diese und beutet die Kräfte der Natur ohne jede Rücksicht aus, läßt er gleichsam Herakles freien Lauf, dann vernichtet er die Natur. Der Mensch wird sich allerdings selbst auslöschen, wenn sein Streben nach Macht überhandnimmt und er die technische Welt völlig von der Biosphäre loslöst. So zerstört er die Biosphäre und nimmt der Natur die Fähigkeit, sich selbst zu regenerieren. Damit unterminiert der Mensch seine eigene Lebensgrundlage. Indem er seine technischen Kräfte rücksichtslos gegen die Natur einsetzt, um sie für sich auszubeuten, sägt er buchstäblich den Ast ab, auf dem er selbst sitzt. Er «zerstört die natürlichen Bedingungen seiner Existenz» (Zhang Dainian: «Kritische Würdigung [des altüberlieferten chinesischen Gedankens] ‹Himmel und Erde bilden zusammen eine Einheit [tian ren he yi]»", in: *Gesellschaftswissenschaftliche Front*, Changchun Nr. 3, 1998, S. 70). Bei dieser Verkehrung des Stratagems Nr. 19 von einer List in eine Torheit entzieht der Mensch nicht etwas Gefahrvollem, sondern sich selbst den Boden:

«Der Erdball ist der Hausgarten der ganzen Menschheit. Berge und Flüsse, Seen und Meere, Vögel und Vierbeiner, Insekten und Fische, sie alle sind unsere Freunde, von denen wir Menschen abhängen. Indem die Menschheit die Natur zerstört und die Umwelt schädigt, vernichtet sie sich selbst. [...] Wenn keine Haut mehr da ist, woran sollen dann die Haare haften?» (Dong Fangjun, in: *Volkszeitung*, Peking 28.4.1998, S.9).

19.6 Wipfelend- statt Wurzelspitzenpolitik

Erstmals belegt ist die Abfolge der vier Schriftzeichen der Strategemformel Nr. 19 in einer Eingabe des Beamten und Literaten Qi Yuanzuo, der im 16. Jahrhundert wirkte. In dem Schriftstück, das Yu Ruji in seinem um 1620 zusammengestellten *Entwurf des Berichts über das Ritenministerium* überliefert, heißt es: «Ein Sprichwort besagt: ‹Heißes Wasser aus dem Topf schöpfen und es wieder zurückgießen, um es am Weitersieden zu hindern, ist nicht so gut, wie unter dem Kessel das Brennholz wegzuziehen›. So wie die Dinge jetzt liegen, kommt man nicht darum herum, in großem Umfang altüberlieferte Regeln außer Kraft zu setzen, um die Probleme zu lösen.» Es geht um die Getreide- und Geldzuwendungen an die Angehörigen der kaiserlichen Sippe. Diese Apanagen belasten in ihrer Gesamtsumme die Reichskasse über Gebühr, und zwar obwohl die einzelnen Beträge bereits auf ein absolutes Minimum herabgesetzt sind. Höhere Steuern seien auch kein Ausweg. Also schlägt Qi Yuanzuo vor, die alten Konventionen aufzugeben und neue Anordnungen zur drastischen Verkleinerung des Kreises der Unterstützungsempfänger zu treffen. Ihm dient die Strategemformel Nr. 19 als Bild für eine langfristige, durchgreifende Problemlösung.

In diesem Sinne greift auch die zeitgenössische chinesische Presse das Strategem Nr. 19 immer wieder auf. Bei Ausstellungen in Peking und Shanghai wurde das Mitbringen von Taschen verboten. Warum? Um «unter dem Kessel das Brennholz wegzuziehen», nämlich um zu verhindern, daß Ausstellungsbesucher Gegenstände stehlen und in den Taschen wegtragen (*Sportzeitung*, Peking, 20.8.1979). Der Briefkastenonkel einer Taipeher Zeitung gibt einer Internatsschülerin, die sich darüber beklagt, daß ihre Zimmergenossin ständig über ihre Lebensgewohnheiten irgendwelchen aufgebauschten Klatsch verbreite, unter anderem den Rat, «unter dem Kessel das Brennholz wegzuziehen». Sie solle überall verbreiten, ihre Zimmergenossin sei darauf spezialisiert, das Blaue vom Himmel zu erzählen, um die Naivität ihrer Gesprächspartner zu testen (*Zhongguo Shibao*, 19.4.1991). Die Funktion des Strategems Nr. 19 besteht in diesem Fall also darin, die Glaubwürdigkeit der Gerüchteverbreiterin zu untergraben.

«In den letzten Jahren haben illegale Publikationen überhandgenommen. Wiederholte Verbote vermochten ihnen keinen Einhalt zu gebieten. Die zuständigen Regierungsämter haben strenge Maßnahmen ergriffen, um den Handel mit solchen Veröffentlichungen zu unterbinden. Das ist absolut notwendig. Können aber wir Literaturschaffenden nicht gleichzeitig in positiver Hinsicht etwas unternehmen und ‹unter dem Kessel das Brennholz wegziehen›?» In seinem Kommentar in der Shanghaier *Literaturzeitung* appelliert Xiao Lun an die chinesischen Schriftsteller, statt elitärer vermehrt volkstümliche literarische Werke zu veröffentlichen. Denn so könne man den vulgären und zudem oft pornographischen illegalen Publikationen das Wasser abgraben. In einem anderen Kommentar über illegale Publikationen in derselben Zeitung fordert Gu Ni, nicht nur die Zirkulation illegaler Publikationen zu unterbinden, sondern «unter dem Kessel das Brennholz wegzuziehen», indem man gegen die fehlbaren Verlage und Druckereien vorgehe, also eine «Quellreinigung» (qingyuan) vornehme. Denn «ist die Quelle sauber, dann auch das Wasser, das aus ihr herausfließt» (Xunzi, 3. Jh. v. Chr.). Die Drogenkonsumenten von der Quelle, aus der die Drogen kommen, trennen, es ihnen also unmöglich machen, an Drogen heranzukommen, sei eine viel billigere Antidrogenmaßnahme als der Kampf gegen den Drogenkonsum, meint Wissenschaftsrat Shao Yiming vom Forschungsinstitut für Virenkunde der Chinesischen Akademie für Präventivmedizin (*Licht-Tageszeitung*, Peking, 30.5.1997).

«Verbrechensbekämpfung und -vorbeugung verknüpfen, Wipfel und Wurzel gleichzeitig behandeln» und – im Hinblick auf unlautere Machenschaften im Schoße der Kommunistischen Partei Chinas – «Vorbeugen an erster Stelle, Unheil im voraus verhüten, Wipfel und Wurzel gleichzeitig behandeln, den Nachdruck auf die Wurzelbehandlung legen» sind zwei Schlagzeilen in der Shanghaier *Wenhui-Zeitung* (18.4.1995 und 17.7.1998). «Wipfel [eigentlich: der ganze Stamm ohne die Wurzel] und Wurzel gleichzeitig behandeln (biao ben jian zhi)» ist eine aus der chinesischen Medizin stammende Redewendung, die in aktuellen chinesischen Texten oft vorkommt. So benutzte sie etwa der chinesische Ministerpräsident Li Peng in seinem Regierungsbericht vom 1.3.1997, und zwar im Zusammenhang mit dem Kampf gegen die Korruption. «Heißes Wasser aus dem Kessel schöpfen und es wieder zurückgießen, um es am Weitersieden zu hindern, ist nicht so gut, wie das Brennholz aus dem Herd herauszuziehen.» Dies schreiben zwei Reporter im überregionalen Pekinger Intellektuellenblatt

*Licht-Tageszeitung* am 17.3.1998 in einem Artikel mit der Überschrift «Man muß wirkungsvoll die Korruption eindämmen». «Wurzelbehandlungsmaßnahmen, die geeignet sind, das Brennholz aus dem Herd herauszuziehen», forderte im April 1998 der Überwachungsminister He Yong im Hinblick auf zahlreiche Mißstände in den Bereichen Landwirtschaft, Finanzwirtschaft, Verkehr und öffentliche Sicherheit (*Volkszeitung*, Peking 29.4.1998).

Das Organ des Allchinesischen Gewerkschaftsbundes wirft einzelnen Unternehmen und Behörden eine «Jagd nach schnellen Erfolgen und augenblicklichen Vorteilen (ji gong jin li)» vor und ruft den Satz des Konfuzius «Wer auf Eile erpicht ist, kommt nicht ans Ziel» in Erinnerung (*Arbeiterzeitung*, Peking 19.8.1998, S.6). «Zuviel Kurzfristigkeit» bei Investitionen und manchen Managern beklagt Nestlé-Präsident Helmut Maucher (in: *Die Zeit*, Hamburg 9.7.1998, S.21). Aber auch die Politik begnügt sich oft mit einer bloßen Symptombehandlung, sie ist nicht selten pure Flickschusterei. Das «kurzfristige punktuelle politische Denken» (*Neue Zürcher Zeitung*, 20./21.6.1998, S.21) bekommt nur allzu leicht Oberwasser. Insbesondere in westlichen Ländern ergänzen «sich die Ereigniskultur auf der einen Seite und die Legislaturperiodenpolitik auf der anderen Seite und suchen sich in ihrer aufgeregten Kurzatmigkeit» und in ihrem «Verlust an Langzeitperspektiven [...] noch wechselseitig zu übertreffen» (Wolf Lepenies: «Ist die Europäisierung der Welt beendet?», in: Schweizerisches Institut für Auslandsforschung [Hg.]: *Brennpunkt Ostasien*, Chur/Zürich 1997, S.32). Wipfelendpolitik und keine Krisenwurzeltherapie beklagt sinngemäß die *Neue Zürcher Zeitung* im Leitartikel «Jagd auf Islamisten in der Türkei?» (3./4.5.1997): «Die anlaufende Anti-Islamismus-Kampagne krankt [...] daran, daß sie reine Symptombekämpfung ist. Sie läßt [...] die Ursachen der islamistischen Wahlerfolge außer acht. Dazu gehören die Unfähigkeit der herkömmlichen Großparteien, die dringenden sozialen Probleme in den Griff zu bekommen, die ideologische Prinzipienlosigkeit ihrer Führer und eine Reihe von Korruptionsaffären.»

«Zero tolerance», also die harte Bestrafung schon geringfügiger Delikte, wie sie etwa im New York der 90er Jahre praktiziert wurde, ist keine Bekämpfung der Ursachen von Kriminalität (wie Zerfall der Familie, anonyme und mobile Gesellschaft ohne Einwohnerkontrolle, riesige wirtschaftliche Unterschiede, einfacher Zugang zu Schußwaffen, Tradition der Gewalt, Mangel an Sozialisierung, extrem heterogene Gesellschaft, Entwurzelung etc.), sondern bloß «ein Pflaster auf einem Krebsgeschwür» (*Neue Zürcher Zeitung*, Leserbrief, 17.3. 1998). Greenpeace-Sympathisanten, die gegen einen Castor-Transport von Atommüll oder gegen die geplante Versenkung einer ausgedienten Erdölplattform wie Brent Spar im Meer statt für eine neue, anspruchslosere Einstellung der Menschen demonstrieren, sind typische Wipfelend-Aktivisten. Wogegen anzugehen wäre, ist die Energiegier der Menschen, nicht deren Ergebnisse wie ausgebrannte Brennelemente oder eine abgetakelte Erdölplattform, die entsorgt werden. Die Frage ist allerdings, ob und wie die Gier der Menschen, wenn nicht beseitigt, so doch gebändigt werden kann. Darüber haben sich schon vor über 2000 Jahren die Verfasser des Huainanzi und noch früher bereits Buddha den Kopf zerbrochen (s. 19.3, 19.4). Selbst die Änderung eines politischen Systems ist nicht unbedingt eine Maßnahme, die an der Wurzel ansetzt, also eine innere Wandlung der Menschen bewirkt. Zu verbreiten wäre die Einstellung, die die künstlich geschaffenen, sich aus Werbung, Mode und Prestige speisenden Bedürfnisse ignoriert und sich damit begnügt, nur natürliches Begehren zu befriedigen und von dem zu leben, was man hat, ohne nach Luxusdingen zu streben, die man nicht hat. Heutzutage lenkt die Bekämpfung vereinzelter Auswüchse der modernen Zivilisation davon ab, daß an den Grundbedingungen, die zu den Auswüchsen führen, nämlich am «verschwenderischen Lebensstil der westlichen Industriegesellschaften» (Peter Winterling: «Medien brauchen Katastrophen», in: *Badische Zeitung*, Freiburg i. Br., 19. 10. 1996, S. 6) mit ihrer «weltweiten Gier» (Noam Chomsky: *Haben und Nichthaben*, Bodenheim 1998) nicht gerüttelt wird. Die Fokussierung der Protestenergien auf verzettelte äußerliche Phänomene läßt die Wesenskernfragen und das Problem ihrer Regelung aus dem Gesichtskreis verschwinden. Eine Kernfrage lautet: Wie bringt man es zustande, die Forderung Mahatma Ghandis in einem Brief an Nehru aus dem Jahre 1945 zu verwirklichen: «Der Mensch muß zufrieden sein mit dem, was er braucht», denn «die Welt kann die Bedürfnisse eines jeden befriedigen, nicht jedoch die Habgier eines jeden».

19.7   Flüchtlingsströme aufnehmen oder zum Versiegen bringen?

«Geht es darum, das Brennholz aus dem Herd herauszuziehen, oder darum, das Wasser am Sieden zu hindern, indem man darin herumrührt?» So wundert sich Xie Wenqing im Titel seiner Analyse, die

Ende Juni 1979 in verschiedenen chinesischen Tageszeitungen und 1984 in dem Buch *Auswahl von Kommentaren zu Tagesaktualitäten* erschien. Er geht der Frage nach, ob eine geplante UNO-Konferenz über die vietnamesischen Boots-Flüchtlinge die vietnamesische Regierung veranlassen werde, den Exodus zu stoppen, oder ob sie lediglich, was die vietnamesische Regierung fordere, dazu dienen solle, über die Modalitäten des Umgangs mit den Flüchtlingen, zum Beispiel ihre Unterbringung in fremden Ländern, zu beraten. In diesem Falle, so schließt der Kommentator, versuche man bloß, «das Wasser am Sieden zu hindern, indem man darin herumrührt, zum Schaden der Länder Südostasiens und anderer Weltgegenden».

## 19.8   Die verkürzte Mine

Die Einführung des Kugelschreibers erleichterte den Menschen das Schreiben außerordentlich. Er war viel praktischer und zudem billiger als der Füllfederhalter. Doch die Benutzer stellten bald fest, daß, kaum hatte man den Kugelschreiber eine Zeitlang benutzt, die Schreibflüssigkeit auslief. Die Striche wurden dick, das Papier mit der Farbmasse befleckt und schmutzig, und wenn man nicht aufpaßte, verunreinigte man sich gar noch die Kleider. Das war sehr ärgerlich.

Nun machten sich die Fabrikanten auf die Suche nach den Ursachen des Farbmassenausflusses und wurden schnell fündig. Die kleine rollende Kugel in der Minenspitze schließt, solange sie intakt ist, die Farbmine und überträgt nur gerade die zum Schreiben nötige Farbmasse auf das Papier. Sobald die Kugel an der Minenspitze aber kaputtgerieben und dadurch verkleinert ist, entsteht ein Zwischenraum, durch den die Farbmasse ausfließen kann.

Die Lösung des Problems schien nun darin zu liegen, die Reibfestigkeit der Schreibkugel zu erhöhen. Es gab Fabrikanten, die rostsicheren Stahl zur Herstellung der Kugel verwendeten, andere benutzten zu diesem Zweck Edelsteine. So wurde die Schreibkugel zwar strapazierfähiger, aber durch die ständigen Rollbewegungen der Kugel wurde der Rand der Mine beschädigt, und es rann dann doch wieder Farbmasse heraus. Hätte man auch noch die Mine aus Edelstein hergestellt, wäre das Ganze zu teuer geworden. Selbst wenn man die Mine und die Schreibkugel aus rostfreiem Stahl angefertigt hätte, wäre der Tag der Abnutzung gekommen, und es wäre Farbmasse ausgeflossen.

Zu jener Zeit zerbrach sich in Japan ein gewisser Nakata Tōzabu

(1887–1967) den Kopf über dieses Problem. Er stellte fest, daß der Ausfluß der Farbmasse erst einsetzte, nachdem man etwa 25 000 Schriftzeichen geschrieben hatte. Konnte man da nicht das Brennholz unter dem Kessel wegziehen, indem man die Mine verkürzte? Auf diese Weise wurde die Schreibkapazität verkleinert, und bevor die Schreibkugel kaputtgerollt war, war der Vorrat an Farbmasse bereits erschöpft und konnte nicht mehr ausfließen.

### 19.9 Die Throneingabe zum Wohle des Reiches

Fast vier Jahrhunderte hatte die glorreiche Herrschaft des Hauses Han schon gewährt, da begann sie zu verfallen; ihr Glanz verblich. Unter den Kaisern Huan (147–167) und Ling (168–188) setzten Verfall und Auflösung ein. Die Macht gelangte mehr und mehr in die Hände der Palasteunuchen, und deren unwürdige Herrschaft wurde der Anfang vom Ende.

Als Kaiser Ling starb (189 n. Chr.), begab sich der Großmarschall He Jin unter dem Schutz einer ansehnlichen Streitmacht in den Kaiserpalast, wo er den Prinzen Bian zum neuen Kaiser einsetzte. Der Obereunuche Jian Shi, der dem Kaiser eingeflüstert hatte, daß He Jin beseitigt werden müsse, wurde in einem Gebüsch des Palastgartens versteckt aufgefunden und sofort geköpft. Der Wachhauptmann Yuan Shao (gest. 202 n. Chr.) riet He Jin, die gesamte Eunuchenclique auszurotten. Doch He Jin zauderte. Auf diese Weise gewannen die bedrohten Eunuchen Zeit, um sich an die Kaiserinmutter, die Schwester He Jins, zu wenden und sie für sich zu gewinnen. Dank der Fürbitte der Kaiserinmutter verschonte He Jin die Eunuchen. Yuan Shao aber sann weiter auf deren Verderben. Unter dem Einfluß seiner Schwester, die sich den Eunuchen zu Dank verpflichtet fühlte, zögerte He Jin nach wie vor, gegen diese vorzugehen. Da riet ihm Yuan Shao die Anwendung des Strategems Nr. 3: «Wenn Ihr persönlich nichts unternehmen wollt, dann solltet Ihr die Großen im Reich anrufen. Laßt sie mit bewaffneter Macht in die Hauptstadt kommen und mit dem Eunuchengesindel aufräumen. Die Zeit drängt.» Obwohl der Vorsteher des Kaiserlichen Archivs warnte, man solle nicht einen gewaltigen Ofen in Brand setzen, um ein winziges Härchen zu verbrennen, befolgte He Jin Yuan Shaos Rat.

Zu den Großen des Landes, die durch geheime Boten zum Marsch auf die Hauptstadt aufgerufen wurden, gehörte auch der machthungrige Statthalter der Provinz Shaanxi, Dong Zhuo (gest. 190 n. Chr.). Schon seit langem strebte er nach mehr Macht und Einfluß. Als er jetzt den Aufruf erhielt, zur Hauptstadt zu ziehen, sah er seine Stunde gekommen. Er musterte eine starke Truppenmacht an und setzte sich nach der Hauptstadt Luoyang in Marsch. Sein Schwiegersohn und nächster Ratgeber Li Ru aber sagte zu Dong Zhuo: «Das Aufgebot, das wir erhalten haben, enthält einige Unklarheiten. Warum daher nicht einen Boten mit einer Eingabe an den Thron entsenden? Wird ein Vorhaben richtig bezeichnet, dann läßt es sich leicht ausführen [s. 29.32]. So werdet Ihr Eure großen Ziele besser erreichen können.» Dong Zhuo folgte dem Rat und sandte eine Eingabe an den Hof, in der es etwa hieß: «Euer unwürdiger Diener hat mit Betrübnis von den unaufhörlichen Unruhen und Aufständen im Reiche vernommen. Er ist überzeugt, daß die Ursache solcher Unzufriedenheit und Empörung die Mißwirtschaft der Eunuchen Zhang Rang und Kumpanen ist, die mit ihren Handlungen gegen die ewigen Gesetze des Himmels verstoßen. Euer Untertan hat gehört, daß man, statt zu versuchen, das Wasser am Sieden zu hindern, indem man es aus dem Kessel schöpft und wieder zurückgießt, besser das Holz unter dem Kessel entfernt und daß man besser daran tut, eine Eiterbeule aufzustechen und auszuquetschen, auch wenn das schmerzt, als das Gift im Körper sich fortfressen zu lassen. Aus diesem Grunde setzt sich Euer untergebener Untertan mit Kriegstrommeln und Schlachtengongs in Marsch nach Luoyang, um die Eunuchen auszutilgen, zum Wohle des Herrscherhauses und zum Wohle des Reiches!»

In der Tat ebnete sich Dong Zhuo mit diesen genau den Absichten des naiven He Jin entgegenkommenden schönen Worten den Weg nach Luoyang und zur zeitweiligen höchsten Machtstellung in China (s. 35.5). Die Eingabe des Dong Zhuo, die Chen Shou (233–297) in seine *Geschichte der Drei Reiche* aufnahm, ist als Gesamttext strategemisch, dient sie doch der wohltönenden Legitimierung eines in Wirklichkeit nur auf die eigene Machtmehrung zielenden Vorgehens bei gleichzeitiger Verschleierung der wahren, ganz und gar eigensüchtigen Motive. Die Eingabe ist die viertälteste Belegstelle für das Bild, dessen sich die Strategemformel Nr. 19 bedient, und sie besagt dasselbe, was Yuan Shao mit Blick auf die Eunuchen bereits kurze Zeit zuvor He Jin geraten hatte, nämlich, es sei «das Unkraut mit der Wurzel auszurotten (zhan cao chu gen)».

19.10 Keine Machtstellung für einen Schurken

«Hou Jing hat die Stimme eines Schakals und einen Kopf mit Wespenaugen. Er ist ein Halunke mit dem Herzen eines Wolfes und mit der betörenden Bannkraft eines Fuchses. Was seine Pflichttreue angeht, so hegt er nicht einmal dem eigenen Vater gegenüber Gefühle. Er verrät die Seinen und läuft zu Fremden über. Seine Nächsten schädigt er, der Sittlichkeit kehrt er den Rücken. Er fiel von unserer Dynastie ab und suchte das Weite. Wenn er sich nun im Reich der Liang aufhält, was gibt es dort, was ihm am Herzen läge und ihn von erneuter Abtrünnigkeit abhielte? [...] Wenn man einem Bösewicht eine Machtstellung gibt und auf ein Vertrauensverhältnis hofft, so ist dies in Wirklichkeit der erste Schritt auf dem Weg zum Untergang des Reiches [...] Ein Weiser wird daher nicht so handeln, und ein zeitweilig Verwirrter wird von solchem Tun, sobald er der Gefahr gewahr wird, sogleich ablassen. Verweigert man einem Schurken wie Hou Jing jegliche Machtstellung, dann ist dies, wie wenn man unter einem kochenden Wasserkessel das Brennholz wegzieht und so verhindert, daß das Wasser überkocht, oder es ist, wie wenn man, um Unkraut zu vernichten, dessen Wurzeln aus dem Boden reißt. Will man das Übel von Grund auf ausrotten, dann muß man Hou Jing gefangennehmen, ihm Hand- und Fußfesseln anlegen und ihn zur strafrechtlichen Aburteilung an die Östliche Wei-Dynastie ausliefern [...]»

Das stand in einer Note, die der Großwürdenträger Wei Shou (506–572) im Auftrag von Gao Cheng, dem Machthaber des Östlichen Wei-Reiches, verfaßt hatte. Das Ziel der Note war es, einen Keil zwischen Kaiser Wu (502–549) von der südlichen Liang-Dynastie und Hou Jing (502–552) zu treiben. Der General Hou Jing hatte dem östlichen Wei-Reich den Rücken gekehrt und war in die Dienste des Königs Wu getreten.

Inwieweit die zitierte Note Wei Shous zum Ende Hou Jings (s. 33.13) beigetragen hat, läßt sich schwer sagen. Bedeutsam aber ist dieses Schriftstück, weil es in den Umrissen die Formulierung des Stratagem-Ausdrucks Nr. 19 vorwegnimmt. Unter Bezugnahme auf Hou Jing wird «das Brennholz wegziehen, um das siedende Wasser zur Ruhe zu bringen; das Unkraut mit der Wurzel ausrotten» als ein ethischer Gedanke aus dem chinesischen Altertum gepriesen, der die radikale Vernichtung des Bösen beziehungsweise die durchgreifende Lösung von Problemen ans Herz lege (*Großes Lexikon feiner chinesischer Tugenden*, Taiyuan 1996). Nichts ist freilich grundsätzlich davor gefeit, zu Unrecht als «Wurzel allen Übels» etikettiert und zur Zielscheibe des Strategems Nr. 19 erklärt zu werden.

### 19.11 Sexbomben gegen Konfuzius

Im Jahre 501 wurde Konfuzius (551–479) in seinem Heimatstaat Lu – wo nominell Herzog Ding von Lu (509–495), in Wirklichkeit aber ein Nachkomme des Herzogs Huan von Lu (711–694), Freiherr Ji Huan, das Zepter schwang – in den Staatsdienst aufgenommen. Nach erfolgreicher Tätigkeit in unteren Chargen stieg Konfuzius zum Oberaufseher über das Räuberunwesen oder, um eine zeitgemäße Bezeichnung zu benutzen, zum Justizminister auf. Bis zum Jahre 496 hatte er es so weit gebracht, daß er faktisch die Verantwortung des Reichskanzlers trug. Kaum drei Monate war er für die Regierungsgeschäfte verantwortlich gewesen, da hatte sich im Lande Lu bereits vieles zum Besseren gewendet. So fälschten, anders als früher, die Männer, die mit Schafen und jungen Schweinen handelten, ihre Preise nicht mehr; züchtig gingen Männer und Frauen auf den Straßen und Gassen getrennt ihres Weges; wurde etwas auf der Straße liegengelassen, nahm niemand es an sich; kamen Fremde ins Land, brauchten sie sich nicht mehr um Hilfe an die Magistraten zu wenden, denn sie wurden in gebührender Weise behandelt.

Die Nachrichten über die von Konfuzius bewirkte schnelle Blüte des Staates Lu versetzten die Großwürdenträger des Nachbarstaates Qi in Furcht und Schrecken. Sie sagten zu Herzog Jing von Qi (547–490): «Da Konfuzius das Regiment führt, wird Lu zwangsläufig die Vormacht erringen. Sobald Lu die Hegemonie errungen hat, wird es als erstes den am nächsten gelegenen Staat Qi annektieren. Warum schenken wir Lu zur Beschwichtigung nicht gleich Teile unseres Territoriums?» Aber Li Chu sagte: «Ich schlage vor, zunächst zu versuchen, den weiteren Aufstieg von Lu zu verhindern. Mißlingt dies, dann können wir immer noch Land abtreten.»

Von Konfuzius war bekannt, daß er sich streng an die Riten aus der Anfangszeit der Westlichen Zhou-Dynastie (11. Jh.–770) hielt. Dabei handelte es sich insbesondere um Opferriten, aber auch um je nach Stand, Geschlecht und Alter unterschiedliche Etiketteriten, bei denen allerdings mit dem äußerlichen Vollzug auch entsprechende innere sittliche Einstellungen und Gefühle gepaart sein sollten. Konfuzius erwartete von Herzog Ding und von Freiherr Ji Huan Gewissenhaftigkeit in

Wort und Tat, das Bekenntnis zur Tugendhaftigkeit, Distanz gegenüber Schmeichlern und eine klare Absage an Luxus, Ausschweifung und übermäßigen Sinnesgenuß. Alles andere verstieß aus der Sicht des Konfuzius gegen die Riten der Westlichen Zhou-Dynastie. Über den Herzog Ding von Lu und den Freiherrn Ji Huan wußte man nun aber im Staate Qi, daß sie fleischlichen Genüssen keineswegs abgeneigt waren. Auf der Grundlage dieser Erkenntnisse bedienten sich die Mächtigen von Qi eines «Strategems», um Édouard Chavannes (1865–1918) zu zitieren, der die Lebensgeschichte des Konfuzius mitsamt dieser Episode aus den *Geschichtlichen Aufzeichnungen* des Sima Qian (geb. um 145 v. Chr.) ins Französische übersetzte (*Les mémoires historiques de Sema Ts'ien*, tome cinquième, Paris 1967, S. 328). Sie suchten 80 der hübschesten Frauen von Qi aus, kleideten sie in prächtige Gewänder und brachten ihnen das Tanzen zu Musikbegleitung bei. Sie waren dem Herrscher von Lu als Geschenk zugedacht, ebenso 30 festlich geschmückte Vierspänner, in denen die Schönheiten nach Lu fuhren. Sie machten vor dem südlichen Tor der Hauptstadt halt und begannen zu tanzen und zu singen. In Verkleidung begab sich Freiherr Ji Huan zum Ort des Geschehens, um das Schauspiel verstohlen zu betrachten. Er war derart verzückt, daß er in kurzer Folge noch zweimal dorthin zurückkehrte. Herzog Ding brannte darauf, das Geschenk anzunehmen, doch aus Rücksicht auf Konfuzius konnte er die Entgegennahme nicht sogleich kundtun. Es blieb ihm nichts anderes übrig, als so zu tun, als begebe er sich mit Freiherr Ji Huan zu einer Inspektionstour. In Wirklichkeit aber verbrachten die beiden Männer den ganzen Tag bei den 80 Frauen und 120 Pferden und kümmerten sich keinen Deut um die hohe Politik. Zi Lu, ein Jünger des Konfuzius, erstattete diesem Bericht von dem Geschehen und sagte: «Meister, Ihr solltet den Dienst quittieren!» Konfuzius aber wollte diese Konsequenz noch nicht ziehen und entgegnete: «Der Herzog muß demnächst im Außenbezirk der Stadt dem Himmel und der Erde Frühlingsopfer darbringen. Wenn er dabei die Riten einhält und Opferfleisch an die Großwürdenträger verteilt, bedeutet dies, daß ich weiterarbeiten kann. Dann bleibe ich einstweilen noch im Amt.» Herzog Ding und Freiherr Ji Huan nahmen das Geschenk aus dem Staate Qi an. Drei Tage lang kümmerten sie sich nicht um die Staatsgeschäfte. Beim Opferfest für den Himmel und die Erde wurde den Großwürdenträgern entgegen den Riten kein Opferfleisch zugeteilt. Darauf verließ Konfuzius enttäuscht sein Amt und den Staat Lu. Als ihm ein Musikmeister nacheilte, um ihn zu verabschieden und auch um ihn auszuhorchen, sang ihm Konfuzius ein Lied:

«Die Münder jener Frauen
vermögen Minister zu vertreiben.
Der Umgang mit jenen Frauen
vermag das Land zu ruinieren.
Mir bleibt für die letzten Jahre meines Lebens
nichts als das Durchwandern der Welt.»

In der Tat sollte Konfuzius nie wieder eine Chance für die praktische Umsetzung seiner hehren politischen Pläne erhalten. In dem Buch *Die 36 Strategeme mit Beispielen* (Taipeh, um 1972) findet sich folgender Kommentar: «Selbst unser Staatsheiliger Konfuzius ist über das Stratagem ‹unter dem Kessel das Brennholz wegziehen› gestolpert. Von nun an trieb er sich in fremden Ländern herum und führte das Leben eines Bettlers. Daraus kann man ersehen, daß diese Personifizierung von Mitmenschlichkeit und Tugendhaftigkeit selbst einem kleinen Schabernack nicht Paroli zu bieten vermochte. Dieses Beispiel liefert auch den Beweis dafür, daß die idealen Opfer von Strategemen jene hochgeistigen Prediger des rechten Weges sind.» – «Naivität aus Unkenntnis banaler [...] Tricks» bezeichnet denn auch Marion Gräfin Dönhoff als ein «Kennzeichen aller großen Denker» (*Die Zeit*, Hamburg 27.6.1997, S. 11). Es genügt in dieser Welt eben nicht, ein Experte der Tugendhaftigkeit zu sein. Mindestens ebenso wichtig ist es, daß man sich darauf versteht, Schadens-Strategeme zu durchschauen und zu durchkreuzen.

Konfuzius auf direktem Weg zu Fall zu bringen war für die Regierenden von Qi schwierig, wenn nicht unmöglich. Doch Konfuzius' Macht beruhte auf seinen guten Beziehungen zum Freiherrn Ji Huan und zum Herzog Ding. Dieses Vertrauensverhältnis wurde durch das Geschenk von 80 «Fleischbomben» (*roudan*, so das erwähnte Taipeher Strategembuch) und 120 Rossen zerstört. Konfuzius resignierte, und so hatten die Machthaber von Lu ihren Garanten für den Aufstieg des Staates Lu verloren. In zweifacher Hinsicht war es Qi gelungen, das Brennholz unter dem Kessel wegzuziehen. Lus Aufschwung war vereitelt, die Qi drohende Gefahr gebannt. Bemerkenswert ist der Text des von Konfuzius gesungenen Liedes. Es beweist dessen Listenblindheit. In dem Lied beklagt Konfuzius einzig und allein den verderblichen Einfluß der Frauen. Daß diese aber lediglich unschuldige Instrumente eines «auf die Sabotage der Politik von Lu gerichteten Strategems» (so Shi Yun in der *Licht-Tageszeitung*, Peking 2.6.1996) und die wirklichen Feinde Lus ganz woanders zu suchen waren, durchschaute Konfuzius offensichtlich nicht. Hätte er sein Amt hingeworfen, wenn er statt nur von den Riten der Westlichen Zhou-Dynastie und von erhabenen ethischen Lehren auch etwas von Strategemen verstanden hätte, so wie sein Gegenspieler Li Chu, der das Strategem «Unter dem Kessel das Brennholz wegziehen» ausführte? Durch seinen Abgang verlor Konfuzius für den Rest seines Lebens jegliche von ihm so heiß ersehnte Möglichkeit der Einflußnahme auf die Politik seiner Zeit. Hätte er das Strategem der Machthaber von Qi durchschaut, dann hätte er wohl nicht exakt gemäß feindlicher Strategemplanung reagiert, sondern vielleicht gemäß seiner eigenen Maxime: «Ohne Duldsamkeit im Kleinen gefährdet man große Pläne.»

### 19.12 Moskaus Kampf gegen die Nachrüstung

Im Zusammenhang mit der Nachrüstungsdebatte in der Bundesrepublik Deutschland veröffentlichte Wang Shifang Anfang der 80er Jahre in der parteiamtlichen *Volkszeitung* den Kommentar: «Moskaus Taktik, unter dem Kessel das Brennholz wegzuziehen» (Peking 24. 6. 1981). Moskau habe Bundeskanzler Schmidt, der an der Nachrüstung festhalte, scharf angegriffen und gleichzeitig Willy Brandt nach Moskau eingeladen, um im Gespräch mit ihm die sowjetischen Friedensabsichten und den Wunsch nach einer Verschiebung der Raketenstationierung in Westdeutschland zu unterstreichen. Zwei wichtige Vertreter derselben deutschen politischen Partei habe Moskau in geradezu komödiantenhafter Weise unterschiedlich behandelt, wohinter zweifellos ein Kalkül stecke. Moskau habe durch die Einschaltung des der Nachrüstung eher skeptisch gegenüberstehenden Brandt erreichen wollen, daß sich die Einstellung der sozialdemokratischen deutschen Regierung zu dieser Frage ändert. Zudem habe die Sowjetunion die westdeutsche Bevölkerung offen bedroht. Sollte es zur Stationierung der Raketen kommen, werde die Bundesrepublik Deutschland bei einem atomaren Konflikt der Gefahr der totalen Vernichtung ausgesetzt sein. Auch von dieser Seite her sollte die öffentliche Meinung in der BRD gegen Kanzler Schmidt und den Nachrüstungsbeschluß mobilisiert werden. Schließlich habe Moskau die schmerzhafte Erinnerung an die Aggressionen des faschistischen Deutschlands aufgewühlt, den Nachrüstungsbeschluß der NATO mit der Aggression Hitlers gegen die Sowjetunion vor 40 Jahren verglichen und, Zwietracht säend, die Völker Europas aufgerufen, die üblen Gewohnheiten des westdeutschen Militarismus auf keinen Fall zu vergessen. Nun sei die BRD, so Wang Shifang, die Hauptstütze der NATO in Europa. Als NATO-Frontstaat könne sie von keinem anderen Staat ersetzt werden. Von der Fähigkeit der BRD, einem Angriff der Sowjetunion standzuhalten, hänge das Schicksal der anderen europäischen Staaten ab. Gelinge die «Intrige» (yinmou) Moskaus, die darauf ziele, die Raketenstationierung in der BRD zu verhindern, dann ergebe sich ein Domino-Effekt. Der gesamte NATO-Plan werde wahrscheinlich in sich zusammenbrechen. Die wahre Absicht hinter Moskaus Wunsch nach einer «unabhängigen Politik» Bonns sei es letztlich, gegen die NATO das Strategem «unter dem Kessel das Brennholz wegziehen» einzusetzen.

19.13   Des Affenkönigs letzter Trumpf

Nachdem das Bergmonster die von Tripitaka an den 270jährigen Mönch ausgeliehene Soutane unter Ausnutzung einer Feuersbrunst geraubt hatte (s. 5.1), kehrte es in die Höhle des schwarzen Windes zurück. Unversehrt von dem Brand, der während seines Schlafes gewütet hatte, erwachte Tripitaka am nächsten Morgen in der verschont gebliebenen Zen-Halle und fragte den Affenkönig nach den Geschehnissen der Nacht und dem Verbleib seiner Soutane. «Ich werde die Soutane finden und sie Euch zurückbringen», versprach der Affenkönig. Zunächst unterzog der die 230 Klosterbewohner einer Leibesvisitation und untersuchte ihre Truhen und Schränke – ohne Erfolg. Schließlich fragte er den Abt, ob vielleicht in der Umgebung ein Monster lebe. Der Abt antwortete, daß im südwestlich gelegenen Gebirge des schwarzen Windes in der Höhle des schwarzen Windes der Große Schwarze König hause. Er sei das einzige Monster weit und breit. Mit Hilfe des Wolkenpurzelbaumes überwand der Affenkönig im Nu die 20 Meilen bis zum Berg des schwarzen Windes, denn er war sicher, daß der Große Schwarze König die Soutane gestohlen hatte. Am Ziel angelangt, belauschte er ein Gespräch, in dessen Verlauf der Große Schwarze König einem Daoisten und einem in Weiß gekleideten Gelehrten von einem neu erworbenen prächtigen Kleid erzählte, das er an seinem tags darauf beginnenden Geburtstagsfest zu tragen gedenke. Der Affenkönig fand also seinen Verdacht bestätigt.

Wenig später stellte er den Großen Schwarzen König zur Rede und forderte ihn zur Herausgabe des Gewandes auf. Dazu war dieser aber nicht bereit. So begann zwischen den beiden ein Kampf über zehn

Runden, der bis in den Nachmittag hinein dauerte. Sie stachen in Richtung Herz und Gesicht des Gegenübers, sie hieben einander auf Kopf und Arme. Donnernde Schläge mit der todbringenden Eisenstange wurden mit blitzschnellen Lanzenparaden abgewehrt. Bunte Nebelschwaden wirbelten umher, Strahlenblitze durchzuckten die Luft, doch die beiden Fabelwesen waren sich immer noch ebenbürtig. Schließlich sagte der Große Schwarze König: «Laß uns eine kurze Waffenruhe einlegen! Ich möchte jetzt etwas essen gehen, danach werde ich weiter mit dir kämpfen.» Der Affenkönig schimpfte und tobte, doch das Monster machte einen Fintenschlag mit seiner Lanze, stürmte zurück in seine Höhle und verschloß sie mit der Steintür. In der Höhle begann er, Einladungsschreiben für das geplante Fest, bei welchem er die Soutane zu tragen gedachte, aufzusetzen. Dem Affenkönig gelang es nicht, in die Höhle einzudringen, und so blieb ihm nichts anderes übrig, als unverrichteterdinge zum Kloster zurückzukehren.

Etwas später verschaffte er sich in der Gestalt eines von ihm unterwegs erschlagenen Freundes des Bergmonsters Zugang zur Höhle, wo es erneut zu einem furchtbaren Kampf zwischen den beiden Geistwesen kam. Die Eisenstange hielt die Lanze in Schach, daß es nur so klirrte, und die Lanze parierte die Hiebe der Eisenstange, daß die Funken flogen. Jeden Augenblick wechselte der Affenkönig seine Gestalt, doch die magischen Fähigkeiten des Monsters machten alle seine Angriffe zunichte. Der bittere Zweikampf wollte kein Ende nehmen. Vom Eingang der Höhle verlagerte sich das Duell bis auf den Gipfel des Berges und von dort bis hinauf in die Wolken. Wind und Nebel stieben ob der angerichteten Zerstörung empor, Sand und Felsen wirbelten durch die Lüfte, und so schlugen sie aufeinander ein, bis die rotglühende Sonne im Westen versank. Doch keiner von beiden vermochte die Oberhand zu gewinnen. Schließlich rief das Monster: «He da, mach mal Pause! Es ist zu spät, um sich weiter zu duellieren. Komm morgen wieder, dann wird die Entscheidung fallen!» Der Affenkönig schrie: «Renn nicht weg! Benimm dich wie ein Kämpfer! Komm mir nicht mit der Ausrede, es sei zu spät!» Und mit seiner Eisenstange schlug er von allen Seiten wie ein Berserker auf Kopf und Gesicht seines Gegners ein. Dieser aber verwandelte sich im Handumdrehen in eine leichte Brise, kehrte in seine Höhle zurück, verriegelte das steinerne Eingangstor und ließ sich nicht mehr blicken. Erneut kehrte der Affenkönig mit leeren Händen zum Kloster zurück, wo er Tripitaka über seinen Mißerfolg Bericht erstattete. «Wie steht es um deine Kampfkunst im Vergleich zu der seinigen?» fragte dieser. «Ich bin nicht viel besser als er, wir halten uns die Waage», entgegnete der Affenkönig. «Wenn ihr einander gewachsen seid, wie willst du ihn dann besiegen und meine Soutane zurückerlangen?» wunderte sich Tripitaka. «Kümmert Euch nicht weiter darum! Ich weiß, was ich zu tun habe», antwortete der Affenkönig.

Tripitaka und der Affenkönig verbrachten die Nacht in der Zen-Halle, aber Tripitaka mußte immer wieder an seine wunderschöne Soutane denken. Wie hätte er da einschlafen können? Als er sich so hin und her drehte, sah er plötzlich die Fenster hell werden. Sogleich richtete er sich auf und rief dem Affenkönig zu: «Wach auf, es ist Morgen. Geh und bring mir schnell die Soutane!» Der Affenkönig sprang mit einem Satz vom Lager und sah, wie die Mönche Wasser zum Waschen brachten. «Gebt gut acht auf meinen Meister. Ich gehe jetzt», sagte er. Tripitaka verließ sein Lager und packte ihn. «Wohin gehst du?» Der Affenkönig antwortete: «Ich meine, die Geschehnisse offenbaren die Pflichtvergessenheit von Guanyin, der Göttin der Barmherzigkeit. Ihr ist diese Zen-Halle geweiht, wo sie Weihrauch und Opfergeld der einheimischen Bevölkerung entgegennimmt. Und gleichzeitig duldet sie ein Monster in unmittelbarer Nähe der heiligen Stätte. Ich begebe mich zum Südlichen Meer, um mit ihr ein kleines Gespräch zu führen. Und dann werde ich sie auffordern, persönlich hierherzukommen und vom Monster die Herausgabe der Soutane zu verlangen.» Und schon war der Affenkönig verschwunden.

Einen Augenblick später befand er sich bereits über dem Südlichen Meer, wo er seiner Wolke Einhalt gebot und die märchenhafte Szenerie betrachtete. Dann landete er bei der Bambusgrotte und bat die ihn empfangenden Göttinnen um Einlaß. Guanyin hieß ihn willkommen. «Guanyin», wörtlich die «[Klage]ruf-Beachtende», heißt in China der dort weiblich aufgefaßte und in die Mitte der buddhistischen Volksfrömmigkeit gerückte Bodhisattva (s. 19.4 und 24.15) Avalokiteśvara. Gemäß einer der zahllosen sich um Guanyin rankenden Legenden war sie in einer ihrer Vorexistenzen die jüngste von drei Töchtern gewesen, die einem König nach langer kinderloser Ehe dank einer Wallfahrt zum Blumenberg von seiner Gattin geschenkt worden waren. Da der König keine eigenen Söhne hatte, erließ er ein Edikt, wonach ihm die Söhne seiner Töchter auf dem Throne nachfolgen könnten. Nun suchte er geeignete Gatten für seine Töchter. Die Jüngste zeigte sich widerspenstig und zog die buddhistische Religion dem Diktat ihres Vaters vor. Sie floh in ein Kloster. Als der König es in Brand stecken ließ, löschte sie das Feuer mit ihrem Blut. Nun sollte sie enthauptet werden. Das

Schwert zersprang. Man erdrosselte sie. Unter einem furchtbaren Orkan erschien der Gott der Unterwelt in Tigergestalt und trug die Tote in sein Reich. Dort erlöste sie durch ihr Gebet, dem selbst die Fürsten der Hölle beiwohnen wollten, so einzigartig war es, die Seelen von ihren Qualen. Die Hölle wurde zum Paradies. Der Höllenkönig fürchtete um seine Macht. Er gab die Heilige auf die Oberwelt frei, wo sie sich auf einer Insel im Südlichen Meer niederließ und dort als Guanyin bis zur Stunde verehrt und gefeiert wird.

Der Affenkönig begab sich auf die juwelenübersäte Lotusplattform, kniete nieder und brachte sein Anliegen vor: «Auf seiner Reise gelangte mein Meister in eine Eurer Zen-Hallen, wo Ihr Weihrauch und Opfergeld von der ansässigen Bevölkerung bekommt. Aber Ihr habt auch einem Monster erlaubt, nicht weit entfernt davon zu wohnen und die Soutane meines Meisters zu rauben. Mehrere Male versuchte ich, sie wiederzubekommen, aber ohne Erfolg. Deshalb kam ich eigens hierher, um Euch um Beistand zu bitten.» Guanyin sagte: «Dieser Affe spricht anmaßende Worte. Warum mußtest du mit der Soutane protzen und sie üblen Menschen zeigen? Überdies hast du auch deinen Anteil an dem Unheil, denn du entfachtest den Wind, der das Feuer verbreitete, durch das die mir geweihte Tempelanlage verbrannte. Und trotz alledem wagst du es, herzukommen und dich hier rüpelhaft aufzuführen?» Als der Affenkönig diese Worte hörte und gewahr wurde, daß Guanyin über die Vergangenheit so gut Bescheid wußte, wie über die Zukunft, verbeugte er sich unterwürfig und flehte: «Guanyin, ich bitte Euch, vergebt Eurem Jünger seine Missetaten. Es verhält sich alles so, wie Ihr sagtet. Aber ich bin außer mir darüber, daß das Monster die Soutane nicht hergibt, und mein Meister droht, die Zauberworte auszusprechen, die bei mir unerträgliche Kopfschmerzen hervorrufen. Deshalb bin ich hierhergekommen, um Euch zu belästigen. Dringend bitte ich Euch, habt Mitleid mit mir, und helft mir, das Monster zu fangen, so daß wir das Gewand zurückerlangen und unsere Reise in den Westen fortsetzen können.» Guanyin erwiderte: «Jenes Monster hat vielerlei magische Fähigkeiten, es ist dir wahrhaftig nicht unterlegen. Auch gut! Um deines Meisters willen gehe ich dieses Mal mit dir.» Der Affenkönig verbeugte sich voller Dankbarkeit und bat Guanyin um den sofortigen Aufbruch.

Sie bestiegen gemeinsam die glücksverheißende Wolke und erreichten bald darauf den Berg des schwarzen Windes. Dort ließen sie sich von der Wolke fallen und folgten einem Pfad, der zur Höhle des schwarzen Windes führte. Da kam ein Daoist mit einer flachen Schale, in der sich zwei magische Pillen befanden, des Weges. Mit einem Streich seiner Eisenstange zerschmetterte ihn der Affenkönig, daß das Blut nur so spritzte. Guanyin erstarrte vor Entsetzen. «Warum diese Brutalität?» fragte sie. «Er hat die Soutane nicht gestohlen und dir kein Leid zugefügt. Weshalb hast du ihn mit einem Streich erschlagen?» Der Affenkönig erklärte ihr, es handle sich um einen Freund des Bergmonsters. Gestern habe es mit diesem Daoisten und mit einem weißgekleideten Gelehrten ein Gespräch geführt, bei dem es um ein Fest gegangen sei, das das Bergmonster zu veranstalten und auf dem es die Soutane zu tragen gedenke. Der Daoist sei wohl gerade unterwegs zu dem Fest gewesen. Nun billigte Guanyin das Vorgehen des Affenkönigs. Dieser schlug vor, Guanyin solle die Gestalt des erschlagenen Daoisten annehmen. Er selbst werde eine der beiden Pillen zu sich nehmen und sich in eine Pille verwandeln, die etwas größer sein werde als die übriggebliebene. «Nehmt die Schale mit den zwei Pillen und gebt sie dem Monster als Geburtstagsgeschenk. Veranlaßt ihn, die größere Pille zu schlucken, den Rest werde dann ich besorgen.» Diesem Plan hatte Guanyin nichts entgegenzusetzen. Sie verwandelte sich in den Daoisten und begab sich mit der Pillenschale zur Höhle des Monsters. Umstandslos wurde sie eingelassen, und sie bot, wie besprochen, dem Monster, kaum war die gegenseitige Begrüßung vorüber, die größere Pille als Geburtstagsgeschenk an mit den Worten: «Auf daß ihr tausend Jahre lang leben möchtet!» Kaum hatte das Monster die Pille heruntergeschluckt, nahm der Affenkönig, diesmal im Leibe des Monsters, seine ursprüngliche Gestalt wieder an und begann sich zu dehnen und zu strecken. Das Monster fiel zu Boden. Guanyin offenbarte ihre ursprüngliche Gestalt und nahm die Soutane an sich. Der Affenkönig entwich durch das Nasenloch aus dem Körper des Monsters. Aus Angst vor neuerlichen Eskapaden des Monsters streifte Guanyin ihm ein Stirnband über den Kopf. Als sich das Monster erhob, griff es tatsächlich nach seiner Lanze, um sie auf den Affenkönig zu schleudern. Doch Guanyin erhob sich in die Lüfte und begann, ihren Zauberspruch zu rezitieren. Er wirkte sofort, und das Monster verspürte einen unerträglichen Schmerz im Kopf. Es warf die Lanze weg und wälzte sich auf dem Boden. «Verwunschene Bestie, unterwirfst du dich nun?» fragte Guanyin. «Ich ergebe mich», sagte das Monster, ohne zu zögern, «in der Hoffnung, daß Ihr mein Leben verschont.» Die barmherzige Guanyin erfüllte ihm die Bitte und nahm es gar als ihren Großen Gott zur Bewachung der Rückseite des Potalaka-Berges in ihre Dienste. «Du kannst nun zu deinem Meister zurückkehren und ihm weiter aufmerksam zu Diensten sein!» sagte Guanyin zum Affenkönig. «Mein tiefer Dank gilt Euch, daß Ihr von so weit her gekommen seid, um uns zu helfen», erwiderte dieser. Er machte einen Kotau vor Guanyin und verabschiedete sich, die Soutane haltend, von ihr. Sie verschwand in Begleitung des in einen Bären zurückverwandelten Monsters in Richtung des Südlichen Ozeans.

Diese Episode aus dem Roman *Pilgerreise in den Westen* von Wu Cheng'en (um 1500–1582) wird in mehreren chinesischen Strategembüchern als ein typischer Anwendungsfall des Strategems Nr. 19 dargestellt. «Sofern der Affenkönig den Monstern, denen er auf der Reise in den Westen begegnet, überlegen ist, beseitigt er sie ohne Federlesen. Vermag er sie aus eigener Kraft nicht auszuschalten, wendet er sich an jene Macht, gegen die seitens des Monsters kein Kraut gewachsen ist, und läßt sie ins Geschehen eingreifen» (*Die 36 Strategeme mit Beispielen*, Taipeh, um 1972).

19.14 Bloße Agrarreformer

Nach 1948 gelang es, so ein Hongkonger Buch über die 36 Strategeme, der Kommunistischen Partei Chinas, sogenannte «demokratische Persönlichkeiten» zu mobilisieren, die sich bei der US-Regierung über die weitverbreitete Korruption und Unfähigkeit des Tschiang Kai-schek-Regimes beklagten. Gleichzeitig hätten die chinesischen Kommunisten den Amerikanern vorgegaukelt, im Gegensatz zu den russischen Kommunisten, die die Welt erobern wollten, seien sie bloße Agrarreformer. Agrarreformen war aber nun gerade ein Postulat, das in den USA auf viel Verständnis stieß. So standen die USA vor der Entscheidung, ihre Hilfe an die Guomindang-Regierung Tschiang Kai-scheks einzustellen oder weiterzuführen. Unter dem Eindruck der prokommunistischen Propaganda hätten die USA in einer für die Guomindang-Regierung überaus kritischen Phase des Jahres 1949 ihre wirtschaftliche Unterstützung für die Guomindang-Regierung eingestellt. Das habe die Moral der die Guomindang-Regierung unterstützenden Teile der chinesischen Bevölkerung untergraben und deren innen- und außenpolitische Stellung geschwächt. Bekanntlich gelangten kurz danach die chinesischen Kommunisten im Festlandchina an die Macht.

## 19.15 Die verlassenen Rebellenführer

In der Zeit der Nördlichen Song-Dynastie (960–1127) wurde Xue Changru (1000–1061) zum Armeebevollmächtigten von Hanzhou (im heutigen Kreis Guanghan in der Provinz Sichuan) ernannt. Eines Tages meuterten einige Soldaten der Garnisonstruppen. Sie verließen ihr Quartier, legten überall Brände und wollten den Bezirksvorsteher und den Bezirksmilitärkommandanten umbringen. Die beiden Beamten wagten sich nicht ins Freie. In diesem kritischen Augenblick eilte Xue Changru zum Schauplatz des Geschehens und rief den aufständischen Soldaten zu: «Ihr habt alle Vater und Mutter und Weib und Kind. Warum begeht ihr eine solche Tat, die euch und eure Lieben das Leben kosten wird? Alle, die bloß Mitläufer sind, stellen sich dort auf die Seite!» Sämtliche Mitläufer traten tatsächlich auf die Seite und rührten sich nicht mehr. Nur acht Männer, die Rädelsführer, stahlen sich davon und suchten in Dörfern außerhalb der Stadt Zuflucht. Sie wurden alsbald gefaßt. Damals sagten die Leute: «Ohne Xue Changru wäre die ganze Stadt einer Katastrophe anheimgefallen.»

Dieses Beispiel für eine erfolgreiche Anwendung von Stratagem Nr. 19 bringt das älteste Traktat über die 36 Strategeme. Xue Changrus Vorgehen, so Wu Gu in *Die 36 Strategeme mit Illustrationen* (Changchun 1987), veranschaulicht, wie die gegnerische Moral zerstört und der feindliche Kampfeswille untergraben werden können. Wu Gus Analyse erfaßt aber nicht die Gesamtheit von Xue Changrus strategemischer, nicht bloß auf die Moral des Gegners zielender Vorgehensweise. Zweifellos trug Xue Changrus mutiges Auftreten dazu bei, den Aufständischen den Mumm zu nehmen. Aber die Unerschrockenheit Xue Changrus allein hätte nicht genügt. Seine strategemisch konzipierte kurze Ansprache war es, mit der er den entscheidenden Schlag gegen die Grundfesten des Aufstandes zustande brachte. Zunächst lenkte Xue Changru die Aufmerksamkeit aller Beteiligten auf die gravierenden Folgen ihres Tuns. Nicht nur sie selbst, sondern auch ihre Familienangehörigen hatten, so die unterschwellig vermittelte Drohung, mit der Todesstrafe zu rechnen. Im zweiten Satz seiner Rede wandte sich Xue Changru gezielt an alle Mitläufer, denen er zu verstehen gab, daß sie glimpflich davonkommen würden, wenn sie sich ergäben (vgl. Strategeme Nr. 15 und Nr. 33). So gelang es Xue Changru, den wenigen Anführern des Aufstandes ihre Gefolgsleute zu entziehen. Die isolierten Rebellenführer hatten den Rückhalt verloren und konnten nur noch das Weite suchen.

19.16  Entzug der Elite

Zu den Methoden, den Feind zu schädigen, zählt Jia Lin aus der Tang-Zeit (618–907) in seinem Kommentar zu *Meister Suns Kriegskunst* das Abwerben von dessen fähigen und weisen Männern, so daß der Feind über keine Ratgeber mehr verfügt. Dieser Vorgehensweise bediente sich schon Lü Meng (178–219), jener General des Zeitalters der drei Reiche, der Guan Yu besiegte und die strategisch wichtige Stadt Jiangling für das Königreich Wu zurückeroberte (s. 8.3).

Die Königreiche Wu und Shu waren gegen das nördliche Wei verbündet gewesen. Doch nun hatte Wu ein geheimes Abkommen mit Wei geschlossen und hoffte, auf diese Weise Jiangling, das von Guan Yu, dem gefürchteten Krieger von Shu, gehalten wurde, zurückzuerobern. Um sein Ziel zu erreichen, benutzte Lü Meng unter anderem, so Wei Tang in der Zeitschrift *China im Aufbau* (Peking, Januar 1985), das Strategem «unter dem Kessel das Brennholz wegziehen»: Er zog viele von Guan Yus Offizieren auf seine Seite, so daß dieser zunehmend isoliert war.

Lü Mengs Vorgehen ruft zeit- und raumübergreifende Assoziationen hervor, zum Beispiel zu gewissen Maßnahmen Israels, die das UNO-«Sonderkomitee zur Untersuchung der israelischen Praktiken bezüglich der Menschenrechte des palästinensischen Volkes und anderer Araber in den besetzten Gebieten» wie folgt charakterisierte: «...the Government of Israel hoped to enervate the community by depriving it of intelligent and active leadership, and thereby to reduce the community to a state of passive subservience to the occupying power» (zitiert aus: Lothar Kuhl: *Die Untersuchungs- und Berichtstätigkeit des «Special Commitee to Investigate Israeli Practices» der Generalversammlung der Vereinten Nationen*, Berlin 1995, S. 387). Wenn ich hier ein aktuelles Beispiel bringe, dann nicht, um dazu wertend Stellung zu nehmen, sondern um die Ubiquität einer Listtechnik aufzuzeigen.


19.17  Lehrer ohne Schüler

In der Jahreszeit, da die Zikaden zirpen, fuhr der Zug in den Bahnhof einer chinesischen Stadt ein und hielt. Unter den Aussteigenden fiel ein hochgewachsener, etwa 30jähriger Mann auf, dessen von einem Hut beschattetes Gesicht Heiterkeit und Offenherzigkeit ausstrahlte. Er verließ den Bahnhof und ging auf der Sandstraße am Fluß entlang. Am gegenüberliegenden Ufer zog sich die Stadtmauer dahin, deren alte Ziegelsteine zumeist von feinen Moosen überwuchert waren. Sie wurden durchleuchtet von der bereits im Westen hängenden Sonne. Ein Turm reckte sich hoch in den blauen Himmel, so als wolle er die Eintönigkeit der Landschaft auflockern. Breit lag der Fluß da, doch kein Wellchen bewegte das stille Wasser. Glasklar spiegelte sich darin die Silhouette der Stadtmauer. Alles sah viel schöner aus als sonst.

Der Mann blieb unwillkürlich stehen, rückte den Hut etwas zurecht und schaute sich jede Einzelheit an. Dabei dachte er: «Diese alte Stadt ist doch ungemein liebenswert. Sie ist sicherlich mit einem greisen Menschen zu vergleichen, in dessen Adern altes Blut fließt. Aber ich möchte dieser Stadt ja gerade frisches Blut zuführen und ihr das verbrauchte Blut herauspressen. So soll sie zu einem neuen Frühling voller Saft und Kraft zurückfinden. Dann wird sie äußerlich wohl ihre Altertümlichkeit und ihren Liebreiz bewahren, innerlich aber wird sie nur noch von jungem Frühlingsblut durchpulst sein. Welches andere Unterfangen auf dieser Welt vermöchte größere Freude zu bereiten!» Durch derlei Gedanken fühlte sich der junge Mann in seinem Zukunftsmut bestärkt. Er wischte sich den Schweiß vom Gesicht und setzte seinen Weg mit großen Schritten fort. Wenig später ging er über die Brücke und durch das Stadttor.

Die Straßen waren äußerst eng und um diese Tageszeit bereits ohne Sonnenlicht. Kreuzten sich zwei Rikschas, mußte man sich auf die Seite drehen und eng an eine Hauswand pressen. Selbst dann lief man noch Gefahr, von einem der Wagen einen Stoß versetzt zu bekommen. Hinter den Tresen der zur Straße hin offenen Läden saßen fächerwedelnde Verkäufer mit entblößten Armen. Keiner der Fußgänger schien etwas Dringliches vorzuhaben. Offenbar hatten sie ihre Häuser nur verlassen, um ein wenig spazierenzugehen. Ganz sanft bewegten sie sich, in aufreizender Langsamkeit. Die Ruhe störten nur hier und da auftauchende, völlig nackte Kinder, die einander hinterherrannten und sich, merkwürdige Laute ausstoßend, etwas zuriefen. Immer wieder huschten Rikschas mit ihren ständig bimmelnden Warnglocken vorbei. Auch sie paßten nicht ganz in das Idyll von Ruhe und Muße. «Seit ewigen Zeiten das gleiche Bild», dachte sich er junge Mann. «Das einzig Neue seit dreißig Jahren sind die Rikschas. Schon immer schritten die Leute so langsam daher. Das hat sich von einer Generation zur anderen vererbt. Ich sehe ständig die Rücken von Menschen vor mir, die überhaupt keine Eile zu haben scheinen. Ich hasse es, wie sie in diesen engen Straßen den Weg versperren. Man kann gar nicht schneller vorankommen.» Etwas verstimmt beschleunigte er seine Schritte und schlängelte sich zwischen den Fußgängern hindurch, von denen er einen nach dem anderen hinter sich ließ. Jetzt fühlte er sich wieder etwas wohler.

Schon von weitem hatte ihn Herr Gao Juweng bemerkt, ein etwa 50jähriges, spindeldürres, hochgewachsenes Männchen mit Brille und tiefen Runzeln im gebräunten Gesicht, das ein Schnurrbart zierte. «Ist er tatsächlich zurückgekehrt! Also stimmt es doch, was man berichtet hat. Sie wollen also wirklich eine Schule gründen. Es ist wohl besser, ihn nicht zu grüßen. Sicher hat er den Unterricht bei mir restlos vergessen. Neunzig von hundert meiner ehemaligen Schüler schimpfen ja doch nur über uns und sagen, wir gehörten zum alten Eisen. Worüber könnte ich schon mit ihm reden?» Und Herr Gao begab sich dicht an den Straßenrand und ging weiter, wobei er sich nahe an die Fersen eines einen Korb voll Lotuswurzeln tragenden Bauern hielt. Er blickte weder nach links noch nach rechts und hoffte, sich auf diese Weise unbemerkt an seinem ehemaligen Schüler vorbeizustehlen. Doch dieser hatte ihn längst gesehen, kam auf seine Straßenseite und blieb, bei ihm angekommen, vor ihm stehen. Er blickte seinen alten Lehrer an und grüßte ihn ehrerbietig. Diesem blieb nichts anderes übrig als so zu tun, als nehme er den jungen Mann erst jetzt wahr. Er zeigte eine freudige Miene und sagte: «Ach so, mein Schüler Yusheng! Schon lange haben wir uns nicht mehr gesehen. Du wirst hier wohl nur den Sommer verbringen und gehst dann wieder?» – «Nein, diesmal bleibe ich. Ich und einige Freunde haben vor, hier eine Mittelschule zu eröffnen. Damit möchte ich mich von nun an befassen.» – «Das ist eine sehr gute Sache. Ich erinnere mich, davon schon gehört zu haben», sagte Herr Gao und wollte sich abwenden und weitergehen. Aber Yusheng fuhr fort: «Unsere Pläne beruhen auf Idealismus. Bestimmt wird vieles mangelhaft sein. Ich möchte Sie daher regelmäßig aufsuchen, Ihren Rat erbitten und von Ihren reichen Erfahrungen zehren.» Herr Gao lächelte, halb höflich, halb verächtlich: «Die Zeiten haben sich geändert. Meine Erfahrungen sind wie altmodische Kleider. Man kann sie gerade noch in einer kaputten Kommode verstauen. Wie könnten sie für eure neue Schule von Nutzen sein!» Er schwieg einen Augenblick und fuhr dann in sehr ernstem Tone fort: «Aber eine Schule ist wirklich schwer zu führen. Es kommt mir alles immer merkwürdiger vor. Als du noch zur Schule gingst, hatten wir das Gefühl, alles im Griff zu haben. Jetzt ist alles anders. Man greift irgendwie ins Leere. Nur zu gern würde ich mich bei jemandem kundig machen, mir einige neue Erfahrungen zu Gemüte führen.» – «Erfahrungen sind Erfahrungen», sagte Yusheng.

«Wieso sollte man zwischen alten und neuen Erfahrungen unterscheiden? Sie sind viel zu bescheiden.»

Herr Gao war nun doch etwas neugierig geworden und wollte Yusheng ein wenig aushorchen. «Habt ihr das notwendige Geld in etwa beisammen? Denn das ist das Wichtigste. Die besten Pläne scheitern oft aus finanziellen Gründen.» – «Wir haben alles durchgerechnet. Die Schülergebühren werden die laufenden Betriebskosten decken. Die Kosten für die Inbetriebnahme der Schule werden durch Spenden gedeckt. Es ist bereits alles gut abgesichert.» – «Reichen die Schulgebühren für die Betriebskosten?» – «Wir, meine Freunde und ich, haben dieselben Ideale. Jeder hat nur für den eigenen Lebensunterhalt aufzukommen. Daher sind unsere Lohnkosten äußerst niedrig. Einige wenige unter uns verzichten gar vollständig auf ein Gehalt.» – «Sie arbeiten ohne jeden Lohn?» fragte Herr Gao baß erstaunt. Nach einer Pause fügte er lächelnd hinzu: «Da sieht man, daß ihr euch mit Leib und Seele der Erziehung widmet. Meine Hochachtung! Auf Wiedersehen!» Und er wandte sich ab und ging seines Weges. «Auf Wiedersehen», rief Yusheng ihm nach.

Etwas später betrat Herr Gao eine Teestube. Sie war bereits größtenteils mit Gästen gefüllt. Sie hatten sich am späten Nachmittag, wenn man im Freien nicht mehr ins Schwitzen geriet, hierher begeben, um zu plaudern. Unter ihnen befand sich Kreisschulinspektor Lu Zhongfang. Als er Herrn Gao sah, nahm er seine Wasserpfeife aus dem Mund, erhob sich halb zum Gruß und sagte: «Heute bist du aber später als ich gekommen. Hier ist noch Platz, setz dich.» – «Ah, sehr gut. Unterwegs wurde ich aufgehalten, daher bin ich etwas später gekommen.» Bei diesen Worten streifte Herr Gao seine weitärmelige Jacke und sein langes Gewand ab und befestigte beides an einem Kleiderhaken an der Wand.

«Weißt du, wen ich unterwegs getroffen habe? Es war mein ehemaliger Schüler Ding Yusheng. Er ist wieder da.» Dies sagte Herr Gao, während er sich setzte. Der Kellner brachte ein heißes Handtuch, mit dem er sich abrieb. Darauf strich er sich mit der Hand über den schwarzen Schnurrbart und sagte: «Diese Mittelschule wollen sie unbedingt gründen. Er hat mir soeben mitgeteilt, daß er sich von nun an ganz diesem Projekt widmen wolle.»

Als Lu Zhongfang dies vernahm, ließ er ein gerade angezündetes Streichholz weiterbrennen, entzündete seine Pfeife nicht und sagte: «Aber natürlich wollen sie diese Schule gründen. Soviel ich weiß, haben sie bereits in der Xingjia-Gasse ein Gebäude gemietet.» Erst jetzt nahm er einen tiefen Zug aus der Pfeife, worauf er aus seinen beiden großen Nasenlöchern zwei hellgraue Tabakwölkchen entweichen ließ. «Unserer Schule fehlt das Geld an allen Ecken und Enden», jammerte Herr Gao. «Die dagegen wissen, wie sie zu Geld kommen. Das Geld für die Schulgründung haben sie also schon zusammen. Pa! Diese Kinder!» – «Ha, diese Kinder», echote Lu Zhongfang mit spöttischem Lachen. «Nur eines verstehe ich nicht», meinte Gao. «Er sagte mir, die laufenden Betriebskosten könnten mit den Gebühren der Schüler bestritten werden, dies dank sehr geringer Löhne des Lehrpersonals. Einige Dozenten verzichten gar ganz auf ein Gehalt. Da frage ich mich schon: Was führen die eigentlich im Schilde?» – «Haha, mein alter Freund, du bist wirklich zu arglos. Unterricht ohne Lohn – wo gibt es so was heutzutage schon! Da steckt bestimmt etwas ganz anderes dahinter.» Bei diesen Worten zeigte Lu Zhongfang eine leicht triumphierende Miene und saugte einen Zug aus seiner Wasserpfeife.

Gao, der sich bisher nichts weiteres bei der ganzen Sache gedacht hatte, war ein wenig zerknirscht. Er hob die Teetasse und nahm einen Schluck. Dann meinte er, wie um sich selbst zu entschuldigen: «Da steckt noch was anderes dahinter! Wie konnte mir das entgehen! Doch: was steckt dahinter? Das ist mir noch nicht ganz klar.»

«Ist es etwa nicht...» Und nun steckten die beiden Männer ihre Köpfe zusammen und tuschelten eine Weile. Dann nahmen sie ihre aufrechte Sitzhaltung wieder ein, und Lu Zhongfang ergriff das Wort: «Natürlich haben sie eine Geldquelle. Wenn sie von Lohnverzicht reden, dann doch nur, um einen guten Eindruck zu schinden und den Leuten Lobeshymnen über ihre Hingabe an den Unterricht zu entlokken. Da kriecht man ihnen aber schön auf den Leim! Unversehens spielt man ihnen so in die Hände. Wenn dem nicht so wäre, hätte er dir dann nicht gesagt, woher das Geld für die Gründung der Schule stammt?»

Was stimmte nun? Was da vor sich ging, war Gao alles andere als geheuer. Er schloß die Augen und meinte: «Was du vermutest, dürfte mit sechzig- bis siebzigprozentiger Wahrscheinlichkeit zutreffen.» – «Wieso nur mit sechzig- oder siebzigprozentiger Wahrscheinlichkeit? Es stimmt mit einhundertzehnprozentiger Gewißheit!» – «Um was wettet ihr da?» Diese Frage kam vom Erziehungsamtsvorsteher Wang Xunbo. Er hatte zunächst nahe am Fenster gesessen und kam nun herüber, um zu hören, was Gao und Lu miteinander besprachen. Er zog einen Stuhl heran und setzte sich zu ihnen. Gao und Lu berichteten ihm, worüber sie gerade geredet hatten, worauf er eifrig nickte: «Bestimmt steckt das dahinter. Was der alte Lu sagt, ist völlig richtig. Unruhestifter sind sie, und davon ernähren sie sich. Ihr Sinnen und Trachten ist darauf gerichtet, ein Chaos anzurichten. Dazu ist ihnen jedes Mittel recht. In jeden Spalt dringen sie ein, keinen Weg verschmähen sie. Ihre Mittelschule mit dem Namen ‹Großartige Standhaftigkeit› ist doch nur ein Standbein, mit dem sie in unserer Stadt Fuß fassen wollen, um ihren Umtrieben nachzugehen.»

«Man kann sie mit einem Dieb vergleichen, den man dingfest macht. Wenn er heimlich die Tür öffnet und ein Bein ins Haus hineinstreckt, dann ist das genau der Augenblick, in dem wir ihn ergreifen müssen.» Dies meinte Herr Gao mit einem belustigten Lächeln, bei dem er die Oberlippe hochzog und vom Rauchen vergilbte Zähne entblößte. Wang Xunbo ging auf Gaos Worte nicht ein, sondern tat nun voller Ernst seine Meinung kund: «Wir wollen aber auch niemandem Unrecht tun. Die paar Pläne, von denen ihr vernommen habt, reichen nicht aus als Grundlage für den Vorwurf der Unruhestiftung. Ich habe mit Angehörigen dieser Generation keinen Kontakt. Aber mein Sohn ist mit einigen von ihnen in die Schule gegangen und ist ihnen vor ein paar Tagen begegnet. Sie erzählten ihm mehrere Details über die geplante Schule. Die erste Absurdität ist, daß Jungen und Mädchen zusammen Unterricht erhalten sollen. Überlegt euch das mal: eine Mittelschule, aber mit Jungen und Mädchen in gemeinsamen Klassen! Die zweite Absurdität besteht in...» – «Freier Liebe?» platzte es aus Lu Zhongfang heraus, wobei sich sein ganzes Gesicht zu einem vieldeutigen Lächeln verzog. «Das gerade nicht. Sie sagen, wenn sich außerhalb der Schulmauern etwas ereigne, dann sollten sich Lehrer und Schüler aktiv engagieren. Was soll nun aber das wieder bedeuten! Lehrer haben zu unterrichten, Schüler haben zu lernen. Was haben sie sich um die Gesellschaft zu kümmern? Sie wollen sich also in der Gesellschaft betätigen, dort wollen sie aktiv werden. Wenn das nicht der Beweis dafür ist, daß ihr Sinnen und Trachten auf das Anzetteln von Unruhe und auf den Umsturz gerichtet ist, was dann?» Wang Xunbo war ganz erregt. Ein plötzliches Gefühl der Hitze ergriff ihn, so daß er sein Leibchen aufknöpfte, wodurch seine Brustpartie sichtbar wurde.

Gao war, als sei ihm plötzlich ein Licht aufgegangen, und er sagte seufzend: «Bis zu welchem Punkt wird sich die Welt wohl noch verändern? Bis zu welchem Punkt wollen sich eigentlich die Menschen noch verändern? Das möchte ich gern mal wissen. Als Ding Yusheng seinerzeit vor mir in der Schulbank saß, war er ein unauffälliger, folgsamer Schüler. Wer hätte gedacht, daß er sich im Laufe von zehn

Jahren in eine reißende Flut, ja in eine wilde Bestie verwandeln würde?»

«So verhält es sich nun auch wieder nicht», sagte Wang Xunbo sehr bestimmt, so als erschienen ihm Gaos Worte als allzu niederschmetternd. «Diese kleinen Kinder befinden sich doch fest in unserer Hand. Wenn sie daraus ihre Köpfe hervorstrecken wollen, um Unruhe zu stiften, dann ist das nicht so einfach! Wenn wir ihnen allerdings nicht die Stirn bieten und wenn wir es zulassen, daß unschuldiges junges Blut in den Strudel dieser Sturzflut und in die Klauen dieser wilden Bestien gerät, dann vergehen wir uns an unseren Ahnen, dann vergehen wir uns an den verstorbenen Dorfältesten, dann müssen wir uns vor diesem Stück Erde schämen. Daher dürfen wir unsere Verantwortung nicht von uns weisen. Lu Zhongfang, du bist Kreisschulinspektor. Du hast die Machtbefugnis, die Schule, die sie gründen, zu inspizieren. Wenn du siehst, daß irgend etwas nicht stimmt, dann ist es mit unserer Höflichkeit vorbei und wir ordnen die Schließung der Schule an.» Lu Zhongfang stellte seinen Wasserpfeifensack auf den Tisch und trank einen Schluck Tee. «Das geht natürlich, ja das geht. Doch die grundlegende Gegenmaßnahme besteht darin, das Brennholz unter dem Kessel wegzuziehen.» Dabei machte er eine Bewegung, wie wenn er Brennholz aus einem Herd herausziehe.

«Wie meinst du das?»

«Nun, man verhindert den Zulauf von Schülern. Das bringen wir auf jeden Fall zustande. Vor einigen Tagen traf ich einige Grundschullehrer. Einer sagte: ‹Am Ende ihres Grundschulunterrichts kommen alle Schüler und erkundigen sich nach einer geeigneten Mittelschule. Ich empfehle dann jeweils die öffentlichen Mittelschulen oder Lehrerseminare, denn sie verkörpern den richtigen Weg.› Sie sagten ferner: ‹Wir hörten, im kommenden Schuljahr gebe es eine neue Schule, sie heiße Großartige Standhaftigkeit. Organisiert wird sie von einer Gruppe Jugendlicher, die auswärts studiert haben. Vermutlich ist da nicht alles ganz sauber.› Ich sagte diesen Lehrern beiläufig, daß sie natürlich recht haben. Die hätten ganz andere Absichten. Wie man also sieht, traut ihnen niemand über den Weg. Sie werden wohl nur vor einigen leeren Bänken Unterricht erteilen.»

Diese Worte beruhigten Wang Xunbo. Auch Herr Gao fühlte sich viel wohler. «Wenn man so vorgehen kann, dann geschieht das mit dem Segen unserer Ahnen und zum Wohle dieser Gegend. Aber wir sollten auf der Hut bleiben. Wir sollten die geeigneten Personen darüber aufklären, was auf dem Spiel steht.» So sprach Wang Xunbo, der immer noch irritiert war. «Aber natürlich!» Gao und Lu nickten einander zu.

Und so verbreiteten sich in der Stadt böse Gerüchte über die neue Mittelschule. Bodenständige Väter beteuerten, selbst wenn alle Schulen unter dem Himmel schlössen und ihre Kinder zu ewigwährendem Analphabetismus verdammt blieben, würden sie sie nicht in diese neue Mittelschule schicken. Derweil ließ diese an allen Ecken und Enden der Stadt Werbeblätter aufhängen und in vielen Zeitungen, sogar in Shanghai, Anzeigen drucken. Trotz aller Anstrengungen meldeten sich insgesamt aber nur acht statt, was angesichts der Größe der Stadt durchaus möglich gewesen wäre, vielleicht 80 oder 100 Schüler. Das Strategem Nr. 19, dessen Anwendung den alten Herren um so leichter fiel, als die Lehrerschaft und die Bevölkerung an sich schon von Mißtrauen gegen die neue Schule erfüllt waren, brachte diese also in erhebliche Schwierigkeiten. Aus dem Konzept bringen ließen sich die jugendlichen Erziehungspioniere aber deswegen nicht. «Wir haben acht Schüler, und jetzt kommt es darauf an, diese acht Schüler sehr gut zu unterrichten. Von einem Scheitern wird man erst dann sprechen können, wenn uns der Unterricht dieser acht Schüler mißlingt», läßt der Schriftsteller, Pädagoge, Verleger und Aktivist Ye Shengtao (1894–1988) in seiner Anfang der 30er Jahre verfaßten Novelle *In der Stadt* seinen Helden Ding Yusheng sagen. Dieser und seine Mitstreiter ahnten übrigens nichts von dem Strategem, das ihre Werbeaktion weitgehend hatte verpuffen lassen. Bemerkenswert ist der Umstand, daß in Ye Shengtaos Erzählung die Gegner der Schule bei ihrem Gespräch im Teehaus das Strategem, das sie anstelle von plumpen Repressionsmaßnahmen einzusetzen beschließen, und zwar Strategem Nr. 19, ausdrücklich beim Namen nennen. Nach einem derart reflektierten antizipativen Umgang mit der List, die die Strategemanwender gar noch beim Namen nennen, dürfte man in der europäischen Literatur seit ihrem Urbeginn im antiken Hellas vergeblich suchen.

19.18   Die Verbrennung des Proviantdepots bei Rabennest

Guandu, im Nordosten des heutigen Kreises Zhongmou (Provinz Henan), war im Jahre 200 n. Chr. Schauplatz einer Schlacht zwischen den Armeen von Cao Cao (155–220), dem damaligen kaiserlichen Reichsstatthalter, und Yuan Shao (gest. 202), einem Lokalherrscher über nordchinesische Gebiete in den heutigen Provinzen Shandong,

Hebei und Shanxi (s. auch 9.2 und 19.9). Yuan Shao verfügte über ein Heer von 100 000 Mann, wogegen Cao Cao nur über 20 000 Mann gebot und kaum noch Proviantvorräte besaß. Cao Cao nutzte aber die mangelnde Wachsamkeit der Truppen Yuan Shaos aus, die ihren Gegner unterschätzten, unternahm mit 5000 Mann, die er zur Irreführung des Feindes mit Standarten Yuan Shaos ausstattete, einen nächtlichen Überraschungsangriff und setzte Yuan Shaos Lebensmittellager in Wuchao (Rabennest) in Brand. Zur Einschüchterung der gegnerischen Hauptstreitmacht wurden über 1000 Soldaten Yuan Shaos die Nase und ihren Pferden die Zunge abgeschnitten. Als das Heer Yuan Shaos infolge dieser Ereignisse in Panik geriet und auseinanderfiel (vgl. Strategem Nr. 20), schlugen die Truppen Cao Caos zu und vernichteten es. Yuan Shao wurde bald danach von einer Krankheit dahingerafft. Trotz seiner unterlegenen Kräfte errang Cao Cao den Sieg, indem er Yuan Shao «das Holz unter dem Kessel wegzog». Durch die Verbrennung des Trosses mitsamt den furchterregenden Begleitumständen demoralisierte Cao Cao die Hauptstreitmacht Yuan Shaos derart, daß auch deren zahlenmäßige Überlegenheit nichts mehr auszurichten vermochte. Mit dem dank dem Strategem Nr. 19 errungenen Sieg in der Schlacht von Guandu schuf Cao Cao die Grundlage für seine spätere Herrschaft über Nordchina und gab ein selbst noch von Mao gerühmtes Beispiel für die Überwindung eines starken Heeres durch eine schwache Armee.

Den nächtlichen Überfall auf Rabennest feiert eine 20 Fen (etwa 6 Pfennig) teure Marke im Rahmen eines Vierersatzes Sondermarken über die *Romanze der drei Königreiche*, die das Post- und Fernmeldeministerium der Volksrepublik China am 10.12.1990 herausgab.

19.19 Kein Wasser für Betulia

Von der Aushungerung des Feindes ist bereits in *Meister Suns Kriegskunst*, dem ältesten Militärtraktat der Erde, die Rede: «Satt sein, während der Feind hungert», heißt es im 7. Kapitel dieses Werks. In demselben Jahrhundert, in dem Meister Sun gelebt haben soll, gab in einer ganz anderen Weltgegend Nebukadnezar II. (605–562) in seinem Palast den Befehl aus, das Strafgericht an allen Völkern zu vollstrecken, die sich geweigert hatten, ihm im Kampf gegen den Mederkönig Arphaxad beizustehen.

Schon am folgenden Tag zog Holofernes, der Oberbefehlshaber des assyrischen Heers, in den Kampf gegen Israel. Zunächst rückte er gegen Betulia vor und ließ dort nach den Quellen suchen, aus denen die Bewohner sich mit Wasser versorgten. Diese Quellen nahm er sofort in Besitz und stellte bewaffnete Posten dort auf.

Die Israeliten schrien um Hilfe zum Herrn, ihrem Gott, denn sie waren ganz mutlos geworden. Nach 34 Tagen Belagerung waren die privaten Wasservorräte von Betulia aufgebraucht. Auch die Zisternen in der Stadt leerten sich. Das Wasser wurde in so kleinen Rationen ausgegeben, daß es nicht ausreichte, um den Durst zu stillen. Die Kinder saßen wie leblos herum. Frauen und Männer brachen erschöpft zusammen. Sie lagen auf den Plätzen und in den Tordurchgängen und hatten keine Kraft mehr zum Aufstehen. (Aus: Deutsche Bibelgesellschaft [Hg.]: *Die Bibel in heutigem Deutsch, Das Alte Testament*, 2. Aufl. Stuttgart 1982, S. 861 ff.).

Zweifellos hätte das Strategem Nr. 19, hier in Gestalt des Wasserentzugs, mit einem Sieg des Holofernes geendet, wäre nicht Judit mit ihrem Gottes Segen erlangenden Kettenstrategem die Rettung der Israeliten gelungen (s. 35.8). Übrigens eroberten die Inkas Chan Chan, die Hauptstadt des Reiches Chimor, um 1470 n.Chr., indem sie deren Lebensadern, die Kanäle der Wasserversorgung, durchtrennten. Für Vorgänge dieser Art gibt es im Chinesischen außer dem Strategemausdruck Nr. 19 noch eine drastischere Wendung: «Unterbinde die Stillung, und der Säugling verdurstet.»

19.20  Genozid durch Bison-Ausrottung

Mehr als 30 Millionen, nach einer anderen Schätzung 50 Millionen, Bisons, in den USA meist fälschlicherweise «Buffalos» genannt, lebten in Nordamerika, als die ersten Siedler auf dem Kontinent eintrafen. Dann setzte eine beispiellose Ausrottung ein. Um 1900 zählte man nur noch 500 Tiere. Seit den 80er Jahren des 20. Jahrhunderts erlebt diese Art eine Renaissance. Die Gesamtzahl der Tiere wurde 1996 auf rund 50000 in den USA und Kanada geschätzt.

Noch um 1840 zogen die Herden, Hunderttausende von Köpfen stark, grasend über die Prärie, eine Landschaft, die für diese Tiere wie geschaffen ist. Die indianischen Ureinwohner töteten nur so viele, wie sie zur Nahrung, zur Kleidung, zum Bau von Zelten und Booten, zum Herstellen von Werkzeugen und Geräten verwenden konnten. Selbst der Dung der Tiere wurde genutzt, als Brennstoff. Die Balance der Natur blieb gewahrt. Die Indianer verehrten den Bison als heiliges Tier.

Doch Mitte des 19. Jahrhunderts versprach US-Präsident Abraham Lincoln jedem Siedler 65 Hektar freien Grund und Boden. Diese eine Viertelquadratmeile großen Landstücke waren das Lockmittel, mit dem selbst in Deutschland für das Leben auf den Prärien geworben wurde. Mit seiner Unterschrift unter den Homestead Act von 1862 besiegelte derselbe Präsident, der für die Befreiung der Sklaven einen Bürgerkrieg riskiert hatte, das Schicksal der Indianer und ihrer Büffelherden. Als mit den Siedlern die Eisenbahnen nach Westen vordrangen und nun auch unverarbeitete Büffelhäute zurück in die Industriestädte transportieren konnten, waren die Bedingungen für die Auslöschung der Bisonherden geschaffen. Die Entdeckung, daß Büffelleder wegen seiner Elastizität hervorragend für Treibriemen geeignet ist, ließ die Nachfrage schließlich explodieren. Wo immer der Eisenbahnbau vorübergehend stockte, etwa in Dodge City, Kansas, dem damals größten Verladeplatz für Rinder, oder in Bismarck, North Dakota, gingen Tausende arbeitslos gewordener Männer auf Büffeljagd. Sie schossen, bis sie die Läufe ihrer Gewehre mit Wasser und, wenn das nicht vorhanden war, mit Urin kühlen mußten. Ein Jäger namens Tom Nixon ließ sich feiern, weil er zwischen dem 15. September und dem 20. Oktober 1875 insgesamt 2173 Bisons abgeknallt hatte. Die Beute von «Buffalo» Bill Cody, dem späteren Impresario von Wildwestshows, belief sich auf 4280 Büffel in acht Monaten. Die Armee sah in den Büffelschlächtern nützliche Verbündete in ihrem Krieg gegen die Indianer, so Hans Hoyng in seinem Bericht «Die Rückkehr der Bisons» (*Der Spiegel*, Hamburg 41/1996, S. 190 ff.). General Phil Sheridan lobte die Jäger dafür, daß sie «das Proviant-Depot der Indianer zerstörten», und forderte: «Laßt sie das Töten, Häuten und Verkaufen fortsetzen, bis die Buffalos ausgerottet sind. Erst dann werden eure Prärien besiedelt werden von buntgescheckten Kühen und heiteren Cowboys.»

Die amerikanische Armee benutzte also eine dem Strategem Nr. 19 folgende Ausrottungsstrategie: «Wenn die Bisons verschwunden sein würden, würden auch die Indianer aussterben» (*Neue Zürcher Zeitung*, 15. 1. 1996, S. 34). Denn mit der Vernichtung der Bisons verloren die Prärieindianer ihre Lebensgrundlage. Den Krieg gegen die Indianer entschieden die Weißen für sich, indem sie sich neben der Nahrungsmittelwaffe auch der biologischen Kriegsführung, unter anderem «absichtlich verpesteter Kleidung» (*Neue Zürcher Zeitung*, 27. 5. 1991, S. 28) bedienten. Auf der 5. Internationalen Konferenz der Unterstützungsgruppen indianischer Völker Amerikas (Zürich, 7.–9. 8. 1989) informierte ein Indianersprecher der Tlinguit über die Bedrohung der

Fischbestände – Nahrungs- und Erwerbsgrundlage von Ureinwohnern Amerikas – durch Öltankerkatastrophen. Er verglich derartige Ölkatastrophen mit dem Abschuß der Bisons im letzten Jahrhundert, «der zum Genozid der nordamerikanischen Prärieindianer geführt habe» (*Neue Zürcher Zeitung*, 10.8.1989, S.46).

## 19.21 Der Westen ohne nahöstliches Erdöl

Der ägyptische Präsident Gamal Abdel Nasser (1918–1970) bezeichnete das Erdöl als den «Lebensnerv der Zivilisation». Ohne Öl könne «keines ihrer Mittel bestehen, weder große Werke für die Produktion noch Verbindungsmittel zu Land, See und Luft, oder Kriegswaffen – ob Schlachtflieger über den Wolken oder U-Boote unter den Wasserwogen. Ohne Petroleum würden diese alle nichts als rostige, unbewegliche, leblose Eisenstücke sein.»

Über 70 Prozent der gesicherten Ölreserven der Welt und 40 Prozent des Erdgases finden sich in der «Energie-Ellipse» um den Persischen Golf und die Kaspische Senke (*Neue Zürcher Zeitung*, 23.3.1998, S.31). Wer den Wettlauf um die Macht über den im kaspisch-kaukasischen Boden verborgenen, nach dem des Nahen Ostens zweitgrößten Erdöl- und Erdgasschatz der Welt gewinnt – ob nun Rußland, die USA oder ein Drittstaat –, der sichert sich die Herrschaft über jene Lebensader, die für das Funktionieren unserer Industriewelt auch im 21. Jahrhundert unverzichtbar bleiben dürfte. Vorderhand ist aber der Nahe Osten das Ölfaß Europas, Amerikas und Japans und insofern von vitaler Bedeutung. Chinesisches Lob wurde nun den arabischen Ländern zuteil, die Ende 1973 nach dem Jom-Kippur-Krieg (s. 19.22) das Erdöl «als eine mächtige Waffe in ihrem Kampf gegen den israelischen Zionismus und seine Unterstützer» einsetzten (*Peking-Rundschau* Nr. 48, 4.12.1973). Als sie noch existierte, warf andererseits ein chinesischer Kommentator der Sowjetunion vor, sie wende gegenüber dem Westen das Strategem «das Brennholz unter dem Kessel wegziehen» an. Zu diesem Zwecke rücke sie immer weiter in Richtung auf das Rote Meer, die arabische Halbinsel und die Golfregion vor. Ihr Ziel sei die Umzingelung der Erdölfelder und die Blockierung der Erdölpipelines (*Volkszeitung*, Peking 16.12.1978). Dieses Ziel hat die inzwischen untergegangene Sowjetunion nicht erreicht. Nach wie vor beherrschen die USA diese Region weitgehend. Da «alles am Öl hängt» (*Tages-Anzeiger*, Zürich 6.3.1998, S.7), verfügen die USA zwar über enorme

Macht, aber gleichzeitig sind sie auch äußerst verwundbar. Solange kein Rivale der USA in der Lage ist, gegenüber dem Westen das Strategem Nr. 19 durch die Unterbrechung der nahöstlichen Erdölzufuhr einzusetzen, mag alles gutgehen. Was aber geschieht, wenn ein potentieller Strategemanwender zum Beispiel die saudische Monarchie stürzt?

## 19.22 Lodernde Flammen gelöscht

Solange im Jom-Kippur-Krieg (6.–22. 10. 1973) die arabischen Operationen Erfolg hatten – so überquerten ägyptische Truppen in einem Überraschungsangriff den Suezkanal und eroberten einen Teil des Sinais zurück –, forderte die Sowjetunion keineswegs, das Feuer solle eingestellt werden. Am 9. Oktober stimulierte der sowjetische Generalsekretär Breschnew in einer Botschaft an den algerischen Staatspräsidenten Boumedienne das arabische Solidaritätsgefühl und versprach Hilfe: «Syrien und Ägypten dürfen in ihrem Kampf mit dem heimtückischen Feind nicht allein gelassen werden [...] Was die Sowjetunion betrifft, so gewährt sie den arabischen Staaten bei ihrem gerechten Kampf gegen die imperialistische Aggression Israels in mannigfacher Weise Hilfe und Unterstützung.» Als aber die militärische Lage auf ägyptischer Seite seit dem 15. Oktober kritisch wurde, was die Sowjetunion dank ihrer Satellitenaufklärung eher wußte als die ägyptische Führung, drängte die Sowjetunion, deren Ministerpräsident Kossygin sich vom 16. bis zum 19. Oktober in Kairo aufhielt, auf einen raschen Waffenstillstand. Die von israelischen Truppen umzingelte ägyptische Dritte Armee war zum Untergang verurteilt, wenn der Krieg noch ein paar Tage dauern würde. Das hätte Auswirkungen auf die Überlebenschancen des ägyptischen Präsidenten Sadat gehabt.

Während eines Treffens in Moskau am 20. Oktober stimmte Kissinger der Einschätzung zu, daß ein sofortiger Waffenstillstand dringend nötig sei. Die amerikanische Formulierung eines Waffenstillstandes wurde überraschenderweise von der Sowjetunion ohne nennenswerte Änderungen übernommen. Um 21.00 Uhr am 20. Oktober klingelte in der Kommandozentrale unmittelbar neben Sadat das Telefon. Der Präsident wurde davon unterrichtet, daß der sowjetische Botschafter Wladimir Winogradow dringend um eine Unterredung ersuche. Er wolle eine Botschaft Breschnews überbringen, der gerade in Moskau mit Kissinger verhandle. Binnen dreißig Minuten überbrachte Winogradow Sadat ein Schreiben Breschnews, in dem dieser ihn ersuchte, einem sofortigen Waffenstillstand zuzustimmen. Außerdem erhielt Sadat den Resolutionsentwurf, den die beiden Supermächte dem Weltsicherheitsrat vorlegen wollten. In der Note wurde auch das sowjetische Angebot einer Garantie für den Fall israelischer Waffenstillstandsverletzungen noch einmal wiederholt. Eindeutig sicherte Breschnew zum Schutz des Waffenstillstands die Verlegung sowjetischer Truppen nach Ägypten zu, was dann jedoch unterblieb. Am frühen Montag morgen, dem 22. Oktober, trat der Sicherheitsrat zusammen und verabschiedete die Resolution Nr. 338, die forderte, daß der Waffenstillstand innerhalb von zwölf Stunden, spätestens um 18.52 Uhr am 22. Oktober beginnen müsse. Diese Resolution sowie die Sicherheitsrats-Resolutionen 339 vom 23. Oktober, betreffend einen neuen Waffenstillstand, und 340 vom 25. Oktober, betreffend die Entsendung einer internationalen Friedenssicherungstruppe in den Nahen Osten, wurden jeweils mit 14 von 15 Stimmen angenommen.

Der Vertreter der VR China enthielt sich der Stimme und protestierte gegen das «eigenwillige Vorgehen» und die «Kondominium»-Haltung der USA und insbesondere der Sowjetunion. Offensichtlich das Strategem Nr. 19 im Blick, warf die VR China der Sowjetunion vor, durch einen Waffenstillstand, der den Völkern im Nahen Osten aufgezwungen werde, «die lodernden Flammen des gerechten arabischen Volkskrieges gegen die Aggression auszulöschen». Als ich während meiner zweijährigen Studienzeit an der Peking-Universität (1975–1977) unterschiedliche chinesische Kommilitonen nach einem typischen Anwendungsfall des Strategems Nr. 19 fragte, antworteten sie alle mit einem Hinweis auf das Verhalten der Sowjetunion bei der Beendigung des Jom-Kippur-Krieges. Vielleicht wurde China bei seiner Strategemanalyse der Umstände des Kriegsendes ein Opfer von Arabern «mit ihrer seltsamen Neigung, euphorische Scheinwelten aufzubauen» (Chaim Herzog: *Entscheidung in der Wüste*, 2. Aufl. Berlin etc. 1975, S. 7). In der Tat wurde durch das gemeinsame Vorgehen der USA und der Sowjetunion eine Situation geschaffen, in der auch die geschlagene Kriegspartei ein gewisses Potential bewahrte, so daß der israelisch-arabische Konflikt auf Sparflamme weiterschwelen konnte und sowohl die USA als auch die Sowjetunion ihre politischen Süppchen weiterzukochen vermochten. Auch im folgenden Beispiel wird das Strategem Nr. 19 wohldosiert eingesetzt und so gegnerische Schwäche möglichst lange zum eigenen Nutzen perpetuiert.

19.23  Schonzeit für die Gaullisten

Im Frühjahr 1998 hielt die sozialistische Partei ihre Pariser Stadtpolitiker in aller Stille an, den von zahllosen Skandalen geplagten gaullistischen Bürgermeister Jean Tiberi zu schonen. Grund: Die Linken wollten Tiberi, der von 1983 bis 1995 Vize des früheren Pariser Bürgermeisters Jacques Chirac gewesen war, so lange wie möglich im Amt lassen; sie waren davon überzeugt, daß die weiterhin schwelenden Affären ihnen helfen würden, bei den nächsten Wahlen im Jahre 2001 das Rathaus und vielleicht sogar den Elysée zu erobern. Denn bei einem erzwungenen Rücktritt Tiberis würden die Gaullisten ein politisches Schwergewicht in den Kampf ums «Hôtel de Ville» schicken – wahrscheinlich den angesehenen Ex-Premier Edouard Balladur –, zum Nachteil der Sozialisten (aus: *Der Spiegel*, Hamburg 23/1998, S. 133).

19.24  Die verschwundenen Flugzeugträger

Im Zweiten Weltkrieg verlieh der Flugzeugträger dem Seekrieg neue Dimensionen, indem er der Seekriegsführung den Einsatz von Flugzeugen ermöglichte. Die Luftherrschaft entschied nunmehr über die Seeherrschaft. Die Existenz von Flugzeugträgern wiederum war, so der Pekinger Strategemexperte Li Bingyan, gleichsam «das unter dem Kessel befindliche Brennholz», von dem die Erringung und Bewahrung der maritimen Luftherrschaft abhing (*Die 36 Strategeme in moderner Bearbeitung*, Peking 1998, S. 61).

In der Nähe der Midway-Inseln, eines Atolls im nördlichen Pazifik, nordwestlich der Hawai-Inseln, fand vom 3./4. bis zum 6./7. Juni 1942 zwischen den Flugzeugträgerflotten der USA (und deren auf den Midway-Inseln stationierten Fliegerverbänden) und Japans die See-Luft-Schlacht statt, die für den Kriegsverlauf im Pazifik entscheidend wurde. In ihrer Folge erlangten die Amerikaner die Seeherrschaft im Pazifik und zeigte sich erstmals die Bedeutung der Flugzeugträger gegenüber den Schlachtschiffen.

Der amerikanische Oberbefehlshaber der Pazifikflotte, Chester William Nimitz (1885–1966), hatte durch Aufklärungsflugzeuge die Position der japanischen Flugzeugträger ermittelt. Mit einer Kriegsflotte war er heimlich durch einen japanischen U-Boot-Kordon in ein Seegebiet nördlich der Midway-Inseln gelangt. Dort bezog er Stellung. Die japanischen Flugzeuge waren vollzählig zu ihrem zweiten Angriff auf die Midway-Inseln gestartet. Auf diesen Augenblick hatte Nimitz gewartet. Er befahl 50 Sturzkampfflugzeugen einen Angriff auf die vier schutzlos zurückgebliebenen japanischen Flugzeugträger, die allesamt vernichtet wurden. Die japanischen Kampfflieger hatten ihre Basis verloren und stürzten bei ihrer Rückkehr ins Meer.

«Die Seeschlacht bei Midway kann als der Wendepunkt im Kampf um den Pazifik angesehen werden. Nach dem Verlust der vier Flugzeugträger und deren Piloten [waren] die Japaner in der strategischen Defensive. Es [gelang] ihnen nicht mehr, diese Verluste sowohl materiell als auch personell schnell genug zu ersetzen, um der anlaufenden Kriegsmaschine der USA erfolgreich entgegentreten zu können» (Helmut Pemsel: *Seeherrschaft*, Bd. 2, Koblenz 1997, S. 568).

19.25 Das Ende der Nascherei

Zhang Xiaomin hatte sich angewöhnt, vor und nach den Hauptmahlzeiten zu naschen. Die Mutter ermahnte ihn wiederholt, dies zu unterlassen, doch vergeblich. Schließlich blieb ihr nur noch das Stratagem Nr. 19: Sie gab ihm kein Taschengeld mehr zum Kauf von Süßigkeiten. Unter dem Stichwort «unter dem Kessel das Brennholz wegziehen» fand ich dieses Beispiel aus dem Bereich der Kindererziehung im *Redensartenlexikon zum vierfachen Gebrauch* (hg. von Lu Yongquan, Taipeh, ohne Erscheinungsdatum). Eine Industrie- und Handelsbank der Stadt Xi'an wird gelobt, weil sie Unternehmen, von denen sie feststellt, daß sie gefälschte Waren herstellen, durch Zudrehen des Geldhahnes «unter dem Kessel das Brennholz wegzieht» (*Zeitung der Sonderzone Shenzhen*, 23. 10. 1994).

Wie sagte doch in anderem Zusammenhang der Schriftsteller Hans Magnus Enzensberger: «Was ist eine Maschinenpistole, verglichen mit der Hand, die den Geldhahn zudreht?» (*Der Spiegel*, Hamburg Nr. 4 1989, S. 196). Das dachten sich offenbar auch die USA, als sie Anfang März 1988 Wirtschaftssanktionen gegen Panama verhängten, in der Hoffnung, den damaligen Machthaber Panamas, General Noriega, rasch in die Knie zu zwingen. Als Anwendung des Stratagems Nr. 19 qualifizierte der Kommentator Zhang Liang in der *Volkszeitung*, dem Sprachrohr des Zentralkomitees der Kommunistischen Partei Chinas, das amerikanische Vorgehen (*Volkszeitung*, Peking 16. 3. 1988, S. 6). Die amerikanische Maßnahme führte zu einer ernsthaften Finanzkrise in Panama. Die Regierung sah sich nicht in der Lage, ihren 150 000

Angestellten die vollen Gehälter zu zahlen. Es kam zu Streiks der öffentlichen Angestellten und zu gewalttätigen Auseinandersetzungen zwischen Demonstranten und Ordnungskräften. Doch «schlußendlich blieb die gewünschte Wirkung aus» (*Neue Zürcher Zeitung*, 9.3.1988, S. 4). Die US-Wirtschaftssanktionen bewirkten im Gegenteil mindestens teilweise eine Solidarisierung der panamaischen Bevölkerung und vieler lateinamerikanischer Staaten mit Noriega. Das Strategem erwies sich als Bumerang.

Noriega konnten die Amerikaner nicht durch List, sondern letzten Endes nur mit Hilfe von Maschinengewehren und anderen Mitteln der Gewalt stürzen. Das Regime in Kuba vermochten selbst jahrzehntelange amerikanische Wirtschaftsblockaden nicht auszuhebeln. Andererseits zwangen die USA während der Reagan-Ära die Sowjetunion in ein Wettrüsten, das sie wirtschaftlich nicht zu verkraften vermochte. Um Moskaus Deviseneinnahmen aus Erdölverkäufen und damit auch die Kaufkraft für dringend benötigte High-Tech-Ausrüstungen zu schmälern, wurden die Saudis überredet, Rohöl zu Niedrigpreisen auf den Weltmarkt zu werfen. Die USA untergruben gezielt die Kreditwürdigkeit der Sowjetunion auf internationalen Finanzmärkten und strebten ein weltweites Embargo an. Nicht alles gelang den USA, aber der Niedergang der Sowjetunion wurde durch die Anwendungen des Strategems Nr. 19 immerhin beschleunigt.

In den 90er Jahren des 20. Jahrhunderts weigerten sich die USA, ihre vertraglichen Verpflichtungen zu erfüllen und die von den zuständigen Gremien der Vereinten Nationen festgesetzten UNO-Beiträge zu zahlen. Die amerikanischen Beitragsrückstände von rund 1,7 Milliarden Dollar brachten die UNO an den Rand des Bankrotts, machten doch die Schulden der USA rund zwei Drittel der gesamten UNO-Außenstände (*Der Spiegel*, Hamburg Nr. 36, 1999, S. 163) und mehr als 130 Prozent des ordentlichen UN-Haushalts für 1997 aus (Helmut Volger: «UN-Reform im Alleingang? Das konfliktreiche Verhältnis zwischen USA und UN», in: *Internationale Politik*, Bonn Nr. 12, 1997, S. 41). Indem die USA der UNO die finanzielle Basis entzogen, was dem Strategem Nr. 19 entspricht, beschränkten sie «die Handlungsfähigkeit der UNO in einem schwerwiegenden Maß» (Helmut Volger, a. a. O., S. 44). Dies entsprach dem Kalkül der USA, die in der UNO eine Organisation sehen, «die häufig gegen die zentralen Interessen der USA handle», und «soziale und wirtschaftliche Reformprogramme» durchführt, «auf deren Gestaltung die USA aufgrund der Mehrheitsverhältnisse in der UNO nur wenig Einfluß haben» (Helmut Volger, a. a. O., S. 42, s. auch 35.18).

## 19.26 Der Euro als Vehikel zur Unterhöhlung von Deutschlands Einfluß?

«Eine einheitliche europäische Währung, die 1999 eingeführt werden soll, war eines der Ziele, die man im Maastrichter Vertrag anstrebte. Sie sollte eine starke Konkurrenz gegenüber dem US-Dollar und dem japanischen Yen sein und die EU-Exporte ankurbeln.» Diese zweifellos aus Stellungnahmen der EU entlehnte Version der Gründe für die Einführung der europäischen Einheitswährung «Euro» übernimmt ohne jeden Kommentar die in Peking erscheinende deutschsprachige Wochenzeitschrift *Beijing Rundschau* (20.8.1996).

Will man aber erfahren, was Chinesen hinter der Fassade offizieller europäischer Deklarationen zu sehen glauben, muß man die chinesischsprachige Presse studieren. Dort findet man Feststellungen wie diese: «Frankreich fürchtet, daß sich das wiedervereinigte Deutschland zu einer keinen Schranken mehr unterliegenden wirtschaftlichen Supermacht entwickeln und die deutsche Mark die Herrschaftsmacht über das Schicksal der Wirtschaft Europas erringen werden. Darum möchte Frankreich durch die Einführung einer europäischen Einheitswährung der D-Mark das Genick brechen.»

Diese Analyse entstammt dem Artikel «Die französisch-deutsche Achse lockert sich, die ‹englisch-französische Allianz› festigt sich» (*Kulturtreff-Zeitung*, Shanghai 25.12.1995). Der Verfasser Zhou Guodong, stellvertretender Leiter des Fachbereichs Europa des Shanghaier Instituts für internationale Fragen, interpretiert Frankreichs Deutschlandpolitik offensichtlich unter dem Gesichtspunkt von Stratagem Nr. 19: Frankreich will einer möglichen künftigen Vormachtstellung Deutschlands die Grundlage entziehen – durch Abschaffung der D-Mark. Der Euro wäre demnach kein Zweck an sich, sondern nur ein strategemisches Mittel zum eigentlichen Zweck: der dauerhaften Schwächung des als bedrohlich empfundenen nördlichen Nachbarn. In diese Richtung deutet auch die Analyse von Jiang Jianguo: «Daß sich Frankreich Ende der 80er Jahre aktiv für eine europäische Währungsunion einsetzte, entsprang dem grundlegenden Ziel, damit die führende Stellung der deutschen Mark in Europa zu eliminieren und den deutschen Einfluß auf Europa zu verringern» (*Volkszeitung* Peking 8.5.1998, S.7).

Ähnliche Deutungen wurden auch in Europa veröffentlicht: «Die Währungsunion wird, so sie kommt, die wirtschaftliche und geldpolitische Dominanz [und damit auch das grundsätzlich jederzeit aktualisierbare politische Gewicht] Deutschlands in Europa brechen. Geldpolitik wird dannzumal gemeinsam ausgeübt. Das ist ein altes und seit Jahren zäh verfolgtes Anliegen Frankreichs. Gleichzeitig wird Paris seinen außen-, sicherheits- und verteidigungspolitischen Führungsanspruch nicht aufgeben müssen. Der Vertrag über die politische Union stellt nämlich kaum mehr als ein Bündel von Absichtserklärungen dar» (*Neue Zürcher Zeitung*, 8./9.5.1993, S. 33). «Der Franzose [Mitterrand] sah [in der Abschaffung der D-Mark] das einzige probate Mittel, die [...] 80 Millionen Deutschen unter Kontrolle zu bringen» (*Der Spiegel*, Hamburg Nr. 18, 1998, S. 109). «Der gegenwärtige Prozeß zur Schaffung der Europäischen Währungsunion ist als ein Versuch zu verstehen, das Übergewicht der Deutschen Mark und der Deutschen Bundesbank zu neutralisieren» (Werner Link: «Gleichgewicht und Hegemonie», in: *Frankfurter Allgemeine Zeitung*, 19.9.1997, S. 13). «Dieser deutschen Dominanz soll nun durch die Schaffung des Euro ein Riegel vorgeschoben werden» («Demontage eines deutschen Erfolgsmodells», in: *Neue Zürcher Zeitung*, 20./21.6.1998, S. 21). Beim Euro geht es darum, «die vermeintliche Vorherrschaft der Deutschen in der EU zu vermeiden. ‹Maastricht›, triumphierte 1992 der Figaro, ‹das ist Versailler Vertrag ohne Krieg›» (*Der Spiegel*, Hamburg Nr. 17/1998, S. 141). «Die ganze Euro-Kiste ist verkehrt gebaut, weil sie nicht in erster Linie die Zukunft Europas ansteuert, sondern auch darauf aus ist, Deutschland zu schwächen» (Rudolf Augstein, in: *Spiegel Special*, Hamburg Nr. 2/1998, S. 18).

Aus chinesischer Sicht ist es aber nicht so sicher, daß der Euro als Vehikel des Stratagems Nr. 19, wie von Frankreich erhofft, Deutschland tatsächlich das Wasser abgraben werde. Denn «Deutschlands Standpunkt gegenüber der Einführung der Einheitswährung ist unnachgiebig. Es besteht darauf, daß nur eine hinsichtlich Wert und Stabilität mit der D-Mark ebenbürtige Einheitswährung die D-Mark ersetzen dürfe.»

Laut Zhou Guodong hat Deutschland Frankreichs Stratagem durchschaut und versucht es zu durchkreuzen. Die neue Einheitswährung soll die gleichen Qualitäten wie die D-Mark haben. Die D-Mark soll zum Maßstab des Euro werden. Auf diese Weise, so wohl die Überlegung Zhou Guodongs, bleibt Deutschlands Machtstellung letztendlich unangetastet, denn Deutschland erscheint als der oberste Wächter und Garant der neuen Währung. Frankreichs Anwendung des Kraftentziehungs-Stratagems wird sich als ein Schlag ins Leere erweisen, ja von Deutschland in die Kräftigung der eigenen Stellung umgemünzt werden.

Auch diese These läßt sich in westlichen Presseorganen wiederfinden: «Die halbe EU wirft Kohl vor, daß er bei der Währungsunion allen anderen die deutschen Maßstäbe für die Stabilität der Mark aufgezwungen habe. Der Wirtschaftsriese läßt die Muskeln spielen, hieß es» (*Bild*, Hamburg 8. 1. 1992, S. 4). «Für das Anlegermagazin La Vie Française wollen die ‹arroganten› Deutschen über die Währungsunion nachholen, ‹was sie in drei bewaffneten Konflikten mit Frankreich in 125 Jahren nicht geschafft haben›. Jaques Attali, Exberater des früheren Staatspräsidenten François Mitterrand, schrieb, die Deutschen träumten nur von einem: die ‹Eurodeutschmark› zu schaffen, mit der sie ‹den Westen wirtschaftlich und den Osten politisch beherrschen›» (*Die Zeit*, Hamburg, 18. 10. 1996, S. 41). «Skeptiker und Kritiker sehen in der Europäischen Währungsunion ein deutsches Hegemonialinstrument, um Europa zu germanisieren, und zwar diesmal nicht mit Waffengewalt, sondern mit Hilfe der deutschen Wirtschaftsmacht, mit der deutschen Mark in der Euroverkleidung» (Carlo Marsala: «Italien und die europäische Währungsunion», in: *KAS-AI*, Bonn 12/1997, S. 16).

Wird Deutschland wirklich willens und imstande sein, dauerhaft zu gewährleisten, daß der Euro dieselben Qualitäten aufweist wie die untergegangene D-Mark und daß die Europäische Zentralbank dauerhaft «Maß an der Deutschen Bundesbank nehmen wird» (*Tages-Anzeiger*, Zürich 5. 5. 1998, S. 5)? Oder handelt es sich lediglich um einen frommen Wunsch oder um ein billiges Versprechen der deutschen Regierung im Sinne des Strategems Nr. 17, damit das deutsche Wahlvolk zum Euro ja und amen sage? Wie beschränkt der deutsche Einfluß in Europa manchmal sein kann, zeigte sich im Mai 1993: Gegen die Stimmen der deutschen Abgeordneten beschloß die Parlamentarische Versammlung des Europarates, daß Deutsch nicht die dritte Amtssprache in Europa sein soll. Begründung: Die Umstellung auf Deutsch würde jährlich 21,5 Millionen Mark kosten (für Broschüren, Protokolle, Briefbögen, Dolmetscher). Diese offizielle Begründung dürfte indes nur eine strategemische Verhüllung der wahren Gründe für die Ablehnung sein: das geringe Prestige der Deutschen in Europa. Ein holländischer Abgeordneter beschimpfte sie denn auch: «Wenn eine neue Amtssprache eingeführt wird, muß dazu auch eine Kultur gehören» (*Bild*, Hamburg 14. 5. 1993). Dieses Beispiel scheint auf ein geringes deutsches Standvermögen in Europa hinzudeuten.

So wachsen die «Zweifel an der Stärke des Euro» beziehungsweise die «Befürchtung, daß der Euro eine grundsätzlich schwache Währung sein werde», die das von Frankreich neben der Eliminierung der deutschen Mark offenbar auch angepeilte Ziel, dem US-Dollar das Wasser abzugraben, verfehlen könnte. Denn indem «nur wenig Rücksicht auf wirtschaftliche Aspekte und auf Konvergenzkriterien» genommen werde, «wird auf politischer Ebene keine Maßnahme unversucht bleiben, die [Währungs-]Union durchzusetzen». «Das Interesse an einer strikten Auslegung der Konvergenzanforderungen nimmt augenscheinlich immer mehr ab, je näher der Zeitpunkt der Entscheidung über die Zulassung der Währungsunion rückt.» – «Versprechen einer strikten Auslegung der Kriterien werden zunehmend als reine Rhetorik angesehen [‹Rhetorik› ist ein im Deutschen oft verwendeter vornehm klingender Terminus für einen listigen Umgang mit dem gesprochenen und geschriebenen Wort].» Es wird «immer mehr erkannt, wie groß der [strategemisch ausmünzbare] Interpretationsspielraum beim politischen Entscheid über die Teilnahme einzelner Länder an der Währungsunion ist [...] Darüber hinaus zeichnet sich ab, daß ‹kreative Buchführung› [das Strategem Nr. 29 läßt grüßen, s. 29.16] und andere Tricks eine wichtige Rolle spielen dürften» (*Neue Zürcher Zeitung*, 16.9.1996, S.9). «Mit Italien und Belgien sind [...] aus politischen Erwägungen [...] auch Länder für den Euro-Klub qualifiziert worden, deren nachhaltige Konvergenz nicht über alle Zweifel erhaben ist» («Der Euro – ein kühner Integrationsschritt», in: *Neue Zürcher Zeitung*, 30.6.1998, S. B 1).

Da stellt sich im Hinblick auf die chinesische Analyse über die angebliche französische List und deutsche Gegenlist in bezug auf den Euro doch wohl die Frage: Hat der chinesische Betrachter nicht eine zu hohe Meinung von der Listigkeit des deutschen Michels im besonderen und der einst von einem Stier übertölpelten Europa (s. 35.11) im allgemeinen? Wird sich vielleicht die Währungsunion am Ende gar als ein klassischer Schildbürgerstreich entpuppen (was natürlich niemand wünschen kann)? Denn «wenn der deutsche Michel erst einmal den Eindruck gewinnt, daß er hereingelegt worden ist, wird sich sein Zorn gegen die europäische Integration als Ganzes wenden» (Roland Vaubel, Professor für Volkswirtschaftslehre an der Universität Mannheim und Mitglied des Wissenschaftlichen Beirats beim Bundeswirtschaftsministerium, in: *Die Zeit*, Hamburg 27.6.1997, S.26).

## 19.27 Durch Beschneidung außer Gefecht

Dina, die Tochter Jakobs und Leas, ging einmal aus dem Zeltlager, um kanaanitische Frauen zu besuchen. Sichem, der Sohn des Hewiters Hemor, des führenden Mannes der Gegend, sah sie, fiel über sie her und vergewaltigte sie. Er hatte aber eine echte Zuneigung zu Dina gefaßt; deshalb suchte er ihr Herz zu gewinnen. Zu seinem Vater Hemor sagte er: «Wirb für mich um dieses Mädchen!»

Jakob hörte, daß seine Tochter Dina geschändet worden war; aber weil seine Söhne gerade draußen bei den Herden waren, unternahm er nichts und wartete erst ihre Rückkehr ab. [...] Sichems Vater kam zu Jakob, um mit ihm über die Sache zu reden.

Als die Söhne Jakobs heimkamen und davon erfuhren, wurden sie aufgebracht und sehr zornig, weil Sichem etwas getan hatte, das in Israel unerhört ist. Hemor aber redete ihnen zu und sagte: «Mein Sohn Sichem liebt das Mädchen; gebt sie ihm doch zur Frau! Warum sollen wir uns nicht miteinander verschwägern? Verbinden wir uns doch durch gegenseitige Heirat! Unser Gebiet steht euch zur Verfügung. Werdet hier bei uns ansässig und tauscht eure Erzeugnisse gegen die unseren ein. Wenn ihr wollt, könnt ihr auch Grund und Boden erwerben.» Sichem sagte zu Dinas Vater und ihren Brüdern: «Schlagt meine Bitte nicht ab! Ich will euch alles geben, was ihr verlangt. Ihr könnt den Brautpreis und die Geschenke für die Braut so hoch ansetzen, wie ihr sie von mir fordert; nur gebt mir das Mädchen zur Frau.»

Die Söhne Jakobs gaben Sichem und Hemor eine «hinterlistige» (siehe: Deutsche Bibelgesellschaft [Hg.]: *Die Bibel in heutigem Deutsch, Das Alte Testament*, 2. Aufl. Stuttgart 1982, S. 32 f.) Antwort, weil Sichem ihre Schwester Dina geschändet hatte: Sie sagten: «Wir können unsere Schwester nicht einem unbeschnittenen Mann geben; das gilt unter uns als Schande. Wir werden auf eure Anfrage nur eingehen, wenn ihr uns gleich werdet und alle männlichen Bewohner eurer Stadt sich beschneiden lassen. Dann können wir uns mit euch verschwägern und ein einziges Volk bilden. Wenn ihr darauf nicht eingeht, nehmen wir das Mädchen und ziehen weg.»

Hemor und Sichem waren mit dem Vorschlag einverstanden. Der junge Mann zögerte keinen Augenblick, denn er liebte das Mädchen, und alle in seiner Familie hörten auf ihn. Hemor und Sichem gingen zum Tor der Stadt und trugen die Sache den Männern ihrer Stadt vor. Sie sagten: «Diese Leute denken friedlich; lassen wir sie doch bei uns wohnen und ihren Geschäften nachgehen. Es ist Platz genug für sie im

Land. Wir wollen uns ihre Töchter zu Frauen nehmen und ihnen unsere Töchter geben. Aber sie stellen eine Bedingung: Sie wollen sich nur mit uns verbinden, wenn alles, was unter uns männlich ist, beschnitten ist. Wir wollen ihnen diese Bedingung erfüllen, dann werden sie unter uns wohnen, und ihre Herden und ihr ganzer Besitz wird uns gehören!»

Die Männer der Stadt ließen sich von Hemor und Sichem überreden, und alles, was männlich war, wurde beschnitten. Am dritten Tag aber, als es sie schmerzte, nahmen Dinas Brüder Simeon und Levi ihre Schwerter, drangen ungefährdet in die Stadt ein und töteten alles, was männlich war. Sie töteten auch Hemor und Sichem, holten ihre Schwester aus Sichems Haus und nahmen sie mit. Die anderen Söhne Jakobs raubten die Erschlagenen aus und plünderten die Stadt. So rächten sie sich dafür, daß Sichem ihre Schwester geschändet hatte. Sie nahmen die Schafe und Ziegen, Rinder, Esel und was sonst noch an Tieren in der Stadt und auf den Feldern war, und raubten alles, was sie in den Häusern fanden. Auch die Frauen und Kinder schleppten sie als Beute weg.

Jakob aber sprach zu Simeon und Levi: «Ihr bringt mir Unglück! Die Bewohner des Landes werden mich jetzt hassen. Ich habe nur wenige Leute. Wenn sich alle, die Kanaaniter und die Pherisiter, gegen mich zusammentun, habe ich keine Chance, und kein einziger meiner Familie wird mit dem Leben davonkommen.» Aber die beiden erwiderten: «Soll er unsere Schwester wie eine Hure behandeln können?» (1. Mose 34)

19.28   Angriff beim dritten Trommelwirbel

«In der Frühlings- und Herbstzeit [770–476]», so Mao Zedong in seiner Schrift «Strategische Probleme des revolutionären Krieges in China» vom Dezember 1936, «brach zwischen den Staaten Lu und Qi ein Krieg aus. Der Herzog Zhuang von Lu wollte angreifen, ehe die Truppen von Qi ermattet waren, doch Cao Gui hielt ihn zurück. Herzog Zhuang wandte daraufhin die Taktik ‹Wenn der Feind ermattet ist, schlagen wir zu› an und besiegte die Qi-Armee. In der Kriegsgeschichte Chinas ist dieser Vorfall zu einem klassischen Beispiel für den Sieg einer schwächeren Armee über eine stärkere geworden.» Und nun zitiert Mao in voller Länge den Bericht des Historikers Zuo Qiuming (6./5. Jh. v.Chr.): «Im Frühjahr [des Jahres 684 v. Chr.] überfiel uns die Armee von Qi. Der Herzog rüstete sich zum Kampf. Cao Gui bat um eine Audienz. Seine Nachbarn sagten: ‹Das ist Sache der Würdenträger. Warum mischst du dich ein?› Cao Gui erwiderte: ‹Die Würdenträger sind kurzsichtig, weitreichende Pläne können sie nicht schmieden.› So trat er vor den Herzog. Und er fragte: ‹Worauf werdet Ihr Euch im Krieg stützen?› Der Herzog antwortete: ‹An Gewändern und Speisen mich allein zu ergötzen wage ich nie; ich teile sie stets mit anderen.› Hierauf Cao Gui: ‹Die kleinen Wohltaten können nicht alle erreichen, das Volk wird Euch nicht folgen.› Der Herzog sagte: ‹Nie opfere ich den Göttern weniger heilige Tiere, Jade und Seide als ihnen gebührt, ich bleibe stets ehrlich.› Cao Gui versetzte: ‹Durch kleine Ehrlichkeiten erwirbt man kein Vertrauen. Die Götter werden Euch nicht segnen.› Da sagte der Herzog: ‹In kleinen und großen Streitfällen habe ich, auch wenn ich die Einzelheiten nicht prüfen konnte, stets tatsachengemäß geurteilt.› Und Cao erwiderte: ‹Ihr seid also pflichttreu. Ihr könnt in die Schlacht ziehen. Tut Ihr das, laßt mich Euch folgen.› Der Herzog nahm ihn in seinem Streitwagen mit. Und es kam zur Schlacht bei Zhangshao. Der Herzog wollte die Trommel zum Angriff rühren lassen, doch Cao Gui sagte: ‹Noch nicht!› Nachdem die Männer von Qi dreimal zum Angriff getrommelt hatten, sagte Cao: ‹Nun laßt die Trommel rühren!› Das Qi-Heer wurde in die Flucht geschlagen. [...] Nach dem Sieg fragte der Herzog Cao Gui, warum er solch einen Ratschlag erteilt habe. Cao Gui erwiderte: ‹Im Krieg kommt es auf den Mut an: Beim ersten Trommelschlag wird er geweckt, beim zweiten sinkt er, beim dritten schwindet er dahin. Der Mut des Feindes war geschwunden, wir aber waren voller Mut, und darum siegten wir. [...]›»

Der Kommentar Maos: «Das war ein Fall, wo ein schwacher Staat einem starken widerstand. In diesem Bericht wird auf die politische Vorbereitung vor dem Krieg hingewiesen – man gewinnt das Vertrauen des Volkes. Dann wird von dem Schlachtfeld erzählt, das für einen Übergang zum Gegenangriff günstig war – Zhangshao. Hierauf wird der günstige Zeitpunkt für den Beginn des Gegenangriffs beschrieben – der Zeitpunkt, da der Mut des Feindes geschwunden ist, wir aber voller Mut sind. [...] Die Kriegsgeschichte Chinas kennt sehr viele Beispiele dafür, daß durch Anwendung solcher Prinzipien der Sieg errungen wurde. In allen diesen berühmten großen Schlachten waren die Kräfte der beiden kämpfenden Parteien ungleich, und die schwächere Seite trug, indem sie zuerst auswich, um dann nach dem ersten feindlichen Schlag die Initiative zu ergreifen, schließlich den Sieg davon.»

Zu jener Zeit signalisierte eine Armee ihr Vorrücken in eine Schlacht durch einen Trommelwirbel. Als die Männer von Qi die ersten beiden Male zum Angriff getrommelt hatten und gegen die Armee von Lu vorrückten, wich diese dem Kampf aus und ließ so die Angriffswucht des Feindes zweimal verpuffen. Die Folge war, daß die Kampfmoral der Qi-Soldaten, als sie zum drittenmal zum Angriff getrommelt wurden, einen Tiefstand erreicht hatte. Cao Gui hatte durch sein Zuwarten dem Feind gewissermaßen das Brennholz unter dem Kessel weggezogen und ihn in einen Zustand versetzt, der im *Wei Liao Zi (Meister Wei Liao)*, dem letzten großen Militärtraktat aus dem vorkaiserlichen China, angeblich verfaßt von Wei Liao (4. Jh. v. Chr.), wie folgt umschrieben wird: «Die Truppe, deren Kampfgeist angeschlagen ist, wird eine Niederlage erleiden.» Der Kampfgeist einer Truppe ist natürlicherweise Schwankungen unterworfen. So wie kein Bogen ständig gespannt bleiben kann, kann auch keine Truppe unentwegt auf Trab gehalten und ununterbrochenem Streß ausgesetzt werden. Bereits im ältesten Militärtraktat Chinas und der Welt, in *Meister Suns Kriegskunst* (6./5. Jh. v. Chr.), heißt es: «Einer ganzen Armee kann man den Kampfgeist rauben und ihrem Befehlshaber die Zuversicht nehmen [...] Anfangs ist die Kampfmoral der Soldaten sehr hoch, nach einiger Zeit nimmt sie allmählich ab und schwindet zum Schluß dahin. Deshalb soll ein kluger Kommandeur dem Gegner ausweichen, wenn dieser voller Elan ist, und ihn schlagen, wenn er ermattet ist. Das ist die Methode, die Kampfmoral der Armee richtig zu nutzen.»

Chinesische Kommentatoren von *Meister Suns Kriegskunst* verweisen hier auf Cao Guis Sieg über die Qi-Armee. Nicht waffentechnische oder numerische Überlegenheit, sondern das Stratagem Nr. 19 war sein Schlüssel zum Erfolg. Cao Guis Erfolgsgeschichte findet sich als ein Paradebeispiel für das Stratagem Nr. 19 in zahlreichen chinesischen Fibeln über die 36 Stratageme und darüber hinaus in chinesischen Schulbüchern. Als ich im August 1997 als Mitglied einer Menschenrechtsdelegation des Schweizer Außenministeriums Lhasa besuchte, entdeckte ich sie unter dem Titel «Cao Gui erörtert die Kriegsführung» im 6. Band des im Autonomen Gebiet Tibet benutzten Lehrbuchs der chinesischen Sprache für die Untere Mittelschule.

Lenin soll gesagt haben, daß derjenige, der ein Volk vernichten wolle, erst dessen Moral zerstören müsse. Vor Lenin lehrte der von diesem aufmerksam und mit Zustimmung gelesene preußische Offizier Carl von Clausewitz (1780–1831), Krieg sei ein Konflikt widerstreitender Willen: «Die Widerstandskraft drückt sich durch ein Produkt aus, dessen Faktoren sich nicht trennen lassen, nämlich: die Größe der vorhandenen Mittel und die Stärke der Willenskraft.» Nicht nur physische Stärke oder gewisse Fertigkeiten, sondern auch die Moral steht also im Zentrum des Krieges. «Was nützen in einem Kriege Panzer, Flugzeuge und eine Übermacht an Menschen, wenn die Truppe der Kampfmoral ermangelt? Ein einziges Wort genügt als Antwort: nichts! Ohne Treibstoff fährt kein Panzer, steigt kein Flugzeug in die Luft, und ohne Kampfmoral wird jede Truppe versagen» (aus dem Geleitwort zu einer dem Thema «Kampfmoral» gewidmeten Ausgabe von: *Der Schweizer Soldat/Wehrzeitung*, Zürich, 15.11.1967, S. 89).

Zum Sieg kann also nicht nur die Vernichtung der feindlichen Truppen, sondern auch das Brechen des feindlichen Mutes führen. Die erfolgreiche Umsetzung des Strategems Nr. 19 im Krieg durch Zerstörung der feindlichen Moral ist aber nicht immer einfach. So sollten die vom britischen Kriegskabinett am 14.2.1942 beschlossenen Flächenbombardierungen (area bombings) hauptsächlich darauf abzielen, die Moral der deutschen Zivilbevölkerung zu brechen. Dieses Ziel wurde aber nicht erreicht, im Gegenteil. Der Luftterror arbeitete der deutschen Führung insofern in die Hände, als sie ihren Krieg gegen die Alliierten dadurch als gerechtfertigt darstellen konnte.

Die moderne Kriegsführung beruht neben dem maschinellen und anderen Material und der Energieversorgung vor allem auch auf der Informationswaffe, schreibt Shen Weiguang in einem Beitrag über den «Informationskrieg» (*Volkszeitung*, Peking 23.6.1996, S.4). Im Informationskrieg bleibt die Anwendung des Strategems Nr. 19 nicht auf Angriffe über Datennetze, digitale Subversion, medial gesteuerte Desinformation «bis hin zu Trojanischen Pferden» («Nicht erklärte Kriege: Geheimdienste und Militärs haben Computer und Datennetze im Visier», in: *Die Zeit*, Hamburg 10.11.1998, S.50) beschränkt. Die Informationswaffe spielt vielmehr auch bei der Beeinflussung des Willens und der Entschlossenheit zum Kampf auf der eigenen wie auf der feindlichen Seite eine Rolle. Der moderne Krieg stützt sich in verstärktem Maße auf die Geisteskraft und andere nichtkörperliche Ressourcen. Der Wille und die Entschlossenheit des kämpfenden Personals werden zu den wichtigsten Kriegsressourcen überhaupt. Heutzutage, da Massenvernichtungswaffen entwickelt worden sind, steht die Demoralisierung und Willenszersetzung des Feindes mehr denn je im Vordergrund. Angesichts der verglichen mit früheren Zeiten ungleich höheren Risiken eines militärischen Sieges auch für die eigene Seite

ist es angezeigt, den heißen Krieg zu vermeiden und von der alten Devise «Sich selbst erhalten, den Feind vernichten» überzugehen zur neuen Devise «Sich selbst erhalten, den Feind verwandeln».
Wenn es gelingt, die Willenskraft des Feindes in Nichts aufzulösen, dann werden alle von ihm bereitgestellten noch so schrecklichen Waffen nutzlos. Denn ihm wird der Wille abhanden gekommen sein, sie einzusetzen. So verwirklicht die moderne, die Waffe der Information nutzende psychologische und propagandistische Kriegsführung optimalerweise das bereits von Meister Sun (6./5. Jh. v. Chr.) auf das höchste Podest der Kriegskunst gehobene Postulat «Den Krieg ohne Waffeneinsatz gewinnen». Diese strategemische Dimension in der chinesischen Wahrnehmung des «Informationskrieges» übersieht M. Ehsan Ahrari in seinem technologiezentrierten Artikel «Chinese prove to be attentive students of information warfare» (in: *Jane's Intelligence Review*, Coulsdon, Surrey, U. K., Vol. 9 No. 10, Oktober 1997).

19.29   Rassen- statt Schuldfrage

Im Oktober 1995 ging der «Jahrhundertprozeß» gegen den schwarzen Football-Spieler O. J. Simpson nach einjähriger Dauer zu Ende. Die Staatsanwaltschaft hatte gegen Simpson, der des Mordes an seiner geschiedenen Frau Nicole Brown und deren Freund Ron Goldman angeklagt worden war, eine erdrückende Beweislast zusammengetragen. Das Urteil aber, auf das die zwölf schwarzen Geschworenen sich nach nur vierstündiger Beratung einigten, lautete auf Freispruch. Simpsons Anwälte hatten die Hautfarbe des Angeklagten zum entscheidenden Kriterium gemacht. Dabei konzentrierten sie sich auf den wichtigen Belastungszeugen Mark Fuhrmann. Dieser Polizeibeamte hatte behauptet, er habe in der Tatnacht einen blutigen Handschuh in Simpsons Garten gefunden. Andererseits hatte er im Zeugenstand beteuert, Schwarze nie als «Neger» beschimpft zu haben. Die von Simpsons Verteidigern präsentierte Tonbandaufnahme eines Interviews bewies nun aber, daß er das Schimpfwort während des Gesprächs 46mal benutzt hatte. Simpsons Anwälte bauten ihre Verteidigung auf Fuhrmanns mangelhafter Glaubwürdigkeit auf. Sie stellten den Beamten als Rassisten dar, der Simpson habe belasten wollen und Beweismittel manipuliert habe.
Auf den Prozeßausgang angesprochen, meinte der amerikanische Schwarzenführer Louis Farrakhan: «Die Weißen waren entsetzt, die

Schwarzen jubelten [...] Die Schwarzen waren glücklich darüber, daß diesmal das Justizsystem überlistet wurde, das jahrhundertelang gegen sie gewirkt hatte» (*Der Spiegel*, Hamburg 42/1995, S. 183). Bemerkenswert ist, daß Farrakhan das Wort «List» gebraucht. Mit welcher List das amerikanische Justizsystem ausgetrickst wurde, sagt er allerdings nicht. Hier hilft der chinesische Katalog der 36 Strategeme. Die anhand eines Nebenaspekts erfolgte Zertrümmerung der Glaubwürdigkeit des Hauptzeugen Fuhrmann entzog seiner zentralen Aussage in dem Prozeß die Grundlage – eine gekonnte Anwendung des Strategems Nr. 19!


19.30   Der Feigheit die Plattform entzogen

Zu Beginn der Östlichen Han-Zeit (25–220) verübten feindliche Truppen des Nachts einen Überraschungsangriff auf die Kaserne des Großmarschalls Wu Han (gest. 44). Die gesamte Truppe geriet in Verwirrung, doch Wu Han blieb in aller Seelenruhe auf seiner Lagerstätte liegen. Als die Soldaten vernahmen, daß sich ihr Befehlshaber in keiner Weise habe aus der Fassung bringen lassen, verschwand ihr Gefühl der Panik, und sie beruhigten sich sehr rasch. Nun war für Wu Han der Augenblick gekommen, blitzschnell in Aktion zu treten. Er befahl einer Elitetruppe einen nächtlichen Gegenangriff. Sehr schnell konnten die Feinde in die Flucht geschlagen werden. Wu Han sei nicht direkt, zum Beispiel durch die Androhung drakonischer Strafen, gegen die entmutigten Soldaten vorgegangen, sondern habe den Brandherd ihrer Angst gelöscht, heißt es zu diesem Beispiel sinngemäß im ältesten Traktat über die 36 Strategeme.

In ähnlicher Weise beeinflußte die byzantinische Kaiserin Theodora (Konstantinopel, um 497–548), Frau und Mitregentin von Kaiser Justinian I., des Großen (482–565), ihren Gatten in einer äußerst kritischen Situation. Sogenannte Grüne, die sich mit den Angehörigen der sogenannten Blauen gegen Justinian verbündet hatten, erhoben sich gegen den Kaiser. Vereint forderten sie die Absetzung des höchsten Beamten. Um ihrer Forderung Nachdruck zu verleihen, zündeten sie eine Kirche an, die neben dem Herrscherpalast lag, und sie drohten, einen Gegenherrscher auszurufen. Als der Kaiser gegen die Aufständischen, die immer mehr öffentliche Gebäude in Brand steckten, Truppen einsetzte, wurden diese zurückgedrängt. Die Lage spitzte sich gefährlich zu, und die Generäle rieten ihm zur Flucht.

Er wollte ihrem Rat folgen. Doch da meldete sich seine Frau zu Wort: «Ich hoffe, daß man in diesem Augenblick nicht zu behaupten wagt, einer Frau gebühre unter Männern keine Stelle, und es sei nicht in der Ordnung, wenn sie Ängstlichen Kühnheit empfiehlt [...]. Ich bin der Meinung, daß Flucht jederzeit und so auch jetzt verwerflich ist [...]. Für einen Herrscher ist es unerträglich, in der Welt als Flüchtling umherzuirren [...]. Ich bleibe.» Die Standhaftigkeit seiner Frau erschütterte die Verzagtheit des Kaisers in ihren Grundfesten. Da blieb auch er, und mit Hilfe seiner Generäle und der Armee gelang es ihm, den Aufstand niederzuschlagen. So hat Theodora durch ihren Mut und durch ihre Standhaftigkeit ihm und sich den Thron gerettet (nach: *Zeitmagazin*, Hamburg 14. 5. 1998, S. 35).

Im Lichte dieser beiden Beispiele erscheint die These «Kampfmoral ist unbefehlbar» (vertreten z. B. in: *Schweizer Soldat/Wehrzeitung*, Zürich 15. 11. 1967, S. 97) als unvollständig und sollte wie folgt umformuliert werden: «Kampfmoral ist zwar unbefehlbar, wohl aber beeinflußbar, ja mitunter sogar steuerbar.»

19.31 Frieden durch Liebesentzug

Der Peloponnesische Krieg (431–404) Athens gegen Sparta geht schon ins zwanzigste Jahr. Mit Vernunft sind die Männer nicht zum Frieden zu bewegen. Da läßt Aristophanes Lysistrate, eine streitbare Athenerin, in seiner 411 v. Chr. in Athen uraufgeführten, nach ihr benannten Komödie «ihre List entwickeln» (Alfred Schlienger: «Der Trieb zum Frieden: Lysistrate als Freilichtmaskenspiel in Augst», in: *Neue Zürcher Zeitung*, 10. 6. 1996, S. 21).

Lysistrate ruft vor der Akropolis die Frauen Athens zusammen, um ihnen ihren Plan zu unterbreiten. Auch Lampito, eine Abgesandte aus Sparta, ist erschienen. Durch einen Liebesstreik aller Frauen soll der Frieden erzwungen werden. Nicht damit einverstanden erklären wollen sich zunächst die beiden Athenerinnen Kalonike und Myrrhine, schließlich fügen sie sich aber doch. Die Frauen schwören einen feierlichen Eid und bekräftigen ihn durch einen gemeinsamen Umtrunk. Lampito kehrt nach Sparta zurück, um dort den Frauenstreik zu organisieren; gleichzeitig besetzen die Athenerinnen die Akropolis. Einen Ansturm von alten Männern, die die Burg in Brand stecken wollen, wehren sie tapfer ab, indem sie von oben herab Wasser auf sie gießen. Nun erscheint ein Ratsherr, dem Lysistrate die Gründe für das Verhalten der Frauen erläutert. Es kommt zu neuen Zusammenstößen zwischen dem Chor der alten Männer und jenem der Frauen.

In der weiteren Entwicklung zeigt sich freilich, daß sich die Frauen doch etwas zuviel zugemutet haben. Lysistrate hat alle Mühe, einige der liebestollen Frauen ihres Gefolges, die sich unter allerlei Vorwänden aus der Burg zu ihren Männern schleichen wollen, zurückzuhalten. Es gelingt ihr, indem sie sie auf den Eid verweist. Nun kommt es zu einer intimen Liebesszene zwischen Myrrhine und ihrem Manne Kinesias, der voller Liebessehnsucht herbeigeeilt ist und nach ihr verlangt. Myrrhine weiß ihn immer wieder hinzuhalten, um ihn schließlich doch unbefriedigt sitzenzulassen. Hier erreicht das tolle Spiel der Frauen den Höhepunkt. Als dann ein Herold der Spartaner eintrifft, der von ähnlichen Vorgängen und Zuständen in Sparta berichtet, ist der Weg für eine Verständigung frei. Der Frieden wird geschlossen und mit Festmahl und Tanz fröhlich gefeiert. So ist einmal ein Konflikt nicht dank einer Kriegslist, sondern dank einer «Friedenslist» (Wortprägung von Birgit Berg, *Rhein-Zeitung*, Koblenz, 22.12.1977) beigelegt worden.


19.32   Rauschgift gegen Aufsässigkeit

Ni Wucheng stammte aus einer reichen Grundbesitzersippe in einer abgelegenen Gegend der Provinz Hebei. Sein Großvater hatte an der großen Reformbewegung Ende des 19. Jahrhunderts aktiv teilgenommen und 1895 eine Petition progressiver höherer Beamter an den Kaiser unterstützt. Auf selbstfinanzierten Flugblättern prangerte er das damals noch übliche Einbinden der Füße bei den Frauen an – eine zu jener Zeit höchst radikale und gefährliche revolutionäre Tat. Als die sogenannte Hundert-Tage-Reform 1898 scheiterte, erhängte sich der Großvater. Noch andere Unglücksfälle suchten die Familie Ni Wuchengs heim. Im Gegensatz zum Großvater war der Vater ein ganz gewöhnlicher, eher etwas biederer und schwerfälliger Mann, ja ein eigentlicher Schlappschwanz! Ni Wuchengs Mutter, eine hochgewachsene und kräftige Frau von imponierendem Auftreten, entfaltete sich dank ihrer Wesensart zum angesehensten Mitglied der Ni-Sippe. Sie wurde von dem unbestimmten Gefühl geplagt, in ihrem Haus walte ein unheilvolles Schicksal. Daher die unglückseligen Reformbestrebungen des Schwiegervaters und sein Selbstmord, daher die anderen Heimsuchungen.

Ni Wuchengs Vater war dem Opium verfallen, wofür die Mutter viel Verständnis aufbrachte und worin sie ihn sogar unterstützte. Aus ihrer Sicht wirkte das Opium segensreich. Man brauchte nur nachzudenken: Hätte der Schwiegervater Opium geraucht, hätte er dann Reformen fordern, sich an Petitionen beteiligen und für natürlich große Frauenfüße eintreten können? Hätte er dann Selbstmord begehen müssen? Wie friedlich und ruhig und in ihr Schicksal ergeben waren doch Opiumraucher! War denn die Opiumsucht ihres Gatten etwa nicht gerade das Liebenswerte und Zuverlässige an ihm? Manchmal inhalierte sie, um ihm Gesellschaft zu leisten, selbst ein paar Züge, doch hielt sie sich völlig unter Kontrolle, denn sie wollte nicht süchtig werden. Ihr so leicht lenkbarer und gefügiger Gatte wurde indes körperlich immer schwächer, und im siebten Monat ihrer Schwangerschaft starb er, zum Skelett abgemagert, ein elendes Wrack aus Haut und Knochen.

1911, drei Monate vor Ausbruch der Revolution, die das über zweitausendjährige Kaisertum stürzte, kam der nachgeborene Sohn Ni Wucheng zur Welt. Der Kleine gedieh prächtig. Mit fünf kam er in die Privatschule am Ort und mit neun in die Missionsschule. Dort begann er, sich eingehend mit Schriften fortschrittlicher Autoren wie Liang Qichao und Zhang Taiyan zu befassen. Als er einmal, zehnjährig, dazukam, wie der Onkel seiner kleinen Tochter die Füße einband, nahm er gegen diese Unsitte sofort voller Empörung Stellung. Er schrie die Verwandten an, sie seien dumm und barbarisch, dem Bäschen die Füße zu bandagieren. Seine Mutter erschrak ob dieses Vorfalls und erblickte darin einen erneuten Beweis für den bösen Dämon, der die Sippe Ni verfolgte. Seitdem lebte sie in ständiger Angst. Von ihren Dienern und Mägden wurden ihr immer neue besorgniserregende Nachrichten über den Sohn zugetragen. So etwa, daß Ni Wucheng mit den Pachtbauern plauderte und ihnen sagte, der Boden müsse an die Bauern verteilt werden. Es sei parasitär, daß der Gutsbesitzer vom Pachtzins lebe. «Der Junge hat wieder Unsinn geschwatzt.» So begannen jeweils die Zuträger ihre Berichte an die Mutter.

Als der Sohn 14 war und die ganze Familie Ni am letzten Tag des Jahres das Ahnenopfer vollzog, sollte auch er vor den Seelentafeln der Verstorbenen seinen Kotau machen, doch er war plötzlich spurlos verschwunden. Nach langem Suchen fand man ihn im Birnengarten, wo er die Sterne am Himmel betrachtete. Als die Mutter ihn aufforderte, wieder ins Haus zu kommen, schrie er, all dieses abergläubische Getue sei nichts als Betrug an sich selbst und anderen. Er werde früher oder später die Seelentafeln der Ahnen zerschlagen. Die Mutter befürchtete großes Unheil. Schließlich wandte sie sich ratsuchend an ihren Bruder. Der empfahl ihr unter anderem, dem Jungen das Opiumrauchen beizubringen. Als Ni Wuchengs Mutter dies hörte, wäre sie beinahe in Tränen ausgebrochen, mußte sie doch daran denken, wie jämmerlich ihr Mann in seiner letzten Lebenszeit als Opiumraucher dahinvegetiert war. Allerdings: noch furchtbarer war das Ende des Schwiegervaters gewesen. Hinzu kam, daß sie, eine Analphabetin, die ihr Leben lang nicht aus ihrem Dorf herausgekommen war, rein gefühlsmäßig vor dem umstürzlerischen Aufruhr seit der Revolution von 1911 und vor der Gründung der Republik zurückschreckte. Und nun glaubte sie, bei Ni Wucheng die Keime «revolutionärer» Gedanken zu spüren. Wenn jemand am Opiumrauchen starb, dann war das lediglich der Tod eines einzelnen, der Verlust eines Einzellebens. «Revolution» dagegen, das war das Ende all dessen, was von den Ahnen her auf sie gekommen war, das Ende der Ahnenverehrung selbst, das absolute Chaos und ein himmelschreiendes Verbrechen, das durch nichts wiedergutzumachen war.

So kam es, daß der kaum 15jährige Ni Wucheng, als er eines Tages aus der Schule zurückkehrte, seine Mutter auf dem Bett liegen und rauchen sah. Das ganze Zimmer war von einem eigenartigen, berauschenden Duft erfüllt, der in ihm eine Art Gier, eine Art Hungergefühl erweckte. Je länger er diesen Duft einatmete, desto berauschter und verwirrter wurde er. Sein ganzer Körper wurde schlaff und empfindungslos, und er weinte erregt und glücklich und zufrieden. Von nun an rauchte Ni Wucheng, angeleitet von der eigenen Mutter, Opium. Dem tödlichen Laster verfallen, erkrankte er mit 16 Jahren schwer, erholte sich aber wie durch ein Wunder. Er erkannte die Gefahr, in der er schwebte, und er fand die Kraft zur Überwindung seiner Opiumsucht. Diese Kraft und diesen Willen hielt er für hochgradig revolutionär, für etwas absolut Großartiges. Gegen die Mutter hegte er bitteren Groll. Sie beichtete unter herzzerreißendem Schluchzen ihre Schuld. Sie sei es gewesen, die ihn mit dem Opium vergiftet habe. «Aber der Himmel ist mein Zeuge», sagte die Mutter unter Tränen, «ich habe es für die Familie Ni getan, für deine Familie, das mußt du mir glauben.» Nachdem Ni Wucheng genesen war, zerschlug er Opiumpfeife, Pfeifenstopfer und Opiumlampe. Er war der Falle entronnen.

Die hier zusammengefaßte Episode aus seinem Roman *Huodong Ren Bianxing Ji* trug in chinesischer Sprache der stellvertretende Vorsitzende des Chinesischen Schriftstellervereins Wang Meng am 9. 7. 1996 in Wien bei einer Autorenlesung vor. Für das der chinesischen Sprache nicht kundige Publikum las ein österreichischer Schauspieler die deutsche Übersetzung von Ulrich Kautz, erschienen unter dem Titel *Rare Gabe Torheit* (Frauenfeld 1994, Kap. 4). Wang Meng, 1934 in Peking geboren, trat 1948 der Kommunistischen Partei Chinas bei. 1956 veröffentlichte er kritische Erzählungen. Deswegen wurde er 1957 aus der KPCh ausgeschlossen und 1965 verbannt. Nach «Umerziehung», Rehabilitation und Wiederaufnahme in die Partei kehrte er 1979 nach Peking zurück und begann seine Karriere als Schriftsteller und Funktionär. Zeitweise war er Mitglied des Zentralkomitees der KPCh. Unter anderem stieg er 1986 zum Kulturminister auf. Anfang September 1989 trat er «aus gesundheitlichen Gründen» von diesem Amt zurück (s. auch 20.12 und 26.13). Seine zahlreichen Veröffentlichungen wurden in viele Sprachen übersetzt. Ich fragte Wang Meng nach seiner Lesung, ob die Mutter ihrem Sohn gegenüber nicht das Stratagem «Unter dem Kessel das Brennholz wegziehen» eingesetzt habe. Ja, meinte Wang Meng, fügte aber hinzu, ein Stratagem müsse einem guten Zweck dienen, sonst werde es am Ende die erhoffte Wirkung nicht erzielen. So gelang es der Mutter, in dieser Episode Sinnbild eines extremen und verderbten Konservatismus, letztendlich nicht, das revolutionäre Feuer, das in Ni Wucheng loderte, zum Erlöschen zu bringen.

Ähnlich wie Ni Wuchengs Mutter ihrem Sohn soll die US-Regierung den Schwarzen gegenüber das Stratagem Nr. 19 eingesetzt haben. In Mario Van Peebles' Film *Panther* wird die Hypothese vertreten, daß die US-Regierung in den sechziger Jahren gegen den Drogenmißbrauch in den amerikanischen Schwarzenghettos absichtlich nicht eingeschritten sei. Sie habe die Überflutung der Ghettos mit Drogen geduldet, um die Schwarzen auszuschalten (*Neue Zürcher Zeitung*, 10.8. 1995, S. 41). Daß der Schwarzenführer Farrakhan die CIA einer solchen Handlungsweise verdächtigt, berichtet die *Chinesische Jugendzeitung*, das Sprachrohr des Chinesischen Kommunistischen Jugendverbandes (16.10.1996, S. 3). 20 Jahre lang sollen israelische Agenten die ägyptische Armee mit besonders billigem Haschisch versorgt haben, um die Kampfkraft der Soldaten zu schwächen. Mit der Operation «Lahav» («Klinge») sollen Israelis ab 1967 tonnenweise Rauschgift per Schiff aus dem Libanon über Israel nach Ägypten geschmuggelt haben. Die Folge: Der Drogenkonsum in der ägyptischen Armee stieg um 50 Prozent (*Bild*, Hamburg, 23.12.1996, S. 2). Auch ganze Völker vermag man durch Betäubungsmittel, seien es echte oder – womöglich noch wirksamer – solche ganz eigener Art wie Konsumrausch und allgemeine Genußsucht, zu entkräften, scheinen Kommentatoren in der Volksrepublik China zu glauben.

## 19.33 «Kulturabfall» zur Zerstörung der Stützpfeiler chinesischer Lebenskraft

«Pornographie, Gewaltdarstellung und anderer Kulturabfall sind eine Art von geistigem Opium. Sie zersetzen die Seelen der Menschen, zerstören deren Kampfwillen, verderben die Moral und die gesellschaftlichen Sitten und bringen so die Stützpfeiler der Lebenskraft zum Einsturz.» Diese Analyse veröffentlichten drei Autoren am 17.12.1996 in der wichtigsten chinesischen Tageszeitung, der *Volkszeitung*, und sie behaupteten, daß feindselige internationale Mächte mit List und Tücke dabei seien, Radio, Film, Fernsehen und andere Medien kultureller Unterhaltung einzusetzen, «um unser Land mit aller Macht ideologisch und kulturell zu infiltrieren, in der eitlen Absicht, uns ihre politischen Positionen, Wertvorstellungen und Lebensweisen aufzuoktroyieren und auf diese Weise die Stützpfeiler unserer Lebenskraft zu zerstören, unseren politischen Glauben zu ändern, unser Geistesleben zu verwirren und schließlich die sozialistische durch die kapitalistische Ideologie zu ersetzen. Wenn die Schienen des chinesischen kulturellen Marktes mit jenen des internationalen Marktes verbunden würden, so würde dies nichts anderes bedeuten, als daß dem auf die Verwestlichung und Zersetzung Chinas gerichteten Komplott internationaler feindlicher Mächte Tür und Tor geöffnet würden.» Dabei zitieren die drei Autoren Deng Xiaoping: «In wirtschaftlicher Hinsicht ergreifen wir die Politnorm der Doppeltaktik. Einerseits wollen wir die Öffnung, doch dürfen wir nicht blindlings, planlos und wahllos alles Mögliche einführen, und erst recht nicht dürfen wir es versäumen, dem verderblichen Einfluß des Kapitalismus entschieden die Stirn zu bieten und gegen ihn zu kämpfen.»

Zweimal warnen die drei Autoren in ihrem Artikel vor der «Zerstörung der Stützpfeiler der Lebenskraft» Chinas durch westlichen «Kulturabfall», eine Warnung, die ganz vom Geist des Stratagems Nr. 19 geprägt ist. Auf dem für viele unverdächtigen kulturellen Wege, so die Befürchtung der drei Autoren, versuchten feindliche Mächte, still, leise und unbemerkt den Chinesen das geistige Rückgrat zu brechen und China zu okzidentalisieren. Sie treffen sich hier bis zu einem gewissen Grade mit den Überlegungen des Mitbegründers der Kommunistischen Partei Italiens Antonio Gramsci (1891–1937). Nach Gramsci geht jedem Machtwechsel eine «Revolution ohne Revolution» voraus. Die zukünftig Herrschenden bereiten sich den Weg, indem sie die Wertvorstellungen, die ethischen und ästhetischen Prinzipien der noch Herrschenden aushöhlen, der Kritik und der Lächerlichkeit preisgeben, mißbrauchen oder zerstören. Im unauffälligen Bereich des Sprachlichen werten sie ab oder neutralisieren sie, was sie im Politischen beseitigen möchten. Wörter verwenden sie inflationär für alles mögliche, um sie so ihres eigentlichen Inhalts zu entleeren und durch Wörter ihrer Intention zu ersetzen. Bevor man die «politische Hegemonie» durchsetzen kann, muß man, so Gramsci, die «kulturelle Hegemonie» erlangt haben. Natürlich sind chinesische Kommunisten keine Gefolgsleute Gramscis. Aber gemäß dem Sinomarxismus ist der sogenannte Überbau, also die gesamte Kultur, nicht nur eine rein passive Widerspiegelung der wirtschaftlichen Basis, sondern er prägt gleichzeitig auch nachhaltig die Gesellschaft und deren Entwicklung. Dem gesamten «Überbau» in all seinen Verästelungen schenkt daher die Obrigkeit der Volksrepublik China seit jeher größte Aufmerksamkeit. Die KPCh wacht peinlich genau über einen ihre politischen Ziele fördernden und diese nicht behindernden «Überbau», unter anderem mit Hilfe von Analysen ausländischer Einflüsse, so auch der westlichen Film- und TV-Kultur, unter dem Gesichtspunkt von Strategem Nr. 19.

Von dieser Warte aus äußert Long Xinmin in der *Chinesischen Jugendzeitung*, dem Sprachrohr des Chinesischen Kommunistischen Jugendverbandes (Peking, 20. 2. 1997, S. 8), die von Argwohn geprägten Worte: «‹Von den Gesamtinteressen unseres Volkes und Landes her gesehen muß man›, so die Entschließung des 6. Plenums des XIV. Zentralkomitees der Kommunistischen Partei Chinas, ‹die Verbreitung von kulturellem Abfall verhindern bzw. unterbinden [...]›. Die zentrale Schädigung infolge der Verbreitung kulturellen Abfalls besteht darin, daß die Seelen der Menschen vergiftet und unser nationaler Geist zum Erschlaffen gebracht werden. Nach dem Ende des Kalten Krieges zielen die auf unsere ‹Verwestlichung› gerichteten Bestrebungen feindlicher westlicher Mächte darauf ab, mit allen Mitteln unser sozialistisches China in einen Vasallen des Kapitalismus zu verwandeln. Das Wesen dieser Bestrebungen ist dasselbe wie schon jenes des Opiumkrieges vor über 100 Jahren, nur die äußere Form hat sich gewandelt und die Epoche geändert. Es handelt sich um einen neuen, im 20. Jahrhundert geführten ‹geistigen Opiumkrieg›.»

Und in der *Volkszeitung*, dem Organ des Zentralkomitees der Kommunistischen Partei Chinas, legen am 21. 3. 1998 zwei Autoren nach: «Nach dem Ende des Kalten Krieges sind die ideologischen Gegensätze zwar bis zu einem gewissen Grad abgeflacht. Doch die geistig-kulturellen Widersprüche und Auseinandersetzungen haben nicht eine Sekunde lang zu existieren aufgehört. Man kann sagen, daß eine neue List des zeitgenössischen Hegemonismus darin besteht, seine Interessen durch geistig-kulturelle Infiltration zu verwirklichen. Das heißt, er benutzt das Geistesleben und die Kultur, um in alle Winkel des Erdballs einzudringen und die Welt zu beherrschen. Amerikanische Gelehrte haben ganz offen verkündet, die zukünftige Auseinandersetzung sei zur Hauptsache eine solche geistig-kultureller Art. Bei der geistig-kulturellen Auseinandersetzung geht es vor allem darum, die Menschen auf der geistig-kulturellen Ebene psychologisch zu bearbeiten und ihre Herzen zu gewinnen.» Gegen das angeblich vom «Hegemonismus» – gemeint sind vor allem die USA – benutzte Strategem Nr. 19 – dieses wirkt unter anderem durch die Verbreitung von Geldanbetung und schrankenlose Genußsucht propagierenden amerikanischen Filmen und TV-Produktionen (*Xin Hua Wenzhai,* Peking Nr. 3 1998, S. 203) – raten die beiden Autoren: «Äußerst wichtig ist es, die Unterscheidungskraft und geistige Standfestigkeit der Menschen zu erhöhen. Wer der Unterscheidungskraft und geistigen Standfestigkeit ermangelt, der wird in diesem Krieg ohne Pulverrauch unterliegen.»

Auch auf dem Felde der Geschichtsschreibung sehen Chinesen infame Anwendungen des Strategems Nr. 19 am Werk. So kommentiert Yu Dan den Umstand, daß einzelne Chinesen bezweifeln, daß westliche Mächte am Eingang eines Shanghaier Parks Ende des 19., Anfang des 20. Jahrhunderts eine Tafel mit der Aufschrift «Eintritt für Hunde und Chinesen nicht gestattet» anbringen ließen: «Gong Zizhen [1792–1841] sagte: ‹Will man einen Staat vernichten, dann muß man dessen Volk erst seine Geschichte nehmen.› Dieser Satz ist sehr weise und noch heute gültig» (*Wenhui-Zeitung,* Shanghai 3. 1. 1996).

Andere Völker versuchte man zu entmannen, indem man ihnen ihre Religion nahm: «Das bedeutsame altsächsische Irminsul-Heiligtum wurde 772 von den erobernden Franken unter Karl dem Großen ziemlich gründlich zerstört, wie die zeitgenössischen Quellen bezeugen. Ihre Vernichtung sollte als Demonstration sichtbarer Überlegenheit des Christengottes die Moral des heidnischen Widerstands nachhaltig erschüttern. Zum gleichen Zweck hatte 50 Jahre zuvor der Missionar Bonifatius bei Fritzlar/Nordhessen im Angesicht der Heiden ein der Irminsul vergleichbares Kultobjekt, nämlich die Donareiche, gefällt» (Sabine Lippert: «Irminsul und die Unterwerfung der Sachsen», in: *Kult-urnotizen,* Bettendorf Nr. 22, Juli 1998, S. 30). Und in den 30er

Jahren des 20. Jahrhunderts gehörte zu den Übergriffen der englischen Kolonialmacht in Nigeria die öffentliche Entweihung der Nri-Mysterien, deren Oberpriester man vor Gericht zitierte, damit einer zitternden afrikanischen Zuschauerschaft seine Sterblichkeit demonstriert werden konnte. «Mit derartigen Akten der Profanisierung suchte man die Wertsysteme zu zerstören, auf denen der Zusammenhalt der afrikanischen Gemeinschaften beruhte» (Obi Nwakanma: «‹Das Alte stürzt› – in mehr als einem Sinn: ein Roman als Markstein afrikanischer Selbstfindung», in: *Neue Zürcher Zeitung*, 25.6.1998, S.47).

### 19.34 Der vermiedene Gang zum Gericht

Dem Lizentiaten Yan war hinterbracht worden, daß der Kreisvorsteher zwei Klagen gegen ihn gutgeheißen habe, die eine wegen eines entlaufenen Schweines und einer Körperverletzung, die andere wegen eines zu Unrecht zurückbehaltenen Schuldscheins. Furchtbar erschrocken dachte er sich: «Diese beiden Klagen entsprechen den Tatsachen. Wenn ich zur Verhandlung erscheinen muß, dann sieht es um mein Gesicht nicht mehr gut aus. Von den 36 Strategemen ist weglaufen das beste.» Er packte das Nötigste zusammen und entwich, ohne eine Spur zu hinterlassen, nach der Provinzhauptstadt.

Der Kreisvorsteher hatte bereits seinen Büttel zum Hause Yan geschickt. Aber Lizentiat Yan war längst über alle Berge. So blieb dem Büttel nichts anderes übrig, als dessen jüngeren Bruder Yan Dayu aufzusuchen. Sie waren leibliche Brüder, wohnten aber in verschiedenen Häusern. Yan Dayu hatte das kaiserliche Kolleg absolviert und besaß ein Vermögen von mehr als hunderttausend Silberunzen. Als Yan Dayu, der ebenso furchtsam wie reich war, den Bericht des Büttels hörte und erfuhr, daß sein Bruder nicht zu Hause sei, hütete er sich, unfreundlich aufzutreten; er lud den Büttel sogar zu Tisch, bewirtete ihn reichlich und schickte ihn schließlich mit zweitausend Kupfermünzen in den Yamen zurück. Darauf sandte er unverzüglich einen Diener zu seinen beiden Schwägern und bat diese um eine Zusammenkunft.

Diese beiden Schwäger hießen Wang De und Wang Ren. Wang De war Lehrer an einer Präfekturschule, Wang Ren Lehrer an einer Kreisschule. Beide erteilten ihren Unterricht mit großem Eifer und genossen deshalb einen guten Ruf. Kaum hatten sie die Einladung erhalten, eilten sie auch schon zum Hause ihres Schwestermannes. Yan Dayu berichtete ihnen gleich alle Einzelheiten dieser peinlichen Geschichte.

«Und nun hat man mir diese Vorladung ins Haus gebracht. Was soll ich bloß tun?» Wang Ren lachte spöttisch: «Dein Bruder hat doch immer mit seinen guten Beziehungen zum Kreisvorsteher geprahlt. Weshalb hat er es denn dieser Lappalien wegen so mit der Angst zu tun bekommen und ist davongelaufen?» – «Das ist mir auch ein Rätsel. Jedenfalls hat mein Bruder die Beine in die Hand genommen, worauf der Büttel nun mich behelligt und wissen will, wo er ist.» – «Da ihr nicht zusammen wohnt, geht dich doch die Sache im Grunde gar nichts an», meinte Wang Ren. «Ach, was weißt du denn schon», belehrte Wang De seinen Bruder. «Der Büttel aus dem Yamen erhebt doch deshalb ein solches Geschrei, weil er weiß, daß unserem Herrn Schwager der Reis nie ausgeht. Wenn sich's nicht lohnte, würden sie ihm nicht an den Kragen wollen. Unternehmen wir nichts, so werden sie nur immer unverschämter. Nun gibt es aber einen Weg, und zwar den, das Brennholz unter dem Kessel wegzuziehen! Wir nehmen uns jemand, der mit den Klägern verhandelt und sie beschwichtigt. Dann unterbreiten wir dem Kreisvorsteher ein Gesuch um seine Zustimmung zu unserer einvernehmlichen Fallerledigung. Damit wird alles aus der Welt geschafft sein, und zwar ohne großen Aufwand.» – «Ach, was brauchen wir noch jemanden anderes», warf Wang Ren ein. «Wir beide, mein Bruder und ich, gehen miteinander zu den Klägern und legen ihnen die Sache dar. Das Schwein wird der Familie Wang zurückgegeben, und obendrein bekommt sie noch einige Silberunzen Schmerzensgeld für Wang Da, dem sie das Bein zerschlagen haben. Dann besorgen wir uns Huangs Schuldschein und geben ihn an diesen zurück. Das kann alles an einem Tag erledigt werden.» Tatsächlich wurde die Sache aus der Welt geschafft. Yan Dayu ließ unter die Beamten des Yamen noch zehn Silberunzen Bestechungsgelder verteilen, und der Prozeß wurde eingestellt.

Die Episode ist dem Roman *Rulin Waishi (Inoffizielle Geschichte des Gelehrtenhains)* von Wu Jingzi (1701–1754) entnommen. Dieser Roman und Cao Xueqins *Traum der Roten Kammer* sind die beiden ob ihrer realistischen und kritischen Schilderung des gesellschaftlichen Lebens berühmten Klassiker der chinesischen Literatur des 18. Jahrhunderts.

Das Bestreben, es gar nicht erst zu einem Gerichtsgang mit all seinen Unwägbarkeiten kommen zu lassen, ist uralt und kulturübergreifend. Schon ein Weisheitstext aus der Bibliothek des Assurbanipal (668–627) erteilt den an die Worte Wang Das mit dem Hinweis auf das Strategem Nr. 19 gemahnenden Rat (in der Übersetzung von Burkhart

Kienast): «Ein Prozeß ist wie eine verborgene Grube [...] Angesichts eines Prozesses hau ab, achte nicht darauf. Bist du selbst in einen Prozeß verwickelt, lösche das Feuer der Auseinandersetzung!»

19.35 Gesetzesrecht ohne Wissenschaft des Denkens

Jedermann weiß, schreibt Cai Dingjian in der *Volkszeitung* (Peking 12. 2. 1998), daß unserem Land eine gesunde Rechtsordnungstradition fehlt. Zwar gab es in der alten chinesischen Gesellschaft eine reichhaltige Gesetzeskultur und zahlreiche Gesetzesparagraphen. Aber sie waren lediglich ein «kaiserliches Werkzeug», ein Instrument, mit dem die Beamten die Bevölkerung in Schach hielten. Es diente nicht umgekehrt der Bevölkerung zur Zügelung des Staates. Daher war der Kaiser das Gesetz, ja, er stand über dem Gesetz, und die Beamten manipulierten das Gesetz und spielten mit ihm. Das Gesetzesrecht hatte keine Autorität und erst recht keine Würde. Diese gebührte dem Kaiser, nicht dem Gesetz. Zur mangelhaften Ausstrahlung des Gesetzesrechts im alten China trug der Umstand bei, daß mit wenigen Ausnahmen alle Denker des Reiches der Mitte die theoretische Beschäftigung mit den Denkvorgängen beziehungsweise die Logik verabscheuten, so der Fachmann für die Geschichte des chinesischen Rechtsdenkens und Dozent an der Hochschule Suzhou Fan Zhongxin in seinem Aufsatz «Zhong-xi fa guannian bijiao» («Vergleich zwischen der chinesischen und der westlichen Rechtsauffassung», in: *Bijaofa Yanjiu* [Rechtsvergleichende Forschung], Peking Nr. 3 1987, S. 14).

So sagte etwa der zwischen Konfuzianismus und Gesetzesschule stehende Philosoph Xun Zi (um 313–238) über die gedanklichen «Spitzfindigkeiten», mit denen sich einzelne Denker der chinesischen Antike abgaben: «Wer nichts von diesen Dingen versteht, kann gleichwohl ein Edler, und derjenige der sich darin auskennt, ein gemeiner Mann sein [...] Ein Edler, der nichts davon versteht, kann gleichwohl öffentliche Ordnung schaffen.» Ja, diese «Spitzfindigkeiten» waren aus seiner Sicht sogar schädlich: «Könige und Herzöge, die solche Dinge gern haben, bringen die Gesetze durcheinander, und die Sippen, die solche Dinge gern haben, bringen Unordnung in ihre Unternehmungen.» Han Fei (um 280–233), der wichtigste Vertreter der Gesetzesschule, meinte: «Sind sophistische Erörterungen in aller Munde, dann hauchen die Gesetze und Verordnungen ihr Leben aus.» Xun Zi und Han Fei wußten, daß, wenn die Bevölkerung die Werkzeuge der

Logik beziehungsweise des scharfen Denkens beherrschte, die unwissenschaftlich konzipierten und unpräzise formulierten Gesetze nicht fortbestehen könnten. Anstatt nun diese geistigen Werkzeuge einzusetzen, um das Gesetzesrecht zu verbessern, verwarfen sie einfach die Werkzeuge. Das hatte zur Folge, daß noch am Ende der Kaiserzeit (1911 n. Chr.) keine klare Abgrenzung zwischen Zivil- und Strafrecht bestand und dem Recht ein logisch aufgebautes Begriffssystem fehlte. Dies ist, so Fan Zhongxin, das Ergebnis der «Methode ‹unter dem Kessel das Brennholz wegziehen›, deren sich die chinesischen Herrscher seit Jahrtausenden bedienten».

### 19.36 Marxismus ohne Klassenkampf, China ohne Marxismus

Wenige Tage vor Maos Tod, am 13. 8. 1976, druckte die parteiamtliche Pekinger *Volkszeitung* einen Artikel aus der Feder der Kritikgruppe der Peking-Universität und der Qinghua Universität ab. Der Untertitel lautete vielversprechend «Anprangerung der schmutzigen und heimtückischen Tricks (guiyu jiliang) Deng Xiaopings zur Verfälschung der Weisungen des Vorsitzenden Mao». In diesem Artikel wurde Deng in ideologischer Hinsicht die Anwendung des Strategems Nr. 19 vorgeworfen:

«Mit Eklektizismus und Sophisterei versuchte Deng Xiaoping, den Klassencharakter der Weisungen des Vorsitzenden Mao zu kastrieren, die revolutionäre Seele aus ihnen herauszuschneiden und ihnen die revolutionäre Schärfe zu nehmen. [...] Um sein revisionistisches Programm zu verwirklichen, fabrizierte er die drei giftigen Dokumente ‹Über das allgemeine Programm der gesamten Arbeit der Partei und der ganzen Nation›, ‹Über einige Fragen betreffend die wissenschaftliche und technische Arbeit› sowie ‹Über einige Fragen betreffend die Beschleunigung der industriellen Entwicklung›. Ein gemeinsamer Nenner dieser Giftkräuter ist die große Zahl von Zitaten aus Schriften der revolutionären Lehrmeister zur Stützung der Argumente, die Deng Xiaoping für seine revisionistische Linie vorbringt. Dies ist typisch für die Art und Weise, wie man dem Marxismus Lippenbekenntnisse entgegenbringt, während man in Wirklichkeit von ihm abfällt. Im ersten Dokument werden 50 Zitate von Marx, Lenin und dem Vorsitzenden Mao aufgeführt. Der zweite Teil des revidierten Entwurfs des zweiten Dokuments ist mit ‹Entschlossen und vollumfänglich die revolutionäre Linie des Vorsitzenden Mao in Wissenschaft und Technik durchsetzen› betitelt und besteht aus zehn Teilen, in denen nahezu ausnahmslos der Vorsitzende Mao zitiert wird. Auch der erste Teil des revidierten Entwurfs des dritten Dokuments, der den Titel ‹vollumfänglich die Linie des Vorsitzenden Mao betreffend den Betrieb der Industrie durchsetzen› trägt, enthält eine Fülle von Zitaten des Vorsitzenden Mao. [...] Doch wie kommt es, daß nicht mit einem einzigen Wort dessen Weisungen betreffend den Kampf gegen die innerparteilichen Machthaber, die den kapitalistischen Weg gehen, betreffend die Notwendigkeit der Ausübung einer allseitigen Diktatur des Proletariats über die Bourgeoisie und betreffend die Kritik bzw. Beschränkung der bourgeoisen Vorrechte erwähnt werden? Die Wegamputation dieser wichtigen Weisungen des Vorsitzenden Mao ist gleichbedeutend mit der Negierung des Kernpunktes, nämlich des Klassenkampfes in der Periode des Sozialismus, bzw. mit dem Über-Bord-Werfen des Klassenkampfes, dieses Hauptkettengliedes, und das wiederum ist gleichbedeutend mit der Entseelung der Theorie des Vorsitzenden Mao betreffend die Fortsetzung der Revolution unter der Diktatur des Proletariats. Wie verwerflich ist doch dieses konterrevolutionäre Strategem ‹unter dem Kessel das Brennholz wegziehen›!» (Vgl. auch 25.14).

In der Ära Deng Xiaopings (1978–1997) wurde der Marxismus keineswegs über Bord geworfen, sondern bildete nach wie vor die geistige Grundlage für die Politik der Volksrepublik China, die wie eh und je von der KPCh, also der Kommunistischen (und nicht etwa Konfuzianischen oder Kapitalistischen) Partei Chinas allein regiert wurde. Die grundlegende Funktion des in China maßgebenden Marxismus, den ich wegen seiner chinesischen Besonderheiten «Sinomarxismus» nenne, habe ich an anderer Stelle nachgewiesen (siehe Harro von Senger, *Einführung in das chinesische Recht*, München 1994, S. 207 ff.). Selbst der «Klassenkampf» wurde nicht völlig aufgegeben, sondern lediglich durch einen neuen Hauptwiderspruch ersetzt und so zu einem Nebenwiderspruch erklärt (s. 18.17). Das Festhalten am Marxismus-Leninismus und an den Mao-Zedong-Ideen gehört auch noch nach Dengs Tod (1997) zu den vier Grundprinzipien, die in der chinesischen Verfassung verankert sind. Nach der «Kulturrevolution» (1966–1976) waren es nun Deng Xiaoping und seine Adlaten, die Regimekritikern die Anwendung des Stratagems Nr. 19 vorwarfen, so zum Beispiel dem Physiker Fang Lizhi (geb. 1936), der zeitweise als «chinesischer Sacharov» gerühmt wurde: «Personen, die stur an einem die bürgerliche Liberalisierung befürwortenden Standort festhalten, greifen, wenn sie die vier Grundprinzipien attackieren, mit aller Vehemenz den Marxismus an. Als Fang Lizhi nach seinem Ausschluß aus der Kommunistischen Partei Chinas im Ausland von westlichen Journalisten gefragt wurde, welches sein nächstes Ziel sei, antwortete er ohne alle Umschweife: die Bekämpfung des Marxismus. Er glaubt zur Durchsetzung seines reaktionären Postulats, der völligen Verwestlichung Chinas, sei er in der Vergangenheit noch nicht in genügendem Maße gegen den Marxismus vorgegangen und müsse, um unter dem Kessel das Brennholz wegzuziehen, seine ganze Energie darauf konzentrieren, gegen den Marxismus, also gegen die theoretische Grundlage des Sozialismus, zu Felde zu ziehen. Das geschieht durch Thesen wie: Der Marxismus sei überholt, sei erstarrt, repräsentiere nur eine von vielen Wahrheiten, gelte allenfalls in der Politik, aber nicht in den Wissenschaften, etc. [...] Wenn man nun aber den Marxismus verneinen würde, wo bliebe dann die theoretische Grundlage für das Festhalten am sozialistischen Weg, an der demokratischen Diktatur des Volkes und an der Führung der Kommunistischen Partei Chinas?» (*Licht-Tageszeitung*, Peking 22.7.1989, S.3).

So ganz fremd können Europäern derartige Überlegungen nicht vorkommen, denn auch ihnen wird, wenngleich in anderem Zusammenhang, ans Herz gelegt: «Die Toleranz ist die Axt an der Wurzel des Glaubens» (aus einem Leserbrief in: *Kirchenbote der Urkantone*/Zug, Basel Nr.6, Juni 1996, S.12).


19.37   Schwunglose Tatsachen, vorweggenommene Primeurs

Eine mißliebige, aber nicht leicht zu unterdrückende Tatsachendarstellung kann mühelos ausgedünnt werden, indem man sie als bloße Behauptung hinstellt und damit relativiert. So schreibt Samuel P. Huntington: «Moslems kontrastierten westliche Aktionen gegen den Irak mit dem westlichen Versagen hinsichtlich des Schutzes von Bosnien vor Serben und der Unterlassung von Sanktionen gegen Israel wegen dessen Verletzung der UNO-Resolutionen. Der Westen, brachten sie vor (they alledged), benutze einen doppelten Standard» (Samuel P. Huntington: «The Clash of Civilisations?», in *Foreign Affairs*, New York Vol. 72 Nr.3, Sommer 1993, S.36). Durch das «they alledged» (brachten sie vor) anstelle einer Formulierung wie «Sie wiesen also auf den doppelten Standard des Westens hin» oder «In der Tat benutzt der Westen vielfach einen doppelten Standard» entzieht Huntington der moslemischen Tatsachendarstellung Saft und Kraft. Deshalb erscheint das, was sie aufzeigt, als eine subjektive Parteibehauptung ohne großes Gewicht.

Sogenannte «Primeurs» vereitelte der amerikanische Regierungssprecher Mike McCurry, indem die US-Regierung eine spektakuläre und oft mit hohem Aufwand recherchierte Nachricht selbst bekanntgab, kurz bevor die exklusive Bombe in den Abendnachrichten einer TV-Kette platzen sollte (gemäß Thomas Rüst: «Wie man die Medien zähmt: Besprechung des Buches *Spin Cycle: Inside the Clinton Propaganda Machine*», in: *Tages-Anzeiger*, Zürich 14.3.1998, S.5).

19.38  Einem hehren Anliegen den Nimbus nehmen

Mit ihrer strategemischen Analyse westlicher Menschenrechtskritik (s. Einleitung, Punkt 17) «entlarven» offizielle chinesische Stellen vor den Augen der ohnehin schon strategemsensibilisierten und daher auf dieser Ebene vergleichsweise leicht ansprechbaren Bevölkerung die «wahren Absichten», die angeblich hinter noch so wohltönender und wohlgemeint wirkender westlicher Menschenrechtskritik stecken. Indem die «üblen Absichten» hinter dem vordergründigen «schönen Schein» westlicher Vorhaltungen «aufgedeckt» werden, wird erreicht, daß die westliche Menschenrechtskritik gegenüber China, jedenfalls in den Augen zahlreicher Chinesen, viel an Überzeugungs- und Durchschlagskraft verliert, ja recht eigentlich verpufft. Bemerkenswert, aber angesichts der im Westen, wenn auch mit geographischen Abstufungen, flächendeckend verbreiteten Listenblindheit nicht weiter erstaunlich ist der Umstand, daß insbesondere Amerikaner diesen strategemischen Aspekt des chinesischen Umgangs mit der Menschenrechtsfrage, soweit bekannt, überhaupt nicht wahrzunehmen scheinen und sich in keiner Weise damit auseinandersetzen.

Natürlich ist diese Anwendung des Strategems Nr.19 nicht auf China beschränkt. Im Westen wird sie freilich meist nicht als solche wahrgenommen, sondern anders (etwa mit Wörtern wie «Verharmlosung» oder mit der Feststellung, etwas diene einem anderen als dem vorgegebenen Zwecke und so weiter) kategorisiert. Dies soll an zwei Zitaten vor Augen geführt werden: «Der psychologisch vielschichtige Lagerroman *Im ersten Kreis* wird [von Donald M.Thomas] als politisches Pamphlet verharmlost [mit den Worten]: ‹Es ging Solschenizyn in erster Linie darum zu beweisen, daß der Kommunismus vom Teufel erfunden worden sei und mit Stumpf und Stiel ausgerottet werden müsse»», schreibt Ulrich M. Schmid in seiner Rezension einer Solschenizyn-Biographie von Donald M. Thomas (*Neue Zürcher Zeitung*, 22./23. 8. 1998, S. 98). Mit anderen Worten: Solschenizyns Roman ist, da ein bloßes antikommunistisches «Pamphlet», als Dokumentation stalinistischen und nachstalinistischen Grauens nicht ernst zu nehmen. Und Frau Sahra Wagenknecht von der im Deutschen Bundestag vertretenen Partei des Demokratischen Sozialismus behauptete am 6. 8. 1998 in einer Fernseh-Diskussion im TV-Sender 3sat, die in der Sowjetunion begangenen Verbrechen würden im *Schwarzbuch des Kommunismus* (verfaßt von Stéphane Courtois etc., München/Zürich 1998) «‹aufgebauscht›, zumal die ganze Publikation einzig dem politischen Zweck diene, jede Diskussion über antikapitalistische Alternativen abzuwürgen» (*Neue Zürcher Zeitung*, 10. 8. 1998, S. 28). Soll heißen: Das *Schwarzbuch* dient nur zur Ablenkung von der kritischen Beschäftigung mit dem Kapitalismus und sollte daher am besten ungelesen beiseite gelegt werden.

Konkret funktioniert die Kraftentziehung in solchen Fällen durch eine Umlenkung der Aufmerksamkeit von den mit einer Unternehmung tatsächlich verfolgten, natürlich stets als edel ausgegebenen, auf die angeblich «wahren» und natürlich verwerflichen oder lächerlichen dahinterstehenden Absichten. Man widerlegt eine Idee nicht, sondern raubt ihr ihre Anziehungskraft oder Autorität durch den Nachweis ihrer «außertheoretischen Funktionalität» (Karl Mannheim). Das heißt, man weist die verborgene Funktion auf, der die Idee dient. Sie wird dann ihre praktische Wirksamkeit einbüßen. Es liegt auf der Hand, daß eine derartige kraftentziehungsstrategemische reduktionistische Analyse den Nagel auf den Kopf treffen, aber auch völlig danebengehen oder wider besseres Wissen eine Handlung, die mit den besten Absichten ausgeführt wird, in ein schlechtes Licht rücken kann.

In dieselbe Kerbe schlägt in politischen Auseinandersetzungen die persönliche Herabsetzung des Gegenübers oder jene Verfahrensweise, bei der gegnerische Argumente nicht inhaltlich widerlegt, sondern mit Etiketten wie «linkspopulistisch», «rechtspopulistisch», «stalinistisch», «faschistisch», «rassistisch», «demagogisch» und so weiter belegt werden. Wer möchte sich schon inhaltlich mit etwas auseinandersetzen, das jemand sagt, der zum Beispiel als «Populist» oder mit sonst einem Etikett abgestempelt und stigmatisiert ist? Da hört man doch am besten gar nicht erst hin! Und so wirkt die ekelerregende Etikettierung als im höchsten Maße effiziente Anwendungsvariante des

Kraftentziehungs-Strategems Nr. 19 – jedenfalls bei jenen, die bieder genug sind, sich einen Bären aufbinden zu lassen.

19.39  Astrid Lindgrens und Régis Debrays rhetorische Tricks

In einem Artikel zum 90. Geburtstag der weltbekannten schwedischen Kinderbuchautorin würdigt Gerda Wurzenberger die Kunstgriffe, derer sich die Schriftstellerin zu bedienen wußte, um sich in der Öffentlichkeit in Nichtkinderbuchfragen Gehör zu verschaffen und mittels derer sie, ganz im Sinne des Strategems Nr. 19, allfälligen Gegenpositionen von vornherein den Wind aus den Segeln nahm: «Die vielen Gelegenheiten, sich öffentlich zu ihrem Leben und ihrem Werk zu äußern, hat Astrid Lindgren immer gern wahrgenommen und wiederholt auch dafür benutzt, ihre ganz persönliche Position in Sachen [...] Kindererziehung deutlich zu machen. Anläßlich der Entgegennahme des Friedenspreises des Deutschen Buchhandels 1978 etwa, als sie ihre Forderungen nach gewalt-, nicht aber autoritätsfreier Pädagogik unmißverständlich formulierte. Etwaigen kritischen Stimmen entzog sie am Ende ihrer Rede jede Grundlage, indem sie die eigene Hoffnung auf das Heranwachsen einer friedliebenderen Generation als einfältige Utopie einer Kinderbuchautorin abtat. Nur so, im bescheidenen Rückzug in die Nische der Kinderliteratur, konnte sie sicher sein, auch ernst genommen zu werden.» Astrid Lindgren schlüpfte in Schweden seit den siebziger Jahren zunehmend in die Rolle einer öffentlichen moralischen Instanz und nahm sogar Einfluß auf politische Entscheidungen. «Daß sie sich dabei als Akteurin wider Willen – gezwungen von der Unerträglichkeit der Realität – präsentierte, ist nachgerade typisch für Astrid Lindgrens Öffentlichkeitsarbeit. Denn diese Haltung ließ sie auf den ersten Blick unverdächtig erscheinen, und gerade deshalb war es schwierig, sich offen gegen die Meinung der populären und für ihre menschenfreundliche Naturverbundenheit bekannten Kinderbuchautorin zu stellen. Auf diese Weise hat sie die Steuerpolitik und die Tierschutzgesetzgebung ihres Landes nachhaltig beeinflußt» (*Neue Zürcher Zeitung*, 14. 11. 1997, S. 45).

Dem ehemaligen Weggefährten Che Guevaras und späteren Berater François Mitterrands Régis Debray wird in einer Rezension seines Buches *Loués soient nos seigneurs: une éducation politique* (Paris 1996) eine «perfide» Rhetorik vorgeworfen, mit der er einer möglichen Diskussion von vornherein das Wasser abgegraben habe: «‹Man wird mir entgegenhalten [...]›, ‹Böse Zungen werden behaupten [...]» (*Neue Zürcher Zeitung*, 9.9.1996, S. 33). Gegen wirtschaftliche Einwendungen immunisiert sich Pat Buchanan in seinem Buch *The Great Betrayal* (Boston 1998) «mit dem rhetorischen Kunstgriff, daß es ihm gar nicht um eine ökonomische Analyse gehe» («Pat Buchanans Tirade gegen den Freihandel: Plattform eines nationalistischen Präsidentschaftskandidaten», in: *Neue Zürcher Zeitung*, 5.6.1998, S. 83). Sogenannte Hintergrundgespräche, die Daniel Eckmann, der Pressechef beziehungsweise seit 1997 «Delegierte für Kommunikation» des schweizerischen Bundesrates Villiger, mit Redakteuren des Fernsehens und wichtiger Schweizer Blätter organisierte, dienten nur vordergründig dem einfachen Informationsaustausch. Hinter der so erzeugten Nähe steckte auch Kalkül: Sie sollte «die Beißhemmung bei den Meinungsmachern fördern» (*Die Weltwoche*, Zürich 27.3.1993, S. 2).

Wird man bei etwas Ungebührlichem ertappt, dann vermag oftmals die vollständige, ernsthafte Offenlegung des gesamten Sachverhalts viel mehr zur Entwaffnung des Gegenübers und zur Entschärfung der Lage beizutragen als der krampfhafte Versuch, das Vorgeworfene zu leugnen oder zu bagatellisieren oder dem Gegenüber unlautere Methoden zu unterstellen. Mutatis mutandis gilt dasselbe für den Umgang mit eigenen Mißerfolgen im Angesicht anderer Menschen. Während Selbstkritik (vielleicht sogar ein wenig übertriebene, s. Strategem Nr. 34) die entschärfende Wirkung des Strategems Nr. 19 zu entfalten vermag, zeitigt Selbstgerechtigkeit wohl eher den entgegengesetzten Effekt; sie wirkt wie Öl, das ins Feuer gegossen wird. Manchmal geht man am besten für eine Weile weg.

In seinen Lebenserinnerungen berichtet General Feng Yuxiang (1882–1948), der unter anderem 1924 den 1911 abgesetzten letzten Kaiser von China aus seinem Palast vertrieb, von einer 1926 unternommenen Moskaureise. Sie bot ihm die Gelegenheit, für eine Weile fern zu sein von China, das unter inneren Wirren litt, an deren Schürung er selbst nicht unbeteiligt war. «Durch meinen Weggang wird vielleicht das Brennholz unter dem Kochtopf weggezogen, so daß die Streitigkeiten etwas abflauen», schreibt Feng Yuxiang in seinen Memoiren. In harmloseren Konstellationen vermag bereits ein gelungener Witz die Grundfesten einer gespannten Atmosphäre zum Einsturz zu bringen. «Geknackt und umgedreht» wird zum Beispiel in der Gastronomie «jeder Gast – durch Freundlichkeit» (Hermann Bareiss an der 14. Mitteltaler Tafelrunde, bestehend aus Gastronomen und Fachjournalisten, zitiert aus: *Badische Zeitung*, Freiburg i. Br. 22.4.1998).

19.40  Kartenhauseinsturz infolge eines Vorschlags

Eines Tages kam in ein Metallwarengeschäft ein auswärtiger Verkaufsagent, der eine bestimmte Filtervorrichtung an den Mann zu bringen versuchte. Es handelte sich aber bekanntermaßen um einen Ladenhüter, von dem der Manager des Metallwarengeschäfts nichts wissen wollte. Zwei Tage später erschien ein Großeinkäufer und wünschte ausgerechnet diese Filtervorrichtung zu erwerben, und zwar zu einem etwas höheren Preis. Er wollte die gesamte Kaufsumme von etwa 20 000 Yuan bar bezahlen und möglichst bald in den Besitz der Ware gelangen. Immer wieder beteuerte er: «Ich werde jeden Tag vorbeischauen. Sobald das Produkt da ist, können Sie mir die Quittung ausstellen.» Als der Manager das hörte, wunderte er sich, und ein strategemischer Verdacht stieg in ihm auf. War da vielleicht eine List im Spiel? Denn neuerdings gab es Kettenbetrügereien, die darin bestanden, daß erst ein Verkaufsagent irgendeine Ware anpries, woraufhin sich ein sogenannter Großeinkäufer meldete, der genau die Ware haben wollte. So sollte der Ladenbesitzer dazu animiert werden, die Ware in sein Sortiment aufzunehmen. Um seinem Verdacht auf den Grund zu gehen, sagte der Manager in herzlichem Ton: «Bei dem Preis, den Ihr zahlen wollt, ist unsere Gewinnmarge zu gering. Machen wir es doch so: Ihr zahlt mir 400 Yuan, und dafür gebe ich Euch die Adresse des Verkaufsagenten, bei dem Ihr Euch die Filtervorrichtung direkt beschaffen könnt, und zwar zum Einstandspreis.» Hastig entgegnete der «Großeinkäufer»: «Heute habe ich kein Bargeld bei mir. Ich komme morgen wieder.» Natürlich ward er nie wieder gesehen. Diese Geschichte findet sich im Nanjinger *Dienstleistungs-Anzeiger*, der im Jahre 1996 die Serie «Die 36 Strategeme heute» brachte. Durch seinen geschickten Vorschlag entzog der Manager dem Ballon des falschen Großeinkäufers die Luft und vereitelte so dessen unlauteren Absichten.

19.41  Der Brief für das Kaminfeuer

Eines Tages beklagte sich Kriegsminister Stanton, ein lauterer, aber reizbarer Mann, beim amerikanischen Präsidenten Lincoln über einen General. Dieser habe ihm vorgeworfen, er beleidige leichtfertig Untergebene und bediene sich grober Worte. Lincoln schlug Stanton vor, dem General einen Brief zu schreiben. «Schreiben Sie», sagte der Präsident, «solange die Sache noch im Stadium der Siedehitze ist. Legen Sie sich keine Zügel an! Gießen Sie einen Kübel voll Schimpfwörter über den Mann aus! Machen Sie ihn total fertig!» Sofort setzte Stanton ein äußerst scharfes Schreiben auf, das er dem Präsidenten zeigte. «Gut, gut, gut!» rief Lincoln. «Prachtvoll! Unübertrefflich! So habe ich mir den Brief vorgestellt! Sie haben den Kerl wirklich zermalmt! Ganz ausgezeichnet geschrieben, Stanton!» Der Beleidigte strahlte, faltete das Papier und steckte es in einen Umschlag. «Und nun?» fragte der Präsident. «Abschicken, was denn sonst?» Da schlug ihm Lincoln lächelnd auf die Schulter: «Gemach, gemach! Diesen Brief können Sie nicht abschicken. Werfen Sie ihn in den Kamin! So verfahre ich mit allen Briefen, die ich im Zorn geschrieben habe. Diesen Brief haben Sie frisch von der Leber weg verfaßt. Dadurch hat sich Ihr Ärger austoben können. Das Schreiben hat Ihnen Freude bereitet. Nun haben Sie sich die Sache vom Hals geschrieben, und es ist Ihnen viel wohler zu Mute. Der Brief hat seine Schuldigkeit getan. Verbrennen Sie ihn jetzt, und schreiben Sie einen neuen!»

Diese Begebenheit findet sich unter dem Stichwort «Zorn» im *Witze, Fabeln, Anekdoten-Handbuch* von Eberhard Puntsch (5. Aufl. München 1976) und im Abschnitt über Lincoln in Rudolf Walter Langs *Geh mir aus der Sonne, König: Menschen und Zeiten im Spiegel der Anekdote* (München 1968). Zur Erfassung des strategischen Gehalts der Episode bedarf es eines chinesischen Autors. Shu Zhi ordnet sie in seinem Buch *Die 36 Strategeme und die moderne Lebensführung* (Guangzhou 1995) dem Strategem Nr. 19 zu. Ärgert man sich, dann pflegt man irgendein Gegenüber zu suchen, an dem man seinen Zorn auslassen kann. Es dient als bloßer Blitzableiter. Ist das Gegenüber ein Mensch, dann wird er sicherlich verstimmt sein. Versuchen Sie es doch daher das nächste Mal mit Lincolns Rat, und ziehen Sie mit Hilfe eines Briefes das Brennholz unter dem Kessel Ihrer Gefühle weg. «So stoßen Sie erstens niemanden vor den Kopf, und zweitens erreichen Sie das, worum es geht, nämlich die Wogen Ihrer Emotionen zu glätten.»

19.42   Statt mit dem Feuer zu spielen, es gar nicht erst entfachen

Nach der Gründung der Han-Dynastie (206 v. Chr.–220 n. Chr.) durch Liu Bang (um 256–195) wurden unter der Kaiserin Gaohou (im Amt von 187–180) die ehemaligen Mitstreiter, die der Gründer der Dynastie an die Spitze von Lehen gesetzt hatte, zugunsten von Verwandten des Dynastiegründers ausgeschaltet. Einer von ihnen war Liu Bi (215–154), ein Neffe Liu Bangs. Er wurde Lehenskönig von Wu (in den heutigen Provinzen Jiangsu, Anhui und Zhejiang). Dieses Reich gehörte zu den von der Hauptstadt am weitesten entfernten Gebieten und wurde durch Münzprägung sowie die Produktion von Kupfer und Salz reich. Unter den Kaisern Wendi (179–157) und Jingdi (157–141) schlugen die Berater Jia Yi (200–168) und Chao Cuo (200–154) eine Einschränkung der überbordenden Macht der Lehensfürsten vor (s. 24.4). Tatsächlich hatte bei Liu Bi, dem König von Wu, schon früh der Gedanke an einen Aufstand gegen den Kaiser zu keimen begonnen. Dies mißfiel Mei Cheng (gest. 140 v. Chr.), einem Berater Liu Bis. In einer Denkschrift, von der Ban Gu (39–92) in seiner *Geschichte der Han-Dynastie* berichtet, schreibt Mei Cheng unter anderem:

«Ich habe vernommen, daß einem Vasallen, der seinem Herrscher makellos zu dienen vermag, ein umfassendes Gedeihen sicher ist, wogegen einem, der seinen Ruf, ein makelloser Diener seines Herrschers zu sein, verliert, der vollständige Untergang droht [...]. Will man verhindern, daß peinliche Worte jemandem zu Ohren kommen, dann gibt es nichts Besseres, als solche Worte nicht zu äußern. Will man verhindern, daß von einer peinlichen Tat jemand erfährt, dann gibt es nichts Besseres, als diese Tat nicht zu begehen. Will man heißes Wasser, das ein einzelner am Kochen hält, zum Abkühlen bringen, indem man hundert Männer dazu einsetzt, darin herumzurühren, so wird dies nichts nützen. Das Beste ist es, die Holzzufuhr zu unterbinden und das Feuer zu löschen [...].»

Mei Cheng rät also dem König von Wu, die möglichen Gefahren eines Aufstandes von Grund auf zu vermeiden, also den Aufstand zu unterlassen. Denn, wenn der Schritt zur Erhebung erst einmal getan ist, werden im Falle eines Mißerfolgs selbst hundert Wasserrührer den dem König von Wu drohenden Brand der Vergeltung nicht mehr zu löschen vermögen. Liu Bi, der König von Wu, ließ sich aber durch Mei Cheng von seinen Absichten nicht abbringen. Immerhin plante der Kaiser unter dem Einfluß Chao Cuos, ihm die wichtigste Provinz wegzunehmen. Im Jahre 154 v. Chr. brach die Rebellion der «Sieben Königreiche» aus. Einer ihrer Anführer war Liu Bi, der König von Wu. Vergeblich hatte ihn Mei Cheng ein zweites Mal gewarnt. Die Rebellion wurde vom kaiserlichen Heerführer Zhou Yafu (s. 6.6) innerhalb von drei Monaten niedergeschlagen. Liu Bi verlor sein Leben.

Noch heute lebt Mei Chengs Rat weiter, und zwar in Gestalt des

Sprichworts «Scheut etwas das Licht, dann tu es lieber nicht (yao xiang ren bu zhi, chufei ji bu wei)!» Diese Maxime erinnert an Lao Zis Ausspruch «Wirke, solange noch nichts geschehen ist» (*Daodejing*, Kap. 64) und taucht hier und da in aktuellen chinesischen innenpolitischen Kommentaren auf. So schreibt Hu Yong: «Nicht wenige korrupte Elemente sind sogenannte ‹Schlaumeier›, die sich in Selbstzufriedenheit ergehen und wähnen, sie vermöchten den Massen Sand in die Augen zu streuen. Doch es gibt in China den alten Ausspruch: ‹Scheut etwas das Licht, dann tu es lieber nicht!› Für jene korrupten Elemente, deren Untaten ans Licht kommen, gilt der Satz: ‹Eure ganze Gerissenheit mußte euch einfach zum Verhängnis werden, auch wenn ihr im Ränkeschmieden nicht zu schlagen wart›» (*Volkszeitung*, Peking 12.10.1993). Und Sun Lixian meint, daß Vertuschungsmanöver aller Art die Aufklärung von Korruptionsfällen zwar erheblich zu erschweren vermögen und viele Missetäter zu riskanten Unternehmungen verleiten. «Doch letztlich stoßen die im Verborgenen begangenen Schurkereien an ihre Grenze. ‹Scheut etwas das Licht, dann tu es lieber nicht.› Sobald in der Welt etwas existiert, dann hinterläßt es seine auffindbaren Spuren [...] Wir müssen nur gewissenhaft vorgehen, dann werden wir alle verborgenen Korruptionsfälle ans Licht bringen und der gerechten Strafe zuführen» (*Chinesische Jugendzeitung*, Organ des Kommunistischen Jugendverbandes, Peking 2.10.1996).

Als Hillary Clinton Ende Januar 1998 ihren Gatten, den Präsidenten der USA, gegen Sex-Vorwürfe in Schutz nahm, sagte sie: «Nicht überall, wo Rauch ist, ist auch Feuer.» Demgegenüber gibt es gemäß zwei chinesischen Redensarten «keine Wellen ohne Wind (wu feng bu qi lang)» beziehungsweise «keinen Rauch ohne Feuer (wu huo bi wu yan)». Will man also eigene Rauchentwicklung vermeiden, dann entfache man kein Feuer, sei es auch noch so klein, und wende dergestalt in bezug auf eigene riskante Handlungen als beste Vorsichtsmaßnahme das Stratagem Nr. 19 an. Steigt dennoch Rauch auf, muß das Feuer von jemand anderem entzündet worden sein, dessen Manöver als Anwendung des Stratagems Nr. 7 durchschaut und bloßgestellt werden kann.

## 19.43 Neues Feuer aus alter Asche

In den letzten Jahren gab es Stimmen, klagt Fei Yingqiu in der Shanghaier *Wenhui Bao* vom 13.2.1997, die dafür eintraten, daß der Konfuzianismus und die von ihm geprägten drei Grundregeln (wonach der

Monarch über die Untertanen, der Vater über den Sohn und der Mann über seine Frau herrsche) und die fünf Grundtugenden (Menschlichkeit, Pflichtgefühl, Anstand, Klugheit und Glaubwürdigkeit) zum Inhalt der Zivilisation des Geistes gehörten, die es derzeit in China aufzubauen gelte. Gewiß seien die fünf Grundtugenden, im Weltmaßstab gesehen, ein wertvolles spirituelles Erbe des chinesischen Volkes, doch sei es nicht angezeigt, Talente für die Modernisierung Chinas im Sinne dieser Tugenden zu erziehen. Gerade weil in China die Ethik der drei Grundregeln und der fünf Grundtugenden nicht von Grund auf ausgemerzt worden sei, werde sie, sobald die entsprechenden Bedingungen gegeben seien, «aus der Asche wieder auflodern (sihui fu ran)». Gerade weil der Geist des chinesischen Volkes allzusehr auf die fünf Grundtugenden ausgerichtet sei und weil China eine derart lange feudalistische Geschichte habe, sei es verfehlt, beim Aufbau einer geistigen Zivilisation unter den Bedingungen der heutigen Marktwirtschaft zu sehr ethischen Normen aus dem traditionellen Dunstkreis der chinesischen Kultur nachzuhängen. Wenn man den Blick auf die Welt richte, stelle man fest, daß es China nicht an introvertierten sittlichen Normen im Sinne der drei Grundregeln und der fünf Haupttugenden, sondern an extrovertierten, dem wissenschaftlich-technischen Fortschritt, der gesellschaftlichen Entwicklung und dem nationalen Aufstieg förderlichen ethischen Normen gebreche, wie sie auf chinesischem Boden noch nie richtig aufgeblüht seien. Es handle sich um Tatendrang und Initiative begünstigende ethische Normen wie Risikobereitschaft, Mitverantwortungsgefühl, Wettbewerbsgeist und Gleichheitsbewußtsein.

Diese Ausführungen sind im Hinblick auf das Strategem Nr. 19 insofern von Belang, als sie über das 2000 Jahre alte, auf den Historiker Sima Qian (geb. um 145) zurückgehende geflügelte Wort «aus der Asche lodert es wieder auf» in Erinnerung rufen. Diese Eventualität sollte man bei auf Nachhaltigkeit Wert legenden Anwendungen des Strategems Nr. 19 nicht außer acht lassen.

## Strategem Nr. 20

## Im getrübten Wasser fischen

| | | | | |
|---|---|---|---|---|
| Die vier Schriftzeichen | 混 | 水 | 摸 | 魚 |
| Moderne chinesische Aussprache | hun | shui | mo | yu |
| Übersetzung der einzelnen Schriftzeichen | trüben/ aufrühren getrübt/ aufgeführt | Wasser | ergreifen | Fisch |

| | |
|---|---|
| Zusammenhängende Übersetzung | 1. Das Wasser trüben/aufrühren, um Fische zu fangen/um dann zu fischen.<br>2. Im getrübten Wasser Fische fangen/im getrübten Wasser fischen/im Trüben fischen. |
| Kerngehalt | 1. Das Wasser trüben, um dann bequem die ihrer klaren Sicht beraubten und nach Luft schnappenden Fische zu fangen; künstlich eine unklare/wirre/chaotische Lage schaffen, bzw. die Lage verkomplizieren, um sich oder einem anderen unbeachtet/unbemerkt/ohne großen Aufwand/ohne großes Risiko einen Vorteil zu verschaffen (zum Beispiel, um den sich darin nicht zurechtfindenden Gegner auszuschalten/ um eine Machtstellung zu erringen etc.). Strategem des Stiftens und Ausnutzens von Unklarheit/Unordnung/Unruhe/Verwirrung/Chaos.<br>2. In bereits getrübtem Wasser Fische fangen; eine ohne eigenes Zutun vorhandene oder sich ergebende unklare/undurchsichtige/wirre/chaotische Lage zum eigenen Vorteil/zum Vorteil eines anderen ausnutzen. Strategem des Ausnutzens von Unklarheit/Unordnung/Verwirrung/Chaos.<br>Strategem der Herbeiführung und/oder Ausnutzung einer Trübung/einer Unklarheit/eines Wirrwarrs/eines Chaos. Trübungsstrategem; Verwirrungsstrategem; Chaos-Strategem. |

## 20.1 Die Forelle

In einem Bächlein helle, da schoß in froher Eil
die launische Forelle vorüber wie ein Pfeil.
Ich stand an dem Gestade und sah in süßer Ruh
des muntern Fischlein Bade im klaren Bächlein zu.

Ein Fischer mit der Rute wohl an dem Ufer stand,
und sah's mit kaltem Blute, wie sich das Fischlein wand.
So lang dem Wasser Helle, so dacht ich, nicht gebricht,
so fängt er die Forelle mit seiner Angel nicht.

Doch endlich ward dem Diebe die Zeit zu lang.
Er macht das Bächlein tückisch trübe, und ehe ich's gedacht,
so zuckte seine Rute, das Fischlein, das Fischlein zappelt dran,
und ich mit regem Blute sah die Betrogne an.

Diesem Gedicht mit dem Titel «Die Forelle» von Christian Friedrich Daniel Schubart (1739–1791) verhalf Franz Schubert (1797–1828) zu Ruhm, allerdings wohl weniger ob des strategemischen Inhalts als vielmehr dank der schönen Melodie. An das dem Fischer dienende Trüben von Wasser knüpft auch Honoré de Balzac (1799–1850) in seinem in der Zeit von 1793 bis in die vierziger Jahre des 19. Jahrhunderts spielenden Roman *La Rabouilleuse* an. Die Rabouilleuse, die dem Roman den Titel gibt, übt eine auf der untersten Stufenleiter der damals verbreiteten Kinderarbeit stehende Tätigkeit aus. Es ist ihre Aufgabe, das Wasser in den Bächen zu trüben – rabouiller l'eau –, um die verborgenen Fische und Krabben aufzuscheuchen und in die Netze des Fischers zu treiben.

Das Gedicht «Die Forelle» veranschaulicht eine der beiden Varianten des Stratagems Nr. 20: Der Strategemanwender trübt das Wasser selbst und fängt dann Fische, vollzieht also zwei Handlungen, von denen die erste die Voraussetzung für die zweite schafft. Gemäß der zweiten Variante von Stratagem Nr. 20 trübt der Strategemanwender das Wasser nicht selbst. Es ist infolge von Ursachen, die nicht von ihm gesetzt sind, getrübt. Der Strategemanwender begnügt sich mit einer Handlung: Er profitiert vom getrübten Wasser.

Die chinesische Sprache stellt für die «Wassertrübung», die offenbar besondere Aufmerksamkeit auf sich zieht, auffallend viele Redensarten zur Verfügung:

- «hun xiao shi ting»: Sehen und Hören verdunkeln; die öffentliche Meinung / die Öffentlichkeit verwirren; eine richtige Beurteilung der Dinge verunmöglichen;
- «yumu hun zhu»: Fischaugen mit Perlen vermischen; Falsches unter Echtes / Falsches unter Wahres mischen (s. 20.24);
- «yi jia luan zhen»: mit etwas Falschem Echtes vortäuschen; die Wahrheit / Wahres durch die Unwahrheit / durch Unwahres verdunkeln;
- «yu long hun za»: Fische und Drachen vermischen sich miteinander; Gutes und Schlechtes sind miteinander vermengt.

Besonders eindringlich erinnere ich mich an eine Verfahrensweise, über die mich 1977 an der Peking-Universität mein damaliger chinesischer Zimmergenosse Dong Shihua unterrichtete:
- «xuxu shishi: [wörtlich] leer-leer, voll-voll»; dem Gegner einmal falsche, einmal richtige Informationen zuspielen, um ihn irrezuführen.

Bei dem «getrübten Wasser» kann es sich um ein Stadtquartier mit einer großen Zahl an nicht registrierten Wanderarbeitern samt Familienanhang handeln, wobei die von Menschenhändlern recht problemlos entführten Kinder die «Fische» sind (*Chinesische Jugendzeitung*, Peking 11.6.1999, S. 1). Laut anderen aktuellen chinesischen Publikationen erweisen sich als «getrübtes Wasser»:
- die derzeit vielfach wirren, durch Gesetzesrecht nicht klar geregelten volkswirtschaftlichen und administrativen Strukturen;
- Unklarheiten des Warenpreissystems infolge des zeitweisen Nebeneinanders von freien Markt- und staatlich fixierten Preisen;
- schlecht beaufsichtigte Rohmaterial-Lager von Fabriken;
- der noch nicht durch einheitliche Produktionsnormen geregelte chinesische Sexartikel-Markt;
- Scharlatanerie im Qigong-Angebot, wobei «Qigong» eine traditionelle chinesische Lebenskräftigungs- und Atemtechnik ist;
- von politischen Gegnern angefochtene, also «verdunkelte» parteiamtliche Lagebeurteilungen;
- zentrale politische Begriffe und Konzepte, die von politischen Gegnern verwirrt beziehungsweise verundeutlicht werden;
- aber auch die besonders verwickelte Mittel- und Endphase eines chinesischen Schachspiels – kein Wunder, daß sich damit eine Monographie mit dem Titel *Das Wasser trüben und Fische fangen* (Volkssportverlag, Changping 1994, 150000 Schriftzeichen, 213 Seiten) auseinandersetzt.

Der «gefangene Fisch» kann Vielfältiges symbolisieren, etwa materielle Vorteile aller Art, Ausschaltung von Rivalen, Ehre und Position, Falschmünzerei (im weitesten Sinne des Wortes), die Gelegenheit zur Durchführung unbemerkter Aktionen und Zeitgewinn. Bisweilen wird der «gefangene Fisch» klar gekennzeichnet, mitunter wird es der Phantasie des Lesers überlassen zu erraten, worin der Fisch nun genau besteht, etwa in folgendem Spottlied gegen den als projapanisch geltenden General He Yingqin (1890–1987), das in der Zeit des chinesischen Widerstandskriegs gegen Japan (1937–1945) gesungen wurde: «He Yingqin, der hat kein Rückgrat. Er fischt im trüben und kennt noch andere Tricks. Sein Maul frißt chinesischen Reis. Sein Herz neigt sich zur großen [japanischen] kaiserlichen Armee.»

Der «Fisch» kann nicht zuletzt seelische Erleichterung sein. «Japanische Großstädte vermitteln eingefleischten Anglern wenigstens eine Illusion des Fischens im ‹tsuribori›, dem Befischen künstlicher, meist trüber Teiche, in denen es von Karpfen wimmelt.» Hier kann man füglich vom «Vergnügen, im Trüben zu fischen» (*Neue Zürcher Zeitung*, 13./14. 1. 1990, S. 82) reden. Aber man kann sich diesen Vorgang, auf das innere Gleichgewicht bezogen, auch metaphorisch-strategemisch vorstellen (s. 20.5).

Das Stratagem Nr. 20 scheint dem Stratagem Nr. 5 sehr ähnlich zu sein, läßt sich von diesem aber abgrenzen. Beim Stratagem Nr. 5 «Eine Feuersbrunst für einen Raub ausnutzen» wird das Stratagemopfer unmittelbar von einer existenzbedrohenden Katastrophe beziehungsweise von einem Unglück betroffen. Sein oder seiner Nächsten Überleben und/oder Hab und Gut stehen auf dem Spiel. Diese existenzielle Notlage wird vom Stratagemanwender, bei einer wörtlichen Auslegung der Stratagemformel Nr. 5, nicht herbeigeführt, sondern lediglich «ausgenutzt». Von einem anderen Szenario geht das Stratagem Nr. 20 aus, nämlich von einer – vom Stratagemanwender selbst herbeigeführten oder durch Dritteinwirkung hervorgerufenen – Trübung des Wassers. Nicht das Stratagemopfer, sondern sein Umfeld befindet sich in einem schlimmen Zustand. Das Stratagemopfer bleibt in seiner unmittelbaren Existenz zunächst unbehelligt. Erst infolge der gestörten Umgebung gerät es in Bedrängnis. Stratagem Nr. 20 und Stratagem Nr. 5 unterscheiden sich also vor allem durch die Intensität und den Unmittelbarkeitsgrad der das Stratagemopfer bedrohenden Heimsuchung. Chinesische Texte präsentieren allerdings auch Beispiele, bei denen eine Trübung des Geisteszustands, also eine unmittelbare Beeinträchtigung des Stratagemopfers, dem Stratagem Nr. 20 zugeordnet wird. Aber eine Geistestrübung erscheint nicht als «Feuersbrunst». Hier wird also nicht die Intensität des Strategems Nr. 5 erreicht. Bei der Abgrenzung der beiden Strategeme verdient Beachtung, fällt aber nicht so sehr ins Gewicht, daß von einer «Feuersbrunst» eher ein ganz bestimmtes konkretes Gegenüber und nicht, wie bisweilen von «getrübtem Wasser», ein zufällig zusammengewürfeltes anonymes Kollektiv (s. z. B. 20.17) betroffen ist.

## 20.2  Hellenischer Fischer in chinesischen Gewässern?

«Im trüben Wasser lassen sich Fische leicht fangen» lautet eine volkstümliche südchinesische Redensart. Überliefert hat sie Fan Yin in seinem 1882 gedruckten Werk *Redensarten aus Yue* (entspricht den heutigen Provinzen Jiangsu und Zhejiang). Liebhaber der altgriechischen Literatur werden nun vielleicht gleich an eine dem legendären griechischen Dichter Aesop (6. Jh. v. Chr.) zugeschriebene Fabel denken, die ich im folgenden aus einer chinesischen Aesop-Ausgabe (Peking 1981) übersetzte:

«Ein Fischer wollte in einem Fluß fischen. Er sperrte den Fluß ab und spannte ein Netz aus. Zudem befestigte er an einem Strick einen Stein und schlug damit in einem fort aufs Wasser. Die aufgescheuchten Fische sprangen aus dem Wasser und plumpsten einer nach dem anderen kopflos in das aufgespannte Netz. Es gab dort Ortsansässige, die das Treiben des Fischers beobachteten. Sie warfen ihm vor, er trübe das Wasser, so daß niemand mehr reines Wasser trinken könne. Der Fischer erwiderte: ‹Würde ich das Flußwasser nicht trüben, dann könnte ich Hungers sterben.› In gleicher Weise verfahren Politiker der Stadtstaaten, wenn sie ihr Vaterland ins Chaos führen.»

Den Gehalt dieser Fabel bringt die seit dem 16. Jahrhundert im Deutschen bezeugte Redensart «im trüben fischen» zum Ausdruck. Diese Redensart gehört zu dem über ganz Europa verbreiteten Sprichwort «Im trüben Wasser ist gut fischen» beziehungsweise «Im trüben ist leicht fischen». Der früheste Beleg findet sich in Walter Maps *De nugis curialium* (*Über die Nichtigkeiten der Hofbeamten*), einem Werk, das kurz vor 1200 in England verfaßt wurde, dort in der Formulierung «In aqua turbida piscatur uberius (im trüben Wasser fischt man reichlicher)». Das berichtet Lutz Röhrich in *Lexikon der sprichwörtlichen Redensarten*, Bd. 5 (4. Aufl. Freiburg etc. 1999, S. 1646f.) und fügt hinzu: «Das Sprichwort bezieht sich auf eine alte praktische Erfahrung der Fischer, zum Aalfang das Wasser zu trüben, die schon für das alte

Griechenland bezeugt wird», wo man übrigens den Tintenfisch für das Sinnbild des listigen Tiers hielt. Denn er mache das Gewässer um sich herum «tückisch trübe» und angle seine ahnungs- und orientierungslosen Opfer mit seinen unsichtbaren Fangarmen.

Fabeln des Aesop gehören in der Tat zu den frühesten westlichen Texten, die ins Chinesische übersetzt wurden. Nachdem die Jesuiten Matteo Ricci (1552–1610) 1608 und Jacques de Pantoja (1571–1618) 1614 vereinzelte Aesop-Fabeln ins Chinesische übertragen hatten, erschien 1625 in Xi'an (in der heutigen Provinz Shaanxi) die erste kompakte chinesische Aesop-Übersetzung von 22 Fabeln. Der Jesuit Nicolas Trigault (1577–1628) übersetzte sie zunächst mündlich, woraufhin ein Chinese sie niederschrieb. Im Jahre 1840 kam in Guangdong eine Sammlung von 82 Aesop-Fabeln heraus, übersetzt von dem Engländer Robert Thom (1807–1846). Wie populär Aesop-Fabeln in China sind, zeigen immer wieder neue, oft bunt illustrierte Aesop-Ausgaben. Sogar Mao Zedong, der sich nicht oft auf das althellenische Kulturgut berief, zitierte recht ausführlich eine Fabel des Aesop, und zwar in einer zu Neujahr 1949 für die Nachrichtenagentur Neues China verfaßten Botschaft vom 30. 12. 1948 (s. 21.1, 2f).

Ich ging der Frage nach, ob «Der Fischer» bereits zu den 22 im Jahre 1625 in China publizierten Aesop-Fabeln gehörte. Das Ergebnis meiner Recherchen, bei denen ich insbesondere Ge Baoquan (geb. 1913), den besten Kenner der chinesischen Aesop-Rezeption und derzeit (1999) ein Berater ehrenhalber des Chinesischen Schriftstellervereins, befragte, war negativ. Die Fabel «Der Fischer» wurde erst in neuester Zeit ins Chinesische übersetzt. Also kann der Strategemausdruck Nr. 20 nicht von dieser Fabel beeinflußt sein.

Die erstaunliche Ähnlichkeit zwischen Strategem Nr. 20 und entsprechenden deutschen beziehungsweise europäischen Redeweisen beruht auf sogenanntem spontanem Parallelismus: In unterschiedlichen Kulturkreisen entwickelt sich unabhängig je etwas Gleiches oder zumindest sehr Ähnliches, im vorliegenden Fall eine bestimmte Redensart. Dies rührt daher, daß materielle Gegebenheiten menschlichen Daseins, wie zum Beispiel die Umstände des Fischfangs, über alle Kulturschranken hinweg zu gleichen oder sehr ähnlichen (auch sprachlichen) Reaktionen der Menschen führen. Sogar die strategemische Deutung der Redensart im Westen ähnelt jener in China sehr, nur daß sie im Reich der Mitte mehr durchdacht und ausgefeilt worden ist als im Abendland: «Aus unklarer Lage Vorteil ziehen, bei dunklen und nicht ganz einwandfreien Geschäften seinen Profit machen; früher gern in Beziehung auf das öffentliche und staatliche Leben gebraucht in der Bedeutung: die gemeine Not oder die Verwirrung der Zeit zu seinen Gunsten wenden und ausnützen» (Lutz Röhrich, ebenda). So ist das Stratagem Nr. 20 ein Indiz für die Ubiquität und Globalität des Phänomens der List.

### 20.3  Das Wasser stauen, um Fische zu fangen

«Ist das Wasser zu schmutzig, dann japsen die Fische nach Luft, sind die Regierungen zu streng, dann zeigt sich beim Volk Unordnung», heißt es im *Inoffiziellen Kommentar zum Buch der Lieder*, das Han Ying (2. Jh. v. Chr.) zugeschrieben wird, und, mitunter leicht abgewandelt, in anderen etwa 2000 Jahre alten chinesischen Texten. Aus diesem Bild kann man ersehen, daß Chinesen der alten Zeit beobachtet haben, wie Fische im schmutzigen Wasser an die Oberfläche schwimmen, um mit geöffnetem Maul nach Luft zu schnappen. So entdeckten Chinesen auch, daß Fische im getrübten Wasser leicht zu fangen sind.

In der Song-Zeit (960–1127) schrieb Ma Yongqing folgende Zeilen: «Wenn in der Gegend des Poyang-Sees und des Jun-Flusses im Gebiet von Nankang [alles in der heutigen Provinz Jiangxi] im hohen Winter der Wasserpegel gesunken ist und die Fische alle in tiefe Stellen geschwommen sind, fahren die Einheimischen in 200 Kähnen aufs Wasser, wühlen mit Bambusstangen die tiefen Stellen auf und schlagen auf metallene Trommeln, um die Fische aufzuschrecken. Nach einer Weile springen die Fische verstört aus dem Wasser und landen prompt in den ausgespannten Netzen. Für die meisten von ihnen gibt es kein Entrinnen mehr.» In der hier beschriebenen Szenerie werden unter anderem dank einer Trübung des Wassers Fische gefangen. Im trüben Wasser vermag der Fisch drohende Gefahren wie ein Fischernetz oder eine nach ihm greifende Hand nicht zu erkennen. Getrübtes, verschmutztes Wasser treibt Fische, so ein chinesisches Buch, das den Stratagemausdruck Nr. 20 aus naturwissenschaftlicher Sicht unter die Lupe nimmt, an die Oberfläche. Dort müssen sie nach Luft schnappen. Denn das Wasser, das einen Fisch umgibt, muß hinsichtlich Sauerstoffgehalt und Lichtverhältnissen bestimmte Bedingungen erfüllen.

Als im Herbst 1091 der Ostteil des Westsees in Yingzhou (heutiges Fuyang, Provinz Anhui) austrocknete und die Fische im Schlamm steckenblieben, befahl Su Dongpo (1037–1101), der dort Beamter war, die Fische in Netzen zu sammeln und in den Westteil des Sees, wo noch Wasser vorhanden war, zu bringen. Diesem Vorgang widmete Su Dongpo zwei Gedichte. Sein Zeitgenosse Chen Shidao (1053–1102) antwortete darauf mit drei Gedichten. Im zweiten dieser Texte lautet die erste Strophe: «Mit bloßer Hand kann man Fische fangen, so wie wenn man Erdstücke vom Feld auflesen würde.» Dies bezog sich auf die im seichten Schlamm des Westsees gestrandeten Fische. Schon früh tauchte die Formulierung «das Wasser stauen, um Fische zu fangen (e shui qu yu)» auf. In einem engen Wasserbereich ohne Abfluß fallen dem Menschen Fische als vergleichsweise leichte Beute zu.

Im Jahre 225 n. Chr. unternahm Kaiser Wen von Wei einen Feldzug gegen den Staat Wu. Die Kaiserin blieb in einem Palast zurück. Damals war ein gewisser Guo Biao, ein Halbbruder der Kaiserin, für die Sicherheit im Palast verantwortlich. «Er wollte das Wasser stauen, um Fische zu fangen», schreibt Chen Shou (233–297) in seiner *Geschichte der Drei Reiche*. Die Kaiserin antwortete ihm: «Der Wasserweg muß für den Transport offen bleiben [...] Wonach dich gelüstet, sind nicht nur ein paar kleine Fische!» Hier signalisiert der Ausdruck «das Wasser stauen, um Fische zu fangen» politischen Ehrgeiz. Guo Biao plante, den auf dem Wasserweg durchgeführten Proviantransport für Kaiser Wen zu unterbrechen, um in dessen Truppe ein Chaos auszulösen. Dieses sowie die Abwesenheit des Kaisers sollten Guo Biao ermöglichen, sich selbst an die Macht zu putschen. Das Stratagem Nr. 20 war in seinem Kalkül mit dem Stratagem Nr. 19 verknüpft. Mit ihrem entschiedenen Widerstand erstickte die Kaiserin Guo Biaos Plan im Keim.

Zunächst ist in alten chinesischen Texten «trübes Wasser» ein natürlicher Zustand und gleichzeitig ein Bild für eine wirre Lage. Spätere Texte berichten, daß man Wasser trübt, um Fische besser fangen zu können. «Gestautes Wasser» und «Fische» werden dann aber auch als Metapher für die Störung einer Ordnung und die damit einhergehende Chance ungebührlichen Gewinns verstanden.

20.4  Fischen ohne Grenzen

In dem Bühnenstück *Der Kriminalfall mit den zwei Nägeln*, verfaßt von Tang Ying (1682–ca. 1755), lebt Jiang Yu mit seiner Mutter in tiefer Armut. Sein älterer Bruder hat soeben in der Hauptstadt die Beamtenprüfung bestanden und ist zum Kreisvorsteher in Henan ernannt worden. Er hat bereits einen Boten mit einem Brief an Bruder und Mutter entsandt. In dem Schreiben lädt er sie ein, in seinen Amtssitz überzusiedeln. Noch haben aber Jiang Yu und seine Mutter die freudige Nachricht nicht erhalten. So bricht denn Jiang Yu wieder auf, um Nahrung zu besorgen.

Zunächst fischt er im See, fängt aber nur eine Schildkröte. Seine Mutter hat ihm eingeschärft, Schildkröten wieder ins Wasser zu werfen, weil sie an Alter alle anderen Wassertiere überragten und besondere Geisteskräfte besäßen. So übergibt denn Jiang Yu das Tier den Fluten. Nach einer Weile hängt aber ein zweites Mal eine Schildkröte an seiner Angel. Bei genauerem Hinsehen stellt sich heraus, daß es wieder dasselbe Tier ist. Erneut wirft er es ins Wasser zurück. Noch keinen einzigen Fisch hat er gefangen! An diesem See hat er heute kein Glück! Jiang Yu beschließt daher, zum etwas entfernt gelegenen Kanal überzuwechseln.

In der nun folgenden Szene tritt zunächst eine andere Figur auf und spricht: «Ich bin ein hiesiger Fischer und heiße Zhang Mang'er. Ich habe keine Erwerbsquelle, mit Fischen suche ich mich zu ernähren. Weil hier im Huai-Kanal Fische und Krabben gedeihen und zudem noch weiter hinten ein See liegt, ebenfalls reich an Fischen und Krabben, gibt es hier Fischer noch und noch. Immer wieder kam es zu Streit, man konnte gar nicht mehr in Frieden seiner Arbeit nachgehen. Daher haben wir, die wir uns hier mit Fischen versorgen, alle zusammen Rat gehalten und festgelegt, daß alle je ihre abgegrenzten Fischgründe haben. Wer im See fischt, der fischt nur dort, wer im Kanal fischt, nur hier. Mich hat man dem Kanal zugeteilt. Das östliche Ende des Kanals ist die Grenze meines Fischgebiets. Heute habe ich nichts anderes zu tun. Daher habe ich Angelleine und Angelrute genommen und begebe mich nun zu einer Stelle, wo das Wasser tief ist und sich Wirbel bilden. Dort werde ich mir einige Fische angeln und so die Nahrung für den heutigen Tag beschaffen. Fische und Krabben schwimmen in meinem Wasserreich, dessen Grenzen klar abgesteckt sind. Das beruhigt mein Herz.»

Zhang Mang'er verläßt die Bühne, und es erscheint Jiang Yu. Zunächst singt er: «Ich habe die Buchten des Sees mit seinem klaren Wasser verlassen, denn es gab dort nichts zu fangen. Schnell komme ich nun zum Kanaldamm. Ich sehe Wogen fliegen und Wellen sich kräuseln. Nun befinde ich mich bereits am Kanal. Es gibt jetzt nichts anderes, als den Köder ins Wasser sinken zu lassen, um einen guten Fang zu machen. Schwer ist es, das Leben zu fristen. Alt ist die Mutter, und unbeweibt bin ich. Festes Vermögen haben wir keines. Verflixt! Schon wieder eine Schildkröte an der Angel! Diesmal ist sie golden!»

Hier ist erklärend hinzuzufügen, daß es sich um eine sagenhafte Schildkröte handelt, die, wenn man auf ihren Panzer schlägt, Gold produziert.

«Das ist aber seltsam! Laßt sie mich mal genau betrachten. Ai! Das ist nicht wie sonst! Ganz gelb glänzt die Schale, so wie Gold. Die beiden Augen funkeln. Sie starren mich unentwegt an. Was soll das bedeuten? (Singt) Das sieht mir nicht nach einer gewöhnlichen Schildkröte aus. Das vom lieblichen Wasser hervorgebrachte Gold strahlt so wunderbar. (Spricht) Jetzt hab ich dich. Warte. Ich nehm ein Ziegelstück und schlage damit ein paarmal auf deine Schale. Zum einen, um zu schauen, ob etwas Außergewöhnliches dabei herauskommt, zum zweiten, um dir Schmerzen zuzufügen, damit du das nächste Mal nicht mehr wagst, mich zu belästigen. (Er schlägt auf die Schale) Oh! Nun hab ich ein paarmal auf die Schale geklopft, und es sind einige klitzekleine Stückchen niedergefallen. Warte, ich muß sie mir genauer ansehen. Oh! Es sind lauter Goldstückchen. Es ist also eine Schatzschildkröte. Von heute an muß ich, Jiang Yu, mir keine Sorgen mehr machen, wie ich meine Mutter ernähre. (Singt) Ich seufzte über unser kaltes Haus und über meine verwitwete Mutter. Armselig ist unsere Nahrung und unwürdig unsere Wohnstätte. Das Gold verändert unser Leben, es gibt nun keinen Grund mehr zu seufzen und sich Sorgen zu machen. (Spricht) Laßt mich diese kostbare Schildkröte aufbewahren. Ich will noch nach einer zweiten fischen... (Singt) Ich glaube, die Schildkröte stammt aus dem Schatzgebirge beim Drachenschloß. Da wohl das Tor zur Schatzkammer geöffnet ist, hoffe ich auf noch mehr Schätze.»

Nun erscheint der Fischer Zhang Mang'er wieder auf der Bildfläche und singt: «Ich eile und haste und gelange nun zum Kanalufer. Was sehe ich? Einen durchtriebenen Kerl beim Angeln! (Spricht) Am Ufer sitzt einer und fischt. Er sieht nicht so aus, als ob er einer von uns wäre. Ich weiß nicht, wer es ist. Laß mich genauer hinsehen! He! Du bist der zweite Sohn der Familie Jiang? Hallo! Du fischst doch immer im See! Wie kommst du dazu, heute hier draußen in unserem Kanal zu fischen?»

Jiang Yu (spricht): «Pa! See wie Kanal sind öffentliche Gewässer. Sie stehen jedermann zu. Was kümmerst du dich um mich!»

Der Fischer (spricht): «Was sagst du da? Letztes Jahr haben alle Fischer festgestellt, daß, wer dem See zugeteilt wird, nur im See, und wer dem Kanal zugeteilt wird, nur im Kanal fischt. Man fischt nicht in den Gewässern der anderen. Wie kommst du heute dazu, diese allgemeine Übereinkunft zu verletzen?

Jiang Yu (spricht): «Ich weiß von keiner Übereinkunft. Jeder kann hier angeln, verdammt noch mal! Was gehen mich See und Kanal an!»

Der Fischer (spricht): «Ich gestatte dir nun einmal nicht, hier zu fischen.»

Jiang Yu (spricht): «Ich will nun aber gerade hier fischen. Wagst du es, dich mit mir anzulegen?»

Der Fischer (spricht): «Dann versetze ich dir also ein paar Schläge!»

Jiang Yu (spricht): «Dann schlag doch zu! Du glaubst doch nicht etwa, daß ich Angst vor dir habe!»

Der Fischer (singt nach der Melodie des Nachtfalters, der sich auf eine Lampe stürzt): «Das hast du verdient, denn du bist allzu hochnäsig. Um deinen Vorteil zu erlangen, bist du in mein Fischgebiet eingedrungen. See und Kanal sind voneinander getrennt. Doch du nahmst deine Angelrute und fischtest hier! Du hast vor, dich hier breitzumachen! Getrieben von abartiger Gier, fischst du in getrübtem Wasser. Du raubst uns unseren Lebensunterhalt, wie könnte ich mich damit abfinden! Meine Fäuste sollen dich in die Hölle befördern!»

Es kommt zu einer kurzen Schlägerei, doch endet das Ganze glimpflich, denn ein Mann eilt herbei und ruft Jiang Yu zu, als Bruder eines Kreisvorstehers stehe es ihm schlecht an, sich herumzuprügeln. Darauf läßt Yiang Yu von seinem Gegenüber ab.

Hier steht nicht der weitere Verlauf der Geschichte, sondern der Gebrauch des Strategemausdrucks Nr. 20 im Mittelpunkt. Der Fischer wirft Jiang Yu vor, die von den Fischern sorgfältig vereinbarte Abgrenzung der Fischgründe durcheinanderzubringen, um sich so einen Vorteil zu verschaffen.

20.5 Bei einer Dirne das Wasser aufrühren

«Der Lai Dadian aus Jiangxi bin ich, von Natur aus frei und ungebunden, steht mir der Sinn nach Wein und Weibern. Mein Vater hinterließ mir ein kleines Geschäftsvermögen. [...] Vom Arzneienverkauf ernähre ich mich.»

Das sagt ein als Arzneiverkäufer gekleideter Bursche zu Beginn der *Burleske um einen Mehltrog*, verfaßt von Tang Ying (1682–ca. 1755), und er fährt fort: «Das ererbte Vermögen hab ich größtenteils verbraucht. Gering sind meine Geschäftsgewinne. Jetzt bin ich nach Henan gekommen und hoffe, Kunden zu finden, die meine Waren kaufen. Doch geht's mir nicht so sehr darum, Fische zu fangen, nur das Wasser aufrühren will ich. Den ganzen Tag in meinem Laden zu sitzen ist so unendlich langweilig! Ich hab gehört, daß hier eine berühmte Dirne lebt, Zhou Lamei mit Namen. In Sex und Sangeskunst sei sie beschlagen [...]»

Lai Dadian mag mit dem «Aufrühren des Wassers» meinen, daß er durch das Führen des Arzneiladens sein wahres Interesse, nämlich Lebensgenuß bei Weib und Wein, verschleiern möchte – das Strategem Nr. 20 zur Verhüllung eines Doppellebens. «Wasser aufrühren» kann hier aber auch als Metapher für «in den Tag hineinleben», möglichst in angenehmer weiblicher Begleitung, verstanden werden. In der Tat ist das einzige, was im weiteren Verlauf der Burleske über Lai Dadian berichtet wird, sein letztlich gescheiterter Versuch, an die Dirne Zhou Lamei heranzukommen.

Ebenfalls in einer verneinten Form kommt der Strategemausdruck Nr. 20 bereits in dem aus der Ming-Zeit (1368–1644) stammenden berühmtesten chinesischen erotischen Roman *Schlehenblüte in goldener Vase* vor. Der nichtswürdige Schwiegersohn Ximen Qings, der männlichen Hauptfigur des Romans, stößt in einem Rausch gegen das ihn nicht sehr respektvoll behandelnde schwiegerväterliche Haus wüste Drohungen aus, die er mit den Worten zusammenfaßt: «Nicht Fische fangen will ich, ich will nur das Waser gründlich aufrühren und daran meinen Spaß haben.» Ihm steht der Sinn danach, Verwirrung und Unordnung zu stiften, um sich daran zu ergötzen. Die Schadenfreude kann man als den gefangenen Fisch betrachten. Hier tritt das Strategem Nr. 20 als eine Mischung von Schadens- und Scherzstrategem in Erscheinung, allerdings auf einer etwas primitiven Stufe.

20.6 Im Spielsalon Quartier bezogen

Wei Jinzhong war ein niederer Bediensteter im Ritenministerium. Sein Vorgesetzter hatte einen Narren an ihm gefressen. Durch allerlei unlautere Manöver verdiente er unter Ausnutzung seiner Stellung ein Heidengeld. Bei Nahrungs- und Weinkonsum entwickelte er den Appetit eines Walfisches. Den ganzen Tag amüsierte er sich, und nachts vergaß er die Heimkehr. Müßiggänger, die dem Glücksspiel frönten, waren sein bevorzugter Umgang.

An der Zehnprinzgemahlenstraße führte ein gewisser Wang Xiao'er einen Spielsalon. Er hatte erfahren, daß Wei Jinzhong ein hemmungsloser Spieler und ein ausschweifender Dirnenfreund war, der sich nicht lumpen ließ. Darauf trommelte er einige alleinstehende schräge Vögel zusammen und besprach sich mit ihnen: «Jener Wei aus dem Ritenministerium wäre ein guter Fang. Sucht ihn auf und lotst ihn hierher, damit wir ihm ein paar Silberlinge aus der Tasche ziehen können. Das sollte doch möglich sein!» Unter den Kumpanen gab es einen, der hieß Zhang Cheng. Er hatte ein purpurrotes Gesicht. Man nannte ihn den schwarzen Zhang. Er war äußerst gerissen und verschlagen. Stets witterte er sofort seine Chancen. Seinen Lebensunterhalt verdiente er ausschließlich dadurch, daß er wohlhabende Jugendliche zum Nichtstun und zum Glücksspiel animierte. Niemand wußte, wieviele junge Männer aus gutem Hause er bereits ins Verderben gestürzt und wieviele mißratene Söhne er dazu verleitet hatte, Häuser und Grundstücke zu verscherbeln. Er wandte sich zu Wang Xiao'er mit den Worten: «Wenn du willst, daß ich ihn herbeischaffe, mußt du guten Wein auf Lager haben und für feine Speisen sorgen. Er soll sich hier so richtig wohl fühlen. Wenn ich ihn hergeschafft habe, muß man von allen Seiten um ihn herumscharwenzeln. Dann muß noch eine hübsche Frau her, die ihn bedient und für die sich sein Herz entflammt. Dann wird er ganz gefügig und völlig in unserer Hand sein. Solange wir ihn nicht bis aufs Hemd ausgequetscht haben, werden wir nicht loslassen. Das nennt man ‹das Wasser trüben, damit alle gut Fische fangen können›.» Als Wang Xiao'er dies hörte, kam in seinem Herzen Freude auf, und er rief aus: «Welch ein gutes Strategem! Ich mache mich an meine Vorbereitungen, und ihr geht und schafft ihn mir herbei!»

Soweit eine Szene aus Guo Qings nicht unbedingt zur ersten Garnitur zählenden Roman *Träume aus dem Reich der Sonne und aus dem Reich der Schatten zur Warnung der Welt* (Erstdruck: 1628 n. Chr.). Wei Jinzhong wurde bei seinem ersten Besuch im Spielsalon von der ihm dort zuteil werdenden Charme-Offensive völlig eingelullt: «Noch bevor er einen Tropfen Wein zu sich genommen hatte, war sein Herz bereits trunken.» Dies bewirkte die schöne Lan Sheng, die sich zu ihm gesellte. Nur zu gern nahm Wei Jinzhong die Einladung des Salonbesitzers an, einige Zeit bei ihm zu wohnen. Er meldete sich beim Ritenministerium krank, ließ sich von zu Hause Geld bringen und verbrachte die ganze Zeit mit Sex und Spiel. Nach einem halben Monat war er um 600 Silberlinge ärmer. Mit Erfolg war das «Wasser» – der Geist Wei Jinzhongs – getrübt worden.

In einer ganz anderen Sphäre angesiedelt und doch dem vorliegenden Zusammenhang nicht völlig fremd, scheinen Feststellungen von Papst Johannes Paul II. in seinem *Brief an die Familien* zu sein. In der Vorstellung des Papstes «ist die Familie als Nucleus der Gesellschaft noch stärker gefährdet als die Staaten, bei denen sich in den letzten Jahren erhebliche Auflösungstendenzen gezeigt hätten. Bei einem Teil der Fernsehprogramme habe man den Eindruck, sie stellten anomale, verlockende Situationen als die Regel dar, während sie in Tat und Wahrheit irregulär seien. Auf diese Weise werde das moralische Bewußtsein verdunkelt» («‹Familienbrief› des Papstes», in: *Neue Zürcher Zeitung*, 14.2.1994, S.2).

## 20.7 Ein Faktotum freut sich über die Notlage seines Herrn

In dem Bühnenstück *Doublette über wahre Treue* der Dramatikerin Liu Qingyun (1841–1900) kommt das Faktotum Yuan Laotong auf das Strategem Nr. 20 zu sprechen. Sein Herr Wu befindet sich wegen eines in seiner Umgebung geschehenen Totschlags in einer brenzligen, also gewissermaßen «getrübten» Situation. Um sich aus der Affäre zu ziehen, muß er sich gänzlich auf die Dienste Yuan Laotongs verlassen, der nun natürlich nach Kräften Geld absahnt. Tian Qilang, ein Freund des Herrn, läßt sich nicht mehr blicken. Yuan Laotong sieht dagegen seine Stunde gekommen: «Ich, Yuan Laotong, zähle zu den besten Faktoten [...]. Meine Hüfte ist weich vom vielen Katzbuckeln, und mein Mund ist honigsüß, immer bin ich für meinen Herrn da [...] Jetzt helfe ich meinem Herrn, die bedenkliche Angelegenheit zu bereinigen. Schon fünf Silberlinge hat mir das eingebracht [...] Wo ist wohl jener Tian Qilang geblieben? Wenn er sich jetzt rar macht, weil es dem Hause Wu schlechtgeht, dann hat er aber einen viel kleineren Horizont als ich! Jetzt ist doch genau die Zeit, um reich zu werden. Wie könnte man sich da aus dem Staube machen! Im hellen zeige ich dem Herrn meine ergebenen Gefühle, im dunkeln aber fange ich mühelos Fische im getrübten Wasser. Aber Tian Qilang kann ja nichts dafür, er ist bloß ein einfacher Dörfler. Wie könnte er da meinen Weitblick haben! Genug der vielen Worte! Ans Werk! Aus der Bredouille, in die das Haus Wu geraten ist, ziehe ich mir nun einen ganz dicken Brocken heraus!»

20.8　Schnäppchenjäger zwischen zwei Fronten

Immer wenn das befestigte Dorf Zhangjia nicht umhinkonnte, mit den Banditen, die in der Umgebung ihr Unwesen trieben, in Kontakt zu treten, beauftragte der Dorfvorsteher seinen entfernten Verwandten Zhang Shoujing mit dieser Aufgabe. Zhang Shoujing war ein heruntergekommener, lediger, dem Glücksspiel verfallener Gutsherr. Einerseits trat er bei solchen Kontakten als der Vertreter des Dorfvorstehers auf, andererseits wollte er sich aber nicht mit den Wegelagerern anlegen, ja, er war sogar geneigt, unter ihnen einige Freunde zu gewinnen. Man nannte solche Typen wie ihn «Männer mit zwei Gesichtern». Obwohl ihm keine Seite ganz über den Weg traute, kam man um ihn als Mittelsmann nicht herum. Er selbst nutzte seine Position, um im getrübten Wasser Fische zu fangen. So kam er zu einigen Zusatzeinnahmen oder zumindest ab und zu in den Genuß einer guten Mahlzeit.

Die Passage stammt aus dem von Mao Zedong geschätzten Roman *Li Zicheng* von Yao Xueyin (1910–1999), bis zu seinem Tod einer von 12 stellvertretenden Vorsitzenden ehrenhalber des Chinesischen Schriftstellervereins. Li Zicheng (1606–1645) war der Aufrührer jenes Bauernaufstandes, der die Ming-Dynastie (1368–1644) stürzte. Das Stratagem Nr. 5 anwendend (s. 5.4) und noch andere günstige Umstände nutzend (s. 30.8), marschierten daraufhin die Mandschuren in China ein und errichteten die Qing-Dynastie (1644–1912). Der Mittelsmann, der im oben zitierten Romanabschnitt beschrieben wird, benutzt die für beide Seiten nicht ganz durchsichtige Lage, um für sich – wenn auch bescheidene – Vorteile zu ergattern.


20.9　Vom Fundei zum Legehuhn

«Es war einmal ein Stadtbewohner, der war so arm, daß er nie wußte, wann und wie er zu seiner nächsten Mahlzeit kommen würde. Eines Tages fand er ein Hühnerei, und voller Freude sagte er zu seinem Weib: ‹Unsere Familie hat nun ein Vermögen.› Wo es denn sei, wollte die Frau wissen. ‹Hier!› sagte er und zeigte seinen Fund. ‹Doch wird es noch zehn Jahre brauchen, ehe es ein Familienvermögen geworden ist.› Und dann legte er der Frau seinen Plan dar: ‹Ich trage das Ei zum Nachbarn und lasse es von seiner Glucke ausbrüten. Wenn die Küken herangewachsen sind, nehme ich mir eine der Hennen heraus. Die Henne wird Eier legen und Küken ausbrüten. In einem Monat werde ich fünfzehn Hühner haben, und in zwei Jahren werden es dreihundert sein. Die verkaufe ich für zehn Tael Gold. Für dieses Geld erhalte ich fünf Kühe, die werden kalben, und nach drei Jahren habe ich fünfundzwanzig Kühe und in weiteren drei Jahren hundertfünfzig Stück. Ich verkaufe das ganze Rindvieh für dreihundert Tael Gold. Wenn ich dieses Geld auf Zinsen verleihe, bin ich nach drei Jahren im Besitz von einem halben Tausend Tael.»

Die Erzählung von Jiang Yingke (1566–1605) schließt nicht mit einem Happy-End. Der Mann sagt nämlich zu guter Letzt, er plane, sich eine Konkubine zu nehmen. Darob gerät seine Gattin «in große Wut und zerschlägt das Ei». So ist das Familienvermögen, das aus einem einzigen Ei hervorgehen sollte, zu nichts zerronnen.

In einem im Sommer 1961 erschienenen Essay (deutsche Übersetzung von Joachim Glaubitz: *Opposition gegen Mao*, Olten etc. 1969, S. 66ff.) nimmt Deng Tuo den von Jiang Yingke geschilderten Plan des armen Stadtbewohners genauer unter die Lupe. «Er hat vor, das gefundene Ei unter die von der Henne eines Nachbarn gelegten Eier zu legen und zusammen mit diesen ausbrüten zu lassen. Sein Ziel ist es, im trüben Wasser einen Fisch zu fangen. Waren erst einmal die Küken ausgebrütet, wollte er sich ohne langes Federlesen ein Hühnchen auslesen und heimführen. Man kann daraus ersehen», so Deng Tuo, «wie sein Plan, zu Geld zu kommen, von Anfang an auf Diebstahl und Betrug angelegt war.»

Deng Tuo analysiert den ersten Schritt des Vermögensbildungs-Langzeitplans unter dem Gesichtspunkt des Stratagems Nr. 20. Der Mann mischt sein gefundenes Ei unter die Bruteier einer Henne des Nachbarn, natürlich mit dessen Einverständnis. Ob dem gefundenen Ei, einmal ausgebrütet, ein Hühnchen oder ein Hähnchen entsteigen wird, weiß der Mann zu diesem Zeitpunkt nicht. Vielleicht ist das Ei ja auch unfruchtbar. Was den Nachbarn betrifft, so kann man davon ausgehen, daß er das Ei nicht kennzeichnet und nicht genau beobachtet, was mit ihm geschieht. So verliert es sich unter den anderen Eiern. Von vornherein steht für den armen Schlucker fest, daß er aus den ausgebrüteten Küken ein Hühnchen für sich beanspruchen wird. Wer kann ihm schon beweisen, daß es nicht tatsächlich seinem Ei entsprang? Jedenfalls ist zum Zeitpunkt, da die Küken den Eiern entschlüpfen, ein klarer Überblick über das Schicksal des einen Eis nicht mehr möglich. Das ist genau die unklare Lage, die dem die Anwendung des Stratagems Nr. 20 planenden Manne frommt.

## 20.10 Eine Revolution ist kein Deckchensticken

«Im Vollbesitz der Macht, gestatten die Bauernvereinigungen Grundherren nicht, den Mund aufzumachen, und fegen ihr Ansehen hinweg. Das ist so, als hätten sie die Grundherren zu Boden geworfen und ihnen noch den Fuß auf den Nacken gesetzt. ‹Ihr kommt auf die Sonderliste!› drohen die Bauern den Tuhao und Liäschen, belegen sie mit Geldstrafen, treiben Kontributionen von ihnen ein, zerschlagen ihre Sänften. Menschenhaufen dringen in die Häuser der den Bauernvereinigungen feindlich gesinnten Tuhao und Liäschen ein, schlachten ihre Schweine und führen ihr Getreide weg. Zuweilen steigen die Leute auf die elfenbeinverzierten Betten der Töchter und Schwiegertöchter der Tuhao und Liäschen und rekeln sich ein wenig darauf. Beim geringsten Anlaß ergreifen sie einen dieser Herren, setzen ihm einen hohen Papierhut auf und führen ihn durchs Dorf, wobei sie rufen: ‹Heut' sollst du uns kennenlernen, Liäschen!› Indem sie tun und lassen, was ihnen beliebt, und das Unterste zuoberst kehren, wird im Dorf eine Art Terroratmosphäre geschaffen. [...] Eine Revolution ist kein Gastmahl, kein Aufsatzschreiben, kein Bildermalen oder Deckchensticken; sie kann nicht so fein, so gemächlich und zartfühlend, so maßvoll, gesittet, höflich, zurückhaltend und großherzig durchgeführt werden. Die Revolution ist ein Aufstand, ein Gewaltakt, durch den eine Klasse eine andere Klasse stürzt. Die Revolution im Dorfe ist eine Revolution, in der die Bauernschaft die Macht der feudalen Grundherrenklasse stürzt. Ohne die maximale Kraftanstrengung ist es der Bauernschaft unmöglich, die seit Jahrtausenden tiefeingewurzelte Macht der Grundherrenklasse zu brechen. Auf dem Lande muß es zu einer gewaltigen revolutionären Aufwallung kommen; erst dann kann man die Millionenmassen in Bewegung setzen, damit sie zu einer gigantischen Kraft werden. [...] alle jene Handlungen, die man ‹Überspitzungen› nennt, sind von revolutionärer Bedeutung. Geradeheraus gesagt, in jedem Dorf ist eine kurze Periode des Terrors notwendig, andernfalls ist es völlig unmöglich, die Tätigkeiten der Konterrevolutionäre auf dem Lande zu unterdrücken und die Macht der Schenschi zu brechen. Um einen Fehler zu korrigieren, muß man das Maß überschreiten, andernfalls kann der Fehler nicht korrigiert werden.»

Das sind Sätze Mao Zedongs, sie stehen in seinem «Untersuchungsbericht über die Bauernbewegung in Hunan» vom März 1927. Als ich im letzten Jahr der «Kulturrevolution» (1966–1976) an der Peking-Universität chinesische Geschichte studierte, gehörte dieser Bericht zu unserem Unterrichtsmaterial. «Es herrscht große Unordnung, die Lage ist ausgezeichnet», und «Durch große Unordnung zur großen Ordnung gelangen», sagte während der Kulturrevolution Mao, «der stets gern im trüben fischte» (Theo Sommer: «Die große Unordnung: ein neuer Rahmen für die Weltpolitik», in: *Die Zeit*, Hamburg 27.8.1992, S.1). In der «Kulturrevolution» kehrte Mao jedenfalls das Unterste zuoberst, entfesselte ein gewaltiges Chaos und machte die einzelnen Fische, also seine vom Geschehen verwirrten Rivalen und Gegner, unschädlich. Kein Wunder, daß bei der Abrechnung mit der «Kulturrevolution» nach Maos Tod das Strategem Nr. 20 häufig in der chinesischen Presse auftauchte. Allerdings wurde unter Zuhilfenahme des Sündenbock-Strategems Nr. 11 alles Schlimme, was während der «Kulturrevolution» geschehen war, auf die sogenannte «Viererbande» und deren Adlaten abgewälzt. Überall habe die «Viererbande» Aufruhr geschürt. An einigen Orten sei es unter ihrem Einfluß zur Stillegung von Fabriken, zu Streiks, ja zur dauernden Spaltung der Bevölkerung in zwei feindliche Lager (s. hierzu 20.11) gekommen, die mit bewaffneter Gewalt aufeinander losgegangen seien. Diese chaotische Lage habe die «Viererbande» geschaffen, um in den betreffenden Regionen als «Retter in der Not» eingreifen und ihre Helfershelfer an die Macht bringen zu können.

## 20.11 Deng Xiaopings Warnung

«Der Faktionalismus beeinträchtigt heute aufs ernsthafteste unsere Allgemeininteressen», sagte Deng Xiaoping etwa ein Jahr vor seinem dritten Sturz in einer Rede, am 5. März 1975, auf einer Konferenz von für den Industriebereich zuständigen Sekretären der Pateikomitees der Provinzen, Regierungsunmittelbaren Städte und Autonomen Gebiete. Gemünzt waren diese Worte auf Gruppen, die sich während der «Kulturrevolution» (1966–1977, s. 20.10) innerhalb und außerhalb der Kommunistischen Partei Chinas gebildet hatten und einander teilweise heftig bekämpften. «Dieses Problem», fuhr Deng fort, «muß allen Arbeitern und Angestellten vor Augen geführt werden. Es muß ihnen klargemacht werden, daß es sich hier um eine wichtige Frage [...] handelt. Es ist nutzlos, konkrete Probleme zu lösen, wenn diese Kernfrage nicht zuerst gelöst wird.» Unter den Anführern solcher Faktionen gibt es «einige schlechte Elemente. Man findet sie in allen Arbeitsbereichen und in allen Provinzen und Städten. Sie bedienen sich des Faktionalismus, um das Wasser zu trüben und dann Fische zu fangen. Sie sabotieren die sozialistische öffentliche Ordnung sowie den wirtschaftlichen Aufbau des Landes und nutzen das von ihnen auf diese Weise hervorgerufene Chaos zu ihrem eigenen Vorteil, um Spekulationen und Schiebergeschäfte zu betreiben, Macht zu gewinnen und Geld zu raffen. Gegen solche Menschen muß man entschieden vorgehen. Man nehme zum Beispiel den Rädelsführer in Yuzhou, der große Unruhen gestiftet hat. Er ist so ‹tüchtig›, daß er in Wirklichkeit über jene Gegend die Diktatur ausübt. Wenn wir nicht unverzüglich gegen diese Sorte von Menschen vorgehen, wie lange sollen wir dann noch damit warten?»

20.12   Karrieresprung durch eine Drosselung des Kulturbetriebs

Anfang 1980 war die Polaritätsnorm der Kommunistischen Partei Chinas «Laßt 100 Blumen blühen» (s. 13.11) im Bereich von Literatur und Kunst immer noch umstritten. Als «Polaritätsnorm» regelt sie die Alternativen «blühen lassen» und «drosseln» zuungunsten des «Drosselns», wie Mao Zedong in seiner 1957 gegebenen Erläuterung dieser Polaritätsnorm hervorhebt (s. im einzelnen: «Die Polaritätsnormen der Partei», in: Harro von Senger: *Einführung in das chinesische Recht*, München 1994, S. 297f.). Während der «Kulturrevolution» (1966–1976) war einseitig die Alternative «drosseln» betont worden, was zu einer völligen Monotonie des kulturellen Lebens in der VR führte, später in China oft gekennzeichnet durch die Redewendung: «Zehntausend Pferde stehen stumm da.» Deng Xiaoping und seine Anhänger, die nach der «Kulturrevolution» an die Macht gelangten, setzten sich für die unstrategemische Verwirklichung der Polaritätsnorm ein. Nach wie vor aber gab es Leute, denen die nach der «Kulturrevolution» im Zeichen dieser Polaritätsnorm aufkommende Vielfalt mißfiel. Als zum Beispiel die Zeitschrift *Populärer Film* im Mai 1979 auf der hinteren Umschlagseite eine Kußszene aus einem englischen Märchenfilm abbildete, kam es zu geharnischten Reaktionen (Details s. Harro von Senger: *Partei, Ideologie und Gesetz in der Volksrepublik China*, Verlag P. Lang, Bern 1982, S. 236ff.). Dieser Auseinandersetzung um das Für und Wider von mehr Freiheit im kulturellen Bereich widmete der bekannte Schriftsteller Wang Meng (s. Einleitung zu 19, 19.32, 26.13), der Mitte der 50er Jahre selbst ein Opfer des «Drosselns» geworden war, im Februar 1980 den Essay «Über das ‹Drosseln›». Er weist darauf hin, daß das «Blühen lassen» natürlich auch der Literatur- und Kunstkritik Auftrieb gibt, die sich vermehrt zu Wort meldet:

«Über gewisse literarische und künstlerische Werke sind die Meinungen geteilt, und es kommt zu Erörterungen und Diskussionen. Rezensenten, Autoren, ja führende Genossen äußern als Diskussionsbeiträge gemeinte oder kritische Meinungen oder bekunden in recht scharfer Weise ihr Mißfallen. Diese Meinungen verbreiten sich mit Windeseile, und sofort hört man den Ruf: ‹Schaut her, bedeutet das etwa nicht, daß man wieder drosseln will?› Sogleich wird ein Gehabe an den Tag gelegt, als wenn alle Zeichen darauf hindeuteten, daß sich der Wind drehen, der Himmel einstürzen und die Erde versinken werde. Es gibt Personen, die diese Diskussionsbeiträge, Erörterungen und kritischen Bemerkungen nach Kräften aufbauschen, um die Herzen der Menschen zu verwirren. Ihre einzige Sorge ist es, daß es unter dem Himmel kein Chaos mehr geben könnte. Einige dieser Personen warten schon längst sehnsüchtig auf eine Drosselung der Literatur- und Kulturszene. Kaum weht ein Lüftchen und bringt einige Gräser in Bewegung, dann beginnen sie sogleich mit einer Hexenjagd, erzeugen eine gespannte Atmosphäre, um im getrübten Wasser Fische zu fangen und um eine Feuersbrunst für einen Raub auszunutzen.»

Wang Meng greift gleich zwei Strategeme, nämlich Stratagem Nr. 20 und Nr. 5, heraus, deren Anwendung zum eigenen Vorteil – das können Ehre, Position, die Eliminierung von Rivalen etc. sein – er den Anhängern einer Drosselungspolitik vorwirft.

20.13   Der sechste von Meister Suns zwölf listigen Wegen

«Luan er qu zhi», so lautet der sechste der «Zwölf listigen Wege», die in *Meister Suns Kriegskunst* empfohlen werden. Karg ist die klassische chinesische Schriftsprache, und so bedeuten die vier Schriftzeichen zunächst nur vage «Ist Unordnung vorhanden, überwältigt man ihn [= den Feind]». Dieser Satz wird in einschlägigen westlichen Sun-Zi-Übersetzungen meist so verstanden: «Feign disorder, and crash him» (Lionel Giles [Übers.]: *Sun Tzu*, Shanghai/London 1910, S. 6); «Feign disorder and strike him» (Samuel B. Griffith [Übers.]: *Sun Tzu*, London etc. 1980, S. 66); «Täusche ihm Auflösungserscheinungen im eigenen Heer vor und schlage ihn dann» (Klaus Leibnitz [Übers.]: *Sun Tzu*, Karlsruhe 1989, S. 14) etc. Vermutlich beruhen diese westlichen

Deutungen auf dem in der Einleitung (s. Punkt 12) erläuterten engen Verständnis von List, das diese partout mit Täuschung gleichsetzt. So gesehen fiele der sechste listige Weg in den Bereich von Stratagem Nr. 27. Anders wird «Luan er qu zhi» erläutert in der *Großen Enzyklopädie von Meister Suns Kriegskunst* (Shanghai 1994), für die ich das Kapitel über die Sun-Zi-Rezeption im deutschsprachigen Raum beigesteuert habe, nämlich gemäß dem weiten List-Begriff: «Wenn beim Feind Unordnung ausbricht, überwältigt man ihn. Die Unordnung beim Feind kann zweifacher Art sein: Unordnung, die der Feind selbst verursacht, und Unordnung, die man beim Feind hervorruft.» Was den ersten Typ von Unordnung betrifft, so verweist die Shanghaier Enzyklopädie auf einen Sun-Zi-Kommentar von Du Mu (803–ca. 853): «Ist beim Feind Chaos vorhanden, kann man diese günstige Gelegenheit ergreifen und ihn überwältigen.» Was den zweiten Typ von Unordnung angeht, so beruft sich die Shanghaier Enzyklopädie auf den Sun-Zi-Kommentar von Jia Lin (Tang-Zeit, 618–907): «Unsere Seite beauftragt Agenten, die mit Stratagemen beim Feind Unordnung stiften, wir warten ab, bis die Unordnung eintritt, und überwältigen ihn dann.» So gesehen entspricht der sechste in Meister Suns zwölf listigen Wegen vollumfänglich dem Stratagem Nr. 20.

Was man im alten China in militärischer Hinsicht unter «Unordnung» verstand, erfährt man aus dem Militärtraktat *Die Sechs Futterale (Liu Tao)* aus dem Zeitalter der Kämpfenden Reiche (475–221): «Die gesamte Truppe ist beunruhigt. Die Soldaten sind uneins. Die Stärke des Feindes verängstigt sie. Sie sprechen miteinander über ihre ungünstige Lage. Sie werfen sich vielsagende Blicke zu. Gerüchte nehmen kein Ende. Sie werden weiterkolportiert und stiften Verwirrung. Gesetze und Verordnungen werden nicht mehr befolgt. Den Generälen wird der Gehorsam verweigert.» «Einen derartigen ‹Fisch› muß man im Kriegsfall überwältigen», so die Feststellung im etwa 500 Jahre alten Traktat *Die 36 Stratageme (Das geheime Buch der Kriegskunst)* im Kapitel über das Stratagem Nr. 20.

### 20.14 Rinder mit brennenden Schwänzen

Der Staat Yan hatte im 3. Jh. v. Chr. den Staat Qi angegriffen und 70 Städte besetzt (s. 10.5). Tian Dan hielt Jimo (im Südwesten von Pingdu in der heutigen Provinz Shandong) besetzt, um dort dem Heer von Yan Widerstand zu leisten. Er sammelte die Rinder in der Stadt, über tausend Stück an der Zahl. Er fertigte für sie rote Seidenbezüge, die er ihnen überwarf und mit bunten Drachenmustern bemalte. Zudem befestigte er scharfe Klingen an ihren Hörnern, band ihnen Schilf, über das er Fett goß, an die Schwänze und zündete die Enden an. Er hatte einige Dutzend Öffnungen in die Stadtmauer bohren lassen, durch die er zur Nachtzeit die Rinder losließ. 5000 rüstige Krieger folgten gleich hinter ihnen. Die Rinder mit ihren heiß brennenden Schweifen rasten wild gegen das Heer von Yan. Das Heer von Yan geriet in große Panik und wurde in die Flucht geschlagen. Und die 70 Städte wurden alle wieder Besitz von Qi.

20.15  Der erste Schachzug des schlafenden Drachen

Schon ab 150 n. Chr. verlor der Kaiserhof der Östlichen Han-Dynastie (25–220) immer mehr an Bedeutung, da er aus weiter Ferne die Provinzen kaum zu kontrollieren vermochte. Anstelle des Kaisers begannen die Generäle der Provinzialtruppen die Hauptrolle zu spielen. Sie alle strebten nach der Regierungsgewalt und bekämpften sich von 180 n. Chr. an gegenseitig. Außerdem versuchte jeder General, den Kaiser in seine Gewalt zu bekommen, um dann mit dessen Autorität im Rükken die Gegenspieler besser ausbooten zu können. Im Jahre 184 begann der Aufstand der Gelben Turbane, bei dessen Niederschlagung sich Cao Cao (155–220) als der stärkste aller Generäle erwies. Als seine wichtigsten Gegenspieler entpuppten sich im Laufe der Zeit Sun Quan (182–252) und Liu Bei (161–223), der zunächst schwächste der drei Antagonisten. Soeben war er mit knapper Not einem Mordanschlag entkommen. Nie zuvor war ihm so deutlich bewußt geworden, wie dringend er eines fähigen Beraters bedurfte. Da hörte er auf allerlei Umwegen von den überragenden Fähigkeiten des «Schlafenden Drachen» Zhuge Liang, mit Mannesnamen Kong Ming, und machte sich auf, um ihn anzuwerben.

Endlich, beim dritten Besuch der Strohhütte (s. 16.21), traf Liu Bei seinen späteren Kanzler Zhuge Liang an. Es kam zu der für den nun beginnenden Aufstieg Liu Beis grundlegenden «Strategie-Besprechung im Longzhong-Gebirge». «Heute verfügt Cao Cao im Norden Chinas über die stärksten Truppen», sagte Zhuge Liang. «Er hält den Kaiser als Puppe zwischen den Fingern und beherrscht durch ihn die Großen des Landes. Gegen ihn könnt Ihr nicht mit Waffengewalt vorgehen. Sun Quan im Südosten des Landes ist ebenfalls kein Gegner für

Euch. Er sitzt fest im Sattel. Ihn müßt Ihr als Bundesgenossen gewinnen. Dagegen ist Euch Jingzhou\*, das nördlich und westlich an Sun Quans Gebiet angrenzt, vom Himmel als Geschenk zugedacht. Yizhou [im Bereich der heutigen Provinzen Yunnan und Sichuan] muß Euer zweites Ziel sein. Es ist günstig gelegen, inmitten hoher Berge als natürlicher Schutzwall, dazwischen die von vier Strömen bewässerte weite, fruchtbare Ebene. Der jetzige Statthalter von Yizhou, Liu Zhang, ist ein Schwächling und Dummkopf. Er weiß mit dem reichen Land und seiner tüchtigen Bevölkerung nichts anzufangen. Wenn Ihr Jingzhou im Norden und Yizhou im Süden gewinnt und die natürlichen Schutzwälle der beiden Plätze zu starken Festungen ausbaut, Euch die wilden Grenzstämme im Süden und Sun Quan im Osten als Bundesgenossen sichert und Euch selbst im Innern durch gute Verwaltung festigt, dann werdet Ihr von diesen Schutzwällen aus in der Lage sein, Euer großes Ziel zu erreichen und alle Reichsteile in Eurer Hand zu vereinen. Sichert Euch zunächst Jingzhou als festen Sitz, dann erwerbt das Vierstromland im Südwesten dazu. Das übrige Reich wird Euch später von selbst zufallen.» Wie diese Darlegungen Zhuge Liangs zeigen, hatte Liu Bei in ihm endlich den überragenden Kopf, den politischen Ratgeber und Staatsmann großen Formats gefunden, unter dessen kluger Lenkung er fortan von Erfolg zu Erfolg schreiten sollte – bis zur steilen Höhe der Kaiserwürde.

Der erste Schritt auf diesem Weg, die Eroberung von Jingzhou, ist das einzige Beispiel, das das etwa 500 Jahre alte Traktat *Die 36 Strategeme (Das geheime Buch der Kriegskunst)* für das Strategem Nr. 20 anführt. Dem besseren Verständnis dient es, vor der weiteren Schilderung von Liu Beis Anwendung des Strategems Nr. 20 gewisse Ereignisse Revue passieren zu lassen.

Nach einer bitteren Niederlage gegen Cao Cao hatte Liu Bei, noch vor seiner Begegnung mit Zhuge Liang, bei seinem entfernten Vetter Liu Biao, dem als Statthalter von Jingzhou neun Regionen unterstanden, Zuflucht gefunden. Für die Gastfreundschaft, die ihm Liu Biao angedeihen ließ, revanchierte sich Liu Bei, indem er sich anerbot, einen räuberischen Einfall von Grenzhäuptlingen in Jiangxia (in der heutigen Provinz Hubei) zurückzuschlagen. Liu Biao nahm das Aner-

---

\* Im Bereich der heutigen Provinzen Hubei, Hunan, Henan, Guizhou, Guangdong und Guangxi; insofern Jingzhou als Name der oft wechselnden Hauptstadt der Präfektur Jingzhou auftritt, ist in jener Zeit Xiangyang (das heutige Xiangfan im Nordwesten der Provinz Hubei), Hanshou (im Norden der heutigen Provinz Hubei) oder Jiangling (im Zentrum der heutigen Provinz Hubei, entspricht der heutigen Stadt Jingzhou) gemeint.

bieten an und stellte Liu Bei dreißig Tausendschaften zur Verfügung. Nachdem Liu Bei in den Grenzgebieten Ruhe und Ordnung wiederhergestellt hatte, kehrte er als Sieger nach Jingzhou zurück. Cai Mao, der Ratgeber des Liu Biao, der sich durch Liu Bei in den Hintergrund gedrängt sah, setzte seine mit Liu Biao verheiratete Schwester dazu ein, einen Keil zwischen Liu Biao und Liu Bei zu treiben. Liu Bei erfreue sich in Jingzhou einer ständig wachsenden Beliebtheit und könne eines Tages gefährlich werden, flüsterte sie ihrem Gatten ein. Dieser beförderte darauf Liu Bei aus der Regierungszentrale weg nach Xinye (in der heutigen Provinz Henan). Dort wurde Liu Bei im Jahre 207 von der Bevölkerung als neuer Amtsmann und Standortbefehlshaber mit Freuden begrüßt.

Später berief ihn Liu Biao zu einer Beratung nach Jingzhou. Bei einer vertraulichen Aussprache unter vier Augen in seinen hinteren Gemächern sprach Liu Biao betrübt über seine Sorgen hinsichtlich der Thronfolge. Liu Qi, der Erstgeborene, der von seiner ersten Gattin stamme und dem eigentlich die Nachfolge gebühre, sei zwar tugendsam, aber ein Schwächling und daher ungeeignet. Dagegen besitze der Zweitälteste, den ihm seine jetzige Gattin Cai geschenkt habe, alle erforderlichen Geistesgaben. Was tun? Liu Bei tat sogleich seine Meinung zugunsten des Erstgeborenen kund, ohne zu wissen, daß die Gattin Liu Biaos das ganze Gespräch hinter dem Wandschirm heimlich belauschte. Ihr Herz erfüllte sich mit Haß und Grimm gegen ihn. Liu Bei wurde erst nachträglich bewußt, daß er eine recht gewagte Äußerung getan hatte (s. auch 28.5). Im späteren Verlauf des Gesprächs machte er eine weitere unbedachte Bemerkung, die seine ungestillten politischen Ambitionen offenbarte und Liu Biao zwangsläufig alarmieren mußte. Die Gattin Liu Biaos beriet sich daraufhin mit ihrem Bruder Cai Mao. Dieser organisierte ohne Wissen Liu Biaos zwei Mordanschläge gegen Liu Bei. Doch beide Male wurde Liu Bei im letzten Augenblick gewarnt und entkam. Nun wollte es das Schicksal, daß er dem Einsiedler Wasserspiegel und kurz darauf Zhuge Liang begegnete (s. 16.21).

Inzwischen hatte Sun Quan, der Herrscher des Reiches Wu, den Machtbereich Liu Biaos angegriffen und Jiangxia erobert. Doch sah er sich außerstande, diese einzelne Stadt zu halten. Er gab sie wieder auf, in Erwartung eines Rachefeldzuges Liu Biaos, auf den er sich gut vorbereiten wollte, um Liu Biao bei dieser Gelegenheit vernichtend zu schlagen und sich seines ganzen Gebiets zu bemächtigen. In dieser Lage sandte Liu Biao einen Boten zu Liu Bei, der inzwischen wieder nach Xinye zurückgekehrt war, und bat ihn zu sich. Zhuge Liang riet ihm, der Bitte zu folgen. In Jingzhou wurde Liu Bei mit seinem neuen Berater Zhuge Liang von Liu Biao empfangen. Liu Biao wünschte von Liu Bei zu wissen, wie man gegen Sun Quan vorgehen könne. Doch Liu Bei wollte sich ganz auf den gefährlichsten Gegner Cao Cao konzentrieren. In der Folge besiegte er mit Hilfe von Zhuge Liangs Strategemen Cao Cao in mehreren Scharmützeln.

Liu Biao wurde schwer krank und starb. In seinem Testament hatte er seinen Erstgeborenen Liu Qi als seinen Nachfolger und Liu Bei als dessen Ratgeber eingesetzt. Die Witwe Liu Biaos und ihre Gefolgsleute ersetzten aber das echte durch ein gefälschtes Testament, in dem der 14jährige zweitälteste Sohn Liu Biaos zu dessen Nachfolger ernannt wurde. Auf diese Weise ergriff die Sippe der Witwe die Macht in Jingzhou. Der älteste Sohn, jetzt Statthalter in Jiangxia, und Liu Bei in Xinye wurden vom Tod Liu Biaos gar nicht erst benachrichtigt. Cao Cao stand mit einer großen Armee vor den Pforten. Um ihre Haut zu retten und in der Hoffnung, in Amt und Würden belassen zu werden, beschlossen die neuen Machthaber von Jingzhou, sich Cao Cao kampflos zu unterwerfen, was auch geschah. So gelangten Cai Mao und der Marineadmiral Zhang Yun in die Dienste Cao Caos (s. 33.11, 34.1). Doch Cao Cao ließ danach den zweiten Sohn Liu Biaos und dessen Mutter Cai ermorden.

Im weiteren Verlauf seines Feldzuges ersuchte Cao Cao Sun Quan, den Herrscher des an Jingzhou angrenzenden Reiches Wu, um Hilfe. Zahlreiche Ratgeber Sun Quans waren geneigt, Cao Caos Begehren zuzustimmen und sich auf dessen Seite zu schlagen. Unmittelbar vor dem Eintreffen von Cao Caos Schreiben aber hatte Sun Quan Liu Bei ein Bündnisangebot unterbreitet. Zhuge Liang begab sich daraufhin an Sun Quans Hof, und mit Hilfe des Provokations-Strategems Nr. 13 brachte er Sun Quan und dessen Heerführer Zhou Yu dazu, sich mit Liu Bei gegen Cao Cao zu verbünden (s. 13.13). Der nun folgende Feldzug führte im Jahre 208 zu einer bitteren Niederlage Cao Caos in der Schlacht an der Roten Wand (s. 9.1, 35.1). Die Früchte des vor allem von Zhou Yu und seinen Truppen, wenn auch mit Hilfe von Zhuge Liangs Strategem, errungenen Sieges, nämlich die Herrschaft über Jingzhou, vermochte Liu Bei einzuheimsen. Dies gelang Liu Bei, weil sich nach der Schlacht an der Roten Wand Zhou Yu und seine Truppen in zahlreichen kleineren Gefechten mit den Truppen Cao Caos um die nach wie vor von Cao Cao gehaltenen strategischen Gebiete Jingzhous völlig verausgabten. Liu Bei, der gewissermaßen auf dem Berg sitzend dem Kampf der Tiger zuschaute, fielen diese Gebiete in den Schoß. Die chaotische Lage, die nach dem Tode Liu Biaos infolge der Machtergreifung der Sippe von Liu Biaos Witwe in Jingzhou und des Angriffs von Cao Cao auf Jingzhou entstanden war, verstand Liu Bei mit Hilfe von Zhuge Liangs Strategemen trefflich zum eigenen Vorteil auszunutzen, so daß er mit einem Schlage die ersehnte Machtbasis erringen konnte. Der erste Schritt, von dem Zhuge Liang in der Strategie-Besprechung im Longzhong-Gebirge gesprochen hatte, war erfolgreich vollendet.

Su Ruozhou und Ke Li illustrieren in ihrem Buch *Militärische Redewendungen* (2. Aufl. Taiyuan 1984) das Strategem Nr. 20 anhand von Liu Beis Machtergreifung in Jingzhou, und sie fügen hinzu: «Später nutzte Liu Bei Zwistigkeiten innerhalb der Gruppe um Liu Zhang in Yizhou aus und bemächtigte sich im Jahre 214 dieses Bollwerks. Damit war Shu, das dritte der Drei Reiche entstanden, die dem Zeitalter, das der Abdankung des letzten Kaisers der Han-Dynastie folgte (220–280), den Namen gaben.»

20.16 Wer tötet, wird mit dem Tod bestraft

«Von seinem chinesischen Erzieher, einem Weisen namens Yao-shi, erzählte der Großkhan Kublai Marco Polo folgende Geschichte: Yao-shi, damals schon ein Greis, begleitete ihn auf einem entscheidenden Feldzug um Chin. Der Einbruch war bereits gelungen, das stärkste der Abwehrheere geschlagen. Kublai entschloß sich, anderntags eine wichtige Festung zu stürmen. Mit seinem alten Lehrer hockte er am Lagerfeuer und brütete Unheil. Yao-shi erbarmte sich des vielen Blutes seines Volkes. Also erzählte er seinem Zögling von einem sagenhaften Feldherrn, der eine feindliche Stadt eroberte, ohne auch nur einen Menschen zu töten. Da erwachte in Kublai der Ehrgeiz, ihm dies Kunststück nachzutun. Und er ersann folgende List: Er ließ während der ganzen Nacht lange Fahnentücher bemalen und sie andern Morgens entfalten. Die Inschrift verbot bei Todesstrafe, zu töten. Eine Gesandtschaft mit solchen Tüchern schickte er auch dem Verteidiger der Stadt, ihn auffordernd, sie zu übergeben. Die Chinesen lasen die Schrift, wußten sie sich kaum zu deuten, wagten aber keinen Schwertstreich. Kublai nutzte die Ratlosigkeit. Lauter solche Fahnen schwingend ergossen sich seine Horden durchs Tor und erstickten den Kampf im Keim. Kublai lächelte, als er von diesem Sieg erzählte. Er nannte ihn seinen ‹billigsten Sieg›. ‹Ein zweites Mal aber›, sagte Marco Polo, ‹wäre diese List nicht geglückt.› Da erzählte er Marco Polo, wie Temudschin, sein Ahn, die Hauptstadt der Tanguten genommen habe. Das kam so:

20.17 Tausend Katzen und zehntausend Schwalben

Die Belagerung erwies sich als schwierig. Temudschin wollte zu Ende kommen. Also versprach er dem Verteidiger, er werde die Feste nicht länger berennen. Als Entgelt bedang er sich lediglich einen Tribut aus. Und zwar forderte er tausend Katzen und zehntausend Schwalben. Ning-Hsia war nämlich dafür berühmt, daß es dort wimmelte von solchem Getier.

Die Verteidiger wunderten sich wohl über dies sonderbare Begehren, veranstalteten aber eine Treibjagd und lieferten die Beute pünktlich ab. Ein Tor aber öffneten sie dazu nicht.

Temudschin hatte auch nicht damit gerechnet. Lediglich befahl er, sämtlichen Tieren Baumwolle an den Schwanz zu binden, sie anzuzünden und sie dann wieder laufen zu lassen. Es läßt sich erraten, was geschah: die verstörten Katzen verschloffen sich in ihre Schlupfwinkel, die entsetzten Schwalben aber flüchteten in ihre Nester. Im Nu fing die holzreiche Stadt an allen Ecken und Enden Feuer. Und während sie in Flammen aufging, drangen Temudschins Reitermassen schier kampflos in die Festung ein» (zitiert aus: Richard Euringer: *Die Weltreise des Marco Polo*, Stuttgart 1953, S. 123 f.).


20.18 Der stumme Flötist im Bambusflötenchor

Der König von Qi liebte es, die Bambusflöte zu hören. Er hatte 300 Mann angestellt, die ihm jeweils zusammen Bambusflöte vorblasen mußten. Nanguo, ein Gelehrter ohne Amt, bat, ohne das Flötenblasen zu verstehen, um Aufnahme in das Orchester. Ohne weitere Nachprüfungen hieß ihn der König willkommen und überwies ihm von nun an dasselbe Gehalt wie den anderen 300 Flötenspielern. Der König starb. Der neue König zog es vor, die Musikanten einzeln anzuhören. Da machte sich der Gelehrte Nanguo aus dem Staube.

Der Chor der 300 Bambusflötenspieler ist das «trübe Wasser». Der Privatgelehrte nutzt es aus und fängt so einen Fisch in Form eines regelmäßigen Gehalts. Die Flöte kann er gar nicht blasen, aber niemand merkt es. «Trübes Wasser» kann, wie dieses Beispiel zeigt, infolge einer löchrigen Organisation, einer lückenhaften Gesetzgebung oder einer oberflächlichen Beaufsichtigung gemäß dem antileninistischen Grundsatz «Kontrolle ist gut, Vertrauen ist besser» entstehen. Lenin vertrat die Maxime: «Vertrauen ist gut, Kontrolle ist besser.»

Die Geschichte vom stummen Bambusflötenbläser geht auf das Han Fei (um 280–233) zugeschriebene Werk *Meister Han Fei* zurück und ist in China so gut wie jedem Kind bekannt. Sie lebt fort in der Redewendung «lan yu chong shu», etwa zu übersetzen mit «sich als Flötenspieler ausgeben und eine Orchesterlücke füllen». Immer wieder findet diese Redewendung Eingang in die Kommentarspalten chinesischer Zeitungen. So meint Jiang Yuanming im Sprachrohr des Zentralkomitees der Kommunistischen Partei Chinas: «Nicht alle, die das Aushängeschild der Kommunistischen Partei Chinas umgehängt haben, wollen wirklich etwas leisten, einige von ihnen ‹geben sich als Flötenspieler aus und füllen eine Orchesterlücke› (*Volkszeitung*, Peking 7.3.1997, S.12). Man kann aber auch an Phänomene in westlichen Ländern denken, die an das Vorgehen des Flötenspielers gemahnen und zum Beispiel im folgenden Satz angedeutet werden: «Ich weiß, daß da immer auch Menschen mitkommen, die gar keine echten Flüchtlinge sind, sondern Kriminelle» (zitiert aus: *Basler Zeitung*, 24.6.1998, S.53).

20.19   Die auf jeden Fall richtige Antwort

Drei Kandidaten für das kaiserliche Beamtenexamen begaben sich nach Peking. Dort angekommen, suchten sie als erstes einen Wahrsager auf. Dieser schüttelte geheimnisvoll den Kopf. Schließlich streckte er einen Finger in die Luft. Er sagte kein einziges Wort. Die drei Männer fanden den Wahrsager außergewöhnlich und hegten Hochachtung für seine Voraussagekunst. Tatsächlich war die Antwort, die sie erhalten hatten, auf jeden Fall richtig. Der emporgehobene Finger konnte nämlich bedeuten: 1. Einer der drei Kandidaten wird die Prüfung bestehen. 2. Nur einer wird die Prüfung nicht bestehen. 3. Nicht einer wird reüssieren. 4. Nicht einer wird übrigbleiben, alle werden Erfolg haben.

Das Spiel mit der Mehrdeutigkeit, so der Kommentar der Pekinger *Abendzeitung* zu dieser Episode, ist die typischste Methode von Sophisten. Sie äußern sich bewußt verschwommen und abstrakt, so daß viele Rückzugswege offenbleiben und sie in jedem Fall recht behalten (s. auch 25.25). Die kunstvoll gewählte mehrdeutige Aussage ist das trübe Wasser, die jeder Eventualität gewachsene Deutbarkeit der Aussage und die dadurch gesicherte Überlegenheit und Unangreifbarkeit sind die dem Sophisten in den Schoß fallenden «Fische».

### 20.20 Von der schwammigen Sprache von Philosophen und Preisgestaltern

«Was sich nicht scharf genug denken läßt, darüber läßt sich gut schwatzen», sagte Peter Rühmkorf über einen berühmten deutschen Philosophen des 20. Jahrhunderts. Was ein anderer zeitgenössischer deutscher Philosoph in einem umstrittenen Vortrag «exakt meint, kann man im Meer von Andeutungen und diffusen Metaphern oft nur mit Mühe erkennen» (Balz Spörri: «Verstimmtes Klavier des Zeitgeistes», in: *Sonntagszeitung*, Zürich 12.9.1999, S. 23). Vorteilhaft scheint Unschärfe auch für Händler zu sein. Einige Kaufleute bezichtigt jedenfalls die *Volkszeitung*, das Sprachrohr des Zentralkomitees der Kommunistischen Partei Chinas, sie bedienten sich verwirrender Preisangebote: «Bewußt benutzen sie verschwommene Wörter und Gewichtsangaben. Sie jonglieren mit angeblichen Vorzugs-, Rabatt-, Niedrigst- und anderen Phantasiepreisen, um Kunden anzulocken» (*Volkszeitung*, Peking 27.4.1998, S. 12). Auf einer Karikatur in der Pekinger *Abendzeitung* vom 4.12.1995 sieht man ein vor einem Kleiderladen aufgestelltes Schild mit der Aufschrift: «Für jeden Kauf gibt es ein Geschenk». Im zweiten Bild bekommt das Paar, das daraufhin im Laden einen Kauf getätigt hat, als Geschenk eine kleine Nähnadel. Die unscharfe Bedeutung des vielversprechenden Wortes «Geschenk» diente zum Kundenfang (s. hierzu auch Stratagem Nr. 25).

### 20.21 Politik als Nebelwurfmaschine

«Sie sehn die Flut den Schlamm vom Grund auf mischen
und jeder zittert selbst vor der Gefahr,
Sie alle möchten gern das Wasser klar,
Doch vorher noch im trüben fischen.»

So beschreibt Franz Grillparzer (1791–1872) 1848 in dem Gedicht «Politik» jene, die sich damals damit befaßten. Er lebte nicht in einem demokratischen Zeitalter. Ist es aber in bezug auf die Anwendung des Strategems Nr. 20 in unseren Breiten heute so viel anders als zu Grillparzers Zeiten? Eigentlich nicht. Paul C. Martin betitelt jedenfalls einen Kommentar mit «Politik im Nebel: mehr Licht!» Und schreibt: «[...] keiner blickt durch [...] Politik, die Nebelwurfmaschine. Der Bürger stochert lustlos herum. Keiner kennt sich aus. Wir sehnen uns nach Klarheit!» (*Bild*, Hamburg 26.9.1995, S. 2).

«Die erste Regierungserklärung Gerhard Schröders enthält viel Luft und manche Wortwolken. Was, bitte schön, heißt ‹Chancen-Management›? Und was meint nun die ‹Republik der Mitte› genau?» (Emanuel La Roche: «Schröder; die erste», in: *Tages-Anzeiger*, Zürich 11.11.1998, S. 5). «Es ist zu vermuten, daß sich in jedem Ministerium und insbesondere im Kanzleramt hohe politische Beamte befinden, deren Hauptaufgabe es ist, ihre Chefs [...] mit dem für die einzelnen Politikthemen notwendigen Nebelwerfervokabular auszustatten» (Alfons Borgmann: «Wie ehedem die Nebelwerfer», in: *Frankfurter Allgemeine Zeitung*, 11.3.1999, S. 12). «Von Nebeln des politischen Showgeschäfts» wird schon seit Jahrzehnten das politisch-gesetzgeberische Vakuum im deutschen Arbeits- und Tarifrecht «aufgefüllt» (Jan Kleinewefers: «Politnebelwerfer in Betrieb gehalten», in: *Frankfurter Allgemeine Zeitung*, 30.7.1999, S. 8). Und eine andere Wortmeldung geißelt einen «Bürokraten-Slang», der dazu dient, «mit möglichst unkenntlichen Wortbildungen einen einfachen Sachverhalt in eine Nebelwolke zu hüllen» («Ein Brevier gegen die Bürokratensprache», in: *Neue Zürcher Zeitung*, 28.12.1993, S. 3). Noch etwas drastischer schimmert das Strategem Nr. 20 durch die folgenden Feststellungen hindurch:

– «Verunsicherung und Verwirrung der Öffentlichkeit mit undurchsichtigen Manövern und Machenschaften gehörte zur langfristigen Machterhaltungsstrategie der Democrazia Cristiana, und das Instrument dazu war der vom Innenminister gesteuerte und alimentierte [Geheimdienst] SISDE [...]» (Peter Hartmann: «50 Millionen unterschlagen und eine Bombe im Zug – Italiens Agentenchefs spielen verrückt [...]», in: *Die Weltwoche*, Zürich 11.11.1993, S. 5). Das Chaos scheint in diesem Fall noch potenziert worden zu sein, da die, die das Wasser trübe rührten, die Herrschaft über das, was sie taten, verloren: «Der SISDE war selber eine Gefahr. Er war von denen, die die Kontrolle ausübten, nicht mehr kontrollierbar. Die Kontrolleure wurden erpressbar und manipulierbar» (Peter Hartmann, ebenda).

– «Weder die Demonstrationen zehntausender Korsen gegen Gewalt noch die Festnahme mutmaßlicher Killer werden in absehbarer Zeit die Mord- und Attentatsserie auf der Insel [Korsika] beenden [...] Ein Fahnder: ‹Es sind einfach zu viele, die am Andauern des Chaos interessiert sind›» («Versickerte Subventionen», in: *Der Spiegel*, Hamburg Nr. 8/1998, S. 127).

– «Die algerischen Machthaber wollen das Land um jeden Preis in den Krieg ziehen oder ihn weiterführen, da nur die Bedingung des Krieges die seit 1988 manifeste Demokratieforderung kontrollierbar macht und die Erhaltung der eigenen Machtposition gewährleistet. [...] Die Auflagen des Internationalen Währungsfonds (Veräußerung des staatlichen Reichtums, Massenentlassungen, Abbau der Gesundheitsdienste und des Bildungswesens) sind nur unter Kriegsbedingungen durchsetzbar. Während sich die Machthaber bereichern, verschärfen sie die dem Terrorismus förderliche miserable Situation der breiten Bevölkerung. [...] («Algeriens blutiger Konflikt: Hintergründe des Terrors in der Sicht Louisa Hanounes», in: *Neue Zürcher Zeitung*, 19. 2. 1998, S. 15). «Die algerische Armee hat das blutige Chaos wissentlich angezettelt» (*Die Weltwoche,* Zürich 2. 12. 1999, S. 13).

Freudig die Hände reiben dürften sich, um nach Europa zurückzukehren, Anwender des Strategems Nr. 20, wenn sie Sätze lesen wie: «Ein für Außenstehende kaum zu durchschauendes Geflecht der Macht ist in der Europäischen Union entstanden» («Abenteuer ohne Grenzen», in: *Der Spiegel*, Hamburg Nr. 2/1998).

## 20.22 Die Zwielichtigkeit des Rechts

Anfang Mai 1998 nominierten die Staats- und Regierungschefs der Europäischen Union den Niederländer Wim Duisenberg zum ersten Präsidenten der Europäischen Zentralbank, entschieden aber gleichzeitig, daß er nicht erst nach Ablauf der im Vertrag von Maastricht vorgesehenen achtjährigen Amtsperiode seinen Chefsessel räumen muß, sondern wesentlich früher, um Jean-Claude Trichet, dem Chef der Banque de France, Platz zu machen. Dies hatte der französische Staatspräsident Jacques Chirac gewünscht, mit der Begründung, «daß jeder Staat für seine Interessen kämpfen müsse» (*Tages-Anzeiger*, Zürich, 4. 5. 1998, S. 1). Indem er einen solchen Kompromiß ermöglichte, der «formaljuristisch vertretbar scheint», wenn er auch «dem Sinn und Geist des Vertrags von Maastricht widerspricht» («Verdorbene Euro-Party», in: *Neue Zürcher Zeitung*, 4.5.1998, S. 15), hat der Vertrag von Maastricht seinen Strategem-Tauglichkeitstest hinsichtlich des Stratagems Nr. 20 zweifelsfrei glänzend bestanden. Für Anwendungen des Stratagems Nr. 20 ohne Frage ebenfalls geeignet sind in Deutschland «völlig undurchsichtig gewordene Steuersysteme», über die Altkanzler Helmut Schmidt in seinem Buch «Globalisierung» (Stuttgart 1998) klagt (Peter Hartmann: «Aspirin gegen Zukunftsangst», in: *Die Weltwoche*, Zürich 23.7.1998, S. 11). Wie sich in einer ganz anderen Weltregion die Unbestimmtheit politischer Äußerungen zum Fischen im trüben bewährt, deutet der Untertitel «‹Konstruktive Mehrdeutigkeit› als nationales Interesse» zu einem Artikel über «Israels Atomwaffen im Friedensprozeß» an (in: *Neue Zürcher Zeitung*, 30.5.1995, S.9). Beliebt sind allgemein Wörter wie zum Beispiel «Freiheit», die «so vage umschrieben» sind, daß jeder das in sie «eintragen kann, was ihm genehm ist». Deshalb eignet sich «Freiheit» auch so vorzüglich zur Werbung, «allen voran der politischen. Versuche, durch die Berufung auf ‹Freiheit› Meinungsführerschaft zu erlangen, liegen da ziemlich nahe» (Gottfried Seebass: «Was ist politischer Liberalismus? Ein Plädoyer für begriffliche Klarheit», in: *Neue Zürcher Zeitung*, 8./9.2.1997, S.69). Gerade in westlichen Rechtsstaaten mit ihrer Tendenz, alles und jedes rechtlich zu regeln, lauert die Gefahr, daß die Rechtsordnung zu einem Gesetzesdschungel verwildert. Wenn das Paragraphengestrüpp derart wuchert, daß selbst am hellichten Tage ein Dämmerzustand besteht, dann sind legalem und illegalem Fischen im trüben Tür und Tor geöffnet.

«Die Schwierigkeit liegt darin, daß Gesetze selten eindeutig sind» (Elke Bohl: «Richter im Niemandsland: zur Methode der Juristen», in: *Frankfurter Allgemeine Zeitung*, 13.2.1999, S.13). Natürlich kann Unbestimmtheit der benutzten Formulierungen in juristischen Texten einer gezielten Anwendung des Stratagems Nr. 20 entspringen. «Das Gesetz selbst drückt sich [...] sehr ungenau aus, und zwar bewußt, um Spielraum zu schaffen, weil letztlich jeder Fall seine Besonderheiten hat und man allgemein nur schwer etwas sagen kann» (Uwe Wesel: *Juristische Weltkunde*, 5. Aufl. Frankfurt a.M. 1990, S.8). Gefangene Fische sind in diesem Fall der durch die begriffliche Vagheit erschlossene Ermessens- und Auslegungsspielraum (s. 25.15; man lese hierzu: «Leben in der Unschärferelation: der Richterstand und sein Denker: Erfahrungen mit Oliver Wendell Holmes», in: *Frankfurter Allgemeine Zeitung*, 7.1.1997, S.23) oder die zumindest formale Einigung auf einen gemeinsamen Text mit einem Verhandlungspartner («Leerformeln als Konsens», in: *Die Zeit*, Hamburg 9.7.1998, S. 29).

Hierzu ein Beispiel aus dem innerstaatlichen Recht Kenias: «Die lokalen Machthaber haben weiterhin die Möglichkeit, die geplanten Anlässe zu verbieten. Der Text, der [im Entwurf zur neuen ‹Peaceful Assembly Bill›] festlegt, in welchen Fällen ein solches Verbot ausgesprochen werden kann, ist so unpräzis formuliert, daß die Türe für willkürliche Entscheide nach wie vor offensteht» («Farce um Verfassungsreform in Kenya», in: *Neue Zürcher Zeitung*, 21./22.6.1997, S. 3).

Im Bereich des Völkerrechts «enthalten die wenigsten Menschenrechtsgarantien genau umschriebene, direkt anwendbare Regeln, sondern [sind] meist als weithin offene Prinzipien formuliert: Verboten sind etwa ‹unmenschliche› Behandlung, was aber unmenschlich ist, muß für einen konkreten Kontext erst definiert werden» (Walter Kälin: «Menschenrechte in der kulturellen Vielfalt», in: Stefan Batzli et al. [Hg.]: *Menschenbilder, Menschenrechte*, Zürich 1994, S. 21).

Bei einer kriegerischen Auseinandersetzung kann man neutral von «Konfliktparteien» sprechen und so einer Unterscheidung zwischen Angreifern und Opfern aus dem Wege gehen. Die Verschwommenheit des Ausdrucks «Konfliktparteien» kann zum Fang vieler Fische verhelfen: Gesichtswahrung von Aggressoren, Eindämmung von Emotionen, Rechtfertigung von Abseitsstehen und so weiter. «Eine einzige Spur von Heuchelei: wie das Völkerrecht den modernen Krieg humanisieren will und seine Inhumanität legalisiert» – so ist ein Artikel von Marco Montani in der *Frankfurter Allgemeinen Zeitung* vom 24.5.1995 (S. N5) betitelt, aus dem einige Passagen folgen werden. Liest man sie unter dem Gesichtspunkt des Strategems Nr. 20, erschiene wohl zutreffender der Titel: «Eine einzige Spur von Listigkeit: wie das Völkerrecht nach außen hin den modernen Krieg humanisieren will und in Wirklichkeit seine Inhumanität legalisiert»:

«Zwei Rechtswissenschaftler der ‹Harvard Law School› erörtern die Frage nach dem Verhältnis von Recht und Krieg (Roger Normand und Chris af Jochnick», ‹The Legitimation of Violence: A Critical History of the Laws of War›, in: *Harvard International Law Journal*, Bd. 35, Nr. 1 und Nr. 2, Cambridge Mass. 1994, S. 49 ff. und 387 ff.). Sie widersprechen der verbreiteten Ansicht, die Regeln des Völkerrechts hätten den Krieg in einem historischen Prozeß von Kompromiß und Kodifikation ‹humanisiert›. Vielmehr hätten völkerrechtliche Versuche, den Krieg legal zu fassen, die Ausbreitung kriegerischer Konflikte letztlich nur gefördert, indem sie sie rechtlich absicherten. Die Autoren bezweifeln die humanitären Absichten der an den Friedenskonferenzen des neunzehnten und zwanzigsten Jahrhunderts teilnehmenden Vertragsparteien und die humanisierende Wirkung der völkerrechtlichen Übereinkünfte auf dem Gebiet des Kriegsrechts. Weder das ‹ius ad bellum›, der Weg zum Krieg, noch das ‹ius in bello›, das Verhalten im Krieg, hätten den militärischen Interessen wirkliche Schranken gesetzt. Die vage formulierten völkerrechtlichen Vertragsklauseln lieferten den kriegführenden Parteien nur argumentative Mittel, um militärisch für notwendig gehaltenen Handlungen einen ‹legalen› Anstrich zu geben. Die Autoren zitieren einen Bericht über die Militärjustiz im Golfkrieg: ‹Die Aufgabe der Anwälte in Uniform war es, keine unnötigen Hindernisse in den Weg zu stellen, sondern legale Wege und Möglichkeiten zu finden, um die Ziele ihrer Klienten zu erreichen, auch wenn diese Ziele bedeuteten, Dinge in die Luft zu sprengen oder Menschen zu töten. [...] Auch die beiden Haager Konferenzen von 1899 und 1907 tasteten den Vorrang militärischer Interessen nicht an und brachten keinen konkreten humanitären Fortschritt. Das hohe internationale Ansehen der Beschlüsse diente vielmehr dazu, fast jede militärische Handlung eines rechtmäßig kriegführenden Staates als human bezeichnen zu können. Schon vor Beginn der ersten Haager Konferenz hatten die wichtigsten Militärmächte ihre Delegationen angewiesen, jede Begrenzung von Waffenarsenalen und Rüstungsausgaben abzulehnen. Die Vereinbarungen zeichneten sich folglich durch eine rhetorische Inhaltsleere aus, die allen möglichen Interpretationen Tür und Tor öffnete.»

20.23 Chinesische außenpolitische Analysen aus der Warte des Stratagems Nr. 20

Frankreich und Rußland «fischen im trüben», schrieb ein Schweizer Kommentator während der Irak-Krise (*Neue Zürcher Zeitung* 21./22. 2. 1998, S. 3). Weit häufiger als in der westlichen Presse taucht das Stratagem Nr. 20 in außenpolitischen Analysen in der chinesischen Presse auf. Zielscheibe solcher Analysen auf der Grundlage des Stratagems Nr. 20 waren schwerpunktmäßig die Sowjetunion, solange sie noch existierte, gemäß Maos Drei-Welten-Theorie der Hauptfeind der Volksrepublik China, aber auch beide Supermächte, USA und UDSSR zusammen, und gelegentlich Vietnam wegen seiner Behandlung der Kambodscha-Frage.

Seit dem Zusammenbruch der Sowjetunion gerieten vor allem die USA und vereinzelt – im Zusammenhang mit Hongkong – Großbritannien ins Fadenkreuz chaosstrategemischer Analysen. Der Sowjetunion wurde 1982 während des Falkland-Krieges zwischen Argentinien und Großbritannien vorgeworfen, «im trüben Wasser des südlichen Atlantiks zu fischen». Weitere Vorhaltungen dieser Art betrafen etwa das Verhalten der Sowjetunion auf dem afrikanischen Kontinent (1978), im Mittleren Osten (1989) und bei Abrüstungsverhandlungen (1978). Zwei Fischer, die beiden Supermächte USA und UdSSR darstellend, wateten 1982 auf einer Karikatur von Fang Cheng in einem Gewässer mit der Aufschrift «Dritte Welt» und streckten beide Hände tief ins Wasser.

Großbritannien wurde vorgehalten, unmittelbar vor dem Ende seiner Herrschaft in Hongkong «hastig» ein dem Grundgesetz der Sonderverwaltungszone Hongkong zuwiderlaufendes Gesetz über die Menschenrechte erlassen zu haben. «Seine Absicht besteht offenbar nicht darin, die Menschenrechte abzusichern, sondern darin, Chaos im Rechtssystem Hongkongs nach 1997 hervorzurufen» (Presseamt des Staatsrats der Volksrepublik China, 1997).

Die USA traf im Zusammenhang mit Haiti das Verdikt, das Strategem Nr. 20 angewendet zu haben: «Gewisse Organe der USA wenden alle nur denkbaren Tricks an, doch mit dem Ergebnis, daß das Wasser, je mehr sie es aufrühren, um so trüber und schwärzer wird, oft zum Schaden der USA» (*Volkszeitung*, Peking 19. 12. 1995). Auch in der chinesischen Innenpolitik versuchen die USA als Teil ihrer gegen China gerichteten Eindämmungspolitik, «das Wasser zu trüben» (*Volkszeitung*, 11. 6. 1995). Im Hinblick auf die internationale Diskussion über Menschenrechte warnte die *Volkszeitung*: «Wenn sich Personen als ‹Menschenrechtsrichter› oder ‹Menschenrechtsmissionare› ausstaffieren und andere Leute grundlos anprangern, wenn sie ‹Menschenrechte› als einen Stock einsetzen, um damit in der Innenpolitik anderer Staaten das Wasser zu trüben und sich dadurch ungebührliche Vorteile zu verschaffen, dann kann solcherlei nur Antipathie und Abwehr zur Folge haben» (*Volkszeitung*, Peking 17. 3. 1998).

## 20.24 Fischaugen mit Perlen vermischen

«Minderwertiges wird als Hochwertiges ausgegeben, mit etwas Falschem wird Echtes vorgetäuscht, es wird Pfuscharbeit geleistet und minderwertiges Material verwendet, hinsichtlich der Preise wird betrogen.»

So steht es über einem Artikel über den «Sandelholz-Möbelmarkt» in der Shanghaier *Kulturtreff-Zeitung* vom 22. 3. 1996. Einleitend heißt es: «Sandelbaum- und Teakholzmöbel der mittleren und oberen Qualitätsklasse sind im Shanghaier Möbelmarkt groß in Mode gekommen. Die Fabriken, die solche Möbel produzieren, schießen wie Pilze aus dem Boden, und das Netz der Vertriebsstellen breitet sich immer weiter aus. Angesichts möglicher Profite vergessen nun einige Fabriken und Kaufleute ihre Pflichten. Sie täuschen mit etwas Falschem Echtes vor und geben Minderwertiges als Hochwertiges aus etc. So werden oft irgendwelche Holzarten aus Südostasien als Sandelholz deklariert. Oder ein Möbelstück, das eindeutig aus ganz gewöhnlichem Holz hergestellt wurde, wird gleichwohl als ‹gänzlich aus Sandelholz› etikettiert und zu Sandelholzpreisen verkauft. Einige Fabriken drücken durch Pfuscharbeit und minderwertiges Material die Herstellungskosten. Oder es werden durch marktschreierische Aktionen wie ‹Große Blutspendeaktion› oder ‹Preise, die in den Keller gepurzelt sind›, Kunden angelockt. Das alles hat zur Folge, daß derzeit auf dem Sandelholz- und Teakholzmarkt Gutes und Schlechtes miteinander vermengt sind. Nicht wenige Kunden fallen diesem Wirrwarr zum Opfer, sie werden hereingelegt, und ihre Interessen werden geschädigt. Zuständige Persönlichkeiten haben daher angeregt, Shanghai solle schnellstmöglich lokale Rechtserlasse betreffend Holzmöbelprodukte erlassen und die Kontrolle über den Möbelmarkt in rechtliche Bahnen lenken.»

Noch am 15. 8. 1998 klagte die Pekinger *Licht-Tageszeitung* über die landesweite «Vermischung von Fischaugen mit Perlen auf dem Möbelmarkt.» Durch die Vermengung von Echtem und Falschem, Hoch- und Minderwertigem, werden gleichsam das Wasser getrübt und die «Fische» in Gestalt der hilflosen Kunden gefangen. Natürlich handelt es sich hierbei um eine verwerfliche Anwendung des Stratagems Nr. 20. Um bei dessen Bildsprache zu bleiben: Wenn das Wasser getrübt ist, herrschen schlechte Sichtverhältnisse. Man verliert die Orientierung und kann nicht mehr zwischen Echtem und Falschem unterscheiden.

Dies ist der Augenblick, um «[weiße] Fischaugen mit [hellen] Perlen zu vermischen (yumu hun zhu)». Diese etwa 1000 Jahre alte Redensart wird in der Volksrepublik China vor allem im Hinblick auf den Wirtschaftsbereich benutzt, der ja in solch einem riesigen Land wie dem Reich der Mitte nie so wohlgeordnet ist, wie er sein sollte. Private Piratendruckbetriebe «mischen Fischaugen unter Perlen», indem sie Bestseller «klonen» und als billige Konkurrenzprodukte zu den legalen Editionen auf den Markt werfen (*Volkszeitung*, Peking 18.7.1997, S. 12). Im Herbst 1994 führten der Chinesische Nahrungsmittelindustrieverband und drei weitere Organisationen unter Beiziehung von 41 Degustatoren eine fünftägige «Nationale Begutachtung berühmter beziehungsweise hochwertiger Schnäpse» durch, die insgesamt fünfte seit der Gründung der Volksrepublik China (1949). Das Ziel war, die durch einen außer Kontrolle geratenen Alkoholmarkt bewirkte «Vermischung von Perlen mit Fischaugen» zu beheben. Von über 200 überprüften Schnapssorten wurden nur 17 als «Berühmte chinesische Schnäpse» und 53 als «Hochwertige chinesische Schnäpse» anerkannt, genauso viele wie schon bei der vierten entsprechenden Begutachtung von 1989 (*Volkszeitung*, Peking 9.12.1994, S. 2).

Weitere in der chinesischen Presse verbreitete Klagen über die Vermischung von Perlen mit Fischaugen betrafen Kühlschränke, Tee, Zigaretten, Kohle (der Steine beigemengt wurden) und Textilien. «Gesetzlose Händler nutzen das Frühlingsfest aus, um Fischaugen mit Perlen zu vermischen», titelte die Shanghaier *Kulturtreff-Zeitung* am 28.11.1995 und teilte mit, daß bei einer das gesamte Shanghaier Stadtgebiet erfassenden Inspektion 20 Prozent der angebotenen Waren den Qualitätsanforderungen nicht entsprochen haben. Gerade auch das internationale Geschäftsleben erscheint Chinesen vielfach als ein Verwirrspiel, das zum Fischen im trüben geradezu einlädt. Da ist es kein Wunder, daß dickleibige Bücher wie *Lücken in sowie Betrügereien und Gesetzesumgehungen bei Verträgen mit Auslandsberührung und wie man sich dagegen vorsieht* (16,5 Millionen Schriftzeichen, Peking 1996) erscheinen.

20.25   Die hypergenaue Rechnung

Ein chinesisches Unternehmen wollte von einer US-Fabrik ein automatisches Produktionszentrum kaufen. Als der chinesische Partner nach dem Preis fragte, versuchten die amerikanischen Partner, aus seiner Unerfahrenheit Kapital zu schlagen, indem sie eine sehr «detaillierte» Offerte überreichten. In dieser Preisaufstellung wurde jeder einzelne Posten minutiös aufgeführt, nämlich der Preis für die zentrale Maschine der gesamten Anlage, der Preis für jedes Zubehörteil, der Preis für jedes Ersatzteil, der Preis für die Montage sowie für die Inbetriebnahme der Anlage, der Preis für die Ausbildung des Bedienungspersonals, der Preis für den Transport, der Preis für die Verpackung und so weiter. Um die Menge der aufgeführten Einzelposten zu erhöhen, wurde sogar der Preis der zentralen Maschine in mehrere Posten unterteilt. So erhielten die Chinesen eine mehrere Dutzend Seiten umfassende, in kleinste Details gehende Kostenaufstellung. Um abzuklären, ob all diese einzelnen Preise gerechtfertigt waren, mußten sie umfangreiche Preisrecherchen durchführen. Einige Preise ließen sich überhaupt nicht überprüfen. Es stellte sich heraus, daß die US-Seite die Methode der Vermengung von Wahrem mit Falschem benutzt und in jedem einzelnen Posten der Aufstellung heimlich den Verkaufspreis erhöht hatte. Obwohl die einzelnen Preiszuschläge gering und nicht dazu angetan waren, die Aufmerksamkeit auf sich zu ziehen, ergab doch die Summe aller dieser kleinen versteckten Preiserhöhungen einen stupenden Gesamtbetrag. Die Chinesen entdeckten obendrein, daß in der Preisliste überflüssige Zubehörteile und leichtzerbrechliche Elemente aufgeführt waren. All dies diente zur Erhöhung des Endbetrags. Die Chinesen unterzogen das Angebot einer umfassenden, genauen Prüfung und präsentierten die wohldokumentierten Ergebnisse bei den Verhandlungen. Die Amerikaner konnten nicht umhin nachzugeben und schlossen den Vertrag zu einem Preis ab, der um 40 Prozent niedriger war als in der ursprünglichen Kalkulation.

Die Amerikaner hatten versucht, das Stratagem Nr. 20 zu benutzen. Sie hatten eine derart detaillierte Offerte vorgelegt, da sie dachten, daß die schiere Quantität der Einzelposten und deren Verästelungen bis in die kleinsten Einzelheiten die Chinesen verwirren und sie, was eine Überprüfung der Rechnung anbelangte, außer Gefecht setzen würde. Unbemerkt konnten sie, wähnten die Amerikaner, den Gesamtpreis heraufsetzen und von der durch die hypergenaue Rechnung gestifteten Verwirrung profitieren. Die Chinesen durchkreuzten das Stratagem, so Yu Xuebin in seinem Buch *Die 36 Strategeme, neu erklärt und eingehend analysiert* (Peking 1993), indem sie «allen Schlamm aus dem Fluß entfernten, so daß das Wasser von selbst wieder klar wurde.»

## 20.26 Überlegungen zur Anwendung und Abwehr des Strategems Nr. 20

Jegliche List geht davon aus, daß die gemäß antiken griechischen Mythen aus einem unbestimmten, ungeordneten Urstoff, dem Chaos, entstandene Welt uneindeutig und vielschichtig, also grundsätzlich «trübe» ist, etwas, das wohl auch die moderne Chaostheorie bestätigt. «Vielleicht ist es eine gnädige List der Natur, daß wir diese Welt nicht länger vollkommen übersehen und begreifen, durchschauen und verstehen können» (Claus Jacobi: «Das menschliche Wissen gleicht einem Fettfleck auf Löschpapier», in *Bild*, Hamburg 10.1.1998, S. 2). Und sollte in der Welt ausnahmsweise einmal etwas klar sein, dann trübt List die Verhältnisse. So eröffnet sich neben dem «eindeutigen», geraden immer auch mindestens ein strategemischer, das heißt für die anderen unübersichtlicher, unerwarteter Weg zum Ziel – «Chaos als Spielraum zum Überleben» (aus dem Titel einer Rezension des Buches ‹Überleben auf italienisch› in: *Neue Zürcher Zeitung,* 5.12.1983), aber – aufgepaßt – auch für Taschen- und Trickdiebe! List anwenden ist so gesehen nichts anderes als ein «Fischen im trüben».

Bei den 36 Strategemen handelt es sich, so der Taipeher Strategemkenner Shu Han, um außergewöhnliche Kniffe und ausgefallene Tricks. Das ist die eine Seite. Andererseits haben sie aber auch etwas von einem Kinderspiel an sich. Ein kaltblütiger, klarsichtiger Gegner, den man mit Strategemen beizukommen sucht, wird diese leicht durchschauen. Darum sollte man vor einer Strategemanwendung gegebenenfalls zunächst das Gemüt und den Verstand des Gegners trüben und seine Urteilskraft schwächen. Erst wenn dies geschehen ist, kann man das Strategem mit Aussicht auf Erfolg gegen den Gegner einsetzen. Natürlich darf man als Strategemanwender nicht auch noch selbst der «Wassertrübung» zum Opfer fallen, sondern muß stets seine Klarsicht bewahren, so der Pekinger Strategemexperte Yu Xuebin.

Wenn man davon ausgeht, daß das Wasser durch Aufwühlen des Wasserbetts getrübt wird, schützt sich das potentielle Strategemopfer natürlich am besten dadurch, daß es selbst vorsorglich ständig allen Schlamm und Dreck aus dem Wassergrund entfernt, also Lao Zis Rat befolgt: «Ordne, solange noch nichts in Unordnung ist». So wird eine Anwendung des Strategems Nr. 20 von vornherein vereitelt.

Wassertrübung kann aber nicht nur durch Aufrühren des Wassergrundes geschehen und ist manchmal nicht so leicht zu verhindern.

Wie verhält man sich nach eingetretener Trübung? Leider erscheint nicht immer automatisch der Deus ex machina aus dem Psalm 23:

«Der Herr ist mein Hirte,
Mir wird nichts mangeln
Er weidet mich auf grünen Auen
Und führet mich zu frischem Wasser.»

Vor allem dann nicht, wenn man an das Tohuwabohu der mannigfaltigen Bibelübersetzungen denkt, durch die man an alles andere als an «klares Wasser» geführt wird. So wie also ein Fisch im getrübten Wasser seine klare Sicht verliert, so vermag auch ein Mensch in einer chaotischen Situation nur noch schwer zu unterscheiden, welches Verhalten nun richtig oder falsch ist, meint der Pekinger Strategemforscher Li Bingyan. Es gibt keine Zielorientierung mehr. Zwangsläufig ergeben sich dann Ansatzpunkte, einem solchen Menschen gegenüber das Strategem Nr. 20 anzuwenden. Angesichts eines unerwarteten Zwischenfalls verlieren, so der Taipeher Autor Shu Han, die meisten Menschen ihr seelisches Gleichgewicht. Sie werden vor Schreck wie von Sinnen sein und nicht ein noch aus wissen. Sowohl in einer chaotischen Situation als auch angesichts eines unvorhergesehenen Ereignisses sollte man sich nicht verwirren lassen und so zu einem möglichen Opfer des Strategems Nr. 20 werden, sondern einen kühlen Kopf bewahren. Dazu verhilft Kaltblütigkeit, die im Chinesischen unter anderem mit der Redensart «inmitten eines Chaos unerschrocken bleiben (chu luan bu jing)» umschrieben wird, getragen von der Hoffnung, «links und rechts auf Quellen zu stoßen (zuo yuo feng yuan)», das heißt, sich auf die eine oder andere Weise durchzuschlängeln. Wie heißt es doch im uralten chinesischen *Buch der Wandlungen*: «Wenn man einer Situation erst innerlich Herr geworden ist, so wird es ganz von selbst gelingen, daß die äußeren Handlungen von Erfolg gekrönt sind.» Mit Hilfe der einem Fisch ja angemessenen Kaltblütigkeit sollte man im entscheidenden Augenblick zumindest die Intelligenz eines ganz normalen Durchschnittsmenschen aufrechterhalten und sich nicht blindlings zu unbedachten Handlungen hinreißen lassen, die vielleicht genau dem Kalkül eines Anwenders von Strategem Nr. 20 entsprechen.

Man sollte sich davor hüten, von anderen in Panik Geratenen angesteckt zu werden. Nie sollte man vergessen, daß man in einer solchen Situation grundsätzlich dazu ausersehen ist, zum «Fisch» in der Hand eines Anwenders von Stratagem Nr. 20 zu werden. Je chaotischer die Lage wird, desto dringender sind Besonnenheit und Gelassenheit vonnöten. Man sollte vermeiden, vorschnell Stellung zu beziehen, und erst einmal einen sicheren Fleck suchen, wo man sich vorübergehend versteckt und sich in Geduld und Selbstbeherrschung übt. So schnell wie möglich sollte man herausfinden, in welche Richtung der Fluchtweg aus dem getrübten in einen klaren, sicheren Wasserbereich führt. Denn im trüben Wassersektor bleibt man, selbst in einem Versteck, ein potentieller «Fisch» in einer denkbar ungünstigen, isolierten Konstellation. Aufbäumen und Widerstand nützen da nichts.

«Wegrennen» (s. Stratagem Nr. 36) ist der einzige Ausweg (Yu Xuebin). Manchmal stimmt ja die Redensart: «Im trüben ist gut fischen, aber auch gut entwischen.» Ist ein Entkommen nicht möglich, mag man sich an die Worte aus dem über 2500 Jahre alten *Buch der Wandlungen* halten (gemäß Richard Wilhelm: *I Ging*, 5. Aufl. Düsseldorf etc. 1980): «Innerhalb der Gefahr darf man nicht ohne weiteres danach trachten, unter allen Umständen herauszukommen, sondern muß sich zunächst zufrieden geben, wenn man von der Gefahr nicht überwunden wird. Man muß ruhig die Zeitumstände in Erwägung ziehen und sich mit Kleinem begnügen, da zunächst ein großer Erfolg nicht zu erreichen ist. Eine Quelle fließt auch erst spärlich, und es dauert eine Zeit, ehe sie sich einen Weg ins Freie bahnt.»

### 20.27 Das Wasser aus dem Teich ablassen, um die Fische zu fangen

Wenn man sich nicht mit einer bloßen Trübung des Wassers begnügt, kann das Stratagem Nr. 20 in eine Torheit umschlagen, die in China bereits vor über 2000 Jahren in Worte gefaßt wurde: «Das Wasser aus dem Teich ablassen, um die Fische zu fangen (jie ze er yu)». Das will besagen, auf Kosten eines langfristigen Nutzens wird ein momentaner Vorteil zu erreichen gesucht. Noch trauriger stimmt eine Szene, die eine Karikatur in der Pekinger *Abendzeitung* vom 25. 1. 1984 zeigt: Ein Mann steht in einem Fluß, in den er offenbar schon an mehreren Stellen hineingegriffen hat. Er steht mit leeren Händen da. Die Bildlegende lautet: «Das Wasser trüben und keine Fische vorfinden». Im Hintergrund sieht man eine Fabrik, aus der sich ein dicker schwarzer Abwasserstrahl in den Fluß ergießt.

## 20.28  In zu reinem Wasser gedeihen keine Fische

«Im Altertum trug der König an seiner Krone Perlenschnüre vor den Augen, um seine Klarsicht zu verhüllen, und gelbe Fransen vor den Ohren, um seine Hellhörigkeit zu verdecken. Wenn das Wasser von äußerster Reinheit ist, dann befinden sich keine Fische darin. Wer alles bis ins letzte überprüft, hat keine Gefolgsleute.»

Solche Gedanken finden sich in den *Aufzeichnungen über die Riten*, einem der fünf klassischen konfuzianischen Werke des alten China. Es fand im 1. Jahrhundert v. Chr. seine endgültige Form und ist ein Buch mit Regeln des rechten Verhaltens in allen Lebenslagen. Richard Wilhelm ist eine deutsche Überlieferung zu verdanken (*Li Gi: Das Buch der Riten, Sitten und Gebräuche*, Düsseldorf etc. 1981). «Trübes Wasser ist fischreicher», sagte Peter of Blois, Erzbischof von Bath, um 1200 n. Chr. «Zu reines Wasser hat keine Fische» lautet eine entsprechende, heute häufig benutzte chinesische Redewendung. Sie wurde als geflügeltes Wort bereits im Altertum zitiert, so etwa in einem politischen Zusammenhang von Fan Ye (398–445) in seiner *Geschichte der Späteren Han-Dynastie*. Er fügt den Rat hinzu: «Kontrolle über die großen Leitlinien, Nachsicht bei kleinen Fehlern». Und in Europa rät Erasmus von Rotterdam (ca. 1469–1536), um das menschliche Zusammenleben erfreulich und dauerhaft zu gestalten, müsse man einander zuliebe manchmal «fünf gerade sein lassen» (*Das Lob der Torheit*, Basel 4. Aufl., 1947, S. 45).

Eine gewisse Verschmutzung des Wassers dürfte für den Fisch lebensnotwendig sein. So sagte Konfuzius: «Der Fisch nährt sich im trüben und bewegt sich im trüben.» Im übertragenen Sinne gilt das wohl manchmal auch für das menschliche Leben. Die totale Transparenz ist nicht immer möglich und erstrebenswert. So gesehen mag man das Fischen im trüben – mit Augenmaß und bisweilen auch Augenwinkern betrieben – als eine im höheren Sinne strategemische Lebensmaxime ganz allgemeiner Art betrachten.

Strategem Nr. 21

## Die Zikade entschlüpft ihrer goldglänzenden Hülle

| Die vier Schriftzeichen | 金 | 蝉 | 脱 | 壳 |
|---|---|---|---|---|
| Moderne chinesische Aussprache | jin | chan | tuo | qiao |
| Übersetzung der einzelnen Schriftzeichen | Gold/golden/goldglänzend | Zikade | abstreifen/entschlüpfen | Hülle |

| | |
|---|---|
| Zusammenhängende Übersetzung | Die goldglänzende Zikade entschlüpft ihrer Hülle/die Zikade entschlüpft ihrer goldglänzenden Hülle.<br>Die Zikade sucht unbemerkt das Weite, indem sie sich ihrer goldglänzenden Hülle entledigt, auf die sie die Aufmerksamkeit des Verfolgers lenkt. |
| Kerngehalt | 1. Strategem der Überwindung einer Zwangs-, Notlage; Strategem zur Loslösung aus einer Umklammerung; bezogen auf eine überflüssig gewordene Hülle/prekäre Situation/Gefahr: Entschlüpfungs-Strategem.<br>2. a) Strategem der Ab- bzw. Rückzugs- oder Fluchtverschleierung durch Hinterlassen von Attrappen oder Ködern;<br>b) Strategem der verdeckten zeitweiligen Positionsaufgabe/der Verschleierung eines zeitweiligen Ortswechsels oder Teilabzugs.<br>3. Strategem des Erscheinungs-/Gestaltwandels; Mimikry-Strategem; Metamorphosen-Strategem; Chamäleon-Strategem.<br>4. Strategem der gezielten Hinlenkung/Konzentration aller Aufmerksamkeit auf etwas Vergangenes/Anderes/nicht Vordringliches/Zweitrangiges; Fokussierungs-Strategem. |

## 21.1 Wanderung über die Bedeutungsfelder des Zikaden-Stratagems

«Rein wie Tautropfen – ihr klarer Klang von Ferne gleichmäßig herüberwehend, wie vom Wind zerstreute welke Blätter.
Ton über Ton, als meinten sie einander, doch jede weilt allein auf ihrem Zweige.»

So beschrieb die Poetin Xue Tao (?–834 n. Chr.) «Zikaden» in einem ihrer Gedichte.

Wie Engerlinge leben Zikaden zunächst als Larven unterirdisch und saugen an den Wurzeln von Pflanzen nach Pflanzensaft, so wie Blattläuse. Dann kommen sie in großen Mengen zur gleichen Zeit aus der Erde, steigen an den Stengeln hoch und häuten sich, ähnlich wie die Libellen, die als Larven im Wasser aufwachsen und an Halmen hochsteigen, wo sie sich häuten.

In der Zeitschrift *Schöne Künste* (Peking Nr. 2/1982) beschreibt eine Lehrkraft der Kunstakademie von Sichuan den während etwa drei Stunden von ihr beobachteten Vorgang der Häutung einer Zikade, die ihre Tochter im Sommer nach Hause gebracht hatte: «Zunächst hieß es geduldig warten. Dann sah man, wie sich in der Hülle etwas ausdehnte und wieder zusammenzog, wie bei Wehen. Nach einer Weile brach der Vorderteil der Hülle auf. Das Volumen des hervortretenden Kopfes wurde immer größer und durchstieß endlich vollständig die Hülle. Nun begann sich der Körper zu winden und zu wenden, bis er sich endlich ganz von seiner Babyhülle losgelöst hatte. Und damit war die wunderschöne Goldzikade geboren.»

Die Zikade gibt es überall, unter anderem rund um das Mittelmeer. Sie kriecht aus der Larvenhülle (Exuvie) heraus. Im Gegensatz zum Schmetterling kennt sie das Puppendasein nicht. Es ist sofort das endgültige Tier da, das oberirdisch lebt. Die abgestoßene Larvenhülle ist weißlich oder gelblich und kann im Sonnenlicht golden glänzen. Sie ist durchscheinend. Nach der Häutung beginnt die Zikade zu zirpen. Durch ein metall scheppernd es Zirpen fällt die große Schnarrzikade auf. Australische Insektenforscher entdeckten: Die Zikade hat auf beiden Bauchseiten eine Trommel – elastische Resonanzorgane, die über vier Rippen gespannt sind. Ein Muskel bewegt sich mit solcher Energie, daß innerhalb von drei Millisekunden das Zirpen erzeugt wird. Dieses hat eine Lautstärke von 100 Dezibel (so laut wie ein startendes

Flugzeug) auf einen Meter Entfernung – dabei ist die Zikade nur sechs Zentimeter lang.

Die fertige Zikade ist perfekt mimetisch. Sie hat eine Tarntracht. Die goldglänzende auffallende Larvenhülle bleibt zurück, die Zikade sieht man praktisch nicht. Für Insektensammler ist das verdrießlich. Man hört die Zikade, erblickt sie aber nicht. Deshalb ist wohl auch das Bild der sich häutenden Zikade zum Inhalt des Strategemausdrucks geworden und nicht etwa das Bild des aus dem Hühnerei entwachsenen Kükens, das hinterher, für jedermann sichtbar, umherstolziert.

Laut brieflicher Auskunft von Professor Paul U. Unschuld (Universität München) wird die nach Säuberung roh eingenommene gelblichbeige Hülle der Zikade als Arznei gegen Husten und rauhe Stimme sowie Masern ebenso wie Schock und nächtliches Weinen kleiner Kinder und so weiter eingesetzt. Wie mir der chinesische Jurist Hu Zhenjie im Frühjahr 1998 erzählte, sammelte er in seiner Kindheit in seinem Bauerndorf Haozigang (Kreis Changde, Provinz Hunan) jeweils am Morgen Zikadenhüllen, nach den nächtlichen Häutungen, und verkaufte sie. Der Strategembuchautor Zhang Shaoxiong erinnert sich, daß in seiner Kindheit eine Hülle zwei Fen (gut zwei Pfennig) einbrachte. Die Zikade steigt im Süden Chinas im Sommer, in anderen Regionen auch noch zu Beginn des Herbstes, aus dem Erdboden, wo sie als Larve gelebt hat, und klettert in einer Nacht auf einen Baum. Dort häutet sie sich auf einem Blatt. Mit Flügeln ausgestattet, fliegt sie dann fort. Die Zikadenhülle ist mit einem Dorn versehen und bleibt daher an dem Baumblatt hängen. Mein chinesischer Gewährsmann Hu Zhenjie erinnerte sich, wie er als Kind an einem langen Bambusstab ein aus einem Baumzweig oder Draht hergestelltes kreisförmiges Gebilde befestigte, das er in Spinnennetze tauchte, die sich darin verfingen. Entdeckte er eine Zikade, wie sie Wochen nach der Häutung, mit schwärzlichem Körper, aber durchsichtigen Flügeln, herumkrabbelte, dann legte er dieses Spinnennetz-Fanggerät auf sie, worin sie sich verfing. Darauf ergriff er das daumenlange Tier und ergötzte sich an dem lauten Zirpen in seiner hohlen Hand oder in einem mit einem Loch versehenen Behälter, in dem sie nach kurzer Zeit verhungerte.

«Golden» ist ein schöneres Wort für «gelb». Als Kopfornament benutzten Frauen Zikaden aus Gold. Da die Zikade nach ihrer Häutung auf Zweigwipfeln lebt und man sich vorstellte, sie lebe fern vom Staub der Welt und ernähre sich allein von Wind und Tau, galt sie als das reinste aller Insekten. Sie symbolisierte eine Person, die «in hoher Position reines Wasser trinkt», also integer und lauter ist. Kein Wunder, daß Beamte im alten China einen Hut trugen, der mit einer goldenen Zikade verziert war. Die Zikade symbolisierte Lauterkeit, das Gold Festigkeit. Mit einer Zikade vergleicht sich aber auch der Einsiedler, der in einem Singspiel von Ma Zhiyuan (ca. 1260–1321) ein kaiserliches Angebot auf ein Hofamt ablehnt und dies begründet, indem er die Idylle eines daoistischen, von Reinheit und Weltentbundenheit geprägten Lebens in der Natur beschreibt.

1. Die Zikadenhülle im Strategemausdruck Nr. 21 gilt auf einer ersten Bedeutungsebene zunächst ganz allgemein als ein Bild für eine Beengtheit, eine Notlage, aus der man zu entkommen sucht. «Slip out of a predicament [aus einer mißlichen Lage entwischen]» lautet denn auch die erste Erklärung der Strategemformel Nr. 21 im *Chinesisch-Englisch-Deutsch-Französischen Lexikon der Redewendungen* (Peking 1995). Entsprechende Belege finden sich bereits in Dramen aus der Yuan-Zeit (1271–1368). So läßt Ma Zhiyuan in dem Drama *Der Genius Ma Danyang erweckt drei Mal Ren Fengzi* seinen Helden auf dem Kulminationspunkt der Handlung nach dem Zuruf des Rächers «Heute will ich dein Leben! Her mit deinem Kopf!» stöhnen: «Ich bin so entsetzt, daß sich meine Seele auflöst [...] Himmel! Wann kann ich wie die Zikade der goldglänzenden Hülle entschlüpfen!»

Wie ein goldener Käfig kommt der Singdirne Xie Tianxiang der prächtige Amtssitz des Stadtamtmannes Qian vor, in den dieser sie wider ihren Willen eingewiesen hat. «Ich sehe keinen Trug, mit dessen Hilfe ich wie eine Zikade der goldglänzenden Hülle entschlüpfen könnte», seufzt sie in dem Drama *Der große Amtmann Qian umhegt mit Klugheit die Singdirne Xie Tianxiang* von Guan Hanqing (um 1240–1320). Um das Entkommen aus einer lebensgefährlichen Lage geht es wiederum Sun Bin (s. 4.1 und 4.2), wenn er zu seinem Helfer Bu Shang sagt: «Ich treffe gerade die Vorkehrungen für das Strategem ‹Die Zikade entschlüpft ihrer goldglänzenden Hülle›», und zwar im dritten Akt des Dramas *Pang Juan eilt zu Pferd bei Nacht über den Weg bei Maling* aus der Yuan-Zeit. Allerdings trägt das Strategem Nr. 21 im weiteren Verlauf der Handlung auch Züge der Fluchtverschleierung. Denn während Sun Bin, in einem Teeblätterwagen versteckt, die Stadt durch das Westtor verläßt, wird am Osttor mit einem verkleideten Boten ein Ablenkungsmanöver inszeniert.

2.a) Xie Tianxiangs Sehnen nach einem befreienden Trug und Sun Bins Beispiel leiten über zu einer zweiten Bedeutungsebene des

Strategems Nr. 21. Hier tritt zur puren Befreiung aus einer ungemütlichen Lage zusätzlich noch die Verschleierung des Befreiungs*vorgangs* hinzu, sei es, ganz in Anlehnung an die Zikadenhülle, mit Requisiten, die unmittelbar vom Entweichenden selbst stammen, sei es mit anderweitigen Ablenkungsmaßnahmen rhetorischer, optischer, akustischer oder sonstiger Art. Die Attrappe ist auf jeden Fall ein vom Gegenüber nicht sofort durchschaubares Scheingebilde, hinter dem sich nicht das verbirgt, was es signalisiert, sondern das nur dazu dient, die Aufmerksamkeit des Gegners auf sich hin- und vom Entkommenden abzulenken. Die ursprüngliche oder sonst eine Gestalt zieht zwar den Blick auf sich, doch dahinter befindet sich nicht der vermutete Inhalt. So erfolgt die Anwendung des Strategems Nr. 21 mit visuellen Mitteln. Aber auch andere Verfahren sind möglich. Der Bogen spannt sich von einem einfachen Satz, mit dem der Strategemanwender die Harmlosigkeit seines Weggangs glaubhaft macht, bis zum ausgeklügelten Schaustück, durch welches das Verschwinden des Strategemprofiteurs vertuscht wird.

2.b) Die sich davonstehlende «Zikade» kann ein Mensch, aber auch eine Menschengruppe (zum Beispiel ein Militärtrupp) sein. Diese soll nicht um jeden Preis den Kampf suchen: «Ist der Feind stark, weiche man ihm aus», lautet denn schon der achte der «Zwölf listigen Wege», die in *Meister Suns Kriegskunst* empfohlen werden, wo es weiter heißt: «Wie entschlossen auch eine kleine Streitmacht kämpfen mag, sie wird dem starken Feind unterliegen.» Ein chinesischer Kommentator von *Meister Suns Kriegskunst* erwähnt in diesem Zusammenhang den zweitwichtigsten konfuzianischen Denker Mencius (gest. 289 v. Chr.) mit dem Satz: «Der Kleine kann gewiß nicht den Großen, die Minderzahl nicht die Mehrzahl und der Schwache nicht den Starken angreifen» (s. auch 36.13). Der Kleine, die Minderheit beziehungsweise der Schwache müssen also vermeiden, zermalmt zu werden. Im Hinblick darauf erteilt, mit deutlichen Anklängen an das Strategem Nr. 21, das erstmals in der Ming-Zeit (1368–1644) dokumentierte Militär-Traktat *Außergewöhnliche Planungen in 100 Schlachten* im Abschnitt über «Schwache Schlachtposition» den Rat: «Wenn sich der Feind in der Mehrheit befindet und ich isoliert bin, wenn der Feind stark ist und ich schwach bin, dann muß ich zahlreiche Flaggen und Banner zur Schau stellen sowie die Zahl der Feuerstellen vervielfachen und so dem Feind Stärke vorgaukeln, auf daß dieser außerstande ist, meine wirkliche Lage hinsichtlich Mannschaftsbestand und Einsatzmacht abzuschätzen. Dann wird der Feind nicht leichtfertig mit mir in den Kampf eintreten. Ich kann eilends abziehen. So bleibt die gesamte Truppe intakt.»

2.c) Das Strategem Nr. 21 ist ein Notstrategem, das, militärisch gesehen, in einer Position der Schwäche und der Unterlegenheit, ja mehr noch, oft unmittelbar angesichts einer drohenden Niederlage als letztes Mittel eingesetzt wird, in der Hoffnung, noch einmal davonzukommen. Damit das Strategem zum Erfolg führt, müssen die richtige Gelegenheit und der angemessene Zeitpunkt beim Schopf ergriffen werden. Man befindet sich bereits ganz und gar in der Hand des Feindes. Seine Überlegenheit mag erdrückend sein. Das heißt aber nicht, daß er nicht auch Schwachstellen aufweist oder daß solche nicht plötzlich auftreten. Einerseits darf man, um nicht vielleicht doch eine Siegeschance zu verpassen, nicht zu früh die Segel streichen, andererseits muß man in der Lage sein, ohne Zeitverlust zu erkennen, daß absolut keinerlei Erfolgsaussichten mehr bestehen. Dann ist der Zeitpunkt für die Anwendung des Strategems Nr. 21 gekommen. Das Abstreifen der Hülle muß plötzlich geschehen, denn allzu lange wird sich der Feind durch sie nicht hinhalten lassen. Die Maxime lautet dann «Kein Sieg, schnell abhauen (Bu sheng su zou)!» Sie steht natürlich im Gegensatz zum Ideal des heldenhaften Widerstands bis zum letzten Mann.

Bei der Wahl des für die Anwendung des Strategems Nr. 21 günstigen Augenblicks passe man den Moment ab, da der Feind sich seines Sieges schon sicher ist, in seiner Aufmerksamkeit nachläßt und den Druck lockert. Jetzt zeigt sich womöglich eine Lücke, durch die man zu entkommen vermag. In den entscheidenden Stunden ist ein klarer Kopf unverzichtbar. Die kleinste Unvorsichtigkeit kann ins Verderben führen. Hektik oder gar Panik darf die Planung und Ausführung des Strategems Nr. 21 auf keinen Fall behelligen. Vielmehr muß ein ruhiger Sinn für das Machbare zu einer zutreffenden Lagebeurteilung führen. Ist der richtige Zeitpunkt für die Ingangsetzung des Strategems Nr. 21 ausgemacht worden, muß entschlossen und schnell zur Tat geschritten und die bedrohliche Position aufgegeben werden. Gegebenenfalls ist das Strategem Nr. 21 ohne eine schmerzhafte Einbuße nicht durchführbar. Der chinesische Strategemexperte Yu Xuebin erwähnt den Hausgecko. Dessen Methode, einem Feind zu entgehen, bestehe darin, dem Feind einen Teil seines langen Schwanzes zu überlassen. Während sich der Feind noch mit dem abgebrochenen Schwanzstück abgebe, sei der Gecko bereits nicht mehr zu sehen. Die bei der Flucht abgestreifte «Hülle» sollte aber auf jeden Fall etwas Verzichtbares und nicht etwas Lebensnotwendiges sein.

2.d) Im Krieg kann das Strategem Nr. 21 auch dazu dienen, den Feind an einer bestimmten Stelle zu binden und selbst an zwei Orten gleichzeitig zu sein.

So soll gemäß einem Pekinger Strategembuch im Herbst 1943 eine sowjetische Streitmacht während der Schlacht am Dnjepr-Fluß den deutschen Feind zum Narren gehalten haben. Nachdem die Deutschen den Vormarsch der Russen gestoppt hatten, beschloß die russische Heeresleitung, unter Wahrung des Frontabschnittes die motorisierte Hauptstoßtruppe nach dem Norden von Kiew zu verlegen, wo die Deutschen relativ schwach massiert waren. Durch diverse Manipulationen und Täuschungsmanöver gelang den Russen die heimliche Verlegung eines ganzen Heeresteils, den die Deutschen noch eine ganze Woche lang unverändert an seinem ursprünglichen Standort vermuteten.

Während des Jom-Kippur-Krieges (1973) sollen – immer nach dem Pekinger Strategembuch – die Israelis einen Großangriff vorgespiegelt haben, um in Wirklichkeit unbemerkt die Hauptstreitmacht von der nach wie vor gehaltenen nördlichen Front ca. 600 km westwärts an den Sinai zu verlegen.

Die Verschleierung einer Truppenverlegung kann notwendig werden, wenn man einen Feind bei der Stange halten will, aber entdeckt, daß von einer anderen Seite eine zweite feindliche Streitmacht heranrückt. Würde man vom Kampfplatz abziehen und sich ganz dem neuen Feind entgegenstellen, bestünde die Gefahr, daß sich die beiden feindlichen Seiten vereinigten. In einer solchen Situation ist es ratsam, die erste feindliche Macht zu veranlassen, ihre Position zu halten. Dies kann man erreichen, indem man «in leerer Weise ein gewaltiges Getöse und eine imposante Majestät erstehen läßt (xu zhang sheng shi)», so daß der Feind keine leichtfertigen Schritte wagt. Insgeheim zieht man unterdessen die Hauptstreitmacht vom betreffenden Kampfplatz ab und macht den neu anrückenden Feind unschädlich. Darauf kehrt man an die ursprüngliche Kampffront zurück und bietet wieder mit voller Wucht dem ersten Feind die Stirn. Hier kann sich das Strategem Nr. 21 angesichts zweier oder mehrerer Feinde bewähren, und zwar als Strategem einer verdeckten zeitweiligen Positionsaufgabe. Bildhaft gesprochen kehrt in diesem Fall die Zikade in ihre Hülle zurück, nachdem sie unbemerkt anderswo etwas erledigt hat.

2.e) «Flucht» wird in chinesischen Texten nicht nur als pyhsische Entfernung von einem Ort zum anderen, sondern auch im abstrakten Sinne verstanden. So kann ein Verhalten dem Strategem Nr. 21 zugeordnet werden, durch das sich der Strategemanwender seiner Verantwortung entzieht. Am 20.8.1997 beklagte die *Volkszeitung,* daß die Verwaltung in einzelnen Regionen zum Strategem «Die Zikade entschlüpft ihrer goldglänzenden Haut» greift, um staatseigene Unternehmen von ihren Schuldverpflichtungen zu entlasten. Sie lasse solche Unternehmen unvermittelt Konkurs anmelden und registriere sie anschließend unter einem anderen Firmennamen. Das Eintreiben der Schulden des untergegangenen Unternehmens werde so erschwert.

Die Vermutung, daß der Börsenmagnat Zhao das Strategem «Die Zikade entschlüpft ihrer goldglänzenden Hülle» anwenden könnte, schießt dem Bankier Du in dem im Frühjahr 1930 spielenden Roman *Shanghai im Zwielicht* (deutsche Ausgabe: Frankfurt a. M. 1983) von Mao Dun (1896–1981) durch den Kopf. Soeben hat ihm Zhao, der letztlich obsiegende große Gegenspieler der Hauptfigur des Romans, des Unternehmens Wu Sunfu, die Gründung eines Konsortiums für den Handel mit höchst unsicheren Staatsanleihen vorgeschlagen. Dafür benötige er innerhalb von zwei Tagen vier Millionen Dollar in bar. Der Bankier Du überlegt sich: Der Kerl hat Angst. Mit seinen Spekulationen hat er sich verrechnet, und nun zittert er vor dem nahenden Börsenabrechnungstermin. Durch das neu zu gründende Konsortium, so der Argwohn des Bankiers, versucht der Börsenmagnat die Gläubiger, die er nicht zu bezahlen vermag, abzulenken und hinzuhalten. Denn die werden glauben, daß einer, der ein Konsortium dieser Größenordnung auf die Beine zu stellen vermag, jederzeit zahlungsfähig sei. Daher werden sie ihre Forderungen nicht unnachsichtig und auf den Tag genau eintreiben, sondern sich vertrösten lassen, und Zhao kann sich seinen unmittelbar anstehenden Zahlungsverpflichtungen vorerst entziehen.

2.f) Will man sich gegen das Strategem der Fluchtverschleierung vorsehen, dann steht vielerlei zu Gebote. Erstens die Anwendung des Strategems Nr. 22: die totale Umzingelung des Feindes. Ihm dürfen keine Türen und keine Hintertürchen mehr offenstehen. Damit ist die Anwendung des Stragemens Nr. 21 ausgeschlossen. Ist der Feind erst einmal völlig umzingelt, ist gegebenenfalls kurzer Prozeß mit ihm zu machen. Ist das nicht möglich, muß die Abriegelung des Feindes ohne jede Lücke mit größter Präzision aufrechterhalten werden. Zum zweiten ist ein Feind, den man bereits unter Kontrolle hat und nicht entwischen lassen will, ohne Unterlaß genau zu beobachten. Dabei darf man sich nicht von Scheingebilden, die der Feind lanciert, verwirren lassen. Vielmehr muß man stets, wie chinesische Strategembücher empfehlen, vom «Wesen», von der «Natur» des Feindes ausgehen. «Sollte der Feind irgendeine Intrige planen», so Yu Xuebin, «dann werden zwangsläufig irgendwelche abnormalen oder besonderen Anzeichen in Erscheinung treten», die man natürlich nur bemerkt, wenn man die entsprechende Wachsamkeit aufrechterhält. Ist zum Beispiel «die Sprache des Feindes heftig und rückt er vor, als ob er angreifen wolle», dann kann das «ein Zeichen seines bevorstehenden Rückzugs sein» (*Meister Suns Kriegskunst,* Kap. 9). Zum dritten darf man nicht leichtfertig auf billige Versprechen des Feindes hereinfallen und deswegen in der Aufmerksamkeit ihm gegenüber nachlassen. Selbst wenn man ihn zeitweilig großzügig behandelt, muß man seiner jederzeit habhaft bleiben. Zum vierten warnen chinesische Strategem-Autoren vor einem weichen Herzen, wobei die folgende Fabel von Aesop vor Augen geführt wird, die auch Mao Zedong beeindruckte: «An einem Wintertag fand ein Landarbeiter eine vor Kälte steifgefrorene Schlange. Von Mitleid gerührt, hob er sie auf und legte sie an seine Brust. Die Schlange, durch die Wärme wiederbelebt, fand ihre natürlichen Instinkte wieder und versetzte ihrem Wohltäter einen tödlichen Biß. Der sterbende Landarbeiter sagte: ‹Ich habe es nicht anders verdient, da ich mich eines bösen Wesens erbarmte.›» Damit wird zur Verhinderung des Strategems Nr. 21 – und anderer Strategeme - indirekt auch die Lehre, die Mao aus dieser Fabel gezogen hat, eingeschärft: «Giftschlangen, ausländische wie chinesische, hoffen, daß das chinesische Volk genau wie jener Landarbeiter sterben wird, daß die Kommunistische Partei Chinas und alle revolutionären Demokraten Chinas ihnen gegenüber ebenso weichherzig sein werden wie jener Landarbeiter. Doch das chinesische Volk, die Kommunistische Partei Chinas und alle echten revolutionären Demokraten Chinas haben die letzten Worte dieses Arbeitsmannes gehört und werden sie gut im Gedächtnis behalten.»

2.g) Als Fluchtverschleierungs-Strategem ist das Strategem Nr. 21 vom Strategem Nr. 11 abzugrenzen. Bei beiden wird ein Ersatz eingesetzt, der dem Strategemprofiteur Rettung verschafft. Doch geht es erstens beim Strategem Nr. 11 in der Regel um eine Sanktion, der es zu entkommen gilt, wogegen Strategem Nr. 21 auf anderweitige Notlagen zugeschnitten ist. Zweitens ist der Ersatz beim Strategem Nr. 21 in aller Regel ein Scheingebilde oder ein verzichtbarer Teil des Strategemprofiteurs selbst, während beim Strategem Nr. 11 der Ersatz aus etwas besteht, das nicht vom Strategemprofiteur selbst stammt. Im allgemeinen tritt beim Strategem Nr. 11 etwas Reales als Ersatz in Funktion.

2.h) Schließlich kann das Strategem Nr. 21 – sehr abstrakt – aufgefaßt werden als ein Mittel, um von einem Zustand A in einen Zustand B zu entschweben. Der ursprüngliche Status, die ursprüngliche Position, wird aufgegeben und gegen eine dem bisherigen ungeliebten Dasein entrückte Existenzform eingetauscht. In diesem Sinne taucht vor etwa 2000 Jahren die älteste Frühform des Strategemausdrucks Nr. 21 auf (s. 21.23).

3. Diese zuletzt aufgeführte Variante des Strategems Nr. 21 in seiner Funktion als Kunstgriff zur Fluchtverschleierung führt hin zur dritten Bedeutungsebene dieses Strategems, jener des Gestalt- beziehungsweise Erscheinungswandels. Ein solcher kann natürlich der Fluchtverschleierung dienen. So berichtet ein Hongkonger Strategembuch im Kapitel über das Strategem Nr. 21, daß Long Yun (1887–1962), der unter Tschiang Kai-schek unter anderem Gouverneur der Provinz Yunnan gewesen war, später aber von ihm beargwöhnt und in seiner Residenz überwacht wurde, als alte Frau verkleidet zu entkommen und nach Hongkong zu gelangen vermochte, von wo aus er später in die Volksrepublik China übersiedelte und dort Karriere machte. Nun entschlüpft die Zikade ihrer Hülle ja nicht, um zu fliehen, sondern um eine andere Daseinsform beziehungsweise Identität anzunehmen. Man entschlüpft einer bestimmten Wirklichkeitsebene, aber nicht mit dem Ziel, etwas Unangenehmem zu entgehen, sondern in dem Streben nach dem Gewinn eines neuen Handlungsspielraums.

Also liegt es nahe, die Metamorphose, von der die Strategemformel Nr. 21 spricht, nicht nur mit dem Motiv der Flucht, sondern mit irgendwelchen in der ursprünglichen Gestalt nicht erreichbaren Zielen zu verknüpfen. Diese Dimension des Strategemausdrucks Nr. 21 wird im *Großen Wörterbuch der chinesischen Sprache* (Band XI, Shanghai 1993, S. 1190) unter Verweis auf einen Aufsatz Qu Qiubais (s. 21.19) deutlich gemacht: «Sich verwandeln und ändern». Am treffendsten wird diese Dimension, die des Metamorphosen-Strategems, durch die Wendung «den Kopf ändern und das Gesicht wechseln (gai tou huan mian)» zum Ausdruck gebracht, die in Beispiel 21.19 denn auch in einem Atemzug mit dem Strategemausdruck Nr. 21 erwähnt wird. Zu den in dieser Hinsicht größten Strategemkünstlern gehört neben Göttern des griechischen Altertums, wie zum Beispiel dem Meeresgott Proteus, der Hauptheld des Romans *Die Pilgerfahrt in den Westen,* der Affenkönig Sun Wukong. Er verfügte über das Geheimnis von 72 Verwandlungen und konnte sich nach Wunsch in verschiedene Arten von Pflanzen und Tieren wie auch in Gegenstände und Menschen verwandeln. Freilich setzt das Strategem Nr. 21 in diesen Funktionen nicht gleich derart drastische Veränderungen wie beim Affenkönig voraus. Oft genügt bereits, was eine chinesische Redewendung wie folgt umschreibt: «Qiaozhuang gai ban: sich verkleiden und in eine andere Rolle schlüpfen». Auf dieser Bedeutungsebene fällt der Lichtkegel des Strategems Nr. 21 auf zahlreiche Phänomene wie:
- V-Personen, Undercoveragentinnen, Spione, Geheimagenten, Spitzel, Agents-provocateurs, verdeckte Ermittler;
- Polizisten in Zivil (bianyi jingcha);
- von niederrangigem Dienstpersonal wie zum Beispiel gewöhnlichen Polizisten durchgeführte «heimliche Inspektionen» (si fang an cha bzw. sifang);
- von hochrangigen Personen «in gewöhnlichen Kleidern durchgeführte private Inspektionen» (wei fu si fang);
- von Journalisten durchgeführte «verdeckte Recherchen» (yinxing caifang);
- Namenswechsel (yinxing-maiming bzw. gengming);
- Statusverschleierung (yi mou shenfen wei yanhu);
- unter fremdem Namen den Platz eines anderen einnehmen (mao ming ding ti);
- als «Wolf im Schafspelz» (pizhe yangpi de chailang) auftreten

(man denke im europäischen Bereich an den Wolf in den Märchen «Rotkäppchen» und an «Der Wolf und die sieben Geißlein»).

Gemäß dem modernen Kriegsvölkerrecht, so wie es im Zusatzprotokoll I vom 10.6.1977 zu den Genfer Abkommen vom 12.8. 1949 über den Schutz der Opfer internationaler bewaffneter Konflikte verankert ist, sind gewisse Anwendungen des Metamorphosen-Strategems wie das Vortäuschen eines Zivil- oder Nichtkombattantenstatus und das Vortäuschen eines geschützten Status durch Benutzen von Abzeichen, Emblemen oder Uniformen der Vereinten Nationen oder neutraler oder anderer nicht am Konflikt beteiligter Staaten verboten (Art. 37 des Zusatzprotokolls).

4. Beim Strategem Nr. 21 hinterläßt die «Zikade» eine bloße Hülle, auf die sich aber gleichwohl alle Augen richten, während die Zikade selbst unbemerkt bleibt. Nicht nur bezogen auf die Verschleierung einer Flucht, sondern auch auf die Verschleierung von Handlungen ergibt sich als letzte mögliche Deutung des Strategems Nr. 21 die der Ablenkung der Strategemopfer von etwas Lebendigem – der entschlüpften Zikade – und in diesem Sinne Wichtigem auf etwas Totes – die Zikadenhülle – und insofern Zweitrangiges. Es geht um die Bündelung der gesamten Wachsamkeit der Strategemopfer auf den einen Punkt der abgeworfenen Zikadenhülle, mit der Folge, daß sie ihre Energien nicht mit der längst irgendwoanders tätigen Zikade, sondern mit der Zikadenhülle, also etwas Nebensächlichem, Unwichtigem, jedenfalls nicht mit dem eigentlich Vordringlichen vergeuden. Auf dieser Bedeutungsebene ist das Strategem Nr. 21 vom Strategem Nr. 6 abzugrenzen. Auch das Strategem Nr. 6 arbeitet mit Ablenkung, allerdings allein zu dem Zweck der Verschleierung einer wie immer gearteten Angriffshandlung. Demgegenüber erfaßt das Strategem Nr. 21 die überaus breite Palette der anderen Zwecken dienenden Ablenkungsmanöver. Warum wird abgelenkt? Letztendlich deshalb, weil der Ablenkende unbemerkt etwas tun möchte, das er nicht oder nur mit erheblichem Aufwand oder mit dem Risiko der Bestrafung tun könnte. Insofern dient die Ablenkung auf einer sehr abstrakten Ebene letztendlich immer irgendeiner Flucht, womit der eigentliche Charakter des Strategems Nr. 21, der eines Flucht-Strategems, auch auf der vierten Bedeutungsebene gewahrt bleibt.

Zum Beispiel besteht die Gefahr, daß die anscheinend alle anderen Menschheitsverbrechen relativierende, wenn nicht gar verharmlosende «These von der Einzigartigkeit» eines während des Zweiten Weltkriegs auf europäischem Boden begangenen Verbrechens «von der deprimierenden Evidenz» [, wonach «Demozide vom Charakter» dieses europäischen Verbrechens «nicht einzigartig sind»,] «ablenkt, indem sie den Deutschen die Verwirklichung des Bösen als ewigen Zivilisationsbeitrag überläßt, während sich der Rest der Menschheit in bewußtloser Unschuld und Sicherheit der normalen Tagesordnung des Lebens zuwenden kann» (Manfred Henningsen, Dozent für Politische Wissenschaft an der University of Hawaii in Honolulu, USA: «Das Jahrhundert der Demozide», in: *Die Zeit,* Hamburg 4.6.1998, S.39). Es besteht ferner die Gefahr, daß man dieses europäische Verbrechen «als Argument benutzt, um damit eigenes Unrecht zu rechtfertigen», beziehungsweise zur Ablenkung von anderen und zudem aktuelleren Verbrechen «instrumentalisiert» (Moshe Zuckermann, Dozent am «Institute for the History and Philosophy of Science and Ideas» der Universität Tel Aviv, in: *Geo,* Hamburg Nr.5, Mai 1998, S.66f.) (s. auch 25.24). Es besteht schließlich die Gefahr, daß immer häufiger Feststellungen getroffen werden wie: «Wie oft sei seit dem Ende der Nazi-Herrschaft in Deutschland [...] gesagt worden, es dürfe niemals mehr zu Greueltaten wie in den vierziger Jahren kommen – und trotzdem seien die Massenmorde in Kambodscha und die Massaker in Ruanda möglich gewesen» («Appell von Robinson und Dreifuss für Menschenrechte», in: *Neue Zürcher Zeitung,* 29./30.8.1998, S.14); «Die Säuberungen von einst gehen weiter [...] Die Bestialität ist ungebrochen» (Adolf Muschg: «Von der Nationalität zur Bestialität», in: *Die Weltwoche,* Zürich 28.9.1995, Beilage S.11); «[...] der Völkermord [...] hat [...] obgleich alle Welt sich geschworen hatte: Nie wieder [...]! – beim wiederholten Vollzug ‹ethnischer Säuberungen› Schule gemacht [...]» (Günter Grass: «Der lernende Lehrer», in: *Die Zeit,* Hamburg, 20.5.1999, S.43). «[...] Unisono ertönt es rund um den Globus: Nie wieder! Gleichzeitig spielt sich unter uns ein grausamer Krieg mit all den aus der Geschichte sattsam bekannten Zutaten ab, verhungern täglich Menschen zu Tausenden. Und wer nicht verhungert oder erfriert, der wird auf originell-brutale Art massakriert. All das, was nie wieder passieren darf, feiert täglich neue Triumphe!» Wenn wir es ernst meinen mit einer besseren Welt, müßten die Themen betreffend die Verbrechen auf dem europäischen Kriegsschauplatz des Zweiten Weltkriegs «in den Medien längst abgelöst sein durch Bosnien und Serbien, durch Somalia, durch den Sudan, müßte hier mit der gleichen Intensität das himmelschreiende Unrecht vorgetragen werden, um es zu verhindern. [...] Nie wieder! Welch ein Hohn.» Die Verbrechen auf dem europäischen Schauplatz des Zweiten Weltkriegs werden «mißbraucht zu einem» fluchtstrategemischen «Alibi» (zitiert aus: *Neue Zürcher Zeitung,* 14. 5. 1998, S. 69).

Das 20. Jahrhundert werde – immer wegen der im Zweiten Weltkrieg auf europäischem Boden von Deutschen an Europäern begangenen Verbrechen – «auch das deutsche genannt» (Rita Kuczynski: «Die gebrochene Welt», in: *Süddeutsche Zeitung,* München 4. 12. 1998, S. 17). Von 1,2 Milliarden Chinesen mit ihrer noch nicht lange zurückliegenden «Kulturrevolution» (1966–1976), die «zu primitiver Bestialität aufstachelte» (*Wenhui Bao,* Shanghai 16. 5. 1986, S. 2)? Von Algeriern? Von Kambodschanern? Von Angolanern, seit 1975 Opfer eines «der längsten innerstaatlichen Konflikte in Afrika» (Robert von Lucius: «Der blutigste aller afrikanischen Kriege: Hilflosigkeit der Staatengemeinschaft», in: *Frankfurter Allgemeine Zeitung,* 2. 1. 1999, S. 9)? Von Ruandern? «In Ruanda reichten Hunderttausende von Leichen nicht aus, um die Außenwelt wachzurütteln [...]. Es lohnt sich nachzulesen, wie vehement Madeleine Albright, damals amerikanische UN-Botschafterin, für den Abzug der Blauhelme in Ruanda plädiert hat [...]. Die UNO zog ihre Blauhelme ab, knapp eine Million Menschen wurden ermordet [...]» (Bartholomäus Grill: «Afrika fragt sich: Schwarzes Leid, halbes Leid?», in: *Die Zeit,* Hamburg 2. 6. 1999, S. 5). Von Vietnamesen – Opfern eines von Vertretern der westlichen Zivilisation ohne ersichtlichen Sinn geführten Krieges, der «als die längste militärische Auseinandersetzung in die Geschichtsbücher des 20. Jahrhunderts eingehen wird» (Alexander Troche: «Vom Traum zum Trauma»: in: *Süddeutsche Zeitung,* München 4. 12. 1998, S. 12)? Von Osttimoresen? «1975 begann [in Osttimor] der Völkermord [...] weil niemand handelte, konnten [die Militärs des indonesischen Diktators Suharto] ein wehrloses Volk massakrieren [...] Der Genozid [forderte] 250 000 Opfer (Antonio Tabuchi: «Herr Annam, tun Sie was», in: *Die Weltwoche,* Zürich 16. 9. 1999, S. 1). «Die Völkergemeinschaft versagte im Katastrophenmanagement» («Osttimor: ‹Das Volk wird vernichtet›», in: *Der Spiegel,* Hamburg Nr. 37, 1999, S. 200).

Der Ungeist des Menschheitsverbrechens wütete leider nicht nur an einem einzigen Punkt der Welt, und insbesondere wütete er auch nach 1945 weiter: «Seit dem Ende des Zweiten Weltkriegs sind 53 Jahre verstrichen. Aber der Völkermord ist noch nicht verschwunden» (Li Haibo in: *Beijing Rundschau,* Peking Nr. 37, 15. 9. 1998, S. 5). Der Tunnelblick westlicher Menschen scheint indes ausschließlich auf die von diesem Ungeist auf dem europäischen Kriegsschauplatz – vom asiatischen redet im Abendland ohnehin niemand – zurückgelassene Hülle, reproduziert in zahlreichen Gedenkstätten, Monumenten, Museen, Filmen und so weiter, gerichtet zu sein. Einzig hier «duldet die Welt keine Verdrängung» (Klaus Harpprecht in: *Die Zeit,* Hamburg 10. 9. 1998, S. 38). So gut wie die gesamte okzidentale moralische Energie erweckt den Eindruck, in diese Richtung kanalisiert zu sein. «Könnte es sein, daß der lautere Antifaschismus den Blick auf die Verbrechen der Gegenwart verstellt?» (zitiert aus: *Neue Zürcher Zeitung,* 9. 9. 1999, S. 8). Ist vielleicht dies der Grund dafür, daß jetzt geschehende und daher vielleicht abwendbare oder verhinderbare Manifestationen jenes Ungeistes im Westen kaum oder nur mit einem müden Achselzucken, auf jeden Fall nicht mit einem Aufschrei der Empörung, wahrgenommen werden und daß diesbezüglich «das Große Schweigen» (Judith C. E. Belifante: «Wir müssen das Schweigen durchbrechen», in: *Die Zeit,* Hamburg 3. 12. 1998, S. 13) zu herrschen scheint? Kommen Manifestationen jenes Ungeistes nicht etwa in Zeilen wie den folgenden zum Ausdruck, nach denen aber in Europa kaum ein Hahn kräht: «Die Tageszeitung ‹Le Figaro› zitiert [den französischen Präsidenten François Mitterrand] mit einem ungeheuerlichen Satz: ‹In Ländern wie diesem [Ruanda] ist ein Genozid nicht so wichtig›» (Bartholomäus Grill: «Wilderer im neu entdeckten Kolonialreich», in: *Die Weltwoche,* Zürich 26. 3. 1998, S. 45)? Profitiert jener Ungeist des Menschenverbrechens etwa nicht von dem durch die abendländische Erinnerung an einen einzigen europäischen Fixpunkt verstellten «Blick auf die Gegenwart» (Cora Stephan, in: *Die Zeit,* Hamburg, 10. 9. 1998, S. 57), und kann er etwa nicht vergleichsweise ungestört sein Unwesen treiben?

## 21.2 Die mißglückte Zote

In dem berühmten aus der Ming-Zeit (1368–1644) stammenden erotischen Roman *Schlehenblüten in goldener Vase* (vollständig ins Deutsche übersetzt von Otto und Artur Kibat, Zürich 1968) weilt der vierte Fei als Gast bei Ximen Qing und nimmt in dessen Gartenhäuschen bei Speis und Trank an einem fröhlichen Würfelspiel teil. Sie sind zusammen fünf Herren. Im Verlauf des Spiels muß der vierte Fei zur Strafe ein Lied singen. Er kann aber nicht singen und erzählt statt dessen eine Schnurre. Bei einem Verhör in einem Notzuchtsfall stellte der Magistrat die Frage: «Wie bist du dazu gekommen, die Frau zu vergewaltigen?» Der Mann erklärte: «Nun, sie lag auf dem Rücken mit dem Kopf gegen Osten. Die Beine hatte sie hochgezogen, ebenfalls in Richtung Osten. Dadurch war die Stelle offen, und ich habe sie ausgefüllt.» – «Unsinn», rief der Kammervorsitzende, «Offene Stelle! Wo ist der Mann, der, kaum ist die Stelle offen, sie auch gleich ausfüllen will?» Sogleich trat ein Zuhörer hervor, der offenbar nicht genau aufgepaßt hatte, und rief: «Die offene Stelle in der Magistratur möchte ich gern ausfüllen, ich bewerbe mich hiermit darum.» Anstatt in der Männerrunde das erwartete Gelächter zu ernten, sieht sich der vierte Fei unversehens einer äußerst peinlichen Verdächtigung ausgesetzt. Denn Ying Bojue, den ob seiner Laszivität und Gunstbuhlerei die vom Zentralkomitee der Kommunistischen Partei Chinas herausgegebene Zeitschrift *Wahrheitssuche* (Peking Nr. 19, 1998, S. 48) heftig angreift, bemerkt: «Sauberer Bruder Fei! Du möchtest dir ja nette Vorteile auf Kosten deines Herrn verschaffen! So alt ist der doch noch gar nicht! Wie dem auch sei! Wie kommst du dazu, ihn beim Ausfüllen der ihm gebührenden offenen Stelle ersetzen zu wollen!» Ying Bojue unterstellt also dem vierten Fei unerlaubte Beziehungen mit der Gattin seines Vorgesetzten.

Wenn das auch nur ein Witz sein sollte, so war er vom Inhalt her doch derart gravierend, zumal in jener Zeit, daß er den Bewitzelten durchaus in schwerste Verlegenheit zu versetzen vermochte. Wahrscheinlich war es gerade diese Verlegenheit, die Ying Bojue amüsant fand und an der er sich weiden wollte.

Der vierte Fei erschrickt jedenfalls und wird dunkelrot. «Aber, aber! Was sind das für Worte!» sagt er. «Meine Wenigkeit hat sich doch überhaupt nichts dabei gedacht!» – «Was du nicht sagst», spottet Ying Bojue. «Deine Zielscheibe ist ihr Schoß. Fehlt für die Scheide ihr die Klinge [ihres Gatten], bleibt ihr nur [d]ein Knauf.»

Der vierte Fei sitzt wie auf Nadeln. Er hatte gerade den Würfelbecher ergriffen, da kommt ein Diener herbei und sagt ihm: «Draußen will Euch jemand sprechen.»

Auf nichts hat der vierte Fei dringender gewartet als auf solch eine Gelegenheit. Kaum sind die Worte des Dieners verklungen, ist er blitzschnell aufgestanden und entschlüpft der Tafelrunde, «wie die Zikade ihrer goldglänzenden Hülle». Wenn sich der vierte Fei unter irgendeinem Vorwand entfernt hätte, so wäre dies auf jeden Fall unelegant, wenn nicht plump gewesen. Die Anwesenden hätten sein Verschwinden negativ, womöglich als Eingeständnis, ausgelegt. Der vierte Fei befand sich also in einer äußerst ungemütlichen Situation. Die Strategemformel Nr. 21 beschreibt hier eine auf unverfängliche Weise erfolgende Loslösung aus einer unerquicklichen Lage.

Auch im Sinne der bloßen Flucht ohne zurückgelassenes Requisit wird in dem auf historischen Tatsachen fußenden Drama *Bericht über den Gewinn eines Herzens durch das Spiel auf der Wölbbrettzither* von Sun Meixi (16./17. Jh.) auf die Strategemformel Nr. 21 angespielt. «Die Türen ließen sich gegen das Strategem der Goldzikade nicht verriegeln», jammert ein Diener des Vaters der jungen Witwe Zhuo Wenjun. Soeben hat er festgestellt, daß sie des Nachts aus ihrem Vaterhaus entwichen war, um mit ihrem Geliebten Sima Xiangru (179–117) durchzubrennen.

### 21.3 Ein Felsen als Tiger

Auf ihrer Reise in den Westen, nach Indien, zur Erlangung heiliger buddhistischer Schriften im Auftrag des chinesischen Kaisers gelangten der Mönch Tripitaka und seine Begleiter zu einem hohen Berg. Er trug den Namen Dreihundertmeilengelbwindgrat. Als sie den Berg betrachteten, erhob sich plötzlich ein äußerst heftiger Wirbelwind. Der Affenkönig Sun Wukong packte den Wirbelwind am Schwanz und beroch ihn. «Das ist kein guter Wind», sagte er. «Er stinkt nach einem Tiger oder sonst einem Monster. Da stimmt etwas nicht.» Kaum hatte Sun Wukong diese Worte gesprochen, da sprang ein wild gestreifter Tiger mit einem peitschenartigen Schwanz und kräftigen Gliedmaßen hinter einer Bergwand hervor. Dermaßen entsetzt war Tripitaka, daß er Hals über Kopf von seinem Schimmel purzelte. Da lag er nun, halb von Sinnen, schräg neben der Straße. Der Schweinsmönch ließ das Gepäck stehen, nahm seine Nagelharke, stürmte am Affenkönig vorbei auf den Tiger zu und schrie: «Böses Biest! Wohin willst du?» Er sprang vorwärts und schlug auf den Kopf des Tigers ein. Der Tiger richtete sich kerzengerade auf seinen Hinterbeinen empor, hob seine linke Vordertatze und stach dann mit der anderen Tatze ein Loch in seine Brust. An dem Loch packte er sein Fell, riß es nach unten durch, wobei ein zirrendes Geräusch entstand und streifte es dann vollständig von sich. So stand er nun, gräßlich anzusehen, nackten, blutenden Körpers neben der Straße. «Langsam! Langsam!» brüllte er. «Ich gehöre zur Vorhut der Streitmacht des Großen Königs des Gelben Windes. Ich habe den strengen Befehl, auf diesem Berg zu patrouillieren und einige Sterbliche zu fangen, als Vorspeise für den Großen König. Woher kommt ihr Mönche, daß ihr es wagt, eure Waffen gegen mich zu schwingen, um mich zu verletzen?» Der Schweinsmönch schimpfte: «Verfluchte Bestie! Kennst du mich etwa nicht? Wir sind keine Sterblichen, die hier zufällig daherkommen! Wir sind die Jünger des Tripitaka, den der Herrscher des Großen Östlichen Tang-Reiches nach Westen entsandt hat. Schnell zur Seite mit dir, so daß wir weiterziehen können! Hör auf, meinen Meister zu erschrecken! Dann werde ich dich am Leben lassen. Aber wenn du dich weiterhin so unverschämt aufführst, werde ich diese Harke auf dich niedersausen lassen und auf nichts mehr Rücksicht nehmen!»

Das Monster ließ sich auf keine weiteren Diskussionen ein. Es näherte sich mit großer Geschwindigkeit, nahm eine Kampfstellung ein und wollte die Krallen seiner Klaue in das Gesicht des Schweinsmönchs bohren. Dieser sprang schnell zur Seite und drosch nun seinerseits mit seiner Harke auf das Monster ein. Dieses hatte keine Waffen, weshalb es sich umdrehte und wegrannte, dicht gefolgt vom Schweinsmönch. Unten am Abhang angelangt, riß das Monster unter einem Steinhaufen zwei bronzene Krummsäbel hervor, mit denen es sich seinem Verfolger entgegenstellte. Die beiden gerieten nun vor dem Bergabhang aneinander. Das Kampfgeschehen wogte hin und her. Inzwischen half der Affenkönig Tripitaka, sich aufzurappeln und sagte zu ihm: «Meister, habt keine Angst. Setzt Euch hierher, und laßt mich dem Schweinsmönch helfen, das Monster unschädlich zu machen, so daß wir unseren Weg fortsetzen können.» Erst jetzt vermochte sich Tripitaka aufrecht hinzusetzen. Im Gegensatz zu seinen phantastischen Begleitern ein ganz gewöhnlicher Mensch, begann er, am ganzen Leibe zitternd, das Herz-Sutra zu rezitieren.

Der Affenkönig schwang seine Eisenstange und schrie: «Zerschmettere das Biest!» Gleichzeitig verstärkte der Schweinsmönch seinen Kampfeinsatz. Geschlagen floh das Monster vom Kampfplatz. Der Affenkönig rief. «Laß ihn nicht laufen! Wir müssen ihm nach!» Affenkönig und Schweinsmönch, die Waffen in der Hand, stürmten den Berg hinab. Das Monster wußte nicht mehr ein noch aus. «Da benutzte es», so Wu Cheng'en (um 1500–1582) in seinem Roman *Pilgerreise in den Westen*, «das Strategem ‹Die Zikade entschlüpft ihrer goldglänzenden Hülle›. Es wälzte sich auf dem Boden und nahm wieder seine ursprüngliche Tigergestalt an. Doch der Affenkönig und der Schweinsmönch ließen nicht von ihm ab. Sie waren ihm hart auf den Fersen und wollten es ein für allemal unschädlich machen. Das Monster sah sie immer näher hereneilen. Erneut schlug es ein Loch in sein Brustfell und zog sich das Fell ab. Dann streifte es das Fell einem großen Felsen über. Es entledigte sich seiner wirklichen Gestalt und verwandelte sich in einen heftigen Windstoß. So hastete es zu der Stelle an der Straße zurück, von der es gekommen war. Plötzlich erblickte es den Mönch, der das Herz-Sutra rezitierte. Es packte ihn und hob ihn, einen starken Windstoß entwickelnd, hinweg.»

Als das Monster später dem König des Gelben Windes Bericht erstattete, hob es besonders hervor: «Gerade, als sie herankamen und mich angreifen wollten, setzte ich das Strategem ‹Die Zikade entschlüpft ihrer goldglänzenden Hülle› ein. So gelang es mir nicht nur, mich zu entfernen, sondern auch, diesen Mönch zu ergreifen.»

Der Affenkönig und der Schweinsmönch hatten beobachtet, wie der Tiger hinfiel und lang ausgestreckt auf einem Felsen liegenblieb. Der Affenkönig hob seine Eisenstange empor und wuchtete sie mit aller Kraft hernieder, aber sie prallte lediglich am harten Stein ab, so daß die Hand des Affenkönigs schmerzte. Ebenso schlug der Schweinsmönch mit seiner Harke zu, doch auch ihre Zinken schnellten klirrend wieder in die Höhe. Jetzt erst erkannten sie, daß sie auf ein bloßes Tigerfell eingeschlagen hatten, das über einen großen Stein gelegt worden war. Verblüfft rief der Affenkönig aus: «Nicht doch, nicht doch! Wir sind seinem Strategem aufgesessen!» – «Welchem Strategem?» fragte der Schweinsmönch. «Es heißt ‹Die Zikade entschlüpft ihrer goldglänzenden Hülle›. Das Monster hat die Tigerhaut über diesen Felsbrocken gelegt und hat sich selbst gemütlich davongemacht [...]»

In diesem Abschnitt des Romans *Pilgerreise in den Westen* wird das Strategem Nr. 21 gleich dreimal namentlich genannt – ein Indiz für das ausgeprägte Strategembewußtsein von Chinesen. Der Verfasser charakterisiert die fluchtermöglichende Tat mit dem Strategem, das Monster analysiert dem König gegenüber sein Vorgehen mittels des Strategems, und schließlich identifiziert der Affenkönig dasselbe Strategem, dem er und sein Begleiter zum Opfer fielen. Das, was der Affenkönig mit dem Strategem Nr. 21 bezeichnet, ist deutlich eine Fluchtverschleierung: das über den Felsbrocken aufgebreitete Tigerfell zog die ganze Aufmerksamkeit der Verfolger auf sich, so daß der Verfolgte sich bequem in Sicherheit bringen und darüber hinaus gar ein zusätzliches Husarenstück vollbringen konnte.

## 21.4 Baum mit Kriegsgewand

Sun Jian erlitt bei einem Zweikampf mit Lü Bu eine schwere Niederlage und galoppierte davon. Lü Bu verfolgte ihn in einen Wald hinein und schoß Pfeile auf ihn ab. Nun benutzte Sun Jian «das Strategem der Zikade, die ihrer goldglänzenden Hülle entschlüpft», heißt es im *Volksbuch nach den «Berichten über die Drei Reiche»* aus der ersten Hälfte des 14. Jahrhunderts. Er «nahm seine Panzerrüstung und stülpte sie über einen Baum, worauf er sich davonmachte.» Lü Bu ließ sich dadurch für kurze Zeit irritieren, wodurch Sun Jian wertvolle Minuten gewann und entkommen konnte.

## 21.5 Wang Shourens Kleider am Flußufer

Wang Shouren (1472–1528), ein berühmter Denker, Dichter und Pädagoge aus der Ming-Zeit (1368–1644), machte auch als Beamter Karriere. Dabei benutzte er in einem kritischen Augenblick das Strategem Nr. 21.

Im Jahre 1506 befand sich der neue, erst 15jährige Kaiser Wuzong (1506–1521) in einer Lage, in der der Eunuch Liu Jin die Regierung dominierte. Ein Zensor griff den mächtigen Eunuchen in einer mit anderen Personen verfaßten Denkschrift an. Liu Jin ließ ihn ins Gefängnis werfen. Sogleich setzte sich Wang Shouren für den Zensor ein, obwohl er diesen nicht persönlich kannte. Daraufhin wurde er zwei Monate lang eingesperrt und mit 40 Stockschlägen bestraft. Dann wurde er in einen von der Hauptstadt etwa 5000 km entfernten Ort versetzt, und zwar sollte er Vorsteher der Poststation von Longchang im Nordwesten von Guizhou werden. Im Sommer 1507 machte er sich auf die Reise. Als er beim Qiantang-Fluß in der Nähe von Hangzhou angekommen war, stellte er fest, daß ihm Agenten Liu Jins folgten. Er befürchtete, daß diese ihm auflauern und ihn umbringen würden. Nach außen hin gab er sich jedoch gelassen. Er glaube nicht, daß Liu Jin ihm etwas antun wolle, sagte er seinem Diener.

Als sein Diener am nächsten Morgen aufstand, fehlte von Wang Shouren jede Spur. Es lag da nur ein Blatt mit einem Abschiedsgedicht, in dem es hieß, daß Nacht für Nacht die Wellen des Flusses den treuen Vasallen beweinen würden. Der Diener nahm an, Wang Shouren habe sich in die Fluten des Flusses gestürzt. Tatsächlich, am Flußufer lagen Kleidungsstücke Wang Shourens. Der Diener brach in Tränen aus. Nah und fern hieß es, Wang Shouren sei tot. Die gedungenen Mörder hörten dies und machten sich auf den Heimweg.

In Wirklichkeit hatte sich Wang Shouren in anderen Kleidern aus dem Staube gemacht. Er versteckte sich an einem verborgenen Ort, von dem aus er später an seinen neuen Arbeitsort aufbrach. Dort diente er bis zum Tode Liu Jins (1510). Die von Wang Shouren am Flußufer zurückgelassenen Kleider, die auf seinen Selbstmord schließen ließen, entsprechen der weggeworfenen Zikadenhülle.

In dem Drama *Bericht über ein einsames Frauengemach* von Shi Hui aus der Yuan-Zeit (1271–1368) liegt der Kriegsmantel des verfolgten Sohnes eines auf kaiserlichen Befehl hin gerade getöteten hohen Würdenträgers neben einem Brunnenschacht. Die beiden Häscher wähnen zunächst, der Sohn habe sich in den Brunnen gestürzt und so das Leben genommen. «Einen, einen sehe ich», sagt der erste Häscher, in das Brunnenloch blickend, und ruft dann aus: «Zwei, zwei sehe ich.» – «Nicht doch», sagt der zweite Häscher! «Das ist mein und dein Schatten.» – «Wie kommt es, daß da unten jemand spricht?» – «Das ist mein und dein Echo, älterer Bruder. Wir sind einem Strategem aufgesessen.» – «Welchem Strategem?» – «Dem Strategem ‹Die Zikade entschlüpft ihrer goldglänzenden Hülle›. Er hat uns hereingelegt, so daß wir hier nach seinem Leichnam suchen. Inzwischen ist er längst über alle Berge...»

21.6  Beim Klang der Wölbbrettzither

Lü Bu (?–198 n. Chr.), ein Militärkommandant in der Endzeit der Han-Dynastie (s. auch 35.5), hatte eine Niederlage erlitten und lief zu Yuan Shao (?–202 n. Chr.) über. Da er sich hochmütig aufführte, erregte er das Mißfallen Yuan Shaos, und dieser faßte den Entschluß, den Störenfried zu beseitigen. Lü Bu erfuhr von dieser Absicht. Um der drohenden Gefahr zu entrinnen, bat er Yuan Shao, ihn aus seinen Diensten zu entlassen.

Als Lü Bu aufbrach, ließ Yuan Shao ihn von 30 Kriegern eskortieren, die als Schutzmänner ausstaffiert waren, in Wirklichkeit aber den Auftrag hatten, Lü Bu unterwegs bei einer günstigen Gelegenheit umzubringen. Das wurde Lü Bu zugetragen. Am Abend jenes Tages übernachtete man im Freien. Die 30 Schutzmänner kampierten in der Nähe des Zeltes von Lü Bu. Dieser ließ einen Vertrauten im Zelt auf der Wölbbrettzither spielen. Er spielte und spielte, ohne aufzuhören. Jedermann glaubte, Lü Bu befinde sich im Zelt und lausche der Musik. In Wirklichkeit hatte er sich, während die Klänge in den Nachthimmel stiegen, unbemerkt davonschleichen können. Um Mitternacht verstummte die Wölbbrettzither. Die Schutzmänner drangen in das Zelt ein und hieben von allen Seiten auf das Bett ein. Aber irgend etwas schien nicht zu stimmen. Sie entzündeten Laternen und fanden das Zelt leer. Lü Bu war längst über alle Berge.

Ein anderes Beispiel für die Anwendung des Stratagems Nr. 21, unter anderem mit akustischen Mitteln, berichtet Li Bingyan im auflagenstärksten chinesischen Stratagembuch: *Die 36 Strategeme in moderner Bearbeitung:*

21.7 Schafe als Trommler

Zu Beginn des 13. Jahrhunderts stand der im Dienste der Südlichen Song-Dynastie (1127–1279) stehende General Bi Zaiyu bei einem Feldzug den Dschurdschen gegenüber (s. auch 35.21). Es bestand keine Aussicht auf einen Sieg. Daher beschloß er den Rückzug. Doch bei dessen Vollzug ließ er auf dem Gelände alle Standarten weiterflattern. Zudem ließ er Schafe an den Hinterbeinen aufhängen, so, daß sie mit ihren Vorderbeinen Kriegstrommeln, die unmittelbar unter ihnen aufgestellt waren, berührten. In ihrer mißlichen Lage schlugen die Schafe mit ihren Vorderläufen unaufhörlich auf die Trommeln. Der ständige Trommelwirbel und die im Winde wehenden Flaggen versetzten die Dschurdschen in den Glauben, die chinesische Armee halte nach wie vor ihre Stellung. Tagelang wagten die Dschurdschen nicht vorzurücken. Als sie die Lage endlich erfaßten, war die Song-Armee bereits längst in Sicherheit.

21.8  Von bloßem Wachtfeuer in die Irre geführt

Mit erheblich geringerem Aufwand kam während des Siebenjährigen Krieges (1756–1763) in der Schlacht an der Liegnitz im Jahre 1760 Friedrich der Große (1712–1786) davon. Seine Armee war von drei Seiten umstellt, so daß seine Gegner schon gespottet und gesagt haben sollen: «Der Sack ist offen, wir brauchen ihn nur noch zuzuschnüren.» Friedrich änderte daraufhin in der Nacht seine Stellung, ließ aber an dem bisherigen Lagerplatz die Wachtfeuer weiter brennen und täuschte so seine Feinde, die bereits an einen sicheren Sieg geglaubt hatten (s. Michael Gimmerthal: *Kriegslist und Perfidieverbot [...]*, Bochum 1990, S. 29).


21.9  Von der Nonne zur Ehefrau

Um das Jahr 1425 n. Chr. lebte in Huzhou (in der heutigen Provinz Zhejiang) eine Gelehrtenfamilie mit Familiennamen Yang. Der Mann war gestorben. Die Witwe besaß außer einem Söhnchen nur noch eine zwölfjährige Tochter. Sie war schön wie eine Blume und sehr klug, aber gleichzeitig überaus zerbrechlich und häufig krank. Als Mutter und Tochter eines Tages mit Sticken beschäftigt waren, kam eine Nonne zu Besuch. Es war die etwa 40jährige Äbtissin des buddhistischen Klosters des Smaragdenen Schwebens. Sie führte dort ein recht flottes Leben. Ihr unterstanden zwei junge Nonnen, die ihr in den unfrommen Aktivitäten keineswegs nachstanden. Der Äbtissin gefiel die bezaubernde Tochter sofort. «Ach, wenn sie doch nur nicht so anfällig und zart wäre. Ständig hat sie irgendeine Krankheit», klagte die Mutter. Die Äbtissin erstellte daraufhin das Horoskop des Mädchens und kam zu dem Ergebnis, daß es das beste sei, wenn es der Welt für immer entsage und in ein Kloster eintrete. Natürlich war das Horoskop nur ein «Strategem», so Ling Mengchu (1580–1644) in seinen *Geschichten von einer derartigen Außergewöhnlichkeit, daß man vor Staunen auf den Tisch schlägt*. Aus diesem Werk übersetze ich in gekürzter Form die vorliegende Geschichte. Es versteht sich von selbst, daß die Mutter, der die Gesundheit ihres Kindes über alles ging, ohne Widerstreben bereit war, die Tochter der Äbtissin anzuvertrauen und in den Tempel des Smaragdenen Schwebens ziehen zu lassen. Für die Äbtissin war die junge Novizin neben ihren beiden Nonnen ein weiterer Lockvogel, der ihr den für ihre unfrommen Aktivitäten erwünschten Herrenbesuch beschaffte. Die Novizin erhielt den Namen Friedtracht. Sie war noch so jung, daß sie das fröhliche Leben ihrer drei Klostergenossinnen mit all dem männlichen Umgang gar nicht richtig erfaßte.

Ebenfalls in der Stadt Huzhou lebte ein junger Mann aus einer Gelehrtenfamilie, der bereits den Gelehrtengrad «Blühendes Talent» erworben hatte. Er hieß Jia Wenren, war erst 17jährig und ledig. Er wohnte bei seiner verwitweten Mutter. Blendend sah er aus und bestach durch ein elegantes Auftreten. So war er ein allseits gefragter und beliebter Gesellschafter.

Eines Tages lud ihn ein Freund zu einem Ausflug nach Hangzhou zur Besichtigung der gerade in voller Pracht stehenden Pflaumenblüten ein. In Hangzhou verließen sie nach einer Tages- und Nachtreise das Schiff und machten sich auf den Weg zum Westfluß. Nach kurzer Zeit befanden sie sich in einem Pinienwald. Es waren hohe, mächtige Bäume, und mitten unter ihnen verbarg sich ein Gebäude, das wie ein Tempel aussah. Der Ort wirkte ruhig und abgeklärt. Die beiden Freunde gingen bis zum Portal, doch es war geschlossen. Sie hatten das Gefühl, daß jemand sie aus dem Inneren des Gebäudes beobachtete. Sollten sie an der Tür klopfen und um ein Getränk bitten? Nein, sie beschlossen, die Gunst der frühen Morgenstunde zu nutzen und ihre Wanderung fortzusetzen. Ein phantastisches Schauspiel erwartete sie: Pflaumenbaum um Pflaumenbaum, übersät von schimmernden Silber- und Jadeplättchen.

Bei jenem Gebäude, das sie in den Bann gezogen hatte, handelte es sich um das Kloster des Smaragdenen Schwebens. Schwester Friedtracht hatte inzwischen das 16. Lebensjahr erreicht und war noch schöner als je zuvor. Welch ein unvergleichlich süßes Geschöpf! Täglich besuchten recht rauhe Gesellen das Kloster. Sie warfen Friedtracht vielsagende Blicke zu oder versuchten gar, sie mit zweideutigen Vorschlägen aus der Reserve zu locken. Die anderen Nonnen reagierten auf derartige Avancen mit Entzücken und stießen kleine Freudenschreie aus. Aber Friedtracht hatte für die Burschen nur Verachtung übrig. Ebensowenig kümmerte sie sich um das unanständige Leben ihrer drei Mitschwestern. Sie führte ein zurückgezogenes Leben in ihrer Zelle, las und dichtete. Zufällig ging sie an diesem Tag gerade im Innenhof spazieren und erspähte durch einen Türspalt Jia Wenren und seinen Freund, die das Kloster bewunderten. Die Vornehmheit und Reinheit, die Jia Wenren ausstrahlte, fesselten sie sogleich. Sie konnte ihn ganz ungestört und genau betrachten. Als die beiden Herren weggingen, blickte sie ihnen verstört nach. Wie gern hätte sie sie festgehalten, um sich weiter am Anblick Jia Wenrens weiden zu können. Zutiefst betrübt kehrte sie in ihre Zelle zurück. «Solch schöne Männer gibt es also in dieser Welt», seufzte sie. «Vielleicht war es ein Unsterblicher, der auf die Erde herabgestiegen ist. Ach, was könnte es Schöneres geben, als ein ganzes Leben lang mit einem derartigen Mann vereint zu sein! Aber in meiner Lage lohnt es gar nicht erst, an so etwas zu denken.» Nur mit Mühe vermochte sie die Tränen zurückzuhalten.

Schon vier Monate waren seit Jia Wenrens Reise nach Hangzhou verflossen. Die Provinzbeamtenprüfungen standen bevor. Jia Wenren wollte daran teilnehmen. Zunächst aber hatte er vor, einige Zeit bei einer Tante in Hangzhou zu verbringen und dort der sommerlichen Hitze, die in Huzhou herrschte, zu entfliehen. Mit einer Tasche voller Bücher begab er sich auf das Schiff, das er gemietet hatte. In seiner Begleitung befand sich ein Diener, der vierte A. Als das Schiff bereits Fahrt aufgenommen hatte, rief ein junger Mönch vom Ufer her: «Fahrt Ihr nach Hangzhou?» Der Bootsmann antwortete wahrheitsgemäß. «Könnt Ihr mich mitnehmen? Ich werde alles bezahlen.» Der Mönch erklärte, er habe in Huzhou seine Familie besucht und befinde sich auf dem Rückweg nach Hangzhou in sein Kloster der Zurückgezogenen Seelen. In diesem Augenblick erschien der vierte A auf dem Schiffsdeck und griff in grober Weise in das Gespräch ein, wobei er sich in unflätiger Weise über den Mönch lustig machte. Der Mönch rief zurück, er habe doch nur eine Frage gestellt. Es bestehe kein Grund, ihn derart herabzusetzen. Jia Wenren, der sich in seiner Kabine aufhielt, hörte das Geschrei. Er öffnete eine Luke und empfand sogleich den Liebreiz, der von dem jungen Mönch mit dem zarten, feinen Gesicht ausging. Er hatte mitbekommen, wie der Mönch dem Bootsmann zugerufen hatte, er wohne in Hangzhou im Kloster der Zurückgezogenen Seelen. Jia Wenren wußte, daß dieses Kloster in einer wunderschönen Landschaft lag, und sagte sich, daß er, wenn er den Mönch mitnähme, dem Kloster einen Besuch abstatten könne. So stieg er an Deck, hieß seinen Diener schweigen und befahl, der Mönch solle willkommen geheißen werden. Das Schiff legte an, und der Mönch kam an Bord. Überrascht sah er Jia Wenren unverwandt an. Dieser sagte sich, er habe noch nie einen solch schönen Mönch gesehen. «Man könnte fast meinen, es sei eine Frau. Und wenn es eine Frau wäre, dann würde sie alle Schönheiten des Reiches überstrahlen. Ein wahres Himmelsgeschöpf! Schade, daß es bloß ein Mönch ist!»

Jia Wenren grüßte den Ankömmling und lud ihn sogleich in die

Kabine ein. Der Wind stand günstig. Das Schiff hißte die Segel, und es flog wie hoch in den Lüften dahin.

Die beiden Passagiere stellten sich einander vor und erfuhren, daß sie aus derselben Stadt stammten und denselben Dialekt sprachen, was sie einander sogleich sehr nahe brachte. Es war stickig heiß in dem Raum. Jia Wenren ermunterte den Mönch, seine Kleider ein wenig zu lockern, doch dieser lehnte das ab. Ihn störe die Hitze nicht. Nach dem Abendessen schlug Jia Wenren dem Mönch vor, sich zu waschen, aber auch auf diesen Vorschlag ging er nicht ein. So säuberte sich denn nur Jia Wenren und legte sich, von Müdigkeit übermannt, nieder. Schnell war er eingeschlafen. Der vierte A hatte sich ins Schiffsheck zurückgezogen.

Der Mönch löschte die Lampe, entkleidete sich und legte sich ebenfalls hin. Aber er konnte nicht einschlafen. Hin und her wälzte er sich und stieß, schwer atmend, die Luft aus. Wie er Jia Wenren im tiefen Schlaf neben sich liegen sah, richtete er sich leise auf und setzte sich. Er streckte die Hand aus und begann, ihn zu streicheln. Jia Wenren erwachte und streckte sich. Der Mönch zog die Hand schnell zurück und tat, als schlafe er. Aber Jia Wenren hatte die Berührung gespürt und dachte sich: «Aha! Dieser Mönch nähert sich mir also. Ich hatte geglaubt, er sei ein Geistlicher. Aber er scheint ja auch in anderen Dingen bewandert zu sein. Warum nicht ein kleines Erlebnis mit einem Geschlechtsgenossen? Man bespuckt schließlich nicht das leckere Fleischstück, das einem vor die Nase gesetzt wird!»

Das «blühende Talent» befand sich gerade in einem Alter strotzender Manneskraft. Und so schmiegte er sich unverzüglich an den Mönch und umarmte ihn. Seine Hand fuhr liebkosend bald hierin, bald dorthin. Der Mönch stellte sich weiterhin schlafend. Die tastende Hand Jia Wenrens erfühlte plötzlich zwei weiche runde Brusthügel. Nun wanderte die Hand zum Gesäß des anderen. Der Mönch fuhr zusammen und drehte sich blitzartig auf den Rücken. Jetzt inspizierte Jia Wenrens Hand die entsprechende vordere Körperstelle. Da zuckte Jia Wenren verblüfft zusammen. Und er sprach den Mönch an: «Sag mir die Wahrheit! Wer bist du?» Der Mönch antwortete: «Nicht so laut, werter Herr! Ich bin in Wirklichkeit eine Nonne und habe mich als Mönch verkleidet [Metamorphosen-Strategem, Nr. 21!], um unterwegs sicherer zu sein.» – «Wenn dem so ist, hat uns heute gewiß das Schicksal zusammengeführt. Jetzt entkommst du mir aber nicht.» Die Nonne bat: «Habt Erbarmen mit mir. Ich bin noch eine Jungfrau, seid bitte etwas sachte!» Wer hätte aber zu diesem Zeitpunkt von Jia Wenren erwarten können, daß er noch Zurückhaltung übe! Er konnte es nicht länger erwarten, seinen windgepeitschten Regen in den noch nie geöffneten Blütenschlund zu ergießen. Der Nonne blieb nichts anderes übrig, als die Augenbrauen zusammenzukneifen, die Zähne zusammenzubeißen und den Frühlingssturm geduldig über sich hinbrausen zu lassen. Er war bald vorübergezogen, und Ruhe kehrte wieder ein. «Du bist eine Unsterbliche», sagte der junge Mann. «Ist das Ganze vielleicht nur ein Traum? Aber sag nur, woher du wirklich kommst, denn wir müssen uns wiedersehen.»

Und die Nonne erklärte ihren ganzen Werdegang und erzählte ihm auch, daß sie ihn schon einmal gesehen habe. Sie habe lange an ihn gedacht, aber nie für möglich gehalten, daß sie ihn wiedersehen werde. Sie habe sich ihm hingegeben, getragen von ihrem Herzenswunsch, für immer mit ihm vereint zu sein, so wie der Fisch mit dem Wasser. «Wir sind füreinander geschaffen», meinte auch Jia Wenren. «Wir werden nicht in der Heimlichkeit verharren. Doch müssen wir jetzt nach Mitteln und Wegen suchen, wie wir zusammenbleiben können.»

«Von nun an gehöre ich Euch», beteuerte Friedtracht. Und sie schlug ihrem Gegenüber vor, sich fürs erste in ihrem Kloster einzuquartieren. Dort habe er seine Ruhe und könne sich von morgens bis abends der Vorbereitung seiner Examen widmen. Die Äbtissin habe oft auswärts zu tun, und so könnten sie leicht zusammenkommen. Ihre Mitschwestern, die kein so fleckenreines Leben führten, würden ihn sicher mit offenen Armen aufnehmen. Er müsse ihnen auch entsprechend entgegenkommen.

So gelangte Jia Wenren ins Kloster des Smaragdenen Schwebens. Die Nonnen musterten ihn mit breitem Lächeln, und je genauer sie ihn betrachteten, desto besser gefiel er ihnen. Sie bewirteten ihn, wiesen ihm eine saubere Zelle zu und bereiteten ihm ein Bad. Das Recht des Erstzugriffs fiel der Äbtissin zu, mit der Jia Wenren eine lebhafte Nacht verbrachte. Die anderen beiden Nonnen genossen ihn der Reihe nach in den folgenden zwei Nächten. Schwester Friedtracht hielt sich zurück, was die Mitschwestern ihr dankten. Nach einem Monat war der junge Mann am Ende seiner Kräfte. Man päppelte ihn mit Ginseng, Lotuskernen und anderen Heilmitteln wieder auf. Von allen Seiten wurde er umsorgt. Bald sollte das Fest der Näherin und danach das Große Fasten des siebten Monats stattfinden. Bei dieser Gelegenheit vollbrachten die Bewohner von Hangzhou fromme Taten und setzten Laternen auf das Flußwasser. Am zwölften Tag des siebten Monats bat ein reicher, angesehener Herr die Äbtissin zu sich, damit sie Sutras rezitiere und an den Andachten teilnähme. Die Äbtissin sagte zu. Die ganze Zeremonie sollte drei Tage dauern. Da sie die Hilfe von zwei Nonnen brauchte, entspann sich, ohne Beteiligung von Friedtracht, ein Disput um die Freistellung von dem Anlaß, denn das bedeutete den Verbleib im Kloster in der Gesellschaft von Jia Wenren. Die Äbtissin entschied, daß Schwester Friedtracht die Glückliche sei.

Nachdem die drei Nonnen gegangen waren, beriet sich Friedtracht mit Jia Wenren. «Wir können nicht auf Dauer hier bleiben», sagte sie. «Die Examen stehen bevor. Wenn das hier so weitergeht, läufst du nicht nur Gefahr, durchzufallen, sondern ruinierst auch deine Gesundheit.» – «Wie sollte ich das nicht wissen», entgegnete Jia Wenren. «Nur weil ich dir nahe sein möchte, habe ich diese Exzesse mitgemacht, nicht, weil ich mich daran ergötzt hätte.» – «Als ich dich traf», setzte Friedtracht das Gespräch fort, «hätte ich gewiß gern ein Flucht-Strategem (tuoshen zhi ji) benutzt, um mit dir das Weite zu suchen. Doch befand ich mich auf dem Rückweg von einem Besuch bei meiner Mutter. Die Äbtissin hätte bestimmt Nachforschungen angestellt, wenn ich unterwegs verschwunden wäre. Aber jetzt sollten wir die günstige Gelegenheit, da wir allein im Kloster sind, zu einer Flucht nutzen. Nach all dem, was zwischen den drei Nonnen und dir vorgefallen ist, stehen sie doch selbst in keinem guten Lichte da. Sie werden es wohl nicht wagen, uns zu verfolgen, denn sie müssen damit rechnen, daß ihr eigenes Fehlverhalten ans Tageslicht gelangt.»

«Das geht nicht», widersprach Jia Wenren. «Ich gehöre zu einer Gelehrtenfamilie, und meine Mutter lebt noch. Wenn ich mit dir nach Hause flüchten würde, wäre sie bestimmt aufgebracht und widersetzte sich deiner Anwesenheit. Wenn die Äbtissin dich fände, könnte sie den Fall den Behörden melden, und dann könnte meine Beamtenlaufbahn auf dem Spiel stehen. Und auch du müßtest Scherereien gewärtigen. Nein, man muß einen anderen Weg suchen. Mir schwebt vor, daß ich zuerst die Examen bestehe und daß wir danach heiraten.» – «Auch nach bestandenem Examen wirst du keine Nonne ehelichen können», wandte Friedtracht ein. «Und was geschieht, wenn du das Examen nicht bestehst? Nein, das ist keine gute Lösung.»

Die beiden berieten hin und her, bis Jia Wenren sagte: «In diesem Amtsbezirk wohnt eine Tante von mir, die mit einem Beamten verheiratet gewesen ist. Jetzt ist sie Witwe. Sie ist eine fromme Buddhistin. Auf ihrem Anwesen befindet sich eine kleine Andachtsstätte, in der immer Weihrauch brennt. Die alte Nonne, die sich darum kümmert, war meine Amme. Ich werde noch heute zu meiner Tante gehen und ihr von dir erzählen. Ich möchte erreichen, daß du in jener Andachtsstätte bei meiner Amme wohnen darfst. Da es sich um eine Beamtenfamilie handelt, wird niemand es wagen, dort Untersuchungen anzustellen. Dort bleibst du, bis deine Haare nachgewachsen sind. Wenn bei mir alles gut verläuft, dann werden wir uns den Riten gemäß vermählen. Und wenn mir das Examen mißlingt, dann wirst wenigstens du keine Tonsur mehr haben.» Friedtracht war von diesem Plan begeistert und trieb Jia Wenren zur Eile an. «In drei Tagen wird es zu spät sein.»

Die Tante empfing Jia Wenren herzlich. Jia Wenren erzählte ihr seine Liebesgeschichte, wobei er ein Lügengebilde fabrizierte (zao ge huang). Er gab Friedtracht als die Tochter eines seiner Lehrer aus, die er schon als Kind gekannt habe. Später sei sie von einer Nonne entführt worden und spurlos verschwunden. Auf der Suche nach einem ruhigen Ort zur Vorbereitung der Examen habe er sie zufällig im Kloster des Smaragdenen Schwebens wiedergetroffen. Wie schön sie sei! Sie habe eigentlich gar nicht in den Geistlichenstand eintreten wollen und wünsche, bei ihm zu bleiben. Da das Schicksal sie offenbar füreinander bestimmt habe, habe er sie nicht abgewiesen, zumal sie ja die Tochter seines Lehrers sei – und so weiter.

Die Tante zeigte volles Verständnis für das Anliegen ihres Neffen. Nur fand sie die Andachtsstätte als Unterkunft für das Mädchen nicht geeignet, denn sie könnte durch den Gast und dessen Zusammensein mit Jia Wenren entweiht werden. Statt dessen bot die Tante einen etwas entlegenen Pavillon in ihrem Besitztum an. Dort könne die Nonne leben. Sie werde ihr eine Dienerin zur Verfügung stellen.

Zurück im Kloster, berichtete Jia Wenren Friedtracht alles. Sie packte unverzüglich ihre Siebensachen. Jia Wenren sagte: «Ich werde dich zu deinem neuen Wohnort begleiten, dann aber hierher zurückkehren. So vermeide ich, daß die Nonnen, wenn sie zurückkommen, Verdacht schöpfen. Ich werde also meine Sachen hierlassen.»

«Fühlst du dich den Schwestern etwa noch zugetan?» zweifelte Friedtracht. «Mein ganzes Herz gehört nur dir allein», beruhigte sie Jia Wenren. «Es geht mir bloß darum, keine Spuren zu hinterlassen, so wie die Zikade, die ihrer goldglänzenden Hülle entschlüpft. Gerate ich in den Verdacht, mit deinem Weggang irgend etwas zu tun zu haben, könnte es sein, daß die Nonnen mir einen bösen Streich spielen. Gerade vor den Examen kann ich mir das nicht leisten.»

«Oft besuchte ich allein meine Mutter», sagte Friedtracht. «Sollten sie dich fragen, wo ich bin, dann brauchst du bloß zu antworten, du seist abwesend gewesen und nicht im Bilde. Sie werden glauben, ich sei zu meiner Mutter gereist.»

Alles geschah nach strategemischem Plan. Jia Wenren blieb die Nacht über bei der Tante und verließ sie anderntags wieder. Inzwischen waren die drei Nonnen in ihre Klause zurückgekehrt und fanden sie menschenleer. «Wo sind sie wohl?» fragten sie einander beunruhigt. Was ihnen zusetzte, war die Abwesenheit des jungen Mannes; Friedtracht war ihnen weniger wichtig. Ängstlich begaben sie sich zum Zimmer Jia Wenrens. Wie erleichtert waren sie, als sie sahen, daß all seine Sachen noch dalagen. Was Friedtracht betraf, deren Zimmer völlig geräumt war, so blieb ihre Abwesenheit unerklärlich.

Wie sie so dasaßen und ihre Vermutungen austauschten, kam Jia Wenren daher. Sogleich hellten sich die Gesichter der Nonnen auf. «Na, da ist er ja!» Die Äbtissin umarmte ihn, und ohne Friedtracht auch nur mit einem Wort zu erwähnen, lachte sie ihm zu: «Die drei Tage ohne Euch schmerzte mir mein Herz so sehr. Gehen wir doch gleich in meine Zelle und bereiten uns eine Freude!» Ohne sich um die Einwände der beiden anderen Nonnen zu kümmern, zog sie ihn mit sich fort. Jia Wenren tat sein Bestes, wenn auch mit Anstrengung. Erst danach erkundigte sich die Äbtissin nach Schwester Friedtracht. «Ich bin in die Stadt gegangen», gab Jia Wenren Auskunft, «und da es spät wurde, habe ich bei Freunden übernachtet. Erst heute bin ich zurückgekehrt. Ich weiß nicht, wohin sie gegangen ist.»

«Zweifellos hat sie die Einsamkeit nicht ertragen können. Drei Tage war sie ohne uns. Deshalb ist sie wohl nach Huzhou zu ihrer Mutter aufgebrochen. Aber das wird sich alles später aufklären», meinten die Nonnen andemtags. Da ihr ganzes Sinnen und Trachten Jia Wenren umkreiste, war für sie die Affäre um Friedtracht bald kein Thema mehr. Jia Wenren wollte nun aber an dieser Stätte seine Zeit nicht weiter verplempern. Bereits nach drei Tagen gab er vor, sich eine Wohnung gegenüber dem Haus, in dem die Examen stattfinden sollten, zu suchen. Die Nonnen konnten diesen Schritt schwerlich verhindern, und so packte er seine Habe. «Kommt so bald wie möglich wieder», flehten die Nonnen ihn an, als er Abschied nahm. Das versprach Jia Wenren, und dann zog er von dannen.

Als er sich über eine längere Zeitspanne nicht blicken ließ und auch Friedtracht verschwunden blieb, geriet er zeitweilig in den Verdacht, in Friedtrachts Verschwinden verwickelt zu sein. Die Nonnen ließen ihn suchen, aber er blieb unauffindbar. Sie überlegten hin und her, was sie gegen ihn unternehmen könnten, kamen aber zu keinem Entschluß.

Zudem gewann die Äbtissin unvermittelt einen neuen potenten Liebhaber, so daß das Ganze im Sande verlief. Jia Wenren bestand im weiteren Verlauf der Erzählung nicht nur das Provinzexamen, sondern auch das hauptstädtische Examen. Mit einer kaiserlichen Sonderbewilligung konnte er Urlaub nehmen und seine Geliebte offiziell heiraten.

Das Stratagem Nr. 21 besteht hier aus einer regelrechten Inszenierung, durch die Friedtrachts delikate Flucht aus dem Kloster des Smaragdenen Schwebens erfolgreich vernebelt wurde.


21.10  Schauspieler als Verwandte

Tante Milla war in der ganzen Familie wegen ihrer Vorliebe für das Schmücken des Weihnachtsbaums bekannt. Dessen Hauptattraktion waren ein Dutzend gläserne Zwerge mit einem Korkhammer in den hocherhobenen Armen und einem glockenförmigen Amboß zu Füßen. Unter den Fußsohlen der Zwerge befanden sich Kerzen. War ein gewisser Wärmegrad erreicht, begann ein verborgener Mechanismus die Zwergenarme in Bewegung zu setzen. Dann schlugen die Zwerge mit ihren Korkhämmern auf die Ambosse und ließen so ein elfenhaft feines Gebimmel erklingen. Ein silbrig gekleideter rotwangiger Engel auf der Spitze des Tannenbaumes öffnete in bestimmten Abständen die Lippen und flüsterte «Frieden», «Frieden». Natürlich gab es am Tannenbaum der Tante auch Zuckerkringel, Gebäck, Engelhaar, Marzipanfiguren und – nicht zu vergessen – Lametta.

Nach dem Ausbruch des Krieges (1939–1945) gefährdeten in der Nähe einschlagende Bomben den sensiblen Baum aufs höchste. Manchmal purzelten die Zwerge vom Baum, einmal stürzte sogar der Engel herab. Die Tante war untröstlich. Nach jedem Luftangriff bemühte sie sich, den Baum komplett wiederherzustellen. Als dann aber die Luftangriffe auf die Stadt immer heftiger wurden, blieb ihr nach harten Kämpfen, endlosen Disputen, nach Tränen und Szenen nichts anderes übrig, als auf ihren Baum zu verzichten.

Nach dem Krieg fing Tante Milla wieder mit dem Weihnachtsbaum an. Sie bestand darauf, daß alles «so sein solle wie früher». Zunächst nahm niemand in der Familie diese Sache allzu ernst. Warum sollte man der charmanten alten Dame ihre kleine Freude nehmen? Eine komplette Garnitur von Zwergen und Ambossen sowie ein Engel waren zum Glück erhalten geblieben. Und so konnte 1946 alles nach alter Manier bereitgestellt werden.

Anfang Januar 1947 war die ganze Familie bei der Tante eingeladen. Als die Lampen gelöscht und die Kerzen angezündet waren, fingen die Zwerge an zu hämmern, und der Engel flüsterte «Frieden», «Frieden». Es war ganz wie in alten Zeiten. In der Folge geschah jedoch etwas Schreckliches. Als der Sohn des Onkels am Abend des Lichtmeßtages begann, den Baum abzuschmücken, fing die bis dahin so milde Tante jämmerlich zu schreien an, und zwar so heftig und plötzlich, daß der Sohn des Onkels erschrak und die Herrschaft über den leise schwankenden Baum verlor. Und schon war es geschehen. Es klirrte und klingelte, Zwerge und Glocken, Ambosse und Spitzenengel, alles stürzte hinunter, und die Tante schrie.

Sie schrie fast eine Woche lang. Neurologen wurden herbeitelegrafiert, Psychiater kamen in Taxen herangerast – aber alle, auch Kapazitäten, verließen achselzuckend, ein wenig erschreckt auch, das Haus. Keiner vermochte diesem unerfreulich schrillen Konzert ein Ende zu bereiten. Die Tante schrie so lange, bis der Onkel auf die Idee kam, einen neuen Tannenbaum aufzustellen. Endlich, am 12. Februar, stand der neue Weihnachtsbaum bereit. Die Kerzen wurden entzündet, die Vorhänge zugezogen, die Tante wurde aus dem Krankenzimmer geholt. Ihr Gesichtsausdruck milderte sich bereits im Schein der Kerzen, und als deren Wärme den richtigen Grad erreicht hatte, die Glasburschen wie irr zu hämmern anfingen, schließlich auch der Engel «Frieden» flüsterte, «Frieden», huschte ein wunderschönes Lächeln über ihr Gesicht, und kurz darauf stimmte die ganze Familie das Lied «O Tannenbaum» an. Man hatte sogar den Pfarrer eingeladen, der üblicherweise am Heiligen Abend anwesend war. Auch er lächelte, auch er war erleichtert und sang mit. Die Tante war beruhigt und schien geheilt. Nachdem man einige Lieder gesungen und mehrere Schüsseln Gebäck geleert hatte, war man müde und zog sich zurück. Auch die Tante schlief ohne jedes Beruhigungsmittel. Die beiden Krankenschwestern wurden entlassen, ebenso die Ärzte, alles schien in Ordnung zu sein. Die Tante aß und trank wieder, sie war liebenswürdig und milde wie eh und je. Als aber am Abend darauf die Dämmerstunde nahte und der Onkel zeitunglesend neben ihr unter dem Baum saß, berührte sie plötzlich sanft seinen Arm und sagte: «So wollen wir denn die Kinder zur Feier rufen, ich glaube, es ist Zeit.» Der Onkel gestand später, daß er erschrak. Aber er stand auf, um in aller Eile seine Kinder und Enkel zusammenzurufen und einen Boten zum Pfarrer zu schicken. Der Pfarrer erschien, etwas abgehetzt und erstaunt, aber man zündete die Kerzen an, ließ die Zwerge hämmern, den Engel flüstern, man sang, aß Gebäck – und alles schien wieder im Lot.

Nun war die Lebensdauer der Edeltanne nicht unbeschränkt. Als der Karneval nahte, verlor der Baum rapide an Nadeln, und beim abendlichen Singen der Lieder konnte man bei der Tante ein leichtes Stirnrunzeln bemerken. Eines Abends schlug der Onkel vor, die Lieder «Alle Vögel sind schon da» und «Komm, lieber Mai, und mache» anzustimmen, doch schon beim ersten Vers des erstgenannten Liedes machte die Tante ein derart finsteres Gesicht, daß man sofort abbrach und «O Tannenbaum» intonierte. Drei Tage später versuchte der Sohn des Onkels, einen milden Plünderungsversuch zu unternehmen. Aber schon als er die Hände ausstreckte und einem der Zwerge den Korkhammer nahm, brach die Tante in so heftiges Geschrei aus, daß man den Zwerg sofort wieder komplettierte, die Kerzen anzündete und etwas hastig, aber sehr laut das Lied «Stille Nacht» anstimmte. Mit Schrecken mußte man feststellen, daß sich die Tante wirklich in dem Wahn befand, es sei «Heiliger Abend». Um also den Frieden des abendlichen Festes zu gewährleisten, nahm man den Schmuck vom alten Baum ab und montierte ihn auf einen neuen. Der Zustand der Tante blieb erfreulich. Vier Tannenbäume waren schon verschlissen. Mehrere Male versuchte man, die allabendliche Feier abzubrechen oder ausfallen zu lassen. Doch dies quittierte die Tante mit solch einem Geschrei, daß man von derlei Absichten endgültig Abstand nehmen mußte. Das furchtbare war, daß die Tante darauf bestand, alle ihre nahestehenden Personen müßten anwesend sein. Dazu gehörten auch der Pfarrer und die Enkelkinder. Nun waren die Familienmitglieder nur mit äußerster Strenge zu veranlassen, pünktlich zu erscheinen. Erst recht schwierig wurde es mit dem Pfarrer. Einige Wochen hielt er zwar ohne Murren mit Rücksicht auf seine alte Kirchgängerin durch, aber dann versuchte er unter verlegenem Räuspern, dem Onkel klarzumachen, daß es so nicht weitergehe. Die eigentliche Feier war zwar kurz – sie dauerte knapp vierzig Minuten –, aber selbst diese kurze Zeremonie sei auf die Dauer nicht durchzuhalten, behauptete der Pfarrer.

Zum Glück fand man in der Nachbarschaft einen pensionierten Prälaten. Er erklärte sich bereit, allabendlich der Feier beizuwohnen. Der Sohn des Onkels spürte einen Tannenbaum-Frischdienst auf, der regelmäßig für einen neuen Tannenbaum sorgte. Inzwischen nahmen die abendlichen Feiern im Hause des Onkels eine fast professionelle Starre an. Man versammelte sich unter dem Baum oder um den Baum herum. Die Tante kam herein, man entzündete die Kerzen, die

Zwerge begannen zu hämmern, und der Engel flüsterte «Frieden, «Frieden», dann sang man einige Lieder, knabberte Gebäck, plauderte ein wenig und zog sich gähnend mit dem Glückwunsch «Frohes Fest auch» zurück.

Sobald jemand in der Runde fehlte, brach die Tante in stilles, aber anhaltendes Weinen aus, was zu den bittersten Bedenken Anlaß gab. Daher blieb der Onkel hart und genehmigte nur in Ausnahmefällen sehr kurze Beurlaubungen.

Doch dann vollzog sich bei ihm eine vollkommene und plötzliche Wandlung. Eines Tages kam er auf die Idee, sich von einem Schauspieler bei der abendlichen Feier vertreten zu lassen. Er hatte einen arbeitslosen Bonvivant aufgetrieben, der ihn 14 Tage lang so vorzüglich nachahmte, daß nicht einmal seine Frau, Tante Milla, etwas bemerkte. Auch seine Kinder nahmen es nicht wahr. Es war einer der Enkel, der während einer kleinen Singpause plötzlich in den Ruf ausbrach: «Opa hat Ringelsocken an», wobei er triumphierend das Hosenbein des Bonvivants hochhob. Für den armen Künstler muß diese Szene ungemein peinlich gewesen sein. Auch die Familie war bestürzt, und um Unheil zu vermeiden, stimmte man, wie so oft schon in peinlichen Situationen, schnell ein Lied an. Nachdem die Tante zu Bett gegangen war, wurde die Identität des Künstlers schnell festgestellt. Das war das Signal zum nahezu vollständigen Zusammenbruch der Weihnachtsfeierrunde. Nach der Entlarvung des Bonvivants kam es zu einer regelrechten Meuterei, deren Folge ein Kompromiß war. Der Onkel erklärte sich bereit, die Kosten für ein kleines Ensemble zu übernehmen, das ihn, den Vetter, den Schwager Karl und Lucie ersetzte, und es wurde ein Abkommen getroffen, daß immer einer von den vieren im Original an der abendlichen Feier teilzunehmen habe, um die Kinder in Schach zu halten. Der Prälat bemerkte nichts von diesem Manöver. Abgesehen von der Tante und den Kindern blieb er die einzige originale Figur bei diesem Spiel. Es wurde ein genauer Plan, in der Verwandtschaft Spielplan genannt, aufgestellt. Da immer ein Familienmitglied wirklich teilnahm, war auch für die Schauspieler eine gewisse Vakanz gewährleistet. Diese gaben sich nicht ungern zu der Feier her, konnten sie sich so doch zusätzlich etwas Geld verdienen und bekamen gar noch eine Mahlzeit geboten. Von nun an lief alles wie am Schnürchen.

Als ich, fast zwei Jahre später, an einem lauen Sommerabend am Haus des Onkels vorbeikam, hörte ich schon von weitem den Vers: «weihnachtlich glänzet der Wald...» Ich schlich mich langsam ans

Haus und sah durch einen Spalt zwischen den Vorhängen ins Zimmer. Die Ähnlichkeit der anwesenden Mimen mit den Verwandten, die sie darstellten, war so erschreckend, daß ich zunächst nicht erkennen konnte, wer nun wirklich an diesem Abend die Aufsicht führte – so nannten sie es. Erst spät erkannte ich meinen Schwager als einzige, wenn man so sagen darf, reale Person. Die Tante schien wirklich glücklich zu sein: Sie plauderte mit dem Prälaten. Die beiden kicherten recht vergnügt und unterbrachen ihr Gespräch nur, wenn ein Lied angestimmt wurde...

«Ein typisches Beispiel für das Stratagem Nr. 21.» Mit diesen Worten machte mich der aus Taiwan stammende sinohelvetische Krimi-Autor Chu Wen-huei auf diese hier gekürzt wiedergegebene Erzählung «Nicht nur zur Weihnachtszeit» des deutschen Literatur-Nobelpreisträgers Heinrich Böll (1917–1985) aufmerksam.

### 21.11 Der Gang zum Abort

Der Bösewicht Bai Zheng zettelt in einer Herberge mit dem Hausierer Wang Wenyong Streit an. Der zu Tode erschrockene Wang Wenyong besänftigt Bai Zheng, der ihm nun seine Freundschaft aufdrängt und ihn mit allen Mitteln dazu überreden will, sich mit ihm als Geschäftspartner zusammenzutun. Wang Wenyong will den lästigen Gesellen loswerden. Er spendiert ihm ein Glas Wein nach dem anderen. Tatsächlich sagt Bai Zheng nach einer Weile: «Ich hab zu viel getrunken und möchte ein wenig schlafen.» Wang befiehlt dem Wirt: «Geht und holt ihm ein Kopfkissen!» Der noch im Rausch argwöhnische Bai Zheng aber sagt: «Ich bette meinen Kopf auf deine Beine. Sobald ich ein bißchen geschlafen habe, brechen wir auf und gehen gemeinsam hausieren.» Dem verschüchterten Wang bleibt nichts anderes übrig, als zuzustimmen. Und so sitzt er da, den Kopf des unheimlichen Bai auf seinen Beinen. Schließlich sagt Wang dem Kellner, mit dem er inzwischen abgerechnet hat: «Ich möchte dich um etwas bitten.» – «Wollt Ihr gehen?» Wang entgegnet: «Ich will nicht weggehen. Aber ich habe Durchfall. Nimm für eine Weile seinen Kopf auf deine Beine. Sonst richte ich hier eine große Schweinerei an.» Der Kellner sagt: «Nein, nein! Ich trete an Eure Stelle.» Man sieht nun auf der Bühne, wie Wang seine Trage schultert und sich verstohlen durch die Tür hinausschleicht. Nun singt er: «[...] Ich bin dem Tigerrachen entkommen und habe mein Leben gerettet [...]» Wenig später erwacht Bai und sagt: «Bruder, jetzt brechen wir auf. Ah! Nun hat er doch tatsächlich das Strategem ‹Die Zikade entschlüpft ihrer goldglänzenden Hülle› benutzt und sich aus dem Staub gemacht. Ich haue dir eine, du niederträchtiger Kerl. Wie konntest du ihn gehen lassen!» Der Kellner verteidigt sich: «Aber er hatte doch Durchfall und ist auf den Abort gegangen...» Bai nimmt sofort die Verfolgung auf, holt Wang ein und tötet ihn im späteren Verlauf des Dramas *Die Zinnober-Trage* aus der Yuan-Zeit (1271–1368). Zinnober, die einzige nicht giftige natürlich vorkommende, aber auch künstlich herstellbare Quecksilberverbindung galt im alten China als kostbare, vielfach anwendbare Medizin.

Ein berühmter Fall der Fluchtverschleierung durch Abortbesuch ereignete sich im Jahre 206 v. Chr. Liu Bang (um 250–195), der spätere Begründer der Han-Dynastie (206 v. Chr.–220 n. Chr.), entkam beim Gastmahl von Hongmen einem während eines Schwerttanzes geplanten Mordanschlag, indem er sich unter dem Vorwand, seine Notdurft verrichten zu müssen, vom Gastmahl zurückzog und dann floh (s. 8.1). Dem zweiten Mordanschlag Cai Maos bei einem großen Festbankett in Xiangyang (dem heutigen Xiangfang in der Provinz Hubei) entging Liu Bei (161–223), nachdem ihm ein Vertrauter während des Banketts «Austreten!» zugeflüstert hatte. Mit dem WC-Trick rettete auch Cai E (1882–1916), der Militärgouverneur von Yunnan, seine Haut. 1913 ließ ihn der damalige chinesische starke Mann Yuan Shikai (1859–1916) nach Peking kommen, wo er ihn unter Hausarrest stellte. Freunde halfen ihm bei seiner Flucht. Mit einer Bekannten ging Cai E in einem Park spazieren. Die beiden setzten sich in ein Gartenrestaurant. Ostentativ legte Cai E seinen Geldbeutel auf den Tisch. Dann nahm er seinen teuren Panamahut vom Kopf und entledigte sich seines Talars. Beide Kleidungsstücke verstaute er auf der Rückenlehne eines Stuhls. Eine Weile unterhielt er sich, Tee trinkend, mit der Bekannten. Die beiden Geheimpolizisten in Zivil saßen nicht weit entfernt und beobachteten jede Bewegung Cai Es. Plötzlich sagte dieser mit lauter Stimme zu seiner Begleiterin: «Warte einen Moment, ich gehe auf die Toilette, gleich bin ich wieder hier.» Mit einer Zigarette im Mund entfernte er sich. Die beiden Geheimpolizisten sahen ihn im bloßen Hemd weggehen. Sein Talar und sein Hut lagen noch da, und seine Börse befand sich auf dem Tisch. Die Polizisten schöpfen keinen Verdacht. So gelang es Cai E, unbemerkt den Park zu verlassen und einen Freund aufzusuchen. Von diesem wurde er als eine reiche Dame ausstaffiert. Im Zug verließ er kurz darauf unbehelligt Peking (in: *Gelehrsamkeit*, Shanghai Dezember 1989).

Die durch den Besuch eines stillen Örtchens verdeckte Flucht kommt nicht nur in China vor, wie folgende Meldung aus dem *Einsiedler-Anzeiger* vom 29.11.1977 zeigt: «Nachdem er den ganzen Nachmittag über gezecht hatte, verschwand ein ‹nobler› Gast durch das WC-Fenster eines hiesigen Restaurants, ohne die Rechnung zu begleichen.»

21.12 «Wo habt ihr Fräulein Lin versteckt?»

Eines Tages jagt Edelspange im Park zwei Schmetterlingen nach und gelangt so zum Dicui-Pavillon. Da dringen Stimmen an ihr Ohr. Zwei Dienerinnen unterhalten sich hinter der Papierwand des Pavillons. Sie offenbaren der unbemerkt Lauschenden ihre geheimen Beziehungen zum vornehmen jungen Herrn Yun. Plötzlich hört sie eine von den beiden sagen: «Aya, wir unterhalten uns die ganze Zeit. Wenn uns draußen jemand belauscht! Wir wollen lieber die Wandschirme beiseite schieben, damit wir keinen Argwohn erregen und besser sehen können, ob jemand kommt.» Erschrocken denkt sich Edelspange: «Wenn die mich entdecken, werden sie sich in Grund und Boden schämen. Der Stimme nach zu urteilen, ist eine der beiden die eingebildete, sonderbare Xiaohong, die in Baoyus Zimmer arbeitet. Wenn ein solches Mädchen erfährt, daß ich eine Schwachstelle von ihr kenne, dann wird sie sich so verhalten wie der ‹verzweifelte Mann, der alles in Kauf nimmt, und wie der verzweifelte Hund, der über die Mauer springt›. Das wird eine ungemütliche Geschichte werden und mir Ärger bereiten. Zum Verstecken ist keine Zeit mehr. Mir bleibt nichts anderes als die Anwendung des Kunstgriffs ‹die Zikade entschlüpft ihrer goldglänzenden Hülle›.» Und schon vernimmt sie das knarrende Geräusch des zurückgeschobenen Fensters.

In diesem Augenblick beginnt Edelspange mit hörbarem Tritt auf den Pavillon zuzuschreiten. Lachend ruft sie: «Lin'er, wo hast du dich eigentlich verkrochen?» Ziemlich verdutzt und ängstlich starren die zwei jungen Dinger durch die Lücke zwischen den beiden soeben aufgeschobenen Wandschirmen auf den unerwartet sich nähernden Ankömmling. Lächelnd fragt Edelspange: «Wo habt ihr Fräulein Lin versteckt?» Zofe Dui'er antwortet: «Ich habe Fräulein Lin nicht gesehen.» Edelspange spricht: «Ich erblicke sie doch eben noch am Weiher. Sie kauerte hier am Ufer. Ich wollte sie überraschen, aber kaum war ich hier angelangt, da war sie verschwunden! Sie muß doch in diesem Pavillon stecken!» Mit diesen Worten betritt sie den Pavillon und schaut sich forschend darin um. Beim Verlassen des Pavillons spricht sie laut zu sich: «Sie muß drüben in die Grotte gekrochen sein. Hoffentlich läßt sie sich nicht von den Schlangen beißen!» Dann geht sie fort. Belustigt denkt sie: «Da hab ich mich aber aus der Schlinge gezogen!»

Und in der Tat sind die beiden Zofen fest davon überzeugt, von Fräulein Lin belauscht worden zu sein. Ein chinesischer Kommentator meint zu dieser strategemisch aufgeladenen Szene aus dem chinesischen Roman *Traum der roten Kammer* (s. auch 25.4), Edelspange sei es nicht nur gelungen, ihrer Rolle als heimlicher Lauscherin zu entschlüpfen, sondern mit Hilfe des Metamorphosen-Strategems Nr. 21 habe sie auch noch ein zweites Ziel erreicht, nämlich, ihre heimliche Rivalin, Fräulein Lin Daiyu, in ein schlechtes Licht zu stellen. Cao Xueqin, der Verfasser des Romans, beschreibe hier in vortrefflicher Weise den «wahren Charakter» von Edelspange: äußerlich stets gesetzt und friedfertig, bieder und rechtschaffen, innerlich aber verschlagen.

21.13  Metzger unter Vegetariern

Der Metzger Ren Fengzi gibt an seinem Geburtstag ein Fest. Eine ganze Schar von Metzgerkollegen versammelt sich zu einem üppigen Gelage. Während des Festes tragen die Metzger Ren Fengzi die Bitte vor, er möge ihnen Geld borgen. «Ich habe euch doch schon letztes Jahr eine beträchtliche Summe geliehen. Wo ist dieses Geld geblieben?» fragt Ren Fengzi erstaunt. Seine Kollegen antworten: «Es ist alles verbraucht. Vor kurzem tauchte bei uns, wir wissen nicht woher, ein Taoist auf. Er hat alle Menschen unserer Gegend zu Vegetariern bekehrt. Sie essen jetzt nur noch Gemüse.» Ren Fengzi sagt: «Heißt es nicht: ‹Jemandes Geschäfte stören ist wie Elternmord›?» Und man beschließt, jenen Taoisten umzubringen. Da Ren Fengzi der kräftigste von allen ist, soll er die Tat vollbringen. Als er am nächsten Tag aus seinem Rausch erwacht, will er unverzüglich aufbrechen. Seine Frau versucht, ihn von seinem Vorhaben abzubringen. Er kenne doch den Geistlichen überhaupt nicht. Ren Fengzi versucht zunächst, sie mit allerlei Verdächtigungen der Art, sie habe wohl mit jenem Mann bestimmte Beziehungen gehabt, zum Schweigen zu bringen. Die Gattin aber läßt sich nicht beeindrucken und hält an ihrem Widerstand fest. Da «denkt er sich ein Strategem aus», schreibt Wang Zhiwu in seiner

Zusammenfassung des von Ma Zhiyuan (um 1260–1321) verfaßten Dramas *Der Genius Ma Danyang erweckt dreimal Ren Fengzi (Lexikon zur fachmännischen Beurteilung von Theaterstücken aus alter Zeit*, Xi'an 2. Aufl. 1989, S. 177). Er sagt seiner Frau: «Zwischen mir und jenem Mann ist nie etwas vorgefallen. Es besteht keine Feindschaft zwischen uns. Wieso sollte ich ihn also töten wollen? In jener Gegend gibt es einige prächtige Schweine. Ich fürchtete, andere Metzger würden mir zuvorkommen. Daher gab ich vor, jenen Herrn umbringen zu wollen. In Wirklichkeit will ich dort diese Schweine kaufen. Wetze die Messer, und koche das Wasser zum Abziehen der Haut, ich werde die Schweine bald herbringen.» Seine Frau weiß nicht, «daß es sich um ein Strategem handelt» (Wang Zhiwu), sagt nichts mehr und tut, wie ihr geheißen. «Die Frauennatur ist doch wie Wasser», sagt Ren Fengzi, als er wieder allein ist. «Ein, zwei Sätze von mir, und schon ist meine Alte weg vom Fenster.»

Die Zikadenhülle ist hier der Plan des verdeckten Schweinekaufs. Er leuchtet der Gattin ohne weiteres ein (qi yi qi fang; s. 16.18). Dieser Plan nimmt die ganze Aufmerksamkeit der Gattin gefangen. Das gibt Ren Fengzi die Gelegenheit, sich ungestört und von der Gattin unbemerkt an die Verwirklichung seines wirklichen Vorhabens zu machen. Was Ren Fengzi seiner Gattin vormacht, ist aus der Luft gegriffen und insofern eine Anwendung des Strategems Nr. 7. Bemerkenswert ist, daß Wang Zhiwu in seiner Zusammenfassung nicht das Wort «Lüge» sondern «Strategem» (ji) verwendet. Dies ist ein Beleg dafür, daß Chinesen Lügen unter die Strategeme einreihen. Indem Wang Zhongwu von einem «Strategem» spricht, legt er, und zwar wertfrei, wenn nicht anerkennend, den Akzent auf die zieldienliche Vorgehensweise. Hätte Wang Zhiwu chinesische Entsprechungen von «Lüge» wie «huangyan» gebraucht, dann wäre zu Lasten der Vorgehenstechnik die sittliche Mißbilligung in den Vordergrund getreten, da «Lüge» auch in China traditionell einen schlechten Klang hat, auch wenn sie nie, anders als die Strategeme, einen zentralen Gegenstand des Nachdenkens bildete.


21.14  Die Reise zu den Blumenhainen

Buddha als Bodhisattva in einer früheren Existenz als Handelsherr wollte sich einst mit 500 Kaufleuten in das «Löwenland» (Ceylon) begeben. Sie führten Wagen, Kamele, Rinder und dergleichen mit sich und planten, die mitgenommenen Waren gegen Reichtümer und Kostbarkeiten einzutauschen. Auf einem Schiff fuhren sie los. Auf einmal erhob sich ein heftiger Sturm, der die Wellen aufpeitschte. Von den Wogen getrieben und geschlagen, brach das Schiff auseinander. Die Kaufleute fielen ins Wasser und ließen ihre Leiber dahintreiben. Endlich wurden sie zum Meeresgestade gespült. Sie befanden sich im Land der 500 Dämoninnen.

Die Dämoninnen begaben sich in der Gestalt junger Mädchen an den Meeresstrand. Ein jedes hatte Kleidungsstücke mitgebracht und gab sie den Kaufleuten. Nachdem sich diese bei einem Goldblütenbaum ausgeruht hatten, erschienen die Dämoninnen wieder, traten vor die Kaufleute hin und sagten, sie hätten keine Ehemänner und ob sie nicht bereit seien, sich mit ihnen zu vermählen: «Hier haben wir zu trinken und zu essen, Vorratshäuser, Gärten und Wälder und Badeteiche», verhießen sie. Darauf nahm jede Dämonin einen der Kaufleute und führte ihn heim in ihre Wohnung. Vartikara, die Herrscherin der Dämoninnen, gesellte sich zum Bodhisattva. Zu Hause angekommen, bewirtete sie ihn köstlich.

Nach etwa drei Wochen sah der Bodhisattva die sonst griesgrämige Vartikara plötzlich vergnügt lachen. Da stiegen in seinem Herzen Zweifel und Verwunderung auf, wie er sie noch niemals verspürt hatte. Er fragte Vartikara nach dem Grund ihres Lachens. Die Dämonin klärte ihn auf, er befinde sich im Löwenland in jenem Gebiet, in dem die Dämoninnen hausen. Es sei möglich, daß sie auch nach seinem Leben trachteten. Der Bodhisattva fragte Vartikara nach Mitteln und Wegen, wie er das Land verlassen könne. Der Heilige König der Rosse könne ihn retten, erwiderte die Dämonin. Der Bodhisattva ging auf die Suche, fand das heilige Pferd und eröffnete ihm seinen Wunsch, sich in andere Gefilde zu begeben. Wieder zur Dämonin zurückgekehrt, stellte der Bodhisattva fest, daß diese ihre Fluchthilfe bereute. Sie wollte ihn nun doch nicht gehen lassen. Nachdem er ihr beigewohnt hatte, fragte sie ihn: «Kaufherr, warum ist Euer Leib so kalt?» Nun begann der Bodhisattva, Strategeme anzuwenden. Er antwortete, er sei für kurze Zeit vor die Stadt gegangen, um auszutreten. Daher sei sein Leib kalt geworden.

Am nächsten Tag rief der Bodhisattva die Kaufleute zusammen, klärte sie über die tödliche Gefahr, in der sie schwebten auf, und schärfte ihnen ein, drei Tage später zur Flucht auf dem König der Rosse bereit zu sein. Auf das Schicksal dieser Kaufleute gehe ich hier nicht weiter ein.

Als der Bodhisattva zu Vartikara zurückkehrte, sah sie ihn forschend an. Der Bodhisattva sprach zu ihr: «Ich habe dich noch nie frohen Sinnes gesehen. Sind denn die Gärten und Haine und die Badeteiche wirklich vorhanden?» – «Aber ja», antwortete die Dämonin. Darauf eröffnete der Bodhisattva Vartikara, er wolle während einer dreitägigen Reise die Gärten, Haine und Badeteiche besichtigen. Auch die berühmten Blumen wolle er sich anschauen und mit allerlei Blumen nach Hause zurückkehren. Sie solle ihm Verpflegung und Habe bereitstellen. Diesem Wunsch entsprach die Dämonin. Nun fürchtete der Bodhisattva, daß die Dämonin seine – wie es in der chinesischen Fassung dieser Erzählung aus dem 10./11. Jahrhundert n. Chr. heißt – «List» *(fangji)* durchschauen und ihn töten werde. Da stieß er einen tiefen Seufzer aus. Die Frau fragte ihn, warum er so kläglich seufze. Er entgegnete, er denke an sein Heimatland. Die Dämonin tröstete ihn. Er solle nicht an seine Heimat, sondern an die Reichtümer und Schönheiten des Landes denken, in dem er sich befinde. Darauf verharrte der Bodhisattva in Schweigen. So verließ er mit dem von ihr vorbereiteten Reisegepäck die Dämonin, aber nicht, um die schöne Gegend zu bewundern, sondern um mit Hilfe des Königs der Rosse in seine Heimat zu entkommen.

Ich danke meinem Kollegen Professor Dr. Peter Greiner für die freundliche Erlaubnis, seine ausführliche Übersetzung aus der *Mahāyāna-Lehre des Juwelenkönigs von der Kostbarkeit* verwerten zu dürfen, deren chinesische Übersetzung von Tian Xizai (960–1027) stammt.

Der Bodhisattva hatte die Dämonin in dem Glauben gewiegt, er beabsichtige eine Rundreise, um sich von den Vorzügen seines Aufenthaltsortes zu überzeugen. Dieses Vorhaben erschien der Dämonin völlig glaubhaft. Arglos sorgte sie gar für das Reisegepäck. Gleichwohl befürchtete der Bodhisattva, sie könne Verdacht schöpfen. Daher seufzte er. Dadurch signalisierte er aus der Sicht der Dämonin den großen Seelenschmerz über die von ihm offensichtlich als endgültig akzeptierte Trennung von seiner Heimat. Falls noch irgendein Hauch von Mißtrauen bei ihr vorhanden gewesen sein sollte – nun war er verschwunden. Die Dämonin war felsenfest davon überzeugt, daß der Kaufherr bald zu ihr zurückkehren werde. Mit Hilfe des Strategems Nr. 21 gelang es so dem Bodhisattva, die wahren Gründe seines Aufbruchs zu verschleiern und sich in Sicherheit zu bringen.

## 21.15 Politisches Kapital ohne politische Verantwortung

«Man benutzt alte Menschen, um politisches Kapital herauszuschlagen, man hat dabei nur das Ziel des Stimmenfangs im Auge und ist in den zweckdienlichen Mitteln nicht wählerisch. Das ist ein Verhalten von politischen Hasardeuren, es ist ein Verhalten von außerordentlicher Schamlosigkeit.»

So wetterte Mu Ye in einem innenpolitischen Kommentar in der regierungsamtlichen *Zentralen Tageszeitung* (Taipeh, 1.6.1994).

Worum ging es? Aus Kreisen einer Oppositionspartei war die Forderung nach einer «Seniorenunterstützung» erhoben worden. Die umfassende Ausschüttung einer «Seniorenunterstützung» konnte sich aber die Regierung nicht leisten. Dazu reichten die öffentlichen Finanzen nicht. So gab die Oppositionspartei einen Wechsel aus, der nicht eingelöst werden konnte. Doch schob sie die Verantwortung für die Nichteinlösbarkeit dieses Wechsels der Regierung in die Schuhe und benutzte so das Stratagem «Die Zikade entschlüpft ihrer goldglänzenden Hülle». Auf diese Weise stahl sich die Opposition aus der Verantwortung. Sie rief alte Leute zu einer Demonstration zusammen, auf der sie gegen die Regierung protestierten, und das bei 30 Grad Hitze, unter sengender Sonne. Derweil saßen die Parlamentsmitglieder der Opposition in gekühlten Räumen!

Präsident Li Denghui lehnte eine Zusammenkunft mit Vertretern der Alten, die ihm eine Petition betreffend die «Seniorenunterstützung» überbringen wollten, ab mit der Begründung, die an der Macht befindliche Guomindang-Partei habe nicht die Pflicht und die Regierung nicht die Aufgabe, eine Forderung der Opposition zu erfüllen. Würde die Regierung auf eine solche Forderung eingehen, dann würde die Opposition sich dies als Verdienst anrechnen. Weigerte sich die Regierung, die Forderung zu erfüllen, dann hieße es, sie beachte die Wohlfahrt der alten Menschen nicht. So säe die Opposition Zwietracht zwischen den Senioren und der Regierung. Insofern benutze sie das giftige Stratagem des Messers mit beidseitig geschliffener Scheide. Ob man es nach rechts oder links bewege, es schneide auf jeden Fall der Regierung beziehungsweise der Regierungspartei ins Fleisch. Um in den kommenden Wahlen zu gewinnen, sei der Opposition jedes Mittel recht. So setze sie hier das Stratagem «Die Zikade entschlüpft ihrer goldglänzenden Hülle» ein und entziehe sich der Verantwortung. Dieses Vorgehen sei niederträchtig, die dahinterstehende Absicht gemein. Das schändliche Stratagem sei zwar ausgeklügelt, doch die Augen des

Volkes seien klarsichtig. Sie erkennen, daß die Opposition «mit einem Stein zwei Vögel erlegen» will. Wenn Präsident Li Denghui ein Treffen mit der Seniorendelegation ablehnt, dann nicht aus Mißachtung gegenüber notleidenden Alten, sondern zur Durchkreuzung des gemeinen Strategems der Opposition und um zu vermeiden, in die von ihr gegrabene Grube zu fallen...

In diesem Kommentar unterzieht Mu Ye einen Vorstoß des politischen Gegners einer strategemischen Analyse, bei der er das Stratagem Nr. 21 gleich zweimal erwähnt. Mu Ye unterstellt der Opposition, zugunsten der Alten eine politische Forderung in die Welt gesetzt zu haben, die sie selbst gar nicht erfüllen kann. Dem Outen ihres eigenen Unvermögens beziehungsweise der Tatsache, daß sie einen objektiv unrealisierbaren Plan verbreitet, entzieht sich die Opposition, indem sie die Verantwortung für das Scheitern der Regierung beziehungsweise der Regierungspartei in die Schuhe schiebt. Indem sie es fertigbringt, daß alle Augen erwartungsvoll auf die Regierung gerichtet sind, kann sich die Opposition aus dem Staub machen.

Die politische Anwendung des Strategems Nr. 21 scheint nicht an irgendeine Kultur gebunden zu sein. Im August 1996 wurde der deutsche Finanzminister Theo Waigel in einem Interview gefragt: «Herr Minister, in diesem Sommer reden alle über die Steuern. Die Freie Demokratische Partei (FDP) hat es am eiligsten, fordert noch für diese Legislaturperiode eine drastische Senkung der Einkommensteuer. Ist das machbar?» Waigel: «Nein, die FDP erweckt hier schlichtweg Illusionen. Die Koalition hat im April vereinbart, die Steuerreform am 1.1.1999 in Kraft zu setzen. Dabei bleibt es auch. Alles andere ist ein Ding der Unmöglichkeit. Offenbar hat die FDP ein kurzes Gedächtnis. Die Liberalen spielen hier ihr altes Spiel: Es werden Versprechungen gemacht – dabei trägt die FDP selbst keine finanzpolitische Verantwortung. Ich halte diese Versprechungen für unseriös. Dieses Spiel mache ich nicht mit» (*Bild,* Hamburg 17.8.1996, S. 2).

Bemerkenswert ist, daß Waigel den Vorschlag der FDP nur gerade als «unseriös» bezeichnet. Das Wort «listig» kommt ihm nicht über die Lippen. Die List-Technik der deutschen FDP unterscheidet sich jedoch nicht von jener taiwanesischen Oppositionspartei. Die FDP profitiert vom verheißungsvollen Versprechen – der Finanzminister, der es nicht erfüllen kann oder will, steht im Regen. Aller Augen richten sich auf die von der FDP abgeworfene goldglänzende Hülle – den Vorschlag der drastischen Senkung der Einkommensteuer – und dann zunächst erwartungsvoll und später enttäuscht und verärgert auf den Finanzminister. Niemand tadelt die FDP, die sich auf diese Weise aus dem Feld der politischen Verantwortung herausgeschmuggelt hat. Daß hier die deutsche FDP den Gegenstand einer strategemischen Analyse bildet, entspringt lediglich der Absicht, die Ubiquität von Strategemen aufzuzeigen. Die FDP steht stellvertretend für irgendeine Partei.

### 21.16 «Ein Land – zwei Regierungen» contra «Ein Land – zwei Systeme»

Die taiwanesische Regierung wehrt sich gegen die von der Volksrepublik China vorgeschlagene Formel «Ein Land – zwei Systeme» (s. auch 25.18). Nach dieser Formel soll Taiwan ein Teil der Volksrepublik China werden und der zentralen Regierung in Peking unterstehen, das kapitalistische System aber während längerer Zeit beibehalten dürfen. Diese Formel erweckt bei vielen taiwanesischen Politikern Argwohn. Es mißfällt ihnen unter anderem, daß aus dem derzeit faktisch unabhängigen Gebilde eine bloße Verwaltungsregion eines Riesenstaates werden soll. Um dem Ansinnen aus der Volksrepublik China entgegenzutreten, lancierte die taiwanesische Regierung die Formel «Ein Land – zwei Regierungen«. Diese Formel unterzog die Pekinger Zeischrift *Ausschau* einer harschen Kritik. Dabei kam gemäß der Taipeher *Lianhe Bao (United Daily)* vom 11.6.1990, die auf der ersten Seite in großer Aufmachung über die Pekinger Breitseite berichtete, auch das Strategem Nr. 21 zum Zuge. Wenn man, so die Pekinger Sicht, Taiwan erst einmal eine eigenständige Regierung zugestehe, dann werde, kaum sei die Zeit reif, «die Zikade ihrer goldglänzenden Hülle entschlüpfen», und die Formel «Ein Land – zwei Regierungen» sich als das entpuppen, was damit letztlich angepeilt sei: die Einrichtung eines unabhängigen Staates Taiwan, mit dem Ziel, sich definitiv der Volksrepublik China zu entziehen.

### 21.17 Wie man der Kritik ausweicht

Mao wird nachgesagt, er habe der «Viererbande» wiederholt unmißverständlich zu verstehen gegeben, sie solle mit ihrer Sektiererei aufhören. Doch habe die Viererbande diese Äußerungen behende zur Kritik an Cliquenbildungen im Volke umgedeutet (vgl. Strategem Nr. 25), um sich so der Stoßrichtung von Maos Angriffen zu entziehen. Zur

Umschreibung dieses Manövers bietet sich das Zikaden-Strategem Nr. 21 an (*Guangming-Tageszeitung,* Peking 31. 10. 1976).

Im Westen wird angesichts von Pannen manchmal gesagt: «Wir sind schließlich auch nur Menschen und keine Maschinen! Daher können schon mal Fehler vorkommen.» Damit entzieht sich der, dem etwas schiefgelaufen ist, geschickt der Kritik. In China verspottet Huang Guojian in einem Artikel mit dem Titel «Das 37. Strategem: Verstellung» Staatsbedienstete, die Sanktionen wegen Fehlern, die ihnen unterlaufen, dadurch abwenden, daß sie sie dem «Amtsschimmel» in die Hufe schieben (in China spricht man vom sogenannten «Bürokratismus»). Nicht sie persönlich, sondern der böse «Amtsschimmel», also ein allgemeiner, konkret gar nicht faßbarer Mißstand, ist an allem schuld! (*Arbeiterzeitung,* Peking 9. 2. 1988).

«Bürokratismus, Bürokratismus, Wunderwaffe, um die Haut zu retten. Großes kann damit in Kleines, und Kleines in Nichts verwandelt werden. Im Verhältnis zu den oberen Instanzen kann man sich so der Verantwortung entziehen und im Verhältnis zur Bevölkerung der Haftung entfliehen, heißt es daher im chinesischen Volksmund» (*Arbeiterzeitung,* Peking 9. 2. 1988, S. 2). In ähnlicher Weise argumentiert in bezug auf ein ganz anderes Problem der israelische Vatikan-Experte Professor Itzhak Minerbi, wenn er in der Denkschrift des Vatikans «Wir erinnern uns: Nachdenken über die Shoa» vom 16. 3. 1998 die Absicht des Vatikans zu entdecken glaubt, «nicht die Kirche selber und insbesondere die Rolle von Papst Pius XII. einer Prüfung zu unterziehen, sondern alle Schuld ‹Söhnen und Töchtern› der Kirche zuzuschieben» («Einwände Israels zur Denkschrift des Vatikans», in: *Neue Zürcher Zeitung,* 18. 3. 1998, S. 2). Also hat nicht die unbefleckt bleibende «Kirche als solche Schuld auf sich geladen, sondern einzelne Christen [...] Die Verantwortung wird auf Einzeltäter abgeschoben» (Roman Arens: «Unzureichendes Bekenntnis», in: *Basler Zeitung,* 17. 3. 1998, S. 2). Die objektive Mangelhaftigkeit einer Institution wird Individuen zur Last gelegt. So wird ohne Verbesserung des Wesens der Schein einer Verbesserung erschlichen. Die Personen, die Werkzeuge, werden geopfert, und darauf wird die Aufmerksamkeit gelenkt. Die Sache, die Institution, bleibt ungeschoren.

Wieder eine andere Variante dieser Art der Anwendung des Stratagems Nr. 21 besteht darin, Opfer zum Beispiel einer Funktionärsschicht oder einer Institution hinterher als Heldinnen oder Helden zu feiern beziehungsweise die Aufmerksamkeit auf sie hin- und von der Funktionärsschicht oder von der Institution abzulenken. Beispielsweise kämpfte in der Provinz Liaoning ein gewisser Li Zhilin von einer Ein- und Verkaufsgenossenschaft zwei Jahre lang gegen ungerechtfertigte Gebühren eines Hygieneamtes, wurde aber das Opfer von Vergeltungsmaßnahmen. Zwar kam er am Ende zu seinem Recht, war aber nun mausearm, sein Sohn mußte deswegen sein Studium abbrechen, und seine Frau hatte sich von ihm scheiden lassen. Die Presse berichtete von der Tragödie, stellte aber gänzlich Li Zhilin in den Vordergrund und rühmte ihn wegen seiner Hartnäckigkeit, die mit Worten wie «Darin kam sein Glauben an die Partei, sein Glauben an den Staat zum Ausdruck» hochstilisiert wurde. Von tieferliegenden Problemen wie Korruption und Mangelhaftigkeit der Rechtsordnung sprach die Presse nicht *(Chinesische Jugendzeitung,* Peking 5. 11. 1998, S. 2). Aus der Affäre ziehen kann man sich auch durch eine wohlfeile Entschuldigung, auf die man die allgemeine Aufmerksamkeit lenkt. So gab die US-Außenministerin Albright in einer Rede an der Universität von Atlanta zu, «daß die Unterstützung Pinochets durch die USA ein ‹furchtbarer Fehler› gewesen sei» («Fall Pinochet bringt die USA in Verlegenheit», in: *Basler Zeitung,* 9.12. 1998, S. 6). Von irgendwelchen Maßnahmen gegen noch lebende amerikanische Verantwortliche der Machtergreifung Pinochets (s. 27.5) hörte man nichts.

Gemäß einem Pekinger Strategembuch dient das Stratagem Nr. 21 in der Tat vielfach als Rechtfertigungstechnik, die gegebenenfalls mehr bringt als der Gegenangriff oder das Leugnen einer Tat. Gewisse Leute legen aus freien Stücken etwas Zweitrangiges offen, um die Aufmerksamkeit darauf zu lenken und Zeit zu gewinnen, Beweismittel bezüglich gravierender Handlungen zu beseitigen (Yu Xuebin).

Man kann diesen Gedanken auch auf jenes Vorgehen ausweiten, das darin besteht, daß man im Zeichen irgendeiner Idee begangene Grausamkeiten als die schlechte praktische Durchführung einer «an sich guten Theorie» darstellt. Die womöglich noch mit Hilfe des Stratagems Nr. 25 geschönt dargestellte «gute Theorie» erfüllt bei dieser Argumentationsweise die Funktion der goldgänzenden Zikadenhülle, auf die das Augenmerk gelenkt wird, das sich damit zwangsläufig – da man bekanntlich nicht gleichzeitig in zwei unterschiedliche Richtungen blicken kann –, von der mit jener Idee verknüpften furchterregenden Realität abwendet.

Ferner kann man sich eine politische Partei vorstellen, die durch einen Namenswechsel die in diesem Fall nicht goldglänzende, sondern häßliche alte Hülle, also den Namen der Vorgängerpartei abstreift und dadurch den Eindruck zu erwecken versucht, eine völlig neue politische Kraft zu sein, die mit den Untaten der Vorgängerin nichts zu tun hat.

### 21.18  Strategem-Witzzeichnungen

Eine Karikatur in der zur *Volkszeitung* gehörenden, alle 14 Tage erscheinenden Postille *Satire und Humor* vom 20.6.1986 zeigt einen Bürotisch mit läutendem Telefon. Niemand nimmt ab, denn in dem Büro befinden sich nur die Kappe und die Jacke des dort Tätigen. Der Besitzer dieser Kleidungsstücke ist nicht zu sehen. Die Bildlegende lautet: «Die Zikade ist ihrer goldglänzenden Hülle entschlüpft.» Hier wird der Spieß gegen Angestellte gekehrt, die nur dem Schein nach an ihrem Arbeitsplatz präsent sind, sich in Wirklichkeit aber ihren Pflichten entziehen und anderswo irgendwelchen Dingen nachgehen.

Auf einer anderen Karikatur desselben Blattes vom 20.11.1988 sieht man eine gelbe Schlange mit schwarzen Tupfen. Auf vier großen Tupfen steht «Wirtschaftsverbrechen». Über einem Baumzweig hängt in zwei Fetzen die abgestreifte Haut der Schlange. Daneben steht «Geldbuße». Hier wird aufs Korn genommen, daß zu jener Zeit Wirtschaftsdelinquenten oftmals nur eine vergleichsweise glimpfliche Geldbuße aufgebrummt bekamen, die sie, infolge ihrer Wirtschaftskriminalität wohlsituiert genug, ohne weiteres bezahlen konnten. Damit waren sie aus dem Schneider. Das Geld, das zurückgelassen wird, entspricht der Zikadenhülle. Die Bildlegende besteht nur aus einem Schriftzeichen, jenem, das an dritter Stelle des Strategemausdrucks Nr. 21 steht: «Entschlüpft».

Auf einer Karikatur gegen die in der Volksrepublik China am 22.7.1999 verbotene Sekte der «Zauberkunst des Dharma-Rades» (Falungong) macht sich der Sektengründer Li Hongzhi, als schwarze Scherenschnittfigur gezeichnet, mit einem prall gefüllten Geldsack auf dem Rücken heimlich aus dem Staub, wohl in Richtung USA, wo er seit längerem lebt. Seine weitere Präsenz in China spiegelt er durch eine buddhistische Statue vor, deren genaues Aussehen aber verborgen bleibt. Denn er hat sie mit einem Umhang verhüllt, auf dem die Sektenlosung «Wahrheit, Güte, Duldsamkeit» geschrieben steht. «Der Hülle entschlüpft» lautet unter Verwendung der letzten beiden Schriftzeichen der Strategemformel Nr. 21 die Bildlegende (*Wenhui Bao*, Shanghai 29.7.1999, S. 12).

## 21.19 Keine neue Literatur mit alten Schriftzeichen

«Merkwürdig ist folgendes: Dem großen Meister der alten chinesischen Literatur Lin Qinnan ist keine Verjüngungskur zuteil geworden, er ist tot. Einer Verjüngungskur erfreut sich aber die alte chinesische Literatur. Sie hat den Schoß [der antiken Zeit] verlassen und sich ein neues Knochengerüst zugelegt (tuo tai huan gu), hat ihren Kopf ausgewechselt und ihr Gesicht [gegen ein anderes] umgetauscht (gai tou huan mian). Und sie hat mit Erfolg das wunderfeine Strategem ‹Die Zikade entschlüpft ihrer goldglänzenden Hülle› eingesetzt. So lebt sie wieder auf, wie neugeboren.»

Diese Zeilen schrieb im Jahre 1931 Qu Qiubai (1899–1935) in seinem Aufsatz «Über die literarische Revolution und sprachliche Fragen». Er hatte 1920 als Journalist die Sowjetunion besucht und kehrte als deren Bewunderer und beeinflußt von kulturbolschewistischen Ideen nach China zurück. 1922 trat er der Kommunistischen Partei Chinas bei, danach wurde er mehrmals in deren Zentralkomitee gewählt. Im Januar 1931 verdrängte man ihn aus der Führungsspitze der Partei. In der Folge spielte er in Shanghai eine führende Rolle in der revolutionären Kulturbewegung, um sich ab 1933 wieder politisch für die kommunistischen Anliegen zu betätigen.

Von ganz anderem Holz geschnitzt war Lin Qinnan, bekannter unter dem Namen Lin Shu (1852–1924). Noch im Kaiserreich, 1882, hatte er die Provinzbeamtenprüfung bestanden. Dann aber, zwischen 1883 und 1898, fiel er siebenmal in den hauptstädtischen Beamtenexamen durch. Das traf ihn schmerzlich. Dazu kamen der Tod seiner Mutter (sein Vater war schon 1870 verschieden) und das durch Tuberkulose verursachte Ableben seiner Gattin und zweier seiner Kinder. Um Lin Shu von seiner Trübsal abzulenken, schlug ihm ein Freund, der in Frankreich studiert hatte, vor, sie sollten gemeinsam die *Kameliendame* von Alexandre Dumas (1802–1870) ins Chinesische übersetzen. Der Freund übertrug den Text mündlich in die chinesische Umgangssprache, worauf ihn Lin Shu, der keine Fremdsprache beherrschte, in klassisches Chinesisch brachte. Später übersetzte er nach derselben Methode *Onkel Toms Hütte, Aesops Fabeln, Robinson Crusoe, Don Quichote, Gullivers Reisen*, die *Lettres Persanes, Oliver Twist* und sogar Auszüge aus Homers *Ilias* und *Odyssee*. Sherlock Holmes führte er in China ein. So wurde Lin Shu zum ersten bedeutenden chinesischen Übersetzer westlicher schöner Literatur, ja er entwickelte sich zu dem bisher wohl fruchtbarsten chinesischen Übersetzer überhaupt. Mehr als 170 Werke aus Europa und den USA übertrug er ins Chinesische. Gegen Ende seines Lebens wandte sich Lin Shu vehement gegen die neuen kulturellen Bestrebungen, die von Exponenten der Bewegung vom 4. Mai 1919 ausgingen, wobei er vor allem die Protagonisten einer neuen Literatur aufs Korn nahm.

Genau das kreidet ihm Qu Qiubai an. Qu Qiubai beklagt, daß so gut wie alle Postulate der Bewegung vom 4. Mai wie die Frauenbefreiung, die Beteiligung der Bauern und Arbeiter an der politischen Macht und die allgemeine Volksbildung auf gutem Wege seien. Allein in einem Gebiet seien keine Fortschritte erzielt worden: im Bereich der chinesischen Literatur. Man habe nicht wirklich gewagt, die alte chinesische Literatur mit ihren reaktionären Inhalten vom Sockel zu stoßen. Vor allem sei man vor einer Schriftrevolution zurückgewichen und habe die chinesischen Schriftzeichen, an denen soviel altes Zeug klebe, nicht über Bord zu werfen gewagt, um zu einer phonetischen Lautumschrift überzugehen. So sei die sogenannte umgangssprachliche neue Literatur nur ein leeres Getöse geblieben. In Wirklichkeit habe die alte chinesische Literatur, und hier benutzt Qu Qiubai mehrmals die Strategemformel Nr. 14, «für die Rückkehr der Seele einen Leichnam ausgeliehen», nämlich die Totgeburt der sogenannten «umgangssprachlichen» neuen Literatur: In dieser lebe die «Seele» der überkommenen Literatur – das heißt altes chinesisches, vor allem konfuzianisches, Gedankengut – weiter.

Das Stratagem Nr. 21 verwendet Qu Qiubai gänzlich als Metamorphosen-Stratagem. Die alte chinesische Literatur hat ihr ursprüngliches Gewand in Form der klassischen chinesischen Schriftsprache abgelegt und sich ein leicht verständliches neues Kleid in Gestalt der modernen umgangssprachlichen Ausdrucksweise umgehängt. Im Grunde genommen ist aber im Bereich der chinesischen Literatur alles beim alten geblieben.

21.20 Frauen im Männergewand

Nicht wenige ins Hausinnere verbannte Chinesinnen der alten Zeit blickten neidvoll auf Männer mit ihrem weitgespannten Handlungsspielraum. Kein Wunder, daß Chinesinnen immer wieder das Metamorphosen-Stratagem Nr. 21 anwandten und sich als Männer verkleideten, um sich deren Lebenswelt zu erschließen. Je nachdem gaben sich die solcherart umgewandelten Chinesinnen politischen Aktivitäten hin, dienten in der Armee, nahmen als Schwertmänner Rache für Verbrechen, studierten in einer Schule, gingen auf Reisen und dergleichen. Hier zeigen sich Spuren des Chinesinnen seit jeher eigenen starken Selbstbewußtseins. Die Historie, aber auch zahlreiche Romane, volkstümliche Erzählungen und Bühnenstücke berichten von solchen Frauen.

Eine historische Figur ist die Dichterin Liu Rushi (1618–1664) aus dem Süden Chinas. Sie verkleidete sich, 22 Jahre alt, im Jahre 1640 als Mann, um sich Zugang zu dem berühmten, beinahe 60jährigen Dichter Qian Qianyi (1582–1664) zu verschaffen. Für ihn war es Liebe auf den ersten Blick, und er erkor sie als Konkubine.

In einem aus über 300 Schriftzeichen bestehenden Volkslied aus der Zeit der Nördlichen Wei-Dynastie (386–534) wird Mulan besungen. Anstelle ihres kranken und greisen Vaters trat sie, als Mann verkleidet, in die Armee ein und kämpfte über zehn Jahre lang gegen die Xiongnu um die Ehre ihrer Familie und die Freiheit ihrer chinesischen Heimat zu retten.

Berühmt ist vor allem auch Zhu Yingtai, von der die bis auf die Östliche Jin-Dynastie (317–420) reichende, offenbar auf Tatsachen beruhende Überlieferung berichtet. Zhu Yingtai lebte in einer Umwelt, die im wesentlichen bis Anfang des 20. Jahrhunderts weiterbestand und von P. Karl Maria Bosslet in seinem 1927 in Oldenburg erschienen Buch *Chinesischer Frauenspiegel* wie folgt beschrieben wird: «Bis noch vor kurzem war es in China gang und gäbe, Frauen und Mädchen grundsätzlich keine eigene Erziehung zu geben und noch weniger in die Schule zu schicken. Wissenschaft für Mädchen scheint einem Vater mehr wie überflüssig. Wenn diese tüchtig arbeiten können, erfüllen sie ihren Zweck.» Zhu Yingtai stemmte sich gegen diese Schranken, legte sich Männerkleidung an und besuchte drei Jahre lang eine Knabenschule. Unter anderem im Film, in der Oper, in einem Violinrezital und in einem Ballett feiert man sie im heutigen China, allerdings vor allem wegen ihrer unglücklichen Liebesbeziehung zu ihrem Kommilitonen Liang Shanbo (s. hierzu: *Liang Shanbo und Zhu Yingtai* aus dem Chinesischen übersetzt von Hannelore Theodor, Köln 1984). Mit ihrem Schuleintritt verwirklichte Zhu Yingtai ihr «Recht auf Bildung», wie es in der Universalen Erklärung der Menschenrechte von 1948 verankert ist. Hier zeigt sich ein Berührungspunkt zwischen Stratagem und naturrechtlich aufgefaßten Menschenrechten. Die seit beinahe anderthalb Jahrtausenden gefeierte Zhu Yingtai liefert nicht das einzige Beispiel dafür, wie im alten China in Ermangelung des Rechtsweges Strategeme für die Verwirklichung individueller Ziele eingesetzt wurden, die wir heute im Bereich von Menschenrechten ansiedeln (s. auch 26.11, sowie Harro von Senger [Hg.]: *Die List,* Frankfurt a. M. 1999, S. 29 ff.).

### 21.21 Jesuiten als buddhistische Bonzen

Im 16. Jahrhundert nahmen die ersten Jesuitenmissionare in China Namen und Erscheinung von buddhistischen Mönchen an. Sie hofften, so leichter in China einreisen und die Chinesen bekehren zu können. Sie mußten allerdings feststellen, daß Geistliche in China weniger Einfluß und Ansehen genossen als in Europa. Daher wechselten sie vom buddhistischen Mönchsgewand zum Gelehrtenkleid. Der bahnbrechende Missionar Matteo Ricci (1552–1610) studierte nun die konfuzianischen Klassiker und zeigte sich im Mai 1595, zwölf Jahre nach seiner Ankunft in China, zum erstenmal im Gelehrtenrock. Er hatte begriffen, daß er nicht als Geistlicher, sondern als Laie und «abendländischer Gelehrter» (xishi) auftreten mußte, wollte er von der chinesischen Oberschicht gut aufgenommen werden. In einem seiner Briefe von 1596 schreibt Ricci: «Da wir den Namen Bonze von uns gewiesen haben – bei ihnen gilt er gleichviel wie bei uns Frater, aber in sehr niedrigem und entwürdigendem Sinn –, werden wir vorläufig weder eine Kirche noch einen Tempel eröffnen, sondern nur ein Haus zum Predigen, wie es ihre namhaften Prediger tun.» Was Ricci «Haus zum Predigen» nennt, entspricht dem chinesischen *shuyuan,* das man heute mit Privatakademie übersetzt. Ricci will also unter den chinesischen Philosophen als Philosoph erscheinen und nicht enthüllen, wer er ist: ein Priester, gekommen, den Heiden den wahren Gott zu verkünden.

Auch die christliche Botschaft konnte man nicht ungeschminkt präsentieren. Vielmehr ließen sich den Chinesen, so Jacques Gernet in seinem Werk *Christus kam bis China* (Zürich etc. 1984) Interesse und Sympathie am besten dann abgewinnen, «wenn man das Christentum als eine dem Konfuzianismus nahestehende Lehre darstellte und mit wissenschaftlichen Studien in Zusammenhang brachte.» Möglicherweise haben die ersten Jesuitenmissionare, um nicht Anstoß zu erregen, gar den gekreuzigten Christus (s. hierzu 35.9) hinter einem Schleier verborgen und nur solchen Chinesen enthüllt, die zur Bekehrung bereits entschlossen waren, eine Frage, der Gianni Criveller in seinem Buch *Preaching Christ in Late Ming China* (Taipeh 1997) nachgeht.

21.22  Gesangsschüler ohne Lehrer

Zuerst singt der Lehrer vor, dann singt der Schüler. Hält der Lehrer ein, dann hält auch der Schüler ein. Kluge Schüler lernen auf diese Weise recht schnell. Schüler, die etwas schwer von Begriff sind, bringen es aber auch nach dutzendfachem Vorsingen des Lehrers nicht auf einen grünen Zweig, und zwar, weil zwischen Lehrer und Schüler kein zusätzliches Medium hilfreich vermittelt. Wenn nun der Lehrer nicht vorsingt, sondern den Schüler durch Flötenspiel führt, also ein zusätzliches Lehrmittel einschaltet, dann kommt der Schüler schneller ans Ziel. «Zuerst folgt der Schüler der Flöte, dann folgt die Flöte dem Schüler», schreibt der Dramatiker, Poet, Essayist und Musikpädagoge Li Yu (1611–um 1680). Und er fügt hinzu: «Das nennt man die Methode ‹Die Zikade ihrer goldglänzenden Hülle entschlüpfen lassen›.» Zunächst umfängt das Flötenspiel des Lehrers den Gesangsschüler wie eine schützende Zikadenhülle. Später singt der Schüler selbständig, das Flötenspiel ist nur mehr noch untermalende Begleitung. Sobald der Schüler die erforderliche Reife erreicht hat, braucht er die Umhüllung durch den Lehrer nicht mehr und schüttelt sie ab.

21.23  Auf den Wolken reiten ohne Zügel

«Natürlich und ungezwungen, freimütig, nicht an Kleinigkeiten klebend, wortkarg, wenn er aber etwas sagte, fiel er aus dem Rahmen, seine Zeitgenossen betrachteten ihn als einen ausgefallenen Menschen.» Das ist die Kurzbeschreibung von Zhong Zhangtong, der im Alter von 41 Jahren im Jahre 220 n. Chr. starb, nachzulesen in Fan Yes (398–445) *Geschichte der Späteren Han-Dynastie*. Ein erstes ihm angetragenes Amt lehnte er ab unter dem Vorwand, er sei krank (vgl. Strategem Nr. 27; siehe auch 16.21). Schließlich aber folgte er doch dem Ruf in den Staatsdienst und war in hoher Stellung tätig. Wann immer er aber über Gegenwart oder Vergangenheit und über den Lauf der Welt sprach, seufzte er traurig. Offensichtlich fühlte er sich auf dieser Erde beengt und beschränkt. Eine sich wider den Ballast der Welt aufbäumende Sehnsucht nach Freiheit und Ungebundenheit durchpulst das folgende Gedicht Zhong Zhangtongs, in dem er die, soweit bekannt, älteste Frühform des Strategemausdrucks Nr. 21 schuf. Die «Hülle» der Zikade bedeutet hier im philosophisch-daoistischen Sinn das profane menschliche Dasein. Vielleicht inspiriert vom chinesischen Denker Zhuang Zi (um 369–286), der den Schatten einer in Ruhe verharrenden Person mit einer in ihrer starren Hülle eingeschlossenen Zikade vergleicht, die auf ihre Flügel wartet (also darauf, daß die Person sich bewegt), dient Zhong Zhangtong die der Hülle entwachsende Zikade als Bild für den in höhere Sphären aufgestiegenen Menschen.

«Der auffliegende Vogel hinterläßt seine Spuren,
Die sich häutende Zikade verliert ihre Hülle,
Die sich in die Lüfte schwingende Schlange entsagt ihren Schuppen,
Der unterschiedliche Formen annehmende heilige Drache
    verzichtet auf sein Horn.
So kann sich auch der zur höchsten Vollendung gelangte Mensch
    verwandeln und der Erleuchtete sich aus dem Sumpf des
    gewöhnlichen Tands herausziehen.
Auf den Wolken reitet er ohne Zügel,
Auf dem Wind galoppiert er ohne Hufe,
Der vom Himmel fallende Regen und Tau sind ihm die Zeltwände,
Die bunten Wolken sind ihm das Zeltdach,
Die mitternächtlichen Lebensstrahlen bilden seine Mahlzeit,
Die Sonne ersetzt ihm die Kerze,
Die Sterne funkeln ihm zu als seine berückenden Perlen,
Die Morgendämmerung schmückt ihn als seine feuchtglänzende
    Jadescheibe.
Im Süden, Norden, Osten, Westen, oben und unten
Kann er tun, wonach ihm das Herz steht,
Die menschlichen Belange kann er alle zurücklassen.
Was soll er da noch in irdischer Enge verharren!»

## Strategem Nr. 22

## Die Tür schließen und den Dieb fangen

| Die vier Schriftzeichen | 关 | 门 | 捉 | 贼 |
|---|---|---|---|---|
| Moderne chinesische Aussprache | guan | men | zhuo | zei |
| Übersetzung der einzelnen Schriftzeichen | schließen | Tür | festnehmen | Dieb/Räuber |
| Zusammenhängende Übersetzung | Die Tür schließen und den Dieb/die Diebe fangen. Sämtliche Fluchtwege versperren, um den Gegner einzuschließen. | | | |
| Kerngehalt | Umzingelungs-Strategem; Einkesselungs-Strategem; Einkreisungs-Strategem. | | | |

### 22.1 Nicht so einfach, wie es aussieht

Das Strategem Nr. 22 gehört wie die Strategeme Nr. 3 oder Nr. 28 zu jenen Strategemen in der chinesischen Listenliste, deren Sinn unmittelbar und schnörkellos in Worte gefaßt wird, ohne poetisches Bild, ohne Verknüpfung mit einer Bezugsgeschichte. Die beiden Handlungen, aus denen das Strategem zusammengesetzt ist, werden in ihrer Reihenfolge in knappestmöglicher Weise bezeichnet: Zuerst schließt man die Tür, und dann bemächtigt man sich des Eindringlings, wie die folgende Notiz, allerdings aus einer westlichen Zeitung, es veranschaulicht: «Kühles Blut bewies ein Anwohner in Eglisau, dem es in der Nacht zum Freitag gelungen ist, einen Einbrecher einzuschließen, der sich im Keller seines Wohnhauses aufhielt. Die Polizei konnte den Mann nach kurzer Gegenwehr festnehmen» (*Neue Zürcher Zeitung*, 31.10.1987, S.11). Mit dieser Vorgehensweise steht das Strategem Nr. 22 im genauen Gegensatz zu Strategem Nr. 16. Die Kombination zwischen dem Strategem Nr. 22 und Scheinanwendungen des Strategems Nr. 16 ist aber denkbar.

Unter «Dieb» im Strategemausdruck Nr. 22 werden vielfach tatsächlich Verbrecher, unter «Tür schließen» dagegen oftmals in einem übertragenen Sinne im Freien vorgenommene Umklammerungen verstanden.

Das Stratagem Nr. 22 folgt unmittelbar auf das Stratagem Nr. 21, bei dem Flucht und Fluchtverschleierung im Vordergrund stehen. Im Gegensatz zum Stratagem Nr. 21 verhilft das Stratagem Nr. 22 nicht zur Flucht, sondern will sie unmöglich machen. Während das Stratagem Nr. 21 ein Notfall-Stratagem ist, das in einer Position größter Schwäche – da man sich bereits in Feindeshand befindet – angewandt wird, dient das Stratagem Nr. 22 einem überlegenen Strategemanwender in einer komfortablen Position der Stärke.

Das Stratagem Nr. 22 gehört zur Kategorie der Ausmünzungs-Strategeme. Ausgemünzt werden die Schwäche, Unterlegenheit und Isoliertheit des Gegners, der Umstand, daß er freiwillig in den eigenen Machtbereich eingedrungen ist, und das eigene Potential, das es ermöglicht, dem Gegner jeglichen Fluchtweg abzuschneiden und ihn schachmatt zu setzen.

Wenn eine dieser drei Bedingungen fehlt, kann die Blockade eines Gegners zum eigenen Nachteil ausschlagen. So scheiterte Zhuge Liang (181–234), der Reichskanzler von Shu, als er im Jahre 234, fern der Heimat, also mit gravierenden Nachschubproblemen, den feindlichen General Sima Yi (179–251) 100 Tage lang belagerte. Dieser hatte sich am Huai-Fluß eingeigelt. Die langwierige Abschnürung Sima Yis zermürbte schließlich nicht diesen, sondern Zhuge Liang (s. 14.6).

In militärischer Hinsicht meint «Dieb», gemäß dem Traktat *Die 36 Strategeme (Das geheime Buch der Kriegskunst)* aus dem 16./17. Jahrhundert, kleinere feindliche, zu Überraschungsangriffen ausgesandte Stoßtrupps, im eigenen Machtbereich ungebunden operierende feindliche Verbände mit geringer Mannschaftsstärke, Guerillatruppen und so weiter. Ihre Kennzeichen sind ein relativ geringer Mannschaftsbestand, ein hoher Grad an Beweglichkeit und Schnelligkeit, ein besonders starkes Abstellen auf Strategeme und, aus all dem resultierend, die Befähigung, große Zerstörungen anzurichten. Einen solchen Feind sollte man möglichst rasch ausschalten und dabei den Rat in *Meister Suns Kriegskunst* beherzigen: «Bei zehnfacher Überlegenheit umzingle man ihn.» Dann gleicht er «einem Fisch im Netz (weng zhong zhi yu)». Man kann ihn wie «eine Schildkröte im Wasserkübel fangen (weng zhong zhuo bie)».

Die «zehnfache Überlegenheit» ist gemäß Cao Cao (155–220), der trotz seiner Tätigkeiten als Feldherr und Politiker auch noch die Zeit fand, einen Kommentar zu *Meister Suns Kriegskunst* zu verfassen, nicht rein numerisch zu verstehen, sondern vom Befehlshaber unter Berücksichtigung von Faktoren wie Führungsqualitäten der eigenen und der feindlichen Kommandanten, Bewaffnung, Kampfkraft, Zeitumstände, Topographie etc. abzuschätzen. Wenn die entsprechende Überlegenheit gegeben ist und man das Heft fest in der Hand hat, kann man das Strategem Nr. 22 auch gegen eine feindliche Hauptstreitmacht anwenden.

Zu vermeiden ist eine Situation, in der «der gehetzte Hund über die Mauer springt (gou ji tiao qiang)» beziehungsweise die «in die Ecke gedrängte Katze zum Tiger mutiert» (General Alexander Lebed, in: *Die Weltwoche*, Zürich 24.10.1996, S. 2), in der der eingeschlossene «Dieb» also zum äußersten getrieben wird, vergleichbar mit jenem schwertschwingenden Berserker im Kriegskundetraktat *Meister Wei Liao* aus dem 4. Jahrhundert v. Chr.: «Wenn einer, dem das eigene Leben gleichgültig ist, mit einem Schwert in der Hand auf einen Marktplatz stürmt und ein Gemetzel beginnt, dann werden die 10 000 Menschen auf dem Platz sich allesamt in Sicherheit zu bringen versuchen. Warum? Nicht deshalb, weil jener Mann einen einzigartigen Mut hätte, die 10 000 Menschen dagegen Waschlappen wären. Warum dann? Wegen des Unterschieds zwischen einem Menschen, der unbedingt zu sterben entschlossen ist, und Menschen, die unbedingt weiterleben wollen und den Tod fürchten.»

Die Umzingelung muß also unüberwindbar, die «geschlossene Tür» undurchdringlich und der abgeriegelte Raum ohne Schlupflöcher und Schwachstellen sein. Der Feind muß derart überwältigt sein, daß er gar nicht erst auf den Gedanken kommt, einen Verzweiflungskampf zu wagen und große Verwüstungen anzurichten.

Einen annähernd gleich starken Feind sollte man nicht einschließen, denn sonst läuft man Gefahr, «einen Wolf ins Haus hereinzulassen (yin lang ru shi)», der einem die ganze Inneneinrichtung kurz und klein schlägt. Dem gleich starken Feind gegenüber ist eher das Strategem Nr. 16 angezeigt. Allerdings kann man die für eine Abriegelung des Feindes günstigen Bedingungen auch schaffen, indem man ihn zersplittert. Dann konzentriert man die eigenen Kräfte so, daß sich eine partielle Überlegenheit ergibt, dank derer man die zersplitterten Feinde je einzeln ausschaltet (ge ge ji po).

Dem eingeschlossenen Feind darf keine Möglichkeit mehr bleiben, seinerseits irgendwelche Strategeme einzusetzen. Er ist ins Licht zu tauchen. Selbst bleibt man im Dunkeln, ganz nach dem Vers aus Bertolt Brechts «Dreigroschenoper»: «Und man sieht nur die im Lichte, die im Dunkeln sieht man nicht.»

Auch wenn man dem Feind noch einen gewissen Spielraum zugesteht, muß dies in einem Rahmen geschehen, den Lao Zi so umschreibt: «Des Himmels Netz ist weitmaschig, und doch entgeht ihm keiner» (*Daodejing*, Kap. 73). Im Geiste dieses Zitats mag man unter Umständen dem Rat in *Meister Suns Kriegskunst*: «Umzingelt man ein Gebiet, so wende man Strategeme an», folgen, einem eingeschlossenen Feind einen scheinbaren Fluchtweg öffnen und so den Effekt des Kraftentziehungs-Strategems Nr. 19 erzielen. Der Feind wird dann den Eindruck haben, es gebe für ihn eine Rettung, «so daß er seinen todesmutigen Kampfeswillen verlieren wird» (Du Mu [803–ca. 853]). Man muß allerdings aufpassen, daß der Feind nicht tatsächlich entwischt und eine Situation eintritt, die in dem apokryphen, Wu Qi (?–381 v. Chr.) zugeschriebenen Militärtraktat *Meister Wus Kriegskunst* wie folgt beschrieben wird: «Wenn sich ein Mann, der den Tod nicht fürchtet, in einem weit ausgedehnten Gebiet verborgen hält und 1000 Mann ihn verfolgen, dann wird es unter ihnen nicht einen geben, der nicht unverwandt eulengleich den Blick nach vorn richten und dabei aber immer wieder auch wie ein mißtrauischer Wolf den Kopf wenden und nach rückwärts spähen wird. Warum? Weil jeder von der Furcht gepackt ist, jener Kerl würde plötzlich hervorspringen und ihm ans Leben gehen. Es genügt also ein einziger todesmutiger Mann, um 1000 Männer in Angst und Schrecken zu versetzen.»

Die Abriegelung des Feindes kann ganz konkret vor sich gehen, sie kann aber auch auf indirektem Wege erfolgen. Das geschieht durch eine umfassende Kontrolle der objektiven Verhältnisse, in denen sich der Feind befindet. Jedes mögliche Versteck ist eliminiert, der Informationsfluß zwischen Feind und Außenwelt wird abgeschnitten, der materielle Nachschub unterbunden. Ferner werden alle Chancen, die der Feind möglicherweise nutzen könnte, zunichte gemacht. So wird ihm weder Zeit noch Raum für die Entfaltung irgendwelcher Aktionen zugestanden.

Das Schließen der Tore erfolgt je nach den Umständen sofort – so daß ein argwöhnisch gewordener «Dieb» das Haus nicht etwa noch schnell verlassen kann – oder etwas später, wenn der Dieb seiner Beute bereits habhaft geworden ist und das Corpus delicti vorliegt. Ferner kann die Schließung blitzartig geschehen, damit der Dieb nicht noch einen Fuß in den Türspalt schieben kann; aber sie kann auch still und langsam vorgenommen werden.

Wird die «Tür» in aller Offenheit, ja mit einem lauten Knall zugeschlagen, kann die dadurch beim eingeschlossenen «Dieb» bewirkte psychologische Erschütterung und Verängstigung besonders groß sein, so daß er sich womöglich kampflos ergibt. Schließt man die Türe still und leise, dann vermeidet man jedes Risiko einer sofortigen Gegenwehr. Solange der Gegner überdies wähnt, die Tür sei noch offen, bewahrt er seine Zuversicht, er werde entkommen, und so wird verhindert, daß sich in ihm der Wille, um alles oder nichts zu kämpfen, aufbäumt.

Das Ziel des Stratagems Nr. 22 ist es, den Dieb zu fangen. «Bei fünffacher Überlegenheit greife man den Feind an», wird in *Meister Suns Kriegskunst* geraten. Ist man selbst also sehr stark, kann man den Feind dingfest machen, solange er sich ob des Schocks angesichts der verriegelten Türe noch nicht zu irgendwelchen Gegenmaßnahmen aufgerappelt hat. Man kann den Dieb aber auch eine Weile gegen alle Wände rennen lassen, auf diese Weise ermüden und dann ergreifen. Bei militärischen Auseinandersetzungen kann ein anderes Motiv für die Durchführung einer langen Umzingelung die Absicht sein zu warten, bis bei dem von der Außenwelt abgeschnittenen Feind ein Chaos ausbricht und es damit viel leichter wird, ihn zu übermannen. Leistet der bereits umzingelte Feind wildentschlossenen Widerstand, mag es angesagt sein, ihn zusätzlich noch durch Köder in eine Falle zu locken, wo er ohne großen Aufwand unschädlich gemacht werden kann. Im übrigen sei auf die Ausführungen in 21.1 (Punkt 2f.) hingewiesen.

«Wie kann man ein Tigerjunges fangen, wenn man nicht in die Höhle des Tigers geht?» Dieser von General Ban Chao im Jahre 73 n. Chr. vor einem verwegenen nächtlichen Überraschungsangriff geprägte Satz, der sich zu einem Sprichwort entwickelt hat, deutet an, daß man bisweilen, zumal bei militärischen Auseinandersetzungen, nicht darum herumkommt, in ein fremdes «Zimmer» einzudringen. Dabei sollte man, wenn man nicht gleich einen tollkühnen Handstreich ausführt, die dritte der «Zehn Geheimregeln des Go-Spiels» befolgen: «Behutsam in das andere Gebiet eindringen!»

Gegebenenfalls mit Hilfe von Informationsstratagemen (s. zum Beispiel Stratagem Nr. 13) ist das gegnerische Territorium auf seine Gefährlichkeit hin abzutasten. Fluchtvorsorge ist unabdingbar. Ist man umzingelt und öffnet der Feind plötzlich eine Abzugsschneise, dann sollte man als Kommandant der eingeschlossenen Truppe diese

Fluchtmöglichkeit abriegeln und auf diese Weise sicherstellen, daß die Truppe unter Einsatz des Lebens weiterkämpfen wird. Das rät Du Mu (803–ca. 853) in seinem Kommentar zu *Meister Suns Kriegskunst*.

Sowohl bei Strategem Nr. 22 als auch bei Strategem Nr. 28 wird dem Gegner der Rückzug abgeschnitten. Im Unterschied zu Strategem Nr. 28 versperrt das Strategem Nr. 22 dem Gegner aber darüber hinaus noch sämtliche anderen Wege von und zu dem Ort, an dem er sich befindet. Beim Strategem Nr. 22 steckt der Gegner aus freien Stücken seinen Kopf in den «Rachen des Tigers», beim Strategem Nr. 28 wird er in den Tigerrachen hineingelockt. Beim Strategem Nr. 22 geht es letztlich darum, den Gegner zu ergreifen und unschädlich zu machen, mittels des Strategems Nr. 28 will man den Gegner zu irgendeiner Tat, nicht unbedingt zur Kapitulation, bewegen. Die Anwendung des Strategems Nr. 22 geschieht bei eigener Überlegenheit, wogegen das Strategem Nr. 28 auch unter ganz gewöhnlichen Umständen eingesetzt werden kann.

Im Zuge kriegerischer Auseinandersetzungen fällt es gemäß chinesischen Strategembüchern allerdings auch unter das Strategem Nr. 22, wenn man den Feind in einen zuvor präparierten Sack lockt. Es handelt sich dann, genaugenommen, um eine Kombination der Strategeme Nr. 22 und Nr. 28. Ich verweise hier auf die Einleitung zu Strategem Nr. 28.

22.2 Der Vater des Konfuzius unter der Falltür

Der Vater von Konfuzius, Shu Lianghe (?–548 v. Chr.), war ein tapferer General des Staates Lu (in der heutigen Provinz Shandong). Im Jahre 563 v. Chr. vollbrachte er eine in dem konfuzianischen Klassiker *Kommentar des Zuo* dokumentierte Heldentat, die in China noch heute Bewunderung hervorruft. Damals rang Herzog Dao vom Staate Jin (572–559) um die Vormachtstellung. Er bot die Streitkräfte von neun Vasallenstaaten, darunter von Lu, auf und wollte mit ihrer Hilfe zuerst den Staat Zheng und dann den Staat Chu angreifen. Die Truppe des Staates Lu wurde von Sun Mie befehligt, dem der Vater des Konfuzius als einer von mehreren Generälen zur Seite stand. Im Laufe des Feldzuges sollte die Lu-Truppe die Stadt Biyang, die sich unter der Hoheit des Staates Chu befand, von Norden her attackieren. Nun hatte aber Yuan Ban, ein berühmter General des Staates Zheng – und nun folge ich einer Schilderung in der *Befreiungs-Tageszeitung*, dem Organ des für die Stadt Shanghai zuständigen Parteikomitees der Kommunistischen Partei Chinas, vom 15.1.1987 – ein Strategem vorbereitet. Es bestand darin, «den Feind in die Tiefe [des eigenen Machtbereichs] zu locken [yin di shen ru]» und dann «die Tür zu schließen und den Hund zu erschlagen». Yuan Ban ließ das nördliche Stadttor weit öffnen und einige kleine Verbände ausschwärmen, die so taten, als wollten sie den Kampf gegen den Angreifer aufnehmen. Die Truppe von Lu «fiel prompt auf das Strategem herein», so die *Befreiungs-Tageszeitung*. Unter der Führung von zwei Generälen stürmten die Krieger von Lu auf das Nordtor von Biyang vor. Dicht dahinter folgte der Vater des Konfuzius. Gerade als er sich unter dem Toreingang befand, sah er, wie von oben her eine Falltür herabgesenkt wurde. Jetzt merkte er, daß sie in eine Falle geraten waren. Er warf sogleich die Schwerter, die er in beiden Händen gehalten hatte, zu Boden, stemmte die Falltür mit beiden Armen in die Höhe und schrie, immer gemäß dem Shanghaier Blatt, den Soldaten um Lu zu: «Strategem! Strategem! Schnell heraus aus der Stadt!»

Dank der Geistesgegenwart und Kraft von Shu Lianghe entkam so die Streitmacht von Lu im letzten Augenblick dem sicheren Verderben. Später fiel Biyang. Dem Vater des Konfuzius schenkte Herzog Dao von Jin zur Belohnung einen Kampfwagen und einen Panzer.

## 22.3 Die Tür schließen und den Hund erschlagen

Beinahe noch häufiger als «Die Tür schließen und den Dieb fangen» wird der dem Sinne nach identische Ausdruck «Die Tür schließen und den Hund erschlagen (guan men da gou)» verwendet. «Hund» steht für «Feind», was mit der nicht nur in Europa, sondern auch in China althergebrachten Neigung zusammenhängt, den Feind zu bestialisieren. Mao Zedong soll am 13.9.1929 auf einer militärischen Konferenz in Zhuzhou (Provinz Hunan) gesagt haben, man könne nicht mit Eiern gegen Steine kämpfen (yi luan ji shi) und mit den beschränkten eigenen Kräften die Stadt Nanchang angreifen, sondern solle vielmehr im Bereich des eigenen ländlichen revolutionären Stützpunktgebiets «die Tür schließen und den Hund erschlagen» (zitiert aus: *Volkszeitung*, Peking, 12.6.1981, S. 3).

## 22.4 Den ins Wasser gefallenen Hund prügeln

Dies ist ein berühmter Ausspruch von Lu Xun (1881–1936), dem in der Volksrepublik China am meisten gerühmten chinesischen Schriftsteller des 20. Jahrhunderts. Im Zusammenhang mit dem Strategem Nr. 22 bezieht sich der Ausspruch auf die Behandlung des eingeschlossenen «Diebes» und bedeutet: «Einen in die Enge getriebenen Feind vollkommen überwältigen», mit ihm «kurzen Prozeß machen».

In seinem 1925 verfaßten Essay «Kein überstürztes Fairplay» (deutsche Übersetzung in: Wolfgang Kubin [Hg.]: *Lu Xuns Werke in sechs Bänden*, Bd. V, Zürich 1994, S. 357ff.) nimmt Lu Xun zu einer Aussage von Lin Yutang (1895–1976, siehe *Strategeme* Bd. I, Schlußwort «Der Katalog der 36 Strategeme») Stellung, wonach alles unternommen werden solle, um den Geist des Fairplay in China zu verbreiten. «Schlagt nicht einen ins Wasser gefallenen Hund», schärfte Lin Yutang seinen Landsleuten ein.

Es gebe durchaus Fälle, in denen auf den ins Wasser gefallenen Hund einzuschlagen sei, wandte Lu Xun ein. Allerdings sei zu unterscheiden, um was für einen Hund es sich handele und wie er ins Wasser gefallen sei. Er könne erstens aus Versehen ins Wasser gefallen oder zweitens von jemand anderem oder drittens von einem selbst ins Wasser gestoßen worden sein. In den ersten beiden Fällen sei es feige, auf den Hund einzuprügeln. Doch wenn man selbst mit dem Hund gekämpft und ihn endlich glücklich ins Wasser geschleudert habe, dann gehe es nicht zu weit, mit dem Bambusstock weiter auf ihn einzudreschen.

Man wende ein, so Lu Xun, daß ein ritterlicher Boxer den am Boden liegenden Gegner in Ruhe lasse. Doch eine solche Ritterlichkeit verdiene nur dann Beifall, wenn der am Boden Liegende selbst auch ein anständiger Faustkämpfer sei. Infolge seiner Niederlage werde er entweder zu beschämt sein, um erneut anzugreifen, oder er werde den Kampf in aller Öffentlichkeit noch einmal aufnehmen. Doch das gelte nicht für einen ins Wasser gestoßenen Hund. Der kenne keinen Anstand. Überdies könne er schwimmen, wieder an Land klettern, sich mehrmals schütteln, den, der ihn ins Wasser stieß, mit Wassertropfen übergießen und dann mit eingezogenem Schwanz davonrennen, um sich bei nächster Gelegenheit ebenso ungehörig zu benehmen.

Einfache Seelen glaubten, so Lu Xun, der Sturz ins Wasser wirke auf den Hund wie eine Art Taufe und veranlasse ihn, seine Sünden zu bereuen und nie wieder einen Menschen zu beißen. Doch nichts sei irriger als eine solche Annahme. Alle Hunde, die Menschen beißen, müßten vielmehr erschlagen werden, ob auf dem Lande oder im Wasser.

Was tun, wenn der ins Wasser gefallene Hund mitleiderregend winselt? Da gebe es gar viele Schädlinge, die ebenfalls harmlos aussähen, zum Beispiel die winzig-niedlichen Cholerabakterien. Und doch bekämpften die Ärzte sie ohne Mitleid.

Ein Sprichwort besage: «Gutherzigkeit ist eine andere Bezeichnung für Torheit.» Das möge zu weit gehen. Aber vielleicht ziehe dieses Sprichwort eine Schlußfolgerung aus vielen bitteren Erfahrungen. Wenn man, anstatt den ins Wasser gefallenen Hund zu erschlagen, sich gar noch von ihm beißen lasse, dann sei das jedenfalls genau das, was einfältige Tröpfe verdienten.

## 22.5 Die tödliche Schlucht

Ein Lokaldespot der Guomindang-Regierung reitet mit einem Konvoi und einem Gefangenentransport in eine Schlucht. Plötzlich kugelt vom Bergabhang Geröll auf sie herab und peitschen von beiden Abhängen der Schlucht Gewehrsalven durch die Luft. Nach vorn ist der Weg durch einen gewaltigen Felsbrocken versperrt, und auch nach hinten ist kein Entkommen mehr. Der Lokaldespot wird getötet, seine bewaffneten Begleiter werden gefangengenommen, der Gefangene erlangt seine Freiheit wieder. Zu verdanken hat er dies Fang Zhimin (1900–1935), einem in der Volksrepublik China verehrten kommunistischen Revolutionär, dessen 100. Geburtstag 1999 gefeiert wurde (*Kulturtreff-Zeitung,* Shanghai 21.8.1999, S. 1). Erzählt wird die Begebenheit unter dem Titel «Die Tür schließen und den Hund erschlagen» in der Zeitschrift *Geschichten-Stelldichein* (Shanghai, Nr. 2, 1982).

Ähnliche Anwendungen des Stratagems Nr. 22 sind auch etwa aus der Schweizer Geschichte bekannt, wie folgendes Beispiel zeigt.

## 22.6 Ritter unter Steinen und Holzblöcken

Der kaum 25jährige österreichische Herzog Leopold, der seine Stammlande festigen und erweitern wollte, plante einen konzentrischen Angriff gegen die Innerschweiz: Ein Haufe sollte über den *See* in Nidwalden landen, eine Rittergruppe über den *Brünig* in Obwalden einfallen, er selbst wollte mit der Hauptmacht seiner Ritter und Fußtruppen durch den Engpaß bei *Morgarten* nach Schwyz vordringen. Als in der Morgenfrühe des 15.11.1315 das farbenprächtige Ritterheer siegesstolz zwischen den Sümpfen und steilen Höhen des *Morgarten* angekommen war, sausten plötzlich Steine und Holzblöcke von den Höhen herab und brachten Roß und Mann in Verwirrung. Gleichzeitig tauchte der schwyzerische Gewalthaufe vor dem Ritterheer auf. Der Feind war in eine Falle geraten, es begann ein grausames Schlachten, dem Herzog Leopold nur mit knapper Not entrinnen konnte.

22.7   Auf dem Papier Krieg führen

Im Jahre 259 v. Chr. standen die Heere des Königreichs Zhao und des Königreichs Qin bei Changping (in der heutigen Provinz Shanxi) einander gegenüber. General Zhao She, der im Königreich Zhao dieselbe Rangstufe eingenommen hatte wie Kanzler Lin Xiangru und General Lian Po (s. 33.17), war gestorben, und Lin Xiangru war schwer erkrankt. Der König von Zhao hatte General Lian Po beauftragt, der Armee von Qin Widerstand zu leisten, aber Lian Po erlitt mehrere Niederlagen. So hatte er sich mit der Armee von Zhao in Changping verschanzt und vermied hinfort jeden Waffengang. Wiederholte Provokationen seitens der Armee von Qin ignorierte er. Schon drei Jahre lang hatte Lian Po in Changping ausgeharrt. Da ließ der Staat Qin durch Agenten das Gerücht ausstreuen: «Am meisten fürchtet sich Qin davor, daß Zhao Kuo, der Sohn des verstorbenen Generals Zhao She, den Oberbefehl über das Heer von Zhao übernimmt.» Der König von Zhao fiel auf das Gerücht herein und ersetzte Lian Po durch Zhao Kuo (s. 3.9, 33.12). Lin Xiangru warnte den König von Zhao: «Nur gestützt auf den großen Namen seines Vaters setzt Ihr Zhao Kuo ein. Das ist, wie wenn man mit bloßem Leim die Saiten befestigen und dann auf der Harfe spielen würde. Zhao Kuo ist nur fähig, die ihm von seinem Vater hinterlassenen Kriegstraktate zu lesen. Das Gelesene unter sich ständig verändernden Bedingungen anwenden – das kann er nicht!» Der König von Zhao hörte nicht auf ihn. Es blieb bei der Ernennung Zhao Kuos.

Von klein auf hatte Zhao Kuo die Kunst des Krieges studiert und über militärische Angelegenheiten diskutiert. Er war überzeugt davon, daß niemand unter dem Himmel ihm gewachsen sei. Einmal hatte er sich mit seinem Vater über Kriegsführung unterhalten. Der Vater konnte ihm in jenem Gespräch nicht beikommen. Gleichwohl wollte der Vater nicht anerkennen, daß der Sohn wirklich etwas von Kriegskunst verstehe. Zhao Kuos Mutter fragte ihn nach dem Grund. Der Vater entgegnete: «Beim Krieg geht es um Leben oder Tod. Zhao Kuo aber redet darüber so leichtfertig daher. Der König sollte meinen Sohn nie zum General ernennen, dann ist alles in Ordnung. Wenn er Zhao Kuo aber zum General befördern sollte, dann wird Zhao Kuo derjenige sein, der die Armee des Königreiches Zhao vernichten wird.» Noch kurz bevor ihr Sohn in den Krieg zog, warnte seine Mutter den König in einem Schreiben. Ihr Sohn sei fachlich und sittlich seinem Vater weit unterlegen. Man dürfe ihn auf keinen Fall mit solch einer Aufgabe betrauen. Doch für den König war die Sache bereits beschlossen.

So ersetzte denn Zhao Kuo General Lian Po, änderte auf der Stelle all dessen Anordnungen und nahm in der Kommandostruktur des Heeres durchgreifende personelle Veränderungen vor. General Bai Qi (?–257 v. Chr.) hörte von den Vorgängen im Heere von Zhao. Er brachte eine Überraschungs-Einsatztruppe in Stellung und fingierte dann einen Rückzug mit seiner Hauptstreitmacht. Prompt verließ Zhao Kuo mit seinem Heer Changping und verfolgte Bai Qi. Nun schnitt Bai Qis Überraschungs-Einsatztruppe Zhao Kuo rückwärts die Nachschubzufuhr ab. Dadurch wurde Zhao Kuos Armee entzweigeschnitten. Der für den Nachschub verantwortliche Heeresteil und die Hauptstreitmacht von Zhao waren voneinander getrennt. In der eingekesselten Truppe Zhao Kuos begann sich Unmut breitzumachen. Über 40 Tage lang blieb die Umklammerung bestehen. Zhao Kuos Soldaten litten Hunger. Zhao Kuo stellte Elitesoldaten zusammen und führte sie persönlich in den Kampf gegen die Qin-Armee. Ein Pfeil tötete ihn. Seine Armee wurde geschlagen. Mehrere 10 000 Soldaten ergaben sich laut Sima Qians (geb. um 145 v. Chr.) *Geschichtlichen Aufzeichnungen*. Sie wurden alle lebendig begraben. Die Gesamtverluste des Königreichs Zhao beliefen sich auf 450 000 Mann.

Die Schlacht bei Changping veranschaulicht gemäß chinesischen Strategembüchern eine gelungene Anwendung des Strategems Nr. 22. Was Zhao Kuos Gehabe angeht, so gilt es als ein Paradebeispiel für ein törichtes Verhalten, das im Chinesischen wie folgt in Worte gefaßt wird: «Auf dem Papier Krieg führen (zhi shang tan bing)», was soviel bedeutet wie «vom grünen Tisch aus Schlachten führen».

Nach einem ähnlichen Muster wie die Schlacht von Changping war einige Jahrhunderte zuvor die Schlacht von Chengpu (in der heutigen

Provinz Shandong) verlaufen. Sie ist ein in der chinesischen Kriegsgeschichte berühmtes Beispiel für den Sieg der schwächeren über die stärkere Kriegspartei. Im Jahre 633 v. Chr. belagerte König Cheng von Chu mit den Armeen verbündeter Staaten den Staat Song. Dessen Herrscher rief den Staat Jin zu Hilfe. Im folgenden Jahr trafen die Heere von Jin und Chu in Chengpu aufeinander. Die Armee von Jin identifizierte zunächst die Schwachstellen der Chu-Armee und zerstörte demgemäß zunächst deren rechten Flügel, der aus den Truppen der Staaten Chen und Ji gebildet war. Gleichzeitig täuschte die Hauptstreitmacht von Jin einen Rückzug vor, was den linken Heeresteil von Chu zur Verfolgung verlockte. Kurz darauf drehte sich die angeblich fliehende Jin-Armee um 180 Grad, nahm mit einem anderen Truppenteil die Chu-Truppe in die Zange und vernichtete sie. Der mittlere Hauptteil der Chu-Armee mußte sich zurückziehen. So errang Herzog Wen von Jin einen Sieg über den überlegenen Gegner. Hier wurde «der Feind aus seiner Höhle gelockt, ein Sack geöffnet, die Tür geschlossen und der Hund erschlagen», resümiert ein chinesischer Kommentator das Geschehen (in: *Lao Zi*, Peking 1976, S. 101).

22.8  Fünf Städte auf einen Streich

Will man das Stratagem Nr. 22 anwenden, dann sollte man, so der Pekinger Stratagembuch-Autor Li Bingyan, von der Gesamtsituation ausgehen und den richtigen Zeitpunkt und Ort für die Verriegelung der Tür wählen. Er illustriert seine Aussage anhand der Endphase des chinesischen Bürgerkrieges (1945–1949). Vom 12.9. bis zum 2.11.1948 tobte die gewaltige Westliaoning-Shenyang-Schlacht im Nordosten Chinas. Die dort massierten etwa 550000 Mann der Guomindang-Regierung waren auf drei isolierte Orte verteilt, und zwar auf Changchun (heute Hauptstadt der Provinz Jilin), Shenyang (heute Hauptstadt der Provinz Liaoning, in deren Osten gelegen) und Jinzhou (im Südwesten der Provinz Liaoning). Auf Anweisung Maos eroberte die Rote Armee als erstes Jinzhou (s. 18.17). So wurde die Verbindung zwischen der Streitmacht des Feindes im Nordosten und jener in Zentralchina in der Mitte zerschnitten. Damit war in bezug auf den Feind im Nordosten die Situation «Die Tür schließen und den Hund erschlagen» geschaffen, so Li Bingyan. Gleichzeitig gewannen die Kommunisten durch die Eroberung Jinzhous die Initiative hinsichtlich des weiteren Kampfgeschehens. Feindliche Entsatztruppen, die Jinzhou von Shenyang und Changchun aus zur Hilfe eilten, wurden unterwegs vernichtet. In der Folge kam es unter den Guomindang-Truppen in Changchun zu einem Aufstand, woraufhin Changchun von der Roten Armee eingenommen werden konnte (s. 9.3). Die in Shenyang stationierte Guomindang-Streitmacht versuchte, westwärts zu fliehen, wurde jedoch im Gebiet des Großtigerbergs und des Schwarzen Bergs (im Südwesten der Provinz Liaoning) völlig aufgerieben, worauf auch Shenyang an die Rote Armee fiel, die damit diesen Frontabschnitt befriedet hatte.

Am Vorabend der sich nun anschließenden, am 5.12.1948 von der Roten Armee entfesselten Tianjian-Schlacht planten die Guomindang-Truppen in jenem Kampfabschnitt, etwa 600 000 Mann, von der Niederlage in der Westliaoning-Shenyang-Schlacht demoralisiert, die Flucht übers Meer gen Süden oder dann in Richtung Innere Mongolei. Um diesen Plan zu vereiteln, führte die kommunistische Nordöstliche Feldarmee großangelegte, sämtliche Fluchtwege verbauende Abriegelungsaktionen durch. Die feindlichen Truppen in den fünf Gebieten von Beiping (heute Peking, in der nördlichen Mitte der Provinz Hebei), Tianjin (südöstlich von Peking in der Nähe des Meeres), Tanggu (östlich von Tianjin), Zhangjiakou (im Südwesten der Provinz Hebei) und Xinbao'an (im Nordosten der Provinz Hebei) wurden voneinander abgeschnitten und eingekesselt. Danach wurden diese Gebiete nach dem Muster des Strategems Nr.22 erobert. Als erstes fiel Xinbao'an am 22.12.1948. Es folgte Zhangjiakou am 24.12.1948. Am 14.1.1949 lehnte der Guomindang-Befehlshaber der umzingelten Stadt Tianjin eine Kapitulation ab. Doch nach 29stündiger heftiger Gegenwehr waren 130 000 Mann, die Tianjin verteidigt hatten, gefallen, die Befehlshaber wurden gefangengenommen. Nach dem Fall von Tianjin befanden sich die über 200 000 Guomindang-Soldaten in Beiping in einer aussichtslosen Lage. Am 31.1.1949 ergaben sie sich kampflos. So endete die Beiping-Tianjin-Schlacht mit einem Sieg der Roten Armee. Nur den in Tanggu stationiert gewesenen etwa 50 000 Guomindang-Soldaten gelang die Flucht auf dem Meerweg gegen Süden. Der Kampf um Nordchina war zugunsten der Kommunisten entschieden, unter anderem dank dem gekonnten Einsatz des Strategems Nr.22.

## 22.9 Große Flotte in engem Sund

Als es im Jahre 480 v. Chr. zum entscheidenden Waffengang zwischen Athen und den angreifenden Persern kam, war bei der haushohen Überlegenheit der Perser damit zu rechnen, daß sie die griechische Flotte auf offenem Meer einkreisen und vernichten würden. Folglich mußten die Griechen gemäß den Planungen des athenischen Feldherrn Themistokles (um 525–460) alles daran setzen, daß es im engen Sund zwischen Salamis und der attischen Küste, wo sich die gewaltige persische Streitmacht gar nicht entfalten konnte, zum Kampf kam. Die Frage war nur, wie man die Perser dazu bewegen konnte, die Schlacht dort anzunehmen.

Den Griechen wurde in der Enge von Salamis, wo sie ihre Flotte zusammengezogen hatten, rasch unwohl zumute. Sie befanden sich weit von den eigenen Linien und nahe dem überlegenen Feind, gewissermaßen mit dem Rücken zur Wand. Wenn die Perser die Ausgänge beiderseits der Insel sperrten, war die gesamte griechische Flotte in der Falle. Die Vorräte waren begrenzt, und wenn die Griechen erst eingeschlossen waren, bestand keine Hoffnung auf Entsatz, da sich nur wenige griechische Kriegsschiffe außerhalb befanden. Immer neue Schreckensmeldungen trafen ein, so die von der Einnahme Attikas und vom Brand der Akropolis. Einige Griechen-Schiffe machten sich bereits davon. In der griechischen Flotte wurde das Drängen auf Abfahrt übermächtig. Nach einigen Tagen beschloß daher eine Mehrheit des griechischen Kriegsrates, den Platz bei Salamis zu räumen. Themistokles wurde überstimmt. Doch er wußte sich zu helfen. Insgeheim sandte er einen Boten zum Perserkönig Xerxes (um 519–465), der diesem laut dem Bericht von Herodot (um 490–um 430) Folgendes ausrichtete: «Mich sendet der Feldherr der Athener ohne Wissen der anderen Griechen zu Euch; denn er steht auf des Königs Seite und wünscht eher Euch den Sieg als den Griechen. Er läßt Euch sagen, daß die Griechen voll Angst an Flucht denken. Ihr könntet jetzt den größten Erfolg erringen, wenn Ihr sie nicht auseinanderlaufen laßt. Untereinander sind sie uneins und werden Euch keinen Widerstand mehr leisten […].»

Nach dieser Erklärung entfernte sich der Bote sofort wieder. «Diese List», so der Ordinarius der Universität München Christian Meier in seinem Werk *Athen: Ein Neubeginn der Weltgeschichte* (Berlin 1993, S. 28), «ist relativ gut bezeugt.» Bei der von Christian Meier nicht konkret benannten List handelte es sich um eine Kombination des Kreator-Strategems Nr. 7 mit dem Provokations-Strategem Nr. 13. Xerxes fand die Nachricht glaubwürdig. Vor allem paßte sie ihm. Denn es lag ihm dringend an einem raschen, möglichst spektakulären Sieg. Er zweifelte nicht daran, daß er ihn erringen würde.

Zu sonderlicher Vorsicht schien Xerxes nicht zu neigen. Was konnten die Griechen schon gegen seine Macht ausrichten? Diese waren vor dem bevorstehenden persischen Angriff gewarnt worden. Gegen Morgen stießen die Perser auf eine zur Schlacht bereite Flotte. Die Griechen hatten gewissermaßen «ausgeruht auf den erschöpften Feind gewartet» (Strategem Nr. 4), denn die Perser hatten die ganze Nacht über auf ihren Ruderbänken sitzen und zur Schlachtordnung auffahren müssen.

Gleichwohl habe unter den Griechen ein Zögern Platz gegriffen, als sich die persische Flotte unter Kriegsgeschrei in Bewegung setzte. Da sei das erste griechische Schiff in ein persisches gestoßen. Die anderen Schiffe wurden in den nun entbrennenden Kampf hineingezogen. Wie genau die Schlacht verlief, ist nicht klar überliefert. Vielleicht kam den Griechen die Schwere ihrer Schiffe zustatten, vielleicht operierten sie auch einfach besser. «Offenbar», meint Christian Meier, «standen die persischen Schiffe viel zu eng, jedenfalls scheinen sie sich auf die Dauer gegenseitig behindert zu haben.» Die Griechen fuhren in das auf persischer Seite entstehende Chaos vergleichsweise geordnet hinein und trafen mit ihren Rammspornen viele der feindlichen Schiffe, auf deren Decks griechische Soldaten vordrangen. Die Perser verloren unzählige Schiffe und große Teile ihrer Mannschaft, zumal viele nicht schwimmen konnten und die Griechen die meisten Schiffbrüchigen gnadenlos erschlugen. Am Abend jenes nicht genau datierbaren Septembertages standen die Griechen als Sieger der Schlacht von Salamis fest. Das Kalkül des Themistokles war aufgegangen.

Christian Meier spricht hinsichtlich des Vorhabens von Themistokles, sich den Persern in der Enge von Salamis zu stellen, von einer «scharfen Planung», von einer «über alles herkömmliche Denken und Vorstellen hinausgehenden Strategie», die «im ganzen vom Gros der Beteiligten zu viel Absehen von dem, was auf der Hand zu liegen schien, verlangte» (a.a.O., S. 25 ff.). Damit umschreibt er recht treffend die Charakteristika einer List, doch spricht er mit Bezug auf den außergewöhnlichen Schlachtplan des Themistokles dieses Wort nicht aus. Er benutzt es nur zweimal zur Kennzeichnung der heimlichen Botschaft, die Themistokles dem Perserkönig zukommen ließ. Hierbei handelt es sich freilich um eine unübersehbare, geradezu «grobschlächtige» List. Aber wahrscheinlich muß eine List derart derb sein, um von einem Europäer als solche wahrgenommen zu werden. Aus der Sicht des Katalogs der 36 Strategeme läßt sich die von Themistokles getroffene Wahl der engen Bucht von Salamis als maritimes Schlachtfeld recht eindeutig dem Strategem Nr. 22 zuordnen, das demnach in der Geschichte des frühen Abendlandes eine entscheidende Rolle gespielt hat (s. auch Egon Flaig: «Europa begann bei Salamis», in: *Rechtshistorisches Journal*, Frankfurt a. M. Nr. 13, 1994, S. 411 f.).

22.10  In den Grand Canyon mit dem Alien!

36 untertassenförmige Gebilde mit einem Durchmesser von je 15 Metern hatten sich von einem riesigen Raumschiff losgelöst, das hinter dem Mond aufgetaucht war. Die 36 Raumschiffe steuerten die wichtigsten Metropolen der Erde an und vernichteten sie ohne Vorwarnung. Auf Befehl des US-Präsidenten donnerten von Orange County 30 modernste Kampfflugzeuge in der Höhe von 11 000 Fuß einem dieser Raumschiffe entgegen, das 40 graue Raumjäger ausgespien hatte. Sie sahen wie Manta-Rochen aus und feuerten gebündelte Energiestöße ab. Binnen Sekunden hatten sie alle US-Maschinen zerstört – bis auf Steve Hillers Flugzeug. Er flog waghalsige Manöver. Innerhalb weniger Sekunden erreichte er doppelte Schallgeschwindigkeit. Wenig später befand er sich über dem Grand Canyon. Das war seine Geheimwaffe. Dicht hinter ihm einer der unheimlichen fremden Raumjäger. Steve stellte die Turbinen ab und ließ den anderen über sich hinwegsegeln. Dann drückte er die Maschine tiefer zwischen die roten Felsen, bis er beinahe im Colorado-Fluß fischen konnte. Sein Gegner war dicht hinter ihm. Nun zündete Steve seine Triebwerke wieder und schlängelte sich durch die zerklüfteten Felszacken. Sein Gegner feuerte ihm ein paar Salven hinterher. Steve tauchte in einen schmalen Seitencanyon. Vor ihm eine massige Felswand. Er ließ seinen Treibstoff ab. Aus beiden Seiten strömte das Kerosin aus und nebelte seinen Verfolger ein. Dann schaltete Steve die Nachbrenner ein und zündete so den Treibstoff, der sofort einen heißen Schweif hinter ihm bildete. Aber sein Verfolger tauchte unversehrt aus dem Flammenmeer auf. Steve hielt auf die Felswand zu und löste seinen Bremsfallschirm aus. Der Fallschirm wickelte sich um die Schnauze des Mantas und raubte ihm für Augenblicke die Sicht. Steve betätigte den Schleudersitz und

wurde aus der Maschine katapultiert. Sekunden später zerschmetterte sie an der Felswand.

«Der außerirdische Pilot sah die Felswand erst im letzten Augenblick. Er riß seinen Manta scharf nach oben, aber er schaffte es nicht mehr. Das Ding knallte gegen einen überhängenden Felsen und stürzte in einer Wolke von Felsbrocken ab. Steve, der an seinem Fallschirm zur Erde schwebte, lachte höhnisch. ‹Wir Menschen haben eben doch mehr drauf als ihr Wichser.›»

Was hatten die Menschen mehr drauf in dieser entscheidenden Szene in Roland Emmerichs Film *Independence Day*, dessen Inhalt die Hamburger Zeitung *Bild* im August 1996 in einer mehrteiligen Serie wiedergab, auf deren Folgen 2 und 6 ich mich hier stütze? Wodurch Steve Hiller das Alien aus dem Weltall überwand, war nicht etwa modernste Technik, sondern eine uralte Kriegslist, die in China als Strategem Nr. 22 im Katalog der 36 Strategeme firmiert. Steve Hiller lockte den Feind gleichsam in ein «Zimmer», an dessen Wand er zerschellte. Dank der Strategemanwendung des Amerikaners verfügte nun die Menschheit über ein Exemplar der fremden Raumschiffe, ohne welches der spätere – wiederum strategemisch geplante – Sieg über den außerirdischen Angreifer nicht hätte möglich werden können.

22.11  Die Verhaftung der «Viererbande»

In den Westbergen im westlichen Außenbezirk der chinesischen Hauptstadt Peking, in einem von der Zentralen Militärkommission errichteten militärischen Sperrgebiet, befand sich die geheime Kommandozentrale, von der aus im Herbst 1976 die Verhaftung der sogenannten Viererbande geplant und durchgeführt wurde. Die zentrale Figur dabei war Marschall Ye Jianying (1897–1986), einer der drei stellvertretenden Vorsitzenden der Kommunistischen Partei Chinas (KPCh). Er hatte ob seines Alters ein über das ganze Land verstreutes Netz von Vertrauten, insbesondere in der Armee. Einmal besuchte ihn Li Desheng, der Kommandeur der nordöstlich von Peking gelegenen Militärregion Shenyang. Ye Jianying fragte Li Desheng: «Die derzeitige Lage im ganzen Land ist äußerst kritisch. Was hältst du eigentlich für wichtiger: das Anpacken organisatorischer Fragen oder das Anpacken der Produktion?» Diese Fragestellung verblüffte Li Desheng. Hatte er den Sinn der Frage verstanden? Um Ye Jianying besser hören zu können, führte er seine Hand zum Radio, um es auszuschalten.

In der turbulenten Zeit des Jahres 1976 hatte sich Ye Jianying angewöhnt, bei Gesprächen politischen Inhalts das Radio oder Tonbandgerät einzuschalten oder einen Wasserhahn aufzudrehen, um durch die Geräusche die eigene Stimme und jene seiner Gesprächspartner übertönen zu lassen. So wollte er Abhöraktionen vereiteln. Kaum hatte daher Li Desheng das Radio ausgeschaltet, schaltete Ye Jianying es wieder ein, und zwar noch lauter als vorher. Es ertönte der schrille Gesang aus einer der wenigen damals gespielten revolutionären Modellopern. Mit gesenkter Stimme sagte er: «Der Kampf, der jetzt wogt, ist sehr verwickelt. Es ist besser, das Radio laufen zu lassen.» Und er wiederholte seine Frage, um sie, noch bevor Li Desheng den Mund geöffnet hatte, gleich selbst zu beantworten: «Nach meiner Meinung ist es wichtiger, organisatorische Fragen zu lösen.»

Jetzt ging Li Desheng ein Licht auf. Mit «organisatorischen Fragen» meinte Ye Jianying nicht gewöhnliche organisatorische Probleme. Nein, es ging offensichtlich um die Reorganisation der Parteispitze, also um die personelle Zusammensetzung der Pekinger Machtzentrale. Ye Jianying wollte durch seine Wortwahl andeuten, daß die «Regelung» der Machtposition gewisser höchstrangiger Personen die dringlichste aller Aufgaben sei. Sofort bekundete Li Desheng seine Zustimmung. Vorsichtig äußerte er: «Wenn man jetzt Organisatorisches erledigt, dann aber gründlich. Größte Umsicht ist geboten! Sollte ich etwas tun müssen, dann erledige ich es bestimmt!»

Nach zahlreichen geheimen Kontakten und Gesprächen mit alten Genossen verfestigte sich in Ye Jianying der Glauben an das Gelingen seiner «organisatorischen» Pläne. Und er fühlte die gewaltige Verantwortung, die auf ihm lastete.

Die Zerschlagung der «Viererbande» lag freilich nicht in der Macht eines einzelnen. Es handelte sich hierbei vielmehr um einen Kampf auf der höchsten Ebene der Kommunistischen Partei Chinas.

Ye Jianying erkannte, daß er als erstes die Unterstützung des Ministerpräsidenten Hua Guofeng gewinnen mußte. Das schien ihm die Voraussetzung für ein legales Vorgehen. Bei einem Gespräch mit Hua Guofeng stellte er fest, daß die «Viererbande» auch Hua Guofeng Kummer bereitete. «Genosse Guofeng», sagte Ye Jianying, «derzeit gibt es einige Personen, die Schwierigkeiten machen, wo sie nur können. Die Sitzungen des Politbüros können manchmal gar nicht zu Ende geführt werden. So kann das nicht weitergehen. Man sollte über eine Lösung nachdenken.»

«Ja, richtig!» entgegnete Hua Guofeng. «Doch der Vorsitzende Mao ist gerade erst verschieden. Die Trauerfeierlichkeiten sind noch nicht abgewickelt.» – «Aber man kann nicht länger warten. Ihre Aktivitäten werden immer schlimmer!» sagte Ye Jianying ohne Umschweife. Er enthüllte die aus seiner Sicht intriganten Handlungen der Mao-Witwe Jiang Qing, des Shanghaier Arbeiterführers Wang Hongwen, des Chefideologen Zhang Chunqiao und des Propagandisten Yao Wenyuan. Er erwähnte frühere Auseinandersetzungen im Schoße der Kommunistischen Partei Chinas und verwies auf die Lehren aus den Geschehnissen in der Sowjetunion nach Stalins Tod. «Sie drängen mit aller Gewalt an die Macht. Der Vorsitzende Mao ist nicht mehr. Jetzt mußt du aufstehen und den Kampf mit ihnen aufnehmen!»

Hua Guofeng äußerte sich nicht sofort. Er dachte nach. Ye Jianying redete weiter auf ihn ein, erinnerte ihn an die mehrfache Kritik Maos an der «Shanghaier Mafia» und vermochte Hua Guofeng schließlich weichzuklopfen. Hua Guofeng sagte: «Du kennst meinen Hintergrund. Im Angesicht eines alten Genossen bin ich ein Junior. Es ist nicht so, daß ich es nicht wage, gegen die paar Personen zu kämpfen. Ich war mir nur nicht sicher, ob die alten Genossen mich unterstützen würden.» Ye Jianying räumte Hua Guofengs Zweifel aus. «Wenn du dich nur zum Kampf erhebst, werden alle dich unterstützen!» Damit war Hua Guofeng für das Anliegen Ye Jianyings gewonnen, aber am Schluß des Gesprächs sagte er: «Die Situation ist äußerst verworren. Über das genaue Vorgehen muß ich noch nachdenken.»

Als nächsten Verbündeten sicherte sich Ye Jianying das Mitglied des Zentralkomitees der KPCh Wang Dongxing, der zu Lebzeiten Maos für dessen Sicherheit verantwortlich gewesen war. Nach wie vor spielte er eine zentrale Rolle, und zwar infolge seines Einflusses auf die in Peking stationierte Truppe der zentralen Leibwache. Wang Dongxing war sofort Feuer und Flamme.

In den darauffolgenden Tagen versuchte die Mao-Witwe Jiang Qing, sich in den Besitz aller Urkunden und Dokumente aus dem Nachlaß Mao Zedongs zu bringen. Es gab deswegen stundenlange Auseinandersetzungen mit Hua Guofeng. Dieser stellte fest, daß Jiang Qing versucht hatte, zwei Dokumente, die sie sich vorübergehend beschaffen konnte, zu ihren Gunsten zu fälschen. Unterdessen versuchte Wang Hongwen in Shanghai Stimmung gegen Hua Guofeng zu machen, dem er vorwarf, mit dem Leichnam Mao Zedongs unachtsam umzugehen. Offensichtlich sollte Hua Guofeng auf diesem Wege als ein Gegner Maos, was damals ein schlimmes Verbrechen war, bloßgestellt werden. So erschien auch Hua Guofeng die Erledigung der «organisatorischen» Frage immer dringlicher. Aber wie sollte man vorgehen?

So vergingen hektische Wochen, sowohl auf Seiten Ye Jianyings, der vor allem alte Parteigenossen, insbesondere aus Armeekreisen, um sich scharte, als auch auf Seiten der «Viererbande», die sich mehr um die Volksmilizen in Shanghai und Peking bemühte und in den Massenmedien ihren Propagandawirbel verstärkte. Am 4.10.1976 erschien auf der Frontseite der Pekinger *Licht-Tageszeitung* der von der Schreibergruppe der «Viererbande» namens Liang Xiao verfaßte Artikel «Ewig gemäß dem vom Vorsitzenden Mao festgesetzten Kurs vorgehen». Hua Guofeng war zutiefst beunruhigt, als er diesen Artikel las. Darin wurde zum Beispiel «der revisionistische Boß» angegriffen. Damit konnte nur er gemeint sein. Für Hua Guofeng standen alle Zeichen auf höchster Alarmstufe. Als er mit Ye Jianying zusammenkam, sagte dieser: «Was ein Militär am meisten meidet, ist, den richtigen Zeitpunkt für einen Kampfeinsatz zu verpassen. Wir müssen als erste losschlagen und so die anderen bezwingen (xian fa zhi ren) sowie durch eigene Schnelligkeit der Langsamkeit der anderen zuvorkommen (yi kuai da man). Sonst werden wir die günstige Gelegenheit verpassen und die Initiative verlieren.» Hua Guofeng wurde sehr ernst, schwieg eine Weile und sagte dann: «Marschall Ye, an welchem Tag sollte man vorgehen? Bitte bestimme du das!» – «Spätestens übermorgen», meinte Ye Jianying. Hua Guofeng stimmte zu.

Zuvor schon hatte sich Hua Guofeng hin- und herüberlegt, was zu tun sei. Sollte man eine Sitzung des Politbüros einberufen? Nein, das ging nicht. Konnte man in aller Offenheit die Streitkräfte einsetzen und die «Viererbande» verhaften? Ye Jianying war gegen ein solches Vorgehen. Ihm war schon damals die Idee gekommen, eine unverdächtige kleinere Sitzung einzuberufen und die «Viererbande» bei dieser Gelegenheit festnehmen zu lassen. Und so wurde für Mittwoch, den 6.10.1976, abends, eine Sitzung des infolge von Todesfällen auf nur drei Personen zusammengeschrumpften höchsten Parteigremiums, nämlich des Ständigen Ausschusses des Politbüros des Zentralkomitees der Kommunistischen Partei Chinas, anberaumt. Auf der Tagesordnung standen zwei unverfängliche Geschäfte: 1. Überprüfung und Diskussion der letzten Korrekturfahnen des fünften Bandes von *Mao Zedongs ausgewählten Werken*; 2. Beurteilung der Pläne für das Mao-Mausoleum und für die Herrichtung von Maos ehemaligem Wohnsitz im Regierungsbezirk Zhongnanhai. Von der «Viererbande» gehörten nur Zhang Chunqiao und Wang Hongwen dem exquisiten Parteigremium an. Yao Wenyuan wurde eine Sondereinladung zugestellt. Es seien Änderungen an gewissen Mao-Texten geplant, daher werde er gebeten, anwesend zu sein. Flankierend wurden die Pekinger Militärstellen für den Fall gewarnt, daß irgend etwas nicht plangemäß verlaufen sollte. Die Sitzung sollte in der «Halle des Hegens der Menschenliebe (Huairentang)» im Zhongnanhai, dem Sitz des Zentralkomitees der Kommunistischen Partei Chinas und der Regierung der Volksrepublik China, stattfinden. Das Gebäude befindet sich in unmittelbarer Nähe des Platzes am Tor des Himmlischen Friedens. Die Halle des Hegens der Menschenliebe war von der Kaiserinwitwe Cixi (1835–1908) errichtet worden.

Am Abend des 6. 10. 1976 waren alle Tische und Stühle aus dem Hauptsaal der Halle des Hegens der Menschenliebe entfernt worden. Kahl und leer sah er aus. Nur in der Mitte standen zwei Sessel mit hoher Rückenlehne. Dort nahmen Hua Guofeng und Ye Jianying Platz. Der Kommandant der Leibwache, Wang Dongxing, und die Gardisten hielten sich hinter Wandschirmen versteckt. Pünktlich gegen 20 Uhr erschien, eine Kappe unter den Arm geklemmt und mit selbstzufriedener Miene, Zhang Chunqiao. Kaum war er durch die Tür getreten, hatte er offenbar das Gefühl, daß etwas nicht stimme. «Was ist los?» fragte er. Hua Guofeng erhob sich und verkündete ihm im Namen des Zentralkomitees der Kommunistischen Partei Chinas: «Zhang Chunqiao, du hast dich Verbrechen schuldig gemacht, die man nicht vergeben kann.» Darauf verlas er den vorbereiteten Beschluß betreffend die unverzüglich zu vollstreckende Überstellung Zhang Chunqiaos in «Isolierhaft zum Zwecke weiterer Abklärungen (geli shencha)». Zhang Chunqiao zitterte wie Espenlaub und griff hilflos mit beiden Händen zu seiner Brille. Widerstandslos ließ er sich vom Wachpersonal abführen.

Als nächster traf Wang Hongwen ein. Wie auf einem hohen Roß sitzend, trat er durch die Eingangspforte in der Halle. Völlig verblüfft erblickte er einen Gardisten, der mehrere Wächter von der Seite herbeiführte. Sofort setzte sich Wang Hongwen in seiner Funktion als Stellvertretender Vorsitzender der Kommunistischen Partei Chinas in Szene und rief mit schneidender Stimme: «Ich bin zu einer Sitzung hierhergekommen. Was wollt ihr?» Dann zeigte er sein ganzes Können als kulturrevolutionärer Rebellenführer, schlug mit Füßen und Fäusten um sich und leistete erbitterten Widerstand. Doch sehr schnell wurde er überwältigt. Nun brachte man ihn in den Sitzungssaal. Dort erblickte er Hua Guofeng und Ye Jianying. Haß loderte in seinen Augen auf. Er wollte sich auf die beiden Sitzenden stürzen. Aber das Wachpersonal warf ihn zu Boden. Als er wieder emporgekrochen war, schien er wie aus einem Traum erwacht. Sein ganzes herrisches Gehabe war wie weggeblasen. Kläglich stand er nun da. Hua Guofeng verlas ihm den Beschluß über die ihm vorgeworfenen Verbrechen und seine sofort zu vollstreckende Isolierhaft zum Zwecke weiterer Abklärungen. Als Wang Hongwen aus dem Saal geführt wurde, hörten Wächter ihn seufzen: «Ich hätte nicht gedacht, daß sie so schnell handeln würden!»

Nun war es 20.15 Uhr. Von Yao Wenyuan war keine Spur zu sehen. War er etwa schon von der Pekinger Garnison verhaftet worden? Man beschloß, bei ihm anzurufen und ihn noch einmal eindringlich zu der «Sitzung» einzuladen. Yao Wenyuan war zu Hause und bereitete gerade einen Artikel vor, der am 9.10.1976 auf der ersten Seite der *Volkszeitung*, des Sprachrohrs der Kommunistischen Partei Chinas, erscheinen sollte. Er hatte auf jemanden gewartet, der ihm noch etwas zu dem geplanten Artikel sagen wollte. Darum hatte er sich verspätet. Nach dem Anruf eilte er sofort aus dem Haus. Sogar sein sonst übliches Käppchen vergaß er aufzusetzen. Auch seinen Wachtposten ließ er stehen. Nur mit einer Mappe bewaffnet stürzte er sich ins Auto und ließ sich in die Stadt fahren.

Er gelangte gar nicht erst in den Sitzungssaal. Bereits im Ruhezimmer beim Östlichen Wandelgang ereilte ihn sein Schicksal. Nicht Hua Guofeng, sondern ein stellvertretender Abteilungsleiter der Zentralen Wachabteilung verlas ihm den Beschluß über seine Isolierhaft zwecks weiteren Abklärungen. Yao Wenyuan brach zusammen und fiel zu Boden. Man mußte ihn aufheben. Wenig später wurde er abgeführt.

Etwa zur selben Zeit traf eine Aktionsgruppe mit zwei Leibwächterinnen bei der Residenz Nr. 201 im Wandelgang der Zehntausend Schriftzeichen im Zhongnanhai ein. Hier wohnte die Mao-Gattin Jiang Qing. Sie lag gerade auf einem Sofa und sah ein dickes Bündel von Schriftstücken durch, das man ihr im Laufe des Tages gebracht hatte. Was sie da las, erfüllte sie mit höchster Zufriedenheit.

Plötzlich erschienen ungeladene Gäste in der hochherrschaftlichen Residenz. Jiang Qing warf von der Seite einen Blick zur Tür und musterte die Personen, die den Raum betraten. «Was wollt ihr?» schrie sie. Ein stellvertretender Leiter des Büros des Zentralkomitees verlas den Beschluß über ihre sofortige Überstellung in Isolierhaft zum Zwecke weiterer Abklärungen. Ohne sich die ganze Proklamation anzuhören, erhob sich Jiang Qing und schrie: «Macht, daß ihr fortkommt!» Und dann rief sie nach ihrem Personal. Aber niemand kam ihr zur Hilfe. Jiang Qings Gesicht wurde grün. Sie legte sich auf den Fußboden und sagte mit tränenerstickter Stimme: «Der Leichnam des Vorsitzenden Mao ist noch kaum erkaltet, und schon [...]» So wurde auch Jiang Qing abgeführt. Um etwa 21 Uhr waren alle Verhaftungen über die Bühne gegangen. Als nächstes wurden unverzüglich einige von der «Viererbande» beherrschte Medienzentren wie der Zentrale Chinesische Rundfunk und die Agentur Neues China militärischer Kontrolle unterstellt.

Noch am selben Abend wurde in das Gebäude Nr. 9 auf dem Jadequellenberg zu einer dringlichen Sitzung des Politbüros des Zentralkomitees der Kommunistischen Partei Chinas geladen. Im fraglichen Gebäude wohnte seit kurzem Ye Jianying, dem es in den Westbergen nicht mehr geheuer gewesen war, seitdem dort – offenbar um ihn zu überwachen – Wang Hongwen Quartier bezogen hatte, und zwar nur wenige Meter von Ye Jianyings Wohnung entfernt. Zu der dringlichen Sitzung erschienen insgesamt elf der 16 Mitglieder, von denen allerdings soeben vier verhaftet worden waren. Hua Guofeng leitete die Konferenz. Ye Jianying berichtete über die Verhaftungsaktion. Einstimmig wurde diese gutgeheißen. Damit waren die Weichen für die Beendigung der «Kulturrevolution», die Abkehr vom «Klassenkampf», die einige Zeit später erfolgende Rückkehr Deng Xiaopings in die chinesische Politik und den von ihm vollzogenen Übergang zum Modernisierungsprogramm gestellt.

Alle vier Verhaftungen geschahen in einem Zimmer. In drei Fällen wurde der «Dieb» unter dem Vorwand einer Sitzung in ein fremdes Zimmer gelockt. Im vierten Fall wurde die «Diebin» in ihrem eigenen Zimmer festgenommen (s. auch 18.2). Selbst wenn Wang Hongwen, Zhang Chunqiao und Yao Wenyuan gleichzeitig im Sitzungssaal eingetroffen wären, hätte sich am Ablauf der Ereignisse nichts geändert. Denn zweifelsohne hatte der Leibwachen-Chef Wang Dongxing dafür gesorgt, daß gemäß dem Rat in *Meister Suns Kriegskunst* (s. 22.1) eine haushohe Überlegenheit auf seiner Seite gewährleistet war, selbst bei einer Konfrontation mit drei «Dieben» gleichzeitig.

In einem Prozeß (November 1980 bis Januar 1981) wurden Jiang Qing und Zhang Chunqiao zum Tode verurteilt (1983 zu lebenslänglicher Haft begnadigt), Wang Hongwen erhielt eine lebenslängliche, Yao Wenyuan eine 20jährige Haftstrafe. Jiang Qing nahm sich am 14.5.1991 das Leben, Wang Hongwen starb am 3.8.1992 an einer Krankheit. Yao Wenyuan wurde inzwischen freigelassen, wohingegen Zhang Chunqiao immer noch in Haft ist.

Bei der Schilderung des ganzen Vorgangs stütze ich mich auf das im August 1997 in Lhasa gekaufte Buch von Li Jian *Chronik aus [dem Regierungsbezirk hinter der] roten Mauer*, Peking 1996, Bd. 2, S. 1118–1174. Ich habe die Schilderung einem aus Wuhan stammenden chinesischen Rechtswissenschaftler vorgelegt, der meinte, es sei davon auszugehen, daß der Bericht im wesentlichen den Tatsachen entspreche.

Zur Zeit der Verhaftung der «Viererbande» befand ich mich als offizieller Schweizer Austauschstudent an der Peking-Universität. Natürlich ahnte ich von den geschilderten dramatischen Ereignissen nichts. Aber am Freitag, dem 8. 10. 1976, fielen mir, der ich stets sorgfältig die damals spärliche chinesische Presse studiert hatte, ein grundlegender Wandel im Tonfall der Artikel und eine markante Änderung des Vokabulars auf. Am folgenden Tag (9. 10. 1976) erfuhr ich durch die BBC von der Ausschaltung der «Viererbande». In der Woche darauf hörte ich in einer Nacht unmittelbar vor meinem Zimmerfenster Lastwagen in den Campus der Peking-Universität hinein- und hinausfahren. Anderntags erfuhr ich, daß die im Norden des Campus einquartiert gewesene Schreibergruppe der «Viererbande», Liang Xiao, verhaftet worden war. Am 14. 1. 1977 erschien in der *Frankfurter Allgemeinen Zeitung* meine erste Publikation über die 36 Strategeme und die strategemischen Analysen der Taten der «Viererbande» in der chinesischen Presse.

Ye Jianying und Hua Guofeng setzten abgesehen von Strategem Nr. 22 noch ein weiteres (im Katalog der 36 Strategeme nicht aufgeführtes) Strategem ein: «Erst enthaupten, dann melden (xian zhan hou zou).» Diese Redewendung ist die chinesische Art, ein Fait accompli zu umschreiben. Sie läßt sich zurückführen auf hochrangige Beamte in der chinesischen Kaiserzeit, die entgegen dem Usus, wonach Todesurteile erst durch den Kaiser bestätigt werden mußten, die Befugnis besaßen, einen Verbrecher aus eigener Machtvollkommenheit hinrichten zu lassen und erst hinterher dem Kaiser Bericht zu erstatten.

War das Vorgehen Ye Jianyings und Hua Guofengs «richtig»? Aus eigenem Erleben kann ich dazu nur sagen, daß mir die «kulturrevolutionären» Demonstrationen, die zu Maos Lebzeiten nach dem Sturz Deng Xiaopings im April 1976 gegen diesen durchgeführt wurden, einen kümmerlichen Eindruck hinterließen. Müde Menschen schleppten sich gleichgültig dahin. Ganz anders der gewaltige Gefühlsausbruch bei den spontan wirkenden Demonstrationen nach Bekanntgabe des Sturzes der «Viererbande».

## 22.12 Der Gang in das geheime Zimmer

«Beschreibung der Art, wie der Herzog von Valentinois Vitellozzo Vitelli, Oliverotto da Fermo, den Signor Paolo Orsini und den Herzog von Gravina Orsini gefangennahm und tötete.» Unter diesem Titel beschreibt Niccolo Machiavelli eine Anwendung des Stratagems Nr. 22, die jener gegen die «Viererbande» ähnelt.

Cesare Borgia (1475–1507), der Herzog von Valentinois, war der Sohn von Papst Alexander VI. Er sollte die Romagna (heute Emilia-Romagna) für den Kirchenstaat erobern und verteidigen. Von Imola aus unternahm er einen Feldzug gegen Giovanni Bentivoglio, den Tyrannen von Bologna. Diese Stadt sollte die Hauptstadt seines Herzogtums Romagna werden. Cesare Borgias Gegner, die Familien Vitelli und Orsini unter anderem, verbündeten sich mit Giovanni Bentivoglio, um gemeinsam mit ihm Cesare Borgia zu bekämpfen. Einige Cesare Borgia unterstehende Städte rebellierten. «Der Herzog befand sich, von Furcht erfüllt, zu Imola; denn seine Soldaten waren ihm auf einmal [...] zu Feinden geworden, und er sah entwaffnet dem nahen Krieg entgegen.» Florenz stellte sich allerdings nicht auf die Seite seiner Feinde. Ja, es entsandte den Staatssekretär Niccolo Machiavelli zu Cesare Borgia und sagte diesem Beistand zu. Auf das Anerbieten der Florentiner hin faßte Cesare Borgia wieder Mut und entwarf den Plan, den Krieg mit den wenigen ihm verbliebenen Soldaten und durch die Aufnahme von Friedensverhandlungen in die Länge zu ziehen. Gleichzeitig wollte er sich Verstärkung verschaffen.

Einige Truppen Cesare Borgias wurden von den Vitelli und Orsini geschlagen. Nun verlegte er alle Anstrengungen auf die Friedensverhandlungen. «Meister in der Verstellung, unterließ er keine Freundschaftsbezeugung, sie zu überreden, sie hätten ihre Waffen gegen einen Mann ergriffen, der seine Eroberungen ihnen überlassen wolle und dem es am Fürstentitel genüge, während sie herrschen sollten.» Tatsächlich kam es zu einem Waffenstillstand. Cesare Borgia aber rüstete heimlich weiter auf. Obwohl er nun schon stark genug war, um wieder zu offenem Krieg überzugehen, «hielt er es doch für sicherer und nützlicher, sie zu hintergehen und deshalb die Unterhandlungen nicht abzubrechen». Bald erreichte er gar einen Friedensschluß. Später überredete er seine Feinde mit all seiner «Schlauheit und Geschicklichkeit» (astutie e sagacità), ihn in Senigallia zu treffen, um dort weiter über Krieg und Frieden zu verhandeln. Beim Treffen in Senigallia führte er sie «in ein geheimes Zimmer», ließ sie dort verhaften und später im Dezember 1502 und Januar 1503 erdrosseln. Wohl auch in Anbetracht dieser Taten verwendete Machiavelli ihn als Vorbild für seinen «Principe».

22.13 Die unbewachte Mauer zu Nürnberg

«Eppelein von Gailingen saß im Turme gefesselt. Das Tageslicht drang nur spärlich in sein Gemach. Im Rathaus aber berieten die Herren über sein Schicksal, obgleich es da nicht viel zu bedenken gab. Einstimmig wurde der Nürnberger Erzfeind zum Tode durch den Strang verurteilt. Doch wollte man auch ihm jene Gnade nicht versagen, die man allen armen Sündern schenkte: Er durfte einen letzten Wunsch aussprechen.

Als man ihn nun nach seinem Begehren fragte, da strich der Eppelein erst nachdenksam den Bart. Dann sagte er: Nun mögt Ihr wissen, vieledle Herren, daß es für mich kein größeres Glück auf Erden gab, als auf meinem Pferde zu reiten. Laßt mich drum, ehe ich das Hochgericht besteige, noch einen Ritt tun, damit ich den Weg in die Ewigkeit leichter finden kann!

Zwar argwöhnten nun die ganz Klugen unter den Herren des Rates, der Eppelein würde doch nur um diesen Ritt bitten, um auf seinem Pferde zu entfliehen. Aber das schien ja ganz unmöglich; denn der Platz sollte von Landsknechten dicht umstellt werden, so daß an ein Entkommen nimmermehr zu denken war.

Als in der grauen Frühe des nächsten Tages das Armesünderglöcklein bimmelte, ritt Eppelein auf seinem Hengst langsam im Kreise um den Richtplatz. Wie ein undurchdringlicher Wall standen an drei Seiten die Nürnberger Stadtsoldaten mit ihren eisernen Lanzen und Hellebarden. Eppelein dachte erst gar nicht daran zu entfliehen; denn dieses stählerne Gatter zu durchbrechen, das hieße den sicheren Tod suchen. Aber dort die Mauer, die war frei; hier hatte der Hauptmann keine Söldner hingestellt; denn hier fiel der Burgfels steil hinab in die Tiefe. Als Eppelein aber die Mauer sah und das weite Land dahinter und den blauen Himmel, der sich drüber wölbte, da dachte er: Das Leben kostet's dich so oder so. Du hast manchen Ritt getan, der waghalsig war. Und so zog er am Zügel, daß sein Pferd schneller ging; er stemmte die Knie ein, daß es hüpfte, und als er in der rechten Entfernung war, gab er dem Gaul die Sporen. Das Tier aber – als ob es seines Herrn Willen wohl verstanden hätte – bäumte sich hoch – und sprang über die Mauer in die Tiefe hinab.

Drunten war weicher Sumpfboden; dort fielen Roß und Reiter nieder. Wie durch ein Wunder blieben sie unverletzt. Das Pferd rappelte sich sogleich auf, und Eppelein schwang sich in den Sattel.

Von der hohen Burgmauer starrten entsetzte Augen herab; da standen sie droben, Kopf an Kopf, die klugen Nürnberger Ratsherrn und die wackeren Stadtsoldaten. Eppelein lachte zu ihnen hinauf und schrie: Hei – die Nürnberger hängen keinen, sie hätten ihn denn zuvor! Hui! – da flogen Lanzen und Spieße herab aus der Höhe wie Hagelschloßen. Die bohrten sich in den Boden ein. Aber keine von den spitzen Waffen traf den Epp; der war schon davon geritten. Drüben im Wald verschwand er. Heute noch zeigt man dem Fremden, der die Burg zu Nürnberg besucht, den Abdruck der Pferdehufe im Sandstein jener Mauerbrüstung.»

Diese Legende ist dem Buch *Alt-Nürnberg: Sagen, Legenden und Geschichten* von Franz Bauer (München 3. Aufl. 1955) entnommen und zeigt, zu was ein eingeschlossener «Dieb» fähig sein kann.

## 22.14 Umzingelung mit Lücke

«Wenn man den Feind umzingelt, muß man ihm einen Fluchtweg offenhalten», heißt es in *Meister Suns Kriegskunst*. In dem Werk *Elf Fachleute kommentieren Meister Sun* aus dem Ende des 12., Anfang des 13. Jahrhunderts wird dieser Ratschlag unter anderem anhand einer Episode erläutert, die sich während des Aufstands der Gelben Turbane Ende des 2. Jahrhunderts n.Chr. abspielte. Eine von den Gelben Turbanen gehaltene Stadt fiel nicht, obwohl sie mit aller Wucht angegriffen wurde. «Ich weiß, warum», sagte der kaiserliche Heerführer Zhu Jun (gest. 195 n.Chr.), nachdem er einen Berg bestiegen und die Stadt betrachtet hatte. «Die Banditen sind derzeit auf allen Seiten dicht umzingelt. Im Innern der Stadt herrschte höchste Anspannung. Eine Kapitulation wird abgelehnt. Ein Ausbruch ist unmöglich. Daher kämpfen sie bis in den Tod. Wenn 10000 eines Herzens sind, kann man ihnen nicht beikommen. Wie sieht es erst aus, wenn 100000 eines Herzens sind? Das ist für uns eine Katastrophe. Da wäre es besser, den Belagerungsring zu öffnen. Wenn der Aufständischenführer das sieht, wird er bestimmt einen Ausbruchsversuch unternehmen. Doch dann wird der Widerstandswille sinken. Das ist der Weg zu einem leichten Sieg.» Dieser Vorschlag wurde in die Tat umgesetzt. Der Aufständischenführer verließ tatsächlich die sich in einer hoffnungslosen Lage befindende Stadt, um sich freizukämpfen. Jetzt konnte Zhu Jun ihn besiegen.

### 22.15 Im Mondschein des Dalai Lama Flucht beobachtet

Wie konnte der Dalai Lama im März 1959 aus Tibet nach Indien entkommen, ohne unterwegs von den Chinesen behelligt zu werden? «Das Geheimnis kann heute gelüftet werden», meldet die in Peking erscheinende *Chinesische Jugendzeitung*, das Organ des Chinesischen Kommunistischen Jugendverbandes, in ihrer Ausgabe vom 10.7. 1995. Die chinesische Volksbefreiungsarmee sei auf einen Fluchtversuch des Dalai Lama bestens vorbereitet gewesen. Lhasa war umzingelt. Hätte die Pekinger Zentrale den Befehl erteilt, hätte die Gruppe um den Dalai Lama nicht einmal einen halben Schritt aus Lhasa vornehmen können. Li Jue, der damalige Stabschef der Militärregion Tibet schrieb in seinen Memoiren: «In der Nacht des 17.3.1959 bereiteten sich der Dalai Lama und Konsorten am Nordufer des Lhasa-Flusses auf die Flußüberquerung vor. Unsere Geschütze waren schon längst auf sie gerichtet. Eine Salve von unserer Seite, und keiner von ihnen wäre davongekommen. Doch die Pekinger Zentrale hatte uns nicht den Befehl erteilt, sie zu behindern. So saßen wir still im Wald und sahen im Mondlicht zu, wie sie verängstigt in Lederbooten zum Südufer übersetzten.»

In der Schilderung des Dalai Lama (*Mein Leben und mein Volk: die Tragödie Tibets*, München 1962, S. 260 ff.) gestaltete sich sein Weggang aus Lhasa so: «Für mich waren Soldatenkleidung und eine Pelzmütze bereitgelegt worden; um halb sechs Uhr zog ich mein Mönchsgewand aus und die Uniform an [Strategem Nr. 21] [...] Ich ließ mir [...] das Gewehr geben und hing es über die Schultern, um meine Verkleidung zu vervollständigen. Die Soldaten folgten mir. Dann ging es durch den dunklen Garten [...] Auf unserem Weg hinab zum Fluß kamen wir an einer großen Menschenmenge vorbei. Mein Kämmerer hielt an, um mit den Anführern zu sprechen. Einige waren verständigt worden, daß ich in dieser Nacht Lhasa verlasse. Das Volk aber wußte selbstverständlich nichts. Während des Gesprächs wartete ich ruhig und versuchte, wie ein Soldat auszusehen. Es war zwar nicht ganz dunkel, aber ohne meine Brille konnte ich nicht viel sehen und deshalb auch nicht erkennen, ob die Leute mich neugierig ansahen oder nicht. Ich war froh, als die Unterhaltung abgeschlossen war. Das Flußufer erreichten wir oberhalb der zur Überquerung bestimmten Stelle. Auf dem Weg dorthin mußten wir über weiße Sandflächen gehen, auf denen vereinzelt dunkle Gruppen von Büschen standen. Der geistliche Kämmerer ist ein hochgewachsener kräftiger Mann; er trug ein mächtiges Schwert, und ich bin sicher, daß er entschlossen war, im Notfall mit seiner Waffe gewaltig dreinzuschlagen. Bei jedem Gebüsch nahm er eine sehr bedrohliche Haltung an. Aber nirgends hielt sich ein Feind verborgen. Wir überquerten den Fluß in Lederbooten. Auf dem anderen Ufer trafen wir meine Angehörigen. Auch meine Minister und geistlichen Betreuer kamen; sie waren unter der Zeltbahn eines Lastwagens versteckt aus dem Norbulingka herausgekommen. Etwa dreißig Khampa-Krieger erwarteten uns [...]»

Das Netz zu öffnen und den Dalai Lama mit seiner Begleitung entschlüpfen zu lassen, selbst auf die Gefahr hin, daß sie nach Indien gelangten, sei ein Kunstgriff Mao Zedongs gewesen, stellt die *Chinesische Jugendzeitung* ohne Hinweise auf weitere Hintergründe abschließend fest. Warum man den Dalai Lama habe laufenlassen, fragte ich während einer Reise ins Autonome Gebiet Tibet als Mitglied eines vom Schweizer Außenministerium entsandten Menschenrechtsinspektionsteams im August 1997 einen dortigen Funktionär. Die Antwort lautete: «Wenn dem Dalai Lama chinesischerseits auch nur ein Härchen gekrümmt worden wäre, hätte dies die von den Chinesen erwünschte Stabilisierung ihrer Herrschaft in Tibet nachhaltig und langfristig gefährdet.» Falls die chinesischen Darstellungen stimmen, zeigen sie, daß ein eingeschlossener einzelner über spirituelle Kräfte verfügen kann, die auch eine materiell weit überlegene Streitmacht zur Ohnmacht verurteilen und zu einem Verzicht auf das Stratagem Nr. 22 veranlassen.

22.16    Ein Geschworener zwingt elf andere in die Knie

In einer Ortschaft des amerikanischen Westens hatte eine aus zwölf Bauern bestehende Geschworenen-Jury über die Schuldfrage in einem Kriminalfall zu entscheiden. Gemäß dem Gesetz mußte ihre Entscheidung einstimmig ausfallen. Solange sie keine Übereinstimmung erzielten, durften sie nicht auseinandergehen. In dem betreffenden Fall hielten elf Geschworene dafür, daß der Angeklagte schuldig sei. Einer betrachtete ihn als unschuldig. Die elf Geschworenen redeten geduldig auf ihren Kollegen ein. Doch dieser ließ sich von seiner Meinung nicht abbringen. So verstrich ein ganzer Vormittag. Plötzlich bedeckte sich der Himmel mit schwarzen Wolken, und ein gewaltiger Wind begann zu blasen. Ein heftiger Regenguß stand unmittelbar bevor. Die elf Geschworen saßen wie auf glühenden Kohlen, denn sie hatten alle in ihren Bauernhöfen das Getreide zum Trocknen unter freiem Himmel ausgebreitet. Wenn sie es nicht schleunigst einfuhren, landete die Ernte eines Jahres «im Wasser». Doch ohne eine einstimmige Entscheidung konnte die Jury nicht auseinandergehen. In dieser Situation verhärtete sich die Haltung des zwölften Geschworenen. Er sagte zu den elf anderen: «Dann wird es eben regnen. Stimmt ihr mir nicht zu, dann braucht ihr heute nicht mehr an eine Heimkehr zu denken.» Jetzt hielt es einer der elf nicht länger aus. «Wenn du deine Ansicht nicht änderst, dann ändere ich eben die meinige», rief er. Da die anderen möglichst rasch nach Hause wollten, übernahmen sie ebenfalls mit fliegenden Fahnen die Meinung jenes einen Geschworenen. So wurde der Angeklagte am Ende für unschuldig befunden.

Mit einem Achselzucken und der Bemerkung «Plumpe Erpressung!» dürfte mancher westliche Leser diese Geschichte ad acta legen. Demgegenüber wartet der Strategembuch-Autor Yu Xuebin mit einer ausgeklügelten strategemischen Analyse des Geschehens auf. Danach benutzte der einsame Geschworene angesichts des sehnlichen Wunsches seiner elf Kollegen, möglichst bald aufzubrechen und das Getreide einzubringen, den ihnen hierfür zur Verfügung stehenden immer knapper werdenden Zeitraum als «Zimmer», in dem er sie durch das unnachgiebige Festhalten an seiner Meinung einschloß. Es blieb den elf Geschworenen allerdings ein Ausgang aus diesem Zimmer. Aber er öffnete sich nur, wenn sie ihre Meinung aufgaben. So setzte sich der einzelne Geschworene dank dem Strategem Nr. 22 gegen eine überwältigende Mehrheit durch.

22.17 Von Straftaten eingeschnürt

In einem weiteren von Yu Xuebin angeführten juristischen Beispiel geht es um den Leiter einer Filiale der staatlichen Bank von China, der 5,7 Millionen US-Dollar nach Hongkong überweisen ließ. Er wurde von Angestellten der Filiale angezeigt, und es wurde festgestellt, daß der Verbleib der Summe unklar war. Es fehlte eine Kreditvereinbarung, ein Kaufvertrag oder sonst ein Beleg über den Grund des Geldtransfers. Man stellte den Filialleiter zur Rede. Doch der stotterte nur herum. Bald sagte er etwas von einer Leihe, bald behauptete er, er wisse nichts Näheres.

Die vorgesetzten Stellen hatten den Eindruck, es sei etwas faul, und sie veranlaßten seine Festnahme zum Zwecke weiterer Befragung. Der Filialleiter reagierte zornig. Es sei ja noch gar nichts erwiesen, meinte er. Seine Festnahme sei daher widerrechtlich. Er legte eine Beschwerde nach der anderen ein. Schließlich erteilte ihm das zuständige Gericht folgenden Bescheid: «Wenn Sie dieses Geld selbst eingesteckt haben, dann handelt es sich um Veruntreuung. Wenn Sie es selbstherrlich jemandem geliehen haben, dann haben Sie sich einer zweckentfremdeten Verwendung des Geldes schuldig gemacht. Wenn das Geld infolge des Betrugsmanövers von Dritten verschwunden ist, dann liegt Ihrerseits eine Amtspflichtverletzung vor. Sie haben so oder so eine Straftat begangen.» Der Filialleiter sah sich in die Enge getrieben. Jetzt endlich legte er ein Geständnis ab. Er selbst hatte ins Ausland fliehen und für diesen Zweck finanziell vorsorgen wollen.

22.18   Einkreisung durch Fragen

Im Zusammenhang mit einem Vergewaltigungsvorwurf hatte die Zeugin der Anklage in der Öffentlichkeit behauptet, sie sei in der Nacht, in der ihre Freundin vergewaltigt worden war, hinterher mit dem Vergewaltiger an den Strand gegangen, um die Schuhe der Freundin zu suchen. Im Kreuzverhör, das Anfang Dezember 1991 im Gerichtssaal 123 in Palm Beach/Florida (USA) stattfand, stellte der Anwalt des Angeklagten die Fragen, die Antworten erteilte die Zeugin der Klägerin: «Sie bitten den Vergewaltiger, mit Ihnen an den dunklen Strand zu gehen?» – «Ja.» – «Sie gehen mit dem Mann durch den dunklen Korridor?» – «Ja.» – «Allein.» – «Ja.» – «Sie gehen mit dem Mann, der nach den Worten ihrer Freundin ein Vergewaltiger ist, allein durch den Garten, mitten in der Nacht?» – «Ja.» [...] «Sie gehen eine Weile mit dem Vergewaltiger am Strand herum?» – «Ja.» – «Im Dunkeln?» – «Ja.» – «Mitten in der Nacht?» – «Ja.» – «Allein?» – «Ja.» [...] (zitiert aus: *Bild*, Hamburg 5.12.1991, S.8).

Jede Frage ist so gestellt, daß die Zeugin nur mit Ja oder Nein antworten kann. Wie sie auch antwortet: Sie sitzt in der Falle. Verneint sie irgendeine Frage, rückt sie von ihrer bereits vor dem Prozeß verbreiteten Aussage ab und demontiert ihre eigene Glaubwürdigkeit. Mit jedem «Ja» wiederum erschüttert sie die Glaubwürdigkeit ihrer Freundin, die behauptet hatte, von dem Mann in der betreffenden Nacht vergewaltigt worden zu sein. Der Anwendung der am Strategem Nr. 22 orientierten Befragungstechnik kann man vorbeugen durch in sich stimmige, ein geschlossenes Gesamtbild ergebende Aussagen aller Beteiligten, bei denen sich nicht die eine gegen die andere Behauptung ausspielen läßt.

### 22.19 Jesus läßt sich nicht ins Bockshorn jagen

Während Jesus im Tempel umherging, kamen die Hohenpriester, die Schriftgelehrten und die Ältesten zu ihm, und sie sagten zu ihm: «In was für einer Vollmacht tust du dies? Oder wer hat dir diese Vollmacht gegeben, das zu tun?» Jesus aber sprach zu ihnen: «Ich will eine Frage an euch richten, und ihr sollt mir antworten; dann will ich euch sagen, in was für einer Vollmacht ich dies tue. Stammte die Taufe des Johannes vom Himmel oder von Menschen? Antwortet mir!» Und sie überlegten miteinander: Wenn wir sagen: Vom Himmel, so wird er erwidern: Warum habt ihr ihm denn nicht geglaubt? Sollen wir vielmehr sagen: Von Menschen? – Sie fürchteten nämlich das Volk, denn alle hielten dafür, Johannes sei wirklich ein Prophet gewesen. Und sie antworteten Jesus und sagten: «Wir wissen es nicht.» Da sprach Jesus zu ihnen: «So sage auch ich euch nicht, in was für einer Vollmacht ich dies tue.»

Jesus hat sich in den Machtbereich seiner Gegner begeben, die ihn zwar nicht physisch, aber mit einer Fangfrage in die Ecke zu treiben versuchen. Der aus dieser Frage resultierenden Gefahr entgeht Jesus, indem er den Spieß umdreht und seinerseits eine Fangfrage stellt. Nun sehen sich die Gegner Jesu unversehens in derselben Falle. Die Frage versetzt sie in ein Dilemma: Jede mögliche Antwort kann Jesus zu ihren Ungunsten auslegen. Die Falle ist allerdings noch nicht zugeschnappt. Sie schließt sich erst in dem Augenblick, da die Frage beantwortet wird. Da verzichten die Gegner Jesu lieber auf eine Antwort und verlassen den gefährlichen Bereich, in den sie durch Jesu Frage geraten sind, allerdings um den Preis, daß sie das «Zimmer», in dem sie den «Dieb» fangen wollten, also die an Jesus gerichtete Fangfrage, aufgeben müssen.

22.20  Laßt sie doch sagen, der Mensch sei von Gott geschaffen!

«Wir dürfen nicht nach allen Richtungen losschlagen. Schlägt man nach allen Richtungen los, ruft man im ganzen Land Spannungen hervor, und das ist sehr schlecht. Wir dürfen uns auf keinen Fall zu viele Feinde machen, müssen in manchen Bereichen etwas nachgeben, ein wenig die Spannungen mildern und unsere Kräfte für den Angriff in einer Richtung konzentrieren. Wir müssen gute Arbeit leisten, damit alle Arbeiter, Bauern und kleinen Handwerker uns unterstützen und der größte Teil der nationalen Bourgeoisie und der Intelligenz nicht gegen uns auftritt. Selbst die Anhänger des [philosophischen] Idealismus können wir dazu bringen, sich uns nicht entgegenzustellen. Laßt sie doch sagen, daß der Mensch von Gott geschaffen sei; wir sagen, der Mensch stammt vom Affen ab. Auf diese Weise werden die restlichen Kräfte der Guomindang, die Geheimagenten und die Banditen isoliert werden. Ebenso wird es der Grundherrenklasse und auch den Reaktionären auf Taiwan und in Tibet ergehen, und die Imperialisten werden sich vor unserem Volk isoliert finden. Das ist unsere Politik, das ist unsere Strategie und Taktik.»

Solche Worte äußerte Mao Zedong am 6.6.1950 auf einer Plenartagung des Zentralkomitees der Kommunistischen Partei Chinas. Mao warnt vor einem Allfrontenkrieg, der nur dazu führt, daß man unter gleichzeitigem Beschuß von allen Seiten gerät und so gleichsam zu einem «Dieb» wird, der durch eigenes Ungeschick in einem abgeriegelten «Zimmer» auf sein Verderben zusteuert. So darf man das Strategem Nr. 22 nicht gegen sich selbst anwenden und einen Schildbürgerstreich daraus machen. Zur Vorsicht im Umgang mit dem Strategem Nr. 22, wiederum unter einem anderen Gesichtspunkt, rät freilich schon über zwei Jahrtausende vor Mao der daoistische Philosoph Zhuang Zi (ca. 369–286): «Wenn man jemanden zu sehr in die Enge treibt, dann wird er zwangsläufig mit einem übelwollenden Herzen zurückschlagen.»

## Strategem Nr. 23

Sich mit dem fernen Feind verbünden,
um den nahen Feind anzugreifen

| Die vier Schriftzeichen | 远 | 交 | 近 | 攻 |
|---|---|---|---|---|
| Moderne chinesische Aussprache | yuan | jiao | jin | gong |
| Übersetzung der einzelnen Schriftzeichen | fern | anfreunden | nah | angreifen |

| | |
|---|---|
| Zusammenhängende Übersetzung | Sich mit der Ferne befreunden [und] die Nähe angreifen/bekämpfen; sich vorübergehend mit dem fernen Feind anfreunden/verbünden, um zunächst den nahen Feind anzugreifen; sich mit fernen Staaten anfreunden und Nachbarstaaten bekämpfen. |
| Kerngehalt | Gegenüber einem nahen Feind durchgeführte Einkreisung/Isolierung in der Absicht, nach dessen Ausschaltung auch den fernen Feind zu vernichten. Spaltung durch Scheinbündnis mit zeitweiligem Partner.<br>Das Strategem der Fernfreundschaft/das Strategem des Fernbündnisses, des Vernichtungsbündnisses.<br>Hegemonie-Strategem. |

Die Strategemformel Nr. 23 führt in das 3. Jahrhundert v. Chr. Es gab damals im wesentlichen sieben Staaten auf chinesischem Boden, darunter die drei Großmächte Qin im Westen, Chu im Süden und Qi im Osten. Qin «mit der gewaltigen Festung seines Heimatstaates als Machtbasis, mit den [...] Ausfalltoren nach Osten und Süden, mit der festen zentralisierten Verwaltung im Inneren und mit dem tapferen, kriegsgewohnten Heere überragte die anderen um ein bedeutendes» (Otto Franke: *Geschichte des chinesischen Reiches*, 1. Bd., Leipzig 1930, S. 192).

Aber nur dank seiner strategemischen Intelligenz vermochte Qin all seine materiellen Trümpfe mit solch großem Erfolg auszuspielen. Diese unentbehrliche Klugheit verschafften sich die Herrscher von Qin durch die Offenheit gegenüber fähigen Ratgebern aus dem ganzen Reich.

Die Politik von Qin mußte darauf abzielen, eine Vereinigung seiner Gegner, vor allem eine zwischen Chu und Qi, zu verhindern. Es hat diese Politik mit Geschick und Erfolg geführt. Mit großer Schnelligkeit wechselten damals Bündnisse mit erbitterten Kämpfen ab. Das Zeitalter wurde politisch beherrscht durch die Systeme, die von den Chinesen als «Längs und quer (zong-heng)» bezeichnet werden. Es sind Bündnisse, die entweder auf einer Süd-Nord-[Längs-]achse geschlossen wurden und die Staaten Chu, Zhao, Wei, Han, Qi und Yan umfaßten, oder auf einer West-Ost-[Quer-]Linie die Staaten Qin, Zhao, Wei, Han und Qi verbanden. In diese Gesamtkonstellation griff nun Fan Sui als ein Vertreter des Querbündnisses, allerdings einer raffinierten Form desselben, ein.

### 23.1 Ein Fünfzigjahresplan für Chinas Einigung

Nachdem Fan Sui, ein Mann aus dem Staate Wei, im Staate Qi unter falschen Verdacht geraten und beinahe ums Leben gekommen war (s. 27.10), gelangte er im Jahre 271 v. Chr. in das Königreich Qin (im mittleren Teil der heutigen Provinz Shaanxi und im Südosten der heutigen Provinz Gansu). Der dort herrschende König Zhao (306–251) hatte bereits 36 Jahre lang das Zepter geschwungen. Im Süden hatte er Gebiete des Königreichs Chu (im Bereich der heutigen Provinzen Hubei, Anhui, Guangxi etc.) erworben, und er hielt König Huai von Chu bis zu dessen Tod gefangen (s. 14.2). Im Osten hatte er dem Staat Qi eine Niederlage beigebracht. Von umherziehenden Rednern, wie Fan Sui einer war, hielt der König nichts. Er traute ihnen nicht über den Weg.

Zu jener Zeit amtierte Herzog Rang als Reichskanzler. Er plante im Jahr 268 v. Chr. einen Angriff gegen das zum Staat Qi gehörende Gang (im Nordosten des Kreises Ningyang in der heutigen Provinz Shandong) und Shou (im Südwesten des Kreises Dongning in der heutigen Provinz Shandong), um sie seinem Lehen Tao (im Nordwesten des Kreises Feicheng in der heutigen Provinz Shandong) einzuverleiben. Aber um solch einen rein persönlichen Zielen dienenden Feldzug durchzuführen, mußte die Qin-Armee zwei unmittelbar an Qin angrenzende Nachbarstaaten, nämlich die Staaten Wei und Han, durchqueren. Fan Sui, der in der Hauptstadt des Reiches Qin bereits über ein Jahr in mageren Verhältnissen ausgeharrt hatte, ohne je vom König Zhao empfangen worden zu sein, benutzte diesen Kriegszug, um sich mit einer geschickt formulierten Eingabe an den König zu wenden und um eine Anhörung zu bitten. «Sollten sich meine Worte als wertlos erweisen», so schloß die Eingabe, «dann bitte ich, aufs Schafott gebracht zu werden.» Diese Eingabe ließ er dem König durch seinen Gönner Wang Ji zukommen. Wang Ji hatte Fan Sui seinerzeit aus dem Staate Wei, wo er eine Mission zu erledigen hatte, nach Qin gebracht und dort bereits unmittelbar nach seiner Ankunft – vergeblich – dem König empfohlen. Der König hatte Fan Sui lediglich in einem Gästehaus unterbringen lassen und ihm eine minderwertige Verköstigung bewilligt. Von der Eingabe Fan Suis war er jedoch sehr angetan, und er bat Wang Ji, Fan Sui in einem Wagen herbeizuholen und zu ihm zu führen.

In dem nun stattfindenden Gespräch ließ sich Fan Sui vom König erst dreimal um Unterweisung bitten (s. Strategem Nr. 16), bis er endlich zu sprechen begann.

Er erwähnte zunächst Ji Chang, auch bekannt als König Wen (11. Jahrhundert v. Chr.), der die klugen Ratschläge eines einfachen Fischers ernst nahm (s. 17.10) und dank dieser Bereitschaft, offenen Worten, woher sie auch kommen mögen, Gehör zu schenken, zum Weltbeherrscher wurde. Dann machte Fan Sui dem König die tödliche Gefahr bewußt, in die er sich begab, wenn er, ein Hergereister und mit dem König nicht vertraut, über die Staatsgeschäfte von Qin und die königliche Verwandtschaft sprach. «Ich weiß, für das, was ich Euch heute sage, mag ich morgen hingerichtet werden. Gleichwohl werde ich nicht kneifen [...] Denn der Tod ist etwas, dem ohnehin keiner ausweichen kann [...] Das einzige, was ich fürchte, ist, daß, wenn ich wegen meiner Rede hingerichtet werde, mein Tod alle Menschen des Reiches veranlassen wird, Euch gegenüber fortan den Mund zu halten und den Fuß nicht mehr in Richtung auf das Königreich Qin in Bewegung zu setzen [...]» Und nun kam Fan Sui zur Sache: «Nach oben hin fürchtet Ihr die Strenge Eurer Mutter, und nach unten hin laßt Ihr Euch verwirren durch das Benehmen übler Minister. Ständig weilt Ihr tief in Eurem Palast, nie löst Ihr Euch von Euren Höflingen. Euer Leben lang werdet Ihr hinters Licht geführt und seid außerstande, das üble Spiel, das mit Euch getrieben wird, zu durchschauen. Schlimmstenfalls wird Euer Reich untergehen, bestenfalls geratet Ihr persönlich in eine gefährliche Lage. Das ist es, was ich fürchte, nicht meine eigene Armut oder Entwürdigung oder meinen Tod [...]»

Der König warf sich auf die Knie und sagte: «Qin ist abgelegen und abgeschieden. Ich selbst bin ein nichtswürdiger Tor. Ihr seid mir vom Himmel gesandt worden. Ich bitte Euch um umfassende Unterweisungen, gleichgültig, ob sich diese auf kleine oder große Dinge beziehen, ob sie nach oben hin meine Mutter oder nach unten meine Minister betreffen. Mißtraut mir nicht!» Fan Sui verbeugte sich, und auch der König verbeugte sich. Darauf lobte Fan Sui die herausragenden objektiven Bedingungen des Königreiches Qin, dessen geschützte geographische Lage, das Millionenheer mit 1000 Streitwagen und die kriegstüchtige Bevölkerung. Der König verfüge über das richtige Land und das richtige Volk. Die Hegemonie über das ganze Reich liege in greifbarer Nähe. «Doch Eure Minister sind ihrer Aufgabe nicht gewachsen. 15 Jahre lang habt Ihr Euch diesseits des Hangu-Passes [im Südosten des Kreises Linbao in der heutigen Provinz Henan, damals an der Ostgrenze des Qin-Reiches] eingeigelt und nie gewagt, Truppen in Gebiete jenseits der östlichen Grenze Eures Reiches zu senden. Der Grund dafür liegt bei Eurem Kanzler, dem Herzog Rang, dessen Planungen nicht loyal sind, und bei Eurer Majestät mit Euren ebenfalls mangelhaften Plänen.»

Der König warf sich erneut auf die Knie und sagte: «Ich möchte erfahren, woran meine Pläne kranken.»

Fan Sui entgegnete, das Vorhaben des Herzogs Rang, durch die Staaten Han und Wei hindurchzumarschieren, um Gang und Shou im Staate Qi zu erobern, sei falsch. «Viel besser ist es, sich mit den fernen Staaten zu verbünden und die nahen Staaten anzugreifen. Dann wird jeder eroberte Zoll und jeder eroberte Klafter Bodens tatsächlich auch in Eurem festen Besitz bleiben. Diese nahen Gewinnmöglichkeiten fallenzulassen und statt dessen entfernte Gebiete anzugreifen, ist das nicht unsinnig?»

Der König ließ sich von Fan Sui überzeugen und sagte: «Ich werde Euren Instruktionen folgen.» Er ernannte Fan Sui zum Gastminister und ging daran, das von diesem entworfene Strategem in die Tat umzusetzen. Der König von Qin verzichtete fortan auf Feldzüge gegen ferngelegene Ziele. Statt dessen nutzte er, wie Huo Yujia in seinem Buch *Wessen Hand wird den Hirsch erlegen?* (Peking 1994) schreibt, «die Widersprüche zwischen den sechs Feindstaaten und deren Angst vor Qin aus». Immer wieder gelang es Qin, hochrangige Personen in Feindstaaten zu bestechen, die dann entweder zwischen Herrschern und fähigen Generälen Zwietracht stifteten (vgl. das Strategem Nr. 33), was zu einer Ausschaltung derselben führte, oder die Führungsschicht einlullten, so daß ihre Wachsamkeit nachließ. Wenn Qin einen nahen Staat angriff, erreichte es durch seine Diplomatie immer wieder, daß sich potentielle Verbündete des angegriffenen Staates neutral verhielten. Ganz besonders traf dies auf den von Qin entferntesten, am Meer gelegenen Staat Qi zu, der unter König Jian (264–221) 40 Jahre lang im vollsten Frieden lebte und glaubte, unbehelligt «auf dem Berge sitzend dem Kampfe der Tiger zuschauen» zu können. Qi übersah, daß am Schluß ein Tiger als Sieger übrigbleiben werde. Plötzlich stand Qi ganz allein da. Widerstandslos unterwarf es sich Qin im Jahre 221 v. Chr.

Nach dem Gespräch mit Fan Sui isolierte der König von Qin aber zunächst einmal die unmittelbar an Qin angrenzenden Staaten Han und Wei, die es immer wieder angriff, mit dem einzigen Ziel, mehr und mehr Teile ihres Territoriums Qin einzuverleiben. In den ersten zehn Jahren der Strategemanwendung hatte Qins Nachbarstaat Han die größten Verluste zu verzeichnen. (Fu Lecheng: *Gesamtdarstellung der chinesischen Geschichte,* Bd. 1, Taipeh 1973, S. 70).

In der Folge wandte sich Qin gegen den Staat Zhao, dem es in der Schlacht von Changping (s. 22.7) eine Niederlage beibrachte, von der Zhao sich nie mehr erholen sollte. Durch sein «mit höchstgradig strategischem Weitblick» (Su Zhesheng in der Shanghaier *Kulturtreffzeitung* vom 22. 6. 1984) ersonnenes Strategem hatte Fan Sui den Weg für die immer größere territoriale Ausdehnung des Reiches Qin gewiesen. Der spätere Reichseiniger Kaiser Qin Shihuang (259–210) «führte unter Berücksichtigung der neuen Verhältnisse den strategischen Kurs ‹sich mit dem fernen Feind anfreunden und den nahen Feind angreifen› fort» und vermochte dank dessen in der Zeitspanne von 230 bis 221 alle noch verbliebenen Staaten zu annektieren (*Qin Shi Huangs fortschrittliche Rolle in der [chinesischen] Geschichte,* Ningxia 1974, S. 101). «Qin benutzte Fan Suis Strategem und zerschlug die Koalition der sechs östlich gelegenen Staaten», schreibt der Pekinger Strategemforscher Li Bingyan und fährt fort: «Zuerst eroberte es Han (230 v. Chr.), dann Zhao (228 v. Chr.), dann Wei (225 v. Chr.), dann Chu (223 v. Chr.) und dann Yan (222 v. Chr.). Schließlich annektierte er Qi im Jahre 221 v. Chr. und vollzog die Einigung Chinas.»

Dem Inhalt nach ist das Strategem Nr. 23 keine Erfindung Fan Suis. Schon in der Frühlings- und Herbstzeit (770–476) wurde es faktisch vom ersten chinesischen Hegemonialkönig, Herzog Huan von Qi

(685–643), und dessen Kanzler Guan Zhong (?–645 v. Chr.), ja schon gegen Ende des zweiten Jahrtausends von Jiang Tai Gong (s. 17.10) eingesetzt. Festzustehen scheint indes, daß Fan Sui die Strategemformel Nr. 23 geprägt hat (He Maocun, Shi Xiaoxia: *Die Diplomaten der aufeinanderfolgenden chinesischen Dynastien*, Peking 1993, S. 118). Mit dem von ihm in die Worte gefaßten Strategem hat Fan Sui «bei der Reichseinigung durch Qin eine riesige Rolle gespielt», schreibt Lu Taiwei in der *Chinesischen Jugendzeitung* (Peking 22.8.1998, S. 8). Dieses Strategem hat aber «nicht nur in der damaligen Zeit auf die Beziehungen zwischen den sieben chinesischen Staaten einen gewaltigen Einfluß ausgeübt, sondern überdies in der Geschichte des chinesischen diplomatischen Denkens tiefe Spuren hinterlassen», betont Pei Monong in der Pekinger Zeitschrift *Weltwissen* (Nr. 22, 16.11.1989, S. 29). Bis in die Gegenwart hinein scheint das Strategem Nr. 23 zu wirken. Als ich während meines ersten Studienjahres an der Peking-Universität (1975–1976) einen chinesischen Kommilitonen bat, mir den Strategemausdruck Nr. 23 zu erklären, druckste er herum. Er könne mir diese Wendung schlecht erläutern, meinte er schließlich, «denn das betrifft die Außenpolitik meines Landes».

23.2 Maos drei Welten und Dengs vier Modernisierungen

Unmittelbar nach dem Ende des Zweiten Weltkrieges verfolgte die Volksrepublik China eine Politik der vorrangigen Zusammenarbeit mit der Sowjetunion und einer Ausrichtung am sowjetischen Modell. Mao prägte hierfür die Parole «sich auf eine Seite lehnen (yibiandao)». Doch zu Beginn der 60er Jahre kam es zum Bruch und Ende der 60er Jahre am Ussuri-Fluß gar zu militärischen Auseinandersetzungen mit der Sowjetunion. Zwischen den USA und China hatte bis zu diesem Zeitpunkt eine fast 20jährige Funkstille geherrscht. China sah sich in gefährlicher Weise umzingelt.

In dieser prekären Lage entwickelte Mao Zedong seine Theorie von den drei Welten. Die «Dritte Welt» waren die von europäischen Mächten ehemals kolonialisierten Staaten Asiens, Afrikas und Lateinamerikas. Die «Zweite Welt» waren die im amerikanischen oder sowjetischen Einflußbereich liegenden Länder West- und Osteuropas sowie Kanada, Australien und Japan. Die «Erste Welt» bestand aus den beiden Supermächten USA und Sowjetunion, die aus chinesischer Sicht die ganze Erde als ihr Glacis betrachteten und miteinander um die

Welthegemonie rangen. Als der globale Hauptwiderspruch galt damals aus chinesischer Sicht der Widerspruch zwischen Dritter und Erster Welt. Mit Hilfe der dialektischen Analyse (s. hierzu Harro von Senger: *Einführung in das chinesische Recht,* München 1994, S. 230ff.) stellte Mao Widersprüche zwischen der Dritten Welt einerseits und der Zweiten sowie Ersten Welt andererseits, zwischen der Zweiten Welt und der Ersten Welt und natürlich innerhalb der Ersten Welt, also zwischen den USA und der Sowjetunion, fest. Diese Widersprüche galt es zu nutzen.

Gestützt auf die Nutzung all dieser Widersprüche scharte China viele Staaten der Dritten Welt um sich, was sich 1971 bei der Aufnahme der Volksrepublik in die UNO und dem gleichzeitigen Ausschluß Taiwans aus der Weltorganisation auszahlte. Ferner versuchte China, Widersprüche zwischen der Zweiten und der Ersten Welt, zum Beispiel zwischen Frankreich und den USA, auszunutzen und möglichst auch Länder der Zweiten Welt für sich zu gewinnen. Was nun die Erste Welt betraf, so erschien die unmittelbar an China angrenzende Sowjetunion als weitaus bedrohlicher denn die USA. Nun ging es darum, «die zwischen den beiden Supermächten bei ihrem Hegemonialbestreben zutage tretenden Widersprüche auszunutzen, den richtigen Zeitpunkt wahrzunehmen, die Beziehungen zu einer der beiden Supermächte zu verbessern und die Chinas Sicherheit am meisten bedrohende Supermacht Sowjetunion mit aller Kraft zu isolieren und abzuwehren», schreibt Jiang Lingfei in einem Artikel über «Mao Zedongs außenpolitische Findigkeit und Praxis» (in: *Weltwissen,* Peking Nr. 24/1993, S. 8). Für Mao war, entsprechend dem globalen Hauptwiderspruch «Dritte gegen Erste Welt», die Erste Welt an sich der Hauptfeind. Die Erste Welt war nun aber keine kompakte Einheit, sondern bestand aus den beiden Supermächten USA und Sowjetunion, deren Beziehungen untereinander trotz einer gewissen Komplizenschaft durch heftige Widersprüche gekennzeichnet waren. Mao stufte die beiden Supermächte als für China unterschiedlich gefährlich ein und behandelte sie dementsprechend auch unterschiedlich, wobei die Bekämpfung «der Hauptseite des Widerspruchs» (Jiang Lingfei), also im Rahmen des Widerspruchspaares «USA–Sowjetunion» der Sowjetunion, im Vordergrund stand.

So kam es zur Pingpong-Diplomatie, zu Nixons China-Reise und zur Aufnahme diplomatischer Beziehungen zwischen China und den USA. Die Sowjetunion geriet derweil zwischen China und den USA in eine Zwickmühle. «Durch die Verbesserung der Beziehungen mit den

USA», also durch das Bündnis mit dem fernen Feind, konnte China den nahen Feind Sowjetunion erfolgreich in Schach halten und zudem noch, so Jiang Lingfen, «die Bedingungen für den nach Maos Tod (1976) von Deng Xiaoping in Angriff genommenen Aufbau der vier Modernisierungen schaffen».

Das Stratagem Nr. 23 schimmert selbst noch durch das seit 1978 laufende sozialistische Modernisierungsprogramm hindurch. Unter diesem vom 3. Plenum des XI. Zentralkomitees der Kommunistischen Partei Chinas im Dezember 1978 in Gang gesetzten Programm erlebte China die längste ununterbrochene friedliche Aufbauphase seit dem Ersten Opiumkrieg (1840–1842). In dieser Phase, die bis weit ins 21. Jahrhundert hinein dauern soll, lautet der Hauptwiderspruch «Modernisierungsbedürfnis gegen Rückständigkeit» (s. 18.17). Zur Überwindung dieses wichtigsten und störendsten Widerspruchs erstrebt China erneut das Wohlwollen entfernter Rivalen wie der USA und europäischer Staaten, um mit der technischen und finanziellen Hilfe dieser fernen Alliierten dem derzeit nächstliegenden Feind, nämlich der Rückständigkeit im eigenen Lande, den Garaus zu machen.

23.3 Die Isolierung des Großkhans

Im Norden Chinas hatte das Volk der Tujue um die Mitte des ersten Jahrtausends n. Chr. ein mächtiges Reich gegründet. Es wurde von einem Großkhan beherrscht. Doch dieser mußte vier mächtigen Adeligen ebenfalls den Titel eines Khan zugestehen. Einem jüngeren Bruder, mit dem sich der Großkhan nicht gut verstand und der eher geringen Einfluß hatte, verlieh er den Titel eines Khans nicht. Diese Männer verfügten zwar jeder über eine Gefolgschaft und ein Herrschaftsgebiet, unterstanden aber dem Großkhan, der über die größte militärische Macht gebot.

Zur Zeit der Zersplitterung Chinas (420–589) hatten nördliche chinesische Dynastien dem Tujue-Herrscher reiche Geschenke zukommen lassen, damit er ihnen bei ihren gegenseitigen Machtkämpfen beistehe. Als der Reichseiniger Kaiser Wen (589–604) von der Sui-Dynastie den Tujue keine Geschenke mehr entrichtete, erzürnten diese, und sie fielen in China ein. Da meldete sich Changsun Sheng zu Wort.

Changsun Sheng war von der Nördlichen Zhou-Dynastie (557–581) in einer Mission zu den Tujue gesandt worden. Infolge seiner meisterhaften Beherrschung von Pfeil und Bogen hatten sich sämtliche Größen der Tujue mit ihm angefreundet, denn sie wollten von ihm seine Schießkunst erlernen. Von seinem über einjährigen Aufenthalt bei den Tujue her kannte er die Zwistigkeiten in deren Führungsschicht ganz genau. Er wußte, daß man dort «leicht Zwietracht säen könne», so Wei Zheng (580–643) und seine Mitverfasser der *Geschichte der Sui-Dynastie*. Und so richtete er an den Kaiser eine Eingabe. Er meinte, die Zeit sei noch nicht reif für ein militärisches Vorgehen gegen die Tujue. Leiste man ihnen aber keinen Widerstand, riskiere man schlimme Übergriffe. Dann schilderte er die internen Spannungen in der Führungsschicht der Tujue und schlug – immer gemäß der *Geschichte der Sui-Dynastie* – vor: «Jetzt ist es besser, sich mit der Ferne anzufreunden und die Nähe anzugreifen», also den mächtigen Großkhan zu isolieren, indem man sich mit den schwächeren Prätendenten verbündet. Die verschiedenen Khans würden einander beargwöhnen und sich gegenseitig neutralisieren. In zehn Jahren werde die Sui-Dynastie dann in der Lage sein, bei einer günstigen Gelegenheit einen Angriff gegen die Tujue zu starten, mit großer Aussicht auf Erfolg.

Der Kaiser folge den Vorschlägen Changsun Shengs, und zwar mit nicht geringem Erfolg (s. auch 17.37).

### 23.4 Dialektische Freundschaft

a) Der Umweg ist der gerade Weg

Bei der Strategemformel Nr. 23 fällt die dialektische, also Gegensätze betreffende Verknüpfung von «fern» und «nah» ebenso auf wie die von «verbünden» und «angreifen». Kein Wunder, daß dieser Strategemausdruck in der Volksrepublik China mit dem Marxismus als der beherrschenden Ideologie nicht selten als «Polaritätsnorm» (fangzhen) bezeichnet wird (zu dieser Normenart s. Harro von Senger: *Einführung in das chinesische Recht,* München 1994, S. 297ff.). Die Strategemformel Nr. 23 vermittelt eine Ahnung davon, auf welch altes Erbe an eigenständigem chinesischem dialektischem Gedankengut Anfang des 20. Jahrhunderts der Marxismus mit seiner materialistischen Dialektik traf und weshalb der Marxismus Chinesen nachhaltiger beeindruckte als irgendein anderes westliches Gedankengebäude. Das unter anderem den chinesischen Strategemen eigene Doppeldenken darf als eine der Brücken zwischen China und dem Marxismus nicht übersehen werden.

Das Strategem Nr. 23 bringt Jin Wen in einer Serie über «Außenpolitische Findigkeit» (Folge 6, in: *Weltwissen*, Peking Nr. 18, 1990, S. 27) in Verbindung mit dem Begriff des Umwegs (yuhui). Schon in *Meister Suns Kriegskunst* findet sich der wiederum dialektische Gedanke, «den Umweg als den geraden Weg zu betrachten.» Auf die Außenpolitik angewandt, bedeutet dies: Oft ist ein außerordentlich langer und gewundener Umweg der kürzeste Weg zum Ziel. Außenpolitische Umwege haben eine Gemeinsamkeit: Wenn etwas angestrebt wird, dann nicht unmittelbar, sondern dadurch, daß zunächst das Gegenteil des letztendlich gewollten angepeilt wird. Oder auf das Strategem Nr. 23 gemünzt: Die heutige Koalition dient der morgigen Annexion.

Im Traktat *Die 36 Strategeme (Das geheime Buch der Kriegskunst)* wird das Strategem mit dem 32. Hexagramm «Der Gegensatz» im *Buch der Wandlungen* erläutert. Dieses Hexagramm umfaßt oben Feuer und unten See, vereinigt also Feuer und Wasser. Der Edle behält gemäß dieser Symbolik bei aller Gemeinsamkeit die Unterschiede im Auge, auch wenn er sich mit dem Gegner trotz Meinungsunterschieden einstweilen verträgt. «Im selben Bett schlafen, aber verschiedene Träume träumen (tong chuang yi meng)» bringt diese Konstellation plastisch zum Ausdruck: Man ist äußerlich, aber nicht innerlich verbunden, tut das gleiche wie das Gegenüber, verfolgt aber unterschiedliche Ziele. Obwohl man zum entfernten Feind in strategischer Opposition steht, ist mit ihm doch ein zeitweiliges taktisches Zusammengehen möglich.

Im allgemeinen sollten sich Nachbarstaaten gut vertragen, denn nur dann können sie äußerer Bedrohung widerstehen. In Wirklichkeit sind aber die Beziehungen zwischen Nachbarländern oft schlecht, was mit den überaus häufigen Kontakten und damit verbundenen Reibereien zusammenhängt. Eine Kleinigkeit könne dann schon einen Zusammenstoß auslösen, ja dazu führen, daß sich eine Konfliktpartei mit einem fernen Staat, der eigentlich der gemeinsame Feind ist, verbündet, um mit dessen Hilfe den eigenen Nachbarstaat anzugreifen, bedauert der Taipeher Strategemforscher Shu Han.

b) Gleichzeitig Freund und Feind
Bei nur einem einzigen Gegner kommt das Strategem Nr. 23 nicht in Frage. Es setzt mindestens zwei Gegner voraus, die man nicht gleichzeitig bekämpfen kann. Die taktische Unterscheidung von vorrangigen und nachrangigen Feinden mit daraus folgender unterschiedlicher Behandlung derselben läßt sich aus chinesischer dialektischer Sicht problemlos mit der strategischen Einschätzung verknüpfen, wonach alle

Feinde am Ende in einen Topf gehören und die gleiche Behandlung erleben werden. Genausogut läßt sich ein und demselben Feind gegenüber taktische Freundschaft mit strategischer Feindschaft vereinen (s.: «Die Methode der dialektischen Synthese», in: Harro von Senger: *Einführung in das chinesische Recht,* München 1994, S. 232ff.). In einem ganz konkreten Umfeld beziehungsweise Zeitabschnitt ist es jedenfalls aus taktischen Gründen angezeigt, die Zahl der offenen Feinde möglichst gering zu halten. Dies gilt selbst noch mit Bezug auf eine Vielzahl von direkt an das eigene Land angrenzenden, also «nahen» Feinden. Auch hier sind Prioritäten angebracht.

c)   Nach außen rund, nach innen viereckig

Bei der Anwendung des Stratagems Nr. 23 sind folgende Schritte zu beachten: Man analysiert die Gegner hinsichtlich ihrer wirtschaftlichen Stärke, ihrer Macht, ihres Einflusses, ihrer inneren Stabilität, ihrer Ideologie und so weiter, vor allem aber hinsichtlich ihrer «Nähe» und «Ferne». «Nähe» und «Ferne» sind zunächst einmal – in der modernen Zeit mit ihren interkontinentalen Waffen vielleicht nicht mehr so wichtig – geographisch-topographisch aufzufassen, lassen sich aber auch in einem abstrakteren Sinn verstehen. In erster Linie bezieht sich «nahe» und «fern» auf Staaten. «Nahe» kann aber auch Personen oder Sachen bezeichnen, die man unmittelbar beziehungsweise eher leichter beeinflussen kann, wohingegen «ferne» Personen oder Sachen dem eigenen Einfluß ganz oder weitgehend entzogen sind. Für die «Nähe» oder «Ferne» in diesem Sinn spielt es keine Rolle, ob die betreffende Person oder Sache örtlich nah oder fern ist.

Bezieht man das Stratagem Nr. 23 auf eine Organisation, dann bezeichnet «nahe» organisationsinterne und «fern» organisationsexterne Personen. In diesem Zusammenhang läuft das Stratagem Nr. 23 auf eine Verhaltensweise hinaus, die im Chinesischen mit «nach außen rund, nach innen viereckig (wai yuan nei fang)» umschrieben wird. Das heißt, organisationsintern führt man ein hartes Regiment, während man sich organisationsextern tolerant und nachsichtig zeigt. Das Ziel ist die Schaffung eines der Organisation günstigen Umfeldes und optimaler Public Relations, also «öffentlicher Beziehungen». «Yuan» (rund) kommt übrigens oft als Gegenbegriff zu «fang» («viereckig», aber auch «aufrichtig, ehrlich, anständig») vor. Unter dem Titel «Verabschiedung des Runden» schrieb zum Beispiel der Literat und Beamte Yuan Jie (719–772): «Lieber viereckig (fang) und ein [bloßer] Amtsdiener als rund (yuan) und ein Minister sein.»

«Nahe» kann schließlich auch ein unmittelbar abzusehender, direkt beschaffbarer, «fern» ein nur langfristiger und indirekt zu erlangender Vorteil sein. Da dieses langfristige Interesse nicht so dringend sein mag, läßt man es zunächst einmal beiseite und bezieht es lediglich in Langzeitplanungen ein, um sich vorerst ganz dem unmittelbaren, dem «nahen» Vorteil zuzuwenden.

d) Ein Stratagem zur Hinausschiebung des Kriegsausbruchs
Gestützt auf beim ersten Schritt vorgenommene Analysen, konzipiert man für die unterschiedlichen Gegner je unterschiedliche Behandlungen (wie offen zur Schau gestellte Feindschaft, Zuckerbrot und Peitsche, Annäherung etc.). Der Schwerpunkt des Stratagems Nr. 23 liegt bei einem Abbau der Spannungen beziehungsweise in der Aufnahme von freundschaftlichen Beziehungen zu einem geeigneten «fernen» Gegner. Mißlingt dies, ist das Stratagem Nr. 23 gescheitert.

Die «Freundschaft» mit dem «fernen» Gegenüber kann unterschiedlich gestaltet sein. Es kann sich um eine echte, langanhaltende Freundschaft handeln, selbst wenn von vornherein feststeht, daß sie dereinst zerbrechen wird. Im Rahmen einer so verstandenen Freundschaft steht man einander wahrhaftig tatkräftig bei. Die Freundschaft kann aber auch vorgespiegelt, also bloß formal und oberflächlich sein. In Wirklichkeit besteht keine Absicht, sich gegenseitig unter die Arme zu greifen. Entweder will man das Gegenüber oder dann einen Dritten täuschen. Sobald das mit diesem Täuschungsmanöver anvisierte Ziel erreicht ist, wird die kurzlebige Freundschaft nicht einmal mehr dem Scheine nach gewahrt bleiben.

Die Freundschaft kann viele Bereiche umschließen. Sie kann aber auch auf vereinzelte Gemeinsamkeiten begrenzt bleiben, wobei keiner der Parteien an einer Vertiefung gelegen ist. Eine derartige seichte Freundschaft kann immerhin den Zweck erfüllen, dem Gegenüber die Hände zu binden und es nicht zum offenen Feind zu haben.

Die freundschaftlichen Beziehungen mit dem fernen Feind sind, strategisch gesehen, so oder so lediglich ein «Stratagem zur Hinausschiebung des Kriegsausbruchs (huan bing zhi ji)», also ein behelfsmäßiges Hinhaltemanöver. Später wird der ferne zum nahen Feind und damit zum Angriffsziel. In den meisten Fällen weiß dies der ferne Feind auch. Daß er trotzdem bereit ist, das Spiel mitzumachen, liegt in den von ihm verfolgten Spezialinteressen begründet. Vielleicht hofft er, er werde «auf dem Berge sitzend dem Kampf der Tiger zuschauen» (s. 9.5) können, oder er will die Aufmerksamkeit von etwas ablenken etc. Wenn für ihn die Zeit reif ist, wird auch er nicht zögern, dem in den Brunnen gefallenen Verbündeten noch einen Stein nachzuwerfen (xia jing tou shi). Auf keinen Fall sollte man ein Bündnis mit einem fernen Feind als eine Rückversicherung betrachten, auf die man felsenfest bauen kann. Dem befreundeten fernen Feind gegenüber ist im Gegenteil ständig ein gerüttelt Maß an Vorsicht und Mißtrauen geboten. Sonst wird es womöglich unversehens ein böses Erwachen geben.

Gelingt die Aufnahme guter Beziehungen zu dem fernen Feind, dann hat man eine Zersplitterung der Gegner erreicht und die mögliche Entstehung einer feindlichen Koalition verhindert oder eine schon bestehende Koalition gespalten. Auf jeden Fall ist der nahe Gegner isoliert und wird gleichzeitig der ferne Feind eingelullt. Dessen Wachsamkeit wird nachlassen. Damit sind gute Voraussetzungen für seine spätere Behandlung als «naher» Feind geschaffen.

e) Jeden einzeln schlagen

Nun wendet man sich unter Konzentration aller Kräfte dem «nahen» Feind zu und überwindet ihn, um dann, demselben Muster folgend, der Reihe nach mit den restlichen Gegnern zu verfahren. So wird «jeder einzeln geschlagen (ge ge ji po).»

Daß man sich schwerpunktmäßig den «nahen» Feind vornimmt, kann folgende Gründe haben: Militärisch gesehen bedeutet die Überwindung des nahen, also an den eigenen Staat angrenzenden Feindes gemäß dem Strategemforscher Yu Xuebin eine organische Erweiterung des eigenen Territoriums beziehungsweise der eigenen Machtsphäre. Das neu erworbene Gebiet läßt sich mühelos in den eigenen Staat eingliedern. Es ist vergleichsweise leicht zu verteidigen und zu nutzen. Der eigene Machtgewinn steht auf relativ festen Füßen und tritt schnell ein. Eine kriegerische Auseinandersetzung ist in der Nähe einfacher und kostengünstiger zu führen als in weiter Ferne.

Stellt man das Strategem Nr. 23 auf den Kopf und verbündet sich mit dem nahen Feind, dann riskiert man, daß sich dieser plötzlich gegen einen wendet. Infolge des Bündnisses trifft einen ein unvermittelter Angriff des eben noch verbündet gewesenen nahen Feindes vielleicht völlig ungewappnet. Abgesehen von dieser schlimmsten Möglichkeit, schnürt der verbündete nahe Feind einen zudem wie ein Seidenkokon ein und verhindert das Ausgreifen über die Landesgrenzen.

Angriffe auf einen fernen Feind sind meist nicht vorteilhaft. Die Risiken sind groß. Schon in *Meister Suns Kriegskunst* heißt es: «Wenn man 100 Meilen weit marschiert, um einen Gewinn zu erringen, dann werden die Kommandanten aller drei Truppenteile in die Hände des Feindes fallen, und nur der zehnte Teil der Truppe wird am Ziel ankommen. Marschiert man 50 Meilen, um einen Gewinn zu erringen, dann wird man den Führer des weitesten Truppenteils verlieren, und nur die Hälfte der Truppe wird am Ziel ankommen. Wenn man 30 Meilen weit marschiert, um einen Vorteil zu erringen, dann werden zwei Drittel der Armee am Ziel ankommen.» Ein Krieg in der Ferne ermüdet nicht nur die eigenen Truppen, sondern kostet auch viel Geld. «Wenn sich ein Feldzug lange dahinzieht, werden die Ressourcen des Staates nicht reichen», wird bereits in *Meister Suns Kriegskunst* gewarnt. Selbst wenn man siegt, sind doch territoriale Gewinne wegen der Entfernung zum eigenen Staat schwer zu halten.

f) Ohne Waffen den Feind bezwingen

«Den nahen Feind angreifen», bedeutet gemäß chinesischer Strategemliteratur nur in zweiter Linie die Lancierung eines eigentlichen Angriffskrieges. «Angreifen» wird, wenn immer möglich, unter Hinweis auf *Meister Suns Kriegskunst* viel subtiler verstanden. Im Kapitel «Angriff mit Strategemen» heißt es dort: «Die erstklassige Kriegsführung besteht darin, die Planungen des Feindes zu durchkreuzen, die zweitklassige, den Feind diplomatisch zu besiegen und die drittklassige, seine Armeen zu schlagen.» Die Vereitelung feindlicher Pläne führt zwangsläufig zur Anwendung von Strategemen. Für Meister Sun ist also der Sieg über den Feind durch strategemische Kriegsführung am erstrebenswertesten: «Diejenigen, die sich auf die Kriegsführung verstehen, sind in der Lage, den Feind ohne Waffengang zu bezwingen, seine Festungen ohne Ansturm zu erobern und sich seines Staates ohne lange andauernde Operationen zu bemächtigen. Mit intakten eigenen Kräften besiegen sie alle unter dem Himmel. Ohne einen Mann zu verlieren, wird ihr Triumph ein vollständiger sein. Das ist die Kunst des Angriffs mit Strategemen.» Ein direkter Waffengang ist also möglichst zu vermeiden. Ohne militärische Konfrontation vermag man optimalerweise den Sieg mit Hilfe von strategisch und taktisch konzipierten Strategemen zu erringen.

Gemäß dem Strategem Nr. 23 dehnt man, von der Nähe ausgehend, sein Machtgebiet allmählich in die Ferne aus. Wie eine Seidenraupe nagt man Stück um Stück am Maulbeerblatt, bis man es ganz gefressen hat. Man befindet sich nicht in der komfortablen Lage des Hasen, der das Gras nicht unmittelbar neben seinem Schlupfloch zu fressen braucht, sondern sich irgendwo auf der Wiese den besten Futterplatz aussuchen kann.

Das nahe Angriffsobjekt muß sorgfältig ausgesucht werden. Es muß etwas sein, das man, hat man es erst einmal erobert, auch halten kann. Wenn man etwas angreift, das man nicht zu erobern vermag, oder wenn man etwas erobert, das man nicht zu bewahren vermag, dann ist es besser, gar nicht erst anzugreifen. Denn sonst «näht man für andere das Brautkleid (wei ren zuo jia)», das heißt, man spielt seinen Feinden in die Hände.

g) Strategemprävention

Wie beugt man dem Strategem Nr. 23 vor? Merkt man, daß man von einem Feind als «ferner Freund» ausersehen ist, kann man, falls dadurch nicht unmittelbar Interessen von Alliierten betroffen sind, je nach den konkreten Umständen positiv reagieren. Das hat mindestens zwei Vorteile. Man gewinnt Zeit für die gründliche Vorbereitung einer zunächst einmal hinausgeschobenen Auseinandersetzung mit dem fernen Feind. Ferner kann man den Spieß umdrehen und selbst dem fernen Feind gegenüber das Strategem Nr. 23 in die Tat umsetzen. Die Avancen des Gegenübers werden also gemäß dem Strategem Nr. 12 zum größtmöglichen eigenen Vorteil ausgemünzt.

Ist man zum «nahen» Feind eines anderen Staates geworden, der sich gleichzeitig mit einem fernen Feind zusammentut, um einen Angriff auf einen selbst vorzubereiten, kann man natürlich nicht passiv abwarten, was geschieht. Vielmehr ist zu versuchen, das Gegenüber zu isolieren, und zwar durch das Knüpfen vielfältiger Beziehungen mit anderen Staaten, deren Sympathie und Unterstützung man sich sichert. Auf jeden Fall muß man vermeiden, allein auf weiter Flur dazustehen. Um die Anwendung des Strategems Nr. 23 zu vereiteln, sollte man dieses in aller Öffentlichkeit beim Namen nennen und als heimtückische Intrige anprangern. Man sollte darauf hinweisen, welche Staaten als nächste dem Komplott zum Opfer fallen werden. So sollte man versuchen, eine große Gegenkoalition auf die Beine zu stellen, wobei man begreiflich macht, daß diese nicht nur einem selbst frommt, sondern alle schützt und vor Unglück bewahrt.

Dem Angreiferstaat ist zudem mit militärischen Mitteln zu begegnen. Je nach der eigenen Militärmacht und der auswärtigen Unterstützung sind ein präventiver Militärschlag zur Verhinderung des feindlichen Eindringens in das eigene Territorium, aber auch ein Locken des Feindes tief in das eigene Gebiet (s. 28.1), sofern genügend eigenes Territorium vorhanden ist, oder eine Anwendung des Stoß-ins-Leere-Strategems Nr. 2 etc. denkbar.

h) Strategem mit langem Atem
Wie das Strategem Nr. 16 läßt auch das Strategem Nr. 23 einem bestimmten Gegenüber zeitweilig die Zügel schleifen. Beim Strategem Nr. 16 geht es in aller Regel nur um ein einzelnes, nicht wie beim Strategem Nr. 23 um mehrere Gegenüber. Das Strategem Nr. 23 ist ausgesprochen strategischer Natur, erfordert also einen langen Atem des Strategemanwenders, wohingegen das Strategem Nr. 16 meist taktisch angewendet wird. Das Strategem Nr. 23 läßt nur einem beziehungsweise wenigen aus einer ganzen Reihe von Feinden freien Lauf, wobei der nahe Feind gleichzeitig angegriffen beziehungsweise unnachsichtig angepackt wird. Anders verhält es sich beim Strategem Nr. 16, das diese Differenzierung nicht trifft, sondern vollumfänglich losläßt, allerdings grundsätzlich unter verdeckter Kontrolle und mit der Möglichkeit des sorgfältig kalkulierten Eingreifens zum gegebenen Zeitpunkt.

23.5 Hanois Lächeln gegenüber der Asean

Im Dezember 1979 beschloß der Verband Südostasiatischer Staaten (Asean) auf einer Außenministerkonferenz in Kuala Lumpur, den malaysischen Außenminister Tengku Datuk Ahmad Rithanddeen bin Tengku Ismail als Vertreter der Asean nach Hanoi zu entsenden. Er sollte zur Durchsetzung eines Beschlusses der UNO-Generalversammlung betreffend den Abzug aller ausländischen Truppen aus Kambodscha mit den Machthabern in Hanoi über die Lösung der kambodschanischen Frage reden. Denn im Visier des UNO-Beschlusses befand sich Vietnam, das damals Truppen in Kambodscha stationiert hatte. Hanoi weigerte sich, Tengku Ismail als Vertreter der Asean zu empfangen, erklärte sich aber bereit, ihn in seiner Eigenschaft als malaysischen Außenminister nach Hanoi kommen zu lassen.

Hierüber äußerte Xie Wenqing in einem Kommentar mit der Überschrift «Von ‹Sich mit dem fernen Feind verbünden, um den nahen Feind anzugreifen› bis zu ‹Jeden einzeln schlagen›» in der *Volkszeitung* (Peking 10.1.1980), im Herbst 1978 habe der vietnamesische Ministerpräsident Pham Van Dong bei einem Besuch in Südostasien der Asean gegenüber ein lächelndes Gesicht aufgesetzt. Jetzt stelle sich heraus, daß dahinter das Strategem «Sich mit dem fernen Feind verbünden, um den nahen Feind anzugreifen» stecke. Denn damals sei Vietnam gerade dabei gewesen, das Messer zu wetzen für einen Angriff gegen Kambodscha, der Anfang 1979 stattfand. Daher sei es Vietnam geboten erschienen, bei den etwas weiter weg liegenden südostasiatischen Staaten um Goodwill zu werben und sie einzulullen.

Doch nach dem Einmarsch vietnamesischer Truppen auf kambodschanisches Gebiet seien die südostasiatischen Staaten zusammengerückt, um der ständig wachsenden vietnamesischen Bedrohung Herr zu werden. Nun plötzlich verlege sich Hanoi auf die Taktik, nur mit jedem einzelnen Staat Gespräche führen zu wollen, um so die vereinigte Front der Asean zu zersplittern. Daher Hanois Weigerung, den malaysischen Außenminister als Vertreter der Asean zu empfangen. In diesem Kommentar wird das Strategem Nr. 23 für eine außenpolitische Analyse eingesetzt.

### 23.6 Zwei Ecken gegen die dritte Ecke des Dreiecks

Das Kowloon-Dock, der größte Anlegeplatz Hongkongs, hatte einen Wert von 1,8 Milliarden Hongkong Dollar. Wer diesen Anlegeplatz besaß, der beherrschte den größten Teil des Hongkonger Verpackungs- und Transportgewerbes. Keine Frage, für den Reederkönig Bao Yugang (1918–1991) war dieses Dock von überragender Bedeutung! Doch gehörte es ihm leider nicht. Eigentümer war die in Kanton ansässige Finanzgruppe Yiheyanghang. Auf das Kowloon-Dock ein begehrliches Auge geworfen hatte auch der Immobilienhändler Li Jiacheng (geb. 1928), der an der Spitze einer der zehn größten Hongkonger Finanzgruppen stand. Er wollte sich allerdings zudem auch des Heji-Komplexes bemächtigen. Gleichzeitig beide Ziele verfolgen konnte er nicht. So legte er den Nachdruck auf den Erwerb des Heji-Komplexes, wohingegen er das Projekt Kowloon-Dock nur mit halber Kraft verfolgte.

Bao Yugang analysierte seine beiden ihm an Macht ebenbürtigen Gegner und das Dreiecksverhältnis, das sie mit ihm bildeten. Er verstand, daß, wenn alle drei je einzeln mit voller Wucht gegeneinander fochten, keiner werde obsiegen können. Verbündeten sich hingegen zwei Ecken des Dreiecks miteinander, wobei es gleichgültig war, welche Ecken dies waren, dann mußte die dritte unterliegen. Mit welcher Ecke sollte er sich nun zusammentun? Bao Yugang erkannte, daß Li Jiacheng in seinen Plänen hinsichtlich des Kowloon-Docks eher Zurückhaltung übte.

Der diesbezügliche Interessengegensatz mit ihm lag daher etwas in der Ferne, er war also der ferne Feind. Demgegenüber wollte die Yiheyanghang von ihrer Herrschaftsmacht über das Dock keinen Zoll hergeben. Also war das der Gegner, der ihm am nächsten auf der Pelle saß, der nahe Feind. Somit hatte er sich mit Li Jiacheng gegen Yiheyanghang zu verbünden.

Spontan verkaufte Bao Yugang an Li Jiacheng 90 Millionen Aktien des Heji-Komplexes und verhalf ihm so zu mehr Einfluß bei seinem Kampf um diese Firma. Als Gegenleistung überließ ihm Li Jiacheng 20 Millionen Aktien des Kowloon-Docks. Später kam er Yiheyanghang zuvor und kaufte weitere 20 Millionen Dock-Aktien hinzu. Zu guter Letzt war er Mehrheitsaktionär des begehrten Docks.

Alle drei Parteien waren Rivalen hinsichtlich der Verfügungsmacht über das Kowloon-Dock. Aber sie verfolgten ihr Ziel mit unterschiedlicher Dringlichkeit. Daher standen sie einander in bezug auf ihre internen Beziehungen unterschiedlich nahe. Bao Yugang ging als Sieger aus dem Pokerspiel hervor, weil er sich mit der Partei verbündete, zu deren Interessen seine eigenen in vergleichsweise schwachem Gegensatz standen, und die Hauptausrichtung seiner Übernahmeattacken gegen jene Partei richtete, deren Interessen unmittelbar mit den seinen zusammenprallten. Das ist, so der Strategembuch-Autor Yu Xuebin, ein Anwendungsfall des Strategems Nr. 23. Sowohl Bao Yugang als auch Li Jiacheng waren übrigens Mitglieder der Kommission zur Ausarbeitung des Grundgesetzes der Sonderverwaltungszone Hongkong, das vom Nationalen Volkskongreß der Volksrepublik China am 4.4. 1990 verabschiedet wurde. Bao Yugangs Übernahme des Kowloon-Docks fand in den 80er Jahren statt.

23.7 Den fernen Tiger bitten, den nahen Wolf zu fressen

Außenpolitisch war das ganze 11. Jahrhundert n. Chr. für die Nördliche Song-Dynastie (960–1127) eine Zeit diplomatischen Lavierens unter möglichster Vermeidung eines Krieges. Um 1110 schien sich die Lage zu verbessern, da im Rücken des nördlich an China angrenzenden, vom Fremdvolk der Kitan beherrschten Liao-Reiches (916–1125) ein neues Reich entstand: das der tungusischen Jurdschen. Sie hatten bisher in einer losen Abhängigkeit zu den Kitan gestanden. Jetzt machten sie sich selbständig, bildeten das Reich Jin (1115–1234) und wurden zu einem politischen Faktor. Der zwischen China und dem noch neuen nördlich sich erstreckenden Jin-Reich liegende Staat Liao war gelähmt.

In dieser Situation spielt eine Szene im Roman *Fortsetzung zu den Räubern vom Liangshan-Moor* von Chen Chen (um 1613–? n. Chr.). Am Hofe des Kaisers der Nördlichen Song-Dynastie diskutieren hohe Würdenträger, wie man sich gegen die beiden nördlichen Staaten verhalten solle. Lü Dafang sagt, das Verhältnis zum Liao-Reich zweifellos ein wenig beschönigend: «Die Dynastie Liao und unsere Dynastie sind miteinander eng verbunden. Wir leben bereits seit 100 Jahren in Frieden zusammen. Sobald wir diesen Schutzzaun niederreißen, stehen wir unmittelbar dem tigerhaft-wölfischen Staat Jin gegenüber. Übergriffe seitens Jin werden dann schwer zu vermeiden sein.» Dagegen wendet Zhao Liangci ein: «Liao ist ein wertloser Verbündeter. Es ist besser, Liao dem Reiche Jin zu überlassen. Dann können wir, von Jin unbehelligt, die alten Gebiete in Yanyun zurückerobern. Das entspricht dem Strategem, ‹sich mit dem fernen Feind verbünden, um den nahen Feind anzugreifen›.» Der Kaiser folgt dem Rat von Zhao Liangci.

Zurück zum historischen Geschehen. 1125 vernichtete Jin das Reich Liao. Aber nun hatten die Chinesen die Jurdschen am Leibe. 1126 eroberten die Jurdschen die Song-Hauptstadt. Der Kaiser und sein kurz zuvor zurückgetretener Vater wurden gefangengenommen, die Nördliche Song-Dynastie war ausgelöscht. Zu ihrem Untergang beigetragen hatte die verfehlte Anwendung des Strategems Nr. 23.

Während sich die Jin-Dynastie über Nordchina ausbreitete, entstand im Süden Chinas die Südliche Song-Dynastie (1127–1279). Die Angst vor dem Jin-Reich veranlaßte damals selbst den berühmten konfuzianischen Denker Zhu Xi (1130–1200) zu einer strategemischen Analyse. Das Strategem Nr. 23 ausdrücklich erwähnend, warnte er in einem Brief vor einem drohenden, gegen China gerichteten Bündnis zwischen dem Reich Jin und dem fernab von Jin gelegenen Reich Xixia (im Bereich der heutigen Provinzen Ningxia, Shaanxi, Gansu, Qinghai u. a.). Die Herrscher der Südlichen Song-Dynastie begingen den gleichen Fehler wie die der Nördlichen Song-Dynastie. «Sie verbündeten sich mit dem fernen Feind, den Mongolen, und griffen den nahen Feind, die Jin-Dynastie, an» (He Maochun und Shi Xiaoxia in ihrem Buch *Die Diplomaten der aufeinanderfolgenden chinesischen*

*Dynastien*, Peking 1993). «Nach dem Untergang der Jin-Dynastie gab es zwischen der Südlichen Song-Dynastie und den Mongolen keinen Pufferstaat mehr. So wurde die Südliche Song-Dynastie für die Mongolen zum Jin-Reich Nr. 2, und das ganze chinesische Volk fiel unter die Knechtschaft der Mongolen.» Diese gründeten die Yuan-Dynastie und herrschten annähernd 100 Jahre lang (1271–1368) über China.

«Daraus kann man ersehen», so He Maochun und Shi Xiaoxia, «für jedwede diplomatische Taktik wie auch Regel der Kriegskunst gilt, daß man sie nicht mechanisch anwenden darf.»

23.8 Barbaren mittels Barbaren bekämpfen

«Barbaren mittels Barbaren bekämpfen (yi yi zhi yi) ist ein gutes Strategem», schrieb Genereal Ban Chao (32–102) in einer Denkschrift an Kaiser Ming (58–75). Ban Chao benutzte das von ihm formulierte Strategem mit starken Anklängen an das Strategem Nr. 23 äußerst geschickt in den westlichen Grenzgebieten Chinas. Dort brachte er in seiner 31 Jahre währenden Tätigkeit unter Anwendung dieses Strategems mehr als 50 unter den Xiongnu leidende Fremdvölker dazu, sich der Han-Dynastie zu unterwerfen. Durch diesen Schutzwall vermochte er das Vordringen der Xiongnu nach Süden zu verhindern. Die Nördliche Song-Dynastie (960–1127) lieh sich die Jin-Dynastie aus, um Liao zu vernichten, doch mit verheerenden Auswirkungen. Das stellt Jin Wen in der dem Strategem Ban Chaos gewidmeten dritten Folge seiner Serie über «Außenpolitische Findigkeit» (*Weltwissen*, Peking Nr. 13, 1990) fest.

Das Strategem «Barbaren mittels Barbaren bekämpfen» erweist sich demnach als ein zweischneidiges Schwert. Nur unter bestimmten Voraussetzungen führt es zum Erfolg. Nach Jin Wen sind dies: 1. das Vorhandensein einer gewissen eigenen Stärke; 2. das tatkräftige Bestreben, auf den eigenen Beinen zu stehen und sich selbst über Wasser zu halten, beziehungsweise der Verzicht auf eine Mentalität des vollständigen Abstellens auf die Fremdhilfe; 3. günstige objektive Umstände; 4. die Wahrung der eigenen Unabhängigkeit, die einen in die Lage versetzt, den Barbaren auszunutzen und ihn zugleich in Schach zu halten; 5. das Vorhandensein eigener kompetenter, zur praktischen Ausführung des Strategems fähiger Diplomaten.

Unter ausdrücklicher Nennung des Strategems Nr. 23 rühmt der Historiker, Geograph und Beamte Wei Yuan (1794–1856) in seinem

Werk *Geographische Berichte über fremde Länder* den gerade Rußland gegenüber sehr strategemsensiblen chinesischen Kaiser Kangxi (1662–1722) ob dessen guten Verhältnisses zu dem russischen Herrscher im fernen Petersburg, wodurch China die nahe befindlichen unbotmäßigen Mongolen im Norden in Schach halten konnte. Konkret im Auge gehabt dürfte Wei Yuan den russisch-chinesischen Vertrag von Nerchinsk vom 17.8.1689 haben, durch den China erreichte, daß die Russen während der folgenden 170 Jahre ihren imperialen Vormarsch im Fernen Osten einstellten und China dort mehr oder weniger freie Hand ließen. Von Kaiser Kangxis «russischem Strategem» handelt übrigens ein ganzer Abschnitt in Vladimir Miasnikovs *The Ch'ing Empire and the Russian State in the 17th Century* (Moskau 1985, S. 183ff.). In diesem Buch wird mit Bezug auf die chinesische Diplomatie von «a diplomacy of strategems» gesprochen (S.6). Wenn diese Feststellung nicht die gesamte chinesische Diplomatie abdecken, sondern nur einen Aspekt derselben hervorheben soll, dürfte sie nicht ganz unzutreffend sein.

23.9 Nicht bei der Quelle stehen und den Fluß suchen

Nur in kriegerischen Zeiten ist eine Anwendung des Strategems Nr. 23 denkbar, meinen He Maochun und Shi Xiaoxia in ihrem Buch *Die Diplomaten der aufeinanderfolgenden chinesischen Dynastien* (Peking 1993). In friedlichen Zeiten müsse die Maxime «Gute Nachbarschaft ist besser als ferne Verwandtschaft (yuan qin bu ru jinlin)» befolgt werden. Einen noch etwas konkreteren Rat erteilt Konfuzius: Unaufrichtigkeit macht unbrauchbar. Das heißt für den Verkehr mit Staaten oder Personen: Befinden sie sich in der Nähe, dann knüpfe man durch Taten ein Band persönlichen Vertrauens um sie. Befinden sie sich in der Ferne, dann versäume man es nicht, ihnen die eigene Aufrichtigkeit durch in geeigneter Weise übermittelte Botschaften zu bekunden.

23.10 Fernes Wasser löscht nicht den nahen Brand

Im Zeitalter der Kämpfenden Reiche (475–221) schickte der Herzog Mu von Lu (im Süden der heutigen Provinz Shandong und auf Gebietsteilen der heutigen Provinzen Henan und Jiangsu) einige Söhne an den Hof des Reiches Jin (auf Gebietsteilen der heutigen Provinzen

Shaanxi, Shanxi, Hebei und Henan) und andere Söhne an den Hof des Reiches Chu (in der heutigen Provinz Hubei). Sie sollten dort als Beamte dienen. Auf diesem Wege wollte Herzog Mu die beiden starken Staaten an sich binden. Sie lagen nun aber recht weit entfernt. Daher sagte Li Ju, ein ehemaliger Beamter aus dem Staate Qi, zu Herzog Mu: «Wenn man erst einen Mann aus dem Staate Yue (in der heutigen Provinz Zhejiang) herbeiholen wollte, um ein Kind zu retten, das hier am Ertrinken ist, so würde das Kind, obwohl die Leute aus Yue gute Schwimmer sind, gewiß ertrinken. Wenn hier ein Feuer ausbräche und man das Wasser aus dem Meer herbeischaffen wollte, dann wäre das Feuer, obwohl es im Meer genügend Wasser gibt, dennoch nicht zu löschen. Mit dem Wasser in der Ferne kann man das Feuer in der Nähe nicht löschen. Zwar sind die fernen Staaten Jin und Chu stark, doch der Staat Qi [auf Gebietsteilen der heutigen Provinzen Shandong und Hebei] ist sehr nahe. Ihr solltet Euch Gedanken darüber machen, daß, falls Lu seitens Qi etwas angetan würde, die Hilfe von Jin und Chu zu spät kommen wird.»

Diese im über 2000jährigen Werke *Meister Han Fei* enthaltene Geschichte zeigt, daß das Strategem Nr. 23 kein Allheilmittel ist, vor allem dann nicht, wenn der strategemanwendende Staat klein und schwach ist und die Strategemanwendung rein defensiven Charakter hat. Bei der heutigen Waffentechnik kann allerdings auch eine Anwendung des Strategems Nr. 23 im Sinne von Herzog Mu – «sich mit fernen Staaten anfreunden, um sich gegen nahe Feinde zu schützen» – erfolgreich sein, wie das Beispiel des mit den USA verbündeten Israel beweist.

## 23.11 Der Feind als Freund

«Jedermann weiß zwar seinen Feind zu hassen, nicht aber, ihn zu schätzen», mahnt der Literat und Denker Liu Zongyuan (773–819). «Jedermann sieht den durch den Feind zugefügten Schaden, nicht aber den durch ihn erbrachten Nutzen. Als Qin noch die sechs Feindstaaten hatte, rackerte es sich ab und wurde stark; als die Feindstaaten vernichtet waren, erschlaffte es und ging schnell zugrunde.» In der Tat war das Qin-Reich, das China erstmals in einen zentralisierten Einheitsstaat verwandelte, sehr kurzlebig. Es bestand nur von 221 bis 207 v. Chr. und wurde dann von der Han-Dynastie (206 v. Chr.–220 n. Chr.) abgelöst.

Vielleicht ist daher vor einer konsequenten Anwendung des Stratagems Nr. 23 zu warnen. Nicht grundlos besagt eine chinesische Wendung: «Den Feind hegen, um Unheil zu bannen (cun di mie huo).» Die Vernichtung aller Feinde ist womöglich ebensowenig erstrebenswert wie die Ausschaltung jeglicher Kritik. Wie sagte doch der amerikanische Schriftsteller, Politiker und Naturwissenschaftler Benjamin Franklin (1706–1790): «Unsere Kritiker sind unsere Freunde, denn sie zeigen uns unsere Fehler.» Und im *Kommentar des Zuo*, einem der klassischen konfuzianischen Bücher, steht: «Außer unter einem weisen Herrscher kommen im Inneren eines Staates Sorgen auf, sobald im Äußeren infolge des Fehlens eines Feindes Frieden herrscht.»

# Strategem Nr. 24

## Einen Weg durch den Staat Yu für einen Angriff auf Guo ausleihen

| Die vier Schriftzeichen | 假 | 途 | 伐 | 虢 |
|---|---|---|---|---|
| Moderne chinesische Aussprache | jia | tu | fa | Guo |
| Übersetzung der einzelnen Schriftzeichen | ausleihen | Weg | angreifen | Guo |

Zusammenhängende Übersetzung: Einen Weg für einen Angriff auf Guo ausleihen.

Kerngehalt:

1. a) Den Staat Yu um die bloße Durchmarscherlaubnis zwecks Angriffs auf den an ihn angrenzenden Drittstaat Guo ersuchen, dann aber den bewilligten Durchmarsch nicht nur zum Angriff auf Guo, sondern auch gleich zur anschließenden Eroberung des Staates Yu benutzen. Strategem der Durchmarschbesetzung.

    b) Jemanden, ohne daß er es merkt, veranlassen, sein eigenes Grab zu schaufeln/die Bedingungen für seine Selbstzerstörung/für die Bewerkstelligung des Gegenteils seiner ursprünglichen Intentionen/von etwas ganz anderem, als er eigentlich beabsichtigt hatte, zu schaffen; erst zusichern, nur den kleinen Finger zu wollen, um dann nach der ganzen Hand zu schnappen.

    c) Das Gegenüber für ein verlockendes Ziel gewinnen, um es dann aber (zunächst) zu einem anderen, vor ihm geheimgehaltenen Ziel, das nicht den Absichten des Gegenübers entspricht, hinzuführen; Zwei-Stufen-Strategem; Doppelziel-Strategem.

2. a) Vorgeben, daß man durch einen Staat nur hindurchmarschieren wolle, in Wirklichkeit aber beabsichtigen, ihn zu besetzen.

b) Einen feindlichen Staat auf unverfängliche Weise/mit einer einleuchtenden Begründung/unter einem Vorwand zur Öffnung des Zugangs in sein Territorium verleiten, um dieses dann zu besetzen; Strategem der Angriffs-/Okkupationsverschleierung.

Die Kurzformel des Strategems Nr. 24 geht auf einen Kriegszug aus dem 7. Jh. v. Chr. zurück. Zu den sechs Ereignissen, die die wortkargen *Frühlings- und Herbstannalen,* als deren Verfasser Konfuzius (551–479) gilt, aus dem zweiten Herrschaftsjahr des Herzogs Xi und Lu (658 v. Chr.) berichten, gehört folgende Begebenheit: «Eine Armee von Yu [entspricht in etwa dem heutigen Kreis Pinglu in der Provinz Shanxi] und eine Armee von Jin [im Südwesten der heutigen Provinz Shanxi] vernichten Xiayang [im Norden des heutigen Kreises Pinglu in der Provinz Shanxi].» Erstmals in den *Frühlings- und Herbstannalen,* die mit dem Jahre 722 v. Chr. einsetzen, wird an dieser Stelle der Staat Jin erwähnt. Der zitierte Satz bezieht sich auf den ersten Feldzug im Rahmen eines strategemisch geplanten Krieges des Staates Jin. Drei Jahre später folgte ein zweiter erfolgreicher Feldzug. Durch die beiden Feldzüge legte der Staat Jin den Grundstein für seine spätere Großmachtstellung. Die Einzelheiten des aus zwei Etappen bestehenden Kriegsgeschehens werden in der *Überlieferung des Zuo* geschildert, die Zuo Qiuming, einem Zeitgenossen des Konfuzius, zugeschrieben wird, wahrscheinlich aber zu Beginn des Zeitalters der Kämpfenden Reiche (475–221) kompiliert wurde und unter anderem Darstellungen von 492 Kriegen aus einem Zeitraum von 260 Jahren enthält.

24.1  Gehen die Lippen zugrunde, dann frieren die Zähne

Im Jahre 658 v. Chr. trug der Großwürdenträger Xun Xi seinem Herrn, dem Herzog Xian von Jin (676–651), das folgende Ersuchen vor: «Ich bitte, mir zu erlauben, dem Herrscher von Yu den Karfunkelstein aus Chuiji und ein Viergespann von Pferden aus Qu überreichen zu dürfen, um ihn bei dieser Gelegenheit zu bitten, uns den Weg durch sein Reich auszuleihen.» Der Herzog entgegnete: «Der Karfunkelstein aus Chuiji ist ein Schatz meines Hauses, und die Pferde aus Qu sind meine schnellsten Rosse. Was geschieht, wenn er meine Kostbarkeiten annimmt, ohne uns den Weg auszuleihen?» Xun Xi gab zur Antwort: «Wenn er uns den Weg nicht ausleiht, wird er es bestimmt nicht wagen, unsere Geschenke anzunehmen. Nimmt er aber unsere Geschenke an und leiht uns den Weg durch sein Land aus, so ist das ja nur, als nähmen wir den Stein aus der inneren Schatzkammer und legten ihn in eine äußere Schatzkammer und als brächten wir die Pferde aus einem inneren Gehege in ein äußeres. Seid unbesorgt, mein Fürst.» – «Aber da ist noch der Berater des Fürsten von Yu, Gong Zhiqi!» wandte Herzog Xian ein. «Gong Zhiqi ist ein kleinmütiger Mann, der sich bei seinem Fürsten nicht durchzusetzen vermag», entgegnete Xun Xi. «Außerdem sind er und der Fürst gemeinsam im Herrscherpalast aufgewachsen. Er steht dem Fürsten von Yu viel zu nahe, als daß dieser Respekt vor ihm hätte. Gong Zhiqi wird den Fürsten von Yu sicher warnen, aber der Fürst wird nicht auf ihn hören.»

Darauf beauftragte Herzog Xian von Jin seinen Großwürdenträger, bei Yu einen Weg für den Angriff gegen Guo zu borgen. Xun Xi überreichte dem Fürsten von Yu die Geschenke und überbrachte ihm dabei die folgende Botschaft: «Vor einiger Zeit ist der Staat Ji vom rechten Weg abgewichen. Er besetzte in Eurem Staat das Gebiet von Dianling und stürmte gegen drei Tore der Stadt Ming. Damals leistete Euer Staat heldenhaften Widerstand und bereitete Ji eine Niederlage. Das geschah gänzlich dank Eurer weisen Entschlußkraft. Jetzt ist es der Staat Guo [auf dem Gebiet des heutigen Kreises Shan in der Provinz Henan], der vom rechten Weg abgewichen ist. Er errichtet Grenzbefestigungen, um in die südlichen Gebiete unseres Landes einzufallen. Ich erlaube mir, Euch darum zu ersuchen, uns einen Weg für den Durchmarsch nach Guo auszuleihen, damit wir den Staat Guo zur Rechenschaft ziehen können.» Der Fürst von Yu nahm die Geschenke an, gestattete den Durchmarsch und erbot sich gar, als erster einen Schlag gegen Guo zu führen. Sein Berater Gong Zhiqi protestierte, aber der Fürst achtete nicht auf ihn. Darauf mobilisierte der Fürst von Yu seine Armee. Im Sommer vereinigten die beiden Großwürdenträger von Jin, Li Ke und Xun Xi, ihr Heer mit den Truppen des Staates Yu, griffen gemeinsam den Staat Guo an und eroberten Xiayang, die strategisch wichtige, nahe der Südgrenze von Yu gelegene ehemalige Hauptstadt von Guo.

Drei Jahre später, also 655 v. Chr., ersuchte Herzog Xian von Jin den Fürsten von Yu erneut, ihm einen Weg durch Yu für einen Angriff auf Guo zu borgen. Dagegen wandte sich Gong Zhiqi mit den Worten: «Ihr solltet die Bitte nicht gutheißen. Der Staat Guo ist ein äußerer

Schutzwall von Yu. Ist Guo erst einmal vernichtet, dann wird auch für Yu die letzte Stunde schlagen. Wir dürfen Jin nicht Tür und Tor öffnen. Mit fremden Soldaten im Land läßt sich nicht spaßen. Bereits das eine Mal, da wir Jin entgegengekommen sind, war des Guten zuviel. Wie können wir Jin erneut einen Durchmarschweg ausleihen! Ein Sprichwort besagt: ‹Fahrgestell und Räder sind ebenso aufeinander angewiesen wie Lippen und Zähne. Gehen die Lippen zugrunde, dann frieren die Zähne.› Dieses Sprichwort veranschaulicht die Beziehung zwischen Yu und Guo. Guo ist auf Yu angewiesen, um nicht zugrunde zu gehen. Yu ist aber auch auf Guo angewiesen, um nicht zugrunde zu gehen. Wenn Ihr dem Herrscher von Jin den Weg ausleiht, wird Guo am Morgen untergehen und Yu ihm am Abend folgen. Der Bitte kann nicht entsprochen werden. Ich hoffe, Ihr schlagt sie ab.» Der Fürst von Yu entgegnete: «Die Herrscher von Jin und von Yu haben dieselben Ahnen. Wie könnte uns Jin also etwas zuleide tun? Überdies bringe ich stets reichlich Opfer dar. Die Götter werden mich bestimmt unterstützen.» Alle diese Einwände entkräftete Gong Zhiqi, doch der Fürst von Yu schlug seine Warnungen in den Wind. Er gestattete dem Staate Jin den Durchmarsch zu einem Angriff gegen Guo. Darauf verließ Gong Zhiqi mitsamt seiner Familie den Staat Yu. Dabei prophezeite er: «Yu wird noch vor dem Winteropfer untergehen. Dies wird beim diesmaligen Feldzug der Jin-Armee geschehen. Jin wird danach nicht noch ein weiteres Mal zu den Waffen zu greifen brauchen.» Im achten Monat belagerte der Herzog von Jin Shangyang, die Hauptstadt von Guo, und am ersten Tag des zwölften Monats eroberte er den Staat Guo. Auf dem Rückmarsch lagerte die Jin-Armee in Yu, griff Yu plötzlich an und eroberte es in einem Streich. Xun Xi nahm die Rosse und den Karfunkelstein und erstattete Herzog Xian Bericht. Dieser sprach voller Freude: «Der Karfunkelstein ist noch derselbe, und auch die Rosse haben nur etwas längere Zähne bekommen.»

In der geschilderten Strategemplanung und -ausführung von Xun Xi, dem Berater des Herzogs von Jin, springen zwei aufeinanderfolgende Schritte ins Auge. In einem ersten Schritt vermochte Xun Xi mit kostbaren Geschenken und wohlgesetzten Worten einen Keil zwischen den Staat Yu und den an ihn angrenzenden Staat Guo zu treiben (Strategem Nr. 33). Der habgierige und arglose Fürst von Yu gestattete dem Staate Jin nicht nur den Durchmarsch für einen Angriff gegen Guo, sondern unterstützte ihn dabei gar noch mit eigenen Truppen. Den darauffolgenden ersten Feldzug beschränkte Xun Xi strikt auf einen Waffengang mit Guo. Der Staat Yu blieb in dieser Etappe der

Strategemausführung unbehelligt. Das Stratagem, das Xun Xi gegen Yu im Schilde führte, trat für Yu noch nicht zutage. Im Gegenteil, in diesem Handlungsstadium mußte Xun Xi alles tun, um das Vertrauen des Herrschers von Yu zu gewinnen und zu bewahren.

Daß Xun Xi aber bereits zu diesem Zeitpunkt weit in die Zukunft vorausplante, seine Strategemanwendung also nicht bloß taktisch, sondern strategisch angelegt war, beweist der Umstand, daß er in dem Gespräch, das er vor dem ersten Feldzug mit Herzog Xian von Jin führte, diesem in Aussicht stellte, er werde die dem Fürsten von Yu zu schenkenden Kostbarkeiten zurückerlangen. Drei Jahre nach dem ersten erfolgte der zweite Schritt der Strategemanwendung. Der Fürst von Yu gestattete Jin zum zweiten Mal den Durchmarsch. Warum sollte er auch die Genehmigung des zweiten Durchmarsches nach den keineswegs schlechten Erfahrungen mit dem ersten verweigern? Diesmal aber ließ Xun Xi die Katze aus dem Sack. Das infolge der Vertrauensseligkeit seines Herrschers schutzlose Yu konnte mühelos überrumpelt und erobert werden.

Beim Stratagem Nr. 24 verfolgt der Strategemanwender A zwei Ziele. Das erste Ziel ist ein Zwischenziel, das zweite das Endziel. Das Zwischenziel ist die Brücke zum Endziel. Das Endziel kann A nur über das Zwischenziel und dieses nur mit der Hilfe des Gegenübers B erreichen. A legt dem Gegenüber B lediglich in bezug auf das erste Ziel die Karten auf den Tisch. Das zweite Ziel verschweigt er. Bereits das erste Ziel erscheint dem Gegenüber als gewichtig und einleuchtend genug, weshalb er nicht argwöhnt, A könne noch ein ganz anderes Ziel verfolgen. So läßt sich B von A einspannen, der ihn um Hilfe bittet. In der ersten Phase des Geschehens, bei der Realisierung des Zwischenziels, bleibt B denn auch ungeschoren. Erst in der zweiten Phase des Handlungsablaufs wird B zum Opfer des Stratagems.

Die Geschichte vom ausgeliehenen Weg zur Eroberung von Guo wird in China immer wieder verbreitet. Die in Peking erscheinende Zeitschrift *Zhongguo Jianshe (China im Aufbau,* Oktober 1981) brachte sie, mit einer Illustration versehen, ebenso wie, mit Scherenschnitten ausstaffiert, das vom regierungsamtlichen Taiwanesischen Presseamt veröffentlichte Monatsmagazin *Sinorama* (Taipeh, Oktober 1996). In beiden Fällen wird eine der beiden Redewendungen, die auf die Bezugsgeschichte zurückgehen, hervorgehoben: «Gehen die Lippen zugrunde, dann frieren die Zähne (chun wang chi han).» Diese Redewendung unterstreicht die engen Beziehungen zwischen zwei Nachbarländern und dient in der chinesischen Strategemliteratur zur Warnung vor den Schalmeien von Anwendern des Stratagems Nr. 24.

Als verfestigte Formel tritt der Strategemausdruck Nr. 24 vor etwa 800 Jahren auf. «Er leiht sich bei Yu einen Durchmarschweg aus, um Guo zu vernichten», so beginnt ein Gedicht, in dem Wang Yuanliang aus der Zeit der Südlichen Song-Dynastie (1127–1276) zwei alte Go-Spieler bei ihrem Wettkampf und die Strategemkundigkeit des Siegers besingt. In einem militärischen Zusammenhang verwendet ihn der Beamte und Schriftsteller Yang Shen (1488–1559), der seine letzten Lebensjahre in Yunnan (im Südwesten Chinas) in der Verbannung verbrachte, in seinen *Aufzeichnungen über Yunnan*. Darin berichtet er, wie der Kommandant von Dali (auf dem Gebiet des heutigen Autonomen Bezirks Dali der Bai-Volksgruppe, Provinz Yunnan) von einem feindlichen Machthaber, der seinerseits von einem Dritten angegriffen wird, um Truppenhilfe gebeten wird. In seinem Antwortschreiben wirft der Kommandant von Dali dem um Hilfe ersuchenden Rivalen vor, er plane doch nur, «sich einen Weg zu einem Angriff auf Guo auszuleihen», das heißt, mit Hilfe der Truppen von Dali erst den Angreifer auszuschalten, um dann, mächtig geworden, das isolierte Dali zu erobern.

In einem politischen Zusammenhang präsentierte ein Hausfreund Wang Shizhens (1526–1590) den Strategemausdruck Nr. 24 in seinem Drama *Bericht über die klagenden Phoenixe*. Er schildert in enger Anlehnung an die historische Wirklichkeit den Kampf von acht loyalen Würdenträgern gegen den Kanzler Yan Song (1480–1567) (s. 31.16). Dieser manipuliert 20 Jahre lang die von dem unfähigen, dem religiösen Taoismus frönenden Kaiser weitgehend vernachlässigten Reichsgeschäfte. Unter anderem setzt er im Norden den Angriffen der Tataren und im Süden den Überfällen japanischer Piraten keinen entschlossenen Widerstand entgegen. Nach der von Yan Song wegen einer angeblichen Bestechungsaffäre angeordneten Hinrichtung des Zensors Xia Yan (1482–1548), der sich für die Rückeroberung des an die Tataren verlorenen Hetao (im heutigen Autonomen Gebiet der Inneren Mongolei) eingesetzt hatte, macht als erster der Militärbeamte Yang Jisheng (1516–1555) offen seinem Unmut Luft. Mit einer nicht frontal gegen Yan Song selbst, sondern gegen dessen Komplizen Qiu Luan (?–1552) gerichteten Eingabe begibt er sich auf den Weg. Die Eingabe will Yang Jisheng persönlich Yan Song aushändigen mit der Bitte, sie an den Kaiser weiterzuleiten. Denn Yan Song ist der einzige Beamte, dem der Kaiser vertraut. Auf dem Weg zu Yan Song spricht Yang Jisheng über das Motiv, das er mit seiner gegen den Komplizen

Yan Songs gerichteten Eingabe verfolgt: «So setze ich Yan Song über mein Strategem ‹Einen Weg für einen Angriff auf Guo ausleihen› in Kenntnis und mache seine unersättliche Machtgier zunichte.»

Gemäß dem Gedankengang Yang Jishengs wird Yan Song seine Eingabe vor der Übermittlung an den Kaiser lesen, über das langfristig ihm drohende Schicksal erschrecken und sich eines Besseren besinnen. Er wird sich nämlich sagen, daß Yang Jisheng nach dem Erfolg seiner mit Yan Songs Hilfe lancierten ersten Eingabe eine zweite Eingabe, dann aber gegen ihn, Yan Song, an den Kaiser richten werde, falls er, Yan Song, so wie bisher weitermache. Diese auch Anklänge an das Strategem Nr. 13 aufweisende Überlegung erweist sich als naiv. Yan Song läßt Yang Jisheng umbringen. Nach ihm verfaßten weitere vier Minister gegen Yan Song gerichtete Eingaben an den Kaiser. Auch sie bezahlten ihren Mut mit dem Leben. Erst der Zensor Zou Yinglong und andere vermochten später Yan Song aus Amt und Würden zu vertreiben. Eine besonders ins Auge springende Anwendung des Strategemausdrucks Nr. 24 in einem literarischen Werk der Ming-Zeit (1368–1644) kommt in 24.9 zur Sprache.

## 24.2 Bismarcks Krieg mit und gegen Österreich

Die Anwendung des Strategems Nr. 24 durch Xun Xi, den Berater des Herzogs von Jin, vergleicht Jin Wen mit dem Vorgehen «des preußischen eisernen Kanzlers Bismarck» («Ein Kunstgriff der Diplomatie ist der Umweg», 6. Folge der Serie «Strategeme in der Diplomatie», in: *Weltwissen*, Peking, Nr. 18, 1990, S. 27). Bismarck habe es zunächst verstanden, Österreich, den Rivalen Preußens im Deutschen Bund, im Jahre 1864 zu einem gemeinsamen erfolgreichen Kriegszug gegen Dänemark zu bewegen, der Preußen einen bedeutenden Machtgewinn bescherte. Schleswig-Holstein wurde von Dänemark losgelöst und zunächst der gemeinsamen Verwaltung durch Österreich und Preußen unterstellt. Durch den Vertrag von Gastein vom 14.8.1865 erhielt Preußen die Verwaltung Schleswigs und Österreich die Holsteins übertragen. Kaum habe Preußen dank Österreich den gemeinsamen Sieg errungen, «hat Bismarck», so Jin Wen, «Truppen in Marsch gesetzt und Österreich aus Holstein vertrieben». Als Ergebnis des preußisch-österreichischen Krieges von 1866 kam nicht nur Holstein zu Preußen, sondern es verschwand auch der Deutsche Bund, womit Österreich, bisher als Mitglied des Deutschen Bundes eine führende Macht in

Deutschland, zu Ausland wurde und Preußen sich zur alleinigen Vormacht in Deutschland emporschwang.

## 24.3  Als Tiger gesprungen, als Bettvorleger gelandet

Als majestätische Machtzentren betraten sie die Bühne des 20. Jahrhunderts, die europäischen Großstaaten. In Peking marschierten sie im Jahre 1900 ein und eroberten es – die Truppen des sich über ein Viertel des Globus erstreckenden Britischen Empire, des »größte[n] aller Weltreiche« *(Der Spiegel,* Hamburg Nr. 47, 1998, S. 159), in dem die Sonne nicht mehr unterging, «ein Fünftel des Planeten mit einem Viertel der Menschheit», bestehend aus «600 Territorien, zusammen fast hundertmal so groß wie das Mutterland» *(Der Spiegel,* Hamburg Nr. 47, 1998, S. 161), die des 11 Millionen $km^2$ umfassenden französischen Weltreichs, die der Kaiserreiche Österreich-Ungarn und Deutschland sowie des Königreichs Italien, zusammen mit den Verbänden der USA, Rußlands und Japans, um den Boxeraufstand niederzuschlagen. Einen triumphalen Sieg errangen sie im Jahre 1900 in China, die europäischen Weltmächte, unter deutschem Oberbefehl.

Im «Boxerprotokoll» von 1901 zwangen die Sieger China zur Zahlung der riesigen Entschädigungssumme von 450 Mio. Silbertael, zudem zur Entsendung von «Sühneprinzen» unter anderem nach Deutschland...

Und am Ende des 20. Jahrhunderts? «Das untätige Zusehen beim Völkermord in Ruanda und beim Massaker von Srebrenica ist für EU-Mitarbeiter das Kainsmal der Union» *(Die Zeit,* Hamburg 19. 11. 1998, S. 12). «Die Europäer sind nicht in der Lage, in außen- und sicherheitspolitischen Fragen rechtzeitig gemeinsame Positionen zu entwickeln» («NATO außer Kontrolle», in: *Tages-Anzeiger,* Zürich 31. 10. 1998, S. 5). «Als Europa versuchte, auf eigene Faust das Blutvergießen auf dem Balkan zu stroppen, scheiterte es kläglich» (Charles A. Kupchan: «Vom Friedensstifter zum Partner: Amerika, Europa und die atlantische Sicherheit», in: *Internationale Politik,* Bonn, Nr. 7, Juli 1998, S. 23). «Die Regierungen und auch die Bürger beklagen die Ohnmacht Europas auf dem Balkan» (Klaus Hänsch, stellvertretender Fraktionsvorsitzender der Sozialdemokratischen Partei Europas, in: *Focus,* München Nr. 36, 1998, S. 80). «Europa schaut zu, wie sich die Serben das bessere Stück aus dem Kosovo schneiden – und es ethnisch säubern» *(Die Weltwoche,* Zürich 20. 8. 1998, S. 9) und wartet sehnsüchtig darauf, daß die USA einmal mehr ihre «Führungsrolle in Europa» («Ein Husar auf dem Balkan: Richard Holbrookes Erinnerung an die Verhandlungen über das Friedensabkommen für Bosnien», in: *Der Spiegel,* Hamburg Nr. 23, 1998, S. 162) ausüben. «Im Kosovo kam es auf den kollektiven Auftritt an. Amerika mußte dabei notwendigerweise führen» («Richard Holbrooke, amerikanischer Balkanunterhändler», in: *Die Zeit,* Hamburg 5.11.1998, S. 13). Mit anderen Worten, Europa steht unter dem Leitspruch: «Alle Wege führen nach Washington» (Michael Wolffsohn, in: *Bild,* Hamburg 30. 7. 1996, S. 2). Das gilt insbesondere für die verblichene Supermacht England, die es sich kurz vor der Jahrtausendwende gefallen lassen muß, als «Amerikas europäischer Pudel» bezeichnet zu werden (Theo Sommer: «Schüsse ins Nichts», in: *Die Zeit,* Hamburg 22.12.1998, S. 1; Britischer Applaus für Blairs Kosovo-Kurs; entschlossener moralischer «Führer oder Clintons Pudel»? in: *Neue Zürcher Zeitung,* 24.4.1999, S. 3). Wer hörte schon auf den britischen Parteichef Paddy Ashdown, «einen begeisterten EU- und Euro-Befürworter», der bei seiner Abschlußrede auf der Jahresversammlung der britischen Liberaldemokraten am 24.9.1998 in Brigthon, erfüllt von «einer inneren Leidenschaft» und «ohne schauspielerische Pose», an die Europäische Union appellierte, «nun endlich auf außenpolitischem Gebiet handlungsfähig zu werden. Sie überschwemme die Partnerstaaten mit idiotischen Direktiven zum Kleinkram von Gemüsehändlern und Konservenfabrikanten, aber wenn in Europa ein Brand ausbreche wie seinerzeit in Bosnien und jetzt in Kosovo, dann sei sie außerstande, ihn zu löschen; sie warte untätig zu, bis Washington mit der Feuerwehr komme» («Plädoyer für militärische Intervention in Kosovo», in: *Neue Zürcher Zeitung,* 25.9. 1998, S.5).

Und in der Tat: Im 79 Tage dauernden Kosovo-Krieg (24.3.–10.6. 1999) «haben die Vereinigten Staaten, wie zuvor in Bosnien, militärisch die Hauptlast getragen. Ihre Bomber flogen die meisten Angriffe; im Brüsseler Hauptquartier der NATO liefen die Fäden bei einem US-General zusammen» (Matthias Nass: «Die Schocktherapie», in: *Die Zeit,* Hamburg 10.6.1999, S. 1). «Wer hat Milosevic rückzugsreif gebombt? Amerika. Wer hat mit Geheiminformationen dafür gesorgt, daß Milosevic in Den Haag angeklagt wird […]? Amerika.» (Torsten Krauel: «Der Kölner Frieden», in: *Die Welt,* Berlin 11.6.1999, S.1). «Der Wirtschaftsriese EU, der die USA an Einwohnerzahl und Sozialprodukt übertrifft, begnügt sich bei der Außen- und Sicherheitspolitik mit einer Zwergenrolle. ‹Der Kosovo zeigt, daß die Europäer weder die Streitkräfte noch die Militärtechnologie haben, um die Probleme in ihrer Interessensphäre zu lösen›, sagt ein deutscher Rüstungsexperte. Ohne Amerika könnten sie ‹allenfalls bei einem Staatsstreich in Andorra oder einem Bürgerkrieg in Monaco eingreifen›.» (Wolfgang Proissl: «Kein Plan, keine Waffen», in: *Die Zeit,* Hamburg, 27. 5. 1999, S. 6). «Als Tiger ins 20. Jahrhundert hineingesprungen, als Bettvorleger am Ende des 20. Jahrhunderts gelandet»: Geht es zu weit, Europas Exploit der letzten 100 Jahre mit diesem Bild nachzuzeichnen?

«Bald jeder siebte Staat der Welt wird Mitglied der [dereinst erweiterten] Europäischen Union sein. Diese Staaten wickeln etwa die Hälfte des Welthandels ab und erbringen rund ein Viertel der Weltwirtschaftsleistung. Der europäische Binnenmarkt umfaßt dann knapp eine halbe Milliarde Bürger» (Werner Weidenfeld: «Euro und Erweiterung – die Zukunft der ‹EU›», in: *Neue Zürcher Zeitung,* 10. 7. 1998, S. 5). Doch ist aus den weiter unten angedeuteten strukturellen Gründen «der ökonomische Riese ein politischer Zwerg» (*Die Zeit,* Hamburg 19. 11. 1998, S. 12), «der bei keiner internationalen Friedensverhandlung den Ton angibt, aber hinterher zahlen darf» (EU-Kommissarin Monika Wulf-Mathies, in: *Der Spiegel,* Hamburg Nr. 34, 1998, S. 128). Wann immer in Europa Probleme auftauchen – Bosnienkrieg, Mazedonienkonflikt, Nordirlandkrise –, die Europäer legen die Hände in den Schoß und warten, daß die «Führungsmacht» (*Neue Züricher Zeitung,* 12./13. 12. 1998, S. 1) USA schon alles richten werde, von dem für Europa lebenswichtigen Nahostproblem ganz zu schweigen. «L'Europe n'existe pas.» Wie ist es zu diesem Niedergang, der auch durch die Gründung der Europäischen Wirtschaftsgemeinschaft und der EU mit ihrem «wenig erfolgreichen Bemühen um eine gemeinsame Außen- und Sicherheitspolitik» («Krisenbewältigung – wozu?», in: *Neue Zürcher Zeitung,* 17./18. 10. 1998, S. 1) nicht aufgehalten wurde, gekommen? Vielleicht vermag eine auch etwas satirisch-ironisch gemeinte, keineswegs ernstzunehmende Analyse des Geschicks Europas im 20. Jahrhundert unter dem Gesichtspunkt des Stratagems Nr. 24 das Verständnis zu schärfen. Dabei erscheinen bei allen teilweise wesentlichen Unterschieden die USA in der Rolle des Staates Jin, England–Frankreich in jener des Staates Yu und Deutschland in jener des Staates Guo.

1819 erwarben die USA – laut US-Präsident Andrew Jackson (1767–1845) «ein Land, das offenkundig vom Allmächtigen zu einem Schicksal bestimmt ist, welches Griechenland und Rom in den Tagen ihres Stolzes beneidet hätten» (*Neue Zürcher Zeitung,* 21. 9.

1998, S. 7) – Florida von Spanien. Der Annexion von Texas 1845 folgte der Mexikanische Krieg, der mit der Abtretung des Landstückes nördlich des Rio Grande – eines Drittels von Mexikos Staatsgebiet – an die USA endete. Getragen wurde die Expansion der USA von einem nationalen Selbstbewußtsein, das 1823 durch die Abwehr europäischer Ansprüche auf die westliche Hemisphäre in der Monroe-Doktrin seinen Ausdruck fand und in der Überzeugung von der «offenbaren Bestimmung» der USA, ihr System über den ganzen nördlichen Kontinent auszudehnen, gründete. Mit der Ausbreitung der USA – bis 1850 wurden 18 neue Staaten integriert und allein in der Zeit von 1845 bis 1849 die Landesfläche um ein Drittel vergrößert – war eine ethnische Säuberung in Form der gewaltsamen Vertreibung der Indianer aus dem Gebiet östlich des Mississippi verbunden. Mit der Unterwerfung der Apachen (1886) und der Sioux (1890) fanden die Indianerkriege ihren Abschluß.

Ab den 1880er Jahren stand die Außenpolitik der USA ganz im Zeichen einer verstärkten Wirtschaftsexpansion, unterstützt durch die Verbreitung imperialistischen Gedankenguts. Ihren Ausdruck fand sie im Ausgreifen auf Hawaii (1887/98) und Samoa (1899), die in den Geltungsbereich der Monroe-Doktrin einbezogen wurden. Mit dem Sieg im spanisch-amerikanischen Krieg 1898, der zur Sicherung der Vormachtstellung der USA in der Karibik und zum Entstehen eines amerikanischen Kolonialreichs (Philippinen, Puerto Rico, Guam) führte, legten die USA den Grund zu ihrer Weltmachtstellung. 1902/03 intervenierten die USA in Venezuela, 1904 erwarben sie – völkerrechtlich umstritten – die Kanalzone in Panama.

Nach dem Beginn des Ersten Weltkrieges verfolgten die USA zunächst eine Neutralitätspolitik. Doch dann waren die europäischen Gegner Deutschlands und Österreich-Ungarns bereit, sich von den USA unterstützen zu lassen. Erstmals in der Weltgeschichte rückten amerikanische Truppen in Europa ein, hereingelassen oder gar gebeten von England und Frankreich. «Denn im Jahre 1918 waren, bis auf die erst später intervenierenden Amerikaner, die knappen Sieger fast genauso ermattet wie die besiegten Deutschen» (Christian Müller: «Frankreich im Gedenken an die ‹Grande Guerre›», in: *Neue Zürcher Zeitung,* 24. 9. 1998, S. 5). «Im Sommer 1918 war das amerikanische Expeditionskorps aus rund zwei Millionen Mann unter John Joseph Pershing (1860–1948) an der Entscheidung in Frankreich maßgeblich beteiligt» (*Brockhaus Enzyklopädie in 24 Bänden,* 23. Band, Mannheim 1994, S. 179). «Schon 1915 war der finanzielle Einfluß der USA bemerkbar, und im entscheidenden Jahr 1918 beendeten ihre Armeen das militärische Patt an der Westfront» (*Der Spiegel,* Hamburg Nr. 46, 1998, S. 171). Ohne die US-Hilfe wäre der Erste Weltkrieg wohl nicht mit einem so klaren Sieg Englands und Frankreichs und mit einem für Deutschland derart harten Friedensvertrag, «wirklich» einem «Diktat» (Martin Walser, in: *Der Spiegel,* Hamburg Nr. 45, 1998, S. 48), zu Ende gegangen, das «darauf angelegt war, Deutschland klein zu halten und zu demütigen [...] die Friedensverträge enthielten bereits den Keim für die zweite, noch schrecklichere Katastrophe» («1914/18 – des großen Mordens erster Teil», in: *Tages-Anzeiger,* Zürich 11. 11. 1998, S. 2). Hier schimmern entfernte Parallelen des ersten Feldzuges von Jin (USA) mit Yu (England und Frankreich) gegen Guo (Deutschland und Österreich-Ungarn) durch. Wieder ähnlich dem chinesischen Beispiel zogen die USA nach dem Ersten Weltkrieg ihre Truppen aus Europa ab. Sie traten nicht einmal dem Völkerbund bei und verfolgten eine isolationistische Politik.

Im Zweiten Weltkrieg akzeptierte Großbritannien (Yu) nach den militärischen Erfolgen Deutschlands (Guos) ab Sommer 1940 amerikanische Unterstützung. Die USA (Jin) erwiesen sich im weiteren Verlauf des Krieges als «letztlich kriegsentscheidend» (*Brockhaus,* S. 180) und übernahmen eine führende Rolle beim Aufbau des Bündnisses gegen die Achsenmächte. Vorrangiges Ziel der USA war die Niederwerfung Deutschlands (Guos). Ab Herbst 1942 führten die USA Feldzüge in Nordafrika und Italien und seit der Invasion in der Normandie am 6. 6. 1944 auch auf französischem Boden (Yu). Bei allem Lob für die Leistungen der USA im Zweiten Weltkrieg darf die zweifellos ebenfalls zentrale Rolle des mit den USA verbündeten Stalin, «des größten Massenmörders der Menschheitsgeschichte» (*Neue Zürcher Zeitung,* 26. 6. 1998, S. 45), nicht verschwiegen werden. Dank dessen Hilfe vermochten die USA gegen Deutschland das Strategem Nr. 22 anzuwenden. «Als einzige Macht gingen die USA wirtschaftlich gestärkt aus dem Zweiten Weltkrieg hervor» (*Brockhaus,* ebenda). Und diesmal verließen die US-Truppen – in starker Parallele zum zweiten Kriegszug von Jin im Jahre 665 v. Chr. – Europa beziehungsweise Teile davon nicht. «Zwischen lauter erschöpften und erledigten Ländern waren allein die USA gesund und stark genug, um Geld in den Nachkriegsaufbau zu pumpen» (*Der Spiegel,* Hamburg Nr. 46, 1998, S. 172).

Es kam zum Abschluß des NATO-Bündnisses zum Schutz gegen die Sowjetunion, denn die europäischen «Siegerstaaten» waren derart geschwächt, daß sie, allein auf sich gestellt, dem neuen Feind im Osten nicht hätten Paroli bieten können. Und so hörten, als eine Folge unter anderem der zweimaligen, von maßgebenden Staaten Europas gewollten Militärhilfe der USA im Ersten und dann im Zweiten Weltkrieg, eigenständige, ihre Probleme selbst lösende europäische Staaten zu existieren auf. Nicht nur «Guo» (Deutschland), sondern im Anschluß daran auch «Yu» (Frankreich und England beziehungsweise Westeuropa) wurden von der «NATO-Vormacht Amerika» (*Der Spiegel,* Hamburg Nr. 43, 1998, S. 198) unter die Fittiche genommen. Sie greift im Zuge der NATO-Osterweiterung nun auch auf Mittel- und Osteuropa aus, von den weltweiten Einsatzplänen der NATO, «so wie die US-Weltpolizisten es wünschen» (*Der Spiegel,* Hamburg Nr. 49, 1998, S. 88), ganz zu schweigen. Offenbar strebt die NATO danach, «anstelle der UNO ein eigenes globales Gewaltmonopol aufzubauen» («‹Wir sind da im Dilemma›: der grüne Außenpolitiker Ludger Volmer über die Kosovo-Krise und die deutsche Zustimmung zum NATO-Angriff», in: *Der Spiegel,* Hamburg Nr. 43, 1998, S. 31; Interview mit dem deutschen Außenminster Joschka Fischer: «NATO muß notfalls selbständig handeln», in: *Süddeutsche Zeitung,* München 27. 11. 1998, S. 1). «Vielleicht wird Europa nur noch zum taktischen Zwischenstück, zum Bindeglied amerikanischer Interessen, die wuchtig in die eurasische Region drängen, zurückgestuft [...]. Es gibt weniger ein Auseinanderdriften des transatlantischen Bündnisses, vielmehr schreiten die Amerikaner einfach über Europa hinweg» (Christian Hacke, Professor für Internationale Politik an der Universität der Bundeswehr in Hamburg, in: *Tages-Anzeiger,* Zürich 31. 10. 1998, S. 2). Als auf einem Treffen führender Politiker und prominenter Intellektueller aus Ost- und Westeuropa sowie den USA in Wien (26./27. 6. 1999) der frühere amerikanische Präsidentenberater Brzezinski von der weltweiten «amerikanischen Omnipotenz» und von einem «Protektorat Europas von Amerikas Gnaden» sprach, stieß er zwar auf Kritik. «Entgegnet wurde ihm allerdings nichts Konkretes» («Europas Stärke und Amerikas Macht», in: *Neue Zürcher Zeitung,* 29. 6. 1999, S. 5).

Hier wird nicht unterstellt, die USA hätten seit Beginn des 20. Jahrhunderts gegen Europa, «das sich kindisch so lange mit Blut befleckt hatte» (Ernst Moritz Arndt [1769–1860], zitiert aus: *Die Zeit,* Hamburg 26. 11. 1998, S. 44), eine Strategie im Sinne des Stratagems Nr. 24 verfolgt. Erstaunlich sind aber – vielleicht oberflächliche – Ähnlichkeiten zwischen der Bezugsgeschichte des Stratagems Nr. 24 und dem amerikanisch-europäischen Geschehen 25 Jahrhunderte später. In einem sehr abstrakten Sinne mögen sich die USA mit ihrem missionarischen

Sendungsbewußtsein auf eine Ausweitung ihrer Macht auf Europa selbst prädisponiert haben, zumal der amerikanische Präsident F. D. Roosevelt (1933–1945) «eine aktive Verteidigung der global definierten amerikanischen Interessen befürwortete» (*Brockhaus,* S. 180). Auf der anderen Seite haben die europäischen Politiker, die zweimal Amerikaner in Europa aufmarschieren ließen, kaum an das tatsächlich eingetretene Endresultat gedacht oder es herbeigewünscht. Sie erweisen sich also als vom Gang der Geschichte «überlistet» oder zumindest überrumpelt.

In seiner berühmten Rede in der Aula der Universität Zürich 1946 zeichnete jedenfalls etwa ein Winston Churchill (1874–1965) eine Vision von der Zukunft Europas, von der die spätere Wirklichkeit weit entfernt ist. Churchill ging in dieser Rede von einem langen Fortbestand des britischen Weltreiches aus, das mit einem geeinten Kontinentaleuropa auf der einen und den USA sowie der Sowjetunion auf der anderen Seite zusammenarbeiten werde (s. 25.3). Daß nur wenige Jahre nach dieser Rede England zusammen mit den anderen europäischen Staaten unter die Führung der USA geraten würde, hat ein Winston Churchill offensichtlich nicht geahnt. Und Churchill war doch zweifellos im 20. Jahrhundert der klügste, weiseste, weitblickendste und genialste aller Politiker Europas! Mit einer kleinen Einschränkung allerdings: Er war eben auch bloß ein Europäer, und von Europäern wird gesagt, daß ihnen «das Denken in weltpolitischen Kategorien fehlt» (Werner Weidenfeld, in: *Neue Züricher Zeitung,* 10.7.1998, S. 5). Nach Washingtons Ansicht betrieb Churchill im Zweiten Weltkrieg «klassische britische Gleichgewichtspolitik, die es gemäß Roosevelts Idealen gerade endgültig zu überwinden galt. Die Weltmacht Amerika hatte über solchen, auch dem ihr unerwünschten Erhalt des britischen Kolonialreichs dienenden Erwägungen zu stehen [...] Im siegreich bestandenen Kampf gegen Hitlers Deutschland hatte England paradoxerweise jene Machtstellung eingebüßt, deren es nun zur Bildung ausreichender Gegenkraft gegen den anderen nach der Weltherrschaft greifenden totalitären Diktator des 20. Jahrhunderts [Stalin] bedurft hätte» («Jüngstes Gericht und Kalter Krieg: die Potsdamer Konferenz der Großen Drei vor 50 Jahren», in: *Neue Zürcher Zeitung,* 15./16.7.1995, S. 9). Also mußte die «Führungsmacht Amerika» (*Die Weltwoche,* Zürich 26.6.1997, S. 15) das westeuropäische Machtvakuum, das nach 1945 durch den Untergang sämtlicher europäischer Imperien entstand, zwangsläufig füllen. Denn nicht nur für die Zeit vor, sondern auch für die nach 1945 gilt die rhetorische Frage:

«Wie wäre denn Europas Geschichte im 20. Jahrhundert verlaufen, wenn nicht die USA immer wieder tatkräftig eingegriffen hätten?» (*Die Zeit,* Hamburg 29.4.1998, S.36).

Soviel Anerkennung für die USA aus diesen Zeilen sprechen mag, so vernichtend ist das darin implizierte Urteil über die moralischen, intellektuellen und politischen Qualitäten Europas. Sie führten dazu, daß es Europa, das in ähnlicher, wenn auch viel schlimmerer Weise, nicht zusammenstand wie weiland Yu und Guo, mutatis mutandis wie jenen beiden Staaten erging. So hat «Amerika Europa zweimal vor dessen eigener Unfähigkeit gerettet» (*Neue Zürcher Zeitung,* 9.10.1998, S.73). In fast jeder Beziehung dominieren in Europa seit dem Ende des Zweiten Weltkriegs die USA, denen deswegen überhaupt keine Vorwürfe gebühren, haben sie doch im Gegensatz zu den Europäern vergleichsweise rational und überlegt und zudem mit Erfolg ihre nationalen Interessen, die natürlich immer in erster Linie die Interessen der gesamten Menschheit waren, durchgesetzt. «Es ist nicht das erste Mal, daß die USA sich um das Völkerrecht futieren und ‹im nationalen Interesse› Strafaktionen durchführen» (*Tages-Anzeiger,* Zürich 31.10. 1998, S.5); «Amerika wird sich und seine Interessen auch durch aktive Maßnahmen wie die Raketenschläge der vergangenen Woche [gegen angebliche Terroristenhochburgen im Sudan und in Afghanistan] verteidigen. Wie immer werden wir versuchen, mit unseren Freunden in der Welt, wenn irgend möglich, zusammenzuarbeiten. Aber wir werden auch, falls nötig, allein handeln» (William S. Cohen, US-Verteidigungsminister: «Wir werden uns zu wehren wissen», in: *Die Zeit,* Hamburg 27.8.1998, S.13). «Notfalls allein das Richtige [!] zu tun ist ein amerikanischer Topos und eine Grundhaltung hierzulande [in den USA], wie sie populärer gar nicht sein könnte» («Fortgang der amerikanischen Luftangriffe gegen den Irak», in: *Neue Zürcher Zeitung,* 18.12.1998, S.1). Übersehen Europäer, wenn sie in außenpolitischer Hinsicht großartig vom «Ende des Nationalstaates» daherschwadronieren, nicht eine Kleinigkeit, nämlich, daß sie alle zusammen am Tropf der sich sogar über die UNO erhebenden, die ganze Welt überwölbenden totalen Souveränität des Nationalstaats USA hängen?

«Die Europäer kauen immer noch das Problem durch, was ihr Verhältnis zueinander ist» (John Kornblum, US-Botschafter in Bonn, in: *Die Zeit,* Hamburg 19.11.1998, S.12), und «streiten, sobald es konkret wird» (BRD-Außenminister Joschka Fischer, in: *Die Zeit,* Hamburg 12.11.1998, S.4). Der ewigen tiefstverwurzelten Rivalität unter den Europäern (s. 33.15), die auch in der EU andauert und jederzeit mit

Hilfe des Zwietracht-Strategems Nr. 33 problemlos geschürt werden kann, und nicht etwa finsteren Machenschaften der Amerikaner, ist es zuzuschreiben, daß die USA ihre Dominanz über Europa errangen, über das sie das militärische Oberkommando ausüben – im Rahmen der NATO, die ein Euphemismus für «USA» ist. «Die Anbindung Nordamerikas an Europa erleichtert den Europäern [...] immer noch den Umgang miteinander» (Michael Rühle, Senior Planning Officer in der Politischen Abteilung des Internationalen Stabes der NATO in Brüssel, in: *Neue Zürcher Zeitung,* 25./26.7.1998, S.11). Das heißt doch wohl im weniger diplomatisch formulierten Klartext, daß ohne die US-Führung in Europa gewisse herrschsüchtige Staaten wie wilde Wölfe einander an die Gurgel springen würden. «Insbesondere Großbritannien ist der Auffassung, daß die Balancierung Deutschlands nicht oder doch nicht ausreichend durch die Europäische Union erfolgen kann und deshalb Washington als Balancer unerläßlich bleibt» (Werner Link: «Gleichgewicht und Hegemonie», in: *Frankfurter Allgemeine Zeitung,* 19.9.1997, S.13). Viele wackere Streithähne mag Europa zwar auf den Schild gehoben haben, aber Menschen von der Statur eines Lin Xiangru (s. 33.17) hat es, jedenfalls im 20. Jahrhundert, nicht hervorgebracht.

Mit mehr als doppelt so vielen Einwohnern wie die EU selbst nach deren geplanter Mega-Erweiterung vermag China seine eigene innere Widersprüchlichkeit selbst zu bewältigen und ist nicht auf die ausgleichende permanente Intervention einer fremden Führungsmacht angewiesen. «China hat sich sicherheitspolitisch nicht einbinden lassen [...] es tritt als auf seine Unabhängigkeit pochender Akteur auf» (Curt Gasteyger: «Auf der Suche nach Sicherheit: Ostmitteleuropas Blick auf die NATO – Chinas Alleingang», in: *Neue Zürcher Zeitung,* 28.8. 1998, S.49). Demgegenüber heißt das magische Wort in sicherheits- und weltpolitischer, ja sogar, wie obige Zitate zeigen, in innereuropäischer Hinsicht für jeden modernen Europäer «Führung». Europäer bedürfen der «Führung», und zwar durch die USA. Irgendeine Europa betreffende Zukunftsperspektive ohne «die westliche Führungsmacht» (Michael Stürmer, in: *Neue Zürcher Zeitung,* 28.8.1998, S.5) USA gibt es unter den maßgebenden europäischen Politikern nicht. Die «Führung» der USA scheint bis zum Sankt-Nimmerleins-Tag der Eckpfeiler des europäischen politischen Denkens zu sein, zumal «die europäische Sicherheits- und Verteidigungsidentität» auch im 21. Jahrhundert «davon abhängen wird, ob die NATO – und damit die USA – Mittel zur Verfügung stellt» («Ein Maß an Unsicherheit erhalten»: Interview mit dem Vorsitzenden des NATO-Militärausschusses, in: *Neue Zürcher Zeitung,* 27.4.1999, S.9). Wird aus der «Führung« der USA mitunter ein «Diktat der Weltmacht» (Titelgeschichte von *Facts,* Zürich 20.8.1998), so wird dieses von Europa wie von einem pflegeleichten Töchterchen brav, wenn vielleicht auch insgeheim etwas maulend, hingenommen. Nur Frankreich, «eine mittlere Großmacht wie Großbritannien und Deutschland auch» (Rudolf Augstein, in: *Der Spiegel,* Hamburg Nr.41, 1998, S.24), mit seinem «ungebrochenen Bedürfnis, nationale Größe zu zeigen und zu erleben» (*Tages-Anzeiger,* Zürich 5.5.1998, S.5), schmollt hier und da, doch da es ebenfalls weiß, wie sehr es auf die Führung der USA in Europa angewiesen ist, haben «die prestige- und eitelkeitsinduzierten Streitigkeiten zwischen [Frankreich und den USA] nie zu einem irreparablen Bruch geführt» (Helmut Schmidt: «Nicht ohne Paris», in: *Die Zeit,* Hamburg 20.12. 1996, S.1). «Selbst der Bosnien-Krieg konnte lange Jahre vor der eigenen Haustür schwelen, bevor man sich unter der Führung Washingtons zu entschiedenen Maßnahmen durchrang» (Stephan Bierling: «Amerika führt – Europa folgt?», in: *Internationale Politik,* Bonn, Nr.2, Februar 1998, S.16).

Jeder gestandene Europäer wird, ohne zu zögern, eilfertig nicken, wenn Amerikaner betonen, «wie wichtig eine weiterbestehende amerikanische Dominanz für die Erhaltung eines vernünftigen Maßes an internationaler Sicherheit und Wohlfahrt ist» (Robert Kagan: «Ein Segen für die Welt: Nur Amerikas Hegemonie garantiert ein Mindestmaß an Stabilität», in: *Die Zeit,* Hamburg 9.7.1998, S.11), wenn sie Dinge sagen wie: «Zwar beklagt man immer wieder Amerikas Arroganz, doch wer sonst außer der einzigen verbliebenen Supermacht garantiert weltweit Stabilität und Wohlstand?» (Robert D. Kaplan, in: *Die Weltwoche,* Zürich, 6.8.1998, S.11), oder wenn Europäer behaupten, «daß Amerika auch in Zukunft für das europäische Wohlergehen unentbehrlich sein wird» (*Neue Zürcher Zeitung,* 16./17.5.1998, S.3). Und so stellen Europäer, die schon der bloße Gedanke an einen möglichen Rückzug der USA aus Europa und an ein dann eintretendes Waisendasein Europas in Panik versetzt, immer wieder erleichtert und beglückt fest, daß sich «Europa unter dem Schutzschirm der USA» (Titel eines Artikels in: *Neue Zürcher Zeitung,* 25.5.1998, S.5) «über einen Mangel an Führungsbereitschaft der USA nicht [...] beklagen» kann (Ernst-Otto Czempiel: «Rückkehr in die Hegemonie», in: *Aus Politik und Zeitgeschichte,* Bonn 1996, Bd.43, S.25).

Um auf die strategemische Ebene zurückzukehren: Die Europäer haben ihre Eskapaden im 20. Jahrhundert, listenblind wie sie sind, zu wenig daraufhin analysiert, welchen Nutzen andere Länder wie die USA ausmünzungsstrategemisch daraus ziehen könnten. So verlief die europäische Geschichte des 20. Jahrhunderts gleichsam nach dem Drehbuch des Strategems Nr. 24. Und es stellt sich an der Schwelle zum 21. Jahrhundert die Frage: «Wofür vereinigt sich Europa und warum?» («Vor einer europäischen Renaissance?», in: *Neue Zürcher Zeitung,* 2./3. 5. 1998, Leitartikel). Um für die USA noch besser führbar zu sein, für die es gewiß bequemer ist, einer Brüsseler Zentrale einen Befehl zu erteilen, als viele Einzelregierungen als Partner zu haben? Hinsichtlich «einer europäischen Weltmachtrolle» ist man angesichts der «selbstverschuldeten Unmündigkeit» («Weltmacht Europa», in: *Die Zeit,* Hamburg 19. 11. 1998, S. 1) jedenfalls «recht kleinlaut geworden» *(Neue Zürcher Zeitung,* ebenda). «Seit dem Ende der Sowjetunion bemühen sich die westeuropäischen Staaten zwar stoßweise um mehr Eigenständigkeit in der Weltpolitik. Seit ihrem Debakel in Bosnien, das immer noch nachwirkt, sind sie sich ihrer politischen und materiellen Schwäche und ihrer Abhängigkeit von Amerika aber wieder sehr bewußt geworden. Markierungen der Eigenständigkeit gerieten selten über das Stadium von Profilierungsversuchen hinaus» («Europa in der globalisierten Welt», in: *Neue Zürcher Zeitung,* 12./13. 12. 1998, Leitartikel).

Was «Amerika, Führungsmacht und Anker der Weltordnung» *(Neue Zürcher Zeitung,* 13. 9. 1999, S. 3) betrifft, so beruht deren «einzigartige Vormachtstellung in der Welt nicht in erster Linie auf militärischer Macht, sondern vor allem auf dem überlegten und geschickten Einsatz politischer Mittel» *(Neue Zürcher Zeitung,* 18./19. 7. 1998, S. 1). Und gerade diese Kunst haben die Europäer von ihrer Führernation, dem «Lehrmeister Amerika» *(Tages-Anzeiger,* Zürich 31. 10. 1998, S. 2), noch nicht gelernt; die Europäer, die «sich ein halbes Jahrhundert lang daran gewöhnt» haben, «in großen Fragen von Amerikanern geführt zu werden» (NATO-General a.D. Gerd Schmückle, in: *Die Weltwoche,* Zürich 14. 9. 1995, S. 4).


24.4  Die Umgebung des Kaisers reinigen und Chao Cuo töten

Die Verwandten des Gründers der Han-Dynastie (206 v. Chr.–220 n. Chr.), die zu Beginn des zweiten Jahrhunderts v. Chr. als Lehenskönige eingesetzt worden waren, gebärdeten sich im Laufe der Jahrzehnte immer unabhängiger. Sie erhoben in ihren Lehensgebieten Steuern, brachten ihr eigenes Geld in Umlauf, setzten Beamte ein und ab und entzogen sich mehr und mehr dem Einfluß des Kaiserhofes. Es schien nur noch eine Frage der Zeit, bis sie sich gänzlich verselbständigten und von der Krone unabhängige Teilreiche bildeten. Als Kaiser Jingdi (157–141) den Vorschlag des Großzensors Chao Cuo (200–154) zur Verkleinerung der Lehensgebiete und damit des Einflusses der Lehensfürsten guthieß, setzte Liu Bi, der König von Wu, seinen lange gehegten Plan einer Erhebung gegen den Kaiser in die Tat um. Denn endlich bot sich ihm die Gelegenheit, seinen Aufstand zu rechtfertigen. Er verlangte nämlich, es seien «die Umgebung des Kaisers zu reinigen und Chao Cuo zu töten». Es kam zur Rebellion der «Sieben Königreiche».

Als die Aufständischen gegen die Hauptstadt vorrückten, verbreiteten sich bei Hof Angst und Schrecken. Nebenbuhler beschuldigten Chao Cuo, der Urheber des Unheils zu sein. Darauf ließ der Kaiser ihn hinrichten. Den Aufständischen versprach er eine Amnestie, falls sie die Waffen sofort niederlegten. Den Rebellen war es aber in Wirklichkeit gar nicht bloß um die Ausschaltung Chao Cuos gegangen. Dessen Eliminierung war zweifellos ein echtes Ziel der Aufrührer gewesen, aber es handelte sich dabei nur um ein vorgeschobenes Zwischen- und nicht um das Endziel. Nach dem Tode Chao Cuos gingen die Aufständischen zur offenen Rebellion gegen das Kaiserhaus über, doch wurden sie von diesem in nur drei Monaten besiegt (s. 19.42). Chao Cuo mit dem Staate Guo und den Kaiserhof mit dem Staate Yu vergleicht Yu Xuebin in seinem Buch *Die 36 Strategeme, neu erklärt und eingehend analysiert* (Peking 1993).


24.5  Mit dem Dieb gegen den Dieb

Herr Wang fährt im Bus nach Hause. An diesem Tag hat er eine rückwirkende Lohnzahlung erhalten, insgesamt fast 1000 Yuan (etwa 240 Mark). Sicher wird meine Frau sehr erfreut sein, denkt er sich. Als er den Bus verläßt, kommt es ihm so vor, als habe jemand seine Tasche berührt. Hastig greift er nach dem Geldbeutel, aber dieser ist bereits, ohne daß er Flügel gehabt hätte, weggeflogen. Im gleichen Augenblick sieht Herr Wang zwei Männer mit erregter Miene weghasten.

Herrn Wang gelingt es gerade noch, den jungen schlanken A zu packen. Dessen Begleiter B entkommt. Herr Wang sagt zu dem jungen

Mann: «Du bist ein Dieb. Mit dem Geldbeutel ist aber der andere weggerannt. Nun bist du übel dran. Wenn du mich aber zu deinem Kumpanen führst, damit ich ihn der Strafe zuführen kann, dann verspreche ich dir, daß du ungeschoren bleibst.» Der jugendliche Dieb sagt, er habe zum ersten Mal so etwas getan. Er sei bereit, ihn zur Wohnung des B zu führen, wo er den Geldbeutel zurückerlangen könne. So geschieht es. Herr Wang berichtet den Fall der Polizei. Diese nimmt den Dieb B fest. Aber auch der Dieb A entgeht seiner gerechten Strafe nicht. Dieses Beispiel erschien am 6.7.1996 in der Serie «Die 36 Strategeme heute» im Nanjinger *Dienstleistungs-Anzeiger*.

Herr Wang stützt sich in einem ersten Schritt auf die Hilfe des Diebes A, um den Dieb B dingfest zu machen und seinen Geldbeutel wiederzugewinnen. In einem zweiten Schritt überläßt er den Dieb A seinem von ihm selbst durch seine Komplizenschaft heraufbeschworenen Schicksal.


24.6  Der Weg zu einer billigen Wohnung

Herr Wang gab per Anzeige bekannt, er wolle eine Wohnung verkaufen. Ihm schwebte ein Preis von 50 000 Dollar vor. Interessenten, die sich meldeten, boten 30 000, 35 000 und 40 000 Dollar. Gerade wollte Herr Wang die Anbieter von 40 000 Dollar genauer unter die Lupe nehmen, da meldete sich ein neuer Interessent mit einem Angebot von 45 000 Dollar und wollte sofort 5000 Dollar anzahlen. Mit 45 000 Dollar war Herr Wang natürlich sehr zufrieden. Deshalb sandte er allen anderen Interessenten eine abschlägige Antwort. Und nun wartete er auf den Abschluß des Handels. Doch der ins Auge gefaßte Käufer ließ nichts mehr von sich hören. Nach mehreren Tagen hielt Herr Wang es nicht mehr aus und griff zum Telefon. Sein Gegenüber schockierte ihn mit der Mitteilung, seine Frau finde 45 000 Dollar zu viel. Sie habe bereits andernorts eine billigere Wohnung gefunden. Ob man nicht noch einmal über den Preis verhandeln könne?

Herr Wang war natürlich außer sich. Doch mußte er seinen Ärger hinunterschlucken. Denn sein Gegenüber war der einzige, der als möglicher Käufer der Wohnung noch übrigblieb. Und diese wollte er ja möglichst schnell loswerden. Also blieb ihm nichts anderes übrig, als erneut über den Preis zu verhandeln. Schließlich einigte man sich auf 30 000 Dollar.

Durch sein nicht ernstgemeintes hohes Angebot hatte der Käufer zunächst Herrn Wang betört und veranlaßt, selbst alle Konkurrenten des Käufers auszuschalten. Auf die Einwirkung des Käufers hin hatte also gleichsam der Staat Yu (Herr Wang) den Staat Guo (die konkurrierenden Käufer) vernichtet. Nun hatte der Käufer plötzlich Oberwasser, während dem Verkäufer praktisch die Hände gebunden waren. Jetzt bezwang der Käufer den Verkäufer und rang ihm einen günstigen Verkaufspreis ab – für den chinesischen Strategemforscher Yu Xuebin ein typisches Beispiel für die Anwendung des Stratagems Nr. 24.

### 24.7 Auf der westlichen Wertewelle reiten, um im chinesischen Chaosmeer zu versinken

Die amerikanische Menschenrechtspolitik und die Strategie der «friedlichen Evolution» wollen in einem ersten Schritt Chinesen weismachen, daß das US-Modell für China viel besser sei als das Regime der Kommunistischen Partei Chinas (KPCh). Nach der Übernahme des politischen und wirtschaftlichen US-Modells werde das Reich der Mitte endlich ein glückliches, wohlhabendes, demokratisches, freies Land ohne jede Korruption sein. Im Glauben an eine solche lichte Zukunft stürzen Regimekritiker das KPCh-Regime. Regimefeindliche Chinesen helfen den USA, einen gemeinsamen Feind, nämlich die Kommunistische Partei Chinas, auszuschalten (erster Schritt des Stratagems Nr. 24). Nun aber hat China die einzige politische Kraft, die das Milliardenvolk einigermaßen zusammenzuhalten vermag, nämlich die KPCh, verloren. China bricht auseinander. Ein Chaos breitet sich aus, das auch die Regimegegner in den Abgrund reißt (zweiter Schritt des Stratagems 24). Die glänzende Lage, die für die Zeit nach dem Sturz der KPCh versprochen wurde, stellt sich nicht ein. Die USA haben nicht das wirtschaftliche und sonstige Potential und auch gar nicht das Interesse, China auf Vordermann zu bringen, und lassen es links liegen. Denn das eigentliche Ziel ihrer Menschenrechtspolitik haben sie ja erreicht: China ist als ernstzunehmender Rivale auf Jahrzehnte ausgeschaltet.

Ungefähr so dürfte sich offiziellen chinesischen Beobachtern die amerikanische Menschenrechtspolitik gegenüber China darstellen – ganz in den Bahnen des Stratagems Nr. 24. Anders sind Sätze wie diese nicht zu verstehen: «Den USA geht es nicht um die Menschenrechte der Chinesen, sondern darum [...] Chinas Stabilität ins Wanken zu bringen und seine Entwicklung zu verhindern» (*Beijing Rundschau,*

Peking Nr. 16, 16.4.1996, S. 13; s. auch Einleitung, Punkt 17, sowie 19.38).

### 24.8 Wie die kleine Linlin ihren Vater um den Finger wickelt

Die 16jährige Linlin würde so gern bei McDonald's etwas essen. Es ist Sonntag. Schon zweimal in dieser Woche hat sie eine westliche Schnellimbißstube aufgesucht. Das hat eine schöne Stange Geld gekostet. Wenn sie den Vater jetzt wieder anbettelt, wird er bestimmt nein sagen. Nach dem Frühstück sagt sie ihrem Papa: «Heute ist der 16. Juni. Es ist Vatertag. Ich wünsche dir ein schönes Fest.» Als der Vater glücklich blinzelt, fragt sie mit leiser Stimme: «Papa, möchtest du heute nicht bei McDonald's einkehren?» Der Vater nickt, woraufhin Linlin schnell nachhakt: «Gut, ich lade dich ein. Allerdings hab ich kein Geld. Laß uns zusammen zu Mama gehen und sie um Geld bitten.» Der Vater, ein Pantoffelheld, zögert. Linlin schürt das Feuer weiter: «Papa, ich weiß, daß du nicht über Geld verfügst. Wenn du an gewöhnlichen Tagen etwas Leckeres kaufen willst, geht das nicht. Warum also nicht die Gelegenheit des heutigen Festtags am Schopf packen und Mama die Kosten übernehmen lassen?» Erst jetzt kommt Bewegung in den Vater. Und so begeben sich die beiden tapfer zur Mutter und bitten sie um Geld. Die Mutter wacht mit eiserner Faust über die Finanzen der Familie. Als sie aber hört, daß die Tochter ihre Kinderliebe entdeckt hat und dem Vater den Festtag verschönern will, wird sie weich. So wandern sie zu dritt zu McDonald's.

Am Abend geht die Mutter in die Nachbarschaft auf Besuch. Die Gelegenheit benutzt Linlin «für den zweiten Schritt ihres Stratagems», wie es im Nanjinger *Dienstleistungs-Anzeiger* in einem Beitrag über das Stratagem Nr. 24 heißt. Sie sagt zum Vater: «In der Shanxi-Straße wurde soeben ein Hähnchen-Lokal eröffnet. Ich habe gehört, es schmecke ausgezeichnet. Heute habe ich dir ein Festessen arrangiert. In einigen Tagen wirst du mich im Gegenzug zum Hähnchenschmaus einladen, nicht wahr?» Als der Papa das hört, weiten sich seine Pupillen. «Jetzt willst du auch noch Hähnchen essen! Linlin, du weißt doch, daß ich kein Geld habe.» – «Paps, vor drei Tagen hast du 300 Yuan [etwa 70 Mark] Prämie erhalten und noch nicht ‹nach oben› abgeliefert. Das ist mir nicht verborgen geblieben. Wenn Mama davon erfährt, wird sie dir alles wegnehmen.» Nach diesem Keulenschlag kann der Vater nur noch klein beigeben.

Nach dem Erfolg ihres Strategems «Einen Weg für den Angriff nach Guo ausleihen» ist Linlin hocherfreut. Doch sie sagt sich selbst: «Papa, Mama, heute esse ich auf eure Kosten. Sobald ich aber einmal Geld verdiene, werde ich euch bestimmt jeden Tag einladen!»

Linlin beschert in einem ersten Schritt, auf Kosten der gemeinsam großzügig gestimmten Mutter, dem Vater ein Festessen, um im zweiten Schritt vom Vater eine Gegeneinladung einzufordern. Erst das Gegenüber für etwas einspannen, das man nur mit dessen Hilfe zu erreichen vermag, und so die Situation reif machen für den zweiten Schritt: das Gegenüber selbst in die Pflicht nehmen – das ist in Beispielen wie diesem eine mögliche Funktionsweise des Strategems Nr. 24.

24.9  Das Hilfsangebot aus dem Königreich Wu

Nach der Schlacht an der Roten Wand (s. 9.1, 35.1) hatte sich Liu Bei zunächst Jingzhous, Nanjuns und Xiangyangs bemächtigt und gewann danach in kurzer Folge mit Hilfe seiner Generäle Zhao Yun und Zhang Fei Lingling, Guiyang, Wuling und Changsha dazu. Damit beherrschte er den größten Teil von Jingzhou (s. auch 20.15). Gleichzeitig erlitt Sun Quan, der König von Wu, bittere Niederlagen gegen Truppen von Cao Cao und verlor zwei seiner besten Heerführer. Plötzlich starb Liu Qi, der älteste Sohn Liu Biaos, des vormaligen Statthalters von Jingzhou (s. 28.5), an einer Krankheit. Als Liu Bei Jingzhou nach der Schlacht an der Roten Wand unter seine Kontrolle nahm, hatte er dies gegenüber Lu Su (172–217), dem Gesandten des Königreichs Wu, damit begründet, daß er als der Treuhänder von Liu Qi handele. Gleichzeitig hatte Liu Bei versprochen, Jingzhou an Wu abzutreten, falls Liu Qi sterben sollte. Nun kündigte Lu Su seine Teilnahme an den Trauerfeierlichkeiten für Liu Qi an. Es war vorauszusehen, daß er bei dieser Gelegenheit auf das Versprechen der Rückgabe Jingzhous zurückkommen werde.

Zhuge Liang fand indes kunstvolle Worte, um Lu Sus Ansinnen abzuwehren. Gleichwohl kam er nicht umhin, Lu Su ein von Liu Bei persönlich verfaßtes, von Zhuge Liang bezeugtes und von Lu Su signiertes Dokument auszuhändigen, in dem Liu Bei seine Herrschaft über Jingzhou als bloß zeitweilig bezeichnete und versprach, Jingzhou an Sun Quan abzutreten, sobald er ein anderes Gebiet erobert habe. Gedacht war dabei an Yizhou (heutige Provinz Sichuan), das sich zu jener Zeit in der Hand Liu Zhangs befand.

Als Lu Su das Dokument nach seiner Rückkehr Zhou Yu, dem Oberbefehlshaber der Wu-Armee, zeigte, war dieser außer sich. «Die Zeitweiligkeit, von der in dem Dokument die Rede ist, ist bloßer Humbug», schimpfte Zhou Yu. Einige Tage später berichteten Späher, Liu Bei lasse in Jingzhou ein Mausoleum für seine verstorbene Gattin errichten. Nun glaubte Zhou Yu einen Weg für die Rückgewinnung von Jingzhou gefunden zu haben. Er ließ den verwitweten Liu Bei in das Königreich Wu einladen und ihm die Hochzeit mit der Schwester von Sun Quan, dem Herrscher von Wu, in Aussicht stellen. In Wirklichkeit war das ein Strategem. Die Schwester war bloß ein Lockvogel (s. Strategem Nr. 31). Liu Bei sollte sofort nach seiner Ankunft in Wu unschädlich gemacht, und im Anschluß daran sollte Jingzhou erobert werden. Zhou Yus Plan scheiterte (s. 13.6). Mit seiner neuen Gattin kehrte Liu Bei wohlbehalten nach Jingzhou zurück.

Kurz darauf sprach Lu Su erneut bei Liu Bei vor und verlangte die Herausgabe Jingzhous. Diesmal reagierte Liu Bei mit einem Schwall von Tränen, die Lu Sus Mitleid erregten. Zhuge Liang sekundierte Liu Bei mit einer eindrücklichen Schilderung der schwierigen Lage, in der sich Liu Bei befinde und die ihn so traurig stimme. Liu Zhang, der Statthalter von Yizhou, sei schließlich ein jüngerer Bruder von Liu Bei, und beide seien von kaiserlichem Geblüt. Liu Bei könne daher nicht ohne weiteres gegen Liu Zhang vorgehen. Das würde ihm nur Schimpf und Schande einbringen. Wenn Liu Bei nun aber Jingzhou hergebe, ohne ein anderes Gebiet zu beherrschen, sei er ohne jede Heimstätte. Behalte er Jingzhou, ziehe er sich den Unwillen des Königreiches Wu zu. Angesichts dieses Dilemmas weinte Liu Bei so bitterlich. Erneut ließ Lu Su sich erweichen, und er verließ Jingzhou mit der Bitte Zhuge Liangs an die Adresse des Herrschers von Wu, Jingzhou noch einige Zeit Liu Bei zu überlassen.

Lu Su suchte den Befehlshaber der Wu-Armee, Zhou Yu, auf. Der ärgerte sich, weil er meinte, daß Lu Su von Zhuge Liang erneut übertölpelt worden sei, schlug nun aber seinerseits ein Strategem vor, das sicher zum Erfolg führen werde. Zu diesem Zweck solle Lu Su erneut nach Jingzhou reisen und Liu Bei folgendes vorschlagen: Er, Liu Bei, und Sun Quan, Herrscher von Wu, seien durch Heirat zu einer großen Familie vereint. Da Liu Bei außerstande sei, Liu Zhang in Yizhou, also im Westen von Jingzhou, anzugreifen, wollte Wu an Liu Beis statt diesen Kriegszug durchführen. Unter dem Vorwand, Yizhou angreifen zu wollen, werde Wu ein Heer in Marsch setzen, das auf dem Weg nach Yizhou Jingzhou durchqueren müsse. Liu Bei werde kommen und die

Armee begrüßen. Bei dieser Gelegenheit werde man ihn umbringen und sich so Jingzhous bemächtigen.

So trug denn Lu Su das Hilfsangebot des Königreichs Wu Liu Bei vor. Von Zhuge Liang dazu ermuntert, nahm Liu Bei das Angebot dankend an und versprach, das Heer aus Wu bei seinem Marsch durch Jingzhou mit Lebensmitteln zu versorgen und es persönlich zu begrüßen. Befriedigt reiste Lu Su ab.

Liu Bei fragte Zhuge Liang, was wohl hinter dem Hilfsangebot stecke. In dem Roman *Romanze der drei Königreiche* von Luo Guanzhong (um 1330–1400) lächelt Zhuge Liang an dieser Stelle: «Das Strategem, das Zhou diesmal anzuwenden versucht, kann ja nicht einmal ein Kind hinters Licht führen.» Was er damit meine, fragt Liu Bei. «Dies ist das Strategem ‹Einen Weg für einen Angriff auf Guo ausleihen›», antwortet Zhuge Liang. «Hinter dem Vorwand, das Gebiet westlich von Jingzhou erobern zu wollen, verbirgt Zhou seine wahre Absicht, Jingzhou zu erobern.»

Nun legte Zhuge Liang seinerseits eine Falle, in die Zhou Yu hineintappte. Als Zhou Yu nämlich vor Jingzhou stand und Einlaß begehrte, fragte man ihn von der Stadtmauer herab, was er hier mache. «Ich bin auf dem Marsch gegen den Westen, den ich für Liu Bei erobern möchte, ist das denn nicht bekannt?» – «Zhuge Liang weiß», schallte es ihm entgegen, «daß ihr das Strategem ‹Einen Weg für einen Angriff auf Guo ausleihen› anwenden wollt.» Zhou Yu erkannte, daß er selbst Opfer eines Strategems geworden war. Eine alte Wunde Zhou Yus brach auf. Mit 36 Jahren starb er. Seine letzten Worte lauteten: «Ach Himmel, du hast doch schon mich erschaffen, warum denn dann auch noch den [Zhuge] Liang!»

24.10 Der Schwerttanz zu Weißenstein

«Unfern Marburg auf dem Wege nach Wetter liegt ein Dorf Wehre (heute Wehrda) und dabei ein spitzer Berg, auf dem vor alten Zeiten eine Raubburg gestanden haben soll, genannt der Weißenstein, und Trümmer davon sind noch übrig. Auf diesem Schloß wurde den Umliegenden großer Schaden zugefügt, allein man konnte den Raubrittern nicht beikommen, wegen der Feste der Mauer und Höhe des Bergs. Endlich verfielen die Bauern aus Wehre auf eine List. Sie versahen sich heimlich mit allerhand Wehr und Waffen, gingen zum Schloß hinauf und gaben den Raubrittern vor, daß sie ihnen einen Schwerttanz darbringen wollten. Unter diesem Schein wurden sie eingelassen; da entblößten sie ihre Waffen und hieben die Raubritter tapfer nieder, bis sich diese auf Gnaden ergaben und von den Bauern samt der Burg ihrem Landesfürsten überliefert wurden» *(Die deutschen Sagen der Brüder Grimm. Zweiter Teil: Geschichtliche Sagen,* Berlin/Leipzig o. J., S. 159).

## 24.11  Prag, 20. August 1968

Am 20. 8. 1968, um 23 Uhr, gab der Kommandant einer sowjetischen Transportmaschine beim Anflug auf Prag einen Notruf durch. Er behauptete, unter Treibstoffmangel zu leiden, und verlangte die Genehmigung zur Notlandung. Dies gestattete der Prager Kontrollturm. Nach der Landung sprangen Fallschirmspringer aus der Maschine. Sie besetzten den Flugplatz. Nun begannen Massenlandungen sowjetischer Flugzeuge.

Dieser Vorgang (den Hanswilhelm Haefs: *Die Ereignisse in der Tschechoslowakei vom 27. 6. 1967 bis 18. 10. 1968,* Bonn etc. 1969, S. 157 f., in den Details, nicht aber in den großen Linien, etwas anders darstellt) sei auch ein Beispiel für die Anwendung des Stratagems Nr. 24, schreibt Li Bingyan, der Verfasser des auflagenstärksten chinesischen Stratagembuchs. Das «Ausleihen eines Weges», mit welcher Begründung und unter welchem Vorwand auch immer, tritt hier als Hauptkomponente des Stratagems Nr. 24 in den Vordergrund. «Einen Weg für einen Angriff auf Guo ausleihen» wird umgedeutet in «Einen Weg für einen Angriff auf Prag ausleihen». Beliebige andere Deutungen dieser Art, bei der von der verwickelten Bezugsgeschichte abgesehen wird, sind denkbar. Dies ist eine zweite Dimension des Stratagems Nr. 24. Es geht dabei nicht mehr um einen Doppelschritt, also um die Ausschaltung von zwei Gegnern, sondern nur noch um einen Schritt und die Ausschaltung eines Feindes. Die Kunstfertigkeit in der Anwendung des so verstandenen Stratagems besteht darin, vom Feind selbst den Weg zu ihm gewiesen zu bekommen.

Der als sozialimperialistisch verschrieen Sowjetunion und den USA wurde von Chinesen die wiederholte Anwendung des so verstandenen Stratagems Nr. 24 vorgeworfen. Die USA hätten 1958 unter dem Vorwand, auf eine Bitte der libanesischen Regierung hin zu handeln, Truppen im Libanon gelandet, heißt es in einem Artikel in der Pekinger *Volkszeitung* vom 13. 5. 1978, der schwerpunktmäßig Moskau ins

Visier nimmt. Immer wieder habe Moskau Interventionen in fremden Ländern damit begründet, einer entsprechenden Aufforderung der jeweiligen Regierungen zu folgen oder «Hilfe gegen Aggression» zu leisten.

24.12 Salamitaktik

Die Bonner Vorwärtsstrategen begannen 1991 harmlos, so das Nachrichtenmagazin *Der Spiegel* (Hamburg Nr. 50/1996), mit der Premiere eines «humanitären» deutschen Militäreinsatzes mit Minensuchern im Persischen Golf, mit Flüchtlingshilfe für irakische Kurden im Grenzgebiet zwischen Türkei und Iran und mit Fluggerät zum Transport von UNO-Inspektoren im Irak. 1992/93 folgte die Kambodscha-Mission von 130 Sanitätern, bei der Sanitätsfeldwebel Alexander Arndt als erster deutscher Soldat im Out-of-area-Einsatz, also außerhalb des angestammten NATO-Bereichs, erschossen wurde. Dann folgte die Entsendung deutscher Versorgungstruppen nach Somalia (Mai 1993– März 1994). 1995 «gelang mit dem ‹Täuschungsmanöver Tornado› der verfassungsrechtliche Durchbruch zu Auslandseinsätzen out of area», heißt es unter dem Titel «Salamitaktik» in der Wochenzeitung *Die Zeit* (Hamburg, 17.1.1996, S.15), und weiter: «In den Top Twenty der politischen Schlagworte der letzten Jahre wurde eines immer vergessen – Salamitaktik.» In bezug auf deren Anwendung gebühre die Palme Verteidigungsminister Volker Rühe und seinem Spiritus rector, dem vormaligen Generalinspekteur Klaus Naumann. Beide haben seit 1991 zielstrebig und unter Täuschung der Öffentlichkeit die Ummünzung der Bundeswehr zu einer weltweit einsatzbaren Kampftruppe betrieben. Mit Erfolg, wie die Beschlußfassung des deutschen Bundestages vom 13.12.1995 signalisierte. Mit der SFOR-Mission stehe die Bundeswehr als gleichberechtigter Partner mit Bodentruppen und Kampfauftrag in den Reihen der NATO-Verbände in Bosnien.

Die «Salamitaktik» (chinesisch: «Hat man einen Zoll erlangt, dringt man gleich ein ganzes Klafter voran [de cun jin chi]») wird nach den dünnen Scheiben benannt, in die eine Salami aufgeschnitten wird, und bezeichnet ein Vorgehen, das politische oder andere Ziele durch kleinere Forderungen und entsprechende Zugeständnisse von der Gegenseite zu erreichen sucht. Im Falle der Umwandlung der deutschen Bundeswehr von einer reinen Verteidigungs- in eine internationale Eingreiftruppe (s. hierzu Jürgen Grässlin: *Lizenz zum Töten?,* München

1997) kamen die schrittweisen Zugeständnisse von den deutschen Sozialdemokraten und Grünen. Der Salamitaktik kann, wie das Beispiel zeigt, durchaus eine Langzeitplanung zugrunde liegen, weshalb «Taktik» nicht ganz das richtige Wort zu sein scheint. Die Salamitaktik überschneidet sich mit dem Strategem Nr. 24, insofern eine auf ein Endziel steuernde Handlung in Zwischenhandlungen mit eher unauffälligen Zwischenzielen unterteilt wird und das anvisierte Endziel zunächst nicht offengelegt wird. Das Strategem Nr. 24 in seiner angestammten Bedeutung ist freilich enger umgrenzt als die Salamitaktik: Das Strategemopfer wird zunächst zur Beseitigung eines Dritten beansprucht und danach selbst ausgeschaltet.

24.13 Sind die Hasen erlegt, so schlachtet man die Jagdhunde

Nach dem Tode des Statthalters von Jingzhou, Liu Biao, hatten die Witwe Liu Biaos und ihre Sippe in Jingzhou die Macht an sich gerissen (s. 20.15, 24.9). Gerade aber rückte aus dem Norden der mächtige Cao Cao mit einem gewaltigen Heer an, um sich Jingzhous zu bemächtigen. Die Usurpatoren fühlten sich zu schwach und verfügten über zu wenig Rückhalt, um Cao Cao Widerstand leisten zu können. Also beschlossen sie, Cao Cao die Kapitulation anzubieten, um als Gegenleistung als Cao Caos Vasallen in Jingzhou weiterhin an der Macht bleiben und ein gutes Leben führen zu können.

Cao Cao befand sich bereits in Jingzhou, und zwar in Fancheng (dem heutigen Fancheng in der Provinz Hubei), das ihm schon in die Hände gefallen war. Cai Mao, der Bruder der Witwe Liu Biaos und ehemaliger Berater desselben, begab sich in Begleitung von Zhang Yun nach Fancheng zu Cao Cao. Dort lobte er Cao Cao über den grünen Klee und beantwortete ihm willig alle Fragen betreffend die militärische Ausrüstung Jingzhous. Darauf ernannte Cao Cao den Cai Mao zum Herzog und Regenten des Südens sowie zum Großadmiral der Flotte von Jingzhou. Dem Zhang Yun gab Cao Cao den Titel eines «der Gehorsamkeit frönenden Herzogs» und die Stellung eines stellvertretenden Flottenadmirals. Als sich die beiden bedankten, teilte Cao Cao ihnen obendrein mit, er werde dem Kaiser vorschlagen, den Sohn Liu Biaos als Nachfolger seines Vaters zum Präfekten von Jingzhou zu ernennen. Mit diesem Versprechen zugunsten ihres jugendlichen Herrschers und den eigenen Titeln in der Tasche verabschiedeten sich die beiden Würdenträger aus Jingzhou.

Jemand fragte Cao Cao, warum er diese beiden Schmeichler so großzügig behandelt habe. Cao Cao antwortete: «Sollte ich sie etwa nicht durchschaut haben? Vergiß nicht, daß ich Truppen anführe, die aus dem Norden kommen. Wir sind im Flußkrieg nicht bewandert, im Gegensatz zu den beiden Männern. Ich brauche derzeit ihre Hilfe. Nachdem ich meine Ziele erreicht habe, kann man sie so behandeln, wie sie es verdienen» (s. auch 33.11). Ein solcher, ganz dem Strategem Nr. 24 folgender Vorgang – erst gebrauchen, dann verstoßen – wurde schon durch Sima Qian (geb. um 145 v. Chr.) mit der Wendung «Sind die Hasen erlegt, schlachtet man die Jagdhunde» gekennzeichnet.

24.14  Hegels List der Vernunft

«Die Vernunft ist ebenso *listig* als *mächtig*. Die List besteht überhaupt in der vermittelnden Tätigkeit, welche, indem sie die Objekte ihrer eigenen Natur gemäß aufeinander einwirken und sich aneinander abarbeiten läßt, ohne sich unmittelbar in diesen Prozeß einzumischen, gleichwohl nur *ihren* Zweck zur Ausführung bringt. Man kann in diesem Sinne sagen, daß die göttliche Vorsehung, der Welt und ihrem Prozeß gegenüber, sich als die absolute List verhält. Gott läßt die Menschen mit ihren besonderen Leidenschaften und Interessen gewähren, und was dadurch zustande kommt, das ist die Vollführung *seiner* Absichten, welche ein anderes sind als dasjenige, um was es denjenigen, deren er sich dabei bedient, zunächst zu tun war.»

«Nicht die allgemeine Idee ist, welche sich in Gegensatz und Kampf, welche sich in Gefahr begibt; sie hält sich unangegriffen und unbeschädigt im Hintergrund. Das ist die *List der Vernunft* zu nennen, daß sie die Leidenschaften für sich wirken läßt, wobei das, durch was sie sich in Existenz setzt, einbüßt und Schaden erleidet. Denn es ist die Erscheinung, von der ein Teil nichtig, ein Teil affirmativ ist. Das Partikuläre ist meistens zu gering gegen das Allgemeine, die Individuen werden aufgefordert und preisgegeben. Die Idee bezahlt den Tribut des Daseins und der Vergänglichkeit nicht aus sich, sondern aus den Leidenschaften der Individuen.»

Das sind Worte des deutschen Philosophen Georg Wilhelm Friedrich Hegel (1770–1831). Kann man das Wirken der «absoluten List» Gottes beziehungsweise der «List der Vernunft» mit den Kategorien des Stratgems Nr. 24 besser begreiflich machen? Sollte dies möglich sein, dann vielleicht mit folgendem Gedankengang: Jeder Mensch, getrieben von seinen Leidenschaften und Überzeugungen, verfolgt seine eigenen Ziele. Was aber am Ende herauskommt, ist vielfach etwas ganz anderes, als das, was er ursprünglich im Sinn hatte. Die «List der Vernunft» führt den Menschen, so wie der Staat Jin den Staat Yu, zu einem seinen Intentionen entsprechenden Anfangserfolg. Aber letztlich opfert die «List der Vernunft» ihr Werkzeug, den menschlichen Akteur, und erreicht ein ganz anderes Ziel, als es ihm vorgeschwebt hatte (vgl. das Ende des Staates Yu). Der Mensch, «irgendwie Instrument einer anderen Macht» (Peter von Matt, in: *Tages-Anzeiger,* Zürich 15.9.1998, S.62), hat, in Anlehnung an Goethes *Faust,* das Böse gewollt und schafft das Gute, oder er hat dieses angestrebt, bewirkt aber jenes.

Zur Veranschaulichung des so verstandenen Wirkens der «List der Vernunft» gehe ich von dem Artikel «Nur Menschen haben Rechte: das Selbstbestimmungsrecht der Völker ist ein barbarisches Instrument» von Ralf Dahrendorf (in: *Die Zeit,* Hamburg 28.4.1988, S.43) aus. Als der amerikanische Präsident Wilson am Ende des Ersten Weltkriegs (1914–1918) im Rahmen seiner 14 Punkte für die Globalisierung des in seinen Wurzeln auf die amerikanische Unabhängigkeitserklärung von 1776 und die Französische Revolution von 1789 zurückreichenden «Selbstbestimmungsrechts der Völker» eintrat, erzielte er bis nach China hin eine erhebliche Propagandawirkung für die Sache der Alliierten. So schrieb der Gründer der chinesischen Republik Sun Yatsen (1866–1925): «Wilson formulierte noch im Kriege seine berühmten ‹14 Punkte›, die das Prinzip des Selbstbestimmungsrechts der Nationen umschlossen [...] Da Deutschland seine Macht dazu gebrauchte, um die alliierten Nationen in Europa zu bedrängen, erklärte Präsident Wilson, alle unterdrückten Völker der Welt sollten sich mit den Alliierten verbünden, um den deutschen Militarismus niederzuwerfen, wonach alle Nationen nach dem Kriege die Möglichkeit zur Selbstbestimmung erhalten sollten. Die kleineren Nationen glaubten an Wilsons Worte und hegten die glühende Hoffnung, daß sie nach Ende des Krieges von nationaler Unterdrückung befreit würden. Die Hindus und Annamiten halfen ihren eigenen Unterdrückern, das heißt England und Frankreich, den Krieg gewinnen, ‹um die Welt für die Demokratie sicher zu machen›. Auch China ist in dieser Hoffnung in den Krieg eingetreten» (Sun Yatsen, zitiert aus: Gottfried-Karl Kindermann [Hg.]: *Konfuzianismus, Sunyatsenismus und chinesischer Kommunimus,* Freiburg im Br. 1963, S.101). In Wirklichkeit ging es den Alliierten aber gar nicht um die weltweite Verwirklichung des Selbstbestimmungsrechts aller Völker. Vielmehr suchte Wilson, so Dahrendorf, «ein Prinzip, um Österreich-Ungarn in seine Bestandteile aufzulösen.» Gerade einmal die Völker Österreich-Ungarns sollten also des Selbstbestimmungsrechts teilhaftig werden. So sollte der mächtige Feind Österreich-Ungarn unschädlich gemacht werden. Dieses Ziel erschien Präsident Wilson als erstrebenswert und das Mittel dazu in Gestalt des Grundsatzes des Selbstbestimmungsrechts der Völker als praktikabel. «Solange der Krieg im Gang war, wurden [Wilsons] 14 Punkte von England und Frankreich vollinhaltlich unterstützt. Nachdem der Krieg jedoch gewonnen war, versuchten England, Frankreich und Italien, Wilsons Programm zu verhindern, weil es ihren imperialistischen Interessen widersprach. Im Endergebnis war der Friedensvertrag [von Versailles] einer der ungerechtesten Verträge, die jemals in der Geschichte geschlossen wurden. Die kleineren Nationen erhielten nicht nur keine Selbstbestimmung, sondern befanden sich nunmehr unter einem System der Unterdrückung, das schlimmer war als zuvor» (Sun Yatsen a.a.O., S.101f.). Präsident Wilson und seine Alliierten hatten jedoch die Rechnung ohne den Wirt, in diesem Fall ohne die «List der Vernunft», gemacht. Zwar erreichte Wilson sein Ziel, gestützt auf das Selbstbestimmungsrecht, Österreich-Ungarn in diverse kleinere Nachfolgestaaten zu zerteilen. Das Konzept des «Selbstbestimmungsrechts der Völker» geriet jedoch unter dem weiteren Wirken der «List der Vernunft» außer Kontrolle und ließ sich langfristig nicht auf die Feinde der westlichen Alliierten des Ersten Weltkriegs beschränken. «Annam, Burma, Java, Indien, Malaya, Afghanistan wie auch viele der kleineren Nationen Europas haben entdeckt, daß sie von den imperialistischen Mächten betrogen wurden und konzentrieren sich nun auf die Aufgabe der Selbstbefreiung» (Sun Yatsen, a.a.O., S.102). Das «Selbstbestimmungsrecht der Völker» verwandelte sich schließlich nach dem Zweiten Weltkrieg in ein Instrument zur Zerstörung des englischen, des französischen, des holländischen und des belgischen Kolonialimperiums. Alle diese Weltreiche, die zusammen annähernd 50 Millionen km$^2$ – ein Drittel der Landoberfläche des Planeten Erde – umfaßt hatten, fielen wie Kartenhäuser in sich zusammen, unter anderem wegen der Sprengkraft des seinerzeit mit der Unterstützung dieser Staaten in die Welt gesetzten Grundsatzes des «Selbstbestimmungsrechts der Völker».

Die «List der Vernunft» hat, wenn die vorliegende Strategemanalyse zutrifft, Präsident Wilson und seine Alliierten dazu auserkoren, das «Selbstbestimmungsrecht der Völker» für ganz und gar selbstische, nur dem eigenen Vorteil dienende Zwecke weltweit populär zu machen. Später vollzog die «List der Vernunft» ihre eigenen Absichten, die, um wieder Hegel zu zitieren, «ein anderes sind als dasjenige, um was es denjenigen, deren» sie sich bedient hatte, «zunächst zu tun war». Die List der Vernunft vernichtete nämlich am Ende zumindest einige der Selbstbestimmungs-Protagonisten des Ersten Weltkrieges durch die Auslöschung ihrer Weltreiche im Namen des «Selbstbestimmungsrechts».

Da die zerstörerische Wucht der Waffe, die ursprünglich – immer nach Dahrendorf – zur Zerschlagung Österreich-Ungarns universalisiert wurde, immer mehr auch Kerngebiete des Westens trifft, lamentieren heute westliche Menschen, das Selbstbestimmungsrecht der Völker sei ein «barbarisches Instrument», ein «Instrument zur Entzivilisierung, das aus dem Wortschatz der internationalen Politik verschwinden sollte» (Ralf Dahrendorf), beziehungsweise das Selbstbestimmungsrecht werde «zum Opium für die Völker» (Jörg Fisch, in: *Neue Zürcher Zeitung,* 9./10.9.1995, S.17). Könnten Politiker, statt letztlich blinde Opfer der «List der Vernunft» zu sein, sich der «List der Vernunft» zielstrebig bedienen oder sie zumindest in ihre Überlegungen einbeziehen?

In diese Richtung scheint Michael Stürmer mit seiner Hoffnung «auf die List der Vernunft» (s. *Neue Zürcher Zeitung,* 20.2.1998, S.5) zu zielen, die, so sein Kalkül, auf dem Umweg über die Einführung des Euro «den Europäern mehr politische Handlungsfähigkeit und Integration» aufzwingen werde, «als die Politiker zwischen Maastricht 1992 und Amsterdam 1997 zu schaffen wußten». Die Überlegungen Michael Stürmers mögen die folgenden Zeilen verdeutlichen: «Hinter der Europäischen Währungsunion (EWU) steht ein politischer Trick, dem die Europäische Union viele frühere Erfolge und sogar ihre Geburt verdankt: Das Interesse der Wirtschaft an großflächiger Liberalisierung wurde als Motor der politischen Einigung Europas eingesetzt. Ob dieser Trick auch beim Geld funktioniert, ist offen: Die Währungsunion bleibt ein Abenteuer mit unsicherem Ausgang» (zitiert aus: *Der Bund,* Bern 4.5.1998, S.5). Übersetzt in die Terminologie des Stratagems Nr.24 heißt das: Wirtschaftskräfte wurden eingesetzt, um die nationalen Alleingänge ökonomischer Natur in Europa zu eliminieren. Das leuchtete allgemein ein, und alle zogen mehr oder weniger begeistert mit. Im Endeffekt werden aber die Nationen Europas auch politisch ausgeschaltet, und das hatte nicht jeder, der die wirtschaftliche Einigung erstrebte, wirklich gewollt. Doch die politische Einigung wird infolge der Zwänge, die mit der wirtschaftlichen Einigung einhergehen, unausweichlich und unabwendbar sein, werden doch durch den Euro «die Einheit von Wirtschaftsraum, Sozialraum und Staat aufgelöst» und den Staaten «die Instrumente der bisherigen nationalen Währungspolitik – Zins-und Wechselpolitik» weggenommen (Werner Weidenfeld, in: *Neue Zürcher Zeitung,* 10.7.1998, S.5). So diente, im Rückblick gesehen, jede in aller Offenheit durchgeführte Maßnahme zur wirtschaftlichen Einigung gleichzeitig dem von gewissen weitsichtigen Politikern eher verdeckt anvisierten Ziel einer letztendlichen politischen Einigung Europas.

### 24.15 Buddhas Gleichnis vom brennenden Haus

«Also habe ich gehört. Einst wohnte der Buddha in der Stadt Rajagrha [Hauptstadt des Landes Magadha in Indien] auf dem Geierberg [...] Scharen übersinnlicher Wesen und zahllose Jünger umgaben ihn [...] Zu jener Zeit erhob sich der Welterhabene und sprach [...]»

So beginnt das Lotos-Sutra, auch die «Bibel Ostasiens» genannt. Es ist die bedeutendste Schrift des über den ganzen Fernen Osten verbreiteten Mahāyāna-Buddhismus. In der Zeit zwischen 200 v. und 200 n.Chr. in Indien entstanden, verdankt es seine herausragende Stellung der unvergleichlichen Anziehungskraft, die es jahrhundertelang auf buddhistische Fromme ausgeübt hat. Ich stütze mich im folgenden auf die vollständige deutsche Übersetzung des unter dem Titel *Miao Fa Lianhua Jing* überlieferten chinesischen Textes von Margareta von Borsig *(Sutra von der Lotosblüte des wunderbaren Gesetzes,* Darmstadt 1993).

Die Reden des Lotos-Sutra sind dem zur höchsten Erleuchtung gelangten Buddha in den Mund gelegt. Vor dem Hintergrund einer mythischen Szenerie entfalten sich in den 28 Kapiteln des Sutra grandiose Bilder. Parabeln veranschaulichen den Lehrgehalt, darunter das im dritten Kapitel wiedergegebene Gleichnis vom brennenden Haus. In diesem Gleichnis erzählt Buddha, wie an jeder Seite eines riesigen Gebäudes gleichzeitig Feuer ausbricht und auf das ganze Bauwerk übergreift. Darin befinden sich die noch kleinen, unverständigen Söhne des unermeßlich reichen Hauseigentümers. Sie sind vergnügt in ihr Spiel vertieft, begreifen und merken nichts, erschrecken und fürchten sich nicht. Sie streben nicht danach zu entkommen. Der Vater warnt die Kinder und ruft ihnen zu: «Kommt schnell heraus!» Aber die Kinder nehmen die Worte des Vaters nicht auf. Sie sind nicht erschrocken und fürchten sich nicht, und sie denken nicht daran herauszukommen. Auch wissen sie nicht, was mit «Feuer» gemeint ist oder was mit «Haus» und wovon er meint, sie würden es verlieren. Sie laufen weiter im Spiel hin und her, und das ist alles.

Da überlegt sich der Vater: «Wenn ich und die Söhne das in Flammen stehende Haus nicht sofort verlassen, ist unser Tod unausweichlich.» Er weiß, welche kostbaren und seltenen Dinge seine Söhne gern haben, und so ruft er ihnen zu: «Verschiedene Wagen mit Ziegen, mit Hirschen und Ochsen stehen außerhalb des Tors. Ihr könnt mit ihnen spielen. Ihr sollt nun schnell aus diesem brennenden Haus herauskommen. Ich will jedem das, was er will, geben.» Als die Kinder von den kostbaren Dingen hören, von denen der Vater spricht und die ihren Wünschen entsprechen, kommen sie eifrig und beherzt, indem sie sich gegenseitig stoßen und einer dem anderen zuvorkommen will, balgend aus dem brennenden Haus.

Als der Vater es erreicht hat, daß alle Kinder unversehrt herauskommen, und er nun sieht, daß sie sich in dem Viereckhof auf die Erde setzen, da ist sein Herz ruhig und von Freude übervoll. Nun sagt jeder der Söhne zum Vater: «Vater, bitte gib uns nun diese schönen Dinge, die Wagen mit Ziegen, Hirschen und Ochsen, die du uns vorhin versprochen hast!» Nun gibt der Vater aber jedem Sohn einen völlig gleichen Wagen. Dieser Wagen ist groß und breit und mit vielen Juwelen ausgeschmückt. [...] Nun steigt jeder Sohn auf einen großen Wagen. Sie haben etwas erhalten, was sie noch nie zuvor besaßen und auch im stillsten nicht erhofft hatten.

Dieses Gleichnis erläutert Buddha an einer anderen Stelle des Lotos-Sutra:

«Um der Lebewesen willen, die im Leid verblendet
und verwirrt,
Predige ich das Nirwana.
Dieses geschickte Mittel wende ich an
Und veranlasse sie, in des Buddhas Geisteskraft
einzugehen.
Früher predigte ich noch nicht zu ihnen:
Ihr müßt es erlangen, den Buddha-Weg zu vollenden.
Daß ich es noch nicht predigte, war,
Weil die Zeit der Predigt noch nicht gekommen war;
Nun ist gerade diese Zeit gekommen,
Und unverbrüchlich predige ich das Große Fahrzeug.»

Zunächst verspricht Buddha, dem in der Parabel der Vater entspricht, den Menschen, die mit ihrem irdischen Sinnen und Streben den Kindern im brennenden Haus gleichen, «Wagen mit Ziegen, Hirschen und Ochsen». Das ist ein Bild für das in Aussicht gestellte Nirwana. Mit der Verheißung der völligen Auflösung des Ichs verlockt Buddha die, oder zumindest einige, Menschen, sich von ihren Illusionen und irdischen Wahnvorstellungen (s. 19.4) zu befreien, also gleichsam das brennende Haus zu verlassen und jenen Zustand der Weltentrücktheit zu erlangen, der ihnen an sich erlaubt, ins Nirwana einzugehen. Aber in diesem Augenblick erhalten die so herangereiften Menschen nicht, wie versprochen, «Wagen mit Ziegen, Hirschen und Ochsen», also das sofortige Nirwana, sondern jeder einen gleich großen, breiten, juwelengeschmückten Wagen. Damit ist die sogenannte Bodhisattvaschaft gemeint. Ein Bodhisattva steht in der letzten Stufe zur Erleuchtung, verzichtet aber bewußt darauf, ins Nirwana einzugehen, um sich wieder der Welt widmen zu können und anderen Wesen, die nicht die Fähigkeit haben, sich mit eigener Kraft aus dem irdischen «brennenden Haus» zu retten, von seinem hohen geistigen Stand aus zu helfen. Während Jahrtausenden oder Jahrmillionen verzichtet also ein Bodhisattva auf das ursprünglich angestrebte persönliche Ziel – den Eintritt ins Nirwana –, um von seinen fortwährend neu aufgehäuften Verdiensten, die er für sich selbst nicht mehr benötigt, schwachen Wesen auf dem Weg zum Nirwana hin beizustehen.

Das Gleichnis vom brennenden Haus zeigt einen Buddha, der anfänglich nur die halbe Wahrheit sagt. Er setzt dem Menschen zunächst nur das eine Ziel, ins Nirwana einzugehen. Dies ist ein echtes, kein vorgegaukeltes Ziel. Erst nachdem er die Menschen unmittelbar vor dieses Ziel hingeführt hat, eröffnet er ihnen sein bislang geheimgehaltenes Ziel, nämlich sie dazu zu bewegen, als Bodhisattvas den Wesen und Menschen zu dienen. Bis zu einem gewissen Grade verhält sich Buddha wie in der Bezugsgeschichte 24.1 der König von Jin gegenüber dem Fürsten von Yu. Nur in bezug auf eines seiner beiden Ziele läßt er die Katze aus dem Sack. Wie der Fürst von Yu erfahren auch die von Buddhas «geschicktem Mittel» (fangbian) Betroffenen erst später, daß das Gegenüber noch ein zweites Ziel verfolgt. Im Unterschied zum König von Jin fügt aber Buddha niemandem irgendeinen Schaden zu. Buddhas Anwendung des Doppelziel-Strategems kann daher als reines Dienststrategem qualifiziert werden. Der Zweck heiligt hier die Mittel. Dies geht aus folgendem Zwiegespräch Buddhas mit seinem Jünger Sariputra hervor, in dem der im Gleichnis geschilderte Vorgang allerdings nicht unter dem Aspekt einer Listanwendung, sondern unter dem engen Gesichtspunkt der Lüge analysiert wird:

«Sariputra! Was ist nun deine Meinung? Ist dieser Vater deshalb, weil er seinen Söhnen in ganz gleicher Weise einen großen Wagen von kostbaren Juwelen gab, nun irgendwie falsch und lügnerisch oder nicht?» Sariputra sagte: «Nein, von aller Welt Verehrter! Dieser Vater bewirkte, daß seine Söhne der Feuergefahr entkamen, und bewahrte ihren Körper und ihr Leben ganz heil. Dies ist keine Falschheit und Lüge. Was ist der Grund dafür? Schon weil er ihnen Leib und Leben ganz bewahrte, erlangten sie ein schönes, kostbares Ding. Er rettete sie mit einem geschickten Mittel aus dem brennenden Haus. Von aller Welt Verehrter! Selbst wenn dieser Vater ihnen nicht einmal den kleinsten Wagen gegeben hätte, wäre er nicht falsch und lügnerisch. Warum ist es so? Dieser Vater hatte ja diesen Gedanken: ‹Ich will mit dem geschickten Mittel erreichen, daß diese Kinder herauskommen.› Dieser Beweggrund ist nicht falsch und lügnerisch; um so weniger, da der Vater, im Bewußtsein, daß sein Reichtum unermeßlich ist, seine Söhne reichlich zu beschenken wünschte und also jedem gleichermaßen einen großen Wagen schenkte.»

# Strategem Nr. 25

## Die Tragbalken stehlen und die Stützpfosten auswechseln

| | | | | |
|---|---|---|---|---|
| Die vier Schriftzeichen | 偷 | 樑 | 換 | 柱 |
| Moderne chinesische Aussprache | tou | liang | huan | zhu |
| Übersetzung der einzelnen Schriftzeichen | stehlen | waagrechte Tragbalken; Balken | auswechseln/austauschen | senkrechte Stützpfosten/ Pfosten; Pfeiler |

**Zusammenhängende Übersetzung:** Den/die Tragbalken stehlen und den/die Stützpfosten auswechseln (und durch anderes/wurmstichiges Bauholz ersetzen).

**Kerngehalt:**

1. a) Ohne Änderung der Fassade eines Gebäudes die tragenden Bauelemente im Innern *entfernen*; einer Sache den Kern wegnehmen, so daß nur noch die Fassade bleibt; das Mark aus den Knochen ziehen und dem Körper die Seele stehlen, den Körper aber intakt lassen.

   b) Ohne Änderung der Fassade eines Gebäudes die tragenden Bauelemente im Innern *verändern*; die äußere Form eines Dinges/eines Begriffs/einer Idee etc. belassen, dessen/deren Inhalt/Kern/Wesensgehalt aber heimlich verändern; Verschleierung der Uminterpretierung, Umfunktionierung, Verdrehung, Verbiegung einer Idee, Ideologie, eines Konzepts; äußerlich alles beim alten lassen, innerlich aber einen grundlegenden Wandel vollziehen; etwas bei gleichbleibendem Äußern verschlechtern, verfälschen, ohne daß dies nach außen hin sichtbar wird. Auskernungs-Strategem.

2. Die «Balken» und «Pfosten» durch Entfernung des ganzen Gebäudes und dessen Ersetzung durch ein äußerlich zum Verwechseln ähnliches Gebäude mit anderem Grundriß austauschen; heimlich einen ganzen Gegenstand gegen einen Zwillingsgegenstand mit anderem Inhalt austauschen. Taschentausch-Strategem.
3. Durch die Größe, Aufmachung etc. einer Packung einen anderen oder mehr Inhalt vortäuschen, als tatsächlich enthalten ist; Verpackung mit falschem Inhalt. Mogelpackung-Strategem.

«Mit bloßer Hand rang er wilde Tiere nieder», schreibt Sima Qian (geb. um 145 v. Chr.) in seinen *Geschichtlichen Aufzeichnungen* über die Körperkräfte von Zhou (angeblich 1174–1112 v. Chr.), des letzten Herrschers der Yin-Dynastie (etwa 14.–12. Jh. v. Chr.). Der *Bericht über die Stammbäume von Kaisern und Königen* aus der Jin-Zeit (265–420) fügt dem noch hinzu: «Er vermochte neun Ochsen trotz deren Widerstand in die Gegenrichtung zu ziehen und konnte Tragbalken emporstemmen und dann Stützpfosten auswechseln.» Dies dürfte die älteste Spur des Strategemausdrucks Nr. 25 sein. Ob der letzte Kaiser der Yin-Dynastie tatsächlich Stützpfosten auswechselte oder ob dieser und die anderen Kraftakte den Autoren der beiden zitierten Textstellen nur zur bildhaften Veranschaulichung des physischen Potentials von Zhou dienen, bleibe dahingestellt. Shen Yue (441–513) erwähnt in einer für Kaiser Wu von Liang (502–519) verfaßten Anordnung «das Abstützen von Tragbalken zur Auswechslung von Stützpfosten ohne den Beizug von Handwerkern» zur Umschreibung damaliger Gesetzlosigkeit. Unter Berufung auf eine Stelle in der *Geschichte der Südlichen Qi-Dynastie*, verfaßt von Xiao Zixian (489–537), schildert der Schriftsteller Ping Buqing (1832–1896) in seiner *Auswahl von Belanglosigkeiten von jenseits der Wolken:* «Ein Haus beginnt sich zur Seite zu neigen, denn die Stützpfosten sind schadhaft. Man scheut aber die Kosten eines Neubaus. Nun stellt man neben den schadhaften Stützpfosten ein anderes Holzstück unter das Dach, um dieses abzufangen. Das Holzstück, mit dem man das Dach abstützt, muß höher sein als der alte Pfosten, denn sonst könnte man diesen nicht entfernen. Darauf wechselt man den schadhaften Stützpfosten aus. Im Volksmund nennt man das ‹Die Tragbalken stehlen und die Stützpfosten auswechseln›.»

Die Strategemformel Nr. 25 hat also zunächst einen architektonischen Einschlag. Sie bezieht sich auf einen Vorgang, den man in unseren Breiten in neuester Zeit mit «Auskernung» bezeichnet¹ (nicht zu verwechseln mit dem «Entkernen» im Sinne des Auflockerns zu stark überbauter städtischer Baublöcke).

## 25.1 Gebäude ohne Seele

«Nach und nach beseitigten die neuen Bewohner alles, was den Bau zuvor ausgezeichnet hatte: Der prominente elliptische Lese- und Vortragssaal, bis dahin öffentliches Zentrum und symbolisches Kraftwerk der Bibliothek, wurde ‹entkernt› und auf diese Weise zerstört; von der aufs äußerst Funktionale und zugleich ästhetisch Stimmige berechneten, ausgeklügelten Innenarchitektur verblieben nur die Brandmauern und einige Eichenpanele der Garten- und Fensterfront. Alle Einbauten (Treppen, Schränke, Regalwände, Klappsitzreihen, Karteikästen) wurden ebenso wie die eingezogene Galerie herausgerissen; sogar das berühmte Oberlichtoval wurde in seiner filigranen Binnenstruktur demoliert [...]» Auf diese Weise geschildert wird die Auskernung des Neubaus der «Kulturwissenschaftlichen Bibliothek Warburg», der am 1.5.1926 in Hamburg seiner Bestimmung übergeben worden war (Michael Diers: «Dem guten Europäer gewidmet: das wiedergewonnene Warburg-Haus in Hamburg», in: *Neue Zürcher Zeitung*, 16./17.9. 1995, S.65).

Die «Aushöhlung» oder – gemäß neuerer Bezeichnung – «Entkernung» beziehungsweise «Auskernung» von Häusen dürfte in Mitteleuropa schon im 19. Jahrhundert vorgekommen sein und hat nach dem Zweiten Weltkrieg beim Wiederaufbau zerstörter Städte und Häuser eine besondere Aktualität erlangt.

Das Wohnen in einem alten Haus ist heutzutage vielfach «in». Doch will man gleichzeitig auf modernen Komfort nicht verzichten. Das WC darf sich nicht im Treppenhaus befinden. Ein Bad gehört selbstverständlich dazu, und die Ofenheizung, für die man die Kohle aus dem Keller schleppen muß, erscheint auch nicht mehr zeitgemäß. Solche Ansprüche zwingen zu einem umfassenden Umbau, zu einer Veränderung der Grundrisse. Will man in einem alten Haus modern wohnen, erweist sich die Auskernung vielfach als die einzig gangbare Lösung. Von «Auskernung» spricht man, wenn man beim Umbau eines Hauses die Innenverkleidungen entfernt und die Raumaufteilungen verändert, ja das gesamte Gebäudeinnere beseitigt, die Außenwände des Hauses und die Dachkonstruktion aber stehen läßt. Auskernung bedeutet also Um- beziehungsweise Neubau bei Fassadenerhaltung. So mag man, von außen gesehen, glauben, vor einem alten Haus zu stehen, betritt man es aber, staunt man über die völlig modernisierte Innenausstattung mit Lift, Schallisolation, Klimaanlagen, Tiefgarage, elektronischer Küche, Dreifachverglasung und so weiter.

Die Auskernung ist in Fachkreisen nicht unumstritten. So entstanden nach der Auskernung von Bauten in der Zürcher Altstadt Schlagworte wie «Zürich als Disneyland» und «Zürich als Fassadenstadt» (Dieter Nievergelt [Hg.]: *Sanierung von Bauten in der Altstadt: Pinselrenovation kontra Auskernung*, Niederteufen, 1986, S. 5). Dahinter stehen die Sorge um die durch Auskernung «entseelten Häuser» und die Einsicht, daß eine Altstadt nur dann ihren Sinn behält, wenn auch hinter den Fassaden die Spuren der Geschichte ablesbar bleiben. Auskernung führt «zu einem schmerzhaften Substanzverlust, zu etwas Unechtem», ja man spricht «von Potemkinschen Dörfern [s. Strategem Nr. 29]», meinte Thomas Wagner, Stadtpräsident von Zürich (a.a.O., S. 11), beziehungsweise von «maskierten Bauwerken» (Georg Mörsch: *Aufgeklärter Widerstand: das Denkmal als Frage und Aufgabe*, Basel etc. 1989, S. 63).

Gegen die Auskernung spricht die Überlegung, daß ein Gebäude eine Einheit bildet und der bloße Fassadenschutz nicht zu befriedigen vermag. Paradoxerweise geht mit einer Auskernung gerade der gesuchte Reiz einer verträumten, Geborgenheit vermittelnden Altbauwohnung mit ihren Ecken und Winkeln verloren. Ein altes Haus kann uns eine Geschichte erzählen. Was für einen Gegensatz dazu bilden die allzu häufig gesichtslosen und in ihrem streng geometrischen Aufbau langweiligen Grundrisse einer Neubauwohnung. Für Georg Mörsch, Professor für Denkmalpflege an der Eidgenössischen Technischen Hochschule in Zürich, ist Auskernung eine Anwendung des Pseudolehrsatzes «Außen erkennbar schön und kunsthistorisch gewürdigt, also erhaltenswert – innen versteckt und ästhetisch schwer zu begreifen, also entfernbar». Die Reaktion des Publikums: Es kommt sich «häufig enttäuscht, verarmt, betrogen vor» (in: Nievergelt, S. 21) und muß «bei jedem Bau, der von außen alt aussieht, eine Fälschung befürchten» (Mörsch 1989, S. 66). Der Mensch braucht sichtbare, materiell konkrete Zeugen der Vergangenheit, die authentische Spuren tragen. Sie geben unserer intellektuellen und emotionalen Erinnerung und damit uns insgesamt zusätzliche Dimensionen und Tiefen. Was aber geschieht bei einer Auskernung?

«Wer einen solchen inneren Abbruch einmal beobachtet hat, steht fassungslos vor der Vernichtung von einwandfreien Dachstühlen, tragfähigen Balkendecken, standfesten Treppenhäusern mit gedrechselten Geländern, Parkettböden, Massivholztäfern, gestemmten Zimmertüren, stukkierten Decken und alten Beschlägen. [Ausgelöscht werden] Spuren des Hauses und seiner Bewohner, Spuren, die sich in Jahrhunderten aufgestaut haben und eine vergangene Lebenswirklichkeit in die Gegenwart tradieren, Spuren, die zur gesamten Aussage des Hauses gehören und den Sonderwert einer eventuell bedeutsamen Fassade erst mitbegründen und tragen. Fast immer verschwinden mit diesen [...] Spuren, neben all den Erinnerungswerten eines alten Hausinneren, auch technisch einwandfreie und brauchbare innere Haus- und Bausubstanz, wie Handwerklichkeit, leichte Reparierbarkeit oft auch für Laien, technische Überschaubarkeit schon für Kinder, die Veränderbarkeit in den kleinen Schritten, die unserem eigenen Lebensrhythmus folgen» (in: Nievergelt, S. 21 f.; Mörsch, S. 62). Insofern die Auskernung die grundsätzliche Andersartigkeit des alten Gebäudes im Vergleich mit Schöpfungen unserer Zeit vernichtet, ist sie «nur eine besonders deutliche Variante seines Untergangs» (in: Nievergelt, S. 26).

25.2 Der an die Wand gespielte Denkmalschutz

Viele alte Bauten, besonders in unseren Städten, genießen in Kubatur, Abstandsflächenunterschreitung zu den Nachbarn und Überschreitung der heute rechtskräftigen Bauflucht zwar Bestandsschutz, wären aber nach einem Abbruch mit gleicher Grundstücksausnutzung als Neubauten nicht wieder errichtbar. Die erhaltene Außenhaut, die abgestützte Fassade, oft nur der alte Fassadenentwurf neu wiederaufgebaut, alles das gern auch noch dem neuen Gebrauch zuliebe «verbessert», reicht, weil ja angeblich ein Denkmal erhalten wird, wobei in Tat und Wahrheit ein Neubau hochgezogen wird. Hier liegt im Mißbrauch des Denkmalschutzes ein öffentliches Ärgernis vor: Statt wenigstens in solchen Fällen die nur in Gestalt des Denkmals mögliche hohe wirtschaftliche Ausnützung des Grundstücks zum Faustpfand einer integralen Erhaltung zu machen, verzichtet man auf die Ganzheit des Denkmals, reduziert also den Denkmalbegriff, gebraucht ihn aber als Alibi, «um einen baurechtlich unzulässigen Neubau zu erlisten» (Georg Mörsch: *Aufgeklärter Widerstand*, Basel etc. 1989, S. 60). So lag der «Erhaltungs»-Grund eines ausgekernten Hotels in Zürich darin, daß bei völligem Abbruch die Baulinie auf den heute rechtsgültigen Verlauf hätte zurückgenommen werden müssen. Die Erhaltung der Außenmauern ermöglichte eine Umgehung dieser für den Neubau geltenden Bestimmung (Mörsch, S. 63, 65).

Damit wird gleich doppelt entkernt, nämlich das Bauwerk und der Begriff «Denkmal».

### 25.3 Dimensionen des Auskernungs-Strategems

Als eine etablierte architektonische Maßnahme stellt die Auskernung kein Strategem, sondern einen normalen Vorgang dar. «Auskernung, längst allgemeiner Wortschatz, einstmals polemisch gemeint, heute stinknormal.» Das schrieb mir am 2.9.1998 ein Professor für Kunst- und Architekturgeschichte an der Eidgenössischen Technischen Hochschule Zürich. Und doch trifft es sich, daß die bauliche Auskernung, so wie ihre Kritiker sie sehen, mit dem Strategem Nr. 25 bedeutsame Parallelen aufweist, freilich mit dem Unterschied, daß das Strategem auf alle möglichen Dinge anwendbar ist, man denke etwa an die Ausschlachtung eines Autos oder die Firmenaushöhlung. Aber auch die Manipulation von Presseberichten durch bestochene Journalisten kennzeichnen Chinesen mit dem Strategem Nr. 25 (*Zeitung der Sonderwirtschaftszone Shenzhen*, 29.10.1994).

«Tragbalken» und «Stützpfosten» sind in der Strategemformel Nr. 25 Bilder für einige wenige, dafür aber zentrale Komponenten eines Gegenstandes. Konkret kann damit zum Beispiel das «Wesen», der «Inhalt» oder die «Essenz» eines Dings gemeint sein. «Das Wesen ist die Eigenschaft, dank deren sich eine Sache von einer anderen unterscheidet. Ändert man heimlich das Wesen (die Essenz, die Substanz) eines Dings oder wechselt man es/sie aus, dann handelt es sich nicht mehr um das ursprüngliche Ding. Auch wenn es nach außen dem Original noch so ähnelt, ist es doch in Wirklichkeit etwas anderes. Der heimliche Wesenswandel ist die radikalste Anwendung des Strategems Nr. 25», schreibt der Strategemforscher Yu Xuebin. «Die Form ist etwas eher Äußerliches, wohingegen der Inhalt nicht so sehr an die Oberfläche tritt», fährt er fort. «Dieser Sachverhalt ermöglicht es, den Inhalt eines Dings heimlich auszuwechseln. Denn wird der Inhalt bei gleichbleibender äußerer Form verändert, dann ist das im allgemeinen nicht leicht erkennbar, obwohl die Auswechslung innerer tragender

Komponenten eines Dinges tiefgreifende Auswirkungen auf dieses zeitigt.»

Auf den Krieg übertragen, bezeichnen «Tragbalken» und «Stützpfosten» die feindliche Hauptstreitmacht. Entfernt man aus einem Haus Tragbalken und Stützpfosten, dann stürzt es ein. Entfernt man aus einer Armee die Hauptstreitmacht, dann wird die Armee ins Wanken geraten. Die militärische Anwendung des Strategems Nr. 25 zielt darauf ab, den Feind, beispielsweise durch ständiges Ändern der eigenen Truppenaufstellung oder durch Scheinmanöver, zu veranlassen, seine Hauptstreitmacht so zu verschieben, daß die Gesamtarmee ihre tragende Stütze verliert und sich in mehrere, eher isolierte schwächere Verbände auflöst. Das entspricht der Maxime «Die Truppen des Feindes aufspalten». Selbst konzentriert man seine Kräfte und geht mit geballter Wucht gegen die atomisierten feindlichen Truppenteile vor. Auf diese Weise kann man womöglich eine Unterlegenheit hinsichtlich der Gesamtlage in zahlreiche partielle Überlegenheiten verwandeln und am Ende auch in strategischer Hinsicht die Oberhand gewinnen.

Auch bei der Unterwanderung eines anderen Landes kommt das Strategem Nr. 25 zum Zuge. Afghanistan sei von der Sowjetunion, so der Strategemforscher Li Bingyan, ab Mitte der 50er Jahre in jeder Hinsicht infiltriert worden. Nach der Machtergreifung von Mohammed Taraki (April 1978) habe die Sowjetunion über 6000 Berater und Spezialisten in das Land geschickt, wodurch sie sich schrittweise die Kontrolle über die Armee sowie die Partei- und Regierungsorgane sicherte. Gleichzeitig habe die Sowjetunion eine rege Agententätigkeit entfaltet, antisowjetische Kräfte in Schlüsselstellungen ausgeschaltet und durch prosowjetische Kräfte ersetzen lassen. Nachdem die Tragbalken und Stützpfosten der afghanischen Armee ausgewechselt worden seien, sei die Sowjetunion am 27.12.1979 offen in Afghanistan einmarschiert und habe es mit einem Streich eingenommen.

Ferner kann man sich die Anwendung des Strategems Nr. 25 auch innerhalb von militärischen oder zivilen Koalitionen und Allianzen sowie nach Fusionen vorstellen, und zwar dahingehend, daß man dem vielleicht zögerlichen Bündnispartner auf geschickte Weise, ehe er sich's versieht, die Hauptkraft (zum Beispiel in Gestalt von zentralen Truppenverbänden, Kaderleuten etc.) entzieht und in die eigenen Formationen überführt. Konkretes diesbezügliches Anschauungsmaterial könnte vielleicht eine unter dem Gesichtspunkt des Strategems Nr. 25 vorgenommene Analyse der NATO beziehungsweise der Rolle der USA im Verhältnis zu ihren Bündnispartnern an den Tag befördern.

Die USA benutzen das Strategem Nr. 25 meisterhaft, indem sie durch eine geschickte Einwanderungspolitik ständig Spitzentalente aus aller Herren Länder anlocken. Durch «diese globale Talentabschöpfung» (Martin Kilian: «Siegesdurstig und kaltherzig», in : *Die Weltwoche*, Zürich 26.3.1998, S.7) werden sie selbst gestärkt und die jeweiligen Heimatländer geschwächt.

Bei einer Gefechtsstellung kann man die eigenen Truppen, ohne daß der Gegner es merkt, durch den Zuzug alliierter Truppen so verstärken, daß sich die ursprüngliche eigene Unterlegenheit in Überlegenheit verwandelt. In diesem Fall hat man bei sich selbst gleichsam neue Balken und Pfosten eingewechselt.

Eine Variante des Strategems Nr. 25 besteht darin, nicht bloß das Innere einer Sache, sondern heimlich den ganzen Gegenstand durch einen anderen zu ersetzen, und zwar oft etwas Echtes durch etwas Gefälschtes, etwas Gutes durch etwas Schlechtes, etwas Wichtiges durch etwas Zweitrangiges und so weiter. Das Ersatzobjekt muß dem Original äußerlich derart ähneln, daß das Strategemopfer das Falsche für das Echte, das Schlechte für das Gute beziehungsweise das Zweit- für das Erstrangige hält. Sollte es den Betrug je bemerken, wird es meist zu spät sein. Hierher gehören als sehr vergröberte Anwendungen des Strategems Nr. 25 die Mogelpackung beziehungsweise der Etikettenschwindel, im Chinesischen oft umschrieben mit «Einen Hammelkopf aushängen, aber Hundefleisch verkaufen (gua yangtou, mai gourou)». Ein Beispiel liefert der Strategemforscher Yu Xuebin. Eine ländliche Fabrik in der Provinz Jilin verpackte minderwertige Düngemittel in Säcke, die mit der Aufschrift einer angesehenen staatlichen Chemiefabrik versehen waren. Die äußere Form der Säcke und die Aufschrift signalisierten eine hochwertige Qualität, doch in Wirklichkeit bargen die Säcke drittklassige Ware.

Bei geistigen Auseinandersetzungen besteht die Anwendung des Strategems Nr. 25 vornehmlich darin, daß man aus einem wie auch immer gearteten Denkgebäude (Begriff, Aussage, Maßnahme, Aktion etc.) ohne Rücksicht auf den tatsächlichen Inhalt denjenigen Teil herauslöst, den man im Rahmen der eigenen Argumentation brauchen kann, zum Beispiel, indem man Vorschläge des Gegenübers aufgreift, aber mit eigenen Inhalten füllt. Diese Vorgehensweise läuft oft auf eine heimliche Auswechslung des Kerngehaltes des Denkgebäudes hinaus. Beispielsweise habe die «Viererbande» die seit Herbst 1975 lancierte Bewegung der Kritik am Roman *Die Räuber vom Liang-Shan-Moor* umfunktionieren wollen. Ohne das Namensschild dieser

Kritikbewegung zu ändern, habe sie versucht, statt des Kapitulationismus – nach Mao die verwerfliche Haupttendenz dieses Romans – die stille Ausbootung eines Führers der Bauernaufständischen durch einen Rivalen in den eigenen Reihen zum Hauptgegenstand der Kritik zu machen. Damit habe Zhou Enlai indirekt ins Visier gerückt werden sollen. Diese Vorgehensweise reihte die *Volkszeitung* am 12.12.1976 unter das Strategem Nr. 25.

Gegen das Strategem Nr. 25 wappnet man sich durch Vorsicht auch gegenüber Bundesgenossen und Neutralen. Man sollte seine Hauptressourcen nicht leichtfertig anderen zur Verfügung stellen, um nicht plötzlich erleben zu müssen, daß die anderen sie aufgesogen haben und man selbst seine Stützen verlor. Man soll im Gegenteil seine «Balken» und «Pfosten» ständig im Auge behalten, ihren Zustand genau kennen und sie hegen und pflegen, so daß man der eigenen vollen Handlungsfähigkeit nie verlustig geht. Die eigenen «Balken» und «Pfosten» dürfen niemandem leicht zugänglich sein. Für den Fall ihrer Beschädigung oder unerwarteten Auswechslung sind rechtzeitig Notmaßnahmen vorzusehen.

Aussagen sollen klar und im Bedarfsfall mit Erläuterungen versehen sein. Wer sich unbestimmt, undeutlich oder doppelsinnig äußert, lädt dazu ein, daß man seine Gedanken falsch auslegt, entstellt, zurechtstutzt oder sonstwie für eigene Zwecke einspannt. Wird einem das Wort im Munde umgedreht, eine Aussage absichtlich falsch beziehungsweise gegenteilig ausgelegt, auch zum Beispiel, indem man einzelne Worte aus ihrem Kontext reißt, soll man für eine sofortige Richtigstellung sorgen und so verhindern, daß die Fehl- oder Uminterpretation immer weitere Kreise zieht. Selbst bei klaren Aussagen ist man nicht gefeit gegen Anwender des Strategems Nr. 25, wie man sie zum Beispiel unter Rechtsanwälten finden kann, die manchmal unverfroren «einen Text zuschneiden und ihm die [ihnen passende] Bedeutung entnehmen [duan zhang qu yi]», ja einem Gegenüber sogar Dinge unterstellen, die es gar nie gesagt hat. Auf solche Arten der Anwendung des Strategems Nr. 25 geht Edward E. Ott in seinem Buch *Juristische Dialektik* (2. Aufl., Basel etc. 1995, S. 66–77, 79–84) näher ein.

So feierte man am 20.9.1996 auf dem Münsterhof in Zürich bei einem Europa-Fest, das unter anderem von der Stadt Zürich und vom Kanton Genf organisiert worden war, eine 50 Jahre zuvor von Winston Churchill (1874–1965) in der Aula der Universität Zürich gehaltene Rede («The Tragedy of Europe», September 19, 1946: in: Robert Rhodes James (Hg.): *Winston S. Churchill: His Complete Speeches 1897–*

*1963*, Vol. VII 1943–1949, New York/London 1974, S. 7379 ff.). Dabei wurde beim Publikum die Vorstellung geweckt, die Vision des Redners Churchill habe ihre Verwirklichung in der Europäischen Union gefunden. Daß im Rahmen einer solchen Interpretation wesentliche «Balken» und «Pfosten» aus der Churchill-Rede entfernt wurden, merkte kaum jemand – wer unterzieht sich schon der Mühe, den Originaltext zu lesen (s. auch 24.3 und insbesondere 25.11)?

Sofern man über Dinge informiert wird, die man selbst unmöglich oder nur mit gewaltigem Aufwand überprüfen kann, sollte man besonders auf der Hut vor möglichen Anwendungen des Strategems Nr. 25 sein. Konkret heißt das, daß man Berichte über unzugängliche Wissensbereiche eigentlich immer mit Skepsis, Vorsicht und Vorbehalten zur Kenntnis nehmen und nie einfach blanko glauben sollte. Denn in einer Zeit mit mehr als 800 Millionen frei zugänglichen Internet-Seiten (*Spiegel*, Hamburg Nr. 28, 1999, S. 152) und durch «enorme Informationsmassen» geschaffenem «unübersichtlichem Chaos» (*gdi impuls*, Zürich 1/1998, S. 27; s. hierzu auch Strategem Nr. 20) ist es nur allzu leicht möglich, jemandem einen Bären aufzubinden.

Sowohl beim Strategem Nr. 11 als auch beim Strategem Nr. 25 findet eine Auswechslung statt. Beim Strategem Nr. 11 aber geht es um die Erhaltung und den Schutz eines Menschen, der von etwas Schlimmem bedroht ist, beim Strategem Nr. 25 um eine auf den ersten Blick nicht feststellbare Personen-, Sach- oder Begriffsänderung mit einem ganzen Fächer von mit diesem Vorgehen verbundenen möglichen Zwecken. Insofern unterscheidet sich das Strategem Nr. 25 auch vom Kraftentziehungs-Strategem Nr. 19, das eindimensional immer auf die Schwächung des Gegenübers zielt.

25.4   Hochzeit ohne Liebesnacht

Der *Traum der Roten Kammer* von Cao Xueqin (?–ca. 1763) ist einer der bekanntesten Romane Chinas und vor allem einer der populärsten. Eine etwas gekürzte deutsche Übersetzung ist Franz Kuhn zu verdanken (Frankfurt a. M. 1977). Der Roman schildert Aufstieg und Fall der großen Adelsfamilie Jia in der traditionellen chinesischen Gesellschaft des 18. Jahrhunderts. Es gibt den Roman nicht nur als Buch, sondern auch als Oper, Fernsehserie und in Comic-Form. Die Namen seiner beiden Hauptakteure, des Jungen Jadeedelstein und des Fräuleins Schwarzjuwel, deren tragische Romanze den Leitfaden der Erzählung bildet, sind jedem Chinesen geläufig. Dazu tritt neben über 400 namentlich genannten Figuren noch die lebenstüchtige, sehr hübsche und auch raffinierte Goldspange (s. 21.12).

Jadeedelstein war der einzige Sohn von Jia Zheng, einem Onkel des mit Wang Xifeng (s. 3.12, 18.11) verheirateten Jia Lian. Mit einem Stück Jade im Mund wurde er geboren, weshalb er als kein gewöhnliches Kind galt. Besonders in ihn vernarrt war seine Großmutter, die Fürstin Ahne. Schwarzjuwel war die Tochter einer Schwester Jia Zhengs. Da ihre Eltern früh verstarben, nahm die Fürstin Ahne sie im Palast der Familie Jia auf. Sie war elf, genauso alt wie Jadeedelstein. Goldspange, die ein Jahr ältere Nichte der Gattin von Jia Zheng, schloß sich dem Haushalt ebenfalls an. Jadeedelstein hatte allgemein eine Schwäche für Mädchen und mochte Goldspange gut leiden. Sein Herz aber gehörte ganz seiner Base Schwarzjuwel. Sie war ein sehr sensibles und nachdenkliches Geschöpf. Die Menschen kamen ihr so oberflächlich vor. Je mehr Gefallen sie an geselligen Zusammenkünften fanden, als desto unangenehmer mußten sie doch hinterher ihre kalte Verlassenheit empfinden. Folglich tat man am besten, solche geselligen Zusammenkünfte überhaupt zu meiden, pflegte sie zu philosophieren. Sie dachte an Blumen, deren Verblühen um so schmerzlicher sei, je mehr man sich an ihrem Blühen erfreut habe, und meinte, da sei es doch besser, sie hätten überhaupt nie geblüht. Kein Wunder, daß sie eine Trauermiene aufsetzte, sobald andere Leute ein frohes Gesicht zeigten. Ihr zartes Herz zeigte sie an einem Herbsttag, als sie die heruntergefallenen Blüten mit einem Besen zusammenfegte, sie in einem Blumenbeutel aus leichter Gaze versorgte und in einem Blütengrab hinter einem Hügel bestattete. Jadeedelstein half ihr dabei.

Schnell konnte sich Schwarzjuwel beleidigt zeigen und stritt dann mit Jadeedelstein, aber seine Beteuerungen stimmten sie im Nu wieder versöhnlich. Einmal besuchte er sie in ihrem Wohnpavillon. Sie richtete sich gerade vom Schlaf auf und begann, im Sitzen ihre Haare zu ordnen. Wie berückend schön erschien sie ihm mit ihren schlafgeröteten Wangen und der schweren Süße im Blick! Einmal gestand er ihr: «Im Träumen und Wachen denke ich immer nur an dich...» Auch anderen Leuten gab Jadeedelstein seine Zuneigung zu Schwarzjuwel offen zu erkennen. In Anspielungen oder ganz ohne Umschweife sprachen verschiedene Personen mit ihr auch schon mal über ihre künftige Hochzeit mit Jadeedelstein. Für sie wie für ihn schien festzustehen, daß sie vom Schicksal füreinander bestimmt waren. So stark fühlte er sich zu Schwarzjuwel hingezogen, daß er schwer erkrankte, als Purpurkuckuck, die Lieblingszofe Schwarzjuwels, ihm einmal im Scherz sagte, ihre Herrin plane, übers Jahr den Palast zu verlassen und bei anderen Verwandten unterzukommen. In körperlicher Hinsicht war Schwarzjuwel schwächlich. Oft hatte sie Fieberzustände und wurde von einem bösartigen Husten geplagt. Dann mußte sie das Bett hüten. Von den Kammerfrauen und Zofen wurde sie, die Vollwaise, als Fremde betrachtet, der sie nur unwillig dienten. So fühlte sich Schwarzjuwel zurückgesetzt, vernachlässigt, ja vereinsamt. Sie hatte niemanden, mit dem sie über ihre Herzensangelegenheiten hätte sprechen können.

Inzwischen war Jadeedelstein ins heiratsfähige Alter gekommen. Als in diesem Zusammenhang seine Mutter der Fürstin Ahne gegenüber einmal Schwarzjuwel erwähnte, meinte Fürstin Ahne: «Schwarzjuwel mag ihre guten Seiten haben, aber sie hat auch ihre Schrullen. Überdies ist es mit ihrer Gesundheit schlecht bestellt. Sie wird wohl, fürchte ich, nicht lange leben. Ich wünsche sie nicht als Frau für Jadeedelstein. Die Richtige für ihn ist Goldspange.» Und sie fuhr fort: «Aber um Schwarzjuwel nicht weh zu tun, wollen wir seine Verlobung vor ihr geheimhalten.» All das wurde hinter dem Rücken von Jadeedelstein beschlossen, wie das nach damaligen Ehesitten üblich war.

Infolge einer Unachtsamkeit verlor Jadeedelstein sein kostbares Jadeamulett, das er an einer fünffarbigen Halsschnur immer bei sich getragen hatte, und als Folge davon auch den Verstand. Sein Vater wurde zum Kornkämmerer in einer entfernten Provinz berufen. Vor seiner Abreise ließ seine Mutter, die 81jährige Fürstin Ahne, ihn zu sich rufen und tat ihm ihre tiefen Sorgen wegen ihres Enkels Jadeedelstein kund. Ein Wahrsager habe gesagt, nur ein starkes Erlebnis freudiger Natur wie eine Heirat könne Jadeedelstein helfen. Andernfalls sei das Schlimmste zu befürchten. Weiter habe er erklärt, daß das Element Gold für des Enkels Glück von entscheidender Wichtigkeit sei, und damit bestätigt, daß Goldspange vom Schicksal für ihn bestimmt sei. Der Vater fügte sich den Anordnungen der Fürstin Ahne.

Der Zofe Jadeedelsteins, die von der Brautwahl erfuhr, schwante großes Unheil. Denn wie keine andere war sie sich über die tiefe Liebe ihres Herrn zu Schwarzjuwel im klaren. Wenn er erführe, ging es ihr durch den Kopf, daß er Goldspange heiraten und Schwarzjuwel preisgeben sollte, mußte, falls ihm noch ein Funken klaren Bewußtseins geblieben war, die Katastrophe unausweichlich sein. Sie konnte es mit ihrem Gewissen nicht vereinbaren, ihr Wissen um die Gefühle Jadeedelsteins für sich zu behalten und drei Menschen ins Unglück stürzen zu sehen. Daher begab sie sich zur Mutter Jadeedelsteins und schilderte ihr in bewegten Worten das innige Verhältnis, das sich im Laufe der Jahre zwischen Jadeedelstein und Schwarzjuwel herausgebildet hatte. Sie erwähnte, was sie bisher verschwiegen hatte, nämlich ein offenes Liebesgeständnis, das Jadeedelstein an einem Sommertag im Überschwang der Gefühle statt an Schwarzjuwel an sie gerichtet hatte. Eine kleine von der Zofe Schwarzjuwels stammende Andeutung von einer angeblich drohenden Abreise habe ihn augenblicklich sterbenskrank gemacht.

Als Jadeedelsteins Mutter der Fürstin Ahne und Wang Xifeng erzählte, was sie soeben vernommen hatte, herrschte eine lange Weile nachdenkliches Schweigen im Kreise der drei Damen. Endlich seufzte die Fürstin Ahne: «Des Mädchens wegen brauchte man sich keine Gedanken zu machen. Aber wenn sich der Junge das Mädchen in den Kopf gesetzt hat, dann wird die Sache schwierig.» – «Ich wüßte einen Rat», fiel Wang Xifeng ein. – «Und der wäre?» fragte Jadeedelsteins Mutter. Wang Xifeng entgegnete: «Ich glaube, es geht nur mit dem ‹Taschentausch›-Strategem.» – «Wie soll ein ‹Taschentausch› vor sich gehen?» – «Zunächst müssen wir Jadeedelstein gegenüber zum Schein so tun, als ob nun endgültig Schwarzjuwel für ihn auserkoren sei, und beobachten, wie er die Kunde aufnimmt. Läßt sie ihn gleichgültig, dann erübrigt sich der Taschentausch. Zeigt er Freude, dann werden wir noch einigen Aufwand betreiben müssen.» – «Wenn er nun Freude zeigt, wie würdest du dann weiter vorgehen?» Wang Xifeng neigte sich an das Ohr von Jadeedelsteins Mutter und tuschelte ihr etwas zu, worauf diese eifrig zustimmend nickte. Auch die Fürstin Ahne stimmte den Einzelheiten der von Wang Xifeng umrissenen Strategemausführung zu.

Obwohl Stillschweigen über die geplante Heirat Jadeedelsteins mit Goldspange geboten worden war, kam die Nachricht auf dem Umweg über eine Magd an die Ohren Schwarzjuwels. Sie spuckte Blut und sank krank darnieder.

Derweil stattete Wang Xifeng Jadeedelstein einen Besuch ab. Sie wollte ihn auf die Probe stellen. «Gratuliere, Vetter Jadeedelstein», begrüßte sie ihn fröhlich. «Der Glückstag für deine Heirat ist festgesetzt. Na, freust du dich?»

Jadeedelstein grinste und nickte nur stumm.

«Schwarzjuwel wird deine Frau, bist du zufrieden?»

Jadeedelstein brach in ein Gelächter aus. Wang Xifeng war sich nicht im klaren darüber, wie es um seinen Geisteszustand bestellt war.

«Aber du mußt erst ganz gesund und vernünftig sein! Solange du dich so blöd aufführst, wird nicht geheiratet, hat dein Vater bestimmt», fuhr sie fort.

Plötzlich setzte Jadeedelstein eine völlig ernste, vernünftige Miene auf. «Wenn hier jemand blöde ist, dann du», sagte er, stand auf und wandte sich zur Tür. «Ich möchte zu Schwarzjuwel und sie beruhigen», fügte er hinzu. Wang Xifeng hielt ihn eilends zurück. «Sie weiß es schon. Als züchtige Braut kann sie dich doch nicht empfangen.» Jadeedelstein fragte: «Wird sie mich dann wenigstens bei der Hochzeit sehen wollen?»

Amüsiert, aber auch ein wenig perplex dachte sich Wang Xifeng, daß seine Zofe tatsächlich recht gehabt habe. In der Tat wurde sein Geist sofort um einiges klarer, sobald man Schwarzjuwel erwähnte. «Wenn er wirklich wieder bei Sinnen ist und merkt, daß seine Frau gar nicht Schwarzjuwel ist, sondern daß wir ihm einen ‹Laternentiger› aufgebunden haben, dann wird der Teufel los sein», dachte sie. Und zu Jadeedelstein sagte sie: «Wenn du wieder in guter Verfassung bist, wird sie dich besuchen kommen, aber nicht, solange du den Verrückten spielst.»

«Ich habe ihr mein Herz gegeben», entgegnete Jadeedelstein, «wenn sie herkommt, muß sie es mitbringen und mir wieder in meine Brust einpflanzen.»

Da er jetzt offensichtlich wieder wirr redete, verließ ihn Wang Xifeng. Sie suchte die Fürstin Ahne auf und teilte ihr ihre Beobachtungen und Zweifel mit. Diese wußte auch nicht recht, ob sie über den Bericht froh oder betrübt sein sollte.

Es wurden nun die verschiedenen Förmlichkeiten für die Hochzeit mit Goldspange abgewickelt. Während der ganzen Zeit wurde Jadeedelstein in dem Glauben gelassen, er werde Schwarzjuwel ehelichen. Er war sehr glücklich, und sein Geisteszustand schien sich aufzuhellen. Nur seine Worte waren noch oft konfus.

Am Tag der Hochzeit verschlechterte sich der Zustand der schwerkranken Schwarzjuwel dramatisch. Niemand mehr von der großen Familie fand Zeit für sie. Purpurkuckuck, die Zofe Schwarzjuwels, schickte in ihrer Verzweiflung nach der alten Wang, Schwarzjuwels Amme. Sie kam, warf einen Blick auf Schwarzjuwel und begann laut zu heulen. Anstatt der Sterbenden beizustehen, lamentierte sie bloß. Das machte die Zofe nur noch ratloser. Nun fiel ihr Li Wan ein, die Witwe des verstorbenen Bruders von Jadeedelstein. Die besaß Erfahrung und Umsicht und würde ihr ein wertvoller Beistand sein. Ihre

Vermutung, daß sie aus Rücksicht auf ihren Witwenstand der Hochzeitsfeier fernbleiben werde, erwies sich als richtig. Als im Auftrag der Zofe eine Magd die schlimme Nachricht Li Wan überbrachte, sprang sie, die gerade ein Gedicht korrigierte, erschrocken empor und eilte in Begleitung zweier Zofen zu Schwarzjuwels Klause. Unterwegs brach sie in Tränen aus und machte sich selbst bittere Vorwürfe:

«Bloß wegen Wang Xifengs Strategem ‹Die Tragbalken stehlen und die Stützpfosten auswechseln› habe ich Schwarzjuwel nicht mehr besucht und mich ihr gegenüber nicht schwesterlich verhalten. Wie traurig! Wie tragisch!»

Noch während Schwarzjuwel in den letzten Zügen lag, erschien die Haushofmeisterin. Sie sollte im Auftrag der Fürstin Ahne und Wang Xifengs die Zofe Purpurkuckuck holen. Sie werde dringend gebraucht. Diese antwortete gereizt, man solle gefälligst warten, bis ihr Fräulein gestorben sei. Überdies könnte sie schädliche Einflüsse übertragen, wenn sie so unmittelbar von einem Sterbebett abberufen werde. Darauf hieß die Haushofmeisterin Schneegans, die weniger anhängliche zweite Zofe Schwarzjuwels, ihre besten Kleider anziehen und sie zu der im neuen Heim des jungen Paares versammelten Hochzeitsgesellschaft begleiten. Schneegans hatte keine Ahnung, zu welchem Zweck sie gebraucht wurde. Genau in der Stunde der Hochzeit von Jadeedelstein starb Schwarzjuwel, behütet allein von ihrer treuen Zofe Purpurkuckuck.

Seitdem er aus dem Munde von Wang Xifeng gehört hatte, er solle Schwarzjuwel heiraten, war Jadeedelstein sichtlich aufgelebt. Vor freudiger Ungeduld konnte er es kaum erwarten, die Geliebte als Braut wiederzusehen. In seinem Hochzeitsstaat saß er jetzt im Kreis der versammelten Damen und fieberte der Ankunft Schwarzjuwels entgegen. Endlich war die im Kalender ausgesuchte Glücksstunde gekommen, und angeführt von zwölf Palastlaternenträgern traf die rote Freudensänfte ein. Musikantinnen ließen eine zarte Weise erklingen. Nun machte der Zug halt, und die Sänfte wurde niedergesetzt. Der Zeremonienmeister trat an den Sänftenschlag und lud die Braut zum Aussteigen ein. Mit gespannter Aufmerksamkeit beobachtete Jadeedelstein von seinem versteckten Platz im Inneren aus, wie die dicht verschleierte Braut sich aus der Sänfte helfen ließ und, auf den Arm einer rotgewandeten Freudenmaid gestützt, langsam die Stufen zum Halleneingang emporschritt. Jene rotgewandete Freudenmaid war niemand anderes als Schwarzjuwels zweite Zofe Schneegans.

Warum gibt ihr Schneegans und nicht Purpurkuckuck das Geleit?

dachte Jadeedelstein verwundert bei sich. Richtig, sie hat ja Schneegans damals aus ihrer südlichen Heimat mitgebracht, also steht ihr Schneegans näher als Purpurkuckuck, die erst hier ihren Dienst bei ihr angetreten hat, folgerte er bei weiterer Überlegung und war wieder beruhigt. Drinnen in der Halle verrichtete die Braut die vorgeschriebenen Zeremonien. Dann wurde sie in die Brautkammer geleitet, wo die Zeremonie des «Bettbesteigens» und «Vorhanglüftens» im Stile alten Brauchtums vollzogen wurde.

Die Braut hatte vorschriftsgemäß auf dem Bettrand Platz genommen. Nun kam als letztes die Zeremonie des «Schleierlüftens» an die Reihe, die den Regeln gemäß der Bräutigam vornehmen mußte. Das war der große Augenblick, dem die Fürstin Ahne und ihre Damen mit heimlichem Zittern entgegensahen. Jadeedelstein stellte sich zunächst, auch aus Rücksicht auf die empfindliche Schwarzjuwel, etwas umständlich an. Dann faßte er endlich zu und zog sachte den Schleier von dem Haupte der Braut. Schneegans nahm ihm den Schleier ab und trug ihn hinaus. Sie wurde sofort durch Kakadu, die Zofe Goldspanges, ersetzt.

Jadeedelstein zwinkerte angestrengt mit den Augen. War das nicht Goldspange, die vor ihm auf dem Bettrand saß? Er leuchtete ihr Gesicht mit der Lampe ab, er rieb sich die Augen – kein Zweifel, sie war es! Und da stand ja auf einmal auch ihre Zofe Kakadu an ihrer Seite. Schneegans war verschwunden. Jadeedelstein wußte nicht, ob er wache oder träume. Willenlos ließ er es geschehen, daß man ihm die Lampe abnahm und ihn in einen Sessel drückte. Da saß er nun und starrte und brachte nicht einmal ein halbes Wort hervor. «Wo bin ich? Das ist doch nur ein Traum, nicht wahr?» fragte er nach längerem Nachsinnen seine Zofe. – «Keineswegs! Es ist die reine Wirklichkeit! Heut ist der Glückstag Eurer Hochzeit», entgegnete sie. Jadeedelstein blickte ins Nebengemach. Dort sah er Goldspange sitzen. «Wer ist das schöne Mädchen dort?» fragte er seine Zofe leise. «Natürlich Eure Frau», entgegnete diese. «Und wer ist sie?» – «Goldspange.» – «Und was ist mit Schwarzjuwel?» – «Euer Vater hat Euch Goldspange zur Frau bestimmt. Warum erwähnt Ihr Schwarzjuwel?» – «Aber sie war doch vorhin hier! Ich habe doch ihre Zofe Schneegans gesehen! Was wird hier eigentlich mit mir gespielt?» Wang Xifeng trat an seine Seite und sprach ihm mit sanft mahnenden Worten zu: «Nimm doch Rücksicht auf Goldspange! Sie sitzt drüben und hört alles mit an. Du darfst sie nicht kränken, sonst wird die alte Oma böse werden.»

Aber ihre Mahnung blieb ohne Wirkung. Jadeedelstein litt ja an sich schon an einem wirren Geisteszustand. Nun kam noch diese unübersichtliche Machenschaft hinzu. Er verlor den Rest seiner Selbstbeherrschung. «Ich will zu Schwarzjuwel», begann er in einem fort zu schreien. Besorgt umdrängten ihn die Damen und versuchten ihn zu beruhigen. Drüben saß Goldspange und mußte die ganze für sie recht peinliche Szene mit ansehen und anhören. Gewiß ein Rückfall in seinen früheren Zustand, dachte sie sich und wahrte weiterhin bräutliche Zurückhaltung. Endlich gelang es, Jadeedelstein mit Hilfe reichlicher Schwaden von geistesbetäubendem Räucherwerk einzuschläfern und zum Schweigen zu bringen. Etwas später ließ er sich gehorsam nicht zum Brautlager, sondern zu einer abgesonderten Schlafstätte führen und völlig angekleidet zur Ruhe betten.

Jadeedelstein sank wieder in seinen apathischen Dämmerzustand zurück. In einem wachen Moment sagte ihm Goldspange, daß Schwarzjuwel gestorben sei. Die jähe Erschütterung, die diese Mitteilung bewirkte, renkte seinen aus den Fugen geratenen Geist wieder ein. Sein körperliches Befinden machte rasche Fortschritte. Im Verlauf weniger Tage war er zur allgemeinen Freude wieder ganz hergestellt. In einer ruhigen Stunde mußte ihm seine Zofe nochmals den genauen Hergang bei der Hochzeit schildern und ihm erklären, warum man Goldspange den Vorzug vor Schwarzjuwel gegeben, warum man anstelle von Goldspanges Zofe Schwarzjuwels Zofe Schneegans als Freudenmaid untergeschoben und ihn bis zur Zeremonie des Schleierlüftens in Unkenntnis gehalten hatte. Jetzt mußte er die guten und berechtigten Beweggründe des falschen Spiels, das man mit ihm getrieben hatte, anerkennen. Auch wenn ihm der Gedanke an Schwarzjuwel noch Tränen der Wehmut entlockte, so war er doch mit dem Schicksal ausgesöhnt. Goldspange aber wußte durch ihr sanftes, mildes Wesen mehr und mehr sein Zutrauen zu gewinnen, und so geschah es, daß sich seine Zuneigung, die früher Schwarzjuwel gegolten hatte, ganz unmerklich auf Goldspanges Person übertrug.

Später wurde Jadeedelstein erneut krank und lag bereits im Sterben. Da traf ein Kind mit dem verlorenen Jadeamulett ein. Augenblicklich wurde Jadeedelstein wieder gesund. Er änderte sein Leben und bestand die Beamtenprüfung. Seine Frau wurde schwanger. Doch das Schicksal hatte ihn nicht dazu bestimmt, ein Ehemann und Familienvater zu sein. Plötzlich verließ er seine Familie und verschwand, von einem buddhistischen Mönch und einem daoistischen Priester fortgeführt, spurlos.

«Wang Xifeng hält Informationen zurück und schmiedet ein wunderbares Strategem», steht im Titel des 96. Kapitels des Romans *Traum der Roten Kammer*, in dem berichtet wird, wie Wang Xifeng den beiden Damen die Überlistung Jadeedelsteins vorschlägt und im einzelnen schildert. Ausdrücklich wird diese List im 97. Kapitel mit dem Strategemausdruck Nr. 25 gekennzeichnet. Es ist beschlossene Sache, daß Jadeedelstein Goldspange heiraten wird. Daran ist nicht zu rütteln. Nun erkennt man aber, daß Jadeedelstein dies nicht mitgeteilt werden kann. In seiner Krankheit ist es der Name «Schwarzjuwel», der eine elektrisierende positive Wirkung auf ihn ausübt. Umgekehrt befürchtet man verheerende Folgen für den Fall, daß Jadeedelstein die Wahrheit über seine Braut erfährt. Diese beiden Sachverhalte bilden den Ausgangspunkt für Wang Xifengs Anwendung des Strategems Nr. 25. Worte und in der Hochzeitsnacht Schwarzjuwels Zofe Schneegans werden als «Tragbalken» und «Stützpfosten» eingesetzt, um Jadeedelstein unter den immer gleichbleibenden Wörtern «Braut» und «Heirat» ein seinen Sehnsüchten entsprechendes Bild vom festlichen Vorgang, nämlich die Vermählung mit Schwarzjuwel, vorzugaukeln. Mittels dieses durch falsche Tragbalken und Stützpfosten aufgebauten Trugbildes wird die Gesundheit Jadeedelsteins tatsächlich zum Besseren beeinflußt. Vor allem aber wird erreicht, daß Jadeedelstein die Hochzeit bejaht, ja ihr freudig entgegenblickt und sie also nicht sabotiert. Mit der Schleierlüftung als Abschluß der Hochzeitszeremonie ist das Trugbild zwar mit einem Mal verschwunden, aber «das Fait accompli» ist perfekt. Die ganze Zeremonie ist abgeschlossen, und Jadeedelstein und Goldspange sind nun ein Ehepaar. Da ist es nur folgerichtig, daß nach der Schilderung von Jadeedelsteins Überlistung und seiner späteren Genesung im Schlußteil des 97. Kapitels des *Traums der Roten Kammer* Wang Xifeng gelobt wird: «Was ihre feingesponnenen Strategeme betrifft, so führen sie immer zum gewünschten Ziel.» Mit diesen Worten beendet Chuan Xin das Kapitel über das Strategem Nr. 25 in seinem Buch *Wang Xifeng und die 36 Strategeme* (Peking 1993).

25.5 Ein Kronprinz für eine Katze

Die Gattin des Kaisers Zhenzong (998–1021) blieb kinderlos. Dagegen wurde ihre Dienerin, die dem Kaiser mehrere Male beigewohnt hatte, schwanger. Die Kaisergattin fürchtete, ihre Dienerin werde dem Kaiser einen Sohn gebären und dieser werde zum Kronprinzen ernannt. Die Dienerin werde dadurch sie, die Kaiserin, in den Hintergrund drängen. Darauf ersann die Kaisergattin, so ein Hongkonger Strategembuch, eine Anwendung des Stratagems Nr. 25. Sie schob ein Kissen unter ihr Kleid und spiegelte eine Schwangerschaft vor. Ferner bestach sie eine Reihe von Palastdienerinnen, die die Nebenbuhlerin bewachten. Das von dieser geborene Knäblein ließ sie flugs durch den bluttriefenden rohfleischigen Kadaver einer soeben zur Welt gekommenden Wildkatze ersetzen, der der Balg abgezogen worden war, und präsentierte es dem Kaiser als ihr Kind. Ihr Strategem gelang. Sie galt fortan als Mutter des Knaben, der später als Kaiser Renzong (1023–1063) den Thron bestieg. Dies ist allerdings lediglich der Inhalt eines Theaterstücks. Eine etwas andere Wendung nimmt der Tausch des Neugeborenen gegen einen Katzenkadaver in dem erstmals 1879 veröffentlichten Roman *Drei Schwertmänner und fünf Schwurbrüder*, von dem zwischen Juni 1980 und Juni 1981 4 460 000 Exemplare in der Volksrepublik China verkauft wurden (deutsche Teilübersetzung von Peter Hüngsberg: *Richter und Retter*, Mödling/Wien, um 1966, s. S. 7 ff.; englische Teilübersetzung von Susan Blader: *Tales of Magistrate Bao and His Valiant Lieutenants*, Hongkong 1998, S. 1 ff.). Ein Kind spielt hier die Rolle des gestohlenen Tragbalkens. In den folgenden beiden Beispielen werden in Testamenten «Tragbalken und Stützpfosten» ausgewechselt.

25.6  Ein X für ein U vormachen

Im Mittelalter wurde V für U geschrieben. Es kam nun, besonders beim Anschreiben von Schulden, vor, daß man aus dem römischen Zahlzeichen V für «fünf» ein X für «zehn» machte. So konnte man die Schuld des Gegenübers vergrößern. Heute bedeutet «jemandem ein X für ein U vormachen» soviel wie «jemanden auf plumpe, grobe Weise täuschen». Und doch fallen immer wieder Menschen auch auf «plumpe» und «grobe» Täuschungen herein.

Mit einer an das mittelalterliche Betrugsmanöver gemahnenden Schriftzeichenmanipulation soll Kaiser Yongzheng (1723–1735) an die Macht gelangt sein. Der Tod von Yongzhengs Vater Kangxi (1662–1722), schreiben Herbert Franke und Rolf Trauzettel, sei «vom Zwielicht umhüllt». (*Das chinesische Kaiserreich*, Fischer Weltgeschichte, Frankfurt a. M. 1968, S. 286). Yongzheng «erlangte den Kaiserthron durch eine Intrige», heißt es im *Cihai 1978 Ban* (*Wortmeer Ausgabe*

*1978,* Shanghai 1979, S. 2192). Die genauen Umstände der Verschwörung sind nicht bekannt. Hier eine Version, die ein Hongkonger Strategembuch im Kapitel über das Strategem Nr. 25 vermittelt.

Fünfzehn erwachsene Söhne kamen als Nachfolger Kangxis in Frage. Yongzheng war der vierte Sohn. In seiner Jugend war er ein dem Wein und den Frauen ergebener Taugenichts. Sein Vater mochte ihn nicht, weshalb er sich auswärts herumtrieb und eine Rotte von Schwertmännern um sich scharte. Kangxi hatte, obwohl hochbetagt, die Thronfolge noch nicht geregelt. Erst als er im Sterben lag, legte er schriftlich fest: «Sohn 14 soll Nachfolger sein.» Yongzheng war inzwischen nach Peking zurückgekehrt, wo er mit seinen Gefolgsleuten im «Palast der Harmonie» (Yonghegong, heute ein tibetischer Buddhistentempel) wohnte. Er drang in das Geheimarchiv ein und stahl den kaiserlichen Erlaß. In dem Dokument machte er aus der Ziffer «1» das Schriftzeichen «No». Nun stand da plötzlich: «Sohn No 4 soll Nachfolger sein.» In der Folge ließ Yongzheng durch seine Schwertmänner den Zugang zum Palast, in dem der sterbende Kaiser lag, abriegeln. Er selbst begab sich zu seinem kranken Vater. Dieser hatte, den Tod vor Augen, seine Minister zu sich berufen. Doch niemand traf ein. Als er die Augen öffnete, erblickte er nur seinen Sohn Yongzheng, der allein vor dem Bett stand. Jetzt wußte der Kaiser, daß ihn dieser Tunichtgut von der Umwelt abgeschnitten hatte. Außer sich vor Zorn, schleuderte er eine buddhistische Gebetsschnur auf ihn und starb. Sogleich berief Yongzheng alle Minister zu einer Versammlung und verlas die Thronfolgerregelung. Die Beamten ahnten nichts Böses und anerkannten ihn als den neuen Kaiser.

Weitaus größere Auswirkungen zeitigte die Anwendung des Strategems Nr. 25 bei einem beinahe 2000 Jahre zuvor vorgenommenen Testamentstausch. Auf seiner letzten Reise erkrankte Qin Shihuang, der erste Kaiser von China (s. 23.1), und starb im Jahre 210 v. Chr., fern seiner Hauptstadt in Shaqiu (in der heutigen Provinz Hebei). Angesichts des Todes hieß er gemäß dem taiwanesischen Historiker Fu Lecheng (*Gesamtdarstellung der chinesischen Geschichte*, Bd. 1, Taipeh 1979, S. 117) den Eunuchen Zhao Gao (?–207 v. Chr.) einen Brief an seinen ältesten Sohn Fu Su schreiben, in dem er ihn als Thronfolger einsetzte. Noch bevor der Brief abgesandt worden war, starb Qin Shihuang. Fu Su war mit dem General Meng Tian (?–210 v. Chr.) befreundet, mit dessen Bruder hinwiederum Zhao Gao nicht auf gutem Fuße stand. Daher erschien Zhao Gao eine Thronbesteigung Fu Sus als für ihn nachteilig. Nur der jüngste Sohn Hu Hai hatte Qin Shihuang auf dessen Reise begleitet und war zur Stelle. Mit ihm verstand sich Zhao Gao glänzend. Zusammen mit dem Kanzler Li Si (?–208 v. Chr.) fabrizierte er nun einen kaiserlichen Erlaß, in dem Hu Hai als Thronfolger eingesetzt und Fu Su befohlen wurde, Selbstmord zu begehen. Fu Su nahm sich daraufhin das Leben. Der 21jährige Hu Hai wurde der Nachfolger Qin Shihuangs, und nicht Fu Su, «der zu seinen Lebzeiten ein fähiger Heerführer gewesen war und vielleicht die Dynastie hätte stabilisieren können». Dazu nicht fähig war Hu Hai. «Er galt vielen als unter fragwürdigen Umständen auf den Thron gekommen und konnte sich daher nicht auf Legitimität berufen und auf Loyalität rechnen» (Herbert Franke; Rolf Trauzettel, a.a.O., S. 77f.).

25.7 Europa ohne europäische Werte

«Selbst wenn die Zuwanderung relativ bescheiden bleiben sollte, wird sie die ethnische Zusammensetzung der europäischen Bevölkerung verändern» (Thomas Kesselring: «Die demographische Zukunft Europas – eine Tabuzone», in: *Neue Zürcher Zeitung*, 25./26.7.1998, S. 70). «[...] wenn viel mehr Ausländer via Einbürgerung Deutsche würden, bestehe Deutschland eben als ‹multikulturelles› Deutschland. Da taucht allerdings, wie [der Bielefelder Bevölkerungswissenschaftler Herwig] Birg zu bedenken gibt, die Frage nach der Lebensfähigkeit Deutschlands als ‹Kulturnation› auf. Wie stark ist in Zukunft seine Assimilationskraft? Wegen der demographischen Entwicklung stehen nicht nur in Deutschland, sondern in ganz Europa gewisse Werte auf dem Spiel, wie sie in abendländisch-christlich-humanistischer Tradition verankert sind: Etwa der Respekt vor der Würde des Individuums im Spannungsfeld von Freiheit, Toleranz, Gerechtigkeit und Solidarität» (Isolde Pietsch: «Alarmrufe der Bevölkerungswissenschaftler», in: *Neue Zürcher Zeitung*, ebenda). «[...] die Angst vor dem europäischen Aussterben meint nicht nur biologische, sie meint auch kulturelle Substanz» («Ein Nullsummenspiel?», in: *Neue Zürcher Zeitung*, 25./26.7.1998, S. 69).

Wollte man gemäß diesen Thesen, sofern sie zutreffen, erreichen, daß aus Europa gewisse Werte verschwinden und durch andere, zum Beispiel islamische oder ostasiatische, ersetzt werden, dann brauchte man nur, um dies ohne Aufsehen zu bewerkstelligen, eine planmäßige Bevölkerungspolitik im Sinne des Strategems Nr. 25 durchzuführen.

## 25.8 Mais statt Reis

Einmal sandte, so ein Taipeher Strategembuch, die Zentrale in China geschälten Reis in ein Katastrophengebiet, doch auf dem Weg von der Zentrale zur Provinzebene, von dort zur Kreisebene und von dort zur Gemeindeebene seien jeweils die «Tragbalken gestohlen und Stützpfosten ausgewechselt» und der Inhalt von Stufe zu Stufe verschlechtert worden. Als die Säcke am Bestimmungsort eintrafen, seien sie nur noch mit schlechtem Mais gefüllt gewesen. Die Betroffenen mögen sich zwar sehr empört haben, doch jeder der Funktionäre, die sich dergestalt bereichert hatten, wird darauf wohl nur mit zwei Verszeilen aus einem Gedicht von Li Bai (701–762) über eine 1200 Meilen lange Schiffahrt auf dem Yangtse-Strom durch die Drei Schluchten reagiert haben: «Während an beiden Ufern des Stroms die Affen ohne Unterlaß weiterbrüllen, habe ich auf meinem behenden Boot die endlosen Bergketten zur Linken und zur Rechten schon längst hinter mich gebracht.»

Als nach dem Zweiten Weltkrieg korrupte Beamte der chinesischen Regierung von den geschlagenen Japanern auf chinesischem Boden Fabriken und Unternehmen in chinesischen Besitz rücküberführten, haben sie gemäß demselben Strategembuch alle guten Anlagen und Lagerbestände verkauft, den Erlös in die eigenen Taschen gesteckt und die eigenmächtig versilberten Gegenstände durch alte Materialien ersetzt. Von den Japanern erbeutete moderne Waffen haben sie gestohlen und statt dessen den Zeughäusern alte ausgediente Waffen abgeliefert.

## 25.9 Den Kellner bitten, den bestellten Fisch auf den Boden zu werfen

«Als ich einmal auswärts essen ging, wurde ich Zeuge eines merkwürdigen Vorfalls. Ein anderer Gast bestellte einen zu einem ganz bestimmten Preis feilgebotenen lebendigen Fisch zum Mahle. Der Kellner entnahm den Fisch dem Wassertrog und zeigte ihn dem Gast. Dieser ersuchte nun den Kellner, den Fisch auf den Boden zu werfen. Der Kellner tat, was von ihm verlangt worden war. Er warf den Fisch auf den Fußboden des Lokals. Danach hob er ihn auf und verschwand mit ihm in der Küche. Wie ich vernahm, gibt es Gaststätten, in denen man dem Kunden zwar einen lebendigen Fisch zeigt, um ihn dann aber in der Küche wieder ins Wasser zu werfen und weiter am Leben zu erhalten. Anstelle des gezeigten wird ein anderer, bereits toter, also nicht frischer, Fisch für den Gast zubereitet und ihm vorgesetzt. Im Hinblick auf derlei Machenschaften war die Bitte des Gastes, den Fisch auf den Boden zu werfen, die entsprechende Gegenmaßnahme. Ist der Fisch erst einmal auf den Boden geworfen und dadurch in einen halbtoten Zustand versetzt worden, dann bleibt nichts anderes mehr übrig, als ihn unverzüglich dem Kochtopf zu überantworten. «Die Tragbalken stehlen und die Stützpfosten auswechseln ist dann gar nicht mehr möglich», konstatiert, das Strategem Nr. 25 zitierend, Li Jingyang auf der Feuilleton-Seite der *Volkszeitung*, des Sprachrohrs des Zentralkomitees der Kommunistischen Partei Chinas (Peking, 26.5.1998, S. 12), um dann fortzufahren: «Ich weiß nicht, ob sich die Vorgehensweise des Gastes bereits allgemein eingebürgert hat, aber vermutlich handelt es sich dabei nicht um eine einmalige aus dem Augenblick heraus geborene Improvisation. In diesem Zusammenhang längst bekannt ist mir eine andere Methode, mit deren Hilfe sich feststellen läßt, ob der auf dem Teller liegende Fisch frisch ist oder nicht: Man überprüft seine Augen gemäß der Redewendung: ‹Lebendiger Fisch – vorquellende Augen, toter Fisch – eingesunkene Augen›. Da besagter Gast aufgrund seiner Erfahrungen einen ‹Vorbeuge-Kunstgriff gegen Kundenübervorteilung› erfunden hat», so der Kommentator der *Volkszeitung*, «kommt es offenbar vor, daß lebendige Fische heimlich gegen tote ausgetauscht werden. Unwillkürlich mußte ich an die vielen gebratenen Enten denken, die ich schon in Wirtsstuben verzehrt hatte. Mit hoch emporragender Mütze auf dem Kopf tritt der Koch jeweils vor den Gast und zeigt ihm die Ente, die er nun zubereiten werde. Darauf zieht er sich in die Küche zurück und widmet sich dort dem Zerschneiden und Kochen. Nach einer Weile erscheint er wieder, mit dem auf dem blitzblanken Teller liegenden Fleisch. Aber stammt es wirklich von der zuvor gezeigten Ente? Wer kann das wissen! Im Theater oder in der Oper vermag man leicht zu erkennen, daß sich jemand, der vor den Kulissen auftritt, hinter den Kulissen umgekleidet hat. Doch bei zerstückelten Fischen und Enten und dergleichen sind Auswechselungen nicht feststellbar.»

In dieser Glosse wird eine Ende des 20. Jahrhunderts in chinesischen Restaurants anscheinend vorkommende Anwendung des Strategems Nr. 25 zur Übervorteilung von Kunden geschildert. Eine derartige Strategemanwendung verhindert ein Gast, wenn er sich auf ein anderes Strategem stützt, nämlich auf das Strategem Nr. 19. Ist der Fisch in der vom Gast geforderten Weise malträtiert worden, wird er mit hochgradiger Wahrscheinlichkeit tatsächlich auf seinem Teller landen.

25.10  Schriftzeichenverwandlung

Mit der Strategemformel Nr. 25 benannt ist ein dem Zeitvertreib dienendes Trinkspiel, das Li Ruzhen (ca. 1763–1830) in dem Roman *Blumen im Spiegel* beschreibt. Um ihre Bildung und Sprachphantasie zur Schau zu stellen, erzählt die Spielerin der staunenden Zuhörerschaft: «Ich löse aus dem chinesischen Schriftzeichen 軍 [jun: Armee] den senkrechten Strich 丨 heraus, zerrolle ihn zu einer kleinen Kugel •, die ich als Punkt auf das Dächchen setze. Siehe da, entstanden ist ein ganz anderes Schriftzeichen, nämlich» – die Sprecherin wirft einen gespannten Blick in die Runde, um zu sehen, ob schon jemand geschaltet hat – «es ist das Schriftzeichen 宣 [xuan: verkünden]!»

25.11  Frauen haben... na was denn?

«Jeder Mensch ist himmelsgeboren. Gleichgültig ob Mann oder Frau, jeder Mensch hat einen ihm vom Himmel gegebenen Körper. Dementsprechend hat jeder das Recht auf Selbständigkeit. Zwischen Mensch und Mensch besteht Gleichheit. [...] Diese kennt keine körperlichen Unterschiede. Wenn die Menschen untereinander verkehren, so sind alle von gleichem Rang. [...] Frauen und Männer bilden gemeinsam das Himmelsvolk, gemeinsam unterstehen sie dem Himmel. Wenn sie verwandtschaftlichen Verkehr untereinander pflegen oder gute Ehen führen, verhält es sich nicht anders als wie mit dem gleichrangigen Verkehr zwischen Freunden. Selbst wenn es zwischen Frau und Mann zum höchsten Liebesakt kommt, so bleibt doch jeder der beiden ein Einzelmensch. Jeder von ihnen hat das gleiche Menschenrecht auf Selbständigkeit, auf Unabhängigkeit und auf Freiheit [...]. Die Frau pflegt sich stets der Familie des Mannes anzuvertrauen und verliert so ihr Menschenrecht auf Selbständigkeit. [...] Das heutige Amerika hat sich ob der Gleichheit einen Namen gemacht. Aber die Sitte, daß die Frau dem Manne zu folgen habe, gilt dort wie eh und je. Einmal verheiratet, gehört die Frau auf ewig der Familie des Mannes an. Ihr Platz ist immer nur beim Ehemann. Ist der Ehemann reich, so folgt ihm die Frau und wird reich. Ist der Ehemann arm, so folgt ihm die Frau und wird arm. [...] Wie das Sprichwort sagt: Wer einen Hahn heiratet, folgt dem Hahn, wer einen Hund heiratet, folgt dem Hund. [...] Nur eines kleinen körperlichen Unterschieds wegen werden durchweg der Mann hochgehalten und die Frau unterdrückt. Welches Verbrechen, welchen Fehler hat sich die Frau zuschulden kommen lassen? Wegen eines geringfügigen körperlichen Unterschiedes muß sich die Frau ihr Leben lang unterwerfen und einem Mann folgen und genießt bis in ihr hohes Alter nicht einen Tag der Freiheit. Wie kann sie dermaßen in die Pflicht genommen werden? Nichts kann schlimmer sein als ein derartiger dem Menschen angetaner Entzug seines Rechts auf Selbständigkeit. Die Aufzeichnungen über ‹Die Entwicklung der Riten› stellen die von Konfuzius eingerichteten Institutionen der Großen Gemeinschaft dar. Es heißt hier: ‹Die Frauen haben *kui*. *Kui* nun bedeutet nichts anderes als Selbständigkeit. Deshalb existiert das Recht der Frau auf Selbständigkeit.»

Dieser stark gekürzte, im Original 1088 Schriftzeichen umfassende Text entstammt dem sechsten Abschnitt des fünften Teils des *Buchs von der Großen Gemeinschaft*. Der fünfte Teil ist betitelt mit «Wie man die Schranken zwischen den Geschlechtern abschafft und die Gleichstellung der Frau erreicht». Verfaßt hat das *Buch von der Großen Gemeinschaft* der chinesische Denker und Schriftsteller Kang Youwei (1858–1927). Er war eine der faszinierendsten und einflußreichsten Persönlichkeiten auf der Grenzlinie zwischen dem Alten und dem Neuen China. Bereits 1898 unternahm er den Versuch, China in einer «Reform der Hundert Tage» in einen modernen Staat umzugestalten. Sein *Buch von der Großen Gemeinschaft* (deutsche Teilübersetzung unter dem Titel *Ta T'ung Shu*, Düsseldorf/Köln 1974), niedergeschrieben 1902, vollständig veröffentlicht aber erst 1935, ist der umfassendste Entwurf eines idealen Gesellschaftssystems, den China je hervorgebracht hat. Es enthält zwar Spuren westlicher Ideen, ist aber geprägt vom chinesischen Wirklichkeitssinn. In Kangs Utopie verbinden sich buddhistische und konfuzianische, aber auch christliche und naturwissenschaftliche Vorstellungen. Nicht zu übersehen sind strategische Einsprengsel.

Der hier wiedergegebene Abschnitt klingt aus mit einem Zitat, mit dem Kang Youwei sein Plädoyer für die Gleichheit der Frau gleichsam wie mit einem Paukenschlag untermauern will: «Die Frauen haben ‹kui›.» Was das Schriftzeichen mit der Aussprache ‹kui› bedeutet, erläutert Kang Youwei gleich selbst: «‹Kui› bedeutet nichts anderes als ‹Selbständigkeit›.» Und dann folgt der mit der Autorität eines konfuzianischen Zitats abgesicherte Schlußsatz: «Deshalb existiert das Recht der Frau auf Selbständigkeit.»

Dieser letzte Passus des sechsten Abschnitts des fünften Teils steht und fällt mit dem Wort «kui», das angeblich in der konfuzianischen

Darstellung der «Großen Gemeinschaft» vorkommt. Liest man den Originalwortlaut der «Großen Gemeinschaft» in den *Aufzeichnungen über die Riten* (übersetzt in der Einleitung, S. 19), dann findet man dort den Passus: «Die Frauen haben ‹gui›.» Die großen deutschen Sinologen Richard Wilhelm (1873–1930) und Wolfgang Bauer (1930–1996) übersetzen diesen Satz mit: «Die Frauen haben ihr Heim» beziehungsweise «Alle Frauen haben ihr festes Heim.» Mit anderen Worten, Kang Youwei hat das Schriftzeichen «gui» (Heim) im Originaltext durch das Schriftzeichen «kui» (Selbständigkeit) in seinem Textzitat ausgetauscht, offensichtlich mit dem Ziel, seine eigene These mit einer Stelle aus einer klassischen konfuzianischen Schrift zu untermauern.

Jetzt kommt aber noch der Glanzpunkt: Das von Kang Youwei gegen «Heim» eingetauschte Schriftzeichen für «Selbständigkeit» existiert gar nicht. Offenbar hat es Kang Youwei nur für diesen Zweck kreiert, wie mir Professor Liu Jiexiu vom Sprachinstitut der Chinesischen Akademie für Gesellschaftswissenschaften in Peking in einem Schreiben vom Januar 1996 bestätigte. Zwischen dem Schriftzeichen im Urtext und dem von Kang Youwei erfundenen «besteht ein Unterschied wie zwischen Tag und Nacht. Es dürfte angemessen sein, hier von einer Anwendung des Tricks ‹Die Tragbalken stehlen und die Stützpfosten auswechseln› zu sprechen», meint Liu Jiexiu, einer der bedeutendsten lebenden chinesischen Linguisten, der mich auch über die mögliche Aussprache «kui» des fraglichen Schriftzeichens aufklärte.

Natürlich ist die alte konfuzianische Utopie von der «Großen Gemeinschaft», aus der Kang Youwei falsch zitiert, ein bekannter Text. Gleichwohl werden viele Leser und Leserinnen auf Kang Youweis Strategem hereingefallen sein, denn wer liest schon alte Texte so genau, und wer unterzieht sich überdies der Mühe, die Authentizität eines einzelnen Schriftzeichens zu überprüfen? Ich traf sogar Chinesen, welche meinten, daß selbst Leser, die Kang Youweis Strategem durchschauten, nicht unbedingt aufbegehrten. Denn schließlich diene die Textfälschung einem guten Zweck!

Bereits Jesuitenmissionare des Mittelalters interpretierten die konfuzianischen Schriften dergestalt, daß sie darin lauter christliche Wahrheiten wie die Fleischwerdung des Gottessohnes, die Jungfrauengeburt, die Dreifaltigkeit und die Ursünde bestätigt fanden. Das dabei benutzte Verfahren, «Figurismus» genannt, wurde nicht nur auf China angewandt. Auch im Alten Testament, ja selbst in Schriften aus dem heidnischen europäischen Altertum, glaubte man in einer «figürlichen» beziehungsweise symbolischen Form Präfigurationen der Lehren des Neuen Testaments vorzufinden (s. Harro von Senger: «Eine wissenschaftliche Akademie für China. Briefe des Chinamissionars J. Bouvet [...]», in: *Neue Zeitschrift für Religionswissenschaft*, Immensee, Nr. 15, 1995/1, S. 69 ff.). Die Parallelen zum Stratagem Nr. 25 sind offenkundig.

Was Kang Youwei betrifft, so ist er bekannt für seine Vorgehensweise, nicht das Christentum, sondern politische Reformen gestützt auf von ihm progressiv umgedeutete klassische Zitate zu propagieren. In den alten konfuzianischen Schriften stöberte er mittels dieser Methode unter anderem die Institution des westlichen Parlaments und Vorformen der westlichen Demokratie auf. Kangs Vorgehensweise – das Eintreten für eine «Systemerneuerung unter Berufung auf die Antike (tuo gu gai zhi)» – scheint noch heute viele Menschen, auch im Westen, zu inspirieren. Kräftig benutzen sie das Stratagem Nr. 25 und deuten konfuzianische Aussagen zweckdienlich um, so daß sie exakt die moderne westliche individualistische Menschenrechtskonzeption rechtfertigen: Konfuzius als Kronzeuge des Abendlandes im Kampf gegen die Rückständigkeit Chinas!

## 25.12 Paulus' Götterverringerung

Ganz ähnlich wie Kang Youwei verfuhr nach dem Zeugnis der Apostelgeschichte (Apg 17,22–31) der christliche Apostel Paulus. Er stellte sich in die Mitte des Areopags in Athen und sagte: «Ihr Männer von Athen! Nach allem, was ich sehe, halte ich euch für sehr religiös. Denn als ich umherging und die Heiligtümer besichtigte, fand ich auch einen Altar mit der Inschrift: Einem unbekannten Gott. Was ihr nun unwissend verehrt, das will ich euch verkündigen [...]» Und nun stellte Paulus den Athenern den Gott der Christen als den dar, den sie unbekannterweise verehrten. Eigentlich lautete aber die Altarinschrift: «Den Göttern Asiens, Europas und Afrikas, den unbekannten und umherwandernden Göttern.» Paulus machte daraus unter Weglassung der übrigen Bezeichnungen sowie durch Veränderung des Numerus von der Mehrzahl in die Einzahl «einen unbekannten Gott». Tatsächlich schlossen sich nach dieser Predigt einige Männer und auch eine Frau Paulus an. Ausdrücklich gutgeheißen hat die von Paulus vorgenommene Anwendung des Stratagems Nr. 25, von ihm «Zurechtbiegung» der Inschrift genannt, Erasmus von Rotterdam (1469–1536; siehe Peter Walter, in: Harro von Senger [Hg.]: *Die List*, Frankfurt a. M. 1999, S. 179f.), der darin eine Befolgung der in den Evangelien gegebenen Aufforderung sah, klug zu sein wie die Schlangen.

### 25.13 Vom politischen König zum Opferkönig

«Wer in einer freien Stadt die alte Verfassung reformieren will, behalte wenigstens den Anschein der alten Formen bei.» So lautet der Titel von – der Zufall will es – Abschnitt 25 im ersten Buch der *Discorsi* von Niccolo Machiavelli. Auszüge aus diesem Text zitiert der Taipeher Strategemforscher Shu Han zur Veranschaulichung des Stratagems Nr. 25. Ich gebe diese Stellen hier aus Niccolo Machiavelli: *Politische Schriften* (hg. von Herfried Münkler, Frankfurt a. M. 1990, S. 177) wieder:

«Will man einem Staate eine neue Verfassung geben, und soll diese angenommen und zur Zufriedenheit eines jeden erhalten werden, so ist man genötigt, wenigstens den Schein der alten Formen beizubehalten, damit das Volk seine alte Ordnung nicht verändert glaubt, obgleich die neuen Institutionen den früheren ganz fremd sind. Denn die Masse der Menschen läßt sich ebensogut mit dem Scheine abspeisen wie mit der Wirklichkeit; ja häufig wird sie mehr durch den Schein der Dinge bewegt als durch die Dinge selbst. Aus diesem Grunde [...] gaben die Römer den an Stelle des Königs ernannten zwei Konsuln nicht mehr als zwölf Liktoren, damit ihre Zahl nicht die Zahl derer überschreite, welche vor dem Könige einhergegangen waren. Da ferner in Rom ein jährliches Opferfest stattfand, das nur vom Könige in eigener Person abgehalten werden durfte, und die Römer nicht wollten, daß das Volk irgendeinen der uralten Gebräuche durch die Abwesenheit der Könige entbehren und zurückwünschen solle, so ernannten sie für dieses Opfer einen Opferkönig und ordneten ihn dem Oberpriester unter. Auf diese Art blieb das Volk im Genuß des Opferfestes und hatte nie Ursache, wegen Entbehrung desselben die Rückkehr der Könige zu wünschen. Dasselbe hat man immer zu beobachten, wenn man einem Staate eine uralte Regierungsform nehmen und dafür eine neue freie Verfassung geben will. Da alles Neue die Gemüter der Menschen erschüttert, so muß man sich bemühen, soviel wie möglich vom Alten beizubehalten und, wenn die Zahl, Machtvollkommenheit und Amtsdauer der Regierungsmitglieder geändert wird, wenigstens die Titel zu belassen. Diese Regel gilt beim Übergang von einer Monarchie zur Republik wie umgekehrt.»

Infolge der Auffassung, daß die Herrscher der alten Zeit für alle Probleme bereits die optimale Lösung gefunden hätten, war auch die chinesische Institutionengeschichte durch eine starke Fixierung auf das Altertum gekennzeichnet. Diese Fixierung kollidierte allerdings mit den im Lauf der Geschichte ständigen Änderungen unterworfenen Rahmenbedingungen und Aufgaben, auf die eine Administration flexibel zu reagieren hatte. Wenn ein neues Herrscherhaus das Mandat des Himmels erhalten hatte, orientierte es sich daher beim Aufbau des Verwaltungsapparates oftmals nur noch formal an historischen Institutionen. Das heißt, unter Anwendung des Auskernungsstragems wurde die alte Hülle bewahrt, aber mit neuem Inhalt gefüllt. So konnte das neue Herrscherhaus «seine Legitimität unterstreichen und gleichzeitig den Anforderungen seiner Zeit gerecht werden», schreibt Carmen Paul in ihrer Freiburger Doktorarbeit *Das Kommunikationsamt der Ming-Dynastie* (1368–1644, Wiesbaden 1996, S. 36).

### 25.14 Marxismus-Variationen

In seinen drei 1974/75 verfaßten Programmschriften habe Deng Xiaoping versucht, die Weisungen des Vorsitzenden Mao hinsichtlich ihres proletarischen Klasseninhalts zu kastrieren, indem er die revolutionäre Seele aus ihnen herausschnitt und ihnen die revolutionäre Schärfe nahm. Zwar enthielten die drei Dokumente zahlreiche Zitate von Marx, Lenin und Mao, erwähnten aber mit keinem einzigen Wort die Weisungen des Vorsitzenden Mao betreffend den Kampf gegen die Begeher des kapitalistischen Weges innerhalb der Kommunistischen Partei Chinas, betreffend die allseitige Diktatur des Proletariats über die Bourgeoisie und betreffend die Kritik an den und die Beschränkung der bourgeoisen Vorrechte. Die Wegamputation dieser wichtigen Weisungen des Vorsitzenden Mao bezeichnet die Kritikgruppe der Peking- und Qinghua-Universität in einem am 13. 8. 1976 in der Pekinger *Volkszeitung* veröffentlichten Artikel als eine Anwendung des Stratagems Nr. 25. Damit habe Deng Xiaoping zweierlei bezweckt. Erstens wolle er nach außen hin den Schein wahren, ein Marxist zu sein, obwohl er in Wirklichkeit vom Marxismus abgefallen sei. Und zweitens wolle er die «revolutionäre Linie des Vorsitzenden Mao» ihres Schwungs und ihrer Kraft berauben (Stratagem Nr. 19, s. 19.36).

Im Gegenzug traf dann Monate nach ihrem Sturz im Oktober 1976 (s. 22.11) die «Viererbande» der Vorwurf, den Trick des Diebstahls von Tragbalken und der Auswechslung von Stützpfosten benutzt zu haben, etwa indem sie aus dem Marxismus-Leninismus und den Mao-Zedong-Ideen die grundlegenden Prinzipien herausamputiert und durch ihre eigenen Irrlehren ersetzt oder indem sie revolutionäre Losungen übernommen und ausgehöhlt und danach ihre «eigene Ware» hineingeschmuggelt habe (*Volkszeitung*, 31.10.1976, 30.11.1976, 11.1.1977, 14.3.1977, 8.4.1978).

In einem viel konkreteren Sinn benutzte die «Viererbande» laut *Volkszeitung* vom 7.1.1979 das Strategem Nr. 25 gegen He Long (1986–1969), einen der Gründer der chinesischen Roten Armee, nach 1949 unter anderem Vizeministerpräsident der Volksrepublik China und hoher Sportfunktionär (vgl. 16.17). Ihn habe die «Viererbande» erbarmungslos verfolgt. Ministerpräsident Zhou Enlai (1898–1976) habe ihn an einem versteckten, ruhigen und geheimen Ort in Sicherheit gebracht. Doch Lin Biao (s. 16.16) und Jiang Qing (s. 22.11) hätten nicht locker gelassen. Sie hätten für He Long eine spezielle Untersuchungsgruppe gebildet und dieser sämtliche ihn betreffenden Belange überantwortet. Und dann hätten sie die Methode des Diebstahls der Tragbalken und der Auswechslung der Stützpfosten zur Anwendung gebracht, indem sie eine auswärtige Krankenschwester als Ärztin der Pekinger Garnison ausgegeben und gegen die He Long ursprünglich pflegende Ärztin ausgewechselt hätten. Was nach dieser Anwendung des ausdrücklich erwähnten Strategems Nr. 25 mit He Long genau geschah, schildert die *Volkszeitung* nicht. Sie beklagt in dem danach folgenden Satz lediglich «das allzu frühe Hinscheiden» He Longs.


25.15  Bill Clinton und seine fehlenden «sexuellen Beziehungen» zu Monica Lewinsky

Ein Meister des rhetorischen Auswechselns von Balken und Pfosten war der Gesprächskünstler Sokrates (um 470–399). Er führte ein Wort oder eine Redeweise in einem bestimmten Sinne ein, um dann, nachdem ihm eine entsprechende Aussage zugestanden worden war, den Wortgebrauch unbemerkt zu verändern, so daß dieselbe Aussage widersprüchlich oder unsinnig wurde oder einen ganz neuen Sinn gewann. Schon Sokrates hatte nicht nur Freunde; und auch die Auskernung von Wörtern wird nicht immer goutiert. Ja, manchmal zitiert die westliche Presse in diesem Zusammenhang gar Konfuzius mit seiner Warnung, wonach der Verfall der Ordnungen mit der Verwirrung der Begriffe beginne. Von «Begriffs-Falschmünzerei», «Begriffsverwirrung», «Verfälschung der Terminologie» und «perfider Umdeutung» («Die Mär vom ‹Neoliberalismus›», in: *Neue Zürcher Zeitung*, 11./12. 4. 1998, S. 21), von «Wortvergiftung» (*Bild*, Hamburg 6. 7. 1990, S. 2) oder von «Mißbrauch der Sprache» (Ernst Cincera: *Deutsch nach Marx: ein kleines Handbuch über die mißbrauchte Sprache*, Lugano 1983) ist dann die Rede.

Juristische Auslegung sei vielfach eine Überlistung des historischen Gesetzgebers, meinte am 23. 2. 1995 in einem Gespräch mit mir Claudio Soliva, Honorarprofessor für Rechtsgeschichte und Privatrecht an der Universität Zürich. Man tut zwar so, als bleibe der Text unangetastet, doch ändert man dessen Inhalt durch eine neue Interpretation des Gesetzeswortlauts. Die Auswechslung der Balken und Pfosten wird in einem solchen Fall in aller Offenheit diskutiert, das Für und Wider gegeneinander abgewogen. Neue Entwicklungen machen eine Auswechslung unumgänglich, vor allem dann, wenn es schwierig oder innerhalb einer nützlichen Frist nicht möglich ist, den betreffenden Gesetzesparagraphen zu revidieren. Es werden gute alte Balken und Pfosten auch nicht unbedingt durch wurmstichige ersetzt, sondern einfach durch neue und andere, vielleicht sogar bessere. So kann das geltende Gesetz gewahrt und doch eine neue Situation gesetzestreu gemeistert werden. Wenn man den Vorgang der Gesetzesanpassung durch Auslegung strategemisch kennzeichnen wollte, liegt dann, ethisch gesehen, ein Dienststrategem und, technisch gesehen, im allgemeinen nicht ein Täuschungs-, sondern ein Ausmünzungs-Strategem vor. Ausgemünzt wird die «Scheinwelt der Worte» (Ludwig Ammann, in: *Tages-Anzeiger*, Zürich 15. 9. 1998, S. 63) beziehungsweise deren Vieldeutigkeit.

In den seltensten Fällen habe der Gesetzgeber einen präzisen Willen, sagte mir Edward E. Ott, Verfasser des Buches *Juristische Dialektik* (2. Aufl., Basel etc. 1995) am 11. 5. 1998. Vielmehr benutzt er vielfach bewußt mehrdeutige Wörter, aus Angst, durch präzise Formulierungen würden schlafende Hunde geweckt. Und überhaupt habe jedes Wort an sich einen unklaren Anwendungsbereich. Nur wenige Aussagen geben eine solch solide Basis wie «der Lieblingssatz der Päpste ‹Du bist Petrus, und auf diesen Felsen will ich meine Kirche bauen›» (zitiert aus: *Der Spiegel*. Hamburg, Nr. 2, 1998, S. 132).

Ein in den USA im Jahre 1998 vor den Augen der Öffentlichkeit ausgefochtener Auslegungs- beziehungsweise Auskernungsstreit drehte sich um die Frage, ob Sex ohne Penetration, also zum Beispiel bloß Oralsex, gleichbedeutend mit einer «sexuellen Beziehung» sei. Im Hinblick auf seine «unziemliche Beziehung» mit der Praktikantin Monica Lewinsky verneinte Bill Clinton dies. Aus seiner Sicht war eigentlicher Geschlechtsverkehr als tragender Balken des fraglichen Ausdrucks unabdingbar, nicht aber nach Meinung seiner Kritiker, die ihn der «Haarspalterei» bezichtigten (laut *Neue Zürcher Zeitung*, 16.9.1998, S.3). Clintons Umgang mit dem Ausdruck «sexuelle Beziehungen» wurde von seinen Gegnern anscheinend als eine fluchtstrategemische Anwendung des Stratagems Nr. 25 aufgefaßt. Offenbar um Clintons Stratagem zu durchkreuzen, beschloß das amerikanische Repräsentantenhaus am 11.9.1998, den Starr-Bericht mit intimen sexuellen Details im Internet zu veröffentlichen.

### 25.16  Sozialistische gegen bürgerliche Reform und Öffnung

Vor einer Uminterpretation von «Reform und Öffnung» warnte die *Volkszeitung* vom 24.4.1991: «Reform und Öffnung ist unser feststehender Kurs. An ihm halten wir unerschütterlich fest, ja, wir müssen die Reform noch vertiefen und die Öffnung ausweiten. Das Problem besteht darin, daß wir wachsam bleiben müssen gegen die Vertreter einer bürgerlichen Liberalisierung. Sie wollen innerhalb des Kurses der Reform und Öffnung die Tragbalken stehlen und die Stützpfosten auswechseln und trachten danach, unsere Reform und Öffnung zu übernehmen, um ihre politischen Ziele zu verfolgen. Es liegt auf der Hand, daß wir die Reform und Öffnung um so besser durchführen können, je intensiver und entschiedener wir gegen die bürgerliche Liberalisierung angehen.»

Was die *Volkszeitung* hier aufs Korn nimmt, ist der Versuch, die «Reform und Öffnung», so wie sie von der Kommunistischen Partei Chinas (KPCh) gemeint ist, nämlich als Mittel zur Stärkung Chinas unter der Führung der KPCh, auszuhöhlen, mit einem antikommunistischen Inhalt zu versehen und auf diese Weise umzufunktionieren, um dann in Wirklichkeit gegen die KPCh vorzugehen (s. auch 33.5). Konkret wurde etwa den Autoren der im Sommer 1988 in der Volksrepublik China zweimal ausgestrahlten Fernsehserie *Flußelegie* eine Uminterpretation von «Reform und Öffnung» vorgeworfen.

Derartige chinesische Kommentare, in denen Manipulationen von

Sachverhaltsdarstellungen, Ideen, Konzepten und Programmen unter dem Gesichtspunkt des Stratagems Nr. 25 «entlarvt» werden, gab es vor allem während der «Kulturrevolution» (1966–76) häufig (s. 25.14). Die Verfasser dieser Kommentare konnten sich an Mao orientieren, der schon 1940 den in dieser Weise gegen die chinesischen Kommunisten eingesetzten «Diebestrick, die Tragbalken zu stehlen und die Stützpfosten auszuwechseln und durch wurmstichiges Bauholz zu ersetzen», angeprangert hatte. Aber auch in unpolitischen Zusammenhängen kann in der chinesischen Presse der Stratagemausdruck Nr. 25 auftauchen. Beispielsweise ging die Pekinger *Arbeiterzeitung*, das Organ des Allchinesischen Gewerkschaftsbundes, am 11. 8. 1995 mit einem Heilverfahren scharf ins Gericht, das sogenannte «äußere Vitalkraft (qi)» nutzbar zu machen vorgab. «Tragbalken gestohlen und Stützpfosten ausgewechselt werden hier», schimpfte der Kommentator. Das ernstzunehmende «Qigong» wird von den Verfechtern des Heilverfahrens seines seriösen Inhalts entleert und mit unwissenschaftlichem Aberglauben vollgestopft. Mit dem als «Qigong» etikettierten Pseudo-Qigong gehen sie dann hausieren.

## 25.17 Demokratie in der Volksrepublik China

«Ohne Demokratie wird es keinen Sozialismus und keine Modernisierung geben», sagte Jiang Zemin, chinesischer Staats- und Parteichef, über die Zukunft des Reichs der Mitte (*Die Weltwoche*, Zürich, 18. 9. 1997). War das ein Bekenntnis des obersten chinesischen Führers zu einem grundlegenden westlichen Wert? Sicher benutzte Jiang Zemin «Demokratie» nicht im westlichen Sinne des Wortes. Wie schon bei der juristischen Auslegung handelt es sich auch hier um eine Anwendung des Stratagems Nr. 25. Es wird hier nicht zum Zwecke der Täuschung, sondern als Kunstgriff eingesetzt. Ein Wort westlichen Ursprungs wird in einen anderen Kulturkreis oder in ein fremdes ideologisches Umfeld verpflanzt und dort mit einem teilweise anderen Inhalt ausgestattet. Das chinesische Wort «minzhu», das zur Übersetzung von «Demokratie» dient, ist uralt. Es bedeutete ursprünglich «Volksbeherrscher». Schon dieses traditionelle chinesische Wort unterzog man bei der Übernahme des westlichen Konzepts der «Demokratie» einer Erneuerung mit Hilfe des Stratagems Nr. 25, und so bedeutet es heute «Volksherrschaft». «Volk» im sinomarxistischen Sinne umfaßt nicht etwa alle chinesischen Staatsbürger, sondern nur die regimetreuen unter ihnen. «Demokratie» im eingangs gebrachten Zitat hat also eine recht eingeschränkte Bedeutung. Bei interkulturellem Wortgebrauch darf man nicht Opfer des Strategems Nr. 25 werden. Man darf nicht aus einer Wort-Äquivalenz in Wörterbüchern auf eine Begriffs-Äquivalenz schließen, wobei ich unter «Wort» die äußere sprachliche Hülle, zum Beispiel «Demokratie» oder «minzhu», verstehe und unter «Begriff» den unsichtbaren geistigen Gehalt, der hinter dieser Hülle steckt.

«Demokratie» wird mitunter auch im Westen recht strategemisch gebraucht. War zum Beispiel die Schweiz ohne das Frauenstimmrecht, das erst 1971 eingeführt wurde, eine «Demokratie»? War ferner das England der 30er Jahre des 20. Jahrhunderts eine «Demokratie», wie immer behauptet wird? An den Wahlen konnten sich jedenfalls nur die etwa 45 Millionen Briten im Mutterland, nicht aber etwa eine halbe Milliarde Einwohner des britischen Empires beteiligen. Bis zur Abtretung Hongkongs an China (1.7.1997) war die Bevölkerung Hongkongs von den Wahlen zum britischen Unterhaus ausgeschlossen und hatte daher bei der Bestimmung des britischen Premierministers nie etwas zu sagen, der seinerseits, «demokratisch» legitimiert, mit den Chinesen über das Schicksal Hongkongs verhandelte.

### 25.18 «Ein China» und US-Präsident Clintons «Drei Nein»

Die «Balken» und «Pfosten» im Inneren eines Gebildes werden mitunter nicht mit Bedacht still und heimlich entfernt, sondern verschwinden aus Gründen, über die man nicht Herr ist. So wurde im Jahre 1949 die Guomindang-Regierung nach Taiwan vertrieben, wo sie weiterhin nicht etwa als Regierung Taiwans, sondern der «Republik China» die Macht ausübte. Die Republik China war 1911 von Sun Yatsen (1866–1925) gegründet worden und löste das über 2000jährige Kaiserreich ab. Auf dem chinesischen Festland rief am 1.10.1949 Mao Zedong (1893–1976) die Volksrepublik China aus. Gleichwohl vertrat die auf Taiwan beschränkte «Republik China» bis 1971 in der UNO ganz China, und zwar auch als ständiges Mitglied des Sicherheitsrates. Es wurde also so getan, als stünden hinter der Namensfassade «Republik China», zumindest juristisch gesehen, die «Balken» und «Pfosten» von Gesamtchina. Erst 1991 gab Taiwan den Alleinvertretungsanspruch für ganz China auf. Bereits seit 1971 nimmt die Volksrepublik China anstelle von Taiwan in der UNO den Sitz Chinas ein.

Ähnlich wie für Taiwan war es auch für Slobodan Milošević zweifellos vorteilhaft, sein Staatsgebilde nicht «Serbien» zu nennen, sondern weiterhin mit dem Namen «Jugoslawien» zu bezeichnen. Dank der Beibehaltung der alten Namensverpackung konnte er den Anspruch auf bestimmte «Balken» und «Pfosten», das heißt Vermögenswerte wie Rüstungsgegenstände aus dem Vorgängerstaat Jugoslawien geltend machen, die sonst vielleicht anderen Nachfolgestaaten zugefallen wären; zudem sicherte er sich damit die Sympathien von Staaten der Dritten Welt, die sich noch an die Rolle von Titos Jugoslawien in der Blockfreienbewegung erinnern. Für die Volksrepublik China war Serbien sicherlich nicht zuletzt wegen der Beibehaltung des Namens der eigentliche Nachfolgestaat des alten Jugoslawien. Im Gegensatz zum Strategem Nr. 14 wird bei dieser Anwendung des Strategems Nr. 25 nicht etwas bereits Totes mittels einer neuen Seele wiederbelebt, sondern die äußere Hülle bleibt, wenn auch mit teilweise veränderter Innenausstattung, kontinuierlich bestehen und suggeriert die Weiterexistenz des alten Inneren.

Taiwan, um noch einmal darauf zurückzukommen, wird in der chinesischen Presse hier und da vorgeworfen, «die Tragbalken zu stehlen und die Stützpfosten auszuwechseln» (*Volkszeitung*, Überseeausgabe, Peking 30.6.1994, S.5). Dabei geht es unter anderem um die Formulierung, es gebe «nur ein China» und Taiwan sei «ein Teil Chinas», zu der sich am 28.2.1972 US-Präsident Nixon im Kommuniqué von Shanghai bekannte. Die Formulierung war mit Bedacht mehrdeutig («pragmatically obscure»; s. hierzu Anthony d'Amato: «Purposeful Ambiguity as International Legal Strategy: The Two China Problem», in: Jerzy Makarczyk (Hg.): *Theory of International Law at the Threshold of the 21st Century*, Den Haag etc. 1996, S.109 ff.).

Um diese Mehrdeutigkeit wogt ein Streit zwischen Taiwan und der Volksrepublik China. Für letztere steht außer Frage, daß «ein China» einzig und allein von der Volksrepublik China repräsentiert werde und daß Taiwan daher ein Teil der Volksrepublik China sei. «Die Machthaber in Peking setzen ‹China› mit der Volksrepublik China gleich und lassen keine Gelegenheit aus, dies auf allen internationalen Bühnen zu verkünden. Steter Tropfen höhlt den Stein: Weltweit sagen immer mehr Personen […] ‹China›, wenn sie die Volksrepublik China meinen. Diese Verwischung der Begriffe birgt die Gefahr einer verbalen Annexion Taiwans durch die Volksrepublik China in sich» (Tilman Aretz: «Nein zur verbalen Annexion», in: *Freies China*, Taipeh, Mai/Juni 1997, S.3). Immer wieder falle man im Westen in eine semantische, von Peking gelegte Falle, indem man sich von dem falschen Glauben umgarnen lasse, «China» beziehe sich unweigerlich auf die Volksrepublik China (Bernard T.K. Joei: «Western Press Falls Victim to Peking's Semantic Trap», in: *The Free China Journal*, Taipeh 9.5. 1997, S.6). Taiwanesischen Stimmen zufolge existieren in dem «einen China» zwei politische Gebilde, die Volksrepublik auf dem Festland und die Republik China auf Taiwan. «Ein China» ist daher in einem kulturell-geographischen Sinne zu verstehen. Die politischen «Balken» und «Pfosten» werden also aus der Formel entfernt oder durch solche ersetzt, die den politischen Anschauungen Taiwans genehm sind. Der dergestalt interpretierten «Ein-China»-Formel können dann auch taiwanesische Politiker wie zum Beispiel der Vizepräsident Lian Zhan zustimmen (s. *Les échos de la République de Chine*, Taipeh 21.7. 1998, S.1; s. auch *The Free China Journal*, Taipeh 10.9.1999, S.6). Völlig außerhalb dieser Formel bewegten sich jene Taiwanesen, die am 25.6.1998 vor der inoffiziellen US-Vertretung in Taipeh ein Spruchband präsentierten, auf dem zu lesen stand: «Wir sind keine Chinesen. Wir gehören nicht zu China. Taiwan wird ein unabhängiges Land sein» (laut: *Taiwan aktuell*, München 30.6.1998, S.1).

Während seines Besuchs in der Volksrepublik China (25.6.–3.7. 1998) sagte US-Präsident Bill Clinton am 30.6.1998 in Shanghai: «Wir unterstützen nicht die Unabhängigkeit Taiwans. Wir unterstützen nicht zwei China; oder ein Taiwan, ein China. Und wir glauben nicht, daß Taiwan Mitglied einer Organisation sein sollte, für die Eigenstaatlichkeit verlangt wird.» Damit löste Bill Clinton «Frohlocken bei den Gastgebern» aus (Matthias Nass, in: *Die Zeit*, Hamburg 9.7.1998, S.6), denn er «hatte sich auf Wunsch des chinesischen Regimes die Formel der drei kruden ‹Nein› zu eigen gemacht» («Shanghai-Communiqué – Clintons Version», in: *Neue Zürcher Zeitung*, 4./5.7.1998, S.3). Das «chinesische Regime» sieht sich wohl auf dem besten Weg, das «Strategem» Taiwans hinsichtlich der Ein-China-Formel zu vereiteln.

25.19 «Mini-Tibet» und «Groß-Tibet»

So wie die Formel von «einem China» bald mit diesen, bald mit jenen Balken und Pfosten gefüllt wird, so ist auch das Wort «Tibet» Gegenstand des Strategems Nr.25. Der Volksrepublik China wird ein «administrativer Trick» vorgeworfen, der in der Gründung des Autonomen

Gebiets Tibet im Jahre 1965 bestanden habe. Dadurch seien «Tibet» auf das Kernland U-Tsang verkleinert und der tibetische Bevölkerungsanteil mit einem Schlag von 6 Millionen auf 1,65 Millionen reduziert worden (Alexander Syllaba: *Tibet – sein stilles Sterben*, Zürich 1992, S. 23, 96). Das innerhalb der Volksrepublik China liegende Autonome Gebiet Tibet mit der Hauptstadt Lhasa umfaßt 1,2 Millionen km$^2$ und ist damit so groß wie Frankreich, Spanien und die Bundesrepublik Deutschland zusammen. Wenn der Dalai Lama und seine Anhänger von «Tibet» sprechen, meinen sie jedoch in der Regel nicht dieses «Mini-Tibet» (Syllaba, S. 23), sondern artikulieren einen politischen Anspruch, der sich auf das tibetische Großreich vom 7.–9. Jahrhundert gründet (Andreas Gruschke: «Demographie und Ethnographie im Hochland von Tibet», in: *Geographische Rundschau*, Braunschweig Mai 5/1997, S. 282). Zum «Autonomen Gebiet Tibet» fügen Exiltibeter daher noch die heutigen chinesischen Provinzen Gansu, Yunnan, Qinghai und Sichuan beziehungsweise Teile davon hinzu, so daß nach dieser Rückgängigmachung der den Chinesen vorgeworfenen Auskernung des Begriffs «Tibet» ein «Groß-Tibet» (Gruschke, ebenda) entsteht, das sich über ca. 2,4 Millionen km$^2$ erstreckt.

25.20 Normale Grenzkontrollen oder Beschränkungen der Bewegungsfreiheit?

Chinesische außenpolitische Kommentatoren benutzen das Stratagem Nr. 25 meist zur Charakterisierung des Umgangs mit Texten oder Konzepten, manchmal aber auch bezogen auf sehr handfeste, subversive Eingriffe in fremde Staaten.

Vereinzelte Nicht-Regierungs-Organisationen benutzten den Trick des Diebstahls von Tragbalken und der Auswechslung von Stützpfosten, indem sie normale Grenzkontrollen umdeuteten in Beschränkungen der Bewegungsfreiheit, klagte am 9. 8. 1995 der chinesische Vertreter Li Baodong bei einer Konferenz im Schoße der UNO-Menschenrechtskommission in Genf im Hinblick auf die Tibet-Frage (*Volkszeitung* 11. 8. 1995).

Zur Zeit chinesisch-sowjetischer Feindschaft wurde vor allem die Sowjetunion wegen der Anwendung des Stratagems Nr. 25 verurteilt. Aus den Dokumenten einer Konferenz der blockfreien Staaten in Colombo habe, so die Pekinger *Volkszeitung* vom 6. 9. 1976, die sowjetische Nachrichtenagentur TASS im Verein mit sowjetischen Druckerzeugnissen wesentliche Passagen, die der Sowjetunion nicht ins Konzept paßten, ausgeblendet. So sei in der Sowjetunion ein Passus weggelassen worden, wonach sich die Blockfreienbewegung «gegen den Imperialismus in all seinen Erscheinungsformen und gegen ausländische Herrschaft jedweder Art» sowie «gegen politischen, wirtschaftlichen und ideologischen Druck seitens der Großmächte» wende. Nur in ganz allgemeinen Worten sei eine antiimperialistische, antikolonialistische, antirassistische und antizionistische Stoßrichtung der Konferenzdokumente erwähnt worden. Zitiert habe man eine Stelle, wonach die Blockfreien für «den Frieden und die internationale Sicherheit und einen Abbau der Spannungen» eintreten, weggelassen aber wiederum jene Passagen, in denen die Blockfreien die Hauptursachen für die den Weltfrieden und die internationale Sicherheit gefährdenden Spannungen benennen. So habe die sowjetische Berichterstattung, resümiert die *Volkszeitung*, «die Tragbalken gestohlen und die Stützpfosten ausgewechselt» und den Geist der Konferenz von Colombo hinwegkastriert und zugleich auf der anderen Seite durch ihre Auswahl von Zitaten aus den Schlußdokumenten der Blockfreienkonferenz skrupellos ihr eigenes sowjetrevisionistisches Zeug in diese Dokumente hineingepfropft.

In einem anderen Kommentar warf die *Volkszeitung* der Sowjetunion vor, sie wage es nicht, auf der UNO-Seerechtskonferenz offen gegen die Errichtung von ausschließlichen Wirtschaftszonen vorzugehen. Statt dessen versuche sie, «die Tragbalken zu stehlen und die Stützpfosten auszuwechseln» und mit dieser niederträchtigen Methode den wesentlichen Inhalt aus der Institution der ausschließlichen Wirtschaftszone zu eliminieren mit dem Ziel, ihre Ausplünderung der maritimen Ressourcen anderer Länder und ihren maritimen Expansionismus fortzuführen (*Volkszeitung*, Peking 29. 8. 1976).

Aber auch Japaner gerieten wegen vermeintlicher Anwendung des Strategems Nr. 25 unter Beschuß. Unter Berufung auf den japanischen Filmregisseur Yamamoto Satsuo warf die *Volkszeitung* vom 8. 8. 1982 dem japanischen Film *Dai Nihon Taikoku (Das Große Japanische Kaiserreich)* vor, auf eine raffinierte Art und Weise die Tragbalken zu stehlen und die Stützpfosten auszuwechseln. Denn er stelle den von Japan gegen Korea, China und Südostasien geführten Aggressionskrieg als einen Krieg dar, den zu führen Japan aus Gründen der Selbstverteidigung nicht umhingekonnt habe.

## 25.21 Amerikanischer Zahlenzauber

Bereits im Titel und dann wieder im Text seines Kommentars warf Gu Ping dem US-Nachrichtenmagazin *Newsweek* vor, in der Ausgabe vom 17.7.1995 in dem Artikel «The Neighbours are Restless» (S. 20 ff.) «die Balken gestohlen und die Pfosten ausgewechselt» zu haben. Bei der Berechnung des Anteils der chinesischen Rüstungskosten am Gesamtwert der chinesischen Produktion sei *Newsweek* auf einen erstaunlich hohen Wert von 5,4 Prozent gekommen. Laut chinesischen Angaben machte dieser Anteil im Jahre 1994 1,3 Prozent aus (Presseamt beim Staatsrat der Volksrepublik China: «Rüstungskontrolle und Abrüstung in China», in: *Beijing Rundschau*, Peking Nr. 48, 28.11.1995, S. 18). Bei Nachbarstaaten Chinas stellte *Newsweek* einen Wert zwischen 1,6 Prozent und 3,6 Prozent fest (s. *The Balance of Power*, a.a.O., S. 22). Nun habe aber *Newsweek* bei der Ermittlung der chinesischen Zahlen die Berechnungsmethode gewechselt. Die Zahlen für den Gesamtwert der chinesischen Produktion seien gemäß dem Wechselkurs, die Zahlen für die Rüstungsausgaben dagegen gemäß der realen Kaufkraft der chinesischen Währung veranschlagt worden. So habe *Newsweek* die chinesischen Rüstungsausgaben vervierfachen können. Den unfeinen Trick habe *Newsweek* benutzt, um die These von der «chinesischen Gefahr» zu untermauern (*Volkszeitung*, Peking 28.7.1995, S. 7).

## 25.22 Esel in Löwenhaut

«Weltweit bestehen kaum Zweifel an der Führungsrolle Amerikas», wird im Westen behauptet («Europa unter dem Schutzschirm der USA: Für und wider eine Pax Americana», in: *Neue Zürcher Zeitung*, 25.5.1998, S. 25). Wenn man die Serie von Abstimmungsniederlagen der USA in der Vollversammlung der UNO seit den 60er Jahren gerade im Bereich von Erklärungen über die Menschenrechte, aber auch etwa in bezug auf die Nahost-Frage Revue passieren läßt, ist das Wort «weltweit» im obigen Zitat zweifellos unzutreffend. Ein Blick in die chinesische Presse beweist, daß zum Beispiel China die «Führungsrolle Amerikas» nicht anerkennt. «Wohl gibt es heute eine einzige Supermacht, aber sie kann nicht allein die Welt kontrollieren.» Diese Worte des indischen Staatspräsidenten Narayanan (in: *Die Zeit*, Hamburg 10.9.1998, S. 12) scheinen anzudeuten, daß auch Indien sich nicht von den USA mit einer Bevölkerung, «die nur 4 Prozent der Weltbevölkerung ausmacht» (*Beijing Rundschau*, Peking Nr. 48, 1.12. 1998, S. 8), geführt fühlt, zumal der Inder noch ergänzt: «Es gibt andere bedeutsame Machtzentren in verschiedenen Weltgegenden [...] Die Weltordnung, die wir vor Augen haben, ist eine, [...] in der die Völker [...] friedlich miteinander leben, ohne daß eine einzige Macht alle beherrscht, wofür die Welt ohnehin zu groß ist.»

Gleichwohl ist immer wieder zu beobachten, daß westliche Kreise von «Welt» reden, im Grunde aber nur den Westen oder einzelne Staaten des Westens meinen. Diesen Kreisen ist entgegenzuhalten, daß sich «die Welt nicht auf die abendländische Welt reduzieren läßt» (Bernard Guetta, in: *Le Temps*, Genf 4. 9. 1998, S. 15). Wenn der Amerikaner David Binder sagt, die Deutschen hätten «zweimal Unheil über die Welt gebracht» (in: *Der Spiegel*, Hamburg Nr. 2, 1998, S. 40), so ist zu sagen, daß im Zweiten Weltkrieg Deutschland nicht China angegriffen hat, sondern Japan, und das bereits 1937, wenn nicht schon 1931. Oder gehört China nicht zur «Welt»?

Aus strategemischer Sicht werden in derartigen Zitaten und sonstigen Beschwörungen der «Weltöffentlichkeit» beim Wort «Welt» die Balken gestohlen und die Pfosten ausgewechselt. *Juristische Weltkunde* – so lautet der Titel eines 1990 in Frankfurt a. M. in 5. Auflage erschienen Taschenbuches, in dessen Personen- und Sachregister nicht ein einziger Chinese, Inder oder Japaner und kein Hinweis auf ein asiatisches Rechtsinstitut aufgeführt sind. Das Wort «Welt», das doch eigentlich den ganzen Globus und die gesamte Menschheit umfaßt, wird hier entkernt und auf einen bloßen Teil des Planeten reduziert. Diese Anwendung des Strategems Nr. 25 kann man mit «totum pro parte» bezeichnen. Das bedeutet «das Ganze für den Teil» (s. im einzelnen 25.24). In der abendländischen, aber auch in der chinesischen Dichtung ist dies ein bekannter und legitimer Kunstgriff: «Gelegentlich steht das Land für die Hauptstadt oder die Dynastie für einen Kaiser» (Günther Debon: *Chinesische Dichtung: Geschichte, Struktur, Theorie*, Leiden etc. 1989, S. 174). Aber als Sprachtrick im politischen Diskurs steckt hinter der Benennung des Teils mit dem Namen des Ganzen oft ein bestimmtes Kalkül wie etwa:

einschüchtern: so etwa, wenn behauptet wird, ein «Weltkongreß» (*Einsiedler Anzeiger* 17. 7. 1998, S. 1) habe die Schweiz wegen ihres Verhaltens im Zweiten Weltkrieg kritisiert; in Wirklichkeit hat nie eine Mehrheit der UNO-Mitgliederstaaten auf irgendeiner Konferenz die Schweiz wegen irgendeiner Tat oder Untat verurteilt und hat die «Welt» somit nie Stellung genommen gegen dieses Land;

vereinfachen: indem man Wörter wie «Welt» ihres Inhalts entleert und auf den Westen reduziert, macht man den Globus überschaubar und wiegt sich in dem naiven Glauben, ihn im Griff zu haben;

verharmlosen: so, wenn zum Zwecke der Vermeidung des Klartextausdrucks «ungeborenes Kind» oder «ungeborener Mensch» von «ungeborenem Leben» gesprochen wird, womit an sich sämtliche ungeborenen Lebewesen einschließlich ungeborene Kaulquappen und ungeborene Giraffen bezeichnet sind; dem terminologischen Gleichgewicht zuliebe müßte man statt von «Frau» jedesmal vom «geborenen Leben» sprechen;

dramatisieren: so, wenn es nach einer schweizerischen Volksabstimmung, in der der Beitritt zum Europäischen Wirtschaftsraum abgelehnt wurde, heißt: «De jure – so hat das Schweizer Volk entschieden – gehören wir nicht zu Europa» (zitiert aus: *Unireport der Universität Zürich: Wissensmarketing*, Zürich 1995, S. 12). Ein Nein zu einem EU-Projekt wird hier zu einem Votum für die Nichtzugehörigkeit zu Europa (rund 10,5 Mio. km², *Brockhaus-Enzyklopädie*, Bd. 6, Mannheim etc. 1988, S. 628), das man mit Hilfe des Stratagems Nr. 25 auskernt und auf die EU (3,2 Mio. km², *Der Fischer Weltalmanach* 2000, Frankfurt a. M. 1999, S. 1043) verkleinert, aufgebauscht. Dies, obwohl «gerade das heutige Europa nicht vorab auf die EU-Länder reduziert werden darf» (Leitartikel, in: *Neue Zürcher Zeitung*, 3./4. 10. 1998, S. 1)

schönfärben: so, wenn, soweit bekannt, kein der «europäischen» Rechtsgeschichte gewidmetes Werk sorgfältig und detailliert die repressiven Rechtsordnungen behandelt, die europäische Großmächte in ihren Kolonien eingerichtet haben und die teilweise noch heute weitergelten, mit dem Ergebnis, daß in Europa kaum jemand weiß, daß beispielsweise die Prügelstrafe in Singapur englischen Ursprungs ist und daß sie von den Engländern in Hongkong erst 1991 abgeschafft wurde; natürlich präsentiert das durch diese Auskernung von all seinen Kolonien gesäuberte «Klein-Europa» eine entsprechend stolze europäische Rechtsgeschichte;

provinzielle Ansichten verbrämen: wenn zum Beispiel Sibylle Tönnies schreibt, «das internationale Rechtsbewußtsein» sei im Begriff, das Konzept der «gleichen Souveränität der Nationen» aufzugeben «und durch ein universalistisches zu ersetzen, das die Menschenrechte [s. 25.23] höher achtet als die Souveränität» («Ohne Ansehen der Nation», in: *Frankfurter Allgemeine Zeitung*, 4.7.1996, S. 33), so beweisen die immer wieder aufs neue wiederholten Bekenntnisse der UNO-Generalversammlung zugunsten des Grundsatzes der souveränen Gleichheit der Nationen, daß der Ausdruck «internationales Rechtsbewußtsein» offensichtlich in einem ausgekernten Sinn nur gerade das Rechtsbewußtsein westlicher Staaten meint, die etwa ein Fünftel der Weltbevölkerung repräsentieren; dem unbedarften Leser aber wird vorgegaukelt, die ganze Welt denke so wie der Westen; sich der Verantwortung für das Wegretuschierte entziehen: so, wenn man sich für «die» Menschenrechte engagiert, allerdings unter Ausschluß all jener, die man nicht zum sogenannten «harten Kern» zählt, s. 25.23; so, wenn man das Wort «Westen» gleichsam als Synonym für das Gute, Wahre und Schöne verwendet, den Marxismus-Leninismus – in der Volksrepublik China die herrschende Ideologie – aber nicht als etwas typisch «Westliches» anerkennen und China daher erst noch «verwestlichen» will.

Manchmal geht es wohl einfach darum, sich aufzublasen. «Die herrlichen Strahlen der Ideen Mao Zedongs leuchten über ganz China und über die ganze Welt», schwelgte Yao Wenyuan (s. 22.11) zur Zeit der «Kulturrevolution» (Yao Wen-yüan: *Kommentar zu den zwei Büchern von Tao Dschu*, Peking 1968, S. 84). Wie gut tut es offenbar aber auch dem Selbstbewußtsein von Europäern, wenn sie Napoleon als «Weltbeherrscher» (*Der Spiegel*, Hamburg Nr. 2/1998, S. 28) titulieren. Napoleon hat China, Indien oder Amerika nie gesehen. «Die Deutschen zählen nicht zu den beliebtesten Völkern dieser Erde» (*Neue Zürcher Zeitung*, 4.4.1998, S. 52): Wenn «Erde» westliche Länder bezeichnen soll, mag das Urteil zutreffen, vier Fünfteln der Menschheit in Asien, Afrika und Lateinamerika aber dürften die Deutschen ziemlich egal sein. Diese Bemerkung trifft mutatis mutandis auch auf den folgenden bramarbasierenden Satz zu: «Wichtig wäre, daß die Welt den Argwohn aufgibt, mit dem sie der Schweiz in allem entgegentritt» (zitiert aus: *Neue Zürcher Zeitung*, 25./26.7.1998, S. 70). Wann immer jemand das Wort «Welt» in den Mund nimmt, sollte man genau hinhören. Ist wirklich die ganze Welt gemeint? Wenn nur der Westen gemeint ist, sollte man die Fälle bloßer Gedankenlosigkeit oder des Bestrebens, einen provinziellen Horizont durch ein großes Wort zu verdecken, aussondern und in bezug auf den Rest überlegen, ob und mit welchen Hintergedanken das Stratagem Nr. 25 angewandt wird.

Ganz allgemein wäre es vielleicht keine schlechte Idee, als Abendländer auch die Wortwahl mit etwas mehr Augenmaß zu treffen und nicht nach dem Motto «Westernismus: wir sind überall» (Titel eines Beitrags von Rüdiger Görner, in: *Neue Zürcher Zeitung,* 30.4.1998, S. 45) aufzutreten. Denn sonst mag es dem ständig universal redenden, im Grunde aber nur nordatlantisch, europäisch oder gar nur national denkenden Westmenschen so ergehen wie dem Aesopschen Esel: Er hatte im Wald eine Löwenhaut gefunden, sich darin als Löwe verkleidet und Menschen und Vieh in Schrecken versetzt. Doch währte die machtgebietende Autorität des Esels nur kurze Zeit, denn bei aller Verstellung guckten irgendwo die Eselsohren heraus, und seine wahre Natur ward bald erkannt.

25.23 Unter dem Banner des Universalen für Partikulares kämpfen

In aller Munde sind im Abendland «die» Menschenrechte, was sich sehr total, sehr umfassend, sehr engagiert anhört. Sieht man aber genauer hin, was diverse westliche Theorien über «die» Menschenrechte beinhalten, dann stellt man fest, daß die umfassende UNO-Konzeption der Menschenrechte (s. hierzu Harro von Senger: «Die UNO-Konzeption der Menschenrechte [...]», in: Gregor Paul [Hg.]: *Die Menschenrechtsfrage: Diskussion über China [...],* Göttingen 1998, S. 62ff.), auch wenn man sich im Westen pro forma auf sie beruft, de facto mittels des Kunstgriffs «totum pro parte» ausgekernt wird: Mit dem Ausdruck «‹die› Menschenrechte», der eigentlich nur der Gesamtheit aller Menschenrechte zustünde, wird ein ganz kleiner Teil der Gesamtheit aller Menschenrechte, nämlich der sogenannte «Kern» der Menschenrechte oder die «fundamentalen» Menschenrechte, bezeichnet. Dies gibt Chinesen die Gelegenheit, dem Westen die Anwendung des Stratagems Nr. 25 vorzuwerfen (s. zum Beispiel: *Beijing Rundschau,* Peking Nr. 1, 1992, S. 8). Dabei greifen Chinesen auch auf marxistische Überlegungen zurück. «Die bürgerliche Ideologie und Kultur [...] tritt im Namen der gesamten Gesellschaft auf und gibt sich selbst einen abstrakten, universalen Anstrich» (zitiert aus: *Volkszeitung,* Peking 9.7. 1989, S. 4).

Wenn weiße Männer mit ihrem aufgrund «aufklärerischer Überheblichkeit [...] auf die alte Welt der Weißen» eingeengten Blick (Robert Schneebeli: «Strahlend im Zwielicht: Thomas Jefferson in neuen Darstellungen», in: *Neue Zürcher Zeitung,* 26./27.9.1998, S. 70) in der Amerikanischen Unabhängigkeitserklärung von 1776 verkündeten, daß «alle Menschen gleich geschaffen» und mit unveräußerlichen

Rechten wie jenem «auf Leben, Freiheit und das Streben nach Glück» ausgestattet seien, dann meinten sie mit «Menschen» zwar sich selbst, im übrigen aber weder die Negersklaven noch die Indianer noch die weißen Frauen. Daß sich später diese Segmente der Bevölkerung, gerade unter Berufung auf die Universalität des strategemisch benutzten Wortes «Mensch», ihre Menschenrechte erkämpften, ist wohl eher ein Ergebnis der «List der Vernunft» (s. 24.14) als der weisen Vorausplanung der Gründerväter der USA. Noch am Ende des 20. Jahrhunderts wird übrigens den USA vorgeworfen, daß für sie «Mensch eben nicht gleich Mensch ist» (Rudolf Augstein, in: *Der Spiegel*, Hamburg Nr. 48, 1998, S. 34).

Verkündete das Bürgertum zur Zeit der Französischen Revolution (1789) eine «Erklärung der Rechte des Menschen und des Bürgers», sprach es – totum pro parte – zwar vom «Menschen», meinte aber wiederum nur sich selbst, sofern männlichen Geschlechts. Denn Frauen (und übrigens auch Schwarze) hatten «gemäß dem Menschenbild der Aufklärung als ‹Untermenschen› nicht in den Kreis der Menschen oder Bürger Aufnahme gefunden» (Karl Heinz Burmeister: *Olympe de Gouges: die Rechte der Frau 1791*, Bern/Wien 1999, S. 7). Das durchschaute Olympe de Gouges (1748–1793), die 1791 eine ergänzende «Erklärung der Rechte der Frau und der Bürgerin» veröffentlichte (s. Paul Noack: *Olympe de Gouges*, dtv, München 1992, S. 161 ff.; Hannelore Schröder: *Olympe de Gouges*, Aachen 1995). 1793 endete sie auf dem Schafott. Sie büßte unter anderem «für ihren Einsatz für die Rechte der Frau [...] Erst 1945 wurden den Frauen in Frankreich die Bürgerrechte zuerkannt» (Karl Heinz Burmeister, a. a. O., S. 8). Bis ins 20. Jahrhundert hinein waren, wenn im Westen von «Menschen»rechten gesprochen wurde, weltweit die Farbigen, welche die «Segnungen» des weißrassigen Kolonialismus genießen durften, nicht gemeint. Da nur der Weiße «Mensch» war, lehnte der Westen unter Federführung der USA während der Pariser Friedenskonferenz im Frühjahr 1919 einen japanischen Vorstoß ab, gemäß welchem der Grundsatz der Rassengleichheit in der Völkerbunds-Satzung hätte verankert werden sollen (s. Harro von Senger: «From the Limited to the Universal Concept of Human Rights», in: Wolfgang Schmale [Hg.]: *Human Rights and Cultural Diversity*, Goldbach 1993, S. 47 ff.).

Wenn westliche Menschen heute «die» Menschenrechte in den Mund nehmen, dann meinen sie regelmäßig nur den sogenannten «harten Kern der Menschenrechte» (s. im einzelnen: Harro von Senger: «Der Menschenrechtsgedanke im Lichte chinesischer Werte», in:

Walter Schweidler [Hg.]: *Menschenrechte und Gemeinsinn – westlicher und östlicher Weg?*, Sankt Augustin 1998, S. 267 ff.). Über den sogenannten «Kern» der Menschenrechte gibt es im Westen keine «unité de doctrine». Der ehemalige deutsche Bundespräsident Roman Herzog zum Beispiel zählt dazu lediglich «drei Fundamentalrechte», nämlich das Recht auf Leben, das auf Verschonung von Folter und Sklaverei sowie das auf Schutz vor willkürlichem Freiheitsentzug (Roman Herzog: «Die Rechte des Menschen», in: *Die Zeit*, Hamburg, 6.9.1997, S. 3) und beansprucht trotz dieser Selektion, für «die» Menschenrechte schlechthin einzutreten (s. hierzu auch Volkmar Deile: «Bei sich selbst anfangen», in: *ai Info: das Magazin für die Menschenrechte*: Bonn 5/1993, S. 12 f.). Amnesty International setzt sich noch für einige wenige zusätzliche Menschenrechte ein (s. hierzu Jörg Fisch: «Vieldeutige Menschenrechte: Wortmagie», in: *Frankfurter Allgemeine Zeitung*, 6.9.1995, S. N5). Etwas mehr Menschenrechte werden in den USA zum «Kernbereich» gezählt.

Durch den Kunstgriff der Reduzierung der Menschenrechte auf einen «Kern» und die Unterscheidung einige weniger wirklich universaler von der großen Masse der nicht zum «Kern» zählenden und daher relativierbaren Menschenrechte versuchen westliche Menschen, eine Vielzahl seitens der UNO proklamierter Menschenrechte aus der Menschenrechtsdebatte auszuklammern. Das sind zum Beispiel das Menschenrecht auf Arbeit (Universale Erklärung der Menschenrechte, Art. 23), das weltweite Menschenrecht auf freies Domizil (a. a. O., Art. 13, Abs. 1; s. 35.18), das Menschenrecht auf Nahrung (a. a. O., Art. 25, Ziff. 1), das Menschenrecht auf Entwicklung (1986 verkündet von der UNO-Generalversammlung mit 146 Stimmen gegen 1 Stimme [USA] bei 8 Enthaltungen, darunter Deutschland) sowie zahlreiche kollektive Menschenrechte wie das auf Frieden, 1984 verkündet von der UNO-Generalversammlung mit 92 gegen 0 Stimmen bei 34 Enthaltungen, darunter Deutschland. Im Westen, der sich ja, wie gesehen, für die Welt hält (s. 25.22), werden diese von der UNO sanktionierten Menschenrechte durch den Kunstgriff des Menschenrechts«kerns» ins Nichts aufgelöst. Dies, obwohl die UNO bei jeder sich bietenden Gelegenheit die Unteilbarkeit *aller* Menschenrechte betont, also der bürgerlichen, sozialen, wirtschaftlichen, kulturellen, individuellen und kollektiven Menschenrechte (s. Harro von Senger: «Die UNO-Konzepte der Menschenrechte», a. a. O., S. 83 ff.). Daß der Westen gegenüber «den» Menschenrechten das Auskernungs-Strategem benutzt, ist unter anderem darauf zurückzuführen, daß die

Verwirklichung gar mancher der ausgekernten Menschenrechte wie etwa des Rechts auf Entwicklung den Westen finanziell teuer zu stehen käme.

Da selbst im Westen keine Einigkeit über den «harten Kern» der Menschenrechte besteht, ist kein Menschenrecht davor gefeit, aus diesem «Kern» ausgeschlossen zu werden. So gehört das Recht auf freie Meinungsäußerung nicht zu dem vom ehemaligen deutschen Bundespräsidenten Roman Herzog definierten Menschenrechts«kern». Wichtigste individuelle Menschenrechte, da von keiner «Kern»-Theorie erfaßt, fallen unter den Tisch, so zum Beispiel das in Art. 11, Ziff. 1 der Universalen Erklärung der Menschenrechte verankerte, jedem Menschen, auch jedem mutmaßlichen Terroristen, zustehende Menschenrecht auf Unschuldsvermutung. Auch das Menschenrecht auf Schutz der Privatsphäre (a.a.O., Art. 12) wird im Westen so gut wie nie erwähnt und von westlichen Massenmedien immer wieder in krasser Weise verletzt. Wird ein westlicher Politiker mit seiner «Reduktion der unteilbaren Menschenrechte auf einen im Westen für besonders wichtig gehaltenen ‹Kern›» (Volkmar Deile: «Schafft die zivile Weltgesellschaft», in: *Die Zeit*, Hamburg, 3.1.1997, S.6) von dem Vertreter eines Drittweltlandes, das nicht auf dem Boden westlicher Kernbereichstheorien steht, mit einem kernbereichsexternen Menschenrecht konfrontiert, steht er, auf solcherlei völlig unvorbereitet, da wie ein Ochs vorm Berg (s. 35.18). So erweist sich bei genauerem Hinsehen die westliche Anwendung des Stratagems Nr. 25 auf die Menschenrechte nicht als genialer Kunstgriff, sondern als ein Schildbürgerstreich. Insofern die westliche Heraushebung vereinzelter Menschenrechte Menschen anderer Kulturkreise dazu animiert, ihrerseits die ihnen genehmen Menschenrechte über alle anderen zu stellen, könnte die westliche Menschenrechtsauskernung letztlich gar zu einem Bumerang werden.

25.24 TOTO, TOpa, paTO und papa

Wenn man ein Wort, das etwas Ganzheitliches bezeichnet, tatsächlich auf das Ganze anwendet, kann man diesen Wortgebrauch mit «totum pro toto (das Ganze für das Ganze)» bezeichnen. Man sagt zum Beispiel «Mensch» und meint tatsächlich Menschen aller Rassen, beider Geschlechter, geborene und noch im Mutterleib befindliche und so weiter.

Benutzt man das ganzheitliche Wort nur für einen Teil dessen, was es eigentlich bezeichnet oder bezeichnen könnte, kann man diesen Wortgebrauch, wie bereits gesehen, als «totum pro parte (das Ganze für den Teil)» bezeichnen. Man sagt zum Beispiel «Mensch», meint aber etwa nur Männer oder nur weißrassige Menschen oder nur Menschen nach ihrer Geburt und so weiter.

Benutzt man ein Wort, das einen Teil eines Ganzen bezeichnet, meint aber das Ganze, nennt man diesen Wortgebrauch «pars pro toto (der Teil für das Ganze)». «Adam» und «Eva» werden im westlichen Kulturkreis oft für «Mann» und «Frau» schlechthin gebraucht.

Benutzt man ein Wort, das einen Teil bezeichnet, exakt für diesen Teil, kann man diesen Wortgebrauch mit «pars pro parte (der Teil für den Teil)» bezeichnen. Beispiele sind Wörter wie Frau, Mann, Kind, Greis, Baskin und so weiter.

Die vier lateinischen Ausdrücke kann man nun mit vier Graphemen kennzeichnen: TOTO für totum pro toto, TOpa für totum pro parte, paTO für pars pro toto und papa für pars pro parte. Ausgehend von diesen Abkürzungen kann man ferner, wenn man spielerischen Wortschöpfungen nicht abhold ist, für eine besonders häufig vorkommende Anwendung des Stratagems Nr. 25 das Verb «TOpalisieren» bilden: Man benutzt universale Termini oder spricht pauschale Thesen aus, meint aber, diese Termini oder Thesen stillschweigend auskernend, im Grunde nur ganz bestimmte, eng umgrenzte Dinge. Man sagt «wir», meint aber nur «ich».

Schon im antiken Hellas kam es selten vor, daß streitende soziale Gruppen Interessen anmeldeten und verteidigten, «ohne diese vom ‹Ganzen› her zu legitimieren, ohne auf ‹das Ganze› Bezug zu nehmen» (Egon Flaig: «Europa begann bei Salamis», in: *Rechtshistorisches Journal*, Frankfurt a.M. Nr. 13, 1994, S. 416). Thomas Jefferson (1743–1826), der dritte Präsident der USA, behauptete, «dass Amerika die Interessen der Menschheit wahrnehme, wenn es seine ureigensten verfolge» (Eberhard Straub: «Der Menschheit und sich selbst zuliebe: Amerikas Ausgriff in die Welt vor hundert Jahren», in: *Frankfurter Allgemeine Zeitung*, 19. 12. 1998, I).

Gerade im Zeitalter der Globalisierung ist, besonders in Kreisen des Westens, der TOpalisierungsvorgang häufig zu beobachten. Vor allem Politiker berufen sich nur zu oft auf allgemeine Ideale oder auf angeblich weltweit geltende Prinzipien, setzen sich aber in Wirklichkeit nur für ganz bestimmte Interessen ein. Sie reden global beziehungsweise total, denken und handeln aber regional beziehungsweise gruppenzentriert. So ist man zum Beispiel für «die» Menschenrechte, schließt aber etwa die sozialen Menschenrechte aus. Man ist für «das» Selbstbestimmungsrecht der Völker, aber natürlich nicht, wenn dadurch eigene Interessen tangiert würden. Zur Zeit der Sowjetunion war man gegen «den» Kolonialismus, aber nicht gegen den sowjetischen.

In der Atlantik-Charta vom 14. 8. 1941 bekannten sich Churchill und am 24. 9. 1941 auch die Sowjetunion zum Verzicht auf Annexionen, zur Souveränität aller bisher unterdrückten Staaten, zum Selbstbestimmungsrecht der Völker usw., aber kurz darauf erklärte Churchill, daß diese Prinzipien für das britische Weltreich nicht gelten (s. Paul Gordon Lauren: «First principles of racial equality», in: *Human Rights Quarterly*, Baltimore, vol. 5 No. 1, Februar 1983, S. 11). Auch Stalin bezog später die Grundsätze der Atlantik-Charta nicht auf das Sowjetreich. Im II. Weltkrieg kämpfte man westlicherseits gegen «die» Diktatur, aber nicht gegen jene Stalins, und für «die» Freiheit, aber nur für jene Europas und Chinas, nicht für jene Afrikas, Indiens oder Vietnams von kolonialer Herrschaft. Man ist im Westen für «die» Demokratie, zum Beispiel in der Volksrepublik China, aber nicht in Saudiarabien oder Algerien und nicht auf globaler Ebene. «Demokratie in Arabien würde Amerikas Konzept verderben [...] Für den Westen ist im Nahen Osten nicht Demokratie, sondern Stabilität das Zauberwort» (Heiko Flottau: «Rabenschwarzer Tag für die Araber», in: *Basler Zeitung*, 28. 9. 1999, S. 4). Die USA treten für «die» strikte Durchführung von UNO-Resolutionen ein, wenn sie gegen den Irak, aber nicht, wenn sie gegen Israel gerichtet sind (Zhang Zhuji: «Analyse von Amerikas doppeltem Standard», in: *Volkszeitung*, Peking 16. 3. 1999, S. 6).

Während des Kosovo-Kriegs (24. 3.–10. 6. 1999) berief man sich im Westen auf die Doktrin des Eintretens für Menschenrechte überall, wo sie verletzt werden, wenn nötig auch ohne UNO-Mandat und ohne Rücksicht auf die eigentlich nach wie vor geltenden völkerrechtlichen Grundsätze der Achtung der staatlichen Souveränität und des Interventionsverbots. Es gehe schließlich um den Schutz von als Mitglieder in einer «Assoziation von Weltbürgern» aufgefaßten «Staatsbürgern auch gegen die Willkür der eigenen Regierung» (Jürgen Habermas: «Bestialität und Humanität», in: *Die Zeit*, Hamburg 19. 4. 1999, S. 1). Der britische Premier Tony Blair bezeichnete «die militärische Intervention gegen schwere Menschenrechtsverletzungen und Genozid» als «legitim» («Britischer Applaus für Blairs Kosovo-Kurs», in: *Neue Zürcher Zeitung*, 27. 4. 1999, S. 3). Nach dem Kosovo-Krieg versprach US-Präsident Bill Clinton «den Völkern der Welt»: «Ob ihr in Afrika lebt, in

Mitteleuropa oder wo auch immer: Wenn jemand eure unschuldigen Bürger verfolgt und sie massenhaft zu töten versucht wegen ihrer Rasse oder Religion und es in unserer Macht liegt, ihn zu stoppen, dann werden wir es tun» (zitiert aus Matthias Nass: «Notare der Barbarei», in: *Die Zeit*, Hamburg 16.9.1999, S.3). Von dieser «Rhetorik des Universalismus», die «für den Westen spezifisch ist» und gemäß der «die Postulate ausnahmslos [...] für alle gelten sollen» (Hans Magnus Enzensberger, zitiert aus: «Kehre», in: *Die Zeit*, Hamburg 22.4.1999, S.49) war in bezug auf das an Kosovo gemahnende «blutige Chaos» in Osttimor («Ost-Timor: das Kosovo Asiens», in: *Bild*, Hamburg 11.9.1999, S.12), der «Hölle auf Erden» (*Neue Zürcher Zeitung*, 13.9.1999, S.1f.), nach dem dortigen Plebiszit zugunsten der Unabhängigkeit vom 30. August 1999 plötzlich nichts mehr zu hören (vgl.: «Indonesiens Stabilität ist den USA wichtiger als die Freiheit Osttimors: Grenzen des humanitären Engagements Washingtons», in: *Neue Zürcher Zeitung*, 10.9.1999, S.1). Auf einmal erschienen «die Chefmoralisten des Kosovo-Kriegs, Bill Clinton und Tony Blair, in ihrem Eifer auffallend gedämpft» («Osttimor: ‹Das Volk wird vernichtet›», in: *Der Spiegel*, Hamburg Nr.37, 1999, S.201) und sollte ein Eingreifen in Osttimor, streng nach geltendem Völkerrecht, nur mit dem «Einverständnis Jakartas» («Späte Hilfe in Osttimor», in: *Neue Zürcher Zeitung*, 13.9.1999, S.3) möglich sein («Der Sicherheitsrat billigt Intervention in Osttimor», in: *Neue Zürcher Zeitung*, 16.9.1999, S.1). Als die UN-Truppen schließlich eintrafen, lag Osttimor «in Schutt und Asche» (Richard Lloyd Parry: «Es brennt», in: *Die Zeit*, Hamburg, 23.9.1999, S.8).

«Kosovo und Osttimor: Messen wir mit zweierlei Maß?» (Matthias Nass, ibid.). Wirkt diese Frage nicht naiv, weil sie suggeriert, daß tatsächlich in zwei Schritten zuerst ernsthaft mit unterschiedlichen Maßen gemessen und danach je nach dem Meßergebnis gehandelt werde? Ist es nicht vielmehr in allererster Linie so, daß «Außenpolitik von handfesten Interessen bestimmt wird» (Oliver Fahrni: «Massaker auf Osttimor: sie wußten, was sie nicht tun», in: *Die Weltwoche*, Zürich, 16.9.1999, S.7)? Lassen sich demnach unterschiedliche Reaktionen des Westens wie in Kosovo und Osttimor nicht eher unter dem Gesichtspunkt der TOpalisierung deuten? Das heißt, angesichts eines Einzelproblems nimmt man zunächst eine Interessenanalyse vor und bestimmt das eigene Handlungsziel. Erst danach holt man, falls dies als opportun erscheint, einen universalen Maßstab hervor, mit dem man den partikulären Sachverhalt mißt. Denn die Berufung auf den universalen Maßstab und das in alle Welt hinausposaunte niederschmetternde Meßergebnis leisten zur Begründung der eigenen Tat und zur Verhüllung der wahren Tatmotive nützliche Dienste (s. 29.32). Je nachdem beläßt man in einem anderen Einzelfall denselben universalen Maßstab in der Schublade, weil das schlimme Meßergebnis das eigene Handeln stören würde, oder man nimmt zwar die Messung vor, wischt aber deren schlimmes Ergebnis schnellstmöglich unter den Teppich, oder man wechselt gar den Maßstab. «Je nach Bedarf kehren die USA den humanitären Faktor entweder stark hervor», oder «sie mißachten ihn ganz einfach» («Impotenz der UNO», Leserbrief in: *Neue Zürcher Zeitung*, 21.9.1999, S.73).

Nicht einmal in Europa entsprachen die Europäer ihrer pseudouniversalen Losung «Nie wieder Völkermord!». Denn «das andere Drama», das in Europa, und zwar «in der Türkei, Schlüsselland der NATO», den Kurden widerfuhr, wurde «nicht als humanitär klassifiziert. [...] Niemand dachte je daran, (dort) die nationale Souveränität zu verletzen», wogegen die NATO ihre Intervention in Jugoslawien mit dem Argument, sie sei «humanitär», rechtfertigte («Das andere Drama: die italienische Tageszeitung *La Repubblica* (Rom) zieht einen Vergleich», in: *Frankfurter Allgemeine Zeitung*, 27.3.1999, S.2). «Den Kurden [in der Türkei] versagten die USA konsequent jede Hilfe, wogegen sie die separatistischen Aktivitäten der Albaner in Kosovo stillschweigend duldeten oder gar förderten» (Zhang Zhuji, ibid.).

Der Grund dafür, daß man nicht ehrlich die unstrategemische papa-Sprache benutzt, liegt darin, daß die TOpa-Sprache einen unvergleichlich höheren Propaganda-Effekt hat, spricht sie doch viel mehr Menschen an als die biedere papa-Sprache mit dem für sie typischen offenen Bekenntnis zu «kleinkarierten» Erkenntnis- und Interessehorizonten. Demgegenüber sichert sich derjenige, der zwar faktisch ein Einzelinteresse verfolgt, dies aber in Namen hehrer universaler Ideale und Prinzipien tut, eine nachgerade unantastbare Position. Denn die vielen, die der schönen Rhetorik noch so gern Glauben schenken, werden die wenigen, die Skepsis äußern, als «zynisch» oder gar «gemein» empfinden und nicht auf sie hören wollen. Zudem werden sie den «Vorkämpfer für allgemeine edle Ziele» selbst dann noch, wenn die Kluft zwischen seinem universalen Anspruch und seiner limitierten Praxis offenkundig wird, in Schutz nehmen und dies damit begründen, daß sein Handeln zwar nicht seinen hohen Aspirationen entspreche, aber wenigstens von erhabenen Idealen getragen sei.

Werden TOpalisten auf Widersprüche zwischen ihren aufgeblasenen Wörtern beziehungsweise dem daraus resultierenden universalen Anspruch ihrer Aussagen und dem eher schäbig-engen Horizont ihrer Handlungen angesprochen, versuchen sie sich mit fluchtstrategemischen Argumenten herauszureden wie, man müsse schließlich irgendwo einmal konkret anfangen, man müsse differenziert vorgehen, gegen Heuchelei sei niemand gefeit oder man dürfe ein bestimmtes allgemeines Konzept nicht «überstrapazieren». Wenn TOpalisten später Opfer der sie beim Wort nehmenden «List der Vernunft» werden (s. 24.14), bleibt ihnen freilich kein Fluchtweg mehr.

Ebenfalls eine gewichtige Rolle spielt hier und da die auch mit dem Strategem Nr. 25 arbeitende paTO-Sprache, etwa wenn im westlichen Menschenrechts-Diskurs das Folterverbot als das Parade-Menschenrecht präsentiert wird, anhand dessen die weltweite, kulturunabhängige Plausibilität «der» Menschenrechte schlechthin begründet wird. Die Einprägung des Folterverbots als «des» Menschenrechts schlechthin kann im Menschenrechts-Bewußtsein von Uninformierten eine entkernte Menschenrechts-Vorstellung zur Folge haben. Denn das Folterverbot mag zwar für individuelle, gegen Eingriffe des Staates gerichtete Menschenrechte repräsentativ sein, vermag aber zum Beispiel soziale oder kulturelle oder kollektive Menschenrechte nicht zu charakterisieren. – Der Vorwurf der Kollektivschuld beruht häufig auf einer listigen paTOlisierung.

Und noch ein Beispiel: Die von Senator Joseph McCarthy während der sogenannten McCarthy-Ära (1950–1954) erhobenen «maßlosen Beschimpfungen und Verleumdungen werden als Pars pro toto genommen, um jede Form des Antikommunismus abzuwerten» (Hans E. Tütsch: «McCarthysmus – Legendenbildung in Amerika», in: *Neue Zürcher Zeitung*, 5.8.1999, S.5).

Die TOTO-Sprache kann strategemisch und unstrategemisch gebraucht werden. Im ersten Fall werden Einzelteile eines Ganzen ihrer Tragbalken und Stützpfosten so lange entledigt, bis die Einzelteile in einem abstrakten TOTO-Wort aufgehen. Die Auskernung der Einzelteile kann so weit getrieben werden, daß die Einzelteile ganz verschwinden. Der Terminus «Sowjetmensch» sog die Ukrainer, Georgier, Tschetschenen, Usbeken, Kirgisen, Kalmücken, Krimtataren, Inguschen, Meßscheten, und wie die Angehörigen der unter sowjetischer Herrschaft stehenden Völker alle hießen, in sich auf und löschte sie auf sprachlichem Weg aus. Nicht selten bleibt es nicht beim terminologischen Auskernungs-Vorgang. Es kann soweit kommen, daß man versucht, die Realität gemäß dem TOTO-Konzept auszukernen, d.h. die Einzelteile dergestalt ihrer Eigenart zu berauben, daß sie vollumfänglich ins größere Ganze hineinassimiliert werden. So gibt es gemäß der jakobinischen Tradition in Frankreich, juristisch gesehen, nur Französinnen und Franzosen, aber keine Minderheiten (s. Art. 2 der französischen Verfassung in der Version vom 25.6.1992). Dem französischen Vorbild folgt die Türkei, in der offiziell nur Türken, aber keine Kurden leben. Würde die Volksrepublik China das französische TOTO-Konzept der Staatsbürgerschaft übernehmen, gäbe es in China amtlich nur noch Chinesen und zum Beispiel keine Tibeter mehr und würden die Sprachen von Minderheiten offiziell nicht mehr anerkannt. Auch der Mensch, von dem die Universale Erklärung der Menschenrechte von 1948 spricht, basiert weitgehend auf einer Auskernung der konkret existierenden Menschengruppen: Ein gewissermaßen geschlechts-, rasse-, religions- und sonstwie unterschiedsloser Mensch wird weltweit geschützt (Universale Erklärung der Menschenrechte, Art. 1). Allerdings verwirft die UNO die im Westen offiziell allein hervorgehobene rein individualistisch-abstrakte TOTO-Konzeption des Menschen, wonach man sich «als Individuum auf eine ‹Weltkultur› in einer ‹Weltgesellschaft› zu orientieren» habe (Bazon Brock, Ästhetikprofessor, in: *Bild*, Hamburg 28.8.1999, S.2) (s. auch 35.18, 35.19) und relativiert sie durch die Anerkennung von kollektiven und kulturellen Menschenrechten.

Die unstrategemische TOTO-Sprache zu benutzen und in ihr zu denken und demgemäß zu handeln vermag derzeit, wenn auch nur in einem beschränkten Maße, allein die UNO. Daher ist sie vielleicht im Westen, dessen wichtigstes Land USA vertragswidrigerweise seine Beiträge an die UNO nicht zahlt (s. 19.25), so gefürchtet!


25.25   Klarheit durch Vieldeutigkeit

Eines der hauptsächlichen Kennzeichen der von Wahrsagern benutzten Sprache sei der Gebrauch unbestimmter, ungenauer, elastischer, vielsagender Wörter (s. auch 20.19), schreiben Edna Aphek und Yishai Tobin in ihrem Buch *Semiotics of Fortune-Telling* (Amsterdam/Philadelphia, 1989, S.46). Angebliche Sachverhalte werden in einer nach allen Seiten offenen und doch umfassenden Weise dargestellt. So wird mit alles und nichts sagenden Wörtern und Formulierungen wie «etwas», «jemand» oder «ein gewisses Problem», mit Hintertüren offen lassenden Ausdrücken wie «möglicherweise», «vielleicht», mit allgemeinen Wahrheiten wie «Kritik sollte konstruktiv sein» und mit immer wahren Ratschlägen wie «Der erste Vogel fängt den Wurm» und so weiter operiert.

Das Gesagte ist derart schwer zu fassen, daß der Kunde unwillkürlich aus den möglichen Bedeutungen jene auswählt, die das Gesagte für ihn sinnvoll machen. Der Wahrsager vermittelt also ein beliebig füllbares, bei jedem Gegenüber brauchbares Wortgeklingel, in das der einzelne Kunde, ohne daß er sich dessen bewußt ist, die für ihn individuell sinnstiftenden «Balken» und «Pfosten» selbst einsetzt. Er glaubt, der Wahrsager habe sie ihm in den Worthülsen mitgeliefert und staunt über dessen übersinnliche Fähigkeiten. Ähnliches mag auch auf gewisse graphologische Gutachten zutreffen, die infolge ihrer unpräzisen Sprache unterschiedliche Interpretationen zulassen.

25.26  O Ofen, o Ofen, was muß ich dir klagen!

«Nicht jedermann gefiel es, daß die Stadt Luzern im Jahre 1332 den Ländern der Schweizerischen Eidgenossenschaft beitrat. Etliche wären lieber österreichisch geblieben. Wie diese merkten, daß sie im offenen Stimmenmehr zu kurz kämen, suchten sie sich durch einen Gewaltstreich zu helfen. Die vornehmen Geschlechter kamen überein, die Gönner der Waldstätte bei Nacht umzubringen und, wenn alles mit Blut, Schrecken, Getümmel und Wehklagen erfüllt sei, Luzern dem Fürsten zu übergeben. Die Verschwörer versammelten sich bewaffnet zu bestimmter Stunde in der St. Peters- und Paulsnacht an einem einsamen Ort am See unter dem Schwibbogen der Trinkstube der Schneidern. Es geschah, daß ein Knabe unter dem Schwibbogen Waffen klirren und Männer murmeln hörte. Ihn vertrieb Furcht als wie vor Gespenstern. Jene hielten ihn fest. Sie töteten ihn aber nicht, sondern nahmen einen Eid von ihm, daß er nicht mit ihren Feinden sprechen wolle. Der Knabe, den sie hierauf laufen ließen, entkam, schlich in die Trinkstube der Fleischer, wo einige spielten, und erzählte dem Ofen, wo und wozu viele Bewaffnete sich versammeln und warum er Menschen solches nicht sagen dürfe. «O Ofen, o Ofen, was muß ich dir klagen, weil ich's beim Eid sonst niemand darf sagen», so soll er seinen Bericht begonnen haben. Die Zechgesellen weckten und berichteten die Obrigkeit und Bürger, die Urheber der Verschwörung, die sich glücklich schätzten, heim zu schleichen, wurden bewaffnet angetroffen, oder an dem Zeichen eines roten Ärmels erkannt und verhaftet. In der Nacht fuhren Boten in die Waldstätte und brachten 300 Mann Hilfsvolk. Den Verschworenen wurde das Ansehen genommen.»

Diese in der Schweiz unter dem Titel «Die Luzerner Mordnacht» bekannte Geschichte entnehme ich dem Werk *Sagen, Bräuche, Legenden aus den fünf Orten Lucern, Uri, Schwiz, Unterwalden und Zug* (Luzern 1862). Offen oder verdeckt ist der Ofen auch in Mordnachtsgeschichten von Greyerz, Zofingen und aus dem Breisgau verflochten. Ein Aufstand, wie in der Geschichte beschrieben, wurde tatsächlich am 24. 7. 1343 in Luzern rechtzeitig entdeckt und niedergeworfen. Der Knabe hatte den Verschwörern per Eid versprochen, über sein Wissen «nicht mit ihren Feinden zu sprechen». Dieses Wortgebäude ließ der nur zu einem Ofen sprechende Knabe äußerlich intakt, doch er entzog ihm seinen inneren Sinn.

In ähnlicher Weise überlisteten auch zum Schweigen gezwungene mißhandelte oder in Not geratene Frauen in der europäischen Märchen- und Sagenwelt ihre Peiniger, indem sie ihr Leid statt einem Menschen einem Gegenstand anvertrauten: Chelidonis klagt einem Wasserkrug, eine Heldin in Basiles (1575–1632) Märchensammlung *Pentamerone* ihrer Puppe, und Philomela in Ovids (43 v.–ca. 17 n. Chr.) *Metamorphosen* berichtet über ihre Schändung durch eine Stickerei.

### 25.27   Die Weiber von Weinsberg

«Weibertreu» heißt eine Burgruine bei Weinsberg, einer Stadt in der Nähe von Heilbronn in Baden-Württemberg. Noch heute wird dort gern geheiratet. Als der deutsche Kaiser Konrad III. (ca. 1093–1153) im Jahre 1140 die Stadt, die dem Herzog Welf von Bayern gehörte, belagerte, soll er gemäß einer von Ludwig Bechstein (1801–1860) überlieferten Sage den Frauen erlaubt haben, soviel von ihrer Habe mitzunehmen, wie sie tragen konnten. Dieses und was dann geschah, besingt Gottfried August Bürger (1707–1794) in einem Gedicht:

Wer sagt mir an, wo Weinsberg liegt?
Soll sein ein wackres Städtchen,
soll haben, fromm und klug gewiegt,
viel Weiberchen und Mädchen.

Kömmt mir einmal das Freien ein,
so werd ich eins aus Weinsberg frein.

Einstmals der Kaiser Konrad war
dem guten Städtlein böse
und rückt' heran mit Kriegesschar
und Reisigengetöse,
umlagert' es, mit Roß und Mann,
und schloß und rannte drauf und dran.

Und als das Städtlein widerstand
trotz allen seinen Nöten,
da ließ er, hoch von Grimm entbrannt,
den Herold 'neintrompeten:
«Ihr Schurken, komm ich 'nein, so, wißt,
soll hängen, was die Wand bepißt.»

«Drob, als er den Avis also
hineintrompeten lassen,
gab's lautes Zetermordio,
zu Haus und auf den Gassen.
Das Brot war teuer in der Stadt;
doch teurer noch war guter Rat.

«O weh, mir armen Korydon!
O weh mir! – Die Pastores
schrien: Kyrie Eleison!
Wir geh'n, wir geh'n kapores!
O weh, mir armen Korydon!
Es juckt mir an der Kehle schon.»

Doch wann's Matthä am letzten ist,
trotz Raten, Tun und Beten,
da rettet oft noch Weiberlist
aus Ängsten und aus Nöten.
Denn Pfaffentrug und Weiberlist
geh'n über alles, wie ihr wißt.

Ein junges Weibchen lobesan,
seit gestern erst getrauet,

gibt einen klugen Einfall an,
der alles Volk erbauet;
den ihr, sofern ihr anders wollt,
belachen und beklatschen sollt.

Zur Zeit der stillen Mitternacht
die schönste Ambassade
von Weibern sich ins Lager macht
und bettelt dort um Gnade.
Sie bettelt sanft, sie bettelt süß,
erhält doch aber nichts, als dies:

«Die Weiber sollten Abzug han
mit ihren besten Schätzen,
was übrigbliebe, wollte man
zerhauen und zerfetzen.»
Mit der Kapitulation
schleicht die Gesandtschaft trüb davon.

Drauf, als der Morgen bricht hervor,
gebt Achtung! Was geschiehet?
Es öffnet sich das nächste Tor,
und jedes Weibchen ziehet,
mit ihrem Männchen schwer im Sack,
so wahr ich lebe! huckepack. – [...]

Die listigen Frauen retteten ihre Männer, indem sie in der kaiserlichen Zusage, jede Frau dürfe «auf ihren Schultern mitnehmen, was sie tragen könne» (*Die deutschen Sagen der Brüder Grimm. Zweiter Teil: Geschichtliche Sagen,* Berlin/Leipzig o. J., S. 127), «die Tragbalken stahlen und die Stützpfosten auswechselten», ihr also einen anderen als den von Kaiser Konrad gemeinten Sinn gaben. Der Kaiser hatte natürlich an die Haushabe gedacht. Wohl oder übel mußte er gemäß dem Gedicht «Weiber von Winsperg» von Adelbert von Chamisso (1781–1838) gute Miene zum bösen Spiel machen.: «Da hat, wie er's vernommen, der fromme Herr gelacht:/«Und war es nicht die Meinung, sie haben's gut gemacht;/Gesprochen ist gesprochen, das Königswort besteht./Und zwar von keinem Kanzler zerdeutelt und zerdreht.»

# Strategem Nr. 26

## Die Akazie schelten, dabei aber auf den Maulbeerbaum zeigen

| Die vier Schriftzeichen | 指 | 桑 | 罵 | 槐 |
|---|---|---|---|---|
| Moderne chinesische Aussprache | zhi | sang | ma | huai |
| Übersetzung der einzelnen Schriftzeichen | zeigen auf | Maulbeerbaum | schelten/ schmähen/ beschimpfen | Akazie |

| | |
|---|---|
| Zusammenhängende Übersetzung | Auf den Maulbeerbaum zeigend/weisend die Akazie schelten. |
| Kerngehalt | Dem Scheine nach den Maulbeerbaum, in Wirklichkeit aber die Akazie schmähen; den A schelten, damit aber den B treffen wollen; Fußtritt durch die Blume; Kritik durch die Hintertür; den Sack schlagen, um den Esel zu treffen; den Sack schlagen, aber den Esel meinen; indirekte Beschimpfung/Beschuldigung/Bekämpfung; [sehr verwässert] einen Wink mit dem Zaunpfahl geben; Strategem der indirekten Kritik. Auf Pappkameraden (der menschlichen Figur nachgebildete Attrappen) schießen; eine indirekte Aggression begehen; Schattenbox-Strategem; Blitzableiter-Strategem. |

## 26.1 Rangordnung zweier Bäume

Seit dem Beginn der Zhou-Dynastie (11. Jh.–256) wurden im Hof des Palastes des Himmelssohns, also des höchsten Herrschers, drei Akazien und neun Zizyphus-Bäume gepflanzt. Unter diesen hatten die drei höchsten Staatsräte und die neun Minister je ihren Platz. Spätere Dynastien ahmten die Zhou-Dynastie nach und ließen bei wichtigen

Amtsgebäuden Akazien pflanzen. So umgibt die Akazie seit alters der Nimbus, mit dem höchsten Machtzentrum des Staates verbunden zu sein. Nicht nur das, «die Akazie mit ihrem quellenden Geäst und üppigen Blätterwuchs ist ein Symbol der alten chinesischen Zivilisation» (*Volkszeitung,* Peking 19.6.1998, S. 11). Gegenüber diesem Symbolgehalt tritt der wirtschaftliche Nutzen der Akazie etwas in den Hintergrund. Aus den Akazienblüten stellte man ein gelbes Färbemittel her, die Akaziensamen verwendete man für eine Arznei.

Ein hoher ökonomischer Wert kam dem Maulbeerbaum zu, von dem man verschiedene Bestandteile zu Arzneien, diversen Geräten und auch Papier verarbeitete. Vor allem wichtig waren aber die Maulbeerblätter, die den Seidenraupen als die beste Nahrung dienen. In der freien Natur können Maulbeerbäume mehr als zehn Meter hoch werden. Um die Blätter besser pflücken zu können, beschnitt man in China die Bäume aber vielfach, so daß sie nur etwas über einen Meter emporwuchsen. Auf jeden Fall waren Maulbeerbäume aufs engste mit der Landwirtschaft und mit dem einfachen Volk verbunden. So stehen Akazie und Maulbeerbaum für unterschiedliche gesellschaftliche Schichten, nämlich für die obersten Staatsführer und das gemeine Volk.

Im alten China verhielt es sich nun aber vielleicht so, daß gerade die gesellschaftliche Schicht, die durch die Akazie symbolisiert wurde, am meisten Unwillen auf sich zog. Doch konnte man deren Angehörige nicht gut unmittelbar kritisieren und mit dem Finger auf sie zeigen. Darum beschimpfte man lieber nicht den am Kaiserhof wachsenden Akazienbaum, sondern den auf dem Felde stehenden, rang- und namenlosen Maulbeerbaum. Falls die Entstehungsgeschichte des Strategemausdrucks Nr. 26 derartige Bezüge aufweist, auf die mich der Strategemforscher Zhang Shaoxiong in einem Schreiben vom 6.5. 1996 hinwies, dann symbolisiert «Auf den Maulbeerbaum zeigen, dabei aber die Akazie schelten» eine Art der Mißfallensbekundung, bei der ostentativ etwas Niederes beschimpft, aber etwas Hochrangiges gemeint wird. Das heißt nun nicht, daß die Strategemformel Nr. 26 immer nur auf die indirekte Kritik eines Höherrangigen angewandt wird.

Der Strategemausdruck Nr. 26 erinnert an die deutsche Wendung «den Hund vor dem Löwen schlagen», das heißt einen Schwächeren in Gegenwart eines Mächtigeren bestrafen, damit dieser eine Lehre daraus ziehe. Die Wendung scheint auf den heiligen Ambrosius (ca. 339–397) zurückzugehen. Viel weiter als der Strategemausdruck Nr. 26 reicht die nicht nur auf Kritik bezogene deutsche Wendung «etwas durch die Blume sagen»: jemandem etwas verblümt, nur in Andeutungen, zu verstehen geben. Diese Wendung entstand wohl aus der Blumensprache, in der jede Blume eine symbolische Bedeutung hatte, so daß man eine schlechte Nachricht durch das Überbringen einer entsprechenden Blume übermitteln konnte. Im Chinesischen lautet eine entsprechende Redensart «den Rand abklopfen und die Seite anstoßen (pang qiao ce ji)». Der Sinn des Stratagems Nr. 26, das die Konsequenz aus der Sentenz «On peut tout dire mais pas à tout le monde (man kann alles sagen, aber nicht jedem)» zieht, wird auch durch andere Ausdrücke wiedergegeben wie: «Auf ein Schwein zeigen, aber den Hund schelten (zhi zhu ma gou)»; «auf ein Huhn zeigen, aber den Hund schelten (zhi ji ma gou)»; «auf den Osten zeigen, aber den Westen schelten (zhi dong ma xi)»; «auf den [infolge der Tonsur kopfhaarlosen] Mönch zeigen, aber den Glatzköpfigen schelten (zhizhe heshang ma tuzi)»; «gegen einen [kahlgeschorenen] Mönch gewandt [in Wirklichkeit] den [danebenstehenden] haarlosen Esel/Sklaven beschimpfen (duizhe heshang ma tu lü/nu)», aber auch «auf einen haarlosen Esel zeigen, [in Wirklichkeit aber] den [danebenstehenden kahlgeschorenen] Mönch beschimpfen (zhizhe tu lü ma heshang)».

## 26.2 Die Kunst der Beschimpfung

Das Stratagem Nr. 26 ist ein Informations-Stratagem. Im Mittelpunkt steht die Übermittlung einer nicht erbaulichen Botschaft, allerdings nicht auf dem direkten Wege. Dabei sind je nach dem Adressaten der Botschaft zwei Varianten der Strategemanwendung zu unterscheiden.

Bei der ersten Variante will der Strategemanwender letztendlich das kritikwürdige Gegenüber erreichen. Man zeigt beim Aussprechen der Kritik zwar auf den «Maulbeerbaum», will aber, daß die «Akazie» die Kritik wahrnimmt. Verschiedene Gründe können dazu führen, daß man sich mit dem Tadel nicht direkt an die «Akazie» wendet, wie zum Beispiel:

infolge des Status, der Position oder Funktion des Gegenübers ist direkte Kritik gefährlich; andererseits fühlt man sich aber veranlaßt, Kritik zu üben;

das Gegenüber hat ein hohes Selbstwertgefühl und beseitigt Fehler, sobald es sie wahrnimmt; direkte Kritik würde einen solchen Menschen verletzen und daher über das Ziel hinausschießen;

das Gegenüber verträgt keine Kritik, sondern reagiert darauf ungehalten, ja verschlimmert gar sein Benehmen; wenn überhaupt, vermag

man sich nur in sachter Form, also durch Anwendung des Strategems Nr. 26, Gehör zu verschaffen;
die äußeren Bedingungen und Umstände lassen die offene Äußerung von Kritik nicht zu.

Zwischen einer «gewalttätigen» und einer «kultivierten» Form der Mißbilligung unterscheidet ein Hongkonger Strategembuch. Bei der gewalttätigen Mißbilligung schlägt und hämmert man auf den Tisch und blickt grimmig um sich. Bei der kultivierten Mißbilligung dagegen verwandeln sich lediglich die Lippen in Lanzen und die Zungen in Schwerter. Zu einer besonders ausgeklügelten Form der «kultivierten Beschimpfung» eigne sich das Strategem Nr. 26 – in der soeben beschriebenen ersten Variante –, das recht eigentlich in die Sphären der «Kunst der Beschimpfung» hinaufführe.

### 26.3 Die Kunst des unangreifbaren Dissenses

Bei der zweiten Variante will der Strategemanwender mit seiner Botschaft möglichst nicht die kritikwürdige(n) Person(en), sondern ein anderes, gegebenenfalls größeres Publikum erreichen. Der Kritisierte soll von der Kritik gerade nicht Wind bekommen, daher die Anwendung des Strategems Nr. 26. Mit dessen Hilfe versucht man, drohenden Strafen oder Repressionen zu entgehen. Vielleicht benutzte Bertolt Brecht deshalb in ganz ähnlichem Zusammenhang den Ausdruck «Sklavensprache». Das Strategem Nr. 26 ist in diesem Fall ein Weg zur Verwirklichung des Menschenrechts auf freie Meinungsäußerung. Fühlt sich die «Akazie» durch die Kritik getroffen, wird der Strategemanwender natürlich behaupten, das sei an den Haaren herbeigezogen, er habe doch ausdrücklich nur den «Maulbeerbaum» getadelt. Es wird ein Streit darüber entbrennen, wer denn nun recht habe. Der Außenstehende wird sich in der Regel darüber kein Urteil bilden können, denn Undurchsichtigkeit gehört zum Wesen eines jeden Strategems. Bei einer empfindlichen «Akazie» wird der Strategemanwender wohl seinem traurigen Schicksal nicht entgehen: Verfolgung, Bestrafung, Diffamierung, Ausgrenzung und so weiter. Das Strategem hat dann versagt. Nicht auszuschließen sind Fälle, da tatsächlich nur der «Maulbeerbaum» ohne jede weitere Nebenabsicht gebrandmarkt wurde, sich aber gleichwohl eine «Akazie» ins Visier genommen wähnt. Es kann dann vorkommen, daß jemand völlig zu Unrecht einer Anwendung des Strategems Nr. 26 bezichtigt wird. Ebenfalls möglich ist es, daß die «Akazie» eine offensichtlich nur auf einen «Maulbeerbaum» zielende Kritik, um ihn zu schützen, auf sich bezieht, um den Kritiker zum Schweigen zu bringen (dem es fernliegen würde, die «Akazie» anzugreifen).

Insofern das Strategem Nr. 26 literarisch benutzt wird, ist es in uralte chinesische Traditionen eingebettet. Im Jahre 221 v. Chr. war die Einigung ganz Chinas von Qin Shihuang (259–210) erzwungen worden (s. 23.1). Die Kaiser der Han-Dynastie (206 v.–220 n. Chr.) übernahmen die unter der Qin-Dynastie (221–207) errichtete Zentralregierung unter konfuzianischem Vorzeichen sowie die Institution des Herrschers als eines uneingeschränkten geistlich-politischen Oberhauptes bei geringen Rechten der Untertanen. Dieses bis 1911 n. Chr. gültige Konzept hinterließ gerade in der Dichtung deutliche Spuren. Das Verhüllen, die Notwendigkeit, zwischen den Zeilen zu lesen, und die Deprecatio, also die Bezeichnung dessen, was man geschrieben hat, als dumm und einfältig (s. Strategem Nr. 27), sowie die unmittelbare Berührungspunkte mit dem Strategem Nr. 26 aufweisende politische Anspielung haben gewiß in diesen institutionellen Rahmenbedingungen ihren Ursprung.

Analog zur chinesischen Philosophie, die in erster Linie eine politische war, darf man in der Dichtung oft einen politischen Hintersinn vermuten. Daß er sich verbergen mußte, liegt an dem feudalen Herrschaftssystem der Zhou-Dynastie (um 1100–256), die mit der Qin-Dynastie durch das Kaisertum und seine Zentralmacht abgelöst wurde. So war zu allen Zeiten die Rechtssicherheit des einzelnen nur schwach entwickelt. Anstelle der fehlenden Rechtsschutzmechanismen wurden strategemische Schutzmechanismen entwickelt. Seit der Han-Zeit (206 v.–220 n. Chr.) werden versteckte politische Andeutungen in der gesamten Dichtung festgestellt beziehungsweise in sie hineingelesen, angefangen mit dem angeblich von Konfuzius redigierten *Buch der Lieder*. So wurden Lieder, die auf ein freieres Verhältnis zwischen den Geschlechtern hinwiesen, als Brandmarkung der üblen Sitten in einem schlecht regierten Land gedeutet. Diese Sicht ist im Westen seit längerem überholt, doch in China durchaus noch lebendig. Die chinesischen (wie die westlichen) Betrachter sind sich nicht immer einig, ob in einem Gedicht oder Vers eine politische Anspielung vorliegt oder nicht. Jedenfalls war es nicht schwer, mißliebige Personen aufgrund eines harmlosen Gedichts anzuklagen. Solcherlei kam in Zeiten der sogenannten «literarischen Inquisition (wenziyu, wörtlich: literarischer Prozeß)» mit ihrem Höhepunkt in der Qing-Zeit (1644–1911) immer wieder vor. Eine Gedichtzeile wie «Der frische Wind kennt keine Schrift, warum blättert er dann wie wild im Buche (qingfeng bu shi zi, he gu luan fan shu)?» konnte zu jener Zeit den Kopf kosten, wurde doch wegen des Schriftzeichens mit der Aussprache «qing», das zwar «frisch» bedeutet, aber auch die Qing-Dynastie bezeichnet, eine versteckte Attacke gegen die mandschurische Qing-Dynastie gewittert: Der des Lesens unkundige Wind sollte gemäß dieser Lesart die mandschurischen Kulturbanausen symbolisieren. «Eine der Hauptschwierigkeiten bei der Interpretation chinesischer Dichtung liegt in der Entscheidung, ob wir es mit einer politischen Anspielung zu tun haben oder nicht» (Günther Debon: *Chinesische Dichtung. Geschichte, Struktur, Theorie,* Leiden etc. 1989, S. 137). Was Debon über die Dichtkunst sagt, gilt analog auch für andere Formen der Meinungsäußerung im alten China, so daß in bezug auf gewisse Texte geradezu von einer Art Geheimsprache die Rede sein kann.

Das sensible Hineininterpretieren von unausgesprochener Kritik oder Mißbilligung in Schriften ist übrigens auch dem demokratischen Westen keineswegs fremd. So wurde in den USA in einer Übersetzung des Andersen-Märchens von der kleinen Meerjungfrau aus der Beschreibung ihrer zarten Arme das Wort «weiß» gestrichen, weil es eine rassistische Anspielung sei (Wolf Schneider: «Die Sprachpolizei geht um», in: *NZZ-Folio,* Zürich, Dezember 1994, S. 91). Und durch Stanley Kubricks Film *Wege zum Ruhm,* in dem eigentlich nur Krieg und Kriegsmaschinerie angeklagt werden sollten, fühlte sich die französische Armeeführung bloßgestellt. Die französische Regierung intervenierte bei vielen Staaten gegen die Aufführung des Films, der aus ihrer Sicht das Ansehen der französischen Armee unterminierte. In der Schweiz war der Film von 1958 bis 1970 verboten (s. *Neue Zürcher Zeitung,* 7. 4. 1995, S. 47). Zudem wird behauptet: «Mit Stalin wird der heutigen Linken der Prozeß gemacht» (Michael Scharang: «Verirrte Debatte: Ist Stalin die Inkarnation des absoluten Geistes? Ein Zwischenruf», in: *Die Zeit*, Hamburg, 18. 6. 1998, S. 40). Übrigens muß man sich auch manchem gar empfindsamen Mitmenschen gegenüber in acht nehmen, daß man nicht etwas völlig unverfänglich Gemeintes äußert, was dieser aber als versteckte Kritik oder Nörgelei auf sich bezieht.

26.4  Sanfte Offenbarung schlimmer Wahrheiten

Das Stratagem Nr. 26 bietet eine Möglichkeit, unangenehme Tatsachen auf sanfte Weise zu offenbaren. Das geschieht in Form einer unmittelbaren Botschaft, die aber darüber hinaus wie eine russische Puppe noch etwas Verborgenes enthält, nämlich eine zweite Botschaft. Die unmittelbare Botschaft kreist um den «Maulbeerbaum», die verborgene betrifft die «Akazie». Dabei sind nun verschiedene Spielarten denkbar, von denen hier einige angedeutet werden sollen.

Bei einer präventiven Anwendung des Strategems Nr. 26 zielt man nicht auf eine ganz bestimmte «Akazie». Sowohl «Maulbeerbaum» als auch «Akazie» können ein Phantom sein; wer sich getroffen fühlt, versteht die Botschaft allemal. Meist aber zielt der Anwender des Strategems Nr. 26 auf eine konkrete «Akazie», sei es eine Person, eine Personengruppe oder einen Mißstand. Zwischen «Maulbeerbaum» und «Akazie» kann dann ein unmittelbar ersichtlicher oder ein nur Eingeweihten beziehungsweise Insidern verständlicher Zusammenhang bestehen. Der Zusammenhang wird vielleicht erst durch ein entsprechendes Zurechtschneiden des «Maulbeerbaums» künstlich hergestellt, so geschehen während der «Kulturrevolution» (1966–76), als zum Beispiel der deutsche «eiserne Kanzler» Fürst von Bismarck (1815–1898) angegriffen wurde, aber der chinesische Ministerpräsident Zhou Enlai (1898–1976) gemeint war (s. *Licht-Tageszeitung*, Peking 27.2.1977, S. 2).

Der «Maulbeerbaum» kann ein historisches Ereignis sein wie in Arthur Millers Theaterstück *Hexenjagd*, in dem eine Hexenverfolgung in Salem (Massachusetts), die 1692 19 Menschen das Leben kostete, dargestellt und daduch der Geist der McCarthy-Ära im Amerika des Jahres 1953 gegeißelt wird. Der «Maulbeerbaum» kann eine fiktive Figur sein wie Raman Fielding in Salman Rushdies Roman *Des Mauren letzter Seufzer,* in dem sich zu seinem Leidwesen Bal Thakeray, der Führer der hinduistisch-nationalistischen Shiv-Sena-Partei, wiederzuerkennen glaubte. Ein fremdes Volk kann als «Maulbeerbaum» dienen wie die 1721 erschienenen *Lettres persanes* von Montesquieu (1689–1755) zeigen, in denen, um ein Beispiel herauszugreifen, über den orientalischen Despotismus die absolute Monarchie Ludwigs XIV. gegeißelt wird. Selbst Wesen aus dem Weltall traten schon als Verkörperung irdischer Bösewichte auf, so in Jack Finneys dreimal verfilmtem Roman *Invasion of the Body Snatchers* (deutscher Filmtitel: *Invasion vom Mars*), der vor einer kommunistischen Unterwanderung warnte. Auch in einer Märchenwelt können die «Maulbeerbäume» stehen, siehe Jonathan Swifts *Gullivers Reisen,* in denen das britische Staatswesen Anfang des 18. Jahrhunderts wie auch die zeitlosen Schwach- und Dunkelstellen der Gattung Mensch aufs Korn genommen werden. Natürlich müssen immer wieder Tiere als «Maulbeerbäume» herhalten, so vor allem in Fabeln, die schon in der Frühzeit der europäischen Literatur Vertreter der niederen Schichten wie Archilochos und Aesop benutzten, um gegen die herrschenden Mächte zu rebellieren. In der politischen Auseinandersetzung kann der «Maulbeerbaum» ein enger Mitarbeiter oder Anhänger des eigentlich anvisierten Politikers oder ein mit diesem verknüpfter Sachbereich, eine ganze Bevölkerungsgruppe («Es versteht sich, daß ich den Sack schlage und den Esel meine, nämlich die deutsche Bourgeoisie», schrieb Friedrich Engels über seine Sozialstudie *Die Lage der arbeitenden Klasse in England* mit einem Sündenregister an die Adresse der englischen Industriellen), ja sogar ein ganzes Land sein. Hierzu ein Beispiel aus der chinesischen Presse:

«Um diese These anzugreifen, benutzt Ihr den Trick: ‹Auf den Maulbeerbaum zeigen, dabei aber die Akazie schelten›», warf Xin Qing der sowjetischen Nachrichtenagentur TASS vor (*Volkszeitung*, Peking 12.9.1973). Diese hatte in einem Kommentar vom 29.8.1973 China vorgehalten, es unterteile die Welt in arme und reiche Staaten, wobei die reichen Staaten die armen ausbeuteten. Offensichtlich fühlte sich die Sowjetunion, die sich damals zu den reichen Staaten zählte, durch diese These getroffen. Die Unterteilung der Welt in reiche und arme Staaten stamme gar nicht aus China, behauptete Xin Qing, sondern finde sich in offiziellen Schriftstücken der Blockfreienbewegung und sei von Politikern der Dritten Welt verbreitet worden. Moskau wage es nicht, sich wegen dieser ihm nicht genehmen These gleich mit der ganzen Dritten Welt anzulegen, daher habe es sich China als Zielscheibe der Kritik ausgesucht.

Durch eine Anwendung des Stratagems Nr. 26 kann sich die «Akazie» getroffen fühlen, ebenso aber auch der «Maulbeerbaum». Voltaires 1741 entstandenes Stück *Der Fanatismus oder Mahomet der Prophet* wurde nach drei Aufführungen verboten. Die katholische Kirche erkannte darin scharfsinnig eine gegen sie gerichtete Satire. Als das Stück gut 250 Jahre später in Genf zur Feier des 300. Geburtstags des großen Aufklärers aufgeführt werden sollte, protestierten einflußreiche Moslems, wohingegen von einem Protest seitens der katholischen Kirche nichts mehr zu hören war.

Wie das Stratagem Nr. 26 auch eingesetzt werden mag, immer liegt Dreierlei vor: ein «Maulbeerbaum», eine «Akazie» und ein Kritikpunkt. Dieser ist der Grund, weswegen man das Stratagem überhaupt anwendet.

Moderne chinesische Stratagembücher, nicht aber das älteste Traktat über die 36 Strategeme, behandeln im Kapitel über das Stratagem Nr. 26 die von mir im ersten Band der *Strategeme* im Kapitel 13 («Auf das Gras schlagen, um die Schlange aufzuscheuchen») unter 13.2 und 13.3 wiedergegebenen Beispiele. Angesichts der Bezugsgeschichte des Stratagemausdrucks Nr. 13 (s. 13.1) scheint mir meine Systematik die richtige. Auch das Wort «jing» («aufscheuchen», eigentlich: «erschrekken») im Stratagemausdruck Nr. 13 legt nahe, daß das Stratagem Nr. 13 die Funktion hat, beim Gegenüber ein bestimmtes Gefühl hervorzurufen, und zwar zunächst, dem Wortlaut gemäß, jenes der Einschüchterung, dann aber Gefühle beliebiger Art. Durch die Emotion soll etwas bewirkt werden, das ohne Emotion nicht zu erreichen wäre. So gesehen gehört das Stratagem Nr. 13 zu den Ausmünzungs-Strategemen. Ausgelöst und für irgendwelche Zwecke ausgemünzt werden Emotionen. Ein möglicher Zweck kann freilich darin bestehen, dem Gegenüber eine Information zu entlocken, die es bei kühlem Kopf nicht preisgeben würde. Insofern kann das Stratagem Nr. 13 auch als Informations-Stratagem auftreten, allerdings nicht im Hinblick auf die Ver-, sondern nur auf die Ermittlung einer schwer zugänglichen Information.

26.5  Magdbeschimpfung

Der berühmteste erotische Roman Chinas, *Schlehenblüte in goldener Vase*, dessen älteste wiederentdeckte Fassung aus dem Jahre 1616 stammt, enthält, soweit bekannt, den frühesten literarischen Beleg für den Stratagemausdruck Nr. 26. Ximen Qing, der Held des Romans, vernachlässigt das Studium und widmet all seine Zeit dem Vergnügen. Zu Reichtum gelangt ist er durch eine Apotheke und durch Seidenhandel. Nachdem er sich Goldlotos zur fünften und dann Li Ping'er zur sechsten Frau erkoren hat, kommt es zu vielfältigen Intrigen aus Eifersucht unter den sechs Frauen, die um die Gunst des reichen Lebemannes buhlen. Goldlotos ist eifersüchtig auf Li Ping'er. Diese hat gerade einen Sohn geboren, worauf ihr Ximen Qing jeden Wunsch von den Augen abliest. Heimlich richtet Goldlotos ihre weiße Löwenkatze ab, so daß sie das Knäblein vollständig zerkratzt und dermaßen erschreckt, daß es in Krämpfe verfällt und bald, im Alter von nur 14 Monaten, stirbt.

Die Anwendung des Stratagems Nr. 3 – die Katze einzusetzen, um das Söhnchen ihrer Nebenbuhlerin auszuschalten – genügt Goldlotos aber noch nicht. Seit sie das Kind nicht mehr am Leben weiß, wird sie täglich beschwingter. In ihrem Zimmer beschimpft sie laut ihre Magd mit wüsten Worten, die auf Li Ping'er und den Tod ihres Knäbleins anspielen und die diese in ihrem Gemach deutlich hört. Li Ping'er wagt jedoch nichts zu sagen und vergießt im stillen immer nur Tränen. Infolge der Sehnsucht nach ihrem Kind und wegen all des Ärgers bricht bei ihr ein altes Leiden aus. Es verschlimmert sich immer mehr. Nun liegt sie todkrank in ihrem Bett. Nonne Wang besucht sie und unterhält sich mit der Amme über die Krankheit. Die Amme sagt: «Das Leiden der Herrin hat seinen Ursprung in Ärger und Verdruß.» – «Woher kommt denn nur der Ärger?» fragt die Nonne und fährt fort: «Der Herr liebt sie zärtlich. Seine erste Gemahlin schätzt sie. Wer ärgert sie denn eigentlich von den fünf, sechs Frauen hier im Haus?»

«Oberin Wang, Ihr wißt es nicht», entgegnet die Amme. «Unsere Herrin hat nur wegen des Mundwerks der Fünften drüben Ärger. Deren Katze war es, die das Söhnchen so zerkratzte, daß es vor Schreck in Krämpfe verfiel. Aber als der Herr heimkam und die Herrin ausfragte, hat sie nur geschwiegen. Hinterher hat die erste Gemahlin es ihm erzählt, und er hat die Katze totgeschlagen. Aber jene wollte ihre Schuld nicht anerkennen und vergiftete so die ganze Atmosphäre. Nachdem das Söhnchen gestorben war, hat jene drüben täglich auf den Maulbeerbaum gezeigt, aber die Akazie gescholten und hundertfach ihr Frohlocken zu erkennen gegeben. Unsere Herrin hat hier in diesem Zimmer alles deutlich vernommen, das mußte sie doch kränken. Wenn sie heimlich Ärger hat, spricht sie sich nicht aus, sondern weint nur, und so ist ihr Leiden aus Kummer und Kränkung entstanden [...]»
Wenig später stirbt Li Ping'er an gebrochenem Herzen.

26.6  Expertinnen der List

Aushilfsweise übernimmt Wang Xifeng (s. 25.4) in der Anfangsphase der im Roman *Traum der Roten Kammer* beschriebenen Handlung die Rolle einer Hausherrin im Ost-Palast der Familie Jia. Sie darf nach Belieben schalten und walten und über die Dienerschaft, im ganzen mehr als hundert Köpfe, und die fürstliche Kasse verfügen. Als erstes verschafft sie sich eine Namensliste des gesamten Personals. Jeden Morgen Punkt sechseinhalb Uhr hält sie in der großen Halle Frühappell ab. Jedem Diener und jeder Dienerin weist sie persönlich den jeweiligen Tagesdienst zu, und sie verlangt von jedem Pünktlichkeit auf die Minute. Dazu dienen die Taschenuhren, über die alle verfügen. Anliegen irgendwelcher Art können ihr während einer festen täglichen

Sprechstunde von zehn bis halb zwölf Uhr vormittags vorgetragen werden. Jeden Abend um sieben Uhr unternimmt sie einen Rundgang durch das gesamte Anwesen. Unnachsichtig schreitet sie gegen Säumnis und Lässigkeit ein. Innerhalb kurzer Zeit macht die frühere Schlamperei im Ost-Palast strafferer Disziplin Platz.

Als ihr Gatte von einer Reise zurückkehrt, berichtet ihm Wang Xifang von ihrer siebenwöchigen verantwortungsvollen Herrschaft im Ost-Palast. Dabei beklagt sie sich über den schwierigen Umgang mit den älteren weiblichen Bediensteten, denen sie allerlei Strategeme vorwirft, an erster Stelle Strategem Nr. 26: «Beim geringfügigsten Fehler lachen sie und machen ihre Witze. Schon bei der kleinsten Einseitigkeit zugunsten einer anderen Angestellten schmähen sie mißgünstig die Akazie, wobei sie auf den Maulbeerbaum zeigen. In allen Tricks kennen sie sich aus: ‹Auf dem Berge sitzend dem Kampf der Tiger zuschauen›, ‹mit dem Messer eines anderen töten›, ‹den Wind so lenken, daß er ein Feuer entfacht›, ‹vom trockenen Ufer aus zusehen, wie andere ertrinken› und ‹keinen Finger rühren, um eine umgefallene Ölflasche wieder geradezustellen›.»

Natürlich wagen die älteren Dienerinnen nicht, Wang Xifeng ins Gesicht zu meckern, weshalb sie sich geflissentlich des Schattenbox-Strategems bedienen.

Später gefällt sich freilich Wang Xifeng selbst als Nutznießerin des Strategems Nr. 26, und zwar zum Schaden ihrer Rivalin, der schönen Dame Yu, die ihr Mann sich zur Nebenfrau genommen hat. Wang Xifeng schaltet sie schließlich mit Hilfe des Strategems Nr. 3 aus (s. 3.12). Bis sie es so weit gebracht hat, setzt sie indes eine ganze Kette von Strategemen ein (vgl. Strategem Nr. 35). Sie stichelt und zischelt gegen die Dame Yu, daß bald im ganzen Hause ein allgemeines Geflüster anhebt. Unter dem weiblichen Personal gibt es, mit Ausnahme einer einzigen Zofe, bald keine mehr, die vor den Ohren der armen Dame Yu nicht tuschelt und an dem Spiel der boshaften Stichworte und verdeckten Andeutungen teilnimmt, mit denen man «die Akazie schilt, aber auf den Maulbeerbaum zeigt» (*Traum der Roten Kammer*, Kapitel 69).

## 26.7 Eine Halbhundertjährige ohne Zobelpelzjacke

Frauen als Anwenderinnen des Strategems Nr. 26 treten auch in dem Versroman *Himmel, Blüten, Regen* auf, der ursprünglich zur Begleitung von Saiteninstrumenten vorgetragen wurde, und dessen ältester heute vorliegender Druck aus dem Jahre 1804 stammt. Entstanden sein dürfte das Werk in der zweiten Hälfte des 17. Jahrhunderts. Geschichten um die Kämpfe zwischen Zuo Weiming von der Osthain-Akademie und dem in der Zeit von 1621 bis 1627 faktisch China allein regierenden Obereunuchen Wei Zhongxian (1568–1627) reihen sich aneinander. In der hier interessierenden Romanstelle geht es allerdings nicht um Politik, sondern um Probleme familiären Zusammenlebens.

Die in der Familie des Zuo Weiming großgezogene tüchtige und liebenswürdige Xiaozhen war in der Stadt Xiangyang (heute Xiangfan im Nordwesten der Provinz Hubei) mit Pu Desheng verheiratet worden, einem strebsamen, tugendhaften Mann. Sein jüngerer Bruder dagegen war faul, niederträchtig und dem Glücksspiel verfallen. Der Vater starb an einer Krankheit. Die Mutter, Frau Yuan, eine vergnügungssüchtige Person, hatte nach dem Tod ihres Gatten innerhalb von drei Jahren, vom jüngeren Sohn unterstützt, das gesamte Familienvermögen verpulvert. Xiaozhen schenkte ihr von ihren Kleidern, bis ihr selbst nur noch die Hälfte ihrer Gewänder blieb. Auch Geld, das ihr von der Familie Zuo geschenkt worden war, welche um ihre mißliche Lage wußte, hatte Xiaozhen der Schwiegermutter «ausleihen» müssen und nie zurückerhalten. Xiaozhens Gatte lag krank darnieder. In zwei aufeinanderfolgenden Jahren hatte das Paar einem Söhnchen und einem Töchterchen das Leben geschenkt. Alle Hausarbeit mußte Xiaozhen erledigen. Ständig hatte die Schwiegermutter Besuch von ihren drei Freundinnen, alle 50 Jahre alt, mit denen sie plauderte und um Geld spielte. Natürlich wollten Schwiegermutter und Gäste auch mit feinen Sachen verköstigt werden, und zwar reichlich, denn erst um Mitternacht pflegte man sich zu trennen.

Gerade war Neujahr gefeiert worden. Am zweiten Tag des neuen Jahres begab sich Xiaozhen zu ihrer Familie, um ihre Glückwünsche zu entbieten. Als ihre Ziehmutter sie in ärmlicher Kleidung daherkommen sah, lieh sie ihr eine Zobelpelzjacke. Auch Geld wollte man ihr geben, aber Xiaozhen lehnte ab. Ihre Schwiegermutter werde ihr ja doch alles abnehmen und für sich verbrauchen. Da habe sie ohne Geld ein viel ruhigeres Leben. Denn vor der Schwiegermutter verbergen könne sie das Geld nicht. Beim Abschied packte man immerhin einige Neujahrshäppchen in vier Schachteln und gab sie ihr mit auf den Weg.

Am Vormittag des dritten Tages des neuen Jahres, immer noch ein Festtag, erschienen die drei Freundinnen, Frau Chang, Frau Bian und Frau Fang wieder zu Besuch bei Frau Yuan. Natürlich sollte Xiaozhen den Damen etwas zum Essen vorsetzen. Aber was? Also verteilte sie die Neujahrshäppchen, die sie von zu Hause mitgebracht hatte, auf vier Teller und stellte diese in dem Raum, wo sich die Damen vergnügten, auf den Tisch. Die vier Frauen warfen einen Blick auf die Speisen: ein Teller mit etwas Neujahrsgebäck, ein Teller mit Dampfbrötchen, dazu ein Teller mit Zuckerwerk und einer mit Datteln. Das ganze Mahl präsentierte sich also in mageren vier verschiedenen Farben. Die drei Besucherinnen waren alles andere als erbaut. Spöttisch meinten sie, nach einem derart opulenten Mahl könne man in der ganzen Stadt Xiangyang lange suchen. Natürlich gab Frau Yuan ihrer Schwiegertochter die Schuld, die den Haushalt liederlich führe.

Da die Damen hungrig waren, konnten sie letztlich nicht umhin, die karge Vorspeise zu sich zu nehmen, doch wollte dabei keine rechte Freude aufkommen. Plötzlich fragte Frau Bian Frau Chang: «Wie war das eigentlich letztes Jahr um diese Zeit bei dir? Speisen in wie vielen Farben hast du uns vorgesetzt? Ich hab's vergessen.» Frau Chang sagte, es seien 16 Farben gewesen. Frau Bian lachte. Nun sagte Frau Fang zu Frau Bian, bei einem Festtagsbesuch letztes Jahr bei ihr seien so viele Sorten aufgetischt worden, daß es ihr vor den Augen nur so geflimmert habe. Lächelnd antwortete Frau Bian, so viele Arten von Speisen seien es gar nicht gewesen, nur 24 verschiedene Teller habe sie aufgetischt. Und sie lobte ihre Schwiegertochter, die es nicht wage, es ihr gegenüber am nötigen Respekt fehlen zu lassen.

So schwatzten und lachten die drei Damen, während sich Frau Yuan in Grund und Boden schämte und keinen Ton hervorbrachte. Die Lage verbesserte sich auch nicht, als das eigentliche Mittagessen gebracht wurde. Insgesamt bestand es nur aus sechs Tellern, gefüllt mit ärmlicher Alltagskost, die überhaupt nicht zum Festtag paßte. Die drei Damen fanden, daß die Schwiegertochter ihrer Gastgeberin nun doch allzu deutlich zeige, wie sehr sie die drei Gäste geringschätze, und rühmten laut ihre eigenen Schwiegertöchter, die wüßten, wie sie sich zu benehmen hätten. Dennoch aßen sie das mickrige Mahl, tranken Wein, daß sich ihre Gesichter röteten und gaben sich wieder dem Glücksspiel hin. Dabei verlor Frau Fang ihr letztes Geldstück. Sie wußte, daß Xiaozhen aus einer reichen Familie stammte, stand auf und begab sich zu ihr, um etwas Geld zu leihen. Doch Xiaozhen hatte kein Geld. Ob Xiaozhen ihr nicht die Zobelpelzjacke, die sie trage, vorübergehend überlassen könne, um sie zu verpfänden, fragte Frau Fang. Die habe man ihr nur geliehen, wehrte Xiaozhen ab. Morgen müsse sie sie wieder zurückbringen.

Schimpfend zog Frau Fang von dannen und berichtete der Runde vom ungezogenen Verhalten der Schwiegertochter Frau Yuans. Sogar despektierliche Bemerkungen über ihre Spielfreude habe sich Xiaozhen noch erlaubt, behauptete Frau Fang, ungeniert das Strategem Nr. 7 benutzend. Wütend stand Frau Yuan auf und sagte, jetzt wolle sie der Schwiegertochter aber einmal die Leviten lesen. Doch ihre drei Kumpaninnen hielten sie zurück. Es sei jetzt, da sie Gäste bei sich habe, nicht der Zeitpunkt für eine Szene zwischen ihr und Xiaozhen. Von heute an solle sie indes Xiaozhen gegenüber mit all der Strenge einer Schwiegermutter auftreten, dann werde sie es nicht mehr wagen, sich so ungebärdig aufzuführen. Frau Yuan wandte ein, daß Xiaozhens Onkel allesamt einflußreiche Beamte seien. Diese mächtigen Herren wolle sie sich nicht durch die Demolierung Xiaozhens zu Feinden machen. Frau Fang sagte lachend: «Sie benimmt sich nun mal nicht, wie es sich gehört. Wer aber spricht schon von einer Demolierung deiner Schwiegertochter? Wer verlangt schon, daß du sie am Morgen schlägst und am Abend verprügelst? Es genügt, wenn du ihr das ganze Jahr hindurch nie mehr ein freundliches Gesicht zeigst, wenn du von morgens bis abends nur noch eisige Kälte verbreitest, wenn du auf den Maulbeerbaum zeigst, dabei aber die Akazie schmähst, wenn du das Huhn schlägst, damit aber den Hund züchtigst [...] Und wenn sie sich beschweren sollte, dann sagst du einfach, du habest jemanden ganz anderes gemeint, das betreffe sie gar nicht [...]»

Als die drei Damen spät in der Nacht heimgegangen waren, saß Frau Yuan im Gästezimmer und wurde immer wütender. Xiaozhen kam herein und sagte ihr ein paar freundliche Worte. Doch die Schwiegermutter beachtete sie nicht und lachte nur höhnisch. Xiaozhen begriff sehr wohl, daß ihr die Schwiegermutter ob der kargen Mahlzeiten, die sie bereitet hatte, zürnte. Nun wandte Frau Yuan ihren Kopf zu ihrem jüngeren Sohn und sagte: «Welch ein lächerliches Heim mit so wenig familiärer Wärme! Umsonst habe ich zwei Söhne geboren und großgezogen. Beide verdienen kein Geld. Darum wurde ihre Mutter heute so zornig, wie man es noch nie gehört hat!» Sie rekapitulierte die am zurückliegenden Tag erlebten Blamagen und schloß: «Dazu ist es noch so kalt. Ich bin bereits eine Halbhundertjährige. Wie dünn sind meine beiden Baumwollkleider. Nicht einmal eine Zobelpelzjacke kann ich mir leisten. Umsonst habe ich die beiden Söhne aufgezogen. Ihr solltet das Geld verdienen, um mir eine Zobelpelzjacke zu kaufen!»

Der jüngere Sohn begriff, was die Mutter meinte, und hieb in dieselbe Kerbe. Sein älterer Bruder sei ja krank, aber wenn er erst in Amt und Würden sei, dann werde er die Mutter aus dem Elend reißen. Auch eine Zobelpelzjacke werde sie dann natürlich bekommen.

Xiaozhen mußte das alles mit anhören und fühlte wohl, gegen wen sich der Unmut richtete. Sie verließ den Raum und begab sich in die Schlafkammer. Während sie das Bett zurechtmachte, weinte sie still vor sich hin...

Das Beispiel zeigt, wie Chinesinnen bei der Besprechung eines zwischenmenschlichen Problems ohne Scheu auch Strategeme ins Spiel bringen und zur Anwendung empfehlen. Das Strategem Nr. 26 bietet sich an, da Xiaozhen unter dem Schutzschirm mächtiger Verwandter steht und man sie daher nicht allzu direkt schikanieren kann. Sofort nachdem ihr der strategemische Ratschlag erteilt worden ist, wendet die Schwiegermutter ihn denn auch an, indem sie die Schwiegertochter ignoriert und ihre Söhne ausschimpft.

### 26.8 Die Frühlings- und Herbst-Schreibtechnik

Selbst zu Königen ernannt hatten sich die Freiherren der Lehenstaaten von Wu und Chu zur Zeit der Zhou-Dynastie (ca. 11. Jh.–256 v. Chr.). In Wirklichkeit stand nur dem – allerdings immer machtloser werdenden – Herrscher der Zhou-Dynastie der Titel «König» zu. Im Jahre 632 v. Chr. bot der Herzog von Jin alle anderen Lehensfürsten sowie den König der Zhou-Dynastie zu einer Konferenz nach Jiantu (im Südwesten des heutigen Yuanyang in der Provinz Henan) auf, wo er sich zum Hegemon aufschwang.

In seinem Werk *Frühlings- und Herbstannalen* (wörtlich: *Frühlinge und Herbste*), einer auch das übrige China berücksichtigenden Chronik seines Heimatstaates Lu über den Zeitraum 722 bis 481, nennt Konfuzius die selbsternannten «Könige» nicht «Könige», sondern bloß «Freiherrn», womit er den ihnen rechtens zustehenden Titel benutzt. Und er berichtet nicht tatsachengemäß, daß der König von Zhou im Jahre 632 v. Chr. zu einer von einem seiner nominellen Lehensfürsten in Jiantu einberufenen Konferenz erschienen sei, sondern er schreibt: «Der himmlische König begab sich zur Jagd nach Heyang [im Westen des heutigen Kreises Meng in der Provinz Henan].» Gewisse Ereignisse hielt Konfuzius auf diese Art und Weise fest, andere ließ er schlicht weg. Durch seine Wahl «prägnanter Worte von tiefer Bedeutung (wei yan da yi)» und die Unterschlagung mißliebiger Fakten brachte er seine an traditionellen Werten orientierte Beurteilung des Geschehens zum Ausdruck. Er wollte nicht nur Einzelereignisse und Individuen der Vergangenheit rügen, sondern auch, ganz im Sinne des Strategems Nr. 26, seine pflichtvergessenen Zeitgenossen zurechtweisen. Dieser aktuelle kritische Bezug der *Frühlings- und Herbstannalen* geht aus folgenden Zeilen des zweitwichtigsten Konfuzianers Mencius (ca. 372–289) hervor:

«Die Welt verfiel, und der Weg ward verdunkelt. Ketzerische Reden und grausame Taten kamen auf. Minister ermordeten ihre Fürsten und Söhne ihre Väter. Konfuzius war darüber entsetzt und schrieb die *Frühlings- und Herbstannalen*» (*Mencius*, Kap. III B 9). Ja, durch die Wertung der Beispiele aus der Vergangenheit wollte er wohl auch in die Zukunft wirken und, um die *Geschichtlichen Aufzeichnungen* Sima Qians (geb. um 145 v. Chr.) zu zitieren, spätere «chaosstiftende Minister und Aufrüher das Fürchten lehren». Die von Konfuzius gepflegte, erzieherischen Zwecken dienende Darstellung vergangener Ereignisse nennt man «Frühlings- und Herbst-Schreibtechnik (chunqiu bifa)». Sie wird auch heute noch gepflegt. So rühmt die Pekinger *Volkszeitung* vom 29. 10. 1997 Chen Te'an ob seiner «Frühlings- und Herbst-Schreibtechnik» in seinem Buch *Geistige Reise durch die Kultur Europas* (Peking 1997): Durch die Schilderung eines Gesprächs mit einer Dänin prangere er darin die ehemals ununterbrochene nukleare Aufrüstung der Supermächte an.

26.9   Vergangenes benutzen, um die Gegenwart zu verspotten

Unter dem ersten auf chinesischem Boden errichteten zentralistischen Einheitsstaat der Qin-Dynastie (221–207 v. Chr.) wurden die Grundsätze der Gesetzesschule (fajia) auf das ganze Reich angewandt. Das hieß vor allem, die Bevölkerung zu Disziplin und Gehorsam zu erziehen, damit sie ein bequemes Werkzeug in der Hand des Kaisers und der Beamten werde. Dazu eignete sich am besten ein möglichst nur aus Bauern bestehendes Volk, ungebildet und Steuern zahlend. Gebildete und Philosophen waren unerwünscht, sofern sie nicht direkt im Staatsauftrag arbeiteten. Besonders bekämpft aber wurden die konfuzianischen Schriften, weil in ihnen die Erinnerung an die alten, feudalen Zustände wachgehalten wurde und weil sie die Ethik der alten Feudalklasse verkündeten, die eben erst vernichtet worden war und nicht wieder aufkommen durfte, wenn man einen Zerfall des Staates und eine Schwächung der Zentrale verhindern wollte. Gemäß einem kaiserlichen Edikt vom Jahre 213 v. Chr. sollten alle Gelehrten, die sich «auf das Vergangene berufen, um das Gegenwärtige zu kritisieren (yi gu fei jin)», samt ihren Familien ausgerottet werden. Tatsächlich ließ der Kaiser im Jahre 212 v. Chr. über 460 Gelehrte in der Reichshauptstadt Xianyang (20 Meilen nordöstlich der heutigen Stadt Xianyang in der Provinz Shaanxi) lebendig begraben, nachdem im Jahr 213 v. Chr. bereits alle konfuzianischen Schriften mit Ausnahme medizinischer und landwirtschaftlicher Abhandlungen und von Orakelbüchern verbrannt worden waren.

Auf den Bericht über das Edikt von 213 v. Chr. in Sima Qians (geb. um 145 v. Chr.) *Geschichtlichen Aufzeichnungen* geht der Ausdruck «sich auf das Vergangene berufen, um Gegenwärtiges zu kritisieren» zurück. Die Gelehrten, die so handelten, verfuhren nicht versteckt-strategemisch. In aller Offenheit ermahnte etwa im Jahre 213 v. Chr. Chunyu Yue bei einem Bankett den Kaiser, feudale Institutionen aus der Vergangenheit und historische Präzedenzfälle zu beachten.

In der Volksrepublik China sind auch Wendungen im Gebrauch wie:
«Vergangenes benutzen, um Gegenwärtiges zu verspotten/anzugreifen (yi gu feng jin)»;
«Vergangenes benutzen [ausleihen], um die Gegenwart zu belehren [kommentieren] (yi [jie] gu yu [lun] jin)».

Diese Redensarten können jene Anwendung des Strategems Nr. 26 bezeichnen, in welcher der «Maulbeerbaum» eine historische Persönlichkeit oder ein vergangenes Ereignis ist. Die Wendung «Vergangenes benutzen, um die Gegenwart zu belehren» geht weiter als die Strategemformel Nr. 26, insofern sie nicht nur die indirekte Kritik, sondern auch die indirekte Lobpreisung von etwas Gegenwärtigem vermittels der Verherrlichung von etwas Vergangenem umfaßt. Man denke an die Hervorhebung Hai Ruis in Wu Hans Pekingoper (s. 26.12). Natürlich kann Kritik auch in Lobpreisung verpackt werden: Die Lobpreisung von A (Hai Rui) wertet B (den Kaiser) ab.

Die Vorgehensweise, scheinbar Vergangenes zu schildern, in Wirklichkeit aber auf diese Weise zur Gegenwart Stellung zu beziehen, geht bis auf Konfuzius (551–479 v. Chr.) und vielleicht noch frühere Zeiten zurück (Frances Wood: «Thirteen Hundred Years of Quiet Rebellion», in: *Index of Censorship,* London Nr. 8, 1989, S. 10). Konfuzius schaute zurück in die Goldene Zeit edler Herrscher der Antike, um aufzuzeigen, wie tief seine Zeitgenossen gesunken waren. Bei ihm war die Gegenwartskritik durch Vergangenheitsverklärung allerdings viel breiter angelegt als in jüngsten Beispielen aus der Volksrepublik China.

26.10  Vom Flußfabelwesen Yu zur chinesischen
Schattenschußliteratur

Bis auf den heutigen Tag geistert das Flußfabelwesen Yu, auch «sheying» (Schattenschießer) genannt, hier und da durch Literatur und Historie der Volksrepublik China. Nach alten Überlieferungen lauert es in Flüssen heimtückisch auf Vorübergehende und bespeit deren sich ins Wasser neigende Schatten mit Sand, worauf die Ahnungslosen unweigerlich erkranken oder gar sterben. «Von der Gestalt einer Schildkröte, mit armbrustartigem Maul», diesen Steckbrief gibt Chen Shuyu im Artikel «Teuflische Machenschaften» in der Pekinger *Volkszeitung* vom 5. 12. 1977. Eine Zeichnung des Fabeltiers präsentiert Morohashis *Großes chinesisch-japanisches Wörterbuch* (Tokio 1955) und dazu noch die Merkmale: augenloser Kopf mit Fühlern, scharfes Gehör, dreifüßig, gepanzerter Rücken mit Flügeln.

Schon die älteste Gedichtsammlung Chinas, das angeblich von Konfuzius zusammengestellte *Buch der Lieder*, kennt das Fabelwesen Yu. «Wärst du ein Geist oder Yu, niemand könnte deiner habhaft werden», heißt es in der Ode «Was für ein Mensch ist das (he ren si)», deren Verfasser gemäß der herkömmlichen chinesischen Auslegung des Gedichts einen alten Freund als mutmaßlichen Verleumder anklagt. Etwa 1000 Jahre später entsteht die auf das Tier Yu anspielende Verszeile: «Im Maul gehaltener Sand, geschossen auf den Schatten von Menschen, bringt diesen Krankheit, doch die Ursache bleibt unerkannt.» So beginnt das vierte von fünf Gedichten über die «Lektüre geschichtlicher Werke». Es stammt von Bai Juyi (772–846), dem mit über 2800 Gedichten fruchtbarsten der mehr als 2200 Dichter der Tang-Zeit (618–907). Darin sinniert er über das Geschick von vier aus der chinesischen Vergangenheit bekannten Opfern hinterlistiger Ränke, darunter die Nebenfrau des Königs Huai von Chu (s. 35.7).

Bezichtigten früher literarische Werke bisweilen verborgene Bösewichte der Schattenbeschießung, so sahen sich seit Mitte der 60er Jahre in der Volksrepublik China unversehens gewisse literarische Werke selbst als Medien der Schattenbeschießung angeprangert. Ja das «Delikt des Schattenschießens» (yingshezui) gehörte zu den unheilvollsten Anklagegründen der während der «Kulturrevolution» (1966–1976) üblichen «literarischen Inquisition» (wenziyu). «Willkürlich wurde den ins Kreuzfeuer der Kritik geratenen Schriftstellern vorgehalten, sie beschössen die Schatten bald dieses, bald jenes Objekts», schreibt Hao Bing in seinem Aufsatz «Einige Überlegungen zur Frage des ‹Schattenschießens›» in der Zweimonatszeitschrift *Literarische Rundschau* (Peking Nr. 1/1979). Nach Hao Bing muß Literatur notwendigerweise typisieren, was verschlagener Kritik jederzeit die Gelegenheit bietet, selbst in harmlos gemeinten Allegorien einen vermeintlichen Schattenschuß aufzuspüren.

Yu beschießt den Schatten des Vorübergehenden unbemerkt. So meidet auch der literarische Schattenschuß Aufsehen. Soll die Anspielung heimlich einschlagen oder soll umgekehrt eine literarische Aussage als Schattenschuß entlarvt werden – in beiden Fällen führt nur eine gewundene Logik zum Ziel: Unmittelbar und offen unter Beschuß genommen wird ein «helles Ziel» (ming bazi), und zwar in Form irgendeines negativen Symbols. Dieses ist identisch mit dem Schatten, den das Fabeltier Yu bespie. Dem Menschen am Flußufer entspricht das «dunkle Ziel» (an bazi) in der Schattenschußliteratur. Durch die Sandbespeiung soll nicht der Schatten, also das «helle Ziel», sondern der Mensch am Ufer, also das «dunkle Ziel», verdorben werden, ohne daß er des verborgenen Angriffs gewahr wird und sich vorsehen kann. Schattenschußliteratur will demnach letztlich nicht das «helle», sondern insgeheim das «dunkle Ziel» treffen.

«Helles» und «dunkles» Ziel sollten einander ähnlich sein, aber nicht völlig gleichen. Denn der Autor will sich stets einen Rückzugsweg offenhalten angesichts gesellschaftlichen Bedingungen, die einen Nährboden für Schattenschußliteratur bilden: «Fehlende Demokratie, keine Redefreiheit, mangelnder Schutz der persönlichen Sicherheit». So kennzeichnet Hao Bing jedenfalls die Umwelt, in der früher chinesische Schattenschußliteratur entstand. Der Verfasser schwebt zwischen Hoffen und Bangen: Wohl wünscht er, der Leser möge seine Botschaft verstehen, doch andererseits fürchtet er sich davor, ertappt zu werden. Daher bietet sich ihm eine noch ausgeklügeltere Form des Schattenschießens an: Angriff auf das «dunkle Ziel» nicht in Form der Kritik an einem literarischen Negativsymbol, sondern umgekehrt im Gewand des Lobes, der Bejahung. «Helles Ziel» der in diesem Falle durchweg positiven dichterischen Aussage ist ein meist unverfängliches Symbol für den Gegenpol dessen, was angegriffen werden soll, also des «dunklen Ziels».

«Im grenzenlosen Universum gibt es nichts absolut Eindeutiges», bekennt Yu Tingyin auf der Feuilletonseite der *Volkszeitung* vom 11. 7. 1979. «Daher läßt sich auch die Möglichkeit nie völlig ausschließen, daß absichtlicher Verdrehung selbst ein winziger Anhaltspunkt als Beweisgrund genügt.»

Während der «Kulturrevolution» «hieß es von Naturbeschreibungen, da werde auf den Schatten aktueller sozialer Phänomene geschossen; erging man sich allgemein über das Leben in der Gesellschaft, wurde einem in die Schuhe geschoben, man schieße auf die Schatten der KPCh und des Sozialismus». Diese Klage stößt Yang Shu aus (*Licht-Tageszeitung*, Peking 22.12.1978). Er muß es wohl wissen. 1962 veröffentlichte er in der *Pekinger Abendzeitung* die Kolumne «Frühlingsgeplauder». Gleich sein erster Beitrag war eine Betrachtung mit dem Titel «Frühlingssehnsucht». Schon in dieser Überschrift sah die am 7.6.1966 in der *Licht-Tageszeitung* veröffentlichte Abrechnung mit Yang Shus Kolumne einen auf die sozialistische Revolution zielenden Schattenschuß. Denn im sozialistischen China brauche man auf den Frühling nicht mehr zu warten. «Frühlingssehnsucht» könne daher nur als Hoffnung auf eine Restauration des Kapitalismus gedeutet werden.

Ebenfalls 1962 veröffentlichte Tao Zhu (gestorben 1969, rehabilitiert Ende 1978) eine Essaysammlung, die binnen kürzester Zeit 26 Auflagen mit 1500000 Exemplaren erlebte. Die 1967 an diesem Bestseller geübte Kritik geißelt Ma Qi in einem langen Artikel (*Licht-Tageszeitung,* 15.12.1978). Einer der Essays war beispielsweise der «Art des Tannenbaums» gewidmet und wies darauf hin, daß dessen Äste «im Sommer die glühendheiße Sonne fernhalten; so gewährt er den Menschen Erholung unter seinem grünen Schattendach». Hinter dieser Aussage hatte der kulturrevolutionäre Kritiker einen Schattenschuß auf Mao gewittert. Denn «dem von den Mao-Zedong-Gedanken ausgehenden Sonnenlicht kann doch nichts widerstehen».

Kritik an der 1974 bei den nordchinesischen Theaterfestspielen aufgeführten Shanxi-Oper *Dreimal den Pfirsichberg besteigen* übte die *Volkszeitung* am 18.2.1974. Die Oper schildert, wie Mitglieder der Aprikosenberg-Brigade der Pfirsichberg-Brigade ein krankes Pferd verkaufen – unter der Vorspiegelung, es sei gesund. Später entdeckt der Parteizellenchef der Aprikosenberg-Brigade den Schwindel. Persönlich begibt er sich dreimal auf den Pfirsichberg, um das Geld zurückzuerstatten und sich zu entschuldigen. Eine der Anklagen der *Volkszeitung* gipfelte in der Feststellung, die Verfasser des Stückes hätten «zur niederträchtigen Methode, ‹im Maul gehaltenen Sand auf Schatten zu speien› gegriffen». Denn das kranke Pferd bricht nach einem ungestümen Ritt «am ganzen Leibe in Schweiß aus, beginnt an allen vieren zu zittern, fällt zu Boden und verendet». Die Handlung spielt im Frühjahr 1959. «Das war gerade die Zeit, da unser Volk unter der Leitung der revolutionären Linie des Vorsitzenden Mao, die drei revolutionären roten Banner der Generallinie des sozialistischen Aufbaus, des Großen Sprungs und der Volkskommunen hochhaltend, triumphal vorwärtsstürmte. In solch einem zeitlichen Rahmen stellen die Verfasser eine ‹Parabel› über ein ‹krankes Pferd›! Sollte es da etwa noch unklar sein, gegen wen die Speerspitze gerichtet ist?»

Diese Schattenschußfahndung in der genannten Lokaloper verspottet Jiang Yuanming (*Licht-Tageszeitung,* 29.10.1978). Ebenfalls gebrandmarkt wurde nach der «Kulturrevolution» der Umstand, daß jene Kreise, die während der «Kulturrevolution» anderen das Schattenschießen vorwarfen, ihrerseits wacker auf Schatten geschossen hätten, und zwar unter Einsatz einer eigens kreierten Technik der «Schattenschußhistorie» (yingshe shixue). Diese gipfelte Mitte der 70er Jahre in der sogenannten Kampagne gegen Konfuzius. Konfuzius wurde dabei aber nach heutiger chinesischer Deutung in zahlreichen Pamphleten lediglich vorgeschoben, als «helles Ziel» zur Verschleierung von Angriffen gegen «dunkle Ziele» wie Zhou Enlai und andere zeitgenössische chinesische Politiker.

«In der Tat läßt sich in der chinesischen Literaturgeschichte die Erscheinung des Schattenschießens nachweisen», meint der bereits zitierte Hao Bing, und er nennt als ein Beispiel den Tang-Poeten Li Shangyin (812 bis etwa 858). Auch in Zukunft wird die Schattenschußliteratur in der Volksrepublik China weiterleben. Denn, so schließt Hao Bing seine «Überlegungen zur Frage des ‹Schattenschießens›»: «Bei einem etwaigen Schattenschuß in einem literarischen Werk muß man zunächst fragen: Gegen wen richtet er sich?» Zielt er auf wirkliche Mißstände oder Bösewichte, «wie sollte da ein solcher Schattenschuß nicht äußerst gut sein?»


26.11  Das Hospiz der kranken Pflaumenbäume

«In Longpan bei Jiangning [am Fuße der Qingliang-Anhöhe in der heutigen Stadt Nanjing, Provinz Jiangsu], im Dengwci-Gebirge [im Südwesten der heutigen Provinz Suzhou] und in Xixi [in der Nähe der heutigen Stadt Hangzhou, Provinz Zhejiang], überall wachsen Pflaumenbäume. Nun gab es Menschen, die sagten, Pflaumenbäume seien gekrümmt schön, gerade aufgerichtet fehle ihnen die Anmut; verbogen seien ihre Zweige entzückend, waagerecht angewinkelt trügen sie nicht zum Landschaftsbild bei; mit spärlichem Geäst seien sie reizend, dicht bewachsen wirkten sie ausdruckslos. Seit jeher habe man diese Auffassung vertreten. Diese Meinung machten sich Literaten und Maler zu eigen. Doch sie konnten schlecht in aller Öffentlichkeit den Befehl erteilen, man müsse alle Pflaumenbäume unter dem Himmel dieser Richtschnur entsprechend beurteilen. Und sie konnten der Bevölkerung unter dem Himmel nicht nahelegen, die hochgeschossenen Pflaumenbäume zu fällen, üppiges Geäst zu lichten und gerade Zweige zu kappen und auf diese Weise den frühen Tod nicht genehmer und die Verformung am Leben gelassener Pflaumenbäume zu ihrem Gewerbe zu machen und damit Geld zu verdienen. Kommt noch dazu, daß das törichte, auf Geld erpichte Volk mit seinen beschränkten Geisteskräften gar nicht in der Lage wäre, die anmutigen Verbiegungen der Zweige, die liebliche Durchsichtigkeit des Geästs und die reizenden Krümmungen der Stämme zustande zu bringen. Nun gab es jemanden, der die absonderliche Neigung, die die Literaten und Maler in ihren Herzen verborgen hielten, einem Pflaumenbaumverkäufer offenbarte. Der schnitt die waagerechten Äste weg und hegte allein die verbogenen, entfernte die üppig wachsenden Zweige, indem er die Sprosse abtötete, und beseitigte die kerzengerade in die Höhe wachsenden Bäume. So unterdrückte er die Lebenskraft der Pflaumenbäume. Die verunstalteten Gewächse verkaufte er zu hohem Preise. Bald waren in Jiangsu und Zhejiang sämtliche Pflaumenbäume auf diese Weise verkümmert. So groß war das Unheil, das die Literaten und Maler angerichtet hatten!

Ich kaufte 300 Schalen mit Pflaumenzwergbäumen, allesamt krank. Kein einziger war unversehrt. Da weinte ich drei Tage lang und schwor, sie zu heilen. Ich wollte ihrem Wuchs freien Lauf lassen, so wie es ihrer Natur entsprach. Die Schalen zerstörte ich, und ich verpflanzte alle Bäume zurück in die Erde. Ich löste die Palmfaserschnüre, mit denen sie festgezurrt waren. Ich setzte mir eine Frist von fünf Jahren. In dieser Zeit sollten sie unbedingt ihre ursprüngliche Gestalt vollumfänglich zurückerlangen. Ich gehöre mitnichten zu den Literaten und Malern und nehme es gern auf mich, meines Tuns wegen gescholten und geschmäht zu werden, wenn ich ein Hospiz für die kranken Pflaumenbäume gründe. Ach! Hätte ich doch nur etwas mehr Muße und etwas mehr Land, um möglichst viele kranke Pflaumenbäume aus Jiangning, Hangzhou und Suzhou pflegen zu können! Reicht wohl mein ganzes Leben, um all die versehrten Bäume wieder gesundzuhegen?»

Diesen «Bericht über das Hospiz der kranken Pflaumenbäume» verfaßte der aus Hangzhou stammende Denker, Literat und Beamte Gong

Zizhen (1792–1841) 1839, nachdem er aus seiner Beamtenlaufbahn ausgeschieden war. In der Volksrepublik China gilt er als Vorläufer und Wegbereiter der später, gegen Ende der Kaiserzeit, in China einsetzenden bürgerlichen Reformbewegung und wird sogar als ein Pionier der Menschenrechte hochstilisiert (Xiao Jiabao; Liu Yingqi: *Hundert Jahre Menschenrechtsgeschichte in China*, Shenyang 1994, S. 20 ff.). Gerühmt wird er, weil er die Verkommenheit der Herrschaft der Qing-Dynastie (1644–1911) enthüllt habe, zum Beispiel in dem oben übersetzten Text über das Hospiz der kranken Pflaumenbäume, der zu den bekanntesten Werken Gong Zizhens gehört. «Die kranken Pflaumenbäume dienen ihm als Symbol für die von der herrschenden Clique verwüstete Gesellschaft und zugrunde gerichteten Talente», schreiben Gao Qiwo und Zang Weixi in ihrer *Sammlung von Parabeln aus den aufeinanderfolgenden Dynastien* (Hefei 1983, S. 590). «Mit den Literaten und Malern meint der Verfasser insgeheim die Herrschenden des Qing-Hofes», schreiben die Kommentatoren von *Auswahl von Schriften aus den aufeinanderfolgenden Dynastien* (2. Bd. Peking, 1. Aufl. 1963, 2. Aufl. 1978, S. 327). «Sie übten einen verheerenden Einfluß auf das Denken und Handeln der Menschen aus, aber nicht durch offenes Kommandieren, sondern in Form von Propaganda für bestimmte Tendenzen.» Ohne Umschweife von einem «Schattenschuß auf die Qing-Dynastie, die Talente verkrüppelte und die Individualität der Menschen in Fesseln legte», sprechen die beiden Verfasser des *Großen Lexikons chinesischer Sitten und Gebräuche* (Peking 1991, S. 579) im Abschnitt über «Sehnsucht nach Freiheit». Die Deutung, Gong Zizhen habe die Qing-Dynastie kritisieren wollen, wird von anderer Seite als Überinterpretation abgelehnt. Er sei vielmehr ein loyaler Untertan gewesen.

«Die Pflaumenblüte am Südgebirge [Wasserscheide von Mittel- und Südchina] blüht mit dem Wintermonat, ohne erst auf das Kommen des Frühlings zu warten. Daher geht von der Pflaumenblüte das Wort, sie sei eine Winterblume, die mit Reif und Schnee wetteifere [...]. Heldenhaft steht sie inmitten von Reif und Schnee.» Aus diesen Worten des Schriftstellers und Staatsmanns Li Guangdi (1642–1718) wird ersichtlich, daß das, was ich mit «Pflaumenbaum» übersetze, etwas anderes als den westlichen Namensvetter bezeichnet, nämlich die chinesische Essigpflaume beziehungsweise japanische Aprikose (*prunus mume*).

Als einziger Baum neben Kiefer und Bambus grünt diese Art des Pflaumenbaums auch im Winter. Er erfreut dann die Menschen mit seinen leuchtenden Blüten. Insofern er der Kälte trotzt, gilt der Pflaumenbaum als Verkörperung von Durchsetzungs- und Widerstandsvermögen. Das mag ein Grund dafür sein, daß die Pflaumenblüte zeitweise als Symbol Chinas betrachtet wurde. Wenn nun der Pflaumenbaum zurückgekrümmt und -gebogen und um seinen üppigen Blätterwuchs gebracht wird, verliert er seinen angestammten kraftvollen Charakter und wird sanft und weich. Das ist aber nicht die ursprüngliche Natur des Pflaumenbaums. Nun kann man in der von Gong Zizhen beschriebenen Wesensverwandlung des Baumes die durch bestimmte Umstände bewirkte Charakterverformung des Chinesen in einen Bücklinge machenden, fügsamen Menschen wiedererkennen (Zhang Jiemo: *Ungestüm und Müßiggang: Zwei Persönlichkeitsmerkmale des Intellektuellen im chinesischen Altertum*, Peking 1995, S. 138 f.). Diese etwas abgehobene Deutung kommt den wahren Absichten Gong Zizhens vielleicht etwas näher. Das Beispiel illustriert auf jeden Fall die Schwierigkeiten bei der strategemischen Deutung eines literarischen Werkes.

Nicht nur rabenschwarz sieht übrigens das Designen der Pflanze Fan Jingyi in seinem Aufsatz «‹Neuer Bericht über das Hospiz der kranken Pflaumenbäume›» (in: *Volkszeitung,* Peking 17.11.1995, S.7). Auch die Baumpflege komme ohne das Abschneiden von Ästen und Zurechtstutzen von Bäumen nicht aus. Nur dank einer solchen herzerweichenden Behandlung wüchsen und gediehen selbst große Bäume. Entsprechend müßten auch durch Erziehung der faule in einen fleißigen, der oberflächliche in einen sorgfältigen und der flatterhafte in einen soliden Menschen verwandelt werden. «Und so wie Zwergpflanzen hergestellt werden, sind ungesunde Erscheinungen in der Gesellschaft zu korrigieren und einzuschränken.»


26.12  Historische Pekingoper gegen aktuellen «Großen Sprung»

Zu den ersten prominenten Opfern der «Kulturrevolution» (1966–1976) gehörte Wu Han (1909–1969). Die Jahre 1931–1937 verbrachte er als Student und später Lehrassistent am Historischen Seminar der Qinghua-Universität in Peking. Schon hier zeichnete er sich durch Studien über die Ming-Zeit (1368–1644) aus. Nach dem Beginn des antijapanischen Krieges zog er nach Südwestchina, wo er von 1937 bis 1946 als Professor für Geschichte an der Universität Kunming (heute Hauptstadt der Provinz Yunnan) lehrte.

Ende 1946 kehrte er als Geschichtsprofessor an die Qinghua-Universität zurück. Als 1948 die Verhaftungen durch die Guomindang-Regierung zunahmen, floh er von Peking in die Gebiete der Kommunisten, wo er nach anfänglicher Zurückhaltung dem Kommunismus näher kam, obwohl er politisch den liberalen Kurs der Demokratischen Liga verfolgte.

In der Volksrepublik China nahm Wu Han eine Reihe wichtiger Positionen ein. Unter anderem amtierte er von 1952 bis 1966 als stellvertetender Bürgermeister von Peking. Trotz zahlreicher weiterer Ämter kam seine historische Forschungstätigkeit nicht zum Stillstand. Seit dem Ende der 50er Jahre befaßte er sich mit dem Problem der Bedeutung der chinesischen Vergangenheit für die Gegenwart, wobei ihn insbesondere die Bewertung historischer Persönlichkeiten interessierte. Er macht es sich zur Aufgabe, große Persönlichkeiten aus der chinesischen Geschichte zu popularisieren. In diesem Zusammenhang verfaßte er die 1961 uraufgeführte Pekingoper *Hai Rui wird seines Amtes enthoben.*

Hai Rui (1514–1587) war ein Beamter der Ming-Dynastie, der dadurch bekannt wurde, daß er dem Kaiser gegenüber unerschrocken die Wahrheit aussprach, für Gerechtigkeit kämpfte und sich für das Volk einsetzte. Vor der «Kulturrevolution» zählten die chinesischen Historiker ihn zu der Gruppe der sogenannten «integren Beamten» (qingguan), die im Rahmen der Neubewertung historischer Persönlichkeiten seit den 50er Jahren eine vieldiskutierte Kategorie bildete. Die meisten Historiker teilten Wu Hans Ansicht, daß solche unbestechlichen Beamten wie Hai Rui trotz ihres feudalistischen Klassencharakters eine positive Rolle in der Geschichte gespielt hätten, weil sie für Gerechtigkeit eingetreten seien und so die Unterdrückung und Ausbeutung des Volkes vermindert hätten. Wu Han lag daran, mit seinem Drama die Erinnerung an den lauteren Beamten Hai Rui wachzuhalten und dessen Haltung als vorbildlich hinzustellen.

«Daneben verfolgte er ganz offensichtlich noch einen weiteren Zweck: Nach dem traditionellen Grundsatz chinesischer Geschichtsschreibung, durch historische Analogien aktuelle politische Zustände zu kritisieren, zog er die historische Parallele zu Hai Rui, um indirekt an der Entlassung des Verteidigungsministers Peng Dehuai (1898–1974) im Jahre 1959 Kritik zu üben» (Brunhild Staiger, in: *China aktuell,* Hamburg, Januar 1979, S. 44). Der Grund für Pengs Entlassung hatte in seiner unverhohlenen Kritik an Mao Zedongs Politik des «Großen Sprunges» gelegen.

Während sich die Pekingoper über Hai Rui beim Theaterpublikum großer Beliebtheit erfreute, deuteten sich in der historischen Fachdiskussion hinsichtlich der Neueinschätzung der geschichtlichen Persönlichkeit Hai Ruis zunehmend kontroverse Standpunkte an. Als aber am 10.11.1965 in der Shanghaier *Wenhui Bao* eine «Kritik an dem neuen historischen Drama *Hai Rui wird seines Amtes enthoben*» von Yao Wenyuan erschien (die die Pekinger *Volkszeitung* am 30.11.1965 nachdruckte), war der Rahmen unterschiedlicher Meinungsäußerung gesprengt. Dem Literaturkritiker und Kulturfunktionär Yao Wenyuan, später als Mitglied der «Viererbande» verhaftet (s. 22.11), ging es in seinem scharfen Angriff gegen das Stück und dessen Autor Wu Han nicht um historische Wahrheit; vielmehr hatte er mit einem Schlag die Diskussion von der akademischen auf die politische Ebene verschoben. Er bezichtigte Wu Han, die Klassenbeziehungen der Ming-Zeit nicht richtig gesehen und verkannt zu haben, daß der Hauptwiderspruch seinerzeit zwischen der feudalen Grundherrenklasse, zu der auch Hai Rui zu zählen sei, und den Bauern bestanden habe, nicht aber innerhalb der herrschenden Klasse. Die in dem Drama geschilderte Politik Hai Ruis, der Landkonzentration entgegenzuwirken und den Bauern «Felder zurückzugeben» (tui tian), interpretierte Yao dahingehend, daß Wu Han die Abschaffung der Volkskommunen und die Rückgabe der Felder an die Grundherren und reichen Bauern forderte. Die Angriffe gipfelten in dem Vorwurf, Wu Han sei ein Gegner der Partei und des Sozialismus. Was die Vorgehensweise Wu Hans betraf, so wurde ihm vorgeworfen, «das Altertum zu benutzen, um die Gegenwart zu verhöhnen (yi gu feng jin)» und «auf den Maulbeerbaum zu zeigen, in Wirklichkeit aber die Akazie zu schmähen» (s. James R. Pusey: *Wu Han: Attacking the Present through the Past*, Cambridge, Mass. 1969, S. X).

Wu Han erhielt Gelegenheit, in der *Pekinger Tageszeitung* eine Erwiderung zu veröffentlichen, denn noch wurde die Pekinger Presse von seinen Freunden und dem Pekinger Parteikomitee unter Peng Zhen beherrscht. Er gab zu, die Analyse des Klassenkampfes vernachlässigt zu haben, bestritt jedoch, konterrevolutionäre Absichten gehegt zu haben. Doch Wu Hans Stimme konnte sich kaum mehr Gehör verschaffen, denn nun begannen sich die Angriffe gegen das Drama und seinen Autor landesweit zu einer regelrechten Kampagne auszuweiten. Die Attacken dauerten bis in den Mai hinein fort und mündeten unmittelbar in die kulturrevolutionären Ereignisse ein. Pekings Bürgermeister Peng Zhen wurde gestürzt und zusammen mit zahlreichen Persönlichkeiten, die ihm nahestanden, von den Radikalen verhaftet. Unter den ersten Verhafteten befanden sich Wu Han und seine beiden Freunde Deng Tuo und Liao Mosha. Die drei hatten in den Jahren 1961/62 die Aufmerksamkeit (auch die der radikalen Mao-Anhänger) auf sich gelenkt durch ihre satirischen Essays, die sie unter der Rubrik «Notizen aus dem Dreifamiliendorf» (Sanjiacun Zhaji) in dem von Deng Tuo herausgegebenen Organ der Parteizentrale *Frontlinie* (Qianxian) veröffentlichten. Mit diesen Artikeln hatten sie durch historische Anspielungen, gekleidet in Fabeln und Anekdoten, die Politik Maos kritisiert (s. 36.1).

Nach der «Kulturrevolution» wurde Wu Han rehabilitiert, seine Pekingoper wurde positiv bewertet. Am 29.12.1978 veröffentlichte die Pekinger *Licht-Tageszeitung* einen Bericht, in dem es hieß, die Veröffentlichung von Yao Wenyuans Kritik an Wu Hans Drama über Hai Rui am 10.11.1965 in der Shanghaier *Wenhui Bao* habe die ganze Nation erschüttert und den Beginn der «Kulturrevolution» markiert. Der Autor des Stückes, Wu Han, sei «grausam verfolgt» worden. Familien seien vernichtet worden, Leute seien verschwunden, und selbst an der Aufführung des Stückes beteiligte Schauspieler hätten zu leiden gehabt und sterben müssen. Es wurde noch eine ganze Reihe weiterer Beispiele von in diesem Zusammenhang verfolgten Intellektuellen erwähnt, unter anderem der Fall des Regisseurs Zhou Xinfang, der im September 1959 anläßlich des zehnjährigen Bestehens der Volksrepublik ein anderes Stück über Hai Rui *(Hai Rui macht eine Eingabe an den Kaiser, Hai Rui Shang Shu)* auf die Bühne gebracht habe und deswegen ebenfalls bis in den Tod verfolgt worden sei.

Andere Presseberichte befaßten sich mit den Hintergründen, die zu der Kritik an Wu Han geführt hatten. Danach begann die Geschichte im Jahre 1959. In jenem Jahr veröffentlichte Wu Han zwei Artikel über Hai Rui; damit sei er Maos Aufforderung nachgekommen, dazu zu ermuntern, etwas von dem rechtschaffenen und nicht schmeichlerischen Geist Hai Ruis, der offen zu reden und dem Kaiser Vorhaltungen zu machen wagte, zu lernen. Kurz darauf sei er von seiten des Pekinger Pekingopernensembles gebeten worden, für eben dieses Ensemble ein Stück über Hai Rui zu verfassen. Gegen Ende des Jahres 1960 habe das Stück nach mehrmaliger Überarbeitung durch den Autor fertig vorgelegen. Sein ursprünglicher Titel habe *Hai Rui* gelautet, da aber mehrere Stücke unter diesem Namen existiert hätten, habe Wu Han den Titel seiner Arbeit in *Hai Rui wird seines Amtes enthoben* umgeändert.

Das Drama stelle mit künstlerischen Mitteln die historische Wirklichkeit dar, und zwar zeige es die Klassengegensätze gegen Ende der Ming-Zeit am Beispiel Hai Ruis, der in den Jahren 1569/70 in Jiangnan gegen Ungerechtigkeit und Unterdrückung vorgegangen sei, Felder an die Bauern habe zurückgeben wollen, fürs Volk Sympathie gehabt und Unrecht von ihm abgewendet habe, bis er, dieser unbestechliche Beamte, schließlich entlassen worden sei. Das Stück sei damals vom Publikum sehr begrüßt und gelobt worden. Die Verdammung der Pekingoper angezettelt habe nicht Mao, sondern dessen Gattin Jiang Qing. Sie habe darin einen «Schattenschuß» gegen Mao gesehen (Ye Yonglie: *Biografie Jiang Qings,* Changchun 1993, S. 283). Hai Rui sei in Wirklichkeit Peng Dehuai.

In inhaltlicher Hinsicht wurde nach der «Kulturrevolution» Yao Wenyuan vorgeworfen, er habe das Bild, das Wu Han von Hai Rui gezeichnet habe, völlig verfälscht (vgl. Strategem Nr. 25), indem er unterstellte, Wu Han habe Hai Rui als einen Helden darstellen wollen, der über das Schicksal der Bauern entscheide. Dagegen sei es in Wahrheit Wus Absicht gewesen, den Kampf innerhalb der feudalen Herrscherklasse zu beschreiben. Im Vorwort zu dem Stück und im Stück selbst habe er deutlich gemacht, daß Hai Rui ein loyaler Beamter der feudalen Herrscherklasse gewesen sei, der jedoch einen gewissen Weitblick gehabt und dem Volk nahe gestanden habe. Keinesfalls aber habe Wu Han Hai Rui als Vertreter der Interessen der Bauern hingestellt. Yaos Vorwurf, Wu Han habe die Geschichte verändert, sei unhaltbar, denn die historischen Fakten, daß Hai Rui sich für «Abschaffung der Unterdrückung», für «Rückgabe der Felder», für die Regulierung des Wusong-Flusses usw. eingesetzt habe, seien alle durch die Ming-Quellen belegt und nicht zu widerlegen.

Völlig unsinnig sei Yao Wenyuans Anschuldigung, Wu Han habe mit der Behandlung des Themas von der «Rückgabe der Felder» an die Bauern die Auflösung der Volkskommunen und die Rückgabe des Grund und Bodens an die reaktionären Elemente fordern wollen und sei daher als Gegner der Partei und des Sozialismus anzusehen.

Im Zuge der Rehabilitierung Wu Hans wurde jeglicher Zusammenhang zwischen dem Drama *Hai Rui wird seines Amtes enthoben* und der Peng-Dehuai-Affäre geleugnet. Der Spieß wurde jetzt umgedreht und den Kritikern der Oper vorgeworfen, mit der Methode der «Schattenschuß-Historiografie» die angeblich im Gewande geschichtlicher Schilderung an der Gegenwart geübte Kritik willkürlich in das Bühnenstück hineininterpretiert zu haben (*Licht-Tageszeitung,* Peking,

15.11.1978). Im August 1997 fragte ich in Peking einen Taxifahrer, warum man in China auf einmal behauptet habe, die Pekingoper *Hai Rui wird seines Amtes enthoben* habe mit dem Strategem Nr. 26 nichts zu tun. Natürlich habe der Verfasser des Stücks «über Altes gesprochen, damit aber die Gegenwart gemeint» (shuo gu yu jin), meinte der Taxifahrer. Doch habe man dies nach der «Kulturrevolution» offiziell bestritten, weil man Wu Han habe rehabilitieren wollen. Hätte man zugegeben, daß Wu Han mittels des Strategems Nr. 26 auf indirekte Weise Mao Zedong angegriffen habe, dann hätte man ja den Kritikern Wu Hans recht geben müssen, und dann wäre eine Rehabilitierung Wu Hans nicht möglich gewesen. Darum habe man seine Pekingoper als völlig harmlos hinstellen müssen. In China werde, so meinte der Taxifahrer abschließend, die Geschichte nicht nach den Erfordernissen der Geschichte, sondern nach jeweiligen aktuellen herrschenden Bedürfnissen geschrieben – eine Bemerkung, die vielleicht nicht nur auf China zutrifft.

Im Ausland hatte man das Stück nie anders denn als Anspielung auf die Entlassung Pengs verstanden. Wu Han wurde nach der «Kulturrevolution» auch davon freigesprochen, bei der Behandlung des Themas «Rückgabe der Felder» an die Auflösung der Volkskommunen gedacht zu haben. Hierzu die große China-Kennerin Brundhild Staiger: «Gerade dies aber hatte zweifellos in Wu Hans Absicht gestanden, und wenn Yao Wenyuan aus seiner Warte dies als Vorwurf gegen den Dramenautor erhob, so sprach er nur offen aus, was jedermann bekannt war. Wenn Yaos Vorwurf heute als hinterhältige Unterstellung der Radikalen gedeutet wird, so wird man damit Wu Han keineswegs gerecht. Die Verleugnung der aktuellen politischen Bezüge in der historischen Pekingoper ist [...] kaum dazu angetan, die Persönlichkeit Wu Han in vollem Umfang zu würdigen. Daß die Handlung der Oper der historischen Wirklichkeit entspricht, ist praktisch das einzige, was man dem rehabilitierten Verfasser bisher bescheinigt hat. Damit aber wird weder die Vielschichtigkeit des Stückes erfaßt noch werden damit der Mut, das politische Verantwortungsbewußtsein und die Anteilnahme des großen Historikers am aktuellen Geschehen und am Schicksal seines Volkes anerkannt, eines Historikers, der die Kunst der versteckten historischen Anspielung beherrschte, wie sie große Mahner ihrer Zeit in China schon immer geübt haben» (a.a.O., S. 48).

In der Tat trat bereits 1940 der damalige Professor Wu Han aus dem akademischen «Elfenbeinturm heraus und begann, sich um Politik zu kümmern» (Xu Jilin, in: *Dushu [Buchlektüre],* Peking Nr. 1, 1997,

S. 122). Sein Gewehr war der Schreibpinsel. Während seine akademischen Abhandlungen in den Hintergrund traten, wuchs die Zahl seiner zeitkritischen Veröffentlichungen. Seine Methode war es, «die Geschichte für Schattenschüsse auf die Gegenwart zu benutzen» (Xu Jilin, a.a.O., S. 123). In verschiedenen Schriften bekannte Wu Han sich übrigens ausdrücklich zur Benutzung des Strategems Nr. 26, dessen Wortlaut er zitierte, so 1949 und 1960 ( James R. Pusey, a.a.O., S. 1, 71). So gestand er, seine Biographie Zhu Yuanzhangs (1328–1398), des Gründers der Ming-Dynastie (1368–1644), 1948 umgeschrieben zu haben mit dem Ziel, die Gestalt des chinesischen Kaisers Tschiang Kai-schek (1887–1975) zu kritisieren, der damals im chinesischen Bürgerkrieg gegen die Kommunisten kämpfte.

Nicht durch freimütige Stellungnahmen mischte sich Wu Han ins Zeitgeschehen ein. Vielmehr feuerte er durch die Beschreibung geschichtlicher Vorgänge Schattenschüsse gegen Mißstände in der Gegenwart. Mag Wu Han auch zu diesem Zweck bisweilen sogar die «geschichtlichen Fakten umgebogen und der Schattenschießer den Historiker überwältigt haben, so ist doch, wenn der politische Kampf dies erfordert, gegen die in aktuellen Kommentaren zur Anwendung gelangende, das Alte in den Dienst der Gegenwart stellende Schattenschuß-Taktik an sich nichts einzuwenden» (Xu Jilin, a.a.O., S. 123; eine gegenteilige Meinung vertritt Wei Shu in: *Volkszeitung*, Peking, 19.3.1999, S. 11 ).

### 26.13   Hickhack um zähen Reisbrei

Vier Generationen lebten unter einem Dach. Seit eh und je verlief das Familienleben glatt und ohne Zwist. Alles hörte auf den nunmehr 88jährigen Opa. Nie hatte es eine abweichende Meinung gegeben. Jeden Morgen gab es das gleiche Frühstück, getoastete Dampfbrotscheiben, eingelegten Rübenkohl und Reisbrei. Jeden Nachmittag gegen fünf Uhr besprachen Opa und die 84jährige Oma mit der 59jährigen Schwester Xu, die seit 40 Jahren den Haushalt besorgte, das Abendessen. Und jeden Abend kam sie nach einer Weile wieder aus der Küche heraus und fragte die Großeltern, ob sie nun fein geschnittenes Fleisch oder Gehacktes ins Gemüse beigeben solle, in der Tat eine wichtige Frage. Die Großeltern trafen dann jeweils eine Entscheidung. Die ganze Familie unter der Führung von Opa und Oma wußte die Genügsamkeit als Garantin der Zufriedenheit hochzuhalten und stand den existierenden Institutionen loyal gegenüber. In den letzten Jahren erlebte die Familie gleichwohl einen Wandel. Innerhalb kurzer Zeit erwarb sie einen Farbfernseher, einen Kühlschrank und eine Waschmaschine. Der Opa war sehr aufgeschlossen. Täglich las er nach dem Mittagsschlaf in der Zeitung und sah nach dem Abendessen fern. Dabei eignete er sich immer wieder neue Fachausdrücke und Konzepte an und pflegte die Familie zu fragen: «Gibt es in unserem Leben etwas, das man reformieren oder verbessern sollte?» «Nein», antworteten jeweils alle. Die ältere Schwester Xu ging sogar noch weiter und sprach die Hoffnung aus, es solle ewig so bleiben, wie es sei. Nur der jüngste Sohn brachte einmal einen Wunsch vor. Er wollte ein Tonbandgerät haben. Der Bitte wurde entsprochen. Doch die Freude an dem neuen Apparat war schnell verflogen, und er stand unbeachtet da. Das zeigte doch den beschränkten Nutzen neuer Techniken und Geräte! Da hatten doch die alten Strukturen viel mehr Bestand! Doch unter dem Ansturm der neuen Moden schlug eines Tages der Opa vor, man solle das System des fixen Familienoberhauptes erneuern. Fortan sollten die Familienmitglieder alternierend die Hausgeschäfte besorgen. Den jeweiligen Kandidaten für das Amt werde er, der Opa, vorschlagen. Nach der Beratung seines Vorschlags durch die gesamte Familie werde der oder die betreffende formell zum beziehungsweise zur Hausvorsteher(in) erkoren. Als erster wurde Papa mit diesem Amt betraut, und es wurde beschlossen, er solle eine Mahlzeitenreform durchführen.

Der hatte immer nur Hausmannskost gegessen. Als er nun plötzlich für den Nahrungsmitteleinkauf verantwortlich war, beriet er sich vor jeder Entscheidung mit Opa. Und bei jeder sonstigen Handlung berief er sich auf Opa. «Opa sagte, heute abend gebe es keine Suppe», «Opa sagt...» und «Opa meint...» So ging das die ganze Zeit.

Auf diese Weise wurde das Leben kompliziert. Wenn Schwester Xu ein Problem hatte und Papa um Rat fragte, wollte der erst mal keine Stellung beziehen und suchte seinerseits bei Opa Rat, um dann, wie gewohnt, von sich zu geben: «Opa hat gesagt...» Eigentlich wäre es einfacher gewesen, direkt den Opa zu fragen. Diesem gefiel das Prozedere auch nicht, und mehrmals ermahnte er Papa, diese Dinge müsse er entscheiden, und er solle ihn nicht mehr fragen. Darauf sagte Papa jeweils zu Schwester Xu, der Opa habe ihm gesagt, er solle das selbst entscheiden, und der Opa habe ferner gesagt, er solle ihn nicht mehr fragen. Onkel und Tante schienen auch nicht zufrieden zu sein. Zum einen mißfiel ihnen offenbar die Inkompetenz Papas, zum anderen argwöhnten sie wohl, Opa bewahre weiterhin seine Machtstellung.

Papa entdeckte nun die Kunst des Delegierens. Die Entscheidung, ob Suppe ja oder nein, ob fein geschnittenes Fleisch oder Hackfleisch, solle fortan bei Schwester Xu liegen. Die lehnte zuerst entschieden, ja unter Tränen ab, wurde aber von allen Seiten bestürmt und mit Vertrauensbekundungen überschüttet. Schließlich nahm sie die neue Aufgabe, nun wieder lächelnd, dankend an. So wurden die Mahlzeiten wieder wie eh und je gestaltet.

Da jedermann wußte, daß dafür Schwester Xu allein verantwortlich war, ohne daß irgendeine Autorität hinter ihr stand, machte sich allmählich, zunächst unbewußt, Unzufriedenheit breit. Schließlich wurde diese auch offen ausgesprochen. 40 Jahre lang das gleiche Essensregime! Nachgerade museumsreif! Immer im alten Trott, festgeklammert am Überlieferten! Festgefahren! Versteinert! Keine Aufbruchsstimmung! Unsere Familie ist ein typisches Beispiel für Unzeitgemäßheit.

Als Antwort auf diese Klagen begann Schwester Xu einige Mahlzeitenreformen durchzuführen. Aus den zwei Platten eingelegten Rübenkohls wurde eine. Beim Salzgemüse verzichtete sie auf das Sesamöl. Die Soße für die Nudeln bereitete sie nun nicht mehr mit Fleischwürfeln zu, sondern mit Wasser und so weiter.

Diese Reformen verärgerten die Familie erneut. Darauf übernahm der Sohn das Zepter. Er vertrat die These: Seit 41 Jahren essen wir immer das gleiche. Zudem stimmt an unseren Mahlzeiten grundsätzlich etwas nicht: Zu viele Kohlehydrate und zu wenig Eiweiß! Ist das etwa das Essen moderner Menschen in einer chinesischen Großstadt am Ende des 20. Jahrhunderts? Eine Schande! Hätten unsere Politiker nach 1949 beizeiten den Reisbrei abgeschafft und hätten seither alle Butter, Brot, Schinken, Wurst, Ei, Joghurt, Käse, Marmelade, Honig und Schokolade gegessen, dann hätten wir Chinesen schon längst in allen Bereichen Weltniveau erreicht. Auf den Punkt gebracht, der Reisbrei ist die Ursache für das Unglück unserer Nation. Solange der Reisbrei nicht abgeschafft ist, gibt es keine Hoffnung für China!

Und so wurde das traditionell chinesische durch ein westliches Frühstück ersetzt. Nach drei Tagen war die ganze Familie wegen Leiden wie Magen- und Darmentzündung außer Gefecht. In drei Tagen hatte man überdies soviel Haushaltsgeld ausgegeben wie sonst in einem ganzen Monat.

Vater und Onkel kamen nicht umhin, Opa aufzusuchen, und der wollte Schwester Xu konsultieren. Aber die lag im Krankenhaus und erklärte, sie wolle auch nach ihrer Genesung kein Essen mehr kochen.

Vater berief eine Familienkonferenz ein und verkündete eine völlige Liberalisierung: Jeder solle essen, was er wolle.

Darauf bildeten sich kleine Gruppen, die jede für sich ihre Mahlzeiten zubereiteten, so daß sich zum Teil lange Wartezeiten ergaben. Den Gedanken, vier Herde zu kaufen, verwarf man, weil die Küche zu klein war. Ein weiteres Problem war der plötzlich horrend anwachsende Gasverbrauch. Es brach eine Panik aus. Jeder machte seinem Unmut Luft. Die einen meinten, je mehr Reform, desto mehr Chaos. Früher, unter der Lenkung von Opa, sei es viel besser gewesen. Vorgeschlagen wurde die Einführung einer Familiendemokratie. Der Chef der Familie solle aus allgemeinen Familienwahlen hervorgehen. Elf Wahlzettel wurden verteilt. Fünf Wahlzettel blieben leer, zwei Stimmen entfielen auf Schwester Xu, drei auf Opa und eine auf den Sohn. Also war Opa gewählt. Der aber meinte, Essen bereiten sei eine Frage der Geschicklichkeit. Daher solle man nicht ein Oberhaupt wählen, sondern den für die Familie besten Koch bestimmen.

Um herauszufinden, wer der beste Koch sei, wurden 30 Tage lang Untersuchungen durchgeführt. Zum Schluß ergab sich eine Rangliste.

Dann aber starb Schwester Xu. Der Sohn begann in einem Joint-Venture-Unternehmen zu arbeiten, wo er wahrscheinlich westlich aß. Kam er aber an Sonn- und Feiertagen nach Hause, sagte er, alles Gute habe er schon kosten können, nun stehe ihm der Sinn nach Reisbrei und eingelegtem Rübenkohl sowie nach Brühe und Nudeln mit Soße. Onkel und Tante erhielten eine neue Wohnung zugewiesen. Sie aßen schon mal Eisbein und Rührieier, aber häufiger, so wie früher, Reisbrei, Dampfbrotscheiben, eingelegten Rübenkohl, Brühe und Nudeln mit Soße.

Der Mann der Base, der ins Ausland gegangen war, wo er studierte und gleichzeitig arbeitete, schrieb in einem Brief, nachdem er seine Frau hatte nachkommen lassen: «Hier im Ausland essen wir meist Reisbrei und Salzgemüse, das ist jedesmal so, als kehrten wir in unser liebes, einfaches Zuhause zurück.»

Vater, Opa und der geschrumpfte Anhang lebten glücklich miteinander; Huhn, Ente, Fisch, Fleisch, Eier, Milch, Zucker, Öl, das alles kam auf den Tisch. Die Gerichte wurden immer üppiger und besser. Aber Reisbrei und Salzgemüse fehlten nie. Und als ein Engländer, ein Freund des Vaters aus den 40er Jahren, zu Besuch nach China kam, erklärte er: «Laßt mich einmal eure alte und traditionsreiche Küche probieren!» Man bot ihm Reisbrei an, worauf er schwärmte: «Wie einfach! Wie mild! Wie angenehm! Wie edel [...] Nur die uralte Küche des Fernen Ostens kennt so ein geheimnisvolles Gericht!»

Ausdrücklich des Schattenschießens bezichtigt wurde der international bekannte chinesische Schriftsteller Wang Meng (s. 19.32, 20.12) wegen dieser im Februar 1989 veröffentlichten und preisgekrönten Novelle. Den Angriff auf die Novelle ritt ein Leserbrief, der am 14.9.1991 in der Wochenschrift *Literatur und Kunst*, dem Organ des chinesischen Schriftstellerverbandes, erschien. In dem Leserbrief hieß es, mit der Novelle werde in verhüllter Form das von Deng Xiaoping geführte System der kommunistischen Partei Chinas verspottet. Wang Meng, chinesischer Ex-Kulturminister, war zu jenem Zeitpunkt immerhin Mitglied des Zentralkomitees der Kommunistischen Partei Chinas.

Wang Meng wehrte sich am 15.9.1991 mit einer scharfen Stellungnahme, in welcher er dem Leserbriefschreiber vorwarf, das Strategem Nr. 7, «Aus einem Nichts etwas erzeugen», anzuwenden. Erstmals in der Geschichte der Volksrepublik China kam es wegen eines derartigen Angriffs auf ein literarisches Werk zu einem Gerichtsverfahren. Wang Meng reichte nämlich beim Pekinger Mittleren Volksgericht gegen den Chefredakteur der Wochenschrift wegen Verleumdung Klage ein.

Die Klage wurde mit der Begründung abgewiesen, die von dem Leserbriefschreiber erhobenen Vorwürfe gingen nicht über das normale Maß der literarischen Kritik hinaus. Wang Meng ging vor das Pekinger Obere Volksgericht. Doch hochstehende Persönlichkeiten griffen ein und wiesen das Gericht an, den Fall nicht zu behandeln. Jetzt sei Eintracht geboten. Deshalb wurde andererseits auch keine weitere Kritik an der Novelle mehr zugelassen. Ich fragte Wang Meng am 7.7.1997 in Wien nach der Affäre. Er betonte, er habe in der Novelle zwar in einer symbolischen Form gewisse Mißstände und Possen sowie ein blindes Draufloshandeln der chinesischen Reformperiode seit 1978 aufs Korn nehmen wollen. Aber von einer gegen bestimmte Personen gerichteten Anwendung des Strategems Nr. 26 beziehungsweise der Schattenschußtechnik könne keine Rede sein.

Demnach liegt die Novelle auf der Linie anderer Werke Wang Mengs wie etwa der Satire «Die Auflösung der Abteilung für Haarspalterei», in der die Hohlheit des bürokratischen Apparats in China bloßgestellt wird, oder seiner 1992 erschienen Studie über den Roman *Traum der Roten Kammer* (s. 25.4, 26.6). Die Aussagen in dieser Studie könne man, so der deutsche Sinologe Martin Woesler, «direkt als Zeitkritik lesen: 1. Das Gesellschaftssystem ist streng autokratisch; 2. Es wird zuviel Personal beschäftigt; 3. Die Menschen werden nicht auf der Grundlage einer Verfassung regiert, sondern nach dem Willen einer Einzelperson [...] 4. Die Interessen richten sich nur oberflächlich nach dem großen Kollektiv [...] in Wirklichkeit aber verfolgt jeder nur seine privaten Interessen!» («Vom Kulturminister zum Mahner: Begegnung mit dem Schriftsteller Wang Meng», in: *Neue Zürcher Zeitung*, 4./5.11.1995, S.68; s. vom gleichen Autor: *Politische Literatur in China 1991–1992: Wang Mengs Frühstücksreform*, Bochum 1992).

Um den «Zähen Reisbrei» rankt sich auf einer anderen Ebene eine weitere Strategemgeschichte, zumindest gewissen Analysen aus Taiwan und Hongkong zufolge. Dabei spielen bestimmte Daten eine Rolle. Wang Mengs Novelle wurde im Februar 1989 veröffentlicht. Kurz darauf begannen in Peking und an anderen Orten Chinas die bekannten Studentenproteste und Unruhen, die im gewaltsamen vierten Juni 1989 gipfelten. Der als eher liberal geltende Ministerpräsident Zhao Ziyang verschwand in der Versenkung. Unter ihm war Wang Meng Kulturminister geworden. Nach dreijähriger Amtszeit, in der er «einen vorsichtig liberalen Kurs der Öffnung und Experimentierfreude in Literatur und Kunst gesteuert hatte» (*Neue Zürcher Zeitung*, 5.9. 1989, S.3), trat er im September 1989 zurück. Die offizielle Begründung war «Amtsmüdigkeit». Nachfolger Wang Mengs wurde He Jingzhi, der «Verfechter eines linientreuen Kunstverständnisses» (ebenda). Im Juni 1991 erhielt Wang Mengs «Zäher Reisbrei» den zum vierten Mal vergebenen «Hundert-Blumen-Preis» der Monatszeitschrift für Erzählliteratur, und zwar, nachdem die taiwanesische Zeitschrift *Chinesisches Festland* die Erzählung Ende April 1991 in voller Länge abgedruckt und als Kritik an der Kommunistischen Partei Chinas unter Deng Xiaoping gedeutet hatte. Am 14.9.1991 erschien der kritische Leserbrief unter dem Pseudonym «Shen Ping», worunter ein «politischer Hardliner des Kulturministeriums» vermutet wurde (s. *China aktuell*, Hamburg, Oktober 1991, S.632). Bei dem «Leserbrief» ging es nach diesen ganz in den Bahnen des Strategems Nr. 26 verlaufenden Deutungen nicht bloß um eine Attacke gegen Wang Meng als Einzelperson, sondern um eine Breitseite gegen die gesamte liberale Personengruppe, als deren Vertreter er gelte.

26.14  Bericht von einem Beschwerdegang

Ein Arbeiter bricht auf zur höheren Instanz, um gegen den
  Geschäftsführer zu erheben eine Klage.
So betritt er das zuständige Industrieamt an jenem Tage.

Doch viel zu beschäftigt ist der Amtsvorsteher, kann ihn nicht
empfangen.
Und schiebt ihn ab: Er soll an den stellvertretenden Sekretär des
Industrieamtsparteikomitees der Kommunistischen
Partei Chinas gelangen!
Der Sekretär zeigt über das ganze Gesicht seinen Unmut.
«Euren Manager, den kenne ich gut.
Dieser Genosse ist fähig stets.
Ihr wollt Euch beschweren, worum geht's?»
«Gar viele Fragen ranken sich um diesen Mann, der ganz
ungeniert
Unterschlagungen begeht, Bestechungen annimmt und eine süße
Honigbiene finanziert.
Sexmassagen genießt er, auch Luxuswein,
dazu kommen noch Privattourismus und Flugzeugausflüge, alles
mit öffentlichen Geldern. Muß das sein?»
Je länger der Sekretär zuhört, desto beunruhigter wird sein
Gesicht.
«Gegen einen Mönch gewandt beschimpft man hier den haarlosen
Esel, oder etwa nicht?»
Auf steht er, knallt die Tür hinter sich zu und geht mit
ärgerlichem Schütteln des Jackenärmels von dannen.
Und schon sitzt er im Auto, auf dem Weg zum öffentlichen
Fischteich, um dort zu seinem Privatvergnügen Fische zu
fangen.

Eine Karikatur zu diesem Gedicht, erschienen in der Monatszeitschrift *Chinesische Karikatur* (Tianjin, September 1998), zeigt einen Mann, der mit der linken Hand einen kleinen Löwen am Schopf gepackt hat, mit der rechten auf ihn zeigt und einem höchst unwillig dreinschauenden großen Löwen sagt: «Respektvoll erstatte ich Rapport: Der hier frißt heimlich meine Hühner.»


26.15   Die harte Gangart des Pferdes

Die Dame Oretta hält sich in Giovanni Boccaccios *Decamerone* auf dem Land auf. Ein Reiter nimmt sie auf einem Pferd zu einem Nachbargut mit. Um sie zu unterhalten, beginnt er eine Geschichte zu erzählen. Der Kavalier ist aber ein erbärmlicher Erzähler und bringt die ganze Geschichte durcheinander. Oretta gefällt das nicht. Sie möchte, daß der Kavalier aufhört, seine schlimme Geschichte zu erzählen, weil ihr Hören und Sehen vergeht. Sie kritisiert nun aber nicht den Reiter direkt, sondern das Reittier: «Messere, questo vostro cavallo ha troppo duro trotto; per che io vi priego che vi piaccia di pormi a piè.» Unter dem Vorwand, daß das Pferd einen zu harten Tritt habe, bittet sie also den Reiter, sie abzusetzen. Der Kavalier versteht und beginnt eine neue und bessere Geschichte zu erzählen.

## 26.16 «Akazie» eilt «Maulbeerbäumchen» zu Hilfe

«Die kleine Juan war soeben in die Stadt gekommen, um hier Arbeit zu suchen. Vorübergehend wohnte sie beim älteren Bruder ihrer Mutter. Die Tante aber war über den Gast vom Lande gar nicht erbaut.

Eines Tages kam die kleine Juan aus ihrem Zimmer, um einen Becher mit Trinkwasser zu füllen. Die Tante zeigte mit dem Finger auf ihren sechsjährigen Neffen und zeterte: ‹Garstiges kleines Ding, in mein Haus bist du gekommen und ißt und trinkst von meinen Sachen.› Bestürzt vernahm die kleine Juan diese Worte. Liebte die Tante ihren kleinen Neffen nicht über alle Maßen? Stets gab sie ihm doch dieses oder jenes, und nun plötzlich ein derartiger Ton! Sie warf einen Blick auf die Tante, die sie eisig anstarrte. Das gab ihr einen Stich ins Herz. Sie spürte ihre Hand zittern und Wasser verschütten. Der Blick der Tante war so schlimm, daß es sie schmerzte. Schnell stellte sie den Becher hin.

‹Kleiner Liangliang, komm, ich bring dich nach Hause zu deiner Mutter›, sagte sie und ging auf den Neffen der Tante zu. ‹Ja, ich will zu meiner Mutter›, sagte der Kleine, der soeben erlebt hatte, wie ihn die Tante mit bösem Gesicht anfuhr. Schnell ergriff er die Hand der kleinen Juan und folgte ihr zur Tür hinaus.

‹Du ... ihr ... kommt zurück!› sagte die Tante mit rot angelaufenem Gesicht. Und danach sagte sie eine ganze Weile gar nichts mehr.»

Zunächst hat die Tante der kleinen Juan gegenüber das Stratagem Nr. 26 angewandt. Aber auch das Verhalten der kleinen Juan wird im *Dienstleistungs-Anzeiger* (Nanjing 24.8.1996), der die Geschichte in seiner Serie «Die 36 Strategeme heute» druckte, strategemisch gedeutet, und zwar mit «Die List des Gegenübers zu dessen Überlistung benutzen (jiang ji jiu ji)».

## 26.17 Zikade, Gottesanbeterin, Zeisig und Armbrust

«Der König von Wu beabsichtigte, den großen Staat Chu zu bekriegen. Er ließ es in seiner Umgebung mit den Worten verkünden: ‹Wer sich etwa untersteht, Einwände zu erheben, ist des Todes.› Da war unter den Beamten des Palastes ein gewisser Shao Ruzi, der gern Vorhaltungen gemacht hätte, es aber nicht wagte. So steckte er Kugeln ein, ergriff eine Armbrust und schweifte umher im Hintergarten des Palastes. Der Tau durchnäßte sein Kleid, denn er blieb die Nacht über draußen bis zum Morgen. So trieb er es drei Tage lang. Da sprach der König von Wu: ‹Komm her! Warum hast du dein Kleid so elend durchnäßt?› Shao Ruzi antwortete: ‹Im Garten war ein Baum. Auf ihm saß eine Zikade. Die Zikade saß hoch oben, sang klagend, trank den Tau und wußte nicht, daß die Gottesanbeterin eben hinter ihr war. Die Gottesanbeterin bog ihren Körper, duckte sich und wollte die Zikade fangen. Sie wußte nicht, daß der Zeisig sich neben ihr befand. Der Zeisig reckte den Hals lang und wünschte, die Gottesanbeterin aufzupicken. Aber dabei ahnte er nicht, daß meine Armbrust und Kugeln unter ihm warteten. Diese drei wünschten alle ihren Vorteil zu gewinnen, ohne dabei das hinter ihnen drohende Unheil zu berücksichtigen.› Der König von Wu sprach: ‹Gut.› Darauf stellte er die Kriegsvorbereitungen ein.»

In dieser Geschichte aus *Frühlinge und Herbste der Staaten Wu und Yue* von Xu Tianyou (Mitte des 13. Jahrhunderts n. Chr.) spielen sich töricht verhaltende Tiere die Rolle des «Maulbeerbaums». Die Geschichte lebt weiter in der Redewendung «Die Gottesanbeterin fängt die Zikade, aber dahinter lauert schon der Zeisig».

## 26.18 Welches Glied zuerst?

«In Qi hatte ein Mann den Herzog Jing [gestorben 490 v. Chr.] beleidigt. Dieser war sehr erzürnt und ließ den Mann in der Halle in Fesseln legen. Er rief seine Gefolgsmänner herbei. Sie sollten dem Mann die Glieder abtrennen. Wer sich widersetze, solle selbst sterben. Yan Zi [s. 3.4, 16.11] ergriff mit der Linken den Kopf des Mannes, und mit der Rechten wetzte er sein Schwert. Dabei blickte er auf und fragte: ‹Es ist mir noch unklar, mit welchem Glied die erleuchteten Könige und die heiligen Herrscher des Altertums begannen, wenn sie die Glieder eines Mannes abtrennten.› Da stand der Herzog von seiner Matte auf und sagte: ‹Bindet ihn los. Der Fehler liegt bei mir.›»

Diese Anekdote aus dem *Inoffiziellen Kommentar zum Buch der Lieder*, das aus dem 2. Jahrhundert v. Chr. stammt, entnehme ich der *Geschichte der chinesischen Literatur* von Helwig Schmidt-Glintzer (2. Aufl. München 1999, S. 82). Durch die Bezugnahme auf vorbildliche Herrscher des Altertums zeigte Yan Zi dem Herzog Jing die Fragwürdigkeit seines Vorgehens auf und brachte ihn zur Besinnung.

26.19 Ahnungslose Selbstkritik

Besonders kunstvoll ist jene Anwendung des Strategems Nr. 26, bei der man die «Akazie» den «Maulbeerbaum» und damit, ohne daß sie es merkt, sich selbst schelten läßt. Ein Beispiel hierfür entnehme ich dem zweitwichtigsten konfuzianischen Klassiker *Mencius*:

«Mencius (ca. 372–289) redete mit dem König Xuan von Qi [319–301] und sprach: ‹Wenn unter Euren Dienern einer ist, der Weib und Kind seinem Freunde anvertraute und auf Reisen ginge in ferne Lande, und wenn er heimkommt, da hat der andere seine Frau und seine Kinder frieren und hungern lassen: was soll mit dem Mann geschehen?›

Der König sprach: ‹Er soll verworfen werden.›

Mencius fuhr fort: ‹Wenn der Kerkermeister nicht imstande ist, seinen Kerker in Ordnung zu halten, was soll mit ihm geschehen?›

Der König sprach: ‹Er soll entlassen werden!›

Mencius fuhr fort: ‹Wenn Unordnung im ganzen Lande herrscht, was soll da geschehen?›

Der König wandte sich zu seinem Gefolge und redete von anderen Dingen.»

In ähnlicher Weise verfuhr der Prophet Nathan mit David, König von Israel. Dieser hatte durch die Anwendung des Strategems Nr. 3 Uria, den Gatten von Bathseba, beseitigt und daraufhin dessen Frau Bathseba zum Weib genommen (s. 3.2). Nun berichtet die Bibel folgendes (2. Buch Samuel, Kapitel 12):

«Dem Herr mißfiel, was David getan hatte. Er sandte den Propheten Nathan zu ihm. Nathan ging zum König und sagte: ‹Ich muß dir einen Rechtsfall vortragen: Zwei Männer lebten in derselben Stadt. Der eine war reich, der andere arm. Der Reiche besaß viele Schafe und Rinder. Der Arme hatte nur ein einziges Lamm. Er hatte es sich gekauft und zog es zusammen mit seinen eigenen Kindern auf. Es aß von seinem Teller, trank aus seinem Becher und schlief in seinem Schoß. Er hielt es wie eine Tochter. Eines Tages bekam der reiche Mann Besuch. Er wollte keines von seinen eigenen Schafen oder Rindern für seinen Gast hergeben. Darum nahm er dem Armen das Lamm weg und setzte es seinem Gast vor.› Von Zorn gepackt, fuhr David auf und rief: ‹So gewiß der Herr lebt: Dieser Mann muß sterben! Das Lamm muß er vierfach ersetzen. Wie konnte er so etwas Gemeines tun!›

Da antwortete Nathan: ‹Du bist der Mann!›»

26.20  Reichsversammlung von politischen Würmern

Von 1959 bis 1966 stand auf dem Spielplan des Prager Nationaltheaters ununterbrochen ein bestimmtes Stück, nämlich Shakespeares *Hamlet*. Jeden Abend sei das Theater bis auf den letzten Platz gefüllt gewesen, erfährt man aus dem Buch *Die Macht des Wortes* (hg. von Tilo Schabert und Rémi Brague, München 1996, S. 14, 43). Sowie auf der Bühne die dritte Szene aus dem vierten Akt gespielt wurde und ein Schauspieler in höchster tonaler Konzentration auf das, was die auszusprechenden Worte zu schaffen hätten, «eine gewisse Reichsversammlung von politischen Würmern» vorführte, sei unter dem Applaus und dem Gelächter die ganze stalinistische Tyrannenwelt vorübergehend eingebrochen. Apropos: In *Hamlets* Urtext steht «eine gewisse Reichsversammlung von Paladiven in der Gestalt von leckeren Würmern» (in der Übersetzung von August Wilhelm v. Schlegel, Reclam, Stuttgart 1964, S. 85). Diese Diskrepanz versteht, wer die Ausführungen über das Stratagem Nr. 25 gelesen hat.

26.21  Das in den Popo verwandelte Auge

«Ein spektakulärer Druckfehler ereignete sich im Jahre 1648, als der angesehene Pariser Professor Flavigny ein theologisches Traktat veröffentlichte, in welchem er die Bibelstelle zitierte: ‹Quid vides festucam in oculo fratris tui et trabem in oculo tuo non vides?› (Zu deutsch: Was siehst du den Splitter im Auge deines Bruders und nicht den Balken im eigenen Auge?). Der Druckfehlerteufel erwies sich diesmal als besonders perfid, indem er beim *Oculo* (Auge) beide Male das Anfangs-*o* wegließ und so aus dem Auge jenen Körperteil machte, auf dem man gewöhnlich zu sitzen pflegt, wenn nichts Schlimmeres... Es gab einen ungeheuren Skandal, und der Professor mußte einen Eid darauf leisten, daß es sich um ein Versehen des Druckers handelte und keinesfalls seine Absicht war, die Heilige Schrift zu schmähen.» (Peter Heisch: «Druckfehlerteufeleien in Geschichte und Literatur», in: *Sprachspiegel*, Basel, Heft 2/1997, S. 51).

Hätte sich dergleichen beispielsweise im China der Qing-Dynastie (1644–1911) zur Zeit der «literarischen Prozesse (wenziyu)» ereignet, wäre der Professor zweifellos nicht so glimpflich davongekommen. Wer aber kennt schon alle Hintergründe des Geschehens? Vielleicht wollte ja ohne Wissen des Professors der Drucker die Bibel mit dem Hintern assoziieren und so Kirche und Christentum verspotten.

26.22   Das Gleichnis von den bösen Winzern

«Und Jesus fing an, in Gleichnissen zu ihnen zu reden: Ein Mann legte einen Weinberg an. Er umgab ihn mit einem Zaun, grub eine Kelter und baute einen Turm. Dann verpachtete er ihn an Winzer und zog außer Landes. Als es Zeit war, schickte er einen Knecht zu den Winzern, um von ihnen seinen Anteil am Ertrag des Weinbergs zuholen. Die ergriffen und prügelten ihn und schickten ihn mit leeren Händen zurück. Dann schickte der einen anderen Knecht zu ihnen, den schlugen sie auf den Kopf und mißhandelten ihn. Er schickte noch einen dritten, den töteten sie. Und so noch viele andere, von denen sie die einen schlugen, die andern töteten. Nun hatte er noch einen einzigen, geliebten Sohn. Den sandte er als letzten zu ihnen, weil er dachte: Sie werden doch vor meinem Sohne Ehrfurcht haben. Aber jene Weingärtner sagten zueinander: Das ist der Erbe; kommt, wir wollen ihn töten, dann ist das Erbgut unser. Und sie ergriffen ihn, töteten ihn und warfen ihn aus dem Weinberg hinaus. Was wird nun der Herr des Weinbergs tun? Er wird kommen, die Winzer umbringen und den Weinberg an andere vergeben [...] Da suchten seine Gegner Jesus festzunehmen, aber sie fürchteten die Volksmenge. Sie hatten nämlich gemerkt, daß er sie mit diesem Gleichnis treffen wollte. Sie ließen von ihm ab und gingen fort.» (Mk 12/1.12)

# Strategem Nr. 27

## Den Tölpel spielen, ohne den Kopf zu verlieren

| Die vier Schriftzeichen | 假 | 痴 | 不 | 癫 |
|---|---|---|---|---|
| Moderne chinesische Aussprache | jia | chi | bu | dian |
| Übersetzung der einzelnen Schriftzeichen | falsch/ unecht/ künstlich/ Schein | blöde/ albern/ kindisch/ dumm/ töricht/ tölpelhaft | nicht | verrückt/ wahnsinnig/ geistesgestört |

Zusammenhängende Übersetzung: Scheinbare Blödheit ohne [wirkliche] Verrücktheit; sich blöd/dumm/kindisch etc. anstellen, ohne verrückt zu sein; Verrücktheit mimen, ohne das Gleichgewicht zu verlieren; den Tölpel spielen, ohne den Kopf/Verstand zu verlieren.

Kerngehalt:
1. Vorgespiegelte Inaktivität, Verständnislosigkeit, Dummheit, Unwissenheit, Ahnungslosigkeit, Krankheit, Unfähigkeit, Schwächen usw.; gute Miene zum bösen Spiel machen; nach dem Mund reden; mit den Wölfen heulen. Narren-Strategem; Schelmen-Strategem.
2. Sein Licht unter den Scheffel stellen; ein niederes Profil wahren; niedriger/tiefer hängen; etwas nicht hoch hängen; sich des Understatements/der bewußten Untertreibung bedienen; tiefstapeln. Bagatellisierungs-Strategem; Unschuldslamm-Strategem; Mauerblümchen-Strategem.

Eher selten kommt die Strategemformel Nr. 27 in chinesischen Texten vor, wenngleich die durch sie beschriebene Vorgehensweise seit ältesten Zeiten in allen möglichen Varianten häufig beschrieben wurde. Geläufiger als die Strategemformel Nr. 27 sind Wendungen wie «Verrücktheit mimen und Doofheit zur Schau stellen (zhuang feng mai sha)», «Blödheit vortäuschen und Einfalt vorspiegeln (jia chi yang dai)» oder «Taubheit mimen und Stummheit vorspielen (zhuang long zuo ya)». Bereits in dem Erzählband *Der Stein nickt* aus der Ming-Zeit (1368–1644) kommt die der Strategemformel Nr. 27 sehr ähnliche Wendung «Blödheit vortäuschen, ohne umzufallen (zha chi bu dian)» vor. Sie beschreibt das absonderliche Verhalten eines alten Mannes, der als Schnapsverkäufer in einem Boot auf einem Fluß von Schiff zu Schiff rudert. Ruft ihm ein Passagier einen Kaufwunsch zu, gibt der Alte merkwürdige Antworten. Man weiß nicht, ob er nüchtern oder betrunken ist. In Wirklichkeit ist er gar kein Händler, sondern ein Kundschafter, der im Auftrag eines Beamten nach dessen Gattin sucht. Wegen der Vorbereitung von Examen war der Beamte jahrelang ohne Nachricht von seiner Familie ferngeblieben und hatte seine Gemahlin aus den Augen verloren. Der Alte trällert, während er als Schnapsverkäufer umherrudert, immer wieder ein nur jener Gattin vertrautes Gedicht. Endlich öffnet auf einem der Schiffe eine Frau ein Kajütenfenster und fragt den Alten nach der Bewandtnis des Gedichts. Dieser erklärt ihr alles, und bald darauf sind Gatte und Gattin wieder vereint.

27.1 Götter gegen Dummheit kämpfen lassen

Das Stratagem Nr. 27 umfaßt «die List, die darin besteht, daß der Kluge die Gestalt der Dummheit annimmt» (Max Horkheimer; Theodor W. Adorno: *Dialektik der Aufklärung: philosophische Fragmente*, Frankfurt a. M. 1988, S. 76), geht aber weiter als diese und erschöpft sich auch nicht in der Vorgehensweise der drei Affen, von denen sich der eine die Ohren, der andere die Augen und der dritte den Mund zuhält (s. dazu im einzelnen Lutz Röhrich: *Lexikon der sprichwörtlichen Redensarten*, Bd. 4 Freiburg etc. 1999, S. 1457 f.). Gemäß dem etwa 500 Jahre alten Traktat *Die 36 Strategeme (Das geheime Buch der Kriegskunst)* kann das Stratagem Nr. 27 sowohl gegenüber einem Gegner als auch gegenüber den eigenen Leuten eingesetzt werden.

Was die Anwendung gegenüber dem Gegner angeht, so finden sich an das Stratagem Nr. 27 anklingende Gedanken bereits in *Meister Suns Kriegskunst*. Der erste der «Zwölf listigen Wege» besagt: «Man ist fähig, spiegelt aber Unfähigkeit vor.» Dieser Bahn folgend empfiehlt das Traktat *Die 36 Strategeme (Das geheime Buch der Kriegskunst)*, man solle sich lieber dumm stellen und untätig bleiben, als den Klugen zu spielen und leichtfertig zu handeln. Auf seine Weise zunutze macht sich der Schlaue Schillers Sentenz: «Mit der Dummheit kämpfen Götter selbst vergebens.»

Solange die günstige Gelegenheit zum Kauf noch nicht herangereift ist, verharrt man am besten scheinbar reglos wie ein Tolpatsch. Stets daran denkend, nie davon redend, arbeitet man insgeheim seine Pläne aus und trifft die Vorbereitungen zu ihrer Ausführung, um dann «wie Donner und Blitz, die sich zur Winterzeit erneuern und einstweilen nicht in Erscheinung treten, plötzlich die Erde zu erschüttern.» Wird das Strategem gegen einen Gegner eingesetzt, können damit unterschiedliche Zwecke verfolgt werden, so Selbstschutz und unbeschadete Überwindung einer kritischen Situation, Zeitgewinn und unbemerkte Nutzung einer Ruhe vor dem Sturm oder – etwa bei sportlichen Wettkämpfen, in denen man den «toten Mann» spielt – die Einschläferung des Gegners. Indem man sich taub und stumm stellt, sich unwissend gibt, Unfähigkeit, Schwäche und Inkompetenz mimt oder Inaktivität vortäuscht, erreicht man, daß man nicht ernst genommen wird. Man verbirgt alles, was den ahnungslosen Gegner irritieren könnte, und steht gleichsam wie nackt da, so daß er glaubt, nichts befürchten zu müssen. Man krümmt sich, um sich später wieder zu strecken (yi qu qiu shen). Herrscht – in der eigenen Seele/in der eigenen Truppe – Ordnung, spiegelt man ein Chaos vor; man ist auf alles vorbereitet, zeigt sich aber sorglos und locker; man ist satt, spielt aber den Hungrigen; man ist zahlreich, zeigt sich aber einsam und verlassen; man ist mutig, erweckt aber den Eindruck der Feigheit; man ist gesund, kehrt aber den Kranken heraus; man ist hellwach, spielt aber den Verschlafenen; man kennt jemanden, tut aber so, als kenne man ihn nicht (s. Han Bangqing [1856–1894]: *Singmädchen in Shanghai,* Kap. 48, Taipeh 1974, S. 10); man tut so, als könne man kein Wässerchen trüben, ist aber in Wirklichkeit alles andere als harmlos; man weiß etwas, stellt sich aber unwissend (vgl. *Das Leben des Lazarillo von Tormes,* Frankfurt a. M. 1973, S. 28); man lebt, stellt sich aber tot – und so weiter. Alle möglichen Verstellungen können dazu dienen, das Gegenüber einzulullen, so daß es einen harmlosen Eindruck von einem gewinnt und in der erwünschten Weise reagiert.

Laut dem Pekinger Strategemforscher Li Bingyan kann das Strategem Nr. 27 auch in Form des Scheinrückzugs zur Vorbereitung eines neuen Angriffs (yi tui qiu jin, vgl. die französische Wendung «reculer pour mieux sauter» bzw. Strategem Nr. 36) oder dadurch angewandt werden, daß man den Gegner den ersten Schuß abgeben läßt, um dann die Initiative zu ergreifen (hou fa zhi ren).

Die Tölpelhaftigkeit kann sehr naturalistisch, aber auch etwas dezenter gemimt werden, beispielsweise dann, wenn man in einen Streit zwischen verschiedenen Parteien hineingezogen zu werden droht und eine Stellungnahme zugunsten irgendeiner Seite selbstschädigend wäre. Man stellt sich dumm, weiß von nichts, hat von Tuten und Blasen keine Ahnung – mit dem Effekt, daß die Parteien jedes Interesse an diesem tumben Tor verlieren. Sollte man dann doch noch etwas Falsches von sich geben, würde es einem nicht angelastet. So kann man mehr oder weniger unbehelligt davonkommen.

Wieder eine andere Variante der Tölpelhaftigkeit kann darin bestehen, daß man eine Schwierigkeit, die auf dem Weg zu einem Hauptziel auftaucht, ignoriert und sie irgendwie umschifft, ohne sich lange damit abzugeben. So gewinnt man kostbare Zeit für die Konzentration auf das Hauptziel. Gemimte Tölpelhaftigkeit kann auch bedeuten, daß man so tut, als ob man nicht verstehe, worum es geht, zum Beispiel dann, wenn von einem eine Handlung erwartet oder verlangt wird, die man verhindern oder abwehren will. Unter dem Deckmantel der Unwissenheit sabotiert man das Geschehen, ohne daß man für sein negatives Tun zur Verantwortung gezogen werden kann.

«Die Armee hat zwei Möglichkeiten, Militärführer loszuwerden: Befehlsverweigerung oder Befehle auf schwachsinnige Weise auszuführen. Beide Methoden werden angewendet», sagte Rußlands Vize-Regierungschef Schachraj (*Bild,* Hamburg, 6. 1. 1995, S. 2), wobei in diesem Zusammenhang auf *Die Abenteuer des braven Soldaten Schwejk während des Weltkriegs* von Jaroslav Hašek (1883–1923) verwiesen sei. In dieses Kapitel gehört auch, sich, sobald man mit eigenem Fehlverhalten konfrontiert wird, naiv zu stellen (zhuang han) und auf alle Fragen mit «ich weiß es nicht» oder «keine Ahnung» zu antworten. Daß dieser Weg zur Abschiebung von Verantwortung immer häufiger beschritten werde, beklagt die *Chinesische Jugendzeitung* (Peking 19. 9. 1998, S. 2). In solchen Fällen dient das Stratagem Nr. 27 als Fluchtstratagem.

Durch das eigene unverständige Verhalten kann man vielleicht auch bewußt ein Chaos herbeiführen und Wasser auf die eigenen Mühlen lenken (vgl. Stratagem Nr. 20). Man kann aber auch Vorteile ergattern, so wie jener Gemischtwarenhändler, der seinen Kunden falsches Restgeld herausgibt – zwar nicht immer, aber hier und da, jedenfalls stets zum Vorteil der Kunden. Da kann es schon mal vorkommen, daß er

10 Yuan bekommt, aber Restgeld für 100 Yuan erstattet. Macht man ihn auf den Irrtum aufmerksam, sagt er im Brustton der Überzeugung: «Ach woher! Wie könnte ich mich bei einer so einfachen Rechnung vertan haben!» Der Mann erwirbt sich den Ruf, etwas unklar im Kopf zu sein, aber, und das ist wohl sein Kalkül: Das Geschäft geht glänzend, viel besser als bei der Konkurrenz. «Er münzt mit seiner gespielten Flüchtigkeit die Gier der Menschen, kleine Vorteile zu erhaschen, aus», analysiert der Nanjinger *Dienstleistungs-Anzeiger* in der 27. Folge seiner Kolumne «Die 36 Strategeme heute».

Während man den Tölpel in allen denkbaren Schattierungen spielt, darf man nicht «den Kopf verlieren»:

- Man darf nicht plötzlich anfangen, blindlings zu agieren. Schon *Meister Suns Kriegskunst* enthält die Warnung: «Wer unvorsichtig handelt und den Gegner unterschätzt, wird bestimmt von ihm gefangengenommen werden.» Und der deutsche Schriftsteller Erich Kästner (1899–1974) rät: «Sei dumm. Doch sei es mit Verstand. Je dümmer, desto klüger.»
- Man darf, während die gespielte Tölpelhaftigkeit die Gegenseite narkotisiert, nicht unversehens überheblich und selbstherrlich werden. «Eine selbstgefällige Armee wird bestimmt geschlagen», mahnte Ban Gu (32–92) in seiner *Geschichte der Han-Dynastie.*
- Genausowenig darf man leichtsinnig und unvorsichtig werden. «Ein General ist fünf tödlichen Gefahren ausgesetzt», heißt es in *Meister Suns Kriegskunst* (Kap. III), darunter «Leichtsinn und Hitzköpfigkeit».
- Bis in die kleinsten Einzelheiten muß die «Tölpelhaftigkeit» stimmig sein, denn oft fallen in einem derartigen Verwirrspiel weniger die großen als vielmehr ganz kleine «Pferdefüße» auf.

Wenn man statt Tölpelhaftigkeit nicht vorhandene Klugheit oder Fähigkeit vorspiegeln will, kann man das auf eine ungefährliche Weise tun: «Wenn du einfach gar nichts sagst, halten das alle für ein Zeichen von hohem IQ» (Burt Reynolds, amerikanischer Schauspieler, zitiert aus: *Der Spiegel,* Hamburg Nr. 18, 1998, S. 219). Oft kann das Vorspiegeln von Klugheit aber auch in einen Schildbürgerstreich umschlagen. Besser ist es wohl, sich das Wort des Konfuzius vor Augen zu halten: «Was man weiß, als Wissen gelten lassen, und was man nicht weiß, als Nichtwissen anerkennen, das ist wahres Wissen.»

Die gemimte Tölpelhaftigkeit kann man mittels unterschiedlicher Methoden als täuschend echt erscheinen lassen, zum Beispiel:
- Man verhält sich gemäß den Erwartungen oder Hoffnungen des Ge-

genübers, wobei man natürlich genau wissen sollte, woran ihm gelegen ist. Jeder hofft, daß das eintreffe, was er sich wünscht. Geschieht es dann tatsächlich, wird man dermaßen zufrieden sein, daß man kaum auf die Idee kommt, zu überprüfen, ob alles mit rechten Dingen zugegangen ist. Mit einem Auftreten genau nach den Wünschen des Gegenübers kann man dieses demgemäß leicht übertölpeln. Wünscht zum Beispiel der andere etwas zu tun, ohne auf Widerstand oder Widerrede zu stoßen, dann macht man gute Miene zum bösen Spiel, und der andere wird sich damit zufriedengeben. Vom Gegenüber nicht beargwöhnt, geht man eigenen Planungen nach, die das, was das Gegenüber tut, hintertreiben.

- Man handelt genau entsprechend den Erwartungen des Gegenübers, aber gezielt in einer viel weiter gehenden oder anderen Weise, als sich das Gegenüber dies vorstellt, mit dem Ergebnis, daß es sich plötzlich in einer Bredouille befindet. Im Chinesischen nennt man solch ein Vorgehen «dem Verlangen des Gegenübers nachkommen, um dem, was es eigentlich will, entgegenzuwirken (shun qi yi er ni qi zhi)».
- In gewissen Lagen muß man entgegen jeder Vernunft handeln, um glaubhaft als Tölpel dazustehen. Dies ist der Fall, wenn das Stratagem Nr. 27 naturalistisch eingesetzt wird. Als sein Rivale Pang Juan (4. Jahrhundert v. Chr.) ihm nach dem Leben trachtete, stellte sich Sun Bin wahnsinnig und aß vor den Augen Pang Juans Kot, den ihm dieser vorsetzen ließ. Das überzeugte Pang Juan davon, daß Sun Bin wirklich verrückt war, und verschaffte Sun Bin eine Überlebenschance. Später konnte er in den Staat Qi fliehen und sich an Pang Juan rächen (s. 2.1, 4.1, 4.2).

Der Möglichkeit, einer Anwendung des Stratagems Nr. 27 zum Opfer zu fallen, beugt man durch genaue Beobachtung des Gegners vor. Man muß sensibel sein selbst für verschwommene Anzeichen eines gegnerischen Einsatzes des Stratagems Nr. 27. In bezug auf militärische Auseinandersetzungen listet *Meister Suns Kriegskunst* einige in diese Richtung weisende Indizien auf: «Unterwürfige Worte bei gleichzeitigen verstärkten Kriegsvorbereitungen sind Anzeichen eines bevorstehenden Angriffs», «Wer unangekündigt Frieden anbietet, führt etwas im Schilde» und so weiter. Hat man den gegnerischen Einsatz des Stratagems Nr. 27 durchschaut, kann man dies vereiteln, indem man das gegnerische Spiel urplötzlich, so daß der Gegner gar nicht darauf gefaßt ist, entlarvt. Man muß allerdings genügend Beweise zur Hand haben, damit der Gegner den Vorwurf der Stratagemanwendung nicht entkräften kann. Eine raffiniertere Möglichkeit der Strategemvereitelung besteht darin, daß man die durchschaute List des Gegners gegen diesen selbst kehrt. Die gegnerischen Maßnahmen werden dann in die eigenen Gegenplanungen eingebaut und so zunichte gemacht.

27.2 Wunderliche Dinge zum Verschwinden bringen

«Der Feldherr muß fähig sein, die Ohren und Augen seiner Offiziere und Soldaten zu verdunkeln und sie unwissend zu halten.» Dieses Wort aus *Meister Suns Kriegskunst* (Kap. XI) bildet eine Grundlage für das als Führungsmethode verstandene Strategem Nr. 27. So hielt Christoph Kolumbus (1451–1506) seine rebellierenden Matrosen, um sie zu beschwichtigen, im unklaren über die tatsächlich zurückgelegte Strecke («Habgier und Angst: Sabine Etzold über das ‹Bordbuch› von Christoph Kolumbus», in: *Die Zeit,* Hamburg 10.6.1999, S.65). Ganz im Gegensatz zu dem als Führungsmethode benutzten Strategem Nr. 28 (s. 28.1–4) setzt man das Strategem Nr. 27 dann ein, wenn man befürchtet, daß die Offenbarung der vollen Wahrheit schlimme Folgen zeitigen könnte.

Gemäß Niccolo Machiavellis Ausspruch, daß es «die weiseste Sache ist, zu gehöriger Zeit Torheit vorzuspielen» (*Vom Staate,* Karlsruhe 1832, S.268), wird man freilich Ahnungslosigkeit oder Nichtwissen nicht nur im militärischen Leben, sondern auch in anderen Bereichen gelegentlich vortäuschen, etwa bei der Kindererziehung. Gar manchen Fehler eines Sprößlings verzeiht man, indem man so tut, als habe man nichts bemerkt.

Narrheit macht laut Erasmus von Rotterdams (1469–1536) *Lob der Torheit* das Leben erst erträglich. «Wer nicht den Tölpel und Tauben spielt, kann nicht Schwiegervater oder Schwiegermutter sein.» Wohl nicht nur weil es als kurios gelten könnte, wird dieses auf das Verhältnis zu Schwiegertöchtern gemünzte Sprichwort im *Großen Lexikon von Ehe und Familie* (Shanghai 1988, S.23) ausführlich erörtert. Schon Konfuzius empfiehlt «Duldsamkeit» (ren), allerdings nur in bezug auf «Kleinigkeiten». Die Fähigkeit, «Demütigungen zu erdulden um wichtiger Pflichten willen (ren ru fu zhong)» wird jungen Menschen in dem Buch *Erste Berührung mit der Welt* (Peking 1985) empfohlen. Einen etwas anderen Akzent setzt die folgende das Strategem Nr. 27 atmende chinesische Lebensweisheit: «Wird man wunderlichen

Dingen ausgesetzt und ignoriert man sie schlicht und einfach, dann werden diese wunderlichen Dinge von selbst verschwinden (jian guai bu guai qi guai zi bai).» So kann man möglicherweise manche zwischenmenschliche Gewitterwolke unbehelligt an sich vorüberziehen lassen und manches Problem aussitzen. Dieser Spruch kann freilich auch gleichgültiges Durchgehenlassen von skandalösen oder illegalen Praktiken bezeichnen und hat dann einen sehr negativen Beigeschmack.

«Kommt in China ein junger Mann eines schönen Septembermorgens zu seinem alten Großvater und will ihn von seinem warmen Ofen weg zu einem gemeinsamen Bad im Meer mitschleppen, so wird ihm das nicht gelingen. Der Junge wird vielleicht etwas ärgerlich sein und die Absage nicht verstehen. Der Alte aber wird einfach amüsiert vor sich hin lächeln» (Lin Yutang: *Mein Land und mein Volk*, Stuttgart/Berlin 1936, S. 77). Auch in diesem Lächeln finden sich Spuren des Strategems Nr. 27. Führt vom spitzbübisch lächelnden chinesischen Alten nicht ein Weg zum westlichen *homo ridens,* dem lachenden Menschen, der vor alle weltliche und sonstige Absolutheits- und Totalitätsansprüche sein relativierendes Vorzeichen setzt und aus der Konkursmasse des *homo faber* komisches Kapital schlägt (s. Peter E. Berger: *Erlösendes Lachen,* Berlin/New York 1998)?

27.3  Erst Jungfrau, dann Hase

Will man dem Feind gegenüber Geheimnisse wahren, muß man sie bis zu einem gewissen Grad auch in den eigenen Reihen vor Verbreitung schützen. Dies kann mit Hilfe des Strategems Nr. 27 geschehen. In mehreren chinesischen Büchern über die 36 Strategeme wird im Kapitel über das Strategem Nr. 27 die Sentenz wiedergegeben: «Die Urquelle jedes Strategems ist die Schlauheit, die Erfolgsgarantin die Geheimhaltung und die Unheilstifterin die [vorzeitige] Enthüllung.» Insofern die Geheimhaltung für den Erfolg eines Strategems unverzichtbar ist, entpuppt sich das Strategem Nr. 27 als das jegliche Strategemanwendung begleitende Fundamentalstrategem. Zum einen kann man bei einer Listausführung nicht unbedingt allen Beteiligten eröffnen, daß man sie zur Durchführung eines Strategems einspannt. «Man kann sie zur Ausführung der List einsetzen, darf sie aber über die List selbst nicht in Kenntnis setzen», rät bereits der Militärklassiker aus der späten Tang-Zeit [618–907] *Fragen und Antworten bei einem Dialog zwischen dem Tang-Kaiser Taizong [626–649] und Herzog Li von Wei [571–649].*

Vor allem aber wird der Strategemanwender in aller Regel seinem Strategemopfer gegenüber als Biedermann auftreten und, sich dumm stellend, jeden Verdacht listigen Handelns entschieden von sich weisen. Ansatzweise in Worte gefaßt ist diese Vorgehensweise in *Meister Suns Kriegskunst* (Kap. XI): «Zeige zunächst die Zurückhaltung einer Jungfrau, bis sich der Feind eine Blöße gibt, sei dann schnell wie ein rennender Hase, und es wird für den Gegner zu spät sein, um Widerstand zu leisten.»

Zu einer 16-Schriftzeichen-Formel entwickeln diese Worte aus *Meister Suns Kriegskunst* Ma Senliang und Zhang Laiping in ihrem Buch *Die 36 Strategeme mit Beispielen aus alter und neuer Zeit* (Hongkong 1969). Da selbst Jesus Christus die Klugheit der Schlange empfiehlt (s. *Strategeme* Bd. I, Schlußwort «Der Katalog der 36 Strategeme»), kann man, wenn man damit noch die Arglosigkeit der Taube kombiniert, in dieser Formel, die gänzlich dem Strategem Nr. 27 verpflichtet ist, eine Grundlage für die Umsetzung eines jeden der 36 Strategeme erblicken: «[Erst] still wie eine Jungfrau, [dann urplötzlich] schnell wie ein Hase, äußerlich wie ein Heiliger, innerlich wie eine Schlange.»

27.4   Der furchtbarste Türgott

«Ein Mann wollte das Bild eines Türgottes kaufen. Aus Versehen aber ergatterte er das Porträt eines fromm dreinblickenden daoistischen Mönchs. Also klebte er dieses an die Außenseite des Haustores. Seine Gemahlin sagte: ‹Türgötter halten doch sonst immer ein Schwert in der einen Hand und schwingen ein Beil in der anderen. Nur so werden die bösen Geister abgeschreckt. Was hat das für einen Sinn, ein derart aufrichtiges und gutherzig dreinblickendes Gesicht aufzuhängen?› Der Gatte entgegnete: ‹Laß deine Bemerkungen bleiben! Niemand schlägt brutaler drein und handelt niederträchtiger in unserer Welt als jene, die sich nach außen mild und gütig geben. Daher wird dieses Bild die bösen Geister ganz besonders in Angst und Schrecken versetzen.›» (*Literaturzeitung,* Shanghai 19. 10. 1989).

## 27.5 Die Haare wirr, taub die Ohren und Suppe auf dem Wams

«Innerlich engherzig, aber äußerlich die Großmut in Person; mißtrauisch, aber fähig, sich aalglatt jeder Lage anzupassen.» So charakterisieren Fang Xuanling (579–648) und seine Mitverfasser in ihrer *Geschichte der Jin-Dynastie* Sima Yi (179–251). Bis zu seinem Lebensabend hatte er vier Herrschern, darunter drei Kaisern der Wei-Dynastie (220–265), gedient (s. 32.1). Zuletzt war er deren oberster Feldherr. Nach dem Tod von Kaiser Ming (227–239) bestieg dessen achtjähriger Adoptivsohn Fang (240–253) den Thron. Auf dem Todesbett hatte ihn Kaiser Ming der Obhut Sima Yis und des Generals Cao Shuang (?–249) unterstellt. General Cao Shuang hätte altersmäßig ein Sohn Sima Yis sein können. Bei der gemeisamen Führung der Amtsgeschäfte für den minderjährigen Kaiser mied Cao Shuang – der von einer Familie abstammte, die sich um die Wei-Dynastie große Verdienste erworben hatte – zunächst jede Handlung, die Sima Yi hätte herausfordern können. Doch mit zunehmendem Alter wurde Cao Shuang immer selbstbewußter. Zudem warnten ihn Adlaten vor dem angeblichen Ehrgeiz Sima Yis, der seine Machtstellung bedrohe. Cao Shuang, der Sima Yi nie gemocht hatte, begann diesem das Leben schwerzumachen und erreichte schließlich durch eine Beförderung Sima Yis, daß dieser der Hofgeschäfte enthoben war. Auf diese Weise ausgebootet, hatte Sima Yi schließlich keine andere Möglichkeit mehr, als sich unter dem Vorwand einer Krankheit ganz zurückzuziehen.

Im Winter des Jahres 248 wurde Li Sheng, ein Vertrauter Cao Shuangs, zum Präfekten von Jingzhou ernannt. Vor der Abreise stattete er Sima Yi einen Abschiedsbesuch ab, wobei er sich aber auch ein persönliches Bild von dessen Befinden machen wollte. Die Szenen, die nun der das Strategem Nr. 27 perfekt beherrschende Sima Yi inszenierte, werden in enger Anlehnung an die *Geschichte der Jin-Dynastie* in dem Roman *Romanze der drei Königreiche* im 106. Kapitel geschildert und in dessen Titel angedeutet: «Sima Yi spielt den Kranken.»

«Als Li Sheng in der Residenz Sima Yis eintraf und sich beim Hausherrn anmelden ließ, durchschaute er sogleich, was hinter dem Besuch steckte. Er erklärte seinen beiden Söhnen, die nach der Kaltstellung ihres Vaters ebenfalls von allen ihren Ämtern zurückgetreten waren, den wahren Zweck des Besuchs und gab ihnen Anweisungen, wie sie sich zu verhalten hätten.

Er entfernte seinen Kopfschmuck, so daß seine Haare wirr hinunterfielen, legte sich der Länge nach auf eine Lagerstätte, deren Dekken und Kissen er durcheinanderwarf, und bat zwei Dienerinnen, sich fürsorgend um ihn zu kümmern. Dann ließ er den Besucher hereinführen.

Li Sheng schritt zu dem kranken Mann und sagte: ‹Schon lange habe ich Euch nicht mehr gesehen. Ich wußte nicht, daß Ihr so schwer krank seid. Seine Majestät sendet mich nach Jingzhou. Ich bin gekommen, um Euch meine Aufwartung zu machen und mich zu verabschieden.›

‹Ach so, nach Bingzhou. Das liegt im Norden. In der Nähe gibt es Fremdvölker. Da müßt Ihr sehr auf der Hut sein.› Sima Yi tat, als habe er Li Sheng nicht richtig verstanden.

‹Ich gehe als Gouverneur nach Jingzhou, nicht Bingzhou›, sagte Li Sheng.

‹Was, soeben von Bingzhou kommt Ihr?› fragte Sima Yi mit einem Lachen.

‹Nein, Jingzhou in Shandong.›

‹Also von Jingzhou kommt Ihr?› sagte lächelnd Sima Yi.

Li Sheng wandte sich ab und sagte zu den Dienerinnen: ‹So krank ist also der Große Tutor.›

‹Er ist taub›, bekam er zur Antwort.

‹Gebt mir Papier und einen Schreibpinsel›, sagte Li Sheng.

Er bekam das Gewünschte, schrieb nieder, was er Sima Yi mitteilen wollte, und reichte ihm die Botschaft.

Sima Yi las sie, lächelte und sagte: ‹Meine Krankheit hat mein Gehör beeinträchtigt. Paßt auf Euch auf unterwegs!›

Danach zeigte er mit dem Finger auf seinen Mund. Eine Dienerin brachte ihm Suppe. Sima Yi begann, aus der Tasse zu schlürfen, doch dann ließ er all die Flüssigkeit aus dem Mund laufen, so daß sein ganzes Gewand beschmutzt wurde. Mit röchelnder Stimme sagte er: ‹Ich bin jetzt altersschwach und schwer krank. Der Tod kann jeden Augenblick eintreffen. Meine beiden Söhne taugen nichts. Aber Ihr werdet sie, so hoffe ich, unterweisen. Und wenn Ihr den großen General Cao Shuang seht, werdet Ihr für sie ein gutes Wort einlegen.›

Nach diesen Sätzen fiel Sima Yi zurück auf die Lagerstätte. Er keuchte schwer. Li Sheng entfernte sich. Er erzählte Cao Shuang, was er erlebt hatte. Hocherfreut sagte dieser: ‹Ist der Alte erst einmal tot, brauche ich mir keine Sorgen mehr zu machen!›

Kaum war Li Sheng gegangen, erhob sich Sima Yi von seiner Lagerstätte und sagte zu seinen Söhnen: ‹Jetzt wird Li Sheng seinem Patron alles genau erzählen, und der wird mich nicht mehr fürchten. Aber wenn er das nächste Mal die Stadt verläßt, um auf die Jagd zu gehen, dann werden wir weitersehen.›

Cao Shuang und seine Vertrauten wiegten sich von nun an in Sicherheit. Im ersten Monat des Jahres 249 verließ Kaiser Fang in Begleitung von Cao Shuang und dessen Gefolgschaft die Hauptstadt Luoyang, um sich zum Grab des Kaisers Ming zu begeben und dort ein Opfer darzubringen. Diese Gelegenheit nutzte Sima Yi zu einem Putsch und bemächtigte sich der Hauptstadt. Zunächst scharte Cao Shuang, in dessen Machtbereich sich der Kaiser befand, eine Truppe um sich, die er auf der anderen Seite des Luo-Flusses Stellung beziehen ließ. Doch der erfahrene Sima Yi war im Vorteil. Er ließ Cao Shuang mitteilen, es genüge ihm, wenn er von sämtlichen Ämtern zurücktrete. Dann sei alles andere vergessen. Cao Shuang glaubte Sima Yi. Er entsagte allen Verpflichtungen und wähnte nun sein Leben gerettet. Doch Sima Yi ließ ihn aufs schärfste überwachen. Selbst Cao Shuangs Personal, das Einkäufe besorgte, wurde Verhören unterzogen. Einmal besorgte ein Eunuch Cao Shuang eine Frau aus dem Kaiserpalast. Sima Yi ließ ihn verhaften. Endlich schien sich ihm die Gelegenheit für die Endabrechnung mit seinem Rivalen zu bieten. Unter Einsatz von Folter wurden dem Eunuchen Aussagen über angebliche Aufstandspläne Cao Shuangs abgepreßt. Sogleich erließ Sima Yi den Befehl, Cao Shuang und seine sämtlichen Getreuen zu verhaften und mitsamt ihren Familienmitgliedern bis ins dritte Glied hinzurichten.»

Nach Sima Yis Tod im Jahre 251 erbten seine Söhne Sima Shi (208–255) und Sima Zhao (211–265) die Machtstellung ihres Vaters. Sima Yis Enkel Sima Yan (236–290) ließ sich im Jahre 265 zum Kaiser ausrufen und gründete die westliche Jin-Dynastie (265–316). Im Jahr 280 vernichtete – wie er jetzt zu nennen ist – Kaiser Wu das Königreich Wu im Südosten und einigte ganz China (s. 14.7).

Sima Yis Darstellung eines senilen Kranken wird im ältesten Traktat über die 36 Strategeme als erstes Beispiel zur Veranschaulichung des Strategems Nr. 27 angeführt. An Sima Yi erinnert der chilenische General Augusto Pinochet (geb. 1916), der im März 1998 als Heereschef zurücktrat und sich zum Senator auf Lebenszeit ernennen ließ. Vor seinen Waffenbrüdern spielte er stets den unpolitischen Troupier, den loyalen und unauffälligen Kommißkopf. So kannte ihn seit Jahren auch Salvador Allende (1908–1971), der alte Sozialist, der es 1970 überraschend schaffte, mit einer buntgemischten Volksfront aus Kommunisten, Sozialisten, bürgerlichen Radikalen und Linkskatholiken die Präsidentschaft Chiles zu erringen. Zum Oberkommandierenden des Heeres wurde Pinochet im August 1973 von Allende selbst berufen. Beinahe drei Jahre lang hatte sich der General als treuer Diener des gewählten Linksregimes ausgegeben und jeden Dialog mit Möchtegern-Putschisten demonstrativ abgelehnt. Als Fidel Castro 1971 zum Staatsbesuch nach Chile kam, stand ihm der Kommunistenfresser in spe Pinochet als Ehreneskorte freundlichst zur Seite. Allende vertraute diesem General. «Er hielt ihn wohl für einen Simpel» («Chile: ein Mörder mit Meriten», in: *Der Spiegel*, Hamburg Nr. 2, 1998, S. 121). Wie der spätere Diktator in seinen Memoiren genüßlich notierte, wurde ihm kurz vor dem Putsch ein Ausspruch Allendes hinterbracht: «Dieser Pinochet könnte nicht einmal seine Frau hinters Licht führen.» Doch dann waren nicht nur der Präsident, sondern selbst die Mitverschwörer von Pinochets Verschlagenheit überrascht. Als das Präsidentenpalais am 11.9.1973 von der Luftwaffe beschossen wurde, suchte Allende verzweifelt die Unterstützung des Heeres und Pinochets, der ihm doch gerade ein paar Wochen zuvor den Treueeid geschworen hatte. Als ihm sein Irrtum dämmerte, gab Allende sich mit der Maschinenpistole, die Freund Castro ihm geschenkt hatte, im brennenden Palast die Kugel. Und der scheinbare Einfaltspinsel Pinochet schwang 17 Jahre lang als Diktator Chiles das Zepter.

Chiles Politik der 70er Jahre wurde allerdings nicht nur in Chile bestimmt. Darauf, daß Allende Bergbau- und Fernmeldefirmen enteignet und verstaatlicht hatte, antworteten die USA «mit einem Kredit- und Handelsboykott und Umsturzplänen der CIA» (*Die Weltwoche*, Zürich 17.9.1998, S. 21). Dem britischen Blatt «‹Guardian› zufolge assistierten Pinochet bei seinem blutigen Putsch gegen Allende rund 400 US-Berater. Washington war damals besorgt, der Kommunismus könne in Lateinamerika um sich greifen» (*Basler Zeitung*, 21.10.1998, S. 5). Selbst ein Henry Kissinger, heißt es, «sei am Coup Pinochets beteiligt gewesen» (*Neue Zürcher Zeitung*, 27.11.1998, S. 3). «Henry Kissinger stellte fest: ‹Ich kann nicht erkennen, warum wir gelähmt zusehen sollen, wie ein Land wegen der Verantwortungslosigkeit seines eigenen Volkes in den Kommunismus treibt›» (*Die Zeit*, Hamburg 26.11.1998, S. 6). Allem Anschein nach war Pinochet also nur eine Marionette der USA (s.: «Pinochet, un comparse», in: *Le Temps*, Genf 28.10.1998, S. 13), einer, der für Washington die schmutzige Arbeit zu leisten und in Washingtons Auftrag die Rolle eines von aller Welt verfemten Diktators und späteren Ex-Diktators zu übernehmen hatte, wohingegen die eigentlichen Drahtzieher im Hintergrund und der Kritik weitgehend entzogen blieben. Wenn dem so sein sollte, hatte Allende mit seinem

Urteil über Pinochet, wonach dieser ein waschechter Simpel war, am Ende doch recht.

27.6 Henry Kissingers Magenbeschwerden

Während seiner zwölftägigen «Informationsreise» durch Asien im Frühsommer 1971 täuschte US-Sicherheitsberater Henry Kissinger in Pakistan Magenbeschwerden vor, verschwand für drei Tage, angeblich aus Gründen der Rekonvaleszenz, von der Bildfläche und flog in dieser Zeit zu seinem historischen, vor aller Welt geheimgehaltenen zweitägigen Blitzbesuch nach Peking (9.–11. 7. 1971), durch den er die Eiszeit in den Beziehungen zwischen den USA und der Volksrepublik China beendete. In seinen Memoiren benutzt Henry Kissinger bei der Beschreibung der Vorbereitung seiner Mission Wörter wie «Pressemärchen», «lügen» und «Täuschungsmanöver». Wegen seines geschickten Einsatzes von Lügen zur Verschleierung seines ersten China-Besuchs rühmt Zhong Xingzhi Henry Kissinger in seinem Buch *Lügen: Strategeme im menschlichen Leben* (Shanxi 1992).

27.7 Wei Jingshengs Erholungsreise

Der wohl bekannteste chinesische Dissident, Wei Jingsheng, war im September 1993 nach der Verbüßung einer langjährigen Freiheitsstrafe vorzeitig bedingt entlassen worden. In einem Pekinger Restaurant traf er am Abend des 1. 3. 1994 den wenige Stunden zuvor in der chinesischen Hauptstadt eingetroffenen, für Menschenrechtsfragen zuständigen US-Unterstaatssekretär John Shattuck. Dieser bereitete einen für April 1994 vorgesehenen Besuch des amerikanischen Außenministers Warren Christopher in Peking vor. Damals herrschten zwischen China und den USA gespannte Beziehungen. Die USA planten zwar, China gegenüber die Meistbegünstigungsklausel zu verlängern, erwarteten dafür aber von der chinesischen Regierung Konzessionen im Bereich der Menschenrechte. Wei Jingsheng legte John Shattuck nahe, den Druck auf die chinesischen Behörden aufrechtzuerhalten, und teilte ihm die Namen einiger politischer Häftlinge mit. Für den nächsten Tag war ein Gespräch zwischen John Shattuck und dem chinesischen Außenminister Qian Qichen geplant. Die Tatsache, daß Shattuck Wei Jingsheng vor diesem Treffen kontaktiert hatte, versetzte die chinesischen Stellen in Rage. Wei Jingsheng wurde, wie es offiziell hieß, zur Durchführung einer «Diskussion» festgenommen. Die chinesischen Behörden fürchteten nichts mehr als ein Zusammentreffen Warren Christophers mit Wei Jingsheng im April 1994 während Christophers China-Reise. Es sollte in den USA aber auch nicht der Eindruck erweckt werden, daß China dem US-Staatssekretär verbiete, sich mit einem chinesischen Bürger seiner Wahl zu unterhalten. Denn dann bestand die Gefahr einer Verschärfung der sino-amerikanischen Spannungen und einer Beeinträchtigung der Wirtschaftsbeziehungen zwischen den beiden Ländern.

«Wie sind Sie aus dieser verzwickten Lage herausgekommen?» fragte Marie Holzman Wei Jingsheng in einem in *Politique internationale* (Paris Nr. 79/1998, s. 201 ff.) publizierten Interview. Dieser antwortete: «Ich habe ein Strategem vorgeschlagen, das allen erlaubte, das Gesicht zu wahren! Es genügte zu sagen, daß ich mich müde fühle und daß ich weggereist sei, um mich in der Provinz auszuruhen. Der Vertreter von Jiang Zemin [dem chinesischen Partei- und Staatschef], der mich aufgesucht hatte, applaudierte mit beiden Händen. Man versprach mir, einige Dissidenten freizulassen (was tatsächlich geschah) und mir die Rückkehr nach Peking zu gestatten, sobald Christopher China werde verlassen haben.»

Was Wei Jingsheng in der Folge widerfuhr, steht auf einem anderen Blatt (nachzulesen a. a. O., S. 203). Bemerkenswert in diesem Zusammenhang ist allein der Umstand, daß strategemisches Problemlösen selbst einem Oppositionellen wie Wei Jingsheng keineswegs fremd ist und daß er sich auf der strategemischen Ebene mit seinem erbittertsten Gegenspieler – wenn auch nur punktuell – nachgerade glänzend verstand.

27.8   Blinde Autofahrer und sprechende Taubstumme

1934 filmte Clark Gable (1901–1960) mit der Schauspielerin Loretta Young. Er verführte sie, und sie liebten sich in jeder freien Minute, wo immer es ging. Loretta wurde schwanger, wollte aber ihre Karriere im damals prüden Amerika nicht mit einem unehelichen Kind aufs Spiel setzen. Sie war streng katholisch. Deshalb kam auch eine Abtreibung nicht in Frage. So wandte sie das Strategem Nr. 27 an: Die Filmgesellschaft meldete, Loretta sei krank und müsse ein Jahr pausieren. Reporter wurden an das Bett von Loretta geführt. Sie lag da, stöhnte, hatte ihr Gesicht extra bleich schminken lassen. Nach neun Monaten kam an einem geheimen Ort ihre Tochter zur Welt. Wochen später ließ Loretta verlauten, sie sei wieder gesund und habe zum Dank ein Waisenkind adoptiert (*Bild,* Hamburg, 28. 6. 1993, S. 4). Ebenso in den Sex-Bereich fällt ein von der Bibel überlieferter Fall der Anwendung des Strategems Nr. 27: Mit Hilfe einer vorgespiegelten Krankheit lockte Amnon, ein Sohn Davids, seine Halbschwester Tamar zu sich und vergewaltigte sie (2. Sam 13).

Diplomatische Krankheiten in der Politik und sogenannte taktische Verletzungen im Sport können ebenso dem Strategem Nr. 27 zugeordnet werden wie Krankfeiern zum Zwecke des Blaumachens. Sogar die chinesische Presse berichtete von ob ihrer Beeinträchtigung Renten beziehenden blinden Autofahrern und sprechenden Taubstummen in Italien (*Licht-Tageszeitung,* Peking 20. 8. 1996, S. 3). Zwei Richter des Landgerichts Mannheim, die ein politisch umstrittenes Urteil gefällt hatten, wurden mit Billigung des Deutschen Richterbundes wegen «dauernder krankheitsbedingter Verhinderung» versetzt (*Frankfurter Allgemeine Zeitung,* 17. 8. 1994, S. 1; *Süddeutsche Zeitung,* München 2. 9. 1994, S. 10). Bis Mai 1945 sei mancher Überlebenskampf nötig gewesen, so etwa eine fingierte Ohnmacht mit Blutsturz, berichtet der Lyriker und Essayist Peter Rühmkorf, Büchner-Preis-Träger 1993. Rühmkorf konnte sich wegen Vitaminmangels Blut aus den Zähnen ziehen und so die Krankheit simulieren. Das brachte ihm ein ärztliches Attest ein: «Bettlägerig bis zum Kriegsende» (Beatrice von Matt: «Poet und Prosamann», in: *Neue Zürcher Zeitung,* 16./17. 10. 1993, S. 67). Eine Drückeberger-Broschüre erreichte vom Spätsommer 1942 an die Angehörigen der deutschen Wehrmacht in ganz Europa. Es wurde darin erläutert, wie man Rückenschmerzen, Gelbsucht, Verdauungsstörungen, teilweise Lähmungen, Gedächtnisstörungen und Tuberkulose simulieren könne (Ellic Howe: *Die schwarze Propaganda: ein Insider-Bericht über die geheimsten Operationen des britischen Geheimdienstes im Zweiten Weltkrieg,* München 1983, S. 246 f.). Unter dem Vorwand einer früheren Krankheit drückte sich der Historiker, Kulturtheoretiker und Geschichtsphilosoph Arnold J. Toynbee (1889–1975) vor dem Aktivdienst im Ersten Weltkrieg (*Neue Zürcher Zeitung,* 17./18. 2. 1990, S. 93). Dank irgendwelcher erdachter Krankheiten gelang es dem Karikaturisten Paul Flora im Zweiten Weltkrieg, sich vom Militärdienst freizuhalten (*Neue Zürcher Zeitung,* 10. 1. 1997, S. 48), und das gleiche Kunststück brachte auch der amerikanische Sänger Frank Sinatra (1915–1998) unter Berufung auf seine «psychische Instabilität» zustande (*Basler Zeitung,* 10. 12. 1998, S. 16). Die Schriftstellerin Monika Maron (geb. 1941 in Berlin) konnte einmal mit einer vorgetäuschten Diarrhöe die Rückreise von Zürich in die DDR, wo sie als freiberufliche Schriftstellerin lebte, um eine Woche hinauszögern (*Neue Zürcher Zeitung,* 22. 4. 1996, S. 30). Und der kubanische Dichter Valladares, der 22 Jahre lang in Castros Gefängnis saß, soll, um die Welt zu rühren, Gelähmtheit fingiert haben, wurde allerdings von den Aufsehern, die durchs Schlüsselloch guckten, bei Gymnastikübungen beobachtet (*Neue Zürcher Zeitung,* 22. 4. 1998).

Krank sein und sich gesund stellen, diese Variante des Stratagems Nr. 27 kommt auch immer wieder vor, zum Beispiel bei Politikern: «Die Krankheiten der Politgrößen werden heruntergespielt, verharmlost, geleugnet» (*Bild,* Hamburg 20. 1. 1992). Woodrow Wilson (1856– 1924) hatte mindestens zwei Schlaganfälle überstanden und war außerstande, seine Amtsaufgaben zu erfüllen. Aber seine Frau und sein Arzt verhüllten seinen Zustand in seinen letzten Amtsjahren durch geschickte Manöver, so daß er bis zur Amtsübergabe an seinen Nachfolger am 4. 3. 1921 US-Präsident blieb. Unter falschem Namen begab sich Franklin D. Roosevelt (1882–1945) zwischen 1941 und 1945 29mal in das Naval Medical Center in Bethesda, einem nördlichen Vorort von Washington, und zwar in erster Linie wegen seiner Herzbeschwerden. John F. Kennedy (1917–1963) und seine Ärzte verheimlichten, daß seit 1946 oder 1947 feststand, daß er an der Addisonschen Krankheit litt und daran schon zweimal fast gestorben wäre. Auch eine tödliche Krankheit Georges Pompidous (1911–1974) wurde der Öffentlichkeit verborgen (*Die Weltwoche,* Zürich, 1. 4. 1993, S. 3), ebenso wie später ein Krebsleiden François Mitterrands (1916–1996).

27.9 An der Brust getroffen, zum Fuß gegriffen

Bei den kriegerischen Auseinandersetzungen nach dem Sturz der Qin-Dynastie (221–207 v. Chr.) kam es im Jahre 203 in Guangwu (im Nordosten des heutigen Kreises Yingyang, Provinz Henan) zu einem persönlichen Streitgespräch zwischen den beiden Rivalen um den Kaiserthron Xiang Yu (232–202) und Liu Bang (geb. zwischen 256 und 247, gest. 195). Xiang Yu forderte Liu Bang zu einem Duell auf. Doch der zählte mit laut dröhnender Stimme vor den Frontlinien der beiden Heere Xiang Yus Verbrechen auf, um die Moral der gegnerischen Soldaten ins Wanken zu bringen. Er bezeichnete sich selbst als Bannerträger der Pflicht und Xiang Yu als Banditen, den er durch ehemalige Straftäter umbringen lassen werde. Wieso er da noch die Mühsal eines Zweikampfes auf sich nehmen solle? Xiang Yu war über diese Antwort äußerst erzürnt und schoß mit einer verborgenen Armbrust auf Liu Bang. Der wurde in der Brust getroffen, griff aber zum Fuß und rief: «Der Bandit hat mich am Fuß getroffen.» So vertuschte er seine schwere Verletzung vor dem Feind und stabilisierte die Moral seiner Truppe.

Nach seiner Genesung dauerte es nur noch ein Jahr, bis Xiang Yu tatsächlich den Tod fand und Liu Bang endgültig triumphierte (s. auch 6.3, 7.6, 8.1, 12.1, 15.2, 15.11).

Einen Abglanz von Liu Bangs Reaktion auf Xiang Yus Brustschuß mögen folgende Worte widerspiegeln: «Wer sich einen Treffer anmerken läßt, der bekommt sofort noch einen drauf. Also versucht man, keine Wirkung zu zeigen» (Gregor Gysi, Bundestagsabgeordneter der Partei des Demokratischen Sozialismus PDS, in: *Zeitmagazin*, Hamburg Nr. 15, 8. 4. 1994, S. 15).

27.10  Sich totstellen und bepinkelt werden

Fan Sui (?–255 v. Chr.) stammte aus dem Königreich Wei (dieses umfaßte den Norden der heutigen Provinz Henan und südliche Gebiete der heutigen Provinz Shanxi). Er hatte verschiedene Staaten bereist und mit seinen Überredungskünsten vergeblich versucht, von einem Fürsten in Dienst genommen zu werden. Nun suchte er eine Anstellung beim König von Wei. Arm, wie er war, arbeitete er zunächst bei Xu Jia, einem mittleren Würdenträger des Königreichs Wei, und begleitete ihn auf einer Goodwill-Mission in das Königreich Qi (im Norden der heutigen Provinz Shandong). Bei einer Audienz beim König von Qi ergriff auch Fan Sui das Wort und beeindruckte den König derart, daß dieser ihn am liebsten in seine Dienste genommen hätte. Er ließ Fan Sui Gold, Rindfleisch und Wein überbringen. Fan Sui wagte nicht, die Geschenke anzunehmen. Als Xu Jia von den Geschenken erfuhr, geriet er in großen Zorn. Er glaubte nämlich, Fan Sui habe dem Staate Qi geheime Angelegenheiten des Königreiches Wei verraten. Er hieß Fan Sui das Rindfleisch und den Wein annehmen, das Gold aber ablehnen.

Nach Wei zurückgekehrt, war Xu Jia immer noch voller Grimm auf Fan Sui und erstattete dem Kanzler Wei Qi Bericht über den Vorfall.

Der Kanzler war ein Mitglied des Königshauses. Was er zu hören bekam, versetzte ihn in rasende Wut. Er befahl seinen Dienern, Fan Sui auszupeitschen. Sie brachen ihm Rippen und schlugen ihm die Zähne aus. Fan Sui stellt sich tot. Man umwickelte ihn mit einer Strohmatte und warf ihn in den Abtritt. Der Kanzler gab gerade ein Fest. Die Gäste, die dem Wein tüchtig zugesprochen hatten, pinkelten auf Fan Sui. Bewußt entwürdigten sie ihn auf diese Weise, um die noch Lebenden vor leichtsinnigem Daherreden zu warnen. Vom Innern der Matte bat Fan Sui heimlich einen Wärter: «Wenn du mich hier herausholst, werde ich dich später reichlich belohnen.» Der Wärter bat darauf um die Erlaubnis, den Leichnam in der Matte hinaustragen und wegwerfen zu dürfen. Der betrunkene Kanzler erlaubte dies. So konnte Fan Sui entkommen. Er lebte zunächst verborgen und änderte seinen Namen in Zhang Lu. Es gelang ihm, die Aufmerksamkeit von Wang Ji, einem Gesandten aus dem Königreich Qin, zu gewinnen, und er gelangte mit ihm nach Qin, wo er zum Schöpfer der Strategemformel Nr. 23 wurde (s. 23.1).

27.11  Wahrheitsfindung durch Scheintod

In Molières 1673 in Paris uraufgeführter Ballettkomödie *Der eingebildete Kranke* wartet Béline, die zweite Frau des eingebildeten Kranken Argan, schmeichelnd auf den Tod ihres Gatten. Dieser möchte seine Tochter Angélique, die eigentlich Cléanthe liebt, zwingen, einen Arzt zu heiraten, der ihn ständig umsorgen soll. Argan ist mit Blindheit geschlagen. Er durchschaut weder den Scheincharakter seiner Krankheit noch die heuchlerische Liebe Bélines. Auf Veranlassung des Dienstmädchens Toinette, das in der Maske eines Doktors auftritt, stellt sich Argan zunächst vor seiner Frau Béline und dann vor seiner Tochter Angélique tot. Béline macht aus ihrer Freude keinen Hehl, während Angélique ihren Vater aufrichtig beweint. Er ist gerührt und gibt den Liebenden seinen Segen.

In diesem Fall dient das Strategem Nr. 27 als Informations-Strategem. Argan erkennt dank der Strategemanwendung die wahren Gefühle seiner Gattin und seiner Tochter und kann aus den so gewonnenen Einsichten wirklichkeitsgemäße Konsequenzen ziehen. Nicht der Informationsbeschaffung, sondern dem Überleben dient es, wenn Falstaff in Shakespeares *Heinrich IV.* bei einem Gefecht niederfällt und sich totstellt.

27.12  Der auf dem Boden liegende Stahlhelm

«Der feindliche Scharfschütze hinderte Gontscharow am Beobachten und Schießen. Als das gegenseitige Bewachen keinem von beiden etwas einbrachte, griff Gontscharow zu einer List. Er stellte einen Helm auf die Brustwehr. Sofort schoß der faschistische Scharfschütze darauf. Gontscharow hob die Arme hoch und ließ sich mit dem Stahlhelm zu Boden fallen. Das geschah früh am Morgen. Bis zum Abend gab Gontscharow nicht das geringste Lebenszeichen von sich. Oft richtete der feindliche Scharfschütze seinen Feldstecher auf die sowjetische Scharfschützenstellung; er wollte sich überzeugen, ob in ihr tatsächlich alles still blieb. Aber der sowjetische Scharfschütze reagierte auf keine Provokation, und erst als der Gegner seine Stellung völlig unbeachtet ließ und andere Ziele aufzuspüren begann, paßte Gontscharow den richtigen Augenblick ab und tötete den Gegner mit dem ersten Schuß. List und Ausdauer hatten gesiegt» (aus: Verlag des Ministeriums für nationale Verteidigung [Hg.]: *Kriegslist und Findigkeit*, Berlin – DDR 1956, S. 35).

27.13  Strategemisch erkämpftes Menschenrecht

Bei einem 24tägigen Festival, das Anfang 1991 zur Feier des 200. Geburtstags der Pekingoper in Peking veranstaltet wurde, kam auch die Oper *Yuzhoufeng (Das Himmelsschwert)* zur Aufführung. Das Himmelsschwert wird dem Eigentümer gestohlen und in ein Wohngemach des Kaisers gebracht. Hinterher wird dem Schwerteigentümer vorgeworfen, er habe den Kaiser ermorden wollen. Aber eine andere in der Oper geschilderte Strategemhandlung steht hier im Vordergrund. Nach ihr wird die Oper in der englischsprachigen Fachliteratur nicht *Das Himmelsschwert*, sondern *Beauty Defies Tyranny* genannt.

Die Handlung spielt um das Jahr 208 v. Chr. Der Kaiser, ein übler Charakter, will die Tochter eines Ministers mit Zustimmung des Vaters, aber gegen ihren eigenen Willen zur Frau nehmen. In ihrer Verzweiflung mimt die Tochter eine Verrückte.

In der siebten Szene der Oper täuscht sie ihrem Vater gegenüber geistige Umnachtung vor. Sie wirft sich zu Boden und schreit: «Ich will in den Himmel, ich will in den Himmel!»

Der Vater antwortet: «Der Himmel ist zu hoch, da kannst du nicht hinauf.»

Sie schreit weiter: «Ich will in die Erde, ich will in die Erde!»
«Die Erde ist zu dick, und es gibt kein Tor!» sagt der Vater.
Sie schreit: «Du bist mein...»
«Vater» fällt ihr der Vater ins Wort...
«Sohn», stößt sie aus.
«Dummes Zeug», empört sich der Vater.
In der achten Szene überlegt sich die Tochter singend ihr weiteres Vorgehen. Ihr kaiserlicher Bräutigam will sie sehen. Sich weiterhin irrsinnig gebärdend, wirft sie ihm all sein verwerfliches Tun vor. Voller Entsetzen wendet er sich von ihr ab mit dem Entschluß, keine Ehe mit ihr einzugehen.

Die Opernszenen führen vor Augen, wie in Abwesenheit einer das Individuum schützenden Rechtsordnung Chinesinnen und Chinesen spontan Strategeme zur Verwirklichung von überzeitlichen und überkulturellen Menschenrechten – hier des Rechts auf Freiheit der Eheschließung (Universelle Erklärung der Menschenrechte, Art. 16 Ziff. 2) – einsetzen, und wenn dies auch nur viel beklatschte Bühnenfiguren tun (s. auch 26.11).

Der Inhalt der Pekingoper *Das Himmelsschwert* ist reine Dichtung. Einen wirklichen Fall vorgespiegelten Wahnsinns behandelt eine moderne Hebei-Lokaloper mit Bangzi-Begleitung. «Bangzi» ist ein traditionelles chinesisches Schlaginstrument aus zwei Holzschlegeln verschiedener Länge. Die von einem Tianjiner Ensemble während des Frühlingsfests 1994 in Peking aufgeführte Oper heißt *Yuan Kai stellt sich verrückt* und kreist um den Zensor Yuan Kai, der unter dem ersten Kaiser der Ming-Dynastie, Taizu (1368–1398), in Ungnade fiel, sich verrückt stellte und so mit dem Leben davonkam.

Über vorgetäuschte Verrücktheit berichtet die chinesische Presse im guten wie im schlechten Sinne. Da ist von einem höherrangigen Anhänger der «Viererbande», der die gegen sie gerichtete Kampagne dank vorgespiegelter Verrücktheit ungeschoren übersteht (*Volkszeitung,* Peking 8.9.1979, S.3), und von einem Verbrecher, der dank vorgetäuschtem Wahnsinn zehn Jahre lang seiner Strafe entgeht (*Arbeiterzeitung,* Peking 26.4.1998, S.1), ebenso die Rede wie vom Soldaten Zhang Daidong, der sich an dem korrupten Leben in seiner Kompanie nicht beteiligen will und sich deshalb verrückt stellt (*Chinesische Jugendzeitung,* Peking 11.6.1988, S.3), und vom kommunistischen Untergrundkämpfer Han Zidong , der sich in der «Chinesisch-amerikanischen Kooperative», einem 1943 von den USA und der Guomindang-Regierung gemeinsam in Chongqing (Provinz Sichuan) errichteten Konzentrationslager, verrückt stellte und so unbemerkt im KZ für die Kommunistische Partei Chinas wirken konnte (*Bildergeschichten-Zeitschrift,* Peking Nr. 10, 1985, S. 2 ff.).

Vorgespielter Wahnsinn ist in China ein uralter Behelf zum Selbstschutz. Am Hof des Himmelssohnes Zhou (s. 25, Einleitung), des letzten Herrschers der Yin-Dynastie (angeblich 1174–1112 v. Chr.), lebte Prinz Ji. Er hatte dem Herrscher, der in der gängigen chinesischen Geschichtsschreibung als finsterer Tyrann dargestellt wird, Vorhaltungen gemacht. Um sich danach vor der Verfolgung zu retten, stellte er sich wahnsinnig. So wurde er als Sklave gehalten, ohne daß er sich durch äußere Unbilden in seiner Gesinnung hätte irremachen lassen. Nach der Vernichtung der Yin-Dynastie durch den Begründer der Zhou-Dynastie (um 11. Jh.–256 v. Chr.) erlangte er die Freiheit wieder. Verewigt wurde Prinz Ji im *Buch der Wandlungen,* in dem es heißt: «Verfinsterung des Lichts wie beim Prinzen Ji. Fördernd ist Beharrlichkeit.»

27.14 Speichel in Davids Bart

Auf der Flucht vor Saul kam David zu Achis, dem König von Gath. Die Hofleute erkannten ihn und sagten zu Achis: «Das ist doch David, der König des Landes? Das ist doch der, von dem sie im Reigenlied singen: Tausend Feinde hat Saul erschlagen, aber zehntausend waren es, die David erschlug!» David erschrak, als er das hörte, und fürchtete um sein Leben. Darum stellte er sich verrückt und tobte, als sie ihn festhalten wollten. Er schlug auf die Torflügel und ließ Speichel in seinen Bart laufen. Da sagte Achis zu seinen Leuten: «Ihr seht doch, daß der Mann verrückt ist! Warum bringt ihr ihn zu mir? Haben wir nicht schon Verrückte genug? Der soll sich anderswo austoben. In meinem Haus hat er nichts zu suchen!» (1. Sam 21).

Wie in China, so wird gemimte Verrücktheit, wie Davids Geschichte zeigt, auch im Westen seit alten Zeiten eingesetzt. In der Literatur besonders berühmt ist etwa Odysseus, der sich, als er in den Krieg gegen Troja ziehen sollte, wahnsinnig stellte, da ein Orakel geweissagt hatte, daß er erst nach 20 Jahren zurückkehren werde. Palamedes entlarvte ihn mit Hilfe des Informations-Strategems Nr. 13. Mit Methode verrückt spielt Shakespeares Hamlet. Unter historischen Persönlichkeiten behauptete der französische König Ludwig XIII. (1601–1643), der Begründer des französischen Absolutismus, der Vorherrschaft Frankreichs über Europa und Vater des Sonnenkönigs, er habe in seiner Jugend, unter der Regentschaft seiner Mutter, das irre Kind gespielt, um zu überleben.

Malcom X. (1925–1965), der Propagandist der Sekte Nation of Islam, entwischte dem Einsatz im Zweiten Weltkrieg wie später im Koreakrieg, weil er sich erfolgreich als paranoid präsentierte. Als die Roten Khmer 1975 Pnom Penh, die Hauptstadt Kambodschas, überrannten, wurden Intellektuelle sofort erschossen. Dr. Haing Ngor (1951–1996) gab sich als geistig zurückgebliebener Taxifahrer aus. So überlebte er. 1979 gelang ihm die Flucht über Thailand in die USA. In dem Hollywood-Film *Killing Fields (Schreiendes Land)* wurde er zum Star und bekam 1984 den Oscar.

### 27.15 Der Kanzler als Kutscher

Fan Sui war unter dem Namen Zhang Lu zum Kanzler des Königreichs Qin aufgestiegen. Niemand im Staate Wei wußte, wer sich hinter Zhang Lu verbarg. Dort wähnte man Fan Sui längst tot. Der König von Wei vernahm, daß Qin den Staat Han und sein eigenes Reich anzugreifen gedachte. Darauf entstandte er Xu Jia nach Qin. Xu Jia war es, der Jahre zuvor durch seine falsche Verdächtigung die Auspeitschung Fan Suis ausgelöst hatte (s. 27.10).

Als Fan Sui von der Ankunft Xu Jias erfuhr, legte er ein schäbiges Kleid an und begab sich zu Fuß zu Xu Jias Unterkunft. Als Xu Jia ihn erblickte, rief er erstaunt: «Onkel Fan, du bist also noch am Leben!» – «Ja», entgegnete Fan Sui. Xu Jia fragte lächelnd: «Bist du jetzt Ratgeber des Königs von Qin?» – «Nein», antwortete Fan Sui. «Nachdem ich beim Kanzler von Wei in Ungnade gefallen war, flüchtete ich hierher. Wie hätte ich es wagen können, dem König von Qin meinen Ratschlag anzubieten?» – «Was tust du dann?» fragte Xu Jian – «Ich arbeite als Diener».

Xu Jia hatte Erbarmen mit ihm und bat ihn, sich zu setzen und mit ihm zu essen: «Dermaßen bist du also heruntergekommen.» Mit diesen Worten schenkte Xu Jia ihm sein dickes seidenes Oberkleid, um dann zu fragen: «Kennst du Zhang Lu, den Kanzler von Qin? Ich hörte, er stehe gut mit dem König und entscheide über alle Reichsbelange. Ob ich zur Erfüllung meiner Obliegenheiten hier bleiben darf oder nicht, hängt von ihm ab. Mein Kleiner, kennst du jemanden, der ihm nahesteht?» Fan Sui entgegnete: «Mein Herr kennt ihn gut, sogar ich habe Zugang zu ihm. Ich werde für Euch ein Treffen mit Herrn Zhang organisieren.» – «Meine Pferde sind erschöpft und die Räder meines Wagens schadhaft. Ohne einen großen Vierspänner kann ich mich nicht zur Audienz begeben.» Fan Sui beruhigte ihn: «Ich werde bei meinem Herrn einen Vierspänner für Euch ausleihen.»

Nach einer Weile kehrte Fan Sui mit einem Wagen und den Pferden zurück. Er selbst lenkte das Viergespann und chauffierte Xu Jia zur Residenz des Kanzlers. Die dortigen Dienstleute gingen Fan Sui scheu aus dem Wege, worüber sich Xu Jia wunderte. Nun waren sie unmittelbar bei der Eingangspforte zum Wohnquartier des Kanzlers angelangt. Fan Sui sagte zu Xu Jia: «Wartet hier. Ich melde Euch an.» Xu Jia wartete im Wagen vor dem Tor eine recht lange Zeit und fragte dann den Pförtner: «Wo ist Onkel Fan geblieben?» – «Es gibt hier keinen Onkel Fan», erhielt er zur Antwort. «Ich meine den Mann, der mich hierher gefahren hat.» – «Das war unser Kanzler Zhang Lu.» Xu Jia fiel aus allen Wolken und merkte nun, daß er in eine Falle geraten war. Er entblößte seine Schultern, fiel auf die Knie und kroch zu Fan Sui. Dieser empfing ihn unter einem prachtvollen Baldachin und umgeben von einer Heerschar von Dienern. Xu Jia schlug den Kopf auf den Boden und bat um Milde: «Niemals hätte ich gedacht, daß Ihr in die höchsten Himmel hinaufschweben würdet... Ich verdiene, in einem kochenden Kessel verbrüht zu werden... Mein Leben ist in Eurer Hand.»

Nun hielt Fan Sui Xu Jia dessen drei Untaten vor: Xu Jia hatte ihn zu Unrecht der heimlichen Zusammenarbeit mit einem Feindstaat verdächtigt und ihn beim Kanzler von Wei deswegen denunziert. Dann hatte er ruhig zugesehen, als man Fan Sui in den Abtritt warf. Und drittens hatte er in seinem Rausch auf ihn gepinkelt. Er lasse ihn gleichwohl am Leben, denn er habe ihm das Seidengewand geschenkt und so doch noch alte Freundschaftsgefühle gezeigt. Mit diesen Worten entließ er ihn und riet König Zhao, ihn ziehen zu lassen.»

In dieser von Sima Qian (geb. um 145 v. Chr.) in seinen *Geschichtlichen Aufzeichnungen* berichteten Episode wendet Fan Sui das Strategem Nr. 27 an, um erst Xu Jia zu testen und dann den Schock, den er ihm durch die Offenbarung seiner wahren Stellung zufügt, möglichst auf die Spitze zu treiben. Allein schon die Schilderung der geschichtlich verbürgten strategemisch aufgezogenen Wiederbegegnung Fan Suis und Xu Jias gemahnt an ein Theaterstück. Kein Wunder, daß die Bühnenkunst sich davon inspirieren ließ und jenes denkwürdige zweistufige Treffen in der Pekingoper *Der geschenkte Seidenmantel* weiterleben ließ.

## 27.16 Der stille Gast

Zu Beginn des 20. Jahrhunderts veranstalteten Ausländer in China einmal eine Bühnendarbietung. Unter den Gästen befand sich nur ein einziger Chinese. Zu Beginn der Veranstaltung beobachteten die Ausländer noch eifrig, was auf der Bühne vor sich ging. Doch allmählich wandten sie ihre ganze Aufmerksamkeit dem einsamen Chinesen zu. Es war die spindeldürre, abgezehrte, kümmerliche Erscheinung eines waschechten einheimischen Alten. Die Ausländer wunderten sich sehr.

Anfänglich tuschelten sie noch leise miteinander. Nach einer Weile kümmerten sie sich überhaupt nicht mehr um die Aufführung, sondern konzentrierten sich ganz auf diesen Chinesen, über den sie laut zu diskutieren begannen. Sie hatten offenbar den Eindruck, es sei völlig gleichgültig, was für Kommentare sie abgaben, denn dieser alte Kerl könne doch unmöglich verstehen, was sie sagten. Zudem war seine Erscheinung von einer Art, daß ihnen keine noch so krasse Bemerkung als übertrieben oder ungebührlich erschien. Der Betreffende lag der Länge nach hingestreckt auf seinem Sitz. Leblos sah er aus, so als hätte seine Seele ihn längst verlassen. So ließ er die Leute um sich her drauflosschwadronieren.

Als die Ausländer sich so richtig warm geredet hatten und über das, was sie sagten, überhaupt nicht mehr nachdachten, erhob sich der Chinese plötzlich von seinem Platz und begab sich auf die Bühne. Dort angekommen, war seine Jämmerlichkeit mit einem Schlag verflogen. Aus seinem Mund quoll eine Kaskade englischer Worte. Sie geißelten in schneidender Weise den Hohn und den Spott und die Schmähungen, die die im Zuschauerraum sitzenden Ausländer über ihn ausgeschüttet hatten. Dann sagte er mit glasklarer Stimme: «Hört in aller Deutlichkeit: Wir befinden uns hier auf chinesischem Territorium. Ihr seid lediglich unsere Gäste, doch ihr wandelt hier die Rolle des Gastes in die des Gastgebers um [Strategem Nr. 30] und führt euch dem Hausherrn gegenüber über alle Maßen unhöflich auf. Wenn wir Chinesen als Gäste in eure Länder kommen, dann benehmen wir uns dort niemals derart unhöflich. Ich stelle fest: Das heutige Vorkommnis ist ein Beweis mehr dafür, daß unsere alte orientalische Kultur und geistige Zivilisation der eurigen im Westen weit, weit überlegen ist.» In der Folge fügte der Chinese noch einige Bemerkungen in deutscher und französischer Sprache hinzu, um dann hoch erhobenen Hauptes die Stätte zu verlassen.

Zurück blieb die Gruppe Mund und Augen aufsperrender Ausländer. Erst jetzt erfuhren sie, daß es sich bei dem unscheinbaren Zuschauer um den zu jener Zeit berühmten Gu Hongming (1856–1928) gehandelt hatte. Auf Penang, einer Insel an der Küste von Malakka (im heutigen Malaysia) geboren, hatte er in Deutschland, Frankreich und England studiert. An der Universität Edinburg hatte er 1877 den Titel eines M.A. erworben. Er beherrschte mehrere europäsiche Sprachen. Nach seiner Rückkehr aus Europa war er jahrelang Sekretär und Vertrauter Zhang Zhidongs (1837–1909) während dessen Amtszeit als Generalgouverneur in Kanton und Wuchang. Nach der Revolution von 1911 lehrte er, ein Verehrer des Konfuzianismus und Gegner der neuen Kultur, unter anderem an der Peking-Universität. In deutscher Sprache erschien von ihm unter anderem *Chinas Verteidigung gegen europäische Ideen* (aus dem Chinesischen übersetzt von Richard Wilhelm, Jena 1911).

Diese Episode stammt aus seiner 1996 in Hainan erschienen Biographie und wurde in der Juni-Nummer 1998 der Pekinger Monatszeitschrift *Renwu (Persönlichkeiten)* abgedruckt, und zwar unter dem Titel «Gu Hongming, ein großer Weiser, der wie ein Tölpel wirkte». Vielleicht hängt die Verbreitung derartiger Geschichten mit der in der Volksrepublik China seit 1996 verstärkten staatlichen Propagierung des Patriotismus zusammen, einer Kampagne, die, nebenbei bemerkt, unter anderem auch strategisch gesehen wird (vgl. Maria Hsia Chang: «Chinese Irredentist Nationalism: The Magician's Last Trick», in: *Comparative Strategy,* Washington D.C. Vol. 17 No. 1 1998, S. 83 f.).

Gu Hongming stellte sich zunächst dumm und geistesabwesend, um dann den unhöflichen Fremden eine um so eindrücklichere Lektion zu erteilen. Seine Vorgehensweise ist nicht nur vom Strategem Nr. 27 geprägt, sondern legt auch Zeugnis von Strategem Nr. 30 ab, das er in seiner Standpauke ausdrücklich erwähnt.

Ähnliche Beispiele der Strategemanwendung lassen sich auch im Westen finden: «Er verstand es in einzigartiger Weise, sich hinter einer falschen Naivität zu verbergen, um sein Gegenüber zu demaskieren.» Ob dieser Vorgehensweise als «listig» bezeichnete der Trauerredner Pierre B. Ducrey, ehemals Rektor der Universität Lausanne, den Schweizer Historiker und Publizisten Jean-Rudolf von Salis («‹Immer versucht, Mensch zu sein›: Trauerfeier für Jean-Rudolf von Salis [1901–1996] in Brunegg», in: *Tages-Anzeiger,* Zürich 18.7.1996, S. 9). Der Literaturkritiker Marcel Reich-Ranicki (geb. 1920) entzückt mit seiner steten Bereitschaft, «sich scheinbar lächerlich zu machen, um dann aus einer Position des gesunden Menschenverstandes Dinge überraschend zurechtzurücken» oder sich ein wenig dumm zu stellen und die anderen prompt aus dem Konzept zu bringen, das Publikum («Der Herr der Bücher», in: *Der Spiegel,* Hamburg, Nr. 40, 1993, S. 272, 279). Und um auf China zurückzukommen: «Ich weiß nicht, was Sie damit meinen.» So beantwortete Chinas Vizeministerpräsident Zhu Rongji bei einem Besuch in der Schweiz die Frage, weshalb es in China immer noch nötig sei, Dissidenten zu verhaften, und er fügte «mit einem Ausdruck des Erstaunens über die Frage bei, in China herrsche doch Redefreiheit»: «Ich weiß wirklich nicht, was Sie damit meinen» («Zhu Rongji zeichnet rosiges Bild von China», in: *Neue Zürcher Zeitung,* 26. 1. 1995, S. 13).

### 27.17 Die Schlacht von Austerlitz

Die Vorbereitung der Schlacht von Austerlitz «ist vor allem das Werk eines sehr guten Schauspielers», schreibt Roger Grosjean mit Blick auf Napoleon (1769–1821) in seinem Buch *Austerlitz, 2 décembre 1805* (Paris 1960, S. 140). Napoleon ging es im entscheidenden Augenblick darum, den Gegner zur Schlacht zu verlocken, «indem er sich gleichzeitig tollkühn und furchtsam zeigte», stellt Roger Grosjean fest und fügt hinzu: «Es ist die höchste Kunst des großen Taktikers, ganze Länder in eine Gauklerbühne zu verwandeln» (ebenda; s. auch Christopher Duffy: *Austerlitz 1805,* London 1977, S. 76f.).

Kein Wunder, daß Li Bingyan in seinem Strategembuch die Schlacht von Austerlitz als ein herausragendes Beispiel für die Anwendung des Stratagems Nr. 27 anführt. Während des dritten Koalitionskriegs, insbesondere Österreichs und Rußlands, gegen Napoleon hatte dieser nach der Einnahme Wiens die russische Armee bis nach Olmütz verfolgt. Der russische Zar Alexander (1777–1825), ein «junger Monarch, ohne Erfahrung, war des ewigen Zurückweichens seines Generals Kutusow vor Napoleon müde. Die ruhmreichen Traditionen des russischen Heeres [...] machten Alexander und seine Freunde allzu siegessicher. Allein und rasch wollten sie den Krieg entscheiden [...]» (Walter Stocklaska: *Die Schlacht von Austerlitz,* Brünn 1905, S. 11). Kutusow vertrat demgegenüber die Ansicht, der russischen Armee drohe bei einer Entscheidungsschlacht die Gefahr der totalen Vernichtung. Sie solle sich weiter zurückziehen und warten, bis sich Preußen definitiv für einen Kriegseintritt gegen Frankreich entscheide.

Napoleon wußte um die Meinungsgegensätze in der russischen Führung. Er befürchtete, Kutusow werde sich durchsetzen, die günstige Gelegenheit für einen schnellen Sieg könnte ihm verlorengehen und er könnte in einen langwierigen Krieg hineingezogen werden. Daher befahl er plötzlich, so Li Bingyans Schilderung, den Druck auf die russische Armee zu verringern, und begann, Friedensfühler auszustrecken.

«Wie ein Schauspieler», so Li Bingyan, «spiegelte Napoleon vor, aus Verwirrung weder ein noch aus zu wissen, schwach und unfähig zu sein und nichts mehr zu fürchten als einen Waffengang. Dies bestärkte Zar Alexander in seinem Glauben, es biete sich ihm jetzt die beste Gelegenheit, die französische Armee zu schlagen. Ein derart arroganter Kaiser wie Napoleon, glaubte Zar Alexander, bitte nur dann um Frieden, wenn ihm wirklich kein anderer Ausweg mehr offenstehe, So schlug Zar Alexander, gestützt auf seine Fehleinschätzung, die Warnungen Kutusows in den Wind und führte seine Armee in die Schlacht gegen die Franzosen. Prompt lief er in deren offenes Messer und erlitt eine vernichtende Niederlage.»

27.18 Der gottesfürchtige Feldherr

Zur Zeit der Nördlichen Song-Dynastie (960–1127) war im Süden Chinas die Sitte verbreitet, Götter und Geister zu verehren. Im Jahre 1053 startete Di Qing (1008–1057; s. 8.4, 11.3) einen Feldzug gegen Nong Zhigao, einen Häuptling des Zhuang-Volkes. Er hatte ein eigenes Reich gegründet und 1052 damit begonnen, Gebiete der Song-Dynastie anzugreifen und zu erobern. Als Di Qing südlich von Guilin (im heutigen Autonomen Gebiet Guangxi der Zhuang-Volksgruppe) angekommen war, spiegelte er den Truppen große Frömmigkeit vor und sagte: «Es ist noch keineswegs sicher, wie dieser Kriegszug ausgehen wird.» Darauf nahm er 100 Kupfermünzen und wandte sich an die Götter mit den Worten: «Wenn wir den Feind besiegen, dann werden diese Münzen, die ich jetzt auf die Erde werfe, allesamt mit ihrer schriftlosen Vorderseite nach oben weisen.» Seine Adjutanten wollten ihn von diesem Vorhaben abbringen: «Wenn das schiefgeht, wird dies, so steht zu befürchten, die Moral der Truppe beeinträchtigen.»

Di Qing beachtete die Einwände nicht. Unter den Blicken von Tausenden von Soldaten hob er die Hand empor und warf dann mit einer

Bewegung alle Münzen auf die Erde. Und siehe da: Sämtliche Münzen wiesen mit der unbeschrifteten Vorderseite nach oben. Die ganze Armee brach in Jubelrufe aus, so daß Berge und Ebenen davon widerhallten. Auch Di Qing zeigte höchste Erregung. Er befahl, die Münzen an Ort und Stelle in die Erde einzuhämmern, und zwar mit Nägeln, die durch das viereckige Loch in der Mitte der Münzen geschlagen wurden. Darauf nahm er ein grünes Tuch und bedeckte das Ganze. Dabei sagte er: «Nach unserer siegreichen Rückkehr werden wir uns bei den Göttern bedanken und die Münzen wieder einsammeln.» Di Qing besiegte Nong Zhigao, der in den Bereich der heutigen Provinz Yunnan entschwand.

Als Di Qing zu dem Ort zurückkehrte, wo die Münzen lagen, ließ er sie einsammeln. Seine Adjutanten betrachteten die Münzen und stellten fest, daß sie auf Vorder- und Rückseite genau gleich aussahen.

### 27.19 Stummer Gärtner im Nonnenkloster

Masetto stellt sich stumm, um in einem Nonnenkloster als Gärtner arbeiten zu können. Weil die Nonnen glauben, der neue Gärtner könne sie wegen seiner Stummheit nicht verraten, schlafen sie alle heimlich mit ihm, von den Novizinnen bis zur Äbtissin. Da wird es selbst Masetto zuviel. Während die Äbtissin ihn auf ihr Lager zerren will, beginnt er unvermutet zu sprechen und beklagt sich über die Unersättlichkeit der Nonnen. Diese indessen beschließen zur Freude Masettos, die Leute der Umgebung glauben zu machen, er habe kraft ihrer Gebete und aufgrund der Verdienste ihres heiligen Klosterpatrons nach langer Stummheit die Sprache wiedererhalten, und wählen ihn zum Verwalter. Sodann teilen sie seine verschiedenen Pflichten so klug auf, daß er nicht weiter überfordert ist (aus: Giovanni Boccaccio: *Männer und Frauen. Geschichten aus dem Decameron.* Aus dem Italienischen von Kurt Flasch, München 1997).

### 27.20 Petrus verleugnet Jesus

«Sie nahmen Jesus fest, führten ihn ab und brachten ihn in das Haus des Hohenpriesters. Petrus folgte ihnen in weitem Abstand. Mitten im Hof hatte man ein Feuer angezündet, und viele saßen darum herum. Auch Petrus setzte sich dazu. Eine Dienerin bemerkte ihn dort und sah ihn scharf an. ‹Auch du warst mit Jesus, dem Galiläer zusammen!› sagte sie. Aber Petrus stritt es ab: ‹Ich weiß nicht, wovon du redest!›

Bald darauf wurde ein Mann auf ihn aufmerksam und sagte: ‹Du bist auch einer von ihnen!› Aber Petrus begann zu fluchen: ‹Ich kenne den Menschen nicht!›

Etwa eine Stunde später behauptete noch einer: ‹Keine Frage, auch du warst mit ihm zusammen, deine Sprache verrät dich.› Aber Petrus stritt es ab: ‹Ich kenne diesen Menschen nicht!›

Gleich danach krähte ein Hahn. Da fiel Petrus ein, was Jesus zu ihm gesagt hatte: ‹Bevor heute der Hahn kräht, wirst du mich dreimal verleugnen›» (Matthäus 26,69–75).

Vereinzelte Abendländer, die es mit der Wahrheit nicht immer so genau nehmen, berufen sich auf Petrus' Anwendung des Stratagems Nr. 27. So sagte der bayrische Politiker Franz Josef Strauß (1915–1988): «Der heilige Petrus hat dreimal gelogen und wurde trotzdem Papst» (*Der Spiegel,* Hamburg Nr. 20, 1999, S. 163).

27.21 Diplomatisches Nichtwissen über Katyn

Der britische Geheimdienst wußte schon im Zweiten Weltkrieg, daß Stalin nach der Besetzung Ostpolens durch die Sowjetunion 15 000 polnische Offiziere in Katyn hatte ermorden lassen. Britische Dokumente, die jetzt veröffentlicht wurden, belegen, daß die Information aber geheimgehalten wurde. Den Akten zufolge war die britische Geheimdienststelle für Sonderoperationen der Ansicht, man solle die Entdeckung der Gräber von Katyn 1943 als deutsches Propagandamanöver hinstellen. Sonst könnte das Bündnis mit der Sowjetunion untergraben werden und der Eindruck entstehen, «daß wir uns mit einem Land verbündet haben, das die gleichen Verbrechen verübt hat wie die Deutschen». Moskau gab erst 1990 zu, daß der sowjetische Geheimdienst die Polen ermordet hat (vgl. *Frankfurter Allgemeine Zeitung,* 13. 6. 1995, S. 8).

27.22 Philosophie für Unmündige

Gemäß dem für eine geheime Regentschaft des Philosophen eintretenden Denker Leo Strauss (1899–1973) ist die Entdeckung der Natur das Werk der Philosophie. Diese Entdeckung würde nun aber den Normalsterblichen, die er offenbar allesamt als unmündig betrachtet, «größte Schmerzen» bereiten. «Es sind keine moralischen Imperative, die er findet, sondern Fakta, erbarmungslose, beunruhigende Beobachtungen zur *conditio humana*: ‹Die exoterische [an die breite Öffentlichkeit gerichtete] Literatur geht davon aus, daß es Grundwahrheiten gibt, die kein anständiger Mensch jemals öffentlich aussprechen würde, weil sie vielen Menschen Schmerzen zufügen würden, die dann ihrerseits verständlicherweise demjenigen, der sie mit seiner unangenehmen Wahrheit verletzt hat, Schmerzen zufügen würden.› Politische Philosophie wird so eine Strategie der Verstellung» (Zoran Andric: «Größte Schmerzen bei der Entdeckung der Natur», in: *Süddeutsche Zeitung, Wochenendbeilage/Literatur,* München 16./17. 11. 1996).

Bei philosophischen Schriften, die «unter Bedingungen der Zensur und angesichts der Gefahr von Verfolgung verfaßt werden» (Heinrich Meier: *Die Denkbewegung von Leo Strauss,* Stuttgart etc. 1996, S. 32) mag eine «doppelgesichtige, exoterisch-esoterische» (H. Meier a. a. O., S. 30) Präsentation einer Lehre sinnvoll oder gar notwendig sein. Aber Leo Strauss scheint es nicht einfach nur um das Unterlaufen von Zensur zu gehen. So ist er etwa überzeugt davon, daß Religion für das Wohlergehen der Gesellschaft notwendig sei; aber der Öffentlichkeit zu erklären, daß Religion eine notwendige Fiktion ist, würde jeden Heilseffekt, den sie haben könnte, zerstören. Derartige «gefährliche Wahrheiten» (ebenda) darf der Philosoph also in seinen exoterischen Schriften nicht verbreiten, und wenn, dann in einer verborgenen Weise, so daß nur eingeweihte Leser, die einen exoterischen Text esoterisch zu entschlüsseln vermögen, die in dem Text enthaltenen geheimen, wirklich wahren Botschaften erfahren. «Die exoterisch-esoterische Doppelgesichtigkeit ist der Versuch, [...] die Nicht-Philosophen vor der Philosophie zu schützen» (Heinrich Meier, a. a. O., S. 32).

In dieser Konzeption von Philosophie vermag man zweifellos Spuren des Stratagems Nr. 27 zu entdecken: Der Philosoph stellt sich dem breiten Publikum gegenüber gleichsam dumm, redet diesem nach dem Munde und verbirgt «in verhängnisvollen Situationen die Denkessenz» (Georges Tamer: «Religion als Instrument: der zweite Band der *Gesammelten Schriften* von Leo Strauss», in: *Neue Zürcher Zeitung,* 10./11. 1. 1998, S. 68), um über seine wirklichen Einsichten nur mit seinesgleichen zu kommunizieren.

## 27.23 «Schwarze» Schriftsteller unter roter Sonne

Eine Szene aus der chinesischen «Kulturrevolution» (1966–1976): «Im glühendheißen Mitsommer brannte die Sonne wie eine lodernde Flamme, als einige alte Schriftsteller im Freien auf dem Versammlungsplatz der Kritik unterzogen wurden. Sie fühlten sich wie Ameisen auf einer heißen Pfanne. Es war unerträglich. Da brüllte der Sitzungsleiter, der die Rebellion führte: ‹Die schwarzen [schwarz war in jener Zeit die Farbe der Klassenfeinde] Schriftsteller haben die Versammlung zu verlassen!› Als einige alte Schriftsteller den Platz verließen, hörten sie jenen Leiter schimpfen: ‹Ihr habt keine Berechtigung, unter der roten Sonne zu stehen, ab in die dunkle Ecke!› Alle Schriftsteller gingen in den Schatten eines großen Baumes. Erst dann begriffen sie, daß dunkle Ecke noch einen anderen Sinn hatte.»

Diese in einer Sammlung von Witzen aus der «Kulturrevolution» erschienene mit «Die dunkle Ecke» betitelte Anekdote kann völlig unstrategemisch gedeutet werden. In jener Zeit galt die rote Sonne als ein Sinnbild für die Kommunistische Partei Chinas, für den Sozialismus und nicht zuletzt für Mao Zedong. Vielleicht war der Versammlungsleiter tatsächlich ein Fanatiker, der den verfemten Schriftstellern die so verstandene Sonne nicht gönnte. Aus dem letzten Satz der Anekdote könnte man aber auch auf ein Strategem schließen. Der «Rebellionsführer» empfand Mitleid mit den gepeinigten Schriftstellern. Diese Regung der Menschlichkeit mußte er aber verbergen, denn im «Klassenkampf» war Mitleid mit dem «Klassenfeind» nicht erlaubt. Der «Rebellionsführer» benutzte nun eine List. Er sagte: «Ihr habt keine Berechtigung, unter der roten Sonne zu stehen, ab in die dunkle Ecke!» Man kann diese List als eine Variante des Strategems Nr. 27 auffassen («Brutalität mimen, ohne brutal zu sein»).

## 27.24 Weltabgewandte und weltzugewandte Torheit

«Der Meister sprach: ‹Freiherr Ning Wu war weise, solange Ordnung im Lande herrschte. Als Unordnung im Lande aufkam, benahm er sich töricht. In seiner Weisheit können andere ihn erreichen. In seiner Torheit aber ist er unerreichbar.› Es gelang ihm nämlich, durch seine scheinbare Torheit seinen Fürsten zu retten» (Übersetzung von Richard Wilhelm: *Kungfutse: Gespräche – Lun Yü,* Düsseldorf/Köln 1979, S. 70).

Der «Meister», der Freiherrn Ning Wu lobt, ist Konfuzius. Gemäß der *Großen Enzyklopädie der Kultur des Konfuzius* (Peking 1994, S. 327) handelte es sich bei der Torheit des Freiherrn um eine gestützt auf «Weisheit/Listigkeit (zhi) simulierte Torheit».

Freiherr Ning mit dem postumen Namen Wu stand unter zwei aufeinanderfolgenden Herzögen, nämlich Herzog Wen (659–635) und Herzog Cheng (635–600), im Dienst des Staates Wei. Unter den beiden Herrschern war die Lage im Staate Wei völlig verschieden. Unter Herzog Wen befand sich der Staat Wei auf dem rechten Weg, und Meister Ning entfaltete all sein Wissen und Können. Unter Herzog Cheng herrschte ein allgemeines Chaos. Freiherr Ning blieb weiterhin Amtsträger, doch kehrte er jetzt den Dummen heraus. Insgeheim aber versuchte er zu retten, was zu retten war. So sieht es Nan Huaijin in seinem Werk *Ein anderer Blick auf die «Gespräche»* (Bd. 1, Taipeh, 19. Auflage 1991, S. 244). Diese Deutung stellt der Konfuzius-Biograph Yang Shu'an, den ich um eine Stellungnahme bat, in Frage (in: *Tageszeitung von Changjiang,* Wuhan, 17. 4. 1996). Dabei trifft er sich mit der Deutung von Freiherr Ning Wus «Torheit», die James Legge (1814–1897) in seiner im angelsächsischen Raum maßgebenden Ausgabe der *Gespräche* gibt:

«Im ersten Abschnitt seiner öffentlichen Laufbahn war der Staat Wei ruhig und gedieh, und Freiherr Ning zog sich ‹weise› von seinen Pflichten zurück. Doch dann entstand ein Durcheinander. Der Herzog wurde von seinem Thron vertrieben. Freiherr Ning hätte sich jetzt, wie andere weise Männer, von jeder Gefahr fernhalten können. Aber ‹törichterweise›, wie es schien, wählte er einen anderen Weg. Er trat dem Herzog zur Seite und teilte das Schicksal mit ihm. Auf geschickte Weise brachte er es schließlich zustande, daß der Herzog seinen Thron wiedererlangte und die Ordnung im Land wiederhergestellt wurde.» Zum «geschickten» Vorgehen des Freiherrn Ning gehörte unter anderem die Bestechung eines Arztes, wodurch er seinem Herrn das Leben rettete.

Wahrscheinlich ist Yang Shu'ans und James Legges Deutung die richtige. Dafür spricht ein Abschnitt in den *Gesprächen,* der wichtigsten konfuzianischen Schrift. In der Übersetzung von Richard Wilhelm (a. a. O., S. 179) ist der Abschnitt überschrieben mit «Der Narr von Tschu». Dieser singt, am Wagen des Konfuzius vorbeigehend, ein Lied, das ich hier in der Deutung Yang Shu'ans wiedergebe:

«Ach, Phönix, ach, Phönix, was erscheinst du in solch einer Zeit des Niedergangs der Tugend? Vergangenes läßt sich ohnehin nicht mehr verhindern. Aber in bezug auf Zukünftiges ist Vorsorge möglich. Gib auf, gib auf dein eitles Müh'n! Wer heute dem Staate dienen will, der stürzt nur in Gefahren sich!»

Der Narr von Tschu habe Verrücktheit vorgespiegelt, um auf diese Weise dem Einsatz im Staatsdienst zu entgehen, teilt James Legge in einer Anmerkung zu dieser Stelle mit. Der Phönix ist ein Glück symbolisierender Vogel, der sich eigentlich nur zeigt, wenn Ordnung unter dem Himmel herrscht. Hier erscheint er als ein Bild für Konfuzius, der als Tugendstifter ein halbes Leben lang in ganz China umherreiste, um von einem Herrscher in Dienst genommen zu werden. Er wollte die schlimmen Zustände seiner Zeit durch aktives politisches Eingreifen einer Besserung zuführen. Der Narr von Tschu will mit seinem Lied Konfuzius nahelegen, sich doch von der dekadenten Welt zurückzuziehen und ein gefahrloses, gemütliches Privatleben als Einsiedler zu genießen. Genau diese Weltflucht war aber gar nicht nach dem Geschmack des Konfuzius. Er zog es vor, den Tor ganz anders als in einer weltabgewandten Weise hervorzukehren, nämlich in dem Sinne, daß er sich ohne berechnende Abschätzung aller möglichen drohenden Gefahren, ja diese ignorierend, loyal für den Staatsdienst zur Verfügung stellte. Dabei bezog sich die richtig verstandene Loyalität, wie der vom daoistischen Mönch zum Kaiserberater aufgestiegene Wei Zheng (580–643) einmal sagte, auf das Gemeinwesen und nicht etwa auf die Person des Herrschers.

«Gescheite haben es leichter, feige zu sein», meint der deutsche Theologe Karl Rahner (1904–1984) (in: Karin Schunk; Rudolf Walter [Hg.]: *Anstiftung zur Zivilcourage,* Freiburg im Br. 1983, S. 77). Denn bevor ein Intellektueller den Schneid aufbringt, für etwas Unpopuläres, aber von ihm als richtig Erkanntes in der Öffentlichkeit einzustehen, ohne vor dieser aus Feigheit oder auch nur aus Selbstschonung zu Kreuze zu kriechen, wird er erst sorgfältig alle Vor- und Nachteile einer öffentlichen Stellungnahme abwägen und womöglich erst noch seine eigene Überzeugung nach allen Seiten hin kritisch hinterfragen. Nach all dem Abwägen und differenzierenden Hin- und Herüberlegen wird ihn in der Regel schlußendlich jede Courage zum Widerspruch im Angesicht des Publikums verlassen haben. Da fällt dem sogenannten «Dummen» die Zivilcourage als «Tugend subjektiver Beschränkung» (Iso Camartin: «Über Zivilcourage», in: *Neue Zürcher Zeitung* 20.2.1984, S. 21) oft leichter. Er wird längst nicht von so vielen Bedenken geplagt wie der «Kluge». Daß zwischen Wissen und Mut aber auch ein ganz anderer Zusammenhang als der, den Karl Rahner beschreibt, bestehen kann, zeigen Freiherr Ning Wu und Konfuzius mit ihrer weisen Torheit.

### 27.25 Klugheit durch Einfalt bewahren

Das Gesetz des Himmels macht das Volle leer und füllt das Leere. Steht die Sonne am höchsten, muß sie nach himmlischem Gesetz dem Untergang entgegensinken, und wenn sie am tiefsten unter der Erde ist, geht sie einem neuen Aufstieg entgegen. So heißt es denn im *Buch der Wandlungen* zum Hexagramm «Bescheidenheit: «Bescheidenheit schafft Gelingen.»

«Der fähige Kaufmann verbirgt seine Schätze an einem geheimen Ort, so daß alles wie leer aussieht, und der über hohe Tugend verfügende Edle gibt sich das Aussehen eines Tölpels», soll Lao Zi (angeblich 6./5. Jahrhundert v.Chr.) (s. Strategem Nr. 7, Einleitung) gemäß den *Geschichtlichen Aufzeichnungen* des Sima Qian (geb. um 145 v.Chr.) gesagt haben. An anderer Stelle, nämlich im 45. Kapitel des Lao Zi zugeschriebenen Buchs *Daodejing,* heißt es:

> Größte Vollendung erscheint wie unzulänglich,
> so wird ihre Wirkung nicht untergehen.
> Größte Fülle erscheint wie leer,
> so bleibt sie unerschöpflich in ihrer Wirkung.
> Größte Geradheit erscheint wie krumm.
> Größte Gewandtheit erscheint wie unbeholfen.
> Größte Beredsamkeit erscheint wie Gestammel.

Diese Worte Lao Zis und den davor zitierten Satz aus dem *Buch der Wandlungen* verdeutlicht die folgende, sich um Konfuzius (551–479) rankende Geschichte.

Als Konfuzius den Staatsstempel des Herzogs Huan (685–643) besichtigte, war da ein Gefäß, das hieß «Warngefäß». Die Herrscher der alten Zeit stellten es rechts neben ihrem Sitz auf, als ständige Mahnung gegen Übertreibungen. Konfuzius sagte: «Wie schön, daß ich dieses Gefäß zu sehen bekomme!» Er blickte sich um und sprach: «Schüler! Holet Wasser!» Als das Wasser kam, goß er es hinein. War das Gefäß halb voll, so stand es gerade. War es voll bis zum Rand, so kippte es um. Konfuzius setzte plötzlich eine andere Miene auf und sprach: «Gut fürwahr ist diese Steuerung des Übermaßes!» Sein Schüler Zi Gong stand daneben und sagte: «Darf ich nach dem Sinn der Steuerung des Übermaßes fragen?» Konfuzius entgegnete: «Verlängern und dann verkürzen.» Zi Gong fragte: «Was heißt verlängern und dann verkürzen?» Konfuzius erwiderte: «Nun, wenn die Dinge reif sind, dann verfallen sie. Wenn die Freude auf dem Gipfel ist, wird sie zur Trauer. Wenn die Sonne im Zenit steht, ändert sie ihren Platz. Wenn der Mond voll ist, nimmt er ab.» Und nun stellte Konfuzius fünf am Wechselspiel zwischen Füllen und dadurch heraufbeschworenem Verlieren orientierte Grundsätze auf, von denen er sagte, daß Verstöße gegen sie noch nie gefahrlos gewesen seien:

«Jene, deren Leistungen die ganze Welt beeindrucken, sollten diese ihre Leistungskraft durch die Antithese ostentativer Nachgiebigkeit bewahren. Jene, deren Mut und Körperkraft eine ganze Generation in den Schatten stellen, sollten ihre Wirkung durch die Antithese scheinbarer Schüchternheit bewahren. Jene, die so reich sind, daß ihnen alles zwischen den vier Meeren gehört, sollten diese ihre Üppigkeit durch die Antithese sichtbarer Bescheidenheit bewahren. Jene, die umfassende Kenntnisse besitzen und sehr beredt sind, sollten ihren Vorsprung durch die Antithese demonstrativer Schlichtheit bewahren.»

An erster Stelle aber legte Konfuzius folgenden Grundsatz ans Herz: «All jene, die aufgeweckt und scharfsinnig, weise und intelligent sind, sollten den ihnen daraus erwachsenen Gewinn durch die Antithese des Sich-dumm-Stellens bewahren.»

Diese Gedanken haben in der Folgezeit zweifellos eine nicht geringe Ausstrahlung auf Chinesen ausgeübt, offensichtlich etwa auf Xun You (157–214), der mit insgesamt zwölf strategemischen Vorschlägen Cao Cao (155–220) bei der Einigung Nordchinas beistand. Ihn beschreibt Chen Shou (233–297) in seiner *Geschichte der Drei Reiche* wie folgt:

«Nach außen wirkte er dumm, innerlich aber war er weise, äußerlich wirkte er furchtsam, innerlich aber war er mutig, äußerlich wirkte er schwach, innerlich aber war er stark [...]. In seiner Weisheit können andere ihn erreichen, in seiner [vorgespiegelten] Torheit aber ist er unerreichbar!»

Die knappeste Zusammenfassung der sich an das Warngefäß knüpfenden Überlegungen des Konfuzius formulierte der auch unter dem Namen Su Dongpo bekannte Literat und Kalligraph Su Shi (1037–1101): «Der Allermutigste wirkt wie ein Angsthase, der Allerweiseste wirkt wie ein Tölpel (da yong ruo qie, da zhi ruo yu).»

## 27.26 Karl Marx gegen das *Buch der Geschichte*

Schon der konfuzianische Klassiker *Buch der Geschichte* vermittelt die Einsicht: «Selbstzufriedenheit führt zur Einbuße, Bescheidenheit verschafft Zuwachs». Diese Einstellung zieht Yu Wujing in seinem Buch *Entschlüsselung kultureller Geheimzeichen* (Shanghai 1995) in Zweifel: Gibt sich ein fähiger Mensch mit Bedacht unterwürfig, dann handelt er unecht. Er tut das nämlich nicht aus Aufrichtigkeit und Liebe zur Wahrheit, sondern weil es ihm irgendeinen Vorteil bringt. Also handelt er nach rein utilitaristischen Gesichtspunkten. Im entscheidenden Augenblick würde ein solcher Mensch wohl kaum selbst seine Dienste anbieten und sich voll für andere oder für das Kollektiv einsetzen. Die in der Sentenz aus dem *Buch der Geschichte* zum Ausdruck kommende profitorientierte Einstellung beeinflusse Chinesen vielfach dahingehend, beklagt Yu Wujin, daß sie sich in unechter Weise übertrieben nachgiebig und bescheiden gäben. Diesem strategemischen Benehmen hält Yu Wujin Worte von Karl Marx entgegen wie: «‹Nur der Lump ist bescheiden›, sagt Goethe [...] Bescheidenheit [...] ist eher ein Kennzeichen der Scheu vor der Wahrheit [...] Bescheidenheit ist ein niederschlagendes Mittel auf jeden Schritt, den ich vorwärts tue» (Karl Marx; Friedrich Engels: *Werke,* Bd. 1, Berlin – DDR 1978, S. 6).

## 27.27 Das verborgene Veilchen

Nach dem Siege über Lü Bu führten die beiden Verbündeten Cao Cao und Liu Bei ihre Truppen nach der neuen Reichshauptstadt zurück. Dort angekommen, wies Cao Cao Liu Bei ein Haus dicht neben seinem Kanzlerpalast zu, denn er legte Wert darauf, ihn in seiner Nähe zu haben. Bei der ersten Audienz stellte Cao Cao Liu Bei dem Kaiser vor und rühmte seine Taten und hohen Verdienste. Erfreut stellte der Kaiser fest, daß Liu Bei gemäß den Geschlechterlisten der kaiserlichen Familie sein Onkel sei. Insgeheim war er beglückt, einen so gewaltigen Kämpfer als Onkel und Helfer gegen Cao Cao zu haben, von dem er sich gegängelt und in seinen kaiserlichen Befugnissen mehr und mehr beengt fühlte. Er ernannte Liu Bei zum Marschall zur Linken, belehnte ihn mit der Grafschaft Yicheng und lud ihn zur kaiserlichen Tafel ein. Von da an hieß Liu Bei im Volksmund nur noch «der Oheim des Kaisers». Ratgeber Cao Caos glaubten in der Verwandtschaft Liu

Beis mit dem Kaiser eine Gefahr für Cao Cao zu erkennen. Der aber meinte, die Hauptsache sei, daß er, Cao Cao, über alle kaiserlichen Angelegenheiten bestimme. Er brauche ihn nicht zu fürchten.

Später veranstaltete Cao Cao mit dem Kaiser und unter Aufbietung mehrerer Tausendschaften eine mehrtägige Jagd. Der Kaiser hatte mit seinem Bogen dreimal einen Hirsch im dornigen Unterholz verfehlt und bat nun Cao Cao zu schießen. Der ersuchte den Kaiser um dessen Pfeil und Bogen und erlegte den Hirsch mit einem wohlgezielten Schuß. Die Würdenträger, die sich das Tier besahen, schlossen aus dem vergoldeten Pfeil, der in seinem Schulterblatt steckte, daß der Kaiser das Wild erlegt habe. Sie liefen auf den Kaiser zu und beglückwünschten ihn von weitem mit freudigen Rufen. Aber Cao Cao sprengte dem Kaiser voraus und nahm die Huldigungen an seiner statt entgegen. Die Würdenträger blickten einander starr vor Entsetzen ob einer solchen Dreistigkeit an. Guan Yu, Liu Beis Schwurbruder, zog bereits zornig das Schwert und machte Miene, Cao Cao den Kopf abzuschlagen. Aber Liu Bei vermochte ihn durch Blicke und Handbewegungen im letzten Augenblick von seinem Vorhaben abzuhalten und wandte sich seinerseits mit einer geschmeidigen Verneigung an Cao Cao, dem er lächelnd sagte: «Der Kanzler ist ein göttlicher Schütze. Solcherlei ist auf der Welt nur selten zu sehen!» – «Es war die glückbringende Gegenwart des Himmelssohnes, die mich treffen ließ», sagte Cao Cao geschmeichelt. Und nun beglückwünschte auch er den Kaiser. Den kaiserlichen Bogen aber behielt er.

Der Kaiser war ob Cao Caos Anmaßung über alle Maßen empört. Durch ein mit seinem Blut geschriebenen Geheimschreiben rief er seinen Schwager Dong Cheng dazu auf, Cao Cao zu beseitigen. Dong Cheng formierte eine kleine Verschwörergruppe, der sich auch Liu Bei anschloß. Er besiegelte seinen Entschluß, indem er seinen Namen auf eine Liste von einem halben Dutzend Verschwörern setzte. Um sich Cao Cao gegenüber möglichst unverdächtig zu machen und seine kriegerischen Absichten zu verhüllen, begann sich Liu Bei mit Eifer als Gärtner zu betätigen. Mit eigener Hand legte er in seinem Garten Gemüsebeete an und bewässerte sie. Eines Tages erschienen plötzlich zwei Abgesandte Cao Caos im Garten und forderten Liu Bei auf, sofort mitzukommen. Im Kanzlerpalast begrüßte Cao Cao ihn lächelnd: «Ihr treibt daheim ein recht großes Staatsgeschäft!» Liu Bei wurde bleich vor Schreck und schwieg. Cao Cao nahm ihn bei der Hand und führte ihn in seinen Garten. «Ja, ja, Gemüsegärtnerei will auch gelernt sein», bemerkte er. Liu Bei fühlte sich merklich erleichtert. «Ich gärtnere ein wenig zum Zeitvertreib mangels anderer Beschäftigung», entgegnete er gefaßt.

Cao Cao erblickte blaue Pflaumen und erzählte von einer Strategemanwendung mit Hilfe dieser Frucht (s. 17.19). Liu Bei war nun vollends beruhigt. Er ließ sich von Cao Cao in den Gartenpavillon führen, wo bereits eine Tafel hergerichtet war. Die beiden setzten sich und ließen sich Wein und Pflaumen munden. Seltsam geformte Regenwolken erschienen am Himmel und lenkten das Gespräch auf die Wandelbarkeit und Ähnlichkeit von Regendrachen und Helden, die beide bald wachsen, bald schwinden, bald im Verborgenen zusammengeschrumpft harren, bald sich über die ganze Himmelsweite ausdehnen.

«Wer sind denn Eurer Meinung nach die Helden der heutigen Zeit?» wollte Cao Cao auf einmal wissen.

Liu Bei empfand die Frage als verfänglich und beschloß, auf der Hut zu sein. «Mein beschränkter Verstand wagt sich darüber kein Urteil», wich er aus.

Aber Cao Cao ließ nicht locker. Und so führte Liu Bei hintereinander die Namen von acht Männern auf, die aber Cao Cao allesamt verwarf. «Außer den Genannten wüßte ich wirklich keinen mehr, den man als Helden bezeichnen könnte», resignierte Liu Bei schließlich. «Unter Helden verstehe ich Männer», sagte Cao Cao, «die in ihrem Busen einen großen Willen hegen und in ihrem Bauch feingesponnene Strategeme verbergen, Männer, die entschlossen sind, alles zwischen Himmel und Erde zu schlucken und wieder auszuspucken.»

«Wer hätte aber das Zeug dazu?» fragte Liu Bei zweifelnd.

Cao Cao zeigte erst auf ihn und dann auf sich: «Die Helden von heute, das sind wir beide!»

Vor Schreck ließ Liu Bei die Eßstäbchen aus der Hand fallen. Wenn Cao Cao derlei sagte, betrachtete er ihn also als seinen einzigen ernsthaften Gegenspieler. Dann aber war er seines Lebens keinen Tag mehr sicher! Zufällig zuckte gerade in diesem Augenblick ein greller Blitz mit nachfolgendem gewaltigen Donnerschlag nieder. Liu Bei bückte sich nach den Eßstäbchen am Boden und bemerkte gelassen: «So sehr ist mir der Schreck über den Donnerschlag in die Glieder gefahren!» – «Na, na, ein Kerl wie Ihr wird sich doch nicht vor einem Donnerschlag fürchten!» meinte Cao Cao lachend.

«Warum nicht? Auch der weise Konfuzius hat zugegeben, daß ein jäher Blitz und ein gewaltiger Sturm ihn aus der Fassung zu bringen vermögen», entgegnete Liu Bei.

So wußte Liu Bei den wahren Grund seines Erschreckens, bei dem er die Eßstäbchen hatte fallen lassen, geschickt zu bemänteln, und Cao Cao fand keinen Grund zum Argwohn.

Die Art, in der Liu Bei seine von Cao Cao zutreffend offengelegten Ambitionen auf der Stelle wieder verhüllte, und zwar in einer das mißtrauische Gegenüber beruhigenden, glaubwürdigen Weise, kann unter das Strategem Nr. 27 eingereiht werden. Man hegt große Pläne, spielt aber den Harmlosen. In China ist in diesem Zusammenhang die Rede vom Strategem der Unverdächtigmachung/Selbstverdunkelung (wörtlich: der Abdunkelung der eigenen Lichtstrahlen und der Verhüllung der eigenen Absichten [taohui zhi ji], auch Strategem des verborgenen Veilchens genannt). In Zeiten, in denen jedes Hervortreten gefährlich ist, gilt es, sich zu verschließen, sei es in der Einsamkeit, sei es im Weltgetriebe, denn auch da kann man sich so gut verbergen, daß niemand einen kennt (*Buch der Wandlungen*). Ganz allgemein rät der Dichter Liu Bai (701–762): «Als Mensch von höchster Brillanz achte man darauf, seinen Glanz zu verbergen.» Denn die durch Schmutz unkenntlich gemachte Perle wird nicht gestohlen.

Lin Biao (1907–1971; s. 16.16), dem offiziell vorgesehenen Nachfolger Mao Zedongs, wurde nach seinem angeblichen Putschversuch und anschließenden Tod vorgeworfen, dieses Strategem angewandt zu haben. Auf diese Weise habe er überleben und sein «großes Vorhaben» verwirklichen wollen. Als er im März 1970 an dem Plan zur Usurpierung der Parteiführung und der Macht im Staate arbeitete, soll er seine Mit-Konspiratoren angewiesen haben, die Worte «taohui (Selbstverdunkelung)» im Notizbuch festzuhalten. Er selbst schrieb ein Gedicht aus der *Romanze der Drei Königreiche* ab, das Liu Bei dafür rühmt, Cao Cao mit Hilfe des Stratagems der Selbstverdunkelung getäuscht zu haben: «Gezwungen, zeitweilig in der Tigerhöhle zu weilen, erschrickt der Held, als sein Plan enthüllt wird. Den Donner nutzt er, seine Panik zu verbergen, wechselnden Umständen paßt er sich magisch schnell an» (*Ausgewählte Artikel: Kritik an Lin Biao und Konfuzius*, Peking 1975, S. 74f.).

27.28 Die Welt als Fußbecken

Eine der aus dem 1./2. Jahrhundert n. Chr. überlieferten *Elegien von Chu* trägt den Titel «Der Fischer» und berichtet vom Staatsmann Qu Yuan (um 340–278), der infolge von Intrigen seiner Rivalen die Gunst seines Königs verloren hatte und abgehärmt am Ufer eines Flusses entlangwanderte. Ein alter Fischer sah ihn und fragte: «Seid Ihr nicht ein hoher Ritter? Wie kommt Ihr in diese Wildnis?» Qu Yuan antwortete: «Die ganze Welt ist schmutzig, nur ich bin rein. Die Menschen sind alle trunken, ich allein bin nüchtern. Daher ward ich verbannt.» Der Angler erwiderte: «Der wahre Weise ist nicht an irgendein äußeres Ding gebunden, doch kann er mit der Welt es läßlich treiben. Wenn alle Menschen schmutzig sind, warum geht Ihr nicht auch in den Schlamm hinein und plätschert mit den Wellen? Und wenn alle Menschen trunken sind, warum labt Ihr Euch dann nicht an ihrer Hefe und trinkt mit ihnen ihren Rauschwein? Weshalb denkt Ihr so tief und wollt so hoch hinaus und habt Euch selbst so in Acht und Bann getan?» Qu Yuan sagte: «Ich habe gehört: ‹Wer sich gewaschen hat, der klopft auch noch seine Mütze aus, und wer sich frisch gebadet hat, schüttelt auch noch den Dreck aus seinem Rock.› Wie könnte ich da die leuchtende Sauberkeit meines Leibes vom Staub der gemeinen Welt verdunkeln lassen? Lieber will ich im Bauch der Fische begraben sein!» Da öffnete der Angler seine Lippen zu einem Lächeln und entfernte sich, indem er die Ruder im Takte schlug. Dabei sang er:

«Sind die Wasser des Canglang rein,
reinige ich meine Mützenbänder darin.
Wenn getrübt des Canglang Flut,
ist sie zum Füßewaschen gut.»

Das vom Fischer gesungene Lied überliefert bereits der zweitwichtigste Konfuzianer Mencius (um 372–289). In seinem Werk wird es von Knaben gesungen (s. Richard Wilhelm: *Mong Dsi,* Köln 1982, S. 116). Von Qu Yuan berichtet die Legende, er habe einen großen Stein genommen und sich damit in die Fluten fallen lassen. Boote fuhren hinaus, um ihn zu suchen, woraus sich das Drachenbootfest am 5.5. eines jeden Mondjahres entwickelte. Heute erinnert eine Bronzestatue in seinem Heimatkreis Zigui (Provinz Hubei) an Qu Yuan.

Die Mützenbänder, die der Fischer in seinem Lied erwähnt, kennzeichnen den Träger eines Beamtenranges. Mit seinen Strophen will der Fischer sagen, in guten Zeiten solle man eine Beamtenlaufbahn einschlagen und in trüben sich ins Privatleben zurückziehen. Aus der Sicht des Fischers nimmt Qu Yuan die Welt zu ernst und macht zu viel Aufhebens von seinen hehren Prinzipien. Dies ist die Deutung von David Hawkes (*Ch'u Tz'u: The Song of the South,* Oxford 1959, S. 91). Die mir vorliegenden chinesischen Kommentare führen zu einem etwas anderen Verständnis. Für den Fischer ist die Welt nicht immer rein und lauter, sondern gleicht zeitweise einem getrübten Gewässer (s. Stratagem Nr. 20). Dann führt zu große Lauterkeit und Sauberkeit in die Irre. Man muß vielmehr mit der Zeit gehen und die Welt so nehmen, wie sie ist. Denn immer ist sie für irgend etwas gut. Man soll sich, wie schmutzig sie auch sein mag, nicht aus ihr zurückziehen, sondern nach dem Motto leben: Hinein, und wenn auch nur mit den dreckigen Füßen. Anstatt wie Qu Yuan nicht nur den eigenen Körper, sondern auch die Kleider, also das ganze soziale Umfeld, reinhalten zu wollen, «hüte man sich beim menschlichen Zusammenleben vor zu großer Fleckenlosigkeit» (Li Bai [701–762]). Dem eigenen Überleben dienlicher ist es, im Geiste des Stratagems Nr. 27 gute Miene zum bösen Spiel zu machen und sich die schmuddelige Welt auf einem niederen Niveau zunutze zu machen, das heißt, sie wenigstens zum Füßewaschen zu gebrauchen.

27.29  Kostbar Gut – Wirrköpfigkeit

«Ein ländliches Unternehmen suchte einen Buchhalter. Es gab zwei Bewerber. Der Fabrikdirektor führte mit ihnen je ein Interview. Der eine war gescheit, befähigt und erfahren. Auf jede Frage wußte er eine Antwort. Der andere Bewerber war wirrköpfig und sprach zusammenhangloses Zeug. Es konnte kein Zweifel daran bestehen, wer von beiden der bessere war. Und doch entschied sich der Direktor für den Wirrkopf. Freunde fragten ihn nach dem Grund. Der Direktor antwortete: Sämtliche Einnahmen und Ausgaben habe ich im Kopf. Der Buchhalter dient nur als Staffage den oberen Instanzen gegenüber. Habt ihr den Spruch ‹Kostbar Gut – Wirrköpfigkeit› auch schon mal gehört? Ein Wirrkopf wird wirrköpfig Buch führen. Wenn die Leute vom Steueramt kommen, werden sie keinen Durchblick haben. Einem Unfähigen verübelt man nichts. So ist es für uns viel leichter, über unser Geld zu verfügen und unsere Geschäfte zu erledigen.»
Die Anekdote entnehme ich dem Organ des Zentralkomitees der Kommunistischen Partei Chinas, der *Volkszeitung* (Peking 30.3.1989, S. 5). Den berühmten Ausspruch «Kostbar Gut – Wirrköpfigkeit» geprägt hat der Dichter, Maler und Kalligraph Zheng Banqiao (1693–1765): «Kostbar Gut – Wirrköpfigkeit. – Klug sein ist schwierig, wirrköpfig sein ist schwierig. Noch schwieriger ist die Umstellung von Klugheit auf Wirrköpfigkeit. Angesichts eines Zusammenstoßes wei-

che man [Wirrköpfigkeit mimend] einen Schritt zurück. So gewinnt man Herzensruhe. Ziel ist nicht künftiger Lohn.» An eine organisierte Wirrköpfigkeit zur Hintergehung von Vorgesetzten dürfte Zheng Banqiao, wie der volle Wortlaut seiner berühmten Kalligraphie zeigt, wohl nicht gedacht haben. Es ist aber aufschlußreich, daß sich der Fabrikdirektor auf Zheng Banqiaos «Kostbar Gut – Wirrköpfigkeit» beruft, wenn auch mit einer Deutung, die vom Strategem Nr. 27 durchdrungen ist.

«Kostbar Gut – Wirrköpfigkeit» wird recht häufig strategemisch ausgelegt. Unter der Überschrift «Etwas durch ‹Wirrköpfigkeit› erledigen» meint Wang Hongjin unter Berufung auf Zheng Banqiaos Sentenz: «Wirrköpfigkeit im genau passenden Zeitpunkt kann einen viel wunderbareren Effekt haben als Klugheit» (in: *Schief schlagen und gleichwohl genau treffen: ungewöhnliches Denken im menschlichen Leben*, Peking 1994, S. 179). Er veranschaulicht diese These durch zwei historische Reminiszenzen. In höchst unschicklicher Weise benahmen sich zwei Minister in Anwesenheit von Kaiser Taizu (960–997) bei einem Trinkgelage. Sie hatten eigentlich eine schwere Strafe verdient. Als indignierte andere Minister die beiden abführen wollten, spiegelte der Kaiser Trunkenheit vor und winkte ab. Andertags entschuldigten sich die beiden furchterfüllt. Der Kaiser aber tat ganz erstaunt und sagte, er sei selbst beschwipst gewesen und könne sich an nichts erinnern. Ebenfalls ein Fest veranstaltete König Zhuang von Chu (613–591), zu dem er seine Minister und Generäle einlud. Die Nacht brach herein, es wurden Kerzen entzündet. Der König ließ einige Schönheiten aus seinem Palast Tänze aufführen. Da kam ein Windstoß und blies die Kerzen aus. In der Dunkelheit zerrte ein Minister eine Tänzerin am Rock. Sie entwand ihm flink ein Hutband. Was der Minister getan hatte, war ein todeswürdiges Verbrechen. Die Kerzen wurden wieder entzündet. Als ihm seine Palastdame den Vorfall meldete, sagte der König: «Wie kann man, um weibliche Züchtigkeit hervorzustreichen, einen meiner Minister erniedrigen?» Auf der Stelle befahl er: «Heute wird auf mein Wohl getrunken. Wer nicht sein Hutband zerreißt, der zeigt, daß er nicht wirklich ausgelassen ist.» Alle anwesenden Würdenträger zerrissen ihre Hutbänder und überantworteten sie den Flammen. Bei einem späteren Kriegszug kämpfte ein General mit ganz besonderem Einsatz. Es war jener Mann, dem die Schöne das Hutband genommen hatte.

Im allgemeinen, so Wang Hongjins Schlußfolgerung, spricht nichts dagegen, in Belangen von nicht grundlegender, prinzipieller Natur auch einmal ein Auge zuzudrücken und Wirrköpfigkeit an den Tag zu legen. Indirekt pflichtet Hou Lei ihm bei: «In Grundsatzfragen muß man ganz klar und eindeutig sein, da kann man nicht ‹kostbar Gut – Wirrköpfigkeit› spielen und den Widersprüchen aus dem Wege gehen [...]» («Die Selbstkultivierung von Parteimitgliedern und Funktionären», in: *Volkszeitung,* Peking 3.1.1995, S. 9). Und ins gleiche Horn bläst Chen Lumin in seinem Kommentar «Ein Kommunist darf nicht wirrköpfig sein» (*Volkszeitung,* 24.10.1997, S. 11): «Ein echter Kommunist darf in prinzipiellen Fragen von Richtig und Falsch nicht wirrköpfig sein, hinsichtlich der Linie, Polaritäts- und Politnormen der Partei, hinsichtlich der gerechten Anliegen unseres Volkes und der Ehre und Unehre unseres Landes muß er genau unterscheiden, was man lieben und hassen soll. Unstatthaft sind da schon die geringste Zweideutigkeit und Verschwommenheit.» Und in der *Volkszeitung* vom 12.10.1998 legt Shi Yongsong nach: «Es wird immer Momente geben, in denen man ‹wirrköpfig ist›, aber an den Stellen, auf die es ankommt, ist ‹Wirrköpfigkeit› zu unterlassen. Ein bißchen ‹Wirrköpfigkeit› ist nicht schlimm, wohl aber, wenn sie zu einem Dauerzustand ausartet.»

## 27.30  Lob des Unten

Das 21. Jahrhundert ist das Jahrhundert Chinas. Bis zum Jahre 2030 wird China das stärkste Land der Welt sein. Beim Filmfestival in Cannes erringt der chinesische Film *Konfuzius* den großen Preis. Der chinesische Dichter Bei Dao hat soeben den Nobelpreis für Literatur empfangen. Vier chinesische Sängerinnen gehören zu den zehn bedeutendsten europäischen Divas und so weiter.

«Objektiver Landesverrat», schimpft Chen Xiaochuan in einer Glosse in der *Chinesischen Jugendzeitung,* dem Sprachrohr des Chinesischen Kommunistischen Jugendverbands, im Sommer 1998 angesichts derartiger Prognosen in einem kurz zuvor in China erschienenen Buch. Solches Gerede leiste ausländischen Gegenkräften mit ihrer These von der chinesischen Gefahr und ausländischen Bestrebungen, China einzudämmen, Vorschub. Da halte man sich doch lieber an Mao Zedong, der am 27.1.1957 in einer Rede über die chinesisch-amerikanischen und die chinesisch-sowjetischen Beziehungen den Ratschlag erteilte: «Gleichgültig zu welcher Zeit, immer müssen wir bescheiden und behutsam sein und den Schwanz eher noch mehr einziehen.» (s.

*Mao Zedong Waijiao Wenxuan [Ausgewählte außenpolitische Schriften Mao Zedongs]*, Peking 1994, S. 283.)

Während die USA, um ein Beispiel aus dem Westen heranzuziehen, ihre Mission als Führungsmacht der Welt (manchmal allerdings auch mit gewissen listigen Einschränkungen wie «Führungsmacht wider Willen» oder «widerstrebender Sheriff») unentwegt glauben herausstellen zu müssen, sagte der chinesische Ministerpräsident Zhou Enlai (1898–1976) am 9.7.1971 dem US-Sicherheitsberater Henry Kissinger bei dessen erstem Besuch in China (s. 27.6), China sei keine Supermacht wie Amerika und Rußland und wolle es auch niemals werden. Seither weist China Gedanken an eine eigene Supermachtrolle immer wieder nachdrücklich von sich. Gemäß der seit 4.12.1982 geltenden Verfassung der Volksrepublik China «kämpft China konsequent gegen den Hegemonismus» (Präambel, Abs. 12). 1989 gab Deng Xiaoping die außenpolitische Maxime aus: «Das Licht unter den Scheffel stellen und den rechten Augenblick abwarten – auf keinen Fall als erster agieren», und Anfang der 90er Jahre erhob er die Forderung, daß «China niemals eine weltpolitische Rolle anstreben, sondern ein niedriges Profil bewahren» solle.

Unwillkürlich schweifen da die Gedanken über die Jahrtausende zurück zu Lao Zi und dem ihm zugeschriebenen Buch *Daodejing,* wo sich Sätze finden, in denen Anklänge an das Stratagem Nr. 27 angedeutet zu sein scheinen:

«Das Edle hat das Geringe zur Wurzel
Das Hohe hat das Niedrige zur Grundlage [...]
Daß Ströme und Meere die Könige aller Bäche und Flüsse sind, kommt daher, daß sie sich gut unten halten können.
Daraus ergibt sich
Wer über den Leuten stehen will,
stellt sich in seinen Worten unter sie.
Wer den Leuten vorstehen will,
stellt sich in seiner Person hintan.»


27.31 Erhöhung durch Selbsthintansetzung

Jesus kam einmal an einem Sabbat in das Haus eines vornehmen Pharisäers, um dort zu essen. Er trug den Geladenen ein Gleichnis vor, weil er beobachtete, wie sie sich die ersten Plätze aussuchten. Er sagte zu ihnen: «Wenn du von jemandem zu einer Hochzeit geladen bist, so setze dich nicht auf den ersten Platz. Es könnte wohl ein Vornehmerer als du von ihm geladen sein. Da würde euer Gastgeber kommen und zu dir sagen: Mache diesem Platz! So müßtest du beschämt den letzten Platz einnehmen. Nein, wenn du geladen bist, so geh und setze dich auf den letzten Platz. Dann wird dein Gastgeber kommen und zu dir sagen: Freund, rücke höher hinauf! Das wird dir vor allen Tischgenossen zur Ehre gereichen. Denn wer sich selbst erhöht, wird erniedrigt, und wer sich selbst erniedrigt, wird erhöht werden» (Lukas 14,7–11).

Strategem Nr. 28

## Auf das Dach locken und dann die Leiter wegziehen

| Die vier Schriftzeichen | 上 | 屋 | 抽 | 梯 |
|---|---|---|---|---|
| Moderne chinesische Aussprache | shang | wu | chou | ti |
| Übersetzung der einzelnen Schriftzeichen | hinaufführen | Dach | wegziehen | Leiter |

| Zusammenhängende Übersetzung | Auf das Dach führen und dann die Leiter wegziehen lassen; das Gegenüber auf das Dach locken, um dann die Leiter wegzuziehen. |
|---|---|
| Kerngehalt | In eine ausweglose Lage manövrieren; Sackgassen-Strategem; Kampfgefährtenausschaltung; Kaltstellungs-Strategem; Ausstiegsvereitelungs-Strategem. |

### 28.1 Höchstleistung durch Aussichtslosigkeit

Der Strategemausdruck läßt sich bis auf *Meister Suns Kriegskunst*, das älteste Militärtraktat der Welt aus der Mitte des ersten Jahrtausends vor unserer Zeitrechnung, zurückverfolgen. Einem Heereskommandanten wird dort empfohlen, er solle seine Truppen gleichsam «auf eine Höhe führen und dann die Leiter wegziehen». «Nur noch voranschreiten ist möglich, zurückweichen ist ausgeschlossen», meint dazu der Kommentator Mei Yaochen (1002–1060). In *Meister Suns Kriegskunst* wird diese Vorgehensweise an anderer Stelle bildhaft so umschrieben: Der Heerführer «verbrennt seine Boote und zerschlägt seine Kochkessel». In der dann eintretenden «verzweifelten Lage bleibt nichts als der Kampf» (*Meister Suns Kriegskunst*, Kap. VIII). Erläuternd heißt es hierzu in dem Wu Qi (?–381 v. Chr.) zugeschriebenen Militärtraktat *Meister Wus Kriegskunst*: «Jeder Schlachtplatz ist ein Ort des Blutvergießens und des Todes. Doch ein Kämpfer, der sein Leben einzusetzen bereit ist, mag gerade deshalb mit dem Leben davonkommen, wohingegen einer, der noch einmal davonzukommen hofft und um sein Leben bangt, erst recht umkommt. Ein General, der sich in der Führung seiner Truppe versteht, versetzt diese gleichsam in ein leckes Schiff oder unmittelbar unter den Dachvorsprung eines brennenden Hauses, so daß die Klugen gar nicht mehr dazu kommen nachzudenken und die Mutigen gar nicht mehr die Zeit finden, sich aufzuregen. Auf diese Weise vermag ein solcher General jedem Feinde die Stirn zu bieten.»

So tritt das Stratagem Nr. 28 in seiner ältesten Form als militärische Führungsmethode auf, mit Anklängen an die Wendung: «Einem Menschen eine Leiter leihen und so zum Aufstieg verhelfen (jie ti shu ren).» Freilich geht es beim Stratagem Nr. 28 weitaus dramatischer zu. Ausgangspunkt ist die Erfahrung: In einer aussichtslos erscheinenden Lage, also mit dem Rücken zur Wand, kann ein Mensch unter Umständen ungeahnte Kräfte entfalten. Das gilt natürlich auch für den Feind, wie Jia Lin in der Tang-Zeit (618–907) in seinem Kommentar zu *Meister Suns Kriegskunst* aufzeigt: «Befindet sich der Gegner in einer äußersten Notlage, so daß er möglicherweise bis in den Tod kämpfen wird, dann sollten wir ihn nicht angreifen, selbst wenn wir dazu in der Lage wären.»

Das Stratagem Nr. 28 als eine extreme Führungsmethode zeigt Berührungspunkte mit dem Provokations-Stratagem Nr. 13, nur geht es bei jenem um die listige Herbeiführung von Gefühlswallungen und daraus entspringenden Handlungen. Das Stratagem Nr. 28 zielt demgegenüber auf eine ganz bestimmte Gefühlslage, die unter Überwindung oder gar Ausmünzung der Todesangst zu schier übermenschlichen Höchstleistungen befähigt.

Es gibt in der chinesischen Kriegsgeschichte zahlreiche Beispiele der erfolgreichen Anwendung des als Führungsmethode verstandenen Stratagems Nr. 28. Oft schlug es allerdings in dieser Funktion auch fehl. Faktoren einer erfolgreichen Anwendung sind:

- Die Überwindung des Feindes muß der einzige Weg zur Sicherung des eigenen Überlebens sein. Nur so ist eine Mobilisierung und Ausschöpfung des Energieentfesselungspotentials infolge der Fokussierung auf einen einzigen Ausweg, nämlich den Sieg über den Feind, möglich.
- Die derart zugespitzte Situation sollte plötzlich eintreten, so daß für eine zögerliche Reaktion gar keine Zeit bleibt. Je größer der unvermittelt auftauchende Druck, desto heftiger auch die Gegenreaktion. Wird die Lage ganz allmählich bedrohlich, haben die Soldaten genügend Muße, um rechtzeitig das Weite zu suchen oder sich dem

Druck nach und nach anzupassen, was zur Folge hat, daß ein plötzlicher Ausbruch des Überlebenswillens in Form einer unbändigen Kampfkraft kaum noch zu gewärtigen ist.
- Versetzt man ein Schaf in ein Rudel hungriger Wölfe, so der Stratagembuchautor Yu Xuebin, dann mag sein Kampfwille noch so groß sein, es wird seinem Untergang nicht ausweichen können. Denn die Kräfteverhältnisse sind zu unterschiedlich. So funktioniert das Stratagem Nr. 28 nur gegenüber einem annähernd gleich starken Gegner. Denn die Kräfte, die das Stratagem Nr. 28 freizusetzen vermag, sind trotz allem begrenzt. Man sollte also seine Truppe nicht wie ein Schaf auf ein Wolfsrudel loslassen.

Die Voraussetzung für die Anwendung des als Führungsmethode verstandenen Stratagems Nr. 28 ist eine bestimmte Machtstellung beziehungsweise Autorität, aufgrund derer man die Stratagembetroffenen – also die Soldaten einer Truppe – legitimerweise in die Todesmut erzeugende kritische Lage bringt, in der alles aufs Spiel gesetzt wird. So gesehen ist das Stratagem Nr. 28 ein gefährliches Stratagem (xian ji), mit dem man vorsichtig umgehen sollte. Nur wenn man begründete Aussicht auf Erfolg hat oder wirklich überhaupt keine andere Alternative mehr übrigbleibt, sollte man es anwenden. Das «Dach», auf das man die Truppe führt, will sorgfältig ausgewählt sein. Vorzuziehen ist ein «Dach», das zwar die erwünschte Kampfbereitschaft zum Ausbruch bringt, aber doch nicht den allerhöchsten Gefährlichkeitsgrad aufweist. Falsch ist es, gleich das erstbeste «Dach» erklimmen zu wollen.

Entfernt man die «Leiter» vor aller Augen, dann hat dies auf die Truppe eine stark aufpeitschende Wirkung. Das Krisenbewußtsein ist auf einen Schlag da, und die Truppe wird, ohne zu zögern, den einzigen noch offenen Weg aus der gefährlichen Situation wählen. Es kann allerdings genügen, der Truppe lediglich bekanntzugeben, es stehe keine «Leiter» mehr zur Verfügung, um den gewünschten Effekt zu erzielen. In Wirklichkeit wurde die «Leiter» nur abgedeckt, oder an einer verborgenen Stelle steht nach wie vor eine «Leiter» zur Verfügung. Eine nur dem Kommandanten bekannte «Rettungsleiter» kann bei unvorhergesehenen Schwierigkeiten zur Durchführung von Stratagem Nr. 21 beziehungsweise Nr. 36 verhelfen.

Auch als pädagogische Methode wird das Stratagem Nr. 28 empfohlen. Ein unausgegorenes Gedankengebäude führt man ad absurdum, indem man die Schüler gewissermaßen bis zur «Dachspitze» hinaufsteigen läßt und sie dann mit der Sackgasse konfrontiert, in die man gerät, wenn man die betreffende Idee zu Ende denkt (Cheng Fangping:

«Der Lehrer und ‹Bücher aus verschiedenen Sparten›», in: *Licht-Tageszeitung*, Peking 17.2.1994, S. 3).

28.2 Die Kochkessel zerschlagen und die Boote versenken

Unter dem Banner des untergegangenen Königreichs Chu (s. 14.2) hatte sich Xiang Liang (?–208 v. Chr.) gegen die nun ihrerseits dem Untergang geweihte Qin-Dynastie (221–207) erhoben. Anfangserfolge waren Xiang Liang zu Kopfe gestiegen. Prompt erlitt er im Jahre 208 v. Chr. gegen die Qin-Armee bei Dingtao (im Südwesten der heutigen Provinz Shanxi) eine schwere Niederlage und fand den Tod. Xiang Liangs Neffe Xiang Yu (232–202) führte innerhalb der verbliebenen Streitmacht von Chu einen Putsch durch und übernahm das Oberkommando. Zhang Han (?–205 v. Chr.), der siegreiche General der Qin-Armee, glaubte nach seinem Sieg von Dingtao, die restliche Armee von Chu nicht mehr fürchten zu müssen. Er überquerte den Gelben Fluß, um dann nordwärts zu ziehen und das mit Chu verbündete Königreich Zhao anzugreifen. Tatsächlich gelang es ihm, die Armee von Zhao zu vernichten. Der König von Zhao floh in die Stadt Julu (im heutigen Kreis Pingxiang der Provinz Hebei). Zhang Han befahl zwei Unterkommandanten, die Stadt zu belagern. Er selbst stationierte seine Truppen im Süden der Stadt. Chen Yu, der Heerführer der Armee von Zhao, hatte mehrere 10 000 Mann im Norden der Stadt stationiert.

Xiang Yu entsandte den Fürsten von Dangyang und General Pu mit 20 000 Mann über den Zhang-Fluß, um Julu zu befreien. Sie hatten wenig Erfolg. Chen Yu bat Xiang Yu um Verstärkung. Dieser führte daraufhin seine gesamte Streitmacht über den Zhang-Fluß. Nach der Überquerung ließ er alle Boote versenken, alle Kochkessel zerschlagen und alle Unterkünfte verbrennen, und er ließ die Truppe nur für drei Tage Proviant fassen. So zeigte er gemäß Sima Qians *Geschichtlichen Aufzeichnungen* «den Alliierten und Soldaten seine Entschlossenheit zum Kampf um Sieg oder Tod, ohne den geringsten Gedanken an einen Rückzug.» Nach neun Schlachten war die Qin-Armee vollständig vernichtet. Inzwischen waren mehr als zehn Armeen aus verschiedenen Staaten, die sich ebenfalls gegen die Qin-Dynastie erhoben hatten, herbeimarschiert, um Julu zu retten. Sie hatten sich in der Nähe der Stadt festgesetzt, wagten aber nicht loszuschlagen. Als die Armee von Chu die Qin-Armee angriff, schauten die Generäle dieser Armeen oben von ihren Befestigungsringen aus zu und warteten erst einmal ab

(s. Strategem Nr. 9). Jeder Soldat der Chu-Armee zählte soviel wie zehn feindliche Soldaten. Das Kriegsgeschrei der Chu-Armee zerriß die Lüfte und jagte jedem einzelnen Mann in den Truppen der zuschauenden verbündeten Armeen Angst und Schrecken ein. Nach seinem Sieg beorderte Xiang Yu die Führer der alliierten Armeen zu sich. Als sie am Tor seines Lagers eintrafen, fielen sie auf die Knie und krochen zu Xiang Yu. Sie wagten nicht, ihr Gesicht zu heben und ihm ins Antlitz zu sehen. Er wurde zum Oberkommandierenden all der Streitkräfte aus den verschiedenen Staaten. Damit hatte sich Xiang Yu an die Spitze aller gegen die Qin-Dynastie kämpfenden Könige und Fürsten gestellt – dank einem Feldzug auf der Grundlage des Stratagems Nr. 28.

«Die Kochkessel zerschlagen und die Boote versenken (po fu chen zhou)», was so viel bedeutet wie «Den Rubikon überschreiten/sich in eine Lage versetzen, in der es kein Zurück gibt», ist eine im modernen China geläufige Redewendung. «Mit einer ‹die Kochkessel zerschlagenden und die Boote verbrennenden› Entschlossenheit ist der US-Journalist Edgar Snow [1905–1972] [im Jahre 1936] unter Lebensgefahr in die chinesischen Sowjetgebiete im Norden Shaanxis aufgebrochen», schreibt etwa Xiao Hong in der Pekinger *Volkszeitung* (17.7. 1990, S. 8).

In einem nichtmilitärischen Zusammenhang benutzte diese Redewendung bereits Ende der Ming-Zeit (1368–1644) Chen Jitai, ein Kenner des *Buchs der Wandlungen* und darüber hinaus mit etwa 10 000 Gedichten ein unbestritten produktiver, aber ungefähr umgekehrt proportional bekannter Poet. Im Jahre 1630 bekundete er einem Freund seine Entschlossenheit, an dem alle drei Jahre stattfindenden Beamtenexamen in der Provinzhauptstadt teilzunehmen: «Im Herbst werde ich die Kochkessel zerschlagen und die Boote versenken und mich mit Proviant für nur drei Tage versorgen. Das ist das Stratagem, dank dem ich den Räuberhäuptling fangen [Anspielung auf das Stratagem Nr. 18, hier bezogen auf den ersehnten Examenserfolg] und die Sonne abschießen [= das unmöglich Erscheinende vollbringen] werde.» Mit dem gegen sich selbst gewandten Stratagem reüssierte Chen Jitai. Er bestand nicht nur das Provinzexamen, sondern im Jahre darauf auch die höchste, in der Reichshauptstadt abgehaltene Beamtenprüfung. Und das, wie die *Geschichte der Ming-Dynastie* vermerkt, im hohen Alter von 68 Jahren!

## 28.3  Schlacht mit dem Rücken zum Fluß

Im Jahre 205 v. Chr. besiegte Han Xin (gest. 196 v. Chr.), ein Feldherr von Liu Bang (um 256–195), dem Begründer der Han-Dynastie, mit Hilfe einer Kriegslist die Streitkräfte des Königs von Wei und eroberte dessen Gebiet. Im Jahr darauf sandte Liu Bang ihn und Herzog Zhang Er (gest. 202 v. Chr.) zu einem Feldzug ostwärts gegen den König von Zhao. Mit wenigen 10 000 Mann machte sich Han Xin auf den Weg. Der König von Zhao und sein Verbündeter Chen Yu, der Fürst von Cheng'an, boten ein Heer von 200 000 Mann auf, das am Engpaß von Jingxing (im Westen der heutigen Provinz Hebei, nahe der Provinz Shanxi) zusammengezogen wurde und dort auf Han Xins Truppe wartete.

Li Zuoche, der Fürst von Guangwu, wandte sich an den Fürsten von Cheng'an und wies zunächst auf die von Han Xin bereits unter Beweis gestellte Schlagkraft und Gefährlichkeit hin. Soeben habe er einen bedeutenden Sieg errungen. «Einer solchen Streitmacht, die, von ihrem Erfolg beschwingt, von weither kommt, sollten wir uns nicht direkt entgegenstellen.» Dann wies er auf die langen Nachschubwege für die Truppen Han Xins hin und schlug vor, mit 30 000 Mann Han Xin im Korridor von Jingxing, den er werde passieren müssen, rückwärts von seiner Nachschublinie abzuschneiden. Der Fürst von Cheng'an solle Han Xins Truppen von vorn blockieren, ohne aber in einen Kampf mit ihnen einzutreten. «Dann können sie weder vorrücken noch sich zurückziehen. Proviant werden sie keinen mehr bekommen. In weniger als zehn Tagen werden sie erledigt sein.»

Doch der Fürst von Cheng'an war, so Sima Qian (geb. um 145 v. Chr.) in seinen *Geschichtlichen Aufzeichnungen*, ein Konfuzianer. «Er pflegte zu sagen, daß Soldaten, die den Geboten der Pflicht dienen, keine Betrugsmanöver und Strategeme benutzen sollten.» So lehnte er die vom Fürsten von Guangwu vorgeschlagene Kombination des Strategems Nr. 19 mit dem Strategem Nr. 22 ab. Er entgegnete: «Ich hörte, daß gemäß den Regeln der Kriegskunst derjenige, der die zehnfache Übermacht besitzt, den Feind umzingeln, und der, der die zweifache Übermacht besitzt, ihn angreifen solle [s. 22.1]. Han Xins Truppen sollen sich zwar auf einige 10 000 Mann belaufen. Doch sie besitzen lediglich die Kampfbereitschaft von einigen 1000 Mann. Nach einer Anmarschstrecke von 1000 Meilen sind sie erschöpft. Wenn wir einem Kampf ausweichen, wie sollen wir uns dann noch verhalten, wenn wir später von stärkeren Truppen angegriffen werden?

Andere Staaten werden uns als Feiglinge betrachten und uns attackieren.»

Spione hatten Han Xin von der Kampfeslust des Fürsten von Cheng'an berichtet. Er lachte sich ins Fäustchen und marschierte bedenkenlos weiter. 30 Meilen vom Eingang zum Hohlpaß von Jingxing entfernt ließ er seine Truppe lagern. Er befand sich damit in einer taktisch ungünstigen Position. Der Feind hatte sich an einer höher gelegenen, schwer zugänglichen Stelle verschanzt. Ein Angriff war so gut wie aussichtslos. Der einzige Weg zum Erfolg bestand darin, ihn aus dieser vorteilhaften Stellung herauszulocken. Um Mitternacht brach Han Xin mit seiner Truppe auf und näherte sich den feindlichen Stellungen. Gleichzeitig schickte er einen Sondertrupp von 2000 Reitern aus, jeder von ihnen mit einer roten Fahne. Rot war die Farbe der von Liu Bang bereits im Jahr 206 v. Chr. ausgerufenen Han-Dynastie. Die Reiter sollten auf verborgenen Pfaden zu einem Berg östlich des Hohlweges von Jingxing gelangen, sich dort versteckt halten und das feindliche Lager beobachten. Han Xin hatte der Kavallerietruppe befohlen: «Wenn die Armee von Zhao uns fliehen sieht, dann wird sie ihren Schutzwall verlassen und uns verfolgen. In diesem Augenblick müßt ihr sogleich den Schutzwall stürmen, die Flaggen von Zhao niederreißen und die roten Fahnen von Han hissen!»

10000 Mann stellte Han Xin mit dem Rücken zum Ostufer des Mianman-Flusses diesseits des Jingxing-Passes auf. Bewußt stellte er sich also «dumm». Der Fürst von Cheng'an, der die Armee von Zhao befehligte, lachte, als er sah, wie Han Xin seine Truppe in eine tödliche Falle gestellt hatte. Ohnehin hatte sich der Fürst von Cheng'an überlegen gefühlt; jetzt aber nahm er seinen Gegner noch weniger ernst.

Als sich die Sonne erhob, bestiegen Han Xin und Zhang Er ihren Kommandowagen mit der Feldherrenstandarte und der Kriegstrommel und führten die ihnen noch verbliebenen Truppenteile in Richtung auf den Engpaß von Jingxing. Der Fürst von Cheng'an wähnte, nun sei für ihn der günstige Zeitpunkt gekommen. Er verließ mit dem Hauptteil seiner Streitmacht seine Befestigung und griff Han Xins anmarschierende Truppe an. Eine erbitterte Schlacht wogte einige Zeit hin und her. Da plötzlich schien es, als gebe sich Han Xin geschlagen. Er ließ seinen Feldherrenwagen stehen und zog sich mit seinen Soldaten zu der mit dem Rücken zum Fluß aufgestellten Truppe zurück. Der Fürst von Cheng'an fiel auf das vorgetäuschte Fluchtmanöver herein. Nun verließen auch noch die letzten im Belagerungsring zurückgelassenen

Soldaten von Zhao ihre Befestigung, um Han Xin und Zhang Er zu verfolgen. Diese aber waren längst in der Truppe am Flußufer untergetaucht, die der Zhao-Armee erbitterten Widerstand leistete. In der Zwischenzeit hatten die 2000 Reiter auf ihrem Beobachtungsposten ausgeharrt. Als sie sahen, daß alle Zhao-Soldaten ihr Lager verlassen hatten, galoppierten sie in den Belagerungsring hinein, rissen die Banner von Zhao zu Boden und hißten 2000 rote Han-Flaggen.

Unfähig, die feindliche Armee zu besiegen, wollte sich der Fürst von Cheng'an mit seiner Armee wieder in seine Befestigung zurückziehen. Da sahen die Soldaten von Zhao plötzlich, wie an den Rändern ihres Befestigungsrings lauter rote Fahnen wehten. Entsetzen packte sie. Die 2000 Reiter der Han-Armee galoppierten auf sie zu und schnitten ihnen den Rückweg ab. In Panik stoben die Zhao-Soldaten auseinander. Die Truppen von Han nahmen sie in die Zange und schlugen sie vernichtend. Der Fürst von Cheng'an fand den Tod, und der König von Zhao fiel in Gefangenschaft.

Später wurde Han Xin von Offizieren gefragt, warum er mit einer Truppenaufstellung, die allen Regeln der Kriegskunst widersprach, den Sieg davongetragen habe. Han Xin entgegnete: «Meine Vorgehensweise ist in den Büchern über die Kriegskunst auch vorgesehen, nur habt ihr das nicht beachtet. Dort heißt es doch: ‹Versetze deine Truppe in Todesgefahr, und sie wird überleben, sende sie ins sichere Verderben, und sie wird zurückkehren!› Ich verfügte über keine gut ausgebildeten Offiziere und Soldaten, sondern befehligte einen Haufen bunt zusammengewürfelter, eben erst eingezogener Männer. Die Umstände zwangen mich, sie in eine aussichtslose Lage zu versetzen und so zu zwingen, um ihr Leben zu kämpfen. Hätte ich sie zur Austragung der Schlacht an einem sicheren Ort aufgestellt, wären sie mir alle davongelaufen.»

Obwohl Han Xin seinen waghalsigen Schlachtplan als bloße Anwendung bereits vorhandener chinesischer Kriegstheorie darstellte, rühmt ihn Lu Wutong im Pekinger Intellektuellenblatt *Licht-Tageszeitung* vom 28.8.1998 in einem Beitrag über «Die hauptsächlichen Errungenschaften im Militärdenken der Westlichen Han-Dynastie» [206 v.–24. n.Chr.]: «Bei der Schlacht von Jingxing stieß Han Xin tief in ein gefährliches Terrain vor und besiegte aus einer Kampfstellung mit dem Fluß im Rücken heraus die Armee von Zhao. Das war ein gewaltiger Durchbruch in der Kriegskunst der chinesischen Antike.»

Auf Han Xins Sieg bei Jingxing geht das Sprichwort «Mit dem Rücken zum Fluß eine Schlacht schlagen (bei shui yi zhan)» zurück. Es besagt: in eine nachgerade aussichtslose Lage versetzt werden, in der man alles hergibt, will man nicht alles verlieren. «Wuhan: Die Illusionen aufgeben, mit dem Rücken zum Fluß die Schlacht schlagen!» So ist ein Bericht über die Bekämpfung des Hochwassers überschrieben, das in der Hauptstadt der Provinz Hubei bis dahin immer noch nicht ganz ernst genommen worden war (*Chinesische Jugendzeitung*, Peking 19.8.1998, S.1). Deutet hier die Redewendung in bildhafter Weise auf größtmögliche Entschlossenheit angesichts einer verzweifelten Lage, so erscheint sie laut dem Strategemforscher Yu Xuebin oftmals als eine andere Formulierung des Strategems Nr. 28. Unter dem Titel «Die Pekinger Oststadt schickt höhere Funktionäre in eine ‹Schlacht mit dem Rücken zum Fluß›, um den Arbeitsstil der Polizei zu verbessern» berichtet die Pekinger *Arbeiterzeitung* am 21.5.1998, daß im betreffenden Stadtbezirk eine Zweigstelle des städtischen Amtes für die öffentliche Sicherheit 33 höherrangige Funktionäre hinunter an die Basis delegiert habe. Die Funktionäre wurden auf elf mit Haushaltsregistrierungen und ähnlichem befaßte Polizeistationen verteilt. Unter Beibehaltung ihres angestammten Funktionärsranges bekamen sie als «Assistenten des Polizeistationsvorstehers» die Aufgabe, die sogenannten «vier Schwierigkeiten» zu beheben. Die Bevölkerung hatte darüber geklagt, es sei schwierig, 1. zum Vorbringen eines Anliegens überhaupt vorgelassen zu werden, 2. auf ein freundliches Gesicht zu stoßen, 3. mit höflichen Wörtern bedacht zu werden und 4. ein Anliegen erledigt zu bekommen. Den dergestalt an die Basis verdonnerten Funktionären wurde angedroht, daß sie, wenn nach einer gewissen Zeit das Publikum immer noch unzufrieden sei, die ursprüngliche Rangstufe verlören und fortan an Ort und Stelle als gewöhnliche Polizisten weiterzuarbeiten hätten.

28.4  Wie man seinen widerspenstigen Vater zum Kaiser macht

Tyrannisch, grausam, kriegslüstern und verkommen soll Kaiser Tang (605–618) gewesen sein. Unter ihm endete die kurzlebige Sui-Dynastie (581–618). Bauernaufstände brachen aus. Kaiserliche Truppenverbände begannen den Gehorsam zu verweigern. In der immer chaotischer werdenden Situation erkannte der kaum 20jährige Li Shimin (598–649), daß die Tage der Sui-Dynastie gezählt wären. Hochfliegende Pläne beseelten ihn: Er wollte das Reich erobern. Heimlich begann er, seine Netze zu spannen. Allein war er allerdings zu schwach.

Er bedurfte der Unterstützung seines Vaters Li Yuan (565–635). Dieser war General und in Taiyuan (der heutigen Provinzhauptstadt von Shanxi) mit der Verteidigung Chinas gegen Nomaden beauftragt. Li Shimin war sich aber seines Vaters nicht so sicher.

Die Frage, wie er den Vater zum Aufstand bewegen könne, besprach Li Shimin mit Pei Ji, einem stellvertretenden Aufseher eines in Taiyuan befindlichen Kaiserpalastes, der auch ein guter Freund seines Vaters war. Die beiden Verschwörer heckten den Plan aus, Li Shimins Vater zu diskreditieren. Zu diesem Zweck stellte Pei Ji dem Vater einige kaiserliche Palastdamen für Dienstleistungen zur Verfügung. Später begab sich Li Yuan zu Pei Ji, um mit ihm Wein zu trinken. Sich etwas beschwipst gebend, weihte Pei Ji den Vater in die umstürzlerischen Pläne des Sohnes ein. Den Vater erfaßte großer Schrecken. Der *Neuen Geschichte der Tang-Dynastie* von u. a. Ouyang Xiu (1007–1072) zufolge sagte Pei Ji darauf zu Li Yuan: «Wenn ans Licht kommt, daß kaiserliche Palastdamen Euch zu Diensten waren, werdet Ihr hingerichtet. Aus diesem Grunde planen wir die Erhebung». Nun betrat auch Li Shimin das Gemach und legte seine Pläne dar. Dem Vater blieb gar nichts anderes übrig, als sich auf die Seite des Sohnes zu stellen und sich zur Rebellion zu entschließen.

So weit hatte Li Shimin den Vater dank der Anwendung des Stratagems Nr. 28 gebracht, wie der Stratagemforscher Yu Xuebin analysiert. Damit, daß er die Dienste der Palastdamen in Anspruch nahm, hatte sich Li Yuan eines todeswürdigen Verbrechens schuldig gemacht. Unvermittelt befand er sich auf dem «Dach». Die Majestätsbeleidigung, die er damit begangen hatte, konnte dem Kaiser jederzeit zu Ohren kommen. Dann war Li Yuans Vernichtung auf dem «Dach» unausweichlich. Das Geschehen ungeschehen machen konnte er nicht mehr. Damit stand ihm keine «Leiter» für den Abstieg vom «Dach» mehr zur Verfügung. Es gab also kein Zurück mehr, sondern nur noch ein Vorwärts.

Li Yuan rebellierte im Jahre 617, verbündete sich mit türkischen Stämmen und marschierte auf die damalige Hauptstadt Chang'an, wo er die neue Dynastie der Tang (618–907) gründete und sich zum Kaiser Gaozu (618–626) ausrufen ließ. Li Shimin folgte ihm als Kaiser Taizong (626–649) nach.

## 28.5 Das Gespräch zwischen Himmel und Erde

Liu Biao, der Stadthalter von Jingzhou (in der heutigen Provinz Hubei), hatte seinen Verwandten Liu Bei zu sich eingeladen. Er wollte sich mit ihm über die Zukunft seines Herrschaftsgebietes beratschlagen. Liu Bei befand sich in Begleitung seines neuen Beraters Zhuge Liang (s. auch 20.15). Als die beiden Besucher nach einem ersten Gespräch mit Liu Biao in ihrem Gästegemach weilten, wurde ihnen Liu Qi, der Sohn von Liu Biao angekündigt. Liu Bei empfing ihn. Da Liu Qis Vater Liu Biao vom gleichen kaiserlichen Geblüt wie Liu Bei war, redeten die beiden Männer einander mit verwandtschaftlichen Bezeichnungen an. Der junge Mann begann zu weinen und sagte: «Meine Stiefmutter kann mich nicht leiden. Ich befinde mich in Lebensgefahr. Ich hoffe, daß Ihr Onkel, Euch meiner erbarmt und mich rettet.» Liu Bei entgegnete: «Mein vortrefflicher Neffe, das ist eine familiäre Angelegenheit. Wieso stellst du mir solch eine Frage?» Zhuge Liang lächelte derweil. Liu Bei wandte sich ihm zu und fragte nach seiner Meinung. Zhuge Liang sagte: «Das ist eine familiäre Angelegenheit, mit der ich mich nicht zu befassen wage.» Kurz darauf begleitete Liu Bei den jungen Mann aus dem Gästegemach. Beim Abschied flüsterte er ihm ins Ohr: «Ich werde Zhuge Liang beauftragen, deinen Besuch zu erwidern. Dann kannst du mit ihm reden. Er weiß sicher einen Rat.»

Liu Qi dankte ihm und ging. Als am folgenden Tag der Zeitpunkt für den Gegenbesuch gekommen war, schützte Liu Bei Magenbeschwerden vor und ersuchte Zhuge Liang, ihn zu vertreten. Zhuge Liang kam dieser Bitte nach. Als er beim Bestimmungsort angekommen war, stieg er vom Pferd und betrat den Palast. Liu Qi führte ihn in einen der inneren Räume. Als der Tee ausgeschenkt worden war, sagte Liu Qi: «Ich werde von meiner Stiefmutter verfolgt. Habe ich das Glück, von Euch, Herr, ein rettendes Wort vernehmen zu können?» Zhuge Liang sagte: «Ich bin hier bloß ein fremder Gast. Wie könnte ich mich da in die verwandtschaftlichen Belange anderer Menschen einmischen? Wenn ich dies täte und es würde bekannt, so könnte dies unheilvolle Folgen nach sich ziehen.» Nach diesen Worten erhob er sich, um zu gehen. Liu Qi aber bat ihn: «Wenn Ihr mich nun schon mit Eurem Besuch beehrt, könnt Ihr doch nicht so schnell wieder gehen.»

Er führte Zhuge Liang in ein Privatgemach und ließ Erfrischungen bringen. Während sie Wein tranken, sagte Liu Qi erneut: «Die Stiefmutter kann mich nicht ertragen. Ich bitte Euch, Herr, um einen rettenden Rat.» Zhuge Liang antwortete: «Das ist keine Angelegenheit, in der ich einen Rat zu erteilen wage.» Kaum waren seine Worte verklungen, wollte er sich erneut verabschieden. Liu Qi äußerte: «Herr, wenn Ihr nichts dazu sagen wollt, dann verhält es sich eben so. Aber warum wollt Ihr immer sofort gehen?» Darauf setzte sich Zhuge Liang wieder, und Liu Qi eröffnete ihm: «Ich besitze ein altes Buch, das ich Ihnen, Herr, gern zeigen möchte.» Darauf führte er den Gast zu einem kleinen hoch gelegenen Dachstockwerk. Zhuge Liang fragte: «Wo ist das Buch?» Da begann Liu Qi zu weinen und sagte: «Die Stiefmutter will mich entfernen. Mein Leben steht auf dem Spiel. Könnt Ihr, Herr, es wirklich über Euch bringen, mir keinen Ausweg zu weisen?» Zhuge Liangs Gesicht verfärbte sich, und er erhob sich, um wieder nach unten zu gehen. Da bemerkte er, daß die Leiter, die sie benutzt hatten, weggezogen war. Liu Qi sagte: «Ich hoffe so sehr auf einen guten Plan. Sie fürchten, daß es nach außen dringen könnte, wenn Sie mir etwas vorschlagen. Hier befinden wir uns zwischen Himmel und Erde. Die Worte, die Sie mir mitteilen, werden unmittelbar in mein Ohr eindringen. Niemand anders wird sie hören. Können Sie mir jetzt sagen, was ich tun kann?»

Zhuge Liang entgegnete: «Man soll nicht Zwietracht unter Verwandten stiften. Wie könnte ich Ihnen da einen Vorschlag unterbreiten!» Liu Qi sagte: «Ihr wollt mir also endgültig keinen Fingerzeig geben. Damit ist mein Leben nicht mehr gesichert. Ich will daher gleich zu Euren Füßen sterben.» Er zückte sein Schwert, um sich den Todesstoß zu versetzen. Zhuge Liang gebot ihm Einhalt und sagte: «Ich habe eine Idee.» Liu Qi flehte ihn an: «Ich hoffe auf Eure Unterweisung.» Zhuge Liang sprach: «Habt Ihr noch nie von Zhongsheng und Chonger gehört? Sie waren Söhne des Herzogs Xian von Jin [676–665]. Nun wollte Herzog Xian den Sohn einer anderen Frau als Kronprinzen einsetzen. Jene Frau hatte die beiden Söhne verleumdet. Der eine von ihnen, Zhongsheng, wollte nicht fliehen und wurde prompt zum Selbstmord gezwungen. Der andere, Chonger, flüchtete in ein anderes Land [s. Stratagem Nr. 36], kehrte später in sein Heimatland zurück und wurde als Herzog Wen von Jin [636–627] zu einem der fünf Hegemonen der Frühlings- und Herbstzeit. Soeben ist der Kommandant der Eurem Vater unterstehenden Stadt Jiangxia bei einem Angriff des Staates Wu getötet worden, und Jiangxia, das die Wu-Armee wieder aufgegeben hat, ist derzeit ziemlich schutzlos. Warum bittet Ihr nicht Euren Vater darum, als neuer Befehlshaber nach Jiangxia entsandt zu werden? So könnt Ihr dem Unheil entkommen.» Liu Qi dankte Zhuge Liang. Dann befahl er seinem Gefolge, die Leiter wieder hinzustellen, und begleitete Zhuge Liang nach unten. Dieser verabschiedete sich. Bald danach folgte der junge Mann Zhuge Liangs Rat. Sein Vater fragte Liu Bei um dessen Meinung, die natürlich zugunsten Liu Qis ausfiel. Bei der Gelegenheit legte Liu Bei auch gleich für sich selbst ein gutes Wort ein: «Der Südosten wird von deinem Sohn verteidigt. Die Verteidigung des Nordwestens übernehme ich.» Liu Qi aber wurde tatsächlich Kommandant von Jiangxia.

28.6 Mit einem Mal die Schüchternheit verloren

«Kommilitone Li von der Fakultät für chinesische Sprache brillierte in jeder Hinsicht, nur war er etwas in sich gekehrt. Nichts fürchtete er mehr, als vor einem größeren Publikum das Wort zu ergreifen. Deswegen wurde er oft ausgelacht.

Eines Tages bat ihn sein guter Freund Zhang um Hilfe. Er wolle an einem universitären Rede-Wettstreit teilnehmen. Doch könne er keinen guten Redetext verfassen. Ob ihm wohl Li als Geistschreiber beistehe? Für Li war das kein Problem. Er sagte sofort zu und machte sich gleich an die Arbeit. Er trug Unterlagen zusammen und gab sich ganz seiner Aufgabe hin. Drei Tage später quoll er nur so über von Ideen. Er setzte sich hin, und im Nu hatte er mehrere 1000 Schriftzeichen zu Papier gebracht. Bestimmt hat nun der Freund ein gutes Traktat, dachte er, zufrieden mit sich selbst.

Nach einigen Tagen suchte ihn der Freund aber erneut auf und sagte verärgert: ‹Auf dem abgegebenen Manuskript stand dein Name. Mit einem fremden Text, beschied man mich, kann ich aber am Wettbewerb nicht teilnehmen. Deshalb muß ich nun dir den Vortritt überlassen.› Kommilitone Li war baß erstaunt. Von dieser Regel hatte er nichts gewußt. Daran, sein Œuvre namentlich gezeichnet zu haben, konnte er sich auch nicht erinnern. Nachdem die Dinge nun einmal so weit gediehen waren und man ihn als Teilnehmer des Wettbewerbs registriert hatte, mußte er wohl mitmachen. Und er begann, von früh bis spät für seinen Auftritt zu üben.

Einen Monat später fand der Wettstreit statt. Kommilitone Li betrat das Podium. Der Text, den er verfaßt hatte, war ein Werk, das ihn mit Stolz erfüllte. Zudem hatte er ein intensives Redetraining hinter sich gebracht. Als er nun zu sprechen anhob, waren Stimmkraft und Gefühlsausstrahlung gleichermaßen wohlgeraten. Man merkte ihm zwar an, daß er etwas Lampenfieber hatte, doch beeinträchtigte dies den blendenden Gesamteindruck nicht. Seine Rede ging reibungslos über die Bühne, und siehe da, als die Ergebnisse verkündet wurden, fand er sich unter ‹die zehn besten Redner der Universität› eingereiht. Erst hinterher erfuhr er, daß es sein Freund gewesen war, der seinen Namenszug auf den Redetext gesetzt und so seine Teilnahme an dem Wettbewerb eingefädelt hatte.»

Als ein Beispiel für die Anwendung des Strategems Nr. 28 präsentiert der Nanjinger *Dienstleistungs-Anzeiger* vom 28. 9. 1996 im Rahmen seiner Serie über «Die 36 Strategeme heute» diese von einem Leser eingesandte Episode. Der strategembetroffene Kommilitone Li wurde in eine Situation hineinmanövriert, aus der er nicht mehr entfliehen konnte. Ein Zurückkrebsen erschien ihm jedenfalls als die peinlichere Alternative als das Mitmachen. Einmal auf das «Dach» der Teilnahme am Rede-Wettstreit gehievt, blieb ihm nichts anderes übrig, als aus der Not eine Tugend zu machen. So verhalf ihm die freundschaftliche Anwendung des Strategems Nr. 28 zur Überwindung eines lästigen Komplexes.

### 28.7 Familie als Mördergrube

«Komm und sieh dir einmal meine Felder an», schlug Kain seinem Bruder Abel vor. Als sie aber draußen waren, fiel Kain über seinen Bruder her und schlug ihn tot. Kain und Abel waren die Söhne von Adam und Eva. Abel war Hirte, Kain Bauer. Daß Gott nach einem von Abel dargebrachten Opfer freundlich auf Abel herabgeblickt, Kain und dessen Opfer aber nicht beachtet hatte – dieses Verhalten Gottes gemahnt nachgerade an das Strategem des Zwietrachtsäens Nr. 33 –, verbitterte Kain und ließ in ihm den Mordplan keimen.

Ein anderes Brüderpaar lebte in der altägyptischen Götterwelt: «Osiris und Seth. Osiris hatte von seinem Vater Geb das Königtum über das fruchtbare Land, Seth dagegen bloß das restliche Land erhalten. Osiris rief den Neid des Seth hervor, weil er sich dank verschiedener Maßnahmen großer Beliebtheit erfreute. So sann Seth, wie er seinen Nebenbuhler ausschalten könne. Dann faßte er einen Plan. Er verbündete sich mit zweiundsiebzig Ältesten aus dem Kreise der Götter und mit der nubischen Königin. Heimlich hatte er einst bei Osiris Maß genommen. Im verborgenen ließ er eine prunkvoll geschnitzte Lade anfertigen. An einem Tage, an dem sich die Götter zu einem großen Mahle zusammenfanden, ließ er die Lade in den Saal tragen. Demjenigen versprach er den kostbaren Schrein, der ihn am besten ausfüllen werde. Nun war Osiris an der Reihe, in die Schatulle zu steigen. Die Verschwörer drängten heran, schlugen den Deckel zu und rannten mit der Lade davon. Mit Blei dichteten sie die Fugen ab und versenkten die zum Sarg gewordene Truhe mit Osiris im Meer, das Seth gehorsam war. Seth ergriff die königlichen Insignien und herrschte an Osiris' statt» (aus: Walter Beltz: *Die Schiffe der Götter*, Berlin 1987, S. 68 f.).

Auch der sagenhafte chinesische Kaiser Shun (angeblich 2317–2208) hatte böse Blutsverwandte. Seine Mutter starb, als er noch jung war. Die zweite Frau seines Vaters schenkte ihm einen Sohn namens Xiang. Dieser gewann mehr und mehr die Zuneigung seines Vaters, dessen Abneigung gegenüber Shun entsprechend zunahm. Shun wurde schließlich als derart störend empfunden, daß ihm nicht nur sein Stiefbruder Xiang (s. 16.18), sondern auch seine Eltern mehrmals nach dem Leben trachteten. Immer wieder entkam Shun der tödlichen Gefahr, und danach behandelte er Vater, Stiefmutter und Stiefbruder wie eh und je im höchsten Maße korrekt. Dabei verhielt er sich derart vorbildlich, daß er unter die im alten China propagierten 24 Modelle für kindliche Pietät eingereiht wurde.

Einmal erhielt Shun von seinen Eltern den Befehl, eine Scheune auszubessern. «Sie zogen dann», berichtet der zweitwichtigste konfuzianische Denker Mencius (gest. 289 v. Chr.), «die Leiter weg, und Shuns Vater zündete die Scheune an.»

Bereits die Mordanschläge von Kain und von Seth weisen Affinitäten mit dem Stratagem Nr. 28 auf. Buchstabengetreu wird dieses von Shuns Vater angewandt. Dieses Beispiel zeigt, daß das Stratagem Nr. 28 auch auf die Vernichtung des Stratagemopfers zielen kann. Es verschmilzt dann mit dem Stratagem Nr. 22, allerdings in einem um einen zusätzlichen Schritt erweiterten Sinn: «*Ins Zimmer locken*, die Tür schließen, den Dieb fangen.»


28.8  Der verheizte Gegenspieler

Im Jahre 316 n. Chr. zerbrach die kurzlebige Jin-Dynastie, die im Jahre 280 das Zeitalter der drei Reiche abgelöst und das Reich geeint hatte (s. 27.5). Teile des Herrscherclans Sima der Jin-Dynastie setzten sich nach Süden ab und errichteten im Gebiet des heutigen Nanjing ein neues Herrschaftszentrum. Ihr Reich hieß «Östliches Jin». Es war einer der 20 Staaten, in die China im 4. und zu Beginn des 5. Jahrhunderts n. Chr. zersplittert war. Im Östlichen Jin-Reich erlebte die ostasiatische Kultur des 4. und 5. Jahrhunderts höchste Verfeinerung. «Aber die Begleiterscheinungen dieser Überkultivierung waren schrecklich [...] Man hatte Zeit und wußte sie zu benutzen: zu Intrigen, viel schlimmer als je zuvor» (Wolfram Eberhard: *Geschichte Chinas*, Stuttgart 1971, S. 192). Es handelte sich nur um Angelegenheiten des Hofes und seiner Umgebung. Keine einzige Herrscherpersönlichkeit der Östlichen Jin-Dynastie besaß persönlich oder politisch irgendeine Bedeutung. Die Macht der Dynastie war außerordentlich beschränkt. In diesem Umfeld suchte sich der Armeeführer Huan Wen (312–372) aus einer einflußreichen Familie, die aus derselben Stadt stammte wie das Kaiserhaus, eine feste Machtgrundlage zu schaffen. Dank erfolgreicher Feldzüge wurde er immer mächtiger. Um ihn in Schach zu halten, berief der Kaiser den zwar prominenten, aber unfähigen Bezirksmandarin Yin Hao (?–356 n. Chr.) an den Hof. In den Jahren 351 und 352 erlitt Yin Hao zwei militärische Niederlagen. Diese Gelegenheit ergriff Huan Wen beim Schopf und richtete eine Eingabe an den Kaiser, in der er Yin Hao scharf angriff. Der schwache Kaiser enthob daraufhin Yin Hao seines Amtes und degradierte ihn zu einem gewöhnlichen Mann aus dem Volke. Grollend sagte Yin Hao: «Der Kaiser hat mich auf ein hundert Klafter hohes Gebäude versetzt, und nun nimmt er die Leiter und geht damit weg.» Diesen Satz überliefern die *Aufzeichnungen für Studienanfänger*, eine Art Enzyklopädie, die Xu Jian und andere im Auftrag von Kaiser Xuanzong (847–859) für den Unterricht der kaiserlichen Söhne kompilierten, und davor bereits die *Neuen Anekdoten aus Gesellschaftsgesprächen* des Prinzen Liu Yiqing (403–444) im Kapitel über «Amtsenthebungen». Der Strategemausdruck Nr. 28 erscheint hier umrißhaft und bezeichnet ein recht heimtückisches Verhalten: Man verschafft jemandem, weil man ihn braucht, eine hohe Stellung, läßt ihn dann aber später in einer prompt eintretenden kritischen Situation fallen, anstatt ihm Mittel und Wege zur Wahrung von Position und Gesicht zu weisen.

28.9  Pfirsich der Unsterblichkeit auf gewöhnlichem Früchteteller

Der Zen-Meditationsmeister Zaocan vom Kloster Geisterquelle unterrichtete in einer Halle in Huanglong. Sein Ruf als lauterer Mann verbreitete sich in Buddhistenkreisen. Im Jahre 1094 n. Chr. übernahm der buddhistische Laienanhänger Herr Zhang mit dem Beinamen Grenzenlos die Überwachung der Tributreisbeförderung in Jiangxi. Er bewunderte den Meditationsmeister Zaocan. Zu jener Zeit befand sich das Kloster Geisterquelle in dem Herrn Zhang unterstehenden Verwaltungsbereich Xinghua. Herr Zhang verteilte seine Einnahmen gleichmäßig an die verschiedenen Gebiete und behandelte alle Gruppen in ausgewogener Weise. So ersuchte er Zaocan, seinen Mönchsstand aufzugeben und in Yuzhang einen Beamtenposten anzutreten. Dem stand nun aber das Zaocan erteilte Mandat der buddhistischen Gottheit Guanyin (s. 19.13) entgegen. Dieses Mandat war streng, weshalb der Meditationsmeister dem Ruf in ein weltliches Amt nicht folgen konnte. Persönlich verfaßte er ein Schreiben, in dem er seine Ablehnung bekundete: «Ich habe weder Land noch Geräte. Was ich praktiziere, ist, in Armut zu leben und den Lebewesen zu dienen. Ich bedaure, daß mir anderweitige kostbare Eigenschaften fehlen. Sie haben mir ein großartiges Angebot unterbreitet. Aber das Tor zur Welt ist für mich schwer zu öffnen. Ich lebe als Bettler in den grünen Bergen und heile meinen von irdischem Staub kranken Körper.» Der Hofsterndeuter Huang (es handelt sich hierbei um den Dichter und Kalligraphen Huang Tingjian [1045–1105]), der sich in Xinghua aufhielt, kümmerte sich um die Lage in jenen Gebieten. Er sandte einen Brief an Herrn Zhang. Darin schrieb er: «Guanyin sei gegrüßt! Sie zeigen höchste Aufmerksamkeit für den lauteren Meditationsmeister Zaocan. Dieser kann aber keinen Beamtenposten annehmen, auch wenn er wollte. So ist es auch sehr gut. Ein Pfirsich der Unsterblichkeit reift nur einmal alle 3000 Jahre heran. Man sollte ihn nicht wie eine Aprikose mit eben erst abgefallenen Blüten pflücken. Wir beide sollten als treibende Kräfte auftreten, die dem Meditationsmeister auf seinem buddhistischen Weg helfen und ihm zu diesem Zweck gemeinsam je einen Arm entgegenstrecken. Man darf nicht einen Menschen auf einen Baum setzen und ihm die Leiter wegnehmen.»

Der Vorfall ist in den *Inoffiziellen Aufzeichnungen vom Luo-See* von Xiao Ying (12. Jh. n. Chr.) festgehalten. Die der Strategemformel Nr. 28 sehr ähnliche Ausdrucksweise, die der Hofsterndeuter benutzt, kann wie folgt ausgelegt werden: Der Meditationsmeister Zaocan ist viel zu überragend, um aus seinem geistlichen Stand auszutreten und Beamter zu werden. Indem man ihm einen Beamtenposten antrug, hat man ihn gewissermaßen auf einen Baum gehoben, und zwar gegen seinen Willen, wo er den Blicken derer ausgesetzt ist, die auf seine zustimmende Antwort hoffen. Man darf ihn nun nicht einfach sich selbst überlassen und ihm so gewissermaßen die Leiter für den Abstieg vom Baum wegziehen, indem man ihn mit seinem «nein» ganz allein läßt und zwingt, seine Bewunderer offen zu brüskieren. Vielmehr muß man Zaocan aktiv helfen, vom Baum der an ihn gerichteten Erwartungen herunterzukommen, ihm also Verständnis für seine Ablehnung bekunden und ihn nicht weiter bedrängen.

28.10  Griff nach der roten Magnolie

In seiner bekannten Erzählung *Die rote Magnolie unten an der hohen Mauer* beschreibt der chinesische Schriftsteller Cong Weixi (geb. 1933) einen aufrichtigen Kriminalbeamten, der in der Endphase der «Kulturrevolution» (1966–1976) von Anhängern der «Viererbande» ins Gefängnis geworfen worden ist. Am Totenfesttag des Jahres 1976 besteigt er eine Leiter, die von interessierter Seite bewußt – als Falle – an die hohe Mauer des Arbeitslagers gelehnt worden ist, um die in die Mauer gesteckte Magnolie – die Lieblingsblume des im Januar 1976 verstorbenen chinesischen Premiers Zhou Enlai – herunterzuholen und vor Zhous Bild zu legen. Das Komplott gelingt. Der Häftling wird vom Wachtposten «auf der Flucht» erschossen. Die von seinem Blut rot gefärbte Magnolie bleibt am Fuße der Mauer liegen.

28.11  Den Feind in die Tiefe des eigenen Gebiets locken

In welcher Deutung auch immer das Strategem Nr. 28 auftreten mag, die Strategemformel wird nur äußerst selten gebraucht. Über einen Zeitraum von über 20 Jahren fand ich sie in der chinesischen Presse – abgesehen von Artikeln über die 36 Strategeme – nur ein einziges Mal, und zwar in der Überschrift eines Artikels über die siegbringenden Spielzüge, die ein Schotte in einer Bridgepartie gemacht hatte (*Kulturtreff-Zeitung*, Shanghai 22.1.1989). Dem Strategemausdruck Nr. 28 werden andere gleichwertige Wendungen vorgezogen, in dem hier vorliegenden Zusammenhang am häufigsten die Redensart «Den Feind in die Tiefe des eigenen Gebiets/tief ins Innere des eigenen Territoriums locken (you di shen ru)». Sie verwendete Mao Zedong in seiner Abhandlung *Über den langwierigen Krieg* aus dem Jahre 1938. Wenn das Strategem Nr. 28 mit dem Strategem Nr. 22 verknüpft ist, dann dient es der Vorbereitung des Strategems Nr. 22, des Zielstrategems. Daher sind konkrete Beispiele einer derartigen Strategemverkettung im Kapitel über das Strategem Nr. 22 wiedergegeben. Hier folgen lediglich einige theoretische Erörterungen über die vor allem militärischen Feinden gegenüber aktuelle zweite Dimension des Strategems Nr. 28.

Um den Feind, der ursprünglich vielleicht gar nicht vorhat, das «Dach» zu besteigen, gleichwohl aufs «Dach» zu locken, öffnet man ihm in der eigenen Abwehrfront bewußt eine Lücke oder begeht einen kleinen Fehler. Man präsentiert ihm also gut sichtbar eine leicht zugängliche «Leiter». Dadurch aktiviert man beim Gegner die psychische Disposition, die darauf drängt, selbst eine noch so kleine sich bietende Chance, dem Feind eines auszuwischen, zu ergreifen. Natürlich darf die dem Feind geöffnete Lücke oder der bewußt begangene Fehler nicht den eigenen Lebensnerv tangieren. Lücke beziehungsweise Fehler dürfen auch nicht zu groß sein, da sonst die Gefahr besteht, daß der Gegner daraus eine eigentliche Durchbruchstelle macht und man die Kontrolle über ihn verliert. Nachdem der Gegner den leichten Weg zur vermeintlichen Schädigung des Feindes zu Ende gegangen und auf dem «Dach» angelangt ist, zieht man die «Leiter» weg und verfährt dann gemäß Strategem Nr. 22.

«Man kann den Gegner veranlassen, von selbst herbeizukommen, wenn man ihm einen Vorteil anbietet», heißt es in *Meister Suns Kriegskunst*. Demgemäß vermag man gewisse Gegner mit Hilfe eines Köders aufs «Dach» zu locken. Bei dem Köder kann es sich um ein Wertstück aus dem eigenen Besitzstand, aber auch um etwas handeln, um das beide Seiten kämpfen und das man bewußt fahrenläßt, damit sich der Gegner darauf stürzt. Die Positionierung des Wertobjekts ist äußerst wichtig. Ist der Feind sehr nahe, kann man es unmittelbar aufs «Dach» legen und den Feind in einem Zug auf dieses locken. Ist der Feind weit entfernt und legt man das Wertstück auf das «Dach», wird der Feind es möglicherweise nicht wahrnehmen, und selbst wenn er es wahrnimmt, überlegt er es sich vielleicht zweimal, ob sich die Mühe lohnt, es zu holen. In solch einem Fall ist eine ganze Kette von Ködern auszulegen, die dann den Feind zum Schluß auf das «Dach» führen. Das Opfern der Wertstücke darf nicht ins eigene Mark treffen, und die Objekte dürfen den Feind nicht über Gebühr stärken. Denn sonst begeht man die Torheit, die im Chinesischen mit «Einen Tiger großziehen und dadurch Unheil heraufbeschwören (yang hu yi huan)» und im Deutschen mit «Wer anderen eine Grube gräbt, fällt selbst hinein» umschrieben wird.

Man kann den Gegner auch durch vorgetäuschte Schwäche aufs

«Dach» locken, gemäß dem zehnten der zwölf listigen Wege in *Meister Suns Kriegskunst*: Man zeigt sich klein und unterwürfig und verleitet so den Feind zur Überheblichkeit. Der Feind wird dann von einem Angriff nicht zurückschrecken. Die vorgetäuschte Mickrigkeit und Schwäche müssen allerdings gepaart sein mit insgeheim tatsächlich vorhandener Stärke und einer guten Vorbereitung auf den Feind, so daß er bei der Ausführung seines Schlages auf das gewünschte «Dach» gelangt.

Nicht jeder Feind läßt sich auf ein «Dach» locken. Für solch ein Manöver kommen vor allem fünf Kategorien von Feinden in Frage:
- auf einen schnellen Erfolg erpichte Feinde, die mit ihren Taten nicht warten, bis die Situation herangereift ist; das nahe Ziel vor Augen, handeln sie aufs Geratewohl, ohne lange an die möglichen Folgen zu denken;
- gierige Feinde, die der vor Augen stehende Profit blind macht; bedenkenlos greifen sie zu, sobald sich ihnen auch nur der kleinste Vorteil zeigt;
- stolze Feinde, die den Gegner gering- beziehungsweise unterschätzen;
- starrköpfige Feinde, die wie Roboter nach feststehenden Programmen handeln: unflexibel, hölzern, schematisch; es genügt eine ihrer Programmierung entsprechende Anordnung, dann kommen sie nicht auf die Idee, das Ganze könnte eine Manipulation sein, und prompt landen sie auf dem «Dach»;
- leicht erregbare Feinde, die schnell die Fassung und dann jede Vernunft verlieren.

Hat man den Gegner durch ein Täuschungsmanöver auf das «Dach» gelockt, mag es angezeigt sein, die «Leiter» wegzuziehen, sobald er das Dach erreicht hat. So kann der Gegner sie nicht mehr benutzen, wenn er, was vielleicht schnell der Fall sein wird, erkennt, daß er übertölpelt worden ist. Langsam und unbemerkt entfernt man die «Leiter» dann, wenn man erreichen will, daß der Gegner nicht bloß bis zum Rand des «Daches» gelangt, sondern weit auf dieses vordringt. Einem Feind gegenüber wird man sämtliche «Leitern» wegziehen, denn nur, wenn man so verfährt, kann man anschließend das Stratagem Nr. 22 anwenden.

Vielfach geht es nicht darum, die feindliche Armee kompakt auf ein «Dach» zu locken, sondern darum, sie durch Lockmanöver oder andere Vorkehrungen in mehrere Teile zu spalten und jeden einzelnen Teil in einen gesonderten Hinterhalt zu locken. Man zieht dann überlegene eigene Streitkräfte zusammen und vernichtet der Reihe nach die in die Enge getriebenen unterlegenen, da zerkleinerten feindlichen Truppen.

Wie lockt man einen Gegner auf das «Dach»? Es gibt viele Vorgehensweisen, darunter vor allem die zwei folgenden:
- die Verlockung durch ein Täuschungsmanöver; diese Vorgehensweise ist möglich bei einem Gegenüber mit mangelnden Ortskenntnissen oder mit irgendwelchen Schwachstellen, die man ausnutzen kann; höchste Geheimhaltung ist erforderlich;
- Zwang; indem man den Gegner bedroht oder durch andere Mittel Druck auf ihn ausübt, versetzt man ihn in eine Lage, in der er gar nicht mehr anders kann, als das «Dach» zu besteigen. Auf diese Weise kann man das Stratagem Nr. 28 anwenden, wenn man dem Feind überlegen ist und die Initiative besitzt. Die Richtung, in die man den Feind zwingt, muß man unter Kontrolle haben, damit der Feind auch tatsächliche auf das anvisierte «Dach» steigt und nicht irgendwo anders hingelangt. Hier wird das Stratagem dem Opfer nicht verheimlicht, sondern offengelegt.

Als ein potentielles Opfer des Stratagems Nr. 28 sollte man angesichts von Profitmöglichkeiten mißtrauisch sein und sie nicht unbedarft nutzen. Man sollte genau abklären, ob der Gewinn lohnenswert ist. Vor allem dann, wenn das Gegenüber eigentlich auch Zugriff auf das Wertobjekt hätte, aber nicht zugreift, sollte man Vorsicht walten lassen. Bleibt Schaden oder Nutzen eines möglichen Vorteils trotz sorgfältiger Abklärungen im dunkeln, sollte man lieber darauf verzichten. Dies gilt besonders für kleine Gewinne, die nicht viel einbringen, wenn man sie erwirbt, und nicht viel schaden, wenn man auf sie verzichtet. Von jeder Profitgier sollte man Abstand nehmen. Denn schon viele Menschen mußten bittere Lehren daraus ziehen, daß sie einen kleinen Vorteil gewannen, dafür aber hinterher große Nachteile schlukken mußten.

Gegen das Stratagem Nr. 28 wappnet man sich in militärischen Auseinandersetzungen ferner durch Anpassungsfähigkeit. Statt schablonenhaft und routinemäßig vorzugehen, sollte man ständig Augen und Ohren offenhalten und Lageanalysen vornehmen. Selbst kleinste Gegebenheiten, die einem fragwürdig erscheinen, sollte man ernst nehmen. Es gilt umfassend abzuklären, was dahintersteckt, sei es mit Hilfe von Informations-Strategemen, sei es durch Späher. Man sollte nur dann weiter vorrücken, wenn alle Zweifel über das vor einem liegende Terrain behoben sind. Man sollte sich, wenn möglich, stets mehrere Handlungsoptionen offenhalten und diese häufig ändern, so daß der Gegner nie recht weiß, woran er ist. Bei etwaigen Zwischenfällen bewahre man einen kühlen Kopf. Findet man sich tatsächlich plötzlich auf einem «Dach» mit weggezogener «Leiter» wieder, reagiere man nicht mit Panik. Vielmehr schaue man um sich, denn vielleicht gibt es irgendeine Abstiegsstelle an einem ganz anderen Ort als jenem, an dem man aufs «Dach» gelangt ist.

Sowohl beim Stratagem Nr. 28 als auch beim Stratagem Nr. 15 wird das Gegenüber zu einem Ortswechsel veranlaßt. Doch sind Unterschiede zu beachten. Die Schwerpunkte der beiden Strategeme sind verschieden: die Loslösung des Gegenübers aus für ihn günstigen Umweltbedingungen (Stratagem Nr. 15) beziehungsweise dessen Manövrierung in eine für ihn äußerst ungünstige Position (Stratagem Nr. 28). Durch die Anwendung des Stratagems Nr. 15 entfernt man das Gegenüber aus der ihm vertrauten Umgebung, in und dank der es stark ist, und versetzt es in eine neue Umgebung, die für die Entfaltung seiner Stärken ungünstig ist. Mittels des Stratagems Nr. 28 lockt man das Gegenüber in eine bedeutend gravierendere, hoffnungslose Situation ohne Ausweg. Beim Stratagem Nr. 28 kann das Gegenüber von irgendwoher kommen. Der Ort, an den es bugsiert wird, ist dagegen eng umgrenzt. Demgegenüber entfernt sich beim Stratagem Nr. 15 das Gegenüber von einem ganz bestimmten Ort und begibt sich auf ein viel weiteres Feld als beim Stratagem Nr. 28.

### 28.12 Wie man Flugkunden bei der Stange hält

Gewisse Fluggesellschaften bieten den Kunden nach einer über mehrere Buchungen hinweg zurückgelegten Gesamtflugstrecke attraktive Geschenke an. Wenn man dazu noch von der Economy class zur Business class wechselt, erhält man zusätzliche Vergünstigungen, wie etwa besondere Hotelpreise am Zielort und so weiter. Je mehr Flugkilometer man hinter sich gebracht hat, desto größer werden die Geschenke und Bevorzugungen.

Dieses Geschäftsgebaren lockt einerseits neue Kunden an und hält andererseits die alten Kunden bei der Stange. Denn diese wollen die Vorteile, die sich aus der fortlaufenden Summierung ihrer Flugstrecken ergeben, nicht verlieren. Ja, sie fliegen mit der betreffenden Linie vielleicht gar noch öfter als notwendig. Zuerst wird ein Profit in Aussicht gestellt, der den Kunden bewegt, die betreffende Fluggesellschaft zu wählen. Ist dieser Schritt erst einmal getan, wird der Kunde zum Stammkunden, der die bereits angesammelten Flugkilometer nicht verlieren will und immer wieder dieselbe Fluggesellschaft wählt. Auch andere Firmen operieren mit derartigen Bonusprogrammen, die als eine Anwendung des Stratagems Nr. 28 angesehen werden können.

### 28.13 Die plötzlich vereinbarte Hochzeitsfeier

Eine Hochzeitsfeier in einem Gasthaus möchte ein junger Mann mit seiner Braut organisieren. Zu diesem Behufe sind sie dabei, mehrere Gaststätten abzuklopfen und sich jeweils vor Ort ein Bild über die Preise und die anderen Konditionen zu machen. Am Schluß wollen sie alle Angebote miteinander vergleichen und das beste auswählen.

Soeben sind sie in einem Restaurant eingetroffen. Kaum haben sie dem Wirt ihr Anliegen erklärt, fragt dieser mit höchster Zuvorkommenheit: «Wie viele Personen werden etwa an der Hochzeitsfeier teilnehmen?» – Sie antworten: «Etwa 60 Personen.» – «Wollen Sie sieben oder acht Tische?» – «Uns wären acht Tische recht.» – «Soll die Feier an einem Samstag oder an einem Sonntag stattfinden?» – «Am Sonntag vormittag um zehn Uhr.» Darauf sagt der Wirt sofort: «In Ordnung, alles wird Ihren Wünschen gemäß arrangiert. Sie werden bestimmt zufrieden sein!» Der junge Mann möchte noch etwas sagen, aber als er seine Braut anblickt, bedeutet diese ihm, den Mund zu halten. Und so ist der Auftrag, eh sie sich's versahen, fest in den Händen des Wirts gelandet.

Gemäß dem Strategemforscher Yu Xuebin benutzt der Wirt eine doppelbödige Fragetechnik. Alle seine Fragen baut er auf einer stillschweigenden Voraussetzung auf, die der die Antwort Erteilende auf jeden Fall bejaht, was immer er auf die einzelne Frage entgegnet. Auf diese Weise führt der Wirt sein Gegenüber genau in den wohlvorbereiteten Hinterhalt. Im vorliegenden Fall legt der Wirt seinen Fragen die Annahme zugrunde, daß sich die Besucher bereits für sein Restaurant entschieden haben. Nachdem sie diese Annahme mit jeder Antwort um ein Grad mehr bekräftigt haben, stehen die Brautleute am Schluß der Befragung auf dem «Dach», von dem der Bräutigam, dem das Ergebnis des Gesprächs nicht zusagt, angesichts der Miene der Braut nicht mehr herunterzusteigen vermag.

Um bei einer solchen Anwendung des Stratagems Nr. 28 nicht in die Falle zu tappen, sollte man nicht vorschnell die konkrete Frage beantworten, sondern die stillschweigende Grundannahme, welche die gestellte Frage suggeriert, zurückweisen beziehungsweise den Sachverhalt, um den es geht, richtigstellen. Das setzt voraus, daß man sich, bevor man antwortet, erst einmal überlegt, ob einem eine einfache Frage, bei der es nur um das unmittelbar Gefragte geht, oder eine doppelbödige Frage gestellt wurde, bei der die Antwort auf das vordergründig Gefragte eine Stellungnahme zu einer hinter der Frage stehenden Grundannahme beinhaltet.

## 28.14 In einem Korb hinaufziehen und dann darin sitzen lassen

«Durchfallen» bedeutet in der deutschen Sprache unter anderem «versagen», «eine Prüfung nicht bestehen», «bei einem Publikum nicht ankommen». Dieser Wortgebrauch geht auf den mittelalterlichen Schwank vom «Schreiber im Korb» zurück. Das Mädchen läßt dem ihr nicht genehmen Freier von ihrem Fenster einen Korb, dessen Boden gelockert ist, an einem Seil hinunter. Als sie ihn dann in dem Korb hinaufzieht, muß er zwangsläufig «durchfallen». «Durch den Korb fallen» ist eine außer Gebrauch geratene Wendung für «einen Korb bekommen» oder «sich einen Korb holen», das heißt, «bei einem Liebes- oder Heiratsantrag abgewiesen werden» (Lutz Röhrich: *Lexikon der sprichwörtlichen Redensarten*, Bd. 3 Freiburg etc. 1999, S. 872). Das Mädchen im Schwank, der in verschiedenen Versionen überliefert ist, wendet das Stratagem Nr. 28 an. Wie er dies am eigenen Leib erfuhr, erzählt ein Liebhaber in einem 1896 erschienen Volkslied (s. Lutz Röhrich; Rolf W. Brednich: *Deutsche Volkslieder*, Düsseldorf 1965, S. 276f.):

Es ist mit den Mädels ein Übeles wohl:
Sie treiben's gar oft mit den Mannsleit zu toll!
Sie werden's verstehn und ich werd' mich nicht irr'n.
die Mädels, die sind zum Vexiern und Verwirr'n. [...]

Ich führt' so ein Muster zum «König von Unger»,
kaum war sie da, so sprach sie: «Ich hab' Hunger!»
Ich ließ ihr auftragen Schnaps, Wein und auch Bier,
und habe getanzt bis halb zwölfe mit ihr.

Drauf bezahlt' ich meine Zeche und begleit' sie nach Haus,
wir war'n schon eine Strecke zum Tore hinaus:
Auf einmal da fiel mir mein Hausschlüssel ein;
ich war ihn vergessen, ich konnt' nicht hinein.

Sie sprach: «Mein lieber Herr, sind Sie nicht so betrübt,
Sie können bei mir schlafen, wenn's Ihnen beliebt.
Sie müssen dem Haushofmeister ein Trinkgeld spendier'n,
dann können Sie bei mir schlafen ganz ohne genier'n.»

«Da unten im Lusthäuschen in unserem Garten,
da müssen Sie aber ein klein wenig warten:
Ich geh' dann von unten den Boden hinauf
und mache ganz leise mein Fensterlein auf.»

«Ich laß dann von oben ein Stricklein herunter,
ein Strick mit 'nem Ring, Sie werden's versteh'n,
Sie binden dann unten ein Hölzlein daran,
und ich zieh' Sie hinauf, so gut als ich nur kann.»

Ich hatte dem Mädel mein Zutraun geschenkt,
wer hätte an so Spitzbuwestreiche gedenkt:
Noch eh' ich am Fenster des zweiten Stocks war,
da ließ sie mich hängen in der Luft wie ein Narr.

Ich rüttelt', ich schüttelt', ich rief: «Ach lieber Engel,
wir sind erst am zweiten Stock, zieh' noch was länger!
Mir wird es ganz schwindlig, mir vergeht schon der Sinn,
bedenke doch, daß ich kein Luftspringer bin.»

Ich hatt' schon gehangen, bis der Morgen anbrach,
da kam der Haushofmeister und hat mich ausgelacht.
Er sprach: «Mein lieber Herr, was ist Ihnen geschehn?
So hab' ich mein Lebtag keinen bummeln sehn!»

Ich bat: «Mein lieber Herr, binden Sie mich doch los,
ich will's Ihnen bezahlen, wenn's noch so viel kost'!
Mich hat gestern abend ein Mädel angeführt,
zum Dank, daß ich sie habe bei die Musik geführt.»

## 28.15 Großmutter Wolf

«Vor langer Zeit lebte einmal eine Mutter mit ihren drei Töchtern Sheng, Dou und Boji. Da die Großmutter Geburtstag hatte, machte sich die Mutter auf den Weg, um sie zu besuchen. Den Kindern sagte sie, sie werde heute nicht mehr zurückkommen und sie sollten, sobald die Sonne untergehe, die Tür schließen und den Riegel vorschieben.

Die alte Wölfin in den Bergen erfuhr, daß die Mutter ihr Haus verlassen hatte. Abends schlich sie sich, als alte Frau verkleidet, vor die Tür. ‹Bum-bum-bum...!› klopfte sie heftig an die Pforte.

Die älteste Tochter Sheng stellte der Wölfin, die sich als Oma ausgab und Einlaß begehrte, mehrere Fragen, zum Beispiel, warum sie solch eine andere Stimme habe. Sie habe Schnupfen, antwortete die Wölfin. ‹Liebe Kinder, es ist dunkel und stürmisch hier draußen. Macht die Tür auf, und laßt eure Großmutter schnell hinein!›

Sheng war noch immer mißtrauisch und wollte weitere Fragen stellen, aber die beiden jüngeren Schwestern wurden schon ungeduldig und schoben den Riegel zur Seite: ‹Komm schnell herein, Großmutter!› Doch kaum war die alte Wölfin in der Stube, da blies sie das Licht aus. Das gefiel der kleinen Sheng nicht. Daher sagte sie mißmutig: ‹Großmutter, wir brauchen Licht. Warum löscht du es aus?›

‹Die Augen eurer Großmutter sind entzündet und scheuen das Licht›, entgegnete die alte Wölfin. Sheng bat nun die Großmutter, sich auf einen Schemel zu setzen. Als die alte Wölfin sich niedersetzte, wurde ihr Schwanz eingeklemmt, und sie heulte vor Schmerz laut auf.

‹Was ist dir, Großmutter?› fragte Sheng verwundert.

‹Eure Großmutter hat eine Beule am Gesäß. Ich will mich lieber woanders niedersetzen.› Und damit setzte sich die alte Wölfin auf einen Korb. Ihr Schwanz, der innen herunterhing, schlug im Korbe hin und her.

Da fragte die kleine Sheng wieder: ‹Großmutter, was bewegt sich denn im Korbe?›

‹Die Großmutter hat euch ein schönes Huhn mitgebracht›, antwortete die Wölfin.

Sheng streckte die Arme aus und versuchte, das Huhn zu fangen, aber die alte Wölfin hinderte sie daran und sagte: ‹Fang es nicht, sonst fliegt das Huhn über den Fluß.›

Später stellte sich die alte Wölfin gähnend und fügte hinzu: ‹Die Hühner schlafen schon alle. Gehen wir nun auch zu Bette, meine Lieblinge!›

Die Wölfin nahm Boji mit sich, und Sheng trug die kleine Dou. Die alte Wölfin schlief mit Boji an dem einen Kopfende, Sheng mit Dou an dem anderen.

Als Sheng ihren Fuß ausstreckte, berührte sie den behaarten Schwanz der Wölfin.

‹Großmutter, warum bist du so haarig?› fragte Sheng.

‹Eure Großmutter dreht Hanfseile und hat ein Bündel Hanf mitgebracht›, antwortete die alte Wölfin.

Als Sheng die Arme ausstreckte, berührte sie ‹Großmutters› krallige Füße.

‹Großmutter, sag, warum ist dein Fuß so spitz?›

‹Großmutter näht Schuhe, und da hat sie eine Ahle bei sich.›

Als Sheng ein Licht anzündete, sah sie, daß Kopf und Gesicht der ‹Großmutter› mit Haaren überdeckt war. Die Wölfin erschrak sehr über das Licht und beeilte sich, es rasch auszublasen. Sheng aber dachte an Flucht. Sie ergriff Boji, schloß sie in die Arme und sagte:

‹Boji muß ihr kleines Geschäft verrichten!›

‹Also geh unters Bett!› sagte die Wölfin.

‹Das geht nicht! Dort wohnt der Gott des Bettes›, antwortete Sheng.

‹Dann geht ans Fenster!› sagte die Wölfin.

‹Dort ist der Gott des Fensters›, antwortete Sheng.

‹Also geht zur Tür!› rief die Wölfin.

‹Dort ist der Türgott›, antwortete Sheng.

‹Dann geht in die Küche!› sagte die Wölfin.

‹Dort wohnt der Küchengott›, antwortete Sheng.

‹Nun, dann geht nach draußen!› sagte die Wölfin.

‹Dou, Kleine, Dou›, rief Sheng, ‹führe Boji schnell einmal hinaus...›

Also brachte Dou die kleine Boji vor das Haus.

Dann fragte Sheng: ‹Großmutter, hast du jemals Ginkgo-Früchte gegessen?›

‹Wie schmecken sie?›

‹Gingko-Früchte schmecken einfach köstlich. Sie sind weich und zart. Wenn man ein einziges Stück davon ißt, wird man unsterblich wie die Geister.›

‹Schmecken sie noch besser als Menschenfleisch?› fragte die alte Wölfin.

‹Ganz gewiß!› antwortete Sheng. ‹Weißt du, wo man sie herbekommt?› wollte die Wölfin wissen.

‹O ja›, sagte Sheng, ‹sie wachsen auf Bäumen.›

Da seufzte die alte Wölfin und sagte: ‹Eure Großmutter ist alt, und ihre Glieder sind steif. Da kann sie nicht mehr auf Bäume klettern.›

‹Liebste Großmutter›, sagte Sheng, ‹ich werde dir einige Früchte pflücken.›

‹Das ist lieb von dir›, sagte die Wölfin, ‹geh nur schnell, und pflück sie, geh!›

Sheng sprang sogleich aus dem Bett, lief zur Tür hinaus und suchte Dou und Boji. Sie erklärte ihnen ihren Plan, und zu dritt kletterten sie auf einen großen Baum.

Die alte Wölfin wartete im Bett. Aber solange sie auch wartete, Boji kam nicht zurück, Sheng und Dou ließen sich nicht sehen, und niemand brachte ihr Ginkgo-Früchte. Schließlich wurde die alte Wölfin ungeduldig, sprang zornig aus dem Bett und eilte vor die Tür. ‹Sheng, Dou, Boji! Wo steckt ihr denn bloß!› rief sie.

‹Großmutter, wir sitzen hier auf dem Baum und essen Ginkgo-Früchte›, antwortete Sheng.

‹Gutes Kind, pflück mir auch schnell welche!› forderte die Wölfin.

Sheng aber sagte: ‹Ginkgo ist eine Feenfrucht. Sie verändert sich, sobald man sie vom Baum nimmt. Du wirst schon heraufklettern müssen, sonst kannst du sie nicht essen.›

‹Oma, Ginkgo-Früchte schmecken aber fein!› rief die kleine Dou vom Baum herunter.

Die alte Wölfin rannte aufgeregt um den Baum herum, und das Wasser lief ihr im Mund zusammen.

Schließlich sagte Sheng: ‹Ich habe einen Einfall. Vor der Türschwelle liegt ein Weidenkorb und hinter ihr ein Seil. Binde das Seil an den Weidenkorb, komm her damit und setz dich in den Korb. Das Seilende aber wirf herauf, damit wir dich hochziehen können. Dann kannst du auch Ginkgo-Früchte essen.›

‹Das ist eine gute Idee›, sagte die Wölfin und holte sogleich Korb und Seil. Mit ihrer ganzen Kraft zogen die drei Kinder am Seil. ‹Hau-ruck! Hau-ruck!› riefen sie, und der Korb stieg an – höher und immer noch höher, bis er 30 Fuß über der Erde schwebte. In diesem Augenblick gab Sheng durch ein Hüsteln das Zeichen, und alle drei ließen das Seil los. Da stürzte der Weidenkorb zu Boden, und der Schädel der alten Wölfin zerschellte, und ihr Bauch wurde auseinandergerissen.

‹Großmutter!› rief Sheng, aber von unten gab es keine Antwort.

‹Großmutter!› rief Dou, aber niemand antwortete. ‹Großmutter!› rief auch Boji, aber nichts rührte sich. Da schauten sie alle zur Wölfin hinunter. Die aber war mausetot.

Fröhlich kletterten die Kinder vom Baum hinunter, gingen ins Haus und verriegelten die Tür. Nun konnten sie ungestört schlafen.

Am nächsten Tag kehrte die Mutter zurück. Sie brachte ihren Kindern viele köstliche Leckerbissen von der Großmutter mit. Und wie sie beieinandersaßen und Süßigkeiten naschten, erzählten ihr die Kleinen von ihrem nächtlichen Abenteuer.»

In dem chinesischen Märchen (aus: *Das Bett der hundert Vögel*, Peking 1996), dessen älteste Fassung aus der Kangxi-Ära (1654–1722) stammt, benutzt Sheng mit ihrer Aussage, Boji müsse ein kleines Geschäft verrichten, Strategem Nr. 21 und bringt so zunächst ihre zwei kleinen Schwestern in Sicherheit. Danach gelingt es Sheng, die Wölfin mit Hilfe des Strategems Nr. 28 unschädlich zu machen.

28.16   Wissen, daß es nicht geht, und es trotzdem tun

Die Konfrontation mit einer aussichtslosen Lage, die, wenn überhaupt, nur durch eine Höchstleistung überwunden werden kann – dies ist ein wichtiger Gehalt des Strategems Nr. 28. In einem über das strategemische Kalkül weit hinausragenden und doch an das Strategem Nr. 28 anklingenden Sinne handelte der einflußreichste chinesische Denker Konfuzius (551–479).

Trotz der offensichtlichen Aussichtslosigkeit seines Bestrebens, seine Ideale in die politische Praxis umsetzen zu können (s. 19.11, 27.24), ging er unbeirrt, sich und seiner Überzeugung treu, seines Weges. So wird über ihn in den *Gesprächen*, der wichtigsten Schrift des Konfuzianismus, folgende Episode berichtet:

Zi Lu, ein Jünger des Konfuzius, übernachtete am Steintor. Als er am Morgen durchs Tor in die Stadt trat, fragte ihn der Torwärter: «Woher kommst du?» Zi Lu entgegnete: «Von einem namens Konfuzius.» Da sprach jener: «Ist das nicht der Mann, der weiß, daß es nicht geht, und der dennoch weitermacht?» (Kap. XIV.41). Anders gesagt: Er befindet sich auf einem «Dach», die «Leiter» ist weggezogen, und dennoch verliert er seinen Mut nicht.

Bringt man im Alltag ein schwieriges Anliegen vor und beruft sich auf Konfuzius mit der Sentenz: «Ich weiß, daß es nicht geht, aber ich mach es/ich versuch es jetzt trotzdem», dann mag dies auf das Gegenüber derart entwaffnend wirken, daß man – Provokations-Strategem Nr. 13! – wider Erwarten Gehör und Hilfe findet, vom imaginären «Dach» heruntersteigen und sein Ziel erreichen kann.

# Strategem Nr. 29

## Auf einem Baum Blumen blühen lassen

| Die vier Schriftzeichen | 树 | 上 | 闹 | 花 |
|---|---|---|---|---|
| Moderne chinesische Aussprache | shu | shang | kai | hua |
| Übersetzung der einzelnen Schriftzeichen | Baum | auf | blühen/ blühen lassen | Blume/ Blüte |

**Zusammenhängende Übersetzung:** Auf einem Baum sprießt eine Blüte/sprießen Blüten; blüht eine Blume/blühen Blumen; auf einem Baum eine Blüte/Blüten sprießen lassen, eine Blume/Blumen blühen lassen.

**Kerngehalt:**

1. Einen verdorrten/dürren/welken Baum mit künstlichen Blumen schmücken; Strategem der Scheinblüte; Scheinanlagen aufbauen; Attrappen von Militärstützpunkten, Flugbasen, Artilleriestellungen, Radarstationen etc. aufstellen; Fassadenputz-Strategem; Schminke-Strategem.
2. Auf einem verdorrten/dürren/welken Baum eine fremde Blume zum Blühen bringen; Leiheltern-Strategem.
3. Auf einem gesunden Baum eine fehlende/ schadhafte durch eine falsche Blüte ersetzen; Prothesen-Strategem.
4. Auf einem prachtvollen/gesunden Baum eine an sich unscheinbare Blume zur Schau stellen; jemanden/etwas vor den Karren spannen; sich mit fremden Federn schmücken; von dem Glanz eines anderen profitieren; Imponier-Strategem.

«Das neue Jahr hatte Einzug gehalten. Die Einwohner der Stadt trafen Vorbereitungen für das Laternenfest, das in der 15. Nacht des ersten Monats gefeiert wird. Vor dem ‹Tempel des Gottes der Erde› wurde ein kleiner künstlicher Berg errichtet, sein Gipfel mit bunten Wimpeln und Blumen geschmückt und mit 700 Papierlaternen behangen. In allen Straßen und Gassen wurden vor den Häusern hohe Holzrahmen aufgestellt, an denen in luftiger Höhe aus Seide oder Papier gefertigte Laternen verschiedener Größe und Form schwebten, die mit menschlichen Gestalten, Blumen, Tieren oder Vögeln bemalt waren. Überall standen Buden und Zelte, in denen Clowns und andere Spaßmacher ihre Kunststücke vorführen wollten.»

Das in dem Roman *Die Räuber vom Liangshan-Moor* aus dem 14. Jahrhundert n. Chr. geschilderte Fest spielt sich im Norden Chinas auf dem Gebiet der heutigen Provinz Shandong ab. Man kann davon ausgehen, daß es zumeist künstliche Blumen waren, mit denen der Gipfel des kleinen Berges geschmückt wurde. Um den Eindruck von Fröhlichkeit zu erwecken, werden in China – und wohl nicht nur dort – auch heute noch manchmal künstliche Blumen verwendet. Erwin Wikkert schildert in seinem Buch *China von innen gesehen* (Stuttgart 1982) seine Eindrücke von Peking am 1. Mai 1977: «Überall in den Parks war Volksfest- und Jahrmarktstimmung [...] An den Büschen und Bäumen hingen Blüten und Früchte, obwohl es doch noch früh im Jahr war, aber wenn man sie anfaßte, und erst dann, merkte man, daß sie aus Papier und Plastik waren.» Die Annahme, daß die Strategemformel Nr. 29 einen Bezug zu von alters her überlieferten und weitergepflegten chinesischen Volksbräuchen aufweisen könnte, liegt nahe.

Immer wieder im Zusammenhang mit der Strategemformel Nr. 29 erwähnt wird die etwa 1000 Jahre alte chinesische Redewendung «tieshu kai hua»: «Die Zykaspalme blüht.» Die Zykaspalme (*Cycas revoluta*) wächst im Süden Chinas und blüht selten. Als einmal in einem Shanghaier Park eine Zykaspalme blühte, berichtete darüber die lokale *Befreiungstageszeitung* am 25.7.1981 und brachte ein Foto von der botanischen Sensation. Wenn man die Zykaspalme im Norden anpflanzt, blüht sie noch rarer. Die Redewendung will besagen, daß etwas kaum Mögliches wahr wird. Auch das, was ein Strategem zustande bringen kann, grenzt oft an ein Wunder.

29.1  Baumblüte nach 28 Jahren

Es war einmal ein Mann, der strebte nach dem Weg zu einem langen Leben. Er wußte aber nicht, wie er auf diesen Weg gelangen könne. So kniete er nur ehrfürchtig von morgens bis abends vor einem verdorrten

Baum und flehte in einem fort, er möge so alt werden wie dieser Baum. Das tat er 28 Jahre lang, ohne zu ermüden. Eines Tages sprossen auf dem verdorrten Baum plötzlich Blüten. Die Blüten bargen einen Saft, süß wie Honig. Jemand gab dem Mann den Rat, sich daran zu laben. Darauf pflückte er die Blüten mit dem Saft und verköstigte sich damit. Nachdem er fertig gespeist hatte, war er zu einem unsterblichen Genius geworden.

Nicht ein Strategem, sondern ein Wunder beschreibt diese Geschichte aus den *Aufzeichnungen über alle Wesenheiten (Bo Wu Zhi)*, deren Urfassung auf den Politiker und Literaten Zhang Hua (232–300) zurückgeht und die mit der Strategemformel Nr. 29 in Zusammenhang gebracht wird. Denn in dieser Geschichte kommt, wenn auch in einem unlistigen Zusammenhang, die Formulierung «Auf einem [bzw. dem] verdorrten Baum sprießen [bzw. sprossen] Blüten» vor.

29.2 Der Baum der Wiedergeburt

Fast dieselbe Formulierung findet sich in dem Drama *Lü Dongbin belehrt Li Yue mit der eisernen Krücke*, verfaßt von Yue Bochuan aus der Yuan-Zeit (1271–1368) (s. 14.1). Der korrupte Kreisbeamte Yue Shou war angesichts der ihm angedrohten Todesstrafe vor Schreck gestorben, doch bat der daoistische Unsterbliche Lü Dongbin den Höllenfürsten, ihm Yue Shou als Schüler anzuvertrauen und ihn auf die Oberwelt zurück zu lassen. Nun hatte die Gattin Yue Shous seinen Leichnam bereits verbrannt. So mußte für Yue Shous Rückkehr auf die Erde der noch intakte Leichnam eines jungen Schlächters namens Li ausgeliehen werden. Nach seinem Erwachen in der Gestalt des Li macht sich Yue Shou auf den Weg zu seinen Hinterbliebenen. Seiner Gattin sagt er: «Liebe Frau, du hast sehr übel gehandelt. Was hätte es geschadet, wenn du mich noch einige Tage erhalten hättest?» Und er singt:

«Dadurch, daß mein Leib durch Feuer vernichtet,
ist große Verwirrung angerichtet.
Ich möchte wohl wissen, was sich gedacht
mein Weib hat, als sie dies vollbracht.
Wenn ich in meiner Familie zurück
jetzt bin für einen kurzen Augenblick
gleich ich einem Baum, der verdorrt ist,
aus dem eine neue Blüte sprießt.»

Um der Gedichtform willen wurde hier in der deutschen Übersetzung der chinesische Wortlaut von Yue Shous Gesang etwas geändert. Im Urtext steht «ku *shu shang* zai *kai hua*». Übersetzt man, ohne auf den Kontext zu achten, allein diese Wortfolge, ergibt sich: «Auf einem verdorrten Baum sprießen erneut Blüten». Läßt man die beiden Wörter «ku» (= «verdorrt») und «zai» (= «erneut») weg, entsteht exakt die Strategemformel Nr. 29 «shu shang kai hua: Auf einem Baum sprießt eine Blüte/sprießen Blüten».

Die Strategemformel Nr. 29 entspringt, wie man sieht, einem eher unlistigen Fundus wundersamer Geschichten. Zu einem Strategem wird die unschuldige Wortfolge «Auf einem Baum sprießen Blüten», die man auch abwandeln kann in «Auf einem Baum Blumen blühen lassen», auf der Grundlage von vier verschiedenen Auslegungen (s. Kerngehalt).

Zunächst kann das Strategem Nr. 29 zur Vorspiegelung einer Scheinblüte dienen, wobei mit visuellen Staffagen, aber auch mit bloßer Redekunst und vor allem mit eindrucksvollen Statistiken operiert werden kann. Das Strategem Nr. 29 weist hier Ähnlichkeiten mit dem Strategem Nr. 7: «Aus dem Nichts etwas erzeugen», auf. Ausgangspunkt ist beim Strategem Nr. 29 allerdings nicht ein «Nichts», sondern ein – wenn auch sehr mageres – Etwas. Das, was erzeugt wird, ist zudem immer positiv. Während ferner das Strategem Nr. 14: «Für die Rückkehr der Seele einen Leichnam ausleihen», nach dem «Tod», also nachdem etwas bereits untergegangen oder dem Untergang geweiht ist, eingesetzt wird, geht es beim Strategem Nr. 29 um die Übertünchung einer Schwäche oder eines Mangels beziehungsweise um die Vorspiegelung von Stärke und Gedeihen.


29.3   Winterpark voller Blumen

Es war mitten im Winter. Die herrlichen Düfte auf Wiesen und Wäldern waren längst verweht. Verwelkt standen die Bäume trostlos da. Eines Tages vergnügte sich Kaiser Yang (605–617) mit seiner Gemahlin Xiao und einer Reihe von Hofdamen in einem Park bei Speis und Trank. Bei dieser Gelegenheit sagte er: «Von den vier Jahreszeiten ist doch der Frühling die schönste. Zehntausende von Pflanzen versuchen sich an Liebreiz zu übertreffen, Hunderte von Blumen lassen ihre ganze Pracht erstrahlen. Die roten erscheinen den Menschen liebenswert, die grünen erwecken Mitleid. Im Sommer wölbt sich ein klarer

Himmel über der Erde, Lotosblumen übersähen die Teiche, und duftender Wind säuselt über das Land. Im Herbst hängt der klare Mond schräg über dem Holzölbaum, und dem Zimtbaum entströmen feine Wohlgerüche, die über den Bechern und Holzschälchen schweben. So ist auch der Herbst voller schöner Bilder. Nur diese Winterlandschaft ist einsam und öde, so ohne jeden Zauber. Das einzige, was einem bleibt, ist, sich in Kissen und Decken zu verkriechen und so die Tage zu verbringen. Zum Ausgehen hat man nur geringe Lust.»

Kaiserin Xiao meinte: «Ich vernahm, daß Mönche über ein Bett für die Meditation verfügen, in dem Platz ist für mehrere Menschen. Warum kann Eure Hoheit nicht auch ein solches Bett herstellen lassen, mit langen Kissen und großen Decken? Alle schönen Damen könnten sich darin aufhalten, und gemeinsam trinken, essen, sich ergötzen und Freude haben. Wäre das nicht angenehm?» Die im Herbststimmenpavillon wohnende Konkubine Xue sagte: «Für so ein großes Bett müßte man einen gewaltigen Bettvorhang sticken.» Lächelnd sprach Kaiser Yang: «Euer Vorschlag ist zwar gut, doch wird damit niemals das Ebenmaß des Frühlings mit seiner lichten Landschaft erreicht, in der die Weiden ihre Zweige entfalten und die Blumen prangen, und in der es auf den Terrassen und in den Palastanlagen kein einziges Plätzchen gibt, das den Menschen nicht Rufe des Entzückens entlockt und wo man sich einsam und verlassen vorkommt.» Konkubine Qin aus dem Pavillon der Reinheit und Veredelung sagte: «Wenn Eure Hoheit sich nicht einsam fühlen will, so ist es nicht schwierig, dies zu erreichen. Ich und die anderen Hofdamen werden heute abend zum Jadekaiser im Himmelspalast beten, damit er veranlasse, daß morgen früh Hunderte von Blumen miteinander blühen.» Kaiser Yang empfand diese Worte als einen Scherz und sagte spöttisch: «Also kann ich euch alle heute abend nicht mehr belästigen.» Noch eine Weile ergötzten sich der Kaiser und die Damen und tranken Wein. Dann kehrte er mit seiner Gemahlin in einem Wagen in den Palast zurück.

Als der Kaiser am folgenden Morgen sein Frühstück einnahm, erschienen 16 Hofdamen und baten den Kaiser, mit ihnen zu kommen. Dieser gebärdete sich etwas unwirsch. Seine Gattin sprach ihm wiederholt zu. Endlich bequemte sich der Kaiser dazu, mit seiner Gemahlin den Palast zu verlassen und sich zum Park zu begeben. Kaum durch das Parktor geschritten, erblickte er ein betörendes Farbenspiel von Blumen aller Art. Pfirsich- und Aprikosenblüten übertrumpften einander in ihrer Anmut, üppige leuchtende Augenweiden, wohin man blickte. Der Kaiser und die Kaiserin waren baß erstaunt und fragten:

«Wie können all die Blumen bei diesem Wetter über Nacht so gleichmäßig erblühen? Das ist höchst seltsam!»

Sie hatten kaum geendet, da erschienen die 16 Hofdamen mit einer Vielzahl von Palastdienerinnen. Zu Flötenspiel tanzten sie Reigen und hießen Kaiser und Kaiserin willkommen. Als sie in die Nähe des Kaisers gelangten, fragten sie ihn: «Wie blühen die Blumen und Weiden im Kaiserpalast?» Halb erschrocken, halb erfreut erwiderte der Kaiser: «Welche wunderbare Kunst habt ihr benutzt, um all die Blumen über Nacht zum Erblühen zu bringen?» Die Frauen lachten: «Welche wunderbare Kunst wir benutzt haben? Dieser Anblick hier hat einfach jede von uns eine Nacht Arbeit gekostet. Eure Hoheit frage nicht nach den Einzelheiten, sondern pflücke bloß ein, zwei Blumen und betrachte sie, dann wird er alles wissen.»

Tatsächlich schritt der Kaiser zu einem Zierapfelbaum mit üppig herabhängenden Ästen. Er bog einen Ast herab und betrachtete ihn sorgfältig. Und siehe da, es waren gar keine echten Blumen, sondern allesamt aus bunten Seidenstoffen gefertigte Gebilde, die fein zurechtgeschnitten und auf den Ästen befestigt waren. Voller Freude sagte Kaiser Yang: «Wer hatte diese außergewöhnliche Idee? So rot und schön, so grün und zart, sieht alles wie echt aus. Es ist zwar Menschenwerk, aber beinahe noch schöner als in der Natur.» Die Hofdamen antworteten: «Der Plan stammt von der Dame Qin, sie ließ uns eine Nacht lang werken, auf daß Eure Hoheit heute Fraude daran genieße!» Kaiser Yang richtete seinen Blick auf die Dame Qin und sagte: «Gestern dachte ich noch, Ihr scherztet! Ich hätte nicht geglaubt, daß so etwas zustande käme!» Und darauf wanderte er mit der Kaiserin langsam in den Park hinein, und er sah nur ein Meer von grüner und roter Farbe und weitgezogene Teppiche von Tausenden von Blüten und Blumen.

Die dem historischen Roman *Romanze der Dynastien Sui und Tang* aus dem Beginn der Qing-Zeit (1644–1911) entnommene Begebenheit hat einen historischen Kern. Ein entsprechender Beleg findet sich unter dem Jahr 605 n. Chr. im *Allgemeinen Regierungsspiegel* des Sima Guang (1019–1086). Das erfindungsreiche Vorgehen der Palastdamen diente zur Aufheiterung des Kaisers Yang. Ihn sollte ein frühlingshaftes Bild die Trübsal des Winters vergessen machen. Sicherlich stieg die Hofdame Qin durch die Inszenierung dieses Spektakels gewaltig in der Gunst des Kaisers. Selbst nach der Offenbarung, auf welche Art und Weise der künstliche Frühling zustande gekommen war, blieb der Sohn des Himmels vom herrlichen Schauspiel entzückt.

Gesetzt den Fall, ein Baum habe, so kommentiert von einem militärischen Gesichtspunkt aus der Pekinger Strategemforscher Li Bingyan das Strategem Nr. 29, keine Blüten. Nun kann man aus bunten Seidenstoffen Blumen herstellen, sie auf die Zweige stecken und so eine Szenerie schaffen, die wie echt wirkt. Wer nicht genau hinsieht, vermag nicht zu erkennen, was für eine Bewandtnis es mit den Blüten auf dem Baum hat. Da kriegerische Erscheinungen schwieriger zu erfassen sind als alle anderen gesellschaftlichen Phänomene und noch weniger auf ihre Tatsächlichkeit hin überprüfbar sind, kann das subjektive Urteil eines Kommandanten sehr leicht von vielerlei Trugbildern verwirrt werden. Durch den Aufbau von Scheinsituationen und das Aufziehen von Verwirrspielen kann eine in Wirklichkeit gar nicht vorhandene Stärke, ja Übermacht vorgetäuscht und so der Feind abgeschreckt werden. Als Beispiel erwähnt Li Bingyan die 13. Brigade, die zu der von Chen Geng (1903–1961) im Winter 1947 während des chinesischen Bürgerkrieges befehligten Armee gehörte und Li Tie, den Kommandanten der 5. Armee der gegnerischen Guomindang-Regierung monatelang glauben machte, sie sei die Hauptstreitmacht. Unter anderem hielt die 13. Brigade den Gegner durch die Anzahl der zurückgelassenen Kochstellen, das Abbrennen einer größeren Zahl von Lagerfeuern und das Aufwirbeln von Staub zum Narren. Dadurch wurde auch der feindlichen Luftaufklärung das Bild einer gewaltigen Streitmacht vorgegaukelt.

### 29.4 Potemkinsche Dörfer

Der Günstling der Kaiserin Katharina II., Fürst Gregory Alexandrowitsch Potemkin (1736–1791), hatte 1783 die Krim erobert. Als im Januar 1787 die Kaiserin das neuerworbene Gebiet bereiste, ließ er schnell Dörfer an ihrem Weg errichten, die nur aus gemalten Fassaden bestanden, um den wahren Zustand des Gebietes vor ihr verborgen zu halten. Dazu dienten auch elegant gekleidete Bauern und militärische Schauspiele. Ungeachtet dieser Attrappen lag jedoch tatsächlich eine beachtliche Kolonisationsleistung Potemkins vor, dessen eigentliche Bedeutung auf seiner mit unbeschränkten Mitteln durchgeführten Bevölkerungspolitik in den südrussischen Gebieten beruht. Er gilt auch als Städtegründer, dessen phantastische Projekte nur teilweise verwirklicht wurden. Die ansatzweise erstmals von Jean Paul 1822 benutzte Redensart «Potemkinsche Dörfer zeigen» bedeutet: etwas nur äußerlich schön Hergerichtetes präsentieren, womit der wirkliche Zustand verborgen werden soll.

In die chinesische Sprache kann man «Potemkinsche Dörfer zeigen» mit der viel weiter gehenden Wendung «Leeres machen und Falsches tun (nongxu-zuojia)» übersetzen. Sie bedeutet auch «Blendwerke errichten», «einen Türken bauen» (*Chinesisch-Deutsches Lexikon der sprichwörtlichen Redensarten*, Peking 1981, S. 172). Eine andere chinesische Redensart für «Potemkinsche Dörfer errichten» lautet in der wörtlichen Übersetzung «die Vorder-/Straßenfront/die Fassade verzieren/verschönern (huangzhuang menmian)».

29.5  Kartenspiel bei minus drei Grad

Während des China-Besuchs des US-Präsidenten Richard Nixon (21.–28. 2. 1972) wurden einige Male Potemkinsche Dörfer gezeigt. Als Nixon mit seinem Gefolge die Große Mauer besuchte, ließen die zuständigen Einheiten an den Stellen, die besichtigt wurden, Menschenmengen Aufstellung nehmen. Einige Leute spielten bei minus drei Grad im Freien Karten. Das sollte wohl eine heitere Stimmung signalisieren. Später wurde Frau Nixon ein Kinderkrankenhaus gezeigt. Dort trugen das gesamte Personal und alle Kinder nigelnagelneue Kleider. Die Kinder waren geschminkt und gepudert, und die Spielzeuge, die sie gewöhnlich benutzt hatten, waren gegen neue ausgewechselt worden. Einmal besichtigten die amerikanischen Gäste einen Gemüsemarkt. Schnell wurden Angestellte und Arbeiter als Kunden ausstaffiert, die ihre Einkäufe tätigten. Dies alles habe sehr unnatürlich gewirkt, stellt 25 Jahre später Tang Longbin in der Pekinger *Licht-Tageszeitung* vom 1. 12. 1996 in einem ganzseitigen Artikel über den historischen Besuch fest.

29.6  Der mitreißende Acht-Stunden-Vortrag

An einer 5000köpfigen Massenveranstaltung teilnehmen konnten im August 1974 zwei im Fremdsprachenverlag Peking tätige Europäer. Ihr Bericht von dieser Veranstaltung (in Claudie und Jacques Broyelle; Eveline Tschirhart: *Zweite Rückkehr aus China*, Berlin 1977, S. 56–57) vermittelt einen Eindruck von einem äußerlich gesehen imposanten, in Wirklichkeit aber völlig sinnentleerten Polit-Ritual, bei dem, entsprechend dem Strategem Nr. 29, die reine spektakuläre Show im Vordergrund steht. Der unterwürfig-jovialen Art, mit der sich der Vortragende ankündigt, haften zudem Elemente des Strategems Nr. 27 an:

«Einige Tausend Mitarbeiter des Verlages und der Presse wurden in Sonderbussen zum Konferenzsaal gebracht. Der riesige Saal war gedrängt voll. Es herrschte eine Atmosphäre wie im Theater, bevor der Vorhang aufgeht; man grüßte sich und machte es sich so bequem wie möglich, jede Gruppe um ihren teuren Leiter geschart. Der Vorhang ging auf. Ein Parteikader trat aus der Kulisse auf die Bühne, ging auf einen langen Tisch zu, an dem schon fast ein Dutzend offizieller Persönlichkeiten saßen, und nahm in ihrer Mitte Platz. Er kündigte an, daß wir nun einen Vortrag hören würden, der in der gegenwärtigen Phase der Bewegung zur Kritik an Lin Biao für jeden von großem Interesse sei. Da es sich um ein so heikles Thema handele, habe man den Genossen X gebeten, darüber zu sprechen, da er sich mit diesem Thema besonders beschäftigt habe. Genosse X kam steif wie ein Stock auf die Bühne, setzte sich ans Rednerpult, klopfte ans Mikrophon und begann folgendermaßen:

‹Genossen, man hat mich gebeten, von dem Feldzug im Nordosten zu Ihnen zu sprechen. Leider habe ich mich nicht eingehend genug mit dieser Frage beschäftigt, und das Niveau meiner Kenntnisse vom Marxismus-Leninismus ist im großen und ganzen ziemlich niedrig; ich habe auch nicht genug die Gedanken Mao Zedongs studiert. Meine Weltanschauung ist weit davon entfernt, korrekt zu sein. Deshalb bin ich der Aufgabe, die die Partei mir heute anvertraut hat, nicht gewachsen.›

Man hätte fast denken können, der Vortrag falle aus, doch unser Dolmetscher meinte: ‹Das sagt man immer, bevor man mit einer Rede anfängt; das ist... wie sagt man? Eine Formalität.› Und in der Tat fuhr der Redner fort:

‹Deshalb schlage ich vor, daß wir heute gemeinsam eine freie und ungezwungene Diskussion führen. Wir können wie Mitglieder einer Familie zusammen diskutieren [was kinderleicht ist mit 5000 Leuten im Saal, Anm. der Verfasser]. Über Kritik und Vorschläge wäre ich sehr dankbar. Wir können ganz zwanglos miteinander reden.›

Und er nahm aus seiner Aktentasche 200 bis 300 Seiten, die er vorzulesen begann. Acht Stunden später las er immer noch... Aus humanitären Gründen hatte man seinen Vortrag immerhin in zwei Teile von je vier Stunden halbiert, und die vier Stunden noch einmal durch je eine kurze Pause unterbrochen. Wir waren die einzigen, die mitschrieben, doch nach einer Stunde verließ uns der Mut. Acht Stunden Vortrag ohne die Möglichkeit, dem Redner auch nur eine einzige Frage stellen zu können. In den hinteren Rängen klapperten die Stricknadeln. Eine Arbeitskollegin, die ich nach überstandener Anstrengung traf, vertraute mir fröhlich an: ‹Ich habe beinahe zwei Ärmel fertiggestrickt.› Aber vor allem schlief man. Wir bedauerten, daß wir noch nicht wie unsere Kollegen gelernt hatten, die Ellenbogen so auf die Stuhllehnen der vorderen Reihe aufzustützen, daß es so aussah, als würde man konzentriert zuhören, während man in Wirklichkeit den müden Kopf in den Händen vergraben hatte, um zu schlafen, was die Hälfte des Saals abwechselnd tat.»

### 29.7 Das Oberflächenmeßgerät ohne Stecker

Eine Hochschule in Shanghai wollte mit einer deutschen Fachhochschule einen Kooperationsvertrag eingehen. Bei der Besichtigung der Shanghaier Ausbildungsstätte wurde der deutschen Delegation ein Oberflächenmeßgerät gezeigt, mit dessen Hilfe durch extreme Vergrößerung die Oberflächenrauhheit von Gegenständen ermittelt werden konnte. Es handelte sich um einen sehr teuren, importierten Apparat. An der Wand des Raumes und an der Maschine hingen Fotografien von Oberflächenaufnahmen, die mittels der Maschine hergestellt worden waren. «Mit diesem Gerät werden Meßwerte erfaßt, vergrößert und fotografiert», sagte ein chinesischer Begleiter, und er fügte noch hinzu, die Maschine befinde sich permanent im Einsatz. Vor der Maschine saß eine Chinesin, die die Fotografien erklärte. Ein deutsches Delegationsmitglied bat nun die Frau, eine Probe ihres Umgangs mit dem Gerät zu zeigen. Da blickte die Frau hilfesuchend zu ihrem chinesischen Vorgesetzten. Die deutschen Besucher sahen sich daraufhin etwas genauer um. Ein frisches Typenlabel mit allerlei technischen Angaben hing an dem Gerät, so als sei es noch nie in Betrieb genommen worden. Und vor allen Dingen: Es fehlte in dem Raum eine Steckdose für den Betrieb der Maschine.

Diese Begebenheit erzählte mir im März 1999 in Bonn ein Manager eines deutsch-chinesischen Shanghaier Joint-ventures im Bereich der Automobilbranche. Er hatte der deutschen Delegation, welche die Shanghaier Hochschule besuchte, angehört, und war Zeuge des Vorfalls. Er deutete ihn dahingehend, daß die chinesische Hochschule das Gerät vorübergehend eigens zu dem Zweck herbeigeschafft und aufgestellt hatte, um bei den Gästen den Eindruck zu erwecken, sie habe ein hohes wissenschaftliches und ausstattungsmäßiges Niveau. So sollte die ins Auge gefaßte deutsche Hochschule in ihrer Bereitschaft zu einer Partnerschaft bestärkt werden.

Der Vorfall spielte im weiteren Verlauf des Geschehens keine Rolle, Der Partnerschaftsvertrag kam tatsächlich zustande. Das Joint-venture in Shanghai beabsichtigte, ein neues Automodell in China herzustellen. Als der Vertrag betreffend die Entwicklung des neuen Modells mit der Muttergesellschaft in Deutschland und den Aufbau einer zusätzlichen Fabrik im Rahmen des bestehenden Joint-venture-Vertrags vom Pekinger Maschinenbauministerium letztunterzeichnet werden sollte, fragte dieses den Shanghaier Automobilverband SAIC, also den chinesischen Joint-venture-Partner, ob man aufgrund einer gemachten Aussage bezüglich der eigenen Fähigkeit zur Entwicklung eines neuen Fahrzeugs nicht auf die Unterstützung des deutschen Joint-venture-Partners verzichten könne. Denn aus Shanghai war im Zusammenhang mit dem seit Mitte der 80er Jahre laufenden deutsch-chinesischen Automobil-Joint-venture china-intern offensichtlich auf äußerst hohe chinesische, also auslandsunabhängige Eigenkapazitäten in bezug auf die Entwicklung eines neuen Automodells hingewiesen worden. Auf die Frage des zentralen Pekinger Maschinenbauministeriums mußte nun die SAIC kleinlaut eingestehen, daß nach wie vor eine Zusammenarbeit mit dem deutschen Partner unerläßlich sei. Offenbar hatte die Shanghaier Seite in ähnlicher Weise «künstliche Blumen an dürre Bäume» geheftet wie die Shanghaier Hochschule mit ihrem teuren Demonstrationsgerät.

29.8 Der Hörsaal ohne Ausstattung

Im Februar 1998 wurde in einer chinesischen Großstadt ein neues Hochschulkolleg eingeweiht. An der offiziellen Gründungsfeier nahmen etwa 500 Gäste, darunter Minister aus China und Deutschland, teil. Für das Hochschulkolleg war ein Altbau renoviert worden. Die vier kleinen Hörsäle waren mit Tischen und Bänken schön ausgestattet.

Nach der Einweihung wurde der Vorlesungsbetrieb aufgenommen. 14 Tage ungestörten Lehrbetriebs waren bereits verstrichen. Doch dann geschah das Unerwartete. Als der deutsche Lektor für Wirtschaftswissenschaften gerade seine etwa 15 Studenten in einem der Hörsäle unterrichtete, erschienen plötzlich Packer in dem Raum mit dem Auftrag, die Möbel unverzüglich wegzutragen. Den Studierenden wurden buchstäblich die Bänke unter ihrem Sitzteil und die Tische unter ihren Armen weggezogen. Der deutsche Dozent rief vom Büro aus sogleich den Universitätspräsidenten an. Dieser eröffnete ihm, daß die Möbel lediglich für das Einweihungsfest ausgeliehen worden waren und die Leihfrist soeben abgelaufen sei. Diese Episode berichtete mir ein vom betreffenden Lektor persönlich informierter deutscher Hochschullehrer bei einer Begegnung in Bonn am 7. April 1998.

### 29.9 Wie man ein Wirtshaus aus einem Tief reißt

In der Stadt D wurden in der Straße F zwei Gaststätten eröffnet. Die eine nannte sich Goldene Metropole und die andere Silberne Metropole. Nach dem Beginn der Geschäftstätigkeit herrschte bei beiden Gaststätten zunächst einmal eine große Flaute.

Plötzlich machte eines Tages die Nachricht die Runde, daß die Silberne Metropole zum Bersten mit Kunden gefüllt sei. Auch an den folgenden Tagen blieb das so. Beunruhigt schickte der Wirt der Goldenen Metropole einige Vertraute aus, damit sie sich in der Silbernen Metropole umsahen. Sie stellten fest, daß die dort versammelten Gäste lauter Verwandte, Freunde und Kumpane des Wirts der Silbernen Metropole waren, die dieser von überall her aufgeboten hatte. Sie aßen und tranken alle umsonst. Erleichtert über diese Nachricht meinte der Wirt der Goldenen Metropole: Wenn der so weitermacht mit seinem Gratisausschank, wird die Silberne Metropole bald zu einer Rostigen Metropole verkommen. Aber siehe da! Seit jener Aktion lief die Silberne Metropole immer besser. Selbst Klienten einiger alteingesessener Wirtschaften wanderten zu ihr ab. Demgegenüber sank der Umsatz der Goldenen Metropole zusehends.

Später wurde der Wirt der Silbernen Metropole nach dem Geheimnis seines Erfolges gefragt. Lachend erwiderte er: «Jene Gratisgäste lud ich ein, um auf spektakuläre Weise die Anziehungskraft meiner Gaststätte vor Augen zu führen und den Eindruck zu erwecken, daß wir den Betrieb glänzend führen. Hatte sich dieser Ruf erst einmal verbreitet, strömten die echten Kunden in Scharen herbei. Und so kam das Geschäft dann tatsächlich auch in Schwung.»

Diese Anwendung des Stratagems Nr. 29 brachte der Nanjinger *Dienstleistungs-Anzeiger* vom 26. 10. 1996 in seiner Serie über «Die 36 Strageme heute».

29.10 Schafe mit Wasserzusatz

Zur Zeit des Konfuzius (551–479) lebte im Staate Lu ein gewisser Shen You. Jeden Morgen ließ er seine Schafe möglichst viel Wasser trinken, um sie dann mit erhöhtem Gewicht auf dem Markt zu verkaufen. Ob dies mit Shen Yous Gewichterhöhungsmethode zusammenhängt oder nicht, bleibe dahingestellt, jedenfalls bedeutet im Chinesischen «Wassergehalt» (shuifen) gleichzeitig auch «Übertreibung». In der chinesischen Presse wird nicht selten von Statistiken, offiziellen Berichten und Inseraten gesagt, sie hätten «Wassergehalt». Auch von Büchern, die mit nichtssagendem Inhalt gefüllt und dementsprechend dickleibig sowie, darauf kommt es den Verlegern letztendlich an, sehr teuer sind, wird geklagt, sie seien «mit Wasser gefüllt (chanshui)» (*Volkszeitung*, 10. 11. 1996, S. 4).

Selbst Berichten über Hochwasserschäden wird noch zusätzlich «Wasser» beigemischt, indem man sie aufbauscht. Denn je größer die Schäden, desto größer hoffentlich auch die von oben eintreffende materielle Unterstützung, und überdies werden die der betreffenden Gegend auferlegten Steuern und sonstigen Abgaben entsprechend ermäßigt. Denn meistens verlassen sich die oberen Instanzen auf die von unten eingehenden Katastrophenrapporte und machen sich nicht die Mühe, ihren Wahrheitsgehalt an Ort und Stelle zu überprüfen (*Volkszeitung*, Peking 20. 8. 1995, S. 10). Gewissenhafte vorgesetzte Funktionäre verstehen es allerdings, aus einem übertriebenen Katastrophenbericht «das Wasser herauszupressen (jidiao shuifen)». So stellte der Vorsteher eines Kreises in der Provinz Liaoning im August 1995 unter anderem fest, daß in seinem Kreis nur 98 000 statt, wie gemeldet, 125 000 Häuser durch Hochwasser beschädigt und nur 40 000 und nicht 46 000 Hektar Ernte vernichtet worden waren. Insgesamt reduzierte sich dank seiner Nachforschungen der Schadensbetrag um über 1 Milliarde Yuan (*Volkszeitung*, Peking 23. 8. 1995, S. 4).

Um aber auf die eingangs erwähnte Wasserverwendung zur Zeit des Konfuzius zurückzukommen: Zwei Leserbriefe in der Pekinger *Volkszeitung* vom August und November 1996 zeigen, daß sie nichts an Aktualität eingebüßt hat. Denn diesen Zeitschriften zufolge wurde in einem autonomen Bezirk der Provinz Guizhou in den Jahren 1995 und 1996 Tausenden von Kilogramm Schweine- und Rindfleisch zur Erhöhung des Verkaufsgewichts Wasser eingespritzt.

29.11   Das Hündchen von Bretten

An einer Kirche zu Bretten ist ein Hündchen ohne Schwanz in Stein abgebildet. Über den Ursprung des steinernen Hündchens erzählt man sich gemäß *Deutsche Sagen, Sitten und Gebräuche aus Schwaben* (gesammelt von Ernst Meier, Stuttgart 1852) unter anderem folgendes: Einst hatten Feinde schon lange das Städtchen Bretten belagert und wollten es aushungern. In der äußersten Not legten die Bürger ihre beinahe letzten Lebensmittel zusammen und mästeten damit ein Hündchen. Als dies sich erholt hatte und recht rund und voll war, ließen sie es zum Stadttor hinaus und ins feindliche Lager laufen. Sobald die Feinde das fette Hündchen sahen, dachten sie: «Haben sie den noch so füttern können, so müssen sie selbst wohl noch viel zu beißen haben», gaben die Belagerung ärgerlich auf und zogen ab. Zuvor aber hieben sie dem Hündlein den Schwanz ab und schickten das Tier so verstümmelt wieder zurück. Zum Dank für die guten Dienste ließen die Brettener Bürger jenen Hund in Stein hauen und zunächst auf das Stadttor, später außen an die Laurentikirche setzen.


29.12   Von der Fragwürdigkeit des Augenscheins

«Was man mit eigenen Augen sieht, ist oft nicht wirklich wahr», haben Weise des chinesischen Altertums laut dem um 1600 n. Chr. entstandenen erotischen Roman *Schlehenblüten in goldener Vase* festgestellt. Gleichwohl gehört zu den in China besonders beliebten Redewendungen «bai wen bu ru yi jian» (Einmal sehen ist besser als hundertmal hören). Ende August 1997 hielt ich mich als Mitglied einer neunköpfigen schweizerischen Menschenrechts-Inspektionsgruppe im Auftrag des schweizerischen Außenministeriums auf Einladung der Politischen Konsultativkonferenz des chinesischen Volkes eine Woche lang im Autonomen Gebiet Tibet auf. Fast bei jedem Interview zitierten die offiziellen chinesischen Gesprächspartner diese Redewendung. In der Regel übersetzte sie der chinesische Dolmetscher mit der den ursprünglichen Sinn potenzierenden englischen Formel «seeing is believing». Gemäß der Logik dieser Übersetzung ist also allem Glauben zu schenken, was man mit den eigenen Augen gesehen hat.

Ausgerechnet die *Volkszeitung*, das Sprachrohr des Zentralkomitees der Kommunistischen Partei Chinas, warnt nun aber in ihrer Ausgabe vom 13.1.1998 vor übergroßem Vertrauen in visuelle Eindrücke. Der

Verfasser der Glosse, Ao Teng, der ein über 20jähriges Journalistenleben hinter sich hat, schreibt unter anderem: «Oft sagt man: Was die Augen sehen, ist wahr, was die Ohren hören, ist falsch. [...] Aber trifft diese ‹Lebensweisheit› tatsächlich zu? Seit einigen Jahren beginne ich immer mehr an ihr zu zweifeln. Als Reporter begleite ich häufig Führungsleute bei ihren Inspektionen. Wo immer sie hinkommen, sieht alles stets wie neu aus. Einmal inspizierte ein führender Funktionär den Markt in einer bestimmten Stadt. Hatte noch am Vortag ein Pfund mageres Schweinefleisch neun Yuan gekostet, so kostete es am Tag der Inspektion plötzlich nur noch sechs Yuan. Eine andere Stadt war zur Winterszeit ständig in Rauch gehüllt. Immer wieder beschwerten sich die Bürger darüber, doch ohne Erfolg. Plötzlich spannte sich während einiger Tage ein herrlicher, wolkenloser Himmel über die Stadt, und die Luft war viel reiner als sonst. Später erfuhr man, daß an jenen Tagen ein Hygiene-Inspektionsteam die Stadt besucht hatte. Für dieses war die Stadt herausgeputzt worden. Universitäten und Hochschulen sowie die Fabriken durften keine Öfen anzünden. Brot und Würste wurden unter die Studenten und Arbeiter verteilt, damit sie sich sättigten. Während mehrerer Tage stellten die Fabriken ihre Produktion ein, wofür sie schriftliche Auszeichnungen erhielten. In einer anderen Stadt, die von einem Team zur Inspizierung der Umwelt und der Hygiene besucht wurde, erstrahlten die verwahrlosten Gehsteige urplötzlich in üppigem Grün. Über Nacht hatte man den immergrünen Schlangenbart (*Ophiopogon japonicum*) angepflanzt. Wollte ich alle derartigen Vorfälle aufzählen, so käme ich an gar kein Ende. Aber aufgepaßt! Das billige Fleisch, den glasklaren Himmel, das Grün an beiden Seiten der Straßen, all dies habe ich als Reporter mit eigenen Augen gesehen, und doch handelte es sich hierbei sicher nicht um die ‹Wirklichkeit› des jeweiligen Ortes. Angesichts dessen kann ich nicht umhin, hinter die These ‹Was die Augen sehen, ist wirklich› ein Fragezeichen zu setzen.»

Der Journalist Ao Teng schließt seine Betrachtung mit folgenden Überlegungen: «Gibt es nun Mittel und Wege, um beim Besuchen eines Ortes die Wahrheit herauszufinden? Ich bin der Meinung, daß diesen Weg sehr oft die Formel ‹Was die Ohren hören, ist wahr› weist. Das, was die Ohren hören, darf allerdings erstens nicht einseitig sein, zweitens sollte es sich dabei nicht um von Gassengemunkel kolportierte Gerüchte handeln, und drittens sollte man nicht an das glauben, was in den schön arrangierten vorgefertigten Unterlagen steht, die einem von den Repräsentanten des besuchten Ortes überreicht werden.

Die beste Methode ist es, beide Beine in Bewegung zu setzen, an die Basis hinabzusteigen, sich mitten unter die Massen zu begeben und, eng beieinandersitzend wie unter Freunden, vertraute Gespräche zu führen. Denn die Münder der Massen sind unsichtbare Gedenksteine, und die Herzen des gewöhnlichen Volkes sind Waagebalken. Unter den Massen wird man stets die wahren Verhältnisse in Erfahrung bringen können. Dies ist eine der Erkenntnisse, die ich aufgrund meiner Reportagen in den letzten Jahren gewonnen habe.» Der Aufsatz von Ao Teng trägt übrigens den Titel: «Was die Augen sehen, enthält Unwahres. Wenn man sich gleichzeitig auch noch umhorcht, dann kommt man der Wirklichkeit auf die Spur.»

29.13  Funktionäre kleben sich selbst Blumen auf

An einigen Orten ist die Umwelt üblicherweise verschmutzt, es herrscht Unordnung, und an allem hapert es. Auch die Arbeit wird nicht besonders gut verrichtet. Kaum kündigen aber höherrangige Führungspersonen eine Inspektion an, werden die Massen in Bewegung gesetzt und plötzlich alle Kräfte darauf konzentriert, das äußere Erscheinungsbild des Ortes in Ordnung zu bringen. Das geschieht etwa, indem die kleinen Straßenhändler für einige Zeit in hintere Straßen und Gassen verbannt und auf den großen Straßen bunte Fähnchen gehißt und Losungen aufgehängt werden. So entsteht eine schöne und saubere Szenerie (s. auch 29.12). Erscheinen höhere Funktionäre, um das Niveau der Landwirtschaft zu überprüfen, dann werden die Bauern dazu angehalten, auf beiden Seiten der öffentlichen Straßen einen Gemüsestand nach dem anderen aufzubauen und dergleichen (*Arbeiterzeitung*, Peking 15.4.1998, S.5). Bauerndörfer bekommen das Etikett «Dörfer, in denen bereits der kleine Wohlstand herrscht», obwohl sie die strengen diesbezüglichen Kriterien gar nicht erfüllen und zum Beispiel über eine hohe Analphabeten- und Halbanalphabetenrate sowie schwerwiegende Geburtenüberschüsse verfügen und 20 bis 30 Prozent ihrer Einwohner arm sind. Besitzen Dorfbewohner lediglich schwarzweiße Fernsehempfänger, wird gemeldet, sie hätten Farbfernsehgeräte mit Fernbedienung (*Volkszeitung*, 2.4.1998, S.9). Oder man organisiert ohne Rücksicht auf die Jahreszeit eine Vorzeigeschau über die mechanisierte Ernte von Weizen und lädt dazu zahlreiche führende Funktionäre ein. Nach den Referaten und dem Durchschneiden des Bandes rattern zwölf große Erntemaschinen ins Weizenfeld und beginnen mit ihrer Arbeit, um diese 30 Minuten später wieder einzustellen. Denn dann sind die wichtigen Teilnehmer der Zeremonie gegangen. Überdies ist der Weizen noch gar nicht erntereif (*Volkszeitung*, 10.4.1998, S.12). Es werden Baumpflanzaktionen durchgeführt und die Anzahl der gepflanzten Triebe säuberlich rapportiert, doch hinterher kümmert sich niemand um die Pflege der Setzlinge, die daher eingehen. Gleichwohl gilt die Baumpflanzaktion aufgrund der abgelieferten Zahlen als voller Erfolg (*Volkszeitung*, Peking 21.5.1998, S.9). Hat eine Schule Klassen mit zu vielen Schülern, kann es vorkommen, daß zum Zeitpunkt der Schulüberprüfung überzählige Schüler veranlaßt werden, einige Tage lang eine andere Schule zu besuchen, oder die Schülerlisten werden schlicht zusammengestrichen (*Arbeiterzeitung*, Peking 15.4.1998, S.5). Personen, Kollektive oder Institutionen, die mit allen erdenklichen Details in den Massenmedien dargestellt und als Vorbild und Modell propagiert werden, sind bisweilen ausschließlich oder wenigstens partiell Fiktionen (*Volkszeitung*, Peking 17.1.1995, S.11; 15.11.1996, S.4; 2.4.1998, S.12 u.a.). Fabriken schaffen sich für teures Geld modernste Computer an, vor denen aber nur dann Personal sitzt, wenn hochrangige Funktionäre die Fabrik besichtigen. Ansonsten bleiben die Computer ungenutzt (*Volkszeitung*, Peking 11.7.1998, S.7). Nur die guten, nicht die schlechten Fakten werden nach oben gemeldet (*Volkszeitung*, 24.10.1988, S.4). Indem ein Funktionär die eigenen Fehlleistungen vertuscht und nur seine Erfolge hervorstreicht, «klebt er sich selbst Blumen auf» (*Volkszeitung*, 10.11.1995, S.9).

Statistische Angaben aller Art werden je nach Bedarf aufbereitet. «Der Mißstand der statistischen Übertreibung (fukua) ist äußerst schwerwiegend», klagt die *Arbeiterzeitung*, das Organ des Allchinesischen Gewerkschaftsbundes (Peking 29.9.1998) und zitiert einige im Volksmund kursierende Verse wie: «Das Dorf übertölpelt die Gemeinde, die Gemeinde übertölpelt den Kreis, und vom Kreis aus erstreckt sich die Übertölpelung bis hinauf zum Staatsrat» und «Funktionäre sind die Macher von Statistiken, Statistiken sind die Macher von Funktionären». Damit wird auf die in China weitverbreitete Tendenz angespielt, Statistiken als ein Hauptkriterium für die Leistungsbewertung und dementsprechend für die Beförderung von Funktionären zu betrachten. Teilweise fordern Funktionäre das Statistikpersonal offen zu Zahlenfälschungen auf. Kein Wunder, daß die im Jahre 1997 abgeschlossene Untersuchung über die Durchführung des Statistik-Gesetzes vom 8.12.1983 in der revidierten Fassung vom 15.5.1996 über 60000 Fälle gefälschter statistischer Daten aufdeckte.

Als der chinesische Ministerpräsident Zhu Rongji im Mai 1998 eine Inspektionsreise in die südostchinesische Provinz Anhui unternahm, wurden ihm zu seiner Zufriedenheit und Freude im Kreis Nanling mit Reis prall gefüllte Speicher gezeigt. Chinesische Reporter, die einige Zeit später Nanling besuchten, fanden in den Getreidespeichern jedoch nichts als gähnende Leere vor. Nachforschungen ergaben, daß die Behörden des Kreises nur 50 Prozent der für sie festgelegten Quote an Reis aufgekauft hatten. Fünf Tage im voraus waren sie über den hohen Besuch informiert worden und hatten sich von anderen Ankaufsstellen in der Region und von getreideverarbeitenden Betrieben über 1000 Tonnen Reis ausgeliehen. Anschließend wurde dieses Getreide zurückgebracht, wobei der Hin- und Hertransport über 100 000 Yuan (rund 20 000 Mark) kostete («Lernt von Harun al-Raschid, Genossen!», in: *Neue Zürcher Zeitung*, 17. 11. 1998, S. 23). Um ein Zeichen zu setzen, berichtete das zentrale Chinesische Fernsehen am 12. 11. 1998 über diesen Fall. «Frisierte Statistiken, gefälschte Lageberichte, gefälschte Vorzeigemodelle und gefälschte Szenen bei Ortsbesichtigungen noch und noch, man vermag sie gar nicht alle aufzudecken und zu unterbinden. Die meisten Führungskader sind bereit, derartige Schwindeleien durchzuführen», klagt Liu Jian ganz oben auf der ersten Seite der *Chinesischen Jugendzeitung* (Peking 14. 11. 1998) in einem Kommentar unter dem Titel «Wie kann man nur so dreist sein und dem Ministerpräsidenten höchstpersönlich einen Bären aufbinden?»

Die Machenschaften, die Funktionäre zur Schönung ihres Verantwortungsbereichs einsetzen, dienen der Wahrung ihres Gesichts und dem Streben nach Ruhm, vor allem aber der Förderung ihrer Karriere. Denn «wer Gutes berichtet, dem wird es gut gehen, wer Schlechtes berichtet, dem wird es schlecht gehen» (*Halbmonatsgeplauder*, Peking Nr. 20, 1994, S. 55).

«Formalismus» (xingshizhuyi) ist das gehobene Stichwort für Handlungen nach dem Muster des Stratagems Nr. 29. Unter «Formalismus» wird ein Arbeitsstil verstanden, der den Inhalt von der Form abtrennt und unter Hintansetzung des Inhalts in extremer Weise das äußere Erscheinungsbild eines Gegenstandes hervorhebt. Im Hinblick auf Funktionäre beschwerte sich der Vorsitzende der Kommunistischen Partei Chinas, Jiang Zemin, über den «bürokratischen Formalismus» (*Volkszeitung*, Peking 13. 4. 1998, S. 1). Verschiedene bildhafte Ausdrucksweisen werden in diesem Zusammenhang benutzt. So liest man etwa von formalistischen «Blumengestellen (hua jiazi)» (*Volks-*

*zeitung*, 5.2.1990, S.6). Ursprünglich bezeichnet «Blumengestell» eine spektakulär aussehende, in Wirklichkeit aber unbrauchbare Pose, die bei Vorführungen der chinesischen Kampfkunst der Show halber gezeigt wird. «[In einer kurzen Einlage] auf der Bühne auftreten [und dabei einen Handlungsablauf bloß mimen, aber nicht wirklich vollziehen] (zou guochang)», «einen oberflächlichen Aufsatz schreiben (zuo biaomian wenzhang)», «einen inhaltslosen Aufsatz schreiben (zuo kongdong wenzhang)», «Öl und Essig dazutun (jia you tian cu)», «Erfolge besingen (chang gong)» und «etwas mit Goldfolie überziehen (tiejin)» sind einige weitere auf den bürokratischen Formalismus beziehungsweise das Strategem Nr. 29 zielende Ausdrücke.

Darauf, daß man sich durch vorgespiegelte Pracht oftmals ins eigene Fleisch schneidet, spielt die Wendung «Sich selbst aufs Gesicht schlagen und durch die dergestalt angeschwollenen Backen dick aufspielen (dazhong lian chong pangzi)» an (s. im einzelnen 34.19). Nicht nur niedrigen, sondern auch leitenden Funktionären wird «Formalismus» vorgeworfen, etwa bei der Durchführung von Inspektionen, die folgendermaßen vor sich gehen: «Man sitzt im Auto und läßt sich herumkutschieren, man betrachtet alles durchs Glas des Autofensters, im übrigen setzt man sich über die Lage anhand von papierenen Berichten ins Bild, und die Entscheidungen fällt man auf der Grundlage subjektiver Mutmaßungen» (*Licht-Tageszeitung*, Peking 20.5.1993, S.2).

Seit Jahrzehnten wird in China dem «Formalismus» immer wieder der Kampf angesagt. «Die negativen und korrupten Phänomene sind nach wie vor gravierend. Bürokratismus, Formalismus und die Neigung zum Aufbauschen eigener Leistungen sind bei einigen Mitarbeitern der Regierungsorgane zu beobachten», klagte etwa der chinesische Ministerpräsident Li Peng in seinem am 1.3.1997 dem Nationalen Volkskongreß erstatteten Regierungsbericht. Wie sehr das strategemische Verschönern (unter Einschluß des Vertuschens von Negativem) in China grassiert, läßt sich aus Deng Xiaopings immer wieder aufs neue wiederholter Beteuerung folgern, der schon von Mao Zedong propagierte Satz, man müsse «die Wahrheit in den Tatsachen suchen», sei die Quintessenz des Marxismus. Kein Wunder, daß Deng Xiaoping bei seinem letzten großen Auftritt, nämlich während seiner Reise in den Süden anfangs 1992, besonders auch dem «Formalismus» den Kampf ansagte, wie die Pekinger *Volkszeitung* in dem Kommentar «Einmal tatkräftig das Problem des Formalismus anpacken» hervorhebt (Ausgabe vom 14.4.1999, S.9).

## 29.14  3000 statt 1500 Hühner

«Um die Jahreswende 1996/97 kehrte ich während der Winterferien in mein Heimatdorf zurück, eine kleine Ortschaft im Westen der Provinz Guangdong», schreibt Mo Wangxiong vom Institut für Nahrungsmittelindustrie in Wuhan (Provinz Hubei) in der *Volkszeitung* (Peking 16. 4. 1997, S. 9). «Zu diesem Zeitpunkt wurde gerade im ganzen Land eine allgemeine Untersuchung über die Landwirtschaft durchgeführt. Um die Situation in den Bauerndörfern nach der Reform und Öffnung wirklich zu verstehen, spielte ich selbst die Rolle eines ‹freiwilligen Untersuchungsbeauftragten›.

Zusammen mit einem Untersuchungsbeauftragten begab ich mich in das Haus des Vorstehers des Ostuferdorfes. Nachdem wir den Grund unseres Kommens erläutert hatten, nahm uns der Dorfvorsteher herzlich auf und übergab uns die bereits vorbereiteten Unterlagen. Darunter befanden sich folgende Zahlenangaben: Das Ostuferdorf hat 517 Einwohner, zählt 608 Schweine, 210 Ochsen und über 3000 Hühner. 100 Arbeitskräfte haben das Dorf verlassen. Das durchschnittliche Jahreseinkommen pro Person beträgt 2115 Yuan [etwa 400 Mark]. In der Folge besuchten wir fünf Bauernhaushalte. In all diesen Haushalten wurde uns gesagt, daß diese Zahlen nicht den Tatsachen entsprechen. Ein alter Bauer meinte: ‹Nach meiner Schätzung hat unser Dorf mehr als 550 Einwohner. Es sind höchstens 200 Schweine, etwas über 100 Ochsen und nicht mehr als 1500 Hühner vorhanden. Über 150 Leute haben das Dorf verlassen und arbeiten auswärts. Das Jahreseinkommen pro Person beträgt nicht mehr als 1000 Yuan [etwa 200 Mark].› Wir wußten nicht recht, ob wir diese Aussagen glauben oder nicht glauben sollten, und besuchten weitere Bauernhaushalte. Überall wurde uns gesagt, daß die uns vom Dorfvorsteher genannten Zahlen unwahr seien, wohingegen die anderen Zahlen der Wirklichkeit nahekämen. Als wir die realistischeren Zahlen zusammengestellt hatten und Anstalten trafen, sie an die obere Instanz weiterzumelden, übermittelte uns das vorgesetzte Führungsgremium ‹Daten zur Berücksichtigung›: Die der oberen Instanz gemeldete Zahl der Bevölkerung des Ostuferdorfes darf 510 Personen nicht übersteigen, die Zahl der Schweine, Hühner und Ochsen muß je 1000, 5000 beziehungsweise 300 und mehr betragen. Die Zahl der auswärtigen Arbeitskräfte darf 1/10 der Dorfbevölkerung nicht übersteigen. Das Jahreseinkommen pro Person muß zwischen 2500 und 3000 Yuan betragen [...] Sollten die Untersuchungsergebnisse diesen ‹Anforderungen› nicht entsprechen, soll erneut eine ‹Untersuchung und Verifizierung› durchgeführt werden, bis die Untersuchungsergebnisse den Anforderungen entsprechen. Wir waren baß erstaunt. Wie kann man bei einer Untersuchung über die Landwirtschaft auf diese Weise verfahren? Übertriebene ‹Zahlenangaben› sind nicht nur außerstande, die Situation der dortigen Bauerndörfer korrekt widerzuspiegeln, mehr noch, sie können dazu führen, daß falsche Entscheidungen getroffen werden. Ich hoffe, daß dies von den betroffenen Organen beachtet wird», schließt Mo Wangxiong seinen Leserbrief in der *Volkszeitung*, dem Sprachrohr des Zentralkomitees der Kommunistischen Partei Chinas.

29.15  32 Änderungen der Definition von «arbeitslos»

Von dem Engländer George Bernard Shaw (1856–1950) stammt die Feststellung: «Es gibt fünf Arten der Lüge: die gewöhnliche Lüge, den Wetterbericht, die diplomatische Note, das amtliche Communiqué und die Statistik.» *So lügt man mit Statistik* ist der Titel eines erfolgreichen Buches des Dortmunder Professors für Wirtschafts- und Sozialstatistik Walter Krämer (6. Aufl. Frankfurt a. M. 1995). Von «Zahlenkorruption» (shuzi fubai) ist im Zusammenhang mit geschönten Statistiken einer Stadt in der Provinz Hubei die Rede in *Banyuetan (Halbmonatsgeplauder*, Peking Nr. 12, 1999, S. 14).

Gemäß der offiziellen Statistik fiel in Großbritannien die Arbeitslosenrate im Oktober 1997 den 20. Monat in Folge und erreichte den niedrigsten Stand seit 17 Jahren: Nur 1,46 Millionen oder 5,2 Prozent der Werktätigen waren arbeitslos. Der Arbeitsmarkt wuchs – pro Monat entstanden bis zu 40 000 Arbeitsplätze. Dabei hielt sich die Lohnsteigerung – für britische Verhältnisse – mit 4,25 Prozent in Grenzen. Bei solchen Eckdaten war es kein Wunder, daß das Schlagwort vom «Jobwunder Großbritannien» die Runde machte.

«Doch diese Zahlen zeichneten das Bild rosiger, als es in Wirklichkeit ist», schreibt Jochen Wittmann in einem Bericht unter dem Titel «Das Jobwunder in Britannien ist eher ein Rechentrick» (in: *Kölnische Rundschau*, 21. 11. 1997). Er fährt fort: «Es gibt andere Statistiken. Danach lebt in Britannien gut ein Viertel der Einwohner unter der Armutsgrenze. Jeder fünfte britische Haushalt muß heute ohne einen einzigen Brotverdiener auskommen – 1975 waren das nur 6,5 Prozent. Unter den 15 EU-Staaten ist das Vereinigte Königreich die elfärmste Nation. Jedes dritte Kind wächst in Armut auf, und seit 111 Jahren war die Kluft zwischen den höchst- und niedrigstbezahlten Arbeitern nicht mehr so groß. Eine Allianz von mehr als 140 britischen Wohlfahrtsorganisationen klagt ihr Land jetzt vor dem UN-Ausschuß für wirtschaftliche, soziale und kulturelle Rechte an, nicht genug gegen die neue Verelendung zu tun.»

Wie paßt das eine mit dem anderen zusammen? In den 18 Jahren konservativer Herrschaft wurde die Definition von «arbeitslos» 32mal geändert und so verengt, daß sich heute immer weniger Menschen dafür «qualifizieren». Auch die neue Labour-Regierung hält an dieser Zählweise fest und leistet damit einer verzerrten Abbildung der Arbeitswirklichkeit Vorschub. Nach Berechnungen von Experten beläuft sich die reale Arbeitslosigkeit in Britannien auf 14,2 Prozent.

### 29.16 Make-up-Tricks bei der Erfüllung der Euro-Maastricht-Kriterien

«Ich bin für den Euro», sagte Frits Bolkestein, seit 1990 Chef der liberalen Volkspartij voor Vrijheid en Democratie und seit 1996 Präsident der liberalen Welt-Union. «Für Holland als eine Handelsnation hat er große Vorteile, indem er die Transaktionskosten und Wechselkursrisiken mindert.» Doch dies alles setze voraus, daß die Maastricht-Kriterien vollständig erfüllt werden. «Der Euro ist für uns nur von Vorteil, wenn er so hart ist wie der Gulden. In Holland haben wir die Tradition einer stabilen Währung, die wir nicht aufgeben wollen.» Bolkestein äußert sein Vertrauen in die Deutschen, ist sich aber der Franzosen und Italiener nicht so sicher. «Die Maastricht-Kriterien müssen nachhaltig und ohne buchhalterische Tricks erfüllt werden. Wir erachten den Euro als eine wirtschaftliche, nicht eine politische Währung» (*Neue Zürcher Zeitung*, 4. 5. 1998, S. 7).

In der Tat fiel auf, wie häufig in der deutschsprachigen Presse im Vorfeld der Währungsunion das Wort «Trick» (laut *Duden, Das große Wörterbuch der deutschen Sprache, Bd. 6*, Mannheim etc. 1981, S. 2627, u. a. ein «listig ausgedachtes, geschicktes Vorgehen») gebraucht wurde: «Keine Tricks mehr in der Währungsunion» (Titel eines Beitrags in: *Tages-Anzeiger*, Zürich 4. 2. 1997, S. 27); «Oh, wie kreativ! – Europa amüsiert und sorgt sich über die goldenen Buchungstricks der Deutschen» (Titel eines Artikels in: *Die Zeit*, Hamburg 30. 5. 1997, S. 13); «Spielernaturen in der Bonner Regierung: ist der Griff in die Trickkiste nur ein Trick?» (Titel eines Artikels in: *Neue*

*Zürcher Zeitung*, 30.5.1997, S.23); «Taschen, Spieler, Tricks» (Titel eines Artikels auf der ersten Seite der *Zeit*, Hamburg 11.7.1997); «Die EU akzeptiert Italiens Goldtrick nicht» (Titel eines Artikels in: *Neue Zürcher Zeitung*, 28.1.1998, S.21). «Der jetzige Kanzler ist die Trickserei und Lügerei im Europageschäft gewohnt [...] Die Gegner, selber voller Dreck am Stecken, werden ihn auf diesem Felde nicht angreifen» (Rudolf Augstein in: *Der Spiegel*, Hamburg Nr.20, 1998, S.36).

Welche Zielsetzung mit diesen «Tricks» schwerpunktmäßig verknüpft ist, deuten das Wort «Fassadenpflege» im Titel eines Artikels in der *Neuen Zürcher Zeitung* (3.6.1997, S.21) und der Zwischentitel «Potemkinsche Dörfer» (im Artikel «Belgiens Haushalts-Mogeleien», in: *Neue Zürcher Zeitung*, 17.1.1997, S.23) an. Damit ist das Stratagem Nr.29 unverblümt beim Namen genannt (s. auch 19.26). Allerdings wurde dieses auf derart durchsichtig-plumpe Weise eingesetzt, daß es mühelos durchschaut werden konnte:

«Die tiefen Strukturprobleme der französischen Wirtschaft schiebt er [= der französische Premierminister Alain Juppé] [...] nur vor sich her, ohne sie wirklich anzupacken. [...] Den Schein gewahrt, das heißt die 3-Prozent-Hürde [= die Maastrichter Defizitvorgabe von maximal 3 % des Bruttoinlandprodukts] [...] künstlich geschafft, hat Juppé mit einer finanztechnischen ‹Pirouette›, wie ein Pariser Kommentator meinte: Der französische Staat läßt sich zum Beispiel eine Rentenbevorschussung der France-Télécom im Umfang von 37,5 Mrd. Francs 1996 auszahlen, so daß er diese außerordentliche Einnahme in das Budget aufnehmen kann» (Stefan Brändle: «Ein Griff in die Trickkiste», in: *Tages-Anzeiger*, Zürich 19.9.1996, S.33). «Nicht nur die in Frankreich angestellte Überlegung, Pensionsverpflichtungen der France-Télécom als Staatseinnahmen zu behandeln, hat Marktteilnehmern den Rahmen des zu Erwartenden aufgezeigt, sondern auch der Hinweis von Eurostat, des statistischen Amtes der Union, bei der Berechnung der ökonomischen Daten, die der Konvergenzbeurteilung zu Grunde liegen werden, im Bruttosozialprodukt außer der offiziellen Wirtschaft auch die ‹black economy› zu berücksichtigen» (*Neue Zürcher Zeitung*, 16.9.1996, S.9).

«Eine Drei vor dem Komma weisen zwar die meisten EU-Länder bei ihrem Budgetentwurf 1997 aus, doch möglich wurden solche Werte in gewissen Ländern nur durch Buchungstricks» («Euro-Optimismus im Hause Bär: die Bank erwartet eine erweiterte Kernunion», in: *Neue Zürcher Zeitung*, 11.10.1996, S.23). «Bedenkenlose Schönfärberei und das Herunterspielen ökonomischer und politischer Risiken» warf Renate Ohr, Professorin für Außenwirtschaft an der Universität Hohenheim, den Euro-Anhängern vor (*Die Zeit*, Hamburg 6.12. 1996, S. 30). In Sachen kreativer Haushaltsführung seien Länder «wie Frankreich oder Italien mit schlechtem Beispiel schon vorausgegangen, und Deutschland ist auf dem besten Wege», auf das Niveau dieser Länder zu sinken («Tiefschläge gegen die Währungsunion», in: *Neue Zürcher Zeitung* 7.8.1997, S. 21). «Wenn selbst Bonn Zuflucht zu Tricks sucht, um die Maastricht-Kriterien doch noch punktgenau zu erfüllen, kann Europa nur den Atem anhalten» (aus einem Leitartikel der *Neuen Zürcher Zeitung*, 7./8.6.1997, S. 1). Von Warnungen des Bundesbankpräsidenten Hans Tietmeyer «vor statistischer Kosmetik und Mogelei» an die Adresse Italiens und anderer Länder und davor, daß man «heute [den deutschen Finanzminister] Waigel bei gleichen Mogelversuchen» erwische, berichtet der deutsche Altbundeskanzler Helmut Schmidt auf der ersten Seite der *Zeit* (Hamburg 13.6.1997).

Vor einer Einführung des Euro «unter dubiosen Begleitumständen» und einer Aushebelung der Konvergenzkriterien «durch Buchungstricks» warnte Roland Vaubel, Professor für Volkswirtschaftslehre an der Universität Mannheim und Mitglied des Wissenschaftlichen Beirats beim Bundeswirtschaftsministerium, in seinem Artikel «Gut Geld will Weile haben» (*Die Zeit*, Hamburg 27.6.1997, S. 26). Eine dauerhafte Konsolidierung könne nicht durch einmalige Maßnahmen und «besondere Verbuchungstechniken» erreicht werden, mahnte Alexandre Lamfalussy, der ehemalige Präsident des Europäischen Währungsinstituts EWI («Dauerhaft im Lot?», in: *Neue Zürcher Zeitung*, 15.10. 1997, S. 23). Ein großer Teil der angeblichen Konvergenzerfolge beruhe «auf Manipulationen» wie Einmal-Aktionen, neuen Statistiken und vorgezogenen Einnahmen («Schaden für Deutschland», in: *Der Spiegel*, Hamburg Nr. 42, 1997, S. 34). «[...] Trotz zahlreicher Beispiele kreativer Buchführung sei es gerade den ‹Kernländern› nicht gelungen, die vereinbarte Defizitgrenze deutlich und nachhaltig zu unterschreiten», meinten Anfang 1998 150 Wirtschaftswissenschaftler vor allem aus dem deutschsprachigen Raum («Widerstand gegen überstürzte Währungsunion», in: *Neue Zürcher Zeitung*, 10.2.1998, S. 17).

In vielen Ländern ist «derart viel Haushaltskosmetik betrieben worden, daß Zweifel angebracht scheinen an der Nachhaltigkeit der Konsolidierungsbemühungen. Was ist zum Beispiel mit den Zahlen-Verrenkungen, die durch die EU-einheitliche Messung des Haushaltsdefizits notwendig waren?» (Stefan Pohl: «Politisch erwünscht», in: *Westfalenpost*, Hagen 28.2.1998, S. 2). «Die jetzt ermittelten akzeptablen Defizitraten sind nicht selten ‹kreativer Buchführung› zu verdanken», so Albrecht Beck in der *Badischen Zeitung* (Freiburg i. Br., 28. 2. 1998, S. 1). Euro-Kriterien seien «schöngerechnet», meinte Karl Heinz Däke, Präsident des Bundes der Steuerzahler. Deutschland und andere Euro-Länder hätten das wichtigste Defizit-Kriterium «nur mit ‹Tricks› und Einmaleffekten geschafft» (*Bild*, Hamburg 13. 3. 1998, S. 1).

Der vom Maastricht-Vertrag festgelegte Grenzwert für die Staatsdefizite von 3,0 Prozent, gemessen am Bruttoinlandprodukt, galt nur für das Beitrittsexamen und nicht für die Zeit danach. Zwar wurde auf deutsches Bestreben nachträglich ein Stabilitätspakt geschlossen, der ein dauerhaftes Einhalten der Kriterien verlangt. Aber automatische Sanktionen sind darin nicht vorgesehen, und das Überschreiten läßt sich im EU-Ministerrat «mit geschickter Rhetorik» leicht entschuldigen (Hans Martin Kölle: «Fakten und Mythen zum Euro», in: *Finanz und Wirtschaft*, Zürich 25. 4. 1998, S. 1). Genau in diesem Punkt droht neue Inflation. Die Haushaltslücken vieler Euro-Länder werden sich trotz aller Beteuerungen ausweiten, allein schon wegen des Nachholbedarfs, «der aus den Buchungstricks des Jahres 1997 entstand, als viele Ausgaben in die Zukunft verlegt wurden» (ebenda). «Man muß offen zugeben, daß bei allen Bemühungen, die die betroffenen Länder unternommen haben, eine nachhaltige fiskalische Konsolidierung in diesem Währungsgebiet noch nicht erreicht ist. Die momentan in bezug auf das Defizitkriterium günstige Lage ist mit vielen einmaligen, auf diesen Zeitpunkt hin orientierten Aktionen erreicht worden. Stichworte sind die Eurosteuer in Italien, die Benutzung von Privatisierungserlösen oder die Ausgliederung des Krankenhausbereiches aus den öffentlichen Finanzen in Deutschland» (Ernst Baltensperger, Professor für Volkswirtschaftslehre an der Universität Bern, zitiert aus: «Der Euro kommt», in: *Der Monat in Finanz und Wirtschaft*, Basel, Mai 1998, S. 6).

Die politisch Verantwortlichen selbst bestritten die Anwendung des Strategems Nr. 29 oder wichen klaren diesbezüglichen Stellungnahmen aus, so zum Beispiel der damalige deutsche Finanzminister Theo Waigel. Auf die Frage «Und vor kreativer Bilanztechnik verschließen Sie einfach die Augen?» antwortete er: «Damit soll sich die Brüsseler Kommission beschäftigen. Ich habe gesagt, was ich davon halte: nichts» (zitiert aus: *Der Spiegel*, Hamburg Nr. 47, 1996, S. 22). Anfang 1998 beteuerte Waigel «in vertraulicher Runde»: «Bei den 3,0 Prozent (höchstzulässiges Haushaltsdefizit), die wir erreichen, ist nicht getrickst worden» (*Bild*, Hamburg 18. 2. 1998, S. 2). Der holländische

Ministerpräsident Wim Kok entgegnete auf die Frage: «Aber hat die kreative Buchführung zur Einhaltung der Defizit-Kriterien nicht in vielen europäischen Finanziministerien Hochkonjunktur?» wie folgt: «Ich bin für Kreativität, und ich bin auch für Buchhaltung. Die Koalition dieser zwei ist aber nicht ohne Risiko. Mit Einführung des Euro treffen wir eine unumkehrbare Entscheidung. Es sollten möglichst viele Länder mitmachen, die aber müssen ein gesundes Budget haben, nicht nur die richtigen Zahlen für 1997. Man muß hinter die Zahlen schauen und ihr Fundament prüfen» (zitiert aus: *Der Spiegel*, Hamburg Nr. 50, 1997, S. 119).

So kommt man um den Eindruck nicht herum, daß das Fassadenstrategem Nr. 29 bei einem epochalen Vorgang wie der Einführung des Euro trotz manchen Dementis eine maßgebliche Rolle gespielt hat. Als Dienststrategem, das alle Beteiligten eigentlich durchschauten, bei dem sie aber um eines höheren Ziels willen – mit Ausnahmen – mitgespielt haben? Oder als Schadensstrategem, dem man mit viel zu großer Vertrauensseligkeit und Arglosigkeit begegnete, um eines Tages böse zu erwachen? Die Zukunft wird die Antwort erteilen. Auf jeden Fall scheint die Geburt des Euro zu beweisen, wie unverzichtbar Strategeme im menschlichen Leben sind. Auf der Grundlage allein der von Immanuel Kant geforderten kommunikativen Wahrhaftigkeit auch auf die Gefahr von Nachteilen hin wäre der von aller Welt begrüßte Euro wohl nicht zustande gekommen.

### 29.17 Ein Ideal als Wirklichkeit ausgeben

Der Amerikaner Michael Moser schildert in seiner Doktorarbeit *Law and Social Change in a Chinese Community* (London etc. 1982, S. 60), die er teilweise auf der Grundlage von Feldstudien in Taiwan verfaßte, folgende Begebenheit:

«Bald nach meiner Ankunft in Beiyuan [in Taiwan] besuchte ich ein Mitglied des örtlichen Schlichtungskomitees zu Hause. Wir saßen in seinem Gästezimmer und tranken Tee. Ich fragte ihn, wie Konflikte in dieser Gemeinde geregelt werden und ob Leute mit Streitfällen je das Gericht aufgesucht hätten. Mein Gegenüber schien sich für dieses Thema immer mehr zu erwärmen und begann, zu Darlegungen auszuholen, die am Ende volle drei Stunden dauern sollten. In seinem Vortrag sprach er von den Übeln eines Gerichtsprozesses und davon, daß die Einwohner von Beiyuan traditionellerweise ihre Differenzen auf freundschaftliche Weise, ohne Einbeziehung irgendwelcher externer Obrigkeiten, regelten. ‹Wir Chinesen gehen nicht gern zum Gericht›, sagte er mir mit Bestimmtheit und mit einer gehörigen Portion moralischen Überlegenheitsgefühls.

‹Anders als ihr Ausländer›, fuhr er fort, ‹haben wir 5000 Jahre der Zivilisation hinter uns. Und unsere großartigen Traditionen haben uns gelehrt, daß der korrekte Weg der Streitbeilegung darin besteht, einander nachzugeben, wie Brüder, die im gleichen Hause leben. Die einzigen Leute, die einen Fall vor das Gericht bringen, sind Leute, denen es gleichgültig ist, ihr Gesicht zu verlieren. Doch derartige Leute sind unvernünftig und zum Glück selten.›

Einige Tage nach unserer Diskussion traf ich meinen Freund bei einem Besuch des Gerichts in Xinzhu wieder, und zwar im Korridor der Abteilung für zivile Angelegenheiten. Er verbeugte sich, und wir schüttelten einander die Hand.

Offensichtlich überraschte es ihn sehr, mich dort zu treffen, und er legte eine nicht geringe Verlegenheit an den Tag. Nachdem wir uns verabschiedet hatten, betrat ich die Abteilung für zivile Angelegenheiten, und ich entdeckte, daß mein Freund soeben eine Klage gegen seinen Nachbarn auf Rückzahlung eines Darlehens eingeleitet hatte.»

Der amerikanische Berichterstatter Michael Moser kommentiert dieses Erlebnis wie folgt: «Wenn Einwohner von Beiyuan über Streitfälle reden, dann tun sie dies unter dem Gesichtspunkt eines idealtypischen Modells [im englischen Urtext heißt es: ‹normative model›], das ein Bild davon zeichnet, wie eine Streitigkeit geregelt werden sollte. Ob der Dialogpartner ein des Lesens und Schreibens unkundiger Bauer, ein Dorfvorsteher oder ein Beamter in der örtlichen Regierung ist, spielt keine Rolle, die Konturen dieses Modells sind immer dieselben. Die Wirklichkeit aber sieht oft anders aus. Der Unterschied zwischen den beiden Sphären spiegelt eine ins Auge springende Diskrepanz zwischen der Art und Weise wieder, in der die Regelung von Streitfällen geistig-ideal gesehen [‹conceptualized›] und in der Realität praktiziert wird.»

Michael Mosers Analyse ist noch um den strategemischen Gesichtspunkt zu ergänzen. Wenn Chinesen Ausländern Aspekte Chinas schildern, trachten sie oft danach, ein möglichst geschöntes Bild ihres Vaterlandes zu vermitteln. Statt dem Ist-Zustand stellen sie den ihrer Vorstellung nach idealen Soll-Zustand dar, allerdings nicht selten in einer Art und Weise, daß der Ausländer glaubt, er werde von seinem chinesischen Gesprächspartner über nichts als die Wirklichkeit aufgeklärt.

## 29.18 Kleider machen Leute

Ein arbeitsloses Schneiderlein mit blassen, aber regelmäßigen Gesichtszügen, hungrig und ohne Geld, nur mit einem Fingerhut in der Tasche, wanderte auf der Landstraße nach Goldach. Über seinem einzigen Kleide, dem schwarzen Sonntagsgewand, trug er einen langen dunkelgrauen Radmantel, mit schwarzem Samt ausgeschlagen; dieser Mantel verlieh ihm ein edles und romantisches Aussehen, zumal seine Haare sorgfältig gepflegt waren, ebenso sein Schnurrbärtchen. Es fing eben an zu regnen. Ein Kutscher, der mit seinem neuen, leeren Reisewagen des gleichen Weges fuhr, bot ihm diesen an. Schnell kamen sie in Goldach an. Vor dem ersten Gasthofe hielt das Fuhrwerk. Im Nu war der Wagen umringt von Neugierigen.

Der Schneider stieg verdutzt aus und ließ sich willenlos in das Haus und die Treppe hinan in einen wohnlichen Speisesaal geleiten. In seinem kostbar wirkenden Mantel blaß und schwermütig zur Erde blikkend, betrachtete man ihn als einen geheimnisvollen Prinzen oder Grafensohn. Schon bald wurde ihm ein vorzügliches Essen auf schön gedecktem Tische aufgetragen. Der ängstliche Schneider, der nicht begriff, wie ihm geschah, wollte das Weite suchen. Er hängte seinen Mantel um, setzte die Mütze auf und begab sich aus dem Raum, um zu verschwinden. Aber er fand sich in dem weitläufigen Haus nicht sofort zurecht. So glaubte der Kellner, er suche einen gewissen Ort und geleitete ihn vor eine schön lackierte Türe. Sanft wie ein Lämmlein ging der Mantelträger dort hinein und schloß die Türe ordentlich hinter sich zu. Hier verwickelte er sich in seine erste selbsttätige «Lüge», wie Gottfried Keller (1819–1890) in seiner 1874 erschienenen Novelle *Kleider machen Leute* schreibt, «weil er in dem verschlossenen Raum ein wenig verweilte.» So förderte er das für ihn märchenhafte Mißverständnis. Der Wirt, der ihn im Mantel hatte dahin gehen sehen, glaubte, er friere, und sorgte für mehr Heizung. Und mit hundert Komplimenten geleitete er ihn, wie er wieder aus dem langen Gange hervorgewandelt kam, melancholisch wie der angehende Ahnherr eines Stammschlosses, in den Eßsaal zurück. Der Schneider fügte sich schließlich in sein Schicksal, vom Wein erwärmt und aufgestachelt.

Unterdessen hatte auch der Kutscher in der Stube für das untere Volk gesessen und die Pferde füttern lassen. Da er in Eile war, machte er sich bald wieder auf den Weg. Die Leute des Gasthofs wollten vor seiner Wegfahrt wissen, wer der Herr da oben sei. Schalkhaft und durchtrieben antwortete der Kutscher, es sei der polnische Graf Strapinski, der vielleicht einige Tage bleiben werde. Er habe ihm befohlen, mit dem Wagen vorauszufahren. Dieser schlechte Spaß war die Rache gegen das Schneiderlein, das ohne Dank den Wagen verlassen hatte und, wie der Kutscher meinte, den Herrn spielte. Seine Eulenspiegelei noch weiter treibend, verließ der Kutscher den Gasthof, ohne die Zeche für sich und seine Pferde zu begleichen.

Erstaunlicherweise hieß der Schneider tatsächlich Strapinski. Vielleicht hatte er sein Wanderbuch im Wagen liegen gelassen, und der Kutscher hatte seinen Namen darin gefunden. Der Wirt sprach ihn nun jedenfalls mit seinem Namen an und kündigte die Bereitung des Zimmers an. Der arme Schneider erblaßte und war von neuem verwirrt. Inzwischen waren die Notablen der Stadt gekommen: Stadtschreiber, Notar, Buchhalter und so weiter; alle wollten den vermeintlichen Grafen sehen. Sie saßen schließlich an seinem Tische, tranken mit ihm und boten ihm ehrerbietig vorzügliches Rauchzeug an. Alsdann beschlossen die Herren, den schönen Nachmittag zu genießen, auszufahren und den fröhlichen Amtsrat auf seinem Gute zu besuchen, auch den neuen Wein zu kosten. Natürlich wurde der «Graf» zuvorkommend eingeladen. Er nahm die Einladung höflich an, in der Hoffnung, bei dieser Gelegenheit unbemerkt seine Wanderung fortsetzen zu können. Nun mußte er den Herren beim Spiel zusehen. Seine Bemerkungen dazu wurden mit Ehrfurcht aufgenommen, und die Herren waren sich des nobeln Gastes sicher. Nur einer, der Buchhalter, hatte Zweifel. Später wurde ein gemeinsames Hasardspiel vorgeschlagen. Jeder warf einen Brabantertaler hin. Strapinski teilte errötend mit, er habe kein solches Geldstück. Schon aber setzte sich der Buchhalter, der ihn scharf beobachtet und alles begriffen hatte, für ihn ein. Als man genug hatte vom Spiel, steckte jeder das gewonnene Geld ein. So auch der Schneider, der nun einige Louidors besaß, so viel, wie er in seinem Leben nie gehabt hatte.

Vor dem Abendbrot ergingen sich die Herren im Freien. Der Schneider glaubte, seinen Entweichungsmoment gefunden zu haben. Immer mehr entfernte er sich beim Hin- und Hergehen vom Hause, aber schon kam der Amtsrat mit seiner hübschen Tochter, Nettchen, um die Ecke. Er wollte seinem Kinde den Grafen vorstellen, ihn auch zum Abendbrot einladen.

Den Ehrenplatz erhielt er neben der Tochter des Hauses. Alles, was er tat oder sagte, wurde als außerordentlich vornehm und edel betrachtet. Als man ihn bat, ein polnisches Lied zu singen, überwand er seine Schüchternheit, da er einige Zeit in Polen gearbeitet hatte. Der junge

Mann verliebte sich in Nettchen. Sein natürlich-vornehmes Wesen und sein «fürstlicher» Aufzug erweckten bald auch zärtliche Gefühle in der Amtsratstochter, und es kam zur Verlobung. Doch beim Verlobungsfest ließ jemand das ganze Geheimnis um den Grafen auffliegen – es war der Buchhalter, der selbst um die Hand Nettchens angehalten hatte, aber abgewiesen worden war. Nach einer großen allgemeinen Verwirrung vergab Nettchen dem Schneider, den seine Kleider zum Grafen gemacht hatten, und die Geschichte endet mit einer glücklichen Heirat.

29.19  Alles ist nur Fassade

Diese die Anwendung des Stratagems Nr. 29 signalisierende Redewendung bedeutet laut Lutz Röhrich (*Lexikon der sprichwörtlichen Redensarten*, Freiburg etc., Bd. 2, 1999, S. 420), etwas sei bloß äußere Aufmachung. «Nach außen hin wird alles als positiv, gut und schön vorgetäuscht, Ängste und Unzulänglichkeiten werden geschickt verborgen wie die Mängel in einem Haus hinter der hübschen, [womöglich] renovierten Frontseite.»

Auf den Menschen übertragen meint die auch das Wort «Doppelleben» in Erinnerung rufende Redensart: Das vorteilhafte Äußere täuscht, es ist nichts dahinter, das heißt, unter der Schminke verbergen sich Falten, hinter einer vornehmen Haltung, einer anscheinend guten Erziehung, negative Eigenschaften.

Man wirkt, um ein auf Konfuzius zurückgehendes geflügeltes Wort zu zitieren, «nach außen hin stark, ist aber innerlich schwach», was in etwa dem deutschen «außen fix, innen nix» entspricht. So ist «das Bild vom harten, zielstrebigen Manager oft nur Maskerade» («Mythos Manager: er gibt sich gerne visionär und kompetent. Doch hinter der Fassade des starken Mannes sieht es anders aus», in: *Die Weltwoche*, Zürich, 16. 6. 1994, S. 17).

Für das Auseinanderklaffen von schöner Äußerlichkeit und nicht auf den ersten Blick erkennbarer Armseligkeit oder Krisenhaftigkeit sind Chinesen schon vor Jahrtausenden sensibilisiert worden, etwa durch das Lao Zi (um 6./5. Jahrhundert v. Chr.) zugeschriebene *Daodejing*, in dessen Kapitel 53 geschrieben steht:

«Der Hof ist korrupt,
die Felder sind voller Unkraut

und die Scheunen ganz leer.
Doch die Kleidung der Herrschenden ist schmuck und prächtig,
ihre Schwerter im Gürtel sind scharf,
sie sind übersatt an Speis und Trank
sie haben Güter im Überfluß.
Solche Herrschende nenne ich Räuberhäuptlinge
sie wandeln nicht auf dem richtigen Weg.»

Demgemäß sind Chinesen seit uralten Zeiten darauf gefaßt, hinter schönem Schein auf ein unschönes Sein zu stoßen. Dank ihrer nicht zuletzt am Strategem Nr. 29 geschulten Optik sehen sie die Welt in der Regel nicht so flächig und eindeutig wie manche Europäer. Während Abendländer es offenbar immer wieder bemerkenswert finden, wenn in einem Roman, einem Film oder auf andere Weise hinter einer Fassade etwas Häßliches aufgedeckt wird, reagieren Chinesen eher dann überrascht und ungläubig, wenn eine schöne Fassade und das, was dahintersteckt, sich wirklich decken.

29.20 Blick hinter den goldenen Vorhang

Zahlreiche westliche Texte enthüllen die Fassadenhaftigkeit des irdischen Seins. «Die Welt, in der wir leben, ist eine einzige Fassade, hinter der sich Angst und Schuldgefühle, eine krampfhafte Selbstüberforderung und Egoismus verbergen», heißt es in einer Rezension von Horst E. Richters Buch *Der Gotteskomplex* (in: *Neue Zürcher Zeitung*, 19.2.1980, S.35).

Es ist vor allem die westlich-bürgerliche Welt, deren Fassadenhaftigkeit aufzudecken Europäer am Herzen liegt. Unter ihnen gab es gar manche «Schriftsteller und Politologen, Politiker und Theologen, Kämpfer für eine bessere Welt» («Es war einmal Nicaragua», Leitartikel der *Neuen Zürcher Zeitung*, 21./22.8.1993), die allein in Ländern wie der Sowjetunion Stalins oder dem Kuba Fidel Castros die grandiose Realität sehen zu können glaubten. Den strategemisch-hinterfragenden marxistischen Blick richteten sie nur gegen ihre eigene Gesellschaft. Wer demgegenüber im Hinblick auf sozialistische Länder «auf die Wirklichkeit hinter der Jubel- und Volksbeglückungsfassade hinwies, war ein Lakai der CIA oder der Wirtschaftsbosse [...]» (ebenda).

Was den Westen betrifft, so bietet hier selbst «die Kirche eine brüchige Fassade von Verdrängung, Kompensierung und Heuchelei», behauptet Anne Dördelmann-Lueg in ihrem Buch *Wenn Frauen Priester lieben: der Zölibat und seine Folgen* («Kirche: Tränen in den Augen», in: *Der Spiegel*, Hamburg Nr. 2, 1994, S. 98). In einem Roman des US-Jugendanwalts Andrew Vachss demontiert der Held des Geschehens im Milieu einer stinkreichen Vorstadtschickeria «die hochanständige Fassade und stößt auf ein kriminelles Geflecht von Kindesmißbrauch, Sado-Maso-Pornographie, Erpressung, lebensgefährlichen Pharma-Experimenten und auf einen Abgrund von persönlichen Abhängigkeiten, perfiden Geschäftspraktiken und traumatischen Kindheitserlebnissen» (Stephan Krass: «Nackt, kalt, wund», in: *Neue Zürcher Zeitung*, 28. 3. 1996, S. 77). Um «Aufklärung scheinbar intakter ‹schöner› Fassaden wie etwa im ‹Stellvertreter› (1963) und im Churchill-Stück ‹Soldaten› (1967) (Ernst Nef: «Fassadendemolierung», in: *Neue Zürcher Zeitung*, 10. 4. 1995, S. 20) geht es dem deutschen Bühnenautor Rolf Hochhuth. Und die Mutter des Schweizer Schriftstellers Thomas Hürlimann «hat die Fassadenwelt der Politik kennengelernt, hat darunter gelitten und macht ihren Kindern keinen Vorwurf, wenn sie versuchen, diese Fassaden einzureißen» (Peter M. Metzel, in: *Schweizer Illustrierte*, Zürich, 10. 8. 1998, S. 68). Vor allem die schöne Literatur scheint es als ihre hehre Aufgabe anzusehen, «hinter vornehme Fassaden» zu leuchten (Pia Reinacher, in: *Tages-Anzeiger*, Zürich 12. 6. 1997, S. 85).

Aber auch Filme entlarven das im Westen auf Schritt und Tritt anzutreffende Strategem des schönen Scheins. Zum Beispiel zeigt Roman Polanskis 1974 fertiggestellter US-Film *Chinatown*, daß «hinter der glamourösen Fassade von Los Angeles [...] ein undurchschaubares Geflecht von Korruption, Geldpolitik, Machtlust, Raffgier und Mord wuchert» (*Zürcher Studentin*, 3. 6. 1993, S. 12). Amoralische Wirklichkeiten werden offenbar häufig durch «ein scheinbar heiles Familienleben» kaschiert, das ergibt sich aus der Lektüre des Buches *Call Me!* von Robin/Liza/Linda/Tiffany, das 1997 in den USA in wenigen Tagen auf Platz 1 der Bestseller-Liste schoß (*Bild*, Hamburg, 16. 6. 1997), und der US-Schriftsteller Norman Mailer meint: «Wir leben an einer kunstvoll gearbeiteten Oberfläche, unter der Drogenkriege und Not brodeln» (*Die Weltwoche*, Zürich 9. 3. 1989, S. 63).

«Hinter der süßen Fassade ihres Gefährten» verbarg sich und ihre Ambitionen angeblich Nancy, die Gattin des einstigen US-Präsidenten Ronald Reagan. Sie war gemäß ihrer Biographin Kitty Kelley besessen «von äußerlicher Erscheinung». Der Leitfaden, der sich durch ihr gesamtes Leben zog, war: «Um der äußerlichen Erscheinung willen die Vergangenheit und die Gegenwart zu retuschieren, verfälschen, verleugnen, verschönern, erfinden, neu zu schaffen [...] alle Realitätseinbrüche abzublocken; und dem Ziel, diese Scheinwelt aufrechtzuerhalten, alles unterzuordnen, alles zu opfern». Sie fälschte ihr Geburtsdatum, ihren Geburtsort und erfand für ihre Mutter eine aristokratische Herkunft. Es geht hier aber nicht nur um eine das Stratagem Nr. 29 zelebrierende Einzelperson: «Das Leben Nancy Reagans ist eine Parabel des modernen Amerika, eine Parabel um Sein und Schein, um Stil und Substanz, um Macht und Manipulation, um Lug und Trug, um Faktum und Fiktion, um Täuschung und Echtheit» (Reto Pieth: «Ein Bestseller über die erste Regierungschefin Amerikas, Nancy Reagan: Die Frau, die sich selbst erfand», in: *Die Weltwoche*, Zürich, 18. 4. 1991, S. 83). Ferner: «Unter dem schönen Schein des American way of life brennt immer noch, jeden Tag und an jedem Ort, an dem Weiße und Schwarze zusammentreffen, die Wunde der Sklaverei» («Schwärzer als die ‹Schwarze Serie›», in: *Neue Zürcher Zeitung*, 14./15. 11. 1998, S. 48).

«Verspäteter Einsturz der viktorianischen Fassade» lautet der Titel eines Artikels über «das Lotterleben am englischen Hof» (in: *Die Weltwoche*, Zürich, 25. 1. 1996, S. 61). «Die Fassade war noch hell, dahinter bröckelte es schon», steht unter einer Fotografie von Prinz Charles, Prinzessin Diana und ihren beiden Söhnen (in: *Bild*, Hamburg, 1. 3. 1996, S. 5). In seiner bitterbösen BBC-Politsatire *Crossing the Floor* zeigt der Autor und Regisseur Guy Jenkin «ein weitsichtiges Auge und ein scharfes Ohr für die geistige Ärmlichkeit hinter dem fortschrittlichen Cool-Britannia-Glamour» der neuen Regierung Tony Blairs: «new, exciting, young, bright, fresh» («Rule Britannia» oder Ein Haufe toter Esel [...]», in: *Neue Zürcher Zeitung*, 30. 4. 1998, S. 52).

«Das frivole Spiel mit bürgerlichen Traumtänzern, die glauben, mit einer von Moral wenig beengten Sicht und von der bourgeoisen Fassade geschützt, ihre perfiden Spiele treiben zu können, beherrscht der französische Filmregisseur Claude Chabrol» (Wolfram Knorr: «Nichts geht mehr hinter der Fassade», in: *Die Weltwoche*, Zürich 30. 10. 1997, S. 56). Mit sanftpfötigem Zynismus durchdringt «er die lustvoll zelebrierte Fassadenwelt der Bourgeoisie, um dahinter den Blick auf die Abgründe aus Haß und Gier, Mord und Totschlag freizulegen» (*Die Weltwoche*, Zürich, 9. 11. 1995, S. 65).

«Die bürgerliche Wohlanständigkeit ist eine Fassade, hinter der Abgründe gähnen», lehrt Monika Köhlers Roman *Kielkropf* (Marion Löhndorf: «Gezeugt aus Flüchen», in: *Neue Zürcher Zeitung*, 5. 11. 1996).

Angesichts all dieser westlichen Fassadenzertrümmerung ist es kein Wunder, daß in der Shanghaier Tageszeitung *Wenhui Bao* (9.5.1979) der Rezensent einer in chinesischer Sprache erschienenen *Sammlung zeitgenössischer amerikanischer Kurzgeschichten* feststellte, die verschiedenen amerikanischen Autoren, darunter Arthur Miller, durchbrächen in ihren Novellen den «goldenen Vorhang der sogenannten Wohlstandsgesellschaft». Was kommt hinter diesem «goldenen Vorhang» alles zum Vorschein? Nach der Buchrezension zu schließen «extreme geistige Armut und Leere», «moralische Dekadenz», «Rassendiskriminierung», «Drogensucht», «Morde», «Kidnapping»...

29.21  Die unvermutete Vaterschaft

König Kaolie von Chu (262–238) hatte keinen Sohn. Dies erfüllte seinen Kanzler Chun Shenjun (?–238 v.Chr.) mit tiefer Sorge. Wie viele junge Frauen hatte er dem König schon zugeführt, ohne daß sich männlicher Nachwuchs eingestellt hätte! Li Yuan, der aus dem Staate Zhao stammte, wollte dem König seine jüngere Schwester schmackhaft machen. Er befürchtete aber, sie werde die Gunst des Königs verlieren, wenn sie kinderlos blieb. Es gelang ihm, nicht den König, sondern den Kanzler mit seiner Schwester zu beglücken. Schnell wurde sie schwanger. Darauf brütete Li Yuan zusammen mit seiner Schwester ein Strategem aus, so Liu Xiang (?–6 v.Chr.) in seinem Buch *Strategeme der Kämpfenden Reiche*.

Entsprechend dem listigen Plan sagte Li Yuans Schwester zu Chun Shenjun: «Der König schätzt Euch sehr, mehr noch als einen Bruder. Aber er hat keinen Thronfolger. Also wird nach seinem Tode bestimmt einer seiner Brüder an seine Stelle treten. Seit über 20 Jahren seid ihr nun schon im Amt und habt Euch bestimmt manches Mal den Unwillen der Brüder des Königs zugezogen. Wenn einer von ihnen an die Macht kommt, werdet Ihr daher kaum mit seiner Gunst rechnen können, ja, dann droht Euch sogar Unheil. Ich bin jetzt in guter Hoffnung, aber niemand sonst weiß es. Mit Euch habe ich noch nicht lange zusammengelebt. Wenn Ihr mich, gestützt auf Eure Stellung, dem König als Frau empfehlt, wird er mir bestimmt beiwohnen. Sollte ich einen Sohn zur Welt bringen, dann würde Euer Sohn zum Nachfolger des Königs. In diesem Fall wird Euch das ganze Königreich Chu in den Schoß fallen. Ist das nicht viel besser, als nach dem Hinscheiden des Königs womöglich Kopf und Kragen zu verlieren?»

Chun Shenjun stimmte dem Plan zu. Bald darauf gelangte die Schwester Li Yuans in den Königspalast und errang sogleich das Wohlgefallen des Königs. Tatsächlich brachte sie einen Sohn zur Welt. Er wurde zum Kronprinzen bestimmt. Li Yuan, der Bruder der Königin, erlebt daraufhin einen meteorhaften Aufstieg. Denn der König stattete ihn mit großen Machtbefugnissen aus. Als einen Dorn im Auge empfand Li Yuan nun Chun Shenjun, der zuviel wußte. Als der König schwer erkrankte, wurde Chun Shenjun vor Li Yuan gewarnt, doch Chun Shenjun war arglos. Der König starb, und sein Schwager Li Yuan begab sich als erster in den Palast, wo er gedungene Meuchelmörder Aufstellung nehmen ließ. Als Chun Shenjun herbeigeeilt kam, wurde er von den Attentätern ermordet. Die ganze Familie Chun Shenjuns wurde auf das Geheiß von Li Yuan ausgerottet. Der eigentlich von Chun Shenjun gezeugte Sohn regierte als König You von 237–228 v. Chr.

Zunächst ließ Li Yuans Schwester am Baum des Kanzlers eine Blüte keimen, indem sie sich durch ihn schwängern ließ. Doch dann wechselte sie zu einem verdorrten Baum, nämlich zu König Kaolie, um dort ihre Blüte ausreifen zu lassen. Durch die heimliche Verpflanzung der Leibesfrucht von einem zum anderen Stammbaum fiel der ganze Staat Chu in Li Yuans Hände.

29.22   Die fehlenden 500 Silberlinge

Am Ende der Song-Zeit (960–1279) begleiteten Tian Xi und sein Untergebener Ying Yuan einen Gefangenentroß in die Provinzhauptstadt. Bei den Gefangenen handelte es sich um Qian Ji und einige andere zusammen mit ihm abgeurteilte Aufständische. In der Provinzhauptstadt angekommen, suchte Tian Xi den Strafenaufseher He Taiping auf. Dieser fragte Tian Xi, warum er persönlich die Gefangenen in die Provinzhauptstadt gebracht und nicht einen Angestellten mit dieser Aufgabe betraut habe. Tian Xi entgegnete, er fürchte, die Gefangenen könnten ihre Geständnisse widerrufen. Um sich für eine derartige Eventualität abzusichern, wolle er zudem den Strafenoberintendanten Liu aufsuchen und ihn in seinem Sinne beeinflussen. He Taiping fragte, wieviel Geld er denn mitgebracht habe. «500 Silberlinge.» Das sei viel zuwenig, meinte He Taiping. Mindestens 2000 Silberlinge seien erforderlich. 1000 Silberlinge könne er ihm verschaffen, die fehlenden 500 müsse Tian Xi sich aber selbst besorgen. Darauf beriet sich

Tian Xi mit seinem Untergebenen Ying Yuan. Sie kamen zu dem Schluß, daß die Zeit nicht reiche, um nach Hause zurückzukehren und dort die 500 Silberlinge zu beschaffen. Was tun? Ying Yuan schlug vor, «auf dem Baum eine Blüte sprießen zu lassen». Er sei mit dem Sekretär Wang des Strafensuperintendanten gut befreundet und werde ihn dazu bringen, ihm für bereits bezahlte 500 Silberlinge im voraus eine Empfangsbestätigung auszustellen. Man werde ihm den Betrag später nachliefern.

Dieser Plan gelang. Zusammen mit dem auf der Quittung bestätigten Betrag konnte Tian Xi dem Strafenoberintendanten Liu 2000 Silberlinge überreichen. So verlief alles nach seinen Wünschen.

Der «Baum» sind die vorhandenen 1500 Silberlinge. Die Blüte, die auf den Baum gesetzt wird, ist die gefälligkeitshalber ausgestellte Quittung über die angeblich bereits in die Kasse des Strafenoberintendanten eingezahlten 500 Silberlinge. Die Episode stammt aus den *Anschlußerzählungen zum Gesamtbericht über die Räuber vom Liangshan-Moor* von Yu Wanchun aus der Qing-Zeit (1644–1911).

29.23    Der Drache auf den Wolken

«Der Drache fliegt, auf den Wolken reitend, zum Himmel empor. Der Lindwurm schwebt auf dem Nebel in die Lüfte. Verziehen sich die Wolken und lichtet sich der Nebel, dann werden Drache und Lindwurm einem Regenwurm und einer Ameise gleich. Denn sie haben den Träger, auf dem sie ritten, verloren. Wenn sich ein vortrefflicher Mann einem Unwürdigen beugen muß, dann deshalb, weil jenes Mannes Macht gering und seine Stellung niedrig ist. Der Unwürdige vermag sich trotz seiner Unwürdigkeit den vortrefflichen Mann gefügig zu machen, weil seine Macht drückend und seine Stellung hoch ist. Selbst ein Weiser wie Yao [ein sagenhafter Kaiser der Urzeit, angeblich von 2356–2255] hätte, wäre er bloß ein gemeiner Mann geblieben, keine drei Menschen ordentlich zu lenken vermocht. Umgekehrt konnte ein Schuft wie Jie [18. Jahrhundert v.Chr.], dank seiner Stellung als Sohn des Himmels, das Reich in ein Chaos stürzen. Ich ersehe hieraus, daß auf Macht und Stellung hinlänglich Verlaß ist, während bloße Tüchtigkeit und Klugheit allein nicht erstrebenswert sind. Nun, ist die Spannkraft des Bogens gering, fliegt aber der Pfeil gleichwohl hoch und weit, so deshalb, weil er durch den Wind angetrieben wird. Ist die Person des Herrschers der hohen Stellung unwürdig, werden seine Befehle aber gleichwohl ausgeführt, dann dank der Hilfe seitens der Schar seiner Gefolgsleute.

Als Yao und seine Gefolgsmänner noch etwa auf gleicher Stufe standen, hörte die Bevölkerung nicht auf ihn. Als er dann auf den der im Süden stehenden Sonne zugewandten Thron gelangte und zum Herrscher unter dem Himmel wurde, wurden seine Befehle, kaum erlassen, sogleich ausgeführt und wurde, was er verbot, sogleich eingestellt. Von hier aus gesehen reichen Tüchtigkeit und Klugheit allein nicht aus, um sich die Mengen botmäßig zu machen; hingegen genügen bare Macht und Stellung, um Tüchtige in die Knie zu zwingen.»

In derartigen Gedanken des Shen Dao (um 395–315) spiegeln sich geistige Grundlagen des Strategems Nr. 29, insofern es als Imponier-Strategem auftritt. In den zitierten Zeilen unterstreicht Shen Dao die Wichtigkeit der «Stellung», insbesondere der Machtposition. Im Chinesischen wird hierfür das Wort «shi» benutzt, das gleich im ersten Satz der Erläuterungen zum Strategem Nr. 29 im etwa 500 Jahre alten *Traktat über die 36 Strategeme* auftaucht: «Man leiht sich eine Konstellation aus und entfaltet gestützt darauf seine Macht (shi). Obwohl die eigenen Kräfte gering sind, wird die Macht (shi) groß sein.» So kann eine unbedeutende Armee dadurch aufgewertet werden und dem Gegner Angst einjagen, daß sie sich – zum Beispiel im Rahmen einer Militärallianz – auf die Seite einer wahrhaft furchterregenden Militärmacht stellt. Das ausgeliehene Potential kann aber auch der gute Name einer Person oder eines Anliegens, die Majestät eines Objekts oder irgend etwas anderes sein, das einem dazu verhilft, sich in Positur zu werfen.

«Roosevelt war vor der großen Kulisse der Zeit eine herausragende Figur, Roosevelt aus der Nähe betrachtet war stets enttäuschend.» Sicherlich sind diese Worte des Journalisten Walter Lippmann (zitiert aus: *Die Zeit*, Hamburg, 8.10.1998, S. 110) über Franklin D. Roosevelt, der von 1933–1945 US-Präsident war, in keiner Weise strategemisch gemeint. Sie lassen aber erahnen, was für eine Handhabe einem Anwender des Strategems Nr. 29 allein schon Zeitumstände bieten können, so er sie nur zu erkennen und nutzen vermag.

29.24  Die einschüchternde Staubwolke

Beim Angriff Cao Caos auf Jingzhou nach dem Tode Liu Biaos (s. 20.15) war Liu Bei in schwere Bedrängnis geraten. Mit über 100 000 Soldaten und Einwohnern Jingzhous war er auf der Flucht, wurde aber von Cao Cao verfolgt. In Begleitung von nur etwa 20 Reitern brach Liu Beis Schwurbruder Zhang Fei zur Changban-Brücke auf. Er erblickte östlich der Brücke einen Wald, und «da ersann er ein Stratagem», wie es im Roman *Romanze der drei Königreiche* heißt. Er hieß seine etwa 20 Reiter Äste von den Bäumen abbrechen, an die Pferdeschwänze binden und dann im Wald hin und her reiten, so daß sich eine große Staubwolke erhob. Es sah so aus, als verberge sich in dem Gehölz eine gewaltige Armee. Zhang Fei ritt allein auf die Brücke, stellte sich dort mit dem Speer kampfbereit auf und starrte gen Westen. Als die Verfolger den grimmig dreinblickenden Zhang Fei auf der Brücke und die großen Staubwolken über dem Wald dahinter erblickten, hielten sie inne, denn sie vermuteten einen Hinterhalt. Mehrmals rief Zhang Fei mit einer Stimme, die durch Mark und Bein ging: «Wer wagt mit mir zu kämpfen?» Selbst Cao Cao, der inzwischen eingetroffen war, wurde von Furcht und Schrecken gepackt. Er und seine Leute flohen Hals über Kopf. Als sie nach einer Weile wieder zur Besinnung kamen und zur inzwischen zerstörten Brücke zurückkehrten, hatte Liu Bei den Zeitgewinn für sich nutzen und sich auf den Weg ins rettende Xiakou machen können.

Laut dem chinesischen Strategemforscher Yu Xuebin benutzte hier Zhang Fei das Stratagem Nr. 29, indem er mit seiner einschüchternden Positur, seiner mächtigen Stimme und vor allem der Staubwolke Macht und Stärke vortäuschte.

## 29.25  Jargon-Popanz

«Wer schon in so großen Tönen redet, muß auch über die entsprechende Gelehrsamkeit verfügen», sagt in dem Roman *Die Räuber vom Liangshan-Moor* Lu Junyi und fällt prompt auf einen unechten Wahrsager herein, wodurch er ins Unglück stürzt. Daß viele Menschen von pompösen Worten auf große Weisheit schließen, nutzen auch Intellektuelle aus, nicht nur im Reich der Mitte.

Über eine geschwollene Sprache in wirtschaftswissenschaftlichen Abhandlungen der letzten Zeit beklagt sich Gu Maibing in der *Arbeiterzeitung*, dem Organ des Allchinesischen Gewerkschaftsbundes (Peking 11.5.1990, S.3). Vielfach gehe es den Autoren darum, durch prächtige Formulierungen Bedeutungsloses an den Mann zu bringen. Ähnliche Klagen sind hier und da auch im Westen zu vernehmen. So nahm Karl Popper (1902–1994) den Satz einer berühmten zeitgenössischen deutschen Geistesgröße – «Theorien erweisen sich für einen speziellen Gegenstandsbereich dann als brauchbar, wenn sich ihnen die reale Mannigfaltigkeit fügt» – und übersetzte ihn: «Theorien sind auf ein spezielles Gebiet dann anwendbar, wenn sie anwendbar sind.» – «Eine gewisse Dürftigkeit der Aussage ist da nicht zu übersehen; daß besagte Geistesgröße solche Sätze nicht zu Büchern hätte schichten können, ist offensichtlich, Jargonzertrümmerung würde folglich die Existenzgefährdung streifen; auf entsprechenden Haß muß der Zertrümmerer vorbereitet sein», schreibt Wolf Schneider in einer Betrachtung über «Akademische Oberschwanzdeckfedern» (in: *NZZ-Folio*, Zürich, Juni 1992, S. 69).

29.26 Die rettende Baustelle

Auf dem chinesischen Mineralwassermarkt hatte sich 1992 infolge verschiedener glücklicher Umstände die Marke «100 Drachen» durchgesetzt. Die Marke «Krösus» war dadurch ins Hintertreffen geraten. Der Hersteller wandte sich an ein Pekinger Marktforschungsinstitut. Dieses kam zum Schluß, daß «Krösus» angesichts seiner finanziellen und personellen Möglichkeiten nicht in der Lage sei, das Blatt durch eine Werbekampagne zu wenden. Zu jener Zeit wurde gerade die zweite Pekinger Ringstraße gebaut, ein Ereignis, das in der chinesischen Hauptstadt und in ganz China die Schlagzeilen beherrschte. Diese Baustelle sollte der Marke «Krösus» wieder auf die Beine helfen.

Gemäß dem Rat des Pekinger Instituts erschienen eines Tages unter dem ohrenbetäubenden Lärm von Trommeln und Gongs Vertreter der Firma «Krösus», die an die schwitzenden Arbeiter der Baustelle umsonst eigens für diese Aktion hergestellte Flaschen mit Mineralwasser verteilten. Für die Reporter auf der Baustelle war das ein gefundenes Fressen. In der Volksrepublik China gibt es eine Sensationspresse im westlichen Sinn nicht, was die Reaktion der chinesischen Reporter begreiflich macht. Im Fernsehen, im Radio und in der Presse, überall wurde von dem Mineralwassergeschenk berichtet. So war «Krösus» plötzlich das Tagesgespräch. Geschickt hatte es die Firma verstanden, das große Pekinger Aufbauprojekt – den Baum – für die landesweite Eigenpropaganda – das Erblühenlassen der fast schon welken eigenen Blume – einzuspannen.

29.27  Statt Mao ein Kosmetikum

Nach dem Tode Mao Zedongs (1893–1976) errang ein Schlager mit der Refrainzeile «Die Sonne ist am rötesten, Vorsitzender Mao ist am liebsten» in ganz China Popularität. Gut 20 Jahre später benutzte eine Fabrik in Wuxi (Provinz Jiangsu) diese Zeilen in ihrer Werbung für ein Kosmetikum, nur wurde «Vorsitzender Mao» durch den Markennamen des Produkts ersetzt. Diese Art von PR, die hinter- oder vordergründig die angepriesene Ware mit der Aura einer berühmten Person umgibt, kennzeichnet die *Arbeiterzeitung* (Peking, 1.3.1995, S.3) mit dem Strategem Nr. 29.

29.28  Wie eine japanische Firma den US-Markt eroberte

Die japanische Firma Kano, so führt Yu Xuebin in seinem Strategembuch im Kapitel 29 aus, hatte eine bestimmte Kamera entwickelt und wollte damit in den amerikanischen Markt eindringen. Der war aber hart umkämpft; es war schwer, dort Fuß zu fassen. Die Japaner erkannten, daß sie aus eigener Kraft nichts erreichen konnten. So gründeten sie in den USA eine Zweigfirma. Diese Zweigfirma gewann eine angesehene US-Firma zur Zusammenarbeit. Gemeinsam benutzten sie eine Marke, bei der die Initialen der US-Firma, B.H., mit dem Namen «Kano» zu «B.H.-Kano» kombiniert wurden. Nun konnten die Japaner vom Prestige und von der Markterfahrung des amerikanischen Partners profitieren und schaffen den Einstieg in den US-Markt. Als Kano einige Jahre später mit den Kameras fest im US-Markt etabliert war, schien die Zeit reif. Die Firma trennte sich von ihrem US-Partner und benutzte nur noch den Markennamen «Kano». So wurde die japanische Firma schließlich zu einer eigenständigen Kraft auf dem US-amerikanischen und von dort aus auch auf dem internationalen Markt.

In diesem Beispiel wird eine eigene, schwache «Blume» auf einen starken Baum gesetzt. Als die eigene «Blume» dank dieser Vorgehensweise kräftig erblüht, ist sie auf den «Baum» in Gestalt der US-Firma nicht mehr angewiesen und kann selbständig weiterblühen.

29.29 Currypulver auf dem Fujiyama

«Der Fujiyama wird sein altes Aussehen in ein neues Gesicht umwandeln!» So machte die japanische Firma SB vor einigen Jahren in jedem großen Massenmedium lautstark Werbung. Sie behauptete: «Unsere Firma wird mehrere Hubschrauber mieten und damit das von uns hergestellte gelbe Currypulver über dem schneeweißen Fujiyama-Gipfel ausstreuen. Zum gegebenen Zeitpunkt wird die Bevölkerung einen Fujiyama mit goldener Spitze erblicken.» Mit dieser Ankündigung wollte die Firma den Absatz ihres schwer verkäuflichen Currypulvers steigern.

«Ein Stein kann 1000 Stockwerke hohe Wellen auslösen», schreibt Zhang Chiji in der *Befreiungs-Tageszeitung*, dem Organ des Komitees der Kommunistischen Partei Chinas der Stadt Shanghai (7.3.1994). Kaum war die Werbung publik, ging ein Sturm der Entrüstung los. Die Firma SB wurde augenblicklich zur Zielscheibe der Kritik. Alle großen Medien erteilten ihr einen Rüffel: Der Fujiyama sei das Symbol des Staates Japan, wie könne es der Firma SB gestattet sein, seinen Kopf zu verändern und sein Gesicht auszuwechseln?

In Wirklichkeit paßte diese Reaktion der Firma SB genau ins Konzept: Sie stand im Mittelpunkt des Interesses. Mit viel Lärm um nichts hatte sie die Aufmerksamkeit der Leute auf sich gezogen. Einige Zeit später ließ die Firma verlauten: «Die SB hat sich über die heftige Ablehnung ihres Plans in der japanischen Gesellschaft Gedanken gemacht und beschlossen, das Projekt des Ausstreuens von Currypulver auf den Fujiyama rückgängig zu machen sowie der Öffentlichkeit ihr Bedauern zu bekunden.»

Nun verwendeten die Leute auf einmal Redensarten wie: «Ist der Reichtum groß, dann ist das Benehmen großzügig», «Enorm stark», «Den einmal erkannten Irrtum hat sie unverzüglich korrigiert» und so weiter, und lobten die Firma SB. Sie war in aller Munde. Und ihr Currypulver fand reißenden Absatz.

Der Fujiyama diente der Firma SB als «Baum», auf dem sie ihre «Blume», das Currypulver, wenn auch nur virtuell und imaginär, in Szene zu setzen verstand.

29.30  Der Fuchs leiht sich die Autorität des Tigers

König Xuan von Chu (369–340) fragte seine versammelten Großwürdenträger: «Ich habe vernommen, daß man jenseits unserer Nordgrenze unseren General Zhao Xixu fürchte. Verhält es sich tatsächlich so?» Keiner der versammelten Würdenträger antwortete. Nur Jiang Yi ergriff das Wort: «Der Tiger machte sich auf die Suche nach Tieren, um sie zu fressen. Er fing einen Fuchs. Der Fuchs sagte: ‹Mein Herr! Unterstehen Sie sich, mich zu fressen! Der Himmelskaiser hat mich nämlich zum Anführer aller Tiere eingesetzt. Wenn Sie mich jetzt fressen, ist das eine Auflehnung gegen den Willen des Himmelskaisers. Sollten Sie mir nicht glauben, werde ich vor Ihnen hergehen, und Sie sollen mir folgen und beobachten, ob die Tiere, wenn sie mich sehen, wagen werden, an Ort und Stelle stehenzubleiben.› Der Tiger war damit einverstanden. So ging der Fuchs denn mit ihm los. Und als die Tiere ihn erblickten, liefen sie alle davon. Der Tiger verstand nicht, daß die Tiere aus Angst vor ihm selbst davonliefen, und meinte, sie fürchteten den Fuchs. Jetzt umfaßt das Gebiet Eurer Majestät 5000 Meilen im Geviert, die gepanzerten Krieger belaufen sich auf eine Million, und Sie haben sie ausschließlich dem Zhao Xixu unterstellt. Daß man im Norden den Zhao Xixu fürchtet, bedeutet, daß man in Wirklichkeit die Panzertruppen des Königs fürchtet, so wie die Tiere in Wirklichkeit den Tiger und nicht den Fuchs fürchteten.»

Die von Jiang Yi zum besten gegebene Parabel lebt in der Wendung «Der Fuchs leiht sich die Autorität des Tigers (hu jia hu wei)» fort und umschreibt das Autoritäts-Ausleih-Strategem. Der Tiger spielt hier die Rolle des Baums, der der mickrigen Blume – dem Fuchs – eine beeindruckende Aura verleiht. Als eine besondere Variante des Imponier-Strategems Nr. 29 wird das Autoritäts-Ausleih-Strategem in den verschiedenartigsten Konstellationen überall auf der Welt immer wieder benutzt.

29.31  Macht über die Sonne

Von den chinesischen Kaisern, die sich als «Söhne des Himmels» bezeichnen ließen, über die römischen Päpste, die als «Stellvertreter Gottes» auftraten, führt die lange Reihe von Anwendern des Autoritäts-Ausleih-Strategems bis hin zur Comic-Figur Tintin (im Deutschen «Tim und Struppi», s. Hergé: *Der Sonnentempel*, Hamburg 1998). Tintin, Kapitän Haddock und Professor Bienlein sind im Inka-Reich zum Tod auf dem Scheiterhaufen verurteilt worden. Diesen soll die Sonne mit ihren Strahlen in Brand setzen. Da Tintin vor seiner Verhaftung einem Indianerjungen geholfen hat, wird ihm die Gnade gewährt, selbst bestimmen zu dürfen, wann innerhalb der nächsten 30 Tage die Hinrichtung durchgeführt werden solle. Tintin entscheidet sich für den 18. Tag der Galgenfrist. Denn er weiß, daß dann eine Sonnenfinsternis stattfinden wird. Als am Hinrichtungstag das Brennglas, mit dem die Scheiterhaufen der drei Verurteilten entzündet werden sollen, herbeigeschafft wird, beginnt Tintin vor den versammelten Indianern, dem Inka und seinen beiden verdutzten Leidensgenossen, die Sonne anzurufen: «O erhabener Pachacamac! Ich flehe dich an! Zeige deine Macht! Wenn du dieses Opfer nicht willst, verhülle dein strahlendes Antlitz!» Tatsächlich beginnt sich die Sonne zu verfinstern und verschwindet dann gänzlich. Der Inka fleht Tintin an: «Erbarmen, Fremder! Laß die Sonne wieder leuchten! Deine Wünsche sollen mir Befehl sein!» So heißt Tintin die Sonne wieder zurückkehren. «Bei Pachacamac!» ruft der Inka aus. «Die Sonne gehorcht ihm! Schnell, bindet sie los!»

### 29.32 Paßt die Bezeichnung, glückt die Tat

«Stimmen die Bezeichnungen nicht, dann fehlt den Worten die Durchschlagkraft. Fehlt den Worten die Durchschlagkraft, dann kommt nichts zustande.» Aus dieser Äußerung des Konfuzius entwickelte sich die Redewendung: «Paßt die Bezeichnung, dann haben die Worte Durchschlagkraft/Wer den Titel hat, der hat das Sagen», beziehungsweise in etwas freierer Übersetzung: «Wird ein Vorhaben ‹richtig› bezeichnet, läßt es sich leicht ausführen/Dank richtiger Etikettierung erfolgreich durchführen (ming zheng yan shun)». Li Ru, der Ratgeber des Usurpators Dong Zhuo (gest. 190 n. Chr.) benutzte laut dem Roman *Romanze der drei Königreiche* diese Formel, als er Dong Zhuo nahelegte, dem Kaiserhof gegenüber mit einem wohlklingenden Grund die wahren Ziele des geplanten Marsches nach der Hauptstadt zu bemänteln (s. 19.9). Natürlich ist es für den Außenstehenden oft schwierig zu ermitteln, ob die schöne Begründung einer Tat nur ein Vorwand oder ein echtes Motiv oder allenfalls eine Kombination von beidem ist.

Die richtige, einleuchtende, überzeugende Benennung eines Vorhabens im Planungsstadium sowie während und nach der Durchführung ist gleichsam der erhabene, alle in den Bann ziehende Baum, auf dessen Hintergrund man die Dürftigkeit der «Blume», die auf diesen Baum aufgesetzt wird, nicht mehr wahrnimmt. Das Austüfteln der unangreifbaren Bezeichnung für ein in Wirklichkeit trübes Manöver nennt man in China «in gerissener Weise eine Bezeichnung aufstellen/ in gerissener Weise mit einer [einleuchtenden] Etikettierung versehen (qiao li mingmu)». Hauptlieferanten von Legitimationen aller Art sind das Recht, im internationalen Bereich das Völkerrecht, die Moral, die Ethik, Religionen und Ideologien (s. 25.24). In der Volksrepublik China etwa diente zum Beispiel während der «Kulturrevolution» (1966–1976) ein ganzes Arsenal hehrer Bezeichnungen aus dem Fundus des Sinomarxismus dazu, Eingriffe – teilweise schlimmster Art – in das Leben der Leute zu legitimieren.

«Ist der Staat auf Mord aus, nennt er sich Vaterland», meint mit strategemdurchschauender Klarsicht der Schweizer Schriftsteller Friedrich Dürrenmatt. Ist der Westen auf Subversion und Einmischung aus, dann spricht er von Menschenrechten, wird Dürrenmatts Satz in China bisweilen variiert (*Volkszeitung*, Peking 11.7.1990, S.4). Den USA wirft Yan Zhong vor, unter dem Vorwand der Drogenbekämpfung willkürlich die Souveränität lateinamerikanischer Staaten zu verletzen (*Volkszeitung*, Peking 20.2.1990, S.4). In Europa erzählten Sklavenhandel betreibende Fürsten den Päpsten, «daß sie mit den Erlösen aus dem Geschäft mit den Afrikanern Kriege gegen Muslime finanzieren könnten. So deckten Politik und Geistlichkeit die Sklaverei, die Ethik der Katholischen Kirche ließ sie noch bis ins 19. Jahrhundert zu» («Sklaverei: Verbrechen des Jahrtausends», in: *Der Spiegel*, Hamburg Nr. 8, 1998, S. 149 f.). Als noch früher, während des Peloponnesischen Krieges (431–404) Athener in Sizilien landeten (415–413), gaben sie dies als Hilfsaktion für dort ansässige Stammesgenossen und Alliierte aus. In Wahrheit hatten sie von Anfang an vor, die gesamte Insel zu erobern. «Nicht anders, als zweieinhalbtausend Jahre später Serben und Kroaten ihre Feldzüge im Balkankrieg bemänteln; nicht anders, als die USA ihr Eingreifen in Korea oder Vietnam rechtfertigten» (Reiner Luyken: «Seht doch erst einmal die Welt an! Nachforschungen über Thukydides», in: *Die Zeit*, Hamburg, 1.8.1997, S.36).

29.33 «Weiße Jade» statt «Bohnenkäse»

«Drachenbart» statt «Bohnentriebe»; «weiße Jade» statt «Bohnenkäse»; «Goldhäkchen auf Jadeplättchen» statt «Soyabohnensprossen auf Bohnenkäse»; «Phönixkrallen» statt «Hühnerkrallen» – das sind einige in China gebräuchliche Namen für Speisen. Zweifellos überhöhen sie die Wirklichkeit und beflügeln die Phantasie. Derartige Verhübschungen mögen einen psychologischen Beitrag zum Wohlgeschmack des weltberühmten chinesischen Essens leisten. Eine schöne Blume erhöht hier gleichsam den Glanz von etwas an sich schon Gutem.

Manche chinesischen Restaurants gehen aber offenbar zu weit und kreieren allzu ausgefallene neue Namen, die das Publikum geradezu irreführen. Man sollte daher in diesem Bereich vermehrt «die Wahrheit in den Tatsachen suchen» und weniger «Schaum schlagen (hua zhong qu zhong)», fordert Liu Shaoying in der Shanghaier *Kulturtreff-Zeitung* (27. 2. 1997, S. 4).

## Strategem Nr. 30

## Die Rolle des Gastes in die des Gastgebers umkehren

| Die vier Schriftzeichen | 反 | 客 | 為 | 主 |
|---|---|---|---|---|
| Moderne chinesische Aussprache | fan | ke | wei | zhu |
| Übersetzung der einzelnen Schriftzeichen | umkehren | Gast | machen zu | Gastgeber/ Wirt/ Hausherr |
| Zusammenhängende Übersetzung | Die Rolle des Gastes umkehren und ihn zum Gastgeber machen; die Rolle des Gastes in die des Gastgebers umkehren. Thron-/Machtpositionsraub. | | | |
| Kerngehalt | 1. Kuckuck-Strategem. 2. Dominus-/Domina-Strategem. | | | |

«Im Hinblick auf die Kriegsführung gibt es das Wort: Ich wage nicht, der Gastgeber zu sein, sondern bin lieber der Gast [...]»

So beginnt das 69. Kapitel im *Daodejing,* das Lao Zi (6./5. Jahrh. v. Chr.) zugeschrieben wird (s. 7, Einleitung, sowie 17.31). «Gastgeber» bezeichnet hier denjenigen, der mit einem Waffengang beginnt, «Gast» denjenigen, der darauf reagiert. Ein Grundanliegen Lao Zis ist «nicht eingreifen (wu wei)», woraus sich seine jeder Aggression abholde Einstellung ergibt. Umgekehrt werden die Worte «Gastgeber» und «Gast» in *Sun Bins Kriegskunst* verwendet. Sun Bin (s. 2.1, 4.2, 11.13, 11.14) lebte etwa zwischen 380 und 300 v. Chr. und war vermutlich ein Urenkel von Meister Sun (6./5. Jahrhundert v. Chr.). Im Kapitel «Die Unterscheidung zwischen Gast und Gastgeber» wird in *Sun Bins Kriegskunst* als Gastgeber jene Kriegspartei angesehen, die ihre Stellung zuerst bezogen hat. Der «Gast» ist demgegenüber diejenige Armee, die erst danach ihre Position einnimmt. Der «Gastgeber» ist also der Verteidiger, der meist auf dem eigenen Territorium kämpft, wogegen «Gast» den in fremdes Gebiet eindringenden Angreifer bezeichnet.

Im Sinne von «Angreifer» wird «Gast» bereits in *Meister Suns Kriegskunst* (Kap. XI) benutzt. Wie in *Sun Bins Kriegskunst* werden die Wörter «Gastgeber» und «Gast» auch in dem aus der späteren Tang-Zeit (618–907) stammenden Militärklassiker *Fragen und Antworten bei einem Dialog zwischen dem Tang-Kaiser Taizong [626–649] und dem Herzog Li von Wei [571–649]* verwendet. Das nun folgende Zitat aus dieser Schrift ist deshalb wichtig, weil darin erstmals die Stratagemformel Nr. 30 auftaucht:

«Taizong sagte: ‹Eine Armee schätzt die Rolle des Gastgebers, sie schätzt nicht die Rolle des Gastes, sie schätzt Schnelligkeit und nicht eine lange Kriegsdauer, warum?›

Li entgegnete: ‹Eine Armee wird nur eingesetzt, wenn es nicht anders geht, weshalb sollte sie da Gast sein oder lange Zeit kämpfen wollen? In *Meister Suns Kriegskunst* steht: ‚Transporte militärischer Güter über große Entfernungen hinweg machen die Bevölkerung arm.' Das ist der Nachteil der Rolle des Gastes [...]. Wenn ich die Stellung von Gastgeber und Gast im konkreten Einzelfall abwäge, dann empfiehlt sich je nachdem der Kunstgriff ‚die Rolle des Gastes in die des Gastgebers verwandeln' oder der Kunstgriff ‚die Rolle des Gastgebers in die des Gastes verwandeln'.›

Taizong fragte: ‹Was soll das heißen?›

Li erwiderte: ‹Wenn sich eine Armee, die in feindliches Gebiet eingedrungen ist, dort mit Proviant versorgt, dann verwandelt sie sich vom Gast in den Gastgeber. Wenn die in das feindliche Gebiet eingedrungene Armee den dortigen satten Feind hungrig und den dortigen ausgeruhten Feind müde macht, dann verwandelt sie den Gastgeber in einen Gast. Demnach sollte sich eine Armee nicht auf die Rolle des Gastgebers oder die des Gastes festlegen [...] Worauf es allein ankommt, sind den Umständen entsprechende angemessene Maßnahmen, dann läßt sich der Sieg erringen.»

## 30.1 Kuckuck als Vorbild

In einem recht wörtlichen Sinne verstanden bedeutet das Stratagem Nr. 30, daß man den Gastgeber ausbootet und über dessen Haus verfügt. Der Vorgang ähnelt der Vorgehensweise eines Kuckucks, der zu den etwa 50 von 128 Kuckucksarten gehört, die das Brutschmarotzen betreiben. Jede dieser Kuckucksarten nutzt eine ganze Reihe verschiedener Wirte. Als Ersatzeltern bevorzugt werden Singvögel. Die wohl erstaunlichste Leistung des Kuckucks ist das Ei, paßt doch der Vogel sein Produkt den Eiern seines Wirtes an. So können die Kuckuckseier einfarbig weiß, blau oder lehmgelb sein oder ein dem Muster des fremden Eis verblüffend ähnliches Kleid tragen. Sogar das Gewicht der Kuckuckseier wird jenem der Eier des Wirtes angeglichen und schwankt zwischen zwei und 25 Gramm. Bereits beim Nestbau observiert das Kuckucksweibchen die auserwählten Wirtsvögel. Sobald der Singvogel mit dem Legen beginnt, wartet der Kuckuck im Versteck, bis das Brutpaar für kurze Zeit fortfliegt. Sofort landet er im Nest, nimmt eines der Eier in den Schnabel, legt das Kuckucksei ab und verschwindet wieder. Die ganze Aktion dauert keine zehn Sekunden. Später frißt der Kuckuck das gestohlene Ei und kommt so gar noch zu einer leckeren Mahlzeit.

Damit das Küken des Kuckucks im Vorteil ist, sollte es möglichst früh schlüpfen. Mit einer Brutzeit von nur zwölf Tagen ist es fast immer Nummer eins. Die erste Tat des frischgeschlüpften Kuckucks besteht darin, die Jungen der Wirtseltern aus dem Nest zu hebeln. Dann reißt er seinen übergroßen Rachen auf. Und das betrogene Ehepaar beginnt den Fremdling zu füttern, obwohl dieser der arteigenen Brut ganz und gar nicht ähnelt – der weit offene grellrote Sperrachen ist ein Fütterungsbefehl, der nicht verweigert werden kann. Nach drei Wochen ist der Kuckuck fünfzigmal schwerer als beim Schlüpfen. «Sind die Pflegeeltern keine Singvögel, müssen sie jetzt zum Füttern rüttelnd vor dem Riesenbaby in der Luft stehen oder sich dem Koloss auf den Rücken setzen, den Kopf tief im Schmarotzerrachen». (Herbert Cerutti: «Zum Kuckuck», in: *NZZ-Folio,* Zürich April 1997, S. 64 f.)

30.2    Die fünf Schritte vom Fremdling zum Hausherrn

Während Kuckucksmutter und Kuckuckskind insgesamt zwei Schritte brauchen, um das Nest der Wirtseltern zu übernehmen, empfiehlt Yu Xuebin dem Anwender des Strategems Nr. 30 fünf Schritte, die der Singapurer Strategemautor Wang Xuanming so zusammenfaßt: «Eins: Sei ein Gast; zwei: Ergreife eine Gelegenheit; drei: Habe etwas zu sagen; vier: Sichere deine Macht; fünf: Vollziehe die Machtübernahme.» Die fünf Schritte sind allmählich und nicht überstürzt zu vollziehen, wobei das angestrebte Endziel – der fünfte Schritt – dem Wirt natürlich nicht geoffenbart werden darf. Mindestens während er die Schritte eins bis drei ausführt, muß der Gast «seinen Rücken krümmen» und unterwürfig auftreten. Der Pekinger Strategemforscher Li Bingyan erwähnt in diesem Zusammenhang Liu Bangs Nachgiebigkeit gegenüber Xiang Yu (s. 8.1).

Zunächst geht es darum, den Status eines Gastes überhaupt zu erlangen. Man schmeichelt sich beim potentiellen Gastgeber ein und gewinnt durch reelle Taten oder durch irgendwelche Manöver dessen Vertrauen und Wohlwollen. In militärischer Hinsicht mag der erste Schritt darin bestehen, Militärhelfer oder Hilfstruppen in ein anderes Land zu entsenden. Im Hinblick auf die Strategemvereitelung warnt Yu Xuebin bereits auf dieser Stufe vor «ungebetenen Gästen» beziehungsweise vor zu schnell und freizügig gewährter Gastfreundschaft.

«Fische und Gäste stinken nach drei Tagen.» Daher hat der Gast in einem zweiten Schritt eine Gelegenheit abzupassen beziehungsweise herbeizuführen und dann auch resolut auszunutzen (s. Strategem Nr. 12), um seinen zunächst noch gefährdeten, schwachen Status abzusichern. Eine Handhabe dazu vermag ihm eine Schwäche des Gastgebers oder eine Lücke in dessen System zu bieten. Offenbart der Gastgeber keine derartigen Schwachstellen, beispielsweise dank einem rigiden Geheimhaltungsregime, dann ist dem Strategem Nr. 30 auf dieser Stufe ein Riegel vorgeschoben.

In einem dritten Schritt geht es darum, den Status des nach wie vor bloß zeitweiligen Gastes in den Status eines ständigen Gastes umzuwandeln. Der Wirt befindet sich bereits in einer Lage, in der er dem Gast nicht mehr die Tür zu weisen vermag. In aller Stille weitet dieser seine Macht aus, indem er Verbündete oder Abhängige um sich schart und/oder Ressourcen ansammelt.

In einem vierten Schritt gelingt es dem Gast, Schlüsselpositionen innerhalb des Systems des Gastgebers zu übernehmen mit der Folge, daß er zur Mitsprache bei allen wichtigen Fragen herangezogen werden muß. Dies ist, so Yu Xuebin, wenn schon einmal ein Gast anwesend ist, auf alle Fälle zu verhindern.

Im fünften und letzten Schritt findet der Gast eine passende Bezeichnung (s. 29.32), um ganz offen und unangefochten an die Stelle des bisherigen Gastgebers zu treten. Von nun an kann er die «Rechnung ohne den Wirt machen». Oder aber er beläßt die Lage dem Schein nach auf dem Stand des vierten Schrittes und begnügt sich damit, die Fäden im Hintergrund zu ziehen. Der vordergründige Herr ist nur noch eine Marionette. Nach Yu Xuebin ist für diesen damit keineswegs alles verloren. Er sollte kühlen Kopf bewahren und gegebenenfalls seinerseits das Strategem Nr. 30 anzuwenden suchen.

30.3  Wer fragt, führt

«Gastgeber» und «Gast» bezeichnen polare Parteien beziehungsweise Gegebenheiten wie Herrscher und Beherrschten sowie – im übertragenen Sinne – Überlegene und Unterlegene, Aktive und Passive, Tonangebende und Nachbeter, Antreiber und Getriebene, Verteidiger und Angreifer, das Wichtige und das Unwichtige und so weiter. All diese polaren Gegebenheiten werden aus der Sicht des Stratagems Nr. 30 nicht als statisch und unverrückbar angesehen. Vielmehr können die Antithesen veranlaßt werden, die Rollen zu tauschen. Zu diesem Rollentausch verhilft das Stratagem Nr. 30 im Rahmen all der genannten Gegensätze demjenigen, der zunächst die Rolle des «Gastes» einnimmt. Die langwierige Fünf-Schritt-Folge ist beim Stratagem Nr. 30 nur dann vonnöten, wenn es im wörtlichen Sinne um die Verdrängung eines realen Gastgebers durch einen realen Gast geht. Im übertragenen Sinne kann das Stratagem Nr. 30 unter Umständen sehr schnell, so zum Beispiel in einem Gespräch durch eine überraschende oder entwaffnende Gegenfrage (s. 35.18), zum Erfolg führen. Denn vielfach gilt: «Wer fragt, führt».

30.4  Die verhinderte Fahrpreisübervorteilung

Auch die beiden Beispiele, die der Nanjinger *Dienstleistungs-Anzeiger* am 9. 11. 1996 im Rahmen seiner Serie «Die 36 Strategeme heute» zur Veranschaulichung des Stratagems Nr. 30 bringt, zeigen, wie dieses im Handumdrehen angewandt werden kann:
- Ein bekannter chinesischer Sänger, der in seiner Freizeit, losgelöst von seinem Ensemble, auf eigene Faust und Rechnung Auftritte aushandelt, ist soeben zu einem Gesangsabend erschienen. Der Veranstalter hat viel Werbung betrieben, und der Saal ist brechend voll. Doch kurz vor dem Auftritt macht der Sänger – wir befinden uns in China, wo Verträge und Abmachungen nicht denselben Wert haben wie in Europa – geltend, sein Honorar sei zu niedrig, es müsse um die und die Summe erhöht werden. Der zu einem Auftritt eingeladene Gast diktiert plötzlich das Geschehen. Der Veranstalter kann das zahlreich erschienene Publikum schlecht heimschicken. Erst als der Veranstalter den zusätzlichen Geldbetrag beibringt, tritt der Sänger auf.
- Die Fahrscheinverkäufer in den Bussen einer bestimmten Linie sind

dafür bekannt, daß sie beim Fahrscheinkauf oft nicht das volle Restgeld herausgeben. Dem entgeht der das Strategem Nr. 30 anwendende Passagier, indem er seine Zehn-Yuan-Note erst hingibt, nachdem ihm der Verkäufer das volle Restgeld von 9 Yuan für den Fahrschein ausgehändigt hat.

### 30.5 Der lärmende Gast verdrängt den Wirt

Hier und da wird die Strategemformel Nr. 30 auch rein bildhaft verwendet, zum Beispiel in einem Bericht über ein Fußballspiel, bei dem die Gastmannschaft die Heimmannschaft besiegte (*Kulturtreff-Zeitung,* Shanghai 25.7.1997, S.4), in Überlegungen gegen die Überhandnahme westlicher Kultur- und Computertechnologie (*Volkszeitung,* Peking 15.5.1990, S.8; *Literatur-Zeitung,* Shanghai, 21.10. 1993, S.4; *Licht-Tageszeitung,* Peking, 20.12.1994, S.5; *Buchlektüre,* Peking Nr. 2, 1995, S.148) beziehungsweise zugunsten einer Verwurzelung westlicher Wissenschaft in China (*Buchlektüre,* Peking Nr. 6, 1995, S.55) und zur Kennzeichnung einer Situation, in der in einem Einwanderungsland die Immigranten über die Einheimischen die Oberhand gewinnen (Hao Zaijin: *Emmigranten überfluten die Welt,* Peking 1994, S.246).

In ähnlichem Sinne wie die Strategemformel Nr. 30 tritt die allerdings etwas plumper wirkende Wendung «Der lärmende Gast verdrängt den Gastgeber/Die Stimme des Gastes übertönt die des Gastgebers (xuan bin duo zhu)» auf. Diese Wendung prangt auf dem Umschlag der Zeitschrift *Weltwissen* (Peking Nr. 4, 1980) als Legende zu einer Karikatur, die den damaligen sowjetischen Ministerpräsidenten Breschnew zeigt. Mit zufriedenem Lächeln und beide Arme hinter dem Haupt verschränkt, liegt er rücklings und breitbeinig in einem mit «Afghanistan» beschrifteten Bett. «Freundschaftliche Kooperation» steht auf der Bettdecke, unter der auch ein verschüchtert dreinblickender Afghane liegt, und zwar ganz an den Bettrand gedrängt und den Kopf halb unter einem breiten Oberarm Breschnews.

### 30.6 Die Bühnentechnik stellt den Drameninhalt in den Schatten

Die Strategemformel Nr. 30 kann sich in ihr Gegenteil verkehren und zu einer Schildbürgerformel werden. Ein Beispiel hierfür liefert der

Dramtiker und Filmregisseur Hong Shen (1894–1955). In seiner Abhandlung *Erste Erkenntnisse über die Theaterregie* aus dem Jahre 1941 schreibt er: «Ein Regisseur muß ständig auf der Hut sein. Zunächst sollte er sich nicht von selbstsüchtigen Gedanken dazu antreiben lassen, nach Wirkung zu gieren und mit seinen Fertigkeiten zu prahlen, und er sollte sich nicht ‹Requisitenspielereien› hingeben (das heißt dem totalen Einsatz von Requisiten, deren Effekt möglichst auf die Spitze getrieben wird ohne Rücksicht auf die Erfordernisse des Stükkes; dem Protzen mit Techniken, wodurch die Rolle des Gastes in die des Gastgebers umgekehrt wird, mit dem Ergebnis, daß vielleicht die Aufmerksamkeit der Zuschauer erhöht, der erzieherische Charakter des Stückes aber zwangsläufig geopfert wird) [...].»

Als Schildbürgerformel meint hier «die Rolle des Gastes in die des Gastgebers umkehren» das Vertauschen von Unwichtigem (spektakulären Bühneneffekten) und Wichtigem (Inhalt des Bühnenstücks), von Zweitrangigem und Erstrangigem, von Sache und Mensch (s. hierzu auch: *Volkszeitung,* Peking 16.4.1998). Die Situation in einem Park in Dalian (Provinz Liaoning), in dem ständiges Lautsprechergeplärre das Vogelgezwitscher permanent übertönt, wird in einer Glosse der *Arbeiterzeitung* (Peking 11.9.1997, S. 3) ebenso mit der – in diesem Zusammenhang als Umschreibung einer Torheit aufgefaßten – Strategemformel Nr. 30 gekennzeichnet wie die Konferenzreisen chinesischer Funktionäre in berühmte Ausflugsorte, wo dann jeweils das Sightseeing die eigentliche Tagungsarbeit in den Hintergrund drängt.

30.7 Den Verteidiger aus der Reserve locken

Im Jahre 219 n.Chr. beauftragte Zhuge Liang (181–234), der Kanzler des Reiches Shu, den alten General Huang Zhong (?–220), den General Xiahou Yuan (?–219), der in den Diensten Cao Caos (155–220) stand, anzugreifen. Xiahou Yuan befand sich mit seiner Armee, wohl verschanzt, im Dingjun-Gebirge. Huang Zhong, der seine Truppe aus der Ferne hatte herbeiführen müssen, war, topographisch gesehen und auch was die Verfassung seiner Soldaten und Pferde anging, im Nachteil. Verschiedene Offensiven Huang Zhongs gegen Xiahou Yuan scheiterten. Bei Huang Zhong war Fa Zheng (176–220), ein Ratgeber Lin Beis (116–223). Mit Fa Zheng hielt Huang Zhong Rat. Fa Zheng meinte: «Xiahou Yuan ist leicht erregbar. Er verläßt sich auf seinen Mut und hat wenig Grips. Wir könnten nun den Kampfgeist unserer

Soldaten entflammen, unser Lager abbrechen und vorrücken, wieder ein Lager aufschlagen und wieder vorrücken, und das wiederholte Male. Dadurch wird Xiahou Yuan verleitet werden, uns anzugreifen, und dann können wir ihn ausschalten. Man nennt dies das Strategem ‹die Rolle des Gastes in die des Gastgebers umkehren›.»

Huang Zhong befolgte den Ratschlag. Zunächst ließ er an alle Soldaten reiche Gaben verteilen. Freude erfaßte die ganze Armee, die nun bis zum letzten zu kämpfen gewillt war. Das Lager wurde abgebrochen, es wurde eine gewisse Strecke marschiert und dann wieder ein Lager bezogen. Nach einigen Tagen der Ruhe brach man erneut auf und wiederholte das ganze Manöver. So ging es mehrere Male.

Als Xiahou Yuan vom stetigen Vorrücken Huang Zhongs erfuhr, hielt er es nicht mehr aus. Er wollte seine Festung verlassen und den Kampf gegen den Feind aufnehmen. General Zhang He (?–231) warnte ihn: «Das ist das Strategem ‹die Rolle des Gastes in die des Gastgebers umkehren›. Ihr solltet auf keinen Fall zu einem Waffengang ausrücken. Wenn Ihr das tut, werdet Ihr eine Niederlage erleiden.» Xiahou Yuan beachtete diese Worte nicht. Er nahm den Kampf mit Huang Zhong auf, ging prompt in eine von Huang Zhong gestellte Falle und verlor sein Leben.

Zweimal wird bei der Beschreibung dieser Begebenheit in dem Roman *Romanze der drei Königreiche* das Strategem Nr. 30 erwähnt, einmal vom Ratgeber Huang Zhongs, der die Anwendung dieses Strategems vorschlägt, und einmal auf der Gegenseite von General Zhang He, der das Strategem durchschaut. Der von weither gekommene Huang Zhong war der «Gast». Xiahou Yuan genoß demgegenüber die Stellung des «Gastgebers». Huang Zhong fand nun Mittel und Wege, um die Rollenverteilung in einer für ihn günstigen Weise zu verändern. Das bloße Herauslocken Xiahou Yuans aus seiner Festung entspricht dem Strategem Nr. 15. Die dadurch bewirkte Veränderung der gesamten Kampfkonstellation aber beruht auf dem Strategem Nr. 30, bei dessen Anwendung das Strategem Nr. 15 hilfreich ist.

30.8  Zur Hilfeleistung gekommen, als Kaiserdynastie geblieben

Am Ende der Ming-Dynastie (1368–1644) eroberte der Bauernaufständische Li Zicheng (1606–1645) Peking (s. 12.12). Der letzte Ming-Kaiser nahm sich das Leben. Zu jener Zeit stand General Wu Sangui (1612–1678) an der Front gegen die von Norden her China bedrängenden Mandschus. Davon überzeugt, daß er bei den Zuständen in der Hauptstadt leicht selbst Kaiser von China werden könne, wenn er nur genug Soldaten hätte, trat er mit dem Mandschuprinzen Dorgon (1612–1651) in Verhandlungen, schloß ein Bündnis mit den Mandschus und rückte am 6.6. 1644 mit ihnen zusammen in Peking ein. Die Mandschus aber dachten nicht daran, Wu Sangui die Macht zu lassen. Sie setzten sich in Peking fest, und gründeten die Qing-Dynastie (1644–1911). Wu Sangui wurde ihr General. Die Mandschus eroberten, teilweise mit Hilfe Wu Sanguis, ganz China und blieben dort bis zum Sturz des chinesischen Kaisertums im Jahre 1911 die Herren. Kein Wunder, daß später Ye En den Vorgang so beschrieb: «Die Große Qing-Dynastie drang in das China der Han-Chinesen ein, um für lange Zeit die Rolle des Gastes in die des Gastgebers umzukehren».

30.9  Von den Gefahren der Hilfsbereitschaft

In den Jahren 1906/07 erschien der Roman *Mit kalten Augen bertrachtet,* der Wang Junqing (Lebensdaten unbekannt) zugeschrieben wird. Dieser Autor bewegte sich in unteren Gesellschaftsschichten, über die er in seinem Roman berichtet.

Im 12. Kapitel unterhält sich der Ich-Erzähler mit seinem Lehrer Su Lan. Dieser kommt auf einen gewissen Xu Baoshan zu sprechen, der sich in der Provinz Hunan strafbar gemacht hatte und von dort nach Yangzhen floh, zu dem Salzhändler Cai Jinbiao. Es handelte sich hierbei um privaten Salzhandel, der im damaligen China, in dem der Staat über das Salzmonopol verfügte, verboten war. Freunde warnten Cai Jinbiao, er solle Xu Baoshan nicht aufnehmen, denn es sei zu befürchten, daß Xu Baoshan – so der Wortlaut im Roman – die Rolle des Gastes in die des Gastgebers umkehren werde. Doch Cai Jinbiao war, wie das unter Ganoven bisweilen üblich ist, voller Hilfsbereitschaft. Er stellte Xu Baoshan die Hälfte seiner Flotte von Salzschiffen zur Verfügung, womit dieser fortan Handel treiben konnte. Dies tat er mit großem Erfolg.

Später gründete und führte Xu Baoshan eine Art Geheimgesellschaft mit Namen «Roter Bund». Diese Bruderschaft hatte ihr eigenes Regelwerk und ihren eigenen Wortschatz. Während des Boxeraufstandes im Jahr 1900 befürchteten die Behörden, Xu Baoshan könnte mit seinem «Roten Bund» Unruhe stiften. Sie traten in Verbindung mit Cai Jinbiao und legten ihm nahe, Xu Baoshan umzubringen. Dafür sollte er mit einem Beamtentitel belohnt werden. Doch Cai Jinbiao zögerte. Der zuständige Beamte benutzte nun – wiederum gemäß dem Wortlaut des Romans – das Strategem des Zwietrachtsäens. Er ließ Cai Jinbiao ein wertvolles Pferd als Geschenk überbringen und das Gerücht ausstreuen, Cai Jinbiao habe den Behörden versprochen, Xu Baoshan zu töten. Natürlich kam das Gerücht Xu Baoshan zu Ohren. Von Hause aus war Xu Baoshan ein mißtrauischer Mann. Zudem war er seinem Gönner Cai Jinbiao schon seit langem nicht mehr gewogen. Er hatte inzwischen eine Stellung, in der er Cai Jinbiao nicht länger neben sich dulden mochte. Zudem stand ihm der «Rote Bund», dem Cai Jinbiao nicht angehörte, zur Seite. Als Xu Baoshan nun das Gerücht vernahm, Cai Jinbiao wolle ihn in amtlichem Auftrag ins Jenseits befördern, handelte er sofort und ließ Cai Jinbiao beseitigen. Damit war die seinerzeitige Befürchtung der Freunde Cai Jinbiaos, Xu Baoshan werde das Strategem Nr. 30 anwenden, grausige Realität geworden.

30.10 Die Jungfrau, die dank einer Steinwalze ins Zimmer des Jünglings gelangte

Der junge Gelehrte An Ji hatte sich zur Zeit des Kaisers Yongzheng (1723–1735) von Peking aus auf eine 3000 Meilen weite Reise nach Jiangsu gemacht. Dort war sein Vater wegen einer angeblichen Amtsverpflichtung in einem kalten, unwirtlichen Tempel unter Hausarrest gestellt worden. An Ji war es gelungen, durch ein Darlehen 2400 Teals zu beschaffen, die er auf seiner Reise bei sich führte. Damit wollte er seinen Vater aus der ungerechten Haft befreien. Unterwegs büßte An Ji nach und nach seine gesamte Dienerschaft ein. Sein wichtigster Diener Hua Zhong, erkrankte schon bald an Cholera und mußte in einer Herberge zurückbleiben. Unweit der nächstgelegenen Stadt Shiping (Provinz Shandong) wohnte Hua Zhongs Schwager Chu Yiguan, von Beruf Karawanenführer. Hua Zhong schlug An Ji vor, einen Brief an diesen Schwager aufzusetzen und nach Ankunft in Shiping an ihn weiterzuleiten. Dann werde der Schwager an seiner statt An Ji nach Jiangsu begleiten.

In Shiping angekommen, entsandte An Ji seine beiden Maultiertreiber mit dem Brief zu dem etwa 20 Meilen entfernt wohnenden Schwager seines erkrankten Dieners. Unterwegs legten die beiden Maultiertreiber am Abhang einer Anhöhe eine Rast ein. Dort heckten sie gemeinsam den Plan aus, den Karawanenführer Chu Yiguan nicht aufzusuchen und ihm den Brief nicht zu übergeben. Statt dessen wollten sie ihrem Herrn sagen, Chu Yiguan lasse ihm ausrichten, er solle ihn persönlich aufsuchen. Auf einer Anhöhe wollten sie An Ji unter irgendeinem Vorwand veranlassen, vom Sattel zu steigen, ihm dann einen Stoß versetzen und ihn in die Tiefe des Wildbachs befördern. Dann würden das Gepäck und die Geldsumme ihnen gehören. Mit dem Silberschatz in den Händen hätten sie für den Rest ihres Lebens ausgesorgt.

Dieses Gespräch hatte nun aber eine Jungfrau von der Anhöhe aus belauscht. Sie ritt stracks zu der Gaststätte in Shiping und quartierte sich dort ein. In ihrem Zimmer zog sie den Stoffvorhang vor der Tür hoch, rückte einen runden Sessel aus Weidenholz unter die Tür, ließ sich darauf nieder und starrte stumm und regungslos nach der gegenüberliegenden Ostkammer, in der An Ji wohnte. Das beunruhigte den unerfahrenen, weltfremden Jüngling in höchstem Maße. War das vielleicht eine Banditin, die ihn ausspionieren wollte? Natürlich nicht, die Schwertfrau wollte lediglich feststellen, ob der junge Mann ihres Schutzes würdig war. Aber das konnte An Ji nicht ahnen. So überlegte er, wie er sich schützen könne. Die Tür seines Zimmers konnte er nicht zuriegeln, denn es fehlte ein Riegel. Da dachte er an eine wuchtige Steinwalze, die ihm zuvor beim Durchschreiten der Mittelhalle aufgefallen war. Damit könnte er die Tür verrammeln, dachte er sich. Mit 2000 Kupfermünzen beauftragte er drei kräftige Kerle, ihm das an die 300 Pfund schwere Gerät ins Zimmer zu schaffen. Aber es ließ sich nicht von der Stelle bewegen. Gerade wollten die Diener Seil und Schleppjoch herbeischaffen, als auf einmal die Fremde vom Westzimmer auftauchte. Was denn hier vorgehe, fragte sie. Die Diener erklärten ihr, daß sie die Steinwalze in die Kammer des jungen Herrn schaffen sollten. «Wegen des bißchen Steins solche Umstände», bemerkte die junge Frau spöttisch. Sie sah die Walze mit prüfendem Blick. «Nun macht mal Platz und tretet etwas beiseite», sagte sie nach beendeter Untersuchung zu den Wächtern. Dann krempelte sie ihre Ärmel hoch, und mit einigen kunstfertigen Körperbewegungen und Handgriffen brachte sie die schwere Walze zum Umkippen. Dem Jüngling war bei alledem nicht ganz wohl. Jetzt bringt sie es fertig und schafft die Walze tatsächlich in meine Kammer. Dann aber habe ich sie drin, und genau das wollte ich doch vermeiden. Während er so nachdachte, kamen ihm die Redewendungen «Die Tür öffnen und den Räuber willkommen heißen» und «Den Wolf ins Haus bitten» in den Sinn. Tatsächlich wandte sich die Frau dem jungen An Ji zu. «Wohin mit dem

Ding, werter Gast?» – «In meine Kammer, falls ich Euch noch bemühen darf», druckste er, über und über rot geworden. Geschickt ließ sie die Walze durch die mittlere Halle und ein Stück Hof und dann die flachen Terrassenstufen hinauftänzeln und balancierte sie schließlich in die Ostkammer. Der junge Mann war der Fremden bis zur Tür gefolgt. Er hatte den Türvorhang aufgerollt und drückte sich nun verlegen vor der Tür an der Mauer herum, in einer Haltung, die unmißverständlich andeutete: Ob sie jetzt wohl endlich geht?

Wider Erwarten aber ging sie nicht. Vielmehr klopfte sie sich in aller Ruhe den Staub vom Rock und ließ sich dann auf dem Stuhl am Tisch nieder. Das wird ja immer schöner! dachte er verzweifelt. Statt daß ich sie loswerde, macht sie sich erst recht bei mir häuslich! «Werter Gast, bitte tretet ein und setzt Euch», sagte sie. Reizend. Nun kehrte sie gar die Stellung des Gastes in die der Gastgeberin um! Er überlegte krampfhaft. Wenn er sie in der Kammer allein ließ, mußte er um sein wertvolles Gepäck bangen. Wenn er aber ihrer Aufforderung nachkam und sich gleichfalls niedersetzte, dann würde er in eine unerwünschte Unterhaltung verwickelt, in deren Verlauf sie ihn bestimmt aushorchen würde. Was tun? Auf einmal kam ihm ein erleuchtender Einfall. Er mußte es so und so anstellen, dann würde er sie schon loswerden. Und so trat er in seine Kammer ein. Im Verlauf des folgenden, von An Ji zunächst im Zeichen des Stratagems Nr. 27 geführten Gesprächs erkannte er jedoch die guten Absichten der Fremden, und später entging er dank ihrer Hilfe dem mörderischen Anschlag.

In einer Zeit, da sich eine Frau einem unbekannten Mann nicht nähern und erst recht nicht mit ihm in Kontakt treten durfte, hatte es die tapfere Jungfrau verstanden, vor aller Augen in das Zimmer des Jünglings zu gelangen und ihn trotz seiner Schüchternheit und seines Mißtrauens so zu dirigieren, daß sie ihr Ziel, ihn zu warnen, erreichen konnte – mit Hilfe des Stratagems Nr. 30. Dieses wird bei der Beschreibung des ersten Zusammentreffens der Jungfrau mit dem Jüngling ausdrücklich erwähnt in Wenkangs (19. Jh.) *Geschichte vom heldenhaften Liebespaar* (deutsche Übersetzung von Franz Kuhn unter dem Titel *Die Schwarze Reiterin,* Frankfurt a. M. 1980). Es handelt sich hierbei um «eine der berühmtesten Szenen des Romans», schreibt, nur die Komik des Geschehens hervorhebend, dessen strategemischen Gehalt aber mit keinem Wort erwähnend, John Christopher Hamm («Reading the Swordswoman's Tale: Shisanmei and *Ernü Yingxiong Zhuan*», in: *T'oung Pao,* Vol. LXXXIV, Fasc. 4–5, Leiden etc. 1998, S. 345).

## 30.11 Die Farbe des Steins in der Tasche

In früheren Zeiten borgte ein chinesischer Kaufmann bei einem Wucherer eine größere Geldsumme. Doch er scheiterte und verlor Hab und Gut. So konnte er seine Schulden nicht begleichen.

Als der Wucherer den bankrotten Kaufmann aufsuchte, um sein Geld einzutreiben, erblickte er die wunderschöne Tochter des Schuldners. In seinem Herzen entbrannte sogleich der Wunsch, sie zu besitzen. Aber dieses Ansinnen konnte er nicht so unverblümt zum Ausdruck bringen. Also sagte er dem Kaufmann: «Entweder du gibst mir auf der Stelle das geschuldete Geld, oder ich klage dich beim Magistraten an. Dann wirst du ins Gefängnis gesteckt.» Der Kaufmann fiel vor dem Wucherer auf die Knie und flehte um Nachsicht. Der Geldverleiher spiegelte Mitleid vor und sagte mit einem falschen Lächeln: «Ich werde dich unbehelligt lassen, aber dann mußt du mir als Ersatz für die Schuldentilgung deine Tochter geben. Zuerst will ich allerdings wissen, was der Himmel davon hält. In meiner Tasche befinden sich zwei Steine, ein schwarzer und ein weißer. Wenn du den weißen herausziehst, sei dir die Schuld erlassen. Wenn du aber den schwarzen ergreifst, dann mußt du mir deine Tochter geben.»

Darauf steckte er schnell zwei schwarze Steine in seine Tasche. Die Tochter durchschaute den Trick. Schnell sagte sie: «Gut so. Aber was gesagt wurde, das gilt.» Darauf griff sie in die Tasche und fingerte einen Stein heraus. Noch bevor man sehen konnte, welche Farbe der Stein hatte, tat sie, als gleite ihr der Stein aus der Hand. Er fiel auf den Boden, der bereits mit Steinen dieser Art übersät war. So erwies es sich als unmöglich festzustellen, welchen Stein sie soeben in der Hand gehabt hatte. Die Tochter schien sehr aufgeregt, doch dann sagte sie mit ausgesuchter Höflichkeit zu dem Wucherer: «Es tut mir leid, mir ist der Stein aus der Hand gerutscht. Ich finde ihn nicht wieder. Es bleibt nur eines übrig. Schauen wir nach, welche Farbe der Stein in Ihrer Tasche hat. Ist er weiß, dann war mein Stein schwarz. Ist er aber schwarz, dann war meiner weiß.» Dem Wucherer blieb nichts anderes übrig, als den verbliebenen Stein aus der Tasche zu nehmen. Der war natürlich schwarz. Damit mußte der Wucherer anerkennen, daß die Tochter vorher den weißen Stein herausgezogen hatte. So waren sowohl Vater als auch Tochter gerettet.

Die listenkundige Tochter wußte, daß beide Steine in der Tasche des Mannes schwarz waren. Damit war ihr Schicksal an sich besiegelt. Sie war ein reines Objekt des Geschehens und konnte eigentlich nichts mehr ausrichten. Sie war der «Gast». Durch ihr Manöver gelangt es ihr aber, die Initiative an sich zu reißen und zur Herrin der Situation zu werden.

### 30.12 Wie Coca Cola den chinesischen Markt eroberte

Schon lange hatte die Firma Coca Cola den chinesischen Markt erobern wollen. Als die Periode der Öffnung Chinas (seit Dezember 1978) die Voraussetzungen dafür schuf, daß ausländische Unternehmen in China Fuß faßten, schloß die US-Firma mit vier Getränkemittelherstellern in Peking, Guangzhou, Shenzhen und Xiamen je einen Zehnjahresvertrag ab. Gemäß dem Vertrag lieferte die amerikanische Seite den chinesischen Partnern umsonst die notwendigen Produktionsanlagen und das erforderliche Know-how. Die chinesische Seite verpflichtete sich, das Coca-Cola-Konzentrat mit Devisen zu kaufen, es zu verdünnen, in Büchsen abzufüllen und in China zu verkaufen. Der gesamte Verkaufserlös sollte den chinesischen Partnern gehören. Die US-Firma beanspruchte nichts davon. Zur Ankurbelung des Verkaufs war schließlich eine flächendeckende Werbung in ganz China vorgesehen. Die Kosten übernahmen die amerikanische und die chinesische Seite je zur Hälfte, wobei die Amerikaner in US-Dollar zahlten. Das Ergebnis war, daß Coca Cola sehr schnell in China Verbreitung fand. In einigen Gebieten verdrängte es sogar einheimische Getränke vom Markt und errang eine Monopolstellung. Bis 1999 errichtete die amerikanische Firma in China 23 Abfüllanlagen mit einem gesamten Jahresumsatz von 400 Millionen Standardkisten. Damit wurde China nach Japan zum zweitgrößten Absatzmarkt in Asien («‹Coca Cola in China›», in: *China im Bild,* Peking, Nr. 9, 1999, S. 54)

Auf den ersten Blick erscheint der ganze Handel, so Yu Xuebin, für die Chinesen sehr vorteilhaft. Doch die den Chinesen eingeräumten Vorteile waren in Wirklichkeit bloße Köder. Noch größeren Nutzen als die Chinesen zogen nämlich die Amerikaner aus dem Handel. Einerseits mußten die Chinesen eben doch die Hälfte der Kosten für die Coca-Cola-Werbung übernehmen. Aber noch mehr fällt ins Gewicht, daß Coca Cola auf dem chinesischen Getränkemarkt eine beherrschende Stellung errang. Durch die Anwendung des Stratagems Nr. 30, flankiert durch das Stratagem Nr. 17, gelang es der Firma Coca Cola erstens, schnell nach China zu gelangen, und zweitens, dort – zumindest in gewissen Regionen – die Marktführerschaft zu erobern.

Daß Yu Xuebin dieses im Westen unter der Bezeichnung «Franchising» bekannte, in China aber vielleicht neue Vorgehen als für Coca Cola noch vorteilhafter als für die chinesischen Partner erachte, erstaune ihn nicht, schrieb mir ein Schweizer Manager nach der Lektüre des vorliegenden Beispiels. Aus eigener Erfahrung habe er den Eindruck gewonnen, daß die Geschäftspartner in der Volksrepublik China die Vorteile des westlichen Geschäftspartners aus der Geschäftsverbindung oft riesengroß sähen und die eigenen Vorteile kaum wahrnähmen.

### 30.13  Die Kaiserkrone aus der Hand des Papstes

«Papst Leo III. (795–816) erblickte in Karl (747–814) von Anfang an den großen Freund und Schützer des Petrusgrabes, zugleich aber auch den mächtigsten König des Abendlandes und verdienten Verbreiter des Christentums. Bald schon nahm er dessen Hilfe in Anspruch. Als Leo 799 nach alter Sitte die Markusprozession mitmachte, wurde er durch eine frankenfeindliche Partei vom Pferde geworfen, der päpstlichen Gewänder beraubt und abgesetzt. Hilfeflehend eilte er über die Alpen zu Karl nach Paderborn. Königliche Gesandte führten den Papst wieder zurück und setzten ihn in seine Rechte ein. Karl selbst erschien an Weihnachten 800 in der Tiberstadt. Leo plante, die Verdienste und die Macht Karls in helles Licht zu setzen. Als dieser der Papstmesse am Feste beiwohnte, überraschte ihn Leo und setzte ihm die Kaiserkrone aufs Haupt, während das versammelte Volk rief: ‹Karl, dem von Gott gekrönten Kaiser, Leben und Sieg!› Darauf huldigte ihm der Papst kniend nach byzantinischer Art. Karl war nicht so sehr über den neuen Ehrenzuwachs überrascht, da er wohl im allgemeinen dazu sein Einverständnis gegeben hatte, sondern mehr von der Initiative des Papstes, der dadurch wieder eine Macht geworden war, daß er nun den höchsten Titel des alten Rom zu vergeben hatte. Auch fürchtete Karl wohl, man werde in Byzanz, wo ja die kaiserlichen Insignien seit dem Ende des weströmischen Reiches (476) hingekommen waren, dagegen Einspruch erheben. Deshalb besuchte er Rom nie wieder, obwohl er das Kaisertum zu schätzen wußte.»

Auf diese Weise wird die Begründung des abendländischen Kaisertums in Gestalt des Heiligen Römischen Reiches deutscher Nation am Weihnachtstag des Jahres 800 in Pater Iso Müllers *Geschichte des Abendlandes,* Band 1, Einsiedeln 1951, geschildert. Dieses Geschichtsbuch diente in der Stiftsschule des Benediktinerklosters Einsiedeln, die ich von 1955 bis 1963 besuchte, als Unterrichtsmaterial. In neueren Werken wie jenem von Peter Classen (*Karl der Große,* 2. Aufl. Sigmaringen 1988) und dem von Robert Folz (*Le couronnement impérial de Charlemagne 25 décembre 800,* Paris 1989) wird die These vertreten, der Papst habe Karl mit dessen Einverständnis gekrönt. Aber auch Peter Classen meint, durch die Krönung vor der rechtlich für die Erneuerung Karls zum Kaiser eigentlich entscheidenden Akklamation habe sich der «Papst stark in den Vordergrund» geschoben (a. a. O. S. 66, Anm. 238). Will man der Darstellung Iso Müllers Glauben schenken, war Karl am Weihnachtstag des Jahres 800 Opfer des Strategems Nr. 30. Soeben hatte er Papst Leo III. wieder in Amt und Würde eingesetzt und damit gezeigt, wer in Rom das Sagen hatte. Karl war zu diesem Zeitpunkt klar der «Gastgeber», Leo III. der «Gast». Leo III. verwandelte seine Rolle als «Gast» in die des «Gastgebers» und stärkte zugleich die künftige Stellung des Papsttums gegenüber dem Kaisertum, indem er Karl die Kaiserkrone aufsetzte (vgl. 34.20).

# Strategem Nr. 31

## Das Strategem der schönen Frau

| | | | |
|---|---|---|---|
| Die drei Schriftzeichen | 美 | 人 | 计 |
| Moderne chinesische Aussprache | mei | ren | ji |
| Übersetzung der einzelnen Schriftzeichen | schön | Mensch Mann/Frau | Strategem |
| Zusammenhängende Übersetzung | Strategem des schönen (männlichen oder weiblichen) Menschen; das einen schönen Menschen einsetzende Strategem; auf sexuellen Reizen aufgebautes Strategem. | | |
| Kerngehalt | 1. Adonis-, Venusfalle; Sirenen-Strategem; Lockvogel-Strategem; Sex-Strategem.<br>2. Korrumpierungs-Strategem. | | |

### 31.1 Auch unter Einsatz von Lustknaben

Das chinesische Schriftzeichen mit der Aussprache «ren» wird meist mit «Mensch» übersetzt. So bedeutet die Strategemformel Nr. 31 zunächst wörtlich «Strategem des schönen Menschen». Dabei kann es sich um einen Menschen männlichen oder weiblichen Geschlechts handeln. «Ein schöner Mann vermag den Herrscher zu veranlassen, einem alten Gefolgsmann den Laufpaß zu geben; eine schöne Frau vermag den Herrscher zu veranlassen, die Vorhaltungen seines treuen Ministers in den Wind zu schlagen», heißt es, beide geschlechtliche Varianten des Strategems Nr. 31 vorwegnehmend, im *Verlorenen Buch der Zhou-Dynastie*, das aus der Zeit vor 221 v. Chr. stammt, heute aber in einer Fassung aus der Epoche der Jin-Dynastie (265–420) vorliegt. Tatsächlich gibt es schon früh in der chinesischen Geschichte Beispiele für das gezielte Bezirzen eines Herrschers durch eine männliche Schönheit. So brachte der Herrscher von Jin vor seinem zweiten Kriegszug gegen Guo mit Hilfe eines Lustknaben eine kriegsentscheidende Entfremdung zwischen dem Fürsten von Yu und dessen Kanzler Gong Zhiqi zustande, allerdings nicht gemäß der Version der Bezugsgeschichte zu Strategem Nr. 24 in der *Überlieferung des Zuo* (s. 24.1), sondern gemäß der Version in dem später entstandenen Werk *Strategeme der Kämpfenden Reiche* von Liu Xiang (?–6 v. Chr.).

### 31.2 Hände weg vom «Strategem des schönen Mannes»

«In der letzten Zeit gab es recht viele Filme und Bühnenstücke, die den Untergrundkampf der Kommunistischen Partei Chinas und der Roten Armee zur Zeit der Revolutionären Kriege, also vor der Gründung der Volksrepublik China im Jahre 1949, widerspiegeln. Derartige Produktionen faszinieren das Publikum dank ihrer spannenden und gefahrvollen Handlung und der packenden schauspielerischen Leistung, und es fehlt nicht an gelungenen Schöpfungen. Aber es entstanden auch nicht wenige Werke von niederem Niveau, und zwar alle nach demselben Strickmuster: Ein Beauftragter unserer Seite geht mit irgendeiner Frau im gegnerischen Lager – einer Konkubine oder einer Tochter einer feindlichen Führungsperson – eine zwielichtige Beziehung ein, benutzt dann in raffinierter Weise Strategeme, foppt den Feind und erfüllt zu guter Letzt glanzvoll seinen Kampfauftrag.

Ein Theaterstück beschreibt, wie die Volksbefreiungsarmee eine alte Stadt in Zentralchina befreit. Ein für militärische Erkundungen zuständiger Abteilungsleiter unserer Seite vermag sich im feindlichen Oberkommando einzunisten, worauf er mit der Konkubine des Oberkommandierenden zu tändeln beginnt. Zuletzt erlangt er die gesuchten Informationen. Dadurch, daß er mit dieser Frau durchbrennt, eröffnet sich ihm der Weg, um die feindliche Stellung zu verlassen und die Mission, mit der die Partei ihn betraut hat, zu erfüllen. Sicherlich hat der Autor des Stückes beabsichtigt, diesen Abteilungsleiter als einen Mann mit einem festen Standpunkt erscheinen zu lassen, der sich auch durch Reichtum und Würde nicht verführen läßt. Aber der Zuschauer kann sich der bohrenden Frage nicht erwehren, gestützt auf was wohl dieser Abteilungsleiter das ‹Vertrauen› und die Zuneigung der Frau erworben hat. Ein Film beschreibt den Kampf eines Ermittlers unserer Armee mit reaktionären Guomindang-Kräften in einer Bergstadt. Da unser Ermittler ausgesprochen hübsch ist, erweckt er das Wohlgefallen der zweiten Nebenfrau eines feindlichen Armeechefs, dessen älteste Tochter ganz verrückt nach ihm ist. Unser Ermittler stößt nun das Boot genau in Richtung der Strömung voran, nutzt also diese Situation aus. Dank dieser undurchsichtigen Affären kann unser Agent ungehindert beim Feind ein- und ausgehen.

Ähnliche Handlungsabläufe tauchen in Filmen, Bühnenstücken und TV-Vorführungen auf. Es sieht ganz danach aus, als hätte unser Aufklärungspersonal, nachdem es erst einmal ins Nest der Feinde eingedrungen ist, ohne die Gunst einer Frau oder mehrerer Damen der Gegenseite und ohne den sich aus den schwer durchschaubaren Mann-Frau-Beziehungen ergebenden ‹Positionsvorteil› seine Aufgaben nicht erledigen können. Dies muß einem nun aber zu denken geben. War das wirklich das wichtigste Mittel bei unserem unterirdischen Kampf gegen den Feind? Sollen das die heroischen, klugen und tapferen Gestalten der Kommunistischen Partei sein? Das traditionelle Bühnenstück *Glückliche Heirat von Drache und Phoenix* enthält folgende Szene: Die Königsmutter des Reiches Wu erfährt, daß ihr Sohn Sun Quan seine jüngere Schwester als Köder benutzen will, um Liu Bei herbeizulocken und auf dem Weg über eine Verschwägerung mit ihm Jingzhou zu erlangen (s. 13.6). Die alte Dame ist dermaßen erbost, daß sie in Ohnmacht fällt. Daraus kann man ersehen, daß Menschen der alten Zeit die Benutzung des ‹Strategems der schönen Frau› als schändlich betrachteten. Wenn schon nicht zum ‹Strategem der schönen Frau› gegriffen werden sollte», schließt Zhao Xiaodong seinen Kommentar in der *Pekinger Tageszeitung* vom 9.4.1981, «dann erst recht nicht, wie dies in einigen Filmen und Bühnenstücken geschieht, zum ‹Strategem des schönen Mannes›.»

31.3 Die Tricks der Frauen

In der überwiegenden Mehrheit der Fälle wird in chinesischen Texten unter dem Strategem Nr. 31 das «Strategem der schönen Frau» verstanden. Dabei geht es nicht um Strategeme, die eine schöne Frau beziehungsweise irgendeine Frau bei ihrer angeblichen Hauptbeschäftigung – der Eroberung eines Mannes – «am häufigsten anwendet: Tränen, Lügen, Gesten der Verzweiflung» (Xu Guojing: «Die Tricks der Frau», in: *Frauenforschung*, Peking Nr. 6, 1994, S. 48 f.) und die auch etwa der römische Dichter Ovid (43 v.–17/18 n. Chr.) im dritten Buch seiner *Liebeskunst* den Frauen empfiehlt, wie etwa:

«Leb' er der Hoffnung, nur er werde beherrschen das Bett.
Später wird er gewahr, daß ein andrer des Kämmerleins Bündnis mit
 ihm teilt. Wenn *die* List fehlt, so ermattet die Glut [...]
Die ganz sicher uns ist, *die* Lust schafft wenig Vergnügen:
wärst du auch freier als selbst Thaïs, erheuchle Gefahr!
Laß durchs Fenster ihn ein, ist die Türe dir selbst auch bequemer,
Les er auf deinem Gesicht immer Befürchtung und Angst.
Springe die listige Magd hervor und schreie: «Verloren!» [...]
Heuchle und stelle dich ganz so, als empfändest du Lust [...]
Nur, wenn du heuchelst, gib acht, daß er dir die Lüge nicht anmerkt,
Blicke, bewege dich so, daß er gern Glauben dir schenkt!
Daß er dir wohltut, bezeuge dein Wort, dein seufzender Atem [...]»
(Verse 592 ff., 798 ff., in: *Ovid in zwei Bänden*, 2. Bd., Berlin/Weimar 1982, S. 285, 291)

Derartige konkrete Liebeskünste (s. hierzu auch: René R. Khawam (Übers.): *Les ruses des femmes*, Paris 1994) stehen beim Stratagem der schönen Frau gemäß chinesischer Konzeption nicht im Vordergrund. Vielmehr geht es dabei um das Erreichen eines zumeist von einem Mann gesetzten Zieles durch geschickten Einsatz einer in den Liebeskünsten bewanderten Frau oder dann – in einem weiteren Sinne – von etwas anderem, das das Strategemopfer korrumpiert.

31.4  31 Jahre Filmproduktion ohne Kußszene

Die Militärschrift *Die Sechs Futterale* aus dem Zeitalter der Kämpfenden Reiche (475–221) empfiehlt im Abschnitt über den «zivilen Angriff (wen fa)», der Neigung eines feindlichen Herrschers nach zügellosem Genuß unter anderem dadurch Vorschub zu leisten, daß man ihm schöne Frauen schenkt. Daß dieses Stratagem seit ältesten Zeiten angewandt wird – selbst ein Konfuzius fiel ihm indirekt zum Opfer (s. 19.11) – belegt Tian Mos 1994 in Peking erschienenes Buch *5000 Jahre im Zeichen atemberaubender Strategeme der schönen Frau*. Selbst in der Volksrepublik China ist das Stratagem Nr. 31 keineswegs außer Gebrauch gekommen. Denn sonst müßten im «Beschluß des Zentralkomitees der Kommunistischen Partei Chinas betreffend mehrere wichtige Fragen im Zusammenhang mit dem verstärkten Aufbau der sozialistischen geistigen Zivilisation» vom 10.10.1996 führende Funktionäre nicht beschworen werden, sich den Versuchungen durch

Frauenschönheit gewachsen zu zeigen. Da spannt sich der Bogen zurück bis zu den konfuzianischen *Aufzeichnungen über die Riten* aus dem ersten Jahrhundert v. Chr., das die Lehensfürsten warnt: «Wer Frauen verfallen ist, richtet sein Land zugrunde.» Wie sehr gerade in der Volksrepublik China im Bereich der sexuellen Beziehungen zwischen Mann und Frau ein Nachholbedürfnis und damit Raum für die Anwendung des Strategems Nr. 31 bestehen mag, ergibt sich daraus, daß in der Zeitspanne von 1949 bis 1980 kein einziger chinesischer Film eine Kußszene zeigte (*Chinesische Jugendzeitung*, Peking 28.7. 1994, S. 2; s. hierzu auch: Harro von Senger: *Partei, Ideologie und Gesetz in der Volksrepublik China*, Verlag P. Lang, Bern etc. 1982, S. 236 ff.).


31.5  Städteumkippend und länderumwerfend

Die außergewöhnliche Macht, die eine schöne Frau auszuüben vermag, faßte der wandernde Sänger Sima Xiangru (179–117 v. Chr.) in die Worte: «Ein Blick – und ganze Städte fallen, ein zweiter Blick – und Reiche stürzen ein.» Daraus entwickelte sich die noch heute geläufige Redewendung «städteumkippend und länderumwerfend (qingcheng-qingguo)» – für eine Frau, die schön genug ist, um einer Stadt oder einem Land zum Verhängnis zu werden.

Die älteste Belegstelle für die Strategemformel Nr. 31 findet sich in der *Romanze der drei Königreiche* (s. im einzelnen 13.6), wo sie in demselben Zusammenhang gleich zweimal vorkommt. Vom Strategem der schönen Frau spricht zunächst die Mutter von Sun Quan, die ihrem Sohn vorwirft, dieses Strategem gegen Liu Bei anzuwenden. Das Strategem Nr. 31 mißlingt infolge der Intervention der Mutter. Aus seinem listigen Trug wird eine für den Strategemanwender Sun Quan bittere Wirklichkeit: Liu Bei heiratet Sun Quans Schwester, die als treue Gemahlin Liu Bei bei dessen Rückkehr in seinen Machtbereich Jingzhou begleitet. Nachdem das Ehepaar seinen Verfolgern entkommen und von Zhuge Liang auf einem Boot in Sicherheit gebracht worden ist, ruft Zhuge Liang den ans Flußufer herbeieilenden Soldaten des Sun Quan zu: «Kehrt um und sagt Eurem General, er solle die Falle der schönen Frau (meiren ju) nicht wieder stellen». Sun Quans gescheiterter Versuch, das Strategem Nr. 31 anzuwenden, wird in einer Pekingoper dargestellt, die das Ensemble einer Pekinger Truppe unter dem Titel *Das Strategem der schönen Frau* aufführte. Daraus entstand ein

Foto-Kinder-Comic, erschienen in Peking im Jahre 1982 unter dem Titel *Das Stratagem der schönen Frau*.

Den Ausdruck «Falle der schönen Frau (meiren ju)» mit dem Wort «ju» (Falle, Intrige, Schlinge) statt dem Wort «ji» (Stratagem) benutzt schon vor dem Verfasser der *Romanze der drei Königreiche* der Dichter Zhou Mi (1232–1298). In seinem Buch *Alte Begebenheiten aus Hangzhou* (in der heutigen Provinz Zhejiang) berichtet er von Müßiggängern, die an belebten Plätzen der Stadt «die Falle der schönen Frau» aufstellten, indem sie durch Prostituierte Jugendliche zu betrügerischen Glücksspielen herbeilocken ließen. In demselben Zusammenhang ist von der «Falle der schönen Frau» sogar in einem Gesetzeswerk die Rede, und zwar in einem 1318 datierten Text über das «Verbot organisierter Betrügereien» im *Yuan Dianzhang*, den *Institutionen der Yuan-Dynastie* (1271–1368).

### 31.6 Mit Weichheit Härte bezwingen

«Als in den Raubzügen der Urzeit zum ersten Mal eine verschleppte Frau den Mann, der sie gefangen hatte, anlächelte, um auf diese Weise ihr Gefangenendasein zu verbessern, erstand die Ahnfrau des Stratagems der schönen Frau», vermutet Li Guowen (in: *Zhuomuniao [Der Specht]*, Peking Nr. 3, 1995, S. 133). Dem Stratagem Nr. 31 liegt der Gedanke «Mit Weichheit Härte/Mit Sanftmut Stärke bezwingen (yi rou ke gang)» zugrunde. Dieser Gedanke läßt sich bis auf Lao Zis *Daodejing* zurückführen, wo es über das Wasser heißt: «Auf der ganzen Welt gibt es nichts Weicheres und Schwächeres als das Wasser, doch in der Art, wie es dem Harten zusetzt, kommt nichts ihm gleich.»

Das Stratagem Nr. 31 wird oft von einer Position der Stärke aus eingesetzt, doch in der Hauptsache ist es eine Waffe der schwächeren, im Hintertreffen befindlichen Konfliktpartei. Schwächer ist die Konfliktpartei dann, wenn das Gegenüber an materiellen und geistigen Kräften überlegen ist, man es also auf der technischen und intellektuellen Ebene nicht bezwingen kann. Das Stratagem Nr. 31 zielt auf etwas Drittes, nämlich auf die emotionale Verfassung des Gegners. Was man mit harter Konfrontation nicht vermag, gelingt dank dem Stratagem Nr. 31 möglicherweise auf der Gefühlsebene: Mit Hilfe des Sexstratagems macht man sich das Gegenüber gefügig.

Hier wird von der politisch-militärischen Anwendung des Stratagems Nr. 31 gesprochen. Die schöne Frau spielt dabei die Rolle einer

Art Waffe in der Hand des Strategemanwenders. Der chinesische Strategemforscher Yu Xuebin meint, bei dieser Art von Gebrauch sei das Strategem Nr. 31 für den Anwender so gut wie risikolos. Den größten Ertrag mit dem denkbar kleinsten Aufwand könne man mit dem Strategem Nr. 31 erzielen, unterstreicht Li Guowen (a. a. O., S. 132). Durch das Strategem wird der Gegner indirekt, über den Umweg einer ihm zugeführten Frau, geschwächt. Die Frau erscheint dem Gegenüber als etwas Positives, womöglich gar als ein Geschenk des Himmels, aber insgeheim arbeitet sie auf das Ziel hin, den Gegner zu entkräften, zu gewinnen, zu neutralisieren oder gar zu zerstören. Das Strategem Nr. 31 arbeitet nicht mit Zwang, sondern läßt das Gegenüber aus eigenem Antrieb Strategemopfer werden. Selbst wenn es später merkt, was es mit der schönen Frau auf sich hatte, wird es im allgemeinen kein Ressentiment empfinden.

### 31.7 Die Schwierigkeiten der Helden mit der Sex-Klippe

Infolge ihrer ganz besonderen Anziehungskraft vermögen Frauen gar manchen durch keine andere Waffe bezwingbaren Helden kleinzukriegen, meint Yu Xuebin. Darum heißt es: «Helden fällt es schwer, die Sex-Klippe zu überwinden.» Allerdings sind es dann keine wahren Helden. Der «Einsatz» der Frau kann auf ziviler, aber auch auf militärischer Ebene geschehen. Auf der zivilen Ebene funktioniert das Strategem Nr. 31 durch die pure sexuelle Betörung des Gegenübers, auf der militärischen beinhaltet es den unmittelbaren Fronteinsatz von Frauen, wodurch ganz besondere psychologische Effekte beim Feind erzielt werden können.

Die schöne Frau kann vor aller Augen oder heimlich zum Einsatz gelangen. So kann man das Gegenüber mit einer bezaubernden Frau als Verhandlungspartnerin konfrontieren, wodurch es vielleicht konzilianter gestimmt wird. Bei einem heimlichen Einsatz der schönen Frau erscheint diese plötzlich auf der Bildfläche, ohne daß man weiß, woher sie kommt und was sie vorhat. Während bei der Anwendung des Strategems Nr. 31 der offenkundige Einsatz einer schönen Frau auf eine Aufweichung und Verwirrung des Gegenübers beziehungsweise Sympathiegewinn bei diesem hinzielt, wirken ohne ersichtlichen Auftraggeber auftretende schöne Frauen vor allem als Lockvögel, Agentinnen und Spioninnen.

Beim Vollzug des Strategems Nr. 31 kann die schöne Frau aktiv, aus eigenem Antrieb, auf eigene Faust, aufgrund ihrer persönlichen Initiative oder im Auftrag eines im Hintergrund befindlichen Strategemanwenders tätig werden. Im zweiten Fall besteht das Risiko, daß die schöne Frau ausschert und anders handelt, als der Strategemanwender es geplant hat (s. 13.6). In den berühmten chinesischen Geschichten, die sich um das Stratagem Nr. 31 ranken, ist die schöne Frau eigentlich immer fremdbestimmt.

### 31.8 Vernarrt in schöne Objekte

Gemäß der chinesischen Strategemliteratur tritt die Strategemformel Nr. 31 außerdem in einem übertragenen Sinne auf. «Schöne Frau» steht dann stellvertretend für irgend etwas, das den «geistigen Schutzwall» (Yu Xuebin) des Gegenübers zum Einsturz zu bringen vermag. In einem weiten Sinne entpuppt sich das Stratagem Nr. 31 damit allgemein als «Korrumpierungs-Strategem». Den zersetzenden Einfluß von Personen und den von Sachen erwähnt schon das konfuzianische klassische Werk *Buch der Geschichte* im selben Atemzug: «Durch das Tändeln mit Menschen geht die Tugendhaftigkeit und durch den Zeitvertreib mit [nebensächlichen Lieblings-] Gegenständen das Streben nach höheren Zielen verloren.»

Für Vergnügen und Zerstreuung sorgende Menschen ebenso wie entzückende, alle Aufmerksamkeit auf sich ziehende Sachen sind geeignet, dem Ziel, das mit dem Stratagem Nr. 31 verfolgt wird, zu dienen, nämlich der Schwächung des Gegenübers auf friedlichem Wege, ohne Pulverdampf. Das Gegenüber umarmt gleichsam das von einem süßen, reizenden Gewand umhüllte und mit einer berauschenden Gesichtsmaske geschmückte Verderben. An die Stelle der «schönen Frau» kann somit gegebenenfalls ein schöner, kostbarer Gegenstand oder schlicht und einfach ein beeindruckender Geldbetrag treten. Natürlich ist vor der Anwendung des Strategems Nr. 31 genau festzustellen, worauf das Gegenüber am meisten anspricht und womit man sein Interesse am ehesten fesseln kann. Die «schöne Frau» ist in einer überzeugenden Weise zu präsentieren, so daß beim Gegenüber kein Verdacht aufkommt. Letzten Endes ist das Stratagem Nr. 31 aber in der Regel nicht konfliktentscheidend. Zumindest bei militärischen Auseinandersetzungen ist schließlich ein Waffengang meist unausweichlich, doch wird er durch den Einsatz des Strategems Nr. 31 erleichtert.

## 31.9 Bestechung unter dem Deckmantel des Mah-Jongg-Spiels

Es gibt Leute, die nicht etwa die «schöne Frau» nicht haben wollen, sondern die einfach befürchten, daß sie, wenn sie «die schöne Frau» annehmen, einem Strategem zum Opfer fallen. Worauf es nun also ankommt, ist eine möglichst geschickte Verpackung der «schönen Frau», so daß das Gegenüber auf den falschen Eindruck baut, bei der Entgegennahme «der schönen Frau» nicht einem Strategem auf den Leim zu gehen. So kann man eine hohe Bestechungssumme als Siegesprämie einer Mah-Jongg-Partie bezahlen, in der man absichtlich verloren hat. Sollte das Ganze wider Erwarten auffliegen, droht lediglich eine glimpfliche Strafe wegen verbotenen Glücksspiels. Oder eine an sich nicht gestattete horende Provision wird in Form eines Tombola-Gewinns entrichtet, so daß nichts daran auszusetzen ist. Durch derartige Zauberkünste können Menschen, die angesichts mannigfacher «schöner Frauen» ungerührt bleiben oder sich nicht ungebührlich zu verhalten wagen, über Nacht dazu gebracht werden, zu Gefangenen von «schönen Frauen» zu werden.

Und doch wird auch das strategemisch verschleierte Strategem der schönen Frau letztendlich aufgedeckt. Nicht wenige Insassen chinesischer Gefängnisse fielen dem Strategem der schönen Frau zum Opfer, sei es dem wörtlich verstandenen «Strategem der schönen Frau», dem mit wertvollen Kulturobjekten operierenden «Strategem der schönen Frau», dem Geld und Vermögenswerte einsetzenden «Strategem der schönen Frau» oder dem mit Machtpositionen lockenden «Strategem der schönen Frau». Kurz, wer auch immer «eine schöne Frau» annimmt, der wird damit Opfer eines Strategems. Das ist fast ausnahmslos so. Da ist doch die Haltung, die darin besteht, diesem Strategem ganz aus dem Weg zu gehen, indem man sich von allen möglichen «schönen Frauen» fernhält, besser als der Glaube, man könne Mittel und Wege finden, um das einem zugedachte Strategem zu umgehen, «die schöne Frau» aber gleichwohl zu genießen, meint die *Volksbefreiungsarmee-Zeitung* (Peking 5.1.1995), die in ihrem Kommentar mit dem Titel «Kann man beim ‹Strategem der schönen Frau› die ‹schöne Frau› zwar in Empfang nehmen, gleichzeitig aber das ‹Strategem› unentdeckbar machen?» von der weiten Bedeutung des «Strategems der schönen Frau» ausgeht und durch ihre Glosse kundtut, daß das Strategem der schönen Frau in all seinen Schattierungen selbst vor chinesischen Militärkreisen nicht haltmacht.

31.10  Auf das innere Bollwerk kommt es an

Sowohl das Strategem Nr. 17 als auch das Strategem Nr. 31, vor allem in seiner weiten Bedeutung, operieren mit einer Gabe. In beiden Fällen will der Strategemanwender mehr bekommen, als er gibt. Der Unterschied zwischen den beiden Strategemen liegt darin, daß beim Strategem Nr. 17 der unmittelbare Austausch von einer kleinen gegen eine große Gabe angestrebt wird, wohingegen beim Strategem Nr. 31 die Erschlaffung des Gegenübers das direkte Ziel ist. So gesehen sind die «Geschosse in Zuckerhülle» (s. 17.52) dem Strategem Nr. 31 und nicht Nr. 17 zuzuordnen.

Vor beiden Strategemen hütet man sich, indem man mit Gaben, die einem ohne ersichtliches Motiv überreicht werden, vorsichtig umgeht. Bei geringsten Zweifeln ist Wachsamkeit geboten. Gegebenenfalls muß man die Gabe zurückweisen und kann man das dahinterstehende Strategem entlarven. Im übrigen sollte man im Hinblick auf mögliche Versuchungen durch das Strategem Nr. 31 seine Willenskraft stählen, so daß man durch Sex und dergleichen nicht manipuliert werden kann. Denn das Strategem Nr. 31 kann nur dann funktionieren, wenn das innere Bollwerk des Strategemopfers nicht solide genug ist. Nicht die äußere Reizoffensive, sondern die innere Haltlosigkeit ist für den Erfolg des Strategems Nr. 31 ausschlaggebend. Zu dessen Abwehr dient daher vor allem die innere Selbstkultivierung. Wird beim durchschauten Strategem Nr. 31 tatsächlich eine schöne Frau eingesetzt, kann man sie, möglicherweise mit Hilfe eines schönen Mannes, in eine Doppelagentin, die für die eigene Seite arbeitet, umwandeln (s. Strategem Nr. 33) und zum Durchkreuzen des gegnerischen Strategems einspannen.


31.11  Drei Jahre Ausbildung für eine Sex-Mission

Im ältesten Traktat über die 36 Strategeme steht im Kapitel über das Strategem Nr. 31: «Sind die Truppen des Gegners stark und seine Generäle klug, dann sollte man eine militärische Auseinandersetzung vermeiden. Die Lage erfordert zeitweilige Nachgiebigkeit. Es gibt viele Möglichkeiten, sich nachgiebig zu zeigen. Nicht zu empfehlen ist die Abtretung von Territorium. Denn dadurch vergrößert man die Macht des Feindes. Man kann dem Feind Kostbarkeiten geben, doch auch das ist nicht zu empfehlen, denn dadurch erhöht man dessen

Reichtum. Es bleibt nur eines, und zwar, den feindlichen Anführer mit schönen Frauen zu bedienen, so seine Willenskraft zu zermürben und seine materiellen Ressourcen zu erschöpfen und ferner zu erreichen, daß die Untergebenen ihrem Herrn ob seiner Ausschweifungen mit wachsendem Groll begegnen.» So verfuhr Gou Jian (?–465 v. Chr.), der König von Yue (auf dem Gebiet der heutigen Provinz Zhejiang) mit seinem Feind Fu Chai (?–473 v. Chr.), dem König von Wu (im Bereich der heutigen Provinzen Jiangsu, Zhejiang und Anhui) (s. hierzu auch 10.3).

Im Mittelpunkt von Gou Jians Anwendung des Stratagems Nr. 31 gegenüber Fu Chai stand Xi Shi, «die Helena des chinesischen Altertums» (Wolfgang Bauer/Herbert Franke), vergleichbar aber auch mit der alttestamentarischen Esther, die sich, so die größte Zeitung Europas, dem Perserkönig Xerxes hingab – «für ihr Volk» (*Bild*, Hamburg 26. 3. 1994, S. 5). Eigentlich bedeutet «Xi Shi» «die westliche Shi», wobei «Shi» ihr Familienname ist und «westlich» sich auf die Himmelsrichtung ihres Geburtsortes bezieht. Xi Shi zählt zu den vier großen Schönheiten Chinas, denen ein 1991 in Peking erschienenes Buch gewidmet ist. Ferner ist «Xi Shi» in China geradezu ein Synonym für eine schöne Frau beziehungsweise weibliche Schönheit und das größte Kompliment, das man einer Angebeteten machen kann. Natürlich ist Xi Shi Gegenstand zahlreicher Werke der Literatur und Kunst, vor allem auch vieler Opern.

In seinem Werk *Frühlinge und Herbste der Staaten Wu und Yue* schildert Zhao Ye (2. Hälfte des 1. Jahrhunderts n. Chr.), gestützt auf historische Quellen, aber auch ergänzt durch volkstümliche Überlieferungen, wie Gou Jian die schöne Xi Shi in sein Ketten-Stratagem gegen Fu Chai einbaute.

Der vierte der zeitlich aufeinanderfolgenden neun Kunstgriffe, die der Großwürdenträger Wen Zhong dem König Gou Jian bei einer Unterredung über die Langzeitplanung zur Vernichtung des Reiches Wu empfahl, lautete: «Wir senden dem König von Wu schöne Frauen. So vernebeln wir seinen Verstand und bringen seine Unternehmungen durcheinander.»

Als es soweit war, entsandte Gou Jian Späher, die überall im Lande Yue nach schönen Frauen suchten. Endlich wurden am Fuße des Zhuluo-Berges (auf dem Gebiet der heutigen Stadt Zhuji, Provinz Zhejiang) zwei zauberhafte Mädchen gefunden. Ihre Väter waren Reisigverkäufer. Die Mädchen hießen Xi Shi und Zheng Dan. Man brachte sie in die Hauptstadt, schmückte sie mit prächtigen Kleidern, unterwies sie im richtigen Benehmen und Auftreten, im Tanzen und Singen und gewöhnte sie an das städtische Leben. Nach dem Abschluß ihrer dreijährigen Ausbildung beauftragte Gou Jian seinen Kanzler Fan Li, die beiden Schönheiten dem König von Wu zu überbringen. Dieser reagierte hocherfreut und sagte: «Daß mir der Herrscher des Staates Yue zwei Frauen als Tributleistung schenkt, ist ein Beweis für seine restlose Loyalität.» Sein Minister Zi Xu warnte ihn davor, das Geschenk anzunehmen. Er wies auf frühere Herrscher hin, die wegen ihrer Sexbesessenheit Thron und Reich verloren hatten. «Wenn Eure Hoheit diese Frauen annimmt, wird dies bestimmt zu einem Unglück führen. Ich habe vernommen, daß der König von Yue Tag und Nacht Bücher und Dokumente studiert. Er soll mehrere 10 000 todesmutige Soldaten ausgehoben haben. Dieser Mann wird, falls er nicht stirbt, seine Ziele durchsetzen. Er hört auf Ratschläge und umgibt sich mit Fähigen. Um seinen Willen zu stählen, trägt er wollene Kleider im Sommer und Sommersachen im Winter (s. auch 34.13). Ich habe gehört, daß fähige Minister ein kostbares Gut des Staates, schöne Frauen aber die Quelle des Verderbens eines Staates seien.» Der König von Wu hörte nicht auf seinen Minister und nahm die beiden Frauen entgegen. Die Spuren der einen Schönheit, Zheng Dan, verlieren sich von da an im Dunkel der Nichtbeachtung.

Als Gou Jian vernahm, daß Fu Chai sein Geschenk angenommen hatte und damit seinem Strategem zum Opfer gefallen war, freute er sich. Hinfort widmete sich Fu Chai mehr der schönen Xi Shi als den Belangen seines Staates. Um Xi Shi zu erfreuen, ließ er, wodurch er die Bevölkerung gewaltig belastete, einen luxuriösen Palast erbauen, in dem er sich mit seiner Liebsten vergnügte. Auf dem Lingyan-Berg in der Nähe von Suzhou (in der heutigen Provinz Jiangsu) könne man noch heute Spuren von den Bauwerken Fu Chais finden, berichten Wang Kefen und seine Mitautoren in *Geschichten von Tänzern und Tänzerinnen aus dem alten China* (Peking 1983, S. 38). Mit dem Staate Wu ging es mehr und mehr bergab. Im Jahre 475 v. Chr. war es soweit. König Gou Jian griff das Reich Wu an und löschte es handstreichartig aus. Fu Chai nahm sich das Leben.

Xi Shi kehrte in den Staat Yue zurück. Von dort aus floh sie, zusammen mit Gou Jians Kanzler Fan Li, der sich nach dem überwältigenden Sieg seines Herrschers nicht mehr sicher fühlte, in das Nirgendwo der Legende. Ob übrigens Xi Shi tatsächlich gelebt und nicht nur eine Figur der geschichtlichen Fiktion ist, bleibt bis heute umstritten. Allerdings könnte die Inschrift eines unlängst entdeckten Bronzegefäßes, das auf Geheiß Fu Chais gegossen wurde, als ein Beleg für die Existenz von Xi Shi gedeutet werden (*Kulturtreff-Zeitung*, Shanghai 13.10.1996, S. 3).

### 31.12 Strategemspekulation im Taipeher Börsenfieber

«Bedenke, daß sie damals, als sie mit etwas über 30 jenen mehr als 20 Jahre älteren Kerl geheiratet hat, kein naiver Teenager mehr war. Damit will ich sagen, daß sie schon früh den fein gesponnenen Plan gefaßt hat, eines Tages, wenn sie dank ihrer Ehe auf der Karriereleiter erst einmal hoch genug emporgeklettert sein würde, die Guomindang [die in Taiwan seit 1949 herrschende Partei] ins Verderben zu stürzen. Um es in etwas schöner klingende Worte zu fassen: So wie Xi Shi benutzt sie das Strategem der schönen Frau.»

Diese strategemische Analyse über die Finanzministerin Guo Wanrong (geb. 1930, auch Shirley Kuo genannt) legt die taiwanesische Schriftstellerin Zhu Tianxin (geb. 1958) Frau Jia in den Mund, die sich gerade mit der Heldin der Kurzgeschichte *Neunzehn Tage der Neuen Partei* unterhält, einer Taipeher Hausfrau, die im Jahre 1988 auf Anregung einer Cousine, von ihrer Familie unbemerkt, beginnt, als Kleinanlegerin an der Börse zu spekulieren. Erst durch ihre Aktienspielerei fühlt sie sich aus ihrem Hausfrauendasein befreit und entdeckt eine neue, selbstgewählte Identität. Täglich trifft sie sich, sobald ihre Familie außer Hauses ist, in einer Imbißstube mit Frau Jia, die sie erst seit zwei Monaten kennt, und tauscht mit ihr die neuesten Börsennachrichten aus. Soeben hat sich die Finanzministerin Guo Wanrong für die Einführung einer Aktiengewinnsteuer ausgesprochen und dadurch eine Börsenkrise ausgelöst. Wie viele andere Börsenspekulanten sind auch die beiden Damen aufs höchste alarmiert. Ihre Gewinne stehen auf dem Spiel. Frau Jia vermutet politische Motive hinter den Plänen Guo Wanrongs. Sie sei eine Base von Peng Mingming, einem der schärfsten Gegner des Guomindang-Regimes. Lange Jahre hatte er im Gefängnis gesessen und war dann ins Exil geschickt worden. In den 90er Jahren war er einer der letzten taiwanesischen Dissidenten, die aus dem Ausland nach Taiwan zurückkehren durften; er begann in der Opposition eine politische Karriere. Guo Wanrong war mit dem viel älteren Ni Wenya (geb. 1905) verheiratet, der als prominentes Guomindang-Mitglied hohe Ämter bekleidete. So war er von 1972 bis 1989 Präsident des Gesetzgebenden Rates.

Frau Jia argwöhnt, Guo Wanrong habe sich seinerzeit mit dem mächtigen Mann nur deshalb verehelicht, um selbst zu politischem Einfluß zu gelangen. Durch die Aktiengewinnsteuer, deren Ankündigung im September 1988 während 19 aufeinanderfolgenden Tagen die Aktienkurse fallen ließ und tagelange Straßendemonstrationen aufgebrachter Investoren gegen die Regierung auslöste (die aber letztlich nicht eingeführt wurde), wolle Guo Wanrong der Guomindang-Regierung schaden und Peng Mingming in die Hände spielen. Genauso wie Xi Shi als Protagonistin von Gou Jians Strategem der schönen Frau zum Untergang des Königreichs Wu beitrug, setzte, so Frau Jias Mutmaßung, Guo Wanrong dasselbe Strategem ein, um die Umsturzpläne ihres Vetters Peng Mingming zu unterstützen.

Im Mai 1998 unterhielt ich mich mit einem Taipeher Versicherungsmanager über Frau Jias These. Er meinte, der Strategemvorwurf an die Adresse Guo Wanrongs sei aus der Luft gegriffen, und warf seinerseits Zhu Tianxin strategemisches Tun vor. Durch ihre literarisch verbreitete Verdächtigung Guo Wanrongs versuche diese Autorin, die übrigens 1991 der die Guomindang bekämpfenden Chinesischen Sozialdemokratischen Partei beitrat, in den Reihen der Guomindang Zwietracht zu säen (s. Strategem Nr. 33).

## 31.13 Himmel, Regen, Blüten

Den Kampf zwischen zwei Palastcliquen schildert der mit Gesangseinlagen aufgelockerte Versroman *Himmel, Regen, Blüten*, der in der zweiten Hälfte des 17. Jahrhunderts entstanden sein dürfte (s. 26.7). Die Hauptfigur ist Zuo Weiming, sein Widersacher der Eunuch Wei Zhongxian (1568–1627), der höchste Ämter bekleidete und zeitweise faktisch ganz China beherrschte. Der Roman spiegelt die zu Ende gehende Epoche der Ming-Dynastie (1368–1644) wider, die durch zunehmenden Verfall und sich verschärfende, bis in die höchsten Schichten ausstrahlende gesellschaftliche Widersprüche gekennzeichnet war.

Im 9. Kapitel wird beschrieben, wie der mächtige Fang Congzhe, um seinen Gegenspieler Zuo Weiming auszuschalten, die Dirne Jia Xiuying zwingt, seine Tochter zu spielen. Bei einem Bankett, zu dem er Zuo Weiming einlädt, läßt er die Dirne durch einen Diener ermorden, um Zuo Weiming hinterher zu beschuldigen, er habe die Frau bei dem Versuch, sie zu vergewaltigen, umgebracht. Im 22. Kapitel stiftet der Eunuch Wei Zhongxian vier Palastdamen dazu an, Zuo Weiming umzubringen, mit dem Ergebnis, daß die vier Frauen ihr Leben verlieren. Im 26. Kapitel, in dem die Strategemformel Nr. 31 mehrmals vorkommt, setzt ein Vertrauter des Eunuchen zwei Konkubinen dazu ein, Söhne und Schwiegersöhne Zuo Weimings in eine Falle zu locken. Zuo Weiming erweist sich abermals als überlegen und läßt die beiden Schönen erdrosseln.

Kein Wunder, daß im Vorwort zur 1984 erschienen Pekinger Ausgabe des Romans folgendes zu lesen ist: «Daß man mit Hilfe des Strategems der schönen Frau seinen Gegner hereinlegt, war unter chinesischen Politikern der feudalen Zeit eine alltägliche Methode [...] Im Zeitalter der Kämpfenden Reiche (475–221) begab sich Xi Shi im Auftrag Gou Jians an den Hof von Wu, um Fu Chai zu betören (s. 31.11). Das ist ein uralter Präzedenzfall für die Anwendung des Strategems Nr. 31. Aber in dem Roman *Himmel, Regen, Blüten* werden immer wieder aufs neue derartige Geschichten wiederholt, jedesmal mit für die betroffenen Frauen tödlichem Ausgang. Immer ist es so, daß derjenige, der hinter dem Vorhang die Fäden zieht, aufgrund seiner Machtstellung der Strafe entgeht, wohingegen die ohnmächtigen Frauen, die über ihr eigenes Schicksal nicht verfügen können, auf der Hinrichtungsstätte die Rolle des Sündenbocks zu übernehmen haben.» Einmal obsiegen in dem Roman drei schöne Frauen. Sie animieren mittels der Sexfalle drei Räuber, sich zu betrinken, und töten dann die Berauschten. In diesem einen Fall, in dem die schönen Frauen nicht als Opfer, sondern als Siegerinnen die Stätte des Geschehens verlassen, handelt es sich freilich gar nicht um Frauen, sondern um raffiniert als Frauen ausstaffierte Männer (Kap. 22 und 23).

Während man im Abendland die List häufig als etwas typisch Weibliches ansieht, fällt in den chinesischen Listgeschichten auf, daß Frauen sehr oft Opfer männlicher List, nicht zuletzt des Strategems der schönen Frau, sind. So klagte denn auch der in der Volksrepublik China berühmteste chinesische Schriftsteller des 20. Jahrhunderts, Lu Xun (1881–1936): «Tausende von Jahren hindurch wurden Chinesinnen unterdrückt und waren Ränken und Intrigen ausgesetzt.»


31.14 Ebenso wertvoll wie die lange Mauer

«Eheschließungen zwischen Vietnamesen und Kambodschanern gehören zu den Assimilierungsmethoden, die Vietnam in Kambodscha anwandte, nachdem es das Land 1979 besetzt hatte», behauptet Li Zhi in der Pekinger Zeitschrift *Weltwissen* (Nr. 17, 1985, S. 29) und benutzt in diesem Zusammenhang die Strategemformel Nr. 31. Er schreibt: «Vietnam geht in zweifacher Weise vor. Erstens zwingt es gewöhnliche Kambodschanerinnen, Vietnamesen zu heiraten [...] Zweitens verleitet es hochrangige männliche kambodschanische Funktionäre dazu, vietnamesische Frauen zu heiraten. So will Vietnam durch die Wirkung des ‹Strategems der schönen Frau› seine politisch-ideologische Kontrolle über die kambodschanische Marionettenclique realisieren [...]»

Als ein Beispiel für die Anwendung des Strategems Nr. 31 erwähnt Yu Xuebin freilich auch die von chinesischen Herrschern der Vergangenheit gegenüber Fremdvölkern eingesetzte Heiratspolitik, wobei er insbesondere die Palastdame Wang Zhaojun hervorhebt (s. 17.26). Sie erklärte sich im Jahre 33 v. Chr. bereit, Huhanye (?–31 v. Chr.), einen der wichtigsten Stammesfürsten der Xiongnu, zu ehelichen. Diese Heirat bescherte den Chinesen und den Xiongnu eine etwa 70 Jahre währende Friedensperiode. So könnten durch schöne Frauen Widersprüche entschärft werden, schwärmt der Strategemforscher Yu Xuebin und meint: «Im richtigen Zeitpunkt eingesetzt, vermochte eine schöne Frau soviel wie zur Qin-Zeit (221–207) die lange Mauer oder wie zur Han-Zeit (206 v.–220 n. Chr.) eine Armee von 140 000 Mann.»

31.15   Die sanfte Ausschaltung des Go-Rivalen

Schon mit 16 Jahren war Huang Longshi (1651–? n. Chr.) der beste Go-Spieler Chinas. Go ist der japanische Name für «weiqi», ein aus China stammendes uraltes Brettspiel, bei dem weiße und schwarze Steine um die Okkupation möglichst großer Gebietsanteile kämpfen. Erst von Japan aus gewann dieses Spiel internationale Popularität, weshalb es unter dem japanischen Namen bekannt ist. In der mittleren Phase der Regierungszeit von Kaiser Kangxi (1662–1721) beherrschte Huang in China die gesamte Go-Szene. Der Erforscher der konfuzianischen Schriften Yan Ruoqu (1636–1704) reihte Huang Longshi unter die «vierzehn Weisen» der Qing-Dynastie ein, wobei die anderen 13 Weisen hochkarätige Gelehrte und Literaten sind. Das zeigt die damalige hohe Wertschätzung des Go-Spiels, das durchaus auch zum Erlernen strategemischen Denkens geeignet ist.

Zeitpunkt und Umstände des Todes von Huang Longshi sind ungeklärt. Aufgrund bestimmter Indizien geht man davon aus, daß er recht jung gestorben sein muß. Die *Pekinger Abendzeitung* vom 30.1. 1994 präsentiert nun zwei alte Texte, denen zufolge Huang Longshi dem Strategem Nr. 31 zum Opfer fiel. Laut dem einen Text waren drei Go spielende Rivalen auf Huang Longshi neidisch, «verführten ihn mit lasziver Musik und mit Sex und trübten seinen Geist, so daß er erkrankte und verschied». Nach einer anderen Quelle soll ein gewisser Xu Xingyou, nachdem er bis zur Spitzengruppe der chinesischen Go-Spieler vorgedrungen sei, auf Huang Longshi neidisch gewesen sein, da dieser ihn an Ruhm überragte. Xu Xingyou war schwerreich. Er habe Huang Longshi zu sich eingeladen und bei sich wohnen lassen. Dann habe er seinen Gast mit üppigen Speisen und mit alkoholischen Getränken sowie mit schönen Frauen versorgt. Nach drei Jahren sei die Energie Huang Longshis aufgezehrt gewesen, und wenig später sei er gestorben. Zusammenfassend dränge sich die Schlußfolgerung auf, so die *Pekinger Abendzeitung*, daß Huang Longshi an Alkohol und Sex zugrunde gegangen sei.

31.16 Rache durch ein erotisches Buch

Die lebendige Spannung des berühmtesten chinesischen erotischen Romans *Schlehenblüte in goldener Vase* über viele hundert Seiten hinweg hat in China schon früh zu einem legendären Gerücht über den Verfasser geführt, über dessen Identität derzeit etwa 50 unterschiedliche Thesen im Umlauf sind (*Kulturtreff-Zeitung*, Shanghai, 26.8. 1999, S.6). Gemäß dem Gerücht war der Gelehrte Wang Shizhen (1526–1590) (s. 24.1) der Autor. Wegen eines kostbaren Gemäldes sei sein Vater von dem niederträchtigen Kanzler Yan Song (1480–1567) umgebracht worden. Um den Tod seines Vaters an Yan Song Sohn, dem boshaften Minister Yan Shifan (?–1665) zu rächen, habe er jede Seite des Erstdrucks mit Gift bestrichen, so daß der als gieriger Leser pornographischer Literatur bekannte Würdenträger nach der raschen Lektüre des ihm zugespielten Romantextes an einer Vergiftung gestorben sei. Das Gift wirkte, wie ich aus einem historischen Spielfilm erfuhr, den ich während meiner zweijährigen Studienzeit in Taipeh (1971–1973) sah, beim Umblättern der Seiten. Der Minister benetzte jeweils einen Zeigefinger, um die Seite zu wenden. Jedesmal blieb etwas Gift am nassen Finger hängen, das der Minister, wenn er den Finger bei der nächsten Seite in den Mund steckte, um ihn erneut zu netzen, ahnungslos zu sich nahm. So fand er durch das wiederholte

Befeuchten des Fingers mit der Zunge beim Umblättern am Ende den Tod.

Das Stratagem der schönen Frau tritt in diesem Beispiel in Gestalt eines erotischen Romans voller reizvoller Schilderungen auf. Nur dank dieser wollüstigen Szenen fällt der anvisierte Leser dem Stratagem zum Opfer.

Das Gerücht, Wang Shizhen habe, als er den Roman schrieb, «das Papier mit Gift beschmiert, um seinen Feind Yan Shifan zu töten», erwähnt der chinesische Schriftsteller Lu Xun (1881–1936) auf Seite 221 seines Buchs *A Brief History of Chinese Fiction*, das in Englisch 1976 in Peking erschien. Daß Umberto Eco Lu Xuns Werk gelesen habe, sei gut möglich, teilte mir während des europäischen Sinologenkongresses in Weimar (5.–9. 9. 1988) eine Turiner Sinologin mit, die den Verfasser des Welt-Bestsellers *Il nome della rosa* (Mailand 1980) kannte. Umberto Ecos «Genie besteht darin, die Aufgabe des Tötens einem vergifteten Buch anvertraut zu haben [...]. Indem der Leser die Fingerspitzen mit der Zunge anfeuchtet, um besser umblättern zu können, vergiftet er sich», denn der Mörder hatte «die Buchseiten mit [...] Gift präpariert» (Burkhart Kroeber [Hg.]: *Zeichen in Umberto Ecos Roman ‹Der Name der Rose›*, München/Wien 1987, S. 265, 93). «Eco erfindet eine kriminologische Innovation» (a.a.O., S. 93). Wie das im Reich der Mitte schon seit Jahrhunderten verbreitete Gerücht um die Entstehungsgeschichte des Romans *Schlehenblüten in goldener Vase* aber zeigt, kannten Chinesen Ecos angebliche Erfindung schon längst.

### 31.17 Kundenfang mit schönen Frauen

Auf Schritt und Tritt kommen Konsumentinnen und Konsumenten mit dem Stratagem Nr. 31 in Berührung. Auf Kalenderblättern und Umschlagseiten von Zeitschriften locken schöne Frauen ebenso wie in der Werbung für Produkte aller Art. Boulevardzeitungen verdanken ihre hohen Auflagen weitgehend zwei Stratagemen. Sich auf das Aasgeier-Stratagem Nr. 5, stützend schlachten sie gräßliche Verbrechen und menschliche Verirrungen detailliert, oft noch mit blutrünstigen Fotografien, aus, und im Zeichen des Sex-Stratagems Nr. 31 schmücken sie sich mit Bildern schöner Frauen und verbreiten Sex-Informationen. Auch Fernsehsender glauben, mit Hilfe des Sex-Stratagems Nr. 31 höhere Einschaltquoten erzielen zu können: «Modeschauen, Fernsehshows, Werbeträger: Jetzt brauchen sie schon eine Puff-Gasse als Kulisse» (Titel eines Fotoberichts in: *Bild*, Hamburg 21.11.1998, S.2). Nicht die schönen Frauen als solche stehen dabei im Mittelpunkt. Sie sollen nebenbei dazu verhelfen, Kunden zu gewinnen, mithin also Geld zu verdienen. Insofern die schöne Frau ein Mittel zum Zweck ist, dient sie als Vehikel des Strategems Nr. 31. Es bezweckt hier weniger, die Strategemopfer außer Gefecht zu setzen, als vielmehr, ihnen Geld aus der Tasche zu ziehen.

31.18   Chinesin mit Sommersprossen

Ein junger Chinese war seit einem Jahr recht verliebt, nur die Sommersprossen im Gesicht seiner Freundin mißfielen ihm. Daher zahlte er, als er in der Zeitung ein Inserat las, das ein über Postversand zu beziehendes hautverschönerndes, binnen zehn Tagen wirkendes Mittel anpries, die 30 Yuan sofort ein und wartete und wartete. Auch seine Freundin freute sich auf das Wundermittel. Mit der Begründung, das Porto habe sich inzwischen verteuert, erhielt der junge Mann eine zusätzliche Rechnung, die er ebenfalls, wenn auch mit Zähneknirschen, beglich. Endlich traf das Mittel ein. Doch nach drei Tagen Behandlung sah die Gesichtshaut der Freundin schlimmer aus als je zuvor. Die beiden suchten ein Krankenhaus auf und erfuhren dort, daß besagtes Hautpflegemittel ein Ramschprodukt übelster Sorte sei. Der junge Mann, ein Zeitungsmitarbeiter, schrieb Briefe an eine Konsumentenschutzvereinigung und an die Zeitschrift, die das Inserat veröffentlicht hatte. Später erfuhr er, daß ein 60jähriger vorbestrafter Mann wegen des Postversands untauglicher Schönheitsmittel belangt worden sei. Das alles berichtet die *Chinesische Jugendzeitung*, das Sprachrohr des Chinesischen Kommunistischen Jugendverbandes, unter dem Titel «Arglos dem ‹Strategem der schönen Frau› zum Opfer gefallen» (Peking 20.2.1992, S.3). Richtiger wäre es wohl, hier vom «Strategem der [in Aussicht gestellten] Verschönerung der Frau» zu sprechen.

31.19   Ein Buhlknabe rettet die Menschheit

Vom Himmel richtete Inanna, die Göttin der geschlechtlichen Liebe und des Venussternes, ihren Sinn zur Unterwelt, die sie in ihren Herrschaftsbereich eingliedern wollte. Sie legte ihre sieben Ornatstücke, die Symbole ihrer Macht, an und brach auf. Unterwegs schärfte sie ihrem Begleiter Ninšubur ein, sich hilfesuchend an den Gott der Weisheit zu wenden, falls sie aus der Unterwelt nicht zurückkehre. Vor dem äußeren Tor der Unterwelt trennte sie sich von Ninšubur. Auf die Frage des Unterweltpförtners, warum sie zum «Land ohne Wiederkehr» komme, antwortete sie, sie wolle an den Totenopfern für den verstorbenen Gemahl ihrer ältesten Schwester teilnehmen. Diese offenbar dem Strategem Nr. 7 entspringende Antwort täuschte den Unterweltspförtner, der sie einließ.

Vor der Unterweltsherrin Ereškigal angelangt, reißt Inanna diese vom Thron und setzt sich selbst darauf. Die sieben Richtergötter der Unterwelt sehen sie mit dem Blick des Todes an. Inanna stirbt. Ihr Leichnam wird an einen Pflock gehängt. Sieben Jahre, sieben Monate und sieben Tage vergehen. Die Folgen der Abwesenheit der Göttin der geschlechtlichen Liebe für die Fruchtbarkeit von Tier und Mensch auf Erden sind schlimm. Nun unternimmt Ninšubur seine Rettungsaktion. Hilfe für Inanna kann «nur der listenreiche» Enki bringen, schreibt Adam Falkenstein in seinem Aufsatz «Der sumerische und der akkadische Mythos von Inannas Gang zur Unterwelt» (in Erwin Gräf [Hg.]: *Festschrift Werner Caskel*, Leiden 1968, S. 103). Er «bedient sich eines Tricks, um Ereškigal zur Herausgabe des Lebenswassers zu veranlassen, was praktisch mit der Wiederbelebung Inannas identisch ist» (Manfred Hutter: «Altorientalische Vorstellungen von der Unterwelt», in: *Orbis Biblicus et Orientalis 63*, Freiburg i. Br. 1985, S. 125). Aus dem Schwarzen unter seinen Nägeln schafft Enki zwei Gestalten, einen Tempelgaukler und einen jungen Kultsänger. Sie erhalten das Lebenswasser und das Lebenskraut mit auf die Reise. Sie sollen sich das Wohlwollen der Unterweltsherrin erwerben und diese zu einem Versprechen unter Eid bei den Großen Göttern veranlassen. Das Vorhaben gelingt. Die beiden fordern die Leiche der Inanna, erhalten sie und können sie mit dem Lebenswasser und dem Lebenskraut zum Leben erwecken. Inanna kann die Unterwelt verlassen, muß aber ihren Gemahl Dumuzi in die Unterwelt schicken.

Gemäß einer jüngeren, akkadischen Fassung dieses auf das 19.–18. Jahrhundert v. Chr. zurückreichenden sumerischen Mythos, auf den mich Professor Horst Steible aufmerksam machte und den mir Professor Burkhart Kienast und Frau Dr. Eva Dombradi (Orientalisches Seminar, Universität Freiburg i. Br.) erläuterten, erschafft Ea (= Enki) einen «Buhlknaben» (assinu, manchmal auch mit «Lustknabe» übersetzt) von «leuchtendem Erscheinen». «Dieser soll in die Unterwelt herabsteigen und Ereškigal betören» (Volker Maul: «*kurgarû* und *as-*

*sinu* und ihr Stand in der babylonischen Gesellschaft», in: V. Haas [Hg.]: *Außenseiter und Randgruppen, Xenia 32,* Konstanz 1992, S. 161). Die Unterweltsherrin «soll dich sehen und sich freuen über deine Anwesenheit!» (zitiert aus Gerfried G. W. Müller: «Akkadische Unterweltsmythen», in: O. Kaiser [Hg.]: *Texte aus dem Umfeld des Alten Testaments,* Band III, 4, Gütersloh 1994, S. 764). Dieser Buhlknabe darf jedoch weder als ein richtiger Mann noch als eine richtige Frau angesehen werden (Stefan M. Maul, ebenda). Er ist nicht als Person definierbar, agiert in einer transsexuellen Rolle und unterliegt wie die Dämonen nicht den Gesetzen der Unterwelt, die er daher unbeschadet betreten und verlassen kann (Stefan M. Maul, ebenda; J. Bottero; S. N. Kramer: *Lorsque les dieux faisaient l'homme: mythologie mésopotamienne,* Paris 1989, S. 292 f.; W. G. Lambert: «Prostitution», in: V. Haas [Hg.], a. a. O., S. 151). In anderem Kontext wird der assinu freilich auch im Zusammenhang mit Prostitution beziehungsweise mit weiblicher Prostitution erwähnt (Stefan M. Maul, a. a. O., S. 162). Nachdem der Buhlknabe die Unterweltsherrin bezirzt hat, läßt er sie schwören, daß sie ihm einen Wunsch erfüllen werde. Darauf verlangt er nach dem Wasserschlauch, der das Wasser des Lebens enthält. Die Unterweltsherrin ist entsetzt, muß sich aber fügen. Der Wesir der Göttin besprengt Inanna mit dem Wasser des Lebens und ermöglicht ihr die Rückkehr zur Erde unter dem Vorbehalt, daß sie einen Ersatz stellt (s. hierzu auch A. Draffkorn-Kolmer: «How was Queen Ereshkigal tricked?», in: *Ugarit-Forschungen* Nr. 3, Neukirchen-Vluyn 1971, S. 299 ff.).

Dieser annähernd 4000 Jahre alte Mythos aus dem Vorderen Orient dürfte eine der weltweit ältesten schriftlich überlieferten Geschichten sein, in denen das Sexstrategem Nr. 31 wenigstens andeutungsweise auftaucht. Dank dem geglückten Strategem konnte die Menschheit wieder mit der Fortpflanzung beginnen und diese Beschäftigung bis auf den heutigen Tag fortsetzen.


31.20  Buddha und die Frauenbrüste

Während der sechs Jahre, in denen Gautama, der geschichtliche Buddha, Kasteiung übte, hatte der böse Gott des Todes, Māra, bereits vergeblich versucht, ihn zum Lebensgenuß zu überreden. Als Buddha später im Ring der Erleuchtung saß, versammelte Māra seine Heerscharen und griff den einsam am Bodhibaum sitzenden, in sich versunkenen Buddha an. Māra entfachte zuerst einen furchtbaren Wirbelsturm und versuchte dann, Buddha mit Güssen von Regen, Steinen, Waffen, Kohlen, Asche, Sand, Schlamm und Finsternis zu verjagen – ohne jeden Erfolg. Als letztes Mittel setzte Māra seine Töchter ein und forderte sie auf, Buddhas Widerstandskraft zu brechen. Die Schönen begaben sich zum Ring der Erleuchtung, traten an Buddha heran, blieben vor ihm stehen und entfalteten die 32 verschiedenen Verführungskünste der Frauen:

«Einige verhüllten ihr Gesicht halb. Einige wiesen ihre hohen festen Brüste. Einige zeigten unter verhaltenem Lachen die Reihe ihrer Zähne. Einige warfen ihre Arme in die Höhe und ließen ihre Achselhöhlen weit geöffnet sehen, andere wieder ihre Lippen, rot wie Bimbafrüchte. Einige blinzelten mit halb geschlossenen Augen den Bodhisattva [gemeint ist der historische Buddha] an und schlossen die Lider schnell, nachdem sie ihn angeblickt hatten. Einige boten ihm halb bedeckte Brüste dar, andere Hüften, um die das Gewand nur lose gegürtet war. Einige hatten zarte Leinenstoffe um ihre Hüften gelegt und gegürtet, einige ließen ihre Fußringe klirren. Einige zeigten ihm, daß zwischen ihren vollen Brüsten kaum für eine Perlenschnur Platz war. Einige hatten die Schenkel zur Hälfte nackt. Einige hatten Patraguptas, Papageien oder Predigerkrähen auf Kopf oder Schultern gesetzt. Einige lugten mit Seitenblicken auf den Bodhisattva. Einige, die gut angezogen waren, taten, als wären ihre Kleider in Unordnung. Einige brachten die Gürtel um ihre Lenden zum Zittern. Einige liefen, wie aufgestört, lebhaft von hier nach da. Einige tanzten. Einige sangen. Einige spielten. Einige taten schamhaft. Einige zitterten mit den Schenkeln wie Pisangrohr, das vom Wind geschüttelt wird. Einige seufzten tief. Einige, die Gewänder umgeworfen hatten, sprangen umher und schlugen ihre schellenbesetzten Gürtel. Einige ließen ihre Gewänder und Schmucksachen auf die Erde fallen. Einige hatten allerlei Schmucksachen angelegt, die ihre Scham schön erscheinen ließen. Einige hatten die Arme mit Parfüm eingerieben, andere trugen duftgesalbte Ohrringe. Einige hatten ihre Gesichter verschleiert und enthüllten sie ab und zu. Einige erinnerten einander daran, wie sie vorhin gelacht, sich ergötzt und gespielt hatten, taten dann darüber beschämt und blieben beiseite stehen. Einige boten sich in der Gestalt von Jungfrauen dar, andere in der Gestalt von Frauen, die noch nicht geboren haben, andere als Frauen reiferen Alters. Einige luden den Bodhisattva zu Liebesfreuden ein. Einige überstreuten ihn mit frischgeschnittenen Blumen, stellten sich vor ihm auf und suchten seine Gedanken zu ergründen» (zitiert aus: Ernst Waldschmidt [Übersetzer aus dem Sanskrit, Pali und Chinesischen]: *Die Legende vom Leben des Buddha*, Graz 1982, S. 159 f.).

Buddhas Antlitz indes blieb rein wie die Mondscheibe und unbeweglich wie der Berg Meru. Mit lockenden Worten versuchten nun Māras Töchter, die Begierde Buddhas doch noch zu entfachen. So sagten sie: «Laß uns der Liebe pflegen, o Freund! Wir sind geboren, um Glück zu bereiten. Stehe schnell auf! Genieße deine schöne Jugend! Sieh doch diese schmucken Himmelsmädchen! Sieh, o Herr, wie verführerisch sie sind! Sieh ihre hohen, festen und vollen Brüste, sieh die lieblichen breiten Schenkel! Sie sind zur Wollust geboren!»

Buddha aber zuckte nicht mit den Wimpern. Seine Sinne blieben unerregt. Er war ohne Falsch, ohne Leidenschaft, ohne Schlechtigkeit, ohne Torheit. Er lächelte. Aus seiner wohlbefestigten Erkenntnis heraus wandte er sich an die Töchter des Māra: «Die Lüste sind Sammelstätten vieler Leiden und die Wurzeln des Unglücks. Sie bringen Unverständige zum Abfall von Versenkung, Vollkommenheit und Askese. Daß es im Genuß der Frauenliebe keine Sättigung gibt, sagen alle Weisen [...] Bei dem, der den Lüsten frönt, mehrt sich der Durst immer wieder [...] Euer Leib ist wie Schaum, wie eine Wasserblase, gleichsam ein Gaukelspiel trügerischer Sinne [...] Er ist wie ein Spiel im Traum, das dauerlos und ohne Bestand ist [...] Ich schaue nur darauf, wie unrein, schmutzig und mit Scharen von Würmern angefüllt der Körper ist. Er ist gebrechlich, elend, leicht zerfallend und vom Unheil umkreist [...] Die Lüste sind unbeständig wie der Tautropfen auf der Spitze eines Grashalms. Sie ähneln den schnell zerfallenden Herbstwolken [...]»

Als Māra später die Worte Buddhas vernahm, sagte er mißgestimmt zu seinen Töchtern: «Wie, ihr seid nicht in der Lage, Buddha aus dem Ring der Erleuchtung aufstehen zu machen? So ist er kein Tor, sondern ein Weiser, da er eure verführerische Schönheit nicht beachtet?» Die Töchter Māras antworteten: «Das Tiefverborgene durchschaut er [...] er kennt keine Torheit [...] Sein Sinn ist von Begierden frei, und Leidenschaft erregt ihn nicht [...] Die Verführungskünste, die wir vor ihm entfaltet haben, o Vater, hätten sein Herz schmelzen und ihn mit Leidenschaft erfüllen müssen. Doch ihr Anblick vermochte auch nicht ein einziges Mal, seinen Sinn zu erregen. Unerschütterlich wie der König der Berge sitzt er da.»

In diesem Geschehen zeichnet sich Buddha dadurch aus, daß er das von Māra inszenierte Stratagem der schönen Frau durchschaut und durchkreuzt. Damit hat Buddha in den Augen seines Feindes Māra bewiesen, daß er ein Weiser und nicht ein Tor ist. Weisheit schließt in diesem Zusammenhang offensichtlich die Fähigkeit der Listwahrnehmung ein, besitzt also eine strategemische Komponente. Da aus buddhistischer Sicht die ganze von den Sinnen vermittelte Welt als eine riesige Illusion zu entlarven ist, erscheint der die List als Handlungsmodell ausdrücklich ablehnende Buddhismus (Hinayana-Richtung) als eine Religion mit einer außerordentlich ausgeprägten, umfassenden strategemischen Wahrnehmungsweise (s. auch 19.4).

## 31.21  Die Frau als Strafe des Zeus

In der altgriechischen Sagenwelt wird das Feuer den Menschen durch Zeus vorenthalten. Prometheus überlistet Zeus, indem er das Feuer in einem Narthexrohr verbirgt und den Menschen bringt. Für den Raub des Feuers ersinnt Zeus den Menschen ein Übel. Aus Lehm läßt er Hephaistos ein Wesen formen, das einer keuschen Jungfrau gleicht. Athena schmückt dieses Wesen, genannt Pandora, aufs schönste. Hermes stattet sie mit Strategemkundigkeit aus (*Le Petit Robert 2*, Paris 1990, S. 1362). Danach bringt Zeus «das schöne Übel» zu den Göttern und den – damals ausschließlich männlichen – Menschen. Staunen erfüllt alle, als sie «diese äußerste, ausweglose List» sehen. In der *Theogonie* von Hesiod (um 700 v. Chr.) folgen auf die Schilderung dieses Vorgangs 22 Verse der Frauenbeschimpfung, darunter die Zeilen: «[...] schuf den sterblichen Männern zu Unheil Donnerer Zeus die Frauen, einander verschworen zu bösen Taten [...]» (Hesiod: *Theogonie/Werke und Tage*, hg. und übersetzt von Albert von Schirnding, München etc. 1991, S. 51).

Wollte man Hesiods Darstellung ernst nehmen, dann waren für Griechen die Frauen nichts anderes als «ausweglose List», zur Bestrafung der Männer geschaffen. Dabei steht wohl «die weibliche Macht sanfter Schläue, List, Verstellung, Schmeichelei» (Claudia Honegger: *Die Ordnung der Geschlechter: die Wissenschaften vom Menschen und das Weib*, Frankfurt a. M. etc. 1991, S. 34) im Vordergrund, die auch dem verständig denkenden Mann die Sinne zu rauben vermag. Zeus vergalt also die List des Prometheus, die dem Menschen das Feuer brachte, mit der Gegenlist der Erschaffung der Frau. Indem Zeus auf diese Weise die Männer bis ans Ende aller Tage mit dem weiblichen Geschlecht konfrontierte, verdonnerte er sie dazu, dem Strategem der schönen Frau immer wieder aufs neue zu erliegen.

# Strategem Nr. 32

## Das Strategem der leeren Stadt

| | | | |
|---|---|---|---|
| Die drei Schriftzeichen | 空 | 城 | 计 |
| Moderne chinesische Aussprache | kong | cheng | ji |
| Übersetzung der einzelnen Schriftzeichen | leer, offenstehend | Stadt(tor) | Strategem |
| Zusammenhängende Übersetzung | Strategem der leeren/offenen Stadt; Strategem der offenen Stadttore. | | |
| Kerngehalt | 1. Die Tatsache, daß man vom Gegenüber überrascht worden beziehungsweise ihm nicht gewachsen ist, durch vorgetäuschte Selbstsicherheit verschleiern; Strategem des vorgespiegelten Hinterhalts/Risikos.<br>2. Strategem der vorgespiegelten Gefahrlosigkeit; Entwarnungs-Strategem. | | |

### 32.1 Zehn Opern über ein Strategem

Begebenheiten, in denen das Strategem Nr. 32 vorkommt, werden schon aus alten Zeiten überliefert. Aber die Strategemformel Nr. 32 scheint erst im Laufe der letzten 500 Jahre geprägt worden zu sein. Zu ihrem hohen Bekanntheitsgrad trug die Pekingoper *Das Strategem der leeren Stadt* bei, die in der Qing-Zeit (1644–1911) entstanden ist. Auch in der Volksrepublik China wird diese traditionelle Oper vollständig oder in Ausschnitten immer wieder aufgeführt, so vor hochrangigen chinesischen Führungspersönlichkeiten am 22. 2. 1990 im Rahmen einer Abendveranstaltung zur Feier des Frühlingsfestes in der Halle des Hegens der Mitmenschlichkeit im Pekinger Regierungsbezirk Zhongnanhai. Neben der Pekingoper tragen neun chinesische Lokalopern den Titel *Das Strategem der leeren Stadt* und behandeln den gleichen Stoff, worin sich die Beliebtheit der zugrundeliegenden Strategemgeschichte widerspiegelt.

Es geht dabei um eine Episode aus dem Jahre 228 n. Chr., die Luo Guanzhong (um 1330–1400) in seinem Roman *Romanze der drei Königreiche* schildert, wobei er sich auf geschichtliche Quellen, aber auch auf volkstümliche Erzählungen stützt (s. *Strategeme*, Bd. I, Prolog). Zhuge Liang (181–234) war Kanzler und oberster Heerführer des Königreichs Shu, das sich als Nachfolger der Han-Dynastie (206 v.–220 n. Chr.) betrachtete. Es lag mit dem nördlichen Reich Wei im Kriege. Infolge der Unfähigkeit des Kommandanten Ma Su (190–228) war soeben der wichtige Bergdurchgang bei Jieting (in der heutigen Provinz Gansu) von der Wei-Armee erobert worden, die unter dem Feldherrn Sima Yi (179–251) unversehens gegen die Stadt Xicheng (in der heutigen Provinz Shanxi) marschierte. Dort hielt sich Zhuge Liang mit nur 2500 Mann auf. Die Zeit reichte nicht mehr aus, um der feindlichen Armee mit ihren 250 000 Soldaten zu entkommen.

Die Nachricht von dem bevorstehenden Angriff versetzte Zhuge Liangs Beamte in Angst und Schrecken. Doch Zhuge Liang wahrte die Ruhe. Jedenfalls ließ er sich äußerlich nichts anmerken. In seinem Inneren sah es jedoch, will man dem Operntext glauben, anders aus, denn gemäß diesem ruft Zhuge Liang aus: «Himmel, ah, Himmel, Bestand und Untergang des Hauses Han hängen einzig von mir und diesem einen Strategem der leeren Stadt ab.» Und dann singt er nach einer etwa 300 Jahre alten Weise. «Ich setze Soldaten ein seit zehn Jahren. Bedachtsam und umsichtig war ich seit jeher. O weh! Ein Fehler war der Einsatz des Ma Su, dieses unbrauchbaren Kommandanten! Nichts bleibt nun noch als das Strategem der leeren Stadt. Mein Herz und Geist beben voller Unruhe. Ich blicke empor zum Firmament und flehe Euch an, heimgegangener Kaiser [Liu Bei]. Lasset Eure magischen Kräfte wirken!»

Zhuge Liang ordnete an, die Banner und Kriegstrommeln von der Stadtmauer zu entfernen und die Stadttore weit zu öffnen, so daß das gewöhnliche Volk frei aus- und eingehen konnte, zudem sandte er ein paar Männer vor die Tore, die die Straße fegten, so als ob tiefster Friede herrsche.

Als Sima Yi vor der Stadt anlangte, stellte er mit Verwunderung fest, daß der Ort völlig unbewacht schien. Auf dem Spähturm der Stadtmauer saß Zhuge Liang. Heiter lächelnd zupfte er die Wölbbrettzither, links und rechts von ihm stand je ein Knappe.

In der Pekingoper hört Sima Yi obendrein Zhuge Liang singen: «Nur zwei Knappen stehen mir bei. Ich habe keinen Hinterhalt gelegt, und ich verfüge auch über keine Soldaten. Du brauchst dir also keine

Gedanken zu machen, dein Herz befreie sich von jeder Unruhe. Komm, komm, komm, ich bitte dich doch, auf die Stadtmauer und höre meinem Wölbbrettzitherspiele zu.»

Doch diese lockenden Worte wecken in dem von Natur aus mißtrauischen Sima Yi erst recht hochgradigen Argwohn. In der Pekingoper singt er: «Dieser Zhuge Liang ist stets die Vorsicht selbst. Noch nie ist er ein Risiko eingegangen. Ich darf seinem Strategem nicht zum Opfer fallen.»

Nur allzu deutlich erinnerte sich Sima Yi der verlustreichen Hinterhalte, die ihm der Kanzler von Shu schon gestellt hatte. Auch diesmal, so folgerte Sima Yi, mußte es sich um eine Falle handeln: Zhuge Liang wollte ihn bestimmt in die Stadt locken, um ihn mit verborgenen Truppen zu überwältigen. Eine vernichtende Niederlage fürchtend, ordnete Sima Yi den Rückzug an. Die Belagerung von Xicheng war aufgehoben, bevor sie überhaupt begonnen hatte.

Zhuge Liang hatte nun die notwendige Zeit für einen Rückzug nach Hanzhong gewonnen. Erst viel später erfuhr Sima Yi, daß er einer List aufgesessen war.

Diese Geschichte, allerdings mit einem anderen Schauplatz, erschien zuerst in einer von Guo Chong unter der Jin-Dynastie (265–420) verfaßten Sammlung von fünf Anekdoten über Zhuge Liang. Aber schon Pei Songzhi (372–451) bestreitet in seinen Anmerkungen zur *Geschichte der drei Reiche* den Wahrheitsgehalt von Guo Chongs Bericht. Denn zu jener Zeit habe Sima Yi andere Funktionen ausgeübt und sei noch nicht als Heerführer gegen Zhuge Liang eingesetzt worden. Zudem sei nicht einzusehen, warum sich Sima Yi hätte zurückziehen sollen. Eine Belagerung und Beobachtung der Stadt Xicheng hätten viel nähergelegen, so Pei Songzhi. Zhuge Liangs eindrucksvolle Anwendung des Strategems der leeren Stadt gehört also ins Reich der Legende. Darin sind sich heute die Experten einig. Doch in der Zeitspanne, die die *Romanze der drei Königreiche* behandelt, kamen tatsächlich Anwendungen des Strategems Nr. 32 vor.

Im Jahre 219 n. Chr. wandte der wie Zhuge Liang auf der Seite des Königreichs Shu stehende Zhao Yun (?–229) das Strategem Nr. 32 erfolgreich gegen eine Armee des nördlichen Reiches Wei an. Zhao Yun, der über nur wenig Soldaten verfügte, zog sich vor den Verfolgern in sein Lager zurück, dessen Zugang er offen ließ. Die Wei-Armee vermutete einen Hinterhalt, worauf sie wegmarschierte. Im Jahre 226 griff Sun Quan (182–252), der Herrscher des südöstlichen Reiches Wu, die von Wen Pin, einem General des Reiches Wei, gehaltene Stadt Shiyang an. Die Stadtmauern hielten dem heftigen Regen nicht stand und stürzten ein. Wen Pin wußte, daß er dem Feind nicht gewachsen war. So versuchte er sein Glück mit dem Strategem Nr. 32. Er hieß alle Stadtbewohner sich verbergen. Angesichts der menschenleeren Stadt vermutete Sun Quan prompt einen Hinterhalt und verschwand.

So sind zur Wirkungszeit Zhuge Liangs mindestens zwei Fälle der Anwendung von Strategem Nr. 32 historisch verbürgt. Sie bildeten offenbar den Stoff für die erfundene, um Zhuge Liang kreisende Bezugsgeschichte zum Strategem Nr. 32. Sie wird in der *Romanze der drei Königreiche* derart eindrucksvoll ausgemalt, daß sie sich tief in das Bewußtsein der Chinesen eingeprägt hat und die vielleicht bekannteste Strategemgeschichte überhaupt geworden ist.

## 32.2  Das mißglückte zweite Mal

In der Broschüre *Ausgewählte Aufsätze für die Freizeitlektüre von Viertklässlern der Volksschule* (Peking 1983) findet sich eine mit «Das Strategem der leeren Stadt» betitelte Geschichte: «Es gab einmal einen Mann, der ganz vernarrt in den Roman *Romanze der drei Königreiche* war. Eines Tages kam eine Operntruppe in sein Dorf. Sie führte *Das Strategem der leeren Stadt* auf. Der Drei-Reiche-Schwärmer wollte die Vorführung auf keinen Fall verpassen. Doch wer sollte sein Haus hüten? Wehe, wenn ein Dieb kam! Der könnte ihm kostbares Gut wegnehmen. Er ging im Mittelzimmer auf und ab und dachte nach. Plötzlich schlug er sich auf den Oberschenkel. ‹Ich bin wirklich manchmal wie vor den Kopf geschlagen. Wieso benutze ich nicht einfach Zhuge Liangs Strategem?› Darauf öffnete er das Haupttor sperrangelweit und hängte oben an das Tor eine weithin leuchtende Laterne. Auch auf den Schreibtisch pflanzte er eine Laterne mit einer brennenden Kerze darin. Danach machte er sich auf den Weg zum Ort der Aufführung. Er selbst benutzte also das Strategem der leeren Stadt.

Als er wieder heimkam, sah er sich zu Hause prüfend um. Nicht einmal ein Stück Garn und eine Nadel fehlten. Unaufhörlich lobte er Zhuge Liang in den höchsten Tönen: ‹Das war doch wirklich ein göttlicher Mann!› Seither verehrte er ihn noch mehr als bisher.

Nach einiger Zeit fand im Dorf eine weitere Opernaufführung statt. Der Drei-Reiche-Schwärmer entzündete erneut eine Laterne und befestigte sie am weit geöffneten Haupttor. Wiederum benutzte er das Strategem der leeren Stadt und begab sich zur Aufführung.

Doch als er diesmal zurückkehrte, sah er sofort, daß ein Dieb dagewesen war. Selbst das Haupttor hatte er gestohlen. Der Mann begann laut zu schluchzen. Sein ganzer Zorn richtete sich jetzt auf Zhuge Liang. Ja, er nahm die *Romanze der drei Königreiche* und strich darin den Namen Zhuge Liang überall durch; nicht genug damit, mit einem Messer schnitt er die Stellen mit diesem Namen aus dem Buch heraus. Gerade als er wie ein Rohrspatz auf Zhuge Liang schimpfte und das Buch von dessen Namen säuberte, kam ein in der *Romanze der drei Königreiche* bewanderter Geschichtenerzähler daher und erblickte ihn bei seinem Treiben. Was das solle, fragte er. Der Drei-Reiche-Schwärmer erzählte ihm haargenau, wie es zu dem Diebstahl gekommen sei, worauf der Geschichtenerzähler sich vor Lachen den Bauch hielt. ‹Seit wann ist Zhuge Liang ein Dummkopf? Der Dummkopf, das bist du!› – ‹Wieso?› – ‹Geh noch einmal *Die Romanze der drei Königreiche* durch. Wenn du eine Stelle findest, wo Zhuge Liang das Strategem der leeren Stadt ein zweites Mal angewendet hat, dann zahle ich dir deinen ganzen Diebstahlsschaden.›

Darauf wußte der Drei-Reiche-Schwärmer keine Antwort.»

32.3   Die Statistik eines Pekinger Bibliothekars

Insgesamt 38mal sei in der chinesischen Geschichte das Strategem Nr. 32 eingesetzt worden, behauptet Chen Xianghua von der Pekinger Bibliothek laut einer Glosse mit dem Titel «Das Strategem der leeren Stadt in alter und neuer Zeit», erschienen im Organ des Komitees der Kommunistischen Partei Chinas der Stadt Shanghai (*Befreiungs-Tageszeitung*, 31.5.1990, S.7). Das womöglich älteste Beispiel der Strategemanwendung datiert vom Jahr 666 v.Chr. Davon berichtet die *Chinesische Jugendzeitung*, das Organ des Chinesischen Kommunistischen Jugendverbandes, in ihrer Ausgabe vom 20.10.1982. Aus heiterem Himmel habe der Staat Chu den Staat Zheng angegriffen. In alle Himmelsrichtungen habe der Herrscher von Zheng Botschafter ausgesandt, die andere Staaten um Unterstützung ersuchten. Aber einstweilen war noch keine Hilfsarmee eingetroffen. Hätte man sich in der Hauptstadt von Zheng verbarrikadiert, dann hätte man dem zu erwartenden geballten Ansturm der Chu-Armee nicht standhalten können. Daher ergriff man die gegenteilige Maßnahme und öffnete die Stadttore weit. Die Menschen gingen wie immer ein und aus. Als der Heerführer der Chu-Armee dieses Bild des Friedens erblickte, begann er

Gefahr zu wittern und befahl seiner Armee, die Stadt nicht anzugreifen, sondern abzuwarten und die Stadt zu beobachten. Genau zu diesem Zeitpunkt trafen Hilfstruppen verbündeter Staaten ein. Die Chu-Armee mußte schleunigst das Weite suchen.

Dieses Beispiel für die Anwendung des Stratagems Nr. 32 findet sich unter anderem in der fünfbändigen Comic-Buchreihe *Geschichten um die 36 Strategeme mit farbigen Illustrationen* (Jugend- und Kinderbuchverlag, Shanghai 1993). Aber auch in der wissenschaftlichen Literatur wie in Yang Bojuns *Anmerkungen zu den Frühlings- und Herbstannalen und zum Kommentar des Zuo* (Peking 1981, S. 242) ist in diesem Zusammenhang ausdrücklich vom «Stratagem der leeren Stadt» die Rede.

32.4  Das Weingelage auf der Stadtmauer

In über 70 Kämpfe mit dem Fremdvolk der Xiongnu verwickelt war Li Guang (?–119 v. Chr.) während der Zeit seiner Militärkommandantur im Norden Chinas. Einmal wurde er mit nur 100 Reitern auf der Steppe von einem mehrere 1000 Mann umfassenden Reitertrupp der Xiongnu überrascht. Angesichts der geringen Anzahl der Chinesen argwöhnte der Führer der Xiongnu, die kleine Gruppe habe die Funktion eines Lockvogels. So ließ er seine Armee anhalten und auf einem nahen Hügel Aufstellung beziehen. Die 100 Chinesen waren angesichts der drohenden feindlichen Übermacht zutiefst erschrocken und wollten fliehen. Doch Li Guang sagte, sie seien von der eigenen Hauptstreitmacht einige Dutzend Meilen entfernt; ein Fluchtversuch sei zum Scheitern verurteilt und werde mit einem Desaster für sie enden. «Wenn wir aber bleiben», fuhr er fort, «dann wiegen wir die Xiongnu in dem Glauben, wir wollten sie zu einem Angriff provozieren. Sie werden nicht wagen, gegen uns vorzugehen.» Und er befahl seinen Leuten, auf zwei Meilen an die Xiongnu heranzurücken. Nun hieß Li Guang seine Reiter die Pferde entsatteln und sich ins Gras legen. Als ein feindlicher Späher auf einem Schimmel herbeigeritten kam, stellte sich ihm Li Guang entgegen und tötete ihn mit einem Dutzend Reitern. Den vom Hügel aus beobachtenden Xiongnu kam das Ganze nicht geheuer vor, und sie wagten nicht, etwas zu unternehmen. Die Nacht brach herein. Die Xiongnu wußten nach wie vor nicht, was sie von dem, was sich ihnen darbot, halten sollten. Als es Mitternacht wurde, fürchteten sie, aus einem Hinterhalt werde eine chinesische

Armee auftauchen und gegen sie vorgehen, worauf sie sich ganz zurückzogen.

Die von Sima Qian (geb. um 145 v. Chr.) in seinen *Geschichtlichen Aufzeichnungen* berichtete Tat Li Guangs wird in der chinesischen Strategemliteratur als eine geglückte Anwendung des Stratagems Nr. 32 bewundert, ebenso wie die Verteidigung Guazhous (im Kreis Anxi in der heutigen Provinz Gansu) durch Zhang Shougui (?–739 n. Chr.). Als neuer Präfekt dieser Stadt befahl er als erstes eine Wiederherstellung der schadhaften Stadtmauern. Doch bevor die Reparaturarbeiten abgeschlossen waren, griff im Jahre 727 n. Chr. eine Armee des Fremdvolkes der Tufan die Stadt an. Zhang Shougui sagte zu seinem Kommandanten, den übermächtigen Feind könne man nicht mit Waffengewalt, sondern nur mit einem Stratagem abwehren. Darauf ließ er gemäß der *Neuen Geschichte der Tang-Dynastie* auf der vorhandenen Stadtmauer ein Weingelage veranstalten, bei dem auch Musik erklang. Zudem ließ er die Tore der Stadt offen. Die Angreifer vermuteten in der Stadt einen Hinterhalt und zogen wieder ab. Zhang Shougui verfolgte sie und brachte ihnen eine Niederlage bei.

## 32.5  Japanische Strategemkunst

In der Epoche des Shōgunats zu Beginn der Edo-Zeit (1603–1867) hatte Tokugawa Ieyasu (1542–1616) das Gebiet von Tōtōmi (in der heutigen Präfektur Shizuoka im Mittelteil Japans) von Imagawa Ujizane erworben. In der Folge weitete er sein Machtgebiet von Okazaki in Mikawa (der heutigen Präfektur Aichi) bis nach Hamamatsu in Tōtōmi aus. Dadurch kam er dem Militärherrscher Takeda Shingen (1521–1573), der seine Einflußsphäre ebenfalls ausdehnen wollte, ins Gehege.

Im Jahre 1571 startete Takeda Shingen einen Angriff gegen den Rivalen. Im darauffolgenden Jahr stand er kurz vor der Eroberung von Hamamatsu. Takeda Shingen war ein berühmter Militärtheoretiker. *Meister Suns Kriegskunst* war ihm wohlbekannt und während seiner Feldzüge stets zur Hand. Seine Armee war schlachterprobt und kriegserfahren. Demgegenüber verfügte Tokugawa Ieyasu nur über 8000 Mann. 3000 Reiter, die er aus dem Hinterland herbeibeordert hatte, waren noch nicht eingetroffen. So konnte er seinem Gegner nicht standhalten und nichts weiter tun, als sich in die Stadt Hamamatsu zurückziehen. Takeda Shingen blieb ihm auf den Fersen und dachte, er könne Hamamatsu mühelos erobern.

Doch als er sich der Stadt näherte, sah er die weit geöffneten Stadttore. In der Stadt brannten viele Lichter, Menschen aber waren nicht zu sehen. Takeda Shingen erfaßte sogleich, daß sein Gegenspieler das Strategem der leeren Stadt einsetzte und wollte augenblicklich in die Stadt einmarschieren. Doch dann kam ihm, dem in der Kriegskunst Bewanderten, in den Sinn, daß doch Tokugawa Ieyasu bestimmt vorausgesehen haben mußte, daß er, Takeda Shingen, das Strategem der leeren Stadt durchschauen werde. Woher nahm dann Tokugawa Ieyasu die Verwegenheit, dieses Strategem einzusetzen? Solche Gedanken bewogen Takeda Shingen zur Vorsicht. Er ließ seine Armee außerhalb der Stadt kampieren. In der Zwischenzeit hatten sich die von Tokugawa Ieyasu angeforderten 3000 Reiter der Stadt genähert. Takeda Shingen wähnte, er sei in einen Hinterhalt geraten. Von einem Angriff auf Hamamatsu sah er nun gänzlich ab. Der Boden war gefroren, das Wetter kalt. Takeda Shingen erkrankte und starb.

Unter dem Titel «Das Strategem der leeren Stadt in der japanischen Geschichte» veröffentlichten diese Episode im Frühjahr 1990 mehrere chinesische Zeitungen.

32.6  Was voll erscheint, als leer betrachten

Nach der verlorenen Schlacht an der Roten Wand (s. 9.1, 35.1) floh der geschlagene Cao Cao mit einem kleinen Trupp von Reitern, nur um mit knapper Not einer Reihe von Hinterhalten Zhuge Liangs zu entkommen. Schließlich gelangte Cao Cao zu einer Stelle, von der zwei Wege ausgingen, die beide zu demselben Ziel führten. Der eine Weg war breit und befand sich auf einer eher ebenen Gegend. Der andere Weg war eng und schwer passierbar und wand sich durch Berggebiet. Allerdings war dieser Weg 50 Meilen kürzer als die Landstraße. Cao Cao ließ die Pferde anhalten und hieß Späher von einem Hügel aus Umschau halten. Die Männer berichteten, daß von den Hügeln, durch welche sich der Gebirgsweg schlängelte, Rauchwolken aufstiegen, was sicher heiße, daß sich dort feindliches Militär aufhalte. In der Umgebung der breiten Landstraße sei dagegen alles ruhig. Darauf befahl Cao Cao seinen Leuten, den schmalen Bergweg zu erklimmen.

Als sie fragten, warum er diesen Weg wähle, entgegnete Cao Cao: «Habt ihr nicht gehört, daß es in Militärtraktaten heißt: ‹Was leer erscheint, soll man als voll betrachten; was voll erscheint, soll man als leer betrachten›? Zhuge Liang ist äußerst listenreich. Daher läßt er entlang des Bergpfades Rauchschwaden aufsteigen. Wir sollen nicht wagen, diesen Weg einzuschlagen. Doch in Wirklichkeit hat er bei der Landstraße einen Hinterhalt gelegt. Das habe ich durchschaut. Diesmal werde ich seinem Strategem nicht zum Opfer fallen.»

Cao Caos Begleiter waren hungrig und die Pferde erschöpft. Die Verwundeten hatten kaum noch Kräfte. Es war eisige Winterszeit, so daß Mensch und Tier unendlich litten. Der Weg war in einem jämmerlichen Zustand. Man mußte ihn erst mühselig ausbessern, um überhaupt weitermarschieren zu können. Plötzlich lachte Cao Cao und spottete über seine Feinde. Wenn sie wirklich etwas taugten, hätten sie ihn auf diesem Weg schon längst aus einem Hinterhalt heraus überwältigt. In diesem Augenblick war ein lauter Knall zu hören. 500 Krieger, angeführt von Liu Beis Blutsbruder Guan Yu, erschienen und versperrten Cao Cao, dem vor Schreck beinahe die Seele aus dem Leib wich, den Weg.

Der Strategemforscher Yu Xuebin schreibt über diesen in der *Romanze der drei Königreiche* geschilderten Handlungsablauf, Zhuge Liang habe auf dem Bergweg «die Fülle als Fülle gezeigt», das heißt, den vorbereiteten Hinterhalt durch Rauchschwaden angekündigt und auf der Landstraße «die Leere als Leere gezeigt», das heißt signalisiert, daß dort kein Hinterhalt lauere. Genau dies aber habe Cao Cao verwirrt und zu umgekehrten Schlüssen veranlaßt, mit dem Ergebnis, daß er es nicht wagte, den tatsächlich gefahrlosen Weg zu wählen, sondern sich für jenen entschied, den er für sicher hielt. Zhuge Liang brilliert hier zweifellos durch eine besonders raffinierte Anwendung des Strategems der leeren Stadt beziehungsweise der leeren Landstraße.


32.7  Das leere Amtshaus

In den Revolutionswirren am Ende der chinesischen Kaiserzeit trat der als «Schlächter» verschrieene Zhao Erfeng, von 1908 bis 1911 Hochkommissar von Tibet, am 25.11.1911 freiwillig von seinem letzten Amt, dem des Generalgouverneurs von Sichuan, zurück und verkündete gleichzeitig die Unabhängigkeit Sichuans. Es kam nun zum Konflikt mit dem neuen Gouverneur Yin Changheng. Angesichts des nahenden Frühlingsfestes 1912 weilte Zhao Erfeng immer noch in seinem Amtssitz in Chengdu. In der Stadt kamen Gerüchte auf, im Amtssitz hielten sich zahlreiche Soldaten versteckt und eine ganze Batterie von Maschinengewehren liege im Hauptsaal bereit. Es werde nur auf eine günstige Gelegenheit für einen Ausbruch aus dem Amtssitz gewartet. Yin Changheng wollte sich lieber heute als morgen Zhao Erfengs entledigen, doch zögerte er infolge der Gerüchte. Endlich ließ er drei Bataillone den Amtssitz umzingeln. Da sich drinnen niemand rührte, stürmten die Soldaten hinein. Sie fanden weder Soldaten noch Gewehre. «Es war noch leerer als bei Zhuge Liangs ‹Strategem der leeren Stadt›», schreibt der «chinesische Goethe» Guo Moruo (1892–1978) in seinen Jugenderinnerungen (deutsche Übersetzung unter dem Titel *Jugend* von Ingo Schäfer, Frankfurt a. M. 1981). Nicht einmal der Schatten eines einzigen Soldaten war zu sehen. Ein Leutnant ging ins Innere, um die Lage auszukundschaften. Zhao Erfeng lag krank in seinem Bett. Nur eine Dienerin befand sich bei ihm. Sie wurde an Ort und Stelle erschossen, Zhao Erfeng vom Krankenlager gezerrt und wenig später geköpft.

Bemerkenswert an dieser Darstellung ist der Umstand, daß die Gerüchte über den angeblich schwerbewaffneten Amtssitz ganz vom Geiste des Strategems der leeren Stadt getragen waren. Die Leute glaubten, wie seinerzeit Sima Yi, das scheinbar schutzlos daliegende Anwesen sei nur eine Fassade. Dahinter verberge sich Gefahr. Sogar der neue Machthaber fiel eine Zeitlang dem Eindruck, sein Gegenspieler benutze das Strategem Nr. 32, anheim. Alles war bloße Einbildung. Die Einbildung entsprang einer strategemischen Situationsanalyse, die allerdings nicht ins Schwarze traf. Das Beispiel ist kennzeichnend für Chinesen, die auf heikle Situationen mit strategemischem Mißtrauen reagieren. Spontan wappnen sie sich, ob zu Recht oder zu Unrecht, mit Hilfe einer strategemischen Analyse gegen unliebsame Überraschungen.

32.8  Der einsame Reiter

Guo Moruo berichtet in seinen Jugenderinnerungen weiter: «Bereits hatte der neue Gouverneur ein halbes Jahr in Chengdu residiert, ohne berauschende Erfolge zu erringen. Als sich im ersten Jahr (1912) der Frühling dem Ende zuneigte, setzten ihn die Revolutionäre von Chongqing, der Hauptstadt der Provinz Sichuan, unter Druck. Um einen Zusammenstoß zu vermeiden, zog er mit seiner Armee nach dem benachbarten Tibet. Für die Dauer seiner Abwesenheit betraute er Hu Jingyi mit der Amtsführung. General Hu aber war ein geschickter Mann. Als Yin Changheng nach Tibet abgezogen war, mauschelte Hu mit Yuan Shikai, dem neuen starken Mann von Peking. Es dauerte nicht lange, und er wurde zum neuen Gouverneur Sichuans ernannt. Den Yin Changheng aber schob Yuan auf den bedeutungslosen Posten eines ‹Militärischen Beauftragten für die Grenzsicherung der Provinz Sichuan› ab. Das versetzte Yin Changheng in Wut. Schnurstracks kehrte er mit seinen Truppen aus Tibet zurück, um dann allerdings vor den Toren von Zhuge Liangs leerer Stadt doch bloß den Part des Sima Yi aus der Oper *Das Stratagem der leeren Stadt* zu spielen. Damals war es schon später Herbst, und in Chengdu befanden sich keine Truppen mehr. Wir Einwohner Chengdus hielten die Lage des Generals Hu für recht bedenklich. Wenn er sich nicht auf einen Straßenkampf einlassen wollte, blieb ihm wohl keine andere Wahl, als sich aus dem Staube zu machen. Wer aber hätte gedacht, daß General Hu noch listenreicher war als Zhuge Liang. Er wartete nicht, bis die Soldaten Yin Changhengs in der Stadt einmarschierten, sondern ritt, unbewaffnet und ohne Begleitung, durch das Südtor, um Yin Changheng zu empfangen. Ich weiß nicht, welcher Massagetechnik er sich bediente, jedenfalls verwandelte sich die Wut im Bauch Yin Changhengs in ein Gas, das sich durch die Hintertür verflüchtigte. Yin Changheng erließ den Befehl, seine drei Armeen sollten 10 Li vor der Stadt kampieren, während er selbst, ebenfalls unbewaffnet, an der Seite von General Hu in die Stadt ritt. Am folgenden Tag stand in den Zeitungen und amtlichen Verlautbarungen zu lesen, General Yin sei in die Hauptstadt gekommen, um seine Mutter zu besuchen. Zehn Tage blieb er in Chengdu, dann zog er mit den drei Armeen wieder zurück nach Tibet.»


32.9   Ein Viehhändler rettet sein Land

In der Frühlings- und Herbstzeit lebte im Staate Zheng (auf dem Gebiet der heutigen Provinz Shaanxi) ein Viehhändler namens Xian Gao. Eines Tages, im Jahre 627 v. Chr., trieb er eine Herde Ochsen zu einem entfernt gelegenen Ort, um sie dort zu verkaufen. Unterwegs erblickte er ein großes Heer aus dem (westlich von Zheng gelegenen) Staate Qin. Es marschierte in Richtung Zheng. Der Viehhändler zog heimlich Erkundigungen ein und erfuhr, daß das Heer einen Angriff auf Zheng plane. Zunächst war er arg erschrocken. Dann entsandte er jemanden zur Berichterstattung in sein Heimatland. Er selbst nahm vier Kuhhäute und zwölf fette Ochsen und begab sich damit zum Lager der Qin-Armee, wo er beim Befehlshaber vorsprach und sagte: «Der Fürst meines Landes hat vernommen, daß Eure Armee durch unseren Staat zu marschieren gedenkt. Er hat mich als Sondergesandten zu Euch geschickt, um Euch willkommen zu heißen und Euch einige wenige geringfügige Geschenke zur Bewirtung Eurer Truppen zu überbringen. Für den Fall, daß Eure Armee im Gebiet unseres Landes einen kurzen Zwischenhalt einlegen will, hat mein Land bereits Proviant für einen Tag bereitgestellt. Sollte es Eure Armee eilig haben, wird mein Land unverzüglich eine stattliche Truppe abkommandieren, damit sie Euch Geleitschutz gebe.»

Der Heerführer von Qin schloß aus diesen Worten, daß der Fürst von Zheng auf einen Waffengang vorbereitet sei, und befahl seiner Armee die Rückkehr nach Qin.

«Xian Gao war zwar nur ein einfacher Kaufmann», heißt es im Kommentar zu seiner «Amtsführung ohne Auftrag» im Lehrbuch für den chinesischen Sprachunterricht für die dritte Klasse der taiwanesischen Volksschule (10. Aufl., Taipeh 1980), «aber er vermochte in einer für sein Land kritischen Lage, sein Gut herzugeben und mit Hilfe eines Stratagems die Armee des Staates Qin zum Rückzug zu veranlassen. Mit seiner patriotischen Gesinnung kann er wahrhaftig unser Vorbild sein.»

Bei Xian Gaos List, die das taiwanesische Schulbuch beifällig erwähnt, handelt es sich um das Stratagem Nr. 32. So wie Zhuge Liang auf der Stadtmauer säte auch Xian Gao beim feindlichen Gegenüber derart starke Zweifel an den Erfolgsaussichten des eigenen Kriegsvorhabens, daß dieses ohne jede echte Feindberührung scheiterte.

32.10 Ausharren an der Ugra

Am Fluß Ugra 200 Kilometer südwestlich von Moskau, das Eis begann gerade zu tragen, bestand Rußland einst eine wichtige nationale Geduldsprobe.

Nach Monaten untätigen Wartens hätten die Moskowiter Truppen das gegenüber lagernde Heer der Tataren von der Goldenen Horde endlich angreifen können. Da befahl Großfürst Iwan III. (1440–1505) seinen Soldaten unversehens den Rückzug. Der Feind vermutete eine Kriegslist und floh auf Nimmerwiedersehen. Die mongolische Fremdherrschaft fiel ohne Schuß und Säbelhieb, Moskaus Aufstieg zur Großmacht begann.

Das «Ausharren an der Ugra (vyzidanie na ugre bzw. stojanie na ugre)» im Jahre 1480 ist in Rußland sprichwörtlich geworden und besagt, daß ein Sieg auch kampflos zu erringen sei – mit hohem Risiko zwar, aber dank besserer Nerven.

Das Sprichwort fließt, wie mir die Lausanner Slavistin Musa Schubarth mitteilte, in Rußland in den Militärunterricht ein, ist aber, anders als im Hamburger Nachrichtenmagazin *Der Spiegel* (Nr. 18, 1998, S. 146) behauptet, im russischen Alltag nicht verbreitet. Vielleicht lebt aber die von dem Sprichwort beschriebene Art der Problemlösung «im Charakter der Russen? Das kann ich nicht behaupten. Aber es ist nicht auszuschließen» (Musa Schubarth).

32.11   Verjagt durch zehn Paar Schuhe

In einer abgelegenen Berggegend lebt ein junges Ehepaar mit seiner fünfjährigen Tochter. Sie haben hier etwas mehr als einen Hektar Land zum Anbau von Blumen und Obst gepachtet. Eines Tages begibt sich der Mann in den 30 Meilen entfernten Marktflecken, um Erdbeeren zu verkaufen. Beim Abschied sagt er, zwischen drei und vier Uhr nachmittags werde er wieder zu Hause sein. Doch bei einsetzendem Sonnenuntergang ist er immer noch nicht da.

Beunruhigt begibt sich die Gattin mit dem Töchterchen auf dem Arm zum Gebirgspaß hinauf, um Ausschau zu halten. Da sieht sie einen Mann eiligen Schrittes den Berg heraufkommen. Kaum hat er die Frau bemerkt, blickt er sie in einem fort an. Die Frau fühlt, daß er nichts Gutes im Schilde führt, drückt ihr Kind fest an sich und rennt zum Haus zurück. Doch als sie den Fuß über die Schwelle des Hofeingangs setzt, hat der fremde Mann sie bereits eingeholt. Das Töchterchen erblickt die Trompetenhosen, die Bartstoppeln im Gesicht und die langen Haare des Fremden und beginnt zu weinen. «Ich habe Angst, ich möchte meinen Papa haben», heult es.

Auf diese Weise erfährt der Fremde, daß der Hausherr abwesend ist. Und so setzt er sich ungeniert auf einen Bambusstuhl im Mittelzimmer des Untergeschosses. Dann bittet er die Frau, die Nacht in ihrem Haus verbringen zu dürfen. Anderntags in der Frühe werde er weiterziehen. Diese Worte erfüllen die Frau mit Angst. Doch sehr schnell beruhigt sie sich. Sie sagt sich, zuerst müsse sie diesen Kerl in Sicherheit wiegen, um dann gründlich darüber nachzudenken, wie ihm beizukommen sei.

Sie setzt eine höfliche Miene auf und schenkt dem Fremden eine

Tasse Tee ein: «Trinken Sie erst einmal einen Schluck, und ruhen Sie sich etwas aus. Über das andere können wir nachher reden», sagt sie. Das Benehmen und die Worte der Frau vermitteln dem Fremden das Gefühl, er werde hier leichtes Spiel haben. Nun läßt er seinen Blick durch den Raum schweifen und stellt fest, daß er sich in einem recht modern ausgestatteten, reinlichen Haus befindet. Da werde ich schön absahnen können, denkt er sich, zufrieden lächelnd.

Als er in Richtung Schlafzimmer schaut, kommt der Frau plötzlich ein Stratagem in den Sinn. Sie holt aus dem Abstellraum zehn Paar teils neue, teils noch nicht weggeworfene alte Schuhe und stellt sie im Hauptraum nebeneinander auf. Der Fremde stutzt und sagt hastig: «Ein Paar Schuhe genügt mir.» Die Frau erwidert lächelnd: «Hier ist ein Paar neue Schuhe, die können Sie tragen, nachdem Sie sich die Füße gewaschen haben. Wir sind zur Zeit dabei, den Bergwald zu roden, und haben dafür acht Hilfskräfte eingestellt. Sie werden in Kürze Feierabend machen und hierherkommen. Ich muß jetzt für sie das Abendessen zubereiten.» Darauf holt sie zehn Fußschemel und ordnet sie in einem Kreis an, wobei sie jedem Schemel ein Paar Schuhe zugesellt. In die Mitte des Kreises stellt sie eine große Wanne zum Waschen der Füße. Dem Fremden sagt sie: «Bleiben Sie sitzen, ich gehe jetzt das Essen anrichten.»

Der Fremde befürchtet, daß jeden Augenblick der Gatte mit seinen acht Helfern eintreffen könnte. Da ist es wohl besser, so schnell wie möglich das Weite zu suchen, denkt er sich. Er nimmt seine beiden leeren Reisetaschen und will sich aus dem Staube machen. Die Frau tut, als wolle sie ihn zum Bleiben bewegen: «Warten Sie, bis mein Mann und seine Helfer eintreffen; sie bilden dann genau einen Zehnertisch und können zusammen trinken und speisen.» Die Bemerkung beunruhigt den Fremden noch mehr. «Nein, ich habe noch etwas Dringendes zu erledigen.» Und fort ist er.

Dank dem Stratagem mit den zehn Paar Schuhen, so die Pekinger *Bildergeschichten-Zeitschrift* (Nr. 11, 1985), hat die Frau den ungebetenen Gast vertrieben. «Was aber geschieht», fragt sie sich, «wenn der Gatte nicht rechtzeitig heimkehrt und der Kerl mein Stratagem der leeren Stadt durchschaut?» An dieser Stelle sei zu der Bildergeschichte nur nachgetragen, daß der Fremdling tatsächlich das Haus beobachtete und, als niemand eintraf, zurückkehrte. Die Frau hatte ihm aber eine Falle gestellt, der er zum Opfer fiel, so daß ihn der später heimkehrende Gatte gefangennehmen und anderntags der Polizei überstellen konnte.

Das Strategem der leeren Stadt besteht darin, daß die Frau den Fremdling glauben macht, ihre Schutzlosigkeit sei nur eine scheinbare und sie sei in Wirklichkeit gegen Übergriffe bestens gewappnet.

### 32.12 Das Sachsenheer aus bloßen Worten

Im Jahre 915 n. Chr. zog der fränkische König Konrad I. (gest. 918 n. Chr.) vor die Burg seines Gegners, des sächsischen Herzogs Heinrich (um 875–936). Der König sandte Boten zu Heinrich, die diesen zur freiwilligen Aufgabe veranlassen sollten mit dem Versprechen, daß der König ihm ein Freund sein werde. In dieser Situation kam Thietmar aus dem östlichen Sachsen hinzu und fragte in Anwesenheit der königlichen Boten, wo er sein Heer lagern solle. Heinrich, der schon nahe daran war, sich den Franken zu ergeben – er nahm das Angebot also als bare Münze –, schöpfte bei den Worten des Thietmar neue Hoffnung, da er sie glaubte. Aber was Thietmar sagte, war erfunden; er war nur mit fünf Mann gekommen. Als sich der Herzog in Anwesenheit der königlichen Boten nach der Zahl der Heerhaufen erkundigte, antwortete Thietmar: ungefähr 30. So kehrten die Gesandten getäuscht zum König zurück. Thietmar hatte sein Spiel mit ihnen getrieben, und noch vor Tagesanbruch löste sich das Heer des Königs, der vor dem vermeintlich großen Heer des sächsischen Herzogs Angst hatte, auf.

Im vorliegenden Beispiel, das ich meinem Freiburger Kollegen Thomas Zotz verdanke, funktioniert das Strategem Nr. 32 durch bloße Worte, ohne jede visuelle Inszenierung. Widukind findet in seiner nach der Mitte des 10. Jh. geschriebenen *Sachsengeschichte* für Thietmar Worte des Lobes. Dieser war durch seine Schlauheit Sieger über jene geworden, die Herzog Heinrich mit dem Schwert nicht hätte überwinden können.

### 32.13  450 Schriftzeichen vereiteln einen Angriff

Im Oktober 1948, in der Endphase des chinesischen Bürgerkrieges, plante Fu Zuoyi (1895–1974), den die Guomindang-Regierung zum Oberbefehlshaber über Nordchina eingesetzt hatte, die Rückeroberung der bereits von den Kommunisten eingenommenen Stadt Shijiazhuang (im Westen der heutigen Provinz Hebei). Zu jener Zeit war Shijiazhuang von kommunistischen Truppen, die anderswo eingesetzt waren, nahezu entblößt. In dieser Lage benutzte die kommunistische Heeresleitung das Strategem der leeren Stadt, aber nur mit Hilfe von Worten. Sie verbreitete eine 450 Schriftzeichen umfassende Pressemitteilung, in der der feindliche Angriffsplan angeprangert und betont wurde, daß Armee und Volksmiliz in Shijiazhuang kampfbereit seien. Fu Zuoyis Angriff sei zum Scheitern verurteilt. Als Fu Zuoyi von dieser Meldung erfuhr, war er bestürzt. Sein Vorhaben war der Gegenseite also bereits bekannt, und sie war gegen seinen Kriegszug wohl vorbereitet. Also blies er den Angriff ab, bevor er ihn begonnen hatte. Eine aus der *Volksbefreiungsarmee-Zeitung* vom 11.11.1983 übernommene Schilderung dieses kommunistischen Sieges ohne Waffen betitelte die Pekinger *Lesefrüchte-Zeitung* vom 25.11.1983 mit «Vom Vorsitzenden Mao geschickt eingesetztes Strategem der leeren Stadt».

32.14 Ein Lachanfall verhindert einen Brandanschlag

Der kleine dicke Zhou Zhongwei, ein in der Shanghaier Gesellschaft allgemein beliebter Spaßmacher, muß im Jahre 1930 angesichts der Konkurrenz eines schwedischen Zündholztrusts sowie drückender inländischer Steuern und Abgaben seine Zündholzfabrik stillegen. Darauf marschiert die gesamte hundertköpfige Belegschaft zur Villa ihres Chefs. Es ist früh am Morgen. Die Villa liegt in einer kurzen Sackgasse, an deren Eingang ein Polizeiposten Wache hält. Das Gros der Demonstranten macht hier halt und schickt eine Abordnung von acht Mann voraus. Die Deputation findet das Gittertor der Villa fest verschlossen. Man fordert stürmisch Einlaß, aber nichts regt sich. Die Villa ist wie ausgestorben. Einer der Männer brüllt: «Glaubst du etwa, mit uns Verstreck spielen zu können? Warte nur, wir werden dich ausräuchern! Dann wirst du schon zum Vorschein kommen!» – «Richtig! Anstecken, anzünden, abbrennen werden wir deine Hütte!» echot brüllend der Chor der anderen sieben. Einer von ihnen zieht tatsächlich eine Streichholzschachtel aus der Rocktasche.

Auf einmal ist vom Balkon her schallendes Gelächter zu hören. Die acht Männer blicken verdutzt nach oben. Tatsächlich, dort steht ihr Direktor Zhou Zhongwei! Barfuß, in einem Schlafanzug, lacht er die acht Delegierten an. Dann ruft er, auf das Geländer gestützt, hinunter: «Anzünden wollt ihr mein Haus? Gut so! Ich bin euch sehr dankbar dafür. Denn das Haus ist gegen Feuer versichert, und ich werde 30000

Silberlinge ausbezahlt bekommen. Nur auf meine kranke Frau solltet ihr Rücksicht nehmen und mir helfen, sie vorher schnell noch hinauszuschaffen!»

Wieder lacht er aus vollem Hals, so daß sein Gesicht feuerrot anläuft. Die acht Männer unten sind ratlos. Je mehr sie schimpfen, desto toller lacht der Kerl da oben. Jetzt hat er sich wieder beruhigt: «He, ihr alten Freunde. Ich mache euch einen noch besseren Vorschlag. Steckt lieber meine Fabrik an! Sie ist mit 80 000 Silberlingen versichert, und zwar bei einer ausländischen Versicherungsgesellschaft. Denkt mal, welche Freude für uns, Ausländern Geld abzuknöpfen! Ich verspreche euch zur Belohnung ein üppiges Festessen im Weinhaus ‹Großes Glück›!»

Angesichts von soviel Unverfrorenheit ist die Deputation einfach fassungslos. Sie zieht sich einstweilen zur Beratung mit den am Eingang der Gasse wartenden Genossen zurück. Vom Balkon aus winkt ihnen Zhou Zhongwei laut lachend nach. Erst als sie außer Sicht sind, kehrt er, immer noch lachend, ins Haus zurück. Ja, es sind schlechte Zeiten. Seine Frau liegt mit einer schweren Lungenentzündung danieder. Aber lachen kann er trotz allem noch. Und so hat sein Lachen, das an das Lächeln von Zhuge Liang bei seiner Anwendung des Stratagems der leeren Stadt erinnert, die acht Delegierten zum Rückzug veranlaßt.

Es ist bemerkenswert, daß Mao Dun (1896–1981) in seinem Roman *Shanghai im Zwielicht* ausdrücklich auf das Stratagem Nr. 32 hinweist. Leider läßt Franz Kuhn in seiner Übersetzung (Frankfurt a. M. 1983, S. 312) diese strategemische Anspielung weg. Der Zündholzfabrikant entwaffnet die wütenden Belegschaftsvertreter durch sein Lachen und durch seine Worte, die den acht Männern freie Bahn signalisieren. So wie Sima Yi, dem Zhuge Liang ebenfalls keinerlei Hindernisse in den Weg legt, sondern im Gegenteil die Stadt öffnet, glauben am Schluß auch die acht Belegschaftsvertreter, durch die von ihnen geplante Tat – das Haus anzuzünden – dem Gegenüber zu nützen, anstatt ihm zu schaden, weshalb sie von ihrem Vorhaben Abstand nehmen.

### 32.15 Der Baumstammtest

Unter dem Titel «Das Stratagem der leeren Stadt in neuem Gewand» berichtete die Shanghaier *Kulturtreff-Zeitung* im April 1982 über den dem Shanghaier Schiffahrtsweg-Amt unterstehenden Zhujiabin-Anlegeplatz in dem am Ostufer des Huangpu-Flusses gelegenen Shanghaier Stadtteil Pudong. Die Eisentür zum Kai war kaputtgegangen, so daß man sie einstweilen nicht mehr schließen konnte. Tagsüber ging es ja noch, aber was sollte man nachts tun? Die beiden Wachmänner ersannen ein Strategem. Sie zündeten die Lampen an. Darauf begaben sie sich in ihre Wachstube und schliefen den Schlaf des Gerechten, in dem Glauben, daß niemand es wagen werde, etwas zu stehlen.

Zunächst glückte das Strategem der leeren Stadt. Doch eines Tages gelangte um Mitternacht eine zivile Ordnungs-Patrouille des Stadtteils Pudong zum Zhujiabin-Anlegeplatz. Die umherspähenden Männer entdeckten, daß das Tor zum Kai offenstand und daß die Lampe außen an der Wachstube brannte. Doch niemand hielt Wache. Sie warteten eine Stunde, und immer noch war kein Wachmann zu sehen. Die Patrouillemitglieder hielten Rat. Um das Wachpersonal des Anlegeplatzes wachzurütteln, drangen sie in den Kai ein und begaben sich zur Gütersammelstelle. Dort packten sie zwei lange und dicke Spießtannenstämme, die sie unter großem Getöse an der Wachstube vorbei und durch das Tor hindurch wegtrugen. Anderntags rief der Patrouillenchef beim Zhujiabin-Anlegeplatz an und erkundigte sich, ob in der Nacht auf dem Kai etwas abhanden gekommen sei. Er erhielt eine ausweichende Antwort: «Uns ist nichts bekannt.» Als der Patrouillenchef die Wachleute des Anlegeplatzes ersuchte, die Holzstämme abzuholen, erklärten sie: «Wir wissen nicht, welche Einheit das Holz auf dem Kai abgeladen hat.»

Einen Monat später war das Holz zwar zum Kai zurücktransportiert worden, doch firmierte es nach wie vor als herrenloses Gut. Man kann sich vorstellen, daß die Verantwortlichen der Einheit, der das Holz gehörte, selbst schlampten und infolge unexakter Arbeit das Fehlen der zwei Baumstämme gar nicht bemerkten, auch nicht beim inzwischen vielleicht vorgenommenen Abtransport des restlichen Holzes. Ihre Schlamperei – daß sie das zeitweilige Fehlen zweier Hölzer nicht einmal bemerkt hatten – trat nun offen zutage, doch sie mochten die Verantwortung dafür nicht übernehmen. Darum taten sie lieber so, als wüßten sie davon nichts, und traten nicht auf den Plan. «Hat etwa», so schließt der Bericht in der Shanghaier Zeitung, «der Eigentümer der Baumstämme ebenfalls gelernt, das Strategem der leeren Stadt zum besten zu geben [also durch Abwesenheit zu glänzen, s. 32.19]? Die Patrouille führt ihre Abklärungen betreffend die Holzstücke jedenfalls weiter.»

32.16  Lampen statt Wachpersonal

Von einer ähnlichen Anwendung des Stratagems Nr. 32 berichtete die Shanghaier *Kulturtreff-Zeitung* am 1.4.1983 unter dem Titel «Ein derartiges ‹Stratagem der leeren Stadt› ist nicht angängig». Zwei Wächter eines Kaufhauses gingen regelmäßig in den oberen Stock schlafen, nachdem sie im Ladenareal im Erdgeschoß alle Lampen eingeschaltet hatten. Die brennenden Lampen sollten den Eindruck erwecken, das Kaufhaus werde bewacht. Zwei entlaufene Sträflinge, die das Kaufhaus beobachtet hatten, durchschauten das Stratagem und stahlen Waren im Werte von über 1100 Yuan. Das möge eine Belanglosigkeit sein, schreibt Chen Zhao in einem ähnlichen Zusammenhang, in seinem Essay «‹Das Stratagem der leeren Stadt› in der alten und heutigen Zeit» (*Befreiungs-Tageszeitung*, Shanghai 31.5.1990). Derartige Vorkommnisse zeigten aber, daß es nach wie vor viele Menschen gebe, die das «Stratagem der offenen Stadt» singen. Wie könnten sie sich nur als Zhuge Liang und Gesetzesbrecher als Sima Yi betrachten? «Sollte man diesen Wirrköpfen», so schließt Chen Zhao seine Betrachtungen, «nicht einen kräftigen Schlag versetzen, damit sie aus ihrem Dusel erwachen?!»

32.17  Echte und unechte Leere

Das Stratagem der leeren Stadt kann in zweifacher Weise verstanden werden, nämlich entweder als «Stratagem der Vertuschung der Leere einer tatsächlich leeren, das heißt wehrlosen Stadt» oder als «Stratagem der Vorspiegelung der Leere einer in Wirklichkeit nicht leeren, sondern abwehrbereiten Stadt.»

Gemäß der ersten Variante ist die Stadt tatsächlich «leer», das heißt zur Verteidigung gegen einen anrückenden Feind nicht gerüstet (s. auch 2.2). Indem man dem Feind die Leere ostentativ oder in einer irgendwie befremdlichen Weise zur Schau stellt, erweckt man bei ihm den Verdacht, sie sei nur vorgegaukelt, unsichtbar laure irgendwo eine Gefahr. Aus Angst davor sieht der Feind von einem Angriff auf die leere Stadt ab. Das Stratagem Nr. 32 dient in diesem Fall dazu, einen Angriff abzuwehren.

Gemäß der zweiten Bedeutung des Stratagems Nr. 32 besteht in Wirklichkeit keine Leere, sondern diese wird vorgetäuscht, weil man den Feind in eine Falle locken will. Er glaubt, in unverteidigtes Territorium vorzustoßen, doch es erwartet ihn ein Hinterhalt. Das Strategem Nr. 32 dient also in diesem Fall dazu, den Feind zu einem Angriff zu veranlassen und ihn dann zu vernichten (s. 22.2). Anschauungsmaterial für derartige Anwendungen des Stratagems der leeren Stadt bietet etwa die *Romanze der drei Königreiche* (s. C. H. Brewitt-Taylor: *Romance of the Three Kingdoms*, Nachdruck Taipeh 1967, Bd. 1, Kap. XL, L, LIII). Bei dieser Anwendungsvariante erstrebt das Stratagem Nr. 32 genau das Gegenteil von dem, worauf die erste Anwendungsvariante zielt, die allerdings als der eigentliche Kerngehalt des Stratagems Nr. 32 angesehen wird. Beschränkt man das Stratagem Nr. 32 auf diesen Kerngehalt, dann fällt die zweite Anwendungsvariante eher unter die Strategeme Nr. 22 und Nr. 28.

Im folgenden soll das Stratagem Nr. 32 in seiner Hauptbedeutung etwas näher erläutert werden.

## 32.18 Die Leere nicht verbergen, sondern zeigen

«Offenheit vortäuschen», schreibt Mao Zedong am 28.8.1949, «ist eine Kriegslist.» Beim Stratagem Nr. 32 wird Offenheit nicht vorgetäuscht, aber es wird gleichwohl listig damit umgegangen.

Es besteht an sich «Leere» (s. 2.2), also ein Mangel an Stärke oder Verteidigungsbereitschaft, worauf man sich absichtlich den Anschein noch größerer Hilflosigkeit gibt. Man hat also zum Beispiel nur spärliche Verteidigungsanlagen und verbirgt sie auch noch, verfügt über nur wenig Kräfte und entzieht sie ebenfalls den Augen des Feindes, oder man ist auf einen feindlichen Angriff schlecht vorbereitet und tut nun so, als sei man überhaupt nicht vorbereitet. Das Ziel derartiger Vorkehrungen ist es, den Gegner dermaßen zu verunsichern, daß er nicht mehr weiß, woran er ist. Ist das Gegenüber wirklich so schutzlos, wie es wirkt? Oder droht ein gefährlicher Hinterhalt?

In einer kriegerischen Auseinandersetzung werden der Gegenseite sowieso schon möglichst viele Informationen über die eigene Lage vorenthalten, weshalb grundsätzlich gegenseitiges Mißtrauen herrscht. Selbst wenn ganz normale Situationen eintreten, wird man sie genau analysieren und nicht alles für bare Münze nehmen. Tritt nun eine derart ungewöhnliche Situation ein wie beim Stratagem Nr. 32, dann potenziert sich das an sich schon vorhandene Mißtrauen dem Feind gegenüber, und man wird vielfach schlicht seinen Augen nicht trauen. Dies ist die psychologische Konstellation, die das Stratagem Nr. 32

ausnutzt und auf die schon das Militärtraktat *Grashüttenplan* aus der Ming-Zeit (1368–1644) setzt: «Man ist leer und stellt diese Leere so zur Schau, daß der Feind an ihr zweifelt und Fülle vermutet.» Gelingt das Strategem, wird das Strategemopfer auf das Vorhandensein des Gegenteils dessen (also der Leere), was es wahrnimmt, schließen, die Stadt nur als scheinbar leer einstufen und den Widersacher in Ruhe lassen.

Insofern das Strategem Nr. 32 aus einem Nichts – dem tatsächlichen Nichtvorhandensein militärischer Macht – ein Etwas – die Angst des Gegners vor einem vermeintlichen Hinterhalt – erzeugt, erscheint es als eine Variante des Strategems Nr. 7. Im Gegensatz zu diesem greift man aber zum Strategem Nr. 32 nur bei höchster Gefahr, in einer Situation der eigenen Schwäche, in der sich wirklich kein anderer Ausweg mehr anbietet. Es ist zunächst ein reines, dem Selbstschutz dienendes Defensivstrategem und hat die Qualität eines bloßen Verzögerungsmanövers, durch das man Zeit gewinnt. Während das Strategem Nr. 32 im gewünschten Sinne auf den Gegner einwirkt, ist unverzüglich die eigene Position zu stärken oder die Flucht zu ergreifen.

Man darf nicht alle Hoffnungen auf dieses Strategem setzen. Vielmehr sollte man Zusatzmaßnahmen für verschiedene mögliche Szenarien wie zum Beispiel ein Einrücken des Feindes in die Stadt in petto haben. Das Strategem Nr. 32 ist riskant, ja es gleicht einem Vabanquespiel. Der Strategemanwender, der gleichsam ein Ei gegen einen Stein wirft, hofft, mit viel Glück noch einmal davonzukommen und nicht als «Schildkröte im Wasserkrug (weng zhong zhi bie)» und damit als Opfer des Strategems Nr. 22 zu enden. Äußerste Kaltblütigkeit und Kühnheit auf der eigenen Seite sind ebenso erforderlich wie hochgradiger Argwohn und Kleinmut beim Gegner. Ist der Gegner ein waghalsiger Draufgänger, wird das Strategem Nr. 32 bei ihm kaum verfangen. Die gezeigte Leere muß plausibel und darf nicht übertrieben sein. Ferner muß man wissen, daß die Wirkung des Strategems Nr. 32 nur kurze Zeit anhält, weshalb man sogleich Anschlußmaßnahmen für die Zeit nach dem Unwirksamwerden des Strategems ins Auge fassen muß.

«Leer» ist die Stadt beim Strategem Nr. 32 nur hinsichtlich der Präsenz und Stärke militärischer Verbände, nicht hinsichtlich ziviler Einwohner und Gebäude und so weiter. «Stadt» kann im wörtlichen Sinne, aber auch abstrakt im Sinne einer bestimmten, dem Blick des Gegners zu großen Teilen entzogenen oder entziehbaren Einflußsphäre verstanden werden. Ohne eine «Stadt» läßt sich das Strategem Nr. 32 nicht mit Aussicht auf Erfolg anwenden. Eine Ebene, in der alles dem

Blick offensteht, bietet dem Strategem Nr. 32 keine Entfaltungsmöglichkeit.

Will man dem Strategem Nr. 32 nicht zum Opfer fallen, muß man die «Leere», die einem das Gegenüber zeigt, umfassend analysieren und darf nicht nur die visuell präsentierten Informationen berücksichtigen. Eine umfassende Analyse beurteilt die derzeit festgestellte gegnerische «Leere» unter dem Gesichtspunkt der von früher her bekannten feindlichen Kräfteverhältnisse sowie unter topographischen Gesichtspunkten und so weiter. Unter anderem mittels des Informationsstrategems Nr. 13 kann man immer wieder aufs neue versuchen, zusätzliche Erkenntnisse über die angeblich leere Stadt zu gewinnen. Läßt sich der Feind in keiner Weise auf das Strategem Nr. 13 ein, kann man ihn möglicherweise mit Hilfe des Strategems Nr. 7 (s. Kerngehalt a.) überrumpeln. Läßt sich die vorgezeigte «Leere» beziehungsweise vermutete «Fülle» trotz aller Abklärungen nicht verifizieren, umzingelt man die Stadt und beobachtet sie geduldig. Früher oder später wird das Strategem der leeren Stadt, falls es gespielt wurde, der Entlarvung anheimfallen. Möglicherweise läßt sich das Strategem Nr. 32 auch durch die Anwendung des Strategems Nr. 15 durchkreuzen.

32.19  Mein Magen singt das Strategem der leeren Stadt

«Zhuge Liangs erneute Aufführung des Strategems der leeren Stadt» ist der Titel einer Kurzgeschichte von Xu Chongyu in der *Pekinger Abendzeitung* vom 16.12.1989. Als Zhuge Liang diesmal seine Generäle zu einer Lagebesprechung um sich schart und sie zu einer Offensive gegen den heranrückenden Sima Yi aufbieten will, krebsen alle zurück. Der eine verlangt eine überhöhte Prämie, der andere ist mit seinem Lohn und der ihm zugeteilten Wohnung unzufrieden, der dritte schützt vor, keine Kampferfahrungen mehr zu haben, da er in den letzten acht Jahren nur noch Tee getrunken und Mah-Jongg gespielt habe, und ein vierter muß unbedingt die letzten Formalitäten einer anstehenden Inspektionsreise ins Ausland erledigen. Angesichts all dieser Drückeberger mit ihren Ausreden und unerfüllbaren Forderungen bleibt Zhuge Liang gar nichts anderes übrig, als die Stadttore öffnen zu lassen und höchstpersönlich auf der Stadtmauer das Strategem der leeren Stadt zu spielen.

Hier werde in unstatthafter Weise von der Vergangenheit geredet, aber die Gegenwart gemeint, wettert von der Warte des Strategems Nr. 26 aus He Luo gegen diese Kurzgeschichte (*Volkszeitung*, Peking 12. 6. 1990). Während derartige literarische Verarbeitungen des Strategems Nr. 32 eher selten vorkommen, werden Wendungen wie «Das Strategem der leeren Stadt singen» oder «Das Strategem der leeren Stadt aufführen» oft in einem übertragenen Sinn benutzt. Man signalisiert damit auf eine ulkige Art, daß irgendein Vakuum vorhanden ist. Singt der Abschlußjahrgang einer Hochschule nicht das Strategem der leeren Stadt, dann heißt das, daß die meisten Studierenden die Vorlesungen nach wie vor besuchen und sich nicht auswärts nach einer Stelle für die Zeit nach der bevorstehenden Graduierung umsehen (*Licht-Tageszeitung*, Peking 29. 4. 1998). Sagt man von seinem Magen, er singe das Strategem der leeren Stadt, gibt man auf spaßhafte Weise zu verstehen, daß man hungrig ist.

Singen demgegenüber Ämter und Behörden das Strategem der leeren Stadt, bedeutet dies, daß alle Verantwortlichen abwesend und irgendwohin ausgeflogen sind (*Volkszeitung*, Peking 31. 7. 1980; 21. 12. 1990; 13. 1. 1998). Auch ausländische, zum Beispiel italienische Regierungsbehörden werden als virtuose Interpreten des Strategems der leeren Stadt anerkannt (*Volkszeitung*, Peking 14. 3. 1989, S. 7).

Singt die Qualitätskontrollstelle einer Getränkefabrik das Strategem der leeren Stadt, dann besteht sie nur der Form nach (*Kulturtreff-Zeitung*, Shanghai 8. 7. 1998, S. 6). Auch ein Verkehrswachturm an einer belebten Straßenkreuzung kann unter die Sänger geraten und das Strategem der leeren Stadt zum besten geben, was besagen will, daß er ständig unbemannt ist (*Tianjiner Tageszeitung*, Tianjin 3. 9. 1980). Verfügt ein Buch über auffallend viele spärlich oder gar nicht bedruckte Seiten, wodurch es dicker als notwendig und vor allem – darauf kommt es dem Verlag natürlich an – teurer wird, singt es gleichfalls das Strategem der leeren Stadt (*Literatur-Zeitung*, Shanghai 31. 3. 1983). Gründen Chinesen mit der Beteiligung ausländischer Investoren ein Unternehmen, um in den Genuß der dafür vorgesehenen Steuerprivilegien zu gelangen, und entdecken die Behörden später, daß der sogenannte ausländische Partner nur auf dem Papier steht, dann kann man ebenfalls sagen, es sei das Strategem der leeren Stadt aufgeführt worden (*Chinesische Jugendzeitung*, Peking 14. 5. 1993, S. 2).

Möglicherweise habe es bereits unter den Hundert Denkrichtungen des vorkaiserlichen Chinas eine Schule der leeren Worte gegeben, meint Li Sheng in der Pekinger *Licht-Tageszeitung* (19. 8. 1979).

Jedenfalls habe China in bezug auf die Phrasendrescherei eine uralte Tradition. Von dem bekannten chinesischen Schriftsteller Lu Xun (1881–1936) stammt das Diktum, daß, wenn leeres Gerede derart überhandnehme, daß es die Politik beeinflusse, das «Strategem der leeren Stadt» herauskomme und sich Unwirkliches in den Vordergrund dränge. Während der «Kulturrevolution» (1966–1976) habe man, so wieder Li Sheng, das Erbe des leeren Drauflosschwadronierens wiederbelebt. Dadurch sei die Volkswirtschaft an den Rand des Abgrunds gebracht worden. Man habe nur noch bombastische politisch-ideologische Sprüche geklopft, die unschöne Wirklichkeit aber links liegengelassen. Der eigenen Bevölkerung sowie dem Ausland wurde weisgemacht, China befinde sich in einer glänzenden Lage und alles stehe zum besten. Über den damaligen Ministerpräsidenten Zhou Enlai schreibt Simon Leys, er habe wie ein guter Pekingopern-Darsteller während der «Kulturrevolution» das ‹Strategem der leeren Stadt› in immer wieder neuen Variationen dargeboten und als moderner Zhuge Liang einem verblüfften internationalen Publikum das Mirakel einer starken und mächtigen Ordnung vor Augen geführt, wo doch nur Wirrwarr und Leere geherrscht hätten (*Chinese Shadows*, New York 1982, S. 17). Noch weiter geht Li Sheng, wenn er mit Bezug auf die «Kulturrevolution» in der *Licht-Tageszeitung* ausruft: «Das ganze Land fing an, ‹das Strategem der leeren Stadt› zu singen.»

Der westliche Leser mag nun schmunzeln. Vielleicht hat er aber gar keinen triftigen Grund dazu. Was jedenfalls die USA betrifft, so sind sie kaum fähig, an mehreren Orten der Erde gleichzeitig militärisch einzugreifen («Zweifel an westlichen Militärkapazitäten: Das International Institute for Strategic Studies kritisiert die Rüstungspolitik der NATO-Mitglieder», in *Neue Zürcher Zeitung*, 6. 11. 1998, S. 5). In der UNO-Generalversammlung sind sie völlig isoliert und werden in heiklen Fragen nur von Kleinststaaten unterstützt. In Krisensituationen vermögen sich die USA auch im UNO-Sicherheitsrat nicht unbedingt durchzusetzen und sind dann bisweilen gezwungen, einen Sonderweg, strategemisch geschönt «Unilateralismus» genannt, zu beschreiten. Daher die Frage, ob die sogenannte Weltführerschaft der USA von der Europa profitieren zu können glaubt, nicht eher herbeigeredet als tatsächlich vorhanden ist und ob die USA und mit ihr die Europäer in dieser Hinsicht nicht auch bis zu einem gewissen Grad das Strategem der leeren Stadt singen. Besteht man, diese Frage verneinend, auf der amerikanischen Welthegemonie, dann um den Preis, daß nun unvermittelt die doch eigentlich für die Weltbelange zuständige UNO als ziemlich nackte und impotente Komparsin dastünde, die kaum mehr vermag, als ständig «das Strategem der leeren Stadt» zu trällern, ein Zustand, für den freilich außer den USA auch andere ständige Mitglieder des Sicherheitsrates mit ihrem «nationalen Egoismus» («Hilflos», in: *Frankfurter Allgemeine Zeitung*, 19.1.1999, S.14) verantwortlich sind.

### 32.20  Das Lieblingsstrategem chinesischer Witzzeichner

Kein anderes Strategem beflügelt die Phantasie chinesischer Karikaturisten derart wie das übrigens auch als Sujet chinesischer Neujahrsbilder beliebte und 1998 durch eine prächtige Briefmarke geehrte Strategem Nr. 32. 20 Karikaturen mit der Legende «Das Strategem der leeren Stadt», wobei vereinzelt statt dem Wort «ji» (Strategem) das gleichklingende Wort «ji» (Bericht) steht, fielen mir über die Jahre bei der Lektüre chinesischer Zeitungen und Zeitschriften auf. Was auch immer die Aussage dieser Karikaturen sein mag, sie tragen auf jeden Fall zur Popularität des Strategems Nr. 32 und der Strategeme ganz allgemein bei.

Teils werden Zhuge Liang und Sima Yi in ihrer Operntracht dargestellt, teils ganz andere Szenen und Protagonisten gezeigt. Immer aber wird irgendein Mißstand in der modernen chinesischen Gesellschaft aufs Korn genommen. Bisweilen operiert die angeprangerte Unzulänglichkeit selbst mit dem Strategem Nr. 32, aber manchmal dient das von Zhuge Liang aufgezogene Spektakel – oder eine Variante davon – auch nur als Vehikel für Kritik an völlig unstrategemischen Gegebenheiten. So etwa, wenn Sima Yi zu Zhuge Liang, der höchstpersönlich und allein die Straße vor dem Stadttor kehrt, sagt: «Kanzler, offenbart Ihr auf diese Weise nicht, daß Ihr tatsächlich kein Personal in der Stadt habt?» – «Die da oben auf der Mauer wollten unbedingt die Hauptrolle spielen, für mich blieb da nur noch die Rolle des Straßenfegers», antwortet seufzend Zhuge Liang (*Befreiungs-Tageszeitung*, Shanghai 2.2.1980, S.2). Die Karikatur geißelt offensichtlich Rivalitäten innerhalb chinesischer Schauspieltruppen.

In einer anderen Karikatur fragt vor dem geöffneten Stadttor der eine die Straße fegende Alte seinen Kollegen, der ein bedeppertes Gesicht macht: «Wo sind eigentlich Zhuge Liang und die beiden Knappen?» Dabei zeigt er auf die leere Stadtmauer, auf der sich lediglich zwei Vöglein tummeln. Die Antwort lautet: «Sie haben alle ein Privatengagement und treten woanders auf.» Auf der Mauer verkündet ein Schild «Gesangs- und Tanzensemble X». Die Witzzeichnung in der Pekinger *Licht-Tageszeitung* vom 21.1.1990 rügt Schauspieler, die ohne Rücksicht auf den Spielplan ihres Ensembles privat auftreten und die Einnahmen in die eigene Tasche stecken.

«Wo ist denn der Reichskanzler Zhuge Liang?» fragt in einer Karikatur im Pekinger Blatt *Satire und Humor* vom 20.3.1998 Sima Yi die beiden die Straße fegenden Männer vor dem Stadttor und deutet auf die verwaiste Stadtmauer. «Er befindet sich auf einer Auslandsreise», entgegnen sie. Aufs Korn genommen wird die Reiselust, der gar mancher chinesische Funktionär natürlich nicht auf eigene, sondern auf Staatskosten, frönt.

Auf einer Karikatur in derselben Witzzeitung vom 20.2.1989 meldet ein Bote dem auf der Stadtmauer sitzenden, verdutzt dreinblickenden Zhuge Liang: «Melde gehorsamst, Sima Yi hat den öffentlichen Stadtbus benutzt und ist im Verkehr steckengeblieben.» Natürlich befinden sich verstopfte Straßen und Verkehrschaos im Visier des Karikaturisten. «Nur zwei Mann habe ich doch zum Straßenfegen abkommandiert», meint Zhuge Liang. Vor dem offenen Stadttor tummeln sich indes 14 Männer, von denen vier mit einem Besen hantieren, zwei dösend herumsitzen, zwei Go spielen, zwei dabei zuschauen, einer die Zeitung liest und zwei sich untätig an die Mauer lehnen. Die Karikatur in der Pekinger Witzzeitung *Satire und Humor* vom 20.1.1982 macht sich über den viel zu hohen Personalaufwand in vielen chinesischen Amtsstuben lustig.

Aber nicht bloß allgemeine Fehlentwicklungen, sondern auch strategemische Vorgehensweisen nehmen sich Karikaturen mit dem Strategem Nr. 32 als Folie vor. Eine Karikatur in der Pekinger Zeitschrift *Chinesische Jugend* (Nr.4, 1982, S.62) zeigt Sima Yi, wie er sich in Operntracht vorsichtigen Schrittes einem Laden nähert. Im Schaufenster erblickt er acht Flaschen, offenbar exquisiten Alkohol enthaltend. Doch daneben hängt ein Plakat mit den Schriftzeichen «Unverkäufliche Ausstellungsobjekte». Der dies lesende Sima Yi ruft aus: «Hier wird bestimmt wieder das Strategem der leeren Stadt gespielt.» Entweder sind die verlockenden Flaschen leer, oder die Ladenangestellten haben die Spirituosen alle bereits für sich oder für Freunde und Bekannte aufgekauft, was in China zur Zeit, als noch Plan- und damit bis zu einem gewissen Grad Mangelwirtschaft herrschte, oft vorkam. So oder so dienen die Flaschen der bloßen Dekoration (vgl. Strategem Nr. 29). In einer weiteren Karikatur aus jener Zeit mit der Strategemformel Nr. 32 als Legende ist nicht ein einziger Kunde auszumachen. Auf dem Ladentisch und in den fast leeren Regalen liegen nur ein paar wenige, offenbar alte Früchte. Die Verkäuferin streckt bedauernd beide Arme aus und zeigt ihre leeren Handflächen. In ihrem Rücken verrät nun aber ein an der Ladenwand angebrachter Spiegel, daß unter der Theke zahlreiche prall mit Obst gefüllte Taschen versteckt sind. Sie gehören entweder Freunden und Bekannten der Verkäuferin oder anderen Ladenangestellten, die die gute Ware unter der Hand bereits gekauft haben und demnächst abholen werden. (*Satire und Humor*, Peking 5. 2. 1982, S. 4). Die Beziehung zwischen den beiden Karikaturen und dem Stratagem Nr. 32 besteht in der tatsächlichen oder vorgespiegelten Leere der beiden Läden. Sima Yi argwöhnt in der ersten Karikatur, daß der Laden gar keinen exquisiten Alkohol verkaufe, also in dieser Hinsicht «leer» sei, und läßt sich daher gar nicht erst hineinlocken. In der zweiten Karikatur wird den Kunden weisgemacht, es gebe nichts zu kaufen, weshalb sie dem Ladentisch fernbleiben.

Auf einer in der Pekinger *Volkszeitung* erschienenen Karikatur (27. 9. 1992, S. 8) mit der Legende «Bericht von der leeren Stadt» blickt von der linken Ecke aus eine Person auf sieben hintereinander aufgereihte Stadttore, die aus einem sehr dünnen Material gefertigt sind. Auf dem ersten Stadttor steht «Große Glückslotterie, Hauptpreis 100 000 Yuan». Die auf den folgenden Toren angekündigten Preise werden immer geringfügiger. Hinter dem letzten Tor auf dem Fußboden liegt ein Kästchen, darüber steht «Erinnerungspreis: eine Nähnadel». Das einzige, was Teilnehmer an der Lotterie bestenfalls bekommen, ist wohl diese Nähnadel, alle anderen Preise sind leere Versprechungen.

Hoch oben auf einer riesigen Getreidetonne steht ein Bauer. Er hält einen Fächer mit der Inschrift «Fortschrittliche Erfahrungen» in der Hand. An seiner Brust hängen irgendwelche Plaketten, mit denen er offensichtlich ausgezeichnet worden ist. Vorn auf der Tonne prankt die Inschrift «Besonders große reiche Ernte». Vor der Tonne drängt sich eine Menschengruppe. Eine Person richtet ihre Filmkamera auf den vorbildlichen Bauern, ein Mann macht sich Notizen, ein anderer hebt anerkennend den Daumen in die Höhe, und eine Frau streckt jubelnd ihre Hand empor. Der Leser der Zeitschrift *Bildende Kunst* (Peking Nr. 2, 1991), der in der Karikatur von oben in die Tonne hineinblickt, sieht, daß der Bauer nicht auf einem Getreideberg, sondern auf einem Schemel steht. Die Tonne ist, jedenfalls soweit der Blick des Betrachters reicht, leer. Das bestätigt eine Maus, die auf der Hinterseite der

Tonne ein Loch genagt hat und einer zweiten Maus sagt: «Da sind wir aber schön hereingefallen, das ist ja leer hier.» Die Bildlegende lautet, wen überrascht's: «Das Strategem der leeren Stadt».

Und noch ein letztes Beispiel aus der Pekinger *Licht-Tageszeitung* vom 19.4.1997. An der Mauer hängt ein Schild mit der großspurigen Bezeichnung «Weltallzentrum». Links im Bild sieht man einen Mann auf den Zehenspitzen. Seinen Aktenkoffer hat er neben sich auf den Boden gestellt. Mit einem Fernrohr versucht er zu ergründen, was sich hinter der Mauer verbirgt: lediglich Wolken und sonst nichts! Zutiefst erschrocken blickt der auf der Mauer sitzende Mann drein, der eine Aktenmappe unter dem Arm geklemmt hält. Wahrscheinlich hatte er gehofft, auf der Grundlage eines puren Bluffs ein lukratives Geschäft tätigen zu können. Jetzt stellt er fest, daß das wachsame Gegenüber den Schwindel durchschaut hat, und er sieht seine Felle davonschwimmen. Der Karikatur beigesellt ist ein Gedicht mit dem Titel «Ironische Äußerungen über das ‹Strategem der leeren Stadt›:

Eine Vorstellung des Strategems der leeren Stadt bringt viel Beifall ein.
Doch wenn man etwas genauer nachdenkt,
ist an dem Spiel was faul.
Der großen Kriegskoryphäe Sima Yi
kann der Vorwurf mangelnden Scharfblicks nicht erspart bleiben.
Warum mußte er kopflos davoneilen?
Er hätte doch Späher abkommandieren
oder die Stadt umzingeln und die weitere Entwicklung beobachten können!
Dann hätte Zhuge Liang bestimmt ein langes Gesicht gemacht,
und die Freude an der Berglandschaft wäre ihm vergangen.
Die Theaterbühne ist eine kleine Gesellschaft.
Die Gesellschaft ist eine große Theaterbühne.
Wie viele ‹Strategeme der leeren Stadt› werden erst recht hier gespielt!
Da hüte man sich vor zu viel Leichtgläubigkeit!»

# Strategem Nr. 33

## Das Geheimagenten-Strategem/
## Das Strategem des Zwietrachtsäens

| Die drei Schriftzeichen | 反 | 间 | 计 |
|---|---|---|---|
| Moderne chinesische Aussprache | fan | jian | ji |
| Übersetzung der einzelnen Schriftzeichen | 1) umdrehen/ umkehren/ umwandeln | Geheimagent/ Spion | Strategem |
| | 2) Geheimagent | | Strategem |
| | 3) Uneinigkeit herbeiführen Zwietracht | spalten/ entzweien säen | Strategem Strategem |
| Zusammenhängende Übersetzung | 1) Das Strategem des Umdrehens eines feindlichen Geheimagenten/Spions in einen eigenen Geheimagenten/Spion. 2) Das einen/mehrere Geheimagenten/Spion[e] einsetzende Strategem. 3) Das Strategem der Spaltung/Entzweiung/des Gegeneinander-Ausspielens der Feinde/der Sprengung einer Feind-Koalition/des Stiftens, Schürens von Zwietracht im feindlichen Lager. | | |
| Kerngehalt | 1. Doppelagenten-Strategem. 2. Geheimagenten-Strategem. 3. Strategem des Zwietrachtsäens; Spaltpilz-Strategem; Unterwanderungs-Strategem. | | |

### 33.1 Dem Feind mit dessen eigener Hand eine Ohrfeige versetzen

«Schon vor 4000 Jahren wurden in China Geheimagenten eingesetzt. Kein Wunder, daß der Einsatz solcher Kräfte im Reich der Mitte bereits sehr früh in systematischer Weise theoretisch erörtert wurde», schreibt Yin Jing in *Überblick über die chinesische Kultur* (2. Aufl.

Peking 1992, S. 129). Die beiden zentralen Schriftzeichen der Strategemformel Nr. 33, in der Pinyin-Umschrift zusammengeschrieben «fanjian», tauchen erstmals in dem etwa 2500 Jahre alten Werk *Meister Suns Kriegskunst* im Kapitel «Der Einsatz von Geheimagenten» auf. Dort werden fünf Arten von Geheimagenten aufgezählt, und zwar neben den umgedrehten Geheimagenten (fanjian) einheimische, interne, todgeweihte und überlebende Geheimagenten. «Einheimische Geheimagenten» werden unter den Einwohnern und «interne Geheimagenten» unter sieben Kategorien von Beamten (entlassenen, zu kurz gekommenen, gemaßregelten, geldgierigen, geltungssüchtigen und wankelmütigen) des feindlichen Landes rekrutiert. «Todgeweihte Geheimagenten» sind Geheimagenten, die ohne ihr Wissen geopfert werden oder sich bewußt in Todesgefahr begeben. «Überlebende Geheimagenten» beschaffen sich im Feindesland Informationen, mit denen sie unversehrt in ihr eigenes Land zurückkehren, oder sie agieren sonstwie unentdeckt im Land des Feindes. «Umgedrehte Geheimagenten» sind feindliche Geheimagenten, die gegen den Feind eingesetzt werden, sei es mit ihrem Wissen oder ohne ihr Wissen. Im letzten Fall wird die Mission des Geheimagenten zwar entdeckt, aber er wird nicht unschädlich gemacht, sondern hinfort planmäßig mit Fehlinformationen versorgt, die er gutgläubig seinem Auftraggeber übermittelt, woraufhin dieser aufgrund der Nachrichten falsche Dispositionen trifft (indirekter Einsatz eines Doppelagenten).

Mittels Bestechung oder sonstwie (zum Beispiel durch Drohung) angeheuerte feindliche Agenten (direkte Doppelagenten) sind besonders wichtig, weil durch sie, so heißt es in *Meister Suns Kriegskunst*, einheimische und interne Geheimagenten angeworben werden können. Auch beim Einsatz von todgeweihten und überlebenden Geheimagenten spielen die zuvor von Doppelagenten gelieferten Insider-Informationen eine entscheidende Rolle. Ein angeworbener Doppelagent kann zudem im Gegensatz zu den anderen vier Typen von Agenten sofort nützliche Dienste leisten und Informationen liefern. Der angeworbene Doppelagent besitzt überdies beim Feind ein hohes Vertrauenskapital, weshalb ihm die Feindesseite Fehlinformationen leicht abnimmt. Daher ist das zerstörerische Potential des Doppelagenten besonders groß.

Das Doppelagenten-Stratagem einsetzen bedeute gleichsam, die Hand des Feindes nehmen und ihm damit eine Ohrfeige versetzen, so der Strategemforscher Yu Xuebin. Aus diesen Gründen behandelt der Herrscher, so wird in *Meister Suns Kriegskunst* ausgeführt, Doppelagenten mit einem Höchstmaß an Großzügigkeit. Natürlich sind Doppelagenten aber auch ein Risikofaktor und daher aufs strengste zu kontrollieren. Oberste Geheimhaltung ist im Umgang mit Doppelagenten geboten. Um ihren Nutzen für den Feind aufrechtzuerhalten, sind Doppelagenten kleinere Erfolge zugunsten des Feindes zu ermöglichen.

### 33.2 Das göttliche Ziehen der Fäden

Die ersten beiden Schriftzeichen der aus nur drei Schriftzeichen zusammengesetzten Strategemformel Nr. 33 können auch schlicht «Geheimagent» bedeuten. Demgemäß kann die Strategemformel auch mit «Geheimagenten-Strategem» übersetzt werden. Geheimagenten und Spione sind unerläßlich zur Erlangung von Früherkenntnissen. Früherkenntnisse, Vorauswissen kann man nur von Leuten erlangen, die die Lage des Feindes gut kennen. Wenn die fünf Typen von Geheimagenten simultan am Werk sind und niemand ihr Tun entdeckt, so kann dies gemäß *Meister Suns Kriegskunst* das «göttliche Ziehen der Fäden» genannt werden. Es ist die kostbarste Fähigkeit des Herrschers, kann er doch bei zutreffenden Informationen über den Feind möglicherweise gewaltige Geldsummen und Aufwendungen einsparen.

### 33.3 Den geeinten Feind spalten

Eine dritte Bedeutung der ersten beiden Schriftzeichen (fanjian) der Strategemformel Nr. 33 ist «Zwietracht säen». Wird «fanjian» in diesem Sinn vor allem bei militärischen Auseinandersetzungen benutzt, ist im politischen und zivilen Bereich der Ausdruck «aufhetzen und auseinanderbringen (tiaobo lijian)» gebräuchlicher. Daß das zweite Schriftzeichen der Strategemformel Nr. 33 mit der Aussprache «jian» gleichzeitig «Geheimagent» und «entzweien» bedeuten kann, hängt mit der Funktion zusammen, die Geheimagenten in China seit jeher ausübten. Sie sollten nicht bloß Informationen sammeln, sondern jede sich bietende Gelegenheit ergreifen, um den Feind auseinanderzudividieren und zu zersetzen. Diese Bedeutung von «fanjian» schwingt zweifellos mit, wenn in dem Drama *Bericht von einer Wäscherin,* verfaßt von Liang Chenyu (1519–1591), ein Adjutant des Königs von Wu über die schöne Xi Shi (s. 31.11) mutmaßt: «Wer weiß, ob sie in den letzten Jahren nicht bei uns geweilt hat, um als Geheimagentin zu wirken (zuo fanjian)?»

«Ist der Feind geeint, spaltet man ihn.» Das ist einer der «Zwölf listigen Wege», empfohlen in *Meister Suns Kriegskunst,* im ersten Kapitel, dessen Titel der englische Sinologe Lionel Giles mit «Attack by Stratagem» übersetzt. Ein Hauptziel einer ökonomischen, die eigenen Kräfte schonenden Auseinandersetzung mit dem Feind besteht in der Tat darin, den Feind zu spalten, einen Keil zwischen die Beteiligten einer feindlichen Koalition zu treiben, verschiedene Personen oder Gruppen im feindlichen Lager gegeneinander aufzuhetzen, kurz, Zwietracht zu säen. Denn sehr schwer ist es, gegen eine in sich geschlossene feindliche Front vorzugehen. «Einheit macht stark», heißt es denn auch in einem alten chinesischen Militärtraktat.

Man kann die feindliche Armee räumlich aufsplittern und ihre Einzelteile mit der eigenen konzentrierten Militärmacht aufreiben. Aber der bloß räumlich zersplitterte Feind bleibt nach wie vor eine in sich geschlossene Einheit; die einzelnen Truppenteile werden einander bei aller räumlichen Zersplitterung nach Kräften unterstützen. Demgegenüber bewirkt das Strategem des Zwietrachtsäens einen psychologischen Bruch im Feindeslager und eine den Feind von Grund auf erschütternde Aufsplitterung.

Zwietracht kann man säen, um den Feind vertikal oder horizontal zu spalten. Bei einer vertikalen Spaltung wird erreicht, daß Herrscher und Untertanen, Regierung und Bevölkerung, Befehlshaber und Soldaten und so weiter aneinandergeraten, sich beargwöhnen, einander die Treue kündigen, sich gegenseitig neutralisieren oder gar zerfleischen. Die horizontale Spaltung beeinträchtigt den Zusammenhalt unter gleichrangigen feindlichen Personen, Gruppen oder Staaten.

Ferner werden in China die eingleisige und die mehrgleisige Spaltung des Feindes unterschieden. Bei der eingleisigen Spaltung des Feindes konzentriert man sich schwerpunktmäßig auf eine von zwei oder mehreren feindlichen Seiten. Damit das feindliche Lager unversehens durch eine unsichtbare Mauer des Mißtrauens getrennt wird, genügt es nämlich grundsätzlich, wenn bei einer feindlichen Seite der Keim der Zwietracht gesät wird. Das eingleisige Zwietrachtsäen kann allerdings von der dem Stratagem Nr. 33 nicht ausgesetzten feindlichen Seite, falls sie scharfsichtig genug ist, leicht durchschaut und durchkreuzt werden. Wirksamer ist daher die zwei- beziehungsweise mehrgleisige Spaltung des Feindes, bei der beide beziehungsweise mehrere feindliche Seiten gleichzeitig gegeneinander aufgebracht werden.

33.4 Achtung vor den grünen Fliegen!

Von den vielen konkreten Vorgehensweisen beim Zwietrachtsäen seien hier in Anlehnung an die einschlägige chinesische Strategemliteratur vier herausgegriffen:

1) Ausstreuen von Gerüchten (s. z. B. 3.9, 3.10, 3.11, 7.19 und 7.20). Gerüchte sind chinesischen Strategemexperten zufolge Nachrichten ohne faktische Grundlage. Da dabei eine Bindung an Tatsachen nicht erforderlich ist, können sie nach Lust und Laune fabriziert und verbreitet werden (beachte aber 7.21), ohne großen Aufwand und ohne ins Gewicht fallendes Risiko. Das Ausstreuen von Gerüchten stellt keine hohen Anforderungen. Je gezielter ein Gerücht eingesetzt wird, desto wirksamer, glaubhafter und effizienter ist es (Yu Xuebin). Seit jeher wurde mit Hilfe von Gerüchten Zwietracht gesät. Schon das angeblich von Konfuzius zusammengestellte *Buch der Lieder* warnt vor Verleumdern und vergleicht sie mit Fliegen, die Weißes verschmutzen und schwarz machen:

> Es summen die grünen Fliegen
> Und setzen sich auf den Zaun.
> O edler, lieber Herr,
> Glaub nicht der Verleumder Wort.
>
> Es summen die grünen Fliegen
> Und setzen sich auf den Baum.
> Verleumder lügen maßlos,
> Verwirren die ganze Welt.
>
> Es summen die grünen Fliegen
> Und setzen sich auf den Busch.
> Verleumder lügen maßlos,
> Sie wollen verfeinden uns zwei.

2) Herbeiführen von Mißverständnissen, zum Beispiel durch gezielte Fehlinformationen, die Verbreitung von zweideutigen Nachrichten, das Aufbauschen oder Verheimlichen einzelner Tatsachen und so weiter.

3) Die differenzierte Behandlung von Feinden: Der eine wird bevorzugt, der andere hintangestellt. Dadurch werden Rivalität und Zwist zwischen den Feinden geschürt.

4) Die Vertiefung von bereits vorhandenen Widersprüchen im feindlichen Lager. Aus sinomarxistischer Sicht sind Widersprüche stets objektiv vorhanden (s. hierzu: Harro von Senger: «Dialektische Methodik», in: *Einführung in das chinesische Recht,* München 1994, S. 226 ff.). Immer wieder bietet sich eine Gelegenheit, Widersprüche im feindlichen Lager zu erspähen und auszunutzen, Öl ins Feuer zu gießen, die Widersprüche beim Feind auf die Spitze zu treiben, sie von nicht-antagonistischen in antagonistische zu verwandeln und zu bewirken, daß die feindliche Allianz auseinanderfällt, «ein Hund den anderen zu beißen (gou jiao gou)» anfängt beziehungsweise die Gegner sich in einer Selbstzerfleischung zu verstricken beginnen. Die Ausnutzung bereits existierender Widersprüche beim Feind erscheint Chinesen erfolgversprechender als die künstliche Herstellung von Widersprüchen beim Feind.

## 33.5 «Teile und herrsche» – weltweit

In diesen Zusammenhang gehört die Vorgehensweise «teile und herrsche (fen er zhi zhi)»: Künstlich spaltet man den Feind, so daß zwei oder mehr feindliche Lager entstehen, die sich gegenseitig in Schach halten. Oder man setzt der gegnerischen Kraft noch eine zusätzliche, rivalisierende Kraft an die Seite, so daß Konkurrenz entsteht. Zu denken ist hier auch etwa an die Lancierung von Sprengkandidaten bei Wahlen. Man kann die widerstreitenden Kräfte in ihrem Verhältnis zueinander so regulieren, daß nie eine von ihnen zu stark wird und die andere überwältigt. So ist gewährleistet, daß beide Kräfte einander die Waage halten.

Großbritannien hat jahrhundertelang gegenüber den Mächten des europäischen Kontinents das Stratagem Nr. 33 in Form seiner Politik des Gleichgewichts der Kräfte angewandt: «Von jeher war es seine Sache, die Völker des Festlandes gegeneinander auszuspielen, aus ihren Zwistigkeiten Nutzen zu ziehen, sie für seine Zwecke bluten zu lassen» (Thomas Mann: *Betrachtungen eines Unpolitischen,* Neuauflage Frankurt a. M. 1956, S. 423). Aber auch anderswo in der Welt bediente sich Großbritannien des Spaltpilz-Stratagems. «Mit seinem zur Perfektion entwickelten Spiel des Divide et impera» und durch «die Stimulierung religiöser Animositäten» («Meerut – Erinnerungen an Verrat und Heldentum: auf den Spuren des Aufstandes von 1857», in: *Neue Zürcher Zeitung,* 21./22. 10. 1989, S. 6) trug «Perfidious Albion' zur blutigen Teilung des [indischen] Subkontinents bei» (Urs Schoettli: «‹We dont't want to fight, yet by jingo, if we do...›»: Betrachtungen zum Nationalismus in England», in: *Neue Zürcher Zeitung, 22./23. 5. 1993, S. 66*). In Sri Lanka «förderten die Briten die Gegensätze zwischen Singhalesen, Tamilen und Muslimen», um «die Entwicklung einer geeinten nationalistischen Bewegung» zu «verhindern» («Der Konflikt in Sri Lanka – ein Bürgerkrieg im Paradies: ein halbes Jahrhundert Unabhängigkeit, ein halbes Jahrhundert Uneinigkeit», in: *Neue Zürcher Zeitung, 4. 2. 1998, S. 7*). So haben die Briten in Sri Lanka «mit ihrer Politik des ‹divide und impera›, wie anderswo auch, ein für spätere Zwietracht fruchtbares Terrain geschaffen» («Urs Schoettli: Brudermord im Paradies: Sri Lankas Tragödie», in : *Neue Zürcher Zeitung 27. 9. 1995, S. 89*).

Der Palästina-Konflikt ist «ein [...] Produkt der britischen Mandatspolitik, die Juden und Araber erst gegeneinander ausspielte und dann den Kram hinwarf». Die Erbfeindschaft zwischen Indien und Pakistan, die sich seit dem Frühjahr 1998 sogar gegenseitig mit Atomwaffen bedrohen, wurde «erst von den britischen Eroberern bei ihrem Abzug geschaffen» (Siegfried Kogelfranz: «Die Auflösung der Kolonialreiche», in: *Der Spiegel,* Hamburg Nr. 47, 16. 11. 1998, S. 160).

Die Holländer nutzten in Sumatra die Missionstätigkeit dazu, «mit der Bibel die geschlossene Front der Einheimischen aufzubrechen und die engen antikolonialen Bande zwischen den Bergstämmen und der islamischen Küstenstadt Bandar Aceh zu zerschlagen» («Besuch in Nordsumatra: Indonesiens größte christliche Gemeinde», in: *Neue Zürcher Zeitung 22. 4. 1987, S. 5*).

«Teile und erobere ist eine bekannte Methode kolonialer Administration, und sie funktionierte in Ruanda sehr gut. Bis zur Ankunft europäischer Kolonialisten hatte niemand objektive Kriterien für die Unterscheidung sogenannter ethnischer Gruppen vorlegen können [...] Die ruandische Gesellschaft wurde seit den 20er Jahren des 20. Jh. künstlich rassemäßig aufgespalten, vor allem durch fremde Missionare. [...] Leider benutzten nach der Errungung der Unabhängigkeit die Männer, die das Schicksal Ruandas in der Hand hatten, die [ethnischen] Unterscheidungen, um ihre Macht aufrechtzuerhalten. Seit 1959 wurde Ruanda von einer Politik der Ethnizität beherrscht [...] die Folge waren die Massaker von 1959, 1961, 1963, 1967, 1973 und schließlich von 1994 [...]» (John A. Berry; Carol Pott Berry: *Genocide in Rwanda: a Collective Memory,* Kigali 1995, S. 109f., 124).

«Kambodschaner und Vietnamesen stachelten die französischen

Kolonialisten [in Indochina] gegeneinander auf; Haß zwischen beiden Nachbarvölkern bestimmte den weiteren Verlauf» (in: *Die Weltwoche,* Zürich 19. 10. 1995, S. 21). «Dem Herrschen durch Aufteilen» frönte Paris auch im Mutterland: «Das Ausspielen unterschiedlicher politischer Interessen in den beiden elsässischen Départements Haut-Rhin und Bas-Rhin wurde von der Republik immer ausgenutzt» («Lockerung der Sprachensituation im Elsaß», in: *Neue Zürcher Zeitung* 2. 3. 1993, S. 7). «Um die Rechte zu schwächen, führte [Mitterrand] für die Wahlen von 1986 den Proporz ein, der dem rechtsextremen Front national zum Einzug in die Nationalversammlung verhalf» («Frankreich nimmt Abschied von François Mitterrand: Politik als hohe Kunst der Zweideutigkeit zwischen Beharren und Reform», in: *Neue Zürcher Zeitung* 17. 5. 1995, S. 3). In der Vergangenheit trachtete Kardinal Richelieu (1585–1642) danach, «den ‹Koloß jenseits des Rheins› durch Spaltung und Teilung unschädlich zu machen» (Theo Sommer: «Paris im Nebel», in: *Die Zeit,* Hamburg 27. 10. 1995, S. 1).

Übrigens soll die Formel «Divide et impera!» nicht auf die römische Antike zurückgehen, sondern französischen Ursprungs sein. Es handelt sich dabei um die lateinische Wiedergabe des Leitsatzes «diviser pour régner» von König Ludwig XI. von Frankreich (1423–1483) (*Duden: Zitate und Aussprüche,* Mannheim etc. 1993, S. 114).

Im Südwesten der USA lebten die Hopi und Navajo «bis zur Ankunft der Weißen friedlich nebeneinander. Der heutige Unfrieden zwischen ihnen ist das Resultat wirtschaftlicher und politischer Manipulationen der Regierung. Denn die Hopi und Navajo leben auf immensen Bodenschätzen, an die man durch die Anwendung des uralt bewährten Prinzips von ‹divide und impera› besser herankam» («Indianer als Spielbälle verschiedenster Interessen», in: *Neue Zürcher Zeitung* 19. 10. 1992).

In der Sowjetunion schuf «Josef Stalin nach der Devise ‹Divide et impera› am Reißbrett Grenzen und Nationen. Solange es die Sowjetmacht gab, waren die ethnischen und religiösen Konflikte in der Eistruhe des proletarischen Internationalismus eingefroren. Jetzt, nachdem das Eis im Norden geschmolzen ist, tauen sie wieder auf [...] Die Völker, ineinander verkeilt und miteinander verkettet [vgl. Stratagem Nr. 35], gehen mit den Ideologien des 19. und den Waffen des 20. Jahrhunderts aufeinander los» (Ahmad Taheri: «Die Komsomolzen des Propheten [...]» in: *Die Zeit,* Hamburg 24. 4. 1992, S. 16). Eines der wichtigsten Mittel, die die Sowjetunion nach ihrem Einmarsch in Afghanistan vom 29. 12. 1979 gegen die Mujahedin einsetzte, war «die

Methode, die Rivalitäten und Gegensätze, welche die ganze afghanische Gesellschaft durchziehen, dazu ausnützen, um den Widerstand zu spalten [...]» («Ringen um die Bevölkerung Afghanistans: Teilungsstrategie der Geheimdienste», in: *Neue Zürcher Zeitung* 18.9.1985, S.5). Durch Desinformation entfachte der sowjetische KGB «Mißtrauen zwischen der Opposition und ihren ausländischen Supportern, förderte Rivalitäten zwischen den Widerstandsgruppen und provozierte bewaffnete Konflikte [...]» (Albert A. Stahel; Dieter Kläy: «Afghanistankrieg und Entscheidungen der UdSSR», in: *Neue Zürcher Zeitung,* 25.7. 1996, S. 13).

«Ethnische Zwistigkeiten bewußt geschürt haben die Militärs [in Nigeria], um zu spalten und sich dann als Schiedsrichter aufzuspielen» («Literatur-Nobelpreisträger Wole Soynka über den Widerstand gegen das Militärregime Abacha und die Zukunftsaussichten für sein Land», in: *Die Weltwoche,* Zürich 24.10.1996, S.4).

Was den Nahen Osten angeht, so behaupten palästinensische Beobachter, die islamische Hamas-Bewegung «sei in den frühen achtziger Jahren von den israelischen Behörden bewußt toleriert worden, um die Macht der innerhalb der PLO organisierten palästinensischen Faktionen zu schmälern» (in: *Neue Zürcher Zeitung* 8./9.2.1992, S.5). «Diesen Bruderzwist zu schüren war schon immer ein erklärtes Ziel der israelischen Besatzungsmacht. Sie förderte die Fundamentalisten zu Beginn der achtziger Jahre durch stillschweigendes Wohlwollen» («Gesegneter Aufstand», in: *Der Spiegel,* Hamburg Nr.9, 1993, S. 170). «‹Teile und herrsche› lautete noch in der Amtszeit der Likud-Regierung von Jitzhak Schamir das Gebot. Was der PLO schadet, muß Jerusalem nutzen, dachten die Verantwortlichen» (Fredy Gsteiger: «Helden oder Verbrecher: Wofür kämpfen die von Israel in den Südlibanon vertriebenen Hamas-Anhänger?», in: *Die Zeit,* Hamburg 15.1. 1993, S.5).

In den 80er Jahren warf Peking der Sowjetunion vor, das Ziel zu verfolgen, «die Länder der Dritten Welt zu spalten» (*Peking-Rundschau,* Peking Nr.15, 1981, S.13). Gleichzeitig befürchteten europäische Kreise, der Kreml wolle «den Westen spalten» (*Brugger Tagblatt,* Brugg 5.10. 1985, S.2). Diese Ängste teilte auch die Volksrepublik China. «Mitterrand fordert Wachsamkeit gegenüber dem [sowjetischen] Strategem der Entzweiung Amerikas und Europas», lautete eine Schlagzeile in der *Volkszeitung* (Peking 22.1.1983). Damals fühlte sich China vor allem von der Sowjetunion bedroht und wünschte eine starke amerikanisch-europäische Einheitsfront gegen den nördlichen Nachbarn. Seit dem Untergang der Sowjetunion wandte sich der durch das Strategem Nr. 33 geschärfte Blick offizieller chinesischer Stellen vermehrt gen Westen. Man glaubte, von dort ausgehende Bemühungen um eine «Zerseztung (fenhua)» Chinas, insbesondere der führenden Funktionäre der Kommunistischen Partei Chinas, feststellen zu können (*Volkszeitung*, Peking 18. 2. 1997, S. 9). Dies geschieht aus chinesischer Sicht gestützt auf die westliche Strategie der sogenannten «friedlichen Evolution», bei der auf der Grundlage militärischer Gewalt wirtschaftliche Unterstützung als Köder eingesetzt und die Methode der ideologisch-kulturellen Infiltration (s. 19.33) benutzt wird. «Internationale feindliche Mächte versuchen, innerhalb der Arbeiterklasse und ihrer Partei ‹Dissidenten› heranzuzüchten, die als Kollaborateure fungieren sollen. Ferner unterstützen diese Kräfte gewisse Maßnahmen der ‹Reform und Öffnung›, wodurch sie an Einfluß gewinnen und sich in die Lage versetzen, Störmanöver durchzuführen in der Absicht, die Reform und Öffnung in kapitalistisches Fahrwasser zu lenken. Schließlich benutzen sie Fehlentwicklungen in wirtschaftlicher, politischer und ideologisch-kultureller Hinsicht sowie ökonmische Schwierigkeiten, um in der Bevölkerung Chinas Zwietracht zu säen und schließlich durch den Einsatz interner chinesischer Kräfte den Systemwandel zu beschleunigen und zu erzwingen» (*Volkszeitung,* Peking 27. 5. 1991, S. 5).

Mit der These von der «chinesischen Gefahr» wollen die USA «einen Keil zwischen China und seine Nachbarstaaten treiben» (*Volkszeitung*, Peking 3. 3. 1995, S. 6). Des weiteren wird westlichen Kreisen vorgeworfen, einen Keil zwischen einzelne Ethnien Chinas einerseits und die Kommunistische Partei und die Regierung der Volksrepublik China andererseits treiben zu wollen (*Licht-Tageszeitung,* Peking 29. 5. 1997, S. 8). Westliche Unterstützung für den Dalai Lama dient dem Ziel, «China zu spalten» (*Peking-Rundschau*, Peking Nr. 22, 1997, S. 26), und allzu großes westliches Interesse für das Schicksal Taiwans wird als Anwendung des Tricks «Teile und herrsche» entlarvt (*Volkszeitung, Überseeausgabe,* Peking 14. 6. sowie 17. 6. 1994, jeweils S. 5).

Ein Vergleich zwischen der deutschsprachigen und der chinesischen Presse zeigt, daß hüben wie drüben die Methode «Teile und herrsche» häufig erwähnt wird. Auffallend an den chinesischen Pressekommentaren ist der Umstand, daß für sie dieses dem Strategem Nr. 33 verpflichtete Herrschaftsprinzip vor allem bei China selbst betreffenden außenpolitischen Analysen wegweisend ist. Demgegenüber wird diese Vorgehensweise in deutschsprachigen Presseorganen so gut wie ausschließlich nur historisch-deskriptiv in Berichten über Drittstaaten erwähnt. Als die Sowjetunion noch bestand, wurde allerdings deren Politik gegenüber dem Westen bisweilen unter dem Gesichtspunkt «Teile und herrsche!» aktuellen westlichen strategemischen Analysen unterzogen.

Die Summe der Kräfte der nach dem Grundsatz «Teile und herrsche!» miteinander verketteten Mächte mag gewaltig sein, doch infolge der Atomisierung der Gesamtkraft in einzelne, miteinander balgende Teile, von denen keiner für sich allein eine Bedrohung darstellt, läßt sich die Kontrolle über den Gesamtkomplex recht mühelos bewahren.

Die Selbstbeeinträchtigung der von Zwietracht betroffenen Teile eines Ganzen reicht von kleineren Reibereien über wechselseitige Behelligung, bei der man sich gegenseitig in die Arme fällt oder gar Fesseln anlegt, bis hin zu offener Feindseligkeit und zum Einsatz von Waffengewalt. Die Existenz von Krisengebieten kann zum Zwecke der eigenen Machtentfaltung nützliche Dinge leisten: «Die Schaffung von staatlichen Mißgeburten (z. B. Yugoslawien oder Tschechoslowakei) und die Errichtung von Terrorgrenzen waren immer schon bewährte Mittel, um genau jene Spannungen zu provozieren, mit denen man dann das eigene Eingreifen rechtfertigt» (in: *Neue Zürcher Zeitung,* 8.9.1992, S.67).

### 33.6 Satans Strategem

Es war und ist das Geschäft der Religion, Gott und den Menschen gegeneinander auszuspielen (Rudolf Augstein: «Ein Mensch namens Jesus», in: *Der Spiegel,* Hamburg Nr. 21, 24.5.1999, S.218). Eine etwas andere Meinung vertrat der Trienter Giacomo Aconcio (1492–ca. 1566). In seinem Buch *Les ruses de Satan (Stratagemata Satanae,* Basel 1565) führte Aconcio die Entstehung der vielen einander widersprechenden religiösen Dogmen über Nebensächlichkeiten auf ein Strategem des Teufels zurück. Damit versuche Satan, die Einheit der Christenheit zu zerstören und diese in sich gegenseitig bekämpfende Konfessionen und Sekten aufzuspalten. Aconcio erachtete also den Teufel als einen Top-Anwender des Stratagems Nr. 33. Nicht umsonst bedeutet der griechische Name «Diabolos» für «Teufel» soviel wie «der Zwietrachtstifter» (s. Gerhard Wahrig *Deutsches Wörterbuch,* München 1980, S. 894). Um das Strategem Satans zu durchkreuzen, schlug Aconico vor, die wesentlichen, heilsnotwendigen Glaubenssätze des Christentums auf ein Minimum, bestehend aus allesamt in der Heiligen Schrift ausdrücklich erwähnten Fundamentalartikeln des Glaubens, zu reduzieren und den diese nicht tangierenden Dogmen mit allgemeiner Toleranz zu begegnen.

### 33.7 Strategem-Prävention

Personen im eigenen Lager, mit denen Widersprüche auftreten, sollte man nicht gleich als Todfeinde betrachten. Man sollte vielmehr die gemeinsamen Herausforderungen sehen, vor denen man zusammen mit diesen Personen steht. Man sollte an die gemeinsamen Interessen denken und einsehen, daß angesichts des starken Gegners niemand im eigenen Lager auf sich allein gestellt bestehen kann und daß man nur zusammen mit den anderen die sich stellenden Herausforderungen überwinden kann. Im übrigen empfiehlt Xiang Qian: «Ihr gutmütigen Menschen, seid nicht allzu naiv! Ihr dürft nicht glauben, daß das, was ihr nicht tun würdet, auch andere Menschen nicht tun. In der heutigen Zeit gibt es Menschen, die giftiger sind als Giftschlangen, und in einem fort ihr Unwesen treiben. Sie sind zu Taten fähig, an die gutmütige Menschen nicht im entferntesten denken würden. Solchen Menschen gegenüber ist Wachsamkeit geboten. Wer etwas behauptet, soll Belege vorweisen. Äußerungen, die jeglicher Grundlage entbehren, soll man keinen Glauben schenken, und erst recht soll man sie nicht weiterverbreiten. Fallt um Himmels willen nicht dem Spaltpilz-Strategem zum Opfer!» (*Volkszeitung,* Peking 6.7.1992, S. 4).

### 33.8 Mit der Anklage bei den Gespenstern abgeblitzt

Zwischen A und B bestand eine alte Feindschaft. Tag und Nacht sann B darüber nach, wie er den A zu Fall bringen könne. Dies erfuhr A. Darauf zog er heimlich den Vertrauten C hinzu und hieß ihn Mittel und Wege finden, um von B in dessen Haus angestellt zu werden. Dies gelang C. Alle Ratschläge, die C dem B erteilte, erwiesen sich als segensreich. Wann immer B etwas unternahm, benutzte C das Vermögen des A, um diese Vorhaben zu finanzieren. Die Aufwendungen waren gering, aber die jeweiligen Erträge um so größer.

Nach zwei Jahren hatte C das volle Vertrauen des B gewonnen. Auf seine alten Vertrauensleute hörte B nicht mehr. Bei einem Gespräch, das C mit B führte, behauptete C, A habe früher ein heimliches Verhältnis mit der Gattin von C gehabt. Er habe allerdings nicht gewagt, etwas zu sagen, denn er habe A gefürchtet. Seine Macht habe nicht ausgereicht, um gegen A vorzugehen. Nun habe er vernommen, daß auch B den A hasse. Darum habe er ihm wie ein Hund und wie ein Pferd gedient. Seine Hingabe an B habe zwei Gründe. Zum einen habe er ihm sein Wohlwollen vergelten wollen, zum anderen sei es seine geplante Rache an A. Jetzt gebe es eine Gelegenheit, gemeinsam gegen A vorzugehen. B war außer sich vor Freude. Er gab C viel Geld und ersuchte ihn, etwas gegen A auszuhecken. Daraufhin nahm C mit dem Geld des B zugunsten des A zahlreiche Bestechungen vor. Nachdem dieser Schritt vollendet war, fabrizierte C üble Gerüchte über A und stellte eine Liste mit den Namen von Zeugen zusammen. Über die von ihm selbst in die Welt gesetzten Gerüchte und die Namen der Zeugen unterrichtete C den B. Nun klagte B den A beim Magistraten an. Als dieser die Anklagen untersuchte, stellte sich heraus, daß sie alle unbegründet waren. Keiner der Zeugen sagte gegen A aus. So war B der Verlierer, und er wurde wegen falscher Anklageerhebung bestraft. Sein Zorn war grenzenlos.

Weil C sehr viel Bedenkliches über das Privatleben von B wußte und auch über entsprechende Belege verfügte, wagte B nicht, C zu behelligen. Schließlich starb B aus Gram. In der Stunde seines Todes schwor er, er werde in der Unterwelt Klage erheben. Doch es vergingen mehrere Jahrzehnte, und nie wurde etwas von einer Anklage gehört. Leute, die diesen Vorgang diskutierten, sagten, der Zwist sei von B ausgegangen. Es ging für A um Sein oder Nichtsein. A habe zwar ein riskantes Spiel getrieben, doch sei es ihm darum gegangen, sich selbst zu retten. Dem A sei also nichts vorzuwerfen. C habe zugunsten des A die Rolle eines Doppelagenten (fanjian) gespielt. Er habe seine Pflicht loyal erfüllt. Gegenüber dem B habe er sich nichts vorzuwerfen. Auch den C treffe daher keine Schuld. Deshalb hätten die Gespenster und Geister den B nicht beachtet.

Die von Ji Yun (1724–1805) überlieferte Geschichte illustriert die Funktionsweise des Strategems Nr. 33 im privaten Bereich. Nach einem ähnlichen Muster kann man sich die Zerschlagung einer gegnerischen Organisation durch einen Geheimdienst vorstellen. Dieser schleust Spitzel in die Organisation, die in deren Namen Flugblätter mit radikalem oder strafbarem Inhalt verbreiten. Dadurch wird die Organisation einerseits gezwungen, gegen diese Mitglieder vorzugehen. Streit entsteht. Andererseits liefern die Schriften dem Staat einen Vorwand für Hausdurchsuchungen und Verhaftungen. Der Geheimdienst kann ferner Schmähbriefe fabrizieren, in denen Mitglieder der Organisation ihre eigenen Gesinnungsfreunde angreifen. Die daraus resultierenden Flügelkämpfe innerhalb der Organisation führen, wenn sich deren maßgebliche Mitglieder plangemäß aufeinanderhetzen lassen, zur Auflösung der Organisation. Oder ein Geheimdienst kann in einem anderen Land eine zwielichtige politische, zum Beispiel chauvinistische, Gruppe finanzieren oder gar ins Leben rufen, die in dem betreffenden Land für Unruhe sorgt oder Konflikte zwischen dem Land und anderen Staaten heraufbeschwört.

### 33.9 Zwei nicht eroberte Städte als Stolperstein

Der Staat Yan war vom mächtigen Staat Qi besiegt worden. Der König Zhao von Yan (311–279) sann auf Rache. Nun war der Staat Yan verhältnismäßig klein und entlegen. Diese Nachteile suchte der König von Yan wettzumachen, indem er aus dem ganzen Reich fähige Männer anwarb. Darunter befand sich Yue Yi aus dem Staate Wei. König Zhao von Yan verlieh ihm einen hohen Rang. Als einige Zeit darauf beim Staat Qi infolge der Überheblichkeit seines Herrschers Zeichen der Schwäche bemerkbar wurden, beriet sich der König von Yan mit Yue Yi über die Möglichkeiten eines Feldzuges gegen Qi. Yue Yi warnte vor einem Alleingang. Es gelang ihm, die fünf Staaten Zhao, Chu, Han, Wei und Qin zu einem Bündnis mit Yan zu bewegen. An der Spitze einer Koalitions-Armee führte er einen fünf Jahre dauernden Feldzug gegen Qi und eroberte mehr als 70 Städte. Nur zwei Städte verblieben dem Staate Qi. Nun starb König Zhao von Yan. Ihm folgte sein Sohn als König Hui (278–272) nach. König Hui hegte seit der Zeit, da er Kronprinz gewesen war, einen Widerwillen gegen Yue Yi. Dies kam Tian Dan, einem General des Staates Qi, zu Ohren. Darauf ließ Tian Dan im Jahre 279 v.Chr. im Staate Yan den Samen der Zwietracht säen, indem er Agenten folgendes Gerücht ausstreuen ließ: «Nur zwei Städte von Qi hat Yue Yi nicht erobert. Der Grund dafür, daß diese Städte nicht schon längst eingenommen worden sind, liegt darin, daß zwischen Yue Yi und dem neuen König von Yan ein Zwist besteht. Yue Yi will mit dem gesamten Heer in Qi stationiert bleiben und sich dort zum König erheben. Was im Staate Qi befürchtet wird, ist, daß der König von Yan einen anderen General zum Angriff auf die beiden

Städte entsendet. Dann wird der Staat Qi diese beiden Städte nicht mehr länger halten können.»

König Hu von Yan war an sich schon nicht gut auf Yue Yi zu sprechen. Nun wurde er auch noch ein Opfer des von Qi eingesetzten Strategems des Zwietrachtsäens. Prompt ersetzte er Yue Yi durch Qi Jie und beorderte Yue Yi nach Yan zurück. Da Yue Yi das Schlimmste befürchtete, ergriff er die Flucht gen Westen in den Staat Zhao, wo ihm ein Lehen verliehen wurde. Tian Dan überlistete den neuen General der Yan-Armee bei Jimo und machte alle Erfolge des Yue Yi zunichte (s. 20.14).

33.10   Die unheilvolle Eifersucht der Ehefrau

Am Ende der Han-Zeit (206 v.–220 n. Chr.), nach der Ausschaltung von Dong Zhuo im Jahre 192 n. Chr. (s. 35.5), eroberten zwei seiner ehemaligen Untergebenen, nämlich Li Jue und Guo Si, die Hauptstadt und brachten Kaiser Xian (189–220) unter ihre Kontrolle. Es entstand ein gewaltiges Durcheinander. Allenthalben regte sich Widerstand, doch war es schwierig, gegen die beiden vorzugehen, denn sie hielten wie Pech und Schwefel zusammen. Der Kommandant Yang Biao und der Marschall Zhu Jun (gest. 195) ergriffen daraufhin Zuflucht zum Strategem Nr. 33. Bei seinen konspirativen Treffen mit Li Jue pflegte Guo Si jeweils sehr spät nach Hause zu kommen. Yang Biao ließ nun das Gerücht ausstreuen (Strategem Nr. 7), Guo Si habe ein Techtelmechtel mit der Gattin des Li Jue. Die Frau von Guo Si wurde von Eifersucht entflammt. Das war der Anfang vom Ende der Waffenbrüderschaft von Li Jue und Guo Si. Wie ihre Freundschaft zerbrach, soll hier nicht im einzelnen nachgezeichnet werden. Jedenfalls endete die Schreckensherrschaft von Li Jue und Guo Si, als sie sich gegenseitig umbrachten.

33.11   Auf demselben Bett schlafen, aber verschiedene Träume haben

Zhou Yu, der Heerführer des Königreichs Wu (s. 34.1), unternahm persönlich auf einem Boot eine Erkundungsfahrt in die Nähe von Cao Caos Heerlager am Yangtse-Strom. Was er sah, stimmte ihn keineswegs glücklich. Denn Cao Caos Armada zeigte sich in einem glänzenden Zustand. Alles war bestens organisiert. Zhou Yu erkundigte sich nach den Admiralen Cao Caos und erfuhr ihre Namen: Cai Mao und Zhang Yun (s. 20.15). Zhou Yu wußte, daß die beiden Männer Experten der Schiffskriegsführung waren. «Ich muß Mittel und Wege finden, sie zu beseitigen», sagte er. «Erst dann kann ich Cao Cao schlagen.»

Man berichtete Cao Cao von dem Spionageschiff, das aber bereits wieder fortgesegelt war. Er fragte seine Offziere: «Soeben wurden wir von unseren Feinden ausgespät. Wie können wir sie ausschalten?» Da trat ein Mann hervor und sagte, er sei ein Jugendfreund Zhou Yus. Er wolle versuchen, ihn zur Kapitulation zu überreden. Der Mann hieß Jiang Gan. Hocherfreut erteilte ihm Cao Cao den erbetenen Auftrag.

Zhou Yu empfing Jiang Gan voller Hochachtung, gab ihm aber sogleich zu verstehen, daß er ihn als einen Abgesandten Cao Caos betrachte. Jiang Gan, der seinen Plan bereits durchschaut sah, wandte sich schon zum Gehen. Doch Zhou Yu beschwichtigte ihn und bewog ihn, noch eine Weile zu bleiben. Er führte ihn in sein Zelt. Dort erschienen Offiziere aller Grade, die Zhou Yu seinem Gast vorstellte. Ein großes Festgelage hob an. Musik erklang. «Seit ich das Kommando über die Armee übernahm, habe ich keinen Tropfen Wein mehr getrunken», sagte Zhou Yu. «Aber heute, in der Gesellschaft eines alten Freundes, kann ich endlich einmal nach Herzenslust in den Becher schauen.»

Eine Weile später spiegelte Zhou Yu Trunkenheit vor. Das Weingelage aber dauerte an, bis es dämmerte und man die Lichter entzündete. Zhou Yu erhob sich, führte einen Schwerttanz auf und sang beschwipst ein Lied. Alle lachten, Jiang Gan wollte aufbrechen, doch Zhou Yu lud ihn ein, die Nacht mit ihm zu verbringen. Nach wie vor Trunkenheit mimend, nahm er Jiang Gan am Arm und führte ihn ins gemeinsame Schlafgemach. Dort ließ sich Zhou Yu vollständig bekleidet aufs Bett fallen, wo er sich sogleich fürchterlich übergab. Wie hätte Jiang Gan einschlafen können? Er lag da und horchte. Die Trommel schlug zur zweiten Nachtwache. Immer noch brannte eine Kerze. Zhou Yu schnarchte donnergleich. Jiang Gan erspähte auf dem Tisch ein Bündel von Dokumenten. Er erhob sich und schaute sie sich heimlich an. Darunter fand sich ein Brief von Cai Mao und Zhang Yun, den beiden Admiralen Cao Caos. Sie schrieben, nur der Not gehorchend hätten sie sich Cao Cao unterworfen. Sobald sich eine Gelegenheit ergebe, wollten sie Zhou Yu den Kopf des Verräters Cao Cao überreichen. Ein Bote werde weitere Nachrichten von ihnen überbringen. Zhou Yu solle nicht an ihnen zweifeln.

Jiang Gan steckte den Brief ein. Zhou Yu drehte sich um. Jiang Gan blies die Lampe aus und legte sich wieder hin. Zhou Yu begann zu murmeln: «Mein alter Freund! Warte noch ein paar Tage, und du wirst Cao Caos Kopf sehen!» Jiang Gan versuchte, ihn auszufragen, aber Zhou Yu war schon wieder eingeschlafen.

Jiang Gan blieb auf dem Bett liegen. Die vierte Nachtwache stand bevor. Jemand kam vor das Zelt und fragte laut: «Ist der Marschall wach?» Zhou Yu tat so, als ob er plötzlich aus seinem Traum erwache. Er fragt den Ankömmling: «Wer schläft auf meiner Bettstatt?» Der Mann antwortete: «Marschall, Ihr habt Jiang Gan eingeladen, das Bett mit Euch zu teilen.» Zhou Yu antwortete: «Selten trinke ich ein Glas zuviel. Gestern nacht habe ich mich betrunken. Ich verlor die Herrschaft über mich. Was habe ich wohl alles gesagt?» – «Es ist jemand vom Norduferr eingetroffen», sagte der Mann. «Nicht so laut!» sprach Zhou Yu. Dann rief er: «Jiang Gan!» Doch der stellte sich schlafend. Zhou Yu verließ das Gemach. Jiang Gan lauschte angestrengt. Draußen sagte jemand: «Cai Mao und Zhang Yun sagten, sie könnten nicht so schnell vorgehen [...]» Was dann folgte, konnte Jiang Gan nicht mehr verstehen.

Wenig später kehrte Zhou Yu in sein Schlafgemach zurück. Wieder rief er den Namen seines Freundes. Dieser stellte sich weiterhin schlafend. Zhou Yu legte sich wieder hin. Jiang Gan sagte sich, wenn Zhou Yu am kommenden Tag den Brief nicht mehr finde, werde er ihn bestimmt umbringen. Und so verließ er, nachdem er sich vergewissert hatte, daß Zhou Yu schlief, zur Zeit der fünften Nachtwache das Zelt. Der Wachposten am Lagerausgang ließ ihn ungehindert ziehen.

Jiang Gan bestieg sein Boot und hastete zu Cao Cao. Er zeigte ihm den gestohlenen Brief und erzählte ihm, was er in der Nacht erlebt hatte. Sofort zitierte Cao Cao die beiden Admirale herbei. «Ich wünsche, daß ihr beide unverzüglich mit dem Angriff gegen Zhou Yu beginnt!» sagte er. Die beiden antworteten: «Die Ausbildung ist noch nicht abgeschlossen. Das wäre zu gefährlich.» – «Und wenn die Ausbildung abgeschlossen sein wird», erwiderte Cao Cao, «werdet ihr Zhou Yu meinen Kopf präsentieren?» Cai Mao und Zhang Yun wußten nicht, was Cao Cao meinte, und waren zu verwirrt, um zu antworten. Cao Cao rief seine bewaffneten Gardisten herbei und hieß sie Cai Mao und Zhang Yun töten. Als ihm die beiden Köpfe gebracht wurden, kam Cao Cao plötzlich zur Besinnung und sagte gemäß der *Romanze der drei Königreiche:* «Ich bin einem Stratagem zum Opfer gefallen!»

## 33.12 Aus dem Guiness-Buch der chinesischen Strategemkunde

Als das «erste der hundert Strategeme» tituliert Leng Chengjin das Strategem Nr. 33 (in: *Chinas Strategeme*, Bd. 2, Peking 1995, S. 273). Kein anderes Strategem sei in der chinesischen politischen und militärischen Geschichte häufiger vorgekommen als dieses. So sei es in der *Romanze der drei Königreiche* das am meisten eingesetzte Strategem. Seine Wirkkraft sei außerordentlich. In leichten Fällen könne es zur Niederlage in einer Schlacht, in mittleren Fällen zum Verlust von Truppen und in schweren Fällen gar zum Untergang eines ganzen Landes führen. Das Strategem Nr. 33 gehörte zu den ganz wenigen Strategemen, deren Einsatz allein schon über den Ausgang eines Krieges, ja über das Wohl und Wehe eines Staats entscheiden könne.

Die *Romanze der drei Königreiche* als eine eigentliche Strategem-Enzyklopädie präsentiert laut Leng Chengjin eine schier unerschöpfliche Fülle von Strategemanwendungen im politischen, militärischen, diplomatischen und personellen Bereich. Aber nur eine der vielen darin geschilderten Strategemanwendungen war an einem Wendepunkt der chinesischen Geschichte von entscheidendem Einfluß. Gemeint ist die Art und Weise, wie Zhou Yu mit Hilfe des Strategems Nr. 33 Cai Mao und Zhang Yun ausgeschaltet hat (s. 33.11).

Die Mandschuren, die 1644 Peking eroberten und die letzte chinesische Kaiserdynastie Qing (1644–1911) gründeten, waren anfangs rückständig und kulturlos. Die klassischen chinesischen Schriften waren ihnen zunächst nicht geläufig. Chinesische Romane aber konnten sie lesen. Besondere Aufmerksamkeit schenkten die Mandschuren wegen ihrer militärischen Unternehmungen der *Romanze der drei Königreiche*. Die wichtigsten mandschurischen Befehlshaber sollen stets ein Exemplar dieses Buches mit sich geführt haben. Bei ihren Angriffen gegen das Reich der Mitte stellte sich ihnen an dessen Nordgrenze als besonders hartnäckiger Widersacher der chinesische General Yuan Chonghuan (1584–1630) entgegen. Kein Kraut schien gegen ihn gewachsen zu sein. Da kam den mandschurischen Heerführern die *Romanze der drei Königreiche* mit ihrer Schilderung von Zhou Yus Anwendung des Spaltpilz-Strategems gegen Cai Mao und Zhang Yun zur Hilfe. Nach dem Vorbild dieser Geschichte sorgten die Mandschuren gemäß dem *Bericht über die militärischen Taten der heiligen Qing-Dynastie (Sheng Wu Ji)* von Wei Yuan (1794–1856), der das Strategem Nr. 33 ausdrücklich erwähnt, dafür, daß einem gefangenen chinesischen Eunuchen zu Ohren kam, Yuan Chonghuan habe mit den

Mandschuren ein Geheimbündnis geschlossen. Danach ließen sie den Eunuchen fliehen, und er unterrichtete den chinesischen Kaiser Chongzhen (1628–1644) im von den Mandschuren gewünschten Sinne. Diese Information führte den Kaiser in die Irre, zumal er wegen eines früheren Vorfalls General Yuan Chonghuan ohnehin mißtraute. Er zweifelte nicht daran, daß dieser sich mit den Mandschuren gegen ihn verschworen habe, und ließ ihn hinrichten. «Dadurch hatte die Ming-Dynastie eigenhändig die sie schützende ‹lange Mauer› zerstört (Leng Chengjin, a.a.O., S. 203). Von nun an stand der Norden Chinas den Mandschuren mehr oder weniger offen. Wenige Jahre später konnten sie in China einmarschieren.

Der Verfasser der *Romanze der drei Königreiche* hätte vermutlich nicht geahnt, daß eine von ihm erdachte Geschichte über den Einsatz des Stratagems des Zwietrachtsäens zu einer Weichenstellung beitragen werde, die eine mehrere Jahrhunderte währende Periode in der Geschichte Chinas einleitete. Daraus ersieht man, daß «der Gebrauchswert von Stratagemen wirklich als gewaltig betrachtet werden kann» (Leng Chengjin, ebenda). Ganz anders als der chinesische Kaiser reagiert übrigens Dorgon (1612–1651), der mandschurische Heerführer und Reichsverweser, als er Dokumente überprüft, gemäß denen zwei hohe Beamte der neugegründeten Qing-Dynastie heimlich mit Aufständischen zusammenarbeiten. «Hier wird eindeutig das Stratagem des Zwietrachtsäens eingesetzt», sagt er und bewahrt die beiden Beamten vor der Todesstrafe – in dem Theaterstück *Ode auf einen Gefangenen* von Guo Moruo (1892–1978).

Allerhöchste Anerkennung bekundet Leng Chengjin bei seiner Beurteilung der Ausschaltung von General Lian Po aus dem Staate Zhao durch das Königreich Qin mit Hilfe des Stratagems Nr. 33 (s. 3.9 und 22.7). Nach der für Qin siegreichen Schlacht von Changping (259 v. Chr.) habe sich das Königreich Zhao nicht mehr erholen können. Qin habe mit diesem Sieg aber den Grundstein für seine wenige Jahrzehnte später erfolgende Reichseinigung gelegt. Dieser Anwendung des Stratagems Nr. 33 gebühre sowohl hinsichtlich der ausgeklügelten Durchführung als auch hinsichtlich des Erfolges sowie der enormen Auswirkungen auf den weiteren Verlauf der chinesischen Geschichte der erste Platz, weshalb «wir sie als die über die Jahrzehnte hinweg erfolgreichste Anwendung des Spaltpilz-Stratagems bezeichnen» (Leng Chengjin, ebenda).

## 33.13 Das Hou-Jing-Chaos

Als Gao Huan, der Herrscher des Östlichen Wei-Reichs, Anfang 547 n. Chr. starb, rebellierte sein General Hou Jing gegen dessen Sohn und Nachfolger Gao Cheng, wurde aber von ihm geschlagen. Darauf kehrte Hou Jing dem Östlichen Wei-Reich den Rücken und lief zum Westlichen Wei-Reich über. Gao Cheng verstand es, mit Hilfe des Strategems des Zwietrachtsäens den Herrscher des Westlichen Wei-Reiches gegen Hou Jing aufzubringen. Hou Jing sah keinen anderen Ausweg als die Flucht in das südliche Liang-Reich. Der dortige Kaiser Wu (502–549) nahm Hou Jing als General in seine Dienste, da er hoffte, mit seiner Hilfe Nordchina erobern und das Reich einen zu können, und gab ihm den Titel eines Lehenskönigs von Henan. Kaiser Wu befahl Hou Jing einen Angriff gegen das Östliche Wei-Reich, aber Hou Jing erlitt eine Niederlage. Darauf trat Kaiser Wu mit dem Östlichen Wei-Reich in Verhandlungen ein. In dieser Zeit erhielt er eine vom Großwürdenträger Wei Shou im Auftrag von Gao Cheng, dem neuen Machthaber des Östlichen Wei-Reiches, verfaßte Note (s. 19.10), deren Ziel es war, einen Keil zwischen Kaiser Wu und Hou Jing zu treiben.

Zunächst wollte Kaiser Wu auf die Anbiederungsgesten des Östlichen Wei-Reiches nicht eingehen. Doch die erwähnte Note und andere aus dem Östlichen Wei-Reich eintreffende Signale bewogen ihn, die Freundschaftsoffensive aus dem Östlichen Wei-Reich bei Hof zur Diskussion zu stellen. Nur ein Beamter wandte sich, gestützt auf eine strategemische Analyse der Avancen des Östlichen Wei-Reiches, gegen Friedensverhandlungen mit diesem. Er brachte vor, Gao Cheng bezwecke mit seinen freundschaftlichen Vorschlägen doch nur, bei Hou Jing Argwohn zu säen. Fühle dieser sich aber bedroht, werde er zwangsläufig Unruhe stiften, mit unabsehbaren Folgen für den Bestand des Liang-Reiches. Friedensgespräche mit dem Östlichen Wei-Reich bedeuteten daher nichts anderes, als auf dessen Strategem des Zwietrachtsäens hereinzufallen. Die große Mehrheit der Beamten sprach sich indes für Verhandlungen mit dem Östlichen Wei-Reich aus. Auch der Kaiser war gegen einen Militäreinsatz. So sah es ganz nach einer Einigung zwischen Liang und Wei auf Kosten Hou Jings aus.

Hou Jing befürchtete, Kaiser Wu wolle ihn an das Östliche Wei-Reich ausliefern. Er verbündete sich mit dem Adoptivsohn des Liang-Kaisers und griff im Jahre 548 die Hauptstadt des Liang-Reiches Jiankang (das heutige Nanjing, Provinz Jiangsu) an. Dies war der Beginn einer vierjährigen Periode, die in der Geschichtsschreibung das «Hou-Jing-Chaos» genannt wird. Hou Jing setzte den kaiserlichen Adoptivsohn als neuen Kaiser ein. Dieser ernannte Hou Jing zum Reichskanzler und gab ihm seine Tochter zur Frau. Nach der Eroberung der Hauptstadt degradierte Hou Jing den neuen Kaiser, und wenig später ließ er ihn töten. Eine kurze Zeit lang bediente sich Hou Jing des Kaisers Wu, in dessen Namen er auftrat. Als Kaiser Wu infolge der schlechten Behandlung durch Hou Jing umgekommen war, setzte dieser einen weiteren Kaiser ein, den er 551 ab- und durch einen dritten Kaiser ersetzte. Nur einen Monat später enthob Hou Jing auch diesen Kaiser seines Amtes und bestieg den Kaiserthron selbst, wobei er vorgab, sein Vorgänger habe ihm sein Amt abgetreten. Der Liang-Dynastie treu ergebene Höflinge erhoben sich nun gegen den Usurpator, der im Jahre 552 getötet wurde.

Ob das «Hou-Jing-Chaos» hätte abgewendet werden können, wenn Kaiser Wu dem Östlichen Wei-Reich die kalte Schulter gezeigt hätte, läßt sich nicht feststellen. Bemerkenswert in diesem Zusammenhang bleibt aber der Umstand, daß einer der Minister von Kaiser Wu die Friedensschalmeien des Östlichen Wei-Reiches unter dem Gesichtspunkt des Stratagems Nr. 33 skeptisch beurteilte.

### 33.14 Der Turmbau zu Babel

«Das ganze Land sprach damals nur eine einzige Sprache und gebrauchte die gleichen Worte. Als sie nun von Osten aufbrachen, fanden sie eine Ebene im Lande Sennaar und siedelten sich dort an. Eines Tages sagten sie zueinander: Auf! Wir wollen die Ziegel formen und sie hart brennen! Die Ziegel dienten ihnen als Bausteine, das Erdpech als Mörtel. Dann sagten sie: Auf! Wir wollen uns eine Stadt bauen und einen Turm, dessen Spitze bis an den Himmel reicht. Laßt uns ein Denkmal bauen, damit wir uns nicht über die ganze Erde hin zerstreuen! Da stieg der Herr herab, um die Stadt und den Turm anzusehen, an denen die Menschen bauten. Und der Herr sagte: Solange sie ein einziges Volk sind und alle die gleiche Sprache reden, ist das erst der Anfang ihres Tuns. Fortan wird für sie nichts unausführbar sein, was immer sie sich vornehmen. So wollen wir denn jetzt hinabsteigen und dort ihre Sprache verwirren, daß keiner mehr des anderen Sprache versteht! Und der Herr zerstreute sie von dort über die ganze Erde. So mußten sie vom Ausbau der Stadt absehen. Darum nannte man sie Babel; denn dort hatte der Herr die Sprache des ganzen Landes verwirrt, und von dort hat der Herr sie über die ganze Erde zerstreut» (Gn 11).

Gott benutzte gegen die Menschheit das Strategem Nr. 33, weil er wußte: Werden sie nicht miteinander reden, geben sie ihr Werk auf. «Gott wollte [...] nicht die Einheit ohne Differenzierungen und ohne Unterschiede [...]» (Friedrich Niewöhner: «Zerstreuung als Erfüllung: neue Deutung: die Geschichte des Turmbaus zu Babel», in: *Frankfurter Allgemeine Zeitung*, 30. 9. 1998, S. N6). Der Turm blieb unvollendet.

### 33.15 Europas drei Äpfel

In der Volksrepublik China kann man hören, die europäische Wesensart werde durch drei Äpfel symbolisiert. Der erste Apfel wuchs im Garten Eden, wurde von Eva gepflückt und symbolisiert das Christentum als einen Eckpfeiler abendländischer Zivilisation. Der zweite Apfel fiel Isaac Newton (1642–1727) vor die Füße, ließ ihn die Schwerkraft entdecken und symbolisiert die moderne okzidentale Naturwissenschaft. Den dritten, goldenen Apfel mit der Aufschrift «der Schönsten» warf Eris, die Göttin der Zwietracht, bei der Hochzeit von Peleus und Thetis unter die Gäste und entfachte so einen Streit zwischen den drei Göttinnen Hera, Athena und Aphrodite. Dies tat sie auf Anweisung des Zeus, der einen großen Krieg entfesseln wollte. Die Götter bestimmten Paris zum Schiedsrichter. Er sollte beurteilen, wem der Apfel gebühre. Er gab ihn der Aphrodite, die ihm dafür die Liebe von Helena, der Schönsten unter den Sterblichen, versprochen hatte. Der aus dem göttlichen Versprechen folgende Raub der Helena, der Gattin des mythischen Königs von Sparta, Menealos, löste den Trojanischen Krieg aus. Der dritte Apfel symbolisiert das hellenische Kulturerbe Europas, als Zankapfel aber auch dessen altverwurzelte Tradition von Zwist und Zerwürfnis. Diese eristische, also «zum Streit geneigte» (Meyers Enzyklopädisches Lexikon, Bd. 8, Mannheim etc. 1974, S. 199) Tradition wirkt noch heute übermächtig und ist wohl leider eine Quintessenz der europäischen Wesensart: «Echt klassisch: Europa zankt» (in: *Die Zeit,* Hamburg 7. 5. 1998, S. 11); «Bei allem Respekt vor unseren europäischen Freunden, aber die EU könnte sich nicht einmal militärisch aus einem nassen Papiersack befreien» (Jesse

Helms, Vorsitzender der außenpolitischen Kommission des US-Senats, in: *Die Weltwoche,* Zürich 7.5.1998, S.13, s. auch 24.3).

33.16  Die Spaltbarkeit von Deutschen und Chinesen

«Wir wollen sein ein einzig Volk von Brüdern», dichtete Friedrich Schiller (1759–1805) in seinem Drama *Wilhelm Tell,* wobei er mit diesem Satz sicher auch an seine Landsleute dachte. Seine Beschwörung ihrer Einheit mag ein Indiz für die unter Deutschen häufig grassierende innere Zerrissenheit sein, die Schillers Zeitgenosse Napoleon (1769–1821) wie folgt gekennzeichnet haben soll: «Es gibt kein gutmütigeres, aber auch kein leichtgläubigeres Volk als das deutsche. Zwietracht brauchte ich unter ihnen nicht zu säen. Ich brauchte nur meine Netze auszuspannen, dann liefen sie wie ein scheues Wild hinein. Untereinander haben sie sich gewürgt, und sie meinten, damit ihre Pflicht zu tun. Törichter ist kein Volk auf der Erde. Keine Lüge kann grob genug ersonnen werden, die Deutschen glauben sie. Um eine Parole, die man ihnen gab, verfolgten sie ihre Landsleute mit größerer Erbitterung als ihre wirklichen Feinde.»

Über mangelnden inneren Zusammenhalt beklagen sich auch Chinesen: «Es ist viel leichter, mit einer Gruppe von Chinesen fertig zu werden als mit einer Gruppe von Japanern.» Während Japaner wie Pech und Schwefel zusammenhalten, «geraten sich Chinesen schnell in die Haare und zermürben sich in internen Auseinandersetzungen. So kann sich ihr Gegenspieler auf die Rolle des Zuschauers beschränken und den lachenden Dritten spielen» (Shao Yanxiang: *Hundert sorgen- und freudvolle Aufsätze,* Peking 1986, S.251; Du Weidong: «Ein Aufruf zugunsten von Bo Le», in: *Arbeiterzeitung,* Peking 27.7.1986, S.2).

33.17  Eintracht zwischen General und Kanzler

Lian Po war ein fähiger General des Staates Zhao (s. 3.9, 22.7, 33.12). Im 16. Jahr des Königs Huiwen (283 v.Chr.) führte er einen siegreichen Feldzug gegen den Staat Qi und eroberte dabei die Stadt Yangjin. Darauf wurde er zum ersten Minister ernannt. Ob seiner Tapferkeit verbreitete sich sein Ruhm in allen Staaten des Reichs der Mitte. Lin Xiangru war zu jener Zeit der Haushofmeister von Miao Xian, dem Chefeunuchen des Staates Zhao.

König Huiwen war in den Besitz der Jadescheibe des Herrn He aus dem Staate Chu gelangt. Es handelte sich hierbei um ein Juwel von unschätzbarem Wert. Als König Zhaoxiang von Qin (306–251 v. Chr.) davon erfuhr, ließ er König Huiwen von Zhao eine Botschaft überbringen. Darin teilte er König Huiwen mit, er wolle ihm 15 Städte für den Edelstein geben. König Huiwen beriet sich mit General Lian Po und seinen anderen Ministern. Man stand vor einem Dilemma. Gab man dem König von Qin das Juwel, dann war zu befürchten, daß man von Qin die 15 Städte nicht bekam und am Schluß als der Betrogene dastand. Weigerte man sich aber, die Jadescheibe herzugeben, dann drohte die Gefahr eines Angriffs von Qin. Niemand wußte einen Rat oder konnte eine Person nennen, die man hätte nach Qin entsenden können.

Da meldete sich der Chefeunuch Miao Xian zu Wort und sagte: «Mein Haushofmeister Lin Xiangru könnte einen guten Gesandten abgeben.» Der König fragte: «Woher weißt du das?» Der Chefeunuch antwortete: «Ich habe einmal eine üble Tat begangen und plante heimlich, in den Staat Yan zu fliehen. Aber mein Haushofmeister hielt mich auf und fragte mich: ‹Unter welchen Umständen habt Ihr den König von Yan kennengelernt?› Ich antwortete: ‹Einst begleitete ich unseren König zur Landesgrenze, wo er sich mit dem König von Yan traf. Bei dieser Gelegenheit begegnete ich dem König von Yan. Er nahm meine Hand und sagte: Ich möchte mit dir Freundschaft schließen. Auf diese Weise habe ich ihn kennengelernt, und aus diesem Grunde möchte ich mich nach Yan begeben.› Lin Xiangru sagte: ‹Der Staat Zhao ist stark, der Staat Yan dagegen schwach. Weil Ihr dem König von Zhao nahestandet, legte der König von Yan Wert auf Eure Freundschaft. Aber wenn Ihr nun von Zhao nach Yan flieht, dann wird der König von Yan aus Furcht vor Zhao nicht wagen, Euch aufzunehmen. Er wird Euch im Gegenteil Fesseln anlegen und Euch an den Staat Zhao überstellen. Der einzige Ausweg besteht darin, daß Ihr Euren Oberkörper entblößt, Euch zwischen Fallbeil und Hauklotz legt und so anerkennt, daß Ihr den Tod verdient. Vielleicht gelingt es Euch so, einer Bestrafung zu entgehen.› Ich folgte diesem Plan, und Eure Majestät vergab mir. Ich finde, daß Lin Xiangru ein mutiger und einfallsreicher (zhimou) Mann ist. Er erscheint mir für die Aufgabe, als Gesandter nach Qin zu gehen, geeignet.»

Darauf befahl der König, Lian Xiangru zu ihm zu bringen. Und er sagte ihm: «Der König von Qin will mir im Tausch für die Jadescheibe 15 Städte überlassen. Soll ich ihm das Juwel geben oder nicht?» –

«Qin ist stark und Zhao schwach», erwiderte Lin Xiangru. «wir können die Bitte des Königs von Qin nicht abschlagen.» Der König sprach: «Was geschieht, wenn er meine Jadescheibe entgegennimmt, mir dafür aber keine Städte gibt?» Lin Xiangru entgegnete: «Wenn wir das Angebot von Qin, die Jadescheibe gegen Städte einzutauschen, ablehnen, dann stehen wir in einem schlechten Lichte da. Wenn wir die Jadescheibe hingeben und dafür keine Städte bekommen, dann steht Qin in einem schlechten Lichte da. Das Beste wäre es, auf die Bitte von Qin einzugehen und gleichzeitig Qin ins Unrecht zu setzen.» Der König fragte: «Wer kann unser Gesandter sein?» – «Wenn Eure Majestät keinen anderen zur Verfügung hat, dann bin ich bereit, die Jadescheibe an mich zu nehmen und den Gesandtschaftsauftrag auszuführen. Erhält unser Staat Zhao die Städte, dann wird die Jadescheibe in Qin bleiben. Werden uns die Städte nicht abgetreten, dann werde ich die Jadescheibe unversehrt zurückbringen.»

So sandte der König von Zhao Lin Xiangru mit der Jadescheibe gen Westen nach Qin. Der König von Qin saß auf einer Terrasse in seinem Palast, als er Lin Xiangru empfing. Lin Xiangru überreichte ihm die Jadescheibe. Entzückt gab der König von Qin sie seinen Frauen und Begleitern weiter, um sie ihnen zu zeigen. Alle in seiner Umgebung riefen «Hurra!». Lin Xiangru gewann den Eindruck, daß der König von Qin nicht beabsichtigte, dem Staat Zhao für die Jadescheibe Städte zu geben. Deshalb trat er vor und sagte: «Die Jadescheibe hat einen Makel. Erlaubt mir, ihn Eurer Majestät zu zeigen.» Der König gab ihm die Jadescheibe. Lin Xiangru nahm sie und trat einige Schritte zurück. Nun stand er neben einer Säule. Er war so zornerfüllt, daß seine Haare sich aufstellten und den Beamtenhut hochhoben. Er sagte zum König von Qin: «Um diese Jadescheibe zu erlangen, sandte Eure Majestät einen Boten mit einem Schreiben zum König von Zhao. Der König von Zhao berief seine Minister zu einer Sitzung zusammen, bei der Euer Anliegen erörtert wurde. Alle vertraten die Meinung: ‹Der König von Qin ist gierig und stützt sich auf seine Macht. Er hofft, unser Juwel aufgrund von leeren Versprechungen zu bekommen. Es ist zu befürchten, daß wir dafür keine Städte als Gegengabe erhalten.› Man kam zu dem Schluß, Euch die Jadescheibe nicht zu geben. Ich aber vertrat die Ansicht, daß man sich selbst unter gewöhnlichen Leuten nicht gegenseitig hintergeht. Um so mehr sollte das für mächtige Staaten gelten. Außerdem wäre es nicht ratsam, wegen einer Jadescheibe die guten Beziehungen zu dem mächtigen Qin aufs Spiel zu setzen. Darauf fastete der König von Zhao fünf Tage lang, und dann entsandte er mich mit der Jadescheibe und einem Brief an Euren Hof. Warum dies? Um der Macht Eures großen Landes unsere Ehrerbietung und Hochachtung zu erweisen. Als ich nun aber hier ankam, empfing mich Eure Hoheit in einem gewöhnlichen Palastgemach, und Ihr behandeltet mich in herablassender Weise. Ihr nahmt die Jadescheibe und gabt sie Euren Frauen weiter, um Euch über mich lustig zu machen. Ich stelle fest, daß Eure Majestät nicht die Absicht hegt, an den Staat Zhao Städte abzutreten. Daher habe ich das Juwel wieder an mich genommen. Wenn Ihr mir jetzt Gewalt antun wollt, werde ich meinen Kopf und mit ihm die Jadescheibe an dieser Säule zerschmettern!» Lin Xiangru warf einen Blick auf die Säule und hob die Jadescheibe hoch, als wollte er sie zerschlagen.

Der König von Qin befürchtete, daß er das Juwel zerstören würde. Und so entschuldigte er sich und bat Lin Xiangru inständig, seinem Tun Einhalt zu gebieten. Er befahl einem Beamten, eine Landkarte herbeizubringen, und zeigte darauf die 15 Städte, die er dem Staat Zhao zu geben gedenke. Lin Xiangru hatte aber den Eindruck, daß der König von Qin nur so tat, als wolle er dem Staat Zhao die Städte geben, daß der Staat Zhao sie in Wirklichkeit aber nicht erhalten werde. Und so sagte er zum König von Qin: «Die Jadescheibe des Herrn He ist eine im ganzen Reich berühmte Kostbarkeit. Da der König von Zhao den Staat Qin fürchtet, wagt er nicht, Euch den Schatz nicht zu übergeben. Bevor sich der König von Zhao von der Jadescheibe trennte, fastete er fünf Tage lang. Es geziemt sich daher, daß nun auch Eure Hoheit fünf Tage lang fastet und daß Ihr dann eine feierliche Hofzeremonie abhaltet, auf welcher ich Euch die Jadescheibe übergeben werde.» Der König von Qin sagte sich, daß er sich des Juwels nicht mit Gewalt würde bemächtigen können. Er erklärte sich daher damit einverstanden, fünf Tage lang zu fasten, und er ließ Lin Xiangru während dieser Zeit in einer Herberge Quartier beziehen. Lin Xiangru argwöhnte, daß der König von Qin trotz seiner Zusage zu fasten sein Versprechen nicht einhalten und die Städte nicht hergeben werde. Also hieß er einen seiner Gefolgsleute grobe Kleider anziehen, die Jadescheibe an sich nehmen und sie auf Umwegen und Nebenpfaden nach Zhao zurückbringen.

Nachdem der König von Qin fünf Tage lang gefastet hatte, veranstaltete er einen feierlichen Empfang für den Gesandten aus Zhao. Als Lin Xiangru am Hofe ankam, sagte er zum König von Qin: «Unter den mehr als 20 Fürsten, die dem Herzog Mu von Qin [659–621] nachgefolgt sind, hat noch keiner sich je in fester und klarer Weise an eine

Vereinbarung gehalten. Ich hege die ehrliche Befürchtung, daß ich von Eurer Majestät hinters Licht geführt werde und daß ich folglich das Vertrauen, das der König von Zhao in mich setzte, verliere. Daher habe ich jemanden beauftragt, die Jadescheibe auf Umwegen in den Staat Zhao zurückzubringen. Qin ist stark und Zhao schwach. Nachdem Eure Majestät bloß einen Boten nach Zhao gesandt hatte, ließ Zhao die Jadescheibe unverzüglich hierher bringen. Wenn Euer mächtiger Staat als Vorleistung die 15 Städte an Zhao abgetreten hätte, wie hätte Zhao es dann wagen können, das Juwel zu behalten und Eure Hoheit auf diese Weise zu beleidigen? Ich weiß, daß ich den Tod verdiene, weil ich Euch betrogen habe. Ich bitte Euch, mich zur Strafe in einen großen Kochkessel zu werfen. Beratet Euch aber zunächst eingehend mit Euren Ministern, großer König.» Der König von Qin und seine Minister rissen vor Staunen den Mund auf und starrten einander an. Die Begleiter des Königs wollten Lin Xiangru wegzerren, doch der König gebot ihnen Einhalt: «Die Hinrichtung von Lin Xiangru würde uns nicht die Jadescheibe verschaffen, sondern nur unsere Beziehungen mit Zhao beeinträchtigen. Es ist daher besser, ihn großzügig zu behandeln und nach Zhao zurückkehren zu lassen. Der König von Zhao wird es schon nicht wagen, mich, den König von Qin, wegen einer Jadescheibe vor den Kopf zu stoßen!» Darauf bewirtete er Lin Xiangru bei Hofe und entließ ihn, als der Empfang beendet war.

Nach Lin Xiangrus Rückkehr ernannte ihn der König von Zhao in Anbetracht der Tatsache, daß er sich als äußerst fähiger Amtsträger erwiesen und den König von Zhao vor einer Erniedrigung bewahrt hatte, zum Großwürdenträger. Qin trat die versprochenen Städte nicht an Zhao ab und erhielt umgekehrt auch nicht die Jadescheibe.

Später griff Qin den Staat Zhao an und eroberte eine Stadt. Im Jahr darauf griff Qin erneut Zhao an und tötete 20000 Menschen. Der König von Qin sandte einen Boten zum König von Zhao und äußerte den Wunsch, sich mit ihm zu versöhnen. Zu diesem Zweck solle man sich in Mianchi (im Westen des heutigen Kreises Mianchi in der Provinz Henan) treffen. Der König von Zhao, der sich vor Qin fürchtete, wollte sich nicht dorthin begeben. Aber Lian Po und Lin Xiangru gaben zu bedenken: «Wenn Ihr nicht geht, dann zeigt Ihr aller Welt, daß Zhao schwach und feige ist.» So begab sich denn der König von Zhao nach Mianchi. In seinem Gefolge befand sich Lin Xiangru. Lian Po begleitete sie bis zur Grenze, wo er sich vom König mit den Worten verabschiedete: «Eure Hoheit macht sich nun auf die Reise. Wenn ich die Wegstrecke, die während der Begegnung stattfindenden Zeremonien und den Rückweg in Rechnung stelle, dann sollte die Dauer Eurer Reise 30 Tage nicht überschreiten. Wenn Eure Hoheit innerhalb von 30 Tagen nicht zurückgekehrt ist, werde ich, um die Pläne von Qin zu durchkreuzen, den Kronprinzen ersuchen, den Thron zu besteigen.»

Der König stimmte dem zu und begab sich nach Mianchi zu dem Treffen mit dem König von Qin. Dieser sagte dem König von Zhao, nachdem sie miteinander Wein getrunken hatten und von einer beschwingten Stimmung beflügelt waren: «Ich habe vernommen, daß Ihr die Musik liebt. Bitte spielt etwas auf der Harfe.» Der König von Zhao kam dieser Bitte nach. Darauf trat der Chronist von Qin herbei und zeichnete auf: «An einem bestimmten Tag eines bestimmten Monats eines bestimmten Jahres hat sich der König von Qin mit dem Köig von Zhao getroffen, mit ihm Wein getrunken und ihm befohlen, auf der Harfe zu spielen.» Jetzt trat Lin Xiangru vor den König und sprach: «Der König von Zhao hat im vertrauten Kreise vernommen, daß sich der König von Qin darauf verstehe, die Musik von Qin zu spielen. Erlaubt mir, euch diesen Klangkrug zu überreichen, damit Ihr Euren Beitrag zur wechselseitigen Unterhaltung leistet.» Der König von Qin erzürnte und schlug die Bitte ab. Doch Lin Xiangru trat noch näher an ihn heran, stellte den Klangkrug vor ihm auf den Boden, kniete nieder und bat ihn, zu spielen. Der König von Qin war nach wie vor nicht willens, auf Lin Xiangrus Ansinnen einzugehen. Dieser sagte nun: «Nur fünf Schritte von Euch entfernt bin ich und fähig, zunächst Euch und dann mich ums Leben zu bringen!» Die Begleiter des Königs von Qin wollten Lin Xiangru töten, doch dieser starrte und schrie sie derart grimmig an, daß sie zurückwichen. Darauf schlug der König von Qin widerwillig einmal auf den Klangkrug. Lin Xiangru wandte sich zum Chronisten von Zhao und hieß ihn aufzuschreiben: «An dem und dem Tag eines bestimmten Monats und Jahres hat der König von Qin für den König von Zhao auf den Klangkrug geschlagen.» Die Minister von Qin sagten: «Wir ersuchen darum, daß Zhao dem König von Qin 15 Städte schenkt.» Darauf entgegnete Lin Xiangru: «Ich ersuche darum, daß dem König von Zhao die Hauptstadt des Staates Qin als Geschenk abgetreten wird.»

Der König von Qin brach das Bankett, auf dem er nicht vermocht hatte, den König von Zhao in die Knie zu zwingen, ab. Zhao hatte reichlich Truppen in Aufstellung gebracht, um Qin die Stirn zu bieten. Qin wagte keinen Angriff.

Nach der Rückkehr in sein Reich ernannte der König von Zhao Lin Xiangru aufgrund seiner Verdienste zum Ersten Minister, und zwar sollte er von nun an bei Audienzen rechts neben Lian Po stehen. In China war im Altertum die rechte Seite der Ehrenplatz. Das ist auch heute noch so. Lin Xiangru stand nun also rangmäßig über Lian Po. Dieser reagierte auf die Beförderung Lin Xiangrus mit den Worten: «Ich bin General von Zhao, und ich habe mir beim Angriff auf Städte und bei Feldzügen Verdienste erworben. Demgegenüber hat Lin Xiangru lediglich sein Mundwerk eingesetzt. Und nun hat er eine höhere Position als ich. Überdies ist er von ganz gewöhnlicher Herkunft. Ich schäme mich und ertrage es nicht, unter ihm zu stehen.» Und er verkündete: «Wenn ich Lin Xiangru treffe, werde ich ihn erniedrigen.»

Diese Äußerungen wurden Lin Xiangru hinterbracht, worauf dieser mit Lian Po nicht mehr zusammentreffen wollte. Immer, wenn eine Audienz bei Hofe anstand, ließ Lin Xiangru sich krankheitshalber entschuldigen, denn er wollte sich nicht mit Lian Po um den Ehrenplatz in der Reihe der Großwürdenträger streiten. Einmal verließ Lin Xiangru seine Residenz und erblickte in der Ferne Lian Po. Sogleich ließ er den Wagen umdrehen, um sich zu verstecken. Die Angestellten seines Hauses machten ihm darauf Vorhaltungen und sagten: «Wir haben unsere Familien verlassen, um in Eure Dienste zu treten. Dies geschah einzig deshalb, weil wir Euer hohes Pflichtgefühl bewunderten. Jetzt habt Ihr denselben Rang wie Lian Po. Nun verbreitet Lian Po böse Worte über Euch, Ihr aber fürchtet ihn und verbergt Euch vor ihm. Eure Angst ist übergroß. Selbst ein gewöhnlicher Mann würde sich schämen, einen derartigen Kleinmut an den Tag zu legen. Erst recht solltet Ihr Euch ob Eurer Feigheit schämen! Da wir für Euch nicht mehr von Nutzen sind, bitten wir um unsere Entlassung.» Lin Xiangru hielt sie mit Entschiedenheit zurück und sagte: «Ist in Euren Augen Lian Po ebenso mächtig wie der König von Qin?» – «Natürlich nicht», antworteten die Bediensteten. Lin Xiangru antwortete: «Trotz der Ehrfurcht gebietenden Macht des Königs von Qin habe ich ihn in aller Öffentlichkeit bloßgestellt, und ich habe seine Minister gedemütigt. Ich mag zwar eine alte, müde Mähre sein, aber warum sollte ich mich ausgerechnet vor General Lian Po fürchten? Überlegt Euch das folgende: Der Umstand, daß das mächtige Qin nicht wagt, Zhao anzugreifen, ist einzig und allein der Tatsache zuzuschreiben, daß wir beide hier wirken. Wenn zwei Tiger miteinander kämpfen, dann können nicht beide am Leben bleiben. Wenn ich so handle, dann also deshalb, weil ich die Bedürfnisse des Landes über meine privaten Fehden stelle.»

Als Lian Po vernahm, was Lin Xiangru gesagt hatte, entblößte er seine Schultern und belud sich mit aus Brombeersträuchern gefertigten Ruten, um damit ausgepeitscht zu werden. Von einem seiner Schützlinge ließ er sich bis vor das Tor der Residenz von Lin Xiangru führen, um sich bei ihm zu entschuldigen. Er sagte: «Ich nichtswürdiger Mann habe nicht gewußt, daß Eure Großzügigkeit so weit geht!» Sie sprachen miteinander, und ihre Herzen erwärmten sich dabei mehr und mehr. So versöhnten sie sich und wurden schlußendlich Freunde auf Leben und Tod.

Lin Xiangrus Werdegang überliefert Sima Qian (geb. um 145 v. Chr.) in seinen *Geschichtlichen Aufzeichnungen*. Sima Qians Bericht ist in China überaus populär. Er begegnete mir nicht nur während meiner zweijährigen Studienzeit in Taiwan (1971–1973) im 5. Band des an der Oberen Mittelschule benutzten Lehrbuchs der chinesischen Sprache, sondern auch 1997 während einer Reise durch die Volksrepublik China in dem in ganz China verwendeten 11. Heft für den Chinesisch-Unterricht in der Grundschule. Lin Xiangru zeichnet sich durch ein Höchstmaß an strategemischer Wachsamkeit aus. Jedes der mutmaßlichen Strategeme des Staats Qin durchschaut er auf der Stelle. Seine Karriere verdankt Lin Xiangru seinem strategemischen Scharfblick, dank welchem er seinen Brotgeber, den Chefeunuchen Miao Xian, von einer törichten Tat abzuhalten vermochte. Lin Xiangru durchschaute nicht nur feindliche Strategeme, sondern er verstand es auch, erfolgreich darauf zu reagieren, wenn nötig ebenfalls mit Hilfe von Strategemen. Im Hinblick auf das Strategem Nr. 33 besticht Lin Xiangrus konfliktvermeidendes Verhalten gegenüber Lian Po. Lin Xiangru erweist sich als ein Meister der strategemischen Selbstanalyse. Er erkennt die strategemischen Möglichkeiten, die sich dem Feindesstaat Qin eröffnen würden, wenn er und Lian Po aneinandergerieten. Sein der strategemischen Selbstanalyse entspringendes fluchtstrategemisches und zugleich auch dem Strategem Nr. 19 entsprechendes Verhalten, das seine Untergebenen als Feigheit mißdeuten, bewirkt bei Lian Po einen vollständigen Sinneswandel. Seine Rivalitätsgefühle verfliegen, und aus einem Nebenbuhler wird ein Freund. Dem Staat Qin eröffnet sich damit keine Möglichkeit, aus der Rivalität zwischen Lian Po und Lin Xiangru Kapital zu schlagen.

Wie lautet doch der Rat Goethes zur Überwindung des Stratagems Nr. 33:

Entzwei' und gebiete! Tüchtig Wort;
Verein' und leite! Bessrer Hort.

# Strategem Nr. 34

## Das Strategem der Selbstverletzung

| | | | |
|---|---|---|---|
| Die drei Schriftzeichen | 苦 | 肉 | 计 |
| Moderne chinesische Aussprache | ku | rou | ji |
| Übersetzung der einzelnen Schriftzeichen | Leid, leiden | Fleisch; (Pars pro toto) Körper | Strategem |
| Zusammenhängende Übersetzung | Strategem des leidenden Fleisches/Körpers. | | |

Kerngehalt

1. Sich selbst eine Verletzung zufügen/sich verwunden, bestrafen, degradieren lassen, um das Vertrauen des Feindes zu gewinnen; gegenüber einer Person des eigenen Lagers eine Scheinintrige inszenieren, die diese veranlaßt, zum Feind zu «desertieren», wo sie nach der Erringung einer Vertrauensstellung gemäß dem Strategem Nr. 33 für die eigene Seite wirkt. Strategem der Selbstverletzung, -verstümmelung; Scheinüberläufer-Strategem.
2. Sich eine Wunde beibringen und dadurch den in sicherer Entfernung abwartenden Feind heranlocken, um ihn dann unerwartet zu überwältigen.
3. Den Verfolgten spielen und so Unterstützung mobilisieren.
4. Den Zerknirschten spielen und so Mitgefühl mobilisieren und Mißtrauen abbauen. Strategem der Selbstbezichtigung, Selbstgeißelung, Selbstzerfleischung. Canossa-Strategem.

Die älteste Belegstelle für die Strategemformel Nr. 34 findet sich, soweit bekannt, in dem Theaterstück *Der große König Guan begibt sich mit einem Breitschwert allein zu einem Bankett* von Guan Hanqing

(13. Jh. n. Chr.). Im ersten Akt wird «Huang Gai, der das Stratagem der Selbstverletzung ausgeführt hat», beiläufig erwähnt. Was es damit auf sich hat, erfährt man aus der Romanze der drei Königreiche.

### 34.1 Der eine will schlagen, der andere geschlagen werden

Zhuge Liang war es dank einem Stratagem gelungen, Herrscher und Heeresführer des Reiches Wu zu einer Koalition gegen den mit über 80 Legionen heranrückenden Cao Cao, den Gebieter über den Norden Chinas, zu gewinnen (s. 13.13). Der noch junge Zhou Yu, der Oberkommandierende der Truppen von Wu, verfügte nur über fünf bis sechs Legionen. Nach Zhuge Liangs Einschätzung konnte Cao Cao trotz seiner Übermacht geschlagen werden, wenn man ihn, den des Kampfes auf dem Wasser unkundigen Mann aus dem Norden, zu einer Entscheidungsschlacht auf Schiffen verlockte. Nun standen aber seit kurzem mit Cai Mao und Zhang Yun zwei der Schiffskriegsführung kundige Männer im Dienste Cao Caos (s. 20.15). Sie gingen daran, Cao Caos Heer für die kommende Schlacht auf dem Yangtse-Fluß planmäßig vorzubereiten. Diese beiden gefährlichen militärischen Ratgeber Cao Caos vermochte Zhou Yu mit Hilfe des Stratagems Nr. 33 auszuschalten (s. 33.11). Kurz darauf wurde Cao Cao auch von Zhuge Liang überlistet. Mit Booten griff Zhuge Liang im Nebel Cao Caos am Flußufer lagerndes Heer an. Wegen der schlechten Sicht vermutete Cao Cao einen Hinterhalt und begnügte sich damit, vom Ufer aus unzählige Pfeile gegen den Angreifer verschießen zu lassen. Als sich der Nebel lichtete, sah Cao Cao, wie die mit etwa 150 000 erbeuteten Pfeilen voll beladenen 20 Boote Zhuge Liangs in der Ferne verschwanden. Die Besatzung der Schiffe rief gar noch ans Ufer hinüber: «Wir danken dem Kanzler für die Pfeile.»

Die fortgesetzten Rückschläge ließen in Cao Cao ein immer heftiger brennendes Verlangen nach Rache hochsteigen. Ein Ratgeber schlug ihm ein Stratagem vor. Man müßte, meinte er, einen Spion auf der Gegenseite haben, von dem man erfahren könne, was dort an Stratagemen geplant werde. Wisse man das im voraus, könne man sich dagegen vorsehen. Tatsächlich ließ Cao Cao die beiden jüngeren Brüder des von ihm irrtümlich hingerichteten Cai Mao zu sich kommen und weihte sie in sein Vorhaben ein. Die beiden erklärten sich mit der Mission einverstanden und desertierten darauf zum Feind. Dort klagten sie, ihr Bruder sei von Cao Cao grundlos getötet worden. Sie wollten sich dafür an Cao Cao rächen. Daher wollten sie sich Zhou Yu, dem Kommandanten der Armee des Reiches Wu, unterstellen.

Zhou Yu schien sehr erfreut und beschenkte sie. Aber in Wirklichkeit hatte er das Strategem durchschaut, vor allem, weil die beiden Überläufer ihre Familien im feindlichen Machtbereich zurückgelassen hatten. Zhou Yu kamen die Spione gerade recht. Er konnte sie umgekehrt für seine Zwecke einsetzen, ohne daß sie dies merkten (s. Strategem Nr. 33).

Eines Nachts saß Zhou Yu in seinem Zelt. Da kam Huang Gai, der Kommandant der Vorhut, zu ihm. Er machte sich ob Cao Caos Übermacht Sorgen und schlug Zhou Yu vor, die feindliche Flotte durch den Einsatz von Feuer zu vernichten. «Daran habe ich auch schon gedacht», meinte Zhou Yu. «Das ist der Grund, warum ich die beiden Überläufer aufgenommen habe. Ich möchte sie dazu benutzen, Cao Cao bestimmte Informationen zukommen zu lassen. Leider verfüge ich über niemanden, der für unsere Seite das Strategem der vorgespiegelten Desertion ausführen könnte.» – «Ich bin bereit, dieses Strategem auszuführen», sagte Huang Gai.

«Aber wenn Ihr nichts erlitten habt, wird man Euch nicht vertrauen», wandte Zhou Yu ein. «Vom Herrscherhaus des Reiches Wu wurde mir reichlich Gunst zuteil. Um meine Dankesschuld abzutragen, würde ich selbst mein Herzblut ohne Bedauern hergeben», sagte Huang Gai.

Zhou Yu dankte ihm und fügte hinzu: «Wenn Ihr bereit seid, das Strategem der Selbstverletzung auszuführen, dann wird das unserem Herrscherhaus zehntausendfachen Segen bescheren.»

Am nächsten Tag ließ Zhou Yu die Trommeln erdröhnen und berief damit alle Generäle vor sein Zelt zu einer Versammlung ein. Auch Zhuge Liang erschien. Zhou Yu sprach zu den Männern: «Das Lager Cao Caos mit einer Million Soldaten erstreckt sich über mehr als 300 Meilen. Daher wird der Krieg lange dauern. Jeder General hat Proviant für drei Monate zu beschaffen und sich für die Abwehr des Feindes zu wappnen.»

Kaum hatte er geendet, fiel ihm Huang Gai ins Wort: «Man spreche doch nicht von drei Monaten. Selbst Proviant für dreißig Monate helfen nicht weiter. Wenn wir sie in diesem Monat besiegen können, dann sollten wir unverzüglich zuschlagen, wenn nicht, dann sollten wir unsere Waffen strecken und uns ergeben!» Zhou Yu wechselte vor Zorn seine Gesichtsfarbe und explodierte: «Im Auftrag unseres Herrschers führe ich diese Armee, um Cao Cao auszutilgen. Der nächste, der von Unterwerfung spricht, wird enthauptet. Wie kannst du es wagen, jetzt, da die beiden Armeen einander gegenüberstehen, derartige Worte zu äußern und so die Moral unseres Heeres zu untergraben! Wenn ich dich nicht köpfe, kann ich die Truppe schwerlich im Zaum halten!» Und er erteilte den Befehl, Huang Gai abzuführen und hinzurichten und ihm danach den Vollzug der Exekution zu melden. Wutentbrannt rief ihm Huang Gai zu: «Ich diente bereits drei Herrschern des Königreiches Wu. Was bist du schon dagegen!» Nun kannte Zhou Yus Zorn keine Grenzen mehr, und er befahl, Huang Gai auf der Stelle zu töten.

Da trat General Gan Ning vor und legte Fürbitte für Huang Gai ein: «Er ist ein altverdienter General des Reiches Wu. Ich hoffe, daß Ihr Nachsicht walten laßt.»

Zhou Yu schrie: «Was soll dieses Geschwafel, das die Ordnung der Armee unterhöhlt!» Und er herrschte seine Gardisten an, sie sollten Gan Ning aus der Versammlung hinausprügeln.

Alle Offiziere fielen auf die Knie und baten um eine milde Behandlung Huang Gais: «Huang Gai verdient mit seinem Fehltritt gewiß den Tod. Aber eine Hinrichtung würde der Truppe keinen Gewinn bringen. Wir hoffen auf Eure Großmut. Man sollte Huang Gais Fehlverhalten schriftlich festhalten. Nach der Vernichtung Cao Caos wird man ihn immer noch hinrichten können.»

Zhou Yus Wut hatte sich noch nicht gelegt. Aber seine Kommandanten flehten ihn unter Tränen an, Huang Gai nachsichtig zu behandeln. Endlich lenkte Zhou Yu ein: «Würde ich jetzt nicht auf euch Rücksicht nehmen, müßte Huang Gais Kopf rollen! Aber nun will ich ihm den Tod erlassen!» Und er ordnete an, Huang Gai sei mit 100 Stockschlägen auf den Hintern zu traktieren. Erneut baten die Kommandanten um eine Strafmilderung. Ergrimmt stieß Zhou Yu den vor ihm stehenden Tisch um, brüllte die Offiziere an, sie sollten sich zurückziehen, und hieß die Bastonade ausführen. Diese Szene hat sich in der Redewendung verewigt: «Zhou Yu schlägt Huang Gai – der eine will schlagen, der andere will geschlagen werden.»

Huang Gai wurde entkleidet und auf den Boden gestoßen. 50mal hieb man ihm auf den unteren Rückenteil. Erneut wandten sich die Offiziere an Zhou Yu. Sie ersuchten ihn, den Rest der Strafe auszusetzen. Zhou Yu sprang auf, zeigte auf Huang Gai und polterte: «Du hast es gewagt, mich zu verhöhnen! Die anderen 50 Schläge werden in Reserve behalten. Sie werden dir zusammen mit einer neuen Strafe nachgeliefert, sobald du ein zweites Mal frech werden solltest!»

Unaufhörlich Worte des Grolls ausstoßend verschwand Zhou Yu in seinem Zelt. Die Offiziere halfen Huang Gai auf die Beine. Durch die Schläge war seine Haut an vielen Stellen geplatzt, überall floß Blut. Man führte Huang Gai in sein Zelt. Unterwegs fiel er mehrmals in Ohnmacht. Alle, die kamen, um sich nach seinem Befinden zu erkundigen, ließen ihren Tränen freien Lauf. Auch der Liu Bei und Zhuge Liang freundlich gesinnte Militärberater des Herrschers von Wu, Lu Su (s. 13.13), besuchte Huang Gai.

Anschließend begab er sich zu Zhuge Liang. «Heute hat Zhou Yu in seinem Zorn Huang Gai furchtbar zugerichtet», sagte er. «Wir alle sind Zhou Yus Untergebene und wagten nicht, uns zu sehr für Huang Gai einzusetzen und dadurch Zhou Yus Autorität in Frage zu stellen. Aber Ihr seid ein Gast. Wieso habt Ihr teilnahmslos zugeschaut und kein Wort gesagt?» Zhuge Liang lächelte: «Macht Euch nicht über mich lustig!» Lu Su entgegnete: «Ich habe doch noch nie meinen Spott mit Euch getrieben. Wie kommt Ihr dazu, so etwas zu sagen?» Zhuge Liang fragte: «Wißt Ihr wirklich nicht, daß die Tracht Prügel, die Zhou Yu heute dem Huang Gai verpassen ließ, ein Stratagem war? Wieso hätte ich da Zhou Yu in die Arme fallen sollen?» Erst jetzt ging Lu Su ein Licht auf. Zhuge Liang fuhr fort: «Wie könnte man Cao Cao ohne das Stratagem der Selbstverletzung hereinlegen? Zhou Yu hat Huang Gai bestimmt befohlen, scheinbar zu Cao Cao überzulaufen. Die beiden Überläufer Cao Caos, die Zhou Yu aufgenommen hat, sollen Cao Cao berichten, was heute vorgefallen ist. Wenn Ihr allerdings Zhou Yu seht, dann sagt ihm nicht, daß ich alles durchschaut habe. Meldet ihm nur, daß auch ich über die Huang Gai verabreichten Schläge empört bin.»

Lu Su verabschiedete sich und ging stracks zum Zelt Zhou Yus. Zhou Yu forderte ihn auf hereinzukommen. Lu Su fragte: «Warum habt Ihr Huang Gai in solch brutaler Weise mißhandelt?» – «Sind die Generäle darüber verärgert?» fragte Zhou Yu zurück. «Die meisten von ihnen sind vor den Kopf gestoßen», antwortete Lu Su. «Und was meint Zhuge Liang dazu?» fragte Zhou Yu weiter. Als Feldherr des Königreiches Wu war er zwar mit Liu Bei und damit dessen Ratgeber Zhuge Liang gegen Cao Cao verbündet, aber er empfand gleichwohl eine starke Abneigung gegen Zhuge Liang, dem er sich unterlegen fühlte und den er langfristig als äußerst gefährlichen Gegenspieler des Reiches Wu einschätzte. Lu Su erwiderte: «Auch er äußerte sein Unbehagen über Eure Kaltherzigkeit.» Nun lächelte Zhou Yu: «Diesmal habe ich ihn aufs Kreuz gelegt.» Lu Su fragte: «Was meint Ihr?» Zhou Yu antwortete: «Die Huang Gai versetzten Schläge waren ein Stratagem. Ich will, daß Huang Gai zum Schein zu Cao Cao überläuft. Doch zuerst mußte das Strategem der Selbstverletzung eingesetzt werden, damit Cao Cao übertölpelt werden kann. Später werden wir mit Feuer einen Angriff starten, und mit Huang Gais Hilfe werden wir siegen.» Huang Gai lag derweil in seinem Zelt. Alle Kommandanten kamen zu ihm und fragten nach seinem Befinden. Aber Huang Gai stöhnte nur und sagte nichts. Als jedoch der Militärberater Kan Ze zu Huang Gais Zelt kam, ließ er ihn hereinbitten und schickte sein Personal weg. «Bist du wirklich zum Feind des Feldherrn geworden?» – «Nein», antwortete Huang Gai. «Liegt deiner Bestrafung etwa das Strategem der Selbstverletzung zugrunde?» fragte Kan Ze. «Woher weißt du das?» fragte Huang Gai. «Ich beobachtete jede Regung Zhou Yus und konnte ziemlich genau erahnen, was gespielt wurde», erwiderte Kan Ze. Huang Gai sagte: «Von drei aufeinanderfolgenden Herrschern des Königreiches Wu wurde mir große Gunst zuteil. Ich konnte mich dafür bisher nicht erkenntlich zeigen. Daher schlug ich dieses Strategem vor, damit wir Cao Cao besiegen können. Ich leide zwar, aber ich fühle kein Bedauern. Im ganzen Heer gibt es niemanden, der mir nahesteht – außer dir. Du hast ein treues und pflichtbewußtes Herz. Darum habe ich offen mit dir gesprochen.» – «Daß du mir das alles erzählt hast, hängt doch sicher damit zusammen, daß du willst, daß ich Cao Cao ein Schreiben übermittle, in dem du ihm deine Bereitschaft mitteilst, zu ihm überzulaufen?» fragte Kan Ze. «So ist es», antwortete Huang Gai. «Bist du dazu bereit?» Kan Ze nickte freudig und sagte: «Ein Mann, der sich nicht durch große Taten Verdienste erwirbt, ist nicht besser als ein Grashalm oder ein Strauch, der auf dem Feld verfault. Du hast deinen eigenen Leib peinigen lassen, um unserem Herrscher seine Gunst zu vergelten. Wie könnte ich da an meinem Leben hängen?»

Kan Ze zeichnete sich unter anderem durch seine Redegewandtheit und durch seinen Mut aus. Diese Eigenschaften prädestinierten ihn in Huang Gais Augen für die Rolle eines Mittelmannes zwischen ihm und Cao Cao. So gab er ihm einen bereits geschriebenen Brief an Cao Cao.

Noch in derselben Nacht machte sich Kan Ze, als Fischer verkleidet, in einem kleinen Boot zum Nordufer des Yangtse-Stromes auf. Die Nacht war kalt, der Himmel von Sternen übersät. Gegen Mitternacht gelangte er in den Bereich von Cao Caos Lager. Eine feindliche Patrouille nahm ihn gefangen und erstattete unverzüglich Cao Cao Bericht. Der sagte: «Das ist doch sicher ein Spitzel.» Die Soldaten entgegneten: «Es ist bloß ein Fischer, aber er behauptet, er sei Kan Ze, ein Berater aus dem Königreich Wu. Er wolle Euch in einer geheimen Angelegenheit sprechen.» Cao Cao ließ den Ankömmling zu sich bringen. Kan Ze erblickte Cao Cao, vor einem Tischchen sitzend, in einem lichtüberfluteten Zelt. «Ihr seid ein Berater des Königs von Wu», sagte Cao Cao. «Weshalb seid Ihr hierhergekommen?»

«Man sagt über Euch», antwortete Kan Ze, «daß Ihr fähige Männer mit offenen Armen empfangt. Aber Eure Frage straft Euren Ruf Lügen. Oh, Huang Gai, du hast dich erneut verrechnet!»

Cao Cao sagte: «Zwischen mir und dem Königreich Wu kann es in jedem Augenblick zu einem Waffengang kommen. Ihr seid auf eigene Faust hierhergekommen. Wieso sollte ich Euch da nicht befragen dürfen?»

«Huang Gai steht seit langer Zeit in den Diensten des Königreiches Wu», antwortete Kan Ze. «Drei Herrschern hat er gedient. Heute ließ Zhou Yu ihn vor den Augen aller Generäle grundlos in grausamer Weise schlagen. Außer sich vor Wut dürstet Huang Gai nach Rache. Daher möchte er sich Eurer Exzellenz unterstellen. Er hat dies mit mir besprochen. Wir sind unzertrennlich, darum bin ich gekommen, um eurer Exzellenz diesen geheimen Brief zu überreichen. Ich würde gern wissen, ob eure Exzellenz bereit ist, Huang Gai aufzunehmen.»

«Wo ist der Brief?» fragte Cao Cao. Kan Ze reichte ihm das Schreiben. Cao Cao öffnete es und las folgendes: «Ich, Huang Gai, bin von der Königsfamilie Sun stets großzügig behandelt worden, weshalb meine Treue zu ihr eigentlich nicht ins Wanken geraten sollte. Wenn man sich nun aber die Lage anhand der Tatsachen überlegt, dann ist es offensichtlich, daß die Soldaten der sechs Distrikte des Königreichs Wu nicht in der Lage sein werden, dem eine Million starken Heer aus dem zentralen Reich zu widerstehen. Daß die gegnerische Übermacht zu groß für unsere kleine Truppe ist, weiß ein jeder im ganzen Lande. Auch sämtliche Befehlshaber der Armee von Wu, und zwar selbst noch die allerdümmsten, sind sich dessen bewußt. Allein dieser minderwertige Wicht Zhou Yu mit seinem flachen Hirn ist anderer Ansicht. Er überschätzt seine Fähigkeiten und will, unbesonnen wie er ist, einen Felsen mit Eiern zertrümmern. Zudem benimmt er sich willkürlich und tyrannisch. Männer, die sich nichts zuschulden kommen ließen, bestraft er, und Verdienstvolle belohnt er nicht. Ich, ein Veteran des Königshauses von Wu, wurde von ihm grundlos gedemütigt. Daher empfinde ich für ihn nichts als grenzenlosen Haß! Ich habe vernommen, daß Eure Exzellenz aufrichtig handelt und fähige Männer immer willkommen heißt. Ich möchte mich daher mit meinen Leuten Euch ergeben, um große Taten zu vollbringen und die Schande, die über mich gekommen ist, zu tilgen. Auch Proviant und Ausrüstung werde ich Euch in Begleitschiffen zur Verfügung stellen. Tränen und Blut vergießend verbeuge ich mich voller Ehrerbietung vor Euch. Ich bitte Euch, auf keinen Fall an mir zu zweifeln.»

Über seinen Tisch gebeugt, las Cao Cao den Brief mehr als zehn Male. Plötzlich schlug er mit der Faust auf den Tisch und schrie mit vor Zorn weit aufgerissenen Augen: «Huang Gai benutzt das Stratagem der Selbstverletzung. Er beauftragte dich, mir den Brief mit der vorgetäuschten Kapitulation zu überbringen. Das Ganze soll euren Zielen dienen. Wie kannst du es wagen, mich dermaßen hinters Licht führen zu wollen?» Und er befahl die Wegschaffung und Hinrichtung Kan Zes. Kan Zes Gesicht zeigte keinerlei Regung. Er schaute lediglich zum Himmel empor und lachte laut. Cao Cao ließ ihn zurückbringen und herrschte ihn an: «Ich habe dein hinterhältiges Stratagem durchschaut. Was gibt es da noch zu lachen?» Kan Ze antwortete: «Ich habe nicht über Euch, sondern über Huang Gais Mangel an Menschenkenntnis gelacht.» Cao Cao fragte: «Was meinst du damit?» Kan Ze sagte: «Tötet mich und Schluß, wozu noch die vielen Fragen!» Cao Cao sagte: «Von klein auf habe ich Bücher über die Kriegskunst gelesen, und ich bin sehr gut im Bilde über all die Wege der Heimtücke und der Falschheit. Dein Stratagem hätte wohl einen anderen täuschen können, aber doch nicht mich!» Kan Ze antwortete: «Ihr behauptet also, daß das, was in dem Brief steht, ein übles Stratagem sei?» Cao Cao entgegnete: «Ich kläre dich jetzt über die Ungereimtheit in deinem Stratagem auf, die dich das Leben kostet. So wirst du erkennen, daß du deinen Tod selbst verschuldet hast, und ohne Groll auf mich sterben. Wenn Huang Gais Kapitulation echt wäre, dann hätte er in seinem Brief doch eine Angabe über den genauen Zeitpunkt gemacht. Kannst du das erklären?» Als Kan Ze diese Frage vernahm, ließ er erneut ein lautes Gelächter vernehmen: «Und solch einer schämt sich nicht, wenn er sich mit seinen guten Kenntnissen von Militärtraktaten brüstet! Da wäre es besser, wenn Ihr mit Euren Truppen so schnell wie möglich das Weite suchtet. Denn wenn es zu einer Schlacht mit Zhou Yu kommt, wird er Euch bestimmt gefangennehmen. Nichtswisser! Wie traurig, daß ich mein Leben unter Euren Händen verliere!» Cao Cao fragte: «Wieso sagst du, ich sei ein Nichtswisser?» Kan Ze antwortete: «Ihr habt keine Ahnung von geheimen Planungen und versteht nichts vom Lauf der Dinge. Ist das nicht Grund genug, Euch einen Nichtswisser zu nennen?» Cao Cao sagte: «Dann erkläre mir doch, wo ich falsch liege!» – «Ihr wißt nicht, wie fähige Männer zu behandeln sind.

Warum sollte ich da noch Worte verlieren? Ich will jetzt nur noch sterben.» Cao Cao erklärte: «Wenn du etwas sagst, das mir einleuchtet, dann werde ich dich natürlich mit Hochachtung behandeln.» Darauf entgegnete Kan Ze: «Kennt Ihr das Sprichwort ‹Für den Abfall von seinem Herrn und die Durchführung eines Diebstahls kann man den günstigen Zeitpunkt nicht voraussagen› wirklich nicht? Würde Huang Gai einen bestimmten Zeitpunkt festlegen und wären ihm dann genau in diesem Augenblick die Hände gebunden, während man auf der Gegenseite in Erwartung seiner Ankunft bereits entsprechende Schritte unternimmt, würde dann nicht alles ans Licht kommen? Man kann nur auf eine günstige Gelegenheit warten. Wie könnte man sich da zeitlich festlegen? Wenn Ihr nicht einmal solch simple Zusammenhänge versteht und einen wohlmeinenden Freund töten wollt, dann seid Ihr wahrhaftig ein unwissender Kerl!»

Als Cao Cao diese Worte vernahm, änderte sich sein Gesichtsausdruck. Er verließ seinen Sitz und entschuldigte sich bei Kan Ze: «Offenbar hatte ich keinen klaren Durchblick, und ich habe Euch in Eurer Würde verletzt. Ich hoffe, Ihr werdet es mir nicht nachtragen.» Kan Ze erwiderte: «Huang Gai und ich wechseln mit ganzem Herzen das Lager, vergleichbar mit Kleinkindern, die sich nach Ihren Eltern sehnen. Wo könnte da irgendein Trug verborgen sein?» Hocherfreut sagte Cao Cao: «Wenn ihr beiden große Leistungen erbringt, dann werdet ihr reichlicher belohnt werden als alle anderen.» Kan Ze erwiderte: «Wir kommen nicht um der Rangerhöhung oder der Belohnung willen. Wir folgen nur den Anordnungen des Himmels und entsprechen den Erwartungen der Menschen.» Und nun bewirtete Cao Cao ihn mit Wein.

Nach einer Weile betrat jemand das Zelt und flüsterte Cao Cao etwas ins Ohr. Dieser sagte: «Bring mir den Brief.» Der Mann überreichte ihm die geheime Botschaft. Als Cao Cao sie las, schien er sehr befriedigt. Kan Ze dachte sich: «Das muß der Bericht der beiden zu uns übergelaufenen Agenten über die Bestrafung Huang Gais sein. Cao Cao freut sich, weil ihm diese Nachricht bestätigt, daß meine Kapitulation echt ist.» Nun wandte sich Cao Cao wieder ihm zu: «Ich behellige Euch mit der Bitte, ins Heer von Wu zurückzukehren und alles weitere mit Huang Gai festzulegen. Teilt mir dann mit, wann er über den Fluß setzen will, so daß ihn meine Soldaten werden in Empfang nehmen können.» Kan Ze erwiderte: «Ich habe die Truppe bereits verlassen und kann nicht mehr zurückkehren. Ich ersuche Eure Exzellenz, einen anderen geheimen Boten einzusetzen.» – «Wenn ich einen anderen schicke», wandte Cao Cao ein, «dann fürchte ich, daß unsere Pläne offenbar werden.» Lange Zeit wehrte sich Kan Ze gegen Cao Caos Ansinnen, bis er endlich nachgab: «In diesem Fall darf ich aber nicht noch länger hierbleiben. Ich muß sofort aufbrechen.»

So kehrte Kan Ze in das Lager auf dem anderen Flußufer zurück, begab sich zu Huang Gai und erzählte ihm, was er erlebt hatte. «Wenn du nicht so redegewandt wärest», sagte Huang Gai, «hätte ich die Schmerzen umsonst erlitten.» – «Jetzt werde ich General Gan Ning aufsuchen, in dessen Obhut sich die beiden zu uns übergelaufenen Brüder Cai Maos befinden. Ich möchte herausfinden, was die beiden derzeit tun.» – «Sehr gut», antwortete Huang Gai.

Gan Ning empfing Kan Ze in seinem Zelt. «Gestern», sagte Kan Ze, «wurdet Ihr von Zhou Yu gedemütigt, als Ihr Euch für Huang Gai einsetztet. Ich bin empört über das, was Euch angetan worden ist.» Gan Ning lächelte, schwieg aber. In diesem Augenblick traten die beiden Deserteure ins Zelt. Kan Ze zwinkerte Gan Ning zu. Gan Ning verstand die Botschaft und sagte laut: «Zhou Yu überschätzt seine Fähigkeiten. Er glaubt uns fest auf seiner Seite. Ich wurde entwürdigt und vor aller Augen bloßgestellt.» Als er geendet hatte, biß er die Zähne zusammen und hieb auf den Tisch. Dann schrie er sich seinen Zorn aus dem Leib. Kan Ze lehnte sich zu seinem Gastgeber und flüsterte ihm etwas ins Ohr. Gan Ning senkte den Kopf, sagte aber nichts, sondern stieß nur mehrere lange Seufzer aus.

Die beiden Agenten schlossen aus dem, was sie sahen, daß Gan Ning und Kan Ze drauf und dran waren, von Zhou Yu abzufallen. Um der Sache auf den Grund zu gehen, sagten sie zu den beiden: «General, was bedrückt Euch? Und Ihr, Herr, was bedrückt Euch?» Kan Ze antwortete: «Was wißt Ihr schon von der Bitterkeit in unseren Herzen?» Der eine Agent sagte: «Könnte es sein, daß Ihr von Zhou Yu zu Cao Cao überzulaufen wünscht?» Kan Ze erbleichte. Gan Ning zog sein Schwert, erhob sich und stöhnte: «Sie haben es herausgefunden. Wir müssen sie töten, damit wir keine Mitwisser haben.» – «Nein, nein», schrien die beiden Agenten entsetzt. «Auch wir haben Euch ein Geheimnis mitzuteilen.» Gan Ning sagte: «Dann aber schnell heraus mit der Sprache!» Der eine Agent sagte: «Wir beide sind nur scheinbare Überläufer. Cao Cao hat uns gesandt. Wenn Ihr Euch ihm unterstellen wollt, dann können wir das einfädeln.» Gan Ning zweifelte: «Ist das wirklich wahr?» Wie aus einem Munde antworteten die beiden Agenten: «Wie könnten wir es wagen, Euch zu hintergehen!» Freude vorspiegelnd, sagte Gan Ning: «Wenn dem so ist, dann hat uns der

Himmel diese günstige Gelegenheit gesandt.» Die beiden Agenten gestanden: «Wir haben dem Reichskanzler Cao Cao bereits von Huang Gais und Eurer Erniedrigung berichtet.» Kan Ze mischte sich ein: «Und ich habe schon einen Brief Huang Gais an den Reichskanzler überbracht. Heute habe ich Gan Ning aufgesucht, um ihn zu bitten, sich uns anzuschließen.» Gan Ning legte nach: «Wenn ein tüchtiger Mann einen weisen Herrscher trifft, dann sollte er sich ihm mit ganzem Herzen zur Verfügung stellen.» Darauf tranken die vier Männer zusammen und sprachen im Ton größter Vertraulichkeit miteinander. Die beiden Agenten berichteten, kaum war die Zusammenkunft beendet, Cao Cao über die neuesten Entwicklungen. Kan Ze schrieb ebenfalls einen Brief und ließ ihn durch einen geheimen Boten Cao Cao überbringen. In dem Brief teilte Kan Ze mit: «Huang Gai will kommen, fand aber noch keine Gelegenheit. Haltet Ausschau nach einem Boot mit einer schwarzen gezackten Flagge. Das wird er sein.»

Damit sei Zhou Yu der erste Schritt in seinem Plan, Cao Caos Flotte durch eine Feuersbrunst zu vernichten, geglückt, schreibt Xiao Yufeng in dem für Kinder herausgegebenen Buch *Geschichten aus «Der Romanze der drei Königreiche»* (Peking 1994, S. 85).

In dem hier etwas gekürzt wiedergegebenen Abschnitt aus der *Romanze der drei Königreiche* kommt die Strategemformel Nr. 34 gleich fünfmal vor. Zweimal benutzt sie der Feldherr Zhou Yu und je einmal Zhuge Liang, Kan Ze und später Cao Cao. Bei seiner Besprechung mit Huang Gai am Anfang des Geschehens verwendet Zhou Yu die Strategemformel zur Kennzeichnung des listigen Vorgehens, das ihm als Voraussetzung für einen Sieg über Cao Cao erforderlich erscheint. Man sieht hier sehr schön, wie Chinesen ein Strategem, das sie anwenden wollen, zum Gegenstand eines Gesprächs erheben und genau benennen. Bei Zhou Yu fließt das Strategem Nr. 34 in eine Handlungsplanung ein. Von Lu Su auf die Bestrafung Huang Gais angesprochen, bestätigt Zhou Yu hinterher noch einmal seine bewußt geplante Anwendung des Strategems Nr. 34. Anders Zhuge Liang. Er erwähnt in seinem Gespräch mit Lu Su das Strategem Nr. 34, in das er zuvor nicht eingeweiht worden war, aufgrund einer strategemischen Analyse des Vorfalls, dessen Augenzeuge er war; desgleichen Kan Ze bei seiner Unterredung mit Huang Gai.

Auch Cao Cao durchschaut zunächst das Strategem Nr. 34 und identifiziert es zutreffend. Man erkennt hier den hohen Grad an Intersubjektivität beim chinesischen Umgang mit Strategemen. Dank seinem geschickten Verhalten gelingt es Kan Ze, das bereits aufgeflogene

Strategem den Blicken Cao Caos wieder zu entziehen und Cao Cao einzunebeln. Was Huang Gai betrifft, so wird sein Strategem im entscheidenden Augenblick der Schlacht an der Roten Wand Früchte tragen (s. 35.1).

Daß sich Huang Gai später, eine Kapitulation vortäuschend, mit Brandern den aneinandergeketteten Schiffen Cao Caos nähern und sie anzünden konnte, ist geschichtlich belegt, nicht aber seine Verwendung des Strategems der Selbstverletzung. Doch gerade dieser ihm angedichteten Tat verdankt Huang Gai bis heute seine Popularität. So, wie der Veteran Huang Gai mit seinem Strategem dem jugendlichen Zhou Yu aufopferungsvoll den Weg zum Erfolg bahnte, sollen heute alte Führungskader Nachwuchskräfte unterstützen, wünscht sich Duan Yihai in einer Glosse mit dem Titel «Lob von Huang Gais Geist» (*Volkszeitung*, Peking 8.3.1993). Und im etwa 200 Jahre alten Zushi-Tempel in Sanxia (südwestlich von Taipeh) ist noch heute an einer dem Haupteingang gegenüberliegenden Mauer ein steinernes Relief zu bewundern, das Huang Gai beim Vollzug des Strategems der Selbstverletzung zeigt. In der Mitte der Darstellung steht Zhou Yu in einer reich verzierten Staatsrobe. Rechts befinden sich bekannte Figuren aus der *Romanze der drei Königreiche*. Der ergebene General Huang Gai liegt mit dem Gesicht zum Boden gewandt auf der linken Seite. Zu seiner Linken stehen die Generäle, welche die Bestrafung beobachten, sowie die Wachen, die sogleich die Hiebe verabreichen werden.

34.2 Yang Hus zweite Mission

Der *Volkstümliche Bericht über Yue Fei* von Qian Cai (18. Jh. n.Chr.) schildert den legendären Kampf des Generals Yue Fei (1103–1141) (s. 7.18) gegen die Jurdschen. Im Titel des 31. Kapitels heißt es: «Mit Hilfe des Strategems der Selbstverletzung wird die Kanglang-Bergfeste eingenommen.» Noch drei weitere Male kommt die Strategemformel Nr. 34 im Text vor.

Nach seiner Unterwerfung begibt sich der Räuber Yang Hu im Auftrag Yue Feis zu den beiden Banditenhäuptlingen Luo Hui und Wan Ruwei, um sie ebenfalls zur Kapitulation zu bewegen. Der Erfolg bleibt ihm versagt, und er kehrt unverrichteter Dinge in Yue Feis Lager zurück. Yue Fei verdächtigt Yang Hu, heimlich zu den Banditen übergelaufen zu sein, und läßt ihm 100 Schläge verabreichen. Nach 20 Schlägen wird Yang Hu auf Fürbitte von Niu Gao, einem alten Kampfgefährten Yue Feis, begnadigt. Kurz darauf sendet ihm Yue Fei einen geheimen Brief und beauftragt ihn, verwundet wie er ist, ein zweites Mal zu den beiden Banditen und ihrer Bande aufzubrechen. Die Banditenhäuptlinge hegen zuerst den Verdacht, Yang Hu wende das Stratagem Nr. 34 an, doch Yang Hu droht mit Selbstmord und vermag so die Zweifel zu zerstreuen. Nun wird er mit offenen Armen aufgenommen. Bei einem späteren Gefecht Yue Feis mit den Banditen fällt Yang Hu zusammen mit einem zweiten Agenten Yue Feis im Lager der Banditen den beiden Anführern in den Rücken und tötet sie. So kann sich Yue Fei wieder ganz seiner Hauptaufgabe, dem Kampf gegen die Jurdschen, widmen. Im Gegensatz zu Huang Gais Zusammenspiel mit Zhou Yu ist im vorliegenden Beispiel Yang Hus Bestrafung echt. Erst hinterher beschließt Yue Fei, den verwundeten Yang Hu strategemisch einzusetzen.

34.3   Der Feind als Stadtkommandant

Im westlichen Kulturkreis werden Anwendungen des Stratagems Nr. 34 bereits aus ältesten Zeiten überliefert. Wie Herodot (ca. 490–430) und in einer etwas anderen Version Frontin (gest. ca. 103 v. Chr.) berichten, ließ der Perserkönig Kyros (6. Jh. v. Chr.) seinem Gefolgsmann Zopyros, dessen Treue er erprobt hatte, absichtlich das Gesicht verstümmeln. Darauf lief Zopyros zu den Babyloniern über, die in ihrer Stadt 20 Monate lang der persischen Belagerung standgehalten hatten. Er stellte sich als Opfer der Perser dar und gewann die Sympathie der Babylonier. Schließlich vertrauten ihm die Babylonier ihre Stadt an, worauf er sie im Jahre 538 v. Chr. Kyros übergab (s. hierzu: *Frontinus: Kriegslisten*, übers. von Gerhard Bendz, 2. Aufl. Berlin-DDR 1978, S. 135 f., 228; M. A. Dandamaev: *A Political History of the Achaemenid Empire*, Leiden etc. 1989, S. 124).

34.4   Dem Mordanschlag des Vaters entgangen

Tarquinius Superbus, der Sage nach der siebte König von Rom, der von 533 bis 509 regiert haben soll, versuchte, die Nachbarstadt Gabii im Sturm zu nehmen, hatte aber dabei keinen Erfolg. Als sich dann auch die Hoffnung zerschlug, die Stadt durch eine Belagerung bezwingen zu können, griff er zuletzt, so Titus Livius (59 v.–17. n. Chr.) in seiner *Römischen Geschichte*, Buch I–III (Lateinisch-Deutsch, hg. von Hans Jürgen Hillen, München/Zürich 1978, S. 139), «zu List und Tücke». Er tat so, als habe er den Krieg aufgegeben und sei mit anderweitigen Dingen beschäftigt. Derweil floh sein Sohn Sextus, der jüngste von dreien, nach Gabii – so war es abgesprochen – und beklagte sich über die unerträgliche Härte seines Vaters gegen ihn. Seine Selbstherrlichkeit habe sich jetzt von den Fremden weg gegen die eigene Familie gekehrt. Er wolle keinen Nachkommen und keinen Erben seines Throns hinterlassen. Er, Sextus, sei den Mordwaffen seines Vaters entwischt und habe die Überzeugung gewonnen, daß er nur noch bei den Feinden des Tarquinius sicher sei. Und so schimpfte er haßerfüllt und leidenschaftlich gegen seinen Vater. Da es so aussah, als werde er, wenn sie ihn nicht willkommen hießen, zornentbrannt die Stadt verlassen und weiterziehen, nahmen die Bürger von Gabii ihn freundlich bei sich auf.

Von da an wurde er zu den politischen Beratungen hinzugezogen. Während er hier bei allen anderen Fragen erklärte, er stimme den alten Bürgern von Gabii zu, die davon mehr verstünden, drängte er selbst immer wieder auf den Krieg und pochte in diesem Punkt auf seine besonderen Einblicke: Er kenne ja die militärische Stärke beider Völker, und er wisse, daß der König wegen seiner Selbstherrlichkeit, die selbst seine Kinder nicht mehr hätten ertragen können, bei seinen Mitbürgern wahrhaft verhaßt sei. So trieb er die führenden Männer von Gabii nach und nach dazu, den Krieg wiederaufzunehmen; er selbst zog mit den Tatendurstigsten, die er unter der Jugend fand, zum Plündern und auf Streifzüge. Dadurch, daß alles, was er sagte und tat, auf Täuschung angelegt war, wuchs das Vertrauen, das ihm unbegründeterweise entgegengebracht wurde, und schließlich wurde er zum Feldherrn für den Krieg gewählt. Als es dann – ohne daß das Volk merkte, was da gespielt wurde – zwischen Gabii und Rom zu kleineren Gefechten kam, die in der Regel für Gabii siegreich ausgingen, glaubten hoch und niedrig in Gabii, einer mehr als der andere, daß Sextus ihnen von den Göttern als Feldherr geschenkt worden sei. Bei den Soldaten aber war er dadurch, daß er genauso wie sie Gefahren und Strapazen auf sich nahm und freigebig Beute verschenkte, so beliebt, daß sein Vater Tarquinius in Rom nicht mächtiger war als der Sohn in Gabii.

Sobald Sextus nun sah, daß er genug Macht gewonnen hatte, um alles wagen zu können, sandte er einen seiner Leute nach Rom zu seinem Vater, um sich zu erkundigen, was er tun solle. Dieser Bote bekam, weil nicht sicher war, ob man ihm trauen konnte, keine mündliche oder schriftliche Antwort. Der König begab sich, so als wollte er mit sich zu Rate gehen, in den Garten seines Hauses. Der Bote seines Sohnes folgte ihm. Dort, so heißt es, habe Tarquinius beim Umhergehen, ohne etwas zu sagen, den höchsten Mohnblumen mit einem Stock die Köpfe abgeschlagen. Des Fragens und des Wartens auf eine Antwort müde, kehrte der Bote nach Gabii zurück – anscheinend, ohne sein Ziel erreicht zu haben. Er berichtete, was er selbst vorgebracht und was er gesehen hatte: Aus Zorn oder aus Haß oder aufgrund seiner angeborenen Überheblichkeit habe Tarquinius kein Wort geäußert.

Sobald dem Sextus klar war, was sein Vater wollte und was er ihm mit den wortlos gegebenen Andeutungen auftrug, ließ er die Vornehmsten in der Bürgerschaft beseitigen. Teils verdächtigte er sie beim Volk, teils machte er sich ihre selbstverschuldete Unbeliebtheit zunutze. Viele wurden öffentlich hingerichtet, einige, die anzuklagen kein gutes Bild gemacht hätte, wurden heimlich ermordet. Manchen wurde anheimgestellt, freiwillig zu fliehen, andere wurden in die Verbannung geschickt, und wenn sie außer Landes waren, gelangte ihr Besitz genauso zur Verteilung wie der der Getöteten. So kam es zu Schenkungen und zu Bereicherung; in der Freude am persönlichen Vorteil verloren die Bürger jedes Gefühl für das allgemeine Unglück, bis schließlich das Gemeinwesen von Gabii, rat- und hilflos, dem König von Rom völlig kampflos in die Hände gespielt wurde.

## 34.5 Qassirs abgeschnittene Nase

«In einer bestimmten Absicht hat Qassir sich die Nase abgeschnitten», lautet eine arabische Redewendung, die zu Mißtrauen angesichts von Verstümmelungen rät (Joseph N. Hajjar: *Mounged des proverbes, sentences et expressions idiomatiques français-arabe arabe français*, Beirut 1986, S. 53). Der Redewendung liegt folgende Begebenheit zugrunde: Im 3. Jh. n. Chr. wurde ein König von einem Usurpator gestürzt, der die Macht an sich riß. Die Königstochter Az-Zabba' floh zu den Byzantinern, wo sie Gefolgsleute um sich scharte und Geld auftrieb, um das verlorene Reich zurückzuerobern. Später wurde sie selbst Königin mit einem eigenen Machtgebiet und schlug dem Usurpator vor, sie sollten heiraten und so ihre beiden Reiche vereinigen. Der Usurpator ging trotz aller Warnungen seines Ministers Qassir auf dieses Ansinnen ein. Er begab sich zum Palast der Königin, wo er von Bewaffneten umringt und getötet wurde.

Qassir schnitt sich darauf seine Nase und ein Ohr ab, begab sich zur Königin und behauptete, der Usurpator habe ihn so zugerichtet. Auf diese Weise erschlich er sich das Vertrauen der Königin. Als Kaufmann ging er in der Königsstadt ein und aus. Eines Tages ließ Qassir bewaffnete Männer auf Kamelen in die Stadt reiten und behauptete, es handele sich um eine Handelskarawane. Die Männer umzingelten den Palast und töteten die Königin (s. Dar Al-Mashriq [Hg.]: *Al-Mungid [Wörterbuch der arabischen Sprache]*, Beirut 1986, S. 971 f.; Khayr-ad-Din Az-Zarkali: *Al-A'lam (Biographien)*, Bd. 5, Beirut 1986, S. 199).

34.6 Todesurteile als Türöffner

20 Jahre lang arbeitete Oleg Tumanow, zuletzt als Chefredakteur, in der russischen Abteilung des in München angesiedelten amerikanischen Senders «Radio Free Europe – Radio Liberty» (RFE-RL). In Wirklichkeit war er ein KGB-Agent. Wegen angeblichen Verrats war er in der UdSSR in Abwesenheit zum Tode verurteilt worden, nachdem er im Rahmen seiner Agententätigkeit von einem sowjetischen Kriegsschiff im Mittelmeer «geflohen» und dann via Libyen nach Deutschland gelangt war. Das Stratagem Nr. 34 wurde also nicht reell, sondern virtuell appliziert. Dank dieser Camouflage, mit der Tumanow vom KGB für seinen Einsatz ausgestattet war, hieß RFE-RL ihn willkommen und gab ihm einen verantwortungsvollen Posten. Die Anstalt war für die sowjetischen Auftraggeber interessant, da sie bei der Bevölkerung der «Zielländer» großes Vertrauen genoß und sich deshalb als ein effektives Instrument für kommunistische Einflußnahme anbot, sofern es gelang, in den Sender Agenten einzuschleusen. In der Tat wurden in den Archiven in Vilnius KGB-Berichte über die Benutzung von RFE-RL für die Verbreitung von Falschinformationen entdeckt (*Neue Zürcher Zeitung*, 20./21.8.1994, S. 81, sowie vom 20.7.1999, S. 53).

Mit einem in absentia verhängten Todesurteil wegen «Verrats» getarnt war auch Zdzislaw Najder, ein Agent des polnischen Innenministeriums. Er arbeitete bei dem Münchner Sender fünf Jahre lang als Leiter der polnischen Sektion und war bemüht, in seinen Kommentaren das Image von General Jaruzelski aufzupolieren (*Neue Zürcher Zeitung*, 20./21.8.1994, S. 81).

## 34.7 Selbstverletzungs-ABC

Der Ausgangspunkt des Strategems Nr. 34 ist die allgemeine Lebenserfahrung, daß Menschen sich normalerweise nicht selbst Verletzungen zufügen. Kommt also ein Mensch daher und zeigt eine Wunde, dann glaubt man ihm, wenn er behauptet, ein anderer habe sie ihm beigebracht. Zu tief ist die Überzeugung verwurzelt, daß der Schaden, den jemand erleidet, echt sei. Das, was der Anwender des Strategems Nr. 34 vorbringt, entspricht dermaßen dem natürlichen Lauf der Dinge, daß im allgemeinen niemand auf die Idee kommt, daran zu zweifeln (s. auch 16.18). Es steht für jedermann fest: Schuld an der Verletzung ist ein anderer.

Das Strategem Nr. 34 kann zu verschiedenen Zwecken eingesetzt werden:

1. Als Agent wendet man das Strategem an, um in ein feindliches Lager einzudringen, allerdings – eingedenk des hohen Einsatzes und Risikos – nur als letztes Mittel, wenn andere Strategeme wie etwa Nr. 31 und Nr. 33 nicht weiterhelfen. Verwundet oder verstümmelt man sich selbst oder läßt man sich, was auf dasselbe hinausläuft, von einem Komplizen malträtieren und präsentiert sich dann dem Feind mit der Behauptung, man sei von den eigenen Leuten mißhandelt worden und wolle daher die Fronten wechseln, dann hat man gute Chancen, vom Gegenüber vertrauensvoll aufgenommen zu werden und dann bei ihm als Maulwurf für die eigene Seite wirken zu können, zum Zwecke der Spionage, des Zwietrachtsäens, der Sabotage, der Informationsbeschaffung und so weiter.

2. Man wendet das Strategem Nr. 34 an, um Mitleid zu erregen oder einen Mobilisierungseffekt zu bewirken. Dabei nutzt man den Umstand aus, daß der «Schwache» – der «Verfemte», «Verfolgte», «von Schicksalsschlägen Heimgesuchte» beziehungsweise «das arme Opfer» – so gut wie automatisch alle Sympathien auf sich zieht und man ohne weiteres geneigt ist, allem, was er sagt, Glauben zu schenken. Denn es gibt «einen unbewußten Zwang, einem Opfer zu glauben, sobald es einen Schaden vorweist. Dieser zwischenmenschliche Prozeß ist ein wichtiges soziales Regulativ: Er sichert die Wiederaufnahme des aus der Gemeinschaft gestoßenen Opfers. Wir sollten uns allerdings bewußt sein, daß er auch für manipulative Zwecke benutzt werden kann» (Marius Neukom: «Die Rhetorik des Traumas: wie die Betroffenheit im Fall Wilkomirski blind macht», in: *Neue Zürcher Zeitung*, 22./23. 5. 1999, S. 84). Das Opfer bewirkt eine derart intensive

Betroffenheit bzw. Sympathie, daß die Urteilsfähigkeit des Gegenübers unter Umständen empfindlich eingeschränkt, ja dessen kritische Reflexion gegebenenfalls über lange Zeit bei ihm ausgeschaltet wird.

Ist es ketzerisch, in diesem Zusammenhang Mahatma Gandhi (1869–1948) zu erwähnen? Jedenfalls griff er mit seinen «von ihm so oft und erfolgreich als politisches Instrument seiner Philosophie der Gewaltlosigkeit» (Bernhard Imhasly: «Mahatma Gandhi – der vergessene Heilige», in: *Neue Zürcher Zeitung,* 30. 1. 1998, S. 9) eingesetzten Hungerstreiks «[...] am wirkungsvollsten in die Geschehnisse des Subkontinents ein [...] – bewegungslos und auf einer Bahre liegend – mit wenigen Worten, denen das Beispiel seines geschundenen Körpers erst die Kraft gab [...]» (Peter Gauweiler: «Die Weisheit der Narben gilt überall», in: *Bild,* Hamburg 11. 8. 1998, S. 2). «Biqta' idu w-bishhad álayha» ist ein arabisches Sprichwort mit der Bedeutung «ihretwegen betteln». Es bezieht sich auf die Hand, die sich der Bettler selbst abgehackt hat, um daraus Kapital zu schlagen, und rückt das Strategem Nr. 34 als ein augenscheinlich bisweilen von Bettlern benutztes Strategem ins Gesichtsfeld.

3. Man kann das Strategem Nr. 34 gegen die eigene Truppe anwenden. «Wo zwei Armeen kämpfend aufeinanderstoßen, siegt die, die von Schmerz ergriffen ist», heißt es in Lao Zis *Daodejing* (Kapitel 69). Und in den *Außergewöhnlichen Planungen in 100 Schlachten* aus der Ming-Zeit (1368–1644) wird im Abschnitt über «Krieg im Zorn» ans Herz gelegt: «Wenn man Feinde bekriegt, muß man den Kampfgeist der eigenen Soldaten anspornen. Man muß sie wütend machen und dann mit ihnen in den Kampf ziehen.» Eine vor gerechtem Zorn kochende Truppe gibt alles her und vermag zu siegen. Um die Truppe in einen Zustand der Empörung zu versetzen, mag man sie bewußt einer feindlichen Demütigung oder Entwürdigung aussetzen, indem man sich mit Absicht eine Blöße gibt und den Feind einen Teilsieg erringen oder zeitweise die Oberhand gewinnen läßt. Natürlich sollte die eigene Truppe nicht merken, daß der Teilrückschlag gewollt ist. Bei einem solchen Vorgehen nimmt man in materieller oder auch in immaterieller Hinsicht einen bestimmten Schaden in Kauf, der jedoch, falls das Strategem gelingt, durch die geharnischte Gegenreaktion der Truppe mehr als wettgemacht wird.

4. Das Strategem Nr. 34 kann der Flucht aus einer schlimmen Lage oder vor einem drohenden Verhängnis dienen. In den unmenschlichen französischen Militärgefängnissen in Nordafrika versuchten, so berichtet Albert Londres (1884–1932), Gefangene, sich mit Krankheiten

zu infizieren, oder sie verstümmelten sich, um in ein Lazarett zu kommen. («Journalismus – neu formuliert», in: *Neue Zürcher Zeitung*, 26./27. 10. 1991, S. 70). Mit Selbstverstümmelung wehren sich viele Asylbewerber in der Schweiz gegen eine Abschiebung nach Algerien (*Neue Zürcher Zeitung*, 21. 1. 1998, S. 52). Natürlich gehören hierher auch Leute, die mittels selbst beigebrachter Verletzungen dem Militärdienst zu entgehen suchen (s. Michel Erlich: *La mutilation*, Paris 1990, S. 178 f.). Aus der Sicht der Strategemanwender sind dies alles Fälle von Schadensverhütung durch Selbstschädigung. Die Selbstschädigung ist der Schädigung, die Fremde einem zufügen, vorzuziehen, «denn die Wunden und alle anderen Übel, welche sich der Mensch freiwillig und, wenn er die Wahl hat, selbst zufügt, schmerzen bei weitem weniger als die, welche er durch andere erleidet» (Niccolo Machiavelli).

5. Als wirksame Werbemethode besteht die Anwendung des Strategems Nr. 34 darin, ein Produkt vor aller Öffentlichkeit größten Belastungsproben auszusetzen und dann nachzuweisen, daß es keinerlei Schaden davongetragen hat. Zum Beispiel läßt man Armbanduhren aus beträchtlicher Höhe von einem Helikopter herunterregnen und verschenkt sie an die Finder, die bestätigen, daß die Uhren trotz des Aufpralls tadellos funktionieren. Auch hier dient das Strategem Nr. 34 dem Erwerb von Vertrauen, und zwar in die Qualität eines Produkts.

6. Es gibt auch pathologische Anwendungen des Strategems Nr. 34 (s. Michel Erlich, a. a. O., S. 12, 180 ff. sowie Armando R. Favazza: *Bodies Under Siege: Self-mutilation and Body Modification in Culture and Psychiatry*, Baltimore etc. 1996, S. 144, 233, 240 f., 244). Man verletzt sich selbst, um in den Genuß ärztlicher Behandlung zu gelangen (Münchhausen-Syndrom), oder aber eine Frau tut heimlich ihrem Kind etwas an, um anschließend mit ihrer aufopfernden Pflege als gute Mutter dazustehen (stellvertretendes Münchhausen-Syndrom).

7. Krimineller Abarten des Strategems Nr. 34 machen sich etwa Feuerwehrleute schuldig, die einen Brand legen, um sich beim Löschen des Feuers als Helden feiern zu lassen, oder Personen, die sich selbst verletzen und anschließend einen Überfall vortäuschen, sei es, um das Verbrechen einem politischen oder persönlichen Gegner in die Schuhe zu schieben, sei es, um das angeblich geraubte Geld selbst einstecken zu können. In dem Comic *Der goldene Buddha* (Jiangsu 1982) stiehlt der stellvertretende Manager eines Antiquariats ein wertvolles Objekt, nachdem er eine Angestellte während deren Nachtwache mit ihrer Einwilligung bewußtlos geschlagen und gefesselt hat. Diese In-

szenierung wird in besagtem Comic ausdrücklich dem Strategem Nr. 34 zugeordnet.

Von zwei in diese Kategorie fallenden Beispielen berichtet Yu Xuebin.

- Die Nebenfrau Yu des Großwürdenträgers Chun Shenjun (?–238 v. Chr.) im Staate Chu haßte die Hauptgattin Jia. Eines Tages zerkratzte Yu ihren Körper, lief, laut weinend, zu Chun Shenjun und behauptete, Frau Jia habe sie mißhandelt. Später zerfetzte sie ihr Kleid und verleumdete den Sohn von Frau Jia, er habe ihr nachgestellt. Chun Shenjun nahm das, was die Nebenfrau ihm erzählte, für bare Münze und tötete Hauptfrau und Sohn. Nun stieg die Nebenfrau Yu zur Hauptfrau auf.
- Wu Zetian (624–705), die letzten 15 Jahre ihres Lebens Kaiserin von China, erdrosselte in einem früheren Lebensabschnitt das von ihr als niederrangige Hofdame des Kaisers zur Welt gebrachte Töchterchen, um die Untat ihrer Rivalin, der Gattin des Kaisers, anzulasten, die dann tatsächlich umgebracht wurde. Wu Zetians Tat war nach damaligen Wertmaßstäben hochkriminell, da sie mit ihrer Tochter eine Familienangehörige des Kaisers tötete.

Der Schaden, den der Anwender des Strategems Nr. 34 vorweist, kann auf verschiedene Weise zustande gekommen sein:

1. Man verletzt sich selbst. In diesem Fall ist der Ursprung der Schädigung besonders leicht zu verbergen. Andererseits bedarf es zur Selbstverletzung eines hohen Grads an Selbstüberwindung und Entschlossenheit, über die man unter gewöhnlichen Umständen nicht verfügt. Es ist nicht leicht, eine Selbstschädigung anzurichten, die wirklich echt wirkt.

2. Man wird von einem Komplizen verletzt.

3. Man gibt dem Feind die Gelegenheit, einen zu schädigen.

4. Man übergibt dem Feind eine Geisel oder ein Unterpfand, um ihn einzulullen. Bei einer späteren Konfrontation ist die Geisel beziehungsweise das Unterpfand gegebenenfalls zu opfern. Es handelt sich hier um eine nicht am eigenen Leib vorgenommene, aber im Ernstfall gleichwohl schmerzhafte Anwendung des Strategems Nr. 34.

5. Man spiegelt ein körperliches Leiden beziehungsweise eine Krankheit vor. Hier wird das Strategem Nr. 34 simuliert. Der Vorteil dieser Variante besteht darin, daß bei einem Mißlingen kein unnötiger Preis bezahlt worden ist. Allerdings gelingt das Strategem in dieser Form nur bei hoher schauspielerischer Kunstfertigkeit.

Die «Selbstverletzung» braucht nicht auf den eigenen Körper oder die eigene Psyche beschränkt zu sein. Sie kann auch in der Schädigung eines Angehörigen oder im Verlust eines wertvollen Gutes bestehen.

Beim Strategem Nr. 34 muß man zunächst selbst einen bestimmten Preis bezahlen, ja, das die Strategemanwendung einleitende Selbstopfer muß möglicherweise beträchtlich sein. Endet das Strategem mit einem Erfolg, dann wird sich der hohe Einsatz gelohnt haben. Andernfalls erweist sich das Ganze als eine selbstschädigende Torheit. Aber selbst ein Erfolg ist mit Blut und Tränen erkauft. Das Strategem Nr. 34 ist demzufolge ein gefährliches Strategem. Nach Möglichkeit sollte man seine Anwendung vermeiden. Benutzt man das Strategem, um scheinbar zum Feind überzulaufen, muß man sich zuvor vergewissern, ob dieser tatsächlich leichtgläubig und nicht etwa hochgradig mißtrauisch ist und ob er menschlichen Regungen wie Mitgefühl überhaupt zugänglich ist. Einem durch und durch rabiaten Feind gegenüber ist das Strategem Nr. 34 nicht anzuraten. Wenn man es als Agent anwendet, muß alles echt wirken und durch peinliche Geheimhaltung, auch in den eigenen Reihen, abgesichert sein.

Im Mittelpunkt des Strategems Nr. 34 steht das Selbstopfer. Dieses muß ohne Wenn und Aber erbracht werden, denn damit steht und fällt der Erfolg. Das Ausmaß des Opfers will genau kalkuliert sein: Das Opfer darf nicht zu geringfügig, aber auch nicht zu schwerwiegend sein. Ist es zu geringfügig, wird man Argwohn erwecken, ist es zu schwerwiegend, dann ist der Preis, den man bezahlt, zu hoch, und es stellt sich die Frage, warum man sich nicht gleich vom Feind hat schädigen lassen. Bei einer Verletzung ist auch sorgfältig zu überlegen, was man verletzt. Huang Gai wurde das Hinterteil versohlt, seine Muskulatur, Knochen und Sehnen wurden nicht in Mitleidenschaft gezogen (s. 34.1).

Will man sich gegen das Strategem Nr. 34 vorsehen, dann soll man, so Yu Xuebin, lieber echte Schäden auf feindlicher Seite als bloß vorgespiegelt betrachten, als Gefahr zu laufen, einen vorgespiegelten Schaden für echt zu halten und sein Mitleid fehlleiten zu lassen. Übrigens heißt es auch im Alten Testament: «Den Menschen gibt's, der sich arglistig demütigt, und sein Innerstes ist voll Trug» (Sir 19.23). Überläufer sind nach wie vor als Feinde zu betrachten und aufs schärfste zu überwachen. Kapituliert ein verwundeter Feind, ist sein Fall einer umfassenden Analyse zu unterziehen. Dazu gehört eine Analyse der Gesamtsituation im feindlichen Lager ebenso wie eine Analyse des Ortes, des Grades und der Besonderheiten der Verletzung und so weiter. Solange man sich eines des Strategems Nr. 34 verdächtigen Kapitulanten noch nicht ganz sicher ist, kann man ihn, falls er einen «Gebrauchswert» hat, zwar einsetzen, aber das sollte nicht in sensiblen Bereichen erfolgen. So ist gewährleistet, daß er, falls er doch das Strategem Nr. 34 anwendet, keinen Schaden anrichten kann.

Das Strategem Nr. 34 weist auf den ersten Blick Ähnlichkeiten mit dem Strategem Nr. 11 auf. In beiden Fällen wird ein Opfer erbracht. Ein Unterschied besteht darin, daß beim Strategem Nr. 34 meist die eigene Person einen Schaden erleidet, wohingegen sich beim Strategem Nr. 11 immer ein anderer opfert. Falls das Strategem Nr. 27 darin besteht, eine Krankheit vorzutäuschen, kann es, wenn man allzu realistisch vorgeht, in das Strategem Nr. 34 übergehen.

34.8 Fahnenflucht in den Kerker

Vor einer Seeschlacht der Flotte Zheng Hes (s. 12.7, 35.2) taucht in Luo Maodengs Roman aus dem 17. Jahrhundert *Die Reise des Eunuchen Sanbao in den westlichen Ozean* (s. hierzu Roderich Ptak: *Cheng Hos Abenteuer im Drama und Roman der Ming-Zeit*, Stuttgart 1986) ein einzelnes Boot auf. Darin befinden sich zwölf Soldaten des feindlichen Reiches Lavo. Sie erklären, sich ergeben zu wollen, und begründen das mit einer harten Strafe, die ihnen ihr Kommandant auferlegt habe, weil sie sich einer Aufgabe nicht gewachsen zeigten. Man habe ihnen 100 Stockschläge versetzt und die Ohren abgeschnitten. Der chinesische Kommandant sagt: «Das ist schwer zu glauben.» Die Ankömmlinge zeigen ihre Wunden. Doch der Chinese läßt sich nicht beeindrucken: «Wunden gehören zum Strategem der Selbstverletzung.» – «Dann sperrt uns doch vorübergehend ein und laßt uns erst nach der nächsten Schlacht wieder frei», schlagen die Deserteure vor. «Das geht», willigt der Chinese in den Vorschlag ein. Und er ordnet die Einkerkerung der zwölf Männer an.

Die Romanstelle zeigt die hochgradige Strategemsensibilität des chinesischen Kommandanten. Aus dem Roman geht nicht hervor, ob die Ankömmlinge echte oder unechte Fahnenflüchtige sind. Der Chinese traut dem Braten jedenfalls nicht und läßt sie vorsichtshalber einsperren. So ermöglicht er den zwölf Ankömmlingen zwar einerseits die Flucht aus ihren eigenen Reihen, geht aber selbst nicht das geringste Risiko ein. Dies ist ein Beispiel für Flüchtlingshilfe, aber verbunden mit einem optimalen, auf Strategemanalyse gestützten Selbstschutz.

34.9  Zum Teufel mit der Schamspalte deiner Mutter!

In dem Roman *Vollständiger Anschlußbericht an die Räuber vom Liangshan-Moor* aus der Qing-Zeit (1644–1911) haben Aufständische die Tochter und den Schwiegersohn des Großwürdenträgers Cai Jing (1047–1126) gekidnappt. Für die Freilassung stellen sie die Bedingung, daß der General Yang Tengjiao getötet werde. Denn er hat den Rebellen eine Niederlage beigebracht und dabei zwei Aufständische getötet. Cai Jing stellt Yang Tengjiao eine Beförderung in der Östlichen Hauptstadt Kaifeng in Aussicht. Dorthin soll er sich in Begleitung von Liu Shirang begeben, der ihn unterwegs umbringen soll. Während der Reise nach Kaifeng steigen die beiden eines Abends in einer Gaststätte ab. Während des Essens bitten sie die Sängerin A Xi herbei, die einige Lieder vorträgt. Liu Shirang läßt es sich nicht nehmen, die Frau zu umarmen. Kaum hat sich die Sängerin mit ihrer Kupplerin Bo Er entfernt, kommt sie zornig zurück und fragt nach einem grünen Kopfschmuck, der ihr fehle. Die Kupplerin hat ihn ihr geliehen. Liu Shirang sagt, beim Weggehen habe sie ihn noch getragen. A Xi gerät in helle Aufregung. Sie habe draußen alles abgesucht, aber nichts gefunden. Es bleibe nur eine Möglichkeit, nämlich daß die beiden Beamten, während sie sich mit ihr amüsierten, den Schmuck versteckt hätten. Daher sei sie zurückgekommen. Der biedere Yang Tengjiao meint: «Wer sollte denn auch ein solch böses Spiel mit dir getrieben haben? Und wenn schon, dann würde man dir den Schmuck jetzt zurückgeben. Beruhige dich.» Yang Tengjiao schiebt seinen Stuhl zurück und macht sich auf die Suche. Das gleiche tut der Kellner. Doch auch Yang Tengjiao findet nichts. Da sieht er die Kupplerin auf die Dirne zeigen und sie beschimpfen: «Du hundsgemeines, aus einer schmuddeligen Schamspalte herausgekratztes Minderprodukt! Zum Teufel mit der Schamspalte deiner Mutter! Wo hast du denn deinen Kopf verloren! Man sollte die Schamspalte deiner Mutter häuten und anderwertig verwenden!»

A Xis Gesicht nimmt die Farbe von Lehm an, so entsetzt ist sie. Sie steht da und zittert in einem fort. Bo Er tritt auf sie zu und versetzt ihr eine Ohrfeige, so heftig, daß A Xi taumelt. Sie beginnt zu heulen. Yang Tengjiao empfindet Mitleid mit ihr und fragt sie nach dem Wert des Schmuckstücks. Sein Begleiter Liu Shirang versetzt ihm einen Fußtritt und zwinkert ihm zu. Yang Tengjiao kann nun nicht mehr gut weiterfragen. Bo Er krempelt die Ärmel hoch und schimpft weiter: «Weine doch, weine doch!» Sie tritt wieder auf A Xi zu, um sie zu schlagen. Der Kellner hält sie zurück und spricht auf sie ein. Kurz darauf verlassen die drei den Raum. Liu Shirang sagt nun zu Yang Tengjiao: «Das ist das für Bordelle übliche Stratagem der Selbstverletzung. Mach dir nichts daraus!» Unterdessen hört man draußen undefinierbare Geräusche wie von Stockschlägen oder Fausthieben, ferner das Gezeter der Kupplerin und das herzzerreißende Weinen der Dirne.

Liu Shirang interpretiert den Auftritt der Kupplerin und der Dirne unter dem Gesichtspunkt des Stratagems Nr. 34. Er unterstellt den beiden Frauen, ein für A Xi schmerzhaftes Schauspiel inszeniert zu haben, um bei den Männern Mitgefühl hervorzurufen und ihnen womöglich Geld aus der Tasche zu locken. Anderntags gesteht Liu Shirang dem Yang Tengjiao, daß er den Schmuck, als A Xi ihn abgelegt hatte, gestohlen habe. Die stratagemische Analyse der lärmigen Szene zwischen Kupplerin und Dirne diente Liu Shirang nur dazu, Yang Tengjiao zu beruhigen und sein Interesse an dem malträtierten Mädchen zum Verschwinden zu bringen. Insofern benutzte Liu Shirang das Stratagem Nr. 19 (s. 19.38).

34.10  Den Kranken gespielt und beinahe gestorben

«Um Fräulein Qiao heiraten zu können, habe ich das Stratagem von Muhme Yin benutzt und den Kranken gespielt. Eigentlich ist es ja das Stratagem der Selbstverletzung [...]. Seitdem ich mich krank stelle, plagt Hunger mich den ganzen Tag, ich ertrage Bitternis und erdulde Ungemach. Es fehlt nicht viel, und es wird mir wirklich an Kopf und Kragen gehen. Wenn es nicht ein glückliches Ende nimmt, wird mein Stratagem der Selbstverletzung umsonst gewesen sein [...]»

Das spricht der junge Herr Lü im 29. Akt des Theaterstücks *Weiblicher Phönix sucht männlichen Phönix* von Li Yu (1611–um 1679).

Schon mit zwei Schönheiten verheiratet, hatte Herr Lü noch ein Auge auf die herrliche Dame Qiao geworfen, die ihm auch gewogen war. Seine beiden Gattinnen wollten aber keine dritte Frau neben sich dulden. Also beriet sich der junge Lü mit der Muhme Yin. Sie sagte ihm, seine beiden Gattinnen seien an materiellen Gütern reich gesegnet. Keine Kostbarkeit gebe es, mit der man sie erweichen könne. Nur wenn man ihr Herz umstimme, könne man bei ihnen etwas erreichen. Ohne ihn könnten beide nicht leben. Würde er sterben, dann verlöre das Leben auch für sie jeden Sinn. Nur seine Bereitschaft zu sterben werde ihn daher ans Ziel seiner Sehnsucht bringen. Der junge Mann protestierte. Er werde doch nicht einer Frau wegen in einen Fluß stürzen oder sich erhängen. So sei das nicht gemeint, erwiderte die Muhme. Sein Sterben müsse vorsichtig angebahnt werden und dürfe nicht zur letzten Konsequenz führen.

«Höre, was ich dir sage:» (Singt): «Ich erwarte nicht, daß du dich in die drohenden Wogen stürzt und dein Leben auslöschst.

Ich erwarte nicht, daß du den Kummerbecher hochhebst und Gift herunterschluckst [...]

Es geht nur darum, eine heftige Krankheit vorzutäuschen [...]»

Das von der Muhme vorgeschlagene Stratagem Nr. 27 wendet der junge Herr Lü so wirklichkeitsnah an, daß es sich zum Schluß in das Stratagem Nr. 34 verwandelt. Dieses erwähnt Herr Lü in seinem eingangs zitierten Klagelied gleich zweimal. Zu guter Letzt gelingt das Stratagem. Die um das Leben ihres Gebieters bangenden zwei Frauen willigen, von einem vorher präparierten Wahrsager entsprechend gelenkt, in die Heirat des Herrn Lü mit der Dame Qiao ein.

34.11  Sich zusammenschlagen lassen, um Liebe zu erringen

Der Student Tom kam bei seiner Angebeteten Rita einfach nicht weiter. Schließlich besprach er sich mit zwei kräftigen Kollegen und rief dann Rita an. Er verabredete sich mit ihr in einem Park. Als sie ankam, waren die Kollegen schon da. «Du Schwein», sagte der erste zu Tom und schlug ihm ins Gesicht. Der zweite boxte ihn in die Nieren, daß er hinfiel. Als er am Boden lag, fingen sie an, auf ihn einzutreten. Rita schrie: «Tom, Tom, was machst du?» Die beiden ließen von ihm ab und machten sich aus dem Staub.

Da lag Tom nun am Boden, blutete, lächelte sie an, lächelte, als sie ihn stützend unterhakte, lächelte, als sie ihn in ihr Zimmer führte, ihn auf ihr Bett legte, sein Nasenbluten stoppte und seine Lippen desinfizierte. Dann hörte er auf zu lächeln, nahm ihren Kopf in die Hände und küßte sie. Zwei Monate später wagte er, ihr die beiden Kollegen vorzustellen. Sie sah ihn mit verliebten Augen an, lachte und sagte, sich zusammenschlagen zu lassen, das sei die beste Idee seines Lebens gewesen, denn sonst hätte er sie nie bekommen. (nach: Constantin Seibt: «Drei wahre Stories aus Zürich», in: *Multisexuell,* Zürich November 1994).

34.12  Der hilflose Knabe

Herr K. sprach über die Unart, erlittenes Unrecht stillschweigend in sich hineinzufressen, und erzählte folgende Geschichte. «Einen vor sich hinweinenden Jungen fragte ein Vorübergehender nach dem Grund seines Kummers. ‹Ich hatte zwei Groschen für das Kino beisammen›, sagte der Knabe, ‹da kam ein Junge und riß mir einen aus der Hand›, und er zeigte auf einen Jungen, der in einiger Entfernung zu sehen war. ‹Hast du denn nicht um Hilfe geschrien?› fragte der Mann. ‹Doch›, sagte der Junge und schluchzte ein wenig heftiger. ‹Hat dich niemand gehört?› fragte ihn der Mann weiter, ihn liebevoll streichelnd. ‹Nein›, schluchzte der Junge. ‹Kannst du denn nicht lauter schreien?› fragte der Mann. ‹Nein›, sagte der Junge und blickte ihn mit neuer Hoffnung an. Denn der Mann lächelte. ‹Dann gib auch den her›, sagte der, nahm ihm den letzten Groschen aus der Hand und ging unbekümmert weiter.»

Ein Knabe will Mitleid und Zuwendung erlangen, indem er weint und sich hilflos gibt. Doch das funktioniert nicht, im Gegenteil: Er verliert dadurch noch mehr. Dies mag eine Warnung vor einer unbedarften Anwendung des Strategems Nr. 34 sein. Bertolt Brecht (1898–1956) warnt in dieser Geschichte von Herrn Keuner davor, Mitleid bei anderen erwecken zu wollen und Hilfe zu erwarten. Man soll auch in Zeiten größter Not, sein Schicksal selbst in die Hand nehmen.

34.13  Täglich bittere Galle

Gou Jian, der König von Yue, war von Wu besiegt worden und hatte mit den restlichen Truppen, 5000 Mann, Guiji (bei Shaoxing in der heutigen Provinz Zhejiang) verteidigt, wo ihn der König von Wu einschloß. Mit unterwürfigsten Worten und großzügigen Geschenken schloß Gou Jian mit Wu Frieden. Nachdem Wu Gou Jian verziehen hatte, kehrte er in sein Land zurück. Dort nun kasteite er seinen Körper und zermarterte seinen Geist. Zum Schlafen legte er sich auf Brennholz. Er brachte eine Galle an seinem Thronsitz an, so daß er, ob er saß oder lag, zu der Galle aufblickte. Wenn er aß und trank, schmeckte er die bittere Galle. Es war ihm, als ob sie ihm sagte: «Vergissest du der Schmach von Guiji?» Er behandelte die Armen mit Freigebigkeit, bezeigte sein Mitgefühl bei Todesfällen und teilte seine Not mit dem Volke. Später vernichtete er Wu (s. auch 10.3).

Gou Jian benutzte das Stratagem Nr. 34 gegen sich selbst, um seine Rachegefühle nicht einschlafen zu lassen, sondern immer wieder aufs neue anzustacheln. «Auf Brennholz schlafen und bittere Galle kosten (wo xin chang dan)» ist eine allgemein bekannte chinesische Redensart und bedeutet heute: «Sich eine Demütigung immer wieder bewußt machen, um daraus Kraft zu schöpfen.»


34.14  Regen als Dusche, Wind als Kamm

Auf einer anderen Ebene als Gou Jian quälte sich der Große Yu (gest. angeblich 2177 v. Chr.). Drei Tage nach seiner Hochzeit soll ihm Kaiser Shun den Auftrag erteilt haben, das Reich vor den regelmäßig wiederkehrenden großen Überflutungen zu schützen. Yu trennte die Läufe der neun Flüsse, regulierte das Bett der Flüsse Ji und Ta und führte ihre Wasser dem Meer zu. Er reinigte den Lauf des Ju und des Han, öffnete den Lauf des Huai und des Si und leitete sie in den großen Strom. Dadurch erst wurde das Reich der Mitte ein Land, das seine Bewohner ernährte. Acht Jahre lang weilte Yu auswärts. Persönlich griff er zu Spaten und Tragkorb und legte selbst Hand an. Er ließ seinen Körper von Regengüssen waschen und sein Haar durch den Wind kämmen. Dreimal kam er an der Tür seiner Behausung vorbei und hörte sogar das Schreien seines Söhnchens, doch er hatte nicht die Zeit einzutreten. Im Hinblick auf ihn prägte der Philosoph Zhuang Zi (ca. 369–286) die Wendung: «Tag und Nacht nicht ruhen und die leidvollsten Strapazen auf sich nehmen». Selbstpeinigende Vorgehensweisen von Führungspersonen wie dem Großen Yu sind nicht frei von Spuren des Stratagems Nr. 34 und dazu angetan, die Untergebenen anzuspornen und zu großen Taten mitzureißen.


34.15  Pein in Kampfgeist verwandeln

> Nicht Mord und Brand und Kerker
> und Standrecht obendrein;
> es muß noch kommen stärker
> wenn's soll Wirkung sein.
>
> Ihr müßt zu Bettlern werden
> verhungern allesamt;

in Mühen und Beschwerden
verflucht sein und verdammt.

Euch muß das bißchen Leben
so gründlich sein verhaßt,
daß ihr es weg wollt geben,
wie eine Qual und Last.

Dann, dann vielleicht erwacht doch
in euch ein anderer Geist,
der Geist, der über Nacht noch
Euch hin zur Freiheit reißt.

Das Gedicht von Hoffmann von Fallersleben (1798–1874) gemahnt an das Strategem Nr. 34. Werden Menschen in extremer Weise unterdrückt, vermögen sie unter Umständen Kräfte zu entfalten, mit deren Hilfe sie die Unterdrückung überwinden. Die Heimsuchung von Menschen kann im Sinne des Strategems Nr. 34 nutzbar gemacht werden, indem man die Notlage in eine Ressource zur Gewinnung von Kraft umwandelt. In diesem Fall dient das Strategem Nr. 34 nicht als Täuschungs-, sondern als Ausmünzungsstrategem.

### 34.16 Befreiung durch Unterwerfung

Auf dem Shaohua-Berg hatte sich in einem erdumwallten Versteck eine große Räuberbande niedergelassen. Es waren ihrer 500 bis 700 Mann. Immer wieder überfielen sie Dörfer in der Umgebung. Demjenigen, der die drei Bandenführer Zhu Wu, Chen Da und Yang Chun dingfest machte, winkten 3000 Schnüre Käsch als Belohnung. Um für eine Belagerung vorzusorgen und weil sie knapp an Geld und Vorräten waren, berieten sich die drei Banditen, wo sie sich die benötigten Güter beschaffen könnten. Chen Da schlug einen Raubzug im Kreis Huayin vor. Yang Chun widersprach. Der Weg nach Huayin führe durch das Dorf der Sippe Shi. Dort lebe aber der junge, mit neun Drachen tätowierte Shi Jin. Das sei ein äußerst kampftüchtiger Mann, mit dem man sich nicht anlegen solle. Chen Da fand diesen Einwand feige. Wie man später mit kaiserlichen Soldaten kämpfen wolle, wenn man nicht einmal wage, durch ein Dorf zu marschieren? Aber auch Zhu Wu hielt es für ratsam, dem übermächtigen Shi Jin nicht ins Gehege zu kommen. Da brauste Chen Da auf und schrie: «Ich glaube nicht an Shi Jins Stärke. Er ist doch nur ein einzelner Mann.» Und ohne weitere Worte legte er seine Rüstung an, schwang sich auf sein Pferd und ritt mit einer Rotte von Männern bergab zum Dorf der Familie Shi.

Der junge Shi Jin hatte die Dorfbevölkerung schon frühzeitig auf einen solchen Überfall vorbereitet. Mit einer großen Klapper rief er nun die Bauern zusammen, die zu ihren Waffen und dicken Bambusstäben griffen und zum Gehöft des Herrn eilten. Sobald alle versammelt waren, zog man den Banditen entgegen.

Shi Jin wurde seines Gegners auf einem langhalsigen Schimmel sofort gewahr. Die beiden Führer ritten aufeinander zu. Chen Da versuchte zunächst, den jungen Shi Jin zu besänftigen. «Alle Menschen um die vier Meere herum sind doch Brüder», sagte er. «Ich bitte Euch, gewährt uns den Durchgang zum Kreis Huayin. In Eurem hochgeachteten Dorf soll kein Grashalm geknickt werden.»

Aber Shi Jin ließ sich nicht beeindrucken. Es kam zum Zweikampf. Mit einem Strategem gelang es Shi Jin, Chen Da mit seinem Speer ins Leere stoßen und so auf seinem Pferd vornüberfallen zu lassen. Flink zog ihn Shi Jin vom Sattel auf die Erde hinunter, wo ihn herbeieilende Bauern mit Stricken fesselten. Das reiterlose Pferd jagte zum Shaohua-Berg zurück.

In ihrem Versteck ließen sich Zhu Wu und Yang Chun von den Zurückgekehrten den Zusammenstoß Chen Das mit Shi Jin und den Verlauf des Zweikampfes in allen Einzelheiten schildern. «Er hat auf meine Warnung nicht gehört, jetzt sitzt er in der Patsche», sagte Zhu Wu. «Wir sollten alle miteinander aufbrechen und auf Leben und Tod kämpfen», meinte Yang Chun.

«Das wäre zwecklos», antwortete Zhu Wu. «Wenn Chen Da besiegt worden ist, wie gedenkst du gegen Shi Jin anzukommen? Ich schlage vielmehr das Leid-Strategem vor. Wenn wir Chen Da damit nicht befreien können, dann wird das unser aller Ende sein.» – «Was für ein Leid-Strategem?» fragte Yang Chun. Darauf flüsterte Zhu Wu seinem Kumpan etwas ins Ohr. Der sagte: «Welch feines Strategem! Ich begleite dich. Die Sache duldet keinen Aufschub.»

Shi Jin hatte seinen Unmut über die Gefahr, die seinem Dorf von den Räubern drohte, noch nicht verwunden, als ein Knecht angerannt kam und ihm aufgeregt meldete, die beiden Bandenführer Zhu Wu und Yang Chun näherten sich dem Dorftor. Entschlossen, die Häuptlinge dem Kreisrichter auszuliefern, ritt Shi Jin eilends dem Ausgang des Dorfes zu. Die beiden Ankömmlinge standen bereits vor dem Tor, ihre

Gesichter waren tränenüberströmt. Als Shi Jin sich ihnen näherte, knieten sie nieder und verbeugten sich bis zum Erdboden. Wütend schrie er sie an: «He, ihr da auf der Erde! Was habt ihr mir zu sagen?»

Immer noch jämmerlich schluchzend, setzte Zhu Wu zu einer Erklärung an: «Wir zwei geringen Menschen, die wir vor Euch knien, und unser jüngerer Bruder Chen Da, den Ihr gefangenhaltet, wurden von den Behörden verfolgt. Deswegen haben wir uns in ein Versteck im Gebirge geflüchtet. Dort haben wir uns geschworen, alle an einem Tage zu sterben. Wir können uns hinsichtlich gegenseitiger Treue nicht mit den berühmten drei Blutsbrüdern in der *Romanze der drei Königreiche* messen, aber zwischen deren Herzen und den unseren besteht kein Unterschied. Unser geringer Bruder Chen Da hat nicht auf meine Warnung gehört. Er hat Euch beleidigt und ist dafür Euer Gefangener geworden. Es liegt uns fern, etwas von Euch, dem Großen Krieger, zu erflehen. Aber wir bitten Euch, uns drei zusammen dem Kreisrichter auszuliefern und Eure Belohnung dafür in Empfang zu nehmen. Was auch mit uns geschehen mag, wir werden Euch deswegen nicht grollen und auch wenn wir sterben müssen, keinen Haß in unserem Herzen tragen.»

Shi Jin überlegte, daß er es angesichts solch unverbrüchlicher Brüderschaft seinem Ruf schuldig sei, die drei nicht der Behörde zu übergeben und die Belohnung nicht einzuheimsen. «Ich wäre kein ganzer Kerl, wenn ich das täte», sagte er zu sich selbst. «Von alters her heißt es: Selbst ein Tiger frißt kein Lebewesen, das in demütiger Unterwerfung vor ihm kniet.» Und laut sagte er: «Da eine solch treue Brüderlichkeit zwischen euch dreien besteht, will ich Chen Da freigeben und mit euch zurückkehren lassen. Wollt ihr mit mir in mein Haus gehen, daß wir zusammen essen und trinken?»

«Wir fürchten uns nicht vor dem Tod», entgegnete Zhu Wu, «wie sollten wir Speise und Trank in Eurem Hause fürchten?»

Solcher Worte froh, schnitt Shi Jin die Stricke durch, mit denen Chen Da gefesselt war. Die drei Banditen dankten Shi Jin für seine Großmut, und nachdem sie etliche Schalen Wein getrunken hatten, hellten sich ihre Gesichter auf, und sie traten erleichterten Herzens den Rückweg an. Ihr Gastgeber begleitete sie bis zum Dorftor.

In ihr Versteck zurückgekehrt, setzten sich die drei Kumpane zusammen. Zhu Wu sagte: «Ohne das Leid-Strategem säßen wir jetzt nicht hier beisammen.»

Die Geschichte über den erfolgreichen Einsatz des Leid-Strategems findet sich in dem Roman *Die Räuber vom Liangshan-Moor*, den um

1330 Shi Naiyan niedergeschrieben haben soll. Wie das Beispiel zeigt, legt man bei diesem Stratagem dem Gegner die Macht über das eigene Leben in die Hände, um ihn psychologisch zu entwaffnen und für sich zu gewinnen. Im Chinesischen ist von «kuji», wörtlich «Leid-Stratagem», die Rede. Gemeint ist Leid in der extremsten Form, nämlich jenes, das mit dem Verlust des eigenen Lebens einhergeht. «Kuji» und die Stratagemformel Nr. 34 unterscheiden sich nur durch das Fehlen beziehungsweise Vorhandensein des Schriftzeichens für «Fleisch/Körper». Die Stratagemformel Nr. 34 beschränkt das Leid ausdrücklich auf den Körper, wohingegen beim Leid-Stratagem das höchste Gut – das Leben – in die Waagschale geworfen wird. Als Zwillings-Stratagem des Stratagems Nr. 34 setzt man es «in einer ausweglosen Lage ein» (*Großes Wörterbuch der chinesischen Sprache*, Bd. 9, Shanghai 1992, S. 321).

34.17 Sprung von der Frühlings- und Herbstzeit ins moderne Wirtschaftsleben

In der Frühlings- und Herbstzeit (770–476 v. u. Z.) wollte der König von Wu den Prinzen Qing Ji im Staate Wei beseitigen, wußte aber nicht wie. Da schlug ihm Yao Li vor, er solle ihm wegen einer Straftat die rechte Hand abhacken und seine Gattin töten lassen. Nach dieser Heimsuchung begab sich Yao Li nach Wei, wo es ihm gelang, das Vertrauen des Prinzen Qing Ji zu erlangen. Bei einer Flußfahrt erstach Yao Li den Prinzen und nahm sich dann selbst das Leben.

Diese Schilderung findet sich in der Enzyklopädie *Wortmeer* (Bd. 3, Shanghai 1979, S. 4212). Einen anderen Ausgang nimmt Yao Lis Mission in dem über 2000 Jahre alten Werk *Frühling und Herbst des Lü Bu We* (s. die deutsche Übersetzung von Richard Wilhelm, Düsseldorf etc. 1979, S. 135 f.).

Das Stratagem Nr. 34 habe schon in ältester Zeit einen hohen Intensitätsgrad erreicht, meint unter Hinweis auf Yao Lis Tat Ying Han in seinem Buch *Die 36 Strategeme und die kaufmännische Findigkeit* (Peking 1997, S. 219). Ying Han erzählt von einem Japaner, der in Dänemark vom Auto eines Brauereibesitzers überfahren wurde. Ein Bein mußte ihm amputiert werden. Als ihn der Brauereibesitzer im Krankenhaus besuchte und fragte, wie er ihm Genugtuung verschaffen könne, wünschte der Japaner lediglich, nach seiner Genesung als Pförtner in der Brauerei arbeiten zu dürfen und so sein Leben fristen zu können. Der Brauereibesitzer war froh, so glimpflich davonzukommen, und gab bedenkenlos seine Zustimmung. Der Japaner arbeitete hervorragend. Er war sehr nett und zu jedermann äußerst höflich. Viele Angestellte suchten ihn in ihrer Freizeit auf, um mit ihm zu plaudern. Nach drei Jahren hatte er genug verdient und kehrte nach Japan zurück. Erst jetzt stellte man fest, daß es sich um einen japanischen Firmeninhaber handelte, der den Unfall inszeniert hatte, um sich Zugang zu der scharf bewachten, international renommierten dänischen Brauerei zu verschaffen. Während der drei Jahre seines Dienstes als Pförtner hatte er sich alle wichtigen Informationen über das von der dänischen Brauerei verarbeitete Material, ihre Anlagen und ihr Know-how beschafft. Nach seiner Rückkehr wurde er in Japan zu einem erfolgreichen Bierbrauer. Ying Han berichtet diese Geschichte, ohne sie ausdrücklich zur Nachahmung zu empfehlen. Aber wenn Manager an sich selbst ein Exempel statuieren, indem sie eine neu eingeführte harte Maßnahme zuerst gegen sich selbst vollstrecken (s. auch 34.14), oder wenn Produkte vor den Augen des Publikums einem Härtetest unterzogen werden (s. 34.7, Punkt 5), den sie natürlich bestehen, dann sind das für Ying Han alles erfolgbringende Anwendungen des Stratagems Nr. 34.

34.18  Kaufverhandlungen mit Tabletten und Wolldecke

Ein Käufer in einem Dritte-Welt-Land wollte von einer japanischen Firma eine Anlage erwerben. Der japanische Geschäftsmann glaubte, es mit einem unerfahrenen Kunden zu tun zu haben und ihm einen hohen Kaufpreis abluchsen zu können. Aber er wurde durchschaut und mußte den Preis beträchtlich herabschrauben. Als die Gegenpartei zum zweiten Mal einen Preisabschlag forderte, bat der Japaner die Käufer zur nächsten Verhandlungsrunde in sein Hotelzimmer. Als die Käufer dort eintrafen, sahen sie den Kopf des Japaners von einem Handtuch umwickelt. Um die Hüften schlang sich eine Wolldecke. Die Wangen waren unrasiert, die Haare ungekämmt. Der Mann saß kraftlos auf der Bettkante, in der Hand hielt er einen Haufen Tabletten. In jämmerlichem Ton sagte er zu den Angekommenen: «Ihr habt mich bereits an den Rand des Abgrunds gedrängt. Wenn ihr jetzt nicht grünes Licht gebt, wird mich mein Chef wegen der gescheiterten Verhandlungen entlassen. Ihr habt mich dermaßen unter Druck gesetzt, daß ich vor Aufregung die ganze Nacht nicht schlafen konnte.

Ich bin völlig benommen, dazu habe ich noch Bauchweh, zudem schmerzt mein Rücken. Ich hoffe, daß ihr auch meine Lage einmal bedenkt.»

Da jeder Mensch ein mitfühlendes Herz besitzt, ließen sich die Käufer tatsächlich beeindrucken. Der Mann sah so armselig aus, seine Worte klangen so aufrichtig, da konnte man ja nur Sympathie empfinden. So machten sie hinsichtlich der Vertragsbedingungen erhebliche Konzessionen. Der japanische Geschäftsmann hatte sein Ziel erreicht, und mit einem Mal war sein erbärmliches Gehabe verschwunden.

Der Japaner habe sich selbst erniedrigt, meint Yu Xuebin zu diesem Vorfall, der sich vermutlich in China abgespielt hat. Es handele sich hierbei zwar nicht um eine unmittelbare körperliche Selbstverletzung, aber um eine Vorgehensweise, die ihm Sympathie und Vertrauen einbrachte. Diese geistige beziehungsweise imagemäßige Selbstschädigung sei, so Yu Xuebin, eine kreative Anwendung des Stratagems Nr. 34.

Hierher gehört nach Yu Xuebin auch jene chinesische Hausfrau, die auf dem Gemüsemarkt den Preis für ein Pfund Tomaten von 40 auf 35 Pfennig das Pfund herunterhandelt. Das ist ihr immer noch nicht billig genug, doch der Bauer läßt sich auf weiteres Feilschen nicht ein. Schließlich verstaut die Frau zwei Pfund Tomaten in ihrer Einkaufstasche. Als sie nun aber die 80 Pfennig bezahlen soll, tut sie so, als habe sie ihren Geldbeutel zu Hause vergessen. Mit Müh und Not kratzt sie aus allen Jackentaschen 65 Pfennig zusammen und händigt sie unter tausend Entschuldigungen und wiederholten Beteuerungen ihres Bedauerns dem Bauern aus. «Das ist alles, was ich habe. Aber natürlich kann ich noch mal nach Hause gehen und das Restgeld holen», sagt sie treuherzig. «Nein, nein, es reicht schon», gibt sich der Bauer zufrieden, nur um sie wenig später an weiter entfernten Ständen große Einkäufe tätigen zu sehen.

### 34.19 Dürr wie Reisig und doch dick sein wollen

«Sich mit Backen, die durch eigene Schläge angeschwollen sind, dick aufspielen (dazhong lian chong pangzi)» bezeichnet ein Vorgehen, bei dem das Stratagem Nr. 34 zur Verwirklichung des Stratagems Nr. 29 benutzt wird, sich letztlich aber als eine Torheit erweist. Die Redewendung bedeutet: «Sich nach außen hin eine reiche Fassade geben wollen und daher ins eigene Fleisch schneiden», beziehungsweise «Sich nicht so [krank, elend etc.] geben, wie man tatsächlich ist, sondern eine glänzende Verfassung vorspiegeln, dafür aber büßen müssen».

«Dick» steht hier nicht für ein bestimmtes Schönheitsideal, sondern symbolisiert Reichtum. Denn zweifellos sind reiche Leute oft wohlbeleibter als arme!

Als die Volksrepublik China sich erbot, im Jahre 1990 in Peking die XI. Asienspiele durchzuführen, was natürlich mit großen Kosten verbunden war, wurden in China Einwände laut wie: «Die Durchführung der Asienspiele bedeutet eine Vergeudung von Arbeitskräften und Geldmitteln. Es steckt nichts anderes dahinter, als sich mit durch eigene Schläge angeschwollenen Backen dick aufspielen zu wollen» (*Sport: Fotokopierte Unterlagen aus Periodika*, Peking Nr. 1, 1990, S. 8).

Als ich einen Bürger der Volksrepublik China unlängst fragte, ob sich sein Land auch schon im außenpolitischen Bereich die Wangen bis zum Anschwellen geschlagen habe, verwies er spontan auf Nahrungsgeschenke Chinas an Dritte-Welt-Länder zu Lebzeiten Maos, als Chinesen zu Hause hungern mußten.

Ein den Blick nur auf innerchinesische Vorgänge richtender Kommentar in der *Arbeiterzeitung* (Peking 8.4.1994, S. 5) ist betitelt mit «Wer sich mit durch eigene Schläge angeschwollenen Backen dick aufspielen will und dann unter Schmerzen leidet, ist selber schuld.» Der Verfasser Feng Lanyang prangert verschiedene mit Geld zusammenhängende Unsitten im zwischenmenschlichen Bereich an. So will man unbedingt andere in bezug auf Geschenke oder großzügiges Verhalten übertrumpfen. Heiratet zum Beispiel der Sohn eines Bekannten und sendet ihm ein guter Freund ein kostbares Geschenk, dann will man hinter diesem Freund auf keinen Fall zurückstehen, läßt sich, was auch wieder nur durch kostspielige Geschenke möglich ist, im voraus drei Monatsgehälter auszahlen und ersteht damit ein noch wertvolleres Geschenk, um anschließend bis zum Jahresende am Hungertuch zu nagen. Oder man will im Rampenlicht stehen und spielt nach außen den großen Mann, obwohl man sich zu Hause nicht einmal mehr eine Bettdecke zu leisten vermag. Zeitgenossen einer dritten Kategorie laden bei allen möglichen Gelegenheiten Leute nach Hause ein und nehmen die mitgebrachten Geschenke an, für die sie sich aber eines Tages erkenntlich zeigen müssen, und zwar, wie es die Gesichtswahrung will, mit um eine Stufe besseren Gegengeschenken. Wenn sich diese Gegengeschenkspflichten häufen, bleibt oft kein anderer Ausweg als Meister Schmalhans und unfreiwillige Askese. Es gibt viertens Personen, die als Sprungbrett für eine Karriere Geld und Gut einsetzen, um sich das Wohlwollen einflußreicher Personen zu sichern. Um sich ihre Bestechungsgaben zu verschaffen, opfern sie das wenige, das sie haben, «reißen die östliche Hauswand ab und reparieren nur notdürftig die schadhafte westliche, leihen links schnelles Geld aus und nehmen rechts ein kurzfristiges Darlehen auf, leben aber selbst arm wie eine Kirchenmaus». Und fünftens gibt es die Neureichen, die mehr Vermögen zur Schau stellen, als sie tatsächlich besitzen, und mit dem Geld nur so um sich werfen, mit dem Ergebnis, daß sie am Schluß wieder genauso mittellos dastehen wie vorher.

Man ist spindeldürr wie Reisig, will sich aber unbedingt mit dem Dicken messen; da man aber nicht fett ist, schlägt man sich selbst aufs Gesicht, um sich dick aufzuspielen, «Solche Beispiele gibt es mehr als genug.» Dazu der Kommentar von Feng Lanyang: «Magerkeit ist doch keine Schande. Was soll diese törichte Nachahmerei! Gefühle lassen sich nicht durch Geld aufwiegen. Wenn die Herzenswärme echt ist, dann stellt sich auch die Achtung der Menschen ein. Man vergesse doch nie die Maxime: seinen Kräften entsprechend handeln!»

34.20  Der Gang nach Canossa

In Rom hat Hildebrand, der Sohn eines italienischen Bauern, den päpstlichen Stuhl bestiegen. Als Papst heißt er Gregor VII. Der neue Papst will den Kampf mit dem Kaiser siegreich zu Ende führen; über die weltliche Macht soll die geistliche triumphieren. Dazu braucht es einerseits tüchtige Priester, die nicht durch Familie und Kinder von ihrer Hauptaufgabe abgelenkt werden. Deshalb sollen Priester nicht heiraten; die Kirche sei für den Priester Familie und Heim, heißt es. Dann wendet er sich heftig gegen den deutschen König Heinrich IV. (1050–1106, seit 1056 König, seit 1084 Kaiser).

In Deutschland haben viele Großen Heinrich IV. als einen Tyrannen erfahren. Zahlreiche Herzöge und Herren wollen nicht, daß in ihren Ländern ein König oder Kaiser dreinrede. Heinrich hat viel zu tun, um sich die Unbotmäßigen gefügig zu machen. Da verbietet der Papst dem König, Bischöfe oder Äbte zu ernennen, und fordert ihn auf, die Abgaben, die er von diesen Kirchenfürsten erhebt, der Kirche abzutreten. Der König weist diese Einmischung in die Reichs- und Kirchenangelegenheiten nördlich der Alpen zurück. Die einen unterstützen den König, denn die Bischöfe und Äbte regieren über Land und Leute und sollten daher wie alle Reichsfürsten dem König unterstehen. Die anderen meinen, Priester und Mönche seien Geistliche, die dem Papst unterstehen sollten. Die Könige hätten für Geld unfähige und schlechte Bischöfe ernannt. Wolle man würdige Leute, so müsse man die Wahl ganz dem Papst überlassen.

Heinrich IV. läßt die geistlichen Fürsten nach Worms kommen und berichtet ihnen ergrimmt über den Befehl des Papstes. Sie treten auf die Seite des Königs und beschließen, Gregor VII. solle nicht länger Papst sein. Heinrich sendet dem Papst einen scharfen Brief. Es heißt darin: «Heinrich, nicht durch Anmaßung, sondern durch Gottes heilige Einsetzung König, an Hildebrand, der nicht mehr Papst, sondern ein falscher Mönch ist. Ein anderer besteige den apostolischen Stuhl, der nicht Gewalt hinter frommen Gebärden verstecke, sondern die reine Lehre Petri verkünde. Ich, Heinrich, von Gottes Gnaden König, samt allen meinen Bischöfen, spreche zu Dir: Steige herab, steige herab!»

Gregor versammelt seine Kirchenfürsten um sich und liest ihnen Heinrichs Schreiben vor. Entrüstet sendet er dem König eine Antwort: «Heiliger Petrus, Fürst der Apostel, höre mich, deinen Knecht! Ich nehme dem König Heinrich die Herrschaft über das gesamte Reich; ich löse alle Christen von dem Eide, den sie ihm geleistet haben. Jedem sei verboten, dem Könige zu dienen. Den Bann schleudere ich auf ihn!»

Gewaltig ist die Wirkung des Bannfluches. Wer vom Papst gebannt ist, wird aus der Kirche ausgestoßen. Kein Gotteshaus darf er betreten; alle Christen müssen den Gebannten meiden. Stirbt er, so darf er nicht in geweihter Erde auf dem Kirchhof begraben werden; wie ein Tier wird er irgendwo verscharrt. Die meisten deutschen Fürsten fallen von Heinrich ab; sie wollen keinen König, auf dem der Bannfluch liegt. Sie schreiben ihm drohend: «Wenn Du Dich nicht im Laufe eines Jahres vom Bannfluche befreit hast, so setzen wir Dich ab und wählen einen anderen König!»

Gregor weilt zu dieser Zeit auf der Burg Canossa in Italien. Sie ist etwa 20 Kilometer südwestlich von Reggio nell' Emilia am nördlichen Abhang des Apennin auf einem 689 Meter hohen Felsen gelegen. In seinem Gemach schreitet Gregor auf und ab, freudig sich die Hände reibend. Jetzt ist die Macht des Königs gebrochen! Nie wird der stolze Heinrich als bescheidener Büßer vor den Papst treten, wie es von jedem verlangt wird, der sich vom Bannfluch lösen will. Da tritt ein Priester ins Gemach: «Vor der Burg im Schnee steht barfuß ein Mann, der Einlaß begehrt.» Gregor schreitet zum Fenster. Er sieht den König drunten stehen. Mit seiner Gattin, dem zweijährigen Söhnchen und wenigen Begleitern ist Heinrich über die tiefverschneiten Alpen gezogen. Nein, Papst Gregor will den Gebannten nicht empfangen; der Bann soll ihn erdrücken. Aber Heinrich gibt nicht nach; drei Tage und drei Nächte, nämlich vom 25. bis zum 27. Januar 1077, verharrt er vor dem Tor der Burg und hört nicht auf, das Erbarmen des Papstes anzuflehen. Da drängen des Papstes Begleiter: «Er ist ein Christenmensch und steht reuevoll und zerknirscht vor dir; Gottes Wort gebietet, daß du ihn nicht von dir weisest!» Am vierten Tag läßt der Papst das Burgtor öffnen. König Heinrich sinkt dem Papst zu Füßen. Gregor löst den König vom Bann.

Durch den Zug nach Canossa hat Heinrich seine Königskrone gerettet. Gregor hätte ein anderes Ende lieber gesehen. Doch etwas Unerhörtes ist geschehen: Ein König hat demütig seine Knie vor dem Papst gebeugt.

Diese Schilderung entnehme ich in etwas gekürzter Form dem ersten Band des Lehrbuchs *Welt- und Schweizergeschichte* von Ernst Burckhard (Bern 1938). Das eine oder andere Detail, so etwa, der Kaiser habe drei Tage lang in Kälte, Schnee und Eis im Burghof gestanden, ist heute umstritten (s. Wilfried Hartmann: *Der Investiturstreit*, München 1993, S. 88f.). Wie dem auch sei, dank seiner Selbsterniedrigung durchkreuzte Heinrich IV. die Pläne des Papstes. «Dem Nationalismus wurde der Augenblick, da der deutsche König Heinrich IV. vor dem römischen Papst Gregor VII. die Form der offiziellen Kirchenbuße erfüllte, zum Symbol einer unvergeßlichen und für alle Ewigkeit mahnenden Niederlage deutscher Macht und deutschen Wesens durch ein übernationales Prinzip», schreibt Anton Mayer-Pfannholz in seinem Aufsatz «Die Wende von Canossa» (in: Hellmut Kämpf [Hg.]: *Canossa als Wende: Ausgewählte Aufsätze zur neueren Forschung*, Darmstadt 1976, S. 1).

Wenn auch Heinrich des IV. Bittgang schwere Folgen für das Ansehen des mittelalterlichen Kaisertums, besonders im Verhältnis zum Papsttum, gezeitigt haben mag (laut *Brockhaus-Enzyklopädie*, Bd. 4, Mannheim etc. 1987, S. 313, s. auch *Lexikon des Mittelalters II*, München/Zürich 1983, Spalte 1442), so betont die neuere Forschung doch auch den zumindest taktischen politischen Sieg des Königs (s. Wilfried Hartmann, a. a. O., S. 89). In einer überaus großen Zahl von Geschichtswerken, Lehrbüchern und zusammenfassenden Darstellungen herrscht durchaus der Gedanke vor, daß der Tag von Canossa nicht eine Niederlage des Königs und des Königtums, sondern «einen Erfolg Heinrichs und einen politischen Verlust des Papstes» bedeutete (Anton Mayer-Pfannholz, a.a.O., S. 1f.). Der Bußgang von Canossa war in Heinrichs Augen nur «ein diplomatischer Schachzug», meint Gustav Schnürer (*Kirche und Kultur im Mittelalter II*, Paderborn 1926, S. 235) und hatte zum Ziel, die Pläne der Gegner zu durchkreuzen, das Bündnis zwischen Gregor und den deutschen Fürsten zu sprengen, sich selbst durch die Lösung vom Kirchenbann den Weg zur Macht wieder zu öffnen und die Krone zu retten. Dieses Ziel hat Heinrich, wenn auch nur teilweise und vorübergehend, erreicht. Er war, so wird gefolgert, «der politisch Gewinnende» (Jos. Lortz: *Geschichte der Kirche für die Oberstufe höherer Schulen II*, 1930, S. 46), der «dem Papst eine schwere politische Niederlage beibrachte» (A. Dempf: *Sacrum Imperium*, München 1929, S. 186). «Die Kirchenbuße bedeutete sicher eine schwere persönliche Demütigung des Königs, hatte aber nach dem Geist der Zeit nichts Erniedrigendes an sich. Wenn man ihre Wirkung betrachtet, so ist eher von einem Siege des Königs als des Papstes zu reden» (Funk-Bihlmeyer: *Kirchengeschichte II*, Paderborn 1930, S. 105 u.a.). Daß der König in Canossa «durch eine persönliche Beugung, die doch nach damaligem Empfinden in keiner Weise ehrenrührig war, die Handlungsfreiheit zurückgewonnen» hat (B. Schmeidler: *Heinrich IV. und seine Helfer im Investiturstreit*, Leipzig 1927, S. 375), scheint für diese Betrachtungsweise das Wichtige, ja das allein Wichtige zu sein.

Dem wird der Stichworttext zu «Kanossa» im *Duden: Deutsches Universalwörterbuch* (Mannheim etc. 1983, S. 664) in etwa gerecht: «Jemandem schwerfallende, aber vor der Situation gerechtfertigte tiefe Selbsterniedrigung.» Man überlege sich doch einmal, welche Folgen es für Heinrich IV. gehabt hätte, wenn er den Bußgang unterlassen hätte. Vermutlich hätte ihn das die Krone gekostet und dem Papsttum noch mehr Macht verschafft. Heinrich IV. befand sich nun einmal in einer Position der Schwäche, und er hat mit seinem Bußgang das Beste daraus gemacht. Angesichts dessen erscheint es als ungerechtfertigt, wenn «Gang nach Canossa» im übertragenen Sinn allein als Synonym «für ‹tiefste Erniedrigung›» (*Meyers Enzyklopädisches Lexikon*, Band 5, Mannheim etc. 1980, S. 303) angesehen wird, ohne Berücksichtigung des strategemischen Umtausches eines zweitrangigen Gesichtsverlusts beziehungsweise einer Selbsterniedrigung gegen einen viel wichtigeren politischen oder sonstigen Vorteil. Offenbar schien nur eine drittrangige, eine Selbstdemütigung nicht erfordernde Frage auf dem Spiel zu stehen, nämlich die Ablehnung des Kardinals Hohenlohe als deutschen Botschafter bei Papst Pius IX., als Bismarck am 14.5. 1872 vor dem Deutschen Reichstag das Wort prägte: «Nach Canossa gehen wir nicht!»

## 34.21 Der knorrige Baum

«Sind die Bäume stark, so werden sie gefällt», konstatiert Lao Zi im *Daodejing* (Kap. 76) und fährt fort: «Das Starke und Große ist unterlegen, das Weiche und Schwache gewinnt.» Diesen Gedanken entwickelt der chinesische Philosoph Zhuang Zi (ca. 369–286) in einem Gleichnis fort:

«Meister Qi vom Südweiler wanderte zwischen den Hügeln von Shang. Da sah er einen Baum, der war größer als alle anderen. Tausend Viergespanne hätten in seinem Schatten Platz finden können.

Der Meister Qi sprach: ‹Was für ein Baum ist das! Der hat gewiß ganz besonderes Holz.›

Er blickte nach oben, da bemerkte er, daß seine Zweige krumm und knorrig waren, so daß sich keine Balken daraus machen ließen. Er blickte nach unten und bemerkte, daß seine großen Wurzeln nach allen Seiten auseinander gingen, so daß sich keine Särge daraus machen ließen. Leckte man an einem seiner Blätter, so bekam man einen scharfen, beißenden Geschmack in den Mund; roch man daran, so wurde man von dem starken Geruch drei Tage lang wie betäubt.

Meister Qi sprach: ‹Das ist wirklich ein Baum, aus dem sich nichts machen läßt. Dadurch hat er seine Größe erreicht.› [...]» (nach Richard Wilhelm [Übers.]: *Dschuang Dsi*, Wien 1951, S. 35).

Will man diese Gedanken strategemisch umsetzen, dann vielleicht mit folgender Überlegung: Wer allzu «brauchbar» ist, wird möglicherweise rasch verschlissen oder gar von den auf ihn einstürmenden Aufgaben buchstäblich zerdrückt. Wer stark, groß und überlegen ist, zieht Neid und Mißgunst auf sich und fällt nur allzuoft dem Verderben anheim. Warum sich daher, falls das Stratagem Nr. 27 unzureichend ist, nicht bis zu einem gewissen Grad «unbrauchbar» machen, dafür aber vergleichsweise unbehelligt überleben und gedeihen – dank dem Stratagem Nr. 34 (s. auch 17.42)?

# Strategem Nr. 35

## Das Ketten-Strategem

| Die drei Schriftzeichen | 連 | 環 | 計 |
|---|---|---|---|
| Moderne chinesische Aussprache | lian | huan | ji |
| Übersetzung der einzelnen Schriftzeichen | zusammenhängen/verknüpfen | Kettenglied | Strategem |

Zusammenhängende Übersetzung

1. Das Strategem der Verknüpfung von Kettengliedern.
2. Wie Kettenglieder miteinander verknüpfte Strategeme.

Kerngehalt

1. Strategem der das Gegenüber lahmlegenden Aneinanderkoppelung; Strategem der das Gegenüber hemmenden Aneinanderkoppelung von zu ihm gehörenden Elementen; Strategem der Störung einer Symbiose; Koppelungs-Strategem; Verkettungs-Strategem.

2. a) Verknüpfung mehrerer wie Glieder einer Kette zusammenhängender Strategeme im Rahmen eines zielgerichteten Handlungsablaufs; Abfolge ineinandergreifender oder voneinander unabhängiger, auf dasselbe Ziel hin gerichteter Strategeme; mehrere durch ein gemeinsames Ziel verbundene Taten, die je unterschiedliche Strategeme verwirklichen; Strategemverkettung; Ketten-Strategem.

b) Verwirklichung mehrerer Strategeme durch eine einzige Tat; mehrere Strategeme gleichzeitig verwirklichende Handlung; hybride Strategemhandlung; Multipack-Strategem.

## 35.1 Die tödliche Schiffsverkettung

Zhou Yu, der Feldherr des Königreiches Wu hatte vor der Schlacht an der Roten Wand (208 n. Chr.) Huang Gai zur Durchführung des Stratagems Nr. 34 eingesetzt. Cao Cao nahm Huang Gais Angebot, zu ihm überzulaufen, nach anfänglichem Argwohn an. Seine beiden Agenten im Lager Zhou Yus hatten Cao Cao überdies mitgeteilt, daß auch General Gan Ning sich ihm ergeben wolle (s. 34.1). Aber immer noch war bei Cao Cao eine Spur von Mißtrauen übriggeblieben. Als er seine Berater fragte, ob jemand unter ihnen bereit sei, sich ins Lager von Zhou Yu zu begeben, um herauszufinden, was eigentlich vor sich gehe, erbot sich Jiang Gan. Seine letzte Mission bei Zhou Yu war gescheitert (s. 33.11), was ihn nach wie vor beschämte. «Ich möchte noch einmal zu Zhou Yu gehen, koste es mich auch das Leben, um verläßliche Informationen zu erlangen und Eurer Exzellenz zu überbringen.» Erfreut stellte ihm Cao Cao ein Boot zur Verfügung. Kaum am Südufer des Yangtse-Stromes angekommen, sandte Jiang Gan einen Boten zu Zhou Yu, um sich bei ihm anzumelden. Zhou Yu rieb sich die Hände, als er von Jiang Gans erneutem Kommen erfuhr. «Dieser Mann wird mir auch diesmal zu einem Erfolg verhelfen», sagte er. Danach wandte er sich an Lu Su: «Ich ersuche Pang Tong, zu mir zu kommen.»

Pang Tong (179–214), «Junger Phönix» genannt, war ein Mann von ähnlichem Format wie Zhuge Liang. Er war aus dem unruhigen Norden Chinas geflohen und hatte sich im Königreich Wu in Sicherheit gebracht. Schon früh hatte Lu Su ihn Zhou Yu empfohlen. Doch bisher war es noch zu keiner Begegnung zwischen Pang Tong und Zhou Yu gekommen. Über Lu Su hatte Zhou Yu zuvor Pang Tong allerdings schon fragen lassen, wie er sich einen möglichen Sieg über Cao Cao vorstelle. Cao Cao verfügte laut Quellen über 250 000 Mann gegen nur 50 000 Mann der Koalitionstruppen des Staates Wu und Liu Beis (Fu Lecheng: *Gesamtdarstellung der chinesischen Geschichte*, 2. Aufl. Taipeh 1979, S. 238). Pang Tong hatte Lu Su geantwortet: «Man muß Feuer einsetzen. Doch wenn auf dem Fluß ein Schiff in Brand gerät, dann werden sich die anderen Schiffe in alle Himmelsrichtungen zerstreuen. Es sei denn, jemand schlüge Cao Cao das Verkettungs-Stratagem vor und bringe ihn dazu, die Schiffe aneinander zu befestigen. So wird ein Erfolg möglich sein.» Zhou Yu war von diesem Rat tief beeindruckt. Zu Lu Su sagte er: «Der einzige, der für uns dieses Stratagem ausführen kann, ist Pang Tong.» Lu Su wandte ein: «Cao Cao ist zu verschlagen. Wie könnte Pang Tong zu ihm gelangen?»

Zhou Yu war unschlüssig. Gerade als er nachdachte und zu keinem Ergebnis kam, wurde ihm Jiang Gans Ankunft gemeldet. Er schärfte Pang Tong, der inzwischen auch bei ihm eingetroffen war, ein, er müsse das Verkettungs-Strategem in die Tat umsetzen. Dann gab er seinem Personal allerlei Anweisungen. Schließlich setzte er sich in seinem Zelt in Positur und ließ Jiang Gan hereinführen. Jiang Gan fühlte sich nicht ganz wohl in seiner Haut, da Zhou Yu nicht persönlich am Ufer erschienen war, um ihn willkommen zu heißen. Er hatte deshalb sein Boot an einem versteckten Ort vertäut und sich erst danach zu Zhou Yus Zelt aufgemacht.

Als Zhou Yu ihn erblickte, machte er ein grimmiges Gesicht und sagte: «Warum hast du mich das letzte Mal so furchtbar getäuscht?» Jiang Gan lachte: «Ich glaube, wir stehen zueinander wie Brüder, genauso wie früher. Ich bin gekommen, um dir etwas zu enthüllen. Warum sagst du, ich hätte dich getäuscht?»

«Solltest du gekommen sein, um mich zur Kapitulation zu bewegen, dann ist das genauso ein Ding der Unmöglichkeit wie daß die Meere austrocknen und die Steine verfaulen. Das letzte Mal erinnerte ich mich an unsere alte Freundschaft und lud dich ein, nach Herzenslust mit mir Wein zu trinken, und nachher ließ ich dich mein Lager mit mir teilen. Doch du stahlst einen persönlichen Brief von mir, gingst weg ohne jedes Wort des Abschieds, kehrtest zu Cao Cao zurück und gabst ihm den Brief. Er ließ Cai Mao und Zhang Yun töten und vereitelte dadurch meine Pläne. Wenn du heute ohne jeden Grund erneut zu mir kommst, dann doch bestimmt nicht mit guten Absichten! Wenn da nicht unsere alte Freundschaft wäre, würde ich dich mit einem Schwerthieb halbieren! Eigentlich wollte ich dich umgehend wieder zurückschicken, aber in ein, zwei Tagen werden wir den Verräter Cao Cao angreifen, und dann würdest du, mein alter Freund, nicht überleben. Aber wenn ich dich im Lager behalte, laufe ich Gefahr, daß dir mehr zu Ohren kommt, als mir lieb ist.» Und Zhou Yu befahl seinen Gardisten, Jiang Gan in eine Hütte in den Westbergen zu bringen. «Dort kannst du dich ausruhen, bis nach meinem Sieg über Cao Cao. Danach kannst du wieder über den Fluß setzen.»

Jiang Gan wollte noch etwas sagen, aber Zhou Yu hatte das Zelt bereits verlassen. Gardisten gaben Jiang Gan ein Pferd, auf dem er zu der Hütte ritt. Dort kümmerten sich zwei Soldaten um ihn. In der einsamen Hütte überkam Jiang Gan eine tiefe Traurigkeit. Er konnte weder essen noch schlafen. So vergingen die Tage. Eines Nachts war der Himmel sternenklar. Einsam verließ er sein Gemach und spazierte hinter die

Hütte. Da hörte er jemanden laut etwas lesen. Leisen Schrittes näherte sich Jiang Gan der Stimme und erblickte am Bergabhang mehrere Strohhütten. Aus einer der Hütten drangen Lichtstrahlen. Jiang Gan ging hin und warf einen Blick durch einen Spalt in der Wand. Er sah nur einen einzigen Mann und ein Schwert, das vor der Lampe hing. Der Mann rezitierte Stellen aus den Militärtraktaten von Meister Sun und Meister Wu. «Das muß ein außerordentlicher Geselle sein», sagte sich Jiang Gan, klopfte an die Tür und bat um Einlaß.

Der Mann öffnete die Tür und hieß Jiang Gan willkommen. Er hatte nicht die Ausstrahlung eines gewöhnlichen Menschen. Jiang Gan fragte ihn nach seinem Namen. «Ich heiße Pang Tong», entgegnete der Fremde. «Ihr seid doch nicht etwa der ‹Junge Phönix›?» rief Jiang Gan aus. «Gewiß, der bin ich», erhielt er zur Antwort. Freudig sagte Jiang Gan: «Euer großer Name ist mir schon seit langem bekannt. Aber was hat Euch an diesen entlegenen Ort verschlagen?» Pang Tong entgegnete: «Zhou Yu hält sich selbst für überragend. Er will keinen anderen neben sich dulden. So habe ich mich hier versteckt. Und wer seid Ihr?» Jiang Gan erwiderte: «Ich bin Jiang Gan.» Nun lud Pang Tong ihn in die Hütte ein. Dort setzten sie sich hin und begannen, einander ihr Herz auszuschütten. Endlich sagte Jiang Gan: «Ein Mann mit Euren Fähigkeiten kann überall große Taten vollbringen. Falls Ihr Euch in die Dienste Cao Caos begeben wollt, könnte ich Euch zu ihm führen.» Pang Tong antwortete: «Schon seit langem wünsche ich, das Königreich Wu zu verlassen. Wenn Ihr bereit seid, mich bei Cao Cao einzuführen, dann möchte ich sofort aufbrechen. Wenn ich warte und Zhou Yu mein Plan zu Ohren kommt, wird er mir bestimmt nach dem Leben trachten.»

Noch in derselben Nacht stieg Pang Tong zusammen mit Jiang Gan vom Berg herab. Sie gelangten zum Ufer des Stromes und suchten nach Jiang Gans verborgenem Boot. Im Nu hatten sie den Fluß überquert. Zunächst begab sich Jiang Gan allein zu Cao Cao und berichtete ihm von den Ereignissen der vergangenen Tage. Als Cao Cao vernahm, daß der «Junge Phönix» vor dem Zelt warte, trat er zum Willkommensgruß heraus und geleitete ihn persönlich ins Zelt. Dort nahmen sie Platz. Cao Cao ergriff das Wort: «Zhou Yu ist noch sehr jung. Er hat ein übersteigertes Selbstvertrauen und unterdrückt seine Gefolgsleute. Gute Ratschläge nimmt er nicht entgegen. Immer wieder habe ich von Euch gehört. Heute wird mir Eure teure Hochschätzung zuteil. Ich bitte nun darum, daß Ihr mit Unterweisungen und Belehrungen nicht geizen möget.»

Pang Tong entgegnete: «Seit langem hörte ich die Leute Eure Exzellenz wegen Eurer makellosen Beherrschung der Kunst des Krieges rühmen. Aber ich würde gern einen Blick auf das Erscheinungsbild Eurer Truppen werfen.» Cao Cao ließ Pferde bereitstellen und lud Pang Tong zunächst zu einer Besichtigung der Heereslager auf dem Land ein. Zusammen ritten sie auf eine Anhöhe und blickten herab. Über das, was er sah, war Pang Tong voll des Lobes: «Wären Meister Sun, Meister Wu und Sima Rangju, die Koryphäen der Kriegskunst der Antike, wiedergeboren, sie könnten es nicht besser machen.» Cao Cao wehrte ab: «Ihr solltet mich nicht zu sehr loben, ich hoffe doch auch auf einige Hinweise, wie ich es noch besser machen könnte.»

Als nächstes wandten sie sich den Wassertruppen zu. Pang Tong erblickte ein riesiges, einer Stadtmauer ähnelndes Rechteck, das von großen Schiffen gebildet wurde. Nach Süden hin waren 24 Tore freigehalten. Durch diese konnten die kleineren Schiffe ein- und ausfahren. Alles erschien hervorragend angeordnet. Pang Tong sagte: «Exzellenz, wenn Ihr Eure Streitkräfte auf diese Weise einzusetzen vermögt, dann ist es wirklich nicht ohne Grund, daß sich Euer Ruhm über das ganze Land verbreitet hat.» Dann wies er mit dem Finger auf das andere Flußufer und rief: «Zhou Yu, Zhou Yu! Dein Untergang ist besiegelt!»

Äußerst befriedigt kehrte Cao Cao mit seinem Begleiter in die Zeltstadt zurück, lud ihn zum Wein ein und unterhielt sich mit ihm über militärische Belange. Pang Tong sprach tiefgründig und wortgewandt. Der Redefluß wogte ununterbrochen hin und her. Cao Caos Wertschätzung für Pang Tong wuchs und wuchs, und er behandelte seinen Gast mit größter Umsicht. Trunkenheit vortäuschend, sagte Pang Tong auf einmal: «Darf ich fragen, ob es in Eurem Heer gute Ärzte gibt?» – «Wozu?» fragte Cao Cao. Pang Tong antwortete: «Unter den Flußkriegern gibt es viele Kranke, es braucht gute Ärzte, die sie heilen.» Zweifellos hatten Spione Zhou Yus diesen Sachverhalt ermittelt, so daß er Pang Tong bekannt war. In der Tat litten viele Soldaten Cao Caos, die sich nicht an die südlichen Gefilde, in denen sie sich befanden, hatten anpassen können, unter Brechreiz und anderen Beschwerden. Viele waren schon gestorben. Dieses Problem bedrückte Cao Cao und er fragte Pang Tong um Rat. Pang Tong sagte: «Die Methoden, mit denen Eure Exzellenz Eure Flotte ausbildet, sind vorzüglich, doch – leider – unvollständig.» Cao Cao fragte wiederholt, was er meine, bis Pang Tong endlich mit der Sprache herausrückte: «Ich weiß einen Weg, um die Soldaten von ihren Beschwerden zu heilen, so daß alle kampfbereit sind.» Erfreut vernahm Cao Cao diese Worte und bat um nähere Auskunft. Pang Tong erklärte: «Auf dem großen Strom steigen die Fluten empor und ebben wieder ab. Wind und Wellen legen sich nie zur Ruhe. Die Soldaten aus dem Norden sind an die schwankenden Schiffe nicht gewöhnt. Sie leiden unter dem Auf und Ab. Aus diesem Grund werden sie krank. Wenn man nun je die großen und die kleinen Schiffe in Reihen von jeweils 30 oder 50 Schiffen nebeneinanderstellen, die Schiffe am Bug und am Heck mit eisernen Ringen aneinanderketten und schließlich breite Planken auslegen würde, so daß Männer und Pferde bequem von einem Schiff zum anderen gelangen können, dann werden weder Wind noch Wellen noch Ebbe und Flut sie weiter behelligen.»

Cao Cao erhob sich von seiner Sitzmatte, um seiner Dankbarkeit Ausdruck zu verleihen. «Ohne Euren guten Plan könnte ich Sun Quan niemals besiegen!» – «Eure Majestät mag mit meinem törichten und oberflächlichen Vorschlag nach eigenem Gutdünken verfahren.» Sogleich befahl Cao Cao allen Schmieden im Heer, eiserne Ringe und große Nägel für das Aneinanderketten der Schiffe herzustellen. Die ganze Armee freute sich, als sie die Neuigkeit erfuhr. In einem später verfaßten Gedicht heißt es: «Wie hätte Zhou Yu ohne Pang Tongs Verkettungs-Stratagem die große Tat vollbringen können?»

Einige Zeit danach anerbot sich Pang Tong, den Strom erneut zu überqueren, um alle Zhou Yu feindlich gesinnten Männer zum Überlaufen auf Cao Caos Seite zu bewegen. Er ließ sich von Cao Cao einen Schutzbrief für seine eigene Sippe ausstellen. Als er ging, sagte er zu Cao Cao: «Nach meinem Verschwinden solltet Ihr schnell vorrücken. Verliert keine Zeit, damit Zhou Yu bald weiß, was die Stunde geschlagen hat.» Cao Cao nahm diesen Rat beifällig auf.

Gerade als Pang Tong dabei war, ein Schiff zu besteigen, erblickte er am Ufer einen Mann in einem daoistischen Kleid und mit einem Bambushut. Der Daoist packte ihn mit einer Hand und sagte: «Wie mutig du bist! Huang Gai benutzte das Stratagem der Selbstverletzung. Kan Ze übermittelte die Botschaft von Huang Gais vorgespiegeltem Frontwechsel, und dann kommst du mit dem Verkettungs-Stratagem, damit möglichst alle Schiffe Cao Caos den Flammen zum Opfer fallen. Eure giftigen Machenschaften mögen einen Cao Cao hinters Licht führen, aber bei mir verfangen sie nicht!» Vor Schreck wäre Pang Tong beinahe die Seele davongeflogen. Zum Glück stellte sich heraus, daß vor ihm ein alter Freund stand, der insgeheim auf der Seite von Cao Caos Feinden stand.

Ich möchte an dieser Stelle die Schilderung des Geschehens unterbrechen und die Bemerkung einflechten, daß der Darstellung in der *Romanze der drei Königreiche* zufolge ein Außenstehender die eingesetzten Strategeme durchschaut und zutreffend identifiziert. Nach vergleichbaren Stellen dürfte man in der westlichen Literatur über die Jahrtausende hinweg vergeblich suchen. In nicht einem westlichen Werk dürften sich Passagen finden, in denen Strategeme in ähnlicher Weise reflektiert und benannt werden.

Im Dezember des Jahres 208 n.Chr. waren alle Schiffe, große und kleine, aneinandergekettet. Cao Caos Streitmacht war kampfbereit. Von einem Kommandoturm aus inspizierte Cao Cao seine Flotte bei einer kleinen Übung. Die Schiffe hißten die Segel und schwammen gegen die Wogen, ohne zu schwanken. Cao Cao freute sich und sagte zu seinen Ratgebern: «Die Schiffe sind alle mit eisernen Ringen aneinandergekettet, deshalb liegen sie so ruhig im Wasser. Jetzt kann man wirklich den Fluß überqueren, als befinde man sich auf dem Festland.» Zwar warnte ein Ratgeber vor den Gefahren einer feindlichen Feuerattacke, doch Cao Cao hörte nicht darauf.

Gewiß wollte Cao Cao nach Möglichkeit eine Schlacht auf dem Yangtse vermeiden. Aber um seinen Feind zu besiegen, mußte er den Strom auf jeden Fall überqueren und die Gebiete jenseits des südlichen Ufers erobern. Natürlich würde ihn Zhou Yu nicht einfach den Fluß überqueren lassen, sondern die Landung am südlichen Flußufer mit allen Mitteln zu verhindern suchen. Daraus ergab sich aus Cao Caos Sicht, daß seine aus dem Norden stammenden, wasserungewohnten Soldaten längere Zeit auf schwankenden Schiffen ausharren mußten, bis sie, wenn am Ende alles gutging, wieder Land unter den Füßen hatten. Die Idee, jenen Truppen bereits während der kampfumtosten Überfahrt einen festen Boden zu verschaffen, mußte Cao Cao daher als glänzender Einfall erscheinen.

Als sich der Wind gedreht hatte und von Osten her blies, war für Zhou Yu der günstige Augenblick gekommen. Zu den Dispositionen, die er nun traf, gehörte ein Befehl an Huang Gai, Schiffe mit leicht brennbarem Material zu beladen und Cao Cao die Nachricht zu übermitteln, der Zeitpunkt seines Übertritts sei nun gekommen. Huang Gais Frontenwechsel sollte unmittelbar vor Beginn der Schlacht vor sich gehen. Natürlich setzte Zhou Yu auch Landstreitkräfte für flankierende Maßnahmen ein.

In Cao Caos Lager traf in der Zwischenzeit ein schmales Boot mit einer Botschaft Huang Gais ein. Huang Gai teilte mit, er sei von Zhou Yu ständig scharf überwacht worden und habe daher nicht fliehen können. Soeben seien Proviantschiffe eingetroffen. Zhou Yu habe ihn zur Überwachung der Schiffsladung abkommandiert. Jetzt sei sein Übertritt auf Cao Caos Seite möglich. Er werde einen der führenden Leute Zhou Yus töten und Cao Cao den Kopf bringen. Mit diesem Geschenk in der Hand werde er sich ihm unterstellen. Am selben Tag vor Mitternacht solle Cao Cao auf Boote mit gezackten schwarzen Fahnen achten. Das seien seine Proviantschiffe.

Cao Cao freute sich sehr. Mit seinen Generälen begab er sich auf ein großes Schiff, um auf Huang Gai zu warten.

Es war schon fast Nacht. Der Ostwind wurde kräftiger, die Wogen peitschten empor. Cao Cao spähte über den Fluß. Der Mond stieg auf und beleuchtete das Wasser, so daß es aussah, als ob Zehntausende von goldenen Schlangen in den Wellen und Wogen umhertollten. Plötzlich wies ein Soldat auf den Strom und sagte: «Im Süden taucht ein ganzer Konvoi von Schiffen auf; mit dem Wind im Rücken segeln sie herbei.» Cao Cao eilte zu einer höheren Aussichtsstelle. Da wurde gemeldet, daß alle Schiffe gezackte schwarze Fahnen gehißt hätten. Auf einem großen Banner sei zu lesen: «Vorhutkommandant Huang Gai». Cao Cao lächelte: «Huang Gais Frontenwechsel zeigt, daß mir der Himmel beisteht.» Die Schiffe näherten sich allmählich. Cheng Yu, ein Ratgeber Cao Caos, beobachtete sie lange Zeit und sagte endlich zu Cao Cao: «Mit diesen Schiffen stimmt etwas nicht. Man sollte verhindern, daß sie sich unserem Lager nähern.» Cao Cao fragte nach den Gründen seiner Bedenken. Cheng Yu antwortete: «Wenn die Schiffe mit Getreide schwer beladen wären, lägen sie tief im Wasser und würden ruhig dahinfahren. Aber diese Schiffe schweben fast auf dem Strom und schwanken hin und her. Zudem weht der Ostwind so heftig heute nacht. Wenn die Schiffe Übles planen, wie will man sich dagegen wehren?»

Nun wurde auch Cao Cao hellwach, und er fragte: «Wer meldet sich, um die Schiffe zu stoppen?» Ein gewisser Wen Ping übernahm die Aufgabe. Mit zehn Patrouillenbooten fuhr er hinaus. Wen Ping stand auf dem Vorderdeck seines Schiffes und rief: «Anweisung des Kanzlers: Die Schiffe aus dem Süden dürfen nicht weitersegeln. Sie müssen in der Flußmitte ankern!» Wen Pings Krieger schrien im Chor: «Segel einziehen!» Die Worte hingen noch in der Luft, als ein Pfeil Wen Ping traf. Er fiel zu Boden. Auf dem Schiff brach ein Chaos aus. Die zehn Boote drehten und segelten wieder in Richtung Cao Caos Lager.

Nur noch zwei Meilen von Cao Caos Flotte entfernt waren jetzt die Schiffe vom Südufer. Auf ein Zeichen Huang Gais hin wurden die Schiffe in der vordersten Reihe angezündet. Im Nu entfachte der Wind das Feuer. Wie Feuerpfeile flogen die Schiffe dahin. Die Flammen züngelten zum Himmel empor, den Rauchwolken verdunkelten

20 brennende Schiffe rammten Cao Caos Flotte. Nach kurzer Zeit brannte sie lichterloh. Da die Schiffe aneinandergekettet waren, konnte keines fliehen. Das ganze Universum schien ein Flammenmeer zu sein.

Im Titel des 47. Kapitels des Romans *Romanze der drei Königreiche* steht: «Pang Tong empfiehlt geschickt das Verkettungs-Stratagem». «Verkettungs-Stratagem» bedeutet hier im wörtlichen Sinne die Verkettung von an sich voneinander unabhängigen Objekten. Im vorliegenden Fall sind es Schiffe. Deren Verkettung stellte Pang Tong so dar, daß sie aus der Sicht Cao Caos, der vom Krieg auf dem Wasser offensichtlich nichts verstand, als Stratagem erschien. Denn schließlich konnte er dank dieser Maßnahme den Vorteil Zhou Yus, über eine an Flußgefechte gewöhnte Truppe zu verfügen, zunichte machen, den Seekrieg gewissermaßen in einen Landkrieg umwandeln und so die Stärken seiner Truppen vollumfänglich zur Geltung bringen. Pang Tong benutzte, indem er Cao Cao das Verkettungs-Stratagem andrehte, das Kreator-Stratagem Nr. 7 beziehungsweise das Januskopf-Stratagem Nr. 10. Er gab etwas als hilfreich aus, das in Wirklichkeit ins Verderben führte.

Pang Tongs Intervention bei Cao Cao wiederum ist ein Glied einer ganzen Kette von Strategemen, die Zhou Yu aneinanderreihte, um sein Endziel, die Niederlage Cao Caos in der Schlacht an der Roten Wand, zu erreichen. Wichtige Strategeme in dieser Stratagem-Verkettung sind unter anderem die Ausschaltung Cai Maos und Zhang Yuns mit Hilfe unter anderem der Strategeme Nr. 33 und Nr. 3, das mit Hilfe Huang Gais ausgeführte Stratagem Nr. 34 und zuletzt Cao Caos Irreführung durch Pang Tongs Strategeme Nr. 7 und Nr. 10.

Die Begegnung zwischen Pang Tong und Cao Cao ist erfunden. Wahr ist allerdings, daß Zhou Yu in der Schlacht an der Roten Wand (im Nordosten des Kreises Jiayu in der heutigen Provinz Hubei) Cao Caos Flotte in Brand stecken ließ und die anschließende Verwirrung in Cao Caos zahlenmäßig haushoch überlegener Armee zu seinen Gunsten ausnutzte.

## 35.2  Umzingelung auf offenem Meer

Im Jahre 1409 bricht eine Flotte chinesischer Schiffe auf, um «die Barbaren zu befrieden und Schätze zu sammeln», heißt es in dem märchenhaften Roman *Die Reise des Eunuchen Sanbao in den westlichen Ozean* von Luo Maodeng (um 1600). Der Roman kreist um die historischen See-Expeditionen des Eunuchen Zheng He in den Jahren zwischen 1405 und 1433 (s. 12.7, 34.8). Auf ihrer Fahrt hat die kaiserliche Flotte manche Kämpfe zu bestehen. Dabei siegen die Chinesen teils wegen ihrer überlegenen Ausrüstung, teils mit Hilfe von Magie und auch dank dem Einsatz von Strategemen. Eines der Länder, die die Flotte erreicht, heißt Lavo. Der König von Lavo möchte sich den Chinesen unterwerfen. Durch das eigenmächtige Vorgehen eines Lavo-Generals und durch Zheng Hes voreiliges Handeln gerät die Lage allerdings außer Kontrolle. Der König wird gefangengenommen, seine Residenz besetzt. Das Mißverständnis klärt sich aber bald zur beiderseitigen Genugtuung auf. Der trotzige Lavo-General verliert zudem eine Seeschlacht gegen die Chinesen, was entfernt an die Niederlage Cao Caos gegen Zhou Yu in der Schlacht an der Roten Wand erinnert, so wie sie in der *Romanze der drei Königreiche* geschildert wird.

Eine dreitägige Seeschlacht ist bereits ohne Sieger und Besiegte über die Bühne gegangen. Die feindliche Flotte hat sich einstweilen zurückgezogen. Vor dem zu erwartenden zweiten Waffengang trifft sich Zhang Tianshi, ein Berater Zheng Hes, mit den Generälen und fragt sie nach ihrem Schlachtplan. Sie antworten, sie seien eher ratlos und hofften auf eine Unterweisung von Zhang Tianshi. Dieser schweigt eine Weile und fragt dann: «Habt ihr an die Schlacht an der Roten Wand gedacht?» – «Ja», antworten die Generäle, «nur ist ein wichtiges Problem noch ungelöst.» – «Ihr meint sicher den richtigen Wind», sagt Zhang Tianshi lächelnd und fügt, seiner magischen Kräfte sicher, hinzu: «Dieses Problem werde ich lösen. Aber wer wird der ‹Junge Phönix› Pang Tong sein und dem Feind das Verkettungs-Strategem vorschlagen?» Die Generäle entgegnen: «Das Verkettungs-Strategem wird diesmal nicht auf die feindlichen, sondern auf unsere Schiffe angewandt.» – «Großartig», meint Zhang Tianshi. «In der Schlacht an der Roten Wand wurde das Verkettungs-Strategem vom Gegenüber eingesetzt, doch diesmal wenden umgekehrt wir es an.» Die Generäle sagen: «Heißt es etwa nicht ‹umgekehrt ist auch gefahren›?» Alle lachen.

Die Schiffe werden im Norden, Süden, Westen und Osten zusammengezogen und an diesen vier Standorten je miteinander verkettet. Am nächsten Tag startet die feindliche Flotte ihren Angriff. Sie versucht, die längsseits miteinander verketteten Schiffe der Chinesen anzuzünden, doch Zhang Tianshi vermag mit seinen magischen Kräften immer wieder, die Winde so zu drehen, daß die brennenden Materialien auf die Angreifer zurückwehen. Nach diesem Mißerfolg wollen

die feindlichen Schiffe abdrehen und ins Meer hinausfahren. Doch da stellt sich ihnen die erste Schiffskette der Chinesen entgegen, lang wie eine Schlange. Jetzt will die feindliche Flotte nach rechts abdrehen. Aber auch dort wartet eine lange Mauer von aneinandergeketteten chinesischen Schiffen. Die feindlichen Schiffe drehen nach links, und wieder stoßen sie auf eine chinesische Schiffsmauer. So befinden sich die Angreifer zuletzt in einem riesigen Viereck, das von aneinandergeketteten chinesischen Schiffen gebildet wird. Zhang Tianshi lacht, als er diese Konstellation sieht, und sagt: «Tatsächlich, das Verkettungs-Strategem funktioniert mit unseren Schiffen! Welch ein wunderbares Strategem der Generalsriege!»
Natürlich gibt es für die feindlichen Schiffe kein Entkommen mehr. Ihre Niederlage ist total. Das Verkettungs-Strategem versetzte die Chinesen in den Stand, den Feind auf dem Meer zu umzingeln und mit ihm gemäß dem Stratagem Nr. 22 zu verfahren.

35.3 Die Überwacher der Überwacher

Nach seinem gemeinsam mit den chinesischen Behörden ausgeheckten Stratagem (s. 27.7) wurde Wei Jingsheng, und das gehörte natürlich nicht mehr zum vereinbarten Stratagem, für 18 Monate an einen geheimen Ort verbracht, wo er, seiner Aussage nach, ständig von etwa 30 Bewachern umgeben war, die drei verschiedenen Ämtern unterstanden. «Einige behandelten mich eher freundlich, andere benahmen sich sehr feindselig. Sie überwachten sich gegenseitig genauso, wie sie mich überwachten» (in: *Politique internationale*, Paris No. 79, 1998, S. 203). Ein derartiges Arrangement, das dazu führt, daß sich Personal wechselseitig in Schach hält, kann man wohl auch als eine Anwendung des Ketten-Stratagems Nr. 35 ansehen.

35.4 Die Junktim-Falle

«Auseinandersetzungen auf der Ebene von Stratagemen kommen in Pekingopern nicht häufig vor. Meistens sorgen dort Szenen für das Spektakel, in denen körperliche Kräfte oder Geschicklichkeit und der Bizepsumfang den Ausschlag geben. So mißt sich Duo Ergun (1612–1651) in *Lian Huan Tao* zunächst mit Huang Santai auf dem Felde der Kampfkunst, um dann infolge einer heimlich eingesetzten Waffe seines Gegners den kürzeren zu ziehen. Später kommt es zu einem Kampfkunstmessen zwischen Duo Ergun und dem Sohn von Huang Santai. Dabei wird Duo Ergun seine Waffe gestohlen, weshalb er eine noch bitterere Niederlage erleidet», schreibt Yu Lü in der *Volkszeitung* (Peking 27.11.1998, S.12). Der nicht von Strategemen, sondern von Kampfkunst geprägte Widerstand Duo Erguns findet in einem Ort namens Lian Huan Tao seinen Höhepunkt, daher der Titel der Oper.

«Lianhuantao» (wörtlich: miteinander verknüpfte/ineinander verzahnte Sachverhalte/Gegebenheiten) kann aber auch als ein Wort verstanden werden, das je nach dem Zusammenhang unterschiedliche Bedeutungen tragen kann, so «Kettenreaktion» (zum Beispiel bei einer Familie, in der die Drogensucht eines Mitglieds zur Drogensucht eines zweiten Familienmitglieds führt, und so weiter; s. *Himmel und Hölle*, Peking 1993, S.205ff.), «ausweglose Verstrickung» (verwendet in bezug auf den Irak und die USA im Hinblick auf ihre feindseligen wechselseitigen Aktionen in der *Volkszeitung*, Peking 14.11.1998, S.6), aber auch im Sinne eines «Junktims». In diesem letzten Sinne zeigen sich gewisse Verbindungslinien zum Strategem Nr.35. So berichtete die Pekinger *Volkszeitung* am 30.9.1978 von gewissen westlichen Personen, die dafür einträten, der Sowjetunion Darlehen und technische Anlagen zu geben, mit der Begründung, so entstehe ein «weitgespanntes konstruktives Beziehungsgeflecht» und ein der Sowjetunion übergestülptes «Junktim»; dahinter stecke das Kalkül: Der Westen kommt der Sowjetunion entgegen, wofür sie sich umgekehrt dem Westen erkenntlich zu zeigen hat und auch zeigen wird.

«Lianhuantao» kann aber auch «Junktim-Falle» bedeuten: Dinge, die überhaupt nichts miteinander zu tun haben, werden künstlich in ein wechselseitiges Abhängigkeitsverhältnis zueinander gesetzt, und zwar aus finsteren Beweggründen. Zum Beispiel verknüpft man eine vernünftige Parlamentsvorlage mit einer absurden Klausel, so daß die vernünftige Vorlage nur zusammen mit der absurden Klausel verabschiedet werden kann, was zur Folge hat, daß das Ganze torpediert ist, oder man verkauft, was in der Volksrepublik China vorkommen kann, einen Bestseller nur zusammen mit einem Ladenhüter. Von der «Junktim-Falle» sprach etwa Wang Rongjiu im Hinblick auf einen Vorschlag des vietnamesischen Außenministers vom Juli 1981, wonach sich Vietnam aus Kambodscha dann zumindest teilweise zurückziehen werde, wenn die südostasiatischen Länder erfolgreich dahingehend Druck auf China ausübten, daß es seine Beziehungen zu Vietnam normalisiere. So wurde letztlich China als der Staat hingestellt, von dessen Verhalten gegenüber Vietnam die fortdauernde Besetzung Kambodschas abhänge. Hinter dem «Junktim» (lianhuantao) zwischen dem Druck auf China, den Vietnam von den südostasiatischen Ländern erwartete, und dem als Gegenleistung in Aussicht gestellten Rückzug Vietnams aus Kambodscha sah die *Volkszeitung* den vietnamesischen Versuch, Zwietracht zwischen südostasiatischen Ländern und China zu säen (*Volkszeitung*, Peking 2.8.1981).

## 35.5 Die Tänzerin Zobelzikade rettet die Han-Dynastie

*Die Romanze der drei Königreiche*, verfaßt von Luo Guanzhong (um 1330–1400) gehört zu den beliebtesten Volksromanen Chinas. Lauter Ränke und Kämpfe aus den letzten Jahrzehnten der Han-Dynastie (206 v.Chr.–220 n.Chr.) und dem darauffolgenden Zeitalter der ‹Drei Reiche› (220–265) werden in dieser «Historicalfiction»-Erzählung aneinandergereiht. Wahrheit und Dichtung sind eng miteinander verwoben und bieten den Chinesen unerschöpflichen Gesprächsstoff.

«Innenminister Wang bedient sich geschickt des Ketten-Strategems», steht im Titel des achten Romankapitels, das laut *Journal asiatique* (Paris, November/Dezember 1851, S.545) «eine der schönsten Stellen der chinesischen Literatur» enthält (deutsch von Franz Kuhn: *Die drei Reiche*, Frankfurt a.M. 1981, S.115ff.). *Das in der Halle der brokatenen Wolken festgelegte Ketten-Strategem* ist der Titel eines Vierakters aus der Yuan-Zeit (1271–1368), der auch in deutscher Übersetzung vorliegt (in: Martin Gimm [Hg.]: *Chinesische Dramen der Yüan-Dynastie*, übersetzt von Alfred Forke, in der Reihe Sinologica Coloniensia, Bd. 6, Wiesbaden 1976, S.109ff.).

Bei der Schilderung des wohl berühmtesten Beispiels des Ketten-Strategems weichen das Drama und die Schilderung in der *Romanze der drei Königreiche* in den Details voneinander ab, stimmen in den großen Linien aber überein. Eine Hauptrolle in dem vom Minister Wang Yun eingefädelten Ketten-Strategem spielt die Tänzerin Diaochan (Zobelzikade). Dieser Name fehlt in den offiziellen Geschichtswerken. Dagegen haben die anderen Gestalten tatsächlich gelebt. Auch der Handlungsablauf ist in den großen Zügen geschichtlich belegt. In den Machtkämpfen nach der Thronbesteigung durch den Han-Kaiser Shao (189 n.Chr.) gewinnt zunächst Gouverneur Dong Zhuo (s. 19.9, 29.32) die Oberhand. Er ernennt sich selbst zum «Kaiserlichen Präzeptor», schwingt sich zum eigentlichen Herrscher auf und verfolgt mit beispielloser Brutalität sein Ziel, selbst Kaiser zu werden, wobei er den Schein der Legalität wahren möchte. Die Han-Dynastie ist in größter Gefahr. Was nun geschieht, fasse ich aus einem zeitgenössischen chinesischen Comic strip, der sich vor allem an jugendliche Leser richtet, zusammen: Zufriedenheit liegt auf dem Gesicht von Dong Zhuo. Er verkündet gerade, daß Zhang Wen geköpft worden sei. Dieser habe ihm nach dem Leben getrachtet. Schon gar viele der Dynastie Han ergebene Beamte sind Dong Zhuos Macht zum Opfer gefallen, sinniert der kaiserliche Minister Wang Yun, nachts im Park seines Palastes auf und abgehend, voller Verzweiflung. Plötzlich hört er einen Seufzer und erblickt Zobelzikade. Sie ist wie ein eigenes Kind in seinem Hause aufgewachsen und hat vor allem Singen und Tanzen gelernt. Barsch fragt Wang Yun, warum sie sich so spät im Garten aufhalte und was sie hier treibe. Voller Verwunderung erfährt er von der vor ihm auf die Knie gefallenen Tänzerin, daß sie seine Verzweiflung um das Schicksal der Han-Dynastie spüre. Der Kummer, ihm als schwache Frau nicht beistehen zu können, habe ihr den Schlaf geraubt, erklärt sie. Wie ein Blitz kommt ihm ein erlösender Gedanke. Augenblicklich führt er sie in sein Kabinett und kniet vor ihr nieder mit den Worten: «Du allein kannst die Han-Dynastie retten! Denn du erbarmst dich ihrer. Der Schurke Dong Zhuo will den Thron rauben. Alle Hofbeamten sind ihm gegenüber machtlos.» Nun weiht er Zobelzikade in seinen Plan zur Beseitigung Dong Zhuos, in dem sie die Hauptrolle spielt, ein. Voller Ergebenheit stimmt sie zu.

Nun beginnt die Ausführung des Planes. Zunächst läßt der Minister Lü Bu ein kostbares Geschenk überbringen, der ihm daraufhin einen Dankesbesuch abstattet. Der Minister führt ihn in ein inneres Gemach und ehrt ihn durch ein festliches Gelage mit auserlesenen Speisen und Getränken. Lü Bu ist Dong Zhuos Pflegesohn und als überaus tüchtiger Krieger dessen wichtigster Beistand. Nachdem Lü Bu dem Wein reichlich zugesprochen hat, erscheint Zobelzikade, von zwei Dienerinnen geführt [**Strategem der schönen Frau, Nr. 31, 1. Teil**]. Betört blickt Lü Bu sie an und denkt: Wie kann es unter dem Himmel eine so schöne Frau geben? «Das ist meine Tochter. Ihr seid so freundich zu mir. Deshalb möchte ich sie Euch vorstellen. Ich hoffe, das ist Euch angenehm.» Mit diesen Worten wendet sich der Minister an Lü Bu. «Kind», muntert er anschließend Zobelzikade auf, «kredenze unserem Gast noch mehr Wein. Dieser General ist der Beschützer unseres ganzen Hauses.» Lü Bu trinkt einen Becher nach dem anderen und blickt unentwegt gebannt auf Zobelzikade. Er bittet sie, Platz zu nehmen, doch verschämt will sie sich zurückziehen. Aber der Minister ruft ihr zu: «Zobelzikade, setz dich doch nieder!» Wie Schutz suchend nähert sie sich dem Sitz neben dem Minister. Dieser hebt an: «Ich würde es gern sehen, wenn Ihr meine Tochter zur Frau nähmet. Was haltet Ihr davon?» Ohne zu zögern, erhebt sich Lü Bu: «Euer Vorschlag erfüllt mich mit unendlichem Dank.» Nach diesem Wortwechsel sind die beiden verlobt. Der Minister verspricht Lü Bu, Zobelzikade an einem glückverheißenden Tag in sein Haus zu bringen.

Nun folgt der nächste Streich im Plan des Ministers Wang Yun. Er lädt Dong Zhuo zu einem Gastmahl ein und empfängt ihn mit kaiserlichen Ehren. Der Aufrührer wendet sich genüßlich den Speisen und noch mehr dem Wein zu. Mit Freude vernimmt er die Schmeicheleien des Ministers: «Schwach und unfähig ist der jetzige Kaiser der Han-Dynastie. Je früher Ihr den Thron besteigt, desto besser.» Seinen Bart zwirbelnd lacht der Aufrührer dröhnend: «Wenn ich Kaiser werde, werdet Ihr mein ranghöchster Beamter sein!» – «Darf ich Euch mit Gesang und Tanz erfreuen?» fragt der Minister nach einer Weile. «Ja, gern», erwidert der Gast. Ein feiner Bambusvorhang wird heruntergelassen, und dahinter beginnt zum Flötenspiel Zobelzikade leichtfüßig zu tanzen **[Stratagem der schönen Frau, Nr. 31, 2. Teil]**. Dong Zhuo ist begeistert von Zobelzikades Gegenwart. Verzückt wünscht er zu wissen, wer sie sei. «Das ist die Tänzerin Zobelzikade», entgegnet der Minister, «und ich habe gerade gedacht, sie Euch als Geschenk darzubieten. Würdet Ihr es annehmen?» **[Vorbereitung des Stratagems des Zwietrachtsäens, Nr. 33]**. Übermannt von der Schönheit des Geschenks erwidert der Aufrührer: «Wie kann ich dieses Wohlwollen je vergelten!» Bald darauf verabschiedet er sich vom Minister und kehrt mit seinem Geschenk, der Tänzerin Zobelzikade, in seinen Palast zurück.

Gerade kämmt sich Zobelzikade am offenen Fenster die Haare. Da erblickt sie aus den Augenwinkeln im Teich das Spiegelbild von Lü Bu. Sogleich spielt sie die Trauernde und weint **[Selbstverletzungs-Stratagem, Nr. 34]**. Dieser Anblick zerreißt ihm fast das Herz, doch er wagt es nicht, sie aufzusuchen, und geht voller Pein von dannen. Erst als sein Pflegevater krank darniederliegt, begibt er sich unter dem Vorwand eines Krankenbesuches in dessen Gemach. Hinter dem Bett bemerkt er Zobelzikade, die eine Hand auf ihr Herz legt und mit der anderen auf Dong Zhuo weist. Dann wendet sie sich plötzlich ab und trocknet wieder und wieder ihre Tränen. Der Kranke erwacht und sieht, wie Lü Bu gebannt hinter sein Bett blickt. Er wendet den Kopf dorthin und erkennt die tränenüberströmte Zobelzikade. Er schreit auf: «Was hast du mit meiner Frau vor? Ich verbiete dir hinfort, mein Haus zu betreten!» Sofort verläßt Lü Bu den Palast, zornentbrannt.

Eines Tages hat Dong Zhuo eine Audienz beim Kaiser. Lü Bu eilt in das Gemach von Zobelzikade. Sie bittet ihn, beim Pavillon am Teich im Palastgarten auf sie zu warten. Unverzüglich begibt er sich dorthin. Sie begrüßt ihn wie einen Geliebten und seufzt: «Als ich dir versprochen wurde, waren alle meine Wünsche erfüllt. Wer hätte deinem Pflegevater Dong Zhuo eine solche Verruchtheit zugetraut, daß er mich zu seiner Bettgenossin machte... Am liebsten wäre ich auf der Stelle gestorben», gesteht sie, «aber ich habe durchgehalten, um von dir Abschied zu nehmen. Jetzt will ich vor deinen Augen aus dem Leben scheiden, um dir die Reinheit meines Herzens zu beweisen.» Mit diesen Worten greift sie nach dem Geländer, so als wollte sie sich ins Wasser stürzen [**Provokations-Strategem, Nr. 13**]. Entsetzt reißt Lü Bu sie zurück und sagt schluchzend: «Wenn ich dich nicht in diesem Leben heirate, bin ich kein Held! Doch jetzt muß ich gehen; ich habe Angst, daß der Alte zurückkommt.» Und schon will er die Treppe hinunterspringen. «Rette mich», fleht sie ihn an und hält ihn am Rockzipfel fest. «Aber wenn du vor dem Alten solche Angst hast, dann schwindet meine Hoffnung.»

Tatsächlich hat Lü Bus Pflegevater Verdacht geschöpft. Er kehrt zurück und erblickt Zobelzikade und Lü Bu im trauten Beisammensein. Lü Bu flieht von hinnen. Die Lanze, die sein Pflegevater nach ihm wirft, verfehlt ihr Ziel. Dong Zhuo stellt Zobelzikade zur Rede: «Was treibst du mit Lü Bu?» – «Lü Bu überfiel mich, als ich im Garten spazierenging. Aus Angst, daß er mich schänden würde, wollte ich mich ins Wasser stürzen» [**Kreator-Strategem, Nr. 7**]. Inzwischen hat einer seiner Ratgeber Dong Zhuo davon überzeugt, daß er, im Interesse seiner politischen Ziele, zugunsten von Lü Bu, seinem wichtigsten Gefolgsmann, auf Zobelzikade verzichten sollte. Als er dies Zobelzikade mitteilt, will diese sich empört in ein Schwert stürzen. «Ich habe doch nur gescherzt», besänftigt er sie sogleich. Kurz danach verläßt er mit ihr die Stadt, um in Meiwu, einer prächtigen von ihm erbauten Residenz, einige Zeit in Ruhe mit ihr zu leben. Als Lü Bu den Reisetroß vorbeiziehen sieht, ist er wie betäubt. Da reitet jemand heran. Der Minister Wang Yun ist es. Mit vorgetäuschtem Erstaunen vernimmt er, daß Lü Bu und Zobelzikade noch nicht verheiratet sind. Er lädt Lü Bu in sein Haus ein. Als der Minister die Einzelheiten erfährt, ruft er empört: «Entehrt wurde meine Tochter, und geraubt wurde Eure Gattin. Welch eine Schande traf Euch und mich! Euer Pflegevater Dong Zhuo», erklärt Wang Yun, «hatte erfahren, daß Zobelzikade Eure Frau werden sollte.» Bei einem Bankett habe Dong Zhuo gewünscht, Zobelzikade mit sich zu führen, um sie an einem günstigen Tag mit Lü Bu zu vermählen. Diesem Anerbieten habe er sich nicht widersetzen können, erklärt Wang Yun. «Allerdings», fährt er fort, «kann ich jetzt nichts unternehmen, denn ich bin alt und schwach. Aber ich leide darunter, daß Euch als der Welt größten Helden eine solche Schmach trifft» [**Provokations-Strategem, Nr. 13**]. Als Lü Bu dies hört, springt er auf und ruft: «Ich schwöre, daß ich den alten Schurken töte!» Nach einem ausgeklügelten Plan von Gleichgesinnten wird Dong Zhuo in einen Hinterhalt gelockt und von Lanzen durchbohrt. Den Todesstoß versetzt ihm sein Pflegesohn Lü Bu [**Stellvertreter-Strategem, Nr. 3**]. Zobelzikades Auftrag ist erfüllt. Endlich hält Lü Bu Zobelzikade in seinen Armen. Beider Wunsch ist in Erfüllung gegangen: Er wollte sie erringen, und sie wollte die Han-Dynastie retten.

Das Hauptstrategem, auf dessen Anwendung die Verkettung aller Hilfsstrategeme zielt, ist das Strategem Nr. 3, «Mit dem Messer eines anderen töten». Damit dieses Strategem gelingt, wird mittels des Sex-Strategems Nr. 31 zunächst Zwietracht zwischen dem verhaßten Hauptfeind und seiner wichtigsten Stütze gesät (Strategem Nr. 33), die dann das Strategem Nr. 3 zum Abschluß bringt.

### 35.6 Musik als Waffe

Im 7. Jh. v. Chr. erstarkte das im Westen des Reiches Qin gelegene Minderheitenvolk der Rong. Einst schickte der Herrscher der Rong seinen Gesandten You Yu mit Geschenken nach Qin. Um festzustellen, was von You Yu zu halten sei, testete ihn Herzog Mu von Qin (659– 621) in einem Gespräch über den rechten Weg des Regierens. Der politische Weitblick You Yus alarmierte Herzog Mu. Als You Yu gegangen war, ließ der Herzog seinen Hofschreiber Liao rufen und sprach zu ihm: «Ich habe gehört, daß ein Weiser in einem Nachbarstaat den feindlichen Staaten Kummer bringt. You Yu ist nun so ein weiser Mann, und das bereitet mir Sorgen. Was kann ich nur tun?» Der Hofschreiber Liao gab zur Antwort: «Soweit mir bekannt ist, liegt der Palast des Rong-Herrschers weit entfernt und abgelegen. Der Rong-Herrscher hat noch nie die Musik der zentralen Staaten gehört. Eure

Majestät sollte ihm einige Tänzerinnen und Sängerinnen zum Geschenk machen und ihn damit bei seinen Staatsgeschäften stören. Bittet ihn außerdem, You Yus Rückberufung zu verschieben. So können wir dessen Einfluß ausschalten. Ist erst ein Keil zwischen Herrscher und Berater getrieben, könnt Ihr Pläne gegen das Reich der Rong schmieden.» Der Herrscher war einverstanden und entsandte seinen Hofschreiber Liao mit 16 Sängerinnen als Geschenk zum Rong-Herrscher, um eine spätere Rückkehr des You Yu zu erwirken.

Der Rong-Herrscher nahm das Geschenk entgegen, und als er die Sängerinnen sah, war er so erfreut, daß er endlose Trinkgelage veranstaltete und sich die ganze Zeit dem Gesang der Mädchen hingab. Bis zum Jahresende ließ er die Weideplätze nicht mehr wechseln, so daß die Hälfte der Rinder- und Pferdeherden verhungerte. Als You Yu schließlich zurückkehrte und dem Rong-Herrscher Vorhaltungen machte, hörte dieser nicht auf seinen Rat. So ging You Yu seiner Wege und begab sich nach Qin. Herzog Mu von Qin empfing ihn mit allen Ehren, machte ihn zum Vizekanzler und befragte ihn nach der militärischen Stärke und den topographischen Bedingungen des Rong-Reiches. Nachdem er die gewünschten Informationen erhalten hatte, mobilisierte er im Jahre 623 v. Chr. seine Armee, überfiel Rong und erweiterte sein Territorium um 1000 Meilen.

Diese Begebenheit überliefert Han Fei (gest. 233 v. Chr.), der wichtigste Vertreter der neben Gesetzen auch listige Regierungstechniken (shu) propagierenden Gesetzesschule, in dem ihm zugeschriebenen Werk *Han Fei Zi (Meister Han Fei*, vgl. Wilmar Mögling: *Die Kunst der Staatsführung: die Schriften des Meisters Han Fei*, Leipzig 1994, S. 87 ff.). Herzog Mu erreicht durch das Strategem der schönen Frau (Nr. 31), daß der Herrscher von Rong sich von seinen Regierungsgeschäften ablenken und sein Reich veröden läßt und schließlich sogar seinen Berater You Yu nicht mehr ernst nimmt. So gelingen auch das Strategem des Zwietrachtsäens (Nr. 33) und das Kraftentziehungs-Strategem (Nr. 19) mit dem Ergebnis, daß You Yu in die Dienste von Qin tritt und diesem Staat zur Eroberung des Reiches der Rong und darüber hinaus zu einer erheblichen Machterweiterung verhilft.

35.7 Die bedeckte Nase

«Der König von Wei schenkte dem König Huai von Chu [328–299] eine schöne Frau. König Huai freute sich sehr über sie. Seine Hauptfrau Zheng Xiu wußte, daß der König die Schöne liebte, und so liebte sie die Schöne ebenfalls, [und zwar] noch mehr als der König. Aus Kleidung und Zierat wählte die Gattin aus, was die Schöne mochte, und gab es ihr. Der König sagte: ‹Meine Gattin weiß, daß ich die Neue liebe. Sie liebt die Neue mehr als ich. Das ist die Art und Weise, in der ein ehrfürchtiger Sohn die Eltern versorgt und ein treuer Untertan seinem Herren folgt.› Die Gattin wußte, daß der König sie nicht für eifersüchtig hielt. So sagte sie zu der Neuen: ‹Der König liebt Euch sehr, aber der König mag Eure Nase nicht. Wenn Ihr den König seht, bedeckt immer die Nase, dann wird der König Euch ewig lieben.› Die Neue folgte ihren Worten. Immer, wenn sie den König sah, bedeckte sie ihre Nase. Der König sagte zur Gattin: ‹Wenn die Neue mich sieht, bedeckt sie stets ihre Nase. Warum?› Die Gattin antwortete: ‹Ich weiß es nicht.› Der König fragte noch einmal eindringlich. Die Gattin antwortete: ‹Vor kurzer Zeit habe ich die Neue sagen hören, daß sie die Ausdünstung des Königs nicht riechen möchte.› Der König sagte dem Diener wütend: ‹Schneide der Neuen die Nase ab!› Die Gattin hatte den Diener zuvor ermahnt und gesagt: ‹Sobald der König spricht, mußt du seinem Befehl unverzüglich folgen.› Der Diener zog darauf das Schwert und schnitt der Neuen die Nase ab.»

Diese Geschichte findet sich in dem Werk *Meister Han Fei*, dessen Kern auf das 3. Jahrhundert v. Chr. zurückgeht. Sie illustriert die dritte der sechs Verborgenheiten. Gemeint sind sechs auf den ersten Blick nicht sichtbare Gefährdungen der Herrschermacht. Die dritte Verborgenheit bezieht sich auf Schein und Ähnlichkeit. Untertanen verleihen einem Ding einen falschen Anschein, den der Herrscher, da das Ding wirklich ganz danach aussieht, mit der Wirklichkeit verwechselt. Sich auf die falsche Wirklichkeitssicht stützend, fällt der Herrscher dann eine falsche, dem Untertan frommende Entscheidung.

In der Episode bedroht die neue Schöne, die dem König sehr gefällt, die Existenz von Zheng Xiu. Zheng Xiu muß zur Sicherung ihres eigenen Überlebens Strategeme einsetzen. Sie hat keine Wahl, juristische Mittel stehen ihr nicht zu Gebote. Die Schöne ist eine neue Konkubine. Dagegen ist Zheng Xiu die ältere Vorgängerin beziehungsweise die Gattin des Königs. So greift sie von einer Position der Stärke aus in das Geschehen ein. Auf «gewöhnliche» Weise würde sie der Schönen mit einer aggressiven Haltung begegnen. Aber Zheng Xius Ziel ist es, die Schöne auszuschalten und die Liebe des Königs wiederzugewinnen. Es wäre nicht klug, die Schöne offen anzugreifen, denn der König liebt sie. Der König würde sich über Zheng Xiu ärgern. Deshalb muß sie die Vertreibung der Schönen auf listigem Wege bewerkstelligen.

Gegenüber der Schönen gibt sich Zheng Xiu freundlich (Strategem Nr. 10) und erteilt ihr, sobald sie ihr Vertrauen gewonnen hat, einen falschen Rat (Strategem Nr. 7). Zheng Xius freundlicher Umgang mit der Schönen beeindruckt den König, so daß auch er Zheng Xiu Vertrauen schenkt und Opfer des Stratagems Nr. 10 wird. Er glaubt an die Richtigkeit der falschen ihm von Zheng Xiu erteilten Antwort, die Zwietracht zwischen ihm und der Schönen stiftet (Strategem Nr. 33). Auf die Frage, warum die Schöne immer vor dem König ihre Nase bedecke, antwortet Zheng Xiu zuerst, «Ich weiß es nicht.» Sie verweigert also die Antwort. Als der König zum zweiten Mal fragt, verrät Zheng Xiu, daß die Schöne den Körpergeruch des Königs nicht mag. Zheng Xiu stellt sich zunächst so, als ob sie auf die Frage nicht zu antworten wisse (Strategem Nr. 27). In diesem Fall soll der König merken, daß sie sich verstellt, denn so wird in ihm der Eindruck erweckt, daß die Antwort ihm gegenüber sehr unhöflich sein muß. Das verstärkt das Verlangen des Königs, herauszufinden, warum die Schöne ihre Nase bedeckt. Nochmals fragt er. Jetzt antwortet Zheng Xiu scheinbar gegen ihren Willen. Hier führt sie das Strategem Nr. 16 durch: Sie läßt den König zuerst zappeln, um ihn um so fester an den Wahrheitsgehalt der «widerstrebend» gegebenen Antwort glauben zu lassen.

Im Rahmen ihrer umfassenden Planung hat Zheng Xiu den Diener zu absolutem Gehorsam ermahnt. Hier geht es um die Durchführung des Stratagems Nr. 12. Zheng Xiu weiß im voraus, daß der König wütend sein und dem Diener befehlen werde, der Schönen etwas anzutun. Diese Chance wertet sie zielstrebig aus und verhindert durch ihren Befehl, daß sie irgendwie verpufft. Die eigenen Hände macht sie sich nicht schmutzig. Insofern wendet sie das Strategem Nr. 3 an. Damit ergibt eine strategemische Feinanalyse, daß Zheng Xiu eine ganze Reihe von Strategemen umsetzte. Sie sind alle in eine Handlung hineinverwoben. Es liegt also ein Ketten-Strategem vor.

Unwichtig und wichtig müsse man sorgfältig abwägen, rät das Werk *Frühling und Herbst des Herrn Lü* aus dem 3. Jahrhundert v. Chr. Das gilt auch für die Analyse eines Ketten-Strategems. Nicht alle Strategeme sind gleich wichtig. Zheng Xius Ziel ist es, daß der König sich von der Schönen abwendet. Das Hauptstrategem ist demnach Strategem Nr. 33. Ihm dienen die anderen von Zheng Xiu eingesetzten Strategeme Nr. 3, 7, 10, 12, 16 und 27.

## 35.8 Judit besiegt Holofernes

Nach 20 Tagen Belagerung durch Holofernes war die Lage in Betulia verzweifelt (s. 19.19). Als das Volk dem Verschmachten nahe war, verlangte es die Übergabe der Stadt. Ozias, der Fürst des Volkes Israel, wollte noch fünf Tage ausharren, dann aber, falls Hilfe ausbleibe, kapitulieren. In der Stadt lebte die junge Witwe Judit. Sie war von ungewöhnlicher Schönheit. In allem gehorchte sie den Weisungen Gottes. Mit Ozias' Vorhaben, die Stadt aufzugeben, war sie gar nicht einverstanden. Daher sandte sie zu den Ältesten Chabri und Charmi. Diese kamen zu ihr. Judit teilte ihnen mit, daß sie einen Plan habe und zu diesem Zweck die Stadt verlassen werde. Als die Ältesten wieder gegangen waren, begab sich Judit in ihre Bettkammer und legte ein Bußgewand um. Dann streute sie Asche auf ihr Haupt, warf sich vor dem Herrn nieder und flehte: «Gib mir standhaften Sinn, daß ich ihn verachte, und Kraft, daß ich ihn zugrunde richte! Denn das wird ein Denkmal deines Namens sein, wenn ihn die Hand einer Frau zu Fall gebracht hat» [**Bitte um göttliche Hilfe bei der Durchführung des Strategems Nr. 3**].

«Mein Gott, du Gott meines Stammvaters Simeon, du Gott, dem unser Volk von alters her und für alle Zukunft gehört, du Herr des Himmels, der Erde und der Meere, du König über alles, was du geschaffen hast, höre auf mein Gebet: Gib meinen Worten die Kraft, diese Männer zu täuschen und zugrunde zu richten, die gegen das Volk kämpfen, mit dem du einen Bund geschlossen hast [...]!» (Deutsche Bibelgesellschaft [Hg.]: *Die Bibel in heutigem Deutsch*, 2. Aufl., *Das Alte Testament*, Stuttgart 1982, S. 868).

Als sie ihr Gebet zum Herrn beendet hatte, erhob sie sich von der Stelle, wo sie sich vor dem Herrn niedergeworfen hatte. Sie rief ihre Magd, ging ins Haus hinab, zog ihr Bußgewand aus und legte ihre Witwenkleider ab. Dann wusch sie sich, salbte sich mit feinster Myrrhe, ordnete kunstvoll ihr Haar, setzte ihren Kopfbund auf, zog ihre Feierkleider an, befestigte Sandalen an ihren Füßen, legte Armbänder, Spangen, Ohrgehänge und Ringe an, kurz, ihren ganzen Schmuck. «Sie wollte schön sein, um die Männer zu blenden, die ihr begegnen würden» (*Die Bibel in heutigem Deutsch*, ebenda). [**Vorbereitung des Sex-Strategems, Nr. 31**].

All diesen Schmuck legte sie nicht an aus böser Lust, sondern in frommer Gesinnung. Darum erhöhte der Herr noch ihre Schönheit so sehr, daß sie in aller Augen unvergleichlich anmutig erschien. Hierauf legte sie ihrer Magd einen Schlauch mit Wein auf, ein Gefäß mit Öl, geröstetes Mehl, Feigenkuchen, Brot und Käse und machte sich auf den Weg. Als sie ans Stadttor kam, traf sie dort Ozias und die Ältesten der Stadt, die auf sie warteten. Bei ihrem Anblick wunderten sie sich und staunten sehr über ihre Schönheit. Doch stellten sie keine Frage an sie, sondern ließen sie vorüberziehen und sagten: «Der Gott unserer Väter verleihe dir Gnade und lasse durch seine Macht alles gelingen, was du in deinem Herzen beschlossen hast, auf daß Jerusalem sich deiner rühme und dein Name in der Zahl der Heiligen und Gerechten stehe.» Alle, die zugegen waren, sprachen einmütig: «So geschehe es, so geschehe es!» Judit aber schritt mit ihrer Magd durch das Tor und betete zum Herrn. Als sie bei Tagesanbruch den Berg hinabstieg, kamen ihr assyrische Vorposten entgegen. Diese hielten sie an und fragten: «Woher kommst du und wohin willst du gehen?» Sie antwortete: «Ich bin eine Tochter der Hebräer. Ich bin heimlich von ihnen weggegangen, weil ich voraussehe, daß sie eure Beute werden, weil sie aus Verachtung gegen euch sich nicht freiwillig euch ergeben wollten, um Gnade bei euch zu finden. Deshalb dachte ich bei mir: Ich will vor den Heerführer Holofernes hintreten, um ihm ihre Geheimnisse zu offenbaren und ihm zu zeigen, auf welchem Wege er sie überwältigen kann, ohne daß auch nur ein Mann vor seinem Heere fällt» [**Kreator-Strategem, Nr. 7; Köder-Fisch-Strategem, Nr. 17**]. Jene Männer führten sie zum Zelt des Holofernes und meldeten sie an.

In der hier vorwiegend benutzten Bibelausgabe (Eugen Henne; Osmund M. Gräff: *Das Alte Testament. Als Auswahl*, Paderborn 1947, s. 360), die mir in meiner Jugend als Schulbibel diente, wird der Wortlaut des nun folgenden Passus lediglich zusammengefaßt, weshalb ich kurz aus *Die Bibel in heutigem Deutsch* zitiere:

«Das ganze Lager geriet in Erregung, als die Nachricht von Judits Ankunft sich von Zelt zu Zelt verbreitete. Während Judit vor dem Zelt des Feldherrn warten mußte, bis man Holofernes Meldung gemacht hatte und sie hereinholte, umringten sie Scharen von Soldaten. Sie staunten über ihre Schönheit und machten sich ihre Gedanken über das Volk, zu dem sie gehörte. Sie sagten zueinander: ‹Ein Volk, das solche Frauen hat, darf man nicht unterschätzen. Wir sollten keinen von ihnen am Leben lassen. Die bringen es noch fertig, die ganze Welt zu überlisten›» (a.a.O., S. 869).

Holofernes hatte sich bereits im hinteren Teil des Zeltes zur Ruhe gelegt. Als man ihm Judits Ankunft meldete, kam er in den vorderen Teil des Zeltes. Die silbernen Leuchter, die man ihm vorantrug, erhellten den Raum. Als Judit vor Holofernes und seinen Dienern erschien, waren alle von ihrer Schönheit gefangen. Judit warf sich vor Holofernes nieder, um ihn zu ehren; aber seine Diener hoben sie auf. «Komm!» sagte Holofernes zu ihr. «Du brauchst keine Angst zu haben. Ich habe noch keinem Menschen etwas zuleide getan, der sich entschlossen hat, Nebukadnezzar, dem König der ganzen Welt, zu dienen. Auch gegen dein Volk da oben in den Bergen hätte ich keinen Krieg begonnen, wenn es mich nicht so beleidigend herausgefordert hätte. Deine Landsleute haben sich diese Sache selbst eingebrockt. Aber jetzt sage mir, warum bist du ihnen davongelaufen und zu uns gekommen?»

Darauf sagte Judit zu Holofernes: «Herr, erlaube mir, in deiner Gegenwart zu sprechen, und höre auf das, was ich dir mitzuteilen habe. Es ist die reine Wahrheit. Wenn du meinem Rat folgst, wird Gott mit dir eine einmalig große Tat vollbringen, und das Unternehmen wird nicht scheitern. So gewiß Nebukadnezzar, der Herr der ganzen Erde, lebt und die Macht hat, dich auszusenden und alle Welt zur Ordnung zu rufen, so wahr ist, was ich jetzt sage: Nicht nur die Menschen hast du der Herrschaft des großen Königs unterstellt, nein, durch deine Kraft werden jetzt sogar die wilden Tiere, das Vieh und die Vögel Nebukadnezzar und seinem Königshaus unterworfen sein! Wir haben von deiner Weisheit und den großartigen Fähigkeiten deines Geistes gehört. Alle Welt weiß, daß du der tüchtigste Mann im ganzen Reich bist, unschlagbar an Intelligenz und Wissen, überragend in der Kunst der Kriegsführung [**Köder-Fisch-Strategem, Nr. 17**]. Du, mein Herr, mußt nicht erfolglos abziehen, vielmehr wird der Tod sie alle holen, denn sie sind auf dem besten Weg, etwas zu tun, das den Zorn ihres Gottes herausfordern wird. Daher liefert Gott dir die Stadt aus, damit du sie vernichtest. Ich sehe klar voraus, daß es so kommen wird, und das war für mich der Grund, mein Volk zu verlassen [**Kreator-Strategem, Nr. 7**]. Ja, Gott selbst hat mich zu dir geschickt! Ich soll mit dir Taten vollbringen, über die man in aller Welt gewaltig staunen wird! Ich verehre den Gott des Himmels und bete zu ihm bei Tag und bei Nacht! Jetzt möchte ich bei dir bleiben, Herr, aber nachts möchte ich ins Tal hinausgehen, um zu beten [**Vorbereitung des Coram-Publico-Strategems, Nr. 1**]. Denn sobald die Leute in Betulia diese Sünde begangen haben, wird Gott es mich im Gebet wissen lassen. Dann komme ich und sage es dir. Du rückst dann mit deinem ganzen Heer aus und greifst an, und keiner von ihnen kann dir dann noch Widerstand leisten! Ich führe dich durch Judäa bis vor Jerusalem und stelle mitten in der Stadt deinen Thron auf! Du wirst die Leute von Jerusalem scheuchen wie eine Schafherde, die keinen Hirten mehr hat, und kein Hund wird es wagen, dich anzuknurren [**Köder-Fisch-Strategem, Nr. 17**]! Das hat Gott mir klar und deutlich verkündet, und er hat mich geschickt, damit ich es dir weitersage [**Kreator-Strategem, Nr. 7**].»

Von diesen Worten waren Holofernes und seine Diener sehr beeindruckt. Sie staunten über Judits Klugheit. Holofernes sagte zu ihr: «Wenn du auch wirklich tust, was du versprochen hast, dann soll dein Gott mein Gott werden: Du wirst im Palast des Königs Nebukadnezzar wohnen und in aller Welt berühmt sein!»

Später führten seine Diener sie in das Zelt, das er ihr angewiesen hatte. Während sie eintrat, bat sie um die Erlaubnis, bei Nacht und vor Tagesanbruch zum Gebet aus dem Lager gehen und den Herrn anrufen zu dürfen. Er befahl seinen Kämmerern, sie unbehelligt gehen zu lassen [**Vorbereitung des Coram-Publico-Strategems, Nr. 1**].

So lebte Judit drei Tage im assyrischen Lager. Nacht für Nacht ging sie hinaus ins Tal [**Vorbereitung des Coram-Publico-Strategems, Nr. 1**]. Dort badete sie an der Quelle unterhalb von Betulia und betete, wenn sie aus dem Wasser heraufgestiegen war, immer wieder zum Herrn, dem Gott Israels, er möge ihr doch den Weg ebnen, der zur Rettung Israels führe. Rein kehrte sie darauf ins Lager zurück und blieb den ganzen Tag in ihrem Zelt. Gegen Abend nahm sie dort auch ihre Mahlzeit ein.

Am vierten Tag gab Holofernes ein großes Gastmahl. Dem Eunuchen Bagoas, der mit den persönlichen Angelegenheiten des Feldherrn betraut war, sagte er: «Geh zu der hebräischen Frau, für deren Wohlergehen ich dich verantwortlich gemacht habe. Überrede sie, zu uns zu kommen und mit uns zu essen und zu trinken. Es wäre ja eine Schande für uns, wenn wir ein solches Prachtweib laufenließen, ohne mit ihr zusammengewesen zu sein. Wenn wir sie uns nicht nehmen, lacht sie uns noch aus!» [**Judits Sex-Strategem Nr. 31 beginnt zu wirken.**]

Also ging Bagoas zu Judit und lud sie zu dem Mahle ein. Judit stand auf und legte ihr Festkleid und ihren ganzen Schmuck an. Ihre Dienerin ging voraus ins Zelt des Feldherrn und breitete Holofernes gegenüber die Teppiche auf den Boden, die Judit von Bagoas erhalten hatte und auf denen sie ihre Mahlzeiten zu sich nahm. Dann ging Judit hinein und nahm auf ihnen Platz. Holofernes' Herz schlug schneller bei ihrem Anblick; alle seine Gefühle vereinigten sich in dem Wunsch, Judit zu besitzen. Durch Judits Anblick kam er immer mehr in Stim-

mung und trank soviel Wein, wie er sein Leben lang noch nicht an einem Tag getrunken hatte.
Zu vorgerückter Stunde beeilte sich die Dienerschaft des Feldherrn, das Zelt zu verlassen. Bagoas schloß es von außen, damit die Diener ihren Herrn nicht stören konnten. Alle gingen schlafen, müde von dem ausgedehnten Gelage. Judit allein blieb im Zelt bei Holofernes zurück. Er selbst lag völlig betrunken auf seinem Bett. Ihrer Dienerin hatte Judit die Anweisung gegeben, vor dem Zelt zu warten, bis sie herauskäme, denn sie wollte wie an jedem Morgen vor das Lager hinausgehen, um zu beten. Dasselbe hatte sie auch Bagoas gesagt [**Vorbereitung des Coram-Publico-Strategems, Nr. 1**]. Alle hatten sich also entfernt. Im Zelt waren nur Judit und Holofernes zurückgeblieben. Judit stand an Holofernes' Bett und betete still: «Gib mir Kraft, Herr, Gott Israels, und schau in dieser Stunde auf das, was meine Hände vollbringen wollen, damit du deine Stadt Jerusalem wieder aufrichtest, wie du verheißen hast, und daß ich vollbringe, was ich im Vertrauen auf deinen Beistand ausführen zu können glaubte.» Nach diesen Worten trat sie an die Säule, die zu Häupten des Bettes war, und löste das Schwert, das daran herabhing. Als sie es aus der Scheide gezogen hatte, faßte sie das Haupthaar des Holofernes und betete: «Gib mir Kraft, Herr, in dieser Stunde!» Dann hieb sie zweimal in seinen Nacken, schlug ihm den Kopf ab [**Kopfstoß-Strategem, Nr. 18**], nahm das Fliegennetz von der Säule und wälzte den Rumpf auf den Boden. Alsbald ging sie hinaus, übergab das Haupt des Holofernes ihrer Magd und befahl ihr, es in den Reisesack zu stecken. Dann gingen beide ihrer Gewohnheit gemäß hinaus, als wollten sie beten, durchschritten das assyrische Lager [**geglückte Ausführung des Coram-Publico-Strategems, Nr. 1**], mieden dann aber den Talgrund, den Judit sonst immer aufgesucht hatte, stiegen den Berg von Betulia hinauf und erreichten das Stadttor. Schon von weitem rief Judit den Wächtern auf der Mauer zu: «Öffnet die Tore; denn Gott, der seine Macht an Israel erzeigt hat, ist mit uns.» Alles eilte herbei, groß und klein; denn man hatte nicht mehr mit ihrer Rückkehr gerechnet. Man zündete Fackeln an, und alle umringten sie. Sie stieg auf einen erhöhten Platz und gebot Stillschweigen. Als alle ruhig waren, sprach Judit: «Lobt den Herrn, unseren Gott, der die nicht verlassen hat, die auf ihn vertrauen! An mir, seiner Magd, hat er die Verheißung seines Erbarmens, die er dem Hause Israel gab, erfüllt. Durch meine Hand hat er den Feind seines Volkes in dieser Nacht getötet. [**Gott als Anwender des Strategems Nr. 3, «Mit dem Messer eines/einer anderen töten»**!]

So gewiß der Herr lebt, der bei mir war und mich beschützte: Mein Anblick allein hat Holofernes verführt und ihm den Untergang gebracht [**Sex-Strategem, Nr. 31**]; meinen Leib hat er nicht berührt und geschändet!» Da beteten alle den Herrn an und sprachen zu ihr: «Der Herr hat dich mit seiner Kraft gesegnet, da er durch dich unsere Feinde zunichte gemacht hat!» [**strategemische Deutung des Vorgangs: Nicht Judit, sondern Gott ist der eigentliche Urheber der befreienden Tat**]

Ozias sprach zu ihr: «Gesegnet bist du, Tochter, vor allen Frauen auf Erden von dem Herrn, dem erhabenen Gott. Gepriesen sei der Herr, der Himmel und Erde erschaffen, der dich geleitet hat, dem Führer unserer Feinde das Haupt abzuschlagen». [**erneute strategemische, Gottes Rolle hervorhebende Deutung der Tat**]

Jetzt ergriff Judit das Wort, sie sagte: «Brüder, hört meinen Rat! Nehmt Holofernes' Kopf und hängt ihn oben an der Stadtmauer auf. Dann wählt einen von euch zum Anführer. Sobald die Sonne aufgeht, greifen alle wehrfähigen Männer zu den Waffen und rücken aus. Es muß so aussehen, als wolltet ihr in die Ebene hinunter, um den assyrischen Vorposten zu überfallen. Ihr werdet das natürlich nicht tun [**Provokations-Strategem, Nr. 13**]. Die assyrischen Soldaten aber werden ihre Waffen nehmen, sich schnell ins Hauptlager zurückziehen und dort ihre Offiziere wecken. Die werden dann zu Holofernes laufen, ihn aber nicht lebend finden. Darauf wird eine Panik ausbrechen [**Chaos-Strategem, Nr. 20**]. Die Assyrer werden vor euch fliehen, und ihr könnt sie verfolgen und auf der Flucht niedermachen [...]»

In der Morgendämmerung hängten die Männer von Betulia den Kopf von Holofernes außen an der Stadtmauer aus. Dann griffen sie zu den Waffen, teilten sich in Kampfeinheiten und zogen die Wege hinunter, die von der Stadt in die Ebene führten. Als die assyrischen Wachposten das sahen, meldeten sie es ihren Offizieren. Diese gaben die Nachricht an ihre Vorgesetzten und an die anderen Offiziere im Hauptlager weiter. Diese schließlich kamen zum Zelt des Feldherrn und sagten zu Bagoas: «Weck unseren Herrn! Die Hunde da oben aus der Stadt wagen es, herunterzukommen, und wollen uns angreifen; die sind wohl lebensmüde!»

Bagoas ging ins Zelt und schlug mit der flachen Hand an den Vorhang des Schlafgemachs, weil er dachte, Holofernes schlafe noch mit Judit. Als niemand antwortete, öffnete er den Vorhang, ging hinein und fand Holofernes ohne Kopf, vor dem Bett liegend. Da schrie Bagoas auf, stöhnte und jammerte und zerriß seine Kleider. Dann rannte er hinüber in das Zelt, in dem Judit untergebracht war. Als er sie nicht fand, stürzte er hinaus zu den Offizieren und schrie: «Die Schurken haben falsches Spiel mit uns getrieben [**zu späte strategemische Situationsanalyse**]! Ein hebräisches Weib allein hat es geschafft, Schmach und Schande über König Nebukadnezzar und sein ganzes Herrscherhaus zu bringen! Seht es euch an: Da auf dem Boden liegt Holofernes ohne Kopf!» Die Offiziere waren fassungslos vor Entsetzen. Sie zerrissen ihre Kleider, und ihr Klagegeschrei hallte durch das ganze Lager.

Als die Soldaten in den Zelten vom Tod ihres Feldherrn erfuhren, waren auch sie entsetzt. Panische Angst überfiel sie [**Auswirkungen der Strategeme Nr. 18 und 19**], keiner wollte mehr im Lager bleiben. Bald befand sich das ganze Heer in Auflösung [**Auswirkungen des Strategems Nr. 20**], und alle Straßen in der Ebene und in den Bergen füllten sich mit fliehenden Soldaten. Auch die Einheiten, die im Bergland rings um Betulia ihre Lager aufgeschlagen hatten, flohen. Jetzt griffen die Israeliten an. Sie boten alle wehrfähigen Männer auf.

Ozias schickte Boten in die Städte Betomestajim, Bebai, Choba und Kola und in das ganze Gebiet Israels, um alle über die letzten Ereignisse zu unterrichten und sämtliche Männer aufzufordern, sich an der Verfolgung und Vernichtung der Feinde zu beteiligen. Daraufhin stürzte sich ganz Israel wie ein Mann auf die Assyrer und verfolgte sie bis nach Choba. Auch die Männer vom Gilead-Gebirge und aus Galiläa packten das zurückflutende Heer von vorn und in der Flanke, fügten ihm schwere Verluste zu und verfolgten es bis über das Gebiet von Damaskus hinaus.

Der Hohepriester Joakim kam mit allen Ältesten von Jerusalem nach Betulia, um Judit zu sehen. Als sie vor ihnen erschien, priesen alle sie einmütig und sprachen: «Du bist der Ruhm Jerusalems, die Freude Israels und der Stolz unseres Volkes. Du hast männlich gehandelt, und dein Herz war mutig, weil du die Keuschheit geliebt hast und nach dem Tode deines Mannes von keinem anderen wissen wolltest. Darum hat dich die Hand des Herrn gestärkt [**Anspielung auf das Strategem Nr. 3**], und daher wirst du gepriesen sein in Ewigkeit.» Das ganze Volk sprach: «Es geschehe, es geschehe!»

Es ist bemerkenswert, daß die einfachen assyrischen Soldaten auf Judit argwöhnischer reagierten als der assyrische Feldherr und seine Leibwächter. Wäre Holofernes ein strategemkundiger Chinese gewesen, so hätte er wohl bei aller Sexversessenheit in der Festnacht einen Wächter dazu beordert, durch ein Guckloch im Zelt Judit zu beobachten. Für Judits Strategem-Verkettung findet Thomas von Aquin (1225/6–1274) in seiner *Summa theologica* lobende Worte, wobei er allerdings den ganzen von Judit beherrschten Vorgang von einer nicht geringen strategemischen Komplexität auf eine simple Lüge reduziert:

«Manche [...] werden in der Schrift erwähnt nicht wegen ihrer vollendeten Tugend, sondern wegen eines starken Antriebs zur Tugend: weil nämlich in ihnen eine lobenswerte Gemütsregung wach wurde, die sie dazu bewog, gewisse unrechte Dinge zu tun. So wird Judit gelobt, nicht weil sie den Holofernes belog, sondern wegen ihrer eifernden Sorge um das Heil ihres Volkes, dessentwegen sie sich Gefahren aussetzte. Gleichwohl könnte man auch sagen, ihre Worte seien in bildlichem Sinne wahr.» (*Die deutsche Thomas-Ausgabe: vollständige ungekürzte deutsch-lateinische Ausgabe der Summa Theologica*, 20. Band: Tugenden des Gemeinschaftslebens, Heidelberg 1943, S. 148)

Während Thomas von Aquin nicht von List, sondern nur von Lüge spricht, werden Judit in der Comic-Serie *Shenjing Shenhua Gushi (Mythen und Geschichten aus der Heiligen Schrift*, Shanghai 1988), folgende Worte in den Mund gelegt: «Wir dürfen die Stadttore nicht öffnen und uns ergeben. Wenn wir das tun, werden die Assyrer unsere Stadt brandschatzen und unser Volk töten. Ich denke mir ein Strategem aus (wo xiangchu yi ji), so kann ich sie veranlassen, von selbst abzuziehen.»

35.9   Das göttliche Strategem

Das Fest der ungesäuerten Brote stand bevor (Lukas 22,1). Die Hohenpriester und Ältesten des Volkes versammelten sich [...] und hielten Rat, wie sie Jesus mit List festnehmen und töten könnten (Matthäus 26,34).
   Da fuhr der Satan in Judas (Lukas 22,3). **[Anwendung des Parasiten-Strategems, Nr. 14, und des Stellverteter-Strategems, Nr. 3, durch Satan; Judas ist bloßes Strategemopfer und als solches unschuldig; aus strategemischer Sicht allein verantwortlich für das folgende Geschehen ist der sich des Judas bedienende Satan; eine eigentliche Versuchungs-Szene, bei der sich Judas so oder so hätte entscheiden können (s. 17.18), wird nicht geschildert].** Er war einer

der zwölf Jünger. Er ging hin und verabredete mit den Hohenpriestern und den Hauptleuten, wie er Jesus an sie ausliefern könne. Sie freuten sich darüber und kamen überein, ihm Geld zu geben. Judas sagte zu und suchte eine passende Gelegenheit, Jesus ohne Aufsehen beim Volk an sie auszuliefern (Lukas 22,4–6).

Als die Stunde kam, setzte sich Jesus zu Tisch und die zwölf Apostel mit ihm. Da sagte er zu ihnen: «Mit großer Sehnsucht habe ich verlangt, vor meinem Leiden dieses Ostermahl mit euch zu essen. Denn ich sage euch: Ich werde es nicht mehr essen, bis es seine Erfüllung findet im Reich Gottes.» Dann nahm Jesus einen Kelch, dankte und sagte: «Nehmt hin und verteilt ihn unter euch! Denn ich sage euch: ich werde in Zukunft erst wieder Wein trinken, wenn Gott sein Werk vollendet hat» (*Die Bibel in heutigem Deutsch*, Stuttgart 1982, *Das Neue Testament*, S. 96). **[Jesus bezeichnet also Gott als Vollender des angekündigten «Werkes», nicht irgendwelche Menschen; diese erscheinen als bloße Marionetten bei der in der Kreuzigung kulminierenden göttlichen Anwendung des Strategems Nr. 3].**

Dann nahm Jesus Brot, dankte, brach es und gab es ihnen mit den Worten: «Das ist mein Leib, der für euch hingegeben wird. Tut es zu meinem Andenken.» Ebenso nahm er nach dem Mahle den Kelch und sagte: «Dieser Kelch ist der Neue Bund in meinem Blute, das für euch vergossen wird. Doch seht, die Hand meines Verräters ist mit mir auf dem Tische. Der Menschensohn geht zwar hin, wie es bestimmt ist, aber wehe dem Menschen, der ihn verrät.» **[Dieser Mensch war ein bloßes Opfer der von Satan angewendeten Strategeme Nr. 14 und Nr. 3, s. oben; die Verantwortung wird vom Strategemanwender Satan auf das Strategemopfer Judas abgeschoben, gestützt auf das Strategem Nr. 11].** Da fingen sie an, einander zu fragen, wer von ihnen denn so etwas über sich bringen könnte [...] (Lukas 22,19–23).

Während Jesus noch redete, erschien eine Rotte. Einer von den Zwölfen namens Judas ging voraus. Er trat auf Jesus zu und küßte ihn **(Strategem Nr. 10)**. Jesus sagte zu ihm: «Judas, mit einem Kuß verrätst du den Menschensohn?» Als nun die Begleiter Jesu sahen, was geschehen sollte, sagten sie: «Herr, sollen wir mit dem Schwert dreinschlagen?» Und einer von ihnen schlug nach einem Knecht des Hohepriesters und hieb ihm das rechte Ohr ab. Doch Jesus sagte: «Laßt es hiermit genug sein!» Dann rührte er das Ohr an und heilte es. **[Das erste und einzige Mal im Rahmen des Kreuzigungsvorgangs, daß Jesus ein Wunder einsetzt; im weiteren Handlungsablauf benutzt er das Laissez-faire-Strategem Nr. 16].**

Zu den Hohenpriestern aber, den Hauptleuten der Tempelwache und den Ältesten, die an ihn herangetreten waren, sagte er: «Wie gegen einen Räuber seid ihr mit Schwertern und Knüppeln ausgezogen? Tag für Tag war ich bei euch im Tempel, und ihr habt nicht Hand an mich gelegt» (Lukas 22,47–53). «Aber jetzt ist eure Stunde gekommen. Jetzt hat Gott den dunklen Mächten Gewalt über mich gegeben» (*Die Bibel in heutigem Deutsch*, a.a.O., S.97). **[Gott als Anwender des Stellvertreter-Strategems, Nr.3, und des Laissez-faire-Strategems, Nr.16].**

Sie ergriffen Jesus, führten ihn fort und brachten ihn in das Haus des Hohenpriesters. [...] Die Männer, die Jesus gefangenhielten, verspotteten und mißhandelten ihn. Sie verhüllten ihm das Gesicht, schlugen ihn und sagten: «Weissage: wer ist es, der dich geschlagen hat?» Noch viele andere Schmähungen stießen sie gegen ihn aus (Lukas 22,63–65). **[Der wundermächtige Jesus, der dem Treiben auf der Stelle hätte Einhalt gebieten können, benutzt hier das Laissez-faire-Strategem, Nr.16, mit Anklängen an das Strategem Nr.27].**

Als es Tag wurde, versammelten sich die Ältesten des Volkes, die Hohenpriester und Schriftgelehrten und ließen Jesus vor ihre Ratsversammlung führen. Sie sagten zu ihm: «Wenn du der Messias bist, so sage es uns!» **[Statt – wie später vor Herodes – zu schweigen, spricht Jesus, und zwar gibt er genau die Antworten, die am effizientesten Antipathie beim Gegenüber hervorrufen: Provokations-Strategem, Nr.13].** Er antwortete ihnen: «Wenn ich es euch sage, so glaubt ihr mir nicht; wenn ich aber frage, so antwortet ihr mir nicht. Von nun an wird der Menschensohn zur Rechten des allmächtigen Gottes sitzen.» Da fragten alle: «Bist du also der Sohn Gottes?» Er entgegnete ihnen: «Ja, ich bin es.» Da sagten sie: «Wozu brauchen wir noch ein Zeugnis? Wir haben es aus seinem eigenen Mund gehört!» (Lukas 22,66–71).

Da erhob sich die ganze Versammlung und ließ Jesus zu Pilatus bringen. Nun erhoben sie folgende Anklage gegen ihn: «Wir haben herausgebracht, daß dieser unser Volk aufwiegelt und es davon abhält, dem Kaiser Steuern zu zahlen, ferner, daß er sich für den Messias ausgibt.» Pilatus fragte ihn: «Bist du der König der Juden?» Er antwortete ihm: «Du sagst es.» Da sagte Pilatus zu den Hohenpriestern und dem Volk: «Ich finde keine Schuld an diesem Menschen.» Sie aber beharrten darauf. «Er wiegelt durch seine Lehre das Volk im ganzen Judenland auf, von Galiläa angefangen bis hierher.»

Als Pilatus das hörte, fragte er, ob der Mann aus Galiläa sei. Als er erfuhr, er sei aus dem Gebiete des Herodes, schickte er ihn zu Herodes, der auch in diesen Tagen in Jerusalem weilte. Herodes freute sich sehr, als er Jesus sah. Denn er hätte ihn schon längst gerne gesehen, weil er viel von ihm gehört hatte und ein Wunder von ihm zu sehen hoffte. So richtete er denn allerlei Fragen an ihn, aber Jesus gab ihm keine Antwort. **[Anstatt – wie vor dem jüdischen Rat – zu reden und damit auf Herodes zuzugehen und ihn womöglich für sich zu gewinnen, bleibt Jesus stumm, womit er genau die Reaktion wählt, die am effizientesten beim Gegenüber Antipathie hervorruft: Erneut wendet Jesus das Provokations-Strategem, Nr. 13, an.]**

«Der Angeklagte hätte sich nur auf die mehrmalige Frage des Richters von dem so sichtbar erlogenen Vorwurf distanzieren müssen, König der Juden zu sein [...]» Jesus aber «verharrte in seinem Schweigen und erfüllte damit den Tatbestand der *contumacia*». «Tatsächlich [...] war ein derartiges Verhalten gegenüber einem Statthalter Widersetzlichkeit, *contumacia*. Zur *contumacia* zählte ausdrücklich, wenn ein Angeklagter auf Fragen des Gerichtsherrn schwieg [...]» Die *contumacia* von Jesu «war der unmittelbare Anlaß für seine Kreuzigung» (s. Alexander Demandt [Hg.]: *Macht und Recht: Große Prozesse in der Geschichte*, München 1990, S. 55f. 58)].

Die Hohenpriester und Schriftgelehrten standen dabei und klagten ihn leidenschaftlich an. Da verhöhnte und verspottete ihn Herodes mit seinen Soldaten. **[Ohne das vorangegangene Schweigen Jesu wäre es kaum so weit gekommen].** Er ließ ihm ein weißes Gewand anziehen und schickte ihn zu Pilatus zurück.

Pilatus ließ nun die Hohenpriester, die Mitglieder des Hohen Rates und das Volk zusammenrufen und sagte zu ihnen: «Ihr habt mir diesen Menschen als einen Volksaufwiegler vorgeführt. Seht, ich habe ihn in eurer Gegenwart verhört, aber an dem Manne nichts Schuldbares von dem gefunden, dessen ihr ihn anklagt. Ebensowenig Herodes; denn er hat ihn zu uns zurückgeschickt. Seht, nichts Todeswürdiges ist ihm nachgewiesen worden. Ich will ihn daher züchtigen lassen und dann freigeben» (Lukas 23,1–16). Allein, die Hohenpriester und Ältesten beredeten das Volk **[Stellvertreter-Strategem, Nr. 3]**, [für] Barabbas [die Freilassung und für Jesus den Tod] zu fordern (Matthäus 27.20).

Da schrien alle zusammen: «Hinweg mit diesem! Gib uns den Barabbas frei!» Der saß wegen eines in der Stadt entstandenen Aufruhrs und wegen Mordes im Gefängnis. Da redete Pilatus wieder auf sie ein, weil er Jesus freigeben wollte. Sie aber schrien: «Kreuzige ihn, Kreuzige ihn!» Da sagte Pilatus zum dritten Mal zu ihnen: «Was hat er denn Böses getan? Ich habe keine todeswürdige Schuld an ihm gefunden. Ich will ihn daher züchtigen lassen und dann freigeben.» Sie aber setzten ihm mit lautem Geschrei noch mehr zu und forderten seine Kreuzigung, und ihr Geschrei tat seine Wirkung (Lukas 23,18–23).

Als Pilatus sah, daß er nichts erreichte, sondern daß der Lärm immer noch größer wurde, ließ er sich Wasser reichen und wusch sich vor dem Volk die Hände mit den Worten: «Ich bin unschuldig am Blute dieses Gerechten. Seht ihr zu» **[Pilatus bezeichnet sich als unschuldiges Werkzeug der Menge, der er indirekt die Anwendung des Strategems Nr. 3 anlastet.]** Da rief das ganze Volk: «Sein Blut komme über uns und unsere Kinder!» **[Da es sich bei dem «Volk» um eine bunt zusammengewürfelte Menge ohne jedes Vertretungsmandat handelt, betreffen diese Worte nur jene Personen, die sie äußern; nur mit Hilfe des Strategems Nr. 25 läßt sich diese individuelle in eine kollektive Selbstverdammung umdeuten,** s. hierzu Gerhard Otte: Neues zum Prozeß gegen Jesu?, in: *Neue Juristische Wochenschrift*, München Heft 14, 1992, S. 1025]. Da gab Pilatus ihnen Barabbas frei. Jesus ließ er geißeln und übergab ihn zur Kreuzigung (Matthäus 27,24–26).

Dann führten sie Jesus zur Kreuzigung (Matthäus 27,32).

Als sie an den Ort kamen, der «Schädelstätte» genannt wird, kreuzigten sie ihn dort. [...] Jesus aber betete: «Vater, vergib ihnen, denn sie wissen nicht, was sie tun.» (Lukas 23,34a). **[Treffende Kennzeichnung von nichtsahnenden Vollstreckern einer nicht durchschauten Intrige; die Ahnungslosigkeit des Strategemopfers ergibt sich aus der Natur der List.]**

Als es bereits die sechste Stunde war, kam eine Finsternis über das ganze Land, die bis zur neunten Stunde dauerte. Die Sonne verfinsterte sich. Der Vorhang des Tempels riß mitten entzwei. Jesus rief mit lauter Stimme: «Vater, in deine Hände befehle ich meinen Geist.» Nach diesen Worten gab er seinen Geist auf (Lukas 23,44–45b).

«Waren es die Juden oder vielmehr die Römer, welche die Schuld am Tod Jesu trugen? Die Gottesmordtheorie hat eine blutige Spur durch die Geschichte gezogen [...]» (*Neue Zürcher Zeitung*, 22./23. 3. 1997, S. 104). «Die vier Evangelien sind geprägt von dem Trend, die Römer von der Schuld am Tode Jesu zu entlasten und sie den Juden zuzusprechen» (*Der Spiegel*, Hamburg Nr. 14, 1997, S. 204). Die Evangelien «tendieren dazu, die Römer als Vollstrecker des Todesurteils gegen Jesu zu entlasten und die Juden als Drahtzieher zu belasten» (*Neue Zürcher Zeitung*, 3. 11. 1997, S. 26). Nach dem übereinstimmenden Bericht «der vier Evangelien sind vor allem ‹die› Juden für den

Tod Jesu verantwortlich, während Pilatus von der Schuld am Tode Jesu entlastet wird. Pilatus erscheint in den Evangelien geradezu als ein hilfloses Werkzeug des Lynchwillens der jüdischen Menge [...]» (Uwe Schulz [Hg.]: *Große Prozesse: Recht und Gerechtigkeit in der Geschichte*, München 1996, S. 42). «Der Glaube der Kirche, daß die Verantwortung für die Kreuzigung Christi bis zum Ende der Welt auf das jüdische Volk zurückfalle, wird im Geist der Christenheit tief verwurzelt bleiben, wie auch immer sich die Ideen, Anschauungen und Gewohnheiten der Menschen ändern mögen» (der Patriarch von Antiochia und dem gesamten Orient in einer vom syrischen Rundfunk übertragenen Rede, zitiert aus: Klara Obermüller: «Der Antisemitismus und seine Wurzeln im Antijudaismus der christlichen Kirchen: Eine offene Wunde am Leib des Herrn», in: *Die Weltwoche*, Zürich, 14. 6. 1990, S. 33).

Immer nur zwischen der Verantwortung von Römern und jener von Juden für den «größten Trauerfall des Abendlandes» (*Neue Zürcher Zeitung*, 8. 9. 1989, S. 67) hin und her bewegt sich wie ein Weberschiffchen die den strategemischen Aspekt der neutestamentlichen Schilderung weitgehend ausblendende oder in eng begrenzte Richtungen kanalisierende, im übrigen aber rein rechtshistorische oder theologische Diskussion (s. John Dominic Crossan: *Wer tötete Jesus?*, München 1999; Jean Imbert: *Le procès de Jésus*, 2. Aufl. Paris 1984, insbesondere S. 88 ff., 114 ff.; s. ferner Josef Blinzler: *Der Prozeß Jesu*, Regensburg 1969; Rosel Baum-Bodenbender: *Hoheit und Niedrigkeit: Johanneische Christologie im Prozeß Jesu vor Pilatus (Joh. 18,28–19, 16a)*, Würzburg 1984; Manuel Chico Cano: *Der Prozeß Jesu; eine literarkritische und redaktionsgeschichtliche Untersuchung zu Lk 23,1–25*, Münster (Westf.), 1980, Chaim Cohn: *Der Prozeß und Tod Jesu aus jüdischer Sicht*, Frankfurt a. M. 1997; Gertrud Fussenegger: *Pilatus: Szenenfolge um den Prozeß Jesu: mit einem Rechenschaftsbericht*, Freiburg i. Br. 1982; Werner Koch: *Der Prozeß Jesu: Versuch eines Tatsachenberichts*, München 1968; Theo Mayer-Maly: «Rechtsgeschichtliche Bemerkungen zum Prozeß Jesu», in: *Lebendiges Recht: von den Sumerern bis zur Gegenwart: Festschrift für Reinhold Trinkner zum 65. Geburtstag*, Heidelberg 1995, S. 39–44; Rudolf Pesch: *Der Prozeß Jesu geht weiter*, Freiburg i. Br. etc. 1988; Uwe Wesel: *Geschichte des Rechts*, München 1997, S. 170–174).

«Für die Tötung Jesu seien nicht die Juden allein verantwortlich», heißt es in den «Seelisberger Thesen» zur Bekämpfung des Antisemitismus von 1947, auf die im Anschluß an eine Sitzung der Schweizer

Bischofskonferenz vor der Presse verwiesen wurde («Schuldbekenntnis zur kirchlichen Judenfeindschaft», in: *Neue Zürcher Zeitung*, 7.3. 1997, S. 15). Also sind «die Juden» nach wie vor «für die Tötung Jesu» mit «verantwortlich». Andererseits wird gesagt: «Wenn schon die Welt durch den Tod Jesu mit Gott versöhnt wird, dann trifft die Schuld an diesem Tod die ganze Menschheit und nicht die Juden» (Martin Cunz: «Grausamer Gott?» in: *Antijudaismus im Neuen Testament, Annex: Jubiläumsbeilage zur Reformierten Presse*, Zürich Nr. 12, 1997, S. 18). Ist es wirklich ein Fortschritt, jetzt auch noch zum Beispiel die Chinesen für mitschuldig am Tode Jesu zu erklären?

Gibt es nun aber außer Juden und Römern nicht noch einen dritten und vierten Mitgestalter des Kreuzigungsgeschehens, nämlich Jesus und Gott Vater? Waren sie wirklich nur willenlose Opfer von entweder Juden oder Römern oder der gesamten Menschheit? War der Kreuzestod Jesu, «des einflußreichsten Führers der Weltgeschichte» (der norwegische Parlamentarier Lars Riese in: *Kirchen-Bote*, Basel Nr. 4, April 1998, S. 4) tatsächlich die «furchtbarste Niederlage und äußerste Selbsterniedrigung Gottes» (Uwe Justus Wenzel: «Die Niederlage Gottes», in: *Neue Zürcher Zeitung*, 29./30.3.1997, S.65)? War Jesus, gerade während des Kreuzigungsvorgangs, tatsächlich «der ohnmächtige König», dessen Macht allein «auf der Macht seiner Liebe beruhte» (*Einsiedler Anzeiger*, 6.1.1998, S.2)? Oder gibt es etwa noch einen fünften Akteur? In diese Richtung weist die Aussage, der Teufel habe Jesus «durch die Juden ans Kreuz» gebracht (Raymund Schwager: *Der wunderbare Tausch: zur Geschichte und Deutung der Erlösungslehre*, München 1986, S. 34). Der Teufel wird in den Evangelien zwar als Manipulator von Judas erwähnt, ansonsten aber hört man in den neutestamentlichen Texten nichts mehr von ihm. Das ganze Geschehen spitzt sich also auf die vier Akteure «einige Juden», «einige Römer», «Jesus» und «Gott Vater» zu. Den von diesen vier Akteuren gestalteten Handlungsablauf gilt es strategmisch unter die Lupe zu nehmen: «[...] *Gott will* den Tod eines Menschen, nämlich Jesu Tod am Kreuz, und durch diesen Tod soll die Welt versöhnt werden. Versöhnung durch Mord, durch *von Gott gewollten Mord?*» (Martin Cunz, ebenda). Genau diesen Gedankenansatz soll die eingangs skizzierte strategemische Analyse des Kreuzigungsberichts konsequent weiterführen. Dabei habe ich mich weitgehend auf die Ausgabe der Bibel gestützt, die ich als Schüler an der Stiftsschule Einsiedeln benutzte (P. Johannes Perk, Übersetzung und Erläuterung: *Das Neue Testament*, Einsiedeln/ Köln 1946). Betrachtet man die Schilderung des Kreuzigungsvorgangs in den Evangelien unter dem Gesichtspunkt des Ketten-Strategems, scheint man zu einer textimmanenten Exkulpation sowohl von Römern als auch von Juden, und erst recht von Chinesen oder gar der ganzen Menschheit zu gelangen. Als die für Jesu Tod eigentlich Verantwortlichen entpuppen sich offensichtlich Jesus selbst beziehungsweise Gott Vater. Sie bedienten sich, das scheint das Ergebnis einer durchgreifenden strategemischen Analyse zu sein, unschuldiger und nichtsahnender Menschen. Wurden diese etwa nicht allesamt, ob nun Römer, Juden oder Chinesen, Opfer des göttlichen Strategems Nr. 3 «Mit dem Messer eines anderen töten», das mit zahlreichen Hilfsstrategemen verkettet wurde? Wie heißt es doch in diesem Zusammenhang im Koran: «Dieu est le meilleur des rusé [Gott ist der beste Listenschmied]» (Le Cheikh Si Hamza Boubakeur: *Le Coran*, Paris 1985, S. 212 f., s. auch S. 598; *Der Koran,* übertragen von Max Henning, Stuttgart 1960, Sure 31, Vers 47). Allerdings besteht laut Koran die List Gottes in der Anwendung des Stratagems Nr. 11, so daß Jesus selbst dem Tod entkam (a.a.O., S. 598). Jesu Verhalten erinnert entfernt an jenes des Sokrates (um 470–399), der das Gericht derart provozierte, daß es ihn zum Tode verurteilte, wobei aber Sokrates offen zu seinem selbstgewollten Tod und zu seinem diesem Ziel dienenden Instrumentalisieren des Gerichts stand (Xenophon: *Die sokratischen Schriften*, übertragen von Ernst Bux, Stuttgart 1956, S. 305 ff.).

Man überlege sich doch einmal alternative Arten von Jesu Opfertod. Jesus hätte seine Jünger und einige Gläubige auf einen Berg führen können. Dort hätte er einige letzte Worte an die Anwesenden gerichtet. Dann wäre eine Stimme am Himmel erklungen und hätte verkündet: «Sehet, dies ist mein geliebter Sohn. Ich opfere ihn heute, zur Errettung der Menschheit.» Dann wäre ein Blitz auf die Erde gezuckt und hätte Jusus tödlich getroffen. Oder: Jesus hätte ein Schwert gezogen oder zum Giftbecher gegriffen und sich das Leben genommen. Man hätte ihn beerdigt, und drei Tage später wäre er wieder auferstanden. Dies wären völlig unstrategemische Opfertode gewesen. Wie immer man darüber berichtet hätte, igendwelche unschuldigen Menschen hätte man dafür nicht verantwortlich machen können. So hätte die reine, lautere Liebe Gottes zur ganzen Menschheit unbefleckt die Jahrhunderte überstrahlen können. Wären, wenn Jesus einen solchen unstrategemischen Opfertod gewählt hätte, Sätze wie die folgenden je geschrieben worden?

«In jeder Kirche hängt eine Folterszene überm Altar» (*Der Spiegel*, Hamburg Nr. 27/1998, S. 79).

«Für einen Juden ist es schwer, in einer Kirche vor einem Kreuz zu stehen. Um des Kreuzes willen hat er durch die Jahrtausende gelitten, so viele Progrome sind im Namen des Kreuzes geschehen» (Michael Bollag, Rabbinerassistent der Israelitischen Cultusgemeinde Zürich, in: *Neue Zürcher Zeitung*, 12. 6. 1997, S. 15).

«Juden leben schon 2000 Jahre mit der Schuld oder der Verantwortung für den Mord an Jesus» (*Der Spiegel*, Hamburg Nr. 28, 1992, S. 61).

«Da hat das ‹Christentum› im Abendland 2000 Jahre lang Juden auf alle nur denkbare Weise gequält und verfolgt [...]» (Klaus Berger, in: *Die Weltwoche*, Zürich 19. 12. 1996, S. 41).

«Die Christen schoben die Schuld am Tode Jesu den Juden in die Schuhe, wodurch es zu antisemitischen religiösen Exzessen kam» (Zhu Manting: «Der Vatikan entschuldigt sich bei den Juden», in: *Volkszeitung*, Peking 29. 3. 1998, S. 3).

«Die christliche Judenfeindschaft hat den modernen rassistischen Antisemitismus vorbereitet und immer auch begleitet» (Ekkehard Stegemann: «Das Neue Testament: Nährboden für Antisemitismus», in: *Antijudaismus im Neuen Testament, Annex: Jubiläumsbeilage zur Reformierten Presse*, Zürich Nr. 12, 1997, S. 4).

«So glaube ich heute im Sinne des allmächtigen Schöpfers zu handeln: Indem ich mich der Juden erwehre, kämpfe ich für das Werk des Herrn» (Adolf Hitler in: *Mein Kampf*, zitiert aus: Julius H. Schoeps: «Vom Rufmord zum Massenmord», in: *Die Zeit*, Hamburg 26. 4. 1996, S. 4).

Warum also der in den Evangelien durch und durch strategemisch geschilderte Kreuzestod unter Involvierung von Unschuldigen, die dann anschließend als «Gottesmörder» verfolgt wurden? «Das Kreuz: Soll es uns quälen?» (*Bild*, Hamburg 17. 9. 1992, S. 4). Ging und geht es um «Menschheits-Mobbing»? Mußte man die Menschheit in tiefste Schuld verstricken, um Macht über sie zu gewinnen und ihr den Bedarf an Erlösung plausibel machen zu können, wobei der Erlösende oder seine irdischen Vertreter naturgemäß erneut Macht über die zu Erlösenden gewinnen, nach dem Muster: «Du hast gesündigt, knie nieder!»? Diese Fragen gehen über den strategemischen Ansatz hinaus, der ja nur bestimmte, und zwar listige, Handlungstechniken bewußtmacht, die Untersuchung der Motive der Listanwendung aber anderen Disziplinen, in diesem Fall wohl der Theologie, überlassen muß.

Über die hier angesprochene Problematik schrieb mir in einem Brief vom 24. 6. 1990 Pater Amédée Grab, damals *évêque auxiliaire* in

Genf, seit 1.1.1998 Präsident der Schweizerischen Bischofskonferenz und seit 23.8.1998 Bischof von Chur: «Bibelanalysen gab es in den letzten Jahren von vielen Seiten her. Die strategemische ist sicher ebenso berechtigt wie die psychoanalytische oder die soziologische [...] Ob dieser Ansatz ein besseres Verständnis des Heilswillen Gottes ermöglicht, frage ich mich indessen. Gott wirkt durch Menschen, deren gute und schwache Seiten er berücksichtigt, wobei das zum Tragen kommt, was ein portugiesisches Sprichwort ausdrückt: Gott schreibt auf krummen Linien gerade [s. hierzu 24.14]. Zur Frage der Kreuzigung: die Kirchenväter sind eindeutig: durch ihre Sünden haben alle Menschen den Sohn Gottes ans Kreuz gebracht. Aber geheimnisvollerweise waren die Peiniger auch Werkzeuge der barmherzigen Liebe Gottes. Nicht, daß er das unschuldige Leiden Jesu rachesüchtig oder im Sinn einer materiellen Wiedergutmachung gewollt hätte. Aber so, daß er dieses aus freier Liebe hingenommene Leiden als ein[en] Weg wählte, uns seine Liebe aufzuzeigen und uns Verzeihung zu schenken. So faßt die Liturgie die Stellen Jesaja 53,1–12; ‹Wir meinten, er sei von Gott geschlagen, von ihm getroffen und gebeugt. Doch er wurde durchbohrt wegen unserer Verbrechen, wegen unserer Sünden zermalmt. Zu unserem Heil lag die Strafe auf ihm, durch seine Wunden sind wir geheilt.›»

Und in einem Brief vom 3.4.1987 ließ mir Pater Amédée, den ich am 4.12.1998 auch noch einmal mündlich auf den Fragenkomplex hin ansprach, die Zeilen zukommen, mit denen diese Ausführungen abgeschlossen werden sollen. Zuvor aber noch eine Bemerkung dazu: Wenn man das Werkzeug als schuldig oder als verantwortlich bezeichnet, ohne den, der es benutzt, auch nur zu erwähnen, kann das jemanden, der das Stellvertreter-Strategem Nr. 3 und das Sündenbock-Strategem Nr. 11 kennt, nicht befriedigen. Eine solche Auffassung wäre eine Ermutigung für Schreibtischtäter, Drahtzieher und Strohmannbenutzer aller Kaliber. Sie könnten sich auf den christlichen Gott als ihr großes Vorbild berufen! Bei Judits Tötung des Holofernes (35.8) wird die Mitwirkung Gottes, ja dessen ausschlaggebende Rolle, bei jeder Gelegenheit hervorgehoben, wohingegen für die Tötung Jesu allein Menschen verantwortlich sein sollen. Göttlicher Machiavellismus: Ruhmreiche Taten von Untertanen gelten als Verdienste des Herrschers, mit dessen Wissen und Billigung begangene Missetaten von Untertanen dagegen allein als deren Fehlverhalten, das den Herrscher nichts angeht?

Es wird hier nicht geleugnet, daß menschliche Täter auch aus eigenem Antrieb schuldig werden. Nur scheint in den Evangelien nicht deutlich genug aufgezeigt zu werden, daß jemand da ist, der den Tätern eine Gelegenheit zu ihrer Tat verschafft und sie wissentlich zum Vollzug von Handlungen benutzt, deren Tragweite sie gar nicht überblicken. Wie heißt es doch in der Bibel: «Vermag sich auch eine Axt zu rühmen wider den, der damit haut, oder eine Säge groß zu tun wider den, der sie zieht? Als ob die Rute den schwänge, der sie hebt, als ob der Stock den höbe, der kein Holz ist!« (Jesaja 10.15, zitiert aus: *Die Bibel nach der Übersetzung Martin Luthers*, Stuttgart, 2. Aufl. 1971, S. 661). Abgesehen davon scheinen aber Pater Amédées Bemerkungen vom 3.4.1987 die eingangs wiedergegebene Strategemdeutung vollumfänglich zu bestätigen: «Hauptschuld am Tod Jesus tragen wir als Sünder. **Sowohl ‹Römer› wie ‹Juden› waren Werkzeuge.**»

35.10 Auf dem Weg nach Emmaus

Drei Tage nach Jesu Tod wanderten zwei, die zu den Jüngern Jesu gehört hatten, nach dem Dorf namens Emmaus, das etwa 60 Stadien von Jerusalem entfernt war. Sie unterhielten sich über all das, was sich zugetragen hatte. Während sie sich unterhielten und befragten, nahte sich Jesus selbst und ging mit ihnen. Ihre Augen wurden gehalten, daß sie ihn nicht erkannten. [**Anders herum gesagt: Jesus gibt sich ihnen nicht zu erkennen; Metamorphosen-Stratagem, Nr. 21.**] Er fragte sie: «Was sind das für Reden, die ihr unterwegs miteinander führt?» Da blieben sie traurig stehen. Einer von ihnen namens Kleopas erwiderte ihm: «Bist du der einzige Fremdling in Jerusalem, der nicht weiß, was dort in diesen Tagen geschehen ist?» Er fragte sie: «Was denn?» [**Jesus spielt den Dummen; Stratagem Nr. 27.**] «Das mit Jesus von Nazareth, der ein Prophet war, mächtig in Wort und Werk vor Gott und allem Volke. Unsere Hohenpriester und die Vorsteher haben ihn der Todesstrafe überantwortet und gekreuzigt.» [**Nur auf die menschlichen Akteure beschränkte Analyse des Geschehens unter dem Gesichtspunkt des Stellvertreter-Strategems, Nr. 3, s. 35.9.**] «Wir aber hofften, daß er es sei, der Israel erlösen werde! Aber nun ist nach all dem heute bereits der dritte Tag, seitdem dies geschehen ist. Es haben uns zwar einige von unseren Frauen in Aufregung versetzt; sie waren frühmorgens am Grab, fanden aber seinen Leichnam nicht. Sie kamen dann und behaupteten, sie hätten auch eine Erscheinung von Engeln gehabt, die sagten, daß er lebe. Einige von uns gingen darauf zum Grab und fanden es so, wie es die Frauen sagten. Aber ihn selbst haben sie nicht gesehen.» Da sagte Jesus zu ihnen: «O ihr Unverständigen, wie schwer wird es euch, an alles zu glauben, was die Propheten gesagt haben! Mußte nicht der Messias das leiden und so in seine Herrlichkeit eingehen?» Dann begann er mit Moses und allen Propheten und erklärte ihnen, was in allen Schriften von ihm geschrieben steht. So näherten sie sich dem Dorf, wohin sie wanderten. Jesus tat so, als wolle er weitergehen. [**Provokations-Strategem, Nr. 13**]. Da nötigten sie ihn und sagten: «Bleibe bei uns, denn es will Abend werden, der Tag hat sich schon geneigt!» Da trat er ein und blieb bei ihnen. Während er dann mit ihnen zu Tische saß, nahm er das Brot, segnete es, brach es und gab es ihnen. Nun gingen ihnen die Augen auf, und sie erkannten Jesus. Er aber verschwand vor ihnen. Da sagten sie zueinander: «Brannte nicht unser Herz in uns, als er unterwegs mit uns redete und uns die Schriften erschloß?» Sie machten sich sofort auf den Rückweg nach Jerusalem. Da fanden sie die Elf mit ihren Gefährten versammelt. Die sagten: «Der Herr ist wahrhaft auferstanden und dem Simon erschienen.» Nun erzählten auch sie, was sich unterwegs zugetragen hatte und wie sie ihn beim Brotbrechen erkannt hätten (Lukas 24,13–35).

### 35.11 Die genasführte Europa

König Agenor, in Phönizien lebend, ist der Vater von Europa. Die Mutter war Telphassa, nach anderen Quellen aber Argiope. Zeus ist in Europa verliebt. Er verwandelt sich in einen Stier und trägt sie auf seinem Rücken durch das Meer nach Kreta. Dort liebt er sie, worauf sie einen Sohn, Minos, gebärt (*Griechische Sagen*, eingeleitet und übertragen von Ludwig Mader, Zürich/Stuttgart 1963, S. 328). Wie kam es dazu? Gustav Schwab erzählt die Begebenheit ausführlicher (in: *Sagen des klassichen Altertums*, neu hg. von Walter Keller, Zürich 1943, S. 167–170).

Mit ihren Gespielinnen vergnügt sich Europa in den Blumenwiesen am Meer. Alle Mädchen führen Körbe zum Blumensammeln mit. Nach dem Pflücken lassen sie sich nieder und flechten Kränze. Europa sollte sich aber nicht lange so vergnügen. Zeus sinnt nach einer List, um Europa besitzen zu können. Er verwandelt sich in einen wunderbaren Stier (**Metamorphosen-Strategem, Nr. 21**). Durch seinen Sohn Hermes läßt er die Viehherden Agenors bis ans Meeresufer treiben. Unter sie mischt sich der außergewöhnliche Stier. Er löst sich von der

Herde und nähert sich den Mädchen. Europa gelüstet es, das edle Tier zu streicheln. Nach einigem Zögern wagt sie es. Sie hält ihm einen Blumenstrauß vors Maul. Der Stier leckt die Blumen schmeichelnd. Europa streichelt das Tier liebevoll, küßt sogar seine Stirn. Der Stier läßt sich nun zu Füßen der Königstochter nieder. Europa fordert ihre Freundinnen auf, sich auf den Rücken des schönen Stiers zu setzen und sich so zu vergnügen. Die Gespielinnen zögern. Da schwingt sich Europa auf den Rücken des Stiers. Jetzt hat dieser erreicht, was er sich gewünscht hat. Anfangs langsam und sachte, doch sich dem Strand nähernd immer schneller, geht er mit seiner schönen Last davon (**Isolations-Strategem, Nr. 15**). Mit einem Satz springt er ins Meer mit ihr und schwimmt davon (**Sackgassen-Strategem, Nr. 28**). Ängstlich blickt sie ans Land zurück und ruft ihre Freundinnen – vergebens. Den Rest des Tages, eine Nacht und einen weiteren Tag, schwimmt das Tier wie ein Schiff dahin, so geschickt, daß kein einziger Tropfen Wasser die kostbare Beute benetzt. Gegen Abend kommen sie zu einem Ufer. Der Stier läßt das junge Mädchen behutsam unter einen Baum gleiten und verschwindet. Kaum ist er weg, steht ein herrlicher Mann vor ihr, der sich als der Herrscher von Kreta vorstellt und ihr Schutz anbietet, wenn er sie besitzen dürfe (**Metamorphosen-Strategem, Nr. 21**). In ihrer Verzweiflung willigt sie ein. Zeus hat sein Ziel erreicht, Europa dagegen ist entsetzt. Sie möchte am liebsten in die Fluten springen. In diesem Augenblick erscheint ihr Aphrodite, die ihr alles erklärt. Sie, Europa, sei die irdische Gattin des unbesiegten Zeus. Ihr Name werde unsterblich werden, denn der fremde Weltteil, der sie aufgenommen habe, werde fortan Europa heißen.

35.12   Eine Stute vereitelt einen Burgbau

Einst wollten die Asen eine feste Burg bauen. Ein Unbekannter gab vor, ein Meister zu sein, und anerbot sich, diesen Bau auszuführen. Aber nicht umsonst. Als Lohn verlangte er Sonne, Mond und die schönste der Göttinnen, die liebreiche Freya.

Die Asen gingen miteinander zu Rate. Die Burg war wünschenswert, aber auf ein solches Begehren konnten sie nicht eingehen. Also wollten sie den unbekannten Meister abweisen. Da schlug Loki vor: «Stellen wir ihm eine Bedingung. Nur ein Jahr lang währe die Arbeit. Wenn dann die Burg nicht fertig ist, soll er seinen Lohn nicht bekommen.»

Den Göttern schien dies ein guter Vorschlag. Denn sie glaubten nicht, daß der Unbekannte die gestellte Frist werde einhalten können. Dieser aber ging auf die Bedingung ein. Nur möchten die Götter ihm erlauben, sein Pferd zu Hilfe zu nehmen, damit er die Bausteine heranschaffen könne. Dies wurde ihm auf Lokis Rat hin bewilligt. Alsdann begann er zu arbeiten. Sein Hengst Swadilfari war so über alle Maßen stark, daß er ganze Berge herbeizog. Der Bau kam schnell voran, und die Asen mußten erkennen, daß der Meister die Frist einhalten werde. Mit harten Drohungen drangen sie auf Loki ein, weil er sie schlecht beraten habe. Seine Schuldigkeit sei, jetzt einen Ausweg zu finden.

Loki hatte nicht lange nachzudenken, bis er herausfand, was zu tun sei. Er nahm die Gestalt einer Stute an und kam wiehernd aus dem Walde getrabt, gerade als Swadilfari die letzten Steine herbeiziehen sollte. Da wurde der Hengst brünstig und riß dem Meister aus, um der Stute nachzusetzen.

Als nun der Baumeister inne wurde, daß ihm sein Werk nicht rechtzeitig gelingen werde, packte ihn eine gewaltige Wut. Als er aber tobte und wütete, erkannten die Götter, wen sie vor sich hatten – einen Bergriesen.

Die Burg Asgard wurde zwar nie fertiggestellt. Doch nach einiger Zeit warf die Stute ein achtfüßiges Füllen. Seine Farbe war grau, und als es heranwuchs, wurde es das schönste und schnellste Pferd auf der Welt, genannt Sleipnir. Nur selten berührten seine Hufe die Erde. Ihm genügten die Lüfte zum Laufen.

Auf Sleipnir reitet Odin, der höchste aller Asen. Vor allem dann, wenn er den Skalden einen Trunk aus Suttungs Met bringt, kommt er auf dem Götterpfad herangeritten.

Loki verknüpft in diesem Geschehen aus der germanischen Götterwelt das Metamorphosen-Strategem, Nr. 21, mit dem Sex-Strategem, Nr. 31, und dem Kraftentziehungs-Strategem, Nr. 19. Das Metamorphosen-Strategem und das Sex-Strategem bilden die Voraussetzung für die erfolgreiche Anwendung des Kraftentziehungs-Strategems. Der Schwerpunkt des Strategemgeschehens liegt auf Strategem Nr. 19.

Dafür aber hat Snorri Sturluson in seiner Erzählung *Gylfaginnig* kein Auge. Nicht das im Rahmen des Ketten-Strategems dominante Kraftentziehungs-Strategem Nr. 19, welches für die Gewährleistung der bedrohten Ordnung sorgt, steht für ihn im Vordergrund, sondern Lokis magischer, als anrüchig empfundener Gestaltenwandel und die Beziehung zwischen Stute und Hengst. So etwas war «nach germanisch-heidnischen wie auch nach christlich-mittelalterlichen Wertvorstellungen nicht akzeptabel, es war pervers, homosexuell» (Heinz Klingenberg). So wie Snorri Sturluson Lokis strategemische Problemlösung schriftstellerisch darstellt, drängt sich die Schlußfolgerung auf, daß ihm, von Listenblindheit geschlagen, der strategemische Gehalt dessen, was er da aufschrieb, entgangen ist. Nicht die hohe Burg des Bergriesen, sondern eine Mauer aus Ethik versperrte ihm den Blick auf Lokis strategemisches Gesamtkunstwerk.

### 35.13 Caesars Strategemoffensive gegen das Asterix-Dorf

In dem Band *Streit um Asterix* versucht Caesar, den Widerstand des Dorfes in der Landschaft Aremorica an der Nordseite der bretonischen Halbinsel, in dem Asterix und Obelix wohnen, zu brechen, indem er Zwietracht sät. Er setzt einen genialen Quälgeist ein, der es beinahe erreicht, daß die Dörfler im Zwist ihrem Untergang entgegensteuern, beinahe... Denn Asterix gelingt es, den Intriganten mit seinen eigenen Mitteln zu bekämpfen, worauf die Offensive der Römer fehlschlägt. Aber dieser Mißerfolg bringt Caesar nicht von seinem Vorhaben ab. Einige Zeit später beschließt der Feldherr, aufs neue einen Versuch zu starten, aber jetzt «mit einer anderen List», so René van Royen und Sunnyva van der Vegt in ihrem Buch *Asterix – Die ganze Wahrheit*, München 1998, S. 111. Caesar hat festgestellt, daß die keltischen Belgen so stark sind, weil sie keine Kultur kennen.

In dem Bewußtsein, daß Kultur weich macht, läßt Caesar rund um das Dorf von Asterix ein vollständiges, modernes römisches Wohngebiet aus dem Boden stampfen, und er sorgt dafür, daß dort ganz und gar kultivierte Römer einziehen. Die List scheint zu glücken, denn die Dorfbewohner lassen sich in den Bann des üppigen römischen Lebens ziehen. Aber schließlich scheitert diese kulturelle Offensive, weil die Dorfbewohner doch ihrer traditionellen Lebensweise den Vorzug geben und die Eindringlinge verjagen. Noch gibt der mächtigste Mann Roms nicht auf: Er spekuliert auf die Wirkung des Geldes. Denn schon damals wußte man: «Sind wenige reich, so herrscht Korruption und Anmaßung. Ist es das Volk insgesamt, so korrodiert die Substanz» (Botho Strauß). Indem Caesar einen Boom des Hinkelsteingeschäfts initiiert, läßt er in großen Mengen Geld in das Dorf fließen. Das Resultat sind Neid und Rivalität, die die Widerstandskraft der Dörfler beeinträchtigen. Aber auch in dieser Episode ist der Erfolg von Caesars List nur von kurzer Dauer, und es gelingt Asterix und seinen Freunden, die untergrabenden Einflüsse auszuschalten. Erneut muß Caesar einen Fehlschlag hinnehmen.

Caesar setzte hintereinander das Strategem des Zwietrachtsäens und zweimal das Kraftentziehungs-Strategem Nr. 19 ein, immer mit dem einen Ziel, die Gallier in die Knie zu zwingen.

### 35.14 Ehe als Kunstwerk

*Le Zèbre (Das Zebra)* ist der Titel eines Romans von Alexandre Jardin, der in Paris 1988 erschien, den «Prix femina» erhielt und zum Beispiel in der Woche vom 3.–8.12.1988 Platz drei der Bestsellerliste «Les 20 meilleures ventes» einnahm. (Alexandre Jardin: *Das Zebra*, Düsseldorf 1990 bzw. München o.J.). 1992 verfilmte ihn Jean Poiret. Die im Vergleich etwa zum deutschen Sprachraum größere Strategemsensibilität von Franzosen dokumentiert dieses literarische Werk dadurch, daß es (in der Originalausgabe) das Wort «stratagème» elfmal (S. 22, 26, 34, 68, 75, 91, 116, 143, 167, 174, 202) und das Wort «ruse» (List) fünfmal (S. 51, 58, 72, 105, 113) präsentiert. Allerdings, und insofern zeigt sich auch bei diesem französischen Autor das typische westliche Listdefizit, bleibt es beim nackten Hinweis auf «Strategeme» und «Listen». Jegliche tiefergehende Analyse oder nähere Charakterisierung der vom Helden der Geschichte benutzten Strategemtechniken fehlt. Dazu mehr nach der nun folgenden Zusammenfassung der Romanhandlung.

Gaspard, Zebra genannt, ist Notar in einer kleinen Stadt. Seit 15 Jahren ist er mit Camille, einer Gymnasiallehrerin, verheiratet. Nach dieser langen Zeit des Zusammenlebens stellt Gaspard aber fest, daß die Beziehung zu seiner Frau weitgehend Routine geworden ist – keine Spur mehr von Leidenschaft oder Verliebtheit. Während andere Männer in diesem Alter und in einer solchen Situation sich anderswo umschauen und Abenteuer mit anderen, jüngeren Frauen suchen, entschließt sich Gaspard, seine eigene Frau, die er sehr liebt, neuerlich zu erobern. Er will die frühere Leidenschaft wieder wecken, und zwar mit Hilfe von phantasievollen Strategemen. Diesen Entschluß faßt er auch, nachdem er seine Frau nach einem Unfall bewußtlos im Krankenhaus gesehen hat. In diesem Moment ist ihm bewußt geworden, daß er seine Frau jederzeit verlieren, daß jeder gemeinsame Augenblick der letzte sein könnte – daß es daher dringend sei, einander liebzuhaben und sich nicht mit einem abgeflachten Verhältnis zu begnügen. «Jedesmal wenn ich dich einschlafen sehe, habe ich Angst, du würdest nicht mehr aufwachen», sagt er ihr. Gaspard liest gern Biographien großer Persönlichkeiten. Verglichen mit ihnen kommt er sich selbst wie eine Null vor. Immerhin wolle er aber eine außergewöhnliche Null sein, sagt er sich. Sein Kunstwerk werde sein eigenes Eheleben sein. Und so erklärt er Camille offen, er werde Strategeme anwenden, um sie wiederzugewinnen.

Erstes Strategem: Eines Morgens verkündet er seiner noch halb schlafenden Frau: «Ich werde dich und unsere Kinder verlassen.» Augenblicklich nimmt er seine Kleider und anderen Utensilien aus seinem Schrank und packt sie in einen Koffer. Camille realisiert lange überhaupt nicht, was passiert. Sie kann ihren Mann nicht begreifen, da zwischen ihnen nichts Besonderes vorgefallen ist. Nachdem er ihr eröffnet, er könne nicht weiter so leidenschaftslos mit ihr leben und ziehe es deshalb vor, sie zu verlassen, bricht sie in Tränen aus. Nun plötzlich sagt Gaspard: «Weine nicht, Liebling, es ist vorbei. Dies war nur ein schlechter Traum.» Er fragt sie auch, ob sie wirklich ernsthaft an sein Fortgehen geglaubt habe. Weiter sagt er ihr: «Je voulais te priver d'oxygène pour te réapprendre à goûter l'air frais (Ich wollte dir den Sauerstoff nehmen, damit du die frische Luft wieder schätzenlernst).»

Zweites Strategem: Während mehrer Wochen schreibt Gaspard seiner Frau anonyme Liebesbriefe. Sie hat keine Ahnung, wer der unbekannte Verehrer ist. Sie gewöhnt sich derart an die galante Post, daß sie jeden Tag ungeduldig den Briefträger erwartet. Auch legt sie mehr Wert auf ihre Kleidung und ihr Aussehen, da sie diesem Unbekannten, der ihr Komplimente noch und noch macht, nicht mißfallen will. Hie und da fragt sie sich, ob ihr Mann derjenige sei, dann aber denkt sie eher, es sei einer ihrer Schüler. An Tagen, da der erwartete Brief ausbleibt, ist sie enttäuscht. Gaspard ist einige Tage abwesend und besucht einen Kongreß. Jeden Tag kommt ein neuer Liebesbrief, wie gewohnt in ihrer Stadt abgeschickt; deshalb schließt sie ihren Mann nun endgültig als Absender aus. Die Frage, wer der Unbekannte sei, wird immer dringlicher. Eines Tages kündigte ihr der fremde Verehrer in seinem Brief eine Verabredung an, am selben Tag, vor dem Stadthaus. Sie erschrickt ob diesem Vorschlag. Denn sie stellt sich vor, was alles geschehen könnte bei dem Treffen mit dem Unbekannten oder was dieser Unbekannte alles sein könnte: alt, behindert, blind und so weiter. Sie geht nicht zu dem Rendezvous. Seither erhält Camille keine Briefe mehr, was sie bedauert und ihre Leidenschaft für den Unbekannten nur noch steigert. In seiner Absicht, ihr gemeinsames Liebesleben wieder anzufeuern, bedrängt Gaspard seine Frau mitten in der Nacht. Er wünscht, daß sie ihre erste Begegnung in Paris während der Studienzeit spielen. Camille hat genug von diesen Strategemen – dies alles stimmt sie ihrem Mann gegenüber eher feindselig. Einige Zeit später, beim Verlassen der Schule, findet Camille ihren Mann, der mit einem großen Blumenstrauß auf sie wartet. Auch schenkt er ihr ein Schmuckstück, das Camille sich seit langem gewünscht hat. Dies erscheint ihr als ein wahres Liebeszeichen. Sie ist und zeigt sich erfreut.

Drittes Strategem: Unmittelbar danach eröffnet ihr Gaspard, er habe ihr lediglich ein letztes Mal angenehm begegnen wollen. Denn er habe festgestellt, daß sie seine Bemühungen, wieder ein leidenschaftliches Eheleben aufzubauen, überhaupt nicht erwidere. Ab sofort sollten sie wie ein echtes altes, total abgekühltes Ehepaar leben. So sollten sie sich bewußt werden, was ein solches Leben bedeutet. Am Ende solle das ganze Spiel abschreckend wirken und wieder auf den Pfad inniger Gefühle führen. Sofort verwirklicht er alle seine Vorstellungen. Die Betten werden getrennt, Zahnprothesen werden in ein Wasserglas gestellt. Er erklärt, von jetzt an wolle er «Papa» genannt werden und sie «Mama» rufen. Sie sollten nicht mehr miteinander reden und einander nicht mehr ansehen. Der Fernsehapparat werde vor ihre Betten gestellt, so daß sich das Sprechen erübrige. Camille versucht, ihren Mann davon zu überzeugen, daß alle diese Inszenierungen nichts mit Liebe zu tun hätten und absurd seien, daß es keine «Liebe auf Befehl» gebe. Mit Bedauern denkt sie an die zarten Liebesbriefe, die sie von dem Unbekannten erhalten hat. Gaspard stellt verzweifelt fest, daß alle seine Strategeme zum Scheitern verurteilt sind. Dennoch beharrt er auf seiner Absicht und will sein Ziel erreichen. Plötzlich erhält Camille wieder Liebesbriefe. Nach mehreren Tagen schlägt der Unbekannte erneut ein Rendezvous vor, diesmal in einem Kaffeehaus. Er werde ein rotes Halstuch tragen. Diesmal geht Camille hin. Wen trifft sie nun aber mit rotem Halstuch? Ihren eigenen Mann Zebra. Sie ist empört, fühlt sich total entblößt, betrogen, schämt sich. Seit Monaten hat sie sich geschminkt, sich hübsch angezogen, wie sie es seit 15 Jahren nicht mehr getan hatte, für ihn, ihren Mann. Leidenschaftliche Gedanken hatte er durch seine Briefe in ihr geweckt. Gaspard hatte erhofft, diesmal sein Ziel erreichen zu können. Aber wieder reagiert Camille anders als erwartet. Immerhin wird ihr langsam bewußt, wie sehr Gaspard sie lieben müsse. Sie staunt über die Energie, die ihr Mann für sie aufwendet.

Viertes Strategem: Gaspard schlägt seiner Frau vor, in getrennten

Zimmern zu schlafen. Dadurch soll ihre Sehnsucht genährt werden. Mehrmals naht er sich des Nachts auf ächzendem Boden dem Zimmer seiner Frau, ohne sie zu besuchen. So will er ihr Verlangen nach ihm steigern. Camille verhält sich erst sehr ablehnend diesem neuen Spiel gegenüber, bis sie am Ende, unbewußt, selbst ganz zur Mitspielerin wird.

Fünftes Strategem: Gaspard kommt eine Nacht lang nicht nach Hause und erzählt dann, er habe sich beim Nachbarn betrunken, was sich nach Camilles Erkundigungen als falsch erweist. Zudem hört Gaspard nicht auf, von einer Anwältin, Anna, zu schwärmen, die er getroffen habe. Es gelingt ihm, in Camille eine große Eifersucht zu wecken. Das ist genau seine Absicht. Er erfindet die Geschichte, daß er einer Erbschaftsangelegenheit wegen für zwei Tage nach Paris reisen müsse. Camille ist überzeugt, dies sei nur ein Vorwand und er werde mit Anna zum Vergnügen nach Paris fahren. Unerwarteterweise begleitet sie Gaspard zum Bahnhof, um seine Absichten nach Möglichkeit zu durchkreuzen. Gaspard, der überhaupt nie nach Paris reisen wollte, viel weniger noch mit Anna, ist gezwungen, in den Zug zu steigen, wenigstens bis zur nächsten Station zu fahren und dort einen ganzen Tag zu bleiben. Bei seiner Rückkehr stellt sich Gaspard vor, er werde Camille der Eifersucht wegen völlig aufgelöst vorfinden. Was er findet, ist schlimmer. Camille hat mitsamt den Kindern das Haus verlassen. Nur ein Brief liegt da: «Gaspard, ich verlasse dich, weil ich dich begriffen habe. Ich verlasse dich aus Liebe, damit unsere Gefühle nie zu Gewohnheiten erstarren. Ich verlasse dich, wie man das Kino verläßt, um die Helden nicht sterben zu sehen. Ich verlasse dich, weil Romeo und Julia keine silberne Hochzeit feiern können... Gaspard, wir werden nicht altern.» Camille hatte ihn begriffen, ging aber, mutiger als er, bis ans Ende seines Traumes. Dieser Abzug ließ ihre Geschichte intakt.

Entsetzt glaubt Gaspard, dieser Abschied sei nur eine List seiner Frau. Doch er findet keine Sachen mehr, weder von der Frau noch von den Kindern, kein Spielzeug, nichts. Es ist ernst. Von den Nachbarn erfährt er, seine Frau sei zu ihrer alten Mutter gezogen. Unverzüglich begibt sich Gaspard dorthin. Bei der nun folgenden Begegnung erklärt Camille, das Leben mit ihm sei unausstehlich, sie werde nicht zurückkehren. Nachdem Camille lange Zeit ohne Nachricht von ihrem Mann geblieben ist, was sie beunruhigt, da sie ihn doch liebt, hört sie, daß Gaspard todkrank sei. Dies bewegt sie schließlich nach Monaten der Abwesenheit zur Rückkehr in ihr Haus. Tatsächlich ist Gaspard von Leukämie befallen. Sie findet ihn in einem entsetzlichen Zustand.

Trotzdem hat er immer noch dasselbe Ziel im Kopf. Er ist verzweifelt, um jeden Preis möchte er genesen, um mit seiner Camille leben zu können. Der Gedanke aber, den Tod in sich zu tragen, stimmt ihn andererseits euphorisch. Endlich kann er mit seiner Frau leben, als ob jede Stunde die letzte wäre, ohne eine solche Situation vorgaukeln zu müssen. Gaspard weiß, daß er sterben wird. Mit seinem Nachbarn, Alphonse, organisiert er weitere Unternehmen mit dem Ziel, seine Frau immer als Geliebte zu behalten, auch nach seinem Tode. Seine zwei letzten Wochen lebt er in voller leidenschaftlicher Harmonie mit Camille. «Verlaß mich nicht» sind seine letzten Worte. Dann stirbt er.

Nach einem langen Augenblick verläßt Camille ihren toten Gatten. Sie geht im Garten hin und her. Als sie ins Haus zurückkehrt, findet sie Gaspard immer noch tot im Bett, aber er trägt sein Hochzeitsgewand. Camille stutzt und fragt sich, ob der Tod nur ein Spiel war, ein weiteres Strategem, um dann zu erfahren, daß ihre Tochter dem Toten diesen Anzug übergestreift hat. Nach einigen Tagen ist Camille nicht wenig erstaunt, als sie beim Abhören der aufgezeichneten Telefonanrufe die Stimme ihres Mannes zu hören glaubt. Er sagt: «Meine Liebe, komme morgen um zehn zum Wasserfall im Wald. Du wirst den Beweis finden, daß ich immer noch lebe. Ich liebe dich.» Camille kann sich kaum fassen. Sie hört das Band wieder und wieder ab. Es ist seine Stimme. Ist er tatsächlich immer noch am Leben? Camille schwankt zwischen Glück und Trauer. Ihren Kindern verschweigt sie diese Aufzeichnung auf dem Anrufbeantworter. Sie fragt sich, wie ihr Mann den Tod hat simulieren können. Sie glaubt tatsächlich, er lebe noch. Zur fraglichen Zeit begibt sie sich an den Ort der Verabredung. Sie findet dort ihre beiden Kinder, die von ihrem Vater einen Brief erhalten haben mit der Aufforderung, sich am bestimmten Tag an den bezeichneten Ort zu begeben, ohne ihre Mutter davon zu unterrichten. Zunächst erstaunt, begreift Camille schnell, was Gaspard meinte, als er sagte, er werde weiterleben. Einige Tage später erhält sie, im Umschlag einer Bank, einen Brief von Gaspard, der sie einlädt zu lernen, ihre Leidenschaft auch im Tod weiterzuleben. An einem anderen Tag erhält sie eine Karte von Gaspard, diesmal im Umschlag einer Versicherungsgesellschaft. Erst später begreift sie, daß Gaspard damit ihre Leidenschaft, Briefe, wie früher die Liebesbriefe, zu erhalten, aufrechterhalten wollte. So öffnet sie jeden Tag voller Erwartung ihre Post – bis zu jenem Tag, an dem sie ein Paket mit einer Videokassette erhält. Gaspard erklärt ihr darin, weshalb er das alles unternommen und die vielen Strategeme angewendet habe. Er spricht von seinem Ehrgeiz, etwas Großes zu werden, von seinem Scheitern. Er habe festgestellt, daß er sich mit 45 Jahren weder einem Shakespeare noch einem Beethoven noch einem Gandhi angenähert habe. Deshalb habe er sich zum Ziel gesetzt, aus seinem Eheleben ein Kunstwerk zu gestalten. Dies sei nun eine letzte Botschaft. Er bitte sie, sich dem Bildschirm zu nähern und ihn zu küssen. Später verrät sich der Nachbar Alphonse. Er war es, der die Wünsche seines Freundes Gaspard ausgeführt hatte, ihm zuliebe. Und Camille? In ihrer Trauer, entschließt sie sich, ihre Geschichte aufzuzeichnen, um sie anderen Eheleuten mitzuteilen.

Gaspard verfolgt mit immer neuen Strategem-Anläufen ein Ziel, nämlich die Ehe vor dem Abdriften in die Banalität zu bewahren und die heftigen Gefühle der Jugend wiederzubeleben. Durch das gemeinsame Ziel sind alle Strategeme miteinander verkettet. Im übrigen aber stehen sie isoliert nebeneinander. Auf eine gescheiterte und damit abgeschlossene Strategemanwendung folgt zusammenhanglos die nächste. Wie schon Caesars aufeinanderfolgende Strategeme gegen Asterix (s. 35.13) ergeben auch die aneinandergereihten Strategeme Gaspards zusammen kein kunstvolles Strategemgefüge, bei dem mehrere vorbereitende Hilfsstrategeme am Schluß des Geschehens dem Hauptstrategem zum Durchbruch verhelfen. Verglichen mit chinesischen Anwendungen des Ketten-Strategems wirkt das kettenstrategemische Bemühen des Franzosen eher hilflos. Vielleicht wäre Zebra mehr Erfolg beschieden gewesen, hätte ihm eine französische Übersetzung der 36 Strategeme vorgelegen!

### 35.15 Knaben mit Mädchennamen

Da der Teufel (oder die bösen Geister) nur die Knaben seiner Ränke für würdig hält, an den Mädchen aber achtlos vorübergeht, sucht der schlaue Chinese den dummen Teufel zu überlisten. Er gibt dem Knaben Ohrringe und anderen weiblichen Schmuck, sogar Mädchennamen; da muß dann der Teufel den Herzjungen für ein wertloses Mädchen halten. Der Junge ist gerettet.

Diese Darstellung von Pater Karl Maria Bosslet O.P. aus dessen Buch *Chinesischer Frauenspiegel* (Oldenburg 1927, S.105) legte ich im Juli 1998 Professor Gui Qianyuan von der Fremdsprachenhochschule Shanghai vor. Er erinnerte sich, in seiner Jugendzeit, vor der Gründung der Volksrepublik China (1949), von derartigen Praktiken gehört zu haben. Wenn ein chinesischer Knabe häufig krank war, konnte es vorkommen, daß seine abergläubischen Eltern einen Wahrsager oder eine Schamanin aufsuchten und den Rat erhielten, dem Knaben einen neuen, und zwar einen Mädchennamen, zu geben. Zusätzlich wurde ein solcher Knabe womöglich gar in Mädchenkleider gesteckt und entsprechend frisiert. Denn die häufigen Erkrankungen und Unpäßlichkeiten des Jungen wurden darauf zurückgeführt, daß irgendwelche Feen oder Dämoninnen Gefallen an ihm gefunden hätten und ihn bald zu sich holen wollten. Der Mädchenname und die mädchenhafte Ausstaffierung (Strategem Nr. 21) sollten die Begehrlichkeit der überirdischen Frauen, von denen man annahm, daß sie sich nur für das männliche Geschlecht interessierten, erkalten lassen (Strategem Nr. 19) und so dem bedrohten Jungen ermöglichen, der Gefahr zu entkommen (Strategem Nr. 21).

### 35.16 Die vereitelte Geldheirat

Die Mutter, Philaminte, will ihre jüngste Tochter Henriette mit einem Philosophen, Trissotin, verheiraten. Die Tochter bevorzugt jedoch ihren Geliebten Clitandre. Der Vater, Chrysale, unterstützt seine Tochter. Die Mutter hat bereits den Notar bestellt, um die Heirat mit dem Philosophen zu vereinbaren. Alle sind anwesend: der Vater mit Henriette und Clitandre, die Mutter mit dem Philosophen Trissotin. Die Verwirrung ist groß. Der Notar erklärt, daß man nach dem Gewohnheitsrecht nur einen Mann haben könne. Mitten in diese Verwirrung kommt Ariste, der Onkel von Henriette und Bruder des Vaters. Er kündigt zwei Briefe an, die schlechte Nachrichten bringen. Die Briefe werden verlesen. Die Mutter hat einen Prozeß verloren und muß Strafe bezahlen; der Vater, der sein Geld durch zwei Freunde verwalten ließ, erfährt, daß beide bankrott gegangen sind. Nach diesen schwerwiegenden Eröffnungen erklärt der Philosoph augenblicklich, er ziehe sich zurück, er wolle die Frau, Henriette, die ihn nicht liebe, nicht mit Gewalt heiraten. Er tritt ab. Clitandre erklärt sich nach wie vor bereit, seine Geliebte zu heiraten, allem zum Trotz. Nun erklärt Ariste, er habe nur ein Strategem angewandt, um seiner Nichte zur Hilfe zu kommen. Die Briefnachrichten seien allesamt falsch. Er habe lediglich zeigen wollen, daß der Philosoph letztlich bloß am Geld der Familie interessiert gewesen sei.

Aristes Ketten-Strategem in der Komödie *Les femmes savantes (Die gelehrten Frauen)* von Molière besteht aus einer einzigen, in strategemischer Hinsicht aber multifunktionalen Handlung, nämlich der Präsentation der beiden gefälschten Briefe (Kreator-Strategem, Nr. 7). Damit klopft er aber die Schlange aus dem Busch (Strategem Nr. 13) und entlarvt den Philosophen mit seinem bloßen Interesse am Geld der Schwiegereltern. Dem Philosophen wird die Grundlage seiner beabsichtigten Eheschließung entzogen (Strategem Nr. 19). Er sucht das Weite. Gleichzeitig tritt Clitandres echte Liebe zu Henriette für alle sichtbar in Erscheinung. Henriette und Clitandre sind an ihrem Ziel.

### 35.17 Eine Kopfverletzung als vertrauensbildende Maßnahme

1948, noch während des chinesischen Bürgerkrieges (1945–1949) zwischen der Guomindang-Regierung und der Kommunistischen Partei Chinas (KPCh), wird im Rahmen einer Studentenversammlung unter freiem Himmel an der Chongqing-Universität ein Regierungsspitzel entlarvt. Dieser flieht kurz darauf aus dem Sekretariatsgebäude. Studenten verfolgen ihn. Plötzlich stürzt Li Jigang, der ihn fast erreicht hat, von einem Stein am Kopf getroffen zu Boden. Blut rinnt über sein Gesicht. Den Vorfall hat Chen Songlin beobachtet. Dieser ehemalige Fabrikarbeiter war von der Untergrund-Zelle der KPCh damit betraut worden, einen Buchladen zu führen. Jeden Montag, so auch diesen, ist der Laden geschlossen. Chen Songlin begibt sich dann immer zur Chongqing-Universität und überbringt dem ebenfalls im Untergrund für die KPCh agierenden Studenten Hua Wei verbotene linke Publikationen. Die Buchhandlung ist in Wirklichkeit ein konspirativer Treffpunkt der KPCh. Der verletzte Student Li Jigang ist der Chefredakteur des als progressiv geltenden Blattes *Komet*. Zufällig wohnt er seit kurzem in dem etwa 20 Doppelbetten beherbergenden Raum, in dem auch Hua Wei untergebracht ist. So kommt es, daß Chen Songlin den blutenden Li Jigang im Wohnheim von Hua Wei erblickt. Durch den Vorfall fühlt sich Chen Songlin zu Li Jigang hingezogen. Bei einem späteren Besuch im Studentenwohnheim kommt er mit Li Jigang ins Gespräch und erspäht in dessen Jackentasche sogar eine Ausgabe der strengstens verbotenen kommunistischen Untergrundzeitung *Vorwärts*. Seit kurzem wohnt ein arbeitsloser Cousin Li Jigangs bei diesem im Studentenwohnheim. Er war Chen Songlin schon im Buchladen aufgefallen, wo er stundenlang Bücher las, ohne aber je eines zu kaufen. Dazu fehlte ihm das Geld. Chen Songlin freundet sich mit den beiden an. Einmal verkauft der arbeitslose Vetter von Li Jigang seinen

Mantel und gibt das Geld an Chen Songlin für die Gründung einer fortschrittlichen Literaturzeitschrift. In der Folge zieht der Cousin in die Buchhandlung ein und hilft dort aus.

Im VI. Kapitel des Romans *Roter Fels* von Luo Guangbin und Yang Yiyan (chinesische Ausgabe Peking 1965, deutsche Ausgabe Peking 1972) wechselt plötzlich die Szene. Im Gebäude des Geheimdienstes des Verteidigungsministeriums erscheinen Li Jigang und sein «Cousin» zu einer Unterredung beim Infanteriegeneralmajor Xu Pengfei. Es stellt sich heraus, daß die beiden jungen Männer Agenten der Guomindang-Regierung sind. Li Jigang war die Aufgabe zugeteilt worden, die fortschrittliche Studentenbewegung an der Chongqing-Universität zu beobachten. Dabei war ihm Hua Wei verdächtig erschienen. Auf Befehl seines Chefs zog Li Jigang in Hua Weis Zimmer. Dort entdeckte Li Jigang die Verbindung Hua Weis zu Chen Songlin. Der Zwischenfall mit dem fliehenden Spitzel und der anschließenden Verletzung Li Jigangs war inszeniert. Li Jigang «führte das Selbstverletzungs-Strategem auf, um das Vertrauen der illegalen Partei zu gewinnen», heißt es in dem Roman. Bei der Beratung der Einzelheiten der geplanten Verhaftung der durch die Arbeit Li Jigangs und seines Cousins entdeckten KPCh-Zelle soll der «Cousin» gleich mitverhaftet werden, damit er im Gefängnis seine kommunistischen Mithäftlinge bespitzeln könne. «So gelangt das ‹Strategem der Selbstverletzung›», sagt Xu Pengfei, «gleich noch zu einer zweiten Aufführung.»

Die beiden Spitzel, von denen der eine dem anderen einen Stein an den Kopf wirft, vollziehen das Selbstverletzungs-Strategem. Dieses hat im vorliegenden Beispiel einen hybriden Charakter. Einerseits dient es zur Dissimulation (die Spitzeltätigkeit Li Jigangs wird überzeugend verschleiert) beziehungsweise Simulation (Li Jigang erscheint als besonders mutiger Oppositioneller). Zum anderen dient das Strategem Nr. 34 hier auch als Informations-Strategem: Durch seine Verletzung lockt Li Jigang kommunistische «Schlangen» aus dem Busch, die sich ihm vertrauensvoll nähern. Li Jigang erschließt sich dank dem Strategem Nr. 34 also Informationen, die ihm andernfalls unzugänglich geblieben wären.

35.18 Ein im Westen gefürchtetes Menschenrecht

«Wie heute die unterschiedlichsten Kulturen miteinander verwoben und die gegensätzlichsten Regierungen aufeinander angewiesen sind, vermag Chinas Ministerpräsident Li Peng seinen Besuchern aus dem Westen mit einer einzigen Frage zu verdeutlichen. Pflichtschuldig mahnte etwa der deutsche Umweltminister Klaus Töpfer, auch im Reich der Mitte müßten die Menschenrechte eingehalten werden, als er im April 1992 als Vermittler zwischen Nord und Süd vor dem Rio-Umweltgipfel zu Gast in Peking war. Diese Rechte könne man seinem Volk schon gewähren, entgegnete der chinesische Machtstratege. ‹Aber wäre Deutschland auch bereit, 10 bis 15 Millionen Chinesen jährlich aufzunehmen und für sie zu sorgen?› Die unerwartete Reaktion ließ den Missionar der westlichen Demokratie verstummen. Dieser ‹unglaubliche Zynismus›, erinnert sich Töpfer, habe ihn entwaffnet» (Hans-Peter Martin; Harald Schumann: «Der Feind sind wir selbst», in: *Der Spiegel*, Hamburg Nr. 2, 1993, S. 103).

In Wirklichkeit hat Li Pengs Antwort mit Zynismus überhaupt nichts zu tun. Nicht mit Zynismus operiert Li Peng, sondern mit Listigkeit. Untersucht man seine Antwort anhand des chinesischen Katalogs der 36 Strategeme, stellt man fest, daß der chinesische Ministerpräsident seinen europäischen Dialogpartner durch die Anwendung des Stratagems Nr. 35, nämlich der Strategem-Verkettung, außer Gefecht setzte, wobei hier zwei der von Li Peng miteinander verketteten Strategeme herausgegriffen seien. Zunächst setzte Li Peng das Strategem Nr. 2 ein, also das Achillessehnen-Strategem. Li Peng wählte aus den zahlreichen in der Universalen Erklärung der Menschenrechte von 1948 gewährleisteten Menschenrechten dasjenige aus, das dem westlichen Dialogpartner das größte Kopfzerbrechen bereitet, nämlich das Menschenrecht auf weltweite Domizilfreiheit. Art. 13, Ziff. 1 der Universalen Erklärung der Menschenrechte [UEMR] vom 10.12.1948 lautet: «1. Jeder Mensch [‹Mensch›, nicht ‹Staatsbürger›] hat das Recht auf Freizügigkeit und freie Wahl seines Wohnsitzes innerhalb eines Staates (Englischer Urtext: Everyone has the right to freedom of movement and residence within the borders of each [sic!] state).» Art 13 Ziff. 1 der Universalen Erklärung der Menschenrechte bezieht sich auch auf Ausländer. Ägypten und Kuba hatten seinerzeit bei der Beratung des Art. 13 Ziff. 1 vorgeschlagen, das Recht auf Freizügigkeit und Wohnsitzwahl auf Bürger der jeweiligen Staaten zu beschränken. Ihre diesbezüglichen Anträge wurden aber abgelehnt (Nehemiah Robinson: *The Universal Declaration of Human Rights*, New York 1958, S. 119). Somit hat gemäß Art. 13 Ziff. 1 der Universalen Erklärung der Menschenrechte jeder Mensch in jedem Staat, in den er, wie auch immer, gelangt, das Recht auf Wohnsitznahme.

Mit dem impliziten Hinweis auf Art. 13 Ziff. 1 der Universalen Erklärung der Menschenrechte traf der chinesische Dialogpartner exakt die empfindlichste Stelle des europäischen Dialogpartners. Nichts fürchten westliche Politiker mehr als die buchstabengetreue Umsetzung von Art. 13 Ziff. 1 der Universalen Erklärung der Menschenrechte. Mit Hilfe von Schleuserbanden, die mit hohen Summen von bis zu 35 000 US-Dollar pro Kopf bezahlt werden, gelangen seit Jahren Zehntausende von Chinesen nach Europa und in die USA, wo sie, zumeist innerhalb der chinesischen Kommunen, illegal unter teilweise menschenunwürdigen Bedingungen leben und arbeiten. Das Ziel dieser Chinesen, deren Zahl weltweit bereits in die Millionen geht, ist nicht die Erlangung von Demokratie und politischer Freiheit, sondern einzig und allein, wie mir chinesische Gesprächspartner versicherten, das Bestreben, Geld zu verdienen und es langfristig wirtschaftlich weiterzubringen, als ihnen das in der VR China möglich erscheint. Sie lieben den Glanz des Dollars, nicht den Duft der Freiheit. Werden sie entdeckt, geben sie sich natürlich als «politisch Verfolgte» aus.

Analysiert man die Anziehungskraft, die Menschenrechtswerte auf Chinesen ausüben, anhand dieser «Wirtschaftsflüchtlinge», dann steht für sie neben dem Menschenrecht auf weltweite Domizilfreiheit eindeutig das Menschenrecht auf Entwicklung im Vordergrund. Es wird in der von der UNO-Generalversammlung 1986 mit 146 Stimmen bei 1 Gegenstimme (USA) und bei 8 Enthaltungen (u. a. Deutschland) verabschiedeten Erklärung über das Recht auf Entwicklung unter anderem so formuliert: «Der Mensch ist zentrales Subjekt der Entwicklung und sollte aktiver Träger und Nutznießer des Rechts auf Entwicklung sein» (Art. 2 Ziff. 1). Vieles spricht für die Annahme, daß die weltweite Domizilfreiheit (UEMR Art. 13, Abs. 1) und die Freiheit der wirtschaftlichen Entwicklung für sehr viele Chinesen – und Menschen aus anderen Ländern des Südens – einen höheren Stellenwert beanspruchen als andere Menschenrechte. Gestützt auf das Menschenrecht auf Entwicklung und das Menschenrecht auf weltweite Domizilfreiheit könnte China zahlreiche Länder des Westens bevölkerungsmäßig umschichten. «Das größte Einwanderungsland der Welt, die USA, hat etwa dieselbe Fläche wie China, aber eine Bevölkerung von nur etwas über 200 Millionen [gegen 1,2 Milliarden Einwohner der Volksrepublik China], die Bevölkerungsdichte beträgt nur ein Fünftel derjenigen von China. Wenn aus China 200 Millionen Menschen in die USA kämen, dann wäre es aus mit der Überlegenheit der USA» (Hao Zaijin: *Emigranten überfluten die Welt*, Peking 1994, S. 246). Siedelten sich dazu noch in den vier großen EU-Ländern Frankreich, England, Italien und Deutschland je 50 Millionen Chinesen an, dann verfügte China immer noch über eine Bevölkerung von über einer halben Milliarde Menschen, hätte aber ein riesiges inneres Problem, nämlich die Überbevölkerung, erheblich gelindert. Die Welt sähe allerdings völlig anders aus – dank der konsequenten Durchsetzung zweier individueller Menschenrechte!

Mit dem Strategem Nr. 2 aus der chinesischen Listenliste verkettete der chinesische Dialogpartner das Strategem Nr. 19: Das Brennholz unter dem Kessel des anderen wegziehen. Li Pengs Antwort war der Nadelstich, der die Luft aus dem Töpferschen Menschenrechtsballon entweichen ließ. Diese Antwort bewirkte, daß der Wind aus dem deutschen Menschenrechtssegel genommen war. Das Ergebnis des Zusammenpralls westlicher Listenblindheit mit chinesischer Listengewandtheit: Der europäische Gesprächspartner verfehlte sein Ziel vollständig, wohingegen der chinesische Gesprächspartner sein Dialogziel, nämlich die lästige Menschenrechtsfrage möglichst rasch vom Tisch zu haben, mühelos erreichte.

Herrn Töpfers Reaktion, insbesondere seine Einordnung von Li Pengs Antwort in die Kategorie des Zynismus, veranschaulicht, wie ein westlicher Gesprächspartner mit seiner jurizentrischen, also nur den juristischen Aspekt bedenkenden, Einstellung unfähig ist, in politisch-juristischen Dialogen chinesisches Verhalten vorausschauend beziehungsweise nachträglich richtig einzuschätzen. Die Unzulänglichkeit der jurizentrischen und zudem listenblinden Sichtweise des damaligen Ministers zeigt sich hier in dessen Unvorbereitetsein auf eine eben nicht rein juristische und auch nicht rein politische, sondern strategemische Behandlung der Menschenrechtsproblematik. Neben der rein juristischen oder rein politischen Betrachtung sollte daher der wirkliche Sachkundige, bevor er mit Chinesen in einen Dialog tritt, zumindest bei heiklen Problemen rechtzeitig umfassende strategemische Analysen vornehmen.

Von dem strategemischen Kunstgriff, mit dem Li Peng behende Klaus Töpfer aus dem Konzept und zum Schweigen brachte, angeregt, kann man sich eine «Strategemic fiction» ausmalen. China könnte aus einer enormen Fülle einschlägiger westlicher Aussagen einige Zitate auswählen und – in etwas verfremdeter Form – die beiden folgenden Texte (s. 35.19, 35.20) daraus mixen. Diese Texte würde China der UNO-Generalversammlung vorlegen und als UNO-Resolutionen verabschieden lassen, sicherlich mit einer satten Mehrheit. Denn die von

China der «Dritten Welt» zugezählten «mehr als 120 Länder Asiens, Afrikas und Lateinamerikas» (Stichwort «Die Unterscheidung von drei Welten», in: *Lexikon der wissenschaftlichen Entscheidungsbildung*, Peking 1995, S. 534), die durch die beiden Resolutionen nur gewinnen könnten und die die UNO-Vollversammlung dominieren, würden die beiden Vorstöße zweifellos unterstützen. Auf einen Streich könnte China gleich mehrere Fliegen erlegen.

Zunächst träfe China die westlichen Nationen mit der Forderung nach weltweitem freiem Personenverkehr und Einführung einer Weltdemokratie an ihrer Achillessehne (Strategem Nr. 2). Gerade die Forderung nach der Errichtung einer demokratischen Weltrepublik würde maßgebliche westliche Kreise an ihrer verwundbarsten Stelle treffen, würde doch die Verwirklichung eines solchen Vorhabens den Westen im Weltmaßstab zu einer kleinen Minderheit zusammenschrumpfen lassen, die von einer nicht-westlichen Mehrheit dauerhaft dominiert würde. Es geht bereits, so scheint es, im «imperialen Amerika» (Erik Izraelewicz: «Nord-Sud, Est-Ouest, le retour des murs», in: *Le Monde*, Paris 2. 9. 1998, S. 13) ein Gespenst um, nämlich die Vision einer UNO-Weltregierung: «Weite Kreise der republikanischen Partei [in den USA] meinen, daß die Mehrheit der UNO-Mitgliedsstaaten darauf abzielt, den USA ihre Position als Supermacht zu entreißen und eine Art Weltregierung zu bilden» (*Berklingske Tidende*, Kopenhagen 2. 8. 1998). Und in Deutschland tritt Jürgen Habermas zwar für eine «‹Weltinnenpolitik›, jedoch ‹ohne Weltregierung› ein» («Wider die Entleerung der Politik: Jürgen Habermas analysiert die postnationale Konstellation», in: *Neue Zürcher Zeitung*, 6. 10. 1998, S. 18; Alain Zucker: «Den Kapitalismus einhegen: Jürgen Habermas mischt sich in die Globalisierungsdebatte ein», in: *Die Weltwoche*, Zürich 11. 2. 1999, S. 27). Kein Wunder, daß das westliche Demokratieverständnis als äußerst diffus erscheint, sobald der enge nationale Rahmen gesprengt wird. Typisch für die diesbezügliche Konzeptionslosigkeit ist die Antwort des früheren schwedischen Ministerpräsidenten Ingvar Carlsson, des Vorsitzenden einer vor allem westlich inspirierten Kommission, die Anfang der 90er Jahre Vorschläge zur Reformierung der UNO auszuarbeiten hatte. In einem Interview sagte er zwar, eine künftige Weltregierung müsse «auf demokratischem Boden» wachsen, aber auf die Frage, wie er sich dies konkret vorstelle, gab er eine von Hilflosigkeit und Ohnmacht nur so triefende Antwort: «Eine zentrale Rolle kommt den Nichtregierungsorganisationen (NGOs) zu. Weltpolitik darf nicht mehr nur eine Angelegenheit zwischen Regierungen und Parlamenten sein» (zitiert aus: «Ingvar Carlsson sieht die UNO als künftige Weltregierung», in: *Der Bund*, Bern 1.5.1993, S.5). Durch den Einsatz vor allem westlich inspirierter NGOs, also privater Vereine, die keinerlei demokratischer Kontrolle seitens der Völker unterliegen, und «ihre Autorität von keiner Wahl ableiten» (Thomas Fischermann; Uwe Jean Heuser, u.a.: «Wie regieren wir die Welt?», in: *Die Zeit*, Hamburg 29.7.1999, S.37), soll Weltdemokratie herbeigeführt werden! Auch etwa die «Gruppe von Lissabon», die auf eine «globale Zivilgesellschaft» (Die Gruppe von Lissabon: *Grenzen des Wettbewerbs: Die Globalisierung der Wirtschaft und die Zukunft der Menschheit*, München 1997, S.187, 190), auf «aufgeklärte Eliten» (a.a.O., S.190) und «die Städte» (ebenda) setzt, meidet Gedanken wie «Weltwahlen» und «Weltdemokratie», ebenso Ossip K. Flechtheim (*Ist die Zukunft noch zu retten?: Weltföderation – der dritte Weg ins 21. Jahrhundert*, Frankfurt a.M. 1995). Und wenn schon einmal flüchtig von Weltregierung die Rede ist, dann nur, um sie im selben Atemzug mit Invektiven wie «funktionsunfähig» (Ulrich Ernst: «Die Globalisierung im Netz: Regieren jenseits des Nationalstaats», in: *Neue Zürcher Zeitung*, 4.6.1999, S.59) oder «Utopie» (Thomas Fischermann; Uwe Jean Heuser u.a., ebenda) abzukanzeln oder um lakonisch, ohne die geringste zukunftsweisende intellektuelle Anstrengung, deren derzeitiges Nichtvorhandensein zu konstatieren («Für eine globale Verantwortungsgemeinschaft: vor dem Weltwirtschaftsforum in Davos schlägt Bundespräsident Herzog acht Maximen für eine erfolgreiche Weltinnenpolitik vor/Die Rede im Wortlaut», in: *Frankfurter Allgemeine Zeitung*, 29.1.1999, S.8).

In bezug auf das globale Glacis entquellen ansonsten berufenem westlichem Munde im übrigen vor allem Thesen, die vom altgermanischen Führerprinzip inspiriert zu sein scheinen und um Amerikas Weltführerschaft kreisen (s. z.B. Robert Kagan: «Ein Segen für die Welt: nur Amerikas Hegemonie garantiert ein Mindestmaß an Stabilität», in: *Die Zeit*, Hamburg 9.7.1998, S.11 etc.).

Es dürfte daher zu erwarten sein, daß durch die beiden UNO-Resolutionen die derzeitige westliche Demokratie- und Menschenrechts-Offensive gegenüber China kollabieren würde (Strategem Nr.19). Plötzlich würden China und die Dritte Welt den Westen unter massiven Druck setzen und nicht mehr umgekehrt (Strategem Nr.30). Zweifellos würde sich der eine oder andere westliche Mensch händeringend an Georg Büchner (1813–1837) erinnern, der Danton, bevor er ins Gefängnis geführt wird, sagen läßt: «Geht einmal euren Phrasen nach bis zu dem Punkt, wo sie verkörpert werden, blickt um euch, das alles habt ihr gesprochen», ferner an Paul Valéry (1871–1945) mit seiner Feststellung: «Nous avons étourdiment rendu les forces proportionnelles aux masses [wir haben leichtfertigerweise den Massen die Macht der Proportionalität gegeben]» (Paul Valéry: *Oeuvres I*, Paris 1957, S. 998). Gewisse westliche Kreise würden freilich den beiden Resolutionen beipflichten, was aber heftige innerwestliche Gegenreaktionen hervorriefe (Strategem Nr. 33), eine Lage, die für Anwendungen des Strategems Nr. 20 recht günstig wäre. Und gesetzt den Fall, die westlichen Staaten würden unerwarteterweise die beiden Resolutionen gutheißen und in die Tat umsetzen, dann würden sich die Gewichte der Weltpolitik mit einem Mal in einem starken Maße und dauerhaft nach China und in den Süden verlagern und der Westen würde sich auf eine marginale Rolle reduziert sehen – geschlagen mit seinen eigenen Waffen, Demokratie und Menschenrechten (Strategeme Nr. 12 und Nr. 30).

35.19 UNO-Resolution für «Eine offene Welt für freie Menschen»

Die Generalversammlung,

in Anbetracht dessen, daß «wir Menschen 5 Milliarden Immigranten sind» (André Langaney, Populationsgenetiker, Leiter des Labors für biologische Anthropologie im Pariser Musée de l'Homme und Professor der Universität Genf, zitiert aus: *Die Weltwoche*, Zürich 29.10. 1992, S. 67), daß «wir uns alle Fremde sind» (zitiert aus: *Neue Zürcher Zeitung*, 4.2.1998, S. 43), ja daß «wir alle Ausländer sind, überall» (zitiert aus: *Zeitmagazin*, Hamburg, 2.4.1993, S. 44) und daß unsere «Heimat der Globus ist» (Uwe Jean Heuser: «Das Rad der Geschichte», in: *Die Zeit*, Hamburg 14.5.1998, S. 1);

in Anbetracht der Feststellungen: «Es gibt kein Draußen mehr. Die Welt schließt sich. Die Erdeinheit ist da» (Karl Jaspers [1883–1969], zitiert aus: Heiner Bielefeldt: «UNO-Menschenrechte: Kolonialismus im Gewande des Humanismus?», in: Stefan Batzli et al.: *Menschenbilder, Menschenrechte: Islam und Okzident: Kulturen im Konflikt*, Zürich 1994, S. 44); «es gibt keine ‹natürlichen› Grenzen mehr, in denen Völker und Kulturen als geschlossene Einheiten für sich leben könnten – es sei denn um den Preis brutaler Assimilierung oder Ausgrenzung von Minderheiten und der Abkoppelung von der internationalen Staatengemeinschaft» (zitiert aus: Heiner Bielefeldt, ebenda);

in Erinnerung rufend, daß der deutsche Philosoph Hegel (1770–1831) schrieb: «Der Mensch gilt so, weil er Mensch ist, nicht weil er Jude, Katholik, Protestant, Deutscher, Italiener usw. ist. Dies Bewußtsein [...] ist von unendlicher Wichtigkeit»; und daß schon der erste Kosmopolit der Weltgeschichte, Hippias, «ausgerufen hat, alle Menschen seien von Natur aus Befreundete und Mitbürger» (Andrea Köhler: «Globalisierung in weltbürgerlicher Absicht: ist die Idee des Kosmopolitismus von gestern?», in: *Neue Zürcher Zeitung*, 9./10. 8. 1997, S. 39);

darauf hinweisend, daß christliche Doktrin davon ausgeht, daß «die Natur die Menschen eint [und] sie nicht trennt» (der Bischof von Chiapas in der Disputation von Valladolid im Jahr 1550, zitiert aus: «Shylocks Scheinsieg, Besprechung des Buchs *Verlust der Menschlichkeit von Alain Finkielkraut*», in: *Der Bund*, Bern 2. 5. 1998, S. 5); daß «alle Menschen Kinder Gottes sind» (übersetzt aus: «Comme prévu, le Vatican a blanchi le pape Pie XII [1876–1958]», in: *24 Heures*, Genf 17. 3. 1998, S. 4); daß die Bibel der Christen konstatiert: «Da ist nicht Jude noch Grieche, da ist nicht Sklave noch Freier, da ist nicht Mann und Frau; denn ihr alle seid einer in Christus Jesus» (Gal. 3.28); und daß der christliche Gedanke von der Einheit der menschlichen Rasse trefflich in folgenden Strophen zum Ausdruck kommt:

«Und jeder muß den Menschen lieben,
In Heide, Jude oder Türk';
Wo Gnade, Liebe, Mitleid wohnen,
Da ist auch Gotts Bezirk»
(William Blake [1757–1827], zitiert aus: *Neue Zürcher Zeitung*, 29. 4. 1997, S. 47);

mit Zustimmung davon Kenntnis nehmend, daß «alle Menschen der Welt, wie es Erasmus von Rotterdam [1469–1536] formulierte, ‹cives totius mundi› sind», daß «wir Bürgerrecht überall auf der Welt haben» (Iso Camartin: «Der Citoyen im Museum: über Erfahrungen des Anderen», in: *Neue Zürcher Zeitung*, 2. 8. 1994, S. 37);

auf die Devise des französischen Schriftstellers, Humanisten und Kosmopoliten Romain Rolland (1866–1944), eines vehementen Gegners jenes «lügnerischen Idealismus des Vaterlands», hinweisend: «Der Staat ist nicht das Vaterland [...] Mein Vaterland ist die große Gemeinschaft der Menschheit» (zitiert aus: «Das Gewissen Europas: zum 50. Todestag von Romain Rolland», in: *Neue Zürcher Zeitung*, 30.12. 1994, S. 37); und feststellend, daß «ein Faschist [...] ein Mensch ist, der einen Unterschied zwischen den Menschen macht« (Erwin Leiser, zitiert aus: *Die Weltwoche*, Zürich 24.2.1994, S. 83);

mit Befriedigung Kenntnis nehmend von den folgenden Aussagen: «Die Vorstellung von der Kontrollierbarkeit der Bevölkerungsbewegungen ist aufzugeben. Die Länder sollen zu kulturellen Schmelztiegeln werden» (Philippe Bois [1942–1991], Professor der Faculté de droit et des sciences économiques der Universität Neuchâtel, zitiert aus: *Die Zeit*, Hamburg 7.10.1988, S. 18);

Der «Mensch von heute» beginnt, «seine geographische und historische Gebundenheit aufzuheben [und] unbeschwert überall anwesend zu sein» (zitiert aus: «Alain Finkielkraut und der Verlust der Menschlichkeit: eine Katastrophen-Bilanz des Jahrhunderts», in: *Bücherpick*, Zürich April 1998, S. 15);

«Das Ziel darf nicht in einer Festung Europa liegen, vielmehr ist eine auf den Weltmarkt ausgerichtete Politik einer offenen Gesellschaft notwendig» (Dr. Jürgen Strube, Vorstandsvorsitzender der BASF AG, Präsident des Verbandes der Chemischen Industrie, zitiert aus: Walter Eucken Institut (Hg.): *Jahresbericht 1996*, S. 4);

«Seien wir nicht rigide. Wir sollten den Einfluß fremder Kulturen nicht fürchten» («Nein, ich fürchte keine fremde Kultur»: Interview mit dem populären Kulturpolitiker Jack Lang über EG, Amerika und alte Vorurteile», in: *Die Weltwoche*, Zürich 4.6.1992, S.53);

«‹Anderssein› ist gut und trägt dazu bei, unser Land produktiver und ideenreicher zu gestalten. Daher ist Anderssein nicht zu befürchten, sondern zu begrüßen» (Robert B. Goldmann, Direktor der amerikanisch-jüdischen Liga gegen die Diffamierung: «Das Anderssein als eine positive Alternative sehen», in: *Allgemeine Jüdische Wochenzeitung*, Bonn 25.6.1992, S. 15);

«[Die Länder dürfen] nicht zu einem ethnisch begründeten Selbstverständnis zurückkehren» (Jürgen Habermas: «Die Festung Europa und das neue Deutschland», in: *Die Zeit*, Hamburg 28.5.1993, S. 3);

«Die Zukunft, die sich abzeichnet, scheint mit dem Satz ernstzumachen, daß die Kinder, die auf die Welt kommen, auf die ganze Welt kommen. Menschenrechte [...] weisen über das Land hinaus» (Hugo

Loetscher: «Patriotismus als Tugend», in: *Neue Zürcher Zeitung*, 11.11.1996, S.19);
«Die Menschen [sollen] wieder in Gegenden leben und nicht in Ländern. Um es ganz simpel zu sagen: in einer Welt ohne Grenzen wird man wohl bald keine Olympischen Spiele mehr durchführen können» (Peter Bichsel, zitiert aus: *Beobachter*, Zürich Nr. 24, 1992, S. 41);
«Kein Land gehört einem bestimmten Volke, es gehört den Menschen, die dort leben und friedlich arbeiten [...]» (Hans Kohn, Prager Historiker, zitiert aus: «Zionismus: die Herzen entflammt», in: *Der Spiegel*, Hamburg, Nr. 28, 1997, S. 133);
«Das größte Glück der größten Zahl läßt sich nur durch Öffnung verwirklichen» (Fritz Bolkestein, Vorsitzender der Liberalen Volkspartij voor Vrijheid en Democratie, Präsident der Liberalen Welt-Union, zitiert aus: *Neue Zürcher Zeitung*, 4.5.1998, S.7);

darauf hinweisend, daß «es völkische Identität immer nur durch scharfe Grenzziehung gegen *die* anderen und durch eigene Homogenisierung durch Ausscheidung des Fremden gibt» (zitiert aus: Dieter Oberndörfer: «Völkisches Denken», in: *Die Zeit*, Hamburg Juni 1994), und beklagend, daß «die Völker an überkommenen Identitäten festhalten, die mit den neuen Anforderungen nicht mehr kompatibel sind» (Charles Taylor, zitiert aus: «Zukunft der Demokratie: ein Wiener Symposium», in: *Neue Zürcher Zeitung*, 17.6.1997, S.45);

mit dem ehemaligen französischen Staatspräsidenten François Mitterrand (1916–1996) den Begriff der kulturellen Identität zurückweisend, «der – mißbraucht – zu Rassismus, fanatischem Nationalismus und kriegerischem Haß führe» und mit Mitterrand für eine «weltweite ‹métissage des cultures›» (zitiert aus: «Eine Weltakademie der Kulturen: Elie Wiesel als Präsident von Mitterrands Gelehrtenrepublik in Paris», in: *Neue Zürcher Zeitung*, 1.2.1993, S.17) beziehungsweise für ein «Völkergemisch» (Michael Wolffsohn: «Deutschland ist schon lange ein Vielvölker-Staat», in: *Bild*, Hamburg 5.8.1996, S.2) eintretend;

betonend, daß «der Geltungsbereich des Menschheitsrechts nicht an den Grenzen des Nationalstaats endet» (zitiert aus: Wolfgang Kersting: «Weltfrieden und demokratische Vernunft: vor 200 Jahren erschien Immanuel Kants [1724–1804] Abhandlung *Zum ewigen Frieden*», in: *Neue Zürcher Zeitung*, 30.9./1.10.1995, S.69); daß «die Idee der Menschenrechte [...] auf weltbürgerliche Gleichberechtigung aller zielt» (zitiert aus: Heiner Bielefeldt, a. a. O., S. 48); daß «Bürgerrechte und Bürgergesellschaft erst komplett sein werden, wenn sie Weltbürgerrechte und eine Weltbürgergesellschaft geworden sind» (zitiert aus: Ralf Dahrendorf: «Freiheit und Zugehörigkeit: Wandel in Ost und West», in: *Neue Zürcher Zeitung*, 15./16. 2. 1992, S. 69); daß «die Menschenrechte überall, jederzeit und für alle Menschen uneingeschränkt» gelten; daß insbesondere «individuelle Menschenrechte per definitionem einen universalen Anspruch haben, keine Ausnahme dulden [und] für jeden Menschen gleich gelten, und jeder sich auf sie berufen kann» (Jörg Fisch, Ordinarius für allgemeine neuere Geschichte der Universität Zürich: «Der letzte Hort der Diskriminierung: Die Unvereinbarkeit von Staatsbürgerschaft und naturrechtlicher Gleichheit», in: *Neue Zürcher Zeitung* 13./14. 12. 1997, S. 17); daß der Satz gilt: «Human rights have no borders» (Amnesty International [Hg.]: *Refugees: Human Rights Have No Borders*, London 1997); daß dies insbesondere auch für das in Art. 13 Ziff. 1 der Universalen Erklärung der Menschenrechte verbriefte Menschenrecht auf weltweite Domizilfreiheit gilt, das «im Kern übernational» (Florian Coulmas; Judit Stalpers: *Das neue Asien: ein Kontinent findet zu sich selbst*, Zürich 1998, S. 159) ist;

in der Überzeugung, daß «ein Weltbürger keine besondere Bindung an irgendeine bestimmte Gemeinschaft mehr empfinden und sich dort ansiedeln wird, wo er die meisten Privilegien genießt» (Walter Reese-Schäfer, zitiert von Andrea Köhler, ebenda), daß «Weltoffenheit und Selbstbestimmung [...] die Essenz weltbürgerlichen Existierens bilden» (Andrea Köhler, ebenda) und daß die ganze Menschheit zu einer «staatenlosen Gemeinschaft» («Hiob und das Schicksal des jüdischen Volkes», in: *Neue Zürcher Zeitung* 14. 8. 1997, S. 43) werden soll, bestehend aus menschlichen Wesen, die dazu bestimmt sind «to share this planet with you and all others as brothers and sisters» (aus: Address to Members of the United States Congress: Five Point Peace Plan for Tibet by His Holyness the Dalai Lama, Washington D. C., September 21, 1987);

in Anbetracht dessen, daß «die Idee der Heimat eine Abstraktion, ein Anachronismus ist, ein Irrtum [weil] überall, wo der Mensch sich aufhält, seine Heimat ist» (Worte von Henri Dunant [1828–1910], Gründer des Roten Kreuzes, zitiert aus: «Zeitreise zu einem Denkmal: Evelyne Haslers Roman über Henri Dunant», in: *Neue Zürcher Zeitung*, 8. 9. 1994, S. 47); daß, «wer Selbstgefühl hat, auch Heimat hat» und daß «nur Hilflose Heimatgefühl brauchen – als Stütze» (Paul Parin: «Heimat, eine Plombe», in: *Die Zeit*, Hamburg 23.12.1994, S. 43); daß Heimat eine «globale Vision» (Adolf Ogi, Bundespräsident der Schweizerischen Eidgenossenschaft, in: *Wir Brückenbauer*, Zürich 28.7.1993, S. 37) ist;

in der Hoffnung, daß man «von jedermann in Zukunft sagen können soll: Seine Heimat war es, keine zu haben» (zitiert aus: «Christian Seiler zum 100. Geburtstag des großen österreichischen Erzählers Joseph Roth», in: *Die Weltwoche*, Zürich 1.9.1994, S. 57);

in der Überzeugung, daß die folgenden Feststellungen zutreffen:
«Die Sehnsucht nach Heimat [...] spielt eine bedrohliche Rolle: Ein alter Mythos einer heilen Welt, die sich gegen die bösen Zeitenläufe trotzig abschirmt, wird in die Gegenwart projiziert. In Tat und Wahrheit werden gerade jene am hilflosesten dahintreiben, die am meisten festzuhalten und sich abzuschotten versuchen. Es gibt in dieser turbulenten Welt nur ein Rezept, um Geborgenheit und Vertrautheit wiederzufinden: Offen bleiben für die Flut der Veränderung und Vielfalt» (Christian Lutz, Direktor des Gottlieb-Duttweiler-Instituts: «Die Sehnsucht nach Heimat», in: *Wir Brückenbauer*, Zürich 11.1.1995, S. 31);
«Heimat? – Das ist da, wo ich lebe, lerne, arbeite!» («Junge Fremde: Mundart plus außerhelvetische Erfahrungen», in: *Neue Zürcher Zeitung*, 21./22.5.1994, S. 23);
«Ubi libertas, ibi patria [wo Freiheit herrscht, dort ist das Vaterland]» (Dieter Oberndörfer, zitiert aus: Warnfried Dettling: «Die sprachlose Disziplin», in: *Die Zeit*, Hamburg 4.11.1994, S. 50);
«Globalisierung bedeutet [...], daß sich Gruppen, Länder und Kulturen, aber auch Individuen nicht mehr gegeneinander abschließen können. [...] Die Tendenz zur Individualisierung [bedeutet] das Ende kollektiver Identitäten [...]» (Ulrich Beck, zitiert aus: «Was ist und wie stehen die Chancen für eine ‹Zweite Moderne›? Ein Gespräch mit dem Soziologen Ulrich Beck», in: *Neue Zürcher Zeitung*, 20.5.1997, S. 48);
«Wir leben längst in einer Weltgesellschaft. Die Vorstellung abschließbarer Räume ist längst Fiktion. Der Nationalstaat als ‹Politbiotop› [hat] keine Zukunft» (Ulrich Beck, zitiert aus: «Hat das denn Zukunft: vom schwierigen Streit über Europa und die Globalisierung», in: *Die Zeit*, Hamburg 13.6.1997, S. 3);
«Nichts läßt sich mehr aussperren. Ein Rattenfänger, wer in dieser Zeit mit der Zukunftsangst spielt und sich gegen die Öffnung ohnehin

offener Grenzen stark macht» (Christoph Neidhard über das Verschwinden der Grenzen, in: «Das Ende der Geographie», Leitartikel, in: *Die Weltwoche*, Zürich 21.3.1996, S.1);

«Eine ‹Festung Schweiz› oder eine ‹Festung Europa› angesichts der vielen weltweiten Beziehungen [ist] [...] schlicht eine Fiktion» (Peter Arbenz, ehemaliger Direktor des Bundesamts für Flüchtlinge, zitiert aus: «Migrationspolitik mit humanitärem Akzent», in: *Neue Zürcher Zeitung*, 15.4.1997, S.48);

«Deutschland den Deutschen – irreal» (Hans Magnus Enzensberger, zitiert aus: *Bild*, Hamburg 11.6.1993, S.2);

die Frage stellend, ob die Vorstellung «Europa den Europäern», «Amerika den Amerikanern» und so weiter realistischer sei;

hinweisend auf die Unausweichlichkeit des Übergangs zu einem «Europa der Mulatten» (Hans Magnus Enzensberger, ebenda) beziehungsweise – eher noch wahrscheinlicher – zu einem Europa, Amerika, Australien usw. der Eurasier;

in Anbetracht der Feststellungen:
So, wie die Auswanderung im 19. Jh. Europa «enorm entlastete» – von 1800 bis 1914 emigrierten aus dem alten Kontinent «60 Mio. Menschen» (Werner Spirig: «Migration – bekannt und begrenzt? Relativierung im geschichtlichen Überblick», in: *Neue Zürcher Zeitung*, 14.7.1997, S.25) – wird die Auswanderung im 21. Jh. den Süden enorm entlasten, der die aus der Sicht übervölkerter südlicher Gebiete «kaum besiedelten Großräume» (Rudolf von Albertini: «Die bewegte Geschichte der Völkerwanderungen», in: *Neue Zürcher Zeitung*, 4./5.1.1992, S.16) des Nordens befruchten wird, gestützt auf das «Menschenrecht auf Auswanderung» (Otfried Höffe: *Vernunft und Recht: Bausteine zu einem interkulturellen Rechtsdiskurs*, Frankfurt a.M. 1996, S.248);

«Heute, im Zeichen weltweiter ökonomischer und kultureller Vernetzung, erscheint die Option zum Weltbürger nicht nur als eine Entfaltungschance, sondern [...] als eine Notwendigkeit. In der Tat: das Individuum *muß* in vielen Fällen aus seinen engeren Herkunftsbindungen heraustreten, um in Zukunft bestehen zu können» (Karl Otto Hondrich: «Ein Horrortrip ins Niemandsland? Über die Beschränktheit unserer Zukunftsvorstellungen», in: *Neue Zürcher Zeitung*, 27./28.12.1997, S.57);

auf den Widerspruch hinweisend, daß «die Welt zu einem einzigen Markt und einem einzigen Marktplatz wird», daß aber gleichzeitig die Grenzzäune erhöht und befestigt werden: «zwischen den Vereinigten Staaten und Mexiko; zwischen Europas Mittelmeerländern und dem islamischen Maghreb; entlang der Linie, an der einst der Eiserne Vorhang verlief [...]» (Jean-Christophe Rufin in dem Buch *Das Reich und die neuen Barbaren*, zitiert aus: Theo Sommer: «Noch hat die Zukunft keine Kontur», in: *Die Zeit*, Hamburg 30. 12. 1994, S. 1; s. auch: «Sisyphusarbeit an der Grenze Mexiko–USA: Stahlzäune und Sensoren gegen illegale Einwanderer», in: *Neue Zürcher Zeitung*, 8. 7. 1998, S. 7), und daß die Länder des Nordens angesichts des im Entstehen begriffenen globalen Binnenmarkts einerseits «den freien Zugang von Kapital, Dienstleistungen und Waren» predigen, andererseits aber den freien Strom der Menschen abwehren und sich «abschotten» wollen (Bruno Schläppi: «Die Russen kommen», in: *Wir Brückenbauer*, Zürich 16. 1. 1991, S. 3);

dazu entschlossen, diesen Widerspruch durch die unverzügliche Verwirklichung des Menschenrechts auf weltweite Freizügigkeit zu überwinden, die «Grenzen zwischen den Ländern niederzureißen» (Max Horkheimer, zitiert aus: Uwe Justus Wenzel: «Sehnsucht nach dem ganz Anderen», in: *Neue Zürcher Zeitung*, 11./12. 2. 1995, S. 67) und in der ganzen Welt denjenigen entgegenzutreten, «die uns mit flammenden Reden über Rasse, Volk oder Religion spalten wollen» (aus der Rede des US-Präsidenten Bill Clinton vor dem Brandenburger Tor in Berlin, zitiert aus: *Süddeutsche Zeitung*, München 13. 7. 1994, S. 6);

die Forderung erhebend, daß «Integration statt Ausgrenzung das Ziel sein muß. Nur jene Gesellschaften werden in Zukunft stabil bleiben, die beweglich genug sind, diejenigen einzugliedern, die in großer Zahl von außen gekommen sind und weiter kommen müssen» (zitiert aus: Uwe Wesel: «Wir wollen zwei Pässe: Das Parlament muß endlich die doppelte Staatsbürgerschaft beschließen», in: *Die Zeit*, Hamburg 21. 11. 1997, S. 1);

die These westlicher Nationalisten zurückweisend, daß «keiner der heutigen Menschenrechtskataloge die universelle Freizügigkeit noch nicht einmal als Fernziel enthält» (Jörg Fisch: «Der letzte Hort der Diskriminierung», in: *Neue Zürcher Zeitung*, 13./14. 12. 1997, S. 17);
die These von Partikularisten im Norden zurückweisend, «der Mensch

sei auch ein Kollektivwesen [und] lebe in Kollektiven, die sich in zentralen Merkmalen voneinander unterscheiden» (Jörg Fisch, ebenda), und diesen Anti-Humanisten gerade das im Norden hervorgehobene «Primat der Individualrechte gegenüber Kollektivrechten» (Jürgen Habermas, gemäß: Herfried Münkler: «Die Kraft des zwanglosen Arguments: Diskurse als Ausfallbürgschaft der Ethik: Jürgen Habermas' neue Studien zur politischen Theorie», in: *Die Zeit*, Hamburg 6.12. 1996, S.24) entgegenhaltend;

in Erinnerung rufend, daß sich «die Frage der Gerechtigkeit an der Lage der Ausgeschlossenen und Schlechtestgestellten» entscheidet (Rainer Forst: «Gerechtigkeit als Provokation: John Rawls plädiert für eine politische Philosophie ohne letzte Wahrheiten», in: *Die Zeit*, Hamburg 7.5.1998, S.43) und daß dies heute auf globaler Ebene insbesondere die Bewohner der südlichen Erdhalbkugel sind;

bedauernd, daß derzeit das Recht auf weltweite freie Einreise in jeden beliebigen Staat noch nicht ausdrücklich gewährleistet ist, was kriminellen Schleuserbanden weltweit Vorschub leistet und zu schweren Verletzungen der Menschenwürde führt; in der Überzeugung, daß kein anderes individuelles Menschenrecht dem einzelnen größeren Spielraum zu verschaffen vermag als das Menschenrecht auf weltweite Freizügigkeit;

voller Verständnis für die aus John Lennons Lied «Imagine» sprechende Sehnsucht:
«Imagine there's no country
It isn't hard to do
Nothing to kill or to die for [...]
Imagine all the people
Sharing all the world [...]»

die ganze Menschheit dazu ermunternd, sich zu umarmen und die letzte Strophe des Liedes «Imagine» zu verwirklichen: «And the world will be as one»;

verkündet feierlich:

1. Es ist zwar der Wortlaut von Art. 13 Ziff. 1 der Universalen Erklärung der Menschenrechte vom 10.12.1948 («Jeder Mensch hat das

Recht auf Freizügigkeit und freie Wahl seines Wohnsitzes innerhalb eines Staates») beizubehalten, aber zur Herstellung unzweideutiger Klarheit der Wortlaut von Art. 13 Ziff. 2 («Jeder Mensch hat das Recht, jedes Land, einschließlich sein eigenes zu verlassen, sowie in sein Land zurückzukehren») umzuändern in: «Everyone has the right to leave and to enter any country and to return to any country, including his own» («Jeder Mensch hat das Recht, jedes Land einschließlich sein eigenes zu verlassen, *in jedes Land einzureisen* sowie *in jedes Land* einschließlich sein eigenes zurückzukehren»).

2. Die Regierungen aller Staaten der Welt, insbesondere der Staaten des bevölkerungsarmen Nordens unter Einschluß von Australien, werden, gestützt auf Art. 13 Ziff. 1 und 2 der Universalen Erklärung der Menschenrechte, aufgefordert, innerhalb eines Jahres sämtliche Gesetzesbestimmungen zu Immigration, Niederlassung und Asylwesen sowie den Visa-Zwang vollumfänglich, restlos und ein für allemal abzuschaffen.

35.20 «Demokratie für diese Welt» –
Entschließung der UNO-Generalversammlung zur Errichtung einer Weltrepublik

Die Generalversammlung,

in Anbetracht der Gültigkeit der folgenden Feststellungen:
«Heute gibt es keine klare Aufteilung zwischen drinnen und draußen – die Weltwirtschaft, die Umwelt, die weltweite Aids-Krise, das Wettrüsten in aller Welt betreffen uns alle [...] Wir brauchen einander. Und wir müssen uns umeinander kümmern» («Präsident Clintons Appell an Amerika: die Inaugurationsrede im Wortlaut», in: *Neue Zürcher Zeitung*, 22.1.1993, S.4);

Allein «die ökologischen Gefahren einer Globalindustrialisierung haben im Grunde alle Menschen zu einer Schicksalsgemeinschaft gemacht» (Georg Kohler, Professor für Philosophie an der Universität Zürich: «Ende der Nationalstaatlichkeit», in: *Neue Zürcher Zeitung*, 28./29.9.1991, S.25), sind doch «die Umweltprobleme nur weltweit zu lösen» (Otfried Höffe: «Individuum und Gemeinsinn: Thesen zur Sozialethik des 21. Jahrhunderts», in: *Neue Zürcher Zeitung*, 20./21.5.1995, S.65);

Die Erde ist unteilbar. «Die großen ökonomischen, ökologischen und gesellschaftspolitischen Probleme unserer Zeit machen vor keinen Landesgrenzen mehr halt» (aus einem Aufruf von Max Bill, Kurt Furgler, Elisabeth Kopp, Philippe de Weck u. a.: «Die Weichen richtig stellen!», in: *Die Weltwoche*, Zürich 19.11.1992, S. 1);

«Ein technisch-ökonomischer Prozeß, international vernetzt, ist nicht für ein einziges politisches Grundstück (wie Deutschland, Frankreich oder die Schweiz) aufhaltbar» (Peter Glotz, Kommunikationswissenschaftler: «Warum Jean Paul contra Datenbank?», in: *Tages-Anzeiger*, Zürich 15.8.1996, S.2);

«Der Nationalstaat als ‹Politikbiotop› [hat] keine Zukunft» (Ulrich Beck, zitiert aus: «Hat das denn Zukunft: vom schwierigen Streit über Europa und die Globalisierung», in: *Die Zeit*, Hamburg 13.6.1997, S.3);

«Angesichts eines sich unaufhörlich verdichtenden Internationalismus in Wirtschaft, Wissenschaft und Politik bleibt [der] nationalstaatliche Provinzialismus [...] zunehmend [...] hinter der sich beschleunigt globalisierenden politischen Realität zurück» (Wolfgang Kersting, Professor an der Universität Kiel: «Weltfrieden und demokratische Vernunft: vor 200 Jahren erschien Immanuel Kants Abhandlung *Zum ewigen Frieden*», in: *Neue Zürcher Zeitung*, 30.9./1.10.1995, S.69) und verstärkt sich «der Eindruck, daß die Regierungen der Nationalstaaten dem globalen Wirtschaftsgeschehen hilflos gegenüberstehen» (Kurt Müller: «Fakten und Ängste als Ideologieersatz: Das politische Glatteis nach dem Mauerfall 1989», in: *Neue Zürcher Zeitung*, 18.3.1998, S.15) und daß «die Weltwirtschaft mehr Staat braucht» (Roger de Weck: «Neuer Aberglaube», in: *Die Zeit*, Hamburg 2.9.1999, S.10);

«Die heutigen Probleme sind auf nationalstaatlicher Ebene nicht mehr lösbar» (Klaus Hänsch, Präsident des Europäischen Parlaments: «Die Reform der Europäischen Union: politische Herausforderungen und institutionelle Probleme», in: Walter Eucken Institut, Freiburg i. Br. (Hg.): *Jahresbericht* 1996, S.1), sogar «europäisches Denken» ist «lokales Denken» («Big is beautiful: Nestlé Präsident Helmut Maucher über die Globalisierung [...]», in: *Die Zeit*, Hamburg 9.7.1998, S.21);

«Der Nationalstaat hat sich überlebt [...] Es sollte ihn [...] nicht mehr geben [...]» (zitiert aus der Rede des deutschen Bundespräsidenten Roman Herzog, gehalten am 17.9.1996 vor dem 41. Deutschen Historikertag);

in Anbetracht dessen, daß, «was alle angeht, nur alle lösen können» (Friedrich Dürrenmatt [1921–1990]); daß «bestimmte Aufgaben nur noch global gelöst werden können» (Hans Ruh, Professor am Institut für Sozialethik der Universität Zürich: «Gelingendes Leben im Weltdorf?», in: *Magazin UNI ZÜRICH 3*, 1996, S. 58), daß «zahlreiche Probleme grenzüberschreitender Natur sind» (zitiert aus dem Europa-Papier der Freisinnig-Demokratischen Partei des Kantons Zürich, in: *Neue Zürcher Zeitung*, 1.9.1995, S. 53) und im Alleingang gar nicht mehr zu bewältigen, wie zum Beispiel die Wahrung des Weltfriedens und der internationalen Sicherheit; die Verhinderung und Beilegung lokaler Konflikte rund um den Globus; Abrüstung; insbesondere die Entsorgung von Massenvernichtungswaffen; die Bevölkerungsvermehrung; die globale wirtschaftliche Entwicklung; die weltweite Bekämpfung der Arbeitslosigkeit; die Zügelung der Kräfte des ruinösen Wettlaufs um wirtschaftliche Macht durch ein weltweit gültiges Wettbewerbs-, Arbeits- und Kartellrecht sowie eine globale Fusionskontrolle und Besteuerung von Spekulationskapital beziehungsweise der Aufbau einer neuen, gerechten Weltwirtschafts- und Weltsozialordnung; die Sicherung der Welternährung; die Überbrückung des weltweiten Bildungs- und Wohlstandsgefälles; Energie- und Umweltprobleme (Wasserknappheit, Verschmutzung der Weltmeere, grenzüberschreitende Luftverschmutzung, Abholzung tropischer Regenwälder, Bedrohung der biologischen Vielfalt); Klimaprobleme, die Erwärmung der Erdoberfläche; weltumspannende Epidemien; internationale Katastrophen; Kontrolle über gefährliche chemische Produkte; globale Folgen wissenschaftlicher und wirtschaftlicher Entwicklungen, vor allem etwa im Bereich der Atom-, Gen- und Computertechnologie; die transnationale Kriminalität, unter anderem Menschen-, Waffen- und Drogenhandel, Müllverschiebung, Geldwäscherei, internationaler Terrorismus; weltweite Flucht- und Migrationsbewegungen; die Neuordnung des Weltinformations- und -kommunikationswesens und des Datenflusses; die friedliche Nutzung des Weltraums und so weiter;

in Anbetracht dessen, daß «die Unterlassung globaler Lösungen» in «einer auf Gedeih und Verderben miteinander verknüpften Menschheit» («Ein Jahr nach Rio – zum Beispiel Indien: ernüchternde Erfahrungen in der Dritten Welt», in: *Neue Zürcher Zeitung*, 21.6.1993, S. 3) «katastrophale Folgen haben» würde (Leidensgeschichte: Menschenrechte im west-östlichen Gespräch», in: *Neue Zürcher Zeitung*, 4.7.1996, S. 40);

in Anbetracht dessen, daß, während «Finanzhasardeure täglich zwei Billionen Dollar auf den Kapitalmärkten der Welt verschieben» (Bartholomäus Grill: «Die Langsamkeit entdecken», in: *Die Weltwoche*, Zürich 7.5.1998, S.19) und sich der jährliche Umsatz des weltweit tätigen organisierten Verbrechens auf über 700 Milliarden Franken beläuft («Die Geisel transnationaler Kriminalität: die Bedrohung der staatlichen Strukturen durch die Mafia», in: *Neue Zürcher Zeitung*, 7.7.1998, S.5), in weiten Teilen des Südens hartnäckige Armut herrscht, 1,3 Milliarden Menschen mit weniger als einem US-Dollar pro Tag auskommen müssen (Bernhard Fischer: «Migration in der Dritten Welt», in: *Nord-Süd aktuell*, Hamburg Nr.2, 1995, S.225; Richard Gerster: «Wir da oben, ihr da unten», in: *Die Weltwoche*, Zürich 9.4.1998, S.14) und man 1998 bereits 1,3 Milliarden Menschen in absoluter Armut zählt («Ein Fidel, von CNN gesponsort», in: *Tages-Anzeiger*, Zürich 15.5.1998, S.6); daß «800 Millionen Menschen hungern» und daß «täglich 20000 Kinder an Hunger sterben» (*Die Weltwoche*, Zürich 8.10.1998, S.15); daß auf die reichsten 20 Prozent der Weltbevölkerung 86 Prozent des gesamten privaten Konsums, auf das ärmste Fünftel dagegen bloß 1,3 Prozent entfallen und «daß das wohlhabende Viertel 58 Prozent der Energie» verwendet» («Uno-Forderung nach ausgewogenem Konsum», in: *Neue Zürcher Zeitung*, 10.9.1998, S.27); daß die Länder der Dritten Welt 93 Prozent der Krankheitslast tragen, aber nur über 11 Prozent der weltweiten Ausgaben für das Gesundheitswesen verfügen («Nach wie vor tiefe Lebenserwartung der Armen: Neuer Weltgesundheitsbericht fordert mehr Hilfe für Dritte Welt», in: *Neue Zürcher Zeitung*, 11.5.1998, S.7); daß «etwa 1,7 Milliarden Menschen – mehr als ein Drittel der Weltbevölkerung – [...] keinen Zugang zu hygienisch einwandfreiem Wasser haben» («UN-Umweltprogramm warnt vor «Krieg um Wasser», in: *Frankfurter Allgemeine Zeitung*, 28.2.1998, S.1) und daß «eine Milliarde Menschen in 70 Ländern heute mit weniger auskommen müssen als vor 25 Jahren» (Ulrike Meyer-Timpe; Fritz Vorholz: «Die letzte Lüge», in: *Die Zeit*, Hamburg, 10.9.1998, S.23); daß «nicht Aufstieg und Wohlstand, sondern Verfall, ökologische Zerstörung und kulturelle Degeneration heute den Alltag von drei Fünfteln der Menschheit bestimmen» (Hans-Peter Martin; Harald Schumann: «Der Feind sind wir selbst», in: *Der Spiegel*, Hamburg Nr.2, 1993, S.103); daß also «auf weiten Strecken der Erdoberfläche die wesentlichen Bedingungen menschlicher Würde und Freiheit bereits verschwunden sind» (aus dem «Statement of aims» der Mont Pèlerin Society, zitiert aus: *Neue*

*Zürcher Zeitung*, 3./4. 5. 1997, S. 29); daß verhindert werden muß, daß die Welt zu einem globalen Dorf mit «wachsenden Slumgebieten» wird (Worte von Elisa Fuchs, Leiterin des Heks-Entwicklungsdienstes, zitiert aus: «Kirche als Sozialinstanz im globalen Dorf», in: *Neue Zürcher Zeitung*, 21./22. 9. 1996, S. 16), wohingegen die westlichen Industrieländer, die einen Pro-Kopf-Konsum an Energie und Rohstoffen haben, der «etwa sechzehnmal höher liegt als in der übrigen Welt», und die, «ein Fünftel der Weltbevölkerung» umfassend, «vier Fünftel der Ressourcen» beanspruchen (Thomas Kesselring: «Die demographische Zukunft Europas – eine Tabuzone», in: *Neue Zürcher Zeitung*, 25./26. 7. 1998, S. 69), «einer Limousine» gleichen, «die durch ein Kriegsgebiet fährt» (William Shawcross, britischer Publizist: «Macht und Chaos», in: *Die Zeit*, Hamburg 18. 11. 1994, S. 10);

in Anbetracht der Gültigkeit der folgenden Feststellungen:

«Die Menschheit ist in das Zeitalter der postnationalen Welt eingetreten» (Aus einer Ankündigung des Buches *L'individu et les minorités* von Didier Lapeyronnie, in: Presses Universitaires de France [Hg.]: *Nouveautés*, Paris No. 255, novembre/décembre 1993, S. 26), in der «nationales Kästchendenken» (zitiert aus: *Die Zeit*, Hamburg 9. 7. 1998, S. 21) durch ein Gefühl der «planetarischen Verantwortung» (Andrea Köhler: «Rien ne va plus – tout va bien: deutsch-französisches Autorentreffen in Freiburg i. Br.», in: *Neue Zürcher Zeitung*, 3. 5. 1991, S. 27) eines jeden Menschen zu ersetzen ist;

«Das Leben läuft nicht mehr in einem letztzuständigen Territorialstaat ab, sondern diagonal über ihn hinweg – in Technik, Kultur und Wirtschaft» («Seit 1291 regieren hier Ausland und Technik: Beat Kappeler über den Segen von Fremdbestimmung in der Schweiz», in: *Die Weltwoche*, Zürich 28. 3. 1996, S. 1);

in der Überzeugung, daß die menschliche Verantwortung «eine globale Verantwortung ist» (Worte von Václav Havel, zitiert aus: «Europa steht am Kreuzweg», in: *Der Spiegel*, Hamburg Nr. 48, 1992, S. 174) und daher die «Idee einer universalen Vereinigung der Menschen» (Worte von Ernst Niekisch [1889–1967], zitiert aus: Stefan Breuer: «Gescheiterte Existenz? Eine Biographie Ernst Niekischs», in: *Neue Zürcher Zeitung*, 20. 8. 1997, S. 40) endlich zu verwirklichen ist;

in der Erkenntnis, daß «die Erde unser Planet ist» (Pierre Sané, Generalsekretär von Amnesty International: «Editorial» von: *Amnestie! Ak-*

*tionszeitung für die Menschenrechte*, Bern März 1998, S. 1) und «die Menschheit nur einen Erdball hat und wir nur eine gemeinsame Zukunft haben» («Li Ruihuan jieshou Baxi jizhe lianhe caifang [‹Der Vorsitzende der Politischen Konsultativkonferenz des chinesischen Volkes und Mitglied des Ständigen Ausschusses des Politkomitees des Zentralkomitees der Kommunistischen Partei Chinas› Li Ruihuan empfängt brasilianische Journalisten zu einem gemeinsamen Interview]», in: *Volkszeitung*, Peking 26.6.1995, S. 6) und daß es nicht mehr länger im Ungewissen bleiben darf, «wohin die Weltgesellschaft steuern wird» (Martin Meyer: «Nochmals: von deutscher Republik: Essays von Jürgen Habermas», in: *Neue Zürcher Zeitung* 5./6.8.1995, S. 53);

darauf hinweisend, daß endlich die Epoche der «civitas maxima, eines die gesamte Erde umfassenden Universalstaats» (Otfried Höffe: *Vernunft und Recht: Bausteine zu einem interkulturellen Rechtsdiskurs*, Frankfurt a.M. 1996, S. 107) angebrochen ist, von dem schon Christian Wolff (1679–1754) gesprochen hat (Christian Wolff, *Ius gentium*, 1749, Praefatio); daß «schon Kant [1724–1804] den Universalstaat ein Vernunftprinzip genannt» hat (zitiert aus einem Gespräch mit dem Philosophen Vittorio Hösle: «Wir brauchen moralische Energie», in: *Der Spiegel*, Hamburg Nr. 46, 1997, S. 252); daß das Zeitalter der «Rechtseinheit der Menschheit» (Worte von Hans Kelsen [1881–1973], zitiert aus: Otfried Höffe: a.a.O., S. 108) gekommen ist; daß die von dem kanadischen Literaturprofessor Herbert Marshall McLuhan (1911–1980) 1964 entworfene Prophezeiung vom «globalen Dorf» (zitiert aus: «Das Internet – eine Herausforderung», in: *Neue Zürcher Zeitung*, 14./15.6.1997, S. 21) Wirklichkeit geworden ist, weshalb «die Ichbezogenheit der Menschen innerhalb der Natur einem Weltdorfbewußtsein zu weichen hat und die grenzenlosen Bedürfnisse der Menschen durch angemessene Bedürfnisse ersetzt werden müssen» («Zhengfu de beixiju [Die Tragikomödie der Unterwerfung]», in: *Chinesische Jugendzeitung*, Peking 19.12.1995, S. 7);

die Frage stellend, aus was für einer politisch-philosophischen Ecke eigentlich Ausdrücke wie «Führungsmacht der Welt» (zitiert aus dem Bericht zur Lage der Nation, erstattet am 28.1.1992 vom US-Präsidenten George Bush, wiedergegeben von Werner Link: «Gleichgewicht und Hegemonie», in: *Frankfurter Allgemeine Zeitung*, 19.9.1997, S. 13) sowie «Vorherrschaft», «Vormachtstellung», «Dominanz», «Hegemonie» (zitiert aus: Robert Kagan: «Ein Segen für die Welt: Nur Amerikas Hegemonie garantiert ein Mindestmaß an Stabilität», in: *Die Zeit*, Hamburg 9.7.1998, S. 11), «Vorrangstellung auf dem Globus», «alleinige Führungsmacht mit globaler Ausstrahlung» («Clintons Dollardiplomatie und die Folgen», in: *Neue Zürcher Zeitung*, 18./19.7.1998, S. 1) und so weiter stammen und wer irgendeine Nation dazu ermächtigt hat, sich selbst zum Welthegemon zu ernennen;

betonend, daß sich die Begrifflichkeit von *leadership* zwar «trefflich zur Projektion von Wünschen» eignen mag, daß aber *leadership* «als Negation der Demokratietheorie» (Anton Pelinka: «Leadership: Zur Funktionalität eines Konzepts», in: *Oesterreichische Zeitschrift für Politikwissenschaft*, Bd. 26, Wien 1997, S. 369 ff.) anzusehen ist;

in Erinnerung rufend, daß schon im Jahre 1979 die Vereinten Nationen dem globalen Hegemonismus unter einer sogenannten «Führungsmacht der Welt» (zitiert aus: «UN(O)glaubwürdig», in: *Basler Zeitung*, 27.3.1998, S.9) eine klare Absage erteilt haben («Erklärung über die Unzulässigkeit der Politik des Hegemonismus in internationalen Beziehungen», verabschiedet von der UNO-Generalversammlung am 14.12.1979, in: *Yearbook of the United Nations 1979*, Volume 33, New York 1982, S. 149 f.); daß «die Geschichte beweist, daß, wer immer Hegemonismus betreibt, sei es globalen oder regionalen, im Endergebnis stets das Gegenteil von dem ernten wird, was er erhofft, und daß das nichts Gutes ist» (zitiert aus: *Volkszeitung*, Peking 18.5.1998, S.4) und daß «das Zeitalter, in dem eine Supermacht den gesamten Globus beherrscht, im Begriff ist, der Vergangenheit anzugehören» (zitiert aus: *Volkszeitung*, Peking 13.5.1998, S.7);

in Erinnerung rufend, daß nur etwa ein Thomas Mann (1875–1955), deutscher Nobelpreisträger für Literatur, über den «kosmopolitischen Radikalismus» jammerte und über das «Trugbild unserer gegenwärtigen Feinde, daß je die nationalen Demokratien sich zu einer [...] Weltdemokratie zusammenschließen könnten, denn soviel ist sicher, daß bei Zusammenschluß der nationalen Demokratien zu einer Weltdemokratie von deutschem Wesen nichts übrigbleiben würde. Die Weltdemokratie könnte einen mehr romanischen oder mehr angelsächsischen Charakter tragen – der deutsche Geist würde aufgehen und verschwinden darin, er wäre ausgetilgt, es gäbe ihn nicht mehr» (Thomas Mann: *Betrachtungen eines Unpolitischen*, 1918, Nachdruck, Frankfurt a. M. 1956, S. 31);

es merkwürdig empfindend, daß man in den westlichen Demokratien seit dem Zweiten Weltkrieg von einer Weltdemokratie nicht mehr spricht und die «Wahrscheinlichkeit, daß ein ‹gobaler Staat› geschaffen wird», als «ziemlich gering» bezeichnet wird (Die Gruppe von Lissabon: *Grenzen des Wettbewerbs* [...], München 1997, S. 25); daß «weltweite Wahlen» im Westen, «obwohl demokratisch wünschenswert», abgelehnt werden mit angesichts der Schwere der anstehenden Weltprobleme als allzu leichtgewichtig erscheinenden Gründen wie, sie wären «voller unbekannter Faktoren», «teuer», «mit politischen Schwierigkeiten verbunden», «logistisch kompliziert» und so weiter (Ossip K. Flechtheim: *Ist die Zukunft noch zu retten?: Weltföderation – der dritte Weg ins 21. Jahrhundert*, Frankfurt a. M. 1995, S. 271);

die Frage stellend, ob die westlichen «Kosmopoliten» etwa heute dieselben Ängste plagen wie weiland Thomas Mann, nur jetzt nicht mehr bezogen auf deutsches Wesen, sondern auf westliche Werte, «wie sie in abendländisch-christlich-humanistischer Tradition verankert sind» (Isolde Pietsch: «Alarmrufe der Bevölkerungswissenschaftler», in: *Neue Zürcher Zeitung*, 25./26. 7. 1998, S. 70);

beteuernd, daß die Menschen des Nordens keine Angst zu haben brauchen, da die Idee der parlamentarischen Demokratie nach dem Prinzip «Ein Mensch, eine Stimme», die Idee weltweiter Wahlen, die Idee eines daraus hervorgehenden Weltparlaments und einer demokratischen Weltregierung allesamt glänzende Universalisierungen kostbarer Erbstücke der abendländischen Aufklärung und bürgerlichen Gesellschaft sind, die «Ungleichnamiges komparabel macht, indem sie es auf abstrakte Größen reduziert» (Max Horkheimer; Theodor W. Adorno: *Dialektik der Aufklärung: Philosophische Fragmente*, Frankfurt a. M., Mai 1988, S. 13);

in Aussicht stellend, daß über der Menschheit, die durchaus in der Lage ist, «die alte europäische Idee der Demokratie für die globale Epoche neu auszubuchstabieren» (Ulrich Beck: «Weltbürger aller Länder, vereinigt euch!», in: *Die Zeit*, Hamburg 16. 7. 1998, S. 43), ein neues, demokratisches Morgenrot aufleuchten wird und daß die kleinstaatlichen genialen Ideen großer europäischer Denker des 16. bis 18. Jahrhunderts im 21. Jahrhundert in neuem globalen Glanze erstrahlen werden;

die Feststellung treffend, daß dies dem unwiderstehlichen Strom der Geschichte und der Entwicklung der Weltzivilisation entspricht, da das Streben nach einem Weltstaat in allen menschlichen Zivilisationen nachweisbar ist und die älteste Vision einer Vereinigung der Menschheit in China erdacht worden sein dürfte: die Idee der Großen Gemeinschaft (Da Tong, s. Einleitung, Punkt 1), die in den konfuzianischen *Aufzeichnungen über die Riten* geschildert wird und die über die Jahrtausende hinweg die Chinesen beflügelte, bis hin zum großen Denker Kang Youwei (1858–1927) mit seinem *Da Tong Shu*, dem *Buch von der Großen Gemeinschaft*; zu Sun Yatsen (1866–1925), dem Vater der chinesischen Republik; und zum chinesischen Vorschlag aus dem Jahre 1944 betreffend die Gründung einer globalen Staatenföderation mit einem nach der jeweiligen Bevölkerungszahl bemessenen Stimmengewicht (erwähnt in: Chu Pao-chin: *V. K. Wellington Koo: A Case Study of China's Diplomat and Diplomacy of Nationalism 1912–1966*, Hongkong 1981, S. 164);

von der Überzeugung getragen, daß die vom amerikanischen Präsidenten Woodrow Wilson (1856–1924) im Jahre 1918 bekräftigte Absicht der Vereinigten Staaten, «to make the world safe for democracy», durch nichts besser verwirklicht werden kann als durch «to turn the world into a democracy»;

ruft alle Menschen der Welt dazu auf, «befreit von Fesseln wie Stand, Klasse, Religion, Nation und Geschlecht» (Karl Otto Hondrich: «Ein Horrortrip ins Niemandsland? Über die Beschränktheit unserer Zukunftsvorstellungen», in: *Neue Zürcher Zeitung*, 27./28.12.1997, S. 57) über ihre eigene Zukunft zu gebieten und die Individualisierung zum Maßstab aller Btrachtung zu erheben, so daß jeder Mensch weltweit «Subjekt der Weltinnenpolitik» («Außenpolitische Rede Herzogs in Bonn: die Zeit des Trittbrettfahrens ist vorbei», in: *Neue Zürcher Zeitung*, 14.3.1995, S. 2) sein wird;

im Bewußtsein, «daß es nur global geht» und daß «das Riesenhafte möglich und lohnend geworden ist» (Uwe Jean Heuser: «Das Rad der Geschichte: wer hat morgen das Sagen: Die Konzerne? Oder die Politik?», in: *Die Zeit*, Hamburg 14.5.1998, S. 1);

die Feststellung treffend, daß «nichts mächtiger ist,» so hat es Victor Hugo (1802–1885) einmal formuliert, «als eine Idee, deren Zeit gekommen ist» (Robert Leicht: «Aus Knechten Bürger machen [...] », in: *Die Zeit*, Hamburg 28.6.1996, S.1), und daß die Idee, deren Zeit gekommen ist, die Idee der demokratischen Weltrepublik ist;

betonend, daß die Zeit der «dominierenden Staaten (‹a bunch of gods›) abgelaufen ist, die zwar überall nach Demokratie» schreien, «aber zu einer wahren Demokratie unter den Nationen überhaupt nicht bereit» sind (Worte von Julius Nyerere, zitiert aus: «Nyerere gegen weltweiten Sozialstandard: Referat für die Gleichwertigkeit der Nationen», in: *Neue Zürcher Zeitung*, 27.5.1998, S.14); und daß die Zeit vorbei ist, in der «auf globaler Ebene eine demokratisch kontrollierte, sozial verantwortliche Macht fehlt» (Patrick Sutter: «Globalisierung – die verantwortungsbewußte Sicht», in: *Handelszeitung*, Zürich 5.6.1998, S.39);

voller Verständnis für die folgenden Strophen:
«Die Welt umarmt die Menschen
Die Menschen umarmen die Welt
Laßt uns die Welt umarmen
Vom Osten und vom Westen her
Vom Süden und vom Norden her»
(Gedicht des japanischen Botschafters in der Schweiz, vorgetragen anläßlich der Eröffnung der Juni-Festwochen 1993 in Zürich, zitiert aus: *Nachrichten aus Japan*, Bern, April/Mai/Juni 1993, S.4 [in den beiden letzten Versen leicht verändert]);
«Es gibt nur eine Sonne
Es gibt nur einen Mond
Fünf Milliarden Dorfbewohner
besiedeln nur eine Erde»
(zitiert aus: *Chinesische Zeitung für die jungen Pioniere*, Peking 4.6.1997, S.4);

beschließt, um zu verhindern, daß die obigen Erwägungen «bloßes Geschwätz» (Tony Blair, Britischer Premierminister, zitiert aus: *Neue Zürcher Zeitung*, 15.5.1998, S.3) bleiben, feierlich:

1. Es werden freie und gleiche Weltwahlen durchgeführt, vor Ablauf von zwei Jahren, nach dem Grundsatz «Eine Person – eine Stimme» zur Bestellung des in Punkt 2 erläuterten Weltparlaments, unter der Federführung eines von der UNO-Vollversammlung eingerichteten

Wahlausschusses. Die stimmberechtigten Bürger jener Staaten, die der vorliegenden Resolution zustimmen, bilden das an den Weltwahlen teilnehmende Weltvolk und damit den Weltsouverän. Die Bevölkerungen jener Staaten, die der vorliegenden Resolution später zustimmen, beteiligen sich an den nachfolgenden turnusgemäßen Weltwahlen.
2. Das Weltparlament umfaßt 1000 Abgeordnete und wird alle zehn Jahre neu gewählt. Es besitzt die Kompetenz, Weltgesetze in bezug auf die zu Beginn dieser Resolution erwähnten globalen oder durch künftige Beschlüsse der UNO-Vollversammlung für global erklärten Probleme zu erlassen. Das Weltparlament wählt die zum Vollzug der Weltgesetze zuständige Weltregierung.
3. Neben das Weltparlament, das die Weltbevölkerung repräsentiert, tritt die UNO-Generalversammlung als das Parlament der legitimen Staaten der Welt. Die Staaten bleiben in bezug auf ihre internen Angelegenheiten souverän, sind aber verpflichtet, die Weltgesetze zu vollziehen.
4. Für Beschlüsse und Wahlen des Weltparlaments gilt der Grundsatz der einfachen Mehrheit.
5. Der Sicherheitsrat der Vereinten Nationen wird einer durchgreifenden demokratischen Reform unterzogen.
6. Die Geschäftsordnung des Weltparlaments, die Organisationsregeln der Weltregierung und die Regeln zur Koordination von Weltparlament, Weltregierung, UNO-Generalversammlung und Sicherheitsrat werden von der UNO-Vollversammlung gesondert mit einfacher Mehrheit beschlossen.

35.21   Zwei Heuschrecken an einer Schnur

In dem etwa vor 500 Jahren entstandenen ältesten Traktat über die 36 Strategeme steht über das Strategem Nr. 35: «Sind die feindlichen Streitkräfte so stark, daß ein direkter Waffengang nicht ratsam ist, sollte man ein Strategem benutzen, durch das erreicht wird, daß die feindlichen Kräfte selbst einander in die Quere kommen. Auf diese Weise wird das feindliche Potential geschwächt. Wenn man dergestalt auf geschickte Weise strategemisch vorzugehen weiß, dann wird man den Feind überwältigen, als stünden einem Götter zur Seite.»
Als erstes Beispiel für eine Anwendung des Strategems Nr. 35 verweist das Traktat auf die Verkettung der Schiffe, zu der Pang Tong Cao

Cao überredete (s. 35.1). «Die Folge war, daß die Schiffe dem Feuer, mit dem die Flotte angegriffen wurde, nicht entkommen konnten.» – «Beim Verkettungs-Strategem geht es also darum», sagt das Traktat, «den Feind bis zum Verlust seiner Bewegungsfreiheit zu paralysieren und danach seine Ausschaltung zu bewerkstelligen. Das erste Strategem führt zur feindlichen Selbstfesselung, das zweite zur Vernichtung des Feindes. Indem man die beiden Strategeme miteinander verknüpft, kann man selbst den stärksten Gegner in die Knie zwingen.»

Die Darlegungen über das Strategem Nr. 35 im ältesten Traktat über die 36 Strategeme werden abgerundet mit einem weiteren Beispiel. In dessen Mittelpunkt steht General Bi Zaiyu (12./13. Jahrhundert n. Chr.). Bei einem Feldzug gegen die Jurdschen rückte er plötzlich vor, um sich dann genauso plötzlich wieder zurückzuziehen. Dies wiederholte er mehrmals, so daß der Feind ständig mit ihm verheddert blieb. Die Dämmerung brach herein. Nun ließ Bi Zaiyu mit Aromastoffen gekochte schwarze Sojabohnen in großer Zahl weitflächig auf das von ihm ausersehene Schlachtfeld streuen. Erneut rückte er vor, so als wollte er den Feind zum Kampfe herausfordern. Kurz darauf tat er, als gebe er sich geschlagen, und floh. Die Jurdschen verfolgten ihn. Ihre Rosse wurden zu diesem Zeitpunkt von Hunger geplagt. Plötzlich rochen sie die duftenden Sojabohnen. Alle Pferde rannten zu der Stätte, wo die Bohnen lagen. Dort begannen sie zu fressen und ließen sich davon auch durch Peitschenhiebe nicht abbringen. Nun wendete Bi Zaiyu seine Truppe erneut und griff die Jurdschen an. Er errang einen großen Sieg.

Analysiert man diese beiden Beispiele, dann besteht die Essenz des Verkettungs-Strategems zunächst darin, den Feind in eine Selbstverstrickung zu manövrieren und ihn auf diese Weise zu belasten, zu schwächen, zu lähmen. Das erreicht man, indem man ihn dazu verleitet, seine Kräfte so aneinanderzukoppeln, daß er seine Bewegungsfreiheit verliert (s. 35.1), oder indem man durch ein Strategem eine beim Feind bereits bestehende Symbiose – wie etwa zwischen Roß und Reiter – so stört, daß sie sich auflöst und der Feind außer Gefecht gesetzt wird. In der chinesischen Strategemliteratur wird die Funktionsweise des Strategems Nr. 35 mit einem Bild erläutert: Bindet man eine Heuschrecke an eine Schnur und läßt die Schnur dann liegen, kann die Heuschrecke, die Schnur mit sich ziehend, das Weite suchen. Bindet man aber noch eine zweite Heuschrecke an die Schnur, dann wird es wohl kaum vorkommen, daß beide Heuschrecken in die gleiche Richtung streben; sie werden sich gegenseitig blockieren.

Die feindlichen Elemente, die in ihrer wechselseitigen Verkettung zu einer Immobilisierung des Gegners führen, können Sachen oder Tiere, aber auch Menschen sein. Ebenso unter das Stratagem Nr. 35 fällt es, wenn Menschen oder Institutionen in ein so geartetes Verhältnis zueinander gebracht werden, daß sie sich gegenseitig hemmen beziehungsweise in Schach halten. So kann die Gewaltenteilung in westlichen Demokratien als eine segensreiche, dem Machtmißbrauch die Grundlage entziehende Anwendung des Stratagems Nr. 35 aufgefaßt werden. Auch die «Einbindung» Deutschlands in die Europäische Union und in die NATO könnte wohl mit dem Stratagem Nr. 35 erklärt werden. Wenn Widersprüche geschürt werden bis hin zur gegenseitigen Selbstzerfleischung der in einen Antagonismus zueinander versetzten Feinde, so gehört eine solche Vorgehensweise eher in den Bereich der Strategeme Nr. 33 und Nr. 3.

Während das Stratagem Nr. 35 in dieser Bedeutung gegen einen Feind destruktiv eingesetzt wird, kann es, im eigenen Lager, auch konstruktiv nutzbar gemacht werden. Der Stratagemforscher Yu Xuebin erläutert dies anhand einer Begebenheit in einem kleineren wissenschaftlichen Institut. Ein neu ins Institut aufgenommener, sehr fähiger Nachwuchsforscher hatte alles mögliche auszusetzen, auch an der Institutsleitung. Auf einer Vollversammlung ließ diese daraufhin verlauten: «Wir heißen fähige Nachwuchskräfte willkommen und nehmen sie ernst. Aber sie müssen wirklich etwas leisten und vorweisen können. Ältere Institutsmitglieder, die sich im Vergleich zum Nachwuchs nicht geschlagen geben wollen, sind eingeladen, durch eigene Forschungsergebnisse zu zeigen, daß sie mit den Jungen gleichziehen oder sie zu übertrumpfen vermögen.» Durch diesen Aufruf sei jener Meckerer veranlaßt worden, seine ganze Aufmerksamkeit auf seine wissenschaftliche Arbeit zu verlegen. Die anderen Institutsmitglieder wollten von ihm aber nicht in den Schatten gestellt werden und intensivierten ihrerseits ihre Forschertätigkeit. Die Institutsleitung sorgte durch entsprechende Anreize für immer neue Konkurrenzsituationen, so daß alle ganz in ihrer fachlichen Beschäftigung aufgingen. Alle Forscher, auch jener Neuankömmling, akzeptierten die Institutsleitung als oberste Schiedsrichterin im wissenschaftlichen Wettbewerb. Dadurch wurde der Institutsleitung, die der Neue zunächst hatte herausfordern wollen, in ihrer Position gestärkt.

In einem anderen Beispiel gedachte eine Akademie ein neues Bürogebäude zu errichten. Das staatliche Bauunternehmen, dem die Akademie den Auftrag gern erteilt hätte, da es in technischer und personeller

Hinsicht und auch in punkto Erfahrung unter allen Baufirmen eine Spitzenposition einnahm, ließ sich aber trotz wiederholter Bemühungen nicht dazu bewegen, den offerierten Preis herunterzuhandeln. Nun machte die Akademie ein ländliches Unternehmen ausfindig, das ein viel günstigeres Angebot unterbreitete. Schließlich lud die Akademie eine Vertretung des ländlichen Unternehmens und eine Delegation des eigentlich ins Auge gefaßten Staatsunternehmens zu einer gemeinsamen Verhandlung ein. Es kam, wie die Akademie es sich ausgerechnet hatte. Das Staatsunternehmen, das plötzlich befürchtete, es werde den schon sicher geglaubten Auftrag verlieren, verwickelte sich mit den Sprechern des ländlichen Unternehmens in einen regelrechten Preiskrieg mit dem Ergebnis, daß es sein Angebot immer mehr verbilligte. Als die Akademieleitung fand, der vom Staatsunternehmen mittlerweile angebotene Preis entspreche ihren Erwartungen, verkündete sie urplötzlich, der Auftrag sei hiermit an das Staatsunternehmen vergeben.

Ohne Hilfsstrategem, durch eine bloße Einladung, brachte die Akademieleitung die Vertreter des ländlichen Unternehmens und des Staatsunternehmens an denselben Verhandlungstisch. Zur Ausführung des Verkettungs-Strategems dienen aber oftmals andere Strategeme, so bei der Schiffsverkettung das Strategem Nr. 7 (s. 35.1) und bei Bi Zaiyus Sieg über die Jurdschen eine Kombination der Strategeme Nr. 12 und 17. Die Institutsleitung setzte das Strategem Nr. 35 als Führungsmethode ein, indem sie sich des Strategems Nr. 17 – die in Aussicht gestellten Belohnungen – und des Strategems Nr. 33 («Teile und herrsche!») bediente. Zum Verkettungs-Strategem in diesem Sinne gehört auch ein geschickt ausgetüfteltes Junktim (s. 35.4). So ist in dem Roman *Die Räuber vom Liangshan-Moor*, von Shi Naiyan um 1330 verfaßt, im Titel eines Kapitels vom Verkettungs-Strategem die Rede. Konkret gemeint ist damit folgendes: Hu Cheng aus dem Dorfe Hu, dessen Schwester von den Räubern vom Liangshan-Moor gefangengenommen worden ist, wird deren Freilassung in Aussicht gestellt, falls er als Gegenleistung dafür sorgt, daß das Hu-Dorf das Zhu-Dorf in dessen Kampf gegen die Räuber nicht mehr unterstützt und daß er den nächsten im Hu-Dorf Zuflucht suchenden Bewohner des Zhu-Dorfes festnimmt und den Räubern ausliefert.

Im Kapitel 16 des Romans *Geschichte vom heldenhaften Liebespaar* von Wenkang (s. 30.10) ist im Hinblick auf ein sorgfältig geplantes Gespräch, bei dem auf unterschiedliche Personen ungleiche Rollen verteilt werden und als dessen Ergebnis die eigensinnige Romanheldin aus ihrer eisigen Reserve gelockt und von einem lebensgefährlichen Vorhaben, nämlich einer Sippenrache, abgebracht werden soll, vom «Ketten-Strategem» die Rede. Hier bezieht sich die Strategemformel auf die wie in einem Theaterstück kunstvoll verknüpften, mit diversen Fallstricken versehenen Gesprächseinlagen der Gesprächsteilnehmerinnen und -teilnehmer.

Beim Verkettungs-Strategem in seiner ersten Bedeutung sind mindestens zwei Strategeme vonnöten. Das eine bewirkt eine Immobilisierung des Feindes, das zweite hilft bei der eigentlichen Attacke. Abgesehen von Strategem Nr. 35 ist eine Kombination von Strategemen aber auch oft dann erforderlich, wenn man das Ziel mit einem einzigen Strategem nicht erreichen kann. Eine derartige Verkettung von Strategemen sollte, so Yu Xuebin, umfassend sein. Alle zu berücksichtigenden Gegebenheiten sind gleichsam von ihrer Vorder- und Rückseite her zu betrachten; das, was sich an Vor- und Nachteilen aus ihnen ergibt, ist möglichst restlos abzuklären. Ferner sind denkbare unterschiedliche Szenarien im Verlauf des absehbaren künftigen Strategemgeschehens in Betracht zu ziehen. Strategeme können unterschiedlich verkettet werden, so etwa:

- aufeinander aufbauend: das vorherige Strategem bereitet das nächstfolgende vor (s. 35.1, 35.5, 35.7);
- hintereinandergereiht: nach einem ersten gescheiterten Strategem wird ein neuer Anlauf mit einem anderen Strategem unternommen (yi ji bu cheng, you sheng yi ji), wobei kein innerer Zusammenhang zwischen den aufeinanderfolgenden Strategemen besteht; die Strategeme sind lediglich durch das immer gleichbleibende Ziel miteinander verbunden (s. 35.13, 35.14);
- parallel: zwei oder mehr gleichzeitig durchgeführte Strategeme ergänzen, vervollständigen und befördern einander (s. 35.15);
- gebündelt: im Hinblick auf alle möglichen Eventualitäten werden gleichzeitig zwei oder mehr Strategeme eingesetzt, so daß im Falle des Scheiterns eines Strategems nahtlos ein anderes im Gange befindliches Strategem funktioniert (vermutlich im Falle von 32.17);
- simultan: durch eine einzige Handlung werden gleichzeitig zwei oder mehr Strategeme ausgeführt oder, anders gesagt: ein und dieselbe Handlung erfüllt, je nachdem, von welchem Gesichtspunkt aus man sie betrachtet, gleichzeitig den Tatbestand unterschiedlicher Strategeme (s. 35.16–35.20).

Die Strategem-Verkettung entspringt dem Anliegen, plötzlichen Lageveränderungen beziehungsweise nachteiligen Eventualitäten vorzubeugen beziehungsweise auf alle möglichen Szenarien vorbereitet zu sein. Es geht nicht darum, aufs Geratewohl möglichst viele Strategeme einzusetzen. Denn zu einem bestimmten Zeitpunkt, unter bestimmten Bedingungen und gegenüber einem bestimmten Objekt sind immer nur sehr wenige Strategeme die optimalen. Nach dem Grundsatz «Mittels vielen Strategemen einem Strategem zum Durchbruch verhelfen (yi shu ji xiang yi ji)» ist ein Strategem das Hauptstrategem, dem die anderen als Hilfsstrategeme dienen. Die verketteten Strategeme muß man also nach ihrer Bedeutsamkeit gewichten und entsprechend abstufen, denn sonst besteht die Gefahr, daß sie sich gegenseitig ins Gehege kommen und daß damit die ganze Unternehmung mißlingt. Die gesamte Strategemhandlung sollte einem Uhrwerk aus vielen Strategemen gleichen, die präzise ineinandergreifen.

Ist man Opfer einer feindlichen Strategem-Verkettung, sollte man möglichst rasch das Feld räumen und sich in Sicherheit bringen. Denn wenn man weiterhin in der Verstrickung mit dem Feind verharrt und auf dessen Strategeme eingeht, vermag man vielleicht einigen Strategemen Paroli zu bieten. Unmöglich aber wird es sein, allen Strategemen zu entkommen. Es braucht nur eine Unachtsamkeit, und schon liegt man am Boden. In einer solchen Konstellation ist die Benutzung des Strategems Nr. 36 angezeigt. Wegrennen ist das beste der 36 Strategeme.

## Strategem Nr. 36

## Weglaufen ist das beste

| Die drei Schriftzeichen | 走 | 為 | 上 |
|---|---|---|---|
| Moderne chinesische Aussprache | zou | wei | shang |
| Übersetzung der einzelnen Schriftzeichen | weglaufen | sein | oben/Top/ das beste/ am besten |

Zusammenhängende Übersetzung

Weglaufen ist (bei völliger Aussichtslosigkeit) das beste (der 36 Strategeme)/die beste (aller Möglichkeiten); (wenn sonst der eigene Untergang droht/wenn man unterlegen ist), ist Weglaufen das beste.

Kerngehalt

1. In schwieriger und unvorteilhafter Lage ist das Vermeiden, der Abbruch des Kampfes das beste; Strategem des (vorübergehenden/scheinbaren etc.) Rückzugs; Rückzugs-Strategem. Das Steuer herumwerfen, Kurswechsel-Strategem.
2. Abstands-/Distanzgewinnungs-Strategem.

Die – soweit bekannt – älteste Belegstelle für die Strategemformel Nr. 36 findet sich in der *Geschichte der Südlichen Qi-Dynastie* von Xiao Zixian (489–537), und zwar in der Biographie des Wang Jingze. Wang Jingze war ein General unter dem Kaiser Gao (479–482), dem Gründer der Südlichen Qi-Dynastie, in der Zeit der China unter sich aufteilenden Südlichen und Nördlichen Dynastien (420–589). Wang Jingze konnte kaum lesen und schreiben, war aber hellwach und verschlagen. Nach Kaiser Gao bestieg Kaiser Ming den Thron und ließ die alten Beamten töten. Über die weiteren Geschehnisse berichtet die *Geschichte der Südlichen Qi-Dynastie* in der «Biographie des Wang Jingze»:

Als der Kaiser schwer krank darniederlag, rebellierte Wang Jingze Hals über Kopf. Der zweite Sohn des Kaisers, der Herzog von Donghun, befand sich im Prinzenpalast und erörterte mit anderen Anwesenden, wie man gegen den Aufstand vorgehen könne. Er schickte jemanden aufs Dach, damit er Ausschau halte. Der sah ein Gebäude brennen. Der Prinz wähnte, Wang Jingze sei bereits in der Nähe, raffte eilends die nötigste Habe zusammen und wollte weglaufen. Als Wang Jingze davon erfuhr, sagte er: «Von den 36 Strategemen des ehrenwerten Herrn Tan [Daoji] ist Wegrennen das beste. Lauft so schnell wie möglich weg, Vater und Sohn!» Auch in der Biographie des Wang Jingze in der *Geschichte der Südlichen Dynastien* von Li Yanshou (Tang-Zeit, 618–907) findet sich der Satz: «Lauft so schnell wie möglich weg, Vater und Sohn!» Und als Ergänzung: «Denn Wang Jingze machte sich über Tan Daoji, der dem Kampf mit dem Staat Wei ausgewichen war, lustig.» Die Selbstsicherheit Wang Jingzes entbehrte allerdings der Grundlage: Seine Erhebung scheiterte, und er kam dabei um. Der ehrenwerte Herr Tan (?–436 n. Chr.), mit dessen Namen Wang Jingze die 36 Strategeme verknüpfte, erwarb sich große Verdienste um die Gründung der Südlichen Song-Dynastie (420–479), deren Nachfolgerin die Südliche Qi-Dynastie (479–502) wurde. Nachdem Kaiser Wen den Thron bestiegen hatte, wurde Tan Daoji zum verantwortlichen General für den Feldzug gegen den Süden ernannt, um den Krieg gegen Wei zu führen. In über dreißig Schlachten blieb er immer siegreich. Als später der Nachschub ausblieb, zog er unter Einsatz ausgeklügelter Strategeme seine Truppen zurück (s. *Strategeme* Bd. I, Einführung, «Die 36 Strategeme des ehrenwerten Herrn Tan»). Bei seinem Rückzug benutzte General Tan verschiedene aufeinander abgestimmte Strategeme wie das des Scheinaufmarsches und das des Zwietrachtsäens und andere. Infolgedessen wagten die Truppen von Wei nicht, die Verfolgung aufzunehmen. So gelang General Tan der sichere Rückzug. Wang Jingze machte sich über General Tan lustig, weil dieser der Armee von Wei aus dem Wege ging. Wie wir aber die Dinge heute sehen, beweist Wang Jingzes Hohn nur, daß er von Strategemen nichts verstand. Obwohl Wang Jingze das 36. Strategem offenbar nicht sehr schätzte, fällt ihm gleichwohl die Ehre zu, der Schöpfer der Strategemformel Nr. 36 zu sein.

36.1    Das Stratagem Nr. 36 im September 1962

Über die Jahrhunderte hinweg erinnerten sich chinesische Literaten an die 36 Strategeme des ehrenwerten Herrn Tan, insbesondere an sein 36. Strategem, das Davonlaufen. So schreibt der Dichter Lu You

(1125–1210) in einem Gedicht, das er im Jahre 1174 verfaßte, bei einem Weingelage habe er «unvermittelt das Stratagem des ehrenwerten Herrn Tan ausgeführt» und sich davongemacht.

Nicht um das Davonschleichen von einem harmlosen Bankett ging es dem Dichter, Künstler, Historiker und Journalisten Deng Tuo (1912–1966), als er viele Jahrhunderte später einen ganzen Aufsatz den 36 Strategemen des ehrenwerten Herrn Tan widmete und zum Schluß das letzte Stratagem hervorhob. Deng Tuo gehörte zu jenen chinesischen Intellektuellen, die sich, auf der Suche nach einer neuen gesellschaftlichen Ordnung, schon in jungen Jahren der kommunistischen Bewegung zuwandten. Im Juli 1949 gehörte der 38jährige dem Vorbereitungskomitee für die Bildung eines Gesamtchinesischen Journalistenverbandes an, dessen Vorsitz er von 1954 bis 1957 innehatte. Welches Vertrauen die Parteiführung in ihn setzte, zeigte sich darin, daß er zum Chefredaktor der *Volkszeitung,* des Organs des Zentralkomitees der Kommunistischen Partei Chinas, ernannt wurde. Diesen Posten bekleidete Deng Tuo bis 1959. Vom Januar 1959 bis zum Beginn der «Kulturrevolution» (1966–1976) gehörte er mit Wu Han (s. 26.12) und Liao Mosha (1907–1990) dem Pekinger Stadtparteikomitee der Kommunistischen Partei Chinas an.

In den frühen 60er Jahren fanden sich in Film, Theater und Presse Chinas viele Andeutungen, daß die Bevölkerung mit der immer mehr auf den «Klassenkampf» ausgerichteten Politik Maos unzufrieden sei. In dieser Atmosphäre verfaßte Deng Tuo seine *Abendgespräche am Schwalbenberg* (deutsche Übersetzung von Joachim Glaubitz unter dem Titel *Opposition gegen Mao,* Olten 1969). In den 153 Essays, die von März 1961 bis September 1962 vorwiegend in der *Pekinger Abendzeitung* erschienen, bediente sich Deng Tuo unter anderem des Stratgems Nr. 26 in seiner Variante «Vergangenes benutzen, um damit Gegenwärtiges zu verspotten» (s. 26.9). In einigen Essays brachte er es darin zu wahrer Meisterschaft. Anlaß zur Kritik boten der wirtschaftliche Mißerfolg des «Großen Sprungs» und die daraus für China resultierenden Schwierigkeiten sowie diverse sonstige Mißstände.

In seiner Serie in der *Pekinger Abendzeitung* veröffentlichte Deng Tuo als letztes einen Essay über die 36 Strategeme. Zunächst setzt er sich allgemein mit den 36 Strategemen und ihrer Geschichte auseinander, um dann auf das 36. Stratagem zu sprechen zu kommen. Dessen Genesis schildert er genau, denn offenbar gedenkt er es selbst anzuwenden: weglaufen oder, mit anderen Worten: die *Abendgespräche* einstellen. Als bemerkenswert erschien damaligen Beobachtern der

Zeitpunkt, zu dem Deng Tuo die *Abendgespräche* abblies: am 2.9. 1962, drei Wochen vor der 10. Plenartagung des Zentralkomitees, auf der Mao Zedongs Führungsanspruch erneut bestätigt wurde. Die Tagung nahm den Kampf gegen die «modernen Revisionisten» als neues Ziel der Partei in den Text des Abschlußkommuniqués auf. Wie sich bald herausstellen sollte, war das nicht nur eine Kampfansage an die ausländischen «Revisionisten» wie Chruschtschow und Tito, sondern ebenso an die sogenannte revisionistische Gefahr im eigenen Lande. Die «Rote Fahne», das theoretische Organ der Kommunistischen Partei Chinas, begann damals unüberhörbar vor revisionistischen Tendenzen in Literatur und Kunst zu warnen.

Deng Tuo verfaßte zwar unter einem Pseudonym noch bis Juli 1964 gemeinsam mit Wu Han und Liao Mosha die *Notizen aus dem Dorf der drei Familien,* aber das Ende einer relativ großen Freiheit auf kulturellem Gebiet, die besonders die Jahre 1960 bis 1962 kennzeichnete, begann schon Anfang 1963 spürbar zu werden. Auf dem 10. ZK-Plenum im September 1962 hatte Mao Zedong gesagt: «Um eine politische Macht zu stürzen, ist es immer notwendig, vor allem die öffentliche Meinung zu gewinnen und in der ideologischen Sphäre zu arbeiten. Das gilt für die revolutionäre Klasse genauso wie für die konterrevolutionäre» (vgl. 19.33). Der Parteichef, tatkräftig unterstützt von seinem Verteidigungsminister Lin Biao, hielt sich an diese Devise und versuchte in den folgenden Jahren die «ideologische Sphäre» Schritt für Schritt von all denen zu säubern, die in Literatur, Kunst, Philosophie, in den Massenmedien und den Bildungsinstitutionen «revisionistisches Gift» verbreiteten. Deng Tuo wurde mit seinen *Abendgesprächen am Schwalbenberg* eines der ersten Angriffsziele.

Nach dem Beginn der «Kulturrevolution» wurde Deng Tuo verfolgt. Selbst sein Chauffeur rebellierte gegen ihn und ließ ihn zu Fuß gehen. Er vergiftete sich am 18.5.1966. Am 22.2.1979 teilte die *Volkszeitung* mit, das Pekinger Stadtkomitee der Kommunistischen Partei Chinas habe unlängst beschlossen, Deng Tuo zusammen mit Wu Han und Liao Mosha zu rehabilitieren. Die drei wurden nun als mutige Männer und Vorbilder hingestellt, die auszusprechen wagten, was andere nicht auszusprechen wagten, und die vom unerschrockenen Geist, «gegen den Strom zu schwimmen», beseelt gewesen seien. In diesem Artikel wird übrigens behauptet, der Essay über die 36 Strategeme mit der Betonung des «Weglaufens» sei zufällig der letzte in der Reihe der *Abendgespräche* gewesen. Denn schließlich habe Deng Tuo noch bis 1964 an den (während der «Kulturrevolution» ebenfalls heftig angegriffenen) *Notizen aus dem Dorf der drei Familien* mitgearbeitet. Die Deutung, Deng Tuo habe mit dem Essay über die 36 Strategeme ein Rückzugssignal geben wollen, sei eine aus der Luft gegriffene, boshafte Unterstellung des «kulturrevolutionären» Propagandisten Yao Wenyuan (s. 22.11) gewesen. Dessen Version hatten mir noch während meines Studiums an der Peking-Universität (1975–77) chinesische Kommilitonen bestätigt.

## 36.2 Die verlassene Kommunistenhochburg

«Man muß die Beziehungen zwischen ‹Weglaufen› und ‹Kämpfen› gut im Griff haben», schreibt Chen Bojiang in der *Volkszeitung* (Peking 24.10.1996, S.9). «Einerseits muß man sich von einer schädlichen kampfvermeidenden Ausreißer-Mentalität abgrenzen, andererseits muß man sich aber auch vor einem gefährlichen Draufgängertum hüten, das sich gegen einen überlegenen Gegner in den Kampf stürzt. Einerseits muß man die gegnerische Fülle meiden und sich der gegnerischen Leere [s. Strategem Nr.2] zuwenden, andererseits muß man den Wagemut haben, nötigenfalls eine erbitterte Schlacht zu schlagen [...]. Ist Weglaufen angezeigt, sollte man weglaufen, ist Kämpfen angesagt, sollte man kämpfen. Zeichnet sich ein Sieg ab, dann kämpft man bis ans Ende. Kann man aber nicht siegen, sollte man weglaufen, um unter günstigeren Bedingungen nach einem Sieg auf dem Schlachtfeld zu sterben.»

Nicht, daß man kämpfen, sondern daß man unter bestimmten Umständen wegrennen soll, ist in diesem Zitat der bemerkenswerte Rat. Dies entspricht ganz dem Geist des 36. Strategems. Man stelle sich vor, die Deutschen hätten mitten im Zweiten Weltkrieg mit Bedacht Berlin aufgegeben und alliierte Truppen in der Hauptstadt des Reiches einmarschieren lassen! Undenkbar. Das Undenkbare geschah aber seitens der kommunistischen Roten Armee während des chinesischen Bürgerkrieges (1945–1949). Unter starkem feindlichen Druck beschloß das Zentralkomitee der Kommunistischen Partei Chinas, Yan'an (im Norden der Provinz Shaanxi) zu räumen. Das zahlenmäßige Verhältnis zwischen den Guomindang-Truppen und den Kommunisten belief sich auf 10:1 (*Volkszeitung*, Peking 5.12.1989). Yan'an war von 1937 bis 1947 der Sitz des Zentralkomitees der Kommunistischen Partei Chinas beziehungsweise «die erste Hauptstadt des kommunistischen Chinas», (*Le Petit Robert* 2, Paris 1990, S.1146) und gilt als eine «heilige Stätte der Revolution». Am 19.3.1947 marschierte nun der Guomindang-General Hu Zongnan (1902–1962) mit etwa 230 000 Mann in Yan'an ein. Sogleich ließ Präsident Tschiang Kai-schek, der Oberbefehlshaber der Guomindang-Truppen, eine triumphierende Siegesmeldung verbreiten. Die Bevölkerung in der damaligen Hauptstadt Chinas Nanjing und an anderen Orten wurde von der Guomindang-Regierung angehalten, den «großartigen Sieg im Norden von Shaanxi» mit Lampions und farbigen Seidenbändern zu feiern. Aus- und inländische Reporter wünschten, die eroberte Hochburg der Kommunisten zu besichtigen. Das brachte General Hu Zongnan in arge Verlegenheit, denn er hatte eine leere Stadt erobert. So ließ er denn in der Umgebung von Yan'an zehn «Gefangenenlager» errichten. In die steckte er 1500 seiner eigenen Soldaten und 500 Leute aus dem Volk, die er als «kommunistische Kriegsgefangene» verkleiden ließ. Tschiang Kai-schek sprach ihm eine Belohnung zu und verlieh ihm eine Auszeichnung (*Lesefrüchte-Zeitung,* Peking Nr. 642, 23. 7. 1989, S. 7).

Nachfolgend die Ereignisse, wie Tian Fang sie in der *Volkszeitung* (Peking 5. 12. 1989) zusammenfaßt: «Ein kleiner Stoßtrupp unsererseits hatte sich der Armee von General Hu gezeigt und spiegelte dann einen Rückzug in Richtung Nordwesten vor. Die Hauptstreitmacht unserer nordwestlichen Feldarmee hatte nördlich von Yan'an, in Qinghuabian, einen Hinterhalt gelegt. Dort wurde die 132. Brigade von General Hu überrumpelt und vernichtet. Das war nur möglich, weil unsere Truppen sich wie Fische im Wasser bewegten. Die Bevölkerung hielt dicht, der Feind erfuhr über uns nichts, wir aber erfuhren alles über den Feind. [...] Die über 200 000 Mann starken, in Yan'an zusammengezogenen feindlichen Kräfte konnten wir unmöglich in dieser kompakten Konzentration vernichten. Wenn es uns aber gelang, sie zu einem weiteren Vormarsch gegen Norden zu verleiten, zwangen wir sie, zur Sicherung des Vormarsches zahlreiche Einzelstützpunkte aufzubauen. War gewährleistet, daß die Hauptstreitmacht nicht mehr rechtzeitig helfend eingreifen konnte, waren wir in der Lage, diese feindlichen Stützpunkte jeweils einzeln mit unserer relativen Übermacht anzugreifen und den Feind dort zu vernichten. Da andere Truppenteile zur Hilfe herbeieilten, wir aber uns vor Ort befanden, konnten wir ‹ausgeruht den erschöpften Feind erwarten› [s. Stratagem Nr. 4], günstige Gelegenheiten zum Kampf ergreifen und die sich im Anmarsch befindlichen größeren Truppenteile attackieren. Durch die Ansammlung vieler kleiner Siege wurde schließlich ein großer Sieg erzielt. Später gewannen wir die Schlacht bei Panlong, und am 21. 4. 1948 mußte Hu Zongnan Yan'an verlassen.»

1981 erschien in Taipeh in englischer Sprache *A Pictorial History of the Republic of China: its Founding and Development* (2 Bände). Der Eroberung von Yan'an im März 1947 wird hier ein eigener Abschnitt gewidmet, in dem die Operation Hu Zongnans nach wie vor als gewaltiger Sieg gewürdigt wird. Auf einer Fotografie sieht man den Präsidenten Tschiang Kai-schek bei seiner Inspektion Yan'ans am 7. 8. 1947, ein weiteres Foto zeigt laut Bildlegende «ein trostloses Yan'an, das Ergebnis jahrelanger kommunistischer Besetzung», und neben einer dritten Fotografie steht: «Mao Zedong flieht angesichts der Regierungsoffensive aus Yan'an und ist zurückgestutzt in die Rolle eines umherirrenden Bandenchefs». Ob wohl die Verfasser dieser Chronik die Funktionsweise des 36. Strategems verstanden haben?

## 36.3 Die ergänzte Sempé-Karikatur

Eine Rotte von Menschen drängt sich von links ins Bild. Jeder trägt oder schiebt auf einem Wägelchen oder einem Fahrrad eine große Kiste. Auf die Kisten sind Schriftzeichen geschrieben, die, hintereinander gelesen, «Ramschware» bedeuten. Die Leute schwenken Papierbögen mit der Inschrift «Wir wollen die Ware zurückgeben». Natürlich wollen sie auch Schadenersatz. Die Gruppe bewegt sich auf ein Häuschen zu, das ein Schild als das Büro des Fabrikdirektors ausweist. In der der Menge entgegengesetzten rechten Bildhälfte sieht man den Fabrikdirektor mit erschrockener Miene durch das weit geöffnete Fenster steigen und die Flucht ergreifen. Die Bildlegende der verantwortungslose Produzenten minderwertiger Produkte geißelnden Karikatur in der *Chinesischen Jugendzeitung* (Peking 4. 3. 1986) besagt: «Weglaufen ist das beste Stratagem».

In der Shanghaier *Kulturtreff-Zeitung* vom 26. 6. 1982 zeigt eine nicht genauer ausgewiesene «ausländische Karikatur» zwei Schachspieler. Am auffallendsten ist aber eine Schachfigur, offensichtlich der König, die in hohem Bogen vom Tisch heruntergesprungen ist und mit großen Sätzen davonrennt. Die beiden Schachspieler blicken ihr konsterniert nach. Dieselbe Witzzeichnung erschien auch in dem Comic strip «Lustige Cartoons aus der ganzen Welt» (Guangdong 1982). Die Bildlegende lautet beide Male: «Wegrennen ist das beste der 36 Stratageme». Ich erkundigte mich beim Diogenes Verlag (Zürich) nach dem Original. Es handelte sich um eine Sempé-Zeichnung, erschienen in *Der Morgenmensch* (Zürich 1984). «Weder in der französischen noch in unserer Ausgabe findet sich eine Legende zu dieser Zeichnung. Sie spricht ja für sich selbst», schrieb mir der Diogenes Verlag am 8. 10. 1986. Bemerkenswert ist die strategemische chinesische Verfremdung der Karikatur, die in China übrigens seitenverkehrt wiedergegeben wird. Hier zeigt sich an einem ganz kleinen Beispiel, wie Chinesen dazu neigen, die Welt, selbst wenn sie in einer Witzzeichnung dargestellt ist, strategemisch wahrzunehmen. Vielleicht kann man auch sagen: Chinesen und Europäer denken sich beim Betrachten der Sempé-Karikatur dasselbe, nur: Der Chinese verbalisiert, was der Europäer für sich behält.

## 36.4 Ein Strategem genügt der Katze, 100 Listen frommen nicht dem Fuchs

Eine Katze begrüßt devot den listenreichen Fuchs, der auf die höfliche Anrede unwirsch reagiert. Er tituliert sie als Bartputzer, Narr, Hungerleider und Mäusejäger und examiniert sie sehr von oben herab: «Was hast du gelernt? Wie viele Künste verstehst du?» Die Katze räumt bescheiden ein, daß sie nur eine einzige Kunst kennt: «Wenn die Hunde hinter mir her sind, so kann ich auf einen Baum springen und mich retten.» – «Ist das alles?» sagt der Fuchs. «Ich bin Herr über 100 Künste und habe überdies noch einen Sack voll Listen. Du jammerst mich, komm mit mir, ich will dich lehren, wie man den Hunden entgeht.» Beim Herannahen eines Jägers mit seinen Hunden rettet sich die Katze auf einen Baum und verspottet von oben den Fuchs, der schon von den Hunden gepackt ist, mit den Worten: «Bindet den Sack auf, Herr Fuchs, bindet den Sack auf.» Im Märchen «Der Fuchs und die Katze» (in: *Die Märchen der Brüder Grimm,* München 1979, S. 269) wie auch in La Fontaines Fabel «Die Katze und der Fuchs» (in: *Oeuvres complètes* I, Paris 1991, S. 372) kommt zum Ausdruck, daß das Wegrennen mitunter 100 andere Listen aufwiegt – eine europäische Bestätigung des 36. chinesischen Stratagems!

## 36.5 Ein schlauer Hase hat drei Schlupflöcher

Der Herr von Mengchang (gest. 279 v. Chr.) war im Zeitalter der Kämpfenden Reiche Kanzler des Staates Qi (im Norden der heutigen Provinz Shandong). Privat unterhielt er mehrere tausend Schutzbefohlene, die ihm für allerlei Dienste zur Verfügung standen. Einmal ließ der Herr von Mengchang eine Bekanntmachung aushängen, in der er unter seinen Gefolgsleuten nach einem suchte, der etwas von Buchhaltung verstehe und in der Lage sei, in seinem Lehensgebiet in Xue (im Süden des Kreises Teng in der heutigen Provinz Shandong) die ihm geschuldeten Abgaben einzutreiben. Es meldete sich ein Mann namens Feng Xuan. Der Herr von Mengchang gab ihm alle Schuldkontrollmarken mit auf den Weg und sagte ihm noch: «Wenn Ihr in meinem Haushalt gesehen habt, daß etwas fehlt, dann kauft es mit den Einnahmen.»

Feng Xuan begab sich nach Xue und ließ alle Leute, die etwas schuldeten, herbeikommen. Er kontrollierte die Hälften der Schuldkontrollstäbe, die sie vorlegten, anhand der von ihm mitgebrachten Hälften der Schuldstäbe. Nachdem alle Schuldkontrollmarken überprüft waren, verkündete Feng Xuan den versammelten Schuldnern, im Auftrag seines Herrn erlasse er ihnen hiermit alle Verbindlichkeiten. In Wirklichkeit hatte der Herr von Mengchang nie so etwas angeordnet. Auf Geheiß des Feng Xuan wurden alle Schuldkontrollmarken verbrannt. Das Volk jubelte.

Eilends kehrte Feng Xuan nach Qi zurück, wo er beim Herrn von Mengchang vorsprach. «Sind alle Schuldbeträge einkassiert?» fragte er. «Ja», antwortete Feng Xuan. «Was habt Ihr auf dem Rückweg eingekauft?» – «Mein Herr, Ihr sagtet mir, wenn etwas in Eurem Haushalt fehle, soll ich es kaufen. Nach meinen Kenntnissen ist Euer Palast voll von kostbaren Gegenständen, Eure Ställe und Gehege vermögen die edlen Pferde und erlesenen Hunde gar nicht alle zu fassen. Auch an schönen Frauen habt Ihr mehr als genug. Nur etwas fehlt in Eurem Haushalt und zwar die Anhänglichkeit Eurer Lehensleute. Die, mein Herr, habe ich für Euch gekauft.»

«Wie kann man Lehenstreue kaufen?» fragte der Herr von Mengchang. «Zur Zeit besitzt Ihr das kleine Lehensgebiet von Xue», entgegnete Feng Xuan, «doch zeigt Ihr keine Fürsorge für die Leute dort, die Ihr nie wie Eure eigenen Kinder umhegt. Ihr betrachtet sie lediglich als eine Einnahmequelle. Ich habe daher vorgegeben, Ihr hättet angeordnet, daß alle Schulden erlassen seien. Die Schuldkontrollmarken wurden verbrannt, worauf die Leute von Xue Euch hochleben ließen. Auf diese Weise habe ich Euch Lehenstreue gekauft.»

Der Herr von Mengchang war gar nicht erbaut. «Gut», sagte er, «ruht Euch jetzt aus!»

Ein Jahr später entließ der neue König von Qi den Herrn von Meng-

chang aus seinem Amt. Ihm blieb nichts anderes übrig, als in sein Lehensgebiet Xue zurückzukehren. Bereits 100 Meilen von der dortigen Residenzstadt entfernt begannen ihn die Leute von Xue, die Alten stützend und die Kinder an der Hand, unterwegs zu begrüßen und willkommen zu heißen. Der Herr von Mengchang drehte sich um, schaute Feng Xuan an und sagte: «Die Lehenstreue, die Ihr für mich gekauft habt, nehme ich heute mit meinen eigenen Augen wahr.»
Feng Xuan erwiderte: «Der schlaue Hase hat drei Schlupflöcher. Nur so kann er überleben. Derzeit verfügt Ihr nur über ein Schlupfloch. Damit könnt Ihr Euch noch nicht in Sicherheit wiegen. Bitte, erlaubt mir, Euch zwei weitere Schlupflöcher zu graben.»

Der Herr von Mengchang gab ihm 50 Wagen und 500 Pfund Gold. Damit begab sich Feng Xuan westwärts in den Staat Liang. Dort suchte er den König auf und eröffnete ihm: «Der König von Qi hat den großen Minister, den Herrn von Mengchang, freigestellt. Wer ihn in seine Dienste nimmt, dessen Staat wird reich und dessen Armee wird schlagkräftig werden.»

Darauf versetzte der König von Liang seinen Kanzler in das Amt des Reichsmarschalls. So wurde der Kanzlerposten vakant. Dann beauftragt der König von Liang einen Gesandten, mit 1000 Pfund Gold und 100 Wagen nach Xue zu reisen und dem Herrn von Mengchang das Kanzleramt anzubieten. Feng Xuan war ihm bereits vorausgeeilt und sagte zum Herrn von Mengchang: «1000 Pfund Gold stellen einen gewaltigen Betrag dar, und 100 Wagen sind ein nicht zu übersehender Begleittroß. Bestimmt wird der König von Qi davon erfahren.»

Dreimal kamen Gesandte aus Liang nach Xue, aber der Herr von Mengchang lehnte das Amt in Liang jedesmal ab. Der König von Qi hörte von diesen Vorgängen, die ihn und seine Minister alarmierten. Denn allein die Möglichkeit, daß ein ehemaliger Kanzler von Qi mit all seinen intimen Landeskenntnissen und mit zweifellos unguten Gefühlen gegenüber Qi Kanzler eines anderen Reiches werden könnte, gab zu Beunruhigung Anlaß. So kam es, daß der König von Qi einen hohen Beamten mit 1000 Pfund Gold, zwei verzierten Zweispännern und einem kostbaren Schwert zum Herrn von Mengchang sandte. In einem Begleitschreiben entschuldigte sich der König von Qi beim Herrn von Mengchang für seine frühere Unhöflichkeit und bot ihm das Kanzleramt an. Aber Feng Xuan mahnte den Herrn von Mengchang zur Vorsicht und riet ihm, zunächst zu verlangen, daß Opfergegenstände für den verstorbenen König nach Xue verlegt und hier auch ein königlicher Ahnentempel erbaut werde. Der Herr von Mengchang gehörte derselben Sippe an wie die Königsfamilie, weshalb ein solcher Wunsch angemessen war. Durch den königlichen Ahnentempel auf seinem Lehensgebiet konnte der Herr von Mengchang seine Machtstellung in Xue weiter festigen. Als der Tempel errichtet war, erstattete Feng Xuan dem Herrn von Mengchang Bericht und sagte: «Eure drei Schlupflöcher sind nun vollendet. Von nun an könnt ihr unbesorgt sein.»

In der Folge amtierte der Herr von Mengchang mehrere Jahrzehnte hindurch als Kanzler, ohne daß ihm je wieder etwas Widriges zugestoßen wäre. «Das hatte er den Strategemen des Feng Xuan zu verdanken», heißt es in den *Strategemen der kämpfenden Reiche* von Liu Xiang (?–6 v. Chr.).

Die drei Schlupflöcher, die dem Herrn von Mengchang zur Verfügung standen und ihm, falls ein oder gar zwei Schlupflöcher wegfielen, jederzeit Zuflucht boten, waren die – zumindest virtuelle – Möglichkeit der Amtsausübung außerhalb von Qi, sein durch die Zuneigung der Bevölkerung und den königlichen Ahnentempel fest verankertes Lehensgebiet und seine neue errungene Stellung als Kanzler von Qi. Als eine strategische, also langfristig angelegte Maxime besagt die Redewendung «Ein schlauer Hase hat drei Schlupflöcher (jiao tu san ku)», daß man gut daran tut, sich stets mehrere Zufluchtsorte und Auswege offenzuhalten, damit man jederzeit auf eine Ausführung des 36. Stratagems bestmöglich vorbereitet ist und genau weiß, wohin man im Bedarfsfall wegläuft.

### 36.6 Wang Mengs Lebenseinstellung

«Das für mich in menschlicher Hinsicht wegweisende Sprichwort lautet: ›Der große Leitweg kommt ohne Techniken aus (da dao wu shu)‹. Ich möchte auf ganz natürliche und ungezwungene Weise dem großen Leitweg entsprechen und mich keinen Deut um die mittels Techniken (jishu) und Tricks (quanshu) ausgefochtenen kleinen Rangeleien und dadurch bewirkten kleinen Gewinne und Verluste kümmern. Ich möchte die große Weisheit (da zhi) erlernen und ein großer Weiser werden und mir nicht das Hirn nach allen möglichen Stratagemen zermartern mit dem Ergebnis, doch immer nur noch mehr ins Hintertreffen zu geraten.»

So umschreibt der Schriftsteller Wang Meng (geb. 1934, s. auch 19.32, 26.13), von 1986–1989 Kulturminister der Volksrepublik China, vormals Mitglied des Zentralkomitees der Kommunistischen Partei Chinas, derzeit (2000) Mitglied des Ständigen Ausschusses des Landeskomitees der – eher zweitrangigen – Politischen Konsultativkonferenz des Chinesischen Volkes, seine Einstellung zur Welt und zu den Menschen, die er in elf Punkten zusammenfaßt (*Dushu [Buchlektüre]*, Peking Nr. 2, 1995, S. 156). Der hier übersetzte elfte Punkt zeugt von einer Haltung, die auf einer sehr hohen und grundsätzlichen Ebene den Gehalt des 36. Strategems widerspiegelt. Eine ähnliche Haltung vertrat schon ein Beamter der Ming-Zeit (1368–1644), der das auch ihn selbst betreffende Auf und Ab der Karrieren in seiner nahen und fernen Umgebung mit derselben Teilnahmslosigkeit wahrnimmt wie das Kommen und Vergehen der Blumen im Garten und der Wolken am Himmel und damit seine völlige Abgehobenheit unterstreicht. Sein Spruchpaar zitiert mit beifälligem Kommentar das Organ des Allchinesischen Gewerkschaftsbundes, die *Arbeiterzeitung* (Peking 6. 2. 1995, S. 5): «Gunst oder Ungunst berühren mich nicht. Ich betrachte sie so wie der Blumen Blühen und Verwelken im Vorhof. Abgesetzt oder im Amte behalten zu werden läßt mich kalt. Sollen sich doch die Wolken am Himmel nach ihrem Belieben zusammenballen oder verflüchtigen!»

Es geht darum, sich aus den Niederungen des Lebens herauszuhalten beziehungsweise über den Dingen zu stehen, nicht so sehr auf banale Siege erpicht zu sein, sich von Bagatellen aller Art freizumachen, die Vorspiegelungen der Welt nicht allzu ernst zu nehmen, sich nicht an Äußerlichkeiten festzubeißen, nicht zu sehr an flüchtigen Dingen zu kleben, sich ihnen nicht total hinzugeben, kurz, es geht um eine Haltung, die Italiener «desinvoltura» und Franzosen «désinvolture» nennen: eine gewisse Nonchalance, eine gelassene Gleichgültigkeit. Oder, wie ein chinesischer Sinnspruch sagt: «Beim Gehen trage ich nichts bei mir. Beim Sitzen trage ich nichts bei mir. Wenn ich mich niederlege, trage ich nichts bei mir. Wie frei bin ich!» Wer über einen solchen Gleichmut verfügt, wendet das Strategem Nr. 36 gleichsam präventiv an. An sich schon weltentrückt, dürfte er kaum in Situationen geraten, aus denen er wegzulaufen hat.

## 36.7 Das Haarknotenspektakel

Gleich bei seiner ersten Erwähnung im chinesischen Schrifttum wird das 36. Strategem bespöttelt. Auch in späteren Zeiten wurde ihm nicht nur Lob zuteil. So schreibt der reformerische Denker und Diplomat Huang Zunxian (1848–1905), dessen 150. Geburtstag am 29. 5. 1998 in der Peking-Universität gefeiert wurde, in seinem Gedicht «Trauer über die Schlacht von Pjöngjang»: «Von den 36 Strategemen reicht keines an das Weglaufen heran.» In dieser Zeile mißbilligt er den General Ye Zhichao (?–1901 n. Chr.), den unfähigen Oberbefehlshaber der chinesischen Truppen in Korea, der während des chinesisch-japanischen Krieges im Jahe 1894, aus der Sicht Huang Zunxians verfrüht und unnötigerweise, Pjöngjang aufgab und vor den Japanern floh. «Vor einer Gefahr zurückschrecken/zurückweichen (linwei tuisuo)» wäre freilich der zur Charakterisierung von Ye Zhichaos Verhalten wohl angemessenere Ausdruck als die Strategemformel Nr. 36.

Mit Sanktionen bis hin zum Parteiausschluß bedrohen die «Bestimmungen der Disziplinarkommission des Zentralkomitees der Kommunistischen Partei Chinas betreffend disziplinarische Maßregelungen bei Verstößen von Parteimitgliedern gegen die sozialistische Moral» (in: *Kulturtreff-Zeitung,* Shanghai 18. 1. 1990, S. 2) Parteimitglieder, die bei schweren Gefährdungen von Leben und Vermögen des Volkes und von Staatseigentum «vor Gefahr zurückweichen». «Sich vor Widersprüchen zu drücken (huibi maodun)» ist übrigens eine andere offenbar weitverbreitete Haltung, die von der Kommunistischen Partei Chinas offiziell verurteilt wird. Diese Rückgratlosigkeit verkörpert etwa Xu Jingheng, ein schwächlicher Funktionär in der Kurzgeschichte «Ein Tag im Leben des Leiters der Abteilung für elektrische Maschinen» des mehrmals preisgekrönten Tianjiner Schriftstellers Jiang Zilong (geb. 1941), seit 1971 Mitglied der Kommunistischen Partei Chinas. Bei einer entscheidenden Konfrontation «entzündet Xu Jingheng ein Streichholz, steckt sich damit eine Zigarette an und beginnt hin und her zu überlegen. Er merkt, daß er, wenn er gewisse Auffassungen, die er mit sich herumträgt, auf den Tisch legen würde, damit nicht durchkäme. Da scheint es doch angemessen, das Weglaufen als das beste zu betrachten, und so sagt er mit lauter Stimme: ‹Ich kann mich hier nicht weiter um die Führungsarbeiten kümmern. Siehe zu, wie du diese Probleme löst. Ich gehe zum Genossen Yun Tao, dem Sekretär des für unsere Abteilung zuständigen Parteikomitees der kommunistischen Partei Chinas, und melde mich krank.›»

In der Song-Zeit prahlte der Palasteunuche Tong Guan (1054–1126), der wegen seiner Missetaten wenig später zusammen mit fünf anderen Würdenträgern zu den «sechs Halunken» gezählt wurde, er könne das Liao-Reich (916–1125, es erstreckte sich von der heutigen Provinz

Heilongjiang bis zur Mongolei) vernichten. In der Tat hatte er 20 Jahre lang den Oberbefehl über die chinesische Armee inne. Im Jahre 1121 gelang ihm die Unterdrückung eines Bauernaufstandes. Doch bei seinem Feldzug gegen Liao im Jahre 1122 erlitt er eine Niederlage. Tong Guan und seine Vertrauten ergriffen die Flucht. Eines Tages wurde im Kaiserpalast ein Schauspiel aufgeführt. Drei darin auftretende Mägde fielen durch ihre unterschiedlichen Haartrachten auf. Die erste Magd hatte ihre Haare über der Stirn hoch emporgeknetet. Sie sagte, sie gehöre zum Haushalt des Staatsrates Cai. Bei der zweiten Magd hing der Knoten seitlich schlaff herunter. Sie sagte, sie diene im Hause des ehemaligen Reichskanzlers Zheng. Die dritte hatte einen Kopf voller kleiner Knötchen. Sie sagte, sie unterstehe dem Marschall Tong Guan. Die Mägde wurden nach der Bewandtnis ihrer unterschiedlichen Haartempel gefragt. Die erste entgegnete: «Mein Herr begibt sich täglich zur Audienz beim Sohn des Himmels, daher heißt meine Frisur ‹Himmelswärterknoten›.» Die zweite Magd sagte: «Mein Herr lebt bereits im Ruhestand, daher heißt meine Frisur ‹sich gehenlassender Knoten›.» Die dritte Magd erklärte: «Mein Herr hat soeben Krieg geführt, meine Frisur heißt daher ‹Die 36 Knoten›.» Nun muß man wissen, daß «Haarknoten» in der chinesischen Sprache genauso ausgesprochen wird wie «Strategem (ji)». Die Schriftzeichen sind zwar verschieden, treten aber beim Sprechen nicht in Erscheinung. Indem die Magd «36 Knoten» sagte, spielte sie auf das 36. Strategem «Davonlaufen ist das beste» an. Offensichtlich diente das Frisurenschauspiel, von dem der Poet Zhou Mi (1232–1298) in einer Anekdote berichtet, zur verschleierten Verulkung des Tong Guan.

36.8 Zechpreller im alten China

In den 30er Jahren des 12. Jahrhunderts amtierte ein gewisser Zeng Zixuan in der Kommandantur im Westen der Hauptstadt. Peng Yuancai ging ihn besuchen. «Sie sprachen über Grenzbelange. Yuancai legte mit all seiner Beredsamkeit dar, daß die Offiziere an der Grenze unbrauchbar seien. Man sollte daher Gelehrte wie ihn einsetzen. Diese Äußerungen ergötzten Zeng Zixuan. Nach beendetem Gespräch ging Yuancai mit mir flußabwärts zum Tempel der Landesblüte. Dort kehrten wir ein, aßen Gemüse und teilten uns Tee. Es war ausgezeichnet. Nach dem Mahl sagte Yuancai seinem Knecht Yang Zhao, er solle zahlen. Der aber sagte, er habe vergessen, Geld mitzunehmen. Was tun?

Yuancai machte eine höchst verlegene Miene. Ich zog ihn auf und sagte: ‹Welches militärische Strategem wirst du jetzt auftischen?› Lange Zeit rieb sich Yuancai den Bart. Mich anblickend näherte er sich dann der Hintertür, verließ den Raum, wobei er aber [unter Hinweis auf einen Gang zum WC] so tat, als werde er sofort zurückkommen. Ich folgte ihm. Da rannte er. In der einen Hand hielt er seinen Hut, mit der anderen seinen Rock. Es sah aus, als ob er fliege. Ich rief ihm zu, es sei sein Sklave und nicht der Wirt, der hinter ihm herrenne. Ich lief ihm bis zum Dreiherrentempel nach. Erst hier wagte Yuancai, einen Blick zurückzuwerfen. Keuchend hielt er an. Sein Gesicht hatte jede Farbe verloren. Er sagte: ‹Wenn man mit der Peitsche auf das Haupt des Tigers schlägt und wenn man den Bart des Tigers streichelt, kann man wohl kaum verhindern, im Rachen des Tigers zu landen.› Mit diesem Vergleich meinte er offenbar die Unverfrorenheit der unbezahlten Zeche. Erneut spottete ich: ‹Und wenn man dein Tun vom Standpunkt der Kriegskunst aus betrachtet?› Yuancai antwortete: ‹Von den 36 Strategemen ist Weglaufen das beste.›»

Die scherzstrategemische Geschichte nimmt jene Intellektuellen auf den Arm, die zwar, wie zu Beginn der Anekdote angedeutet, in großspuriger Weise über das angeblich unfähige Militär herziehen, selbst aber die Kunst des Krieges gerade mal auf einem hanebüchenen zivilen Niveau anzuwenden wissen. Zu finden ist das Histörchen in den *Nachtgesprächen im kalten Studio* des buddhistischen Mönchs Hui Hong (12. Jh. n. Chr.), des Onkels von Peng Yuancai.

### 36.9 Den Bart rasiert und den Beamtentalar weggeworfen

In den Wirren der chinesischen Kaiserzeit wußte die Regierung der Qing-Dynastie (1644–1911) nicht mehr ein noch aus. Um die Lage in der Rebellenprovinz Sichuan unter Kontrolle zu bringen, ernannte sie zunächst Cen Chunxuan (1861–1933) zum Vermittler. An ihn hatte die Bevölkerung Sichuans gute Erinnerungen, denn als ehemaliger Gouverneur von Sichuan hatte er streng auf die Einhaltung der Gesetze geachtet und bestechliche Beamte unnachsichtig bestraft. Wenig später erhielt aber zusätzlich der Mandschure Duanfang (1861–1911) den militärischen Oberbefehl über Sichuan mit dem Auftrag, zwei Brigaden der Hubei-Armee dorthin zu führen und den Aufstand zu ersticken. So versuchte die Qing-Regierung, nach dem Strategem «Zuckerbrot und Peitsche» vorzugehen. Vor seiner Abreise nach Sichuan schickte Cen Chunxuan ein äußerst geschickt verfaßtes, gefühlvolles, nur 500 bis 600 Schriftzeichen zählendes Telegramm an «Alt und Jung in Sichuan». Er nannte sich beim Vornamen und redete von Vätern und Brüdern in «Shu», womit er eine altehrwürdige Bezeichnung für Sichuan verwendete. Der Text wurde sogleich überall in Sichuan bekanntgemacht, die Belagerung Chengdus wurde spontan für ein, zwei Tage unterbrochen, und in der ganzen Provinz bereiteten sich die Aufständischen darauf vor, ihre Truppen zurückzuziehen. Cen Chunxuan hatte es verstanden, die Menschen mit seinem Telegramm anzusprechen, ohne seinen Rang und sein Ziel zu verleugnen. Die paar hundert Worte vermochten Millionen Soldaten zu ersetzen.

Guo Moruo (s. 32.7) meint in seinen Jugenderinnerungen, daß, wenn Cen Chunxun allein nach Sichuan geritten wäre, sich die dortige Lage wieder beruhigt hätte. Doch die Regierung wählte den Weg, der sie in den Untergang führte. Gleichzeitig schickte sie einerseits Cen Chunxuan, damit in Sichuan wieder Ruhe einkehre, und befahl andererseits Duanfang, die Rebellion rücksichtslos niederzuschlagen. Sie zeigte damit, daß sie keinem von beiden die Aufgabe allein anvertrauen wollte, und unterminierte so – das Stratagem Nr. 19 gegen sich selbst anwendend und es damit in eine Torheit verwandelnd – die Position des Vermittlers.

Cen Chunxuan kam nur bis Hankou (Provinz Hubei). Duanfang jedoch marschierte, seine Macht demonstrierend, an der Spitze einer gewaltigen Armee in Sichuan ein. Bevor er dort ankam, schickte auch er ein Telegramm. Aber es war das genaue Gegenstück zu Cen Chunxuans Botschaft an «Alt und Jung» in Sichuan. Duanfangs Telegramm war als amtliches Schreiben abgefaßt. Es war fast 10000 Schriftzeichen lang und unterschied sich inhaltlich völlig von dem Cens. Zum Beispiel hieß es darin ständig «ich, der Hochkommissar» und «ihr Bewohner Sichuans». Jetzt komme er mit seinen Soldaten, und wenn sich die Bevölkerung nicht einsichtig zeige und wenn sie es wagen sollte, sich den Befehlen der Obrigkeit zu widersetzen, werde er die Provinz in Schutt und Asche legen. Damit sahen sich die Bewohner Sichuans gezwungen, sich zu opfern. Die Unruhen in Sichuan weiteten sich aus. Am 10.10.1911 brach der Aufstand in Wuhan (Provinz Hubei) los. An dieses Ereignis erinnert in Taiwan noch heute (2000) das «Doppel-Zehn-Fest», an dem der Untergang des chinesischen Kaiserreichs und die Geburt der Republik China gefeiert werden. In einer Shanghaier Zeitung erschien damals eine Karikatur Cen Chunxuans mit der Unterschrift «Staatsrat Cen beim Abrasieren seines Bartes und Wegwerfen seines Beamtentalars».

Cen war nach seiner Ernennung zum Vermittler nicht nach Sichuan gekommen, weil seine Machtbefugnisse nicht geklärt waren, und hatte in Hankou abgewartet, wo er den Aufstand der revolutionären Armee erlebte. Es blieb ihm nichts anderes übrig, als das Weite zu suchen, wie – so Guo Moruo – Cao Cao in der Pekingoper *Angriff auf die Stadt Yuan*. Dort flüchtet Cao Cao, der sich in einem Liebesabenteuer befindet, in Frauenkleidung. Cen Chunxuan gelangte nach Shanghai und vollzog damit erfolgreich das Strategem Nr. 36. Ganz anders verhielt sich Duanfang. Er hatte sich vorgenommen, mit seinen Soldaten in Sichuan kräftig aufzuräumen. Als er Chongqing erreichte, war ihm der Rückweg bereits abgeschnitten. In dieser Stadt, einer Hochburg der Revolutionäre, begann die Moral seiner Truppen zu bröckeln. Wäre er, so Guo Moruo, so schlau gewesen wie Cen Chunxuan – hätte er sich «seinen Bart abrasiert», die Kleider gewechselt und allein die Flucht ergriffen –, hätte er seine Haut bestimmt retten können. «Dazu besaß er aber nicht den nötigen Humor», kommentiert Guo Moruo, wobei er bemerkenswerterweise Humor und Strategeme miteinander in Verbindung bringt. Auch im Deutschen kann «Witz» manchmal «List» bedeuten. Duanfang flüchtete zwar, aber zusammen mit seiner Armee, und zwar in Richtung Westen. Als er Zizhou erreichte, hatten Chongqing und auch Chengdu bereits ihre Unabhängigkeit erklärt. Er glich nun «einer auf dem Grund eines glühenden Kochtopfes umherirrenden Seele» (Guo Moruo) und wurde schließlich von Soldaten seiner eigenen Hubei-Armee getötet.

## 36.10 Spiel auf der Tastatur der Strategemformel Nr. 36

Die Strategemformel Nr. 36 hat ins Japanische, Koreanische und Vietnamesische Eingang gefunden. Eine solche Verbreitung über die Grenzen Chinas hinaus ist keiner anderen Strategemformel gelungen.

Wäre die Strategemformel Nr. 36 nicht in China selbst äußerst populär, hätte sie keine derartige internationale Ausstrahlung erlebt. Hier und da machen sich Chinesen die Volkstümlichkeit der Strategemformel Nr. 36 zunutze, indem sie sie für irgendeinen aktuellen Zweck umformulieren. Dabei ersetzen sie «weglaufen» durch ein anderes Wort. Obwohl der Rest der Strategemformel gewahrt bleibt, verliert sie ihren Strategemgehalt und will bloß noch in einer eingängigen Art und

Weise besagen, daß das Anliegen, welches das an die Stelle von «weglaufen» getretene Wort verkörpert, ungeheuer wichtig sei. «Von den 36 Strategemen ist ‹Vitalisieren› das beste», heißt es etwa in der *Abendzeitung* (Peking 2.11.1979, S. 2) im Hinblick auf die chinesische Volkswirtschaft, die nach der erst kurz zuvor zu Ende gegangenen «Kulturrevolution» (1966–1976) darniederlag. Mit Blick auf «untätiges Herumsitzen», «leeres Gerede», «das Abhalten überflüssiger Konferenzen» und so weiter legte der Vorsitzende des Autonomen Gebiets Guangxi der Zhuang-Volksgruppe auf einer Konferenz den Verantwortlichen aller Regierungsabteilungen den folgenden «Acht-Schriftzeichen-Wunsch» ans Herz: «Von den 36 Strategemen ist Zupacken das beste» (*Volkszeitung,* Peking 24.2.1992, S.4). Und sogar Mao Zedong deutete die Strategemformel Nr. 36 um. «Wir sind doch alle Chinesen. Von den 36 Strategemen ist Eintracht das beste», formulierte er im Oktober 1958 an die Adresse des verfeindeten Taiwans («Die literarischen Massen», Beilage zur *Literaturzeitung,* Shanghai Nr. 6, 21.3.1996, S.6).

## 36.11 Absprung in letzter Minute

Der eigentliche Wunschkandidat des FC Barcelona für den Posten des Goalkeepers war Vitor Baia, der portugiesische National-Torwart. Aber seine Gehaltsforderungen waren zu hoch. Also wichen die Spanier auf den deutschen National-Torwart Andreas Köpke aus und unterschrieben bereits eine entsprechende Abmachung mit ihm. Köpke sah sich schon als neuer Torhüter des FC Barcelona.

Doch nun hatte es der Präsident vom FC Porto, wo Baia spielte, auf einmal eilig. Denn ein Jahr später hätte Baia den FC Porto ohne Ablösesumme verlassen können. Zudem war ein Ersatzkeeper bereits gefunden. Also wurde der FC Barcelona mit dem FC Porto und mit Vitor Baia schnell handelseinig. In letzter Minute machten die Katalanen am 5.7.1996 gegenüber Andreas Köpke, der nur als Druckmittel im Poker um Baia benutzt worden war, von einer Ausstiegsklausel Gebrauch.

Andreas Köpke, dem die Geheimnisse des einem Vertragspartner aufgrund einer entsprechenden Vertragsklausel zu Gebote stehenden Strategems Nr. 36 offenbar unbekannt gewesen waren, reagierte mit den Worten: «Ich bin aus allen Wolken gefallen... jetzt fühle ich mich nur noch leer» (*Bild,* Hamburg 6.7.1996, S.8).

## 36.12 Weglaufen aus einer Talsohle auf einen Gipfel

Im Geschäftsleben kann das Weglaufen einen durchaus positiven Gehalt haben, indem es zu neuen Handlungsspielräumen führt. So mag auf dem Markt A der Absatz des eigenen Produkts seinen Zenit erreicht haben oder rückläufig sein. Ohne den Markt A aufzugeben, verlegt man gleichwohl einen Schwerpunkt der Geschäftsaktivitäten auf einen Markt B und erzielt dort möglicherweise Absatzrekorde. Man läuft, bildhaft gesprochen, vom Markt A weg und gewinnt einen neuen Markt B. Die äußerst erfolgreiche Eröffnung einer McDonald's-Filiale am Südende der Pekinger zentralen Straße Wangfujing betrachtet der Strategemforscher Yu Xuebin unter dem Gesichtspunkt des Stratagems Nr. 36. Er zitiert das Sprichwort «Will man reich werden, muß man in die Welt hinausschreiten (xiang facai, zouchulai)», denn «Seltenheiten sind Kostbarkeiten (wu yi xi wei gui)». So, wie McDonald's mit seinem für China neuartigen Imbiß-Angebot ein blühendes chinesisches Gegengewicht zu seinem in den USA ins Stocken geratenen Geschäftsverlauf habe aufbauen können, verdienten Chinesen mit China-Restaurants im Westen oft mehr als in China selbst.

Eine andere Variante des kommerziellen Weglaufens besteht darin, rechtzeitig auf Marktprognosen zu reagieren und ein derzeit noch erfolgreiches, in absehbarer Zukunft aber nicht mehr gefragtes Produkt früh genug aufzugeben und durch ein neues zu ersetzen. So habe eine Fabrik in der Stadt Qinghuangdao (Provinz Hebei) bis 1988 mit größtem Erfolg Brauereianlagen produziert, dann aber aufgrund einer Marktanalyse festgestellt, daß die Zeit, da in China überall Brauereien wie Pilze aus dem Boden schossen, bald vorbei sein werde. Darauf gab die Fabrik das nach wie vor gut laufende Geschäft mit den Brauereianlagen auf und versorgte sich im Ausland mit der fortschrittlichsten Technologie für die Produktion von Anlagen zur Herstellung von Tabak. Sie verlegte sich ganz auf diese neue Ware und änderte sogar ihren Namen in «Tabakmaschinenfabrik» um. Im Gegensatz zu den Brauereianlagenfabriken erlitt dieses Unternehmen keinerlei Rückschläge.

## 36.13 Zur Philosophie des Weglaufens

Der Grundsatz «nichts unternehmen (wu wei)» aus Lao Zis *Daodejing* inspiriert das Stratagem Nr. 36 ebenso wie die Maxime «klug und weise sein Leben bewahren (mingzhe baoshen)», die auch negativ im

Sinne von «nur um die eigene Haut besorgt sein» ausgelegt wird. Der jahrtausendealte Orakelratgeber *Buch der Wandlungen* steht ebenfalls in einer gewissen Weise beim Strategem Nr. 36 Pate, trägt doch das 33. Hexagramm die Bedeutung «Rückzug» und leitet den Ratsuchenden an, verschiedene Arten des Abgangs, auch angesichts feindlicher Kräfte, zu erwägen.

Verborgen hält man sich – was auch als eine Form des Weglaufens angesehen werden kann –, wenn auf Erden Unordnung herrscht, um nur dann in Erscheinung zu treten, wenn Ordnung eintritt. So steht es in den *Gesprächen* (2. Jh. v. Chr.), der wichtigsten konfuzianischen Schrift (Kap. 8.13). Seint Amt niederlegen und den Hof verlassen soll ein Beamter, der seinen Herrscher dreimal wegen unrechten Verhaltens ermahnt hat, ohne daß dieser auf ihn hört, legen die konfuzianischen *Aufzeichnungen über die Riten* (2./1. Jh. v. Chr.) nahe.

Ein noch heute als Redewendung geläufiger Ratschlag, der der Strategemformel Nr. 36 nahekommt, findet sich im *Kommentar des Zuo* (ca. 5. Jh. v. Chr.): «In Erkenntnis der Schwierigkeiten den Rückzug antreten (zhi nan er tui).» – «Weiche dem Feind, wenn er voller Kraft ist», wird in Kapitel 7 von *Meister Suns Kriegskunst* ans Herz gelegt, und in Kapitel 3 heißt es: «Ist man genauso stark wie der Feind, kann man den Kampf aufnehmen; ist man etwas schwächer, muß man fluchtbereit sein; ist man in jeder Hinsicht unterlegen, muß man in der Lage sein, den Feind ganz zu meiden. Denn wie entschlossen auch eine kleine Streitmacht kämpfen mag, sie wird dem starken Feind unterliegen.» Das sieht auch Mencius (um 372–289), der zweitwichtigste Konfuzianer, so: «Der Kleine kann gewiß nicht den Großen, die Minderzahl nicht die Mehrzahl und der Schwache nicht den Starken angreifen» (Kap. I.1.7.17). «Kann man nicht siegen, ziehe man sich schnell zurück» heißt es auch in *Meister Wus Kriegskunst,* angeblich verfaßt von Wu Qi (gest. 381 v. Chr.), in endgültiger Fassung aber erst seit der 2. Hälfte des 11. Jh. vorliegend. Eine etwas andere Formulierung desselben Grundgedankens präsentiert das Werk *Huainanzi* aus dem 2. Jh. v. Chr. (s. 19.3): «Ist man voll [hier im Sinne von ‹schwach› im Vergleich zum Feind], dann laufe man weg.» Diesen Gedanken präzisiert das Militärtraktat *Außergewöhnliche Planungen in 100 Schlachten,* dessen ältester Druck aus dem Ende des 15., beginnenden 16. Jh. datiert: «Wenn bei einer militärischen Auseinandersetzung auf der Feindesseite viele und auf der eigenen Seite nur wenige kämpfen, wenn zudem die Geländeverhältnisse ungünstig sind und wenn man auch mit aller Gewalt nichts ausrichten kann, sollte man sich eilends zurückziehen und dem Feind ausweichen. Nur so kann die ganze Truppe intakt erhalten bleiben.»

36.14 Man kommt wie der Wind und geht wie der Blitz

«Weglaufen» oder «nicht weglaufen», das ist bisweilen eine schwere Entscheidung. Nicht weglaufen, obwohl man sich eigentlich davonmachen sollte, oder weglaufen, obwohl man eigentlich bleiben sollte – beides führt zu Schwierigkeiten. So ist das gekonnte «Weglaufen» nicht nur ein Strategem, sondern geradezu eine Kunst. Um sie beherrschen zu lernen, lohnen sich einige Gedanken eher technischer Natur. Es gibt unterschiedliche Arten des Weglaufens, und zwar:
  1. Ostentatives und heimliches Weglaufen: Bisweilen wird der Feind bewußt über das Weglaufen in Kenntnis gesetzt, ja, manchmal wird das Weglaufen an die große Glocke gehängt. Dadurch will man den Feind zu Gegenmaßnahmen verleiten, die man auszumünzen hofft. Heimliches Weglaufen erfordert bisweilen geeignete Vertuschungsmanöver und auf jeden Fall Schnelligkeit und Unauffälligkeit, geht es doch um Gefahrenvermeidung und um das Verhindern einer feindlichen Verfolgung.
  2. Tatsächliches und vorgespiegeltes Weglaufen: Tatsächliches Weglaufen zielt auf die Aufrechterhaltung der eigenen Kräfte. Zu diesem Zweck muß man sich aus der Reichweite des Gegners wirklich entfernen. Das vorgespiegelte Weglaufen ist demgegenüber eine Form des Angriffs oder dient der Vorbereitung einer Attacke.
  3. Eiliges und schrittweises Weglaufen: Eilig rennt man weg, wenn der Feind einem plötzlich die Gelegenheit dazu bietet oder damit der Feind die Flucht gar nicht erst oder viel zu spät bemerkt und keine wirksamen Schritte mehr ergreifen kann. «Im Krieg kommt es auf die Schnelligkeit an. Man kommt wie der Wind und geht wie der Blitz. Dann kann einen der Feind nicht zügeln», bemerkt Zhang Yu in der Song-Zeit (960–1279) in einem Kommentar zu einer den schnellen Rückzug empfehlenden Stelle in *Meister Suns Kriegskunst* (Kap. 6.10). – Beim schrittweisen Weglaufen zieht man sich ein wenig zurück und überprüft dann die Lage, um, falls alles in Ordnung ist, erneut einen Schritt zurückzuweichen und so weiter. Durch diese Art des Weglaufens will man drohende Gefährdungen rechtzeitig entdecken und abwenden.
  4. Frühes und spätes Weglaufen: Frühes Weglaufen geschieht bei

ungünstigen Vorzeichen zu einem Zeitpunkt, da die Situation noch nicht in jeder Hinsicht brenzlig geworden ist. Der Vorteil des frühen Weglaufens liegt darin, daß man noch in nichts verwickelt ist. Man kann sich vergleichsweise intakt der Gefahr entziehen und Verluste auf ein Minimum beschränken. Allerdings sollte die frühe Prognose über das drohende Unheil auch tatsächlich stimmen, denn sonst verliert man womöglich eine Siegeschance. Spätes Weglaufen zeugt von einem hohen Grad an Kampfgeist. Man entschließt sich zur Flucht im letzten Augenblick, nach der Evaluierung auch noch der entferntesten Erfolgsaussichten einer unnachgiebigen Konfrontation. So ist man sicher, keine günstige Kampfgelegenheit zu verpassen, doch ist das Weglaufen, je später es erfolgt, um so riskanter und kann mißlingen.

5. Weglaufen in weite Ferne oder in die nähere Umgebung: Im ersten Fall bringt man sich vollständig vor dem Feind in Sicherheit. Im allgemeinen besteht keine Absicht, sich bald wieder auf ihn einzulassen. Bei der zweiten Form des Weglaufens bewegt man sich nur aus dem unmittelbaren gegnerischen Schußfeld und trifft in der Regel die Vorbereitungen zu neuen Aktionen. Da man sich nach wie vor nahe beim Feind befindet, beschert diese Form des Weglaufens keine hochgradige Sicherheit.

Das Weglaufen sollte nicht blindlings vor sich gehen, sondern gestützt auf möglichst umfassende Situationsanalysen, die das Weglaufen infolge objektiver Faktoren (Kräftevergleich mit dem Feind, Frontlage, künftige Entwicklungstendenzen und so weiter) als die beste aller Optionen erscheinen lassen. Ferner ist zu ermitteln, welche der oben skizzierten Formen des Weglaufens am ratsamsten scheint. Derartige Erwägungen setzen einen klaren Kopf und kühles Blut voraus. Die Einzelheiten des Weglaufens (wie Motiv, Route, Zielort) müssen vor dem Feind geheimgehalten werden.

Das Stratagem Nr. 36 «ist ein weitgespanntes Stratagem von grundsätzlichem Charakter» (Yu Xuebin). Die Stratagemformel Nr. 36 beinhaltet nur den Appell wegzulaufen, gibt aber keine konkreten Vollzugsanweisungen. Dazu stehen andere Strategeme wie Nr. 1, 11, 21 etc. zur Verfügung, die je nach Lage einzusetzen sind. Was das Stratagem Nr. 21 betrifft, so bezieht es sich im wesentlichen auf den taktischen Rückzug aus einer akuten Notlage. Demgegenüber geht es beim Stratagem Nr. 36 um den großangelegten strategischen Frontwechsel beziehungsweise Rückzug. Als eine Anwendung des Stratagems Nr. 36 angesehen wird von Chinesen zum Beispiel der legendäre, sich über annähernd 10 000 Kilometer erstreckende Lange Marsch (1934–

1936) vom Süden Chinas nach Yan'an (Provinz Shaanxi), bei dem die Rote Armee, ständig von feindlichen Streitkräften bedroht und unter großen Verlusten – von 86 000 zum Marsch angetretenen Menschen erreichten 4000 das Ziel (*Neue Zürcher Zeitung*, 14. 9. 1999, S. 65) – «11 Provinzen durchquerte, 18 Berge, darunter fünf mit ewigem Schnee bedeckte, überwand und über 34 Flüsse setzte» (*Chinesische Jugendzeitung*, Peking 26. 6. 1995, S. 2).

Das Strategem Nr. 36 umfaßt das vorgespiegelte und das echte, in aller Öffentlichkeit vollzogene Weglaufen. Das Strategem Nr. 21 wird dagegen immer heimlich durchgeführt und beinhaltet stets eine tatsächliche Flucht. Im Strategem Nr. 36 gehen alle möglichen rückzugsförderlichen Strategeme auf, wogegen das Strategem Nr. 21 auf eine der vielen konkreten Ausführungsvarianten des Strategems Nr. 36 beschränkt ist.

Bei der Anwendung des Strategems Nr. 36 sind Lücken und Schwachstellen in der feindlichen Disposition auszunutzen. Ein regelrechter Waffengang während des Rückzugs ist möglichst zu vermeiden, doch kann es sein, daß die Flucht Opfer und Verluste erfordert. Durch die Geheimhaltung der eigenen Operationen, die Wahl von Umwegen, das Legen von Hinterhalten und so weiter sollte der Feind von einer Verfolgung abgehalten werden, denn nur so erreicht man das Ziel des Weglaufens, nämlich die Loslösung vom Feind.

Was Maßnahmen angeht, die dazu dienen, zu verhindern, daß ein Feind zum Strategem Nr. 36 greift, so gelten hierfür weitgehend die entsprechenden Ausführungen zum Strategem Nr. 21 und Nr. 22. Setzt man dem weglaufenden Feind nach, sollte man auf keinen Fall nur passiv hinter ihm herrennen, sondern Mittel und Wege finden, ihn zu überholen und ihm von vorn den Weg abzuschneiden. Sonst droht die Gefahr, daß man vom Feind in einen Hinterhalt oder auf einen ihm genehmen Kampfplatz gelockt wird. Man kann die Verfolgung auch lautstark abblasen mit dem Ziel, den Feind so in Sicherheit zu wiegen und ihn dann handstreichartig zu überwältigen (s. Strategem Nr. 16).

## 36.15 Der Klügere gibt nach

Man kann die Strategeme in zwei große Gruppen einteilen: Strategeme zur Anwendung in einer Position der Stärke und Strategeme zur Anwendung in einer Position der Schwäche. Im Katalog der 36 Strategeme finden sich unter den ersten 18 Strategemen eher solche zur Anwendung in einer Position der Stärke – man denke an das Strategem Nr. 4 –, wohingegen unter den Strategemen Nr. 19 bis Nr. 36 Strategeme zur Anwendung in einer Position der Schwäche überwiegen (s. zum Beispiel Nr. 21, Nr. 32, Nr. 34). Hierher gehört ganz ausgeprägt das 36. Strategem, das angesichts einer völlig hoffnungslosen Lage zum Zuge kommt, in einem verballhornten Sinne aber auch angewendet wird, um sich auf schäbige Art und Weise einer schwierigen oder unangenehmen Lage oder auch der Verantwortung zu entziehen. Im Chinesischen kann dann statt der Strategemformel Nr. 36 auch die Wendung «Auf einmal weglaufen und es [= das Problem so] aus der Welt schaffen [yi zou liao zhi]» vorkommen.

«Wegrennen ist das beste», zunächst einmal im Vergleich zu den anderen Strategemen, von denen keines mehr zu helfen vermag, vor allem aber im Vergleich zu den anderen Optionen, die angesichts eines übermächtigen Feindes zu Gebote stehen: Kampf bis zum letzten Mann, Kapitulation und Friedensschluß. Beim Kampf bis zum letzten Mann läßt man sein Leben, bei einer Kapitulation verliert man den Krieg total und bei einem Friedensschluß halb. Da ist das Weglaufen doch das beste. Die eigenen Kräfte bleiben intakt, und vielleicht ergibt sich ja später noch eine Chance zum Sieg. So wird etwa von Liu Bang (geb. zwischen 256 und 247–195), dem Begründer der dauerhaftesten aller chinesischen Kaiserdynastien Han (206 v.–220 n. Chr.), gesagt, sein Endsieg sei vor allem ein Ergebnis seines oftmaligen Vermeidens nachteiliger Kriegszüge – oder anders gesagt: seines häufigen Davonlaufens – gewesen.

Das Wegrennen an sich erscheint als ein ganz einfacher, unlistiger Vorgang, zumal beim Strategem Nr. 36 anders als beim Strategem Nr. 21 die Flucht nicht verschleiert zu werden braucht. Strategemisch ist aus chinesischer Sicht nicht der Fluchtvorgang, sondern es sind der schlaue, rechtzeitige, geistesgegenwärtige Entschluß, das Feld zu räumen, die umsichtige Vorsorge für einen Fluchtweg bei der Lancierung eines Angriffs, ja generell das Offenhalten von Ausweichmöglichkeiten.

Es gebe unendlich viel gescheite Literatur über den Angriffskrieg, über den Grabenkrieg, über Verteidigung, die Theorie des Rückzugs dagegen gebe es noch nicht, und doch sei das «diejenige Bewegung, welche einem die Freiheit, die man sich selber oder die der Gegner einem genommen hat, zurückgibt». Diese Worte sagt in einem Roman des österreichischen Essayisten und Journalisten Herbert Eisenreich (geb. 1925) der alte General Trnka während des ungeordneten Rückzugs der deutschen Armeen aus dem Osten im Zweiten Weltkrieg (zitiert aus: Anton Krättli: «Mut zum Rückzug: Herbert Eisenreichs Fragment *Die abgelegte Zeit*», in: *Neue Zürcher Zeitung,* 27.12.1985, S. 31). Der alte europäische General konnte das nur sagen, weil er die jahrtausendealte chinesische Militärtheorie nicht kannte. In China ist das Postulat des Generals, «man müsse bereit sein, den Schein des Besiegtseins auf sich zu nehmen, man müsse vom Rückzug das Odium der Niederlage nehmen», längst Allgemeingut. So schrieb etwa Mao Zedong auf dem Hintergrund uralter chinesischer Kriegserfahrungen im Dezember 1936 im Abschnitt über den Rückzug in seinem Aufsatz «Strategische Probleme des revolutionären Krieges in China»: «Der strategische Rückzug ist eine planmäßige strategische Maßnahme, der sich eine schwächere Armee angesichts eines überlegenen Gegners, dessen Angriff sie nicht rasch zunichte machen kann, bedient, um ihre Kräfte zu erhalten und einen günstigeren Zeitpunkt für die Zerschlagung des Gegners abzuwarten. Ein Rückzug ist deshalb notwendig, weil man unweigerlich die Erhaltung der eigenen Kräfte gefährdet, wenn man sich nicht einen Schritt von dem angreifenden starken Gegner zurückzieht» (Mao Zedong: *Ausgewählte Werke,* Bd. 1, Peking 1968, S. 247, 252). Immerhin kennt auch die deutsche Sprache geflügelte Worte wie «Der Klügere gibt nach», die entfernt an das 36. Strategem erinnern.

Beim 36. Strategem geht es mitnichten um Eskapismus, also «eine [neurotische] Haltung, die vor der Realität und ihren Anforderungen in [wahnhafte] Illusionen oder [bewußt] in Zerstreuungen und Vergnügungen ausweicht» (*Duden: Das große Wörterbuch der deutschen Sprache,* Bd. 2, Mannheim etc. 1976, S. 755). Das 36. Strategem dient anderen Zwecken wie zum Beispiel:

1. Selbsterhaltung statt Selbstzerstörung. Von einem unüberwindlichen Hindernis soll man sich zurückziehen. Bringt man irgend etwas nicht zustande, dann lasse man so früh wie möglich davon ab und verliere keine Zeit und Kraft damit. Die Schwierigkeit, vor der man davonläuft, muß freilich von einer Art sein, daß man sie nicht zu bewältigen vermag. Das wohlverstandene Strategem Nr. 36 rät nicht, vor beliebigen Problemen davonzurennen, es befürwortet nicht Drückebergerei, Duckmäusertum und Feigheit. Nur: Man soll nicht mit Eiern gegen Steine kämpfen und draufgängerisch auf gut Glück in die Kampfarena steigen. Sind die eigenen Kräfte unzweifelhaft zu schwach, darf man sie nicht aufs Spiel setzen, sondern muß sie bewahren.

2. Schutz vor Bestrafung. So sagt in dem Roman *Die Räuber vom*

*Liangshan-Moor* (niedergeschrieben um 1330 n. Chr.) unter Tränen die Mutter des Militärinstruktors Wang Jin, als dieser ihr von der völlig ungerechtfertigten Prügelstrafe berichtet, die Gao Qiu, der neue Befehlshaber der Palasttruppen, anderntags an ihm vollstrecken wolle: «Mein Sohn, von den 36 Strategemen ist Weglaufen das beste.» Tatsächlich packen Mutter und Sohn in derselben Nacht ihre Habe und verlassen die Stadt, nachdem es Wang Jin gelungen ist, die beiden ihn beaufsichtigenden Wächter mit einem religiösen Auftrag wegzuschikken. In dem Roman *Erzählung über Hong Xiuquan* von Huang Xiaopei (Ende 19. Anfang 20. Jh.) schreibt ein junger Mann aus einem Vorort von Guangzhou (Provinz Guangdong) mit Blick auf zwei unfähige Provinzgouverneure die vier Wörter «Mißratene Söhne, mißratene Männer» auf Hunderte von Blättern und hängt sie in der ganzen Stadt auf. Darauf will man ihn verhaften. Der junge Mann begibt sich ratsuchend zu einem Bekannten, der ihm rät: «Weglaufen ist das beste der 36 Strategeme» (s. auch 19.34).

3. Rückzug zur Vorbereitung eines künftigen Siegeszugs. Nicht aus Schwäche weicht man zurück, sondern in dem Bestreben, den Gegner dadurch aus der Reserve zu locken und ihn zu einer den eigenen Interessen dienenden Bewegung zu verleiten. Im Kriege kann man den Feind durch eine vorgespiegelte Flucht zum Beispiel veranlassen, tief ins eigene Territorium einzudringen (you di shenru), wo man ihn in einen Hinterhalt lockt, oder man kann ihn dazu animieren, seine Streitmacht zu schwächen, indem er einen Teil zur Verfolgung des «flüchtigen» Gegners abkommandiert, worauf man die beiden nun plötzlich kräftemäßig unterlegenen feindlichen Truppenteile je einzeln angreifen und ausschalten kann. Nicht zu vergessen sind auch die psychologischen Auswirkungen, die eine vorgespiegelte Flucht beim Gegner hervorruft. Er wird frohlocken und in seiner Wachsamkeit nachlassen, ja vielleicht sogar übermütig werden, so daß er einer plötzlichen Attacke leichter zum Opfer fallen wird.

4. Abgang zum richtigen Zeitpunkt. Man sollte aus einer Unternehmung zu einem Zeitpunkt, da alles bestens und wunschgemäß verläuft, aussteigen. So kann man mögliche Widrigkeiten vermeiden und seinen guten Namen wahren. Diese Anwendung des Strategems Nr. 36 geht von der Einsicht aus, daß die Dinge nach dem Erreichen ihres Höhepunktes zwangsläufig einem Tiefpunkt zuzustreben beginnen (s. auch 27.25). So, wie ein bis an den Rand gefüllter Wassertrog durch einen Tropfen zum Überlaufen gebracht wird, kann der Erfolg durch die unersättliche Jagd nach neuen Höchstleistungen Schaden erleiden. Statt

der goldglänzenden Pokale bleiben nur die Scherben zerbrochener Träume, statt der blühenden bleibt eine verwelkte Blume im Gedächtnis der Menschen haften. Auf dem Höhepunkt des Erfolges abzutreten erfordert Mut und Entschlossenheit und nicht zuletzt ein gehöriges Maß an Schlauheit.

Die Anwendung dieser Variante des Strategems Nr. 36 glückte laut Yu Xuebin dem Trainer Anders Thurnström, der die schwedische Tischtennismannschaft von 1990–1993 zu immer neuen Erfolgen führte. 1991 gewann seine Mannschaft sämtliche Weltmeistertitel im Herrenwettkampf. 1992 errang Jan-Ove Waldner den Olympiasieg im Einzelwettkampf der Herren. Doch am 11.11.1992 verkündete der glänzend dastehende Trainer, er werde nach den Weltmeisterschaften im Mai 1993 zurücktreten. Der schwedische Tischtennis-Verband bat ihn inständig weiterzumachen. Doch er erklärte, er habe das Gefühl, es sei inzwischen sehr schwer für ihn geworden, sich selbst und die Sportler zu neuen spektakulären Siegen zu motivieren. Daher sei jetzt der Zeitpunkt für eine Erneuerung der schwedischen Tischtennismannschaft und für einen Trainerwechsel gekommen.

5. Umgehung einer Festlegung. Viele Politiker sind Spezialisten des Strategems Nr. 36 beziehungsweise der Kunst des Ausweichens und des Offenhaltens von Hintertüren. Fragen, die ihnen nicht genehm sind, beantworten sie nicht, sondern reden vage um den Brei herum und schweifen auf andere Themen ab. So sagte ein deutscher Politiker über einen anderen deutschen Politiker: «Es ist leichter, einen Wackelpudding an die Wand zu nageln, als [jenen Politiker] an einer Position festzumachen» (*Bild,* Hamburg 3.3.1998, S. 2).

Manche Wissenschaftler formulieren ihre Gedanken in einer schwer verständlichen Weise. Oftmals weiß man nicht, was wirklich gemeint ist und ob überhaupt etwas gemeint ist. Niemand kann nachweisen, daß da Unsinn geschrieben steht – weil ein unzweideutiger Sinn gar nicht auszumachen ist. Wer unverständlich schreibt oder spricht, wird immer ausweichen und damit das Stratagem Nr. 36 benutzen können (vgl. auch 20.20, 20.21, 29.25).

6. Entwaffnung des Gegners. Wenn man einen Vorschlag präsentiert mit einem abschließenden Satz wie: «Falls unsere Gedanken auf Ablehnung stoßen, möchten wir uns auf keinerlei Kämpfe einlassen», so hat man gute Chancen, sich durch dieses Räumen des Feldes, bevor der Kampf überhaupt begonnen hat, beziehungsweise durch diese subversive Verweigerung einer Auseinandersetzung nahezu unangreifbar zu machen.

7. Signal an die Adresse des Gegenübers. Macht dieses einen Schritt, weicht man einen Schritt zurück, erteilt aber dem Gegenüber eine Warnung. Macht dieses erneut einen Schritt, weicht man erneut einen Schritt zurück, erteilt aber wieder eine Warnung. Das Zurückweichen soll dem Gegenüber Gelegenheit geben, die Lage zu überdenken. Es ergeben sich zwei Möglichkeiten. Im ersten Fall wird das Gegenüber das Zurückweichen nicht als Zeichen der Schwäche auslegen und von nun an sehr behutsam vorgehen. Im anderen Fall wird das Gegenüber das Zurückweichen als Einladung zu forschem Auftreten betrachten und den anderen in die Ecke drängen. Jetzt aber wird zurückgeschlagen. So beschrieb der chinesische Ministerpräsident Zhou Enlai am 24.4.1963 einen von «vier philosophischen Gedanken», die Chinesen bei auswärtigen Angelegenheiten anleiten. In ähnlichem Sinn wird das Stratagem Nr. 36 auch als pädagogische Maßnahme empfohlen: Anstatt Jugendliche einem Schwall belehrender Worte auszusetzen, hält man sich als Erzieher oftmals besser zurück und läßt – womöglich viel nachhaltiger – die wortlose Ermahnung wirken (Cheng Fangping: «Der Lehrer und ‹Bücher aus verschiedenen Sparten›», in: *Licht-Tageszeitung,* Peking 17.2.1994, S.3).

8. Vermeidung von Zeitvergeudung. In dem Roman *Heiratsschicksale zur Erweckung der Welt* (Kap. 59) aus dem späten 17. Jh. möchte Herr Di, ein Techtelmechtel beabsichtigend, Frau Sun Lanji in deren Haus besuchen. Er trifft dort aber auf Frau Suns Gatten, der ihn zum Essen einlädt. Danach steht Herrn Di allerdings nicht der Sinn. «Er überlegt sich, daß sich ihm keine Gelegenheit zu einem Zusammensein mit Sun Lanji bieten werde. «Warum nicht zum 36. Stratagem greifen, wie lange soll ich damit noch warten?» Er schlägt die Einladung aus und erhebt sich von seinem Sitz.

«Entschuldigen Sie mich kurz, wir sprechen uns sicher noch» – dies ist bei Tagungen «die allgemein anerkannte Kongreßnotlüge, mit der man sich aus Zwangskonversationen befreit» (Iso Camartin: «Der Kongreß», in: *Neue Zürcher Zeitung,* 6.6.1995, S.43).

9. Wahrung eines ungestörten Daseins (s. auch 36.6). Man geht Auseinandersetzungen aus dem Weg und hält sich aus Kontroversen heraus. So bleibt man unangefochten und unbescholten. Dabei muß man allerdings aufpassen, daß sich das Fluchtstratagem nicht in eine Torheit verkehrt: «Weil die Klugen nachgeben, regieren Deppen die Welt» (s. «Neudeutsche Sprüche» gesammelt von Siegfried Röder, in: *Sprachspiegel,* Basel Nr.6, 1998, S.269). Manchmal gilt es eben, die Maxime «in Erkenntnis der Schwierigkeiten den Rückzug antreten»

auf den Kopf zu stellen und «in Erkenntnis der Schwierigkeiten vorwärtszumarschieren (zhi nan er jin)» (s. den Titel eines Artikels in: *Volkszeitung,* Peking 17.12.1998, S.7). Oder man rettet schlicht sein Leben, was in einem in der Zeit zwischen 1937 und 1945 gegen die Guomindang-Regierung gesungenen, die Fahnenflucht empfehlenden Volkslied mit dem Titel «Von den 36 Strategemen ist Weglaufen das beste» propagiert wird (in: *Chinesische Volksliedunterlagen,* 2. Teil, Bd. 2, Peking 1959, S.186f.).

«Keine Niederlage erleiden bedeutet schon siegen» beziehungsweise «durch die Vermeidung von Niederlagen den Sieg erringen» sind Maximen, welche eine geistige Grundlage des Strategems Nr.36 bilden. Sie haben ihren Ursprung in *Meister Suns Kriegskunst,* wo es heißt: «Wer zu kämpfen versteht, positioniert sich so, daß er keine Niederlage erleidet, und verpaßt keine Gelegenheit, dem Feind eine Niederlage beizubringen.»

Um sich eine niederlagenresistente Position zu sichern, sind die entsprechenden Voraussetzungen zu schaffen. Erforderlich ist zunächst eine die Selbstverteidigung ermöglichende Basiskapazität, und zwar in politischer, wirtschaftlicher und militärischer Hinsicht, wobei hier Streitkräfte, Waffenausstattung, Versorgung, gute psychologische Verfassung und andere Faktoren stimmen müssen. Des weiteren erforderlich ist die Bereitschaft zu flexiblem strategisch-taktischen Denken, das auch stets das Zurückstecken als Möglichkeit anerkennt und jegliche Unterschätzung des Feindes genauso meidet wie blindes Vorwärtsstürmen. Nach Möglichkeit sollte man beim Wechselspiel zwischen Offensive und Defensive das Heft in der Hand behalten und stets in der Lage bleiben, das Gegenüber zu steuern und nicht vom Gegenüber gesteuert zu werden. Läßt sich absehen, daß die Lage sich ungünstig gestalten wird, sollte man entschlossen rechtzeitig das 36. Strategem umsetzen. Oder, um mit einigen Zeilen aus einem Gedicht von Johann Wolfgang von Goethe (1749–1832) zu schließen:

Listiges Weichen, falsche Flucht,
Waffen gegen Eifersucht,
Mächtiger als Lanz und Stahl.
Mußt dich ja des Trugs nicht schämen.
Leise Treten, klug Benehmen,
Sie betören den Rival.

# Der Katalog der 36 Strategeme

Die 36 Strategeme –
gestützt auf das älteste Traktat *Sanshiliu Ji (Miben Bingfa)*
Die Texteinfügungen in den eckigen Klammern dienen dem besseren Verständnis der aus nur 4 bzw. 3 chinesischen Schriftzeichen bestehenden Strategemformeln

1. Den Himmel täuschend das Meer überqueren/den Kaiser täuschen [, indem man ihn in ein Haus am Meeresstrand einlädt, das in Wirklichkeit ein verkleidetes Schiff ist] und [ihn so dazu veranlassen,] das Meer zu überqueren
2. [Die ungeschützte Hauptstadt des Staates] Wei belagern, um [den durch die Hauptstreitmacht des Staates Wei angegriffenen Staat] Zhao zu retten
3. Mit dem Messer eines anderen töten
4. Ausgeruht den erschöpften Feind erwarten
5. Eine Feuersbrunst für einen Raub ausnützen
6. Im Osten lärmen, im Westen angreifen
7. Aus einem Nichts etwas erzeugen
8. Sichtbar die [verbrannten] Holzstege [durch die Gebirgsschluchten von Hanzhong nach Guanzhong wieder] instandsetzen, insgeheim [aber vor beendeter Reparatur auf einem Umweg] durch Chencang [nach Guanzhong] marschieren
9. [Scheinbar unbeteiligt] die Feuersbrunst am gegenüberliegenden Ufer beobachten
10. Hinter dem Lächeln den Dolch verbergen
11. Der Pflaumenbaum verdorrt anstelle des Pfirsichbaums/den Pflaumenbaum anstelle des Pfirsichbaums verdorren lassen
12. Mit leichter Hand das [einem unerwartet über den Weg laufende] Schaf [geistesgegenwärtig] wegführen
13. Auf das Gras schlagen, um die Schlangen aufzuscheuchen [und dadurch in Erfahrung zu bringen, ob und wo im Gras Schlangen lauern/um die Schlangen zu verjagen]
14. Für die Rückkehr der Seele einen Leichnam ausleihen
15. Den Tiger vom Berg in die Ebene locken
16. Will man etwas fangen, muß man es zunächst loslassen
17. Einen Backstein hinwerfen, um einen Jadestein zu erlangen
18. Will man eine Räuberbande unschädlich machen, muß man deren Anführer fangen
19. Unter dem Kessel das Brennholz wegziehen
20. Das Wasser trüben, um die Fische zu ergreifen/Im getrübten Wasser fischen
21. Die Zikade entschlüpft ihrer goldglänzenden Hülle
22. Die Türe schließen und den Dieb fangen
23. Sich mit dem fernen Feind verbünden, um den nahen Feind anzugreifen

24. Einen Weg [durch den Staat Yu] für einen Angriff gegen [dessen Nachbarstaat] Guo ausleihen [, um nach der Besetzung von Guo auch Yu zu erobern]
25. [Ohne Veränderung der Fassade eines Hauses in dessen Innerem] die Tragbalken stehlen und die Stützpfosten austauschen
26. Die Akazie schelten, [dabei aber] auf den Maulbeerbaum zeigen
27. Den Tölpel spielen, ohne den Kopf zu verlieren/Verrücktheit mimen, ohne das Gleichgewicht zu verlieren
28. Auf das Dach locken, um dann die Leiter wegzuziehen
29. [Dürre] Bäume mit [künstlichen] Blumen schmücken
30. Die Rolle des Gastes in die des Gastgebers umkehren
31. Das Strategem der schönen Frau/Sex-, Korrumpierungs-Strategem
32. Das Strategem der Öffnung der Tore [einer in Wirklichkeit nicht verteidigungsbereiten Stadt]
33. Das Strategem des Zwietrachtsäens
34. Das Strategem der [Selbst]verletzung
35. Das Ketten-Strategem/die Strategem-Verkettung
36. [Rechtzeitiges] Weglaufen ist [bei sich abzeichnender völliger Aussichtslosigkeit] das beste

# Personenregister

Abacha 636
Abel 499
Aconcio, Giacomo 638
Adorno, Theodor W. 441, 769
Aesop 160f., 206, 245
Albertini, Rudolf von 759
Albright, Madeleine 211, 243
Aldeeb, Sami 61
Alexander VI. 275
Alexander, Zar 466f.
Allende, Salvador 451f.
al-Raschid, Harun 532
d'Amato, Anthony 377
Ambrosius 400
Ames, Roger T. 45
Ammann, Ludwig 373
Andric, Zoran 470
Annam 211
Antaios 84f.
Ao Teng 529f.
Aphek, Edna 394
Aquin, Thomas von 64, 724
Arbenz, Peter 759
Aretz, Tilman 377
Aristophanes 133
Arndt, Alexander 333
Arndt, Ernst Moritz 319
Ashdown, Paddy 315
Attali, Jaques 124
Augstein, Rudolf 323, 386, 638
Az-Zabba' 672

Bai Gui 21f.
Bai Juyi 416
Bai Qi 261
Baia, Vitor 795
Bal Thakeray 405
Balladur, Edouard 119
Baltensperger, Ernst 539
Balzac, Honoré de 157
Ban Chao 255, 303
Ban Gu 41, 153, 444
Bao Yugang 300f.
Barthes, Roland 62
Basiles 396
Bathseba 65
Batzli, Stefan 188, 753
Bauer, Franz 277

Bauer, Wolfgang 368, 586
Baum-Bodenbender, Rosel 729
Bayern, Welf von 396
Bechstein, Ludwig 396
Beck, Albrecht 539
Beck, Ulrich 758, 763, 769
Bei Dao 483
Beltz, Walter 500
Bendz, Gerhard 670
Bentivoglio, Giovanni 275
Berg, Birgit 134
Berger, Klaus 732
Berger, Peter E. 447
Béroud, Gérald 69
Berry, Carol Pott 634
Berry, John A. 634
Bi Zaiyu 219, 773, 775
Bichsel, Peter 756
Bieg, Lutz 70
Bielefeldt, Heiner 753f., 757
Bierce, Ambrose 42
Bierling, Stephan 323
Bill, Max 763
Birg, Herwig 363
Bismarck, Fürst von 313, 405, 696
Blader, Susan 361
Blair, Tony 315, 390f., 547, 771
Blake, William 754
Blinzler, Josef 729
Blois, Peter of 197
Boccaccio, Giovanni 434, 468
Bohl, Elke 187
Bois, Philippe 755
Bolkestein, Fritz 536, 756
Böll, Heinrich 232
Bollag, Michael 732
Bonifatius 140
Borgia, Cesare 275
Borsig, Margareta von 81, 339
Bosslet, Karl Maria 247, 744
Boubakeur, Cheikh Si Hamza 731
Boumedienne 117
Bouvet, J. 369

Brague, Rémi 438
Brahm, Laurence J. 31
Brandt, Willy 97
Brant, Sebastian 42
Brecht, Bertolt 254, 683
Brednich, Rolf W. 509
Breschnew 117f., 565
Breuer, Stefan 766
Brewitt-Taylor, C. H. 619
Brock, Bazon 394
Brown, Nicole 131
Broyelle, Jacques 522
Brzezinski 319
Buchanan, Pat 150
Büchner, Georg 752
Buddha 81, 83, 236, 339, 341, 596ff., 676
Burckhard, Ernst 694
Bürger, Gottfried August 396
Burmeister, Karl Heinz 386
Bush, George 767
Bux, Ernst 731

Caesar 738f., 744
Cai E 233
Cai Jing 680
Cai Mao 179f., 334, 643ff., 659, 667, 699, 705
Camartin, Iso 473, 754, 805
Cano, Manuel Chico 729
Cao Cao 112f., 177f., 180f., 253, 329, 334f., 475ff., 551f., 566, 607f., 642ff., 659ff., 662ff., 697ff., 773, 794
Cao Gui 127ff.
Cao Shuang 449ff.
Cao Xueqin 30, 142, 235, 352
Carlsson, Ingvar 751f.
Casacchia, Giorgio 31, 35
Castro, Fidel 452, 545
Cen Chunxuan 792ff.
Cerutti, Herbert 562
Chabrol, Claude 547
Chaim Cohn 729
Chamisso, Adelbert von 398
Changsun Sheng 291f.
Chantraine, Pierre 33

809

Chao Cuo 153, 324f.
Charles, Prinz 547
Chavannes, Édouard 95
Chen Bojiang 782
Chen Chen 302
Chen Geng 521
Chen Jitai 490
Chen Mingxian 70
Chen Shidao 163
Chen Shou 92, 163, 475
Chen Te'an 414
Chen Xianghua 604
Chen Xiuying 70
Chen Yu 489, 491
Cheng Fangping 488, 805
Chirac, Jacques 119, 186
Chomsky, Noam 89
Chongzhen, Kaiser 646
Christus 32
Christopher, Warren 453f.
Chruschtschow 781
Chu Pao-chin 770
Chu Wen-huei 70, 232
Chuan Xin 360
Chun Shenjun 548f., 677
Chunyu Yue 415
Churchill, Winston S. 320, 351, 390
Cincera, Ernst 373
Cixi 271
Classen, Peter 575
Clausewitz, Carl von 32, 129
Clinton, Bill 372, 374, 376, 378, 390f., 760, 762, 768
Clinton, Hillary 154
Cohen, William S. 321
Cohn, Gary 31
Cong Weixi 503
Coulmas, Florian 56, 757
Criveller, Gianni 248
Crossan, John Dominic 729
Cunz, Martin 730
Czempiel, Ernst-Otto 323

Dahrendorf., Ralf 336, 338, 757
Däke, Karl Heinz 539
Dalai Lama 278f., 379, 757
Dandamaev, M. A. 670
Danton 752
Dar Al-Mashriq 673
David 60, 65, 437f., 455, 461
Debon, Günther 382, 404
Debray, Régis 149
Deile, Volkmar 387f.

Demandt, Alexander 727
Deng Tuo 171, 425, 780ff.
Deng Xiaoping 54, 144f., 173f., 273f., 291, 371, 432f., 484
Detienne, Marcel 33
Dettling, Warnfried 758
Di Qing 467f.
Diana, Prinzessin 547
Diers, Michael 345
Dombradi, Eva 595
Dong Cheng 477
Dong Shihua 158
Dong Zhuo 92, 557, 642, 709ff.
Dong, Pham Van 299
Dönhoff, Marion Gräfin 96
Dördelmann-Lueg, Anne 546
Dorgon 568, 646
Draffkorn-Kolmer, A. 596
Dreifuss 210
Du Mu 35, 176, 254, 256
Duanfang 792ff.
Ducrey, Pierre B. 465
Duffy, Christopher 466
Duisenberg, Wim 186
Dumas, Alexandre 245
Dunant, Henri 757
Duo Ergun 707f.
Dürrenmatt, Friedrich 558, 764
Duttweiler, Gottlieb 758

Eberhard, Wolfram 501
Eckmann, Daniel 150
Eco, Umberto 593
Eisenreich, Herbert 801f.
Emmerich, Roland 267
Engels, Friedrich 406, 476
Enzensberger, Hans Magnus 120, 391, 759
Erlich, Michel 676
Esther 586
Etzold, Sabine 446
Eucken, Walter 763

Fa Zheng 566
Fahrni, Oliver 391
Fallersleben, Hoffmann von 685
Fan Li 587
Fan Sui 285ff., 457f., 462f.
Fan Ye 40, 197, 249
Fan Yin 160
Fang Cheng 190
Fang Lizhi 145f.
Fang Xuanling 449

Fang Zhimin 259
Farrakhan, Louis 131
Favazza, Armando R. 676
Feng Xuan 786ff.
Feng Yuxiang 150
Finkielkraut, Alain 754f.
Fisch, Jörg 338, 387, 757, 760f.
Fischer, Bernhard 765
Fischer, Joschka 319, 321
Fischermann, Thomas 752
Flaig, Egon 266, 389
Flavigny 438
Flechtheim, Ossip K. 752, 769
Flora, Paul 455
Flottau, Heiko 390
Folz, Robert 575
Forke, Alfred 709
Franke, Herbert 361, 363, 586
Franke, Otto 284
Franke, Wolfgang 57
Franklin, Benjamin 306
Friedrich der Große 220
Frontinus 670
Fu Chai 586ff., 590
Fu Lecheng 288, 362, 698
Fu Su 362f.
Fu Zuoyi 614f.
Fuchs, Elisa 766
Fuhrmann, Mark 131
Furgler, Kurt 763
Fussenegger, Gertrud 729

Gable, Clark 454
Gandhi, Mahatma 89, 675
Gao Cheng 93, 647
Gao Huan 647
Gao Yuan 31
Gaozu, Kaiser 495
Gasteyger, Curt 322
Gauweiler, Peter 675
Ge Baoquan 161
Gernet, Jacques 248
Gerster, Richard 765
Giles, Lionel 45, 175, 631
Gimm, Martin 709
Gimmerthal, Michael 220
Glaubitz, Joachim 171, 780
Glotz, Peter 763
Goethe, Johann Wolfgang von 28, 476, 657, 806
Goldmann, Robert B. 755
Goliath 60
Gong Yang 41
Gong Zhiqi 309, 577
Gong Zizhen 140, 421f.
Görner, Rüdiger 385

Gou Jian 586f., 589f., 683f.
Gouges, Olympe de 386
Grab, Amédée 732ff.
Gräf, Erwin 595
Gräff, Osmund M. 718
Gramsci, Antonio 138f.
Grass, Günter 210
Grässlin, Jürgen 333
Gregor VII. 692f.
Greiner, Peter 70, 238
Grice, Paul 54
Griffith, Samuel B. 175
Grill, Bartholomäus 211f., 765
Grillparzer, Franz 185
Grimm, Jacob und Wilhelm 398, 785
Grosjean, Roger 466
Große Yu 684
Gruschke, Andreas 379
Gsteiger, Fredy 636
Gu Hongming 465
Gu Ping 381
Guan Hanqing 201, 658
Guan Yu 105, 477, 608
Guan Zhong 289
Guetta, Bernard 382
Guevara, Che 149
Gui Qianyuan 744
Guo Biao 163
Guo Chong 602
Guo Moruo 609, 646, 793f.
Guo Qing 168
Guo Si 642
Guo Wanrong 588f.
Guy Jenkin 547
Guzzoni, Ute 32, 50
Gysi, Gregor 457

Habermas, Jürgen 390, 751, 755, 761
Hacke, Christian 319
Haefs, Hanswilhelm 332
Haenisch, Erich 26
Hai Rui 415, 423ff.
Haing Ngor 462
Hajjar, Joseph N. 672
Hamm, John Christopher 571
Han Bangqing 442
Han Fei 58, 60, 143, 183, 305, 714f.
Han Xin 491ff.
Han Ying 162
Han Zidong 460
Hanounes, Louisa 186
Hänsch, Klaus 314, 763
Hao Bing 416f.

Hao Zaijin 565, 749
Harpprecht, Klaus 212
Hartmann, Wilfried 694
Hašek, Jaroslav 443
Hasler, Evelyne 757
Hawkes, David 480
He Jin 91f.
He Jingzhi 433
He Long 372
He Yanxi 45, 73
He Yingqin 159
He Yong 88
Hegel, Georg Wilhelm Friedrich 51, 335, 338, 754
Heinrich IV. 692f.
Heisch, Peter 439
Helms, Jesse 650
Henne, Eugen 718
Henning, Max 731
Henningsen, Manfred 210
Herakles 84f.
Hergé 556
Herodot 264, 670
Herzog, Chaim 118
Herzog, Roman 387f., 752, 763, 770
Hesiod 599
Heuser, Uwe Jean 752f., 770
Hillen, Hans Jürgen 671
Hochhuth, Rolf 546
Höffe, Otfried 759, 762, 767
Holbrooke, Richard 315
Holmes, Oliver Wendell 187
Holofernes 65
Holzman, Marie 454
Homer 245
Hondrich, Karl Otto 759, 770
Honegger, Claudia 599
Hong Shen 566
Hong Xiuquan 803
Hong Zicheng 57
Horkheimer, Max 441, 760, 769
Horn, Katalin 27
Hösle, Vittorio 767
Hou Jing 93, 647f.
Howe, Ellic 455
Hsia Chang, Maria 465
Hu Hai 362f.
Hu Jingyi 609
Hu Yan 58, 60
Hu Zhenjie 70, 200
Hu Zongnan 783f.
Hua Guofeng 268ff., 274

Huai, König von Chu 416, 714
Huan Wen 501
Huang Gai 659ff., 678, 698, 702ff.
Huang Longshi 591f.
Huang Tingjian 502
Huang Xiaopei 803
Huang Zhong 566f.
Huang Zunxian 790
Hugo, Victor 770
Huhanye 591
Hui Hong 792
Hüngsberg, Peter 361
Huntington, Samuel P. 146
Hürlimann, Thomas 546

Imbert, Jean 729
Iwan III. 611
Izraelewicz, Erik 751

Jackson, Andrew 316
Jacobi, Claus 194
James, Robert Rhodes 351
Jardin, Alexandre 739
Jaruzelski 673
Jaspers, Karl 753
Jefferson, Thomas 385, 389
Jesaja 734
Jesus 63, 282, 439, 468f., 484, 724, 728, 734, 754
Ji Chang 286
Ji Huan 94ff.
Ji Yun 640
Jia Lin 105, 176, 487
Jia Yi 153
Jian Shi 91
Jiang Qing 269, 272f., 372
Jiang Tai Gong 289
Jiang Yingke 171
Jiang Zemin 23, 54, 375, 454, 532
Jiang Zilong 790
Jie 550
Jochnick, Chris af 188
Johannes Paul II. 169
Judit 65, 717, 733
Juppé, Alain 537
Justinian I. 132

Kagan, Robert 323, 752, 768
Kain 499
Kaiser, O. 596
Kälin, Bernhard 32
Kälin, Walter 188
Kämpf, Hellmut 694
Kang Youwei 367ff., 770

811

Kangxi 304, 361f., 514, 591
Kant, Immanuel 540, 756, 763, 767
Kaolie, König von Chu 548
Kaplan, Robert D. 323
Kappeler, Beat 766
Karl der Große 140, 575
Kästner, Erich 444
Katharina II. 521
Kather, Regine 85
Kautz, Ulrich 42, 72, 137
Ke Li 181
Keller, Gottfried 542
Keller, Walter 735
Kelley, Kitty 546
Kelsen, Hans 767
Kennedy, John F. 456
Kersting, Wolfgang 756, 763
Kesselring, Thomas 363, 766
Khawam, René R. 61, 579
Khayr-ad-Din Az-Zarkali 673
Kibat, Artur 82, 213
Kibat, Otto 82, 213
Kienast, Burkhart 142f., 595
Kilian, Martin 350
Kindermann, Gottfried-Karl 336
Kircher, François 31
Kissinger, Henry 117, 452f., 484
Kläy, Dieter 636
Klier, Walter 65
Klingenberg, Heinz 738
Koch, Werner 729
Kogelfranz, Siegfried 634
Kohl, Helmut 124
Köhler, Andrea 754, 757, 766
Kohler, Georg 65f., 762
Köhler, Monika 547
Kohn, Hans 756
Kok, Wim 540
Kölle, Hans Martin 539
Kolumbus, Christoph 446
Konfuzius 30, 36ff., 41, 58, 88, 94ff., 197, 256f., 304, 308, 367, 403, 413ff., 419, 444, 472ff., 478, 483, 514, 527, 557, 632
Kong Ming 177
Konrad I. 614
Konrad III. 396
Köpke, Andreas 795

Koo, V. K. Wellington 770
Kopp, Elisabeth 763
Kornblum, John 321
Kossygin 117
Krämer, Walter 535
Krass, Stephan 546
Krättli, Anton 802
Kroeber, Burkhart 593
Kubin, Wolfgang 258
Kublai 181
Kubrick, Stanley 404
Kuhl, Lothar 105
Kuhn, Franz 352, 571, 616, 709
Kullmann, Wolfgang 32
Kupchan, Charles A. 314
Kutusow 466f.
Kyros 670

La Fontaine 785
La Rochefoucauld 57
Lambert, W. G. 596
Lamfalussy, Alexandre 538
Lang, Jack 755
Langaney, André 753
Lao Zi 36f., 80, 154, 194, 254, 262, 474, 484, 544, 560, 581, 675, 696, 796
Lapeyronnie, Didier 766
Lauren, Paul Gordon 390
Lebed, Alexander 253
Legge, James 472
Leibnitz, Klaus 175
Leibniz 64
Leicht, Robert 771
Leiser, Erwin 755
Leng Chengjin 645f.
Lenin 129, 144, 371
Lennon, John 761
Leo III. 574f.
Leopold, Herzog 259
Lepenies, Wolf 88
Levinson, Stephen C. 54
Lewinsky, Monica 372, 374
Leys, Simon 623
Li Bai 481
Li Baodong 379
Li Bingyan 23, 35, 42, 67, 119, 195, 219, 262, 288, 332, 349, 442, 466f., 521, 563
Li Chu 94, 97
Li Denghui 239f.
Li Desheng 267f.
Li Guang 605f.
Li Guangdi 421
Li Guowen 581f.
Li Hongzhi 244
Li Jiacheng 300f.

Li Jingyang 365
Li Jue 278, 642
Li Ke 309
Li Peng 56, 87, 533, 748, 750
Li Quan 45
Li Ruihuan 767
Li Ruzhen 75
Li Shangyin 419
Li Sheng 622f.
Li Shimin 494f.
Li Si 363
Li, Herzog von Wei 448, 561
Li Yanshou 779
Li Yu 249, 681
Li Yuan 495
Li Zhilin 243
Li Zicheng 170, 567
Li Zuoche 491
Lian Po 260f., 646, 650, 654, 656f.
Lian Xiangru 651
Lian Zhan 378
Liang Chenyu 630
Liao Mosha 425, 780f.
Lin Biao 372, 479, 781
Lin Qinnan 245
Lin Shu 245
Lin Xiangru 260, 322, 650ff., 654
Lin Yutang 258, 447
Lincoln, Abraham 115, 151
Lindgren, Astrid 149
Ling Mengchu 220
Link, Werner 322
Lippert, Sabine 140
Lippmann, Walter 551
Liu An 76
Liu Bai 479
Liu Bang 34f., 152, 233, 456f., 491f., 563, 801
Liu Bei 177ff., 233, 329ff., 476ff., 496, 498, 551f., 578, 580, 601, 608, 662
Liu Bi 153
Liu Biao 178ff., 329, 334, 496
Liu Jiexiu 68, 70, 368
Liu Jin 217f.
Liu Qi 179f., 329, 496ff.
Liu Qingyun 169
Liu Rushi 247
Liu Xiang 25f., 30, 548, 577, 788
Liu Yiqing 501
Liu Zhang 178, 181, 329f.
Liu Zongyuan 305
Livius, Titus 32, 670

Locke, John 32, 57f.
Loetscher, Hugo 756
Löhndorf, Marion 547
Londres, Albert 675
Long Yun 207
Lü Bu 217ff., 476, 710ff.
Lü Meng 105
Lu Su 329ff., 662, 668, 698
Lu Taiwei 289
Lu Xun 258, 590, 593, 623
Lu You 779
Lu Zhi 46
Lucius, Robert von 211
Ludwig XI. 635
Ludwig XIII. 461
Ludwig XIV. 405
Lukas 724, 726, 728
Luo Guangbin 747
Luo Guanzhong 331, 601, 709
Luo Maodeng 679, 705
Luther, Martin 734
Lutz, Christian 758
Luyken, Reiner 558

Ma Senliang 448
Ma Su 601
Ma Xiaochun 22
Ma Yongqing 162
Ma Zhiyuan 201, 236
Machiavelli, Niccolo 61f., 275f., 370, 446, 676, 733
Mader, Ludwig 735
Mailer, Norman 546
Makarczyk, Jerzy 377
Malcom X. 462
Mann, Thomas 633, 768f.
Mannheim, Karl 148
Mao Dun 205, 616
Mao Zedong 60, 127, 144f., 161, 172f., 174, 206, 241, 257, 262, 269f., 272, 279, 283, 289f., 371f., 384, 423, 471, 479, 483f., 503, 533, 554, 619, 780f., 784, 795, 802
Map, Walter 160
Marias, Javier 63
Maron, Monika 456
Martin, Hans-Peter 748, 765
Martin, Helmut 54
Marx, Karl 144, 371, 373, 476
Matt, Peter von 336
Mauch, Ulrich 29, 69
Maucher, Helmut 88, 763

Maul, Stefan M. 596
Maul, Volker 595
Mayer-Maly, Theo 729
Mayer-Pfannholz, Anton 694f.
McCarthy, Joseph 393
McCurry, Mike 147
McLuhan, Herbert Marshall 767
Mei Cheng 153
Mei Yaochen 36, 486
Meier, Christian 264f.
Meier, Heinrich 470
Meister Sun 22, 30, 35f., 44ff., 57, 73, 113, 131, 176, 202, 206, 252ff., 255, 273, 277, 293, 297, 441, 444ff., 448, 486f., 504f., 560f., 629ff., 606, 701, 797f., 806
Meister Wu 254, 486, 701, 797
Mencius 26, 39ff., 202, 414, 437, 480, 797
Meng Tian 362
Mengchang, Herr von 785ff.
Metzel, Peter M. 546
Meyer, Martin 767
Meyer-Timpe, Ulrike 765
Miao Xian 650f., 657
Miasnikov, Vladimir 70, 304
Miller, Arthur 405, 548
Milošević, Slobodan 315, 377
Minerbi, Itzhak 242
Mitterrand, François 123f., 149, 212, 456, 635f., 756
Mo Wangxiong 534f.
Mögling, Wilmar 714
Mohammed Ali 61
Mohammed Taraki 349
Molière 458, 745
Monroe 317
Montani, Marco 188
Montesquieu 405
Morohashi 416
Mörsch, Georg 346ff.
Moser, Michael 540f.
Mubarak 54
Müller, Gerfried G. W. 596
Müller, Iso 574f.
Müller, Kurt 763
Münchhausen 676
Münkler, Herfried 370, 761
Muschg, Adolf 63, 210

Najder, Zdzislaw 673
Nakata Tōzabu 90
Nan Huaijin 472
Napoleon 466f., 650
Narayanan 381
Nardone, Giorgio 69
Nass, Matthias 315, 378, 391
Nasser, Gamal Abdel 116
Naumann, Klaus 333
Nef, Ernst 546
Nehru 89
Neidhard, Christoph 759
Neumann, Karl Eugen 81, 83
Newton, Isaac 649
Ni Wenya 588
Niekisch, Ernst 766
Nietzsche 51
Nievergelt, Dieter 346f.
Niewöhner, Friedrich 649
Nimitz, Chester William 119
Ning Wu 471, 474
Nixon, Richard 290, 377, 522
Noack, Paul 386
Nong Zhigao 467f.
Noriega 120f.
Normand, Roger 188
Nyerere, Julius 771

Obermüller, Klara 729
Oberndörfer, Dieter 756, 758
Obi Nwakanma 141
Odysseus 51
Ogi, Adolf 758
Ohr, Renate 538
Orsini, Paolo 275
Osiris 499
Ott, Edward E. 351, 373
Otte, Gerhard 728
Ovid 396, 578f.

Pang Juan 201, 445
Pang Tong 698, 700ff., 705f., 772
Pantoja, Jacques de 161
Parin, Paul 758
Paul, Carmen 371
Paul, Gregor 385
Paul, Jean 521, 763
Paulus, Apostel 32, 369
Pei Gong 56
Pei Ji 495
Pei Songzhi 602
Pelinka, Anton 768
Pemsel, Helmut 120

813

Peng Dehuai 423, 426
Peng Mingming 588f.
Peng Yuancai 791
Peng Zhen 424
Perk, P. Johannes 730
Pershing, Joseph 317
Pesch, Rudolf 729
Petrus 468f., 574
Pieth, Reto 547
Pietsch, Isolde 363, 769
Ping Buqing 344
Pinochet, Augusto 243, 451ff.
Pius IX. 696
Pius XII. 242, 754
Pohl, Stefan 538
Polanski, Roman 546
Polo, Marco 181f.
Pompidou, Georges 456
Popper, Karl 552
Potemkin, Gregory Alexandrowitsch 521
Ptak, Roderich 679
Pusey, James R. 424, 428

Qassir 672
Qi Jie 642
Qi Wen 70
Qi Yuanzuo 86
Qian Cai 669
Qian Qianyi 247
Qian Qichen 453
Qin Shihuang 288, 362f., 403
Qing Ji 688
Qiu Luan 312
Qu Qiubai 208, 245f.
Qu Yuan 479ff.

Rahner, Karl 473
Rawl, John 65, 761
Reagan, Nancy 547
Reagan, Ronald 546
Reese-Schäfer, Walter 757
Reich-Ranicki, Marcel 465
Reinacher, Pia 546
Reynolds, Burt 444
Ricci, Matteo 57, 161, 248
Richelieu 635
Richter, Horst E. 545
Robinson 210
Robinson, Nehemiah 748
Röder, Siegfried 805
Röhrich, Lutz 160, 162, 441, 509, 544
Rolland, Romain 754f.
Roosevelt, Franklin D. 320, 456, 551
Roth, Joseph 758

Rotterdam, Erasmus von 197, 370, 446, 754
Royen, René van 738
Rufin, Jean-Christophe 760
Ruh, Hans 764
Rühe, Volker 333
Rühle, Michael 322
Rühmkorf, Peter 184, 455
Rushdie, Salman 405

Sadat 117f.
Salem, Gérard 69
Salis, Jean-Rudolf von 465
Sané, Pierre 766
Sawyer, Ralph D. 46
Schabert, Tilo 438
Schachraj 443
Schäfer, Ingo 609
Schamir, Jitzhak 636
Scharang, Michael 404
Schiller, Friedrich 66, 442, 650
Schirnding, Albert von 599
Schläppi, Bruno 760
Schlegel, August Wilhelm v. 438
Schmale, Wolfgang 386
Schmidt, Helmut 97, 187, 323, 538
Schmidt-Glintzer, Helwig 437
Schmückle, Gerd 324
Schneebeli, Robert 385
Schneider, Wolf 404, 553
Schnürer, Gustav 695
Schoettli, Urs 634
Schröder, Gerhard 185
Schröder, Hannelore 386
Schubart, Christian Friedrich Daniel 157
Schubarth, Musa 612
Schubert, Franz 157
Schulz, Uwe 729
Schumann, Harald 748, 765
Schunk, Karin 473
Schwab, Gustav 735
Schwager, Raymund 730
Schwarz, Alexander 69
Schweidler, Walter 387
Seibt, Constantin 682
Sempé 784
Senger, Harro von 28f., 32f., 145, 174, 290, 292, 294, 369f., 385ff., 580, 633
Seth 499
Shakespeare 438, 458, 461
Shao Ruzi 436
Shao Yiming 87

Shattuck, John 453
Shaw, George Bernard 535
Shawcross, William 766
Shen Dao 551
Sheridan, Phil 115
Shi Hui 218
Shi Naiyan 688, 775
Shi Yongsong 483
Shirley Kuo 588
Shu Han 194f.
Shu Lianghe 256
Shun 500
Sima Guang 520
Sima Qian 21, 95, 155, 261, 335, 414f., 463, 474, 489, 491, 606, 657
Sima Rangju 701
Sima Shi 451
Sima Xiangru 214, 580
Sima Yan 451
Sima Yi 252, 449ff., 601f., 609f., 616, 618, 621, 624ff.
Sima Zhao 451
Simpson, O. J. 131
Sinatra, Frank 455
Snow, Edgar 490
Sokrates 372, 731
Soliva, Claudio 373
Solschenizyn 147f.
Sommer, Theo 173, 315, 635, 760
Soynka, Wole 636
Spirig, Werner 759
Springer, Otto 31
Stahel, Albert A. 636
Staiger, Brunhild 423, 427
Stalin, Josef 269, 318, 320, 390, 635
Stalpers, Judith 56, 757
Stanton 151
Starr 374
Staudinger, Magda 85
Stegemann, Ekkehard 732
Steger, Hugo 28
Steible, Horst 595
Stephan, Cora 212
Straub, Eberhard 389
Strauß, Botho 738
Strauß, Franz Josef 469
Strauss, Leo 469f.
Strube, Jürgen 755
Sturluson, Snorri 737
Stürmer, Michael 322, 338
Su Dongpo 162f., 475
Su Ruozhou 181
Suharto 211
Sun Bin 46, 201, 445, 560f.

Sun Meixi 214
Sun Quan 177ff., 329f., 578, 580, 602f.
Sun Yatsen 336f., 376, 770
Sun Zi 21, 175 (s. im übrigen: Meister Sun)
Superbus, Tarquinius 670
Sutter, Patrick 771
Swift, Jonathan 405
Syllaba, Alexander 379

Tabuchi, Antonio 211
Taheri, Ahmad 635
Taizong, Kaiser 448, 495, 561
Taizu, Kaiser 482
Takeda Shingen 606f.
Tamer, Georges 470
Tan Daoji 779
Tang Ying 163, 166
Tao Zhu 418
Taylor, Charles 756
Tell, Wilhelm 650
Temudschin 182
Tengku Ismail 299
Themistokles 264ff.
Theodor, Hannelore 247
Theodora 132f.
Thich Nhât Hanh 84
Thietmar 614
Thom, Robert 161
Thomas, Donald M. 147f.
Thukydides 558
Thurnström, Anders 804
Tian Dan 176, 641f.
Tian Fang 783
Tiberi, Jean 119
Tietmeyer, Hans 538
Tito 781
Tokugawa Ieyasu 606f.
Tong Guan 790f.
Tönnies, Sibylle 383
Töpfer, Klaus 748, 750
Toynbee, Arnold J. 455
Trauzettel, Rolf 361, 363
Trichet, Jean-Claude 186
Trigault, Nicolas 161
Troche, Alexander 211
Tschiang Kai-schek 103, 207, 428, 783f.
Tschirhart, Eveline 522
Tucci, William 31
Tumanow, Oleg 673
Tütsch, Hans E. 393

Unschuld, Paul U. 76, 200
Uria 65

Valéry, Paul 753
Valladares 456
Vaubel, Roland 125, 538
Vegt, Sunnyva van der 738
Vernant, Jean-Pierre 33
Villiger 150
Vitelli, Vitellozzo 275
Volger, Helmut 121
Volmer, Ludger 319
Voltaire 406
Vorholz, Fritz 765

Wagenknecht, Sahra 148
Wagner, Thomas 346
Wahrig, Gerhard 638
Waigel, Theo 240, 539
Waldner, Jan-Ove 804
Waldschmidt, Ernst 597
Walser, Martin 318
Walter, Rudolf 473
Wang Dongxing 269, 271, 273
Wang Fu 36
Wang Hongjin 482
Wang Hongwen 269ff.
Wang Ji 286, 458
Wang Jingze 778f.
Wang Junqing 568
Wang Meng 42, 72, 136f., 174f., 432f., 788
Wang Shizhen 312, 592f.
Wang Shouren 217f.
Wang Xuanming 31, 562
Wang Yuanliang 312
Wang Yun 709ff.
Wang Zhaojun 591
Wang Zhiwu 235f.
Weber, Max 63
Weck, Philippe de 763
Weck, Roger de 763
Wei Jingsheng 453f., 707
Wei Liao 129, 253
Wei Shu 428
Wei Yuan 303f., 645
Wei Zheng 292, 473
Wei Zhongxian 410, 589
Weidenfeld, Werner 316, 320, 339
Wen, Herzog von Jin 58
Wenkang 571, 775
Wenzel, Uwe Justus 730
Wesel, Uwe 187, 729, 760
Wickert, Erwin 516
Widmer, Werner 64
Widukind 614
Wiesel, Elie 756
Wilhelm, Richard 19, 80, 196f., 368, 465, 471f., 480, 688, 696

Wilkomirski 674
Wilson 336f.
Wilson, Woodrow 456, 770
Winogradow, Wladimir 117
Wittmann, Jochen 535
Woesler, Martin 432
Wolff, Christian 767
Wolffsohn, Michael 315, 756
Wood, Frances 415
Wu Cheng'en 103, 216
Wu Gu 67, 104
Wu Han 132, 415, 422ff., 780f.
Wu Jingzi 142
Wu Qi 254, 486, 797
Wu Sangui 567f.
Wu Zetian 677
Wulf-Mathies, Monika 316

Xenophon 731
Xerxes 264f., 586
Xi Shi 586ff., 590, 630
Xia Yan 312
Xiahou Yuan 566f.
Xian, Kaiser 642
Xian Gao 610f.
Xiang Liang 489
Xiang Qian 639
Xiang Yu 34f., 456f., 489f., 563
Xiang Zhuang 56
Xiao Lun 87
Xiao Ying 502
Xiao Zixian 344, 778
Xie Wenqing 89, 299
Xin Qing 406
Xu Chongyu 621
Xu Guojing 578
Xu Jia 457, 462f.
Xu Jian 501
Xu Jilin 427f.
Xu Tianyou 436
Xuanzong, Kaiser 501
Xue Changru 104
Xue Tao 199
Xun Kuang 41
Xun Xi 308ff., 313
Xun You 475
Xun Zi 41, 143

Yamamoto Satsuo 380
Yan Ruoqu 591
Yan Shifan 592f.
Yan Song 312f., 592
Yan Zi 436
Yang Biao 642
Yang Bojun 605
Yang Huo 38

815

Yang Jisheng 312f.
Yang Shen 312
Yang Shu'an 70, 472
Yang Yiyan 747
Yao 550
Yao Li 688
Yao Wenyuan 269, 271ff., 384, 424ff., 782
Yao Wen-yüan 384
Yao Xueyin 170
Ye En 568
Ye Jianying 267f., 270f., 273f.
Ye Shengtao 112
Ye Zhichao 790
Yin Changheng 608ff.
Yin Hao 501
Ying Han 688
Yishai Tobin 394
Yongzheng 361f., 569
You Yu 713f.
Young, Loretta 454
Yu Ruji 86
Yu Wujing 476
Yuan Chonghuan 645f.
Yuan Jie 294
Yuan Kai 460
Yuan Shao 91f., 112f., 218f.
Yuan Shikai 233, 610
Yue Bochuan 517
Yue Fei 669f.
Yue Yi 641f.

Zang Wuzhong 37
Zeng Zixuan 791
Zhang Chunqiao 269ff., 273
Zhang Er 491ff.
Zhang Fei 329, 552
Zhang Han 489
Zhang He 567
Zhang Hua 517
Zhang Laiping 448
Zhang Lu 458, 462f.
Zhang Shaoxiong 70, 200, 400
Zhang Shougui 606
Zhang Yun 180, 334, 643ff., 659, 699, 705
Zhang Zhidong 465
Zhao Erfeng 608f.
Zhao Gao 362f.
Zhao Kuo 260f.
Zhao She 260
Zhao Xixu 556
Zhao Ye 586
Zhao Yun 329, 602
Zhao Ziyang 433
Zheng Banqiao 481f.
Zheng Dan 586
Zheng He 679, 706
Zheng Xiu 716
Zhenzong, Kaiser 360
Zhong Zhangtong 249f.
Zhou Enlai 351, 372, 405, 419, 484, 503, 623, 805

Zhou Guodong 122f.
Zhou Mi 581, 791
Zhou Xinfang 425
Zhou Yafu 153
Zhou Yu 180, 330f., 642ff., 659ff., 662, 664f., 667ff., 698ff.
Zhu Jun 277f., 642
Zhu Manting 732
Zhu Rongji 466, 532
Zhu Tianxin 588f.
Zhu Xi 302
Zhu Yingtai 247
Zhu Yuanzhang 428
Zhuang, Herzog von Qi 37
Zhuang Zi 80, 250, 283, 696
Zhuge Liang 30, 177ff., 252, 329ff., 496ff., 566, 580, 601ff., 607f., 610f., 616, 618, 621, 623ff., 627, 659f., 662, 668
Zhuo Wenjun 214
Zi Chan 39f.
Zi Gong 475
Zi Lu 95, 514
Zi Xu 687
Zoepffel, Renate 32
Zopyros 670
Zu Muzhi 55f.
Zuo Qiuming 127, 308